简体横排

前四史

後漢書

中册

〔宋〕范　晔　撰
〔唐〕李贤等　注

中華書局

后汉书卷三十五

张曹郑列传第二十五

张纯字伯仁，京兆杜陵人也。高祖父安世，宣帝时为大司马卫将军，封富平侯。①父放，为成帝侍中。纯少袭爵土，哀平间为侍中，王莽时至列卿。遭值篡伪，多亡爵土，纯以敦谨守约，保全前封。

①臣贤案：张安世昭帝元凤六年以右将军宿卫忠谨封富平侯，今此言宣帝封，误也。宣帝即位，但益封万户耳。

建武初，先来诣阙，故得复国。五年，拜太中大夫，使将颍川突骑安集荆、徐、杨部，督委输，①监诸将营。后又将兵屯田南阳，迁五官中郎将。有司奏，列侯非宗室不宜复国。光武曰："张纯宿卫十有馀年，其勿废，更封武始侯，食富平之半。"②

①督，促也。委输，转运也。

②武始，县，属魏郡。富平，县，属平原郡也。

纯在朝历世，明习故事。建武初，旧章多阙，每有疑议，辄以访纯，自郊庙婚冠丧纪礼仪，多所正定。帝甚重之，以纯兼虎贲中郎将，数被引见，一日或至数四。①纯以宗庙未定，昭穆失序，十九年，用与太仆朱浮共奏言："陛下兴于匹庶，荡涤天下，诛鉏暴乱，兴继祖宗。窃以经义所纪，人事众心，虽实同创革，而名为中兴，宜奉先帝，恭承祭祀者也。元帝以来，〔1〕宗庙奉祠高皇帝为受命祖，孝文皇帝为太宗，孝武皇帝为世宗，皆如旧制。又立亲庙四世，推南顿君以上尽于舂陵节侯。②礼，为人后者则为之子，既事大宗，〔2〕则降其私亲。③今禘祫高庙，陈序昭穆，而舂陵四世，君臣并列，以卑厕尊，不合礼意。设不遭王莽，而国嗣无寄，推求宗室，以陛下继统者，安得复顾私亲，违礼制乎？昔高帝以自受命，不由太上，宣帝以孙后祖，不敢私亲，故为父立庙，独群臣侍祠。臣愚谓宜除今亲庙，以则二帝旧典，愿下有司博采其议。”诏下公卿，大司徒戴涉、大司空窦融议：“宜以宣、元、成、哀、平五帝四世代今亲庙，宣、元皇帝尊为祖、父，可亲奉祠，成帝以下，有司行事，别为南顿君立皇考庙。其祭上至舂陵节侯，群臣奉祠，以明尊尊之敬，亲亲之恩。”帝从之。是时宗庙未备，自元帝以上，祭于洛阳高庙，成帝以下，祠于长安高庙，其南顿四世，随所在而祭焉。

①过三以至于四也。

②南顿令钦即光武之父。舂陵侯买，光武高祖也。

③大宗谓元帝也。据代相承，高祖至元帝八代，光武即高帝九代孙，以代数相推，故继体元帝，故曰“既事大宗”。下又云“宣、元皇帝尊为祖、父”，又曰“自元帝以上祭于洛阳，成帝以下祭于长安”，其义明矣。降其私亲，谓舂陵已下不别序昭穆。

明年，纯代朱浮为太仆。二十三年，代杜林为大司空。在位慕曹参之迹，务于无为，①选辟掾史，皆知名大儒。明年，上穿阳渠，引洛水为漕，②百姓得其利。

①曹参，惠帝时代萧何为相国，遵萧何法，无所变更。

②上音时丈反。阳渠在洛阳城南。

二十六年，诏纯曰：“禘、祫之祭，不行已久矣。‘三年不为礼，礼必坏；三年不为乐，乐必崩’。①宜据经典，详为其制。”纯奏曰：“《礼》，三年一祫，五年一禘。《春秋传》曰：‘大祫者何？合祭也。’毁庙及未毁庙之主皆登，合食乎太祖，五年而再殷。②汉旧制三年一祫，毁庙主合食高庙，存庙主未尝合祭。元始五年，诸王公列侯庙会，始为禘祭。③又前十八年亲幸长安，亦行此礼。④礼说三年一闰，天气小备；五年再闰，天气大备。故三年一祫，五年一禘。禘之为言谛，谛定昭穆尊卑之义也。〔3〕禘祭以夏四月，夏者阳气在上，阴气在下，⑤故正尊卑之义也。祫祭以冬十月，冬者五谷成孰，物备礼成，故合聚饮食也。〔4〕斯典之废，于兹八年，⑥谓可如礼施行，以时定议。”帝从之，自是禘、祫遂定。

①《论语》载宰我之言也。

②《周礼》三年一祫，五年一禘。又《公羊传》曰：“大祫者何？合祭也。合祭奈何？毁庙主陈于太祖，未毁主皆升，合食于太祖，五年而再殷祭。”注云：“殷，盛也。谓三年祫，五年禘也。”

③臣贤案：平帝元始五年春，祫祭明堂，诸侯王列侯宗室助祭，赐爵金帛。今纯及《司马彪书》并云“禘祭”，盖禘、祫俱是大祭，名可通也。

④《续汉书》曰：“十八年上幸长安，诏太常行禘礼于高庙，序昭穆。父为昭，南向，子为穆，北向。”

⑤四月《乾》卦用事，故言阳气在上也。

⑥自十八年至此。〔5〕

时南单于及乌桓来降，边境无事，百姓新去兵革，岁仍有年，家给人足。①纯以圣王之建辟雍，所以崇尊礼义，既富而教者也。②乃案七经谶、明堂图、③河间《古辟雍记》、孝武太山明堂制度，④及平帝时议，⑤欲具奏之。未及上，会博士桓荣上言宜立辟雍、明堂，章下三公、太常，而纯议同荣，帝乃许之。

①仍，频也。

②《论语》曰“子适卫，冉子仆。子曰：‘庶矣哉！’冉子曰：‘既庶矣，又何加焉？’曰：‘富之。’‘既富矣，又何加焉？’曰：‘教之’”也。

③谶，验也。解见《光武纪》。《七经》谓《诗》、《书》、《礼》、《乐》、《易》、《春秋》及《论语》也。

④武帝时，河间献王德献雅乐，对三雍宫，有其书记也。又武帝封太山，济南人公玉带上黄帝时明堂图，明堂中有一殿，四面无壁，以茅盖，水环宫垣，为复道，上有楼也。

⑤平帝时起明堂，征天下通一艺以上皆议于公车也。

三十年，纯奏上宜封禅，曰：“自古受命而帝，治世之隆，必有封禅，以告成功焉。①《乐动声仪》曰：‘以《雅》治人，《风》成于《颂》。’②有周之盛，成康之间，郊配封禅，皆可见也。《书》曰‘岁二月，东巡狩，至于岱宗〔祡〕’，〔6〕则封禅之义也。臣伏见陛下受中兴之命，平海内之乱，修复祖宗，抚存万姓，天下旷然，咸蒙更生，恩德云行，惠泽雨施，③黎元安宁，夷狄慕义。《诗》云：'受天之祜，四方来贺。'④今摄提之岁，仓龙甲寅，德在东宫。⑤宜及嘉时，遵唐帝之典，继孝武之业，以二月东巡狩，封于岱宗，明中兴，勒功勋，复祖统，报天神，禅梁父，祀地祇，传祚子孙，万世之基也。"中元元年，帝乃东巡岱宗，以纯视御史大夫从，⑥并上元封旧仪及刻石文。⑦三月，薨，谥曰节侯。

①《礼记》曰："因名山，升中于天。"郑玄注曰："谓巡守至于方岳，燔柴祭天，告以诸侯之成功也。"

②《动声仪》，《乐纬》篇名也。

③《易》曰："云行雨施，品物流形。"

④《下武》之诗也。郑玄注云："言武王受此万年之寿，辅佐之臣亦宜蒙馀福也。"

⑤《尔雅》曰："太岁在寅曰摄提格。"建武三十年太岁在甲寅，时岁德在东宫。《前书音义》曰："苍龙，太岁也。"

⑥视，比也。

⑦武帝元封元年封禅仪，令侍中皮弁搢绅，射牛行事。封广丈二，高九尺，有玉牒书，书秘，其事皆禁。禅肃然，天子亲拜，衣上黄。江淮间一茅三脊为神籍，五色土杂封。纵远方奇兽飞禽之属也。

子奋嗣。

奋字稺通。父纯，临终敕家丞曰："司空无功于时，猥蒙爵土，身死之后，勿议传国。"①奋兄根，少被病，光武诏奋嗣爵，奋称纯遗敕，固不肯受。帝以奋违诏，敕收下狱，奋惶怖，乃袭封。永平四年，随例归国。

①《东观记》曰家丞名歙。

奋少好学，节俭行义，常分损租奉，①赡恤宗亲，虽至倾匮，而施与不怠。十〔七〕年，儋耳降附，②〔7〕奋来朝上寿，引见宣平殿，应对合旨，显宗异其才，以为侍祠侯。③建初元年，拜左中郎将，转五官中郎将，迁长水校尉。七年，为将作大匠，章和元年，免。永元元年，复拜城门校尉。四年，迁长乐卫尉。明年，代桓郁为太常。六年，代刘方为司空。

①奉音扶用反。

②儋耳，郡，武帝置，故城即今儋州义伦县也。

③名臣子孙侍祠封侯，解见《邓禹传》。

时岁灾旱，祈雨不应，乃上表曰："比年不登，人用饥匮，今复久旱，秋稼未立，①阳气垂尽，岁月迫促。夫国以民为本，民以谷为命，政之急务，忧之重者也。臣蒙恩尤深，受职过任，夙夜忧惧，章奏不能叙心，愿对中常侍疏奏。"②即时引见，复口陈时政之宜。明日，和帝召太尉、司徒幸洛阳狱，录囚徒，收洛阳令陈歆，即大雨三日。

①立，成也。

②疏犹条录也。

奋在位清白，无它异绩。九年，以病罢。在家上疏曰："圣人所美，政道至要，本在礼乐。《五经》同归，而礼乐之用尤急。孔子曰：'安上治民，莫善于礼；移风易俗，莫善于乐。'又曰：'揖让而化天下者，礼乐之谓也。'①先王之道，礼乐可谓盛矣。孔子谓子夏曰：'礼以修外，乐以制内，丘已矣夫！'②又曰：'礼乐不兴，则刑罚不中；刑罚不中，则民无所厝其手足。'臣以为汉当制作礼乐，是以先帝圣德，数下诏书，愍伤崩缺，而众儒不达，议多驳异。臣累世台辅，③而大典未定，私窃惟忧，不忘寝食。臣犬马齿尽，诚冀先死见礼乐之定。"④十三年，更召拜太常。复上疏曰："汉当改作礼乐，图书著明。⑤王者化定制礼，功成作乐。⑥谨条礼乐异议三事，愿下有司，以时考定。昔者孝武皇帝、光武皇帝封禅告成，而礼乐不定，事不相副。先帝已诏曹褒，⑦今陛下但奉而成之，犹周公斟酌文武之道，非自为制，诚无所疑。⑧久执谦谦，令大汉之业不以时成，非所以章显祖宗功德，建太平之基，为后世法。"帝虽善之，犹未施行。其冬，复以病罢。明年，卒于家。

①《礼记·乐记》孔子之辞也。

②《礼稽命徵》之辞也。宋均注云："修外，饰容貌也。修内，荡涤心性也。已矣夫，恨不制作礼乐也。"

③奋七代祖汤，武帝时为御史大夫；六代祖子孺，宣帝时为卫将军，领尚书；父纯，光武时为司空。

④先死谓未死之前也。

⑤见《曹褒传》。

⑥《礼乐记》之文也。功成化定同耳，功谓王业，化谓教人也。

⑦章帝敕曹褒于东观次序礼事，依准旧典，凡百五十篇奏之也。

⑧周公制礼，皆斟酌文武之美德，为之(节)〔等〕制，〔8〕不自述也。今先帝已诏曹褒，非陛下出意，何所疑而不为也。《诗颂》曰："於乎不显，文王之德之纯，假以溢我，我其收之，骏惠我文王。"又曰"执竞武王，无竞维烈"也。

子甫嗣，官至津城门候。①甫卒，子吉嗣。永初三年，吉卒，无子，国除。自昭帝封安世，至吉，传国八世，②经历篡乱，二百年间③未尝谴黜，封者莫与为比。

①津城门，洛阳南面西门也，当洛水浮桥。《汉官仪》曰"候一人，秩六百石"也。

②张安世字子孺，昭帝时为右将军，始封富平侯。卒，子延寿嗣。卒，子勃嗣。卒，子临嗣。卒，子放嗣。卒，子纯嗣，建武初，改封武始侯。卒，子奋嗣。卒，子甫嗣。卒，子吉嗣，无子，国除。此言八代者，除安世始封也。

③篡乱谓王莽也。张子孺昭帝元凤六年封，至永初三年合一百八十二年，故曰"间"也。

曹褒字叔通，鲁国薛人也。父充，持《庆氏礼》，①〔9〕建武中为博士，从巡狩岱宗，定封禅礼，还，受诏议立七郊、三雍、大射、养老礼仪。②显宗即位，充上言："汉再受命，仍有封禅之事，而礼乐崩阙，不可为后嗣法。五帝不相沿乐，三王不相袭礼，③大汉〔当〕自制礼，〔10〕以示百世。"帝问："制礼乐云何?"充对曰："《河图括地象》曰：'有汉世礼乐文雅出。'《尚书旋机钤》曰：'有帝汉出，德洽作乐，名予。'"帝善之，下诏曰："今且改太乐官曰太予乐，歌诗曲操，〔11〕以俟君子。"④拜充侍中。作章句辩难，于是遂有庆氏学。

①《前书》，沛人庆普字孝公，为东平太傅，受礼于后苍，号《庆氏礼》也。

②五帝及天地为七郊。三雍以下解见《明帝纪》。

③《礼记》正文也，言损益不同也。

④操犹曲也。刘向《别录》曰："君子因雅琴之适，故从容以致思焉。其道闭塞悲愁而作者名其曲曰操，言遇灾害不失其操也。"

褒少笃志，有大度，结发传充业，博雅疏通，尤好礼事。〔12〕常感朝廷制度未备，慕叔孙通为汉礼仪，昼夜研精，沈吟专思，寝则怀抱笔札，行则诵习文书，当其念至，忘所之适。

初举孝廉，再迁圉令，①以礼理人，以德化俗。时它郡盗徒五人来入圉界，吏捕得之，陈留太守马严闻而疾恶，风县杀之。褒敕吏曰："夫绝人命者，天亦绝之。皋陶不为盗制死刑，管仲遇盗而升诸公。②今承旨而杀之，是逆天心，顺府意也，其罚重矣。如得全此人命而身坐之，吾所愿也。"遂不为杀。严奏褒软弱，免官归郡，为功曹。

①圉，县，属陈留，故城在今汴州雍丘县南也。

②《礼·杂记》云孔子曰："管仲遇盗，取二人焉，上以为公臣。"注云："此人但居恶人之中，使犯法耳。"

征拜博士。会肃宗欲制定礼乐，元和二年下诏曰："《河图》称'赤九会昌，十世以光，十一以兴'。①《尚书旋机钤》曰：'述尧理世，平制礼乐，放唐之文。'②予末小子，托于数终，曷以缵兴，崇弘祖宗，仁济元元？《帝命验》曰：'顺尧考德，题期立象。'③且三五步骤，优劣殊轨，④况予顽陋，〔13〕无以克堪，虽欲从之，末由也已。每见图书，中心恧焉。"褒知帝旨欲有兴作，乃上疏曰："昔者圣人受命而王，莫不制礼作乐，以著功德。功成作乐，化定制礼，所以救世俗，致祯祥，为万姓获福于皇天者也。今皇天降祉，嘉瑞并臻，制作之符，甚于言语。⑤宜定文制，著成汉礼，丕显祖宗盛德之美。"章下太常，太常巢堪以为一世大典，非褒所定，不可许。帝知群僚拘挛，难与图始，⑥朝廷礼宪，宜时刊立，明年复下诏曰："朕以不德，膺祖宗弘烈。乃者鸾凤仍集，麟龙并臻，甘露宵降，嘉谷滋生，赤草之类，纪于史官。⑦朕夙夜祗畏，上无以彰于先功，下无以克称灵物。汉遭秦馀，礼坏乐崩，且因循故事，未可观省，有知其说者，各尽所能。"

褒省诏，乃叹息谓诸生曰："昔奚斯颂鲁，⑧考甫咏殷。⑨夫人臣依义显君，竭忠彰主，行之美也。当仁不让，吾何辞哉！"遂复上疏，具陈礼乐之本，制改之意。拜褒侍中，从驾南巡，既还，以事下三公，未及奏，诏召玄武司马班固，⑩问改定礼制之宜。固曰："京师诸儒，多能说礼，宜广招集，共议得失。"帝曰："谚言'作舍道边，三年不成'。会礼之家，名为聚讼，⑪互生疑异，笔不得下。昔尧作《大章》，一夔足矣。"⑫章和元年正月，乃召褒诣嘉德门，令小黄门持班固所上叔孙通《汉仪》十二篇，敕褒曰："此制散略，多不合经，⑬今宜依礼条正，使可施行。于南宫、东观尽心集作。"褒既受命，乃次序礼事，依准旧典，杂以《五经》谶记之文，撰次天子至于庶人冠婚吉凶终始制度，以为百五十篇，写以二尺四寸简。其年十二月奏上。帝以众论难一，故但纳之，不复令有司平奏。会帝崩，和帝即位，褒乃为作章句，帝遂以《新礼》二篇冠。擢褒监羽林左骑。⑭〔14〕永元四年，迁射声校尉。后太尉张酺、尚书张敏等奏褒擅制《汉礼》，破乱圣术，宜加刑诛。帝虽寝其奏，而《汉礼》遂不行。

①九谓光武，十谓明帝，十一谓章帝也。

②纬本文云："使帝王受命，用吾道述尧理代，平制礼放唐之文，化洽作乐名斯在。"宋均注云："述，修也。"

③宋均注曰："尧巡省于河、洛，得龟龙之图书。舜受禅后习尧礼，得之演以为《考河命》，题五德之期，立将起之象，凡三篇，在《中候》也。"

④《孝经钩命决》曰："三皇步，五帝骤，三王驰。"宋均注云："步谓德隆道用，〔15〕日月为步。时事弥顺，〔16〕日月亦骤。勤思不已，日月乃驰，"是优劣也。

⑤言明白也。

⑥拘挛犹拘束也。《前书》邹阳曰"能越拘挛之语"也。

⑦赤草即朱草也。《大戴礼》曰"朱草日生一叶，至十五日，十六日落一叶，〔17〕周而复始"也。

⑧《韩诗》曰："新庙奕奕，奚斯所作。"薛君《传》云："是诗公子奚斯所作也。"

⑨正考甫，孔子之先也，作《商颂》十二篇。

⑩玄武司马主玄武门。《续汉志》云"宫掖门，每门司马一人，秩比千石"也。

⑪言相争不定也。

⑫夔，尧乐官也。《吕氏春秋》曰，鲁哀公问于孔子曰，乐正夔一足矣。

⑬散略犹疏略也。

⑭《汉官仪》曰"羽林左骑秩六百石，领羽林，属光禄勋"也。

褒在射声，营舍有停棺不葬者百馀所，褒亲自履行，问其意故。吏对曰："此等多是建武以来绝无后者，不得埋掩。"褒乃怆然，为买空地，悉葬其无主者，设祭以祀之。迁城门校尉、将作大匠。时有疾疫，褒巡行病徒，为致医药，经理𫗴粥，多蒙济活。七年，出为河内太守。时春夏大旱，粮谷踊贵。褒到，乃省吏并职，退去奸残，澍雨数降。其秋大孰，百姓给足，流冗皆还。后坐上灾害不实免。有顷征，再迁，复为侍中。

褒博物识古，为儒者宗。十四年，卒官。作《通义》十二篇，演经杂论百二十篇，又传《礼记》四十九篇，教授诸生千馀人，庆氏学遂行于世。

论曰：汉初天下创定，朝制无文，叔孙通颇采经礼，参酌秦法，虽适物观时，有救崩敝，然先王之容典盖多阙矣，①是以贾谊、仲舒、王吉、刘向之徒，怀愤叹息所不能已也。②资文、宣之远图明懿(美)，[18]而终莫或用，③故知自燕而观，有不尽矣。④孝章永言前王，明发兴作，⑤专命礼臣，撰定国宪，洋洋乎盛德之事焉。⑥而业绝天筭，议黜异端，斯道竟复坠矣。⑦夫三王不相袭礼，五帝不相沿乐，所以《咸》、《茎》异调，中都殊绝。⑧况物运迁回，情数万化，制则不能随其流变，品度未足定其滋章，⑨斯固世主所当损益者也。且乐非夔、襄，而新音代起，律谢皋、苏，而制令亟易，⑩修补旧文，独何猜焉？⑪礼云礼云，曷其然哉！⑫

①容，礼容也，典，法则也，谓行礼威仪俯仰之容貌也。文帝时，鲁徐生以容为礼官，孙襄亦善为容。"容"或作"宏"，义亦通也。

②贾谊等以叔孙通礼制疏略，并上书对策，请更改作，皆不从，所以叹息也。班固曰："今大汉久旷大义，此贾谊、仲舒、王吉、刘向之徒所为发愤而增叹也。"见《前书》。

③资，用也。言用文帝、宣帝美略远谋，而终不能用贾谊等言。谊，文帝时人。

王吉，宣帝时人。

④《礼记》曰："孔子之丧，有自燕来观者，舍于子夏氏。子夏曰：'圣人之葬人与人之葬圣人也，子何观焉？'"有不尽矣言未备也。

⑤明发谓发夕至明也。《诗》曰："明发不寐。"

⑥洋洋，美也。

⑦业绝天筭谓章帝晏驾也。议黜异端谓张酺等奏褒擅制礼，遂不行也。

⑧《咸》，《咸池》，黄帝乐也。《茎》，《六茎》，颛顼乐也。见《前书》。异调言古今不同处。中都，鲁邑名也。《家语》曰："孔子为中都宰，制为养生送死之节。"殊绝犹断绝也。言古乐不同，旧礼亦绝也。

⑨言时代迁移，繁省不定也。

⑩夔，舜乐官。襄，鲁乐官也。皋繇，虞士官。苏忿生，周武王之司寇也。

⑪言刑乐数改，而修礼则疑之。

⑫叹其不能定也。

郑玄字康成，北海高密人也。八世祖崇，哀帝时尚书仆射。玄少为乡啬夫，①得休归，常诣学官，不乐为吏，父数怒之，不能禁。②遂造太学受业，师事京兆第五元先，始通《京氏易》、《公羊春秋》、《三统历》、《九章算术》。③又从东郡张恭祖受《周官》、《礼记》、《左氏春秋》、《韩诗》、《古文尚书》。以山东无足问者，乃西入关，因涿郡卢植，事扶风马融。

①《前书》曰"乡有啬夫，掌听讼收赋税"也。

②《郑玄别传》曰"玄年十一二，随母还家，正腊会同列十数人，皆美服盛饰，语言闲通，玄独漠然如不及，母私督数之，乃曰'此非我志，不在所愿'"也。

③《三统历》，刘歆所撰也。《九章算术》，周公作也，凡有九篇，《方田》一，《粟米》二，《差分》三，《少广》四，《均输》五，《方程》六，《傍要》七，《盈不足》八，《钩股》九。

融门徒四百馀人，升堂进者五十馀生。融素骄贵，玄在门下，三年不得见，乃使高业弟子传授于玄。玄日夜寻诵，未尝怠倦。会融集诸生考论图纬，闻玄善算，乃召见于楼上，玄因从质诸疑义，问毕辞归。融喟然谓门人曰："郑生今去，吾道东矣。"①

①《前书》曰："田何授《易》于丁宽，学成，宽东归，何谓门人曰：'《易》东矣。'"

玄自游学，十馀年乃归乡里。家贫，客耕东莱，学徒相随已数百千人。及党事起，乃与同郡孙嵩等四十馀人俱被禁锢，①遂隐修经业，杜门不出。时任城何休好《公羊》学，遂著《公羊墨守》、②《左氏膏肓》、③《穀梁废疾》；玄乃发《墨守》，针《膏肓》，起《废疾》。休见而叹曰："康成入吾室，操吾矛，以伐我乎！"初，中兴之后，范升、陈元、李育、贾逵之徒争论古今学，后马融答北地太守刘瓌及玄答何休，义据通深，由是古学遂明。

①嵩字宾石，见《赵岐传》。〔19〕

②言《公羊》义理深远，不可驳难，如墨翟之守城也。

③《说文》曰："肓，隔也。"心下为膏，喻《左氏》之疾不可为也。

灵帝末，党禁解，大将军何进闻而辟之。州郡以进权戚，不敢违意，遂迫胁玄，不得已而诣之。进为设几杖，礼待甚优。玄不受朝服，而以幅巾见。一宿逃去。时年六十，弟子河内赵商等自远方至者数千。后将军袁隗表为侍中，以父丧不行。国相孔融深敬于玄，屣履造门。①告高密县为玄特立一乡，曰："昔齐置'士乡'，②越有'君子军'，皆异贤之意也。③郑君好学，实怀明德。昔太史公、廷尉吴公、谒者仆射邓公，皆汉之名臣。又南山四皓有园公、夏黄公，潜光隐耀，世嘉其高，皆悉称公。④然则公者仁德之正号，不必三事大夫也。今郑君乡宜曰'郑公乡'。昔东海于公仅有一节，犹或戒乡人侈其门闾，⑤矧乃郑公之德，而无驷牡之路！可广开门衢，令容高车，号为'通德门'。"

①屣谓纳履未正，曳之而行，言趋贤急也。

②管仲相桓公，制国为二十一乡，工商乡六，士乡十五，以居工商士也。事见《国语》也。

③吴越相攻，越王勾践乃中分其师为左右军，以其私卒君子六千人为中军。注云："君子，王所亲近有志行者。"见《国语》。

④吴公，文帝时为河南守。邓公，景帝时为谒者仆射。太史公司马谈，武帝时。四皓，高帝时也，有园公、夏黄公、角里先生、绮里季也。须眉皓白，故言皓。秦末隐于商雒南山，以待天下之定，汉兴，迎而致之也。

⑤一节谓决狱也。昭帝时，东海于公为县狱吏，决狱平，郡为生立祠，号曰于公祠。先是于公闾门坏，父老方共修之。于公曰“少高大其门，令容驷马车。我决狱多阴德，子孙必有兴者”也。

董卓迁都长安，公卿举玄为赵相，道断不至。①会黄巾寇青部，乃避地徐州，徐州牧陶谦接以师友之礼。建安元年，自徐州还高密，道遇黄巾贼数万人，见玄皆拜，相约不敢入县境。玄后尝疾笃，自虑，以书戒子益恩曰："吾家旧贫，〔不〕为父母群弟所容，〔20〕去厮役之吏，②游学周、秦之都，往来幽、并、兖、豫之域，获觐乎在位通人，处逸大儒，得意者咸从捧手，〔21〕有所受焉。③遂博稽《六蓺》，粗览传记，时睹秘书纬术之奥。年过四十，乃归供养，假田播殖，以娱朝夕。遇阉尹擅埶，坐党禁锢，十有四年，而蒙赦令，举贤良方正有道，辟大将军三司府。公车再召，比牒并名，早为宰相。④惟彼数公，懿德大雅，克堪王臣，故宜式序。⑤吾自忖度，无任于此，但念述先圣之元意，思整百家之不齐，亦庶几以竭吾才，故闻命罔从。而黄巾为害，萍浮南北，复归邦乡。〔22〕入此岁来，已七十矣。宿素衰落，仍有失误，案之礼典，便合传家。⑥今我告尔以老，归尔以事，将闲居以安性，覃思以终业。自非拜国君之命，问族亲之忧，展敬坟墓，观省野物，胡尝扶杖出门乎！家事大小，汝一承之。咨尔茕茕一夫，曾无同生相依。其勖求君子之道，研钻勿替，敬慎威仪，以近有德。⑦显誉成于僚友，德行立于己志。若致声称，亦有荣于所生，可不深念邪！可不深念邪！吾虽无绂冕之绪，颇有让爵之高。⑧自乐以论赞之功，庶不遗后人之羞。末所愤愤者，徒以亡亲坟垄未成，所好群书率皆腐敝，不得于礼堂写定，传与其人。⑨日西方暮，其可图乎！家今差多于昔，勤力务时，无恤饥寒。菲饮食，薄衣服，节夫二者，尚令吾寡恨。若忽忘不识，亦已焉哉！"

①赵王乾之相也。〔23〕

②厮，贱也。

③处逸谓处士隐逸之大儒。

④比牒犹连牒也，并名谓齐名也，言连牒齐名被召者并为宰相也。并音步鼎反。

⑤式，用也。序，列也。

⑥传家谓家事任子孙也。《曲礼》曰："七十老而传。"

⑦《诗·大雅·人劳篇》之言也。

⑧谓频被辟不就也。

⑨其人谓好学者也。《前书》司马迁曰"仆诚已著此书，传之其人"也。

时大将军袁绍总兵冀州，遣使要玄，大会宾客，玄最后至，乃延升上坐。身长八尺，饮酒一斛，秀眉明目，容仪温伟。绍客多豪俊，并有才说，见玄儒者，未以通人许之，竞设异端，百家互起。玄依方辩对，咸出问表，皆得所未闻，莫不嗟服。时汝南应劭亦归于绍，因自赞曰："故太山太守应中远，〔24〕北面称弟子何如？"玄笑曰："仲尼之门考以四科，①回、赐之徒不称官阀。"劭有惭色。绍乃举玄茂才，表为左中郎将，皆不就。公车征为大司农，给安车一乘，所过长吏送迎。玄乃以病自乞还家。

①四科谓德行、言语、政事、文学，颜渊、闵子骞及子游、子夏，并见《论语》也。

五年春，梦孔子告之曰："起，起，今年岁在辰，来年岁在巳。"①既寤，以谶合之，知命当终，有顷寝疾。时袁绍与曹操相拒于官度，②令其子谭遣使逼玄随军。不得已，载病到元城县，疾笃不进，其年六月卒，年七十四。遗令薄葬。自郡守以下尝受业者，缞绖赴会千馀人。

①北齐刘昼《高才不遇传》论玄曰"辰为龙，巳为蛇，岁至龙蛇贤人嗟，玄以谶合之"，盖谓此也。

②官度，津名也，在今郑州中牟县北。《前书音义》曰："于荥阳下引河东南为洪沟，以通宋、郑、淮、泗，即今官度。"

门人相与撰玄答诸弟子问《五经》，依《论语》作《郑志》八篇。凡玄所注《周易》、《尚书》、《毛诗》、《仪礼》、《礼记》、《论语》、《孝经》、《尚书大传》、《中候》、《乾象历》，又著《天文七政论》、《鲁礼禘祫义》、《六蓺论》、《毛诗谱》、《驳许慎五经异义》、《答临孝存周礼难》，凡百馀万言。①

①案：《谢承书》载玄所注与此略同，不言注《孝经》，唯此书独有也。

玄质于辞训，通人颇讥其繁。至于经传洽孰，称为纯儒，齐鲁间宗之。其门人山阳郗虑至御史大夫，东莱王基、清河崔琰著名于世。又乐安国渊、任嘏，①时并童幼，玄称渊为国器，嘏有道德，其馀亦多所鉴拔，皆如其言。玄唯有一子益恩，孔融在北海，举为孝廉；及融为黄巾所围，益恩赴难陨身。有遗腹子，玄以其手文似己，名之曰小同。②

①虑字鸿豫。基字伯舆，〔25〕魏镇南将军安乐乡侯。琰字季珪，魏东(西)曹掾，〔26〕迁中尉。渊字子尼，魏司空掾，迁太仆。嘏字昭光，魏黄门侍郎也。

②《魏氏春秋》曰："小同，高贵乡公时为侍中。尝诣司马文王，文王有密疏，未之屏也，如厕还，问之曰：'卿见吾疏乎？'答曰：'不。'文王曰：'宁我负卿，无卿负我。'遂鸩之。"

论曰：自秦焚《六经》，圣文埃灭。①汉兴，诸儒颇修蓺文；及东京，学者亦各名家。而守文之徒，滞固所禀，②异端纷纭，互相诡激，遂令经有数家，家有数说，章句多者或乃百馀万言，学徒劳而少功，后生疑而莫正。郑玄括囊大典，网罗众家，③删裁繁诬，〔27〕刊改漏失，自是学者略知所归。王父豫章君每考先儒经训，而长于玄，④常以为仲尼之门不能过也。及传授生徒，并专以郑氏家法云。⑤

①埃，尘也。

②禀，受；滞固犹固执也。言学者各守所见，不疏通也。

③括，结也。《易·坤卦》曰"括囊无咎"也。

④王父，祖父也。《尔雅》曰"父之父为王父"也。范晔祖父宁，字武子，晋〔孝〕武帝时为豫章太守，〔28〕经义每以玄为长也。

⑤言宁教授专崇郑学也。

赞曰：富平之绪，承家载世。①伯仁先归，厘我国祭。②玄定义乖，褒修礼缺。孔书遂明，汉章中辍。③

①载，重也。《易·师卦》曰"大君有命，开国承家"也。

②厘，理也。言纯厘理禘祫之祭也。

③孔书谓《六经》也。辍，止也。中辍谓曹褒礼不行也。

【校勘记】

〔1〕 元帝以来　按:"帝"原讹"年",径据汲本、殿本改正。

〔2〕 既事大宗　"大"原作"太",径据汲本、殿本改。注同。按:《集解》王先谦云"大"或作"太",非。

〔3〕 谛定昭穆尊卑之义也　按:《集解》引王补说,谓《续汉志》"谛定"作"谛禔"。

〔4〕 故合聚饮食也　按:《集解》引王补说,谓《续汉志》"合聚"上有"骨肉"二字。

〔5〕 自十八年至此　按:《集解》引惠栋说,谓《续志》及本传皆云十九年与朱浮共奏,至二十六年合八年之数,则"十八年"当作"十九年",以十八年曾行禘礼故也。

〔6〕 至于岱宗〔祡〕　据汲本、殿本补。按:汲本、殿本"祡"作"柴",非,今改正。

〔7〕 十〔七〕年儋耳降附。　《集解》引钱大昭说,谓按本纪,儋耳诸国贡献,公卿奉觞上寿,在永平十七年,此脱"七"字。今据补。

〔8〕 为之(节)〔等〕制　据汲本、殿本改。

〔9〕 父充持庆氏礼　按:《集解》引钱大昕说,谓"持"本是"治"字,章怀避讳改之。

〔10〕 大汉〔当〕自制礼　据汲本、殿本补。按:殿本《考证》谓监本脱去"当"字,从宋本增。

〔11〕 歌诗曲操　按:"歌"字原脱,径据汲本、殿本补。

〔12〕 尤好礼事　按:汲本、殿本"事"作"士"。《集解》引汪文台说,谓《御览》六百十一引《谢承书》,云"褒尤好礼事,常感朝廷制度未备"云云,明此"士"字当作"事"。

〔13〕 况予顽陋　按:"予"原讹"于",径改正。

〔14〕 擢褒监羽林左骑　按:《刊误》谓案《百官志》"骑"当作"监"。

〔15〕 德隆道用　按:汲本"用"作"备"。

〔16〕 时事弥顺　按:殿本《考证》谓"顺"疑"烦"之误,又"事"字旧本作"士"。

〔17〕 至十五日十六日落一叶　按:注文有脱讹,今本《大戴礼》作"至十五日

生十五叶，十六日一叶落”。

〔18〕 资文宣之远图明懿(美) 《刊误》谓衍一“明”字，何焯谓衍一“美”字。今依何焯说删“美”字。

〔19〕 见赵岐传 按：“岐”原作“歧”，径依汲本、殿本改。

〔20〕 吾家旧贫〔不〕为父母群弟所容 《集解》引周寿昌说，谓“不为父母群弟所容”一语，不应出之康成。钱氏《曝书杂记》云陈仲鱼元刻《后汉书·康成传》无“不”字，与唐史承节所撰《郑康成祠碑》云“吾家旧贫，为父母群弟所容”之语相合。今本作“不为父母群弟所容”，乃刻之误。《校补》则谓玄意本谓家贫而父母群弟力薄，不能并容，为吏又非所乐，乃发愤游学耳。去“不”字，于文义转觉其窒。今从《校补》说，据汲本，殿本补一“不”字。

〔21〕 得意者咸从捧手 按：“者”字原脱，径据汲本、殿本补。

〔22〕 复归邦乡 按：李慈铭谓碑作“乡邦”，是也，此误倒。

〔23〕 赵王乾之相也 按：汲本、殿本“乾”作“虔”。

〔24〕 故太山太守应中远 《集解》引惠栋说，谓“远”当作“瑗”，具本传注。今按：本传注云《谢承书》、《应氏谱》并云“字仲远”，《续汉书》、《文士传》作“仲援”，《汉官仪》又作“仲瑗”，未知孰是。

〔25〕 基字伯舆 汲本、殿本“舆”作“兴”。按：《魏志》作“舆”。

〔26〕 魏东(西)曹掾 据刊误删。

〔27〕 删裁繁诬 按：殿本“诬”作“芜”。

〔28〕 晋〔孝〕武帝时为豫章太守 张森楷校勘记谓案晋书，范武子仕晋孝武，去武帝时百有馀年，明“武”上当有“孝”字。今据补。

后汉书卷三十六

郑范陈贾张列传第二十六

郑兴字少赣，河南开封人也。少学《公羊春秋》。晚善《左氏传》，遂积精深思，通达其旨，同学者皆师之。①天凤中，②将门人从刘歆讲正大义，③歆美兴才，使撰条例、章句、传诂，〔1〕及校《三统历》。④

①《东观记》曰："兴从博士金子严为《左氏春秋》。"

②王莽年也。

③《左氏》义也。

④《说文》曰："诂，训古言也。"音古度反。《三统历》，刘歆撰，谓夏、殷、周历也。

更始立，以司直李松行丞相事，先入长安，松以兴为长史，令还奉迎迁都。更始诸将皆山东人，咸劝留洛阳。兴说更始曰："陛下起自荆楚，权政未施，①一朝建号，而山西雄桀争诛王莽，开关郊迎者，何也？②此天下同苦王氏虐政，而思高祖之旧德也。今久不抚之，臣恐百姓离心，盗贼复起矣。《春秋》书'齐小白入齐'，不称侯，未朝庙故也。③今议者欲先定赤眉而后入关，是不识其本而争其末，恐国家之守转在函谷，④虽卧洛阳，庸得安枕乎？"⑤更始曰："朕西决矣。"拜兴为谏议大夫，使安集关西及朔方、凉、益三州，还拜凉州刺史。会天水有反者，攻杀郡守，兴坐免。

①更始起南阳，南阳属荆州，故曰荆楚也。

②山西谓陕山已西也。

③小白，齐桓公也。《春秋》"齐小白入于齐"。《公羊传》曰："曷为以国氏？当国也。其言入何？篡辞也。"

④言若不早都关中，有人先入，则国家镇守转在函谷也。

⑤庸，用也。

时赤眉入关，东道不通，兴乃西归隗嚣，〔嚣〕虚心礼请，〔2〕而兴耻为之屈，称疾不起。嚣矜己自饰，〔3〕常以为西伯复作，①乃与诸将议自立为王。兴闻而说嚣曰："《春秋传》云：'口不道忠信之言为嚚，耳不听五声之和为聋。'②间者诸将集会，无乃不道忠信之言；大将军之听，无乃阿而不察乎？昔文王承积德之绪，加之以睿圣，三分天下，尚服事殷。③及武王即位，八百诸侯不谋同会，皆曰'纣可伐矣'，武王以未知天命，还兵待时。④高祖征伐累年，犹以沛公行师。今令德虽明，世无宗周之祚，威略虽振，未有高祖之功，而欲举未可之事，昭速祸患，无乃不可乎？惟将军察之。"嚣竟不称王。后遂广置职位，以自尊高。兴复止嚣曰："夫中郎将、太中大夫、使持节官皆王者之器，非人臣所当制也。孔子曰：'唯器与名，不可以假人。'⑤不可以假人者，亦不可以假于人也。无益于实，有损于名，非尊上之意也。"嚣病之而止。⑥

①西伯，文王也。作，起也。

②《左传》富辰谏周襄王之辞。

③《论语》孔子曰："三分天下有其二，以服事殷。"

④《史记》曰，武王观兵孟津，诸侯不期而至者八百人，〔4〕皆曰："纣可伐矣。"王曰："汝未知天命。"乃还师。后闻纣杀比干，囚箕子，乃告诸侯以伐之。故曰待时也。

⑤《左传》杜预注曰："器，车服；名，爵号也。"

⑥病犹难也。

及嚣遣子恂入侍，将行，兴因恂求归葬父母，嚣不听而徙兴舍，益其秩礼。兴入见嚣曰："前遭赤眉之乱，以将军僚旧，故敢归身明德。①幸蒙覆载之恩，复得全其性命。兴闻事亲之道，生事之以礼，死葬之以礼，祭之以礼，奉以周旋，弗敢失坠。②今为父母未葬，请乞骸骨，若以增秩徙舍，中更停留，是以亲为饵，③无礼甚矣。将军焉用之！"嚣曰："嚣将不足留故邪？"兴曰："将军据七郡之地，④拥羌胡之众，以戴本朝，德莫厚焉，威莫重焉。居则为专命之使，入必为鼎足之臣。兴，从俗者也，不敢深居屏处，因将军求进，不患不达，因将军求入，何患不亲，此兴之计不逆将军者也。兴业为父母请，不可以已，愿留妻子独归葬，将军又何猜焉？”嚣曰：“幸甚。”促为辨装，〔5〕遂令与妻子俱东。时建武六年也。

①兴尝为凉州刺史，嚣为西州将军，故曰“僚旧”也。

②周旋犹遵奉也。《左传》季文子曰“先大夫臧文仲教行父事君之礼，奉以周旋，弗敢失坠”也。

③犹钓饵也。

④七郡，天水、陇西、武威、张掖、酒泉、敦煌、金城也。

侍御史杜林先与兴同寓陇右，乃荐之曰：“窃见河南郑兴，执义坚固，敦悦《诗》、《书》，①好古博物，见疑不惑，有公孙侨、观射父之德，②宜侍帷幄，典职机密。昔张仲在周，燕翼宣王，而诗人悦喜。③惟陛下留听少察，以助万分。”乃征为太中大夫。

①《左传》赵衰曰“臣亟闻郤縠之言矣，郤縠悦礼乐而敦《诗》、《书》”也。

②《左传》，子产辨黄熊，晋侯闻之，曰：“博物君子也。”观射父，楚大夫也，对楚昭王以重黎、羲和之事。见《国语》。

③张仲，周宣王时贤臣也。燕，乐也。翼，敬也。《诗·小雅》曰：“侯谁在矣，张仲孝友。”

明年三月晦，日食。兴因上疏曰：

《春秋》以天反时为灾，地反物为妖，人反德为乱，乱则妖灾生。①往年以来，谪咎连见，意者执事颇有阙焉。案《春秋》‘昭公十七年夏六月甲戌朔，日有食之’。②传曰：‘日过分而未至，③三辰有灾，④于是百官降物，⑤君不举，⑥避移时，⑦乐奏鼓，⑧祝用币，⑨史用辞。’⑩今孟夏，纯乾用事，阴气未作，其灾尤重。夫国无善政，则谪见日月，变咎之来，不可不慎，其要在因人之心，择人处位也。⑪尧知鲧不可用而用之者，是屈己之明，因人之心也。齐桓反政而相管仲，晋文归国而任郤縠者，是不私其私，择人处位也。⑫今公卿大夫多举渔阳太守郭伋可大司空者，而不以时定，道路流言，咸曰“朝廷欲用功臣”，功臣用则人位谬矣。愿陛下上师唐、虞，下览齐、晋，以成屈己从众之德，以济群臣让善之功。⑬

①《左传》晋伯宗之辞。天反时为灾谓寒暑易节也。地反物为妖谓群物失性也。

②杜预注曰：“于周为六月，于夏为四月，纯阳用事，阴气未动而侵阳也。”

③言过春分而未及夏至也。

④三辰，日、月、星也。

⑤降物，素服。

⑥不举盛馔。

⑦避正寝过日食时也。

⑧伐鼓。

⑨用币于社。

⑩用辞以自责也。此以上皆《左传》载鲁太史答季平子之词也。

⑪《左传》晋士文伯曰“国无政，不用善，则自取谪于日月之灾，故政不可不慎也。务三而已，一曰择人，二曰因人，三曰从时”也。

⑫《史记》曰，桓公与兄子纠争位，纠使管仲将兵遮道，射桓公钩带，及桓公即位，任政于管仲也。又晋文公自秦归国，怀公故臣郤芮谋烧公宫，杀文公，宦者勃鞮告之，后文公以郤縠为中军帅。縠即郤芮之族，文公不以为仇而任焉，言唯贤是用，不私其私也。

⑬济，成也。

夫日月交会，数应在朔，而顷年日食，每多在晦。先时而合，皆月行疾也。日君象而月臣象，君亢急则臣下促迫，故行疾也。今年正月繁霜，自尔以来，率多寒日，①此亦急咎之罚。②天于贤圣之君，犹慈父之于孝子也，丁宁申戒，欲其反政，故灾变仍见，此乃国之福也。今陛下高明而群臣惶促，宜留思柔克之政，垂意《洪范》之法，③博采广谋，纳群下之策。

①正月，夏之四月。

②《书》曰：“急恒寒若。”

③克，能也。柔克谓和柔而能立事也。《尚书·洪范》曰：“高明柔克。”

书奏，多有所纳。

帝尝问兴郊祀事，曰："吾欲以谶断之，何如？"兴对曰："臣不为谶。"帝怒曰："卿之不为谶，非之邪？"兴惶恐曰："臣于书有所未学，而无所非也。"帝意乃解。兴数言政事，依经守义，文章温雅，然以不善谶故不能任。

九年，使监征南、积弩营于津乡，① 会征南将军岑彭为刺客所杀，兴领其营，遂与大司马吴汉俱击公孙述。述死，诏兴留屯成都。顷之，侍御史举奏兴奉使私买奴婢，坐左转莲勺令。② 是时丧乱之馀，郡县残荒，兴方欲筑城郭，修礼教以化之，会以事免。

①征南将军岑彭、积弩将军傅俊屯津乡，以拒公孙述。津乡在今荆州也。

②莲勺，县，属左冯翊，故城在今同州下邽县东北。莲音辇，勺音酌。

兴好古学，尤明《左氏》、《周官》，长于历数，自杜林、桓谭、卫宏之属，莫不斟酌焉。① 世言《左氏》者多祖于兴，而贾逵自传其父业，故有郑、贾之学。兴去莲勺，后遂不复仕，客授阌乡，② 三公连辟不肯应，卒于家。子众。

①斟酌谓取其意指也。

②阌音闻，古字也。建安中改作"闻"。〔6〕

众字仲师。年十二，从父受《左氏春秋》，精力于学，明《三统历》，作《春秋难记条例》，兼通《易》、《诗》，知名于世。建武中，皇太子及山阳王荆，因虎贲中郎将梁松以缣帛聘请众，欲为通义，引籍出入殿中。众谓松曰："太子储君，无外交之义，汉有旧防，蕃王不宜私通宾客。"遂辞不受。松复风众以"长者意，不可逆"。众曰："犯禁触罪，不如守正而死。"太子及荆闻而奇之，亦不强也。及梁氏事败，① 宾客多坐之，唯众不染于辞。

①梁松坐悬飞书诽谤下狱死，事见《梁统传》也。

永平初，辟司空府，以明经给事中，再迁越骑司马，① 复留给事中。是时北匈奴遣使求和亲。八年，显宗遣众持节使匈奴。众至北庭，虏欲令拜，众不为屈。单于大怒，围守闭之，不与水火，欲胁服众。众拔刀自誓，单于恐而止，乃更发使随众还京师。朝议复欲遣使报之，众上疏谏曰："臣伏闻北单于所以要致汉使者，欲以离南单于之众，坚三十六国之心也。②又当扬汉和亲，夸示邻敌，令西域欲归化者局促狐疑，[7]怀土之人绝望中国耳。汉使既到，便偃蹇自信。③若复遣之，虏必自谓得谋，其群臣驳议者不敢复言。④如是，南庭动摇，乌桓有离心矣。南单于久居汉地，具知形埶，万分离析，旋为边害。今幸有度辽之众扬威北垂，虽勿报答，不敢为患。"⑤帝不从，复遣众。众因上言："臣前奉使不为匈奴拜，单于恚恨，故遣兵围臣。今复衔命，必见陵折。臣诚不忍持大汉节对毡裘独拜。如令匈奴遂能服臣，将有损大汉之强。"帝不听，众不得已，既行，在路连上书固争之。诏切责众，追还系廷尉，会赦归家。

①《汉官仪》曰"越骑司马一人，秩千石"也。

②武帝开通西域，本三十六国。

③信音申。

④驳议谓劝单于归汉。

⑤明帝八年，初置度辽将军，屯五原曼柏。

其后帝见匈奴来者，问众与单于争礼之状，皆言匈奴中传众意气壮勇，虽苏武不过。乃复召众为军司马，使与虎贲中郎将马廖击车师。至敦煌，拜为中郎将，使护西域。会匈奴胁车师，围戊已校尉，众发兵救之。迁武威太守，谨修边备，虏不敢犯。迁左冯翊，政有名迹。

建初六年，代邓彪为大司农。是时肃宗议复盐铁官，众谏以为不可。①诏数切责，至被奏劾，众执之不移。帝不从。在位以清正称。其后受诏作《春秋删》十九篇。八年，卒官。

①武帝时国用不足，乃卖盐铁，置官以主之。昭帝罢之，今议欲复之。

子安世，亦传家业，为长乐、未央厩令。①延光中，安帝废太子为济阴王，安世与太常桓焉、太仆来历等共正议谏争。及顺帝立，安世已卒，追赐钱帛，除子亮为郎。众曾孙公业，自有传。

①《续汉志》曰："厩令一人，秩六百石。"

范升字辩卿，代郡人也。少孤，依外家居。九岁通《论语》、《孝经》，及长，习《梁丘易》、《老子》，教授后生。①

①宣帝时梁丘贺之《易》也。

王莽大司空王邑辟升为议曹史。时莽频发兵役，征赋繁兴，升乃奏记邑曰："升闻子以人不间于其父母为孝，臣以下不非其君上为忠。①今众人咸称朝圣，皆曰公明。盖明者无不见，圣者无不闻。今天下之事，昭昭于日月，震震于雷霆，而朝云不见，公云不闻，则元元焉所呼天？公以为是而不言，则过小矣；知而从令，则过大矣。二者于公无可以免，宜乎天下归怨于公矣。朝以远者不服为至念，升以近者不悦为重忧。今动与时戾，事与道反，驰骛覆车之辙，探汤败事之后，②后出益可怪，晚发愈可惧耳。方春岁首，而动发远役，藜藿不充，田荒不耕，谷价腾跃，斛至数千，吏人陷于汤火之中，非国家之人也。如此，则胡、貊守关，〔8〕青、徐之寇在于帷帐矣。③升有一言，可以解天下倒县，免元元之急，不可书传，愿蒙引见，极陈所怀。"邑虽然其言，而竟不用。升称病乞身，邑不听，令乘传使上党。升遂与汉兵会，因留不还。

①《论语》孔子曰："孝哉闵子骞，人不间于其父母兄弟之言。"间，非也。言子骞之孝，化其父母兄弟，言人无非之者。忠臣事君，有过即谏。在下无有非君者，是忠臣也。

②贾谊曰："前车覆，后车诫。"《论语》曰："见不善如探汤。"

③王莽时，青徐二部为寇，号"青徐贼"。

建武二年，光武征诣怀宫，拜议郎，迁博士，上疏让曰："臣与博士梁恭、山阳太守吕羌俱修《梁丘易》。二臣年并耆艾，经学深明，而臣不以时退，与恭并立，深知羌学，又不能达，①惭负二老，无颜于世。诵而不行，知而不言，不可开口以为人师，愿推博士以避恭、羌。"帝不许，然由是重之，数诏引见，每有大议，辄见访问。

①达，进也。

时尚书令韩歆上疏，欲为《费氏易》、《左氏春秋》立博士，①诏下其议。四年正月，朝公卿、大夫、博士，见于云台。帝曰："范博士可前平说。”升起对曰：“《左氏》不祖孔子，而出于丘明，师徒相传，又无其人，且非先帝所存，无因得立。”遂与韩歆及太中大夫许淑等互相辩难，日中乃罢。升退而奏曰：“臣闻主不稽古，无以承天；臣不述旧，无以奉君。陛下愍学微缺，劳心经蓺，情存博闻，故异端竞进。近有司请置《京氏易》博士，群下执事，莫能据正。《京氏》既立，《费氏》怨望，《左氏春秋》复以比类，亦希置立。《京》、《费》已行，次复《高氏》，②《春秋》之家，又有《驺》、《夹》。③如令《左氏》、《费氏》得置博士，《高氏》、《驺》、《夹》，《五经》奇异，并复求立，各有所执，乖戾分争。从之则失道，不从则失人，将恐陛下必有猒倦之听。孔子曰：‘博学约之，弗叛矣夫。’④夫学而不约，必叛道也。颜渊曰：‘博我以文，约我以礼。’孔子可谓知教，颜渊可谓善学矣。《老子》曰：‘学道日损。’损犹约也。又曰：‘绝学无忧。’绝末学也。今《费》、《左》二学，无有本师，而多反异，先帝前世，有疑于此，故《京氏》虽立，辄复见废。疑道不可由，疑事不可行。《诗》、《书》之作，其来已久。孔子尚周流游观，至于知命，自卫反鲁，乃正《雅》、《颂》。⑤今陛下草创天下，纪纲未定，虽设学官，无有弟子，《诗》、《书》不讲，礼乐不修，奏立《左》、《费》，非政急务。孔子曰：‘攻乎异端，斯害也已。’⑥传曰：‘闻疑传疑，闻信传信，而尧舜之道存。’⑦愿陛下疑先帝之所疑，信先帝之所信，以示反本，明不专己。天下之事所以异者，以不一本也。《易》曰：‘天下之动，贞夫一也。’⑧又曰‘正其本，万事理。’⑨〔9〕《五经》之本自孔子始，谨奏《左氏》之失凡十四事。”时难者以太史公多引《左氏》，升又上太史公违戾《五经》，谬孔子言，及《左氏春秋》不可录三十一事。诏以下博士。

①费直字长翁，善《易》，长于卦筮，见《前书》。

②沛人高相善《易》，与费直同时，见《前书》。

③《前书》曰，《驺氏》无师，《夹氏》未有其书也。

④《论语》孔子之言。弗叛言不违道也。

⑤孔子以鲁哀公十一年自卫还鲁。是时道衰乐废，孔子来还，乃正之，故《雅》、《颂》各得其所。见《史记》。

⑥攻犹习也。异端谓奇技也。

⑦《穀梁传》曰："信以传信，疑以传疑。"《公羊传》曰："君子曷为《春秋》？乐尧舜之道也。"

⑧《易·下系》之文也。

⑨今《易》无此文也。

后升为出妻所告，坐系，得出，还乡里。永平中，为聊城令，坐事免，卒于家。

陈元字长孙，苍梧广信人也。[①]父钦，习《左氏春秋》，事黎阳贾护，与刘歆同时而别自名家。[②]王莽从钦受《左氏》学，以钦为猒难将军。[③]元少传父业，为之训诂，锐精覃思，至不与乡里通。以父任为郎。

①广信故城在今梧州苍梧县。

②元父钦，字子佚。以《左氏》授王莽，自名《陈氏春秋》，故曰别也。贾护字季君。并见《前书》也。

③猒，一叶反。

建武初，元与桓谭、杜林、郑兴俱为学者所宗。时议欲立《左氏传》博士，范升奏以为《左氏》浅末，不宜立。元闻之，乃诣阙上疏曰：

陛下拨乱反正，文武并用，[①]深愍经艺谬杂，真伪错乱，每临朝日，辄延群臣讲论圣道。知丘明至贤，亲受孔子，而《公羊》、《穀梁》传闻于后世，故诏立《左氏》，博询可否，示不专已，尽之群下也。今论者沈溺所习，玩守旧闻，固执虚言传受之辞，以非亲见实事之道。《左氏》孤学少与，[②]遂为异家之所覆冒。夫至音不合众听，故伯牙绝弦；[③]至宝不同众好，故卞和泣血。[④]仲尼圣德，而不容于世，[⑤]况于竹帛馀文，其为雷同者所排，固其宜也。非陛下至明，孰能察之！

①拨，理也。语见《公羊传》。

②与犹党也。

③伯牙善鼓琴，钟子期善听，相与为友。子期死，伯牙破琴绝弦，不复鼓琴，以时人莫之能听也。见《吕览》。

④卞和得宝玉，献楚武王，王示玉人，曰“石也”，刖其右足。武王殁后，复献之文王，复曰“石也”，刖其左足。至成王时，卞和抱其璞于郊，泣尽以血继之，王乃使玉尹攻之，果得宝玉。事见《韩子》也。

⑤仲尼去鲁，斥齐，逐乎宋、卫，困于陈、蔡之间。见《史记》。

臣元窃见博士范升等所议奏《左氏春秋》不可立，及太史公违戾凡四十五事。案升等所言，前后相违，皆断截小文，媟黩微辞，以年数小差，掇为巨谬，① 遗脱纤微，指为大尤，抉瑕擿衅，② 掩其弘美，所谓“小辩破言，小言破道”者也。③ 升等又曰：“先帝不以《左氏》为经，故不置博士，后主所宜因袭。”臣愚以为若先帝所行而后主必行者，则盘庚不当迁于殷，周公不当营洛邑，④ 陛下不当都山东也。往者，孝武皇帝好《公羊》，卫太子好《穀梁》，有诏诏太子受《公羊》，不得受《穀梁》。孝宣皇帝在人间时，闻卫太子好《穀梁》，于是独学之。及即位，为石渠论而《穀梁氏》兴，⑤ 至今与《公羊》并存。此先帝后帝各有所立，不必其相因也。孔子曰，纯，俭，吾从众；至于拜下，则违之。⑥ 夫明者独见，不惑于朱紫，听者独闻，不谬于清浊，故离朱不为巧眩移目，⑦ 师旷不为新声易耳。⑧ 方今干戈少弭，戎事略戢，留思圣艺，眷顾儒雅，采孔子拜下之义，卒渊圣独见之旨，分明白黑，建立《左氏》，解释先圣之积结，洮汰学者之累惑，⑨ 使基业垂于万世，后进无复狐疑，则天下幸甚。

①媟，狎也；黩，垢浊也。掇，拾也，音丁括反。

②抉音于决反。

③《大戴记·小辩篇》孔子曰：“小辩破言，小言破义，小义破道。”

④盘庚都耿，自耿迁于殷。文王都酆，武王都镐，周公辅成王营洛邑。

⑤石渠阁以藏秘书，在未央殿北。宣帝甘露三年，诏诸儒韦玄成、梁丘贺等讲论《五经》于石渠也。

⑥《论语》孔子曰：“麻冕，礼也。今也纯，俭，吾从众。拜下，礼也。今拜乎上，泰也。虽违众，吾从下。”何晏注云：“麻冕，缁布冠也，古绩麻三十升以为之。纯，丝也。丝易成，故从俭。臣之与君行礼者，下拜然后升。时臣骄泰，故于上拜。今从下，礼之恭也。”

⑦离朱，黄帝时明目者也，一号离娄。《慎子》曰："离朱之明，察毫末于百步之外。"

⑧桓谭《新论》曰："晋师旷善知音，卫灵公将之晋，宿于濮水之上，夜闻新声，召师涓告之曰：'为我听写之。'曰：'臣得之矣。'遂之晋。晋平公飨之，酒酣，灵公曰：'有新声，愿奏之。'乃令师涓鼓琴。未终，师旷止之曰：'此亡国之声也。'"

⑨洮汰犹洗濯也。

臣元愚鄙，尝传师言。如得以褐衣召见，俯伏庭下，①诵孔氏之正道，理丘明之宿冤；若辞不合经，事不稽古，退就重诛，虽死之日，生之年也。

①褐，织毛为布，贫者之服也。

书奏，下其议，范升复与元相辩难，凡十馀上。帝卒立《左氏》学，太常选博士四人，元为第一。帝以元新忿争，乃用其次司隶从事李封，于是诸儒以《左氏》之立，论议讙哗，自公卿以下，数廷争之。会封病卒，《左氏》复废。

元以才高著名，辟司空李通府。时大司农江冯上言，宜令司隶校尉督察三公。事下三府。元上疏曰："臣闻师臣者帝，宾臣者霸。①〔10〕故武王以太公为师，齐桓以夷吾为仲父。孔子曰：'百官总己听于冢宰。'②近则高帝优相国之礼，③太宗假宰辅之权。④及亡新王莽，遭汉中衰，专操国柄，以偷天下，⑤况己自喻，不信群臣。夺公辅之任，损宰相之威，以刺举为明，徼讦为直。至乃陪仆告其君长，子弟变其父兄，⑥罔密法峻，大臣无所措手足。然不能禁董忠之谋，身为世戮。⑦故人君患在自骄，不患骄臣；失在自任，不在任人。是以文王有日昃之劳，周公执吐握之恭，⑧不闻其崇刺举，务督察也。方今四方尚扰，天下未一，百姓观听，咸张耳目。陛下宜修文武之圣典，袭祖宗之遗德，劳心下士，屈节待贤，诚不宜使有司察公辅之名。"帝从之，宣下其议。⑨

①言以臣为师，以臣为宾也。

②《论语》文也。

③萧何为相国，高帝赐剑履上殿，入朝不趋。

④太宗，孝文也。申屠嘉为丞相，坐府召太中大夫邓通，欲诛之。孝文使持节召通，令人谢嘉，故曰"假权"也。

⑤偷，窃也。

⑥王莽时开吏告其将，奴婢告其主。

⑦董忠为王莽大司马，共刘歆等谋诛莽，事发觉死也。

⑧《尚书》曰："文王自朝至于日中昃，不遑暇食。"《史记》曰，伯禽封鲁，周公戒之曰："我文王之子，武王之弟，成王之叔父，亦不贱矣。我一沐三握发，一饭三吐哺，以待士，犹恐失天下之贤人，汝无以国骄人也。"

⑨司察犹督察也。

李通罢，元后复辟司徒欧阳歙府，数陈当世便事、郊庙之礼，帝不能用。以病去，年老，卒于家。子坚卿，有文章。

贾逵字景伯，扶风平陵人也。九世祖谊，文帝时为梁王太傅。[①]曾祖父光，为常山太守，宣帝时以吏二千石自洛阳徙焉。父徽，从刘歆受《左氏春秋》，兼习《国语》、《周官》，又受《古文尚书》于涂恽，[②]学《毛诗》于谢曼卿，作《左氏条例》二十一篇。

①为文帝子梁王揖之傅也。

②《风俗通》曰："涂姓，涂山氏之后。"恽字子真，受《尚书》于胡常，见《前书》。

逵悉传父业，弱冠能诵《左氏传》及《五经》本文，以《大夏侯尚书》教授，虽为古学，兼通五家《穀梁》之说。[①]自为儿童，常在太学，不通人间事。身长八尺二寸，诸儒为之语曰："问事不休贾长头。"性恺悌，多智思，俶傥有大节。[②]尤明《左氏传》、《国语》，为之《解诂》五十一篇，[③]永平中，上疏献之。显宗重其书，写藏秘馆。

①五家谓尹更始、刘向、周庆、丁姓、王彦等，皆为《穀梁》，见《前书》也。

②恺，乐也。悌，易也。言有和乐简易之德也。俶傥，卓异也。

③《左氏》三十篇，《国语》二十一篇也。

时有神雀集宫殿官府，冠羽有五采色，帝异之，以问临邑侯刘复，[①]

复不能对，荐逵博物多识，帝乃召见逵，问之。对曰："昔武王终父之业，鸑鷟在岐，② 宣帝威怀戎狄，神雀仍集，此胡降之征也。"③ 帝敕兰台给笔札，使作《神雀颂》，拜为郎，与班固并校秘书，应对左右。

①临邑，东郡县也。复，齐武王伯升孙，北海王兴子。

②鸑鷟，凤之别名也。周大夫内史过对周惠王曰："周之兴也，鸑鷟鸣于岐山。"事见《国语》也。

③仍，频也。宣帝时神雀再见，改为年号，后匈奴降服，呼韩入朝也。

肃宗立，降意儒术，特好《古文尚书》、《左氏传》。建初元年，诏逵入讲北宫白虎观、南宫云台。帝善逵说，使发出《左氏传》大义长于二传者。〔11〕逵于是具条奏之曰：

臣谨擿出《左氏》三十事尤著明者，斯皆君臣之正义，父子之纪纲。其馀同《公羊》者什有七八，或文简小异，无害大体。至如祭仲、纪季、伍子胥、叔术之属，《左氏》义深于君父，《公羊》多任于权变，① 其相殊绝，固以甚远，而冤抑积久，莫肯分明。

①《左传》，宋人执郑祭仲，曰："不立突，将死。"祭仲许之，遂出昭公而立厉公。杜预注云："祭仲之如宋，非会非聘，见诱被拘。废长立少，故书名罪之。"《公羊传》曰："祭仲者何？郑之相也。何以不名？贤也。何贤乎祭仲？以为知权也。其知权奈何？宋人执之，谓之曰：'为我出忽而立突。'祭仲不从其言，则君必死，国必亡；从其言，则君可以生易死，国可以存易亡。"古之有权者，祭仲之权是也。《左传》，纪季以酅入于齐，纪侯大去其国。贾逵以为纪季不能兄弟同心以存国，乃背兄归仇，书以讥之。《公羊传》曰："纪季者何？纪侯之弟也。何以不名？贤也。何贤乎？服罪也。其服罪奈何？请后五庙以存姑姊妹。"《左传》，楚平王将杀伍奢，召伍奢子伍尚、伍员曰："来，吾免而父。"尚谓员曰："闻免父之命，不可以莫之奔，亲戚为戮，不可以莫之报。父不可弃，名不可废。"子胥奔吴，遂以吴师入郢，卒复父仇。《公羊传》曰："父受诛，子复仇，推刃之道也。"《公羊》不许子胥复仇，是不深父也。《左传》曰："冬，邾黑肱以滥来奔。贱而书名，重地故也。君子曰：'名之不可不慎。'以地叛，虽贱必书。地以名其人，终为不义，不可灭已。是以君子动则思礼，行则思义。"《公羊传》曰："冬，黑弓以滥来奔，文何以无邾

娄？通滥也。曷(谓)〔为〕通滥？〔12〕贤者子孙宜有地。贤者孰谓？谓叔术也。何贤乎叔术？让国也。"

臣以永平中上言《左氏》与图谶合者，先帝不遗刍荛，省纳臣言，写其传诂，藏之秘书。建平中，①侍中刘歆欲立《左氏》，不先暴论大义，而轻移太常，恃其义长，诋挫诸儒，诸儒内怀不服，相与排之。②孝哀皇帝重逆众心，故出歆为河内太守。从是攻击《左氏》，遂为重仇。至光武皇帝，奋独见之明，兴立《左氏》、《穀梁》，会二家先师不晓图谶，故令中道而废。凡所以存先王之道者，要在安上理民也。今左氏崇君父，卑臣子，强干弱枝，劝善戒恶，至明至切，至直至顺。③且三代异物，损益随时，故先帝博观异家，各有所采。《易》有施、孟，复立梁丘，④《尚书》欧阳，复有大小夏侯，⑤今三传之异亦犹是也。又《五经》家皆无以证图谶明刘氏为尧后者，而《左氏》独有明文。⑥《五经》家皆言颛顼代黄帝，而尧不得为火德。⑦《左氏》以为少昊代黄帝，即图谶所谓帝宣也。⑧如令尧不得为火，则汉不得为赤。其所发明，补益实多。

①建平，哀帝年也。

②排，摈却也。刘歆欲建立《左氏》，哀帝令歆与诸儒讲论其义，诸博士不肯置对，歆乃移书太常以责之，故被排摈。事见《前书》。

③《左传》曰："翼戴天子，加之以恭。"又曰："君命，天也，天可仇乎？委质策名，贰乃辟也。父教子贰，何以事君？"又曰："弃父之命，恶用子矣，以有无父之国则可。"是崇君父，卑臣子也。《左氏》王人虽微，序在诸侯之上。又曰："五大不在边，五细不在庭，末大必折，尾大不掉。"是强干弱枝也。又曰："尽而不污，惩恶而劝善，非圣人谁能修之？"《史记》曰，孔子曰："我欲载之空言，不如见之行事深切著明也。"

④施雠、孟喜、梁丘贺也。

⑤欧阳和伯、大夏侯胜、小夏侯建也。并见《前书》。

⑥《春秋》晋大夫蔡墨曰："陶唐氏既衰，其后有刘累，学扰龙，事孔甲，范氏其后也。"范会自秦还晋，其处者为刘氏。明汉承尧后也。

⑦《史记》曰"黄帝崩，其孙昌意之子立，是为帝颛顼"。当时《五经》家同为此

说。若以颛顼代黄帝以土德王，即颛顼当为金德，高辛为水德，尧为木德。汉承尧后，自然不得为火德也。

⑧《左氏传》曰："黄帝氏以云纪，少昊氏以鸟纪。"是以少昊代黄帝也。《河图》曰："大星如虹，下流华渚，女节意感，生白帝朱宣。"宋均注曰："朱宣，少昊氏也。"

陛下通天然之明，建大圣之本，改元正历，垂万世则，①是以麟凤百数，嘉瑞杂遝。②犹朝夕恪勤，游情《六蓺》，研机综微，靡不审核。③若复留意废学，以广圣见，庶几无所遗失矣。④

①改元谓改建初九年为元和元年，正历谓元和二年始用《四分历》也。

②杂遝言多也。章帝时，凤皇见百三十九，骐麟五十二，白虎二十九，黄龙三十四，神雀、白燕等史官不可胜纪。见《东观记》。

③核，实也。

④废学谓《左氏传》也。

书奏，帝嘉之，赐布五百匹，衣一袭，令逵自选《公羊》严、颜诸生高才者二十人，教以《左氏》，①与简纸经传各一通。②

①公羊高作《春秋》传，号曰《公羊春秋》。严彭祖、颜安乐俱受《公羊春秋》，故《公羊》有严、颜之学。见《前书》也。

②竹简及纸也。

逵母常有疾，帝欲加赐，以校书例多，特以钱二十万，使颍阳侯马防与之。谓防曰："贾逵母病，此子无人事于外，①屡空则从孤竹之子于首阳山矣。"②

①无人事谓不广交通也。

②屡，数也。空，乏也。《史记》曰，伯夷、叔齐，孤竹君之子也，隐于首阳山，卒饿死也。

逵数为帝言《古文尚书》与经传《尔雅》诂训相应，诏令撰《欧阳》、《大小夏侯》、《尚书》、《古文》同异。逵集为三卷，帝善之。复令撰《齐》、《鲁》、《韩诗》与《毛氏》异同。并作《周官解故》。①迁逵为卫士令。②八年，乃诏诸儒各选高才生，受《左氏》、《穀梁春秋》、《古文尚书》、《毛诗》，由是四经遂行于世。皆拜逵所选弟子及门生为千乘王国郎,③朝夕受业黄门署,学者皆欣欣羡慕焉。

①辕固,齐人也,为《齐诗》;申公,鲁人也,为《鲁诗》;韩婴为《韩诗》;毛苌为《毛诗》。故谓事之指意也。

②北宫卫士令一人,掌南、北宫,秩比六百石,见《续汉志》也。

③千乘王伉,章帝子也。

和帝即位,永元三年,以逵为左中郎将。八年,复为侍中,领骑都尉。内备帷幄,兼领秘书近署,甚见信用。

逵荐东莱司马均、陈国汝郁,帝即征之,并蒙优礼。均字少宾,安贫好学,隐居教授,不应辟命。信诚行乎州里,乡人有所计争,辄令祝少宾,①不直者终无敢言。位至侍中,以老病乞身,帝赐以大夫禄,归乡里。郁字叔异,[13]性仁孝,②及亲殁,遂隐处山泽。后累迁为鲁相,以德教化,百姓称之,流人归者八九千户。

①祝,诅也。《东观记》曰:"争曲直者,辄言'敢祝少宾乎'?心不直者,终不敢祝也。"

②《东观记》曰:"郁年五岁,母病不能食,郁常抱持啼泣,亦不食。母怜之,强为饭。宗亲共异之,因字曰'异'也。"

逵所著经传义诂及论难百馀万言,又作诗、颂、诔、书、连珠、酒令凡九篇,学者宗之,后世称为通儒。①然不修小节,当世以此颇讥焉,故不至大官。永元十三年卒,时年七十二。朝廷愍惜,除两子为太子舍人。

①应劭《风俗通义》曰:"授先王之制,立当时之事,纲纪国体,原本要化,此通儒也。"

论曰:郑、贾之学,行乎数百年中,遂为诸儒宗,亦徒有以焉尔。①桓谭以不善谶流亡,郑兴以逊辞仅免,贾逵能附会文致,最差贵显。②世主以此论学,悲矣哉!③

①言贾、郑虽为儒宗,而不为帝所重,故曰"亦徒有以焉尔"。

②贾逵附会文致，谓引《左氏》明汉为尧后也。

③言时主不重经而重谶也。

张霸字伯饶，蜀郡成都人也。年数岁而知孝让，虽出入饮食，自然合礼，乡人号为“张曾子”。七岁通《春秋》，复欲进馀经，父母曰“汝小未能也”，霸曰“我饶为之”，故字曰“饶”焉。①

①饶犹益也。

后就长水校尉樊(儵)〔鯈〕受《严氏公羊春秋》，〔14〕遂博览《五经》。诸生孙林、刘固、段著等慕之，各市宅其傍，以就学焉。

举孝廉光禄主事，稍迁，①永元中为会稽太守，表用郡人处士顾奉、公孙松等。奉后为颍川太守，松为司隶校尉，并有名称。其馀有业行者，皆见擢用。郡中争厉志节，习经者以千数，道路但闻诵声。

①光禄勋之主事也，见《汉官》。

初，霸以樊(儵)〔鯈〕删《严氏春秋》犹多繁辞，乃减定为二十万言，更名《张氏学》。

霸始到越，贼未解，郡界不宁，乃移书开购，明用信赏，贼遂束手归附，不烦士卒之力。童谣曰：“弃我戟，〔15〕捐我矛，盗贼尽，吏皆休。”视事三年，谓掾史曰：“太守起自孤生，致位郡守。盖日中则移，月满则亏。①老氏有言：‘知足不辱。’”遂上病。

①《史记》蔡泽之辞也。《易·丰卦》曰“日中则昃，月盈则食”也。

后征，四迁为侍中。时皇后兄虎贲中郎将邓骘，当朝贵盛，闻霸名行，欲与为交，霸逡巡不答，众人笑其不识时务。后当为五更，会疾卒，年七十。遗敕诸子曰：“昔延州使齐，子死嬴、博，因坎路侧，遂以葬焉。①今蜀道阻远，不宜归茔，可止此葬，足藏发齿而已。务遵速朽，副我本心。人生一世，但当畏敬于人，若不善加己，直为受之。”诸子承命，葬于河南梁县，因遂家焉。将作大匠翟酺等与诸儒门人追录本行，谥曰宪文。中子楷。〔16〕

①嬴，博，二县名，属泰山郡。《礼记》曰：“延陵季子适齐，其长子死于嬴、博之间，因葬焉。”

楷字公超，通《严氏春秋》、《古文尚书》，门徒常百人。宾客慕之，自父党夙儒，偕造门焉。车马填街，徒从无所止，黄门及贵戚之家，皆起舍巷次，以候过客往来之利。楷疾其如此，辄徙避之。家贫无以为业，常乘驴车至县卖药，足给食者，辄还乡里。司隶举茂才，除长陵令，不至官。隐居弘农山中，学者随之，所居成市，后华阴山南遂有公超市。五府连辟，举贤良方正，不就。①

①五府，太傅、太尉、司徒、司空、大将军也。

汉安元年，顺帝特下诏告河南尹曰：“故长陵令张楷行慕原宪，操拟夷、齐，①轻贵乐贱，窜迹幽薮，高志确然，独拔群俗。前比征命，盘桓未至，将主者玩习于常，优贤不足，使其难进欤？郡时以礼发遣。”楷复告疾不到。

①原宪，鲁人，字子思，孔子弟子。清约守节，贫而乐道。

性好道术，能作五里雾。时关西人裴优亦能为三里雾，自以不如楷，从学之，楷避不肯见。桓帝即位，优遂行雾作贼，事觉被考，引楷言从学术，楷坐系廷尉诏狱，积二年，恒讽诵经籍，作《尚书注》。后以事无验，见原还家。建和三年，下诏安车备礼聘之，辞以笃疾不行。年七十，终于家。子陵。

陵字处冲，官至尚书。元嘉中，岁首朝贺，大将军梁冀带剑入省，陵呵叱令出，敕羽林、虎贲夺冀剑。冀跪谢，陵不应，即劾奏冀，请廷尉论罪，有诏以一岁俸赎，而百僚肃然。

初，冀弟不疑为河南尹，举陵孝廉。不疑疾陵之奏冀，因谓曰：“昔举君，适所以自罚也。”陵对曰：“明府不以陵不肖，误见擢序，今申公宪，以报私恩。”不疑有愧色。陵弟玄。

玄字处虚，沈深有才略，以时乱不仕。司空张温数以礼辟，不能致。中平二年，温以车骑将军出征凉州贼边章等，将行，玄自田庐被褐带索，要说温曰："天下寇贼云起，岂不以黄门常侍无道故乎？闻中贵人公卿已下当出祖道于平乐观，明公总天下威重，握六师之要，若于中坐酒酣，鸣金鼓，整行阵，召军正执有罪者诛之，引兵还屯都亭，以次翦除中官，解天下之倒县，报海内之怨毒，然后显用隐逸忠正之士，则边章之徒宛转股掌之上矣。"温闻大震，不能对，良久谓玄曰："处虚，非不悦子之言，顾吾不能行，如何！"玄乃叹曰："事行则为福，不行则为贼。今与公长辞矣。"即仰药欲饮之。温前执其手曰："子忠于我，我不能用，是吾罪也，子何为当然！且出口入耳之言，谁今知之！"①〔17〕玄遂去，隐居鲁阳山中。②及董卓秉政，闻之，辟以为掾，举侍御史，不就。卓临之以兵，不得已强起，至轮氏，〔18〕道病终。③

①《左传》曰："言出于余口，入于尔耳。"

②山在今汝州南。

③轮氏，县，属颍川郡，故城在今洛州洛阳县城西南。

赞曰：中世儒门，贾、郑名学。众驰一介，争礼毡幄。①升、元守经，义偏情较，〔19〕霸贵知止，辞交戚里。公超善术，所舍成市。

①一介，单使也。《左传》曰："君亦不使一介行李告于寡君。"毡幄谓匈奴也。

【校勘记】

〔1〕使撰条例章句传诂　汲本、殿本"传诂"作"训诂"。今按：注专释"诂"字，引《说文》"诂，训古言也"，似正文不作"训诂"。下《贾逵传》云"写其传诂"，亦当作"传诂"之一证也。

〔2〕〔嚣〕虚心礼请　据《刊误》及《校补》说补。

〔3〕嚣矜己自饰　汲本、殿本"矜"作"矜"。按：段注《说文》依汉石经《论语》，改"矜"为"矜"，云从矛令声，则以作"矜"为是。然绍兴本"矜""矜"互见，前后亦不一致也。

〔4〕 诸侯不期而至者八百人　按:汲本、殿本“至”作“会”。

〔5〕 促为辨装　汲本、殿本“辨”作“办”。按,“辨”本作“辧”,从刀辡声。段玉裁谓俗作“辨”,为辨别字,别作从力之“办”,为干办字,实则古辨别、干辧无二义,亦无二音二形也。

〔6〕 建安中改作“闻”　按:《集解》引沈钦韩说,谓阌字本作“闅”,建安中改作“阌”,非改作“闻”也。

〔7〕 局促狐疑　“局促”原作“局足”,径据汲本、殿本改。按:此叠韵连语,通常皆作“局促”也。

〔8〕 胡貊守关　按:《刊误》谓“关”当作“阙”。方喻迫近,不当云关。

〔9〕 万事理　按:张森楷《校勘记》谓惠校本“事”作“物”,《补注》引刘向《说苑》亦作“物”。

〔10〕 宾臣者霸　按:《集解》引沈钦韩说,谓《袁宏纪》作“宾臣者王”。

〔11〕 使发出左氏传大义长于二传者　汲本、殿本无“发”字。按:殿本《考证》谓监本“出”字上有“发”字。

〔12〕 曷(谓)〔为〕通滥　据汲本、殿本改,与今《公羊传》合。

〔13〕 郁字叔异　《集解》引沈钦韩说,谓《文选》四十六注引《东观记》作“字幼异”。按:今聚珍本《东观记》亦作“字叔异”。

〔14〕 长水校尉樊(鯈)〔鯈〕　据《樊宏传》改。下同。

〔15〕 弃我戟　按:王先谦谓《类聚》十五引《续汉书》作“弃子戟”。

〔16〕 中子楷　按:“楷”原作“揩”,据汲本、殿本改正。下同。

〔17〕 且出口入耳之言谁今知之　王先谦谓“今”当为“令”之误文,言出于子口,入于我耳,我不言,谁令他人知之,语意自顺。今按:今犹即也,则也,言谁则知之,王说未谛。

〔18〕 至轮氏　按:“轮”《续志》同,《前志》作“纶”。

〔19〕 义偏情较　按:殿本“较”作“驳”。

后汉书卷三十七

桓荣丁鸿列传第二十七

桓荣字春卿,〔1〕沛郡龙亢人也。① 少学长安,习《欧阳尚书》,事博士九江朱普。②〔2〕贫窭无资,③ 常客佣以自给,精力不倦,十五年不窥家园。至王莽篡位乃归。会朱普卒,荣奔丧九江,负土成坟,因留教授,徒众数百人。莽败,天下乱。荣抱其经书与弟子逃匿山谷,虽常饥困而讲论不辍,后复客授江淮间。

①《续汉书》曰:"荣本齐人,迁于龙亢,至荣六叶。"《东观记》曰:"荣本齐桓公后也。桓公作伯,支庶用其谥立族命氏焉。"

②朱普字公文,受业于平当,为博士,徒众尤盛。见《前书》。

③《字林》曰:"窭,空也。"

建武十九年,年六十馀,始辟大司徒府。时显宗始立为皇太子,选求明经,乃擢荣弟子豫章何汤为虎贲中郎将,以《尚书》授太子。世祖从容问汤① 本师为谁,汤对曰:"事沛国桓荣。"帝即召荣,令说《尚书》,甚善之。② 拜为议郎,赐钱十万,入使授太子。〔3〕每朝会,辄令荣于公卿前敷奏经书。帝称善,曰:"得生几晚!"会《欧阳》博士缺,帝欲用荣。荣叩头让曰:"臣经术浅薄,不如同门生郎中彭闳、扬州从事皋弘。"帝曰:"俞,往,女谐。"③ 因拜荣为博士,引闳、弘为议郎。〔4〕

①从音七容反。

②《谢承书》曰:"何汤字仲弓,豫章南昌人也。荣门徒常四百馀人,汤为高第,以才明知名。荣年四十无子,汤乃去荣妻为更娶,生三子,荣甚重之。后拜郎中,守开阳门候。上微行夜还,汤闭门不纳,更从中东门入。明旦,召诣太官赐食,诸门候皆夺俸。建武十八年夏旱,〔5〕公卿皆暴露请雨。洛阳令

著车盖出门，汤将卫士钩令车收案，有诏免令官，拜汤虎贲中郎将。上尝叹曰：'赳赳武夫，公侯干城，何汤之谓也。'汤以明经尝授太子，推荐荣，荣拜五更，封关内侯。荣常言曰：'此皆何仲弓之力也。'"

③《续汉书》曰："闵字作明。"俞，然也。然其所举，敕令往，言汝能和谐此官。《谢承书》曰"皋弘字奉卿，〔6〕吴郡人也。〔7〕家代为冠族。少有英才，与桓荣相善。子徽，至司徒长史"也。

车驾幸大学，会诸博士论难于前，荣被服儒衣，温恭有蕴籍，①辩明经义，每以礼让相猒，不以辞长胜人，儒者莫之及，②特加赏赐。又诏诸生雅吹击磬，尽日乃罢。③后荣入会庭中，诏赐奇果，受者皆怀之，荣独举手捧之以拜。帝笑指之曰："此真儒生也。"以是愈见敬厚，常令止宿太子宫。积五年，荣荐门下生九江胡宪侍讲，乃听得出，旦一入而已。荣尝寝病，太子朝夕遣中傅问病，赐以珍羞、帷帐、奴婢，谓曰："如有不讳，无忧家室也。"④后病愈，复入侍讲。

①蕴籍犹言宽博有馀也。蕴音于问反。

②猒，服也。音一叶反。

③吹管奏《雅》、《颂》也。

④不讳谓死也。死者人之常。故言不讳也。

二十八年，大会百官，诏问谁可傅太子者，群臣承望上意，皆言太子舅执金吾原鹿侯阴识可。①博士张佚正色曰："今陛下立太子，为阴氏乎？为天下乎？即为阴氏，则阴侯可；为天下，则固宜用天下之贤才。"帝称善，曰："欲置傅者，以辅太子也。今博士不难正朕，况太子乎？"即拜佚为太子太傅，而以荣为少傅，赐以辎车、乘马。荣大会诸生，陈其车马、印绶，曰："今日所蒙，稽古之力也，可不勉哉！"荣以太子经学成毕，上疏谢曰："臣幸得侍帷幄，执经连年，而智学浅短，无以补益万分。今皇太子以聪睿之姿，通明经义，观览古今，储君副主莫能专精博学若此者也。斯诚国家福佑，天下幸甚。臣师道已尽，皆在太子，谨使掾臣汜再拜归道。"②太子报书曰："庄以童蒙，学道九载，而典训不明，无所晓识。夫《五经》广大，圣言幽远，非天下之至精，岂能与于此！③况以不才，敢承诲命。昔之先师谢弟子者有矣，上则通达经旨，分明章句，④下则去家慕乡，求谢师门。⑤今蒙下列，不敢有辞，愿君慎疾加餐，重爱玉体。"⑥

①言可任也。

②《续汉书》曰："三公东西曹掾四百石，馀掾比二百石。"归犹谢也。

③此上二句，《周易》之《系辞》。与音预。

④《前书》丁宽受学于田何，学成，何谢宽，宽东归，何谓门人曰："《易》东矣。"是先师谢弟子。

⑤《韩诗外传》曰"孔子行，见皋鱼哭。孔子曰：'子非有丧，何哭悲也？'皋鱼曰：'吾少而好学，周流诸侯，以没吾亲。树欲静而风不止，子欲养而亲不待。往而不可追者年也，去而不见者亲也。'孔子曰：'弟子识之。'于是门人辞归者十有三"也。

⑥《史记》曰："伏闻太后玉体不安。"君子于玉比德，故以言也。

三十年，拜为太常。荣初遭仓卒，与族人桓元卿同饥厄，而荣讲诵不息。元卿嗤荣曰："但自苦气力，何时复施用乎？"荣笑不应。及为太常，元卿叹曰："我农家子，岂意学之为利乃若是哉！"①

①《东观汉记》曰："荣为太常，元卿来候荣，荣诸弟子谓曰：'平生笑尽气力，今何如？'元卿曰：'我安能知此哉！'"

显宗即位，尊以师礼，甚见亲重，拜二子为郎。荣年逾八十，自以衰老，数上书乞身，辄加赏赐。乘舆尝幸太常府。令荣坐东面，设几杖，会百官骠骑将军东平王苍以下及荣门生数百人，天子亲自执业，每言辄曰"大师在是"。①既罢，悉以太官供具赐太常家。其恩礼若此。

①《东观记》曰"时执经生避位发难，上谦曰'大师在是'"也。

永平二年，三雍初成，拜荣为五更。①每大射养老礼毕，帝辄引荣及弟子升堂，执经自为下说。②乃封荣为关内侯，食邑五千户。③〔8〕

①三雍，宫也，谓明堂、灵台、辟雍。《前书音义》曰："皆叶天人雍和之气为之，故谓三雍。"五更，解见《明纪》。

②下说谓下语而讲说之也。

③《东观记》曰："荣以《尚书》授朕十有馀年。《诗》云：'日就月将，示我显德

行。'乃封之。"

荣每疾病，帝辄遣使者存问，太官、太医相望于道。及笃，上疏谢恩，让还爵土。帝幸其家问起居，入街下车，拥经而前，抚荣垂涕，赐以床茵、帷帐、刀剑、衣被，良久乃去。自是诸侯将军大夫问疾者，不敢复乘车到门，皆拜床下。荣卒，帝亲自变服，临丧送葬，赐冢茔于首山之阳。①除兄子二人补四百石，都讲生八人补二百石，其馀门徒多至公卿。②子郁嗣。③

①首阳山在今偃师县西北也。

②《华峤书》曰："荣弟子丁鸿学最高。"

③《华峤书》曰："荣长子雍早卒，少子郁嗣。"

论曰：张佚讦切阴侯，以取高位，危言犯众，义动明后，知其直有馀也。若夫一言纳赏，志士为之怀耻；①受爵不让，风人所以兴歌。②而佚廷议戚援，自居全德，③意者以廉不足乎？昔乐羊食子，有功见疑；西巴放麑，以罪作傅。④盖推仁审伪，本乎其情。君人者能以此察，则真邪几于辨矣。⑤〔9〕

①秦兵围赵，时鲁仲连在赵，因说令退兵。平原君赵胜乃以千金为仲连寿，连笑曰："所贵于天下之士者，能排患解纷而无取也。即有取者，是商贾之事也，而连不忍为也。"遂去，终身不复见。见《史记》也。

②《诗·小雅·角弓》篇曰："受爵不让，至于已斯亡。"风人犹诗人也。

③佚谏云"当用天下之贤才"，而乃自当其任，故曰"自居全德"。全德言无玷缺也。《庄子》曰"是谓全德"也。

④并解见《吴汉传》。〔10〕

⑤几，近也，音钜依反。

郁字仲恩，少以父任为郎。敦厚笃学，传父业，以《尚书》教授，门徒常数百人。荣卒，郁当袭爵，上书让于兄子汎，显宗不许，不得已受封，悉以租入与之。帝以郁先师子，有礼让，甚见亲厚，常居中论经书，问以政事，稍迁侍中。①帝自制《五家要说章句》，令郁校定于宣明殿，②以侍

中监虎贲中郎将。〔11〕

①《东观记》曰“永平十四年为议郎，迁侍中”也。

②《华峤书》曰“帝自制《五行章句》”，此言“五家”，即谓五行之家也。宣明殿在德阳殿后。《东观记》曰：“上谓郁曰：‘卿经及先师，致复文雅。’其冬，上亲于辟雍，自讲所制《五行章句》已，复令郁说一篇。上谓郁曰：‘我为孔子，卿为子夏，起予者商也。’又问郁曰：‘子几人能传学？’郁曰：‘臣子皆未能传学，孤兄子一人学方起。’上曰：‘努力教之，有起者即白之。’”

永平十五年，入授皇太子经，迁越骑校尉，诏敕太子、诸王各奉贺致礼。郁数进忠言，多见纳录。①肃宗即位，郁以母忧乞身，诏听以侍中行服。②建初二年，迁屯骑校尉。

①《东观记》曰：“皇太子赐郁鞍马、刀剑，郁乃上疏皇太子曰：‘伏见太子体性自然，包含今古，谦谦允恭，天下共见。郁父子受恩，无以明益，夙夜惭惧，诚思自竭。愚以为太子上当合圣心，下当卓绝于众，宜思远虑，以光朝廷。’”

②《华峤书》曰“郁上书乞身，天子忧之，有诏公卿议。议者皆以郁身为名儒，学者之宗，可许之，于是诏郁以侍中行服”也。

和帝即位，富于春秋，侍中窦宪自以外戚之重，欲令少主颇涉经学，上疏皇太后曰：“《礼记》云：‘天下之命，悬于天子；天子之善，成乎所习。习与智长，则切而不勤；〔12〕化与心成，则中道若性。昔成王幼小，越在襁保，周公在前，史佚在后，太公在左，召公在右。中立听朝，四圣维之。是以虑无遗计，举无过事。’①孝昭皇帝八岁即位，大臣辅政，亦选名儒韦贤、蔡义、夏侯胜等入授于前，平成圣德。②近建初元年，张酺、魏应、召训亦讲禁中。③〔13〕臣伏惟皇帝陛下，躬天然之姿，宜渐教学，而独对左右小臣，未闻典义。昔五更桓荣，亲为帝师，子郁，结发敦尚，继传父业，故再以校尉入授先帝，父子给事禁省，更历四世，今白首好礼，经行笃备。又宗正刘方，宗室之表，善为《诗经》，先帝所褒。宜令郁、方并入教授，以崇本朝，光示大化。”由是迁长乐少府，复入侍讲。顷之，转为侍中奉车都尉。永元四年，代丁鸿为太常。明年，病卒。

①自礼记以下，至此以上，皆《大戴礼》之文也。切而不勤，谓习与智长，则常自切厉而不须勤敕，若性犹自然也。襁，络也；保，小儿被也。“保”当作“褓”，古字通也。史佚，成王时史官，名佚，贤者也。维，持也。遗，失也。

②韦贤字长孺，鲁国邹人，治《鲁诗》。蔡义，河内温人也，为韩诗，给事中也。夏侯胜，鲁人也，字长公，治《欧阳尚书》。并见《前书》。

③酺等并自有传。

郁经授二帝，恩宠甚笃，赏赐前后数百千万，显于当世。门人杨震、朱宠，皆至三公。①

①《邓骘传》曰：“朱宠字仲威，京兆人也。笃行好学，从桓荣受《尚书》，位至太尉。”

初，荣受朱普学章句四十万言，浮辞繁长，多过其实。①及荣入授显宗，减为二十三万言。郁复删省定成十二万言。由是有《桓君大小太常章句》。

①长音直亮反。

子普嗣，传爵至曾孙。郁中子焉，能世传其家学。①孙鸾、曾孙彬，并知名。

①《华峤书》曰：“郁六子，普、延、焉、俊、酆、良。普嗣侯，传国至曾孙，绝。酆、良子孙皆博学有才能。”

焉字叔元，少以父任为郎。明经笃行，有名称。永初元年，入授安帝，三迁为侍中步兵校尉。永宁中，顺帝立为皇太子，以焉为太子少傅，月馀，迁太傅，以母忧自乞，听以大夫行丧。逾年，诏使者赐牛酒，夺服，即拜光禄大夫，迁太常。时废皇太子为济阴王，焉与太仆来历、廷尉张皓谏，不能得，事已具《来历传》。

顺帝即位，拜太傅，与太尉朱宠并录尚书事。焉复入授经禁中，因谦见，建言宜引三公、尚书入省事，①帝从之。以焉前廷议守正，封阳平侯，固让不受。视事三年，坐辟召禁锢者为吏免。复拜光禄大夫。阳嘉二年，代来历为大鸿胪，数日，迁为太常。永和五年，代王龚为太尉。汉安元年，以日食免。明年，卒于家。

①省犹视也。

弟子传业者数百人，黄琼、杨赐最为显贵。焉孙典。①

①《华峤书》曰："焉长子衡，早卒。中子顺，顺子典。"

典字公雅，复传其家业，①以《尚书》教授颍川，门徒数百人。举孝廉为郎。居无几，会国相王吉以罪被诛，②故人亲戚莫敢至者。典独弃官收敛归葬，服丧三年，负土成坟，为立祠堂，尽礼而去。

①《华峤书》曰"典十二丧父母，事叔母如事亲。立廉操，不取于人，门生故吏问遗，一无所受"也。

②沛相。

辟司徒袁隗府，举高第，拜侍御史。是时宦官秉权，典执政无所回避。〔14〕常乘骢马，京师畏惮，为之语曰："行行且止，避骢马御史。"及黄巾贼起荥阳，典奉使督军。贼破，还，以忤宦官赏不行。在御史七年不调，①后出为郎。

①《华峤书》作"十年"。

灵帝崩，大将军何进秉政，典与同谋议，三迁羽林中郎将。①献帝即位，三公奏典前与何进谋诛阉官，功虽不遂，忠义炳著。诏拜家一人为郎，赐钱二十万。

①《华峤书》曰"迁平津都尉、钩盾令、羽林中郎将"也。

从西入关，拜御史中丞，赐爵关内侯。车驾都许，迁光禄勋。建安六年，卒官。

鸾字始春，焉弟子也。①少立操行，缊袍糟食，不求盈馀。②以世浊，州郡多非其人，耻不肯仕。

①《东观记》曰"鸾父良，龙舒侯相"也。

②《东观记》曰"鸾贞亮之性，著乎幼冲。学览《六经》，莫不贯综。推财孤寡，

分贿友朋。泰于待贤，狭于养己。常著大布缊袍，粝食醋餐”也。〔15〕

年四十馀，时太守向苗有名迹，〔16〕乃举鸾孝廉，迁为胶东令。始到官而苗卒，鸾即去职奔丧，终三年然后归，淮汝之间高其义。后为巳吾、汲二县令，①甚有名迹。诸公并荐，复征(辟)拜议郎。〔17〕上陈五事：举贤才，审授用，黜佞幸，省苑囿，息役赋。书奏御，牾内竖，故不省。以病免。中平元年，年七十七，卒于家。子晔。

①《东观记》曰："〔除〕陈留巳吾长，〔18〕旬月间迁河内汲令。"

晔字文林，一名严，①尤修志介。姑为司空杨赐夫人。初鸾卒，姑归宁赴哀，将至，止于传舍，整饰从者而后入，晔心非之。及姑劳问，终无所言，号哭而已。赐遣吏奉祠，因县发取祠具，晔拒不受。后每至京师，未尝舍宿杨氏。其贞忮若此。②宾客从者，皆祗其志行，一餐不受于人。仕为郡功曹。后举孝廉、有道、方正、茂才，三公并辟，皆不应。

①《东观记》"严"作"硏"。

②忮，坚也。

初平中，天下乱，避地会稽，遂浮海客交阯①。越人化其节，至闾里不争讼。为凶人所诬，遂死于合浦狱。

①《东观记》曰"硏到吴郡，扬州刺史刘繇振给谷食衣服所乏者，悉不受。后东适会稽，住止山阴县故鲁相钟离意舍，太守王朗饷给粮食、布帛、牛羊，一无所(当)〔留〕。〔19〕临去之际，屋中尺寸之物，悉疏付主人，纤微不漏。移居扬州从事屈豫室中，中庭橘树一株，遇实孰，乃以竹藩树四面，风吹落两实，以绳系著树枝。每当危亡之急，其志弥固，宾客从者皆肃其行"也。

彬字彦林，焉之兄孙也。

父麟，字元凤，早有才惠。①桓帝初，为议郎，入侍讲禁中，以直道牾左右，出为许令，②病免。会母终，麟不胜丧，未祥而卒，年四十一。所著碑、诔、赞、说、书凡二十一篇。③

①《华峤书》曰"鄦生麟"也。

②许，县名，今许州许昌县也。

③案挚虞《文章志》，麟文见在者十八篇，有碑九首，诔七首，《七说》一首，《沛相郭府君书》一首。

彬少与蔡邕齐名。初举孝廉，拜尚书郎。时中常侍曹节女婿冯方亦为郎，彬厉志操，与左丞刘歆、右丞杜希同好交善，未尝与方共酒食之会，方深怨之，遂章言彬等为酒党。事下尚书令刘猛，〔猛〕雅善彬等，〔20〕不举正其事，节大怒，劾奏猛，以为阿党，请收下诏狱，在朝者为之寒心，猛意气自若，旬日得出，免官禁锢。彬遂以废。〔21〕光和元年，卒于家，年四十六。诸儒莫不伤之。

所著《七说》及书凡三篇，〔22〕蔡邕等共论序其志，佥以为彬有过人者四：夙智早成，岐嶷也；①〔23〕学优文丽，至通也；仕不苟禄，绝高也；辞隆从窊，絜操也。②乃共树碑而颂焉。

①夙，早也。岐，行皃也。嶷然有所识也。《诗》曰"克岐克嶷"也。

②窊，下也，音乌瓜反。

刘猛，琅邪人。桓帝时为宗正，直道不容，自免归家。灵帝即位，太傅陈蕃、大将军窦武辅政，复征用之。

论曰：伏氏自东西京相袭为名儒，以取爵位。①中兴而桓氏尤盛，自荣至典，世宗其道，父子兄弟代作帝师，受其业者皆至卿相，显乎当世。〔孔〕子曰：〔24〕"古之学者为己，今之学者为人。"②为人者，凭誉以显物；为己者，因心以会道。桓荣之累世见宗，岂其为己乎！

①谓伏生已后至伏湛也。

②《论语》文也。

丁鸿字孝公，〔25〕颍川定陵人也。

父綝，字幼春，王莽末守颍阳尉。世祖略地颍阳，颍阳城守不下，綝说其宰，遂与俱降，世祖大喜，厚加赏劳，以綝为偏将军，因从征伐。綝将兵先度河，移檄郡国，攻营略地，下河南、陈留、颍川二十一县。

建武元年，拜河南太守。及封功臣，帝令各言所乐，诸将皆占丰邑美县，唯綝愿封本乡。或谓綝曰："人皆欲县，子独求乡，何也?"綝曰："昔孙叔敖敕其子，受封必求垸埆之地，①今綝能薄功微，得乡亭厚矣。"帝从之，封定陵新安乡侯，食邑五千户，后徙封陵阳侯。

①孙叔敖，楚相也。垸埆，瘠薄之地。叔敖将死，戒其子曰："王封汝，必无居利地也。楚、越之间，有寝丘者，甚恶，可长有以食也。"见《吕氏春秋》也。

鸿年十三，从桓荣受《欧阳尚书》，三年而明章句，善论难，为都讲，遂笃志精锐，布衣荷担，不远千里。

初，綝从世祖征伐，鸿独与弟盛居，怜盛幼小而共寒苦。及綝卒，鸿当袭封，上书让国于盛，不报。既葬，乃挂缞绖于冢庐而逃去，留书与盛曰："鸿贪经书，不顾恩义，弱而随师，①生不供养，死不饭唅，皇天先祖，并不佑助，身被大病，不任茅土。②前上疾状，愿辞爵仲公，③章寝不报，迫且当袭封。谨自放弃，逐求良医。如遂不瘳，永归沟壑。"鸿初与九江人鲍骏同事桓荣，〔26〕甚相友善，及鸿亡封，与骏遇于东海，阳狂不识骏。骏乃止而让之曰："昔伯夷、吴札乱世权行，故得申其志耳。④《春秋》之义，不以家事废王事。⑤今子以兄弟私恩而绝父不灭之基，可谓智乎?"鸿感悟，垂涕叹息，乃还就国，开门教授。鲍骏亦上书言鸿经学至行，显宗甚贤之。⑥

①弱，少也。

②任，堪也。

③仲公，盛之字也。

④伯夷，孤竹君之子，让其弟叔齐，饿死于首阳之山。吴札，吴王寿梦之季子也，诸兄欲让其国，季子乃舍其室而耕。皆是权时所行，非常之道也。伯夷当纣时，吴札当周之末，故言乱(也)〔世〕。〔27〕

⑤《春秋》卫灵公卒，孙辄立，父蒯聩与辄争国。〔28〕《公羊传》曰："辄者曷为？蒯聩之子。然则曷为不立蒯聩而立辄？蒯聩无道，灵公逐之而立辄。然则辄之义可以立乎？曰可。不以父命辞于王命，〔29〕不以家事辞于王事。"故骏引以为言也。

⑥《续汉书》载骏书曰："臣闻武王克殷，封比干之墓，表商容之间，二人无功，

下车先封之，表善显仁，为国之砥砺也。伏见丁鸿经明行修，志节清妙。"由是上贤之也。

永平十年诏征，鸿至即召见，说《文侯之命篇》，①赐御衣及绶，禀食公车，②与博士同礼。顷之，拜侍中。十三年，兼射声校尉。建初四年，徙封鲁阳乡侯。③

①周平王东迁洛邑，晋文侯仇有辅佐之功，平王赐以车马、弓矢而策命之，因以名篇，事见《尚书》也。

②禀，给也。公车，署名，公车所在，因以名。诸待诏者，皆居以待命，故令给食焉。

③《东观记》曰："鲁阳乡在寻阳(郡)〔县〕"也。〔30〕

肃宗诏鸿与广平王羡及诸儒楼望、成封、桓郁、贾逵等，论定《五经》同异于北宫白虎观，①使五官中郎将魏应主承制问难，侍中淳王恭奏上，帝亲称制临决。鸿以才高，论难最明，诸儒称之，帝数嗟美焉。时人叹曰："殿中无双丁孝公。"②数受赏赐，擢徙校书，〔31〕遂代成封为少府。门下由是益盛，远方至者数千人。彭城刘恺、北海巴茂、九江朱伥皆至公卿。元和三年，徙封马亭乡侯。③

①广平王羡，明帝子也。《东观记》曰"与太常楼望、少府成封、屯骑校尉桓郁、卫士令贾逵等集议"也。白虎，门名于门立观，因之以名焉。

②《东观记》曰："上叹嗟其才，号之曰'殿中无双丁孝公'，赐钱二十万。"《续汉书》亦同。而此书独作"时人叹"也。

③《东观记》曰："元和二年，车驾东巡狩，鸿以少府从。上奏曰：'臣闻古之帝王，统治天下，五载巡狩，至于岱宗，柴祭于天，望秩山川，协时月正日，同斗斛权衡，〔32〕使人不争。陛下尊履蒸蒸，奉承弘业，祀五帝于明帝，配以光武，二祖四宗，咸有告祀。瞻望太山，嘉泽降澍，柴祭之日，白气上升，与燎烟合，黄鹄群翔，所谓神人以和，荅响之休符也。'上善焉。"又曰"以庐江郡为六安国"，所以徙封为马亭侯。

和帝即位，迁太常。永元四年，代袁安为司徒。是时窦太后临政，宪兄弟各擅威权。鸿因日食，上封事曰：

臣闻日者阳精，守实不亏，君之象也；月者阴精，盈毁有常，臣之表也。故日食者，臣乘君，阴陵阳；月满不亏，下骄盈也。昔周室衰季，皇甫之属专权于外，党类强盛，侵夺主埶，则日月薄食，① 故《诗》曰："十月之交，朔月辛卯，日有食之，亦孔之丑。"②《春秋》日食三十六，弑君三十二。[33] 变不空生，各以类应。夫威柄不以放下，利器不可假人。③ 览观往古，近察汉兴，倾危之祸，靡不由之。是以三桓专鲁，田氏擅齐，六卿分晋；诸吕握权，统嗣几移；哀、平之末，庙不血食。④ 故虽有周公之亲，而无其德，不得行其埶也。⑤

①《周室》衰谓幽王时也。皇甫即幽王后之党也。《诗·小雅》曰："皇甫卿士，番惟司徒，家伯维宰，仲允膳夫。"其类非一，故言之属也。

②《十月之交》，《诗·小雅》篇名也。孔，甚也。丑，恶也。周之十月，夏之八月也。八月朔，日月交而日食，阴侵阳，臣侵君之象也。日辰之义，日为君，辰为臣。辛，金也。卯，木也。又以卯侵金，故甚恶也。

③刘向上书云："弑君三十六。"今据《春秋》与刘向同，而《东观》及《续汉》范氏诸本皆云"三十二"，盖误也。威柄谓《周礼》之八柄，即爵、禄、生、置、予、夺、废、诛也。利器谓国之权势。假，借也。《左传》曰"唯器与名，不可以假人"也。

④三桓谓季孙氏、叔孙氏、仲孙氏。三家皆出自鲁桓公，故言三桓。并专权鲁国。至鲁昭公，遂为季氏所逐，平子乃摄行君事。田氏，陈敬仲之后，因自陈奔齐，改为田氏，遂执齐政，至田和乃篡齐。六卿谓晋之智氏、中行氏、范氏、韩氏、赵氏、魏氏，并专晋政，韩、赵、魏卒三分晋国也。诸吕谓吕产、吕禄也。产领南军，禄领北军，谋危刘氏，故曰"统嗣几移"。

⑤言亲贤兼重，方可执政。《孟子》曰："有伊尹之心则可，无伊尹之心则篡也。"[34]

今大将军虽欲敕身自约，不敢僭差，然而天下远近皆惶怖承旨，刺史二千石初除谒辞，求通待报，虽奉符玺，受台敕，不敢便去，久者至数十日。背王室，向私门，此乃上威损，下权盛也。人道悖于下，效验见于天，虽有隐谋，[35] 神照其情，垂象见戒，以告人君。间者月满先节，过望不亏，① 此臣骄溢背君，专功独行也。陛下未深觉悟，故天重见戒，诚宜畏惧，以防其祸。《诗》云："敬天之怒，不敢戏豫。”②若敕政责躬，杜渐防萌，则凶妖销灭，害除福凑矣。

①《易》曰“天垂象，见吉凶”，故言见戒也。见满先节谓未及望而满也。《东观记》亦(云)作“先节”，〔36〕俗本作“失节”，字之误也。

②《诗·大雅》也。雷电震燿，天怒也。戏豫犹逸豫也。不敢自逸，所以敬天也。

夫坏崖破岩之水，源自涓涓；干云蔽日之木，起于葱青。禁微则易，救末者难，人莫不忽于微细，以致其大。恩不忍诲，义不忍割，去事之后，未然之明镜也。臣愚以为左官外附之臣，①依托权门，倾覆谄谀，以求容媚者，宜行一切之诛。间者大将军再出，威振州郡，莫不赋敛吏人，遣使贡献。大将军虽云不受，而物不还主，部署之吏无所畏惮，纵行非法，不伏罪辜，故海内贪猾，竞为奸吏，小民吁嗟，怨气满腹。臣闻天不可以不刚，不刚则三光不明；②王不可以不强，不强则宰牧从横。宜因大变，改政匡失，以塞天意。

①《前书》：“左官附益阿党之法设。”左官者，人道尚右，舍天子而事诸侯为左官。外附谓背正法而附私家。

②三光，日、月、星也。天道尚刚。《周易》曰：“乾，健也。”《左传》曰：“天为刚德。”〔37〕

书奏十馀日，帝以鸿行太尉兼卫尉，屯南、北宫。于是收窦宪大将军印绶，宪及诸弟皆自杀。

时大郡口五六十万举孝廉二人，小郡口二十万并有蛮夷者亦举二人，帝以为不均，下公卿会议。鸿与司空刘方上言：“凡口率之科，宜有阶品，蛮夷错杂，不得为数。自今郡国率二十万口岁举孝廉一人，四十万二人，六十万三人，八十万四人，百万五人，百二十万六人。不满二十万二岁一人，不满十万三岁一人。”帝从之。

六年，鸿薨，赐赠有加常礼。子湛嗣。〔湛〕卒，子浮嗣。〔38〕浮卒，子夏嗣。①

①《东观记》及《续汉书》“夏”字作“夔”也。

论曰：孔子曰“太伯三以天下让，民无得而称焉”。①孟子曰“闻伯夷之风者，贪夫廉，懦夫有立志”。若乃太伯以天下而违周，伯夷率絜情以去国，并未始有其让也。②故太伯称至德，伯夷称贤人。后世闻其让而慕其风，徇其名而昧其致，所以激诡行生而取与妄矣。③至夫邓彪、刘恺，让其弟以取义，使弟受非服而己厚其名，〔39〕于义不亦薄乎！④君子立言，非苟显其理，将以启天下之方悟者；立行，非独善其身，将以训天下之方动者。言行之所开塞，可无慎哉！原丁鸿之心，主于忠爱乎？何其终悟而从义也！异夫数子类乎徇名者焉。

①此上《论语》载孔子之言也。郑玄注云：“太伯，周太王之长子，次子仲雍，次子季历。太王见季历贤，又生文王有圣人表，故欲立之，而未有命。太王疾，太伯因适吴、越采药，太王殁而不返，季历为丧主，一让也。季历赴之，不来奔丧，二让也。免丧之后，遂断发文身，三让也。三让之美皆蔽隐不著，故人无得而称焉。”

②违，去也。未始犹未尝也。言太伯、伯夷率性清絜，超然去国，未尝故有求让之名。

③徇，营也。言二子非故立让风以求声誉，故至德称于前古。后代之人直欲营慕其名，而昧其深致，所以激射诡谲之行生，而取与之间多诈妄矣。

④彪让国异母弟荆及凤，恺以国让弟宪，帝皆许焉。弟不当袭爵，故言非服，而彪、恺皆独受美名，而陷弟于不义也。

赞曰：五更待问，应若鸣钟。①庭列辎驾，堂修礼容。穆穆帝则，拥经以从。②丁鸿翼翼，让而不饰。高论白虎，深言日食。③

①《礼记》曰：“夙夜强学以待问。”又曰“善待问者如撞钟，扣之以小者则小鸣，扣之以大者则大鸣，待其舂容而后尽其声，不善答问者反此”也。

②从，就也。

③《春秋经》书“日有食之”。杜注云：“日食者，月掩日。圣人不言月掩日，而以自食为文，〔40〕阙于所不见也。”

【校勘记】

〔1〕 桓荣字春卿　按:《集解》引汪文台说,谓《书钞》云字子春。

〔2〕 事博士九江朱普　按:王先谦谓今本《东观记》作"朱文刚"。

〔3〕 入使授太子　《刊误》谓案文"入使"当作"使入"。按:孔广陶校注本《北堂书钞》五十六引《续汉书》作"入授太子",无"使"字。张森楷《校勘记》谓《治要》无"使"字。

〔4〕 引闳弘为议郎　按:《东观记》无"弘"字。

〔5〕 建武十八年夏旱　汲本、殿本"十八年"作"十六年"。按:《光武纪》建武十八年夏五月旱,是作"十六年"者误也。

〔6〕 皋弘字奉卿　按:"奉"原讹"秦",径据汲本、殿本改正。

〔7〕 吴郡人也　按:张熷谓吴郡顺帝时置,荣时乃会稽郡耳,"郡"当为"县"。

〔8〕 食邑五千户　按:《东观记》作"五百户",云后以五更禄终厥身。

〔9〕 则真邪几于辨矣　按:王先谦谓"真"盖"贞"之误。

〔10〕 并解见吴汉传　按:《集解》引黄山说,谓注误,乃见《公孙述传》。

〔11〕 以侍中监虎贲中郎将　按:《刊误》谓汉无监虎贲官,盖是"兼"字,与丁鸿同也。

〔12〕 则切而不勤　按:《集解》引沈钦韩说,谓《大戴礼·保傅篇》作"切而不攘",《贾谊传》及《新书》作"切而不愧"。

〔13〕 召训　按:《集解》引惠栋说,谓本传作"驯",徐广云驯古训字。

〔14〕 典执政无所回避　《刊误》谓典为御史,非执政者,"政"当作"正"。按:《御览》四二七引作"正"。

〔15〕 粝食醋餐　按:聚珍本《东观记》"醋餐"作"粗餐"。

〔16〕 时太守向苗　按:《校补》引钱大昭说,谓鸾,沛国人,苗当为国相,桓典之为孝廉,国相王吉举之,是其证。此云"太守",误。

〔17〕 复征(辟)拜议郎　《刊误》谓征则上征之,辟则诸府辟之,议郎当云征而已,明多"辟"字。今据删。

〔18〕 〔除〕陈留巳吾长　据汲本、殿本补。

〔19〕 一无所(当)〔留〕　据殿本改,与聚珍本《东观记》合。

〔20〕 〔猛〕雅善彬等　据汲本、殿本补。按:《御览》二一五引重"猛"字。

〔21〕 彬遂以废 按:《御览》二一五引“以”作“见”。

〔22〕 所著七说 按:《校补》引侯康及柳从辰说,并谓“七说”当作“七误”。

〔23〕 夙智早成岐嶷也 按:《刊误》谓案蔡邕本以早成为一德,传写之误,反以“岐嶷”在下,当云“夙智岐嶷,早成也”。

〔24〕 〔孔〕子曰 据汲本、殿本补。

〔25〕 丁鸿字孝公 按:王先谦谓李善《文选》注作“字季公”。

〔26〕 九江人鲍骏 按:《集解》引惠栋说,谓《袁宏纪》“骏”作“俊”。

〔27〕 故言乱(也)〔世〕 据殿本改。

〔28〕 父蒯聩与辄争国 按:汲本、殿本“聩”作“聩”。下同。

〔29〕 不以父命辞于王命 按:陈景云谓按《公羊传》本文,当作“不以父命辞王父命”。

〔30〕 鲁阳乡在寻阳(郡)〔县〕也 《集解》引洪亮吉说,谓汉时止有寻阳县,属庐江郡,此“郡”字盖“县”字之误。今据改。

〔31〕 数受赏赐擢徙校书 《刊误》谓汉校书者郎官而已,鸿已为二千石,不当以校书为擢徙也,明衍“校书”二字。《集解》引惠栋说,谓如刘说,则“擢徙”二字无所附丽,或作“尚书”。《校补》谓案刘意,“擢徙”二字承上“数受赏赐”为一句,不必有所附丽,尚书六百石,亦非二千石擢徙之官。此传但云“校书”,未言“校书郎”,则“赏赐擢徙”与“校书”各为一事,原不必校书定为官名。今按:句当有脱讹,诸说皆未谛。

〔32〕 同斗斛权衡 按:“同”原讹“角”,径据汲本、殿本改正。

〔33〕 弑君三十二 按:“弑”原讹“杀”,径据汲本、殿本改正。

〔34〕 有伊尹之心则可无伊尹之心则篡也 按:殿本“心”皆改作“志”,取与今本《孟子》合。《校补》谓案《周章传论》已引作“心”,官本同,周广业据为《孟子》异本是也。

〔35〕 虽有隐谋 按:《集解》引王补说,谓《袁宏纪》作“虽欲隐讳”。

〔36〕 东观记亦(云)作先节 据《校补》删。

〔37〕 左传曰天为刚德 按:汲本、殿本注无此七字,而有“天道终日乾乾是其刚也”十字。

〔38〕 〔湛〕卒子浮嗣 据汲本、殿本补。

〔39〕 而己厚其名 按:《解集》引惠栋说,谓《华峤书》“厚”作“享”。

〔40〕 而以自食为文 按:汲本、殿本“自食”讹“日食”。

后汉书卷三十八

张法滕冯度杨列传第二十八

张宗字诸君，南阳鲁阳人也。王莽时，为县阳泉乡佐。①会莽败，义兵起，宗乃率阳泉民三四百人起兵略地，西至长安，更始以宗为偏将军。宗见更始政乱，因将家属客安邑。

①《续汉书》曰："乡佐，主佐乡收税赋。"

及大司徒邓禹西征，定河东，宗诣禹自归。禹闻宗素多权谋，乃表为偏将军。禹军到栒邑，〔1〕赤眉大众且至，禹以栒邑不足守，欲引师进就坚城，而众人多畏贼追，惮为后拒。禹乃书诸将名于竹简，署其前后，乱著笥中，令各探之。①宗独不肯探，曰："死生有命，张宗岂辞难就逸乎！"禹叹息谓曰："将军有亲弱在营，奈何不顾？"宗曰："愚闻一卒毕力，百人不当；万夫致死，可以横行。宗今拥兵数千，以承大威，何遽其必败乎！"〔2〕遂留为后拒。诸营既引兵，宗方勒厉军士，坚垒壁，以死当之。禹到前县，议曰："以张将军之众，当百万之师，犹以小雪投沸汤，虽欲戮力，〔3〕其埶不全也。"乃遣步骑二千人反还迎宗。宗引兵始发，而赤眉卒至，宗与战，却之，乃得归营，于是诸将服其勇。及还到长安，宗夜将锐士入城袭赤眉，中矛贯胛，②又转攻诸营保，为流矢所激，皆几至于死。

①笥以竹为之。郑玄注《礼记》云："圆曰箪，方曰笥。"

②胛，背上两膊间。

及邓禹征还，光武以宗为京辅都尉，①将突骑与征西大将军冯异共击关中诸营保，破之，迁河南都尉。建武六年，都尉官省，拜太中大夫。

八年，颍川桑中盗贼群起，宗将兵击定之。后青、冀盗贼屯聚山泽，宗以谒者督诸郡兵讨平之。十六年，琅邪、北海盗贼复起，宗督二郡兵讨之，乃设方略，明购赏，皆悉破散，于是沛、楚、东海、临淮群贼惧其威武，相捕斩者数千人，青、徐震栗。后迁琅邪相，其政好严猛，敢杀伐。永平二年，卒于官。

①秦每郡有尉一人，典兵禁，景帝更名都尉。武帝元鼎四年，置京辅都尉，各一人，〔4〕二千石，见《前书》也。

法雄字文彊，扶风郿人也，齐襄王法章之后。秦灭齐，子孙不敢称田姓，故以法为氏。①宣帝时，徙三辅，世为二千石。雄初仕郡功曹，②辟太傅张禹府，举雄高第，除平氏长。③善政事，好发擿奸伏，盗贼稀发，吏人畏爱之。南阳太守鲍得上其理状，迁宛陵令。〔5〕

①法章，齐湣王子也。法章子建立，为秦所灭。见《史记》也。

②《续汉志》曰"郡皆置诸曹掾史。功曹史，主选署功劳"也。

③平氏，县，属南阳郡，故城今唐州平氏县也。

永初三年，海贼张伯路等三千馀人，冠赤帻，服绛衣，自称"将军"，寇滨海九郡，杀二千石令长。初，遣侍御史庞雄督州郡兵击之，伯路等乞降，寻复屯聚。明年，伯路复与平原刘文河等三百馀人称"使者"，攻厌次城，杀长吏，①转入高唐，②烧官寺，出系囚，渠帅皆称"将军"，共朝谒伯路。伯路冠五梁冠，佩印绶，③党众浸盛。乃遣御史中丞王宗持节发幽、冀诸郡兵，合数万人，乃征雄为青州刺史，与王宗并力讨之。连战破贼，斩首溺死者数百人，馀皆奔走，收器械财物甚众。会赦诏到，贼犹以军甲未解，不敢归降。于是王宗召刺史太守共议，皆以为当遂击之。雄曰："不然。兵，凶器；战，危事。④勇不可恃，胜不可必。贼若乘船浮海，深入远岛，攻之未易也。及有赦令，可且罢兵，以慰诱其心，埶必解散，然后图之，可不战而定也。"宗善其言，即罢兵。贼闻大喜，乃还所略人。而东莱郡兵独未解甲，贼复惊恐，遁走辽东，止海岛上。五年春，乏食，复抄东莱间，雄率郡兵击破之，贼逃还辽东，辽东人李久等共斩平之，于是州界清静。

①厌次，今棣州县是也。

②高唐今博州县。

③《汉官仪》曰“诸侯冠进贤三梁，卿大夫、尚书、二千石冠两梁，千石以下至小吏冠一梁”，无五梁制者也。

④《史记》范蠡之词。

雄每行部，录囚徒，察颜色，多得情伪，长吏不奉法者皆解印绶去。

在州四年，迁南郡太守，断狱省少，户口益增。郡滨带江沔，①又有云梦薮泽，②永初中，多虎狼之暴，前太守赏募张捕，反为所害者甚众。雄乃移书属县曰：“凡虎狼之在山林，犹人〔民〕之居城市。古者至化之世，猛兽不扰，③皆由恩信宽泽，仁及飞走。太守虽不德，敢忘斯义。记到，其毁坏槛穽，不得妄捕山林。”④是后虎害稍息，人以获安。〔6〕在郡数岁，岁常丰稔。⑤元初中卒官。

①《水经》曰：“沔水出武都沮县东狼谷中，至江夏沙羡县北，南入于江。”羡音夷。

②云梦泽今在安州。

③《礼记》曰：“大道之行，四灵以为畜。龙以为畜，故鱼鲔不淰；凤以为畜，故鸟不獝；麟以为畜，故兽不狘。”是不扰之也。

④槛谓捕兽之机也。穽谓穿地陷兽也。

⑤稔，熟也。

子真，在《逸人传》。〔7〕

滕抚字叔辅，北海剧人也。初仕州郡，稍迁为涿令，有文武才用。太守以其能，委任郡职，兼领六县。①风政修明，流爱于人，在事七年，道不拾遗。

①《续汉志》涿郡领七县，除涿以外，有遒、故安、范阳、良乡、北新城、方城六县，使抚兼领之。

顺帝末，扬、徐盗贼群起，磐牙连岁。①〔8〕建康元年，九江范容、周生等相聚反乱，屯据历阳，②为江淮巨患，遣御史中丞冯绲将兵督扬州刺史尹耀、九江太守邓显讨之。耀、显军败，为贼所杀。又阴陵人徐凤、马勉等复冠郡县，杀略吏人。凤衣绛衣，带黑绶，称"无上将军"，勉皮冠黄衣，带玉印，称"黄帝"，筑营于当塗山中。③乃建年号，置百官，遣别帅黄虎攻没合肥。④明年，广陵贼张婴等复聚众数千人反，据广陵。朝廷博求将帅，三公举抚有文武才，拜为九江都尉，与中郎将赵序助冯绲合州郡兵数万人共讨之。又广开赏募，钱、邑各有差。梁太后虑群贼屯结，诸将不能制，又议遣太尉李固。未及行，会抚等进击，大破之，斩马勉、范容、周生等千五百级，徐凤遂将馀众攻烧东城县。⑤下邳人谢安应募，率其宗亲设伏击凤，斩之，封安为平乡侯，邑三千户。拜抚中郎将，督扬徐二州事。抚复进击张婴，斩获千馀人。赵序坐畏懦不进，诈增首级，征还弃市。又历阳贼华孟自称"黑帝"，攻九江，杀郡守。抚乘胜进击，破之，斩孟等三千八百级，虏获七百馀人，牛马财物不可胜算。于是东南悉平，振旅而还。以抚为左冯翊，除一子为郎。抚所得赏赐，尽分于麾下。

①磐牙谓相连结。

②历阳今和州县。

③当塗县之山也，在今宣州。〔9〕

④合肥故城在今庐州北也。

⑤东城县故城在今豪州定远县东南。〔10〕

性方直，不交权势，宦官怀忿。及论功当封，太尉胡广时录尚书事，承旨奏黜抚，天下怨之。卒于家。

冯绲字鸿卿，巴郡宕渠人也，①少学《春秋》、《司马兵法》。②父焕，安帝时为幽州刺史，疾忌奸恶，数致其罪。时玄菟太守姚光亦失人和。建光元年，怨者乃诈作玺书谴责焕、光，赐以欧刀。又下辽东都尉庞奋使速行刑，奋即斩光收焕。焕欲自杀，绲疑诏文有异，止焕曰："大人在州，志欲去恶，实无它故，必是凶人妄诈，规肆奸毒。愿以事自上，甘罪无晚。”焕从其言，上书自讼，果诈者所为，征奋抵罪。会焕病死狱中，帝愍之，赐焕、光钱各十万，以子为郎中。绲由是知名。

①宕渠，县，故城在今渠州东北。绲音古本反。

②《谢承书》曰，绲学《公羊春秋》。《史记》曰，司马穰苴者，田完之苗裔也，当景公时，善用兵。至齐威王时，使大夫追论古者司马兵法，而附穰苴其中，号曰《司马穰苴》也。

家富好施，赈赴穷急，为州里所归爱。初举孝廉，七迁为广汉属国都尉，征拜御史中丞。顺帝末，以绲持节督扬州诸郡军事，与中郎将滕抚击破群贼，迁陇西太守。后鲜卑寇边，以绲为辽东太守，晓喻降集，虏皆弭散。①征拜京兆尹，转司隶校尉，所在立威刑。迁廷尉、太常。

①弭，止也。

时长沙蛮寇益阳，屯聚积久，至延熹五年，众转盛，而零陵蛮贼复反应之。合二万馀人，攻烧城郭，杀伤长吏。又武陵蛮夷悉反，寇掠江陵间，荆州刺史刘度、南郡太守李肃并奔走，荆南皆没。于是拜绲为车骑将军，将兵十馀万讨之，诏策绲曰：“蛮夷猾夏，久不讨摄，①各焚都城，蹈籍官人。州郡将吏，死职之臣，相逐奔窜，曾不反顾，可愧言也。将军素有威猛，是以擢授六师。②前代陈汤、冯、傅之徒，以寡击众，③郅支、夜郎、楼兰之戎，头悬都街，④卫、霍北征，功列金石，是皆将军所究览也。⑤今非将军，谁与修复前迹？进赴之宜，权时之策，将军一之，出郊之事，不复内御。⑥已命有司祖于国门。⑦《诗》不云乎：‘进厥虎臣，阚如虓虎，敷敦淮渍，仍执丑虏。’将军其勉之！”⑧

①猾，乱也。夏，华夏也。摄，持也。《书》曰：“蛮夷猾夏。”

②六师犹六军也，《诗》云“整我六师，以修我戎”也。

③陈汤字子公，山阳瑕丘人也。元帝时，为西域副校尉，矫发西域诸国兵四万人，诛斩郅支单于，传首长安，悬于稾街。冯奉世字子明，上党潞人也。宣帝时，以卫尉持节送大宛诸国客到伊修城。时莎车王万年杀汉使者，子明乃以节告诸国王，发兵五千人击莎车，杀其王，传首诣长安。傅介子，北地人。昭帝时，为平乐监。时楼兰国数反覆，霍光白遣介子与士卒，赍金币以赐外国

为名，至楼兰，楼兰王与介子饮，乃令壮士二人刺杀之，持首诣阙。

④夜郎，西南夷之国也。成帝时，夜郎王兴数不从命，牂柯太守陈立行县至夜郎，召兴，兴从邑君数十人见立，立数责，因断兴头。案：夜郎王首不传京师，杀之者陈立，又非陈汤、冯、傅，此盖泛论诛戮戎夷耳。

⑤卫青、霍去病俱出击匈奴，青至寘颜山，斩首九千级，去病斩首七万馀级，次(到)〔封〕狼居胥山迺还也。〔11〕

⑥一犹专也，言出郊以外，不复由内制御也。《淮南子》曰"凡命将，主亲授钺曰：'从此上至天，将军制之。'将答曰：'国不可从外理，军不可从中御'"也。

⑦祖，道祭也。郑玄注《礼记》云："天子九门：路门也，应门也，雉门也，库门也，皋门也，国门也，近郊门也，远郊门也，关门也。"

⑧《诗·大雅》也。当周宣王时，徐方、淮夷反叛，宣王乃进其虎猛之臣，谓方叔、召虎之类也。虓虎，怒声也。水涯曰濆。敷，布也。丑，众也。仍，因也。言布兵敦逼淮水之涯，因执得众虏。引《诗》戒绲，令其勉也。

时天下饥馑，帑藏虚尽，每出征伐，常减公卿奉禄，假王侯租赋，前后所遣将帅，宦官辄陷以折耗军资，往往抵罪。绲性烈直，不行贿赂，惧为所中，乃上疏曰："埶得容奸，伯夷可疑；苟曰无猜，盗跖可信。①故乐羊陈功，文侯示以谤书。②愿请中常侍一人监军财费。"尚书朱穆奏绲以财自嫌，失大臣之节。有诏勿劾。

①《庄子》曰，孔子与柳下季为友，弟名曰盗跖，从卒九千人，横行，侵暴诸侯，驱人马牛，取人妇女，贪虐无亲，万人苦之。

②乐羊，魏将军也。《史记》曰，魏文侯令乐羊将而攻中山，三年而拔之。乐羊反而论功，文侯示之谤书一箧。乐羊再拜曰："此非臣之功也。"

绲军至长沙，贼闻，悉诣营道乞降。①进击武陵蛮夷，斩首四千馀级，受降十馀万人，〔12〕荆州平定。诏书赐钱一亿，固让不受。振旅还京师，推功于从事中郎应奉，荐以为司隶校尉，而上书乞骸骨，朝廷不许。监军使者张敞承宦官旨，奏绲将傅婢二人戎服自随，又辄于江陵刻石纪功，请下吏案理。尚书令黄儁奏议，以为罪无正法，不合致纠。会长沙贼复起，攻桂阳、武陵，绲以军还盗贼复发，策免。

①营道，今道州县也。

顷之，拜将作大匠，转河南尹。上言"旧典，中官子弟不得为牧人职"，帝不纳。复为廷尉。时山阳太守单迁以罪系狱，绲考致其死。迁，故车骑将军单超之弟，中官相党，遂共诽章诬绲，坐与司隶校尉李膺、大司农刘祐俱输左校。应奉上疏理绲等，得免。后拜屯骑校尉，复为廷尉，卒于官。

绲弟允，〔13〕清白有孝行，能理《尚书》，善推步之术。①拜降虏校尉，终于家。②

①推步谓究日月五星之度，昏旦节气之差。

②《谢承书》曰："绲子鸾，举孝廉，除郎中。"

度尚字博平，山阳湖陆人也。家贫，不修学行，不为乡里所推举。①积困穷，乃为宦者同郡侯览视田，得为郡上计吏，拜郎中，除上虞长。②为政严峻，明于发擿奸非，吏人谓之神明。③迁文安令，④遇时疾疫，谷贵人饥，尚开仓禀给，营救疾者，百姓蒙其济。时冀州刺史朱穆行部，见尚甚奇之。

①《续汉书》曰："尚少丧父，事母至孝，通《京氏易》、《古文尚书》。为吏清絜，有文武才略。"与此不同。

②上虞，县，故城在今越州馀姚县西。

③《谢承书》曰："尚进善爱人，坐以待旦，擢门下书佐朱儁，恒叹述之，以为有不凡之操。儁后官至车骑将军，远近奇尚有知人之鉴。"

④文安，县，故城在今瀛州文安县东北。

延熹五年，长沙、零陵贼合七八千人，自称"将军"，入桂阳、苍梧、南海、交阯，交阯刺史及苍梧太守望风逃奔，二郡皆没。遣御史中丞盛修募兵讨之，不能克。豫章艾县人六百馀人，〔14〕应募而不得赏直，怨恚，遂反，焚烧长沙郡县，寇益阳，①杀县令，众渐盛。又遣谒者马睦，督荆州刺史刘度击之，军败，睦、度奔走。桓帝诏公卿举任代刘度者，尚书朱穆举尚，自右校令擢为荆州刺史。尚躬率部曲，与同劳逸，广募杂种诸蛮夷，明设购赏，进击，大破之，降者数万人。桂阳宿贼渠帅卜阳、潘鸿等畏尚威烈，徙入山谷。尚穷追数百里，遂入南海，破其三屯，多获珍宝。而阳、鸿等党众犹盛，尚欲击之，而士卒骄富，莫有斗志。尚计缓之则不战，逼之必逃亡，乃宣言卜阳、潘鸿作贼十年，习于攻守，今兵寡少，未易可进，当须诸郡所发悉至，尔乃并力攻之。申令军中，恣听射猎。兵士喜悦，大小皆相与从禽。尚乃密使所亲客潜焚其营，珍积皆尽。猎者来还，莫不泣涕。尚人人慰劳，深自咎责，因曰："卜阳等财宝足富数世，诸卿但不并力耳。所亡少少，何足介意！"众闻咸愤踊，尚敕令秣马蓐食，明旦，径赴贼屯。阳、鸿等自以深固，不复设备，吏士乘锐，遂大破平之。

①益阳，县，在益水之阳，故城在今潭州益阳县东。

尚出兵三年，群寇悉定，七年，封右乡侯，迁桂阳太守。明年，征还京师。时荆州兵朱盖等，征戍役久，财赏不赡，忿恚，复作乱，与桂阳贼胡兰等三千馀人复攻桂阳，焚烧郡县，太守任胤弃城走，贼众遂至数万。转攻零陵，太守陈球固守拒之。于是以尚为中郎将，将幽、冀、黎阳、乌桓步骑二万六千人救球，又与长沙太守抗徐等发诸郡兵，并埶讨击，大破之，斩兰等首三千五百级，馀贼走苍梧。诏赐尚钱百万，馀人各有差。

时抗徐与尚俱为名将，数有功。徐字伯徐，丹阳人，乡邦称其胆智。初试守宣城长，悉移深林远薮椎髻鸟语之人置于县下，①由是境内无复盗贼。后为中郎将宗资别部司马，击太山贼公孙举等，破平之，斩首三千馀级，封乌程东乡侯五百户。②迁太山都尉，寇盗望风奔亡。及在长沙，宿贼皆平。卒于官。桓帝下诏追增封徐五百户，并前千户。

①宣城，县，故城在今宣州南陵县东。椎，独髻也，音直追反。鸟语谓语声似鸟也。《书》曰："岛夷卉服。"〔15〕

②乌程，今湖州县。

复以尚为荆州刺史。尚见胡兰馀党南走苍梧，惧为己负，乃伪上言苍梧贼入荆州界，〔16〕于是征交阯刺史张磐下廷尉。辞状未正，会赦见原。磐不肯出狱，方更牢持械节，狱吏谓磐曰："天恩旷然而君不出，(何)

〔可〕乎?"〔17〕磐因自列曰:"前长沙贼胡兰作难荆州,馀党散入交阯。磐身婴甲胄,涉危履险,讨击凶患,斩殄渠帅,馀尽鸟窜冒遁,还奔荆州。刺史度尚惧磐先言,怖畏罪戾,①伏奏见诬。磐备位方伯,为国爪牙,②而为尚所枉,受罪牢狱。夫事有虚实,法有是非。磐实不辜,赦无所除。如忍以苟免,永受侵辱之耻,生为恶吏,死为敝鬼。乞传尚诣廷尉,面对曲直,足明真伪。尚不征者,磐埋骨牢槛,终不虚出,望尘受枉。"廷尉以其状上,诏书征尚到廷尉,辞穷受罪,以先有功得原。磐字子石,丹阳人,以清白称,终于庐江太守。

①戾亦罪也。

②爪牙,以猛兽为喻,言为国之捍卫也。《诗》曰"圻父,予王之爪牙"也。

尚后为辽东太守,数月,鲜卑率兵攻尚,与战,破之,戎狄惮畏。年五十,延熹九年,卒于官。

杨璇字机平,会稽乌伤人也。高祖父茂,本河东人,从光武征伐,为威寇将军,封乌伤新阳乡侯。建武中就国,传封三世,有罪国除,因而家焉。父扶,交阯刺史,有理能名。兄乔,为尚书,容仪伟丽,数上言政事,桓帝爱其才貌,诏妻以公主,乔固辞不听,遂闭口不食,七日而死。

璇初举孝廉,稍迁,灵帝时为零陵太守。是时苍梧、桂阳猾贼相聚,攻郡县,贼众多而璇力弱,吏人忧恐。璇乃特制马车数十乘,以排囊盛石灰于车上,①〔18〕系布索于马尾,又为兵车,专彀弓弩,克(共)〔期〕会战。〔19〕乃令马车居前,顺风鼓灰,贼不得视,因以火烧布,〔布〕然马惊,〔20〕奔突贼阵,因使后车弓弩乱发,钲鼓鸣震。群盗波骇破散,追逐伤斩无数,枭其渠帅,郡境以清。②荆州刺史赵凯,诬表璇实非身破贼,而妄有其功。璇与相章奏,凯有党助,遂槛车征璇。防禁严密,无由自讼,乃噬臂出血,书衣为章,具陈破贼形埶。及言凯所诬状,〔21〕潜令亲属诣阙通之。诏书原璇,拜议郎,凯反受诬人之罪。

①排囊即今囊袋也。排音蒲拜反。

②枭,悬也。

琁三迁为勃海太守，所在有异政，以事免。后尚书令张温特表荐之，征拜尚书仆射。以病乞骸骨，卒于家。

论曰：安顺以后，风威稍薄，寇攘寖横，缘隙而生，剽人盗邑者不阕时月，①假署皇王者盖以十数，或托验神道，或矫妄冕服。然其雄渠魁长，未有闻焉，犹至垒盈四郊，奔命首尾。②若夫数将者，并宣力勤虑，以劳定功，③而景风之赏未甄，肤受之言互及。④以此而推，政道难乎以免。⑤

①阕，息也。

②垒，军壁也。《礼记》曰："四郊多垒，卿大夫之辱。"奔命谓有命即奔赴之。《左传》曰"余必使尔罢于奔命"也。

③宣，布也。《尚书》曰："宣力四方。"《礼记》曰："以劳定国则祀之。"

④景风至则行赏，解见《和纪》。甄，明也。肤受谓得皮肤之言而受之，不深知其情核者也。孔子曰："肤受之愬不行焉，可谓明矣。"

⑤《论语》孔子曰："不有祝鮀之佞，〔22〕难乎免于今之世矣。"

赞曰：张宗禅禹，敢殿后拒。①江、淮、海、岱，虔刘寇阻。②其谁清之？雄、尚、绲、抚。琁能用谲，亦云振旅。

①殿音丁见反。

②虔、刘皆杀也。

【校勘记】

〔1〕　禹军到栒邑　按："栒"原讹"栒"，径据汲本、殿本改正。下同。

〔2〕　何遽其必败乎　按：王先谦谓"遽"下疑夺"知"字。

〔3〕　虽欲戮力　"戮"汲本作"勠"。按：戮勠通。

〔4〕　武帝元鼎四年置京辅都尉各一人　按：《汉书·百官公卿表》云"元鼎四年，更置三辅都尉，都尉丞各一人"。京辅都尉为三辅都尉之一，注文有脱误。《刊误》谓脱"左右辅"三字。

〔5〕 迁宛陵令　按:宛陵属丹阳郡,此指河南郡之苑陵,"宛"当作"苑",说详《校补》。

〔6〕 是后虎害稍息人以获安　按:汲本、《集解》本"稍"作"消"。王先谦谓作"稍"盖误,稍息不得云人安也。

〔7〕 子真在逸人传　按:《集解》引钱大昕说,谓逸人即逸民,章怀避讳,改为"人"字,后来追改,不及遍检它传,故或改或否耳。

〔8〕 磐牙连岁　殿本《考证》谓"牙"字是"乐"字之误。按:"乐"即"互"之俗字。

〔9〕 当塗县之山也在今宣州　《集解》引吴仁杰说,谓有两当塗县,一在九江郡,一在宣州。宣之当塗,晋成帝始置,东都固未之有。今按:"宣州"当依《下邳惠王传》注作"濠州"。

〔10〕 在今豪州定远县东南　"豪州"《集解》本作"濠州"。按:《元和郡县志》谓隋开皇三年改高齐之西楚州为濠州,因水为名,大业三年改为锺离郡,唐武德五年复改为濠州。中间误去"水"旁作"豪",元和三年又加"水"焉。

〔11〕 次(到)〔封〕狼居胥山迺还也　据汲本、殿本改。

〔12〕 受降十馀万人　按:汲本、殿本"十馀万"作"十万馀"。

〔13〕 绲弟允　《集解》引惠栋说,谓《华阳国志》作"元",字公信。今按:古人名字相应,元无信义,当从本传为是。

〔14〕 豫章艾县人六百馀人　王先谦谓案上下文衍一"人"字。今按:疑本作"豫章艾县民六百馀人",后避唐太宗讳,改"民"为"人"耳。

〔15〕 书曰岛夷卉服　《集解》引钱大昕说,谓《禹贡》"岛夷"《汉书・地理志》作"鸟夷",郑康成、王肃本皆同,故章怀引以证鸟语之义。后人依今本改"鸟"字为"岛",而此注遂成赘文矣。按:王先谦谓注引"岛夷"当作"鸟夷"。

〔16〕 乃伪上言苍梧贼入荆州界　按:"伪"原讹"为",径据汲本、殿本改正。

〔17〕 天恩旷然而君不出(何)〔可〕乎　汲本、殿本"何乎"作"何也",今据《通鉴》改。

〔18〕 以排囊盛石灰于车上　按:"上"原讹"土",径改正。

〔19〕 克(共)〔期〕会战　按:《刊误》谓已言会战,何用"共"字,盖本是"期"字,误作"其",遂转作"共"也。今据改。

〔20〕 因以火烧布〔布〕然 据汲本、殿本补。

〔21〕 及言凯所诬状 按:汲本、殿本“及”作“又”。

〔22〕 不有祝鮀之佞 按:殿本此下有“而有宋朝之美”六字。

后汉书卷三十九

刘赵淳于江刘周赵列传第二十九

孔子曰:“夫孝莫大于严父,严父莫大于配天,则周公其人也。”①子路曰:“伤哉贫也!生无以养,死无以葬。”子曰:“啜菽饮水,孝也。”②夫钟鼓非乐云之本,而器不可去;③三牲非致孝之主,而养不可废。④存器而忘本,乐之遁也;⑤〔1〕调器以和声,乐之成也。崇养以伤行,孝之累也;⑥修己以致禄,养之大也。故言能大养,则周公之祀,致四海之祭;言以义养,则仲由之菽,甘于东邻之牲。⑦夫患水菽之薄,干禄以求养者,是以耻禄亲也。⑧存诚以尽行,孝积而禄厚者,此能以义养也。

①配天谓宗祀文王于明堂,以配上帝。

②事见《礼记》。啜音昌悦反。《广雅》曰:“啜,食也。”

③《论语》孔子曰:“乐云乐云,钟鼓云乎哉?”言乐之所贵者,移风易俗也,非谓钟鼓而已,然而不可去钟鼓。去音丘吕反。

④《孝经》曰:“虽日用三牲,犹为不孝。”言孝子者,以和颜悦色为难也,非谓三牲而已,然不可阙甘旨。

⑤遁,失也。言盛饰钟簴之器而忘移风之本,是失乐之意也。

⑥不义而崇养,更为亲忧,是孝之累也。

⑦《易》曰“东邻杀牛,不如西邻之禴祭”也。

⑧干,求也。谓不以道求禄,故可耻也。

中兴,庐江毛义少节,家贫,以孝行称。南阳人张奉慕其名,往候之。坐定而府檄适至,以义守令,①义奉檄而入,喜动颜色。奉者,志尚士也,心贱之,自恨来,固辞而去。及义母死,去官行服。数辟公府,为县令,进退必以礼。后举贤良,公车征,遂不至。张奉叹曰:“贤者固不可测。往日之喜,乃为亲屈也。斯盖所谓'家贫亲老,不择官而仕'者也。"②建初中,章帝下诏褒宠义,赐谷千斛,常以八月长吏问起居,加赐羊酒。寿终于家。

①檄,召书也。《东观记》曰"义为安阳尉,府檄到,当守令"也。

②《韩诗外传》曾子曰:"任重道远,不择地而息。家贫亲老,不择官而仕。"

安帝时,汝南薛包孟尝,〔2〕好学笃行,丧母,以至孝闻。及父娶后妻而憎包,分出之,包日夜号泣,不能去,至被欧杖。〔3〕不得已,庐于舍外,旦入而洒扫,父怒,又逐之。乃庐于里门,昏晨不废。积岁馀,父母惭而还之。后行六年服,丧过乎哀。既而弟子求分财异居,包不能止,乃中分其财。奴婢引其老者,曰:"与我共事久,若不能使也。"田庐取其荒顿者,①曰:"吾少时所理,意所恋也。"器物取朽败者,曰:"我素所服食,身口所安也。"弟子数破其产,辄复赈给。建光中,公车特征,至,拜侍中。包性恬虚,称疾不起,以死自乞。有诏赐告归,加礼如毛义。②年八十馀,以寿终。

①顿犹废也。

②告,请假也。汉制,吏病满三月当免,天子优赐其告,使得带印绶,将官属,归家养病,谓之赐告也。

若二子者,推至诚以为行,行信于心而感于人,以成名受禄致礼,斯可谓能以孝养也。若夫江革、刘般数公者之义行,犹斯志也。撰其行事著于篇。①

①自此已上,并略华峤之词也。

刘平字公子,楚郡彭城人也。本名旷,显宗后改为平。王莽时为郡吏,守菑丘长,①政教大行。其后每属县有剧贼,辄令平守之,所至皆理,由是一郡称其能。

①菑丘,县,属彭城国。

更始时,天下乱,平弟仲为贼所杀。其后贼复忽然而至,平扶侍其母，奔走逃难。仲遗腹女始一岁，平抱仲女而弃其子。母欲还取之，平不听，曰："力不能两活，仲不可以绝类。"遂去不顾，与母俱匿野泽中。平朝出求食，逢饿贼，将亨〔之〕，〔4〕平叩头曰："今旦为老母求菜，老母待旷为命，愿得先归，食母毕，还就死。"①因涕泣。贼见其至诚，哀而遣之。平还，既食母讫，因白曰："属与贼期，义不可欺。"遂还诣贼。众皆大惊，相谓曰："常闻烈士，乃今见之。子去矣，吾不忍食子。"于是得全。

①食音饲。下同。

建武初，平狄将军庞萌反于彭城，攻败郡守孙萌。〔5〕平时复为郡吏，冒白刃伏萌身上，被七创，〔6〕困顿不知所为，号泣请曰："愿以身代府君。"贼乃敛兵止，曰："此义士也，勿杀。"遂解去。萌伤甚气绝，有顷苏，渴求饮。平倾其创血以饮之。后数日萌竟死，平乃裹创，扶送萌丧，至其本县。

后举孝廉，拜济阴郡丞，太守刘育甚重之，任以郡职，上书荐平。会平遭父丧去官。服阕，拜全椒长。①政有恩惠，百姓怀感，人或增赀就赋，或减年从役。刺史、太守行部，狱无系囚，人自以得所，不知所问，②唯班诏书而去。后以病免。

①全椒，县，属九江郡也。

②"所"或作"何"。

显宗初，尚书仆射锺离意上书荐平及琅邪王望、东莱王扶曰："臣窃见琅邪王望、楚国刘旷、东莱王扶，皆年七十，执性恬淡，所居之处，邑里化之，修身行义，应在朝次。臣诚不足知人，窃慕推士进贤之义。"书奏，有诏征平等，特赐办装钱。至皆拜议郎，并数引见。平再迁侍中，永平三年，拜宗正，数荐达名士承宫、郇恁等。①〔7〕在位八年，以老病上疏乞骸骨，卒于家。

①恁字君大，见《黄宪传》。恁音人甚反。

王望字慈卿，客授会稽，自议郎迁青州刺史，甚有威名。是时州郡灾旱，百姓穷荒，望行部，道见饥者，裸行草食，五百馀人，愍然哀之，因以便宜出所在布粟，给其(廪)〔稟〕粮，〔8〕为作褐衣。①事毕上言，帝以望不先表请，章示百官，详议其罪。时公卿皆以为望之专命，法有常条。锺离意独曰："昔华元、子反，楚、宋之良臣，不稟君命，擅平二国，《春秋》之义，〔9〕以为美谈。②今望怀义忘罪，当仁不让，若绳之以法，忽其本情，将乖圣朝爱育之旨。"帝嘉意议，赦而不罪。

①许慎注《淮南子》曰："楚人谓袍为短褐。"

②《春秋》："楚子围宋，宋人及楚人平。《公羊传》曰："外平不书，此何以书？大其平乎己也。何大其平乎己？庄王围宋，有七日之粮尔，尽此不胜，将去而归尔，于是使司马子反乘堙而窥宋城，宋华元亦乘堙而出见之。子反曰：'子之国何如？'华元曰：'惫矣。'曰：'何如？'曰：'易子而食之，析骸而炊之。'子反曰：'诺。吾军有七日之粮尔。尽此不胜，将去而归尔。'揖而去之，反于庄王。庄王怒曰：'吾使子往视之，子曷为告之！'子反曰：'以区区之宋，犹有不欺人之臣，可以楚而无乎？是以告之。'王曰：'诺。'引师而去之。故君子大其平乎己也。"

王扶字子元，掖人也。①少修节行，客居琅邪不其县，所止聚落化其德。②国相张宗谒请，不应，欲强致之，遂杖策归乡里。连请，固病不起。〔10〕太傅邓禹辟，不至。后拜议郎，会见，恂恂似不能言。③然性沈正，不可干以非义，当世高之。永平中，临邑侯刘复④著《汉德颂》，盛称扶为名臣云。

①掖，今莱州县。

②小于乡曰聚。《广雅》曰："落，居也。"

③恂恂，恭顺之貌。

④复，光武兄伯升之孙，北海王兴之子也。

赵孝字长平，沛国蕲人也。①父普，王莽时为田禾将军，②任孝为郎。每告归，常白衣步担。尝从长安还，欲止邮亭。亭长先时闻孝当过。以有长者客，扫洒待之。③孝既至，不自名，④长不肯内，因问曰："闻田禾将军子当从长安来，何时至乎？"孝曰："寻到矣。"于是遂去。⑤及天下乱，人相食。孝弟礼为饿贼所得，孝闻之，即自缚诣贼，曰：“礼久饿羸瘦，不如孝肥饱。”贼大惊，并放之，谓曰：“可且归，更持米糒来。”孝求不能得，复往报贼，愿就亨。众异之，遂不害。乡党服其义。州郡辟召，进退必以礼。举孝廉，不应。

①蘄音机。

②王莽时置田禾将军，屯田北边。

③素闻孝高名，故以为长者客也。“洒”与“洒”通，音所买反。〔11〕

④不称名也。

⑤《华峤书》曰：“孝报云三日至矣。”

永平中，辟太尉府，显宗素闻其行，诏拜谏议大夫，迁侍中，又迁长乐卫尉。复征弟礼为御史中丞。礼亦恭谦行己，类于孝。帝嘉其兄弟笃行，欲宠异之，诏礼十日一就卫尉府，太官送供具，令共相对尽欢。数年，礼卒，帝令孝从官属送丧归葬。后岁馀，复以卫尉赐告归，卒于家。孝无子，拜礼两子为郎。

时汝南有王琳巨尉者，年十馀岁丧父母。因遭大乱，百姓奔逃，唯琳兄弟独守冢庐，号泣不绝。弟季，出遇赤眉，将为所哺，①琳自缚，请先季死。贼矜而放遣，〔12〕由是显名乡邑。后辟司徒府，荐士而退。

①哺，食之也。哺音补胡反。

琅邪魏谭少閒者，时亦为饥寇所获，等辈数十人皆束缚，以次当亨。贼见谭似谨厚，独令主爨，暮辄执缚。贼有夷长公，①特哀念谭，密解其缚，语曰：“汝曹皆应就食，急从此去。”对曰：“谭为诸君爨，恒得遗馀，馀人皆茹草莱，〔13〕不如食我。”长公义之，相晓赦遣，并得俱免。〔14〕谭永平中为主家令。②

①夷，姓也。

②公主家令也。

又齐国兒萌子明、①梁郡车成子威二人，兄弟并见执于赤眉，将食之，萌、成叩头，乞以身代，贼亦哀而两释焉。

①兒音五兮反。

淳于恭字孟孙，北海淳于人也。①善说《老子》，清静不慕荣名。家有山田果树，人或侵盗，辄助为收采。又见偷刈禾者，恭念其愧，因伏草中，盗去乃起，里落化之。

①淳于，县，故城(今)在〔今〕密州安丘县东北，〔15〕故淳于国也。

王莽末，岁饥兵起，恭兄崇将为盗所亨，恭请代，得俱免。后崇卒，恭养孤幼，教诲学问，有不如法，辄反用杖自箠，以感悟之，儿惭而改过。初遭贼寇，百姓莫事农桑。恭常独力田耕，乡人止之，曰："时方淆乱，死生未分，何空自苦为？"恭曰："纵我不得，它人何伤。"垦耨不辍。后州郡连召，不应，遂幽居养志，潜于山泽。举动周旋，必由礼度。建武中，郡举孝廉，司空辟，皆不应，客隐琅邪黔陬山，遂数十年。①

①黔陬县之山也。黔陬故城在今密州诸城县东北也。

建初元年，肃宗下诏美恭素行，告郡赐帛二十匹，遣诣公车，除为议郎。引见极日，访以政事，迁侍中骑都尉，礼待甚优。其所荐名贤，无不征用。进对陈政，皆本道德，帝与之言，未尝不称善。五年，病笃，使者数存问，卒于官。诏书褒叹，赐谷千斛，刻石表闾。除子孝为太子舍人。

江革字次翁，〔16〕齐国临淄人也。少失父，独与母居。遭天下乱，盗贼并起，革负母逃难，备经阻险，常采拾以为养。数遇贼，或劫欲将去，革辄涕泣求哀，言有老母，辞气愿款，有足感动人者。①贼以是不忍犯之，或乃指避兵之方，②遂得俱全于难。革转客下邳，穷贫裸跣，行佣以供母，便身之物，莫不必给。〔17〕

①愿，谨也。款，诚也。

②《华峤书》曰"语以避兵道"也。〔18〕

建武末年，与母归乡里。每至岁时，县当案比，①革以母老，不欲摇动，自在辕中挽车，不用牛马，由是乡里称之曰"江巨孝"。②太守尝备礼召，革以母老不应。及母终，至性殆灭，尝寝伏冢庐，服竟，不忍除。郡守遣丞掾释服，因请以为吏。

①案验以比之，犹今皃阅也。

②巨，大也。《华峤书》曰"临淄令杨音高之，设特席，显异巨孝于稠人广众中，亲奉钱以助供养"也。

永平初，举孝廉为郎，补楚太仆。月馀，自劾去。楚王英驰遣官属追之，遂不肯还。复使中傅赠送，辞不受。后数应三公命，辄去。

建初初，太尉牟融举贤良方正，再迁司空长史。肃宗甚崇礼之，迁五官中郎将。每朝会，帝常使虎贲扶侍，及进拜，恒目礼焉。①时有疾不会，辄太官送醪膳，恩宠有殊。于是京师贵戚卫尉马廖、侍中窦宪慕其行，各奉书致礼，革无所报受。②帝闻而益善之。后上书乞骸骨，转拜谏议大夫，赐告归，因谢病称笃。

①独视之也。

②《华峤书》曰："终不报书，一无所受。"

元和中，天子思革至行，制诏齐相曰："谏议大夫江革，前以病归，今起居何如？夫孝，百行之冠，众善之始也。国家每惟志士，未尝不及革。县以见谷千斛赐'巨孝'，常以八月长吏存问，致羊酒，以终厥身。①如有不幸，祠以中牢。"由是"巨孝"之称，行于天下。及卒，诏复赐谷千斛。

①《华峤书》曰："致羊一头，酒二斛。

刘般字伯兴，宣帝之玄孙也。宣帝封子嚣于楚，是为孝王。孝王生思王衍，衍生王纡，纡生般。自嚣至般，积累仁义，世有名节，而纡尤慈笃。早失母，同产弟原乡侯平尚幼，纡亲自鞠养，常与共卧起饮食。及成人，未尝离左右。平病卒，纡哭泣欧血，数月亦殁。初，纡袭王封，因值王莽篡位，废为庶人，因家于彭城。

般数岁而孤，独与母居。王莽败，天下乱，太夫人闻更始即位，①乃将般俱奔长安。会更始败，复与般转侧兵革中，西行上陇，遂流至武威。

般虽尚少，而笃志修行，讲诵不怠。其母及诸舅，以为身寄绝域，死生未必，②不宜苦精若此，数以晓般，般犹不改其业。

①太夫人，般之母也。《前书音义》曰："列侯之妻称夫人，〔19〕母称太夫人。"

②"必"或作"分"也。

建武八年，隗嚣败，河西始通，般即将家属东至洛阳，修经学于师门。明年，光武下诏，封般为菑丘侯，奉孝王祀，使就国。后以国属楚王，徙封杼秋侯。①

①杼秋，县，属梁国。杼音是与反。

十九年，行幸沛，诏问郡中诸侯行能。太守荐言般束修至行，为诸侯师。①帝闻而嘉之，乃赐般绶，钱百万，缯二百匹。二十年，复与车驾会沛，因从还洛阳，赐谷什物，留为侍祠侯。

①束修谓谨束修絜也。

永平元年，以国属沛，徙封居巢侯，①复随诸侯就国。数年，杨州刺史观恂荐般在国口无择言，行无怨恶，宜蒙旌显。显宗嘉之。十年，征般行执金吾事，从至南阳，还为朝侯。明年，兼屯骑校尉。时五校官显职闲，而府寺宽敞，舆服光丽，伎巧毕给，故多以宗室肺腑居之。②每行幸郡国，般常将长水胡骑从。

①居巢，县，属庐江郡也。

②肺腑，天子之亲属也。

帝曾欲置常平仓，①公卿议者多以为便。般对以"常平仓外有利民之名，而内实侵刻百姓，豪右因缘为奸，小民不能得其平，置之不便"。帝乃止。是时下令禁民二业，②又以郡国牛疫，通使区种增耕，③而吏下检结，多失其实，百姓患之。般上言："郡国以官禁二业，至有田者不得渔捕。今滨江湖郡率少蚕桑，民资渔采以助口实，且以冬春闲月，不妨农事。夫渔猎之利，为田除害，有助谷食，无关二业也。又郡国以牛疫、水旱、垦田多减，故诏敕区种，增进顷亩，以为民也。而吏举度田，欲令多前，④至于不种之处，亦通为租。可申敕刺史、二千石，务令实核，其有增加，皆使与夺田同罪。”帝悉从之。⑤

①宣帝时，大司农耿寿昌请令边郡皆筑仓，以谷贱时增其价而籴之以利农，谷贵时减价而粜之，名曰常平仓。

②谓农者不得商贾也。

③《氾胜之书》曰：〔20〕“上农区田(大)〔法〕，区方深各六寸，〔21〕间相去七寸，一亩三千七百区，丁男女种十亩，至秋收区三升粟，亩得百斛。中农区田法，方七寸，深六寸，间相去二尺，一亩千二十七区，丁男女种十亩，秋收粟亩得五十一石。下农区田法，方九寸，深六寸，间相去三尺，秋收亩得二十八石。旱即以水沃之。”

④多于前岁。

⑤《华峤书》(曰)“夺”作“脱”也。〔22〕

肃宗即位，以为长乐少府。建初二年，迁宗正。般妻卒，厚加赗赠，及赐冢茔地于显节陵下。般在位数言政事。其收恤九族，行义尤著，时人称之。年六十，建初三年卒。子宪嗣。宪卒，子重嗣。宪兄恺。

恺字伯豫，以当袭般爵，让与弟宪，遁逃避封。久之，章和中，有司奏请绝恺国，肃宗美其义，特优假之，①恺犹不出。积十馀岁，至永元十年，有司复奏之，侍中贾逵因上书曰：“孔子称‘能以礼让为国，于从政乎何有’。②窃见居巢侯刘般嗣子恺，素行孝友，谦逊絜清，让封弟宪，潜身远迹。有司不原乐善之心，而绳以循常之法，③惧非长克让之风，成含弘之化。前世扶阳侯韦玄成，④近有陵阳侯丁鸿、鄳侯邓彪，⑤并以高行絜身辞爵，未闻贬削，而皆登三事。今恺景仰前修，有伯夷之节，⑥宜蒙矜宥，全其先功，以增圣朝尚德之美。”和帝纳之，下诏曰：“故居巢侯刘般嗣子恺，当袭般爵，而称父遗意，致国弟宪，遁亡七年，〔23〕所守弥笃。盖王法崇善，成人之美。其听宪嗣爵。遭事之宜，后不得以为比。”乃征恺，拜为郎，稍迁侍中。

①假，借也。

②《论语》之文也。何有者，言(善无)〔何难之〕有也。〔24〕

③原，本也。绳，政也。

④玄成字少翁，韦贤薨，让封于兄弘。宣帝高其节，以为河南太守。元帝时为御史大夫，又为丞相。见《前书》也。

⑤鸿让国于弟盛，和帝时为司徒。彪让国于弟荆、凤，明帝时为太尉。郾音盲。

⑥景犹慕也。《诗》云："景行行止。"前修，前贤也。《楚辞》曰："謇吾法夫前修。"

恺之入朝，在位者莫不仰其风行。迁步兵校尉。十三年，迁宗正，免。复拜侍中，迁长水校尉。永初元年，代周章为太常。恺性笃古，贵处士，每有征举，必先岩穴。论议引正，辞气高雅。(永初)六年，代张敏为司空。〔25〕元初二年，代夏勤为司徒。

旧制，公卿、二千石、刺史不得行三年丧，由是内外众职并废丧礼。元初中，邓太后诏长吏以下不为亲行服者，不得典城选举，时有上言牧守宜同此制，诏下公卿，议者以为不便。恺独议曰："诏书所以为制服之科者，盖崇化厉俗，以弘孝道也。今刺史一州之表，二千石千里之师，①职在辩章百姓，宣美风俗，②尤宜尊重典礼，以身先之。而议者不寻其端，至于牧守则云不宜，是犹浊其源而望流清，曲其形而欲景直，不可得也。"③太后从之。

①《前书》杜钦曰"即以二千石守千里之地，任兵马之重，不宜去郡"也。

②《尚书》曰："九族既睦，辩章百姓。"郑玄注云："辩，别也。章，明也。"

③《前书》〔杜钦〕曰：〔26〕"今淫僻之化流，而欲黎庶敦朴，犹浊其源而求流清也。"

时征西校尉任尚以奸利被征抵罪。尚曾副大将军邓骘，骘党护之，而太尉马英、司空李郃承望骘旨，不复先请，即独解尚臧锢，恺不肯与议。后尚书案其事，二府并受谴咎，①朝廷以此称之。

①二府即马英、李郃。

视事五岁，永宁元年，称病上书致仕，有诏优许焉，加赐钱三十万，以千石禄归养，河南尹常以岁八月致羊酒。时安帝始亲政事，朝廷多称恺之德，帝乃遣问起居，厚加赏赐。会马英策罢，尚书陈忠上疏荐恺曰："臣闻三公上则台阶，下象山岳，①股肱元首，鼎足居职，②协和阴阳，调训五品,③考功量才,以序庶僚,遭烈风不迷,遇迅雨不惑,位莫重焉。④而今上司缺职,未议其人。臣窃差次诸卿,考合众议,咸称太常朱伥、少府荀迁。臣父宠,前忝司空,伥、迁并为掾属,具知其能。伥能说经书而用心褊狭,迁严毅刚直而薄于艺文。伏见前司徒刘恺,沈重渊懿,道德博备,克让爵土,致祚弱弟,躬浮云之志,兼浩然之气,⑤〔27〕频历二司,举动得礼。⑥以疾致仕,侧身里巷,处约思纯,进退有度,百僚景式,⑦海内归怀。往者孔光、师丹,近世邓彪、张酺,皆去宰相,复序上司。⑧诚宜简练卓异,以猒众望。"书奏,诏引恺拜太尉。安帝初,清河相叔孙光坐臧抵罪,遂增锢二世,衅及其子。⑨是时居延都尉范邠复犯臧罪,诏下三公、廷尉议。司徒杨震、司空陈褒、廷尉张皓议依光比。⑩恺独以为"《春秋》之义,'善善及子孙,恶恶止其身',所以进人于善也。⑪《尚书》曰:'上刑挟轻,下刑挟重。'⑫如今使臧吏禁锢子孙,〔28〕以轻从重,惧及善人,⑬非先王详刑之意也"。⑭有诏:"太尉议是。"

①《前书音义》曰:"泰阶者,天之三阶也。上阶为天子,中阶为诸侯、公卿、大夫,下阶为士、庶人。"《春秋汉含孳》曰:"三公象五岳。"

②《易》曰:"鼎折足,覆公𫗧。"鼎足,三公之象。

③五品,五常之教也。三公燮理阴阳,敬敷五教也。

④《尚书》:"纳舜于大麓,烈风雷雨不迷。"《史记》曰"尧使舜入山林川泽,暴风雨,舜行不迷,尧以为圣"也。

⑤孔子曰:"不义而富〔且贵〕,〔29〕于我如浮云。"孟子曰"我善养浩然之气,而无怨害,则塞乎天地之间"也。言恺有仲尼、孟轲之德也。

⑥二司谓为司徒、司空。

⑦景慕以为法式。〔30〕

⑧孔光,成帝时丞相,哀帝时免,后以日食征诣公车,复为丞相。师丹,哀帝时代王莽为大司马,后为大司空。邓彪,明帝时为太尉,章帝元和元年赐策罢,和帝即位,以彪为太傅,录尚书事。张酺,和帝永元五年为太尉,后策免,十六年复为司徒。

⑨二代谓父子俱禁锢。

⑩比,类也。以邠类叔孙光,亦锢及子也。比音庇。

⑪《公羊传》曰:"曹公孙会自鄸出奔宋,畔也。曷为不言畔?为公子喜时之后讳也,《春秋》为贤者讳也。何贤乎公子喜时?让国也。君子之善善也长,恶恶也短。恶恶止其身,善善及子孙。贤者子孙,故君子为其讳也。"

⑫今《尚书·吕刑篇》曰:"上刑适轻下服,下刑适重上服。"谓二罪俱发,原其本情,须有亏减,故言适轻适重。此言"挟轻挟重",意亦不殊,但与今《尚书》不同耳。

⑬《左传》曰:"刑滥则惧及善人。"

⑭《尚书》周穆王曰:"有邦有土,告汝详刑。"郑玄注云:"详,审察之也。"

视事三年,以疾乞骸骨,久乃许之,下河南尹礼秩如前。岁馀,卒于家。诏使者护丧事,赐东园秘器,钱五十万,布千匹。

少子茂,字叔盛,亦好礼让,历位出纳,①桓帝时为司空。会司隶校尉李膺等抵罪,而南阳太守成瑨、太原太守刘瓆下狱当死,[31]茂与太尉陈蕃、司徒刘矩共上书讼之。[32]帝不悦,有司承旨劾奏三公,茂遂坐免。建宁中,复为太中大夫,卒于官。

①出纳谓尚书,喉舌之官也。出谓受上言宣于下,纳谓听下言传于上。

周磐字坚伯,汝南安成人,征士燮之宗也。①祖父业,建武初为天水太守。磐少游京师,学《古文尚书》、《洪范五行》、《左氏传》,好礼有行,非典谟不言,诸儒宗之。居贫养母,俭薄不充。尝诵《诗》至《汝坟》之卒章,[33]慨然而叹,②乃解韦带,就孝廉之举。③和帝初,拜谒者,除任城长,迁阳夏、重合令,④频历三城,皆有惠政。后思母,弃官还乡里。及母殁,哀至几于毁灭,服终,遂庐于冢侧。教授门徒常千人。

①燮自有传。

②《韩诗》曰:"《汝坟》,辞家也。"其卒章曰:"鲂鱼赪尾,王室如燬,虽则如燬,父母孔迩。"薛君《章句》:"赪,赤也。燬,烈火也。孔,甚也。迩,近也。言鲂鱼劳则尾赤,君子劳苦则颜色变。以王室政教如烈火矣,犹触冒而仕者,以父母甚迫近饥寒之忧,为此禄仕。"

③以韦皮为带,未仕之服也。求仕则服革带,故解之。贾山上书曰"布衣韦带之士"也。

④阳夏属淮南郡。重合属勃海郡。

公府三辟，皆以有道特征，磐语友人曰："昔方回、支父啬神养和，不以荣利滑其生术。①吾亲以没矣，从物何为？"遂不应。②建光元年，年七十三，岁朝会集诸生，讲论终日，③因令其二子曰："吾日者梦见先师东里先生，与我讲于阴堂之奥。"④既而长叹："岂吾齿之尽乎！若命终之日，桐棺足以周身，外椁足以周棺，敛形悬封，濯衣幅巾。⑤编二尺四寸简，写《尧典》一篇，并刀笔各一，以置棺前，示不忘圣道。"其月望日，无病忽终，学者以为知命焉。

①啬，爱惜也。滑，乱也。《列仙传》曰："方回，尧时隐人也。尧聘之，练食云母，隐于五柞山。至夏启末，为人所劫，闭之室中，从求道，回化而去。"《高士传》曰："尧舜各以天下让支父，支父曰：'予适有劳忧之病，方且疗之，未暇理天下也。'"《庄子》作"支伯"。

②物犹事也。

③岁朝，岁日。

④东南隅谓之奥，阴堂幽暗之室。又入其奥，死之象也。

⑤敛形谓衣覆其形。悬封谓直下棺，不为埏道也。濯衣，浣衣也，不更新制。幅巾，不加冠也。封音窆。

磐同郡蔡顺，字君仲，亦以至孝称。①顺少孤，养母。尝出求薪，有客卒至，②母望顺不还，乃噬其指，③顺即心动，弃薪驰归，跪问其故。母曰："有急客来，吾噬指以悟汝耳。"母年九十，以寿终。未及得葬，里中灾，火将逼其舍，顺抱伏棺柩，号哭叫天，火遂越烧它室，顺独得免。太守韩崇召为东阁祭酒。母平生畏雷，自亡后，每有雷震，顺辄圜冢泣，曰："顺在此。"崇闻之，每雷辄为差车马到墓所。后太守鲍众举孝廉，顺不能远离坟墓，遂不就。年八十，终于家。

①《汝南先贤传》曰："蔡顺事母至孝。井桔槔朽，在母生年上，而顺忧，不敢理之。俄而有扶老藤生，绕之，郑坚固焉。"

②卒音千讷反。

③噬，啮也。

赵咨字文楚，东郡燕人也。①父畅，为博士。咨少孤，有孝行，州郡召举孝廉，并不就。

①燕故城，今滑州胙城县也，古南燕之国也。

延熹元年，大司农陈奇举咨至孝有道，〔34〕仍迁博士。灵帝初，太傅陈蕃、大将军窦武为宦者所诛，咨乃谢病去。太尉杨赐特辟，使饰巾出入，请与讲议。①举高第，累迁敦煌太守。以病免还，躬率子孙耕农为养。

①以幅巾为首饰，不加冠冕。

盗尝夜往劫之，咨恐母惊惧，乃先至门迎盗，因请为设食，谢曰："老母八十，疾病须养，居贫，朝夕无储，乞少置衣粮。"妻子物馀，〔35〕一无所请。盗皆惭叹，跪而辞曰："所犯无状，干暴贤者。"〔36〕言毕奔出，咨追以物与之，不及。由此益知名。征拜议郎，辞疾不到，诏书切让，州郡以礼发遣，前后再三，不得已应召。

复拜东海相。之官，道经荥阳，令敦煌曹暠，咨之故孝廉也，①迎路谒候，咨不为留。暠送至亭次，望尘不及，谓主簿曰："赵君名重，今过界不见，必为天下笑！"即弃印绶，追至东海。谒咨毕，辞归家。其为时人所贵若此。

①咨为敦煌太守时，荐暠为孝廉。

咨在官清简，计日受奉，豪党畏其俭节。视事三年，以疾自乞，征拜议郎。抗疾京师，〔37〕将终，告其故吏朱祗、〔38〕萧建等，使薄敛素棺，籍以黄壤，①欲令速朽，早归后土，不听子孙改之。乃遗书敕子胤曰："夫含气之伦，有生必终，盖天地之常期，自然之至数。是以通人达士，鉴兹性命，以存亡为晦明，死生为朝夕，故其生也不为娱，亡也不知戚。夫亡者，元气去体，贞魂游散，反素复始，归于无端。②既已消仆，还合粪土。土为弃物，岂有性情，而欲制其厚薄，调其燥湿邪？但以生者之情，不忍见形之毁，乃有掩骼埋窆之制。《易》曰：'古之葬者，衣以薪，藏之中野，后世圣人易之以棺椁。'③棺椁之造，自黄帝始。④爰自陶唐，逮于虞、夏，犹尚简朴，或瓦或木，及至殷人而有加焉。⑤周室因之，制兼二代。复重以墙翣之饰，⑥表以旌铭之仪，⑦招复含敛之礼，⑧殡葬宅兆之期，⑨棺椁周重之制，⑩衣衾称袭之数，⑪其事烦而害实，品物碎而难备。然而秩爵异级，贵贱殊等。自成、康以下，其典稍乖。至于战国，渐至颓陵，⑫法度衰毁，上下僭杂。终使晋侯请隧，⑬秦伯殉葬，⑭陈大夫设参门之木，宋司马造石椁之奢。⑮爰暨暴秦，违道废德，灭三代之制，兴淫邪之法，国赀糜于三泉，人力单于郦墓，玩好穷于粪土，伎巧费于窀穸。⑯自生民以来，厚终之敝，未有若此者。虽有仲尼重明周礼，⑰墨子勉以古道，犹不能御也。⑱是以华夏之士，争相陵尚，违礼之本，事礼之末，务礼之华，弃礼之实，单家竭财，以相营赴。废事生而营终亡，替所养而为厚葬，⑲岂云圣人制礼之意乎？记曰：'丧虽有礼，哀为主矣。'又曰：'丧与其易也宁戚。'今则不然，并棺合椁，以为孝恺，丰赀重襚，以昭恻隐，⑳吾所不取也。昔舜葬苍梧，二妃不从。㉑岂有匹配之会，守常之所乎？圣主明王，其犹若斯，况于品庶，礼所不及。古人时同即会，㉒时乖则别，㉓动静应礼，临事合宜。王孙裸葬，㉔墨夷露骸，㉕皆达于性理，贵于速变。梁伯鸾父没，卷席而葬，身亡不反其尸。㉖彼数子岂薄至亲之恩，亡忠孝之道邪？况我鄙暗，不德不敏，薄意内昭，志有所慕，㉗上同古人，下不为咎。果必行之，勿生疑异。恐尔等目狃所见，耳讳所议，必欲改殡，以乖吾志，故远采古圣，近揆行事，以悟尔心。但欲制坎，令容棺椁，棺归即葬，㉘平地无坟。勿卜时日，葬无设奠，勿留墓侧，无起封树。於戏小子，其勉之哉，吾蔑复有言矣！"朱祗、萧建送丧到家，㉙子胤不忍父体与土并合，欲更改殡，祗、建譬以顾命，㉚于是奉行，时称咨明达。

①棺中置土，以籍其尸也。

②元气，天之气也。贞，正也。复，旋也。端，际也。太素、太始，天地之初也。言人既死，正魂游散，反于太素，旋于太始，无复端际者也。

③《易·系辞》之文也。

④刘向曰："棺椁之作，自黄帝始。"案：《礼记》曰"殷人棺椁"，盖至殷而加饰。

⑤《礼记》："有虞氏之瓦棺，夏后氏之堲周、殷人棺椁。"《古史考》曰："禹作土堲

以周棺。”堲音即七反。

⑥《礼记》曰：“周人墙置翣。”卢植曰：“墙，载棺车箱也。”《三礼图》曰“翣，以竹为之，高二尺四寸，广三尺，衣以白布，柄长五尺，葬时令人执之于柩车傍”也。

⑦《礼记》曰：“铭，明旌也。以死者为不可别，故以其旗识之。”〔39〕

⑧招复谓招魂复魄也。含，以玉珠实口也。敛，以衣服敛尸也。《礼记》曰：“凡复，男子称名，妇人称字。”《穀梁传》曰：“贝玉曰含。”《礼记》曰“小敛于户内，大敛于阼”也。

⑨期谓诸侯五日而殡，五月而葬；大夫三日而殡，三月而葬；士（三）〔二〕日而殡，〔40〕逾月而葬。宅兆，葬之茔域也。

⑩《礼记》曰：“天子之棺四重。”郑玄注云：“诸公三重，诸侯再重，大夫一重，士不重。”又曰：“君松椁，大夫柏椁，士杂木椁。”注云“天子（七）〔五〕重，〔41〕诸公四重，诸侯三重，大夫再重，士一重”也。

⑪凡小敛，诸侯、大夫、士皆用复衾，君锦衾，大夫缟衾，士缁衾。又曰，天子袭十二称，诸公九称，诸侯七称，大夫五称，士三称。小敛，尊卑同，十九称。大敛，天子百称，上公九十称，侯伯七十称，大夫五十称，士三十称。衣单复具曰称。

⑫战国，当《春秋》时也。積陵谓積废陵遲。

⑬隧谓掘地为埏道，王之葬礼也。诸侯则悬柩，故请之也。《左传》，晋文公朝于襄王，请隧，不许。

⑭《左传》：“秦伯任好卒。”任好，秦缪公名也。以子车氏奄息、仲行、鍼虎殉葬，国人哀之，为赋《黄鸟》之诗也。

⑮宋司马，桓魋也。自为石椁，三年不成。孔子曰：“若是其靡也，死不如速朽之愈也。”见《礼记》。

⑯窀，厚也。穸，夜也。厚夜犹长夜也。秦始皇初即位，营葬骊山，役徒七十馀万人，下锢三泉，宫观、百官、奇器、珍怪莫不毕备。今匠作弩矢，有所穿近，矢辄射之。以水银为百川江河大海，上具天文。以人鱼为膏烛。〔42〕事见《史记》。

⑰谓周公制礼之后，仲尼自卫返鲁，又定之也。

⑱御，止也，言犹不能止其奢侈。《墨子》曰：“古者圣人制为葬埋之法，棺三寸足以朽体，衣衾三领足以覆恶。尧葬邛之山，〔43〕满坎无窆，舜葬纪市，禹葬

会稽，皆下不及泉，上无遗臭。三王者，岂财用不足哉！”

⑲替，废也。

⑳《穀梁传》曰：“衣衾曰襚。”音遂。

㉑二妃，娥皇、女英也。《礼记》曰：“舜葬于苍梧，盖二妃未之从也。”

㉒谓吕望为太师，死葬于周，其子封于齐，比五代皆反葬于周，此时同则会也。

㉓谓舜葬于苍梧，二妃不从。

㉔王孙者，杨王孙也。临终令其子曰：“吾死，可为布囊盛尸，入地七尺。既下，从足脱其囊，以身亲土。”遂裸葬。见《前书》。

㉕墨夷谓为墨子之学者名夷之。欲见孟子。孟子曰：“吾闻墨之治丧，以薄为其道也。盖上世尝有不葬其亲者，其亲死，则举而委之于壑。”见《孟子》。

㉖梁伯鸾父护寓于北地而卒，卷席而葬。鸿后出关适吴，及卒，葬于吴要离冢傍。

㉗薄，微也。

㉘归到东郡也。

㉙《谢承书》曰：“咨在京师病困，故吏萧建经营之。咨豫自买小素棺，使人取干黄土细捣筛之，聚二十石。临卒，谓建曰：‘亡后自著所有故巾单衣，先置土于棺，内尸其中以拥其上。’”

㉚譬，晓也。

赞曰：公子、长平，临寇让生。淳于仁悌，“巨孝”以名。居巢好读，遂承家禄。伯豫逡巡，方迹孤竹。文楚薄终，丧朽惟速。周能感亲，啬神养福。①〔44〕

①感，思也。谓诵《诗》至《汝坟》，思养亲而求仕也。啬神养福谓不应辟召，以寿终也。《左传》曰：“能者养之以福。”

【校勘记】

〔1〕 乐之遁也 按：《集解》引惠栋说，谓“遁”一作“过”。

〔2〕 妆南薛包孟尝 按：汲本“尝”作“常”。王先谦谓《东观记》“包”作“苞”。

〔3〕 至被欧杖 按：汲本“欧”作“殴”。《校补》谓古书“欧”亦通“殴”，殴即

“驱”字，谓驱之出，不去，又杖之，故不得已而庐于舍外也。

〔4〕　将亨〔之〕　《刊误》谓案文“亨”下少一“之”字。今据补。

〔5〕　平狄将军庞萌反于彭城攻败郡守孙萌　按：《校补》引钱大昭说，谓是时彭城非郡，不得有守，本纪作“楚郡太守”。

〔6〕　被七创　汲本、殿本“七”作“十”。按：《校补》引钱大昭说，谓闽本作“七”。

〔7〕　数荐达名士承宫郇恁等　殿本《考证》谓“郇”一本作“荀”。今按：《周黄徐姜申屠传》序作“荀”。

〔8〕　给其(廪)〔稟〕粮　据《刊误》改。

〔9〕　春秋之义　按：《刊误》谓案文当作“义之”。“《春秋》之义”它处可用，此据上下文则不安也。

〔10〕　固病不起　按：《刊误》谓案文当作“固以病不起”。

〔11〕　音所买反　按：“买”原讹“贾”，径据汲本、殿本改正。

〔12〕　贼矝而放遣　“矝”汲本、殿本并作“矜”。按：马叙伦谓段本《说文》“矜”字作“矝”，从矛令声，《华严音义》卷二十引同，此矝怜可通之证。

〔13〕　馀人皆茹草莱　按：“莱”原讹“菜”，径据汲本、殿本改正。

〔14〕　并得俱免　按：《校补》谓“并”当为“遂”字之讹。

〔15〕　故城(今)在〔今〕密州安丘县东北　据汲本、殿本改。

〔16〕　江革字次翁　按：《校补》引柳从辰说，谓《袁纪》“次翁”作“次伯”。

〔17〕　莫不必给　殿本《考证》谓“必”当作“毕”。今按：必毕同音，例得通假。《书·康王之诰》“毕协赏罚”，《白虎通·谏诤篇》引作“必力赏罚”，是其证也。

〔18〕　语以避兵道也　按：“也”原讹“地”，径据汲本、殿本改正。

〔19〕　列侯之妻称夫人　按：汲本、殿本注此下有“列侯死子复为列侯”八字。

〔20〕　氾胜之　按：“氾”各本皆讹“汜”，径改正。

〔21〕　上农区田(大)〔法〕区方深各六寸　据汲本、殿本改。

〔22〕　华峤书(曰)夺作脱也　据殿本《考证》删。

〔23〕　遁亡七年　按：《集解》引苏舆说，谓自章帝建初三年至和帝永元十年，已二十年矣，故上文言“积十馀岁”。此“七”字有误，疑是“积”字声近而讹。

〔24〕　言(善无)〔何难之〕有也　据汲本改。按：殿本无此注。

〔25〕 (永初)六年代张敏为司空　按:《集解》引苏舆说,谓上已出“永初”,明衍二字。今据删。

〔26〕 前书〔杜钦〕曰　据汲本补。

〔27〕 兼浩然之气　按:“浩”原讹“皓”,径据汲本、殿本改正。注同。

〔28〕 如今使臧吏禁锢子孙　汲本、殿本“今”作“令”。按:《刊误》谓案文多一“如”字。

〔29〕 不义而富〔且贵〕　据殿本补。

〔30〕 景慕以为法式　按:此注原在“归怀”下,据殿本移正。

〔31〕 太守刘瓆　按:《校补》引柳从辰说,谓《桓纪》“瓆”作“质”。

〔32〕 司徒刘矩　按:《集解》引钱大昕说,谓据本纪,是时为司徒者乃胡广,非刘矩也。《陈蕃传》亦同此误。

〔33〕 汝坟之卒章　按:“坟”原讹“渍”,径据汲本、殿本改正。

〔34〕 大司农陈奇　按:汲本“奇”作“豨”,殿本作“豨”。

〔35〕 妻子物馀　《集解》引惠栋说,谓蒋杲云“物馀”当作“馀物”。今按:《东观记》作“馀物”,《御览》四一二引《东观记》同。然《御览》八四七引《范书》亦作“物馀”。

〔36〕 干暴贤者　按:《校补》引钱大昭说,谓闽本“暴”作“冒”。

〔37〕 抗疾京师　按:《刊误》谓“抗”无义,当是“被”字。

〔38〕 告其故吏朱衹　按:“衹”疑当作“祇”。朱名本传凡三见,汲本前一左从禾,后二左从衣,殿本前一后一左均从示,中一从禾,其右从氏则同。

〔39〕 故以其旗识之　按:汲本“旗”作“旌”。

〔40〕 士(三)〔二〕日而殡　据汲本、殿本改。

〔41〕 天子(七)〔五〕重　据《集解》引沈钦韩说改,与《礼·丧服大记》郑注合。

〔42〕 以人鱼为膏烛　按:《刊误》谓案文“膏”当在“为”字上。

〔43〕 尧葬邛之山　按:“邛”原讹“卭”,径改正。

〔44〕 文楚薄终丧朽惟速周能感亲啬神养福　按:王先谦谓“周能”二句当在“文楚”二句上,前诸传赞皆顺叙,末四句亦别无用意之处,不应倒置也。

后汉书卷四十上

班彪列传第三十上

自东都主人以下分为下卷

班彪字叔皮，扶风安陵人也。祖况，成帝时为越骑校尉。父稚，哀帝时为广平太守。①

①广平，郡，今洺州永(平)〔年〕县也，〔1〕隋室讳广改焉。

彪性沈重好古。年二十馀，更始败，三辅大乱。时隗嚣拥众天水，彪乃避难从之。嚣问彪曰："往者周亡，战国并争，天下分裂，数世然后定。意者从横之事复起于今乎？将承运迭兴，在于一人也？愿生试论之。"对曰："周之废兴，与汉殊异。昔周爵五等，诸侯从政，本根既微，枝叶强大，故其末流有从横之事，埶数然也。汉承秦制，改立郡县，〔2〕主有专己之威，臣无百年之柄。至于成帝，假借外家，①哀、平短祚，国嗣三绝，②故王氏擅朝，因窃号位。危自上起，伤不及下，③是以即真之后，天下莫不引领而叹。十馀年间，中外搔扰，远近俱发，假号云合，咸称刘氏，不谋同辞。④方今雄桀带州域者，皆无七国世业之资，而百姓讴吟，思仰汉德，已可知矣。"嚣曰："生言周、汉之埶可也；至于但见愚人习识刘氏姓号之故，而谓汉家复兴，疏矣。昔秦失其鹿，刘季逐而羁之，〔3〕时人复知汉乎？"⑤

①外家谓王凤、王商等，并辅政领尚书事也。

②哀帝在位六年，平帝在位五年，故曰短祚。成、哀、平俱无子，是三绝也。

③成帝威权借于外家，是危自上起也。汉德无害于百姓，是伤不及下也。

④谓王郎、卢芳等并诈称刘氏也。

⑤《太公六韬》曰："取天下如逐鹿，鹿得，天下共分其肉也。"

彪既疾嚣言，又伤时方艰，乃著《王命论》，以为汉德承尧，有灵命之符，王者兴祚，非诈力所致，欲以感之，而嚣终不寤，遂避地河西。河西大将军窦融以为从事，深敬待之，接以师友之道。彪乃为融画策事汉，总西河以拒隗嚣。

及融征还京师，光武问曰："所上章奏，谁与参之？"融对曰："皆从事班彪所为。"帝雅闻彪才，因召入见，举司隶茂才，拜徐令，以病免。①后数应三公之命，辄去。

①司隶举为茂才也。徐，县，属临淮郡。

彪既才高而好述作，遂专心史籍之间。武帝时，司马迁著《史记》，自太初以后，阙而不录，①后好事者颇或缀集时事，然多鄙俗，不足以踵继其书。②彪乃继采前史遗事，傍贯异闻，作后传数十篇，因斟酌前史而讥正得失。其略论曰：

①太初，武帝年号。

②好事者谓杨雄、刘歆、阳城衡、褚少孙、史孝山之徒也。

唐虞三代，《诗》、《书》所及，世有史官，以司典籍，①暨于诸侯，国自有史，②故《孟子》曰"楚之《梼杌》，晋之《乘》，鲁之《春秋》，其事一也"。③定哀之间，④鲁君子左丘明论集其文，作《左氏传》三十篇，又撰异同，号曰《国语》，二十一篇，由是《乘》、《梼杌》之事遂暗，⑤而《左氏》、《国语》独章。又有记录黄帝以来至春秋时帝王公侯卿大夫，号曰《世本》，一十五篇。春秋之后，七国并争，秦并诸侯，则有《战国策》三十三篇。汉兴定天下，太中大夫陆贾记录时功，作《楚汉春秋》九篇。孝武之世，太史令司马迁采《左氏》、《国语》，删《世本》、《战国策》，据楚、汉列国时事，上自黄帝，下讫获麟，⑥作本纪、世家、列传、书、表凡百三十篇，而十篇缺焉。⑦迁之所记，从汉元至武以绝，则其功也。至于采经摭传，分散百家之事，甚多疏略，不如其本，务欲以多闻广载为功，论议浅而不笃。其论术学，则崇黄老而薄《五经》；⑧序货殖，则轻仁义而羞贫穷；⑨道游侠，则贱守节而贵俗功：⑩此其大敝伤道，所以遇极刑之咎也。⑪然善述序事理，辩而不华，质而不野，文质相称，盖良史之才也。诚令迁依《五经》之法言，同圣人之是非，意亦庶几矣。⑫

①《礼记》曰："动则左史书之，言则右史书之。"见于史籍者，夏太史终古、殷太史向挚、周太史儋也。见《吕氏春秋》。

②《左传》，鲁季孙召外史掌恶臣。卫史华龙滑"曰我太史"也。楚有左史倚相。

③《乘》者，兴于田赋乘马之事。《梼杌》者，嚚凶之类，兴于记恶之诫。《春秋》以二始举四时，以记万事，遂各因以为名，其记事一也。见赵岐《孟子》注。〔4〕

④鲁定公、哀公也。

⑤不行于时为暗也。其书今亡。

⑥武帝太始二年，登陇首，获白麟，迁作《史记》，绝笔于此年也。

⑦十篇谓迁殁之后，亡《景纪》、《武纪》、《礼书》、《乐书》、《兵书》、《将相年表》、《日者传》、《三王世家》、《龟策传》、《傅靳列传》。

⑧黄帝、老子，道家也。《五经》，儒家也。迁《序传》曰："道家使人精神专一，动合无形，赡足万物。"此谓崇黄老也。又曰："儒者博而寡要，劳而少功。"此为薄《五经》也。

⑨《史记·货殖传序》曰："家贫亲老，妻子软弱，岁时无以祭祀，饮食被服不足以自适，如此不惭耻，则无所比矣。无岩处奇士之行，而长贫贱，语仁义，亦足羞也。"

⑩《史记·游侠传序》曰："季次、原宪行君子之德，义不苟合当世，当世亦笑之。终身空室蓬户，褐衣疏食不餍。今游侠，其行虽不轨于正义，然其言必信，于行必果，已诺必诚，不爱其躯，赴士之厄，盖有足多者。今拘学或抱咫尺之义，久孤于世，岂若卑论齐俗，〔5〕与世沈浮而取荣名哉！"

⑪极刑谓迁被腐刑也。迁与任安书曰："最下腐刑，极矣！"

⑫《易》曰："颜氏之子，其殆庶几乎！"

夫百家之书，犹可法也。若《左氏》、《国语》、《世本》、《战国策》、《楚汉春秋》、《太史公书》，今之所以知古，后之所由观前，圣人之耳目也。司马迁序帝王则曰本纪，公侯传国则曰世家，卿士特起则曰列传。又进项羽、陈涉而黜淮南、衡山，①细意委曲，条例不经。若迁之著作，采获古今，贯穿经传，至广博也。一人之精，文重思烦，故其书刊落不尽，尚有盈辞，多不齐一。②若序司马相如，举郡县，著其字，至萧、曹、陈平之属，及董仲舒并时之人，不记其字，或县而不郡者，盖不暇也。③今此后篇，慎核其事，整齐其文，不为世家，唯纪、传而已。传曰："杀史见极，平易正直，《春秋》之义也。"

①谓迁著《项羽本纪》。又陈涉起于垄亩，数月被杀，无子孙相继，著为世家，淮南、衡山，汉室之王胤，当世家而编之列传，言进退之失也。

②刊，削也。谓削落繁芜，仍有不尽。

③《史记》"卫青者，平阳人也"，"张释之，堵阳人"，并不显郡之类也。

彪复辟司徒玉况府。①〔6〕时东宫初建，诸王国并开，②而官属未备，师保多阙。彪上言曰：

①玉音肃。

②建武二十三年玉况为司徒，十九年建明帝为太子，十七年封诸王。

孔子称"性相近，习相远也"。①贾谊以为"习与善人居，不能无为善，犹生长于齐，不能无齐言也。习与恶人居，不能无〔为〕恶，〔7〕犹生长于楚，不能无楚言也"。②是以圣人审所与居，而戒慎所习。昔成王之为孺子，出则周公、邵公、太(公)史佚，〔8〕入则大颠、闳夭、南宫括、散宜生，左右前后，礼无违者，③故成王一日即位，天下旷然太平。是以《春秋》"爱子教以义方，不纳于邪。骄奢淫佚，所自邪也"。④《诗》云："诒厥孙谋，以宴翼子。"言武王之谋遗子孙也。⑤

①见《论语》。

②贾谊上疏之辞。

③《左传》曰："自郊劳至于赠贿，礼无违者。"

④《左传》卫大夫石碏谏卫庄公之辞也。

⑤《诗·大雅》也。诒，遗也。宴，安也。翼，敬也。言文王遗其孙以善谋，武王以安敬之道遗其子。子谓成王也。

汉兴，太宗使晁错导太子以法术，①贾谊教梁王以《诗》、

《书》。②及至中宗，亦令刘向、王褒、萧望之、周堪之徒，以文章儒学保训东宫以下，③莫不崇简其人，就成德器。今皇太子诸王，虽结发学问，修习礼乐，而傅相未值贤才，官属多阙旧典。宜博选名儒有威重明通政事者，以为太子太傅，东宫及诸王国，备置官属。又旧制，太子食汤沐十县，设周卫交戟，五日一朝，因坐东箱，省视膳食，其非朝日，使仆、中允旦旦请问而已，〔9〕明不媟黩，广其敬也。④

①文帝时晁错为博士，上言曰："人主所以显功扬名者，以知术数也。今皇太子所读书多矣，而未知术数。愿陛下择圣人之术以赐太子。"上善之，拜错为太子家令。

②贾谊为梁王太傅。梁王，文帝之少子，名揖，爱而好书，故令谊傅之。〔10〕

③中宗，宣帝也。时元帝为太子，宣帝使王褒、刘向、张子侨等之太子宫，娱侍太子朝夕读诵，萧望之为太傅，周堪为少傅。并见《前书》。

④《汉官仪》曰："皇太子五日一至台，因坐东箱，省视膳食，以法制敕太官尚食宰吏，其非朝日，使仆、中允旦旦请问，明不媟黩，所以广敬也。太子仆一人，秩千石；中允一人，四百石，主门卫徼巡。"

书奏，帝纳之。

后察司徒廉为望都长，吏民爱之。①建武三十年，年五十二，卒官。所著赋、论、书、记、奏事合九篇。

①察，举也。司徒荐为廉。

二子：固，超。超别有传。

论曰：班彪以通儒上才，倾侧危乱之间，行不逾方，①言不失正，仕不急进，贞不违人，敷文华以纬国典，守贱薄而无闷容。彼将以世运未弘，非所谓贱焉耻乎？何其守道恬淡之笃也！②

①《论语》孔子曰："可谓仁之方。"郑玄注云："方犹道也。"

②孔子曰："邦有道，贫且贱焉耻也。"言彪当中兴之初，时运未泰，故不以贫贱为耻，何守道清静之固也！恬淡犹清静也。笃，固也。

固字孟坚。年九岁,能属文诵诗赋,〔11〕及长,遂博贯载籍,九流百家之言,无不穷究。① 所学无常师,不为章句,举大义而已。性宽和容众,不以才能高人,诸儒以此慕之。②

①九流谓道、儒、墨、名、法、阴阳、农、杂、纵横。

②《谢承书》曰:"固年十三,王充见之,拊其背谓彪曰:'此儿必记汉事。'"

永平初,东平王苍以至戚为骠骑将军辅政,开东阁,延英雄。时固始弱冠,奏记说苍曰:①

①奏,进也。记,书也。《前书》待诏郑朋奏记于萧望之,奏记自朋始也。

将军以周、邵之德,立乎本朝,承休明之策,建威灵之号,① 昔在周公,今也将军。《诗》、《书》所载,未有三此者也。② 传曰:"必有非常之人,然后有非常之事;有非常之事,然后有非常之功。"③ 固幸得生于清明之世,豫在视听之末,私以蝼蚁,窃观国政,④ 诚美将军拥千载之任,蹑先圣之踪,⑤ 体弘懿之姿,据高明之埶,博贯庶事,服膺《六艺》,白黑简心,求善无猒,⑥ 采择狂夫之言,不逆负薪之议。⑦ 窃见幕府新开,广延群俊,四方之士,颠倒衣裳。⑧ 将军宜详唐、殷之举,察伊、皋之荐,⑨ 令远近无偏,幽隐必达,期于总览贤才,收集明智,为国得人,以宁本朝。则将军养志和神,优游庙堂,光名宣于当世,遗烈著于无穷。

①号骠骑将军也。

②唯苍与周公二人而已。

③司马相如喻蜀之辞。

④蝼蚁谓细微也。

⑤千载谓自周公至明帝时千馀载也。先圣谓周公也。

⑥《淮南子》曰:"圣人见是非,若白黑之别于目。"《左传》曰"求善不猒"也。

⑦负薪,贱人也。《三略》曰"负薪之诺,〔12〕廊庙之言"也。

⑧《诗》曰:"东方未明,颠倒衣裳。"言士争归之匆遽也。

⑨尧举皋陶,汤举伊尹。

窃见故司空掾桓梁,宿儒盛名,冠德州里,七十从心,行不逾矩，①盖清庙之光晖，当世之俊彦也。②京兆祭酒晋冯，结发修身，白首无违，好古乐道，玄默自守，古人之美行，时俗所莫及。扶风掾李育，③经明行著，教授百人，客居杜陵，茅室土阶。京兆、扶风二郡更请，徒以家贫，数辞病去。温故知新，论议通明，廉清修絜，行能纯备，虽前世名儒，国家所器，韦、平、孔、翟，无以加焉。④宜令考绩，以参万事。京兆督邮郭基，孝行著于州里，经学称于师门，政务之绩，有绝异之效。如得及明时，秉事下僚，进有羽翮奋翔之用，退有杞梁一介之死。⑤凉州从事王雍，躬卞严之节，文之以术蓺，⑥凉州冠盖，未有宜先雍者也。古者周公一举则三方怨，曰"奚为而后己"。⑦宜及府开，以慰远方。弘农功曹史殷肃，⑧达学洽闻，才能绝伦，诵《诗》三百，奉使专对。此六子者，皆有殊行绝才，德隆当世，如蒙征纳，以辅高明，此山梁之秋，夫子所为叹也。⑨昔卞和献宝，以离断趾，⑩灵均纳忠，终于沈身，⑪而和氏之璧，千载垂光，屈子之篇，万世归善。愿将军隆照微之明，信日昊之听，⑫少屈威神，咨嗟下问，令尘埃之中，永无荆山、汨罗之恨。

①《论语》孔子曰："七十而纵心所欲，不逾矩。"言恣心之所为，皆暗合于法则。

②《诗·周颂》曰："于穆清庙，肃雍显相，济济多士，执文之德。"〔13〕郑玄注曰："显，光也。"言桓梁可参多士，助祭于清庙为光晖也。《尔雅》曰："髦，俊也。"美士为彦。

③育字元春，见《儒林传》。

④韦贤、平当、孔光、翟方进也。流俗本"平"字作"玄"，误。

⑤《说苑》曰："赵简子游于西河而叹曰：'安得贤士而与处焉？'舟人古桑对曰：〔14〕'鸿鹄高飞，所恃者六翮也。背上之毛，腹下之毳，加之满把，飞不能为之益高。不知门下左右客千人，亦有六翮之用乎？将尽毛毳也？'"又曰"齐庄公攻莒，杞梁与华周进斗，坏军陷阵，三军不敢当。至莒城下，杀二十七人而死"也。

⑥卞严，卞庄子也。《新序》曰："卞庄子好勇，养母，战而三北，交游非之，国君辱之。庄子受命，颜色不变。及母死三年，齐与鲁战，庄子请从。至，见于将军曰：'初独与母处，是以战而三北。今母没矣，请塞责。'遂赴敌而斗，获甲

首而献，曰：‘夫三北，以养母也。吾闻之，节士不以辱生。’遂杀十人而死。”《论语》孔子曰：“卞庄子之勇，冉求之艺，文之以礼乐。”

⑦《孙卿子》曰：“周公东征，西国怨，曰：‘何独不来也！’南征而北国怨，曰：‘何独后我也！’”

⑧《固集》“殷”作“段”。

⑨秋犹时也。《论语》孔子曰：“山梁雌雉，时哉！”

⑩离，被也。断趾，刖足也。事见《韩子》。

⑪屈原字灵均，纳忠于楚，终不见信，自沈于汨罗之水而死。

⑫信音申。

苍纳之。

父彪卒，归乡里。固以彪所续前史未详，乃潜精研思，欲就其业。既而有人上书显宗，告固私改作国史者，有诏下郡，收固系京兆狱，尽取其家书。先是扶风人苏朗伪言图谶事，下狱死。固弟超恐固为郡所核考，不能自明，乃驰诣阙上书，得召见，具言固所著述意，而郡亦上其书。显宗甚奇之，召诣校书部，①〔15〕除兰台令史，②与前睢阳令陈宗、长陵令尹敏、司隶从事孟异共成《世祖本纪》。〔16〕迁为郎，典校秘书。固又撰功臣、平林、新市、公孙述事，作列传、载记二十八篇，奏之。帝乃复使终成前所著书。

①《前书》固《叙传》曰：“永平中为郎，典校秘书。”

②《汉官仪》曰：“兰台令史六人，秩百石，掌书劾奏。”

固以为汉绍尧运，以建帝业，至于六世，史臣乃追述功德，①私作本纪，编于百王之末，厕于秦、项之列，②太初以后，阙而不录，故探撰前记，缀集所闻，以为《汉书》。起元高祖，终于孝平王莽之诛，十有二世，二百三十年，③综其行事，傍贯《五经》，上下洽通，为《春秋》考纪、表、志、传凡百篇。④固自永平中始受诏，潜精积思二十馀年，至建初中乃成。当世甚重其书，学者莫不讽诵焉。

①六代谓武帝，史臣谓司马迁也。〔17〕

②《史记》起自黄帝，汉最居其末也。

③高、惠、吕后、文、景、武、昭、宣、元、成、哀、平十二代也。并王莽合二百三十年。

④纪十二,表八,志十,列传七十,合百篇。《前书音义》曰:"《春秋》考纪谓帝纪也。言考核时事,具四时以立言,如《春秋》之经。"

自为郎后,遂见亲近。时京师修起宫室,浚缮城隍,而关中耆老犹望朝廷西顾。固感前世相如、寿王、东方之徒,造构文辞,终以讽劝,①乃上《两都赋》,盛称洛邑制度之美,以折西宾淫侈之论。其辞曰:

①相如作《上林》、《子虚赋》,吾丘寿王作《士大夫论》及《骠骑将军颂》,东方朔作《客难》及《非有先生论》,其辞并以讽喻为主也。

有西都宾问于东都主人曰:①"盖闻皇汉之初经营也,尝有意乎都河洛矣。辍而弗康,实用西迁,作我上都。主人闻其故而睹其制乎?"②主人曰:"未也。愿宾摅怀旧之蓄念,发思古之幽情,③博我以皇道,弘我以汉京。"宾曰:"唯唯。"

①中兴都洛阳,故以东都为主,而谓西都为宾也。

②皇,大也。《尚书》曰:"厥既得吉卜则经营。"高祖五年,刘敬说上都关中,〔18〕上疑之。左右大臣皆山东人,多劝都洛阳,此为有意都河洛矣。张良曰:"洛阳其中小不过数百里,四面受敌,非用武之国。关中金城千里,天府之国也。"于是上即日西都关中,此为辍而弗康也。辍,止也。康,安也。

③《广雅》曰摅,舒也。

汉之西都,在于雍州,实曰长安。①左据函谷、二崤之阻,表以(泰)〔太〕华、终南之山。②〔19〕右界褒斜、陇首之险,带以洪河、泾、渭之川。③〔20〕华实之毛,则九州之上腴焉;防御之阻,则天下之奥区焉。④是故横被六合,三成帝畿,⑤周以龙兴,秦以虎视。及至大汉受命而都之也,⑥仰寤东井之精,俯协《河图》之灵,⑦奉春建策,留侯演成,⑧天人合应,以发皇明,乃眷西顾,实惟作京。⑨于是睎秦领,睋北阜,挟酆霸,据龙首。⑩图皇基于亿载,度宏规而大起,〔21〕肇自高而终平,世增饰以崇丽,历十二之延祚,故穷奢而极侈。⑪〔22〕建金城其万雉,呀周池而成渊,披三条之广路,立十二之通门。⑫内则街衢洞达，闾阎且千，九市开场，货别隧分，人不得顾，车不得旋，阗城溢郭，傍流百廛，红尘四合，烟云相连。⑬于是既庶且富，娱乐无疆，都人士女，殊异乎五方，游士拟于公侯，列肆侈于姬、姜。⑭乡曲豪俊游侠之雄，〔23〕节慕原、尝，名亚春、陵，连交合众，骋骛乎其中。⑮

①《前书音义》曰："长安本秦之乡名，高祖都焉。"

②函谷，关名也。《左传》曰"崤有二陵，其南陵夏后皋之墓，其北陵文王之所避风雨"，故曰二崤。太华，山也，《山海经》曰，华首之西六十里曰太华。终南，长安南山也。《诗》曰："终南何有。"注云："终南，周之名山中南也。"

③褒斜，谷名，南口曰褒，北口曰斜，在今梁州。陇首，山名，在今秦州。洪，大也。

④华实之毛谓草木也。《左传》曰："食土之毛。"《前书》曰："秦地九州膏腴。"《尚书》雍州"厥田上上"。防御谓关禁也。杨雄《卫尉箴》曰："设置山险，尽为防御。"奥，深也。言秦地险固，为天下深奥之区域。

⑤《前书音义》曰："关西为横。"被犹及也。《吕氏春秋》曰："神明通于六合。"高诱注云："四方上下为六合。"《周礼》曰："方千里曰王畿。"三成谓周、秦、汉并都之也。

⑥龙兴虎视，喻盛强也。孔安国《尚书序》曰："汉室龙兴。"《易》曰："虎视眈眈。"

⑦寤犹晓也。协，合也。高祖至霸上，五星聚于东井。又《河图》曰："帝刘季，日角戴胜，斗匈龙股，长七尺八寸。昌光出轸，五星聚井，期之兴，天授图，地出道，予张兵钤刘季起。"东井，秦之分野，明汉当代秦都关中。

⑧奉春君，娄敬也。春者，四时之始。娄敬亦始建迁都之策，故以号焉。留侯，张良也。《苍颉篇》曰："演者引也。"

⑨天谓五星聚东井也。人谓娄敬等进说也。皇明谓高祖也。西顾谓入关也。《诗》云："乃眷西顾。"

⑩睎，望也，音希。睋，视也，音蛾。秦领在今蓝田东南。北阜即今三原县北有高阜，东西横亘者是也。丰水出鄠县南山丰谷。霸水出蓝田谷。《三秦记》曰："龙首山六十里，头入渭水，尾达樊川。"在傍曰挟，在上曰据也。

⑪肇，始也。始自高祖，终于平帝，为十二代也。

⑫金城言坚固也。张良曰:"金城千里。"杜预注《左传》云:"方丈为堵,三堵为雉。"《字林》曰:"呀,大空也。"音火加反。《周礼》:"国方九里,旁三门。"每门有大路,故曰三条。郑玄注《周礼》云"天子城十二门,通十二子"也。〔24〕

⑬字林曰:"闾,里门也。阎,里中门也。"且千,言多也。《汉宫阁疏》曰:〔25〕"长安九市,其六在道西,三在道东。"隧,列肆道也。郑玄注《礼记》曰:"廛,市物邸舍也。"

⑭《论语》:"子适卫,冉有仆。子曰:'庶矣哉!'冉有曰:'既庶矣,又何加焉?'曰:'富之。'"《诗·周颂》云:"惠我无疆。"疆,境也。《诗·小雅》曰:"彼都人士。"毛苌注云:"城郭之域曰都。"五方谓四方及中央也。《前书》曰:"秦地五方杂错。"郑玄注《周礼》曰:"肆,市中陈物处也。"杜元凯注《左传》云"姬、姜大国之女"也。

⑮豪俊游侠谓朱家、郭解、原涉之类也。原、尝〔谓〕平原君赵胜、孟尝君田文也,〔26〕春、陵谓春申君黄歇、信陵君无忌也,并招致宾客,名高天下也。

若乃观其四郊,浮游近县,则南望杜、霸,北眺五陵,名都对郭,邑居相承,英俊之域,黻冕所兴,冠盖如云,七相五公。①与乎州郡之豪桀,五都之货殖,三选七迁,充奉陵邑,盖以强干弱枝,隆上都而观万国。②封畿之内,厥土千里,逴荦诸夏,〔27〕兼其所有。③其阳则崇山隐天,幽林穹谷,陆海珍藏,蓝田美玉,商、洛缘其限,鄠、杜滨其足,④源泉灌注,陂池交属,竹林果园,芳草甘木,郊野之富,号曰近蜀。⑤其阴则冠以九嵕,陪以甘泉,乃有灵宫起乎其中。秦、汉之所极观,渊、云之所颂叹,于是乎存焉。⑥下有郑、白之沃,衣食之源,堤封五万,疆埸绮分,沟塍刻镂,原隰龙鳞,决渠降雨,荷臿成云,五谷垂颖,桑麻敷菜。⑦东郊则有通沟大漕,溃渭洞河,泛舟山东,控引淮、湖,与海通波。⑧西郊则有上囿禁苑,林麓薮泽,陂池连乎蜀、汉,缭以周墙,四百馀里,离宫别馆,三十六所,神池灵沼,往往而在。⑨其中乃有九真之麟,大苑之马,黄支之犀,条枝之鸟,逾昆仑,越巨海,殊方异类,至三万里。⑩

①浮游谓周流也。杜、霸谓杜陵、霸陵,在城南,故南望也。五陵谓长陵、安陵、阳陵、茂陵、平陵,在渭北,故北眺也。并徙人以置县邑,故云名都对郭。《苍

颉篇》曰:“黻,绶也。冕,冠也。”其所徙者皆豪右、富赀、吏二千石,故多英俊冠盖之人。如云,言多也。《诗》曰:“出其东门,有女如云。”七相谓丞相车千秋,长陵人,黄霸、王商,并杜陵人也,韦贤、平当、魏相、王嘉,并平陵人也。五公谓田蚡为太尉,长陵人,张安世为大司马,朱博为司空,并杜陵人,平晏为司徒,韦赏为大司马,并平陵人也。

②《前书音义》曰:“五都谓洛阳、邯郸、临淄、宛、成都也。”三选,选三等之人,谓徙吏二千石及高赀富人及豪桀并兼之家于诸陵,盖以强干弱枝,非独为奉山园也。见《前书》。自元帝已后不迁,故唯七焉。《尔雅》曰:“观,指示也。”“选”或为“徙”,义亦通。

③《前书》曰:“秦地沃野千里,人以富饶。”逴荦犹超绝也。逴音卓。荦音吕角反。诸夏谓中国也。

④穹谷,深谷。东方朔曰:“汉兴,去三河之地,止灞、浐之西,都泾、渭之南,此谓天下陆海之地也。”《范子计然》曰:“玉出蓝田。”商及上洛皆县名。隈,山曲也。滨犹近也。鄠、杜,二县名,近南山之足。《尔雅》云:“麓,山足也。”

⑤孔安国注《尚书》曰:“泽障曰陂,停水曰池。”《前书》曰:“巴、蜀土地肥美,有山林竹树蔬食果实之饶。”今南山亦有之,与巴、蜀相类,故曰近蜀。《尔雅》曰:“邑外曰郊,郊外曰野。”

⑥阴谓北也。九嵕山尤高峻,故称冠云。甘泉山在云阳北,秦始皇于上置林光宫,汉又起甘泉宫、益寿、延寿馆、通天台,故云“秦、汉之所极观”。王褒字子泉,〔28〕作《甘泉颂》,杨子云作《甘泉赋》,故云“泉、云颂叹”。

⑦《史记》曰:“韩使水工郑国说秦,令引泾水为渠,傍北山,东注洛,溉田四万馀顷,名曰郑国渠。”武帝时,赵中大夫白公奏穿渠引泾水,首起谷口,尾入栎阳,溉田四千馀顷,因名白渠。时人歌之曰:“田于何所?池阳谷口。郑国在前,白渠起后。举臿为云,决渠为雨。泾水一石,其泥数斗。且溉且粪,长我禾黍。衣食京师,亿万之口。”《前书》曰:“天子畿方千里,提封百万井。”《音义》曰:“堤谓积土为封限也,音丁奚反。”《广雅》曰:“埸,界也。”音亦。《周礼》曰:“夫间有遂,十夫有沟。”《说文》曰:“塍,田畦也。”塍音绳。刻镂谓交错如镂也。《尔雅》曰:“高平曰原,下湿曰隰。”言如龙鳞之五色也。五谷,黍、稷、菽、麦、稻也。《〔小〕尔雅》曰:“禾穗谓之颖。”〔29〕《〔小〕尔雅》曰:“敷,布也。”〔30〕棻,茂盛也,音芬。

⑧漕,水运也。《苍颉篇》曰:“溃,傍决也。”《前书》武帝穿漕渠通渭。《史记》

曰："荥阳下引河东南为鸿沟，以与淮、泗会。"

⑨上囿谓林苑也。《穀梁传》曰："林属于山为麓。"郑玄注《周礼》曰："泽无水曰薮。"缭犹绕也，音了。《三辅黄图》曰："上林有建章、承光等一十一宫，平乐、茧观等二十五，凡三十六所。"《三秦记》曰："昆明池中有神池，通白鹿原。"《诗》曰："王在灵沼。"

⑩宣帝诏曰："九真郡献奇兽。"晋灼《汉书》注云："驹形，麟色，牛角。"武帝时，李广利斩大宛王首，获汗血马来。又黄支国自三万里贡生犀。条支国临西海，有大鸟，卵如瓮。条支与安息接，武帝时，安息国发使来献之。又曰："昆仑山高二千五百里。"并见《前书》。

其宫室也，体象乎天地，经纬乎阴阳，据坤灵之正位，放(泰)〔太〕、紫之圆方。①〔31〕树中天之华阙，丰冠山之朱堂，因瑰材而究奇，抗应龙之虹梁，列棼橑以布翼，荷栋桴而高骧。②雕玉瑱以居楹，裁金璧以饰珰，发五色之渥采，光焰朗以景彰。③于是左(墄)〔墄〕右平，〔32〕重轩三阶，闺房周通，门闼洞开，列钟虡于中庭，立金人于端闱，仍增崖而衡阈，临峻路而启扉。④徇以离殿别寝，〔33〕承以崇台閒馆，焕若列星，紫宫是环。⑤清凉宣温，神仙长年，金华玉堂，白虎麒麟，区宇若兹，不可殚论。⑥增槃业峨，〔34〕登降炤烂，殊形诡制，每各异观，乘茵步辇，唯所息宴。⑦后宫则有掖庭椒房，后妃之室，合欢增成，安处常宁，茝若椒风，披香发越，兰林蕙草，鸳鸾飞翔之列。⑧昭阳特盛，隆乎孝成，屋不呈材，墙不露形，裛以藻绣，络以纶连，随侯明月，错落其间，金釭衔璧，是为列钱，翡翠火齐，流耀含英，悬黎垂棘，夜光在焉。⑨于是玄墀扣切，〔35〕玉阶彤庭，碝磩采致，琳珉青荧，珊瑚碧树，周阿而生。⑩红罗飒纚，绮组缤纷，精曜华烛，俯仰如神。⑪后宫之号，十有四位，窈窕繁华，更盛迭贵，处乎斯列者，盖以百数。⑫左右廷中，朝堂百僚之位，萧曹魏邴，谋谟乎其上。⑬佐命则垂统，辅翼则成化，流大汉之恺悌，荡亡秦之毒螫。⑭故令斯人扬乐和之声，作画一之歌，功德著于祖宗，膏泽洽于黎庶。⑮又有天录石渠，典籍之府，命夫谆诲故老，名儒师傅，讲论乎

《六蓺》，稽合乎同异。⑯又有承明金马，著作之庭，大雅宏达，于兹为群，元元本本，周见洽闻，〔36〕启发篇章，校理秘文。⑰周以钩陈之位，卫以严更之署，总礼官之甲科，群百郡之廉孝。⑱虎贲赘衣，阉尹阍寺，陛戟百重，各有攸司。⑲周庐千列，徼道绮错。⑳辇路经营，修涂飞阁。㉑〔37〕自未央而连桂宫，北弥明光而亘长乐，陵墱道而超西墉，混建章而外属，〔38〕设璧门之凤阙，上柧棱而栖金雀。㉒内则别风之嶕峣，眇丽巧而竦擢，张千门而立万户，顺阴阳以开阖。㉓尔乃正殿崔巍，层构厥高，临乎未央，经骀荡而出馺娑，洞枍诣与天梁，上反宇以盖戴，激日景而纳光。㉔神明郁其特起，遂偃蹇而上跻，轶云雨于太半，虹霓回带于棼楣，虽轻迅与僄狡，犹愕眙而不敢阶。㉕攀井幹而未半，目眴转而意迷，舍櫺槛而却倚，若颠坠而复稽，魂怳怳以失度，巡回涂而下低。㉖既惩惧于登望，降周流以彷徨，步甬道以萦纡，又杳窱而不见阳。㉗排飞闼而上出，若游目于天表，似无依(之)〔而〕洋洋。㉘〔39〕前唐中而后太液，揽沧海之汤汤，扬波涛于碣石，激神岳之嶈嶈，滥瀛洲与方壶，蓬莱起乎中央。㉙于是灵草冬荣，神木丛生。岩峻崔崒，金石峥嵘。㉚抗仙掌(与)〔以〕承露，〔40〕擢双立之金茎，轶埃壒之混浊，鲜颢气之清英。㉛骋文成之丕诞，驰五利之所刑，庶松乔之群类，时游从乎斯庭，实列仙之攸馆，匪吾人之所宁。㉜

①圆象天，方象地。南北为经，东西为纬。杨雄《司空箴》曰："普彼坤灵，侔天作合。"放，象也。太、紫谓太微、紫宫也。刘向《七略》曰："明堂之制：内有太室，象紫宫；南出明堂，象太微。"《春秋合诚图》曰："太微，其星十二，四方。"《史记·天官书》曰："环之匡卫十二星，藩臣，皆曰紫宫。"是太微方而紫宫圆也。

②《列子》曰："周穆王作中天之台。"《说文》曰："阙，门观也。"《前书》萧何作东阙、北阙。丰，大也。冠山谓在山之上也。《埤苍》曰："瑰玮，珍奇也。"《广雅》曰："有翼曰应龙。"梁作应龙之形，而又曲如虹也。《说文》曰："棼，复屋之栋。"玕，椽也。翼，屋之四阿也。荷，负也。骧，举也。《尔雅》曰："栋谓之桴。"音浮。

③《广雅》曰："磌，瑱也。"音田。"瑱"与"磌"通。楹，柱也。雕玉为礩以承柱也。《上林赋》曰："华榱壁珰。"韦昭注曰："珰，榱头也。"渥，光润也。焰音艳。

④挚虞《决疑要注》曰："墄者为阶级，平者以文塼相亚次也。""域"亦作"墄"。〔41〕言阶级勒墄然，音七则反。王逸《楚辞》注曰："轩，楼板也。"《周礼》夏后氏"世室九阶"，郑玄注云"南面三阶，三面各二"也。《尔雅》曰："宫中之门谓之闱，小者谓之闺。"虡以悬钟也。《史记》："秦始皇收天下兵器，聚之咸阳，销以为金人十二，置宫中。"端闱，宫正门也。《三辅黄图》曰："秦宫殿端门四达，以则紫宫。"仍，因也。衡，横也。阈，门限。

⑤徇犹绕也。崇，高也。閒音闲。焕，明也。言周回宫馆，明若列星之环绕紫宫也。环，协韵音宦。

⑥《三辅黄图》曰："未央宫有清凉殿、宣室殿、中温室殿、金华殿、大玉堂殿、中白虎殿、麒麟殿，长乐宫有神仙殿。"殚，尽也。

⑦增，重也。槃，屈也。业峨，高也。业音五腊反。峨音我。诡，异也。茵，褥也。驾人曰辇。

⑧《汉官仪》曰："婕妤以下皆居掖庭。"《三辅黄图》曰："长乐宫有椒房殿。"《前书》曰："班婕妤居增成舍。"桓谭《新论》曰："董贤女弟为昭仪，居舍号曰椒风。"《汉宫阁名》长安有披香殿、鸳鸾殿、飞翔殿。馀未详。

⑨昭阳殿，成帝赵昭仪所居也。《说文》曰："裛，缠也。"音于业反。纶，纠，青丝绶也。"纶"或作"编"。《淮南子》曰："随侯之珠，和氏之璧。"高诱注云："随侯行见大蛇伤，以药傅之。后蛇衔珠以报之，因曰随侯珠。"《说文》曰："釭，毂铁也。"音江，又音工。谓以黄金为釭，其中衔璧，纳之于(璧)〔壁〕带，〔42〕为行列历历如钱也。《前书》曰："昭阳殿壁带，往往为黄金釭，函蓝田玉璧，明珠翠羽饰之。"《异物志》曰："翠鸟形如燕，赤而雄曰翡，青而雌曰翠，其羽可以饰帏帐。"《韵集》曰："火齐，珠也。"《战国策》曰："应侯谓秦王曰'梁有县黎'。"《左传》曰："晋荀息请以垂棘之璧假道于虞。"言悬黎、垂棘之玉，并夜有光辉也。

⑩《前书》曰："昭阳殿中庭彤朱，而殿上髹漆。"髹音休。漆黑故曰玄。墀，殿上地也。又曰："切皆铜沓，黄金涂，白玉阶。"扣音口。碝、磩、琳、珉，并石次玉者。碝音而兖反，磩音戚。彩致，其文理密也。青荧，其光色也。〔43〕《汉武故事》曰："武帝起神堂，值玉树，葺珊瑚为枝，以碧玉为叶。"《淮南子》曰："昆

仑山有碧树在其北。”高诱注云：“碧，青石也。”谓以珠玉假为树而植之于殿曲。阿，曲也。

⑪薛综注《西京赋》曰：“飒纚，长袖貌。飒音素合反，纚音山绮反。”绮，文缯也。组，绶也。缤纷，盛皃。烛，照也。言精彩华饰照耀也。《战国策》张仪谓秦王曰：“彼周、郑之女，粉白黛黑立于衢，非知而见之者以为神也。”

⑫《前书》曰：“汉兴，因秦之称号，正嫡称皇后，妾皆称夫人。凡十四等，有昭仪、婕妤、娙娥、傛华、美人、八子、充衣、七子、良人、长使、少使、五官、顺常，〔44〕是为十三等；又有无涓、共和、娱灵、保林、良使、夜者、秩禄同，共为一等，合十四位也。”窈窕，幽闲也。繁华，美丽也。百数谓以百而数之也。

⑬萧何、曹参并沛人，魏相字弱翁，济阴人，邴吉字少卿，鲁国人，并为丞相。

⑭李陵书曰：“其馀佐命立功之士。”司马相如曰：“垂统理顺易继也。”统，业也。《礼记》曰：“保者慎其身以辅翼之。”恺，乐也。悌，易也。杨雄《长杨赋》曰：“今朝廷出恺悌，行简易。”王褒《四子讲德论》曰：“秦之处位任政者，并施毒螫。”《前书》曰：“孝惠、高后之时，海内得离战国之苦，君臣俱欲无为，而天下晏然，衣食滋殖。”又曰：“近观汉相，高祖开基，萧、曹为冠。孝宣中兴，丙、魏有声。”是时黜陟有序，众职修理，公卿多称其位，海内兴于礼让也。

⑮《孔丛子》曰：“古之帝王，功成作乐，其功善者其乐和。”《前书》曰，萧何薨，曹参代之，百姓歌之曰：“萧何为法，较若画一，曹参代之，守而勿失。”祖宗谓高祖、中宗也。

⑯《三辅故事》曰：“天禄，石渠并阁名。在未央宫北，以阁秘书。”谆诲谓殷勤教告也。《诗·大雅》曰：“诲尔谆谆。”郑玄《注》云：“我教告王，口语谆谆然。”谆音之纯反。《六艺》谓《诗》、《书》、《礼》、《乐》、《易》、《春秋》也。稽，考也。《前书》，甘露中诏诸儒讲《五经》同异，令萧望之平奏其议。

⑰承明，殿前之庐也。金马，署名也。门有铜马，故名金马门，待诏者皆居之。宏亦大也。元其元，本其本。秘文，秘书也。《孝经钩命决》曰“丘掇秘文”也。

⑱周，环也。《前书音义》曰：“钩陈，紫宫外星也，宫卫之位亦象之。”严更之署，行夜之司也。礼官，奉常也，有博士掌试策，考其优劣，为甲乙之科，即《前书》曰“太常以公孙弘为下第”是也。言百郡，举全数。《前书》又曰：“兴廉举孝。”

⑲虎贲，宿卫之臣。赘衣，主衣之官。赘，缀也，音之锐反。《尚书》曰：“缀衣虎

贵。"阉尹、阍寺并宦官,《周礼》有阍人、寺人。陛戟,执戟于陛也。百重,言多也。攸,所也。司,主也,协韵音伺。

⑳庐谓宿卫之庐,周于宫也。千列,言多也。《史记》:"卫令曰周庐,设卒甚谨。"徼道,徼巡之道。绮错,交错也。《前书》曰"中尉掌徼巡京师"也。

㉑《前书音义》曰:"辇道,阁道也。"涂"亦"塗"也,古字通用。

㉒未央宫在西,长乐宫在东,桂宫、明光宫在北,言飞阁相连也。墱,陛级也,音丁邓反。墉,城也。混,同也。建章宫在城西。属,连也。《前书》曰:"建章宫,其东则凤阙,(门)高二十馀丈,〔45〕其南有璧门之属。"《说文》曰:"柧棱,殿堂上最高之处也。"柧音孤,棱音力登反。其上栖金雀焉。《三辅故事》曰"建章宫阙上有铜凤皇",即金雀也。

㉓《三辅故事》曰:建章宫东有折风阙。"《关中记》曰:"折风一名别风。"嶕峣,高也。嶕音焦,峣音尧。《前书》曰,建章宫度为千门万户。合谓之阴,开谓之阳。《易》曰:"阖户谓之坤,辟户谓之乾。"

㉔正殿即前殿也。层,重也。临乎未央,言高之极也。《关中记》建章宫有骀荡、驳娑、枍诣殿。天梁亦宫名也。骀音殆,荡音荡。驳音素合反,娑音素可反。枍音乌计反。《小雅》曰:〔46〕"盖戴,覆也。"反宇谓飞檐上反也。激日谓日影激入于殿内也。

㉕神明,台名也。跻,升也。偃蹇,高貌也。轶,过也。《前书音义》曰:"凡数三分有二为太半。"《说文》曰:"棼,栋也。"《尔雅》曰:"楣谓之梁。"郭璞云:"门户上横梁也。"《方言》曰:"僄,轻也。"音匹妙反。郑玄注《礼记》曰:"狡,疾也。"《字书》曰:"愕,惊也。"音五各反。《字林》曰:"眙,惊貌也。"音丑吏反。

㉖井幹,楼名也。《前书》曰:"武帝作井幹楼,高五十丈,辇道相属焉。"《苍颉篇》曰:"眴,视不明也。"音眩。櫺槛,楼上栏楯也。櫺音零。稽,留也。

㉗《淮南子》曰:"甬道相连。"高诱注云:"甬道,飞阁复道也。"《广雅》曰:"窈窱,深也。""杳"与"窈"通。窱音它鸟反。阳,明也。既创前之登望,乃下巡于复道,宫宇深邃,又不见明者。

㉘飞闼,阁上门也。王逸注《楚辞》曰:"洋洋,无所归皃。"

㉙《前书》曰:"建章宫,其西唐中数十里。"《音义》曰:"唐,庭也。"其北太液池中有蓬莱、方丈、瀛洲、壶梁,象海中神山。汤汤,流貌也。《苍颉篇》曰:"涛,大波也。"碣石,海畔山也。《说文》曰:"滥,泛也。"《列子》曰:"海中有神山,一曰岱舆,二曰员峤,三曰方壶,四曰瀛洲,五曰蓬莱。"

㉚灵草、神木谓不死药也。《史记》曰："海中神山，仙人不死药在焉。"峥嵘，高峻也。崔音徂回反，崒音才律反。峥音仕耕反，嵘音宏。

㉛《前书》曰，武帝时作铜柱承露仙人掌之属。《三辅故事》云："建章宫承露槃，高二十丈，大七围，以铜为之。上有仙人掌承露，和玉屑饮之。"金茎即铜柱也。轶，过也。埃壒，尘也。鲜，絜也。《说文》曰："颢，白皃。"音皓。

㉜丕，大也。诞，欺也。《前书》曰："齐人李少翁以方士见上，上拜为文成将军，言于上曰：'即欲与神通，宫室被服非象神，神物不至。'乃作甘泉宫，中为台，画天、地、泰一诸鬼神，而置祭具以致天神。"又曰："胶东人栾大多方略而敢为大言，言曰：'臣常往东海中，见安期、羡门之属。'乃拜为五利将军。"刑，法也。《列仙传》曰："赤松子者，神农时雨师也，服水玉以教神农。"又曰："王子乔者，周灵王太子晋，道士浮丘公接以上嵩山。"

尔乃盛娱游之壮观，奋大武乎上囿，因兹以威戎夸狄，耀威而讲事。①〔47〕命荆州使起鸟，诏梁野而驱兽，毛群内阗，飞羽上覆，接翼侧足，集禁林而屯聚。②水衡虞人，理其营表，种别群分，部曲有署。③罘罔连纮，笼山络野，列卒周匝，星罗云布。④于是乘(銮)舆备法驾，〔48〕帅群臣，披飞帘，入苑门。⑤遂绕酆镐，历上兰，六师发胄，〔49〕百兽骇殚，震震爚爚，雷奔电激，草木涂地，山渊反覆，蹂躏其十二三，乃拗怒而少息。⑥尔乃期门佽飞，列刃钻鍭，要趹追踪，鸟惊触丝，兽骇值锋，机不虚掎，弦不再控，矢无单杀，中必叠双，飑飑纷纷，矰缴相缠，风毛雨血，洒野蔽天。⑦平原赤，勇士厉，猿狖失木，豺狼慑窜。⑧尔乃移师趋险，并蹈潜秽，穷虎奔突，狂兕触蹷。⑨许少施巧，秦成力折，掎僄狡，扼猛噬，脱角挫脰，徒搏独杀。⑩挟师豹，拖熊螭，顿犀犛，曳豪罴，超迥壑，越峻崖，蹷巉岩，钜石隤，松柏仆，丛林摧，草木无馀，禽兽殄夷。⑪于是天子乃登属玉之馆，历长杨之榭，〔50〕览山川之体执，观三军之杀获，原野萧条，目极四裔，禽相镇厌，兽相枕藉。⑫然后收禽会众，论功赐胙，陈轻骑以行炰，腾酒车而斟酌，割鲜野食，举燧命爵。⑬〔51〕飨赐毕，劳逸齐，大辂鸣銮，容与裵回，集乎豫章之宇，临乎昆明之池。⑭左牵牛而右织女，似云汉之无崖，茂树荫蔚，芳草被堤，兰茝发色，晔晔猗猗，若摛锦布绣，烛燿乎其陂。⑮玄鹤白鹭，〔52〕黄鹄䴔鹳，鸧鸹鸨鶂，〔53〕凫鹥鸿雁，朝发河海，夕宿江汉，沉浮往来，云集雾散。⑯于是后宫乘𫘝路，登龙舟，张凤盖，建华旗，袪黼帷，镜清流，靡微风，澹淡浮。⑰棹女讴，鼓吹震，声激越，謍厉天，鸟群翔，鱼窥渊。⑱招白闲，下双鹄，揄文竿，出比目。⑲抚鸿幢，御矰缴，方舟并骛，俛仰极乐。⑳遂风举云摇，浮游普览，前乘秦领，后越九嵕，㉑东薄河华，西涉岐雍，宫馆所历，百有馀区，行所朝夕，储不改供。㉒礼上下而接山川，究休佑之所用，采游童之欢谣，第从臣之嘉颂。㉓于斯之时，都都相望，邑邑相属，国籍十世之基，家承百年之业，士食旧德之名氏，农服先畴之畎亩，商修族世之所鬻，工用高曾之规矩，粲乎隐隐，各得其所。㉔

①大武谓大陈武事也。《月令》"孟冬之月，天子乃命将帅讲武，习射御"也。

②荆州，江、湘之地，其俗习于捕鸟，故使起之。梁野，巴、汉之人，其俗习于逐兽，故使其人驱之。阗音田。聚音才谕反。

③《前书》曰："上林苑属水衡都尉。虞人，掌山泽之官。"《周礼》曰："虞人莱所田之野为表。"郑司农曰："表，所以识正行列也。"《续汉书》"将军领军皆有部，大将军营五部，部校尉一人，部下有曲，曲有军候一人"也。

④郑玄注《礼记》曰："兽罟曰罘。"音浮。纮，罘之纲。

⑤蔡邕《独断》曰："天子至尊，不敢渫渎言之，故托于乘舆。天子车驾有大驾、法驾、小驾。大驾则公卿奉引，备千乘万骑。法驾，公〔卿〕不在卤簿中，〔54〕唯执金吾奉引，侍中骖乘。"飞廉，馆名也，武帝所作。《前书音义》曰："飞廉，神禽，能致风气，身似鹿，头如雀，有角而蛇尾，文如豹文。于馆上作之，因以名焉。"

⑥酆，文王所都，在鄠县东。镐，武王所都，在上林苑中。《三辅黄图》云，上林苑有上兰观。《尚书》曰："司马掌邦政，统六师。"又曰："百兽率舞。"骇殚，言惊惧也。震震爚爚，奔走之貌。爚音跃。涂，污也。反覆犹倾动也。车骑既多，视之眩乱，有似倾动。蹂，践也，音汝九反。蹸，轹也，音力刃反。拗犹抑也，音于六反。言且抑六师之怒而少停也。

⑦《前书》曰，武帝与北地良家子期于殿门，故号“期门”。又曰：“募佽飞射士。”《音义》：“佽飞，本秦左弋官也，武帝改为佽飞官，有一令九丞，在上林中。纺缯缴，弋凫雁，岁万头，以供宗庙。”《苍颉篇》曰：“攒，聚也。”“钻”与“攒”通。《尔雅》曰：“金镞翦羽谓之鍭。”音侯。《广雅》曰：“趹，奔也。”音决。机，弩牙也。《说文》曰：“掎，偏引也。”音居绮反。飑飑纷纷，众多也。《说文》曰：“飑，古飚字。”郑玄注《周礼》曰：“结缴于矢谓之矰。”矰，高也。

⑧郭璞注《山海经》曰：“猿似猴而大，臂长，便捷，色黑。”《苍颉书》曰：“狖似狸。”音以救反。《淮南子》曰：“猿狖颠蹷而失木枝。”慑，惧也，音之叶反。窜，走也，协韵音七外反。

⑨潜，深也。秽谓榛芜之林，虎兕之所居也。《尔雅》曰：“兕似牛。”郭璞曰：“一角，青色，重千斤。”《广雅》曰：“蹷，跳也。”音居卫反。

⑩许少、秦成，并未详。僄狡，兽之轻捷者。《说文》曰：“搤，捉也。”音厄。“搤”与“扼”通。噬，啮也。挫，折也。脰，颈也。徒，空也。谓空手搏杀之也。《尔雅》曰：“暴虎，徒搏也。”杀音所界反。

⑪师，师子也。《说文》曰：“拖，曳也。”音徒可反。杜预注《左传》云：“螭，山神，兽形。”郭璞注《山海经》曰：“犀似牛而猪头，黑色，有三角，一在顶上，一在额上，一在鼻上。犛牛黑色，出西南徼外。”犛音力之反。《尔雅》曰：“罴似熊而黄。”巉岩，山石高峻之貌也。殄，尽也。夷犹杀也。

⑫《前书》，宣帝幸萯阳宫属玉观。《音义》曰：“属玉，水鸟也，似鵁鶄，于观上作之，因以名焉。”《三辅黄图》曰：“上林有长扬宫。”郑玄注《礼记》曰：“土高曰台，有木曰榭。”获，协韵音胡卦反。《楚词》曰：“山萧条而无兽。”

⑬胙，馀肉也。《左传》曰：“归胙于公。”《诗·小雅》曰：“炰之燔之。”毛苌注曰：“以毛曰炰。”音步交反。《子虚赋》曰：“割鲜染轮。”孔安国注《尚书》曰：“鸟兽新杀曰鲜。”

⑭大辂，玉辂也。《周礼》曰：“凡驭辂仪以銮和为节。”郑玄注曰：“銮在衡，和在轼，皆金铃也。”《三辅黄图》曰：“上林苑有豫章观。”

⑮《汉宫阁疏》曰：“昆明池有二石人，牵牛、织女之象也。”云汉，天河也。郭璞注《尔雅》云：“茝，香草。”音昌改反。晔晔猗猗，美茂之貌。《说文》曰：“摛，舒也。”

⑯郭璞注《尔雅》云：“鸡似凫，脚近尾，略不能地行，江东谓之鱼鸡。”音火交反。《说文》曰：“鹳，鹳雀也。”《尔雅》曰：“鸹，麋鸹。”音括。郭璞注曰：“即鸧鸹

也，今关西呼为鴇鹿。”鴇似雁而大，无指。音保，鵁，水鸟也。《庄子》曰：“白鶂之相视，眸子不运而风化。”李巡注《尔雅》曰：“在野曰凫，在家曰鹜。”并鸭也。郑玄注《诗》云：“鹥，凫属也。”音一兮反。周处《风土记》曰：“鹥，鹥鴡也，以名自呼，大如鸡，生卵于荷叶上。”毛苌注《诗》云：“大曰鸿，小曰雁。”

⑰《埤苍》曰：“栈，卧车也。”音仕板反。《淮南子》曰：“龙舟鹢首，浮吹以虞。”桓谭《新论》曰：“乘车，玉爪，华芝及凤皇三盖。”《上林赋》曰：“乘法驾，建华旗。”高诱注《淮南子》曰：“袪，举也。”澹，随风之貌也。澹音徒滥反。淡音徒敢反。

⑱棹，楫也。讴，歌也。震，协韵音真。謍，声也，音火宏反。

⑲招犹举也。弩有黄闲之名，此言白闲，盖弓弩之属。本或作“白鹇”，谓鸟也。《西京杂记》曰：“越王献高帝白鹇、黑鹇各一双。”《说文》曰：“揄，引也。”音投。文竿，以翠羽为文饰也。(阙)《〔阙〕子》曰：〔55〕“鲁人有好钓者，以桂为饵，锻黄金之钩，错以银碧，垂翡翠之纶。”《尔雅》曰：“东方有比目鱼，不比不行。”

⑳《广雅》曰：“幢谓之幬。”幢音直江反，即舟中之幢盖也。本或作“罿”。罿，鸟网也，音衝。矰，弋矢也。缴，以系箭也。方舟，并两舟也。

㉑协韵音综。

㉒薄，迫也。岐，山；雍，县。在扶风。储，积也。供，协韵音九用反。

㉓上下谓天地也。接亦祭也。究，尽也。用谓牺牷玉帛之物也。《列子》曰：“尧理天下五十年，不知天下理欤？乱欤？尧乃微服游于康衢，闻儿童谣曰：‘立我蒸人，莫匪尔极，不识不知，顺帝之则。’”言今同于尧也。《前书》曰：“宣帝颇好神仙，〔56〕王褒、张子侨等并待诏，所幸宫馆，辄为歌颂，第其高下，以差赐帛焉。”

㉔十代、百年，并举全数也。《易》曰：“食旧德，贞厉终吉。”《穀梁传》曰：“古者有士人、商人、农人、工人。”《淮南子》曰“古者至德之时，贾便其肆，农安其业，大夫安其职，而处士修其道”也。

若臣者，徒观迹乎旧墟，闻之乎故老，什分而未得其一端，故不能遍举也。

【校勘记】

〔1〕今洺州永(平)〔年〕县也　《集解》引沈钦韩说，谓"永平县"当作"永年县"，今据改。按："洺"原作"洛"，形近而讹，径据殿本改正。

〔2〕汉承秦制改立郡县　按：张森楷《校勘记》谓"改"当依《前书》作"并"，既承秦制，则非汉所改也。

〔3〕刘季逐而羁之　按：《集解》引王补说，谓"羁"《前书·叙传》作"掎"，《通鉴》亦作"掎"，用《左传》"晋人角之，诸戎掎之"。

〔4〕见赵岐孟子注　"岐"原讹"歧"，径改正。按：绍兴本赵岐之"岐"皆讹"歧"，后如此，不悉出校记。

〔5〕岂若卑论齐俗　按："齐"当依《史记》作"侪"。

〔6〕彪复辟司徒玉况府　汲本、殿本"玉"作"王"。按：玉字本有肃音，不必改为"王"，参阅前《虞延传》校记。又按：《集解》引沈钦韩说，谓是时"司徒"上有"大"字。

〔7〕不能无〔为〕恶　据《集解》本补。按：此所引贾谊上疏之辞与《前书》不同，《前书》作"习与正人居之，不能毋正，犹生长于齐，不能不齐言也。习与不正人居之，不能毋不正，犹生长于楚之地，不能不楚言也"。

〔8〕出则周公邵公太(公)史佚　据汲本删。按：《史记》云"召公为师，周公为保"，无太公辅成王事，"公"字衍。太史佚即史佚也。

〔9〕使仆中允　按：沈家本谓"允"《续志》作"盾"。

〔10〕故令谊傅之　按："令"原讹"今"，径改正。

〔11〕诵诗赋　按：汲本"赋"作"书"。

〔12〕负薪之诺　按：汲本、殿本"诺"作"语"。

〔13〕执文之德　按：《集解》引周寿昌说，谓《周颂》作"秉文之德"，此"秉"字作"执"，乃唐讳昞，秉与昞同音，嫌名也，故避"秉"为"执"，义同字异。

〔14〕舟人吉桑对曰　按："吉桑"《新序》作"固桑"，《说苑·尊贤篇》作"古乘"，《人表》作"固来"，《循吏传》注作"古桑"。沈钦韩谓"乘""来"皆"桑"之误，"吉"又为"古"之误。

〔15〕召诣校书部　按："校书部"疑当作"校书郎"。《御览》五一五引正作"校书郎"，又《班超传》云"兄固，被召诣校书郎"。

〔16〕 司隶从事孟异　按:《集解》引惠栋说,谓“异”当作“冀”,见马援、杜林等传。又引沈钦韩说,谓《史通·正史篇》作“孟冀”。

〔17〕 六代谓武帝史臣谓司马迁也　按:此注原误置于“史臣”之下,今移正。盖正文“六世”句绝,“史臣”属下为句,若注于“史臣”之下,则“史臣”二字当连“六世”为句矣。

〔18〕 刘敬说上都关中　殿本“刘”作“娄”。按:娄敬说高祖都关中,封奉春君,赐姓刘氏,故亦作“刘敬”,然下文“奉春建策”注又作“娄敬”,前后亦不一致也。

〔19〕 表以(泰)〔太〕华终南之山　张森楷《校勘记》谓“太华”字本不作“泰”,后人误以为范晔避其父讳,改“泰”为“太”,遂并非讳改者而亦回改为“泰”。今据改。

〔20〕 带以洪河泾渭之川　按:《校补》谓《文选》此下有“众流之隈,汧涌其西”语。

〔21〕 度宏规而大起　惠栋谓李善曰“度”或为“庆”,庆与羌古字通,《小尔雅》云羌,发声也。按:王念孙谓李善本度字本作“庆”,今本作“度”者,后人据五臣本及《班固传》改之耳。善注原文当云“《小雅》曰羌,发声也,‘庆’与‘羌’古字通,‘庆’或为‘度’。”又谓作“庆”是。庆,语词。“宏规”与“大起”相对为文,言肇建都邑,先宏规之而后大起之也。

〔22〕 故穷奢而极侈　按:王先谦谓《固集》及《文选》“奢”并作“泰”,此亦范氏避其父讳而改。

〔23〕 乡曲豪俊游侠之雄　按:《文选》“俊”作“举”,李注引《史记》魏公子无忌曰“平原之游,徒豪举耳”。盖以“乡曲豪举”为句。此以“乡曲豪俊”与“游侠之雄”连读为句,故注云“豪俊游侠谓朱家、郭解、原涉之类也”。

〔24〕 天子城十二门通十二子　按:此《周礼》“匠人营国方九里旁三门”郑玄注文,章怀引之以释“立十二之通门”也。《文选》注同。各本误引《周礼·地官》“司门”郑注,作“司门若今城门校尉,主王城十二门”。

〔25〕 汉宫阁疏曰　汲本、殿本“阁”作“阙”。按:后文“披香”注引“汉宫阁名”,殿本“阁”作“阙”,《文选》注亦作“阙”。又后文“左牵牛而右织女”注引“汉宫阁疏”,殿本亦作“阁”,而《文选》注则作“阙”。又按:“汉宫阁疏”或“《汉宫阙疏》与“汉宫阁名”或“汉宫阙名”,《隋志》俱不著录,《唐志》有《汉宫阙簿》,《史记·高祖纪·索隐》、《初学记·居处部》、《御

览·居处部》十二引"汉宫殿疏",《北堂书钞·舟部》上引"汉宫室疏",殆即一书也。

〔26〕 原尝〔谓〕平原君赵胜孟尝君田文也　据汲本、殿本补。

〔27〕 逴荦诸夏　按:李慈铭谓"荦"《文选》作"跞"。

〔28〕 王褒字子泉　汲本、殿本"泉"作"渊",下"泉云颂叹"之"泉"亦作"渊"。按:"渊"作"泉",当是章怀避唐讳改。

〔29〕 〔小〕尔雅曰禾穗谓之颖　按:《校补》谓此见《小尔雅·广物篇》,《文选》李善注引作"《小雅》曰",《文选》注于《小尔雅》皆省称"小雅",此则脱去"小"字也。今据补。

〔30〕 〔小〕尔雅曰敷布也　按:《尔雅》无"敷布也"之训,此见《小尔雅·广诂篇》。今据补。

〔31〕 放(泰)〔太〕紫之圆方　按:"泰"当作"太",今改,参阅上"表以(泰)〔太〕华终南之山"条。

〔32〕 于是左(瑊)〔墄〕右平　据殿本改。按:《集解》引柳从辰说,谓字书玉部无瑊字,应从土。

〔33〕 徇以离殿别寝　按:《校补》谓《文选》"殿"作"宫"。

〔34〕 增槃业峨　按:《文选》作"增盘崔嵬"。

〔35〕 玄墀扣切　按:《文选》"切"作"砌"。

〔36〕 周见洽闻　按:《校补》谓《文选》"周"作"殚"。

〔37〕 修涂飞阁　按:《校补》谓《文选》"涂"作"除",注"除,楼陛也"。

〔38〕 混建章而外属　按:《校补》谓《文选》"而"下有"连"字

〔39〕 似无依(之)〔而〕洋洋　《文选》"之"作"而",王先谦谓作"而"是。今据改。

〔40〕 抗仙掌(与)〔以〕承露　据汲本、殿本改。

〔41〕 域亦作墄　按:《刊误》谓案文当作"墄亦作域",言"墄"字有作"域"者也。

〔42〕 纳之于(璧)〔壁〕带　按:《校补》云《前书音义》"壁带谓壁中之带也",此"壁"字当从土,各本皆从玉,涉上"衔璧"而误。今据改。

〔43〕 其光色也　按:张森楷《校勘记》谓"色"下当有脱文一字,据上文"其文理密也"知之。

〔44〕 顺常　按:"顺"原讹"须",径据汲本、殿本改正。

〔45〕(门)高二十馀丈　据《刊误》删。

〔46〕小雅曰　按:《小雅》即《小尔雅》之省称,下所引乃《小尔雅·广诂》文。

〔47〕燿威而讲事　按:王先谦谓《文选》作"耀威灵而讲武事"。

〔48〕于是乘(銮)舆备法驾　《刊误》谓案注所解乘舆之义,则此多"銮"字。今据删。按:《上林赋》"于是乘舆弭节徘徊",《甘泉赋》"于是乘舆乃登夫凤皇兮",句例相似,《班赋》之所出也。

〔49〕六师发胄　按:《文选》"胄"作"逐",近人高步瀛《文选李注义疏》引胡绍瑛说,谓逐胄音同,《文选》作"逐",《后汉书》作"胄",并"䌷"之假,《玉篇》"䌷,徐救切,竞驰也"。

〔50〕历长杨之榭　按:"杨"原作"扬",径据汲本、殿本改,注同。

〔51〕举燧命爵　按:《校补》谓《文选》作"举烽命釂"。

〔52〕玄鹤白鹭　按:《校补》谓《文选》句上有"鸟则"二字。

〔53〕鸧鸹鸨鶂　按:"鸨"原作"鳵",径据《文选》改,注同。

〔54〕法驾公〔卿〕不在卤簿中　据汲本、殿本补。

〔55〕(阙)〔阚〕子曰　据殿本改。

〔56〕宣帝颇好神仙　按:"仙"原讹"伯",径改正。

后汉书卷四十下

班彪列传第三十下

子固

主人喟然而叹曰:〔1〕“痛乎风俗之移人也！子实秦人,矜夸馆室,保界河山,信识昭襄而知始皇矣,恶睹大汉之云为乎?①夫大汉之开原也,奋布衣以登皇极,〔2〕繇数期而创万世,盖六籍所不能谈,前圣靡得而言焉。②〔3〕当此之时,功有横而当天,讨有逆而顺人,〔4〕故娄敬度埶而献其说,萧公权宜以拓其制。时岂泰而安之哉？计不得以已也。③吾子曾不是睹,顾耀后嗣之末造,不亦暗乎?④今将语子以建武之理,永平之事,监乎(泰)〔太〕清,〔5〕以变子之或志。⑤〔6〕

①喟,叹貌也。《前书》曰:“人有刚柔缓急,音声不同,系水土之风气,谓之风;好恶取舍,动静无常,随君上之情欲,谓之俗。”保,守也,谓守河山之险以为界。昭、襄,昭王、襄王也。〔7〕恶,安也,音乌。

②汉高祖曰:“吾以布衣,提三尺剑取天下。”高祖起兵五年而即帝位,故云由数期。繇即由也。孔安国注《尚书》云:“匝四时曰期。”万代,盛言之也。六籍,《六经》也。

③横音胡孟反。高祖入关,秦王子婴降,而五星聚于东井,此功有横而当天也。逆谓以臣伐君。《前书》陆贾曰:“汤武逆取而以顺守之。”及高祖入关,秦人争献牛酒,此为讨有逆而顺人也。娄敬已见上。又曰:“萧何修未央宫,上见壮丽,甚怒。何对曰:‘天下未定,故可因遂就宫室。且天子以四海为家,非令壮丽,无以重威,且无令后代有以加也。’”时岂奢泰而安之哉?〔8〕言天下初定,计不得止而都西京也。

④顾，反也。耀，眩耀也。言吾子曾不睹度埶权宜之由，而反眩耀后嗣子孙末代之所造，非其盛称武帝、成帝神仙、昭阳之事也。

⑤《淮南子》曰："太清之化也，和顺以寂漠，质直以素朴。"高诱注曰："太清，无为之化也。"

往者王莽作逆，汉祚中缺，天人致诛，六合相灭。①于时之乱，生民几亡，鬼神泯绝，壑无完柩，郛罔遗室，原野猒人之肉，川谷流人之血，秦、项之灾犹不克半，书契已来未之或纪也。②故下民号而上诉，上帝怀而降鉴，致命于圣皇。③于是圣皇乃握乾符，阐坤珍，披皇图，稽帝文，赫尔发愤，应若兴云，霆发昆阳，凭怒雷震。④遂超大河，跨北岳，立号高邑，建都河洛。⑤绍百王之荒屯，因造化之荡涤，体元立制，继天而作。⑥系唐统，接汉绪，茂育群生，恢复疆宇，勋兼乎在昔，事勤乎三五。⑦岂特方轨并迹，纷纶后辟，理近古之所务，蹈一圣之险易云尔哉？⑧且夫建武之元，天地革命，四海之内，更造夫妇，肇有父子，君臣初建，人伦实始，斯乃虙羲氏之所以基皇德也。⑨分州土，立市朝，作舟车，〔9〕造器械，斯轩辕氏之所以开帝功也。⑩〔10〕龚行天罚，应天顺(民)〔人〕，〔11〕斯乃汤武之所以昭王业也。⑪迁都改邑，有殷宗中兴之则焉；〔12〕即土之中，有周成隆平之制焉。⑫不阶尺土一人之柄，同符乎高祖。⑬克己复礼，以奉终始，允恭乎孝文。⑭宪章稽古，封岱勒成，仪炳乎世宗。⑮案《六经》而校德，妙古昔而论功，〔13〕仁圣之事既该，帝王之道备矣。⑯

①天人谓天意人事共相诛也。

②人者神之主。生人既亡，故鬼神亦绝也。《杨子法言》曰"秦将白起长平之战，坑四十万人，原野猒人之肉，川谷流人之血"也。

③上帝，天也。圣皇，光武也。怀犹愍念也。降，下也。鉴，视也。言上天愍念下人之上诉，故下视四海可以为君者，而致命于光武也。

④乾符、坤珍谓天地符瑞也。皇图、文帝谓图纬之文也。霆，疾雷也。发于昆阳谓破王寻、王邑。凭，盛也。言盛怒如雷之震。协韵音真。

⑤跨，据也。言光武度河据北岳，遂即位于鄗，而改鄗为高邑也。

⑥绍，继也。屯，难也。高诱注《淮南子》云："造化，天地也。"涤，除也。作，起

也。杜预注《左传》云:“凡人君即位,欲体元以居正。”《穀梁传》曰:“为天下主者,天也;继天者,君也。”

⑦《尔雅》曰:“系,继也。绪,业也。”《前书》曰:“汉帝本系出唐帝。”言光武能继唐尧之统业也。恢,大也。三五,三皇五帝也。

⑧轨,辙也。纷纶犹杂蹂也。《尔雅》曰:“后,辟,君也。”险易犹理乱也。言光武功德勤劳,兼于前代百王,非直一圣帝也。

⑨《易》曰:“天地革而四时成。”又曰:“汤武革命。”《尔雅》曰:“九夷、八狄、七戎、六蛮,谓之四海。”基,始也。《帝王纪》曰:“庖犠氏,风姓也。制嫁娶之礼,取犠牲以充庖厨,以食天下,故号庖犠。后或谓之伏犠。”言光武更造夫妇如伏犠时也。

⑩黄帝号轩辕氏。前书曰:“昔在黄帝,画野分州。”《易·系辞》曰:“神农氏日中为市。黄帝、尧、舜垂衣裳而天下理。刳木为舟,剡木为楫,服牛乘马,引重致远,以利天下;弦木为弧,剡木为矢,弧矢之利,以威天下。”言光武利人如轩辕也。

⑪《尚书》武王曰:“今予惟龚行天之罚。”《易》曰:“汤武革命,顺乎天而应乎人。”言光武征伐如汤武者也。

⑫《尚书》曰:“盘庚迁于殷。”《史记》曰:“南阳甲之时,殷衰,诸侯莫朝。阳甲崩,弟盘庚立,自河北度河南,居汤之故地,行汤之政,殷道复兴。”《尚书》曰:“王来绍上帝,自服于土中。”孔安国曰:“洛邑,地埶之中也。”〔14〕《春秋命历序》曰:“成康之隆,醴泉涌出。”言都洛阳如殷宗、周成之制也。

⑬《孟子》曰:“纣去武丁未久也,尺地莫非其有也,一人莫非其臣也。”又曰:“舜文王相去千有馀岁,若合符契。”

⑭《左传》仲尼曰:“古有志,克己复礼,仁也。”《孙卿子》曰:“生,人之始也;死,人之终也。终始俱善,人道毕矣。”《尚书》:“允恭克让。”谓躬自俭约,同于文帝也。

⑮宪章犹法则也。《礼记》曰:“仲尼宪章文武。”《尚书》曰:“若稽古帝尧。”言法乎考古而封太山,勒石以记成功也。炳,明也,其礼仪明乎武帝也。

⑯《六经》谓《诗》、《书》、《礼》、《乐》、《易》、《春秋》。妙犹美也。或作“眇”,眇,远也。该,备也。

至于永平之际,重熙而累洽,盛三雍之上仪,修衮龙之法服,敷洪藻，信景铄，扬世庙，正予乐。人神之和允洽，君臣之序既肃。①乃动大路，遵皇衢，省方巡狩，穷览万国之有无，考声教之所被，散皇明以烛幽。②然后增周旧，修洛邑，翩翩巍巍，显显翼翼，〔15〕光汉京于诸夏，总八方而为之极。③是以皇城之内，宫室光明，阙庭神丽，奢不可逾，俭不能侈。④外则因原野以作苑，顺流泉而为沼，〔16〕发蘋藻以潜鱼，丰圃草以毓兽，制同乎梁驺，义合乎灵囿。⑤若乃顺时节而蒐狩，简车徒以讲武，则必临之以《王制》，考之以《风》、《雅》。⑥历《驺虞》，览《四驖》，嘉《车攻》，采《吉日》，礼官正仪，乘舆乃出。⑦于是发鲸鱼，铿华钟，登玉辂，乘时龙，凤盖飒洒，〔17〕和鸾玲珑，天官景从，祲威盛容。⑧〔18〕山灵护野，属御方神，雨师泛洒，风伯清尘，千乘雷起，万骑纷纭，元戎竟野，戈鋋彗云，羽旄扫霓，旌旗拂天。⑨焱焱炎炎，扬光飞文，吐焰生风，〔19〕吹野燎山，〔20〕日月为之夺明，丘陵为之摇震。⑩遂集乎中囿，陈师案屯，骈部曲，列校队，勒三军，誓将帅。⑪然后举烽伐鼓，以命三驱，〔21〕轻车霆发，〔22〕骁骑电骛，游基发射，〔23〕范氏施御，弦不失禽，辔不诡遇，〔24〕飞者未及翔，走者未及去。⑫指顾倏忽，获车已实，乐不极般，杀不尽物，马踠馀足，士怒未泄，先驱复路，属车案节。⑬于是荐三牺，效五牲，礼神祇，怀百灵，(御)〔觐〕明堂，〔25〕临辟雍，扬缉熙，宣皇风，登灵台，考休征。⑭俯仰乎乾坤，参象乎圣躬，目中夏而布德，瞰四裔而抗棱。⑮〔26〕西荡河源，东澹海漘，北动幽崖，南趯朱垠。⑯〔27〕殊方别区，界绝而不邻，自孝武所不能征，孝宣所不能臣，〔28〕莫不陆詟水栗，奔走而来宾。⑰遂绥哀牢，开永昌，⑱春王三朝，会同汉京。是日也，天子受四海之图籍，膺万国之贡珍，内抚诸夏，外接百蛮。⑲〔29〕乃盛礼乐供帐，置乎云龙之庭，〔30〕陈百僚而赞群后，究皇仪而展帝容。⑳于是庭实千品，旨酒万钟，列金罍，班玉觞，嘉珍御，大牢飨。㉑尔乃食举《雍》彻，太师奏乐，〔31〕陈金石，布丝竹，钟鼓铿锵，管弦晔煜。㉒抗五声，极六律，歌九功，舞八佾，《韶》、《武》备，太古毕。㉓四夷间奏，德广所及，《伶佅》、《兜离》，〔32〕罔不具集。㉔万

乐备，百礼暨，皇欢浃，群臣醉，降烟煴，调元气，然后撞钟告罢，百僚遂退。㉕

①熙，光也。洽，浃也。三雍谓明堂、辟雍、灵台也。永平二年正月，宗祀光武皇帝于明堂，礼毕，登灵台。三月，临辟雍，行大射礼。《周礼》："王之吉服，享先王即衮冕。"郑玄注曰："衮，卷龙衣也。"永平二年，帝及公卿列侯始服(冕)冠〔冕〕衣裳。〔33〕敷，布也。〔34〕鸿，大也。藻，文藻也。谓明堂礼毕，登灵台之后，布诏于天下曰："建明堂，立辟雍，起灵台，恢弘大道，被之八极。"此为布鸿藻也。信读曰申。景，大也。铄，美也。扬代庙谓上尊号光武庙曰代祖。正予乐谓依谶文改大乐为大予乐也。

②大路，玉路也。皇衢，驰道也。《易》曰："先王以省方观人设教。"《尚书》曰："岁二月东巡狩。"又曰："朔南暨声教。"皇，大也。烛，照也。

③周成王都洛邑，汉又增而修之，故曰增焉。翩翩巍巍，显显翼翼，并宫阙显盛之貌。《论语》曰："不如诸夏之亡。"《诗·商颂》曰："商邑翼翼，四方之极。"极，中也。洛阳，土之中也。

④言奢俭合礼也。

⑤蘋、藻，并水草也。《诗·小雅》曰："鱼在在藻。"《韩诗》曰："东有圃草，驾言行狩。"《薛君传》曰："圃，博也，有博大之茂草也。"毓亦育也。《鲁诗传》曰："古有梁邹者，天子之田也。"《诗·大雅》曰："王在灵囿，麀鹿攸伏。"毛苌注云："囿所以域养禽兽也。"此言鱼兽各得其所，如文王之灵囿也。

⑥《左传》臧僖伯曰："春蒐夏苗，秋狝冬狩，皆于农隙以讲事也。"杜预注云："各随时之闲也。"《礼记·王制》曰"天子诸侯，无事则岁三田。田不以礼曰暴天物"也。

⑦《诗·国风序》曰："《驺虞》，蒐田以时，仁如驺虞。"毛苌注曰："驺虞，义兽，白虎黑文，不食生物。"又曰："《四驖》，美襄公也，始命有田狩之事。"其诗曰："驷驖孔阜。"注曰："驖，骊也。阜，大也。"又《小雅·序》曰："《车攻》，宣王复古也，修车马，备器械，复会诸侯于东都，因田猎而选车徒焉。"其诗曰："我车既攻，我马既同。"注云："攻，坚也。"又《吉日》诗曰："田车既好，四牡孔阜。"宣帝诏曰"礼官具礼仪"也。

⑧鲸鱼谓刻杵作鲸鱼形也。铿谓击之也，音苦耕反。《尚书大传》曰："天子将出则撞黄钟，右五钟皆应。"薛综注《西京赋》云："海中有大鱼名鲸，又有兽

名蒲牢。蒲牢素畏鲸鱼,鲸鱼击蒲牢,蒲牢辄大鸣呼。凡钟欲令其声大者,故作蒲牢于其上,撞钟者名为鲸鱼。钟有篆刻之文,故曰华。"《尔雅》曰:"马高八尺以上曰龙。"《月令》:"春驾苍龙。"各随四时之色,故曰时也。玲珑,声也。蔡邕《独断》曰:"百官小吏曰天官。"祲亦盛也。

⑨山灵,山神也。属,连也,音烛。方,四方也。雨师,毕星也。风伯,箕星也。《韩子》师旷谓晋平公曰:"黄帝合鬼神于太山,风伯进扫,雨师洒道。"蔡邕《独断》曰:"天子大驾,备千乘万骑。"元戎,戎车也。《诗·小雅》曰:"元戎十乘,以先启行。"毛苌注曰:"元,大也。夏后氏曰钩车,先正也;殷曰寅车,先疾也;周曰元戎,先良也。"《说文》曰:"铤,小矛也。"音市延反。彗,扫也,音似锐反。

⑩焱焱,炎炎,并戈矛车马之光也。《说文》曰"焱,火华也"。音以赡反。震读曰真。

⑪中囿,囿中也。《续汉志》曰:"大将军营五部,部校尉一人。部下有曲,曲下有屯长一人。"骈犹陈列也。杜预注《左传》曰:"百人为队。"郑玄《周礼》注云:"天子六军,三居一偏。"故此言勒三军也。《周礼》曰:"群吏听誓于前,斩牲以徇陈,曰不用命者斩之。"郑玄注云:"群吏,将帅也。"

⑫《穀梁传》曰:"三驱之礼,一为乾豆,二为宾客,三为充君之庖。"霆激,电骛,并言疾也。〔35〕游基,养由基也。《淮南子》曰:"楚有神白猿,王自射之,则(挥)〔搏〕而嬉,〔36〕使养由基射之,始调弓矫矢,未发而猿拥木号矣。"范氏,赵之御人也。〔37〕《孟子》曰:"赵简子使王良御,终日不获一禽,反曰:'天下贱工也。'王良曰:'吾为范氏驱驰,〔38〕终日不获一,为之诡遇,一朝而获十。'"赵岐注曰:"范,法也,〔39〕为法度之御,应礼之射,终日不得一。诡遇,非礼射也,则能获十。"弦不失禽,谓由基也。辔不诡遇,谓范氏也。

⑬《高唐赋》曰:"举功先得,获车已实。"《尔雅》曰:"般,乐也。"《礼记》曰:"乐不可极。"踠犹屈也。《方言》曰:"泄,歇也。"《汉官仪》:"大驾,属车八十一乘。"《子虚赋》曰:"案节未舒。"谓驻节徐行也。

⑭《左传》郑子太叔曰:"为五牲三牺。"杜预注云:"五牲,麋、鹿、麏、狼、兔也。三牺,祭天地宗庙之牺也。"郊,祭天也。天神曰神,地神曰祇。百灵,百神也。《诗》曰:"怀柔百神。"觐,朝也。谓朝诸侯于明堂。《诗·大雅》曰:"维清缉熙,文王之典。"郑玄注云:"缉熙,光明也。"《尚书》曰:"休征。"孔安国注云:"叙美行之验。"

⑮《易·系辞》曰:“仰则观象于天,俯则观法于地,近取诸身,远取诸物。”圣躬谓天子也。中夏,中国也。瞰音苦暂反。四裔,四夷也。棱,威也。《左传》曰“德以柔中国,刑以威四夷”也。

⑯荡,涤也。河源在昆仑山。《前书》曰:“威棱澹乎邻国。”《音义》曰:“澹犹动也,音徒滥反。”漘,水涯,音唇。郭璞注《尔雅》曰:“涯上平坦而下水深者为漘。”趯,跃也,音它历反。《说文》曰:“垠,界也。”音银。

⑰《尔雅》曰:“讋,惧也。”音之涉反。

⑱绥,安也。哀牢,西南夷号。永平十二年,其国王柳貌相率内属,以其地置永昌郡也。

⑲春王犹《左传》云“春王正月”也。三朝,元日也。朝音陟遥反。谓岁之朝,月之朝,日之朝。《前书》谷永曰:“今年正月朔,〔日〕食于三朝之会。”〔40〕《周礼》曰:“时见曰会,殷眺曰同。”贾逵注《国语》曰:“膺犹受也。”《诗》曰“因时百蛮”也。

⑳供帐,供设帷帐也。供音九用反。《前书》曰:“三辅长无供帐之劳。”戴延之记曰:“端门东有崇贤门,次外有云龙门。”赞,引也。

㉑庭实,贡献之物也。《左传》孟献子曰:“臣闻聘而献物,于是有庭实旅百。”千品,言多也。《说文》曰:“钟,器也。”《孔丛子》曰:“尧饮千锺。”罍,酒器也。《诗》曰:“我姑酌彼金罍。”珍,八珍也。太牢,牛羊豕也。飨,协韵音香。

㉒食举(为)〔谓〕当食举乐也。〔41〕蔡邕《礼乐志》曰:“大予乐郊祀陵庙殿中诸食举乐也。”《雍》,《诗》篇名也。谓食讫歌《雍》诗以彻也。《论语》曰:“三家者以《雍》彻。”太师,乐官也,《周礼》,太师掌六律、六吕,〔42〕以合阴阳之声也。铿音苦耕反。铨音楚庚反。晔煜,盛貌也。煜音育。

㉓《左传》晏子曰:“五声六律。”杜预注云:“五声,宫、商、角、徵、羽。六律,黄钟、太蔟、姑洗、蕤宾、夷则、无射。”《尚书》曰:“九功惟序,九序惟歌。”九功谓金、木、水、火、土、谷、正德、利用、厚生也。佾,舞行也。《穀梁传》曰:“天子八佾。”《韶》,舜乐名。《武》,武王乐名。太古,远古也。〔43〕

㉔间,迭也,音古苋反。《诗·国风》曰“汉广”,德广所及也。郑玄注《周礼》云:“四夷之乐,东方曰《韎》,南方曰《任》,西方曰《株离》,北方曰《禁》。”“禁”,《字书》作“㑤”,音渠禁反。侏音摩葛反。《周礼》“㑤”作“禁”,“侏”作“韎”,“兜”作“株”也。

㉕万乐、百礼，盛言之也。暨，至也。《易》曰："天地絪缊，万物化醇。"《礼统》曰："天地者，元气之所生，万物之祖。"《尚书大传》曰："天子将入，撞蕤宾之钟，左五钟皆应。"撞音直江反。

于是圣上(亲)〔睹〕万方之欢娱，〔44〕久沐浴乎膏泽，〔45〕惧其侈心之将萌，而怠于东作也，①乃申旧章，下明诏，命有司，班宪度，昭节俭，示大素。②去后宫之丽饰，损乘舆之服御，除工商之淫业，兴农桑之上务。〔46〕遂令海内弃末而反本，背伪而归真，女修织纴，男务耕耘，器用陶匏，服尚素玄，耻纤靡而不服，贱奇丽而不珍，〔47〕捐金于山，沈珠于渊。③于是百姓涤瑕荡秽而镜至清，形神寂漠，耳目不营，〔48〕嗜欲之原灭，廉正之心生，莫不优游而自得，玉润而金声。④是以四海之内，学校如林，庠序盈门，献酬交错，俎豆莘莘，下舞上歌，蹈德咏仁。⑤登降饫宴之礼既毕，因相与嗟叹玄德，谠言弘说，咸含和而吐气，颂曰"盛哉乎斯世"！⑥

①《尚书》曰："平秩东作。"注云："岁起于春而始就耕。"

②《诗·大雅》曰："率由旧章。"郑玄注云："旧典文章。"《左传》臧哀伯曰："大路越席，大羹不致，昭其俭也。"《列子》曰："大素者，质之始也。"

③《前书》文帝诏曰："农，天下之本也，而人或不务本而事末。"《音义》曰："本，农也。末，贾也。"背伪，去雕饰也。归真，尚质素也。杜预注《左传》曰："织纴，织缯布也。"《礼记》曰："器用陶匏。"陶，瓦器也。匏，瓠也。陆贾《新语》曰："圣人不用珠玉而宝其身，故舜弃黄金于崭岩之山，捐珠玉于五湖之川，〔49〕以杜淫邪之欲也。"

④瑕秽犹过恶也，《杨雄集》曰："涤瑕荡秽。"《淮南子》曰："形者生之舍，神者生之制也。"又曰："和顺以寂寞。"《尚书》曰："弗役耳目，百度惟贞。"《淮南子》曰："吾所谓有天下者，自得而已。"《礼记》孔子曰："君子比德于玉焉，温润而泽，仁也。"《孟子》曰孔子"德如金声"也。

⑤《前书》平帝立(举)学官。〔50〕郡国曰学，县道邑及侯国曰校，乡曰庠，聚曰序。《诗》曰："献酬交错。"莘莘，众多也，音所巾反。《礼记》曰："歌者在上，贵人声也。"又"嗟叹之不足，故手之舞之，足之蹈之"。

⑥《诗》曰："饮酒之饫。"毛苌注云："不脱屦升堂谓之饫。"饫，私也。《尚书》

曰："玄德升闻。"《字林》曰："谠，美言也，音党。"

今论者但知诵虞夏之《书》，咏殷周之《诗》，讲羲文之《易》，论孔氏之《春秋》，罕能精古今之清浊，究汉德之所由。①唯子颇识旧典，又徒驰骋乎末流。温故知新已难，而知德者鲜矣！②且夫辟界西戎，险阻四塞，修其防御，孰与处乎土中，平夷洞达，万方辐凑？③秦领九嵕，泾渭之川，曷若四渎五岳，带河溯洛，图书之渊？④建章甘泉，馆御列仙，孰与灵台明堂，统和天人？⑤太液昆明，鸟兽之囿，曷若辟雍海流，道德之富？⑥游侠逾侈，犯义侵礼，孰与同履法度，翼翼济济也？⑦子徒习秦阿房之造天，而不知京洛之有制也；识函谷之可关，而不知王者之无外也。"⑧

①伏羲画八卦，文王作卦辞，孔子作《春秋》。清浊犹善恶也。

②末流犹下流也。谓诸子也。《前书》曰："不入于道德，放纵于末流。"《论语》孔子曰："温故知新，可以为师矣。"又曰："由，知德者鲜矣。"

③辟，远也，音匹亦反。《战国策》苏秦说孟尝君曰："秦，四塞之国也。"高诱注云："四面有山关之固，故曰四塞之国。"防御谓关禁也。辐凑，如辐之凑于毂也。《前书》武帝诏吾丘寿王曰"子在朕前之时，知略辐凑"也。

④四渎，江、河、淮、济也。《河图》曰："天有四表，以布精魄，地有四渎，以出图书。"《尔雅》曰："太山为东岳，衡山为南岳，华山为西岳，恒山为北岳，嵩山为中岳。"图书之泉谓河洛也，〔51〕《易·系辞》曰"河出图，洛出书"也。

⑤馆御谓设台以进御神仙也。《礼含文嘉》曰"礼，天子灵台，以考观天人之际，法阴阳之会"也。

⑥《三辅黄图》曰"辟雍，水四周于外，象四海"也。

⑦游侠，即西宾云"乡曲豪俊，游侠之雄"。逾侈谓"列肆侈于姬、姜"等也。《尔雅》曰："翼翼，敬也。"《诗》曰："济济多士。"毛苌注云："济济，多威仪也。"

⑧《史记》曰，秦始皇作阿房宫。造，至也。《公羊传》曰"王者无外"也。

主人之辞未终，西都宾矍然失容，逡巡降阶，惵然意下，捧手欲辞。主人曰："复位，今将喻子五篇之诗。"①〔52〕宾既卒业，乃称曰：

"美哉乎此诗！义正乎杨雄，事实乎相如，非唯主人之好学，盖乃遭遇乎斯时也。②小子狂简，不知所裁，既闻正道，请终身诵之。"其诗曰：③

①《说文》曰："矍，视遽之貌。"音许缚反。《周书》曰："临摄以威而慄。"慄者，犹恐惧也，音徒颊反。喻，告也。

②杨雄作《长杨》、《羽猎赋》，司马相如作《子虚》、《上林赋》，并文虽藻丽，其事迂诞，不如主人之言义正事实也。

③《论语》孔子曰："吾党之小子狂简，斐然成章，不知所以裁之。"又曰："不忮不求，何用不臧，子路终身诵之。"

《明堂诗》：於昭明堂，明堂孔阳；圣皇宗祀，穆穆煌煌。①上帝宴飨，五位时序；谁其配之，世祖光武。②普天率土，各以其职；猗与缉熙，允怀多福。③

①於音乌，叹美之辞也。《诗·周颂》曰："於昭于天。"孔，甚也。阳，明也。《国风》曰："我朱孔阳。"圣皇宗祀谓祭光武于明堂也。《诗》曰："穆穆煌煌，宜君宜王。"穆穆犹敬也。煌煌犹美也。

②《前书》曰："天神贵者太一，太一佐曰五帝。"五位，五帝也。《河图》曰："苍帝灵威仰，赤帝赤熛怒，黄帝含枢纽，白帝白招矩，黑帝叶光纪。"杨雄《河东赋》曰："灵祇既飨，五位时叙。"谓各依其方而祭之。

③《诗·小雅》曰："溥天之下，莫非王土。率土之宾，〔53〕莫非王臣。"溥亦普也。《孝经》曰："四海之内，各以其职来助祭。"《诗·商颂》曰："猗欤那欤。"猗，美也。允，信也。怀，来也。《诗·大雅》曰："聿怀多福。"

《辟雍诗》：乃流辟雍，辟雍汤汤，圣皇莅止，造舟为梁。①皤皤国老，乃父乃兄；抑抑威仪，孝友光明。②於赫太上，示我汉行；鸿化惟神，永观厥成。③

①汤汤，水流貌。莅，临也。《诗·小雅》曰："方叔莅止。"《大雅》曰："造舟为梁。"毛苌注云："天子造舟。"造，至也，谓连舟为浮梁也。

②《说文》曰："皤皤，老人貌也。"音步何反。《孝经援神契》曰："天子尊事三老，兄事五更。"抑抑，美也。《诗》曰："威仪抑抑。"《尔雅》曰："善父母为孝，善兄弟为友。"

③於赫，叹美也。太上谓太古立德贤圣之人。并著养老之礼，今我汉家遵行之也。鸿，大也。《文子》曰："执玄德于心，化驰如神。"《诗·周颂》曰："我客戾止，永观厥成。"《尔雅》曰："观，示也。"

《灵台诗》：乃经灵台，灵台既崇；帝勤时登，爰考休征。① 三光宣精，五行布序；习习祥风，祁祁甘雨。② 百谷溱溱，庶卉蕃芜；屡惟丰年，於皇乐胥。③

①《诗·大雅》曰："经始灵台。"崇，高也。时登，以时登之。休，美也。征，验也。

②三光，日、月、星也。宣，布也。精，明也。五行，水、火、金、木、土。布序谓各顺其性，无谬沴也。习习，和也。《诗·小雅》曰："习习谷风。"《礼斗威仪》曰："君政颂平，则祥风至。"宋均注曰："即景风也。"祁祁，徐也。《诗·小雅》曰："兴雨祁祁。"《尚书考灵耀》曰"荧惑顺行，甘雨时"也。

③百，言非一也，《尚书·洪范》曰："百谷用成。"溱溱，盛貌。《尚书》曰："庶草蕃芜。"《尔雅》曰："蕃芜，丰也。"《诗·周颂》曰："绥万邦，屡丰年。"又曰："於皇时周。"於音乌。《诗·小雅》曰："君子乐胥，受天之祜。"注云："胥，有才智之名。"

《宝鼎诗》：岳修贡兮川效珍，吐金景兮歊浮云。宝鼎见兮色纷缊，焕其炳兮被龙文。① 登祖庙兮享圣神，昭灵德兮弥亿年。②

①谓永平六年王雒山得宝鼎，庐江太守献之。景，光也。《说文》曰："歊，气出貌。"音火骄反。《史记》曰："秦武王与孟说举龙文之鼎。"

②时明帝诏曰："其以礿祭之日，陈鼎于庙，以备器用。"弥，终也。万万曰亿。《尚书》曰："公其以予万亿年敬天之休。"

《白雉诗》：启灵篇兮披瑞图，获白雉兮效素乌。① 发皓羽兮奋翘英，容絜朗兮于淳精。② 章皇德兮侔周成，永延长兮膺天庆。③

①灵篇谓河洛之书也。《固集》此题篇云"白雉素乌歌"，故兼言"效素乌"。

②皓，白也。翘，尾也。《春秋元命包》曰："乌者阳之精。"

③章，明也。侔，等也。《孝经援神契》曰："周成王时，越裳献白雉。"庆读曰卿。

及肃宗雅好文章，固愈得幸，数入读书禁中，或连日继夜。每行巡狩，辄献上赋颂，朝廷有大议，使难问公卿，辩论于前，赏赐恩宠甚渥。固自以二世才术，位不过郎，①感东方朔、杨雄自论，以不遭苏、张、范、蔡之时，作《宾戏》以自通焉。②后迁玄武司马。③天子会诸儒讲论《五经》，作《白虎通德论》，令固撰集其事。④

①二代谓彪及固。

②东方朔《答客难》曰："使苏秦、张仪与仆并生，曾不得掌故，安敢望侍郎乎？"杨雄《解嘲》曰："范睢，魏之亡命也。蔡泽，山东之匹夫也。有谈范、蔡于许、史之间，则狂矣。"固所作《宾戏》，事见《前书》。

③《续汉志》曰："宫掖门，每门司马一人，秩比千石。玄武司马，主玄武门。"

④章帝建初四年，诏诸王诸儒会白虎观讲议《五经》同异。

时北单于遣使贡献，求欲和亲，诏问群僚。议者或以为"匈奴变诈之国，无内向之心，徒以畏汉威灵，逼惮南虏，①故希望报命，以安其离叛。今若遣使，恐失南虏亲附之欢，而成北狄猜诈之计，不可"。固议曰："窃自惟思，汉兴已来，旷世历年，兵缠夷狄，尤事匈奴。绥御之方，其涂不一，或修文以和之，或用武以征之，或卑下以就之，②或臣服而致之。③虽屈申无常，所因时异，然未有拒绝弃放，不与交接者也。故自建武之世，复修旧典，数出重使，前后相继，④至于其末，始乃暂绝。永平八年，复议通之。而廷争连日，异同纷回，多执其难，少言其易。先帝圣德远览，瞻前顾后，遂复出使，事同前世。⑤以此而推，未有一世阙而不修者也。今乌桓就阙，稽首译官，康居、月氏，自远而至，匈奴离析，名王来降，三方归服，不以兵威，此诚国家通于神明自然之征也。臣愚以为宜依故事，复遣使者，上可继五凤、甘露致远人之会，⑥下不失建武、永平羁縻之义。虏使再来，然后一往，既明中国主在忠信，且知圣朝礼义有常，岂(同)〔可〕逆诈示猜，〔54〕孤其善意乎？绝之未知其利，通之不闻其害。设后北虏稍强，能为风尘，⑦方复求为交通，将何所及？不若因今施惠，为策近长。"

①南匈奴也。

②文帝与匈奴通关市，妻以汉女，增厚其赂也。

③宣帝时，匈奴稽首臣服，遣子入侍。

④建武二年，日逐王遣使诣渔阳请和亲，使中郎将李茂报命。二十六年，遣中郎将段郴授南单于印绶。

⑤先帝谓明帝也。永平八年，遣越骑司马郑众报使北匈奴。

⑥宣帝五凤三年，单于名王将众五万馀人来降，称臣朝贺。甘露元年，匈奴呼韩邪遣子右贤王入侍。

⑦相侵扰则风尘起。

固又作《典引篇》，述叙汉德。①以为相如《封禅》，靡而不典，②杨雄《美新》，典而不实，③〔55〕盖自谓得其致焉。其辞曰：

①典谓《尧典》，引犹续也。汉承尧后，故述汉德以续《尧典》。

②文虽靡丽，而体无古典。

③体虽典则，而其事虚伪，谓王莽事不实。

太极之原，两仪始分，烟烟煴煴，有沈而奥，有浮而清。①沈浮交错，庶类混成。②肇命人主，五德初始，同于草昧，〔56〕玄混之中。③逾绳越契，寂寥而亡诏者，《系》不得而缀也。④厥有氏号。绍天阐绎者，⑤〔57〕莫不开元于大昊皇初之首，上哉敻乎，其书犹可得而修也。⑥亚斯之世，通变神化，函光而未曜。⑦

①《易·系辞》曰："《易》有太极，是生两仪。"又曰："天地絪缊，万物化醇。"蔡邕曰："(烟)〔絪〕缊，〔58〕阴阳和一相扶貌也。"奥，浊也。《易乾凿度》曰："清轻者为天，浊沈者为地。"

②庶类，万物也。混犹同也。《老子》曰："有物混成，先天地生。"

③人主谓天子也。《尚书》曰，成汤简代夏作人主。"五德，五行也。初始谓伏牺始以木德王也。木生火，故神农以火德。五行相生，周而复始。草昧谓草创暗昧也。《易》曰："天地草昧。"幽玄混沌之中谓三皇初起之时也。

④《易·系辞》曰："上古结绳而化，后代圣人易之以书契。"逾、越，并过也。诏，诰也。言过绳契以上既无文字，故寂寥而无文诰。《系》谓《易·系辞》也，故《易》系而不得缀连也。

⑤氏号谓太昊号庖羲氏，炎帝号神农氏，黄帝号轩辕氏之类。绍，继也。谓王

者继天而作。阐，开也。绎，陈也。

⑥《易》曰："帝出于《震》。"始以木德王天下，故曰皇初之首。又曰："古者庖犧氏之王天下也，仰则观象于天，俯则观法于地。"是其书可得而修也。

⑦亚斯之代谓少昊、颛顼、高辛等。虽通变神化，而《易·系》不载其事，故曰"函光未曜"。

若夫上稽乾则，降承龙翼，而炳诸《典》、《谟》，以冠德卓踪者，〔59〕莫崇乎陶唐。①陶唐舍胤而禅有虞，虞亦命夏后，〔60〕稷契熙载，越成汤武。②股肱既周，天乃归功元首，将授汉刘。③俾其承三季之荒末，值亢龙之灾孽，悬象暗而恒文乖，彝伦斁而旧章缺。④故先命玄圣，使缀学立制，宏亮洪业，表相祖宗，赞扬迪哲，备哉灿烂，真神明之式也。⑤虽前〔圣〕皋、夔、衡、旦密勿之辅，〔61〕比兹褊矣。⑥是以高、光二圣，辰居其域，〔62〕时至气动，乃龙见渊跃。⑦拊翼而未举，则威灵纷纭，海内云蒸，雷动电熛，胡缢莽分，不莅其诛。⑧然后钦若上下，恭揖群后，正位度宗，有于德不台渊穆之让，靡号师矢敦奋㧑之容。⑨盖以膺当天之正统，受克让之归运，蓄炎上之烈精，蕴孔佐之弘陈云尔。⑩

①稽，考；乾，天也。《论语》孔子曰："唯天为大，唯尧则之。"龙翼谓稷、契等为尧之羽翼。《易·乾·上九》曰："用九，见群龙无首，吉。"郑玄注云："六爻皆体龙，群龙象也，谓禹与稷、契、咎陶之属并在于朝。"炳，明也。《典》、《谟》谓《尧典》、《皋陶谟》也。为道德之冠首，踪迹之卓异者，莫高于陶唐。《尔雅》曰："崇，高也。"

②舍胤谓尧舍其胤子丹朱而禅于舜，舜亦舍其子商均而禅禹。《书》曰："熙帝之载。"孔安国注云："熙，广也。载，事也。"言稷契并能广立功事于尧舜之朝。越，于也。于是成其子孙汤、武之业，并得为天子也。汤，契之后。武王，后稷之后。

③股肱谓稷、契也。既周谓其子孙并周遍得为天子。元首，尧也。言天更归功于尧，又将授汉以帝位。

④俾，使也。三季，三王之季也。《易·乾·文言》曰："亢龙有悔，穷之灾也。"孽亦灾也。《易》曰："悬象著明，莫大于日月。"乖谓失于常度也。伦，理也。

斁，败也。《尚书》曰："彝伦攸斁。"旧章缺谓秦燔《诗》、《书》。

⑤玄圣谓孔丘也。《春秋演孔图》曰："孔子母徵在梦感黑帝而生，故曰玄圣。"《庄子》曰："恬澹玄圣，素王之道。"缀学立制谓为汉家法制也。宏，洪，并大也。亮，信也。表，明也。相，助也。迪，蹈也。哲，智也。言赞扬蹈履哲智之君，谓高祖等也。《尚书》曰："兹四人迪哲。"灿烂，盛明也。式，法也。

⑥皋，皋陶也。夔，舜之典乐者。衡谓阿衡，即伊尹也。旦，周公也。密勿犹黾勉也。兹谓孔子，言皋、夔等比之为褊小矣。

⑦《论语》孔子曰："譬如北辰，居其所而众星共之。"时至气动谓高祖聚彤云于砀山，〔63〕光武发佳气于白水。《易·乾卦·九二》曰："见龙在田。"《九四》曰："或跃在渊。"并喻汉初起。

⑧拊翼，以鸡为喻，言知将旦则鼓其翼而鸣。《前书》曰："张、陈之交，拊翼俱起。"以喻高祖、光武也。纷纭，盛貌也。如云之蒸，言天下英杰为汉者多也。熛，光也。胡缢谓胡亥缢死也。莽分谓公宾就斩莽也。莅，临也。言天下先为汉诛之，高祖、光武不亲临也。

⑨《尚书》曰："钦若昊天。"钦，敬也。若，顺也。上下谓天地也，《书》曰"格于上下"。群后，诸侯也。《易》曰："君子正位凝命"也。《尚书》曰："延入翼室恤度宗。"度，居也。宗，尊也。《前书》曰："舜让于德不台。"《音义》曰："台读曰嗣。"言二祖初即位居尊之时，并谦言于德不能嗣成帝功，有此渊深穆敬之让。高祖初即位，曰："寡人闻帝者贤者有也，虚言无实之名，非所取也。"光武即位，固辞至于再三。靡，无也。矢，陈也。敦犹迫逼也。《诗》云："矢于牧野。"又曰："敷敦淮渍。"言汉取天下，无号令陈师，敦迫奋武扮旄之容。《诗》曰："奋伐荆楚。"《尚书》曰："王秉白旄以麾。"扮亦麾也。言并天人所推，不尚威力。

⑩正统谓汉承周，为火德。《尚书·尧典》曰："允恭克让。"谓汉承尧克让之后。归运谓尧归运于汉也。炎上谓火德，烈精言盛也。蕴，藏也。孔佐谓孔丘制作《春秋》及纬书以佐汉也，即《春秋演孔图》曰"卯金刀，名为刘，中国东南出荆州，赤帝后，次代周"是也，谓大陈汉之期运也。

洋洋乎若德，帝者之上仪，诰誓所不及已。①铺观二代洪纤之度，其赜可探也。②并开迹于一匮，同受侯甸之所服，〔64〕奕世勤民，以伯方统牧。③〔65〕乘其命赐彤弧黄戚之威，用讨韦、顾、黎、崇之不格。④〔66〕至乎三五华夏，京迁镐亳，遂自北面，虎离其师，革灭天邑。⑤是故义士伟而不敦，〔67〕《武》称未尽，《护》有惭德，不其然与？⑥然犹於穆猗那，〔68〕翕纯皦绎，以崇严祖考，殷荐宗祀配帝，发祥流庆，对越天地者，舄奕乎千载。岂不克自神明哉！⑦诞略有常，审言行于篇籍，光藻朗而不渝耳。⑧

①洋洋，美也。若，如也。仪，法也。谓如此美德，可谓五帝之上法也。《穀梁传》曰："诰誓不及五帝，盟诅不及三王，交质不及二伯。"上下不相信服，方有诰誓。五帝之时，上下和睦，故誓不及。

②铺，遍也。二代，殷、周也。洪纤犹大小也。度，法度也。赜，幽深也。言遍观殷周大小之法，其幽深可探知之。

③孔子曰："譬如平地，虽覆一匮。"郑玄注云："匮，盛土笼也。"侯服、甸服谓诸侯也。汤为桀之诸侯，文王为纣之诸侯。奕犹重也。自契至汤十四代，后稷至文王十五代，并积勤劳于人也。伯方犹方伯也。谓汤为夏伯，文王为殷伯，并统领州牧。

④《周礼》九命作伯。彤弧，赤弓。黄戚，黄金饰斧也。《礼记》曰："诸侯赐弓矢然后专征伐，赐斧钺然后杀。"韦，顾，并国名，汤灭之。《诗·殷颂》曰："韦顾既伐。"黎，崇，亦国名。《史记》："文王伐崇。"《尚书》曰："西伯戡黎。"格，来也。

⑤三五，未详。京(师)，京都也。〔69〕武王都镐，汤都亳。《诗》云："宅是镐京，武王成之。"《尚书》曰："汤始居亳，从先王居。"自，从也。北面谓臣也。汤、武并以臣伐君。《史记》曰："如虎如罴，如豺如离，于商郊。"《音义》曰："离与螭同。"革，改也。《易》曰："汤武革命。"天邑，天子所都也。《尚书》曰："肆予敢求尔于天邑商。"

⑥《左传》曰："武王克商，迁九鼎于洛邑，义士犹曰薄德。"杜预注曰："伯夷之属也。"《史记》曰，伯夷、叔齐逢武王伐纣，扣马谏曰："以臣弑君，可谓仁乎？"伟犹异也。敦，厚也。《武》，周武王乐也。《论语》孔子曰："谓《武》尽美矣，未尽善也。"《护》，汤乐也。《左传》，延陵季子聘鲁，观乐，见舞《大护》者，曰："圣人之弘也，而犹有惭德。"

⑦於，叹辞也。穆，美也，叹美周家之德。《诗·周颂》曰"於穆清庙"。猗亦叹(之)辞也。那，多也。叹美汤德之多也。《殷颂》曰："猗欤那欤。"《论语》子

语鲁太师乐曰："乐其可知也。始作翕如也，纵之纯如也，皦如也，绎如也，以成。"何晏注曰："翕，盛也。纯，和谐也。皦，其音节明也。"郑玄注云："绎，调达之貌。"此言殷周之代，尚有於穆猗那之颂，播之于翕纯皦绎之乐，尊祖严父，宗祀配天于明堂之中。《诗·商颂》曰："浚哲惟商，长发其祥。"言发祯祥以流庆于子孙。《周颂》曰："秉文之德，对越在天。"舄奕犹蝉联不绝也。

⑧诞，大也。言殷周二代政化之迹，大略有常也。篇籍谓《诗》、《书》也。朗，明也。渝，变也。言光彩文藻朗明而不变耳，其馀殊异不能及于汉也。

矧夫赫赫圣汉，巍巍唐基，溯测其源，乃先孕虞育夏，甄殷陶周，①然后宣二祖之重光，袭四宗之缉熙。神灵日烛，光被六幽，仁风翔乎海表，威灵行于鬼区，慝亡迥而不泯，〔70〕微胡琐而不颐。②故夫显定三才昭登之绩，匪尧不兴，铺闻遗策在下之训，匪汉不弘。③厥道至乎经纬乾坤，〔71〕出入三光，外运混元，内浸豪芒，〔72〕性类循理，品物咸亨，其已久矣。④

①矧，况也。汉承唐(虞)〔尧〕之基。〔73〕逆流曰溯。孕，怀也。育，养也。甄、陶谓造成也。《前书音义》曰："陶人作瓦器谓之甄。"言虞、夏、殷、周之先祖，并尝为尧臣。

②二祖，高祖、世祖也。《尚书》曰："宣重光。"袭，重也。四宗，文帝为太宗，武帝为代宗，宣帝为中宗，明帝为显宗。烛，照也，言如日之照。六幽，六合幽远之地。鬼区，远方也。《易》曰："高宗伐鬼方。"慝，恶也。迥，远也。泯，灭也。琐，小也。颐，养也。言凶恶者无远而不灭，微细者何小而不养也。

③三才，天、地、人也。《易》曰："兼三才而两之。"登，升也。绩，功也。言升天之功，非尧不能兴也。《尚书》曰："昭升于上。"铺，布也。遗策，尧之馀策，谓《尧典》也。在下谓后代子孙也。言《尧典》为子孙之训，非汉不能弘大也。

④经纬天地，言阴阳交泰也。出入三光，言日、月、星得其度也。浑元，天地之总名也。豪芒，纤微也。《老子》曰："和阴阳，节四时，润乎草木，浸乎金石，毫毛润泽。"性，生也。循，顺也。含生之类，皆顺于理。《尚书》曰："别生分类，品物万殊。"〔74〕亨，通也。《易》曰："含弘光大，品物咸亨。"

盛哉！皇家帝世，德臣列辟，功君百王，荣镜宇宙，尊无与抗。①乃始虔巩劳(让)〔谦〕，〔75〕兢兢业业，贬成抑定，不敢论制作。②至令迁正黜色宾监之事焕扬宇内，而礼官儒林屯朋笃论之士而不传祖宗之仿佛，〔76〕虽云优慎，无乃葸欤！③

①皇家帝代谓汉家历代也。列辟谓古之帝王也。言汉家德可以臣彼列辟，功可以君彼百王。相如《封禅书》曰："历选列辟。"镜犹光明也。抗犹敌也，读曰康。

②《尔雅》曰："虔巩，固也。"《易》曰："劳谦君子有终吉。"言帝固为劳谦也。兢兢，戒慎也。业业，危惧也。《礼记》曰："王者功成作乐，理定制礼。"今不敢论制礼作乐之事，言谦之甚也。

③迁正，改正朔也。黜色，易服色也。宾谓殷周二王之后，为汉之宾。监，视也。视殷周之事以为监戒。《论语》孔子曰："周监于二代。"屯，聚也。朋，群也。不传谓不制作篇籍，以纪功德也。仿佛犹梗概也。《论语》孔子曰："慎而无礼则葸。"郑玄注云"葸，质悫貌"也。言虽优游谦慎，无乃太质悫也。

于是三事岳牧之僚，佥尔而进曰：陛下仰监唐典，中述祖则，俯蹈宗轨。①躬奉天经，惇睦辩章之化洽。②巡靖黎蒸，怀保鳏寡之惠浃。③燔瘗县沈，肃祇群神之礼备。④是以(凤皇)来仪集羽族于观魏，〔77〕肉角驯毛宗于外囿，扰缁文皓质于郊，升黄晖采鳞于沼，甘露宵零于丰草，三足轩翥于茂树。⑤若乃嘉谷灵草，奇兽神禽，应图合谍，穷祥极瑞者，朝夕坰牧，日月邦畿，卓荦乎方州，羡溢乎要荒。⑥〔78〕昔姬有素雉、朱乌、玄秬、黄麰之事耳，君臣动色，左右相趋，济济翼翼，峨峨如也。⑦盖用昭明寅畏，承聿怀之福。亦以宠灵文武，贻燕后昆，覆以懿铄，岂其为身而有颛辞也？⑧若然受之，宜亦勤恁旅力，〔79〕以充厥道，启恭馆之金縢，御东序之秘宝，以流其占。⑨

①三事，三公也。佥，皆也。

②天经谓孝也。孔子曰："夫孝，天之经。"谓章帝初即位，四时禘祫，宗祀于明堂也。《尚书》曰："惇叙九族。"又曰："九族既睦，辩章百姓。"郑玄云："辩，

别也。章，明也。惇，厚也。睦，亲也。"章帝性笃爱，不忍与诸王乖离，皆留京师也。

③巡，抚也。靖，安也。黎，蒸，皆众也。怀，思也。保，安也。浃，洽也。《尚书》曰："怀保小人，惠鲜鳏寡。"谓章帝在位凡四巡狩，赐人爵，鳏、寡、孤、独不能自存者粟。

④《尔雅》曰："祭天曰燔柴，祭地曰瘗埋，祭山曰庪县，祭川曰浮沈。"肃祇，恭敬也。《封禅书》曰："汤武至尊，不失肃敬。"元和中诏曰："朕巡狩岱宗，柴望山川。"庪音居毁反。

⑤《尚书》曰："凤皇来仪。"元和二年诏曰："乃者凤皇鸾鸟比集七郡。"羽族谓群鸟随之也。观魏，门阙也。肉角谓麟也。〔80〕伏侯《古今注》曰："建初二年，北海得一角兽，大如麕，有角在耳间，端有肉。又元和二年，麒麟见陈，一角，端如葱叶，色赤黄。"扰，驯也。缁文皓质谓驺虞也。《说文》曰："驺虞，白虎，黑文，尾长于身。"《古今注》曰："元和三年，白虎见彭城。"黄晖采鳞谓黄龙也。建初五年，有八黄龙见于零陵。《古今注》曰："元和二年，甘露降河南，三足乌集沛国。"轩翥谓飞翔上下。

⑥嘉谷，嘉禾。灵草，芝属。《古今注》曰："元和二年，芝生沛，如人冠大，坐状。"章和九年诏曰："嘉谷滋生，芝草之类，岁月不绝。"奇兽神禽谓白虎白雉之属也。建初七年，获白鹿。元和元年，日南献生犀、白雉。言应于瑞图，又合于史谍也。坰牧，郊野也。卓荦，殊绝也。羡音以战反。

⑦《孝经援神契》曰："周成王时，越裳来献白雉。"朱乌谓赤乌也。《尚书中候》曰："太子发度孟津，有火自天止于王屋，流为赤乌。"玄秬，黑黍也。《诗·大雅》曰："诞降嘉种，惟秬惟秠。"黄鍪，麦也。谓赤乌衔牟麦而至也。《诗·颂》曰："贻我来牟。"《诗·大雅》曰："济济多士。"又曰："惟此文王，小心翼翼。"又曰："奉璋峨峨。"

⑧《诗·大雅》曰："昭明有融。"寅，敬也。《尚书》曰："严恭寅畏。"聿，述也。怀，思也。《诗·大雅》曰："昭事上帝，聿怀多福。"贻，遗也。燕，安也。后昆，子孙也。言此并以光宠神灵文王、武王之德，遗燕安于子孙也。《诗·大雅》曰："贻厥孙谋，以燕翼子。"覆犹重也。懿、铄，并美也。《诗·大雅》曰："我求懿德。"又曰："于铄王师。"言诗人歌颂周之盛德，当成康之时。其成王、康王，岂独为身而有自专之辞也，并上宠文武之业，下遗子孙之基也。言今章帝既获符瑞之应，亦宜同成康之事也。

⑨受之谓汉受此符瑞也。《说文》曰："恁，念也。"音人甚反。旅，陈也。充，当也。恭肃之馆谓庙中也。金縢，以金缄匮，藏符瑞之书于其中也。御犹陈也。东序，东厢也。秘宝谓《河图》之属。《尚书》曰："天球《河图》在东序。"孔安国注曰："《河图》，八卦是也。"言启金縢之书及《河图》之卦以占之也。流犹遍也。

夫图书亮章，天哲也；孔猷先命，圣孚也；体行德本，正性也；逢吉丁辰，景命也。①顺命以创制，定性以和神，〔81〕答三灵之繁祉，展放唐之明文，兹事体大而允，寤寐次于圣心。瞻前顾后，岂蔑清庙惮敕天乎？②〔82〕伊考自邃古，〔83〕乃降戾爰兹，作者七十有四人，有不俾而假素，罔光度而遗章，今其如台而独阙也！③

①图书，《河图》、《洛书》也。亮，信。章，明。哲，智。言天授图书者，为天子所知也。孔，孔丘也。猷，图也。孚，信也。言孔丘之图，先命汉家当须封禅，此圣人之信也。体行犹躬行也。孔子曰："夫孝，德之本也。"《易》曰："乾道变化，各正性命。"丁，当也。辰，时也。景，大也。逢休吉之代，当封禅之时，此为天子之大命也。

②命谓符瑞也。答，对也。三灵，天地人之神也。繁，多也。祉，福也。展，陈也。放，效也，音甫往反。效唐尧之文，谓封禅也。《尚书旋玑钤》曰："平制礼乐，放唐之文。"兹事谓封禅之事，大而且信。次，止也。寤寐常止于圣心，言不可忘之也。前谓前代帝王，后谓子孙也。蔑，轻也。惮，难也。敕，正也。言封禅之事，皆述祖宗之德，今仍推让，岂轻清庙而难正天命乎？《尚书》曰："敕天之命，惟时惟几。"

③伊，维也。邃古犹远古也。《楚词》曰："邃古之初。"戾，至也。言自远古以来至于此也。作者，诸封禅者。《史记》管仲曰："自古封禅七十二君。"并武帝及光武为七十四君。俾，使也。有天下不使其封禅，而假为竹素之文者，无有光扬法度而弃其文章，不封禅者也。台，我也。今其如我何独阙也。

是时圣上固已垂精游神，包举艺文，屡访群儒，谕咨故老，与之乎斟酌道德之渊源，〔84〕肴覈仁义之林薮，以望元符之臻焉。①既成群后之谠辞，〔85〕又悉经五繇之硕虑矣。将絣万嗣，炀洪晖，奋景炎，〔86〕扇遗风，播芳烈，久而愈新，用而不竭，汪汪乎丕天之大律，其畴能亘之哉？唐哉皇哉，皇哉唐哉！②

①圣上谓章帝也。谕，告；咨，谟也。道德仁义，人所常行，故以酒食为谕焉。渊源，林薮，谕深邃也。元，天也。符，瑞也。《诗》曰："肴覈惟旅。"覈亦核也，谓果实之属。

②谠，直言也。繇，兆辞，音胄。《左传》曰："先王卜征五年而岁习其祥，不习则增修其德而改卜。"硕，大也。虑，思也。《广雅》曰："絣，续也，音方萌反。"景，大也。炎谓火德。汪汪犹深也。《今文尚书·太誓》篇曰："立功立事，可以永年，丕天之大律。"郑玄注云："丕，大也。律，法也。"畴，谁也。亘犹竟也。唐哉谓尧也。皇哉谓汉也。言唯唐与汉，唯汉与唐。

固后以母丧去官。永元初，大将军窦宪出征匈奴，以固为中护军，与参议。北单于闻汉军出，遣使款居延塞，欲修呼韩邪故事，朝见天子，请大使。宪上遣固行中郎将事，将数百骑与虏使俱出居延塞迎之。会南匈奴掩破北庭，① 固至私渠海，闻虏中乱，引还。及窦宪败，固先坐免官。

①永元二年，南单于出鸡鹿塞击北匈奴于河云，大破之。

固不教学诸子，诸子多不遵法度，吏人苦之。初，洛阳令种兢尝行，固奴干其车骑，吏椎呼之，奴醉骂，兢大怒，畏宪不敢发，心衔之。及窦氏宾客皆逮考，兢因此捕系固，遂死狱中。时年六十一。诏以谴责兢，抵主者吏罪。

固所著《典引》、《宾戏》、《应讥》、诗、赋、铭、诔、颂、书、文、记、论、议、六言，在者凡四十一篇。

论曰：司马迁、班固父子，其言史官载籍之作，大义粲然著矣。议者咸称二子有良史之才。迁文直而事核，固文赡而事详。若固之序事，不激诡，不抑抗，①赡而不秽，详而有体，使读之者亹亹而不猒，信哉其能成名也。②彪、固讥迁，以为是非颇谬于圣人。③然其论议常排死节，否正直，而不叙杀身成仁之为美，④则轻仁义，贱守节愈矣。⑤固伤迁博物洽闻，不能以智免极刑；⑥然亦身陷大戮，⑦智及之而不能守之。⑧呜呼，古人所以致论于目睫也!⑨

①激,扬也。诡,毁也。抑,退也。抗,进也。

②《尔雅》曰,亹亹犹勉也。

③言迁所是非皆与圣人乖谬,即崇黄老而薄《五经》,轻仁义而贱守节是也。

④固序《游侠传》曰:"剧孟、郭解之徒,驰骛于闾阎,虽其陷于刑辟,自与杀身成名,若季路、仇牧〔死〕而不悔也。〔87〕古之正法:五伯,三王之罪人;六国,五伯之罪人;四豪者,又六国之罪人。况于郭解之伦,以匹夫之细,窃杀生之权,其罪不容于诛也。"

⑤愈犹甚也。

⑥谓下蚕室。

⑦此已上略华峤之辞。

⑧《论语》孔子之言也。言有智而不能自守其身。

⑨《史记》齐使者至越,曰:"幸也越之不亡也。吾不贵其智之如目,见豪毛而不见其睫也。今越王智晋之失计,不自知越人之过,是目论也。"言班固讥迁被刑,而不知身自遇祸。

赞曰:二班怀文,裁成帝坟。① 比良迁、董,② 兼丽卿、云。③ 彪识皇命,固迷世纷。

①沈约《宋书》曰:"初,谢俨作此赞,云'裁成典坟',以示范晔,晔改为'帝坟'。"

②谓司马迁、董狐也。《左传》曰:"董狐,古之良史也。"

③司马长卿、杨子云。

【校勘记】

〔1〕 主人喟然而叹曰　按:《文选》"主人"上有"东都"二字。张森楷《校勘记》谓案上卷小题下称"自'东都主人'以下分为下卷",是本有"东都"字也,不知何故逸去。

〔2〕 奋布衣以登皇极　按:《校补》谓《文选》"极"作"位"。

〔3〕 前圣靡得而言焉　按:《校补》谓《文选》无"而"字。

〔4〕 讨有逆而顺人　按:"讨"原讹"计",径据汲本、殿本改正,注同。

〔5〕 监乎(泰)〔太〕清　按:"泰"当作"太",此后人回改之误,《文选》正作"太",今据改。

〔6〕 以变子之或志　按:李慈铭谓《文选》"或"作"惑"。或惑古字通。

〔7〕 昭襄昭王襄王也　按:《文选》注引《史记》"秦武王卒,无子,立异母弟,是为昭襄王"。张森楷《校勘记》谓秦有昭襄王、庄襄王,昭襄或只称"昭王",无只称"襄王"者,此"昭襄"即昭襄王,《文选》注是,此非。

〔8〕 时岂奢泰而安之哉　按:汲本、殿本"泰"作"侈"。

〔9〕 作舟车　按:《校补》谓《文选》"车"作"舆。"。

〔10〕 斯轩辕氏之所以开帝功也　按:《校补》谓《文选》"斯"下有"乃"字。

〔11〕 应天顺(民)〔人〕　按:"民"当作"人",此后人回改之误。《文选》正作"人",今据改。

〔12〕 有殷宗中兴之则焉　按:"宗"原作"室",径据汲本、殿本改正。

〔13〕 妙古昔而论功　按:《文选》"妙"作"眇"。

〔14〕 洛邑地埶之中也　按:陈景云谓据伪《孔传》,"之中"当作"正中"。

〔15〕 翩翩巍巍显显翼翼　按:王先谦谓《文选》作"扇巍巍,显翼翼"。

〔16〕 顺流泉而为沼　按:《校补》谓《文选》"顺"作"填",注云昭明讳顺,故改为"填"。

〔17〕 凤盖飒洒　按:"飒洒"《文选》作"棽丽"。

〔18〕 祲威盛容　按:《集解》引沈钦韩说,谓"祲"当从《文选》作"寝",言寝兵威而盛礼容也。

〔19〕 吐爓生风　按:"爓"原讹"烂",径据殿本、《集解》本改正。

〔20〕 吹野燎山　按:《校补》谓《文选》作"喝野歕山"。

〔21〕 以命三驱　按:王先谦谓《文选》"以命"作"申令"。

〔22〕 轻车霆发　按:《校补》谓《文选》作"輶车霆激"。

〔23〕 游基发射　按:《校补》谓《文选》"游"作"由",游与由同。

〔24〕 彎不诡遇　汲本、殿本"彎"作"弯",注同。按:此承上"范氏施御"言,作"彎"是,《文选》亦作"彎"。

〔25〕 (御)〔觐〕明堂　据殿本改。按:依注当作"觐",《文选》亦作"觐"。

〔26〕 瞰四裔而抗棱　按:汲本、殿本"棱"作"稜",《文选》亦作"稜"。注同。

〔27〕 南趯朱垠　按:《校补》谓《文选》"趯"作"耀"。

〔28〕 自孝武所不能征孝宣所不能臣　按:《校补》谓《文选》作“自孝武之所不征,孝宣之所未臣”。

〔29〕 外接百蛮　按:《校补》谓《文选》“接”作“绥”。

〔30〕 乃盛礼乐供帐置乎云龙之庭　按:李慈铭谓《文选》作“尔乃盛礼兴乐”,以乐字读句。

〔31〕 太师奏乐　按:“太”原讹“泰”,径据殿本改正。

〔32〕 伶侏兜离　按:李慈铭谓《文选》“伶侏”作“傑休”。

〔33〕 始服(冕)冠〔冕〕衣裳　据汲本改,与《明帝纪》合。

〔34〕 敷布也　按:“敷”原讹“铺”,径改正。

〔35〕 霆激电骛并言疾也　汲本、殿本“霆激”作“霆发”。按:正文“轻车霆发”,《文选》作“辎车霆激”,观此注,似章怀所见本正文亦作“霆激”也。

〔36〕 则(挥)〔搏〕而嬉　据汲本、殿本改。

〔37〕 范氏赵之御人也　按:《集解》引惠栋说,谓《文选》李善注引《括地图》云,夏德盛,二龙降之,禹使范氏御之以行经南方。章怀以范氏为赵之御人,引《孟子》以证之,误甚。又按:《校补》谓范氏自当为夏之御人,此“赵”字疑涉下“赵简子”而误。

〔38〕 吾为范氏驱驰　汲本、殿本“范氏”作“范我”。《校补》引侯康说,谓“‘范我’当作‘范氏’,章怀引此,正以注‘范氏施御’句也。孙宣公《孟子音义》云‘范我’或作‘范氏’。孟坚此赋皆用《孟子》,故章怀引《孟子》以证之”。今按:赵岐本《孟子》与今本《孟子》同作“范我”,且下引赵岐注“范,法也”,则章怀注原亦作“范我”。《校补》谓“侯氏谓孟坚实用《孟子》或作本,是也,当时亦并无赵岐本也。至章怀之引《孟子》,并引赵注以释‘范’字,实仍为‘范我’,并非‘范氏’,特引之专为说下‘辔不诡遇’,原别为一义”。

〔39〕 赵岐注曰范法也　按:“范”当作“范”。参阅上条校记。

〔40〕 〔日〕食于三朝之会　据汲本、殿本补。

〔41〕 食举(为)〔谓〕当食举乐也　据汲本、殿本改。按:为谓本通,此以作“谓”为是。

〔42〕 太师掌六律六吕　按:“吕”原讹“同”,径据汲本、殿本改正。

〔43〕 太古远古也　按:“太”原讹“泰”,径据汲本、殿本改正。

〔44〕 于是圣上(亲)〔睹〕万方之欢娱　按:《文选》“亲”作“睹”,王先谦谓作

"睹"是。今据改。

〔45〕 久沐浴乎膏泽　按:《校补》谓《文选》"久"作"又","乎"作"于"。

〔46〕 除工商之淫业兴农桑之上务　按:《校补》谓《文选》"除"作"抑","上"作"盛"。

〔47〕 贱奇丽而不珍　按:《校补》谓《文选》"不"作"弗"。

〔48〕 耳目不营　按:《校补》谓《文选》"不"作"弗"。

〔49〕 捐珠玉于五湖之川　按:"湖"原讹"胡",径改正。

〔50〕 平帝立(举)学官　据《刊误》删。

〔51〕 图书之泉　按:"泉"本作"渊",避唐讳改,殿本回改作"渊"。

〔52〕 今将喻子五篇之诗　按:《校补》谓《文选》作"今将授子以五篇之诗"。

〔53〕 率土之宾　按:汲本、殿本"宾"作"滨"。

〔54〕 岂(同)〔可〕逆诈示猜　殿本"同"作"可",王先谦谓作"可"是。今据改。

〔55〕 典而不实　按:《校补》谓《文选》"不"作"亡"。

〔56〕 同于草昧　按:汲本、殿本"于"作"乎",《文选》作"于"。

〔57〕 厥有氏号绍天阐绎者　按:《校补》谓《文选》无"者"字。

〔58〕 蔡邕曰(烟)〔细〕组　据汲本、殿本改。

〔59〕 以冠德卓踪者　按:《校补》谓《文选》"踪"作"绝"。

〔60〕 虞亦命夏后　按:《校补》谓《文选》"虞"上仍有"有"字。

〔61〕 虽前〔圣〕皋夔衡旦密勿之辅　据汲本、殿本补。按:《文选》无"前圣"二字。

〔62〕 辰居其域　《文选》"辰"作"宸"。按:《校补》谓"辰居"本《论语》,作"宸"者借通耳,其本字仍当作"辰"。

〔63〕 高祖聚彤云于砀山　按:"砀"原讹"砀",径改正。

〔64〕 同受侯甸之所服　按:《校补》谓《文选》无"所"字。

〔65〕 以伯方统牧　按:《校补》谓《文选》"伯方"作"方伯"。

〔66〕 乘其命赐彤弧黄戚之威用讨韦顾黎崇之不格　按:《校补》谓《文选》"戚"作"钺","格"作"恪"。

〔67〕 是故义士伟而不敦　按:《校补》谓《文选》"伟"作"华"。

〔68〕 然犹於穆猗那　按:《校补》谓《文选》"然"作"亦"。

〔69〕 京(师)京都也　据《刊误》删。

〔70〕 慝亡迥而不泯　按:《校补》谓《文选》"慝"作"匿","迥"作"回"。

〔71〕 厥道至乎经纬乾坤　按:《校补》谓《文选》"厥道"二字连上为句,"乎"作"于"。

〔72〕 内浸豪芒　按:《校补》谓《文选》"浸"作"沾"。

〔73〕 汉承唐(虞)〔尧〕之基　按:《刊误》谓注解"唐基"耳,何故辄出"虞"字,明当作"尧"。今据改。

〔74〕 品物万殊　按:"殊"原讹"物",径改正。

〔75〕 乃始虔巩劳(让)〔谦〕　据汲本、殿本改。

〔76〕 而礼官儒林屯朋笃论之士而不传祖宗之仿佛　按:《校补》谓《文选》"朋"作"用","论"作"诲"。又毛刻《文选》蔡邕注本"屯"作"纯","不传"上无"而"字。又按:"仿佛"汲本、殿本作"彷彿",注同,《文选》作"髣髴"。

〔77〕 是以(凤皇)来仪集羽族于观魏　《文选》无"凤皇"二字。沈家本谓以下文例之,无者是。今据删。

〔78〕 羡溢乎要荒　按:《校补》谓《文选》"羡"作"洋"。

〔79〕 宜亦勤恁旅力　按:《校补》谓《文选》"宜亦"作"亦宜"。

〔80〕 肉角谓麟也　按:"麟"原讹"鳞",径改正。

〔81〕 定性以和神　按:《校补》谓《文选》作"因定以和神"。

〔82〕 惮敕天乎　按:《校补》谓《文选》"天"下有"命"字。

〔83〕 伊考自邃古　按:"邃"原讹"遂",径据汲本、殿本改正。注同。

〔84〕 与之乎斟酌道德之渊源　按:《校补》谓《文选》无"乎"字。

〔85〕 既成群后之谠辞　按:《校补》谓《文选》"成"作"感"。

〔86〕 奋景炎　汲本、殿本"景炎"作"炎景"。按:《文选》作"景炎"。

〔87〕 若季路仇牧〔死〕而不悔也　《校补》谓《前书》"仇牧"下原有"死"字,各本皆脱。今据补。

后汉书卷四十一

第五锺离宋寒列传第三十一

第五伦曾孙种　宋均族子意

第五伦字伯鱼，京兆长陵人也。其先齐诸田，① 诸田徙园陵者多，故以次第为氏。

①《史记》曰："陈公子完奔齐，以陈字为田氏。"应劭注云："始食采于田，改姓田氏。"

伦少介然有义行。王莽末，盗贼起，宗族闾里争往附之。伦乃依险固筑营壁，有贼，辄奋厉其众，引彊持满以拒之，① 铜马、赤眉之属前后数十辈，皆不能下。② 伦始以营长诣郡尹鲜于褒，③〔1〕褒见而异之，署为吏。后褒坐事左转高唐令，④ 临去，握伦臂诀曰："恨相知晚。"⑤

①引彊谓弓弩之多力者控引之。持满，不发也。

②《东观记》曰："时米石万钱，人相食，伦独收养孤兄子、外孙，分粮共食，死生相守，乡里以此贤之。"

③《风俗通》曰："武王封箕子于朝鲜，其子食采于朝鲜，因氏焉。"

④高唐，县，属平原郡，故城在今齐州祝阿县西。

⑤诀，别也。《东观记》曰："伦步担往候之，留十馀日，将伦上堂，令妻子出相对，以属托焉。"

伦后为乡啬夫，平徭赋，理怨结，得人欢心。自以为久宦不达，遂将家属客河东，变名姓，自称王伯齐，〔2〕载盐往来太原、上党，所过辄为粪除而去，① 陌上号为道士，亲友故人莫知其处。

①粪除犹扫除也。

数年，鲜于褒荐之于京兆尹阎兴，兴即召伦为主簿。时长安铸钱多奸巧，及署伦为督铸钱掾，领长安市。①伦平铨衡，正斗斛，市无阿枉，百姓悦服。每读诏书，常叹息曰："此圣主也。一见决矣。"等辈笑之曰："尔说将尚不下，安能动万乘乎？"②伦曰："未遇知己，道不同故耳。"

①《东观记》曰："时长安市未有秩，又铸钱官奸(轻)〔轨〕所集，〔3〕无能整齐理之者。兴署伦督铸钱掾，领长安市，其后小人争讼，皆云'第五掾所平，市无奸枉'。"

②《华峤书》曰："盖延代鲜于褒为冯翊，多非法。伦数切谏，延恨之，故滞不得举。"将谓州将。

建武二十七年，举孝廉，补淮阳国医工长，随王之国。光武召见，甚异之。二十九年，从王朝京师，随官属得会见，帝问以政事，伦因此酬对政道，帝大悦。明日，复特召入，与语至夕。帝戏谓伦曰："闻卿为吏篣妇公，不过从兄饭，〔4〕宁有之邪？"伦对曰："臣三娶妻皆无父。少遭饥乱，实不敢妄过人食。"①帝大笑。伦出，有诏以为扶夷长，②未到官，追拜会稽太守。虽为二千石，躬自斩刍养马，妻执炊爨。受俸裁留一月粮，馀皆贱贸与民之贫羸者。会稽俗多淫祀，好卜筮。民常以牛祭神，百姓财产以之困匮，其自食牛肉而不以荐祠者，发病且死先为牛鸣，前后郡将莫敢禁。伦到官，移书属县，晓告百姓。其巫祝有依托鬼神诈怖愚民，皆案论之。有妄屠牛者，吏辄行罚。民初颇恐惧，或祝诅妄言，伦案之愈急，后遂断绝，百姓以安。永平五年，坐法征，老小攀车叩马，啼呼相随，日裁行数里，不得前。伦乃伪止亭舍，阴乘船去。众知，复追之。及诣廷尉，吏民上书守阙者千馀人。是时显宗方案梁松事，亦多为松讼者。帝患之，诏公车诸为梁氏及会稽太守上书者勿复受。会帝幸廷尉录囚徒，得免归田里。身自耕种，不交通人物。

①《华峤书》曰："上复曰：'闻卿为市掾，人有遗母一笥饼者。卿从外来见之，夺母笥，探口中饼，信乎？'伦对曰：'实无此。众人以臣愚蔽，故为生是语也。'"

②扶夷，县，属零陵郡，故城在今邵州武冈县东北。〔5〕

数岁，拜为宕渠令，①显拔乡佐玄贺，贺后为九江、沛二郡守，以清絜称，所在化行，终于大司农。

①宕渠，县，故城在今渠州流江县东北。

伦在职四年，迁蜀郡太守。蜀地肥饶，人吏富实，掾史家赀多至千万，皆鲜车怒马，以财货自达。①伦悉简其丰赡者遣还之，更选孤贫志行之人以处曹任，于是争赇抑绝，②文职修理。所举吏多至九卿、二千石，时以为知人。

①怒马谓马之肥壮，其气愤怒也。

②以财相货曰赇，音其又反，又音求。

视事七岁，肃宗初立，擢自远郡，代牟融为司空。帝以明德太后故，尊崇舅氏马廖，兄弟并居职任。廖等倾身交结，冠盖之士争赴趣之。伦以后族过盛，欲令朝廷抑损其权，上疏曰："臣闻忠不隐讳，直不避害。不胜愚狷，昧死自表。①《书》曰：'臣无作威作福，其害于而家，凶于而国。'②传曰：'大夫无境外之交，束脩之馈。'③近代光烈皇后，虽友爱天至，而卒使阴就归国，徙废阴兴宾客；其后梁、窦之家，互有非法，明帝即位，竟多诛之。自是洛中无复权戚，书记请托一皆断绝。又譬诸外戚曰：④'苦身待士，不如为国，戴盆望天，事不两施。'⑤臣常刻著五臧，书诸绅带。⑥而今之议者，复以马氏为言。窃闻卫尉廖以布三千匹，城门校尉防以钱三百万，〔6〕私赡三辅衣冠，知与不知，莫不毕给。又闻腊日亦遗其在洛中者钱各五千，越骑校尉光，腊用羊三百头，米四百斛，肉五千斤。臣愚以为不应经义，惶恐不敢不以闻。陛下情欲厚之，亦宜所以安之。〔7〕臣今言此，诚欲上忠陛下，下全后家，裁蒙省察。"⑦及马防为车骑将军，当出征西羌，伦又上疏曰："臣愚以为贵戚可封侯以富之，不当职事以任之。何者？绳以法则伤恩，私以亲则违宪。伏闻马防今当西征，臣以太后恩仁，陛下至孝，恐卒有纤介，难为意爱。⑧闻防请杜笃为从事中郎，多赐财帛。笃为乡里所废，客居美阳，女弟为马氏妻，恃此交通，在所县令苦其不法，收系论之。今来防所，议者咸致疑怪，况乃以为从事，将恐议及朝廷。今宜为选贤能以辅助之，不可复令防自请人，有损事望。⑨苟有所怀，敢不自闻。”〔8〕并不见省用。

①狷，狂狷也。

②《尚书·洪范》之言。

③《穀梁传》之文也。束，帛也。脩，脯也。馈，遗也。

④譬，晓谕也。

⑤司马迁书曰“仆以为戴盆何以望天”也。

⑥刻著五藏，谓铭之于心也。绅谓大带，垂之三尺。《论语》曰“子张书诸绅”也。

⑦“裁”与“才”同。

⑧恐卒然有小过，爱而不罚，则废法也。

⑨望，物望也。

伦虽峭直，①然常疾俗吏苛刻。及为三公，值帝长者，屡有善政，乃上疏褒称盛美，因以劝成风德，曰：“陛下即位，躬天然之德，体晏晏之姿，以宽弘临下，②出入四年，前岁诛刺史、二千石贪残者六人。③斯皆明圣所鉴，非群下所及。然诏书每下宽和而政急不解，务存节俭而奢侈不止者，咎在俗敝，群下不称故也。光武承王莽之馀，颇以严猛为政，后代因之，遂成风化。郡国所举，类多辨职俗吏，殊未有宽博之选以应上求者也。陈留令刘豫，冠军令驷协，并以刻薄之姿，临人宰邑，专念掠杀，务为严苦，吏民愁怨，莫不疾之，而今之议者反以为能，违天心，失经义，诚不可不慎也。非徒应坐豫、协，亦当宜谴举者。④〔9〕务进仁贤以任时政，不过数人，则风俗自化矣。臣尝读书记，知秦以酷急亡国，又目见王莽亦以苛法自灭，故勤勤恳恳，实在于此。又闻诸王主贵戚，骄奢逾制，京师尚然，何以示远？故曰：‘其身不正，虽令不(行)〔从〕。’⑤〔10〕以身教者从，以言教者讼。夫阴阳和岁乃丰，君臣同心化乃成也。其刺史、太守以下，拜除京师及道出洛阳者，宜皆召见，可因博问四方，兼以观察其人。诸上书言事有不合者，可但报归田里，不宜过加喜怒，以明在宽。臣愚不足采。”及诸马得罪归国，而窦氏始贵，伦复上疏曰：“臣得以空虚之质，当辅弼之任。素性驽怯，位尊爵重，拘迫大义，思自策厉，虽遭百死，不敢择地，又况亲遇危言之世哉！⑥今承百王之敝，人尚文巧，咸趋邪路，莫能守正。伏见虎贲中郎将窦宪，椒房之亲，⑦典司禁兵，出入省闼，年盛志美，卑谦乐善，此诚其好士交结之方。然诸出入贵戚者，类多瑕衅禁锢之人，尤少守约安贫之节，士大夫无志之徒更相贩卖，云集其门。众煦飘山，聚蚊成雷，⑧盖骄佚所从生也。三辅论议者，至云以贵戚废锢，当复以贵戚浣濯之，犹解酲当以酒也。⑨诐险趣埶之徒，诚不可亲近。⑩臣愚愿陛下中宫严敕宪等闭门自守，无妄交通士大夫，防其未萌，虑于无形，令宪永保福禄，君臣交欢，无纤介之隙。此臣之至所愿也。"

①峭，峻也。

②《尚书考灵耀》曰："尧文塞晏晏。"《尔雅》曰："晏晏，温和也。"

③《东观汉记》曰："去年伏诛者，刺史一人，太守三人，减死罪二人，凡六人。"

④谴，责也。

⑤《论语》孔子之言。

⑥《论语》曰："邦有道，危言危行，邦无道，危行言逊。"郑玄云："危犹高也。"据时高言高行必见危，故以为谕也。

⑦后妃以椒涂壁，取其繁衍多子，故曰椒房。

⑧《前书》中山靖王之言。

⑨病酒曰酲。

⑩《苍颉篇》曰："诐，佞谄也。"

伦奉公尽节，言事无所依违。诸子或时谏止，辄叱遣之，吏人奏记及便宜者，亦并封上，其无私若此。性质悫，少文采，在位以贞白称，时人方之前朝贡禹。①然少蕴藉，不修威仪，②亦以此见轻。或问伦曰："公有私乎？"对曰："昔人有与吾千里马者，吾虽不受，每三公有所选举，心不能忘，而亦终不用也。吾兄子常病，一夜十往，〔11〕退而安寝；吾子有疾，虽不省视而竟夕不眠。若是者，岂可谓无私乎？"连以老病上疏乞身。元和三年，赐策罢，以二千石奉终其身，加赐钱五十万，公宅一区。后数年卒，时年八十馀，诏赐秘器、衣衾、钱布。

①《前书》曰："贡禹字少翁，琅邪人也，以明经洁行著闻。"

②蕴藉犹宽博也。

少子颉嗣，[12]历桂阳、庐江、南阳太守，所在见称。顺帝之为太子废也，①颉为太中大夫，与太仆来历等共守阙固争。帝即位，擢为将作大匠，卒官。②伦曾孙种。

①樊丰等谮之，废为济阴王。

②《三辅决录注》曰："颉字子陵，为郡功曹，州从事，公府辟举高第，为侍御史，南顿令，桂阳、南阳、庐江三郡太守，谏议大夫。洛阳无主人，乡里无田宅，客止灵台中，或十日不炊。司隶校尉南阳左雄、太史令张衡、尚书庐江朱建、孟兴皆与颉故旧，各致礼饷，颉终不受。"

论曰：第五伦峭核为方，①非夫恺悌之士，省其奏议，惇惇归诸宽厚，②将惩苛切之敝使其然乎？昔人以弦韦为佩，盖犹此矣。③然而君子侈不僭上，俭不逼下，④岂尊临千里而与牧圉等庸乎？讵非矫激，则未可以中和言也。

①峭核谓其性峻急，好穷核事情。

②惇惇，纯厚之貌也，音敦。

③《韩子》曰"西门豹性急，佩韦以自缓；董安于性缓，佩弦以自急"也。

④《礼记》曰："管仲镂簋而朱纮，旅树而反坫，山节藻棁，贤大夫也，而难为上也。晏平仲祀其先人，豚肩不掩豆，贤大夫也，而难为下也。君子上不僭上，下不逼下。"

种字兴先，少厉志义，为吏，冠名州郡。永寿中，以司徒掾清诏使冀州，廉察灾害，①举奏刺史、二千石以下，所刑免甚众，弃官奔走者数十人。还，以奉使称职，拜高密侯相。是时徐兖二州盗贼群辈，[13]高密在二州之郊，种乃大储粮稸，勤厉吏士，贼闻皆惮之，桴鼓不鸣，流民归者，岁中至数千家。②[14]以能换为卫相。③

①《风俗通》曰"汝南周勃辟太尉清诏，使荆州"，又此言以司徒清诏使冀州，盖三公府有清诏员以承诏使也。廉，察也。

②桴，击鼓杖也，音浮。

③周后卫公也。

迁兖州刺史。中常侍单超兄子匡为济阴太守,[15]负埶贪放,种欲收举,未知所使。会闻从事卫羽素抗厉,乃召羽具告之。谓曰:“闻公不畏强御,今欲相委以重事,若何?”对曰:“愿庶几于一割。”①羽出,遂驰至定陶,闭门收匡宾客亲吏四十馀人,六七日中,纠发其臧五六千万。种即奏匡,并以劾超。匡窘迫,遣刺客刺羽,羽觉其奸,乃收系客,具得情状。州内震栗,朝廷嗟叹之。

①以铅刀谕。

是时太山贼叔孙无忌等暴横一境,州郡不能讨。羽说种曰:“中国安宁,忘战日久,而太山险阻,寇猾不制。今虽有精兵,难以赴敌,羽请往譬降之。”种敬诺。羽乃往,备说祸福,无忌即帅其党与三千馀人降。单超积怀忿恨,遂以事陷种,竟坐徙朔方。超外孙董援为朔方太守,稸怒以待之。初,种为卫相,以门下掾孙斌贤,善遇之。及当徙斥,斌具闻超谋,乃谓其友人同县闾子直及高密甄子然曰:“盖盗憎其主,从来旧矣。第五使君当投裔土,而单超外属为彼君守。夫危者易仆,可为寒心。吾今方追使君,庶免其难。若奉使君以还,将以付子。”二人曰:“子其行矣,是吾心也。”于是斌将侠客晨夜追种,及之于太原,遮险格杀送吏,因下马与种,斌自步从。一日一夜行四百馀里,遂得脱归。

种匿于闾、甄氏数年,徐州从事臧旻上书讼之曰:“臣闻士有忍死之辱,必有就事之计,故季布屈节于朱家,①管仲错行于召忽。②此二臣以可死而不死者,[16]非爱身于须臾,贪命于苟活,隐其智力,顾其权略,庶幸逢时有所为耳。卒遭高帝之成业,齐桓之兴伯,遗其亡逃之行,赦其射钩之仇,拔于囚虏之中,信其佐国之谋,③勋效传于百世,君臣载于篇籍。假令二主纪过于纤介,则此二臣同死于犬马,沈名于沟壑,当何由得申其补过之功,建其奇奥之术乎?伏见故兖州刺史第五种,杰然自建,在乡曲无苞苴之嫌,④步朝堂无择言之阙,⑤天性疾恶,公方不曲,故论者说清高以种为上,序直士以种为首。《春秋》之义,选人所长,弃其所短，录其小善，除其大过。种所坐以盗贼公负，筋力未就，⑥罪至征徙，非有大恶。昔虞舜事亲，大杖则走。⑦故种逃亡，苟全性命，冀有朱家之路，以显季布之会。愿陛下无遗须臾之恩，令种有持忠入地之恨。”会赦出，卒于家。

①《前书》曰，季布，楚人，为任侠有名，数窘汉王，高祖购求布千金。布匿濮阳周氏，周氏曰："汉求将军急，敢进计。"布许之，乃髡钳布，衣褐，并其家僮之鲁朱家所卖之。朱家买置田舍，言之高祖，赦之，后为河东守。

②《说苑》子路问于孔子曰："昔者管(子)〔仲〕欲立公子纠而不能，〔17〕召忽死之，管仲不死，是无仁也。"孔子曰："召忽者，人臣之材。不死则三军之虏也，死之则名闻于天下矣，何为不死哉？管子者，天子之佐，诸侯之相也。死之则不免于沟渎之中，不死则功复用于天下，夫何为死之哉？"错犹乖也。

③信音申。

④苞苴，馈遗也。

⑤口无可择之言也。

⑥太山之贼，种不能讨，是力不足以禁之，法当公坐，故云公负也。

⑦《家语》孔子谓曾子之言也。

锺离意字子阿，会稽山阴人也。少为郡督邮。时部县亭长有受人酒礼者，〔18〕府下记案考之。①意封还记，入言于太守曰："《春秋》先内后外，②《诗》云'刑于寡妻，以御于家邦'，③明政化之本，由近及远。今宜先清府内，且阔略远县细微之愆。"太守甚贤之，遂任以县事。建武十四年，会稽大疫，死者万数，④意独身自隐亲，〔19〕经给医药，⑤所部多蒙全济。

①记，文符也。案，察之〔也〕。〔20〕

②《公羊传》曰："《春秋》内其国而外诸夏，内诸夏而外夷狄。"

③《诗·大雅》之文。刑，见也。御，治〔也〕。〔21〕

④疫，疠气也。

⑤隐亲谓亲自隐恤之。经给谓经营济给之。

举孝廉，再迁，辟大司徒侯霸府。诏部送徒诣河内，时冬寒，徒病不能行。路过弘农，意辄移属县使作徒衣，县不得已与之，而上书言状，意亦具以闻。光武得奏，以(见)〔视〕霸，〔22〕曰："君所使掾何乃仁于用心？诚良吏也！"意遂于道解徒桎梏，①恣所欲过，与克期俱至，无或违者。还，以病免。

①在手曰梏，在足曰桎。

后除瑕丘令。①吏有檀建者，盗窃县内，意屏人问状，建叩头服罪，不忍加刑，遣令长休。建父闻之，为建设酒，谓曰："吾闻无道之君以刃残人，有道之君以义行诛。子罪，命也。"遂令建进药而死。二十五年，迁堂邑令。②〔县〕人防广为父报仇，〔23〕系狱，其母病死，广哭泣不食。意怜伤之，乃听广归家，使得殡敛。丞掾皆争，意曰："罪自我归，义不累下。"遂遣之。③广敛母讫，果还入狱。意密以状闻，广竟得以减死论。

①瑕丘，今兖州县也。

②堂邑故城在今博州堂邑县西北。

③言罪归于我，不累于丞掾。

显宗即位，征为尚书。时交阯太守张恢，坐臧千金，征还伏法，以资物簿入大司农，①诏班赐群臣。意得珠玑，悉以委地而不拜赐。帝怪而问其故。对曰："臣闻孔子忍渴于盗泉之水，曾参回车于胜母之间，恶其名也。②此臧秽之宝，诚不敢拜。"帝嗟叹曰："清乎尚书之言！"乃更以库钱三十万赐意。转为尚书仆射。车驾数幸广成苑，意以为从禽废政，常当车陈谏般乐游田之事，天子即时还宫。永平三年夏旱，而大起北宫，意诣阙免冠上疏曰："伏见陛下以天时小旱，忧念元元，降避正殿，躬自克责，而比日密云，遂无大润，③岂政有未得应天心者邪？昔成汤遭旱，以六事自责曰：'政不节邪？使人疾邪？宫室荣邪？女谒盛邪？苞苴行邪？谗夫昌邪？'④窃见北宫大作，人失农时，此所谓宫室荣也。自古非苦宫室小狭，但患人不安宁。宜且罢止，以应天心。臣意以匹夫之才，无有行能，久食重禄，擢备近臣，比受厚赐，喜惧相并，〔24〕不胜愚戆征营，罪当万死。"⑤帝策诏报曰："汤引六事，咎在一人。其冠履，勿谢。

比上天降旱，密云数会，朕戚然惭惧，思获嘉应，故分布祷请，窥候风云，北祈明堂，南设雩场。⑥今又敕大匠止作诸宫，减省不急，庶消灾谴。”诏因谢公卿百僚，遂应时澍雨焉。⑦

①簿，文记也。

②《说苑》曰：“邑名胜母，曾子不入，水名盗泉，仲尼不饮，丑其名也。”《尸子》又载其言也。

③《易》曰：“密云不雨，自我西郊。”

④《帝王纪》曰：“成汤大旱七年，斋戒剪发断爪，以己为牺牲，祷于桑林之社，以六事自责。”

⑤征营，不自安也。

⑥明堂在洛阳城南，言北祈者，盖时修雩场在明堂之南。

⑦《说文》云“雨所以澍生万物”，故曰澍。音注。

时诏赐降胡子缣，尚书案事，误以十为百。帝见司农上簿，大怒，召郎将笞之。意因入叩头曰：“过误之失，常人所容。若以懈慢为愆，则臣位大，罪重，郎位小，罪轻，咎皆在臣，臣当先坐。”乃解衣就格。①帝意解，使复冠而贳郎。

①格，拘执也。

帝性褊察，好以耳目隐发为明，①故公卿大臣数被诋毁，近臣尚书以下至见提拽。(常)〔尝〕以事怒郎药崧，〔25〕以杖撞之。崧走入床下，帝怒甚，疾言曰：“郎出！郎出！”崧曰：“天子穆穆，诸侯煌煌。②未闻人君自起撞郎。”帝赦之。朝廷莫不悚栗，争为严切，以避诛责；唯意独敢谏争，数封还诏书，臣下过失辄救解之。会连有变异，意复上疏曰：“伏惟陛下躬行孝道，修明经术，郊祀天地，畏敬鬼神，忧恤黎元，劳心不怠。而天气未和，日月不明，③水泉涌溢，寒暑违节者，咎在群臣不能宣化理职，而以苛刻为俗。吏杀良人，继踵不绝。百官无相亲之心，吏人无雍雍之志。④至于骨肉相残，毒害弥深，感逆和气，以致天灾。百姓可以德胜，难以力服。先王要道，民用和睦，故能致天下和平，灾害不生，祸乱不作。《鹿鸣》之诗必言宴乐者，⑤以人神之心洽，然后天气和也。愿陛下垂圣德，揆万机，诏有司，慎人命，缓刑罚，顺时气，以调阴阳，垂之无极。”帝虽不能用，然知其至诚。亦以此故不得久留，出为鲁相。⑥后德阳殿成，⑦百官大会。帝思意言，谓公卿曰：“钟离尚书若在，此殿不立。”

①隐犹私也。

②《曲礼》之文也。穆穆，美也。煌煌，盛也。

③《易通卦验》曰：“愚智同位，则日月无光。”

④《尔雅》曰：“雍雍，和也。”

⑤《鹿鸣》，《诗·小雅》，宴群臣也。其诗曰：“呦呦鹿鸣，食野之苹，我有嘉宾，鼓瑟吹笙。”

⑥意别传曰：“意为鲁相，到官，出私钱万三千文，〔26〕付户曹孔䜣修夫子车，身入庙，拭几席剑履。男子张伯除堂下草，土中得玉璧七枚，伯怀其一，以六枚白意。意令主簿安置几前。孔子教授堂下床首有悬瓮，意召孔䜣问：‘此何瓮也’对曰：‘夫子瓮也，背有丹书，人莫敢发也。’意曰：‘夫子圣人，所以遗瓮，欲以悬示后贤。’因发之，中得素书，文曰‘后世修吾书，董仲舒。护吾车，拭吾履，发吾笥，会稽钟离意。璧有七，张伯藏其一。’意即召问伯，果服焉。”

⑦《汉宫殿名》曰北宫中有德阳殿。

意视事五年，以爱利为化，①人多殷富。以久病卒官。遗言上书陈升平之世，难以急化，宜少宽假。帝感伤其意，下诏嗟叹，赐钱二十万。

①《东观记》曰：“意在堂邑，为政爱利，轻刑慎罚，抚循百姓如赤子。初到县，市无屋，意出奉钱帅人作屋。人赍茅竹或持材木，争起趋作，(决)〔浃〕日而成。〔27〕功作既毕，为解土，祝曰：‘兴功役者令，百姓无事。如有祸祟，令自当之。’人皆大悦。”

药崧者，河内人，天性朴忠。家贫为郎，常独直台上，无被，枕杫，①食糟糠。帝每夜入台，辄见崧，问其故，甚嘉之，自此诏太官赐尚书以下朝夕餐，给帷被皂袍，及侍史二人。②崧官至南阳太守。

①杫音思渍反，谓俎几也。《方言》云：“蜀、汉之郊曰杫。”

②蔡质《汉官仪》曰“尚书郎入直台中，官供新青缣白绫被，或锦被，昼夜更宿，

帷帐画，通中枕，卧旃蓐，冬夏随时改易。太官供食。五日一美食，下天子一等。尚书郎伯使一人，〔28〕女侍史二人，皆选端正者。伯使从至止车门还，女侍史絜被服，执香炉烧熏，从入台中，给使护衣服”也。

宋均字叔庠，南阳安众人也。〔29〕父伯，建武初为五官中郎将。均以父任为郎，时年十五，好经书，每休沐日，辄受业博士，通《诗·礼》，善论难。至二十馀，调补辰阳长。①其俗少学者而信巫鬼，均为立学校，禁绝淫祀，人皆安之。以祖母丧去官，客授颍川。〔30〕

①辰阳，今辰州辰溪县。

后为谒者。会武陵蛮反，围武威将军刘尚，诏使均乘传发江夏奔命三千人往救之。①既至而尚已没。会伏波将军马援至，诏因令均监军，与诸将俱进，贼拒阸不得前。及马援卒于师，军士多温湿疾病，死者太半。均虑军遂不反，乃与诸将议曰："今道远士病，不可以战，欲权承制降之何如？"诸将皆伏地莫敢应。均曰："夫忠臣出竟，有可以安国家，专之可也。"②乃矫制调伏波司马吕种守沅陵长，命种奉诏书入虏营，告以恩信，因勒兵随其后。蛮夷震怖，即共斩其大帅而降，于是入贼营，散其众，遣归本郡，为置长吏而还。均未至，先自劾矫制之罪。光武嘉其功，迎赐以金帛，令过家上冢。其后每有四方异议，数访问焉。

①《前书音义》曰"擢选精勇，闻命奔走，谓之奔命"也。

②《公羊传》曰："聘礼，大夫受命不受辞，出境有以安社稷全国家者，则专之可也。"

迁上蔡令。时府下记，禁人丧葬不得侈长。①均曰："夫送终逾制，失之轻者。今有不义之民，尚未循化，而遽罚过礼，非政之先。"竟不肯施行。

①长音直亮反。禁之不得奢侈有馀。

迁九江太守。郡多虎暴，数为民患，常募设槛穽而犹多伤害。①均到，下记属县曰："夫虎豹在山，鼋鼍在水，各有所托。且江淮之有猛兽，犹北土之有鸡豚也。今为民害，咎在残吏，而劳勤张捕，非忧恤之本也。其务退奸贪，思进忠善，可一去槛穽，除削课制。”其后传言虎相与东游度江。中元元年，山阳、楚、沛多蝗，其飞至九江界者，辄东西散去，由是名称远近。浚遒县有唐、后二山，民共祠之，②众巫遂取百姓男女以为公妪，③岁岁改易，既而不敢嫁娶，前后守令莫敢禁。均乃下书曰：“自今以后，为山娶者皆娶巫家，勿扰良民。”于是遂绝。

①槛，为机以捕兽。穽谓穿地陷之。

②浚遒县属庐江郡，〔31〕故城在今庐州慎县南。

③以男为山公，以女为山妪，犹祭之有尸主也。

永平元年，迁东海相，在郡五年，坐法免官，客授颍川。而东海吏民思均恩化，为之作歌，诣阙乞还者数千人。显宗以其能，七年，征拜尚书令。每有驳议，多合上旨。均尝删剪疑事，帝以为有奸，大怒，收郎缚格之。诸尚书惶恐，皆叩头谢罪。均顾厉色曰：“盖忠臣执义，无有二心。若畏威失正，均虽死，不易志。”小黄门在傍，入具以闻。帝善其不挠，即令贯郎，迁均司隶校尉。数月，出为河内太守，政化大行。

均(常)〔尝〕寝病，〔32〕百姓耆老为祷请，旦夕问起居，其为民爱若此。以疾上书乞免，诏除子条为太子舍人。均自扶舆诣阙谢恩，帝使中黄门慰问，因留养疾。司徒缺，帝以均才任宰相，召入视其疾，令两驺扶之。①均拜谢曰：“天罚有罪，所苦浸笃，不复奉望帷幄！”因流涕而辞。帝甚伤之，召条扶侍均出，赐钱三十万。

①驺，养马者，亦曰驺骑。

均性宽和，不喜文法，常以为吏能弘厚，虽贪污放纵，犹无所害；至于苛察之人，身或廉法，而巧黠刻削，毒加百姓，灾害流亡所由而作。及在尚书，恒欲叩头争之，以时方严切，故遂不敢陈。帝后闻其言而追悲之。建初元年，卒于家。族子意。

意字伯志。父京，以《大夏侯尚书》教授，①至辽东太守。意少传父业，显宗时举孝廉，以召对合旨，擢拜阿阳侯相。②〔33〕建初中，征为尚书。

①夏侯胜也。

②阿阳，县，属天水郡，故城在今秦州陇城县西北。

肃宗性宽仁，而亲亲之恩笃，故叔父济南、中山二王每数入朝，特加恩宠，及诸昆弟并留京师，不遣就国。意以为人臣有节，不宜逾礼过恩，乃上疏谏曰："陛下至孝烝烝，恩爱隆深，以济南王康、中山王焉先帝昆弟，特蒙礼宠，圣情恋恋，不忍远离，比年朝见，久留京师，崇以叔父之尊，同之家人之礼，车入殿门，即席不拜，分甘损膳，赏赐优渥。昔周公怀圣人之德，有致太平之功，然后王曰叔父，加以锡币。①今康、焉幸以支庶享食大国，陛下即位，蠲除前过，还所削黜，衍食它县，②男女少长，并受爵邑，恩宠逾制，礼敬过度。《春秋》之义，诸父昆弟无所不臣，所以尊尊卑卑，强干弱枝者也。陛下德业隆盛，当为万世典法，不宜以私恩损上下之序，失君臣之正。又西平王羡等六王，皆妻子成家，官属备具，当早就蕃国，为子孙基址。而室第相望，久磐京邑，③婚姻之盛，过于本朝，仆马之众，充塞城郭，骄奢僭拟，宠禄隆过。今诸国之封，并皆膏腴，风气平调，道路夷近，朝聘有期，行来不难。宜割情不忍，以义断恩，④发遣康、焉各归蕃国，令羡等速就便时，⑤以塞众望。"帝纳之。

①《诗·鲁颂》曰："王曰叔父，建尔元子，俾侯于鲁。"《尚书》曰，周公既成洛邑，成公命召公出取币锡周公也。

②衍谓流衍，傍食它县。

③磐谓磐桓不去。

④《礼记》曰："门内之政恩掩义，门外之政义断恩。"

⑤行日，取便利之时也。

章和二年，鲜卑击破北匈奴，〔34〕而南单于乘此请兵北伐，因欲还归旧庭。时窦太后临朝，议欲从之。意上疏曰："夫戎狄之隔远中国，幽处北极，①界以沙漠，简贱礼义，无有上下，强者为雄，弱即屈服。自汉兴以来，征伐数矣，其所克获，曾不补害。光武皇帝躬服金革之难，深昭天地之明，故因其来降，羁縻畜养，边人得生，劳役休息，于兹四十馀年矣。

今鲜卑奉顺，斩获万数，中国坐享大功，②而百姓不知其劳，汉兴功烈，于斯为盛。所以然者，夷虏相攻，无损汉兵者也。臣察鲜卑侵伐匈奴，正是利其抄掠，及归功圣朝，实由贪得重赏。今若听南虏还都北庭，则不得不禁制鲜卑。鲜卑外失暴掠之愿，内无功劳之赏，豺狼贪婪，必为边患。今北虏西遁，请求和亲，宜因其归附，以为外捍，巍巍之业，无以过此。若引兵费赋，以顺南虏，则坐失上略，去安即危矣。诚不可许。”会南单于竟不北徙。

①《尔雅》曰“东至于泰远，西至于邠国，南至于濮铅，北至于祝栗，谓之四极”也。

②享，受也。

迁司隶校尉。永元初，大将军窦宪兄弟贵盛，步兵校尉邓叠、河南尹王调、故蜀郡太守廉范等群党，出入宪门，负埶放纵。意随违举奏，无所回避，由是与窦氏有隙。二年，病卒。

孙俱，灵帝时为司空。①

①《汉官仪》曰“俱字伯丽”也。

寒朗字伯奇，鲁国薛人也。生三日，遭天下乱，弃之荆棘；数日兵解，母往视，犹尚气息，遂收养之。及长，好经学，博通书传，以《尚书》教授。举孝廉。

永平中，以谒者守侍御史，与三府掾属共考案楚狱颜忠、王平等，辞连及隧乡侯耿建、〔35〕朗陵侯臧信、护泽侯邓鲤、曲成侯刘建。建等辞未尝与忠、平相见。是时显宗怒甚，吏皆惶恐，诸所连及，率一切陷入，无敢以情恕者。朗心伤其冤，试以建等物色独问忠、平，①而二人错愕不能对。②朗知其诈，乃上言建等无奸，专为忠、平所诬，疑天下无辜类多如此。帝乃召朗入，问曰：“建等即如是，忠、平何故引之？”朗对曰：“忠、平自知所犯不道，故多有虚引，冀以自明。”帝曰：“即如是，四侯无事，何不早奏，狱竟而久系至今邪？”朗对曰：“臣虽考之无事，然恐海内别有发其奸者，故未敢时上。”③帝怒骂曰：“吏持两端，促提下。”左右方引去，朗曰："愿一言而死。小臣不敢欺，欲助国耳。"帝问曰："谁与共为章？"对曰："臣自知当必族灭，不敢多污染人，诚冀陛下一觉悟而已。臣见考囚在事者，咸共言妖恶大故，〔36〕臣子所宜同疾，今出之不如入之，可无后责。是以考一连十，考十连百。又公卿朝会，陛下问以得失，皆长跪言，旧制大罪祸及九族，陛下大恩，裁止于身，天下幸甚。及其归舍，口虽不言，而仰屋窃叹，莫不知其多冤，无敢忤陛下者。臣今所陈，诚死无悔。"帝意解，诏遣朗出。后二日，车驾自幸洛阳狱录囚徒，理出千馀人。后平、忠死狱中，朗乃自系。会赦，免官。复举孝廉。

①物色谓形状也。

②错愕犹仓卒也。错音七故反。愕音五故反。

③时上犹即上也。上音时掌反。

建初中，肃宗大会群臣，朗前谢恩，诏以朗纳忠先帝，拜为易长。①岁馀，迁济阳令，以母丧去官，百姓追思之。章和元年，上行东巡狩，过济阳，三老吏人上书陈朗前政治状。帝至梁，召见朗，诏三府为辟首，由是辟司徒府。永元中，再迁清河太守，坐法免。

①易，今易州县也。

永初三年，太尉张禹荐朗为博士，征诣公车，会卒，时年八十四。

论曰：左丘明有言："仁人之言，其利博哉！"晏子一言，齐侯省刑。①若锺离意之就格请过，寒朗之廷争冤狱，笃矣乎，仁者之情也！夫正直本于忠诚则不诡，②本于谏争则绞切。③彼二子之所本得乎天，故言信而志行也。④

①《左氏传》曰，齐景公谓晏子曰："子之宅近市，识贵贱乎？"于是景公繁于刑，有鬻踊者，故对曰："踊贵而屦贱。"景公为是省于刑。君子曰："仁人之言，其利博哉！"踊谓刖足者屦。

②诡，诈也。

③《论语》孔子曰："直而无礼则绞。"绞，急也。

④言而见信，谏而必从，故曰志行。

赞曰：伯鱼、子阿，矫急去苛。临官以絜，匡帝以奢。宋均达政，禁此妖禜。① 禽虫畏德，子民请病。② 意明尊尊，割恩蕃屏。③ 惵惵楚黎，寒君为命。④

①禜，祭也，于命反。

②谓人为之请祷也。

③《穀梁传》曰："为尊者讳敌，为亲者讳败，尊尊亲亲之义也。"意谏令诸王归藩，故云割恩藩屏。音协韵必政反。

④惵惵，惧也。黎，众也。

【校勘记】

〔1〕 鲜于褒　按：《阴兴传》作"鲜于裒"，裒即褒字。

〔2〕 自称王伯齐　按：《集解》引惠栋说，谓《袁纪》作"王伯春"。

〔3〕 奸(轻)〔轨〕所集　据汲本改。按：今聚珍本《东观记》作"奸宄"。

〔4〕 不过从兄饭　按：王先谦谓《御览》四二五引《续汉书》作"不过从弟兄饭"。

〔5〕 邵州武冈县　按："冈"原讹"刚"，径据汲本、殿本改正。

〔6〕 以钱三百万　按：汲本、殿本"三"作"二"。

〔7〕 亦宜所以安之　按：王先谦谓"宜"下夺一"思"字。

〔8〕 敢不自闻　《集解》引苏舆说，谓"自"疑"以"之误。今按："以"字本作"目"，与"自"形近而讹。

〔9〕 亦当宜谴举者　按：《集解》引惠栋说，谓"宜"当作"并"。

〔10〕 虽令不(行)〔从〕　据汲本、殿本改，与今《论语》合。

〔11〕 吾兄子常病一夜十往　按："常"当作"尝"，《御览》四七八引正作"尝"。"往"当作"起"。《刊误》谓麻延年云，唐睿宗下诏，用十起作元子事，本出于此，明当作"起"也。

〔12〕 少子颉嗣　按：《刊误》谓伦未尝有爵，无缘言"嗣"，明多此一字。

〔13〕 盗贼群辈　按：《御览》三三二引"辈"作"聚"。

〔14〕 岁中至数千家　按：汲本"中"作"终"。

〔15〕 中常侍单超兄子匡　按：《集解》引沈钦韩说，谓《考异》云 4 作"超弟"，

《宦者传》作“超弟子”。

〔16〕 此二臣以可死而不死者　按:王先谦谓“以可死”当为“可以死”。

〔17〕 昔者管(子)〔仲〕欲立公子纠而不能　据汲本改　按:《说苑》作“子”,《校补》谓传文既作“管仲”,在子路之问,亦不应一口两称,作“子”者,盖踵今本《说苑》之误。

〔18〕 有受人酒礼者　按:王先谦谓《御览》二五三引《续汉书》,“酒礼”作“鸡酒”。

〔19〕 意独身自隐亲　按:《校补》引柳从辰说,谓《袁纪》“隐亲”作“隐视”,亲视形近而讹。黄山谓柳说是,古隐与檃同,隐视犹言审视也。

〔20〕 案察之〔也〕　据汲本补。

〔21〕 御治〔也〕　据汲本、殿本补。

〔22〕 光武得奏以(见)〔视〕霸　《集解》引顾炎武说,谓“见”当作“视”,古“示”字作“视”,谓以意奏示霸也。王先谦谓顾说是。今据改。

〔23〕 〔县〕人防广为父报仇　据汲本、殿本补。

〔24〕 喜惧相并　按:汲本、殿本“并”作“半”。

〔25〕 (常)〔尝〕以事怒郎药崧　《校补》谓“常”当作“尝”,各本皆失正。今据改。

〔26〕 出私钱万三千文　按:《刊误》谓古人言钱不曰文,世俗乃有此文,明多一“文”字。

〔27〕 (决)〔浃〕日而成　据汲本、殿本改。

〔28〕 尚书郎伯使一人　按:汲本、殿本作“二人”。

〔29〕 宋均字叔庠南阳安众人也　殿本《考证》引何焯说及王先谦《集解》引《通鉴》胡注,俱谓宋均本姓宗,作“宋”乃传写之误。今按:《通鉴》胡注引张说《宋璟遗爱颂》,证明“宗均”之讹为“宋均”,自唐已然。

〔30〕 客授颍川　汲本、殿本“授”作“游”。按:下又云“客授颍川”,明作“游”者非也。

〔31〕 浚遒县属庐江郡　按:“庐江”当作“九江”。《集解》引洪颐煊说,谓《郡国志》浚遒县属九江郡,注云属庐江,误。

〔32〕 均(常)〔尝〕寝病　据汲本改。

〔33〕 擢拜阿阳侯相　按:《集解》引钱大昕说,谓阿阳县属汉阳郡,不云侯国,而上党之阳阿为侯国,此“阿阳”或“阳阿”之误。

〔34〕 章和二年鲜卑击破北匈奴　按:《集解》引惠栋说,谓《袁宏纪》为章和元年事。

〔35〕 辞连及隧乡侯耿建　按:《集解》引惠栋说,谓《耿纯传》宿封隧乡侯,非建也。坐楚事为耿阜,以东光侯徙封莒乡侯。“隧”当作“莒”,建当作“阜”。

〔36〕 咸共言妖恶大故　按:汲本“故”作“过”。

后汉书卷四十二

光武十王列传第三十二

光武皇帝十一子:郭皇后生东海恭王彊、沛献王辅、济南安王康、阜陵质王延、中山简王焉,许美人生楚王英,光烈皇后生显宗、东平宪王苍、广陵思王荆、临淮怀公衡、琅邪孝王京。

东海恭王彊。建武二年,立母郭氏为〔皇〕后,〔1〕彊为皇太子。十七年而郭后废,彊常戚戚不自安,数因左右及诸王陈其恳诚,愿备蕃国。光武不忍,迟回者数岁,乃许焉。十九年,封为东海王,二十八年,就国。帝以彊废不以过,去就有礼,故优以大封,兼食鲁郡,合二十九县。赐虎贲旄头,宫殿设钟虡之县,拟于乘舆。①彊临之国,数上书让还东海,又因皇太子固辞。帝不许,深嘉叹之,以彊章宣示公卿。初,鲁恭王好宫室,起灵光殿,甚壮丽,是时犹存,②故诏彊都鲁。中元元年入朝,从封岱山,因留京师。明年春,帝崩。冬,归国。

①虎贲、旄头、钟虡解见《光武纪》。县音玄。

②恭王名馀,景帝之子。殿在今兖州曲阜城中,故基东西二十丈,南北十二丈,高丈馀也。

永平元年,彊病,显宗遣中常侍钩盾令将太医乘驿视疾,诏沛王辅、济南王康、淮阳王延诣鲁。及薨,临命上疏谢曰:"臣蒙恩得备蕃辅,特受二国,宫室礼乐,事事殊异,巍巍无量,讫无报称。而自修不谨,连年被疾,为朝廷忧念。皇太后、陛下哀怜臣彊,感动发中,数遣使者太医令丞方伎道术,络驿不绝。臣伏惟厚恩,不知所言。臣内自省视,气力羸劣，日夜浸困，①终不复望见阙庭，奉承帷幄，孤负重恩，衔恨黄泉。②身既夭命孤弱，复为皇太后、陛下忧虑，诚悲诚惭。息政，小人也。猥当袭臣后，必非所以全利之也。诚愿还东海郡。天恩愍哀，以臣无男之故，③处臣三女小国侯，④此臣宿昔常计。⑤今天下新罹大忧，⑥惟陛下加供养皇太后，数进御餐。臣彊困劣，言不能尽意。愿并谢诸王，不意永不复相见也。"天子览书悲恸，从太后出幸津门亭发哀。⑦使(大)司空持节护丧事，〔2〕大鸿胪副，宗正、将作大匠视丧事，赠以殊礼，升龙、旄头、鸾辂、龙旂、虎贲百人。⑧诏楚王英、赵王栩、北海王兴、馆陶公主、比阳公主及京师亲戚四姓夫人、〔3〕小侯皆会葬。⑨帝追惟彊深执谦俭，不欲厚葬以违其意，于是特诏中常侍杜岑及东海傅相曰："王恭谦好礼，以德自终，遣送之物，务从约省，衣足敛形，茅车瓦器，物减于制，以彰王卓尔独行之志，⑩将作大匠留起陵庙。"

①浸，渐也。

②杜预注《左传》云："地中之泉，故曰黄泉。"

③无男，无多男也。

④即妇人封侯也，若吕后之妹吕须封为临光侯，萧何夫人封为酂侯之类。

⑤私计天恩，不敢忘也。

⑥光武崩也。

⑦津门，洛阳南面西头门也，一名津阳门。每门皆有亭。

⑧解并见《光武》及《明帝纪》。

⑨四姓小侯，解见《明帝纪》。夫人，盖小侯之母也。

⑩《前书》曰："卓尔不群者，河间献王近之矣。"

彊立十八年，〔4〕年三十四。子靖王政嗣。政淫欲薄行。后中山简王薨，政诣中山会葬，私取简王姬徐妃，又盗迎掖庭出女。豫州刺史、鲁相奏请诛政，有诏削薛县。

立四十四年薨，子顷王肃嗣。永元十六年，封肃弟二十一人皆为列侯。肃性谦俭，循恭王法度。永初中，以西羌未平，上钱二千万。元初中，复上缣万匹，以助国费，邓太后下诏褒纳焉。

立二十三年薨，子孝王臻嗣。永建二年，封臻二弟敏、俭为乡侯。臻及弟蒸乡侯俭并有笃行，母卒，皆吐血毁眦。①至服练红，兄弟追念初丧父，幼小，哀礼有阙，因复重行丧制。②臻性敦厚有恩，常分租秩赈给诸父昆弟。国相籍褒具以状闻，顺帝美之，制诏大将军、三公、大鸿胪曰："东海王臻以近蕃之尊，少袭王爵，膺受多福，未知艰难，而能克己率礼，孝敬自然，事亲尽爱，送终竭哀，降仪从士，寝苫三年。③和睦兄弟，恤养孤弱，至孝纯备，仁义兼弘，朕甚嘉焉。夫劝善厉俗，为国所先。曩者东平孝王敞兄弟行孝，丧母如礼，有增户之封。《诗》云：'永世克孝，念兹皇祖。'④今增臻封五千户，俭五百户，光启土宇，以酬厥德。"

①眦或为瘠。

②既祥之后而服练也。《礼记》曰："练衣黄里縓缘。"縓即红也。縓音七绢反。郑玄注《周礼》曰："浅绛也。"

③《左氏传》曰："晏桓子卒，晏婴粗衰斩，苴绖带，杖，菅屦，食粥，居倚庐，寝苫枕草。其家老曰：'非大夫之礼也。'"杜预注云："时士及大夫衰服各有不同。"

④《诗·周颂》之文。克，能也。

立三十一年薨，子懿王祗嗣。初平四年，遣子琬至长安奉章，献帝封琬汶阳侯，拜为平原相。

祗立四十四年薨，子羡嗣。二十年，魏受禅，以为崇德侯。

沛献王辅，建武十五年封右(冯)翊公。〔5〕十七年，郭后废为中山太后，故徙辅为中山王，并食常山郡。二十年，复徙封沛王。

时禁网尚疏，诸王皆在京师，竞修名誉，争礼四方宾客。寿光侯刘鲤，更始子也，得幸于辅。鲤怨刘盆子害其父，因辅结客，报杀盆子兄故式侯恭，辅坐系诏狱，三日乃得出。自是后，诸王宾客多坐刑罚，各循法度。二十八年，就国。中元二年，封辅子宝为沛侯。〔6〕永平元年，封宝弟嘉为僮侯。①

①僮，县，属临淮郡，故城在今泗州宿预县西南。

辅矜严有法度，好经书，善说《京氏易》、《孝经》、《论语》传及图谶，作《五经论》，时号之曰《沛王通论》。在国谨节，终始如一，称为贤王。显宗敬重，数加赏赐。

立四十六年薨，子釐王定嗣。①元和二年，封定弟十二人为乡侯。

①釐音僖，下皆同。

定立十一年薨，子节王正嗣。元兴元年，封正弟二人为县侯。

正立十四年薨，子孝王广嗣。有固疾。安帝诏广祖母周领王家事。周明正有法礼，汉安中薨，顺帝下诏曰："沛王祖母太夫人周，秉心淑慎，导王以仁，使光禄大夫赠以妃印绶。"

广立三十五年薨，子幽王荣嗣。立二十年薨，子孝王琮嗣。薨，子恭王曜嗣。薨，子契嗣；魏受禅，以为崇德侯。

楚王英，以建武十五年封为楚公，十七年进爵为王，二十八年就国。母许氏无宠，故英国最贫小。三十年，以临淮之取虑、须昌二县益楚国。①自显宗为太子时，英常独归附太子，太子特亲爱之。及即位，数受赏赐。永平元年，特封英舅子许昌为龙舒侯。②

①取虑，县，故城在今泗州下邳县西南。案：临淮无须昌，有昌阳县，盖误也。取虑音秋闾。

②龙舒，县，属庐江郡，故城在今庐州庐江县西也。

英少时好游侠，交通宾客，晚节更喜黄老，学为浮屠斋戒祭祀。①八年，诏令天下死罪皆入缣赎。英遣郎中令奉黄缣白纨三十匹诣国相曰："托在蕃辅，过恶累积，欢喜大恩，〔7〕奉送缣帛，以赎愆罪。"国相以闻。诏报曰："楚王诵黄老之微言，尚浮屠之仁祠，〔8〕絜斋三月，与神为誓，何嫌何疑，当有悔吝？其还赎，以助伊蒲塞桑门之盛馔。"②因以班示诸国中傅。英后遂大交通方士，作金龟玉鹤，刻文字以为符瑞。

①袁宏《汉纪》:“浮屠,佛也,西域天竺国有佛道焉。佛者,汉言觉也,将以觉悟群生也。其教以修善慈心为主,不杀生,专务清静。其精者为沙门。沙门,汉言息也,盖息意去欲而归于无为。又以为人死精神不灭,随复受形,生时善恶皆有报应,故贵行善修道,以炼精神,以至无生而得为佛也。佛长丈六尺,黄金色,项中佩日月光,变化无方,无所不入,而大济群生。初,明帝梦见金人长大,项有日月光,以问群臣。或曰:‘西方有神,其名曰佛。陛下所梦,得无是乎?’于是遣使天竺,问其道术而图其形像焉。”

②伊蒲塞即优婆塞也,中华翻为近住,言受戒行堪近僧住也。桑门即沙门。

十三年,男子燕广告英与渔阳王平、颜忠等造作图书,有逆谋,事下案验。有司奏英招聚奸猾,造作图谶,擅相官秩,置诸侯王公将军二千石,大逆不道,请诛之。帝以亲亲不忍,乃废英,徙丹阳泾县,①赐汤沐邑五百户。②遣大鸿胪持节护送,使伎人奴婢(妓士)〔工技〕鼓吹悉从,〔9〕得乘辎軿,③持兵弩,行道射猎,极意自娱。男女为侯主者,食邑如故。楚太后勿上玺绶,留住楚宫。

①今宣州县也。

②汤沐,解见皇后纪也。

③軿犹屏也,自隐蔽之车。《苍颉篇》曰:“衣车也。”

明年,英至丹阳,自杀。立三十三年,国除。诏遣光禄大夫持节吊祠,赠赗如法,加赐列侯印绶,以诸侯礼葬于泾。遣中黄门占护其妻子。①悉出楚官属无辞语者。制诏许太后曰:“国家始闻楚事,幸其不然。既知审实,怀用悼灼,庶欲宥全王身,令保卒天年,而王不念顾太后,竟不自免。此天命也,无可奈何!太后其保养幼弱,勉强饮食。诸许愿王富贵,人情也。已诏有司,出其有谋者,令安田宅。”于是封燕广为折奸侯。楚狱遂至累年,其辞语相连,自京师亲戚诸侯州郡豪桀及考案吏,阿附相陷,坐死徙者以千数。

①占护犹守护也。

十五年,帝幸彭城,见许太后及英妻子于内殿,悲泣,感动左右。建初二年,肃宗封英子〔种〕楚侯(种),〔10〕五弟皆为列侯,并不得置相臣吏人。元和三年，许太后薨，复遣光禄大夫持节吊祠，因留护丧事，赙钱五百万。又遣谒者备王官属迎英丧，改葬彭城，加王赤绶羽盖华藻，如嗣王仪，①追爵，谥曰楚厉侯。章和元年，帝幸彭城，见英夫人及六子，厚加赠赐。

①《续汉·舆服志》曰："诸侯王赤绶四采，长二丈一尺。皇子安车，青盖金华藻。"〔11〕

种后徙封六侯。①卒，子度嗣。度卒，子拘嗣，传国于后。

①六，县名，属庐江郡。

济南安王康，建武十五年封济南公，十七年进爵为王，二十八年就国。三十年，以平原之祝阿、安德、朝阳、平昌、隰阴、〔12〕重丘六县益济南国。中元二年，封康子德为东武城侯。①

①东武城属清河郡，今贝州武城县是。

康在国不循法度，交通宾客。其后，人上书告康招来州郡奸猾渔阳颜忠、刘子产等，又多遗其缯帛，案图书，谋议不轨。事下考，有司举奏之，显宗以亲亲故，不忍穷竟其事，但削祝阿、隰阴、东朝阳、安德、西平昌五县。①

①东朝阳在今齐州临济县东。西平昌，今德州般县也。般音补满反。

建初八年，肃宗复还所削地，康遂多殖财货，大修宫室，奴婢至千四百人，厩马千二百匹，私田八百顷，奢侈恣欲，游观无节。永元初，国傅何敞上疏谏康曰："盖闻诸侯之义，制节谨度，然后能保其社稷，和其民人。①大王以骨肉之亲，享食茅土，当施张政令，明其典法，出入进止，宜有期度，舆马台隶，应为科品。②而今奴婢厩马皆有千馀，增无用之口，以自蚕食。③宫婢闭隔，失其天性，惑乱和气。〔13〕又多起内第，触犯防禁，费以巨万，④而功犹未半。夫文繁者质荒，木胜者人亡，⑤皆非所以奉礼承上，传福无穷者也。故楚作章华以凶，⑥吴兴姑苏而灭，⑦景公千驷，民无称焉。⑧今数游诸第，晨夜无节，又非所以远防未然，临深履薄之法也。愿大王修恭俭，遵古制，省奴婢之口，减乘马之数，斥私田之富，节游观之宴，以礼起居，则敞乃敢安心自保。惟大王深虑愚言。”康素敬重敞，虽无所嫌忤，然终不能改。

①《孝经·诸侯章》之义也。

②台、隶，贱职也，《左氏传》：曰“人有十等，王臣公，公臣卿，卿臣大夫，大夫臣士，士臣皂，皂臣舆，舆臣隶，隶臣僚，僚臣仆，仆臣台”也。

③言如蚕之食，渐至衰尽也。

④巨，大也。大万谓万万。

⑤荒，废也。文彩繁多，则质以之废，土木增构，则人殚其力，故云人亡。

⑥《左氏传》，楚灵王成章华之台，后卒被杀。杜预注云“台在今南郡华容县”也。

⑦姑苏台一名姑胥台。《越绝书》曰：“胥门外有九曲路，阖庐以游姑苏之台，以望湖中。”顾夷（吾）《〔吴〕地记》云：〔14〕“横山北有小山，俗谓姑苏台。”在今苏州吴县西。阖庐后被越杀之。

⑧《论语》：“齐景公有马千驷，死之日，人无德而称焉。”千驷，四千匹。

立五十九年薨，子简王错嗣。①错为太子时，爱康鼓吹妓女宋闰，〔15〕使医张尊招之不得，错怒，自以剑刺杀尊。国相举奏，有诏勿案。永元十一年，封错弟七人为列侯。〔16〕

①错音七故反。

错立六年薨，子孝王香嗣。永初二年，封香弟四人为列侯。香笃行，好经书。初，叔父笃有罪不得封，西平昌侯昱坐法失侯，香乃上书分爵土封笃子丸、昱子嵩，皆为列侯。

香立二十年薨，无子，国绝。

永建元年，顺帝立错子阜阳侯显为嗣。是为釐王。立三年薨，子悼王广嗣。永建五年，封广弟文为乐城亭侯。

广立二十五年，永兴元年薨，无子，国除。

东平宪王苍，建武十五年封东平公，十七年进爵为王。

苍少好经书，雅有智思，为人美须髯，要带八围，〔17〕显宗甚爱重之。及即位，拜为骠骑将军，置长史掾史员四十人，位在三公上。①

①四府掾史皆无四十人，今特置以优之也。

永平元年，封苍子二人为县侯。二年，以东郡之寿张、须昌，山阳之南平阳、(橐)〔橐〕、湖陵五县益东平国。①〔18〕是时中兴三十馀年，四方无虞，苍以天下化平，宜修礼乐，乃与公卿共议定南北郊冠冕车服制度，及光武庙登歌八佾舞数，语在《礼乐》、《舆服志》。②帝每巡狩，苍常留镇，待卫皇太后。

①南平阳，县，故城今兖州邹县也。(橐)〔橐〕，县一名高平，故城在邹县西南。湖陵故城在今兖州防与县东南。

②其志今亡。

四年春，车驾近出，观览城第，①寻闻当遂校猎河内，苍即上书谏曰："臣闻时令，盛春农事，不聚众兴功。②传曰：'田猎不宿，食饮不享，出入不节，则木不曲直。'此失春令者也。③臣知车驾今出，事从约省，所过吏人讽诵《甘棠》之德。虽然，动不以礼，非所以示四方也。惟陛下因行田野，循视稼穑，消摇仿佯，弭节而旋。④至秋冬，乃振威灵，整法驾，备周卫，设羽旄。⑤《诗》云：'抑抑威仪，惟德之隅。'⑥臣不胜愤懑，伏自手书，乞诣行在所，极陈至诚。"帝览奏，即还宫。

①第，宅也。有甲乙之次，故曰第。

②《礼记·月令》曰"孟春之月，无聚大众，无置城郭。仲春之月，无作大事，以妨农事"也。

③《尚书五行传》曰："田猎不宿，饮食不享，出入不节，夺人农时，及有奸谋，则木不曲直。"郑玄注云："木性或曲或直，人所用为器者也。无故生不畅茂，多有折槁，是为不曲直也。"《前书音义》曰："不宿，不预戒日也。"

④皆游散之意。《诗》曰："于焉消摇。"《左氏传》曰："横流而仿佯。"《前书音义》曰："弭节犹按节也，言不尽意驰驱也。"

⑤旄谓注旄于竿首。

⑥《诗·大雅》之文也。抑抑，密也。隅，廉也。言人审密于威仪抑抑然者，其德必严正，如宫室之制，内绳直则外有廉隅。

苍在朝数载，多所降益，而自以至亲辅政，声望日重，意不自安，上疏归职曰："臣苍疲驽，特为陛下慈恩覆护，在家备教导之仁，升朝蒙爵命之首，制书褒美，班之四海，举负薪之才，升君子之器。①凡匹夫一介，尚不忘箪食之惠，②况臣居宰相之位，同气之亲哉！宜当暴骸膏野，为百僚先，而愚顽之质，加以固病，诚羞负乘，辱污辅将之位，将被诗人'三百赤绂'之刺。③今方域晏然，要荒无儆，④将遵上德无为之时也，文官犹可并省，武职尤不宜建。昔象封有鼻，不任以政，⑤诚由爱深，不忍扬其过恶。前事之不忘，来事之师也。自汉兴以来，宗室子弟无得在公卿位者。惟陛下审览虞帝优养母弟，遵承旧典，终卒厚恩。乞上骠骑将军印绶，退就蕃国，愿蒙哀怜。"帝优诏不听。其后数陈乞，辞甚恳切。五年，乃许还国，而不听上将军印绶。以骠骑长史为东平太傅，掾为中大夫，令史为王家郎。⑥加赐钱五千万，布十万匹。

①负薪，喻小人也。《易》曰："负且乘，致寇至。"负也者小人之事，乘也者君子之器，以小人而乘君子之器，则盗思夺之矣。

②箪，竹器也，圆曰箪，方曰笥。《左氏传》曰："晋宣子田于首山，舍于翳桑，见灵辄饿，曰：'不食三日矣。'食之，舍其半。问之，曰：'宦三年矣，〔19〕未知母之存否，请遗之。'使尽之，而为箪食〔与肉以〕与之。〔20〕既而(与)〔辄〕为公介〔士〕，〔21〕倒戟以御公徒而免之。问何故，曰：'翳桑之饿人也。'"

③赤绂，大夫之服也。《诗·曹风》曰："彼己之子，三百赤绂。"刺其无德居位者多也。

④去王畿五百里曰甸服，又五百里曰侯服，又五百里曰绥服，又五百里要服，又五百里荒服，儆，备也，音警。

⑤有鼻，国名，其地在今永州营道县北。《史记》曰舜弟象封于有鼻也。

⑥《汉官仪》"将军掾属二十九人，中大夫无员，令史四十一人"也。

六年冬，帝幸鲁，征苍从还京师。明年，皇太后崩。既葬，苍乃归国，特赐宫人奴婢五百人，布二十五万匹，及珍宝服御器物。

十一年，苍与诸王朝京师。月馀，还国。帝临送归宫，凄然怀思，乃遣使手诏国中傅曰："辞别之后，独坐不乐，因就车归，伏轼而吟，瞻望永怀，实劳我心，诵及《采菽》，以增叹息。①日者问东平王处家何等最乐，王言为善最乐，其言甚大，副是要腹矣。今送列侯印十九枚，诸王子年五岁已上能趋拜者，皆令带之。”

①《采菽》，《诗·小雅》之章也。其诗曰：“采菽采菽，筐之筥之，君子来朝，何锡与之？”毛苌注云：“菽所以芼大牢而待君子也。”

十五年春，行幸东平，赐苍钱千五百万，布四万匹。帝以所作《光武本纪》示苍，苍因上《光武受命中兴颂》。帝甚善之，以其文典雅，特令校书郎贾逵为之训诂。

肃宗即位，尊重恩礼逾于前世，诸王莫与为比。建初元年，地震，苍上便宜，其事留中。①帝报书曰：“丙寅所上便宜三事，朕亲自览读，反覆数周，心开目明，旷然发矇。②间吏人奏事，亦有此言，但明智浅短，或谓傥是，复虑为非。何者？灾异之降，缘政而见。今改元之后，年饥人流，此朕之不德感应所致。又冬春旱甚，所被尤广，虽内用克责，而不知所定。得王深策，快然意解。〔22〕《诗》不云乎：‘未见君子，忧心忡忡；既见君子，我心则降。’③思惟嘉谋，以次奉行，冀蒙福应。彰报至德，特赐王钱五百万。”

①留禁中也。

②韦昭注《国语》曰：“有眸子而无见曰矇。”

③《诗·国风》也。忡忡犹冲冲。降，下也。

后帝欲为原陵、显节陵起县邑，苍闻之，遽上疏谏曰：“伏闻当为二陵起立郭邑，臣前颇谓道路之言，疑不审实，近令从官古霸问涅阳主疾，①使还，乃知诏书已下。窃见光武皇帝躬履俭约之行，深睹始终之分，勤勤恳恳，以葬制为言，故营建陵地，具称古典，诏曰‘无为山陵，陂池裁令流水而已’。孝明皇帝大孝无违，奉承贯行。②至于自所营创，尤为俭省，谦德之美，于斯为盛。③臣愚以园邑之兴，始自强秦。古者丘陇且不欲其著明，④岂况筑郭邑，建都郛哉！⑤上违先帝圣心，下造无益之功。虚费国用，动摇百姓，非所以致和气，祈丰年也。又以吉凶俗数言之，亦不欲无故缮修丘墓，有所兴起。考之古法则不合，稽之时宜则违人，求之吉凶复未见其福。陛下履有虞之至性，追祖祢之深思，然惧左右过议，以累圣心。臣苍诚伤二帝纯德之美，不畅于无穷也。惟蒙哀览。"帝从而止。自是朝廷每有疑政，辄驿使谘问。苍悉心以对，皆见纳用。

①《风俗通》曰："古姓，周有古公亶父，其后氏焉。"涅阳主，光武女，窦固之妻也。

②贯行谓一皆遵奉也。谷永曰"一以贯行，固执无违"也。

③《易》曰："谦德之柄。"

④《礼记》曰："古者墓而不坟。"故言不欲其著明。

⑤《穀梁传》曰："人之所聚曰都。"杜预注《左传》曰："郛，郭也。"

三年，帝飨卫士于南宫，因从皇太后周行掖庭池阁，乃阅阴太后旧时器服，怆然动容，乃命留五时衣各一袭，①及常所御衣合五十箧，馀悉分布诸王主及子孙在京师者各有差。特赐苍及琅邪王京书曰："中大夫奉使，亲闻动静，嘉之何已！岁月惊过，山陵浸远，孤心凄怆，如何如何！间飨卫士于南宫，因阅视旧时衣物，闻于师曰：'其物存，其人亡，不言哀而哀自至。'信矣。惟王孝友之德，亦岂不然！今送光烈皇后假紒帛巾各一，②及衣一箧，可时奉瞻，以慰《凯风》寒泉之思，③又欲令后生子孙得见先后衣服之制。今鲁国孔氏，尚有仲尼车舆冠履，明德盛者光灵远也。④其光武皇帝器服，中元二年已赋诸国，故不复送。并遗宛马一匹，血从前髆上小孔中出。常闻武帝歌天马，沾赤汗，今亲见其然也。⑤顷反虏尚屯，将帅在外，忧念遑遑，未有閒宁。⑥愿王宝精神，加供养。苦言至戒，望之如渴。"

①五时衣谓春青，夏朱，季夏黄，秋白，冬黑也。衣单复具曰袭。

②《周礼》："追师掌王后之首服为副编。"郑玄云："副，妇人首服，三辅谓之假紒。"《续汉书》"帛"字作"皁"。

③《诗·国风》曰："《凯风》，美孝子也。""凯风自南，吹彼棘心，棘心夭夭，母氏劬劳。爰有寒泉，在浚之下，有子七人，母氏劳苦。"寒泉在今濮州濮阳县。

④孔子庙在鲁曲阜城中。伍缉之《从征记》曰："鲁人藏孔子所乘车于庙中，是颜路所请者也。献帝时，庙遇火，烧之。"冠履解见《锺离意传》。

⑤《前书·天马歌》曰"太一况，天马下，沾赤汗，沫流赭"也。

⑥閒音闲。

六年冬，苍上疏求朝。明年正月，帝许之。特赐装钱千五百万，其馀诸王各千万。帝以苍冒涉寒露，遣谒者赐貂裘，①及太官食物珍果，使大鸿胪窦固持节郊迎。帝乃亲自循行邸第，豫设帷床，其钱帛器物无不充备。下诏曰："〔《礼》云〕伯父归宁乃国，②〔23〕《诗》云叔父建尔元子，③敬之至也。昔萧相国加以不名，优忠贤也。④况兼亲尊者乎！其沛、济南、东平、中山四王，赞皆勿名。"⑤苍既至，升殿乃拜，天子亲答之。其后诸王入宫，辄以辇迎，至省阁乃下。苍以受恩过礼，情不自宁，上疏辞曰："臣闻贵有常尊，贱有等威，⑥卑高列序，上下以理。陛下至德广施，慈爱骨肉，既赐奉朝请，咫尺天仪，而亲屈至尊，降礼下臣，每赐宴见，辄兴席改容，中宫亲拜，事过典故。臣惶怖战栗，诚不自安，每会见，踧踖无所措置。⑦此非所以章示群下，安臣子也。"帝省奏叹息，愈褒贵焉。旧典，诸王女皆封乡主，乃独封苍五女为县公主。〔24〕

①《说文》曰："貂，鼠属也，大而黄黑，出丁零国。"

②《仪礼》曰"觐礼，诸侯至于郊，王使皮弁用璧劳，侯氏亦皮弁迎于帷门之外，再拜。天子赐舍，曰：'赐伯父舍。'同姓西面，北上；异姓东面，北上。侯氏裨冕，释币于祢，乘墨车，载龙旂、弧韣，乃朝以瑞玉，有缫。天子负斧扆，曰：'伯父实来，余一人嘉之。'奉束帛匹马，卓上九马随之，奠币再拜。侯氏降，天子辞于侯氏曰：'伯父无事，归宁乃邦。'侯氏再拜稽首而出"也。

③《诗·鲁颂》之文也。叔父谓周公也。建元子谓封伯禽也。

④见《前书·王莽传》。

⑤赞谓赞者不唱其名。

⑥《左传》随武子之辞也。等威，威仪有等差也。

⑦踧踖，谦让貌也。

三月，大鸿胪奏遣诸王归国，帝特留苍，赐以秘书、列仙图、道术秘方。至八月饮酎毕，①有司复奏遣苍，乃许之。手诏赐苍曰："骨肉天性，诚不以远近为亲疏，然数见颜色，情重昔时。念王久劳，思得还休，欲署大鸿胪奏，不忍下笔，顾授小黄门，中心恋恋，恻然不能言。"②于是车驾祖送，流涕而诀。复赐乘舆服御，珍宝舆马，[25]钱布以亿万计。

①饮酎，解见《章纪》。

②大鸿胪奏王归国，小黄门受诏者。

苍还国，疾病，帝驰遣名医，小黄门侍疾，使者冠盖不绝于道。又置驿马千里，传问起居。明年正月薨，诏告中傅，封上苍自建武以来章奏及所作书、记、赋、颂、七言、别字、歌诗，并集览焉。遣大鸿胪持节，五官中郎将副监丧，及将作使者凡六人，令四姓小侯诸国王主悉会诣东平奔丧，赐钱前后一亿，布九万匹。及葬，策曰："惟建初八年三月己卯，[26]皇帝曰：咨王丕显，勤劳王室，亲受策命，昭于前世。出作蕃辅，克慎明德，率礼不越，①傅闻在下。②昊天不吊，不报上仁，俾屏余一人，夙夜茕茕，靡有所终。③今诏有司加赐鸾辂乘马，龙旂九旒，虎贲百人，奉送王行。匪我宪王，其孰离之！④魂而有灵，保兹宠荣。呜呼哀哉！"

①率，循也。越，违也

②傅音敷。敷，布也。《书》曰："克慎明德，敷闻在下。"

③俾，使也。屏，蔽也。《左氏传》曰"昊天不吊，不慭遗一老，俾屏余一人，茕茕余在疚"也。

④离，被也。言非宪王谁更被蒙此恩也。

立四十五年，子怀王忠嗣。明年，帝乃分东平国封忠弟尚为任城王，馀五人为列侯。

忠立（十）一年薨，[27]子孝王敞嗣。元和三年，行东巡守，幸东平宫，帝追感念苍，谓其诸子曰："思其人，至其乡；其处在，其人亡。"因泣下沾襟，遂幸苍陵，为陈虎贲、鸾辂、龙旂，以章显之，祠以太牢，亲拜祠坐，哭泣尽哀，赐御剑于陵前。①初，苍归国，骠骑时吏丁牧、[28]周栩以苍敬贤下士，不忍去之，遂为王家大夫，数十年事祖及孙。帝闻，皆引见于前，既愍其淹滞，且欲扬苍德美，即皆擢拜议郎。牧至齐相，栩上蔡令。永元十年，封苍孙梁为矜阳亭侯，敞弟六人为列侯。敞丧母至孝，国相陈珍上其行状。永宁元年，邓太后增邑五千户，又封苍孙二人为亭侯。

①陵在今郓州东峗山南。峗音鱼委反。

敞立四十八年薨，子顷王端嗣。立四十七年薨，子凯嗣；立四十一年，魏受禅，以为崇德侯。

论曰：孔子称“贫而无谄，富而无骄，未若贫而乐，富而好礼者也”。若东平宪王，可谓好礼者也。若其辞至戚，去母后，岂欲苟立名行而忘亲遗义哉！盖位疑则隙生，累近则丧大，① 斯盖明哲之所为叹息。呜呼！远隙以全忠，释累以成孝，夫岂宪王之志哉！② 东海恭王逊而知废，③“为吴太伯，不亦可乎”！④

①忧累既近，所丧必大。

②言其本志然也。

③逊，让也。

④《左传》(曰)晋大夫士蒍之辞也。〔29〕吴太伯，周太王之长子，让其弟季历，因适吴、越采药，大王没而不反，事见《史记》也。

任城孝王尚，元和元年封，食任城、亢父、樊三县。①

①亢父、樊并属东平国。亢父故城在今兖州任城县南。樊故城在今瑕丘县西南也。

立十八年薨，子贞王安嗣。永元十四年，封母弟福为桃乡侯。永初四年，封福弟亢为当涂乡侯。安性轻易贪吝，数微服出入，游观国中，取官属车马刀剑，下至卫士米肉，皆不与直。元初六年，国相行弘奏请废之。安帝不忍，以一岁租五分之一赎罪。

安立十九年薨，子节王崇嗣。顺帝时，羌虏数反，崇辄上钱帛佐边费。及帝崩，复上钱三百万助山陵用度，朝廷嘉而不受。立三十一年薨，无子，国绝。

延熹四年，桓帝立河间孝王子(恭为)参户亭侯博为任城王，〔30〕以奉其祀。① 博有孝行，丧母服制如礼，增封三千户。立十三年薨，无子，国绝。

①杜预注《左传》曰：“今丹水县北有三户亭。”故城在今邓州内乡县西南也。

熹平四年，灵帝复立河间贞王(逊)〔建〕〔子〕新昌侯(子)佗为任城王，〔31〕奉孝王后。立四十六年，魏受禅，以为崇德侯。

阜陵质王延，建武十五年封淮阳公，十七年进爵为王，二十八年就国。三十年，以汝南之长平、西华、新阳、扶乐四县益淮阳国。①

①长平故城在今陈州宛丘县西北，西华故城在今溵水县西北，新阳故城在今豫州真阳西南，扶乐故城在今陈州太康县北也。

延性骄奢而遇下严烈。永平中，有上书告延与姬兄谢弇及姊馆陶主婿驸马都尉韩光招奸猾，作图谶，祠祭祝诅。事下案验，光、弇被杀，辞所连及，死徙者甚众。有司奏请诛延，显宗以延罪薄于楚王英，故特加恩，徙为阜陵王，食二县。

延既徙封，数怀怨望。建初中，复有告延与子男鲂造逆谋者，有司奏请槛车征诣廷尉诏狱。肃宗下诏曰："王前犯大逆，罪恶尤深，有同周之管、蔡，汉之淮南。①经有正义，律有明刑。②先帝不忍亲亲之恩，枉屈大法，为王受愆，③群下莫不惑焉。今王曾莫悔悟，悖心不移，逆谋内溃，自子鲂发，诚非本朝之所乐闻。朕恻然伤心，不忍致王于理，今贬爵为阜陵侯，食一县，获斯辜者，侯自取焉。於戏诫哉！"赦鲂等罪勿验，使谒者一人监护延国，不得与吏人通。

①淮南厉王长，高帝子，文帝时反，被迁于蜀而死也。

②《公羊传》曰："君亲无将，将而必诛。"《前书》曰："大逆无道，父母、妻子、同产无少长皆弃市。"

③愆，过也。反而不诛，先帝之过，故言为王受过也。

章和元年，行幸九江，赐延书与车驾会寿春。帝见延及妻子，愍然伤之，乃下诏曰："昔周之爵封千有八百，而姬姓居半者，所以桢干王室也。朕南巡，望淮、海，意在阜陵，遂与侯相见。侯志意衰落，形体非故，瞻省怀感，以喜以悲。今复侯为阜陵王，增封四县，并前为五县。"以阜陵下湿，徙都寿春，加赐钱千万，布万匹，安车一乘，夫人诸子赏赐各有差。明年入朝。

立五十一年薨，子殇王冲嗣。永元二年，下诏尽削除前班下延事。

冲立二年薨，无嗣。和帝复封冲兄鲂，是为顷王。永元八年，封鲂弟十二人为乡、亭侯。

鲂立三十年薨，子怀王恢嗣。延光三年，封恢兄弟五人为乡、亭侯。

恢立十年薨，子节王代嗣。阳嘉二年，封代兄便亲为勃遒亭侯。

代立十四年薨，无子，国绝。

建和元年，桓帝立勃遒亭侯便亲为恢嗣，是为恭王。立十三年薨，子孝王统嗣。立八年薨，子王赦立；建安中薨，无子，国除。

广陵思王荆，建武十五年封山阳公，十七年进爵为王。

荆性刻急隐害，①有才能而喜文法。光武崩，大行在前殿，荆哭不哀，而作飞书，封以方底，②令苍头诈称东海王彊舅大鸿胪郭况书与彊曰："君王无罪，猥被斥废，而兄弟至有束缚入牢狱者。太后失职，别守北宫，③及至年老，远斥居边，④海内深痛，观者鼻酸。及太后尸柩在堂，洛阳吏以次捕斩宾客，至有一家三尸伏堂者，痛甚矣！今天下有丧，弓弩张设甚备。间梁松敕虎贲史曰：'吏以便宜见非，勿有所拘⑤封侯难再得也。'郎官窃悲之，为王寒心累息。⑥今天下争欲思刻贼王以求功，宁有量邪！若归并二国之众，可聚百万，君王为之主，鼓行无前，功易于太山破鸡子，轻于四马载鸿毛，此汤、武兵也。今年轩辕星有白气，星家及喜事者，⑦皆云白气者丧，轩辕女主之位。又太白前出西方，至午兵当起。⑧又太子星色黑，至辰日辄变赤。⑨夫黑为病，赤为兵，王努力卒事。高祖起亭长，陛下兴白水，何况于王陛下长子，故副主哉！上以求天下事必举，下以雪除沈没之耻，报死母之仇。精诚所加，金石为开。⑩当为秋霜，无为槛羊。⑪虽欲为槛羊，又可得乎！窃见诸相工言王贵，天子法也。人主崩亡，闾阎之伍尚为盗贼，欲有所望，何况王邪！夫受命之君，天之所立，不可谋也。今新帝人之所置，强者为右。愿君王为高祖、陛下所志，⑫无为扶苏、将闾叫呼天也。"⑬彊得书惶怖，即执其使，封书上之。

①隐害谓阴害于人也。

②方底囊，所以盛书也。《前书》曰："绿绨方底。"

③太后，郭后也。职，常也。失其常位，别迁北宫。

④封之于鲁。

⑤以便宜之事而有非者，当即行之，勿拘常制也。

⑥累息犹叠息也。

⑦喜事犹好事也。喜音许气反。

⑧(鸿)《〔洪〕范五行传》曰：〔32〕"太白，少阴之星，以己未为界，不得经天而行。太白经天而行为不臣。"今至午，是为经天也。

⑨《天官书》曰"心前星，太子之位"也。

⑩《韩诗外传》曰："昔者楚熊渠子夜行，见寝石，以为伏虎，弯弓而射之，没金饮羽。下视，知其石也，因复射之，矢摧无迹。熊渠子见其诚心而金石为之开，而况人乎。"

⑪秋霜，肃杀于物。槛羊，受制于人。

⑫陛下即光武也。

⑬扶苏，秦始皇之太子。将闾，庶子也。扶苏以数谏始皇，使与蒙恬守北边。始皇死于沙丘，少子胡亥诈立，赐扶苏死。将闾昆弟三人囚于内宫。胡亥使谓将闾曰："公子不臣，罪当死。"将闾乃仰天而大呼天者三，曰："天乎！吾无罪。"昆弟三人皆流涕，伏剑自杀。事见《史记》。

显宗以荆母弟，秘其事，遣荆出止河南宫。时西羌反，荆不得志，冀天下因羌惊动有变，私迎能为星者与谋议。帝闻之，乃徙封荆广陵王，遣之国。其后荆复呼相工谓曰："我貌类先帝。先帝三十得天下，我今亦三十，可起兵未？"相者诣吏告之，荆惶恐，自系狱。帝复加恩，不考极其事，下诏不得臣属吏人，唯食租如故，使相、中尉谨宿卫之。荆犹不改。其后使巫祭祀祝诅，有司举奏，请诛之，荆自杀。立二十九年死。帝怜伤之，赐谥曰思王。

十四年，封荆子元寿为广陵侯，服王玺绶，食荆故国六县；又封元寿弟三人为乡侯。明年，帝东巡狩，征元寿兄弟会东平宫，班赐御服器物，又取皇子舆马，悉以与之。建初七年，肃宗诏元寿兄弟与诸王俱朝京师。

元寿卒，子商嗣。商卒，子条嗣，传国于后。

临淮怀公衡，建武十五年立，未及进爵为王而薨，无子，国除。

中山简王焉，建武十五年封左(冯)翊公，〔33〕十七年进爵为王。焉以郭太后少子故，独留京师。三十年，徙封中山王。永平二年冬，诸王来会辟雍，〔34〕事毕归蕃，诏焉与俱就国，从以虎贲官骑。①焉上疏辞让，显宗报曰："凡诸侯出境，必备左右，故夹谷之会，司马以从。②今五国各官骑百人，称娖前行，③皆北军胡骑，便兵善射，弓不空发，中必决眦。④夫有文事必有武备，所以重蕃职也。王其勿辞。"帝以焉郭太后偏爱，特加恩宠，独得往来京师。十五年，焉姬韩序有过，焉缢杀之，国相举奏，坐削安险县。⑤元和中，肃宗复以安险还中山。

①《汉官仪》："驺骑，王家名官骑。"

②《穀梁传》曰，公会齐侯于颊谷，齐人鼓噪，欲以执鲁君。孔子历阶而上，命司马止之。《左氏传》"颊谷"作"夹谷"。

③娖音楚角反。称娖犹齐整也。行音胡郎反。

④司马相如《子虚》之文。

⑤安险属中山郡。

立五十二年，永元二年薨。自中兴至和帝时，皇子始封薨者，皆赙钱三千万，布三万匹；嗣王薨，赙钱千万、布万匹。是时窦太后临朝，窦宪兄弟擅权，太后及宪等，东海出也，①故睦于焉而重于礼，加赙钱一亿。诏济南、东海二王皆会。大为修冢茔，开神道，②平夷吏人冢墓以千数，作者万馀人。发常山、钜鹿、涿郡柏黄肠杂木，③三郡不能备，复调馀州郡工徒及送致者数千人。凡征发摇动六州十八郡，制度馀国莫及。

①《尔雅》曰"女子之子为出"也。〔35〕

②墓前开道，建石柱以为标，谓之神道。

③黄肠，柏木黄心。

子夷王宪嗣。永元四年，封宪弟十一人为列侯。

宪立二十二年薨，子孝王弘嗣。永宁元年，封弘二弟为亭侯。

弘立二十八年薨，子穆王畅嗣。永和六年，封畅弟荆为南乡侯。

畅立三十四年薨，子节王稚嗣，无子，国除。

琅邪孝王京，建武十五年封琅邪公，十七年进爵为王。

京性恭孝，好经学，显宗尤爱幸，赏赐恩宠殊异，莫与为比。永平二年，以太山之盖、南武阳、华，①东莱之昌阳、卢乡、东牟六县益琅邪。②五年，乃就国。光烈皇后崩，帝悉以太后遗金宝财物赐京。京都莒，好修宫室，穷极伎巧，殿馆壁带皆饰以金银。③数上诗赋颂德，帝嘉美，下之史官。京国中有城阳景王祠，吏人奉祠。神数下言宫中多不便利，京上书愿徙宫开阳，以华、盖、南武阳、厚丘、赣榆五县④易东海之开阳、临沂，肃宗许之。立三十一年薨，葬东海即丘广平亭，有诏割亭属开阳。⑤

①盖县故城在今沂州沂水县西北。南武阳县故城在今沂州费县西，又华县故城在费县东北也。

②昌阳，今莱州县也，故城在今闻登县西南。卢乡故城在今昌阳县西北。东牟故城在闻登县西北也。

③壁带，壁中之横木也，以金银为钉，饰其上。

④华县、盖县、南武阳属泰山郡，厚丘属东海郡，赣榆属琅邪郡。

⑤开阳，县，属东海郡，故城在今沂州临沂县北。

子夷王宇嗣。建初七年，封宇弟十三人为列侯。元和元年，封孝王孙二人为列侯。

宇立二十年薨，子恭王寿嗣。永初元年，封寿弟八人为列侯。

立十七年薨，子贞王尊嗣。〔36〕延光二年，封尊弟四人为乡侯。

尊立十八年薨，子安王据嗣。永和五年，封据弟三人为乡侯。

据立四十七年薨，子顺王容嗣。初平元年，遣弟邈至长安奉章贡献，帝以邈为九江太守，封阳都侯。①

①阳都，县，属城阳国，故城在今沂州承县南。承音常证反。

容立八年薨，国绝。

初，邈至长安，盛称东郡太守曹操忠诚于帝，操以此德于邈。建安十一年，复立容子熙为王。在位十一年，坐谋欲过江，被诛，国除。

赞曰：光武十子，胙土分王。沛献尊节，楚英流放。①延既怨诅，荆亦觖望。济南阴谋，琅邪骄宕。中山、临淮，无闻夭丧。②东平好善，辞中委相。谦谦恭王，实惟三让。

①尊音祖本反。《礼记》曰：“恭敬撙节。”郑玄注云：“撙，趋也。”

②二王早终，名闻未著也。

【校勘记】

〔1〕立母郭氏为〔皇〕后　《集解》引沈钦韩说，谓案文少一“皇”字。今据补。

〔2〕使(大)司空持节护丧事　据《集解》引钱大昕说删。按：《袁纪》作“司空鲂”，无“大”字。

〔3〕比阳公主　按：《校补》引柳从辰说，谓“比”读为“沘”。

〔4〕彊立十八年　按：《校补》引柳从辰说，谓“八”疑“六”之讹。黄山谓此从郭后十七年被废追数之，乃史之误。

〔5〕封右(冯)翊公　《刊误》谓衍“冯”字。《集解》引钱大昕说，谓《中山王焉传》“封左冯翊公”，与此传同，皆衍文也。左翊、右翊盖取嘉名，非分冯翊地为左右。今据删。

〔6〕封辅子宝为沛侯　按：《集解》引钱大昕说，谓沛为王国之名，不应更有“沛侯”，疑字有讹。

〔7〕欢喜大恩　按：汲本、《集解》本“大”作“天”。

〔8〕尚浮屠之仁祠　按：《通鉴》“祠”作“慈”。

〔9〕使伎人奴婢(妓士)〔工技〕鼓吹悉从　据汲本改。按：《刊误》谓“妓士”当作“工技”，《梁节王传》中亦有工技也。

〔10〕　肃宗封英子〔种〕楚侯(种)　《集解》引钱大昕说，谓当云“封英子种楚侯”，传写颠倒耳。今据改。

〔11〕　青盖金华藻　按：《校补》谓《续志》“藻”作“蚤”，蚤通爪，爪又通瑵，本谓车盖上瑂饰彩藻，故又可作“藻”也。

〔12〕　隰阴　按：《集解》引惠栋说，谓本志及《宗俱碑》作“湿阴”，《前书》志作“漯阴”。又引钱大昕说，谓“隰”盖“漯”之讹。

〔13〕　惑乱和气　按：汲本、殿本“惑”作“感”。

〔14〕　顾夷(吾)〔吴〕地记云　《集解》引惠栋说，谓此顾夷所撰《吴地记》也，“吴”讹“吾”。今据改。

〔15〕　鼓吹妓女宋闰　按：“妓”字当作“伎”。各本皆未正。参阅《梁冀传》校记。

〔16〕　永元十一年封错弟七人为列侯　按：汲本作“十二年”。

〔17〕　要带八围　汲本、殿本作“十围”。今按：《御览》三七一、三七八引，并作“八围”，疑作“十围”者误也。

〔18〕　山阳之南平阳(橐)〔橐〕湖陵五县　据殿本《考证》及《集解》引沈钦韩说改。注同。

〔19〕　宦三年矣　按：“三”原讹“二”，径改正。

〔20〕　而为箪食〔与肉以〕与之　据汲本、殿本补。

〔21〕　既而(与)〔辄〕为公介〔士〕　据汲本、殿本删补。

〔22〕　快然意解　按：《校补》引钱大昭说，谓“快”《通鉴》作“恢”，注云恢然犹廓然也。

〔23〕　〔礼云〕伯父归宁乃国　据汲本补。按：殿本作“礼伯父归宁乃国”。《刊误》谓此语本出《仪礼》，既下文有“诗云”，即此亦当有“礼云”字。

〔24〕　乃独封苍五女为县公主　按：《袁纪》云封女三人皆为公主。

〔25〕　舆马　按：《校补》引柳从辰说，谓《东观记》作“鞍马”。

〔26〕　惟建初八年三月己卯　按：《校补》引钱大昭说，谓纪作“辛卯”。

〔27〕　忠立(十)一年薨　《集解》引洪颐煊说，谓宪王建初八年薨，忠即以是年嗣，《章帝纪》元和元年九月乙未东平王忠薨，忠立仅一年，“十”字衍。今据删。

〔28〕　骠骑时吏　殿本《考证》谓“时”字应从《通鉴》作“府”。今按：此谓苍为骠骑将军时之掾属，“时”字亦非讹，特《通鉴》改云“府吏”，较为明确耳。

〔29〕　左传(曰)晋大夫士蒍之辞也　“曰”字衍，各本皆未正，今删。

〔30〕　桓帝立河间孝王子(恭为)参户亭侯博为任城王　《刊误》谓当作“桓帝立河间孝王恭子参户亭侯博为任城王”。《校补》谓河间孝王名开，不名恭，且谥以易名，诸王既称谥，即不必定著其名，“恭为”二字皆属误衍。今据《校补》说删。

〔31〕　灵帝复立河间贞王(逊)〔建〕〔子〕新昌侯(子)佗为任城王　《校补》谓贞王名建，《灵帝纪》及《河间孝王传》皆同，此作“逊”，误。又汲本、殿本“子”字在“新昌侯”上。今据改。

〔32〕　(鸿)〔洪〕范五行传　据汲本、殿本改。

〔33〕　封左(冯)翊公　《刊误》谓案《光武纪》封焉左翊公，与右翊相配。今按：此衍“冯”字，今删，参阅前“封右翊公”条校记。

〔34〕　诸王来会辟雍　按：“辟”原讹“璧”，径据汲本、殿本改正。

〔35〕　尔雅曰女子之子为出也　汲本、殿本“为”作“谓”。按：《尔雅》云“男子谓姊妹之子为出”。

〔36〕　子贞王尊嗣　按：《集解》引钱大昭说，谓纪“尊”作“遵”。

后汉书卷四十三

朱乐何列传第三十三

朱晖孙穆

朱晖字文季〔1〕，南阳宛人也。①家世衣冠。晖早孤，有气决。年十三，王莽败，天下乱，与外氏家属从田间奔入宛城。②道遇群贼，白刃劫诸妇女，略夺衣物。昆弟宾客皆惶迫，伏地莫敢动。晖拔剑前曰："财物皆可取耳，诸母衣不可得。今日朱晖死日也！"贼见其小，壮其志，笑曰："童子内刀。"遂舍之而去。

①《东观记》曰"其先宋微子之后也，以国氏姓。周衰，诸侯灭宋，奔砀，易姓为朱，后徙于宛"也。

②《东观记》曰"晖外祖父孔休，以德行称于代"也。

初，光武与晖父岑俱学长安，有旧故。及即位，求问岑，时已卒，乃召晖拜为郎。晖寻以病去，卒业于太学。性矜严，进止必以礼，诸儒称其高。

永平初，显宗舅新阳侯阴就慕晖贤，自往候之，晖避不见。复遣家丞致礼，①晖遂闭门不受。就闻，叹曰："志士也，勿夺其节。"后为郡吏，太守阮况尝欲市晖(牛)〔婢〕，〔2〕晖不从。②及况卒，晖乃厚赠送其家。人或讥焉，晖曰："前阮府君有求于我，所以不敢闻命，诚恐以财货污君。今而相送，明吾非有爱也。"骠骑将军东平王苍闻而辟之，甚礼敬焉。正月朔旦，苍当入贺。故事，少府给璧。是时阴就为府卿，贵骄，〔3〕吏慠不奉法。苍坐朝堂，漏且尽，而求璧不可得，顾谓掾属曰："若之何?"晖望见少府主簿持璧，即往绐之曰：③"我数闻璧而未尝见，试请观之。"主簿以授晖，晖顾召令史奉之。④主簿大惊，遽以白就。就曰："朱掾义士，勿复求。"更以它璧朝。苍既罢，召晖谓曰："属者掾自视孰与蔺相如？"⑤帝闻壮之。及当幸长安，欲严宿卫，故以晖为卫士令。再迁临淮太守。

①《续汉志》曰："诸侯家丞，秩三百石。"

②《东观记》曰："晖为(掾)督邮，〔4〕况当归女，欲买晖婢，晖不敢与。后况卒，晖送其家金三斤。"

③绐，欺也。

④奉之于苍。

⑤属，向也。与犹如也。《史记》曰，蔺相如，赵人也。赵惠文王时得楚和氏璧，秦昭王欲以十五城易之，赵王使相如奉璧入秦。秦王大喜，无意偿赵城。相如乃前曰："璧有瑕，愿指示王。"相如因持璧却立倚柱，怒发上冲冠，曰："臣观大王无偿赵城色，〔5〕故臣复取璧。大王必欲急臣，臣今头与璧俱碎于柱矣。"相如持其璧睨柱，欲以击柱。秦王恐其璧破，乃谢之。

晖好节概，有所拔用，皆厉行士。其诸报怨，以义犯率，皆为求其理，多得生济。其不义之囚，即时僵仆。①吏人畏爱，为之歌曰："强直自遂，南阳朱季。吏畏其威，人怀其惠。"②数年，坐法免。③

①僵，偃；仆，踣也。

②《东观记》曰："建武十六年，四方牛大疫，临淮独不，邻郡人多牵牛入界。"

③《东观记》曰："坐考长吏囚死狱中，州奏免官。"

晖刚于为吏，见忌于上，所在多被劾。自去临淮，屏居野泽，布衣蔬食，不与邑里通，乡党讥其介。①建初中，南阳大饥，米石千馀，晖尽散其家资，以分宗里故旧之贫羸者，乡族皆归焉。初，晖同县张堪素有名称，尝于太学见晖，甚重之，接以友道，乃把晖臂曰："欲以妻子托朱生。"晖以堪先达，举手未敢对，自后不复相见。堪卒，晖闻其妻子贫困，乃自往候视，厚赈赡之。晖少子颉怪而问曰："大人不与堪为友，平生未曾相闻，子孙窃怪之。"晖曰："堪尝有知己之言，吾以信于心也。"②晖又与同郡陈揖交善，揖早卒，有遗腹子友，晖常哀之。及司徒桓虞为南阳太守，召晖子骈为吏，晖辞骈而荐友。虞叹息，遂召之。其义烈若此。

①介，特也。言不与众同。

②以堪先托妻子，心已许之，故言信于心也。

元和中，肃宗巡狩，告南阳太守问晖起居，召拜为尚书仆射。岁中迁太山太守。晖上疏乞留中，诏许之。因上便宜，陈密事，深见嘉纳。诏报曰："补公家之阙，①不累清白之素，斯善美之士也。俗吏苟合，阿意面从，进无謇謇之志，却无退思之念，②患之甚久。惟今所言，适我愿也。生其勉之！"

①《诗》曰："衮职有阙，仲山甫补之。"

②《易·蹇卦》，《艮》下《坎》上，《艮》为山，《坎》为水，山上有水，蹇难之象也。《六二爻》上应于五，五为君位，二宜为臣也。居俭难之时，〔6〕履当其位，不以五在难私身远害，故曰"王臣蹇蹇，匪躬之故"。《孝经》曰："退思补过。""謇"与"蹇"通。

是时谷贵，县官经用不足，①朝廷忧之。尚书张林上言："谷所以贵，由钱贱故也。可尽封钱，一取布帛为租，以通天下之用。又盐，食之急者，虽贵，人不得不须，官可自鬻。②又宜因交阯、益州上计吏往来，市珍宝，收采其利，武帝时所谓均输者也。"③于是诏诸尚书通议。晖奏据林言不可施行，事遂寝。后陈事者复重述林前议，以为于国诚便，帝然之，有诏施行。晖复独奏曰："王制，天子不言有无，诸侯不言多少，禄食之家不与百姓争利。今均输之法与贾贩无异，盐利归官，则下人穷怨，布帛为租，则吏多奸盗，诚非明主所当宜行。"帝卒以林等言为然，得晖重议，因发怒，切责诸尚书。晖等皆自系狱。三日，诏敕出之。曰："国家乐闻驳议，黄发无愆，诏书过耳，④何故自系？"晖因称病笃，不肯复署议。尚书令以下惶怖，谓晖曰："今临得谴让，奈何称病，其祸不细！"晖曰："行年八十，蒙恩得在机密，当以死报。若心知不可而顺旨雷同，负臣子之义。今耳目无所闻见，伏待死命。"遂闭口不复言。诸尚书不知所为，乃共劾奏晖。帝意解，寝其事。后数日，诏使直事郎问晖起居，⑤太医视疾，太官赐食。晖乃起谢，复赐钱十万，布百匹，衣十领。

①经，常也。

②《前书》曰："因官器作鬻盐。"《音义》曰："鬻，古'煮'字。"

③武帝作均输法，谓州郡所出租赋，并雇运之直，官总取之，市其土地所出之物，官自转输于京，谓之均输。

④黄发，老称。谓朱晖也。

⑤直事郎谓署郎当次直者。

后迁为尚书令，以老病乞身，拜骑都尉，赐钱二十万。和帝即位，窦宪北征匈奴，晖复上疏谏。顷之，病卒。①

①《华峤书》曰"晖年五十失妻，昆弟欲为继室，晖叹曰：'时俗希不以后妻败家者！'遂不复娶"也。

子颉，修儒术，安帝时至陈相。颉子穆。

穆字公叔。年五岁，便有孝称。父母有病，辄不饮食，差乃复常。及壮耽学，锐意讲诵，或时思至，不自知亡失衣冠，颠队坑岸。其父常以为专愚，几不知数马足。①穆愈更精笃。

①几音近衣反。《前书》曰："石庆为太仆，上问车中几马？庆以策数马毕，举手曰：'六马。'"言穆用心专愚更甚也。

初举孝廉。①顺帝末，江淮盗贼群起，州郡不能禁。或说大将军梁冀曰："朱公叔兼资文武，海内奇士，若以为谋主，贼不足平也。"冀亦素闻穆名，乃辟之，使典兵事，甚见亲任。及桓帝即位，顺烈太后临朝，穆以冀埶地亲重，望有以扶持王室，因推灾异，奏记以劝戒冀曰："穆伏念明年丁亥之岁，刑德合于乾位，②《易》经龙战之会。其文曰：'龙战于野，其道穷也。'③谓阳道将胜而阴道负也。今年九月天气郁冒，五位四候连失正气，此互相明也。夫善道属阳，恶道属阴，若修正守阳，摧折恶类，则福从之矣。穆每事不逮，所好唯学，传受于师，时有可试。愿将军少察愚言，申纳诸儒，④而亲其忠正，绝其姑息，⑤专心公朝，割除私欲，广求贤能，斥远佞恶。夫人君不可不学，当以天地顺道渐渍其心。宜为皇帝选置师傅及侍讲者，得小心忠笃敦礼之士，将军与之俱入，参劝讲授，师贤法古，此犹倚南山坐平原也，谁能倾之！今年夏，月晕房星，明年当有小戹。宜急诛奸臣为天下所怨毒者，以塞灾咎。议郎、大夫之位，本以式序儒术高行之士，今多非其人；九卿之中，亦有乖其任者。惟将军察焉。”又荐种暠、栾巴等。而明年严鲔谋立清河王蒜，〔7〕又黄龙二见沛国。冀无术学，遂以穆“龙战”之言为应，于是请暠为从事中郎，荐巴为议郎，举穆高第，为侍御史。⑥

①《谢承书》曰“穆少有英才，学明《五经》。性矜严疾恶，不交非类。年二十为郡督邮，迎新太守，见穆曰：‘君年少为督邮，因族势？为有令德？’穆答曰：‘郡中瞻望明府谓如仲尼，非颜回不敢以迎孔子。’〔8〕更问风俗人物。太守甚奇之，曰：‘仆非仲尼，督邮可谓颜回也。’遂历职股肱，举孝廉”也。

②历法，太岁在丁、壬，岁德在北宫，太岁在亥、卯、未，岁刑亦在北宫，故合于乾位也。

③《易·坤卦·上六·象词》也。以爻居上六，故云其道穷也。王弼注云：“阴之为道，卑顺不逆，乃全其美，盛而不已。固阳之地，阳所不堪，故战于野。”

④申，重也。

⑤姑，且也。息，安也。小人之道，苟且取安也。《礼记》曰“君子之爱人也以德，细人之爱人也以姑息”也。

⑥《续汉书》曰：“穆举高第，拜侍御史。桓帝临辟雍，行礼毕，公卿出，虎贲置弓阶上，公卿下阶皆避弓。穆过，呵虎贲曰‘执天子器，何故投于地！’虎贲怖，即摄弓。穆劾奏虎贲抵罪，公卿皆惭，曰‘朱御史可谓临事不惑者也’。”

时同郡赵康叔盛者，隐于武当山，清静不仕，以经传教授。穆时年五十，乃奉书称弟子。及康殁，丧之如师。其尊德重道，为当时所服。

常感时浇薄，慕尚敦笃，乃作《崇厚论》。其辞曰：

夫俗之薄也，有自来矣。故仲尼叹曰：“大道之行也，而丘不与焉。”①盖伤之也。夫道者，以天下为一，在彼犹在己也。故行违于道则愧生于心，非畏义也；事违于理则负结于意，非惮礼也。故率性而行谓之道，②得其天性谓之德。③德性失然后贵仁义，④是以仁义起而道德迁，⑤礼法兴而淳朴散。故道德以仁义为薄，淳朴以礼法为贼也。⑥夫中世之所敦，已为上世之所薄，⑦况又薄于此乎！

①《礼记》仲尼叹曰："大道之行，三代之英，丘未之逮也，而有志焉。"郑玄注曰："大道，谓三皇、五帝时也。"

②率，循也。子思曰"天命之谓性，率性之谓道，修道之谓教"也。

③天之所命之谓性，不失天性是为德。

④道德之性失，仁义之迹彰。

⑤迁，徙也。

⑥《老子》曰："失道而后德，失德而后仁，失仁而后义，失义而后礼。夫礼者，忠信之薄而乱之首也。"

⑦中世谓五帝时。

故夫天不崇大则覆帱不广，地不深厚则载物不博，① 人不敦厖则道数不远。② 昔在仲尼不失旧于原壤，③ 楚严不忍章于绝缨。④ 由此观之，圣贤之德敦矣。老氏之经曰："大丈夫处其厚不处其薄，居其实不居其华，故去彼取此。"⑤ 夫时有薄而厚施，行有失而惠用。⑥ 故覆人之过者，敦之道也；救人之失者，厚之行也。往者，马援深昭此道，可以为德，诫其兄子曰："吾欲汝曹闻人之过如闻父母之名。耳可得闻，口不得言。"斯言要矣。远则圣贤履之上世，⑦ 近则丙吉、张子孺行之汉廷。⑧ 故能振英声于百世，播不灭之遗风，不亦美哉！

①帱亦覆。《左传》曰："如天之无不焘，如地之无不载。""帱"与"焘"同。

②敦厖，厚大也。《左传》曰："人生敦厖。"数犹理也。言人不敦厚，不能入道之精理也。

③原壤，孔子之旧也。《礼记》曰："原壤之母死，孔子助之沐椁。原壤登木而歌曰：'狸首之班然，执女手之卷然。'从者曰：'子未可以已乎？'夫子曰：'亲者无失其为亲，故者无失其为故。'"

④《说苑》曰："楚庄王赐群臣酒，日暮烛灭，乃有人引美人之衣者。美人援绝其冠缨，告王趣火来上，视绝缨者。王曰：'赐人酒，使醉失礼，奈何欲显妇人之节而辱士乎？'乃命左右曰：'与寡人饮，不绝冠缨者不欢。'群臣百馀人皆绝去其冠缨，乃上火"也。

⑤此老子《〔道〕德经》之词也。〔9〕顾欢注曰："道德为厚，礼法为薄，清虚为实，

声色为华。去彼华薄,取此厚实。”

⑥俗之凋薄,以厚御之;行〔之〕有失,〔10〕以惠待之。即上孔子、楚庄是也。

⑦履,践也。言敦厚之道,孔子、楚庄已践履之。

⑧宣帝时丙吉为丞相,不案吏,曰:“夫以三公府案吏,吾窃陋之。”子孺为车骑将军,匿名远权,隐人过失。

然而时俗或异,风化不敦,而尚相诽谤,谓之臧否。记短则兼折其长,贬恶则并伐其善。悠悠者皆是,其可称乎!①凡此之类,岂徒乖为君子之道哉,将有危身累家之祸焉。悲夫!行之者不知忧其然,故害兴而莫之及也。斯既然矣,又有异焉。人皆见之而不能自迁。何则?务进者趋前而不顾后,荣贵者矜己而不待人,智不接愚,富不赈贫,贞士孤而不恤,贤者厄而不存。故田蚡以尊显致安国之金,②淳于以贵埶引方进之言。③夫以韩、翟之操,为汉之名宰,④然犹不能振一贫贤,荐一孤士,又况其下者乎!此禽息、史鱼所以专名于前,而莫继于后者也。⑤故时敦俗美,则小人守正,利不能诱也;时否俗薄,虽君子为邪,义不能止也。⑥何则?先进者既往而不反,后来者复习俗而追之,是以虚华盛而忠信微,刻薄稠而纯笃稀。斯盖《谷风》有“弃予”之叹,⑦《伐木》有“鸟鸣”之悲矣!⑧

①悠悠,多也。称,举也。

②田蚡,(武)〔景〕帝王皇后〔11〕同产弟,为太尉,亲贵用事。韩安国为梁王太傅,坐法失官,安国以五百金遗蚡,蚡为言太后,即召以为北地都尉也。

③翟方进,成帝时为丞相。淳于长,元后姊子,封定陵侯,以能谋议为九卿,用事。方进独与长交,称荐之也。

④《前书》曰:“天子以韩安国为国器,拜御史大夫。”又曰:“翟方进智能有馀,天子甚重之。”故言名宰也。

⑤《韩诗外传》曰:“禽息,秦大夫,荐百里奚不见纳。缪公出,当车以头击闑,脑乃精出,曰:‘臣生无补于国,不如死也。’缪公感寤而用百里奚,秦以大化。”礼,大夫殡于正室,士于适室。《韩子》曰,史鱼,卫大夫。卒,委柩后寝。卫君吊而问之。曰:“不能进蘧伯玉,退弥子瑕。”以尸谏也。

⑥皆牵于时也。

⑦《诗·小雅》曰:“习习谷风,维风及雨。将恐将惧,维予与汝。将安将乐,汝转弃予。”

⑧《诗·小雅》曰“伐木丁丁,鸟鸣嘤嘤。出自幽谷,迁于乔木。嘤其鸣矣,求其友声”也。

嗟乎!世士诚躬师孔圣之崇则,嘉楚严之美行,希李老之雅诲,思马援之所尚,鄙二宰之失度,美韩稜之抗正,①贵丙、张之弘裕,贱时俗之诽谤,则道丰绩盛,名显身荣,载不刊之德,②播不灭之声。然〔后〕知薄者之不足,〔12〕厚者之有馀也。彼与草木俱朽,③此与金石相倾,④岂得同年而语,并日而谈哉?”

①事具《韩稜传》也。

②刊,削也。

③彼谓薄也。

④此谓厚也。《老子》曰:“高下之相倾。”

穆又著《绝交论》,亦矫时之作。①

①《穆集》载论,其略曰:“或曰:‘子绝存问,不见客,亦不答也,何故?’曰:‘古者,进退趋业,无私游之交,相见以公朝,享会以礼纪,否则朋徒受习而已。’曰:‘人将疾子,如何?’曰:‘宁受疾。’曰:‘受疾可乎?’曰:‘世之务交游也久矣,敦千乘不忌于君,〔13〕犯礼以追之,背公以从之。其愈者,则孺子之爱也;其甚者,则求蔽过窃誉,以赡其私。事替义退,公轻私重,居劳于听也。或于道而求其私,赡矣。是故遂往不反,而莫敢止焉。是川渎并决,而莫之敢塞;游豮蹂稼,而莫之禁也。《诗》云:“威仪棣棣,不可算也。”后生将复何述?而吾不才,焉能规此?实悼无行,子道多阙,臣事多尤,思复白圭,重考古言,以补往过。时无孔堂,思兼则滞,匪有废也,则亦焉兴?是以敢受疾也,不亦可乎!’”《文士传》曰:“世无绝交。”又与刘伯宗绝交书及诗曰:“昔我为丰令,足下不遭母忧乎?亲解缞绖,来入丰寺。及我为持书御史,足下亲来入台。足下今为二千石,我下为郎,乃反因计吏以谒相与。足下岂丞尉之徒,我岂足下部〔民〕,〔14〕欲以此谒为荣宠乎?咄!刘伯宗于仁义道何其薄哉!”其诗曰:“北山有鸱,不洁其翼。飞不正向,寝不定息。饥则木揽,饱则泥伏。饕餮贪污,臭腐是食。填肠满嗉,嗜欲无极。长鸣呼凤,谓凤无

德。凤之所趣，与子异域。永从此诀，各自努力！”盖因此而著论也。

梁冀骄暴不悛，朝野嗟毒，穆以故吏，惧其衅积招祸，复奏记谏曰：“古之明君，必有辅德之臣，规谏之官，下至器物，铭书成败，以防遗失。①故君有正道，臣有正路，②从之如升堂，违之如赴壑。今明将军地有申伯之尊，③位为群公之首，④一日行善，天下归仁，⑤终朝为恶，四海倾覆。顷者，官人俱匮，加以水虫为害。⑥京师诸官费用增多，诏书发调或至十倍。各言官无见财，皆当出民，搒掠割剥，强令充足。公赋既重，私敛又深。牧守长吏，多非德选，贪聚无猒，遇人如虏，或绝命于箠楚之下，或自贼于迫切之求。⑦又掠夺百姓，皆托之尊府。遂令将军结怨天下，吏人酸毒，道路叹嗟。昔秦政烦苛，百姓土崩，陈胜奋臂一呼，天下鼎沸，⑧而面谀之臣，犹言安耳。⑨讳恶不悛，卒至亡灭。昔永和之末，纲纪少弛，颇失人望。四五岁耳，而财空户散，下有离心。马免之徒〔15〕乘敝而起，荆扬之间几成大患。⑩幸赖顺烈皇后初政清静，内外同力，仅乃讨定。今百姓戚戚，困于永和，内非仁爱之心可得容忍，外非守国之计所宜久安也。夫将相大臣，均体元首，共舆而驰，同舟而济，舆倾舟覆，患实共之。岂可以去明即昧，履危自安，⑪主孤时困，而莫之恤乎！宜时易宰守非其人者，减省第宅园池之费，拒绝郡国诸所奉送。内以自明，外解人惑，使挟奸之吏无所依托，司察之臣得尽耳目。宪度既张，远迩清壹，则将军身尊事显，德耀无穷。天道明察，无言不信，惟垂省览。”冀不纳，而纵放日滋，遂复赂遗左右，交通宦者，任其子弟、宾客以为州郡要职。穆又奏记极谏，冀终不悟。报书云：“如此，仆亦无一可邪？”穆言虽切，然亦不甚罪也。

①黄帝作巾机之法，孔甲有盘盂之诫。《太公阴谋》曰，武王衣之铭曰：“桑蚕苦，女工难，得新捐故后必寒。”镜铭曰：“以镜自照者见形容，以人自照者见吉凶。”觞铭曰“乐极则悲，沈湎致非，社稷为危”也。

②《说苑·君道篇》曰：“人君之道，清净无为，务在博爱，趋在任贤，广开耳目，以察万方，不固溺于流俗，不拘系于左右。”《臣术篇》曰“人臣之术，顺从复命，无所敢专，义不苟合，位不苟尊，必有益于国，必有补于君”也。

③中国之伯，周宣王之元舅。

④冀绝席于三公。

⑤《论语》曰："一日克己复礼，天下归仁焉。"

⑥水灾及蝗虫也。

⑦贼，杀也。

⑧《前书》淮南王谓伍被曰"陈胜，吴广起于大泽，奋臂大呼，天下响应"也。

⑨秦胡亥时，山东兵大起，叔孙通谓胡亥曰："鼠窃狗盗，郡县逐捕之，不足忧。"诸生曰："何先生言之谀也！"

⑩质帝时，九江贼马免称"黄帝"，历阳贼华孟称"黑帝"，并九江都尉滕抚讨斩之。九江、历阳是荆扬之间也。

⑪即，就也。

永兴元年，河溢，漂害人庶数十万户，〔16〕百姓荒馑，流移道路。冀州盗贼尤多，故擢穆为冀州刺史。州人有宦者三人为中常侍，并以檄谒穆。穆疾之，辞不相见。冀部令长闻穆济河，解印绶去者四十馀人。及到，奏劾诸郡，〔17〕至有自杀者。以威略权宜，尽诛贼渠帅。举劾权贵，或乃死狱中。有宦者赵忠丧父，归葬安平，①僭为玙璠、玉匣、偶人。②穆闻之，下郡案验。吏畏其严明，遂发墓剖棺，陈尸出之，而收其家属。帝闻大怒，征穆诣廷尉，③输作左校。④太学书生刘陶等数千人诣阙上书讼穆曰："伏见施刑徒朱穆，处公忧国，拜州之日，志清奸恶。诚以常侍贵宠，父兄子弟布在州郡，竞为虎狼，噬食小人，故穆张理天网，补缀漏目，罗取残祸，以塞天意。由是内官咸共恚疾，谤讟烦兴，谗隙仍作，极其刑谪，输作左校。天下有识，皆以穆同勤禹、稷而被共、鲧之戾，若死者有知，则唐帝怒于崇山，重华忿于苍墓矣。⑤当今中官近习，⑥窃持国柄，⑦手握王爵，口含天宪，运赏则使饿隶富于季孙，⑧呼噏则令伊、颜化为桀、跖。⑨而穆独亢然不顾身害。非恶荣而好辱，恶生而好死也，徒感王纲之不摄，⑩惧天网之久失，故竭心怀忧，为上深计。臣愿黥首系趾，⑪代穆校作。"帝览其奏，乃赦之。

①安平，郡，冀州所部。

②玉匣长尺，广二寸半，衣死者自腰以下至足，连以金缕，天子之制也。《左

传》曰："阳虎将以玙璠敛。"杜预注云："美玉名，君所佩也。"偶人，明器之属也。

③《谢承书》曰："穆临当就道，冀州从事欲为画像置听事上，穆留板书曰：'勿画吾形，以为重负。忠义之未显，何形象之足纪也！'"

④左校，署名，属将作，掌左工徒。

⑤《尚书》曰："放驩兜于崇山。"孔安国注曰："崇山，南裔也。"《山海经》曰："有讙头之国，帝尧葬焉。"郭璞注云："讙头，驩兜也。"《礼记》曰："舜葬苍梧之野。"

⑥郑玄注《礼记》云："近习，天子所亲幸者。"

⑦《周礼》以八柄诏王驭群臣，谓爵、禄、予、置、生、夺、废、诛也。

⑧运，行也。《论语》曰："季氏富于周公。"

⑨呼噏，吐纳也。伊尹、颜回、夏桀、盗跖也。

⑩摄，持也。

⑪黥首谓凿额涅墨也。系趾谓钛其足也，以铁著足曰钛也。〔18〕

穆居家数年，在朝诸公多有相推荐者，于是征拜尚书。穆既深疾宦官，及在台阁，旦夕共事，志欲除之。乃上疏曰："案汉故事，中常侍参选士人。建武以后，乃悉用宦者。自延平以来，浸益贵盛，假貂珰之饰，处常伯之任，①天朝政事，一更其手，权倾海内，宠贵无极，子弟亲戚，并荷荣任，故放滥骄溢，莫能禁御。凶狡无行之徒，媚以求官，恃势怙宠之辈，渔食百姓，穷破天下，空竭小人。愚臣以为可悉罢省，遵复往初，率由旧章，更选海内清淳之士，明达国体者，以补其处。即陛下可为尧舜之君，众僚皆为稷契之臣，兆庶黎萌蒙被圣化矣。"帝不纳。后穆因进见，口复陈曰："臣闻汉家旧典，置侍中、中常侍各一人，省尚书事，②黄门侍郎一人，传发书奏，③皆用姓族。④自和熹太后以女主称制，不接公卿，乃以阉人为常侍，小黄门通命两宫。自此以来，权倾人主，穷困天下。宜皆罢遣，博选耆儒宿德，与参政事。"帝怒，不应。穆伏不肯起。左右传出，⑤良久乃趋而去。自此中官数因事称诏诋毁之。

①珰以金为之，当冠前，附以金蝉也。《汉官仪》曰："中常侍，秦官也。汉兴，或用士人，银珰左貂。光武已后，专任宦者，右貂金珰。"常伯，侍中。

②省，览也。

③传，通也。

④引用士人有族望者。

⑤传声令出。

穆素刚，不得意，居无几，愤懑发疽。①延熹六年，卒，时年六十四。禄仕数十年，蔬食布衣，家无馀财。公卿共表穆立节忠清，虔恭机密，守死善道，宜蒙旌宠。策诏褒述，追赠益州太守。〔19〕所著论、策、奏、教、书、诗、记、嘲，凡二十篇。②

①疽，痈也。

②《袁山松书》曰："穆著论甚美，蔡邕尝至其家自写之。"

穆前在冀州，所辟用皆清德长者，多至公卿、州郡。子野，少有名节，仕至河南尹。①初，穆父卒，穆与诸儒考依古义，谥曰贞宣先生。②及穆卒，蔡邕复与门人共述其体行，谥为文忠先生。③

①野字子辽，见荀爽荐文。

②《谥法》曰："清白守节曰贞，善闻周达曰宣。"

③《袁山松书》曰："蔡邕议曰：'鲁季文子，君子以为忠，而谥曰文子。又传曰："忠，文之实也。"忠以为实，文以彰之。'遂共谥穆。荀爽闻而非之。故张璠论曰：'夫谥者，上之所赠，非下之所造，故颜、闵至德，不闻有谥。朱、蔡各以衰世臧否不立，故私议之。'"

论曰：朱穆见比周伤义，偏党毁俗，①志抑朋游之私，遂著《绝交》之论。蔡邕以为穆贞而孤，又作《正交》而广其致焉。②盖孔子称"上交不谄，下交不黩"，③又曰"晏平仲善与人交"，子夏之门人亦问交于子张。④故《易》明"断金"之义，⑤《诗》载"谦朋"之谣。⑥若夫文会辅仁，直谅多闻之友，时济其益，⑦纻衣倾盖，弹冠结绶之夫，遂隆其好，⑧斯固交者之方焉。⑨至乃田、窦、卫、霍之游客，⑩廉颇、翟公之门宾，⑪进由势合，退因衰异。又专诸、荆卿之感激，⑫侯生、豫子之投身，⑬情为恩使，命缘义轻。皆以利害移心，怀德成节，非夫交照之本，未可语失得之原也。穆徒以友分少全，因绝同志之求；党侠生敝，而忘得朋之义。⑭蔡氏贞孤之言，其为然也！古之善交者详矣。汉兴称王阳、贡禹、陈遵、张竦，⑮中世有廉范、庆鸿、陈重、雷义云。

①《左传》曰："顽嚚不友，是与比周。"杜预注云："比，近也。周，密也。"

②邕论略曰："闻之前训曰：'君子以朋友讲习，而正人无有淫朋。'是以古之交者，其义敦以正，其誓信以固。逮至周德始衰，《颂》声既寝，《伐木》有'鸟鸣'之刺，《谷风》有'弃予'之怨，其所由来，政之缺也。自此已降，弥以陵迟，或阙其始终，或强其比周。是以搢绅患其然，而论者谆谆如也。疾浅薄而携贰者有之，恶朋党而绝交游者有之。其论交也，曰富贵则人争趣之，贫贱则人争去之。是以君子慎人所以交己，审己所以交人，富贵则无暴集之客，贫贱则无弃旧之宾矣。故原其所以来，则知其所以去；见其所以始，则睹其所以终。彼贞士者，贫贱不待夫富贵，富贵不骄乎贫贱，故可贵也。盖朋友之道，有义则合，无义则离。善则久要不忘平生之言，恶则忠告善诲之，否则止，〔20〕无自辱焉。故君子不为可弃之行，不患人之遗己也。信有可归之德，不病人之远己也。不幸或然，则躬自厚而薄责于人，怨其远矣；求诸己而不求诸人，咎其稀矣。夫远怨稀咎之机，咸在乎躬，莫之能改也。〔21〕子夏之门人问交于子张，而二子各有闻乎夫子，然则以交诲也。商也宽，故告之以距人，师也褊，故训之以容众，各从其行而矫之。至于仲尼之正教，则泛爱众而亲仁，故非善不喜，非仁不亲，交游以方，会友以文，可无贬也。蒉梁子亦曰：'心志既通，名誉不闻，友之罪也。'今将患其流而塞其源，病其末而刈其本，无乃未若择其正而黜其邪，与其彼农皆黍而独稷焉。夫黍亦神农之嘉谷，与稷并为粢盛也，使交而可废，则黍其愆矣。括二论而言之，则刺薄者博而洽，断交者贞而孤。孤有羔羊之节，与其不获已而矫时也，走将从夫孤焉。〔22〕"

③《易·系辞》之言也。

④并见《论语》。

⑤《易·系辞》曰："二人同心，其利断金。"

⑥《诗·小雅·伐木序》云："谦朋友故旧也。"其《诗》曰："伐木浒浒，酾酒有萸。"酾音所宜反。萸音序。

⑦《论语》曰："君子以文会友，以友辅仁。"又曰："益者三友，友直，友谅，友多

闻，益矣。”

⑧《左传》曰，吴季札以缟带赠子产，子产献纻衣焉。《孔丛子》曰：“孔子与程子相遇于涂，倾盖而语。”倾盖谓驻车交盖也。《前书》曰，王阳、贡禹相与为友，朱博与萧育为友，时称“萧朱结绶，王贡弹冠”，言其趣舍同，相荐达。

⑨方，道也。

⑩窦婴，孝文皇后从兄子，封魏其侯，游士宾客争归之。武帝时为丞相。田蚡，(武)〔景〕帝王皇后〔23〕同产弟，为太尉。蚡以太后故亲幸，数言事多效，士吏趋势利者皆去婴而归蚡。卫青拜大将军，青姊子霍去病为骠骑将军，皆为大司马。去病秩禄与大将军等，自是后青日衰而去病益贵，青故人门下多去事去病，辄得官爵也。

⑪《史记》曰，廉颇赵人，封为信平君，假相国。长平之免归也，故客尽去；及复用为将，客又至。廉颇曰：“客退矣。”客曰：“吁！君何见之晚也？夫以市道交，君有势我即从君，无势即去，此其理也，又何怨焉？”下邽翟公为廷尉，宾客亦填门；及废，门外可设爵罗。后复为廷尉，宾客欲往，翟公大署其门曰“一死一生，乃知交情。一贫一富，乃知交态。一贵一贱，交情乃见”也。

⑫《史记》曰，专诸，堂邑人。吴公子光以嫡嗣未得立，请专诸刺吴王僚。诸曰：“王僚可杀也，母老子弱，是其无如我何？”光乃置酒请王僚。酒酣，专诸置匕首鱼炙之中，以刺王僚，立死。又曰，荆轲，卫人也。燕太子丹质于秦，秦王政遇之不善，丹怨亡归，与轲交结，乃尊为上卿，故谓之荆卿。轲入秦，刺始皇不遂而死也。

⑬《史记》曰，侯嬴，魏隐士，为大梁夷门门者，〔24〕魏公子无忌请为上客。秦围邯郸，嬴教公子窃兵符北救赵，乃自刭。又曰，豫让，晋人。赵襄子灭智伯，让曰：“士为知己者死。”乃变名姓，欲刺襄子，襄子令执之，遂伏剑而死。

⑭《易》曰：“西南得朋。”

⑮《前书》曰，陈遵字孟公，杜陵人也。张竦字伯松。竦博学通达，以廉俭自守，而遵放纵不拘。操行虽异，然相亲友也。

乐恢字伯奇，京兆长陵人也。父亲，为县吏，得罪于令，收将杀之。恢年十一，〔25〕常俯伏寺门，昼夜号泣。令闻而矜之，即解出亲。

恢长好经学，事博士焦永。〔26〕永为河东太守，恢随之官，闭庐精诵，不交人物。后永以事被考，诸弟子皆以通关被系，①恢独(皦)〔曒〕然不污于法，②〔27〕遂笃志为名儒。性廉直介立，③行不合己者，虽贵不与交。信阳侯阴就数致礼请恢，恢绝不答。

①为交通关涉也。

②(皦)〔曒〕，明也，音公鸟反。或从“白”作“皎”，音亦同。

③介，特也。

后仕本郡吏，太守坐法诛，①故人莫敢往，恢独奔丧行服，坐以抵罪。归，复为功曹，选举不阿，请托无所容。同郡杨政〔28〕数众毁恢，后举政子为孝廉，由是乡里归之。辟司空牟融府。会蜀郡太守第五伦代融为司空，恢以与伦同郡，不肯留，荐颍川杜安而退。诸公多其行，连辟之，遂皆不应。②

①《东观记》京兆尹张恂召恢，署户曹史。

②《华峤书》曰：“安擢为宛令，以病去。章帝行过颍川，安上书，召拜御史，迁至巴郡太守。而恢在家，安与恢书通问，恢告吏口谢，且让之曰：‘为宛令不合志，病去可也。干人主以窥觎，〔29〕非也。违平生操，故不报。’安亦节士也，年十三入太学，〔30〕号奇童。洛阳令周纡自往候安，安谢不见。京师贵戚慕其行，或遗之书，安不发，悉壁藏之。及后捕案贵戚宾客，安开壁出书，印封如故。”

后征拜议郎。会车骑将军窦宪出征匈奴，恢数上书谏争，朝廷称其忠。①入为尚书仆射。是时河南尹王调、洛阳令李阜与窦宪厚善，纵舍自由。恢劾奏调、阜，并及司隶校尉。诸所刺举，无所回避，贵戚恶之。②宪弟夏阳侯瓌欲往候恢，恢谢不与通。宪兄弟放纵，而忿其不附己。妻每谏恢曰：“昔人有容身避害，何必以言取怨？”恢叹曰：“吾何忍素餐立人之朝乎！”遂上疏谏曰：“臣闻百王之失，皆由权移于下。大臣持国，常以势盛为咎。伏念先帝，圣德未永，早弃万国。陛下富于春秋，纂承大业，③诸舅不宜干正王室，以示天下之私。经曰：‘天地乖互，众物夭伤。〔31〕君臣失序，万人受殃。’政失不救，其极不测。方今之宜，上以义自割，下以谦自引。四舅可长保爵土之荣，④皇太后永无惭负宗庙之忧，诚策之上者也。”书奏不省。时窦太后临朝，和帝未亲万机，恢以意不得行，乃称疾乞骸骨。诏赐钱，太医视疾。恢荐任城郭均、成阳高凤，〔32〕而遂称笃。拜骑都尉，上书辞谢曰：“仍受厚恩，无以报效。夫政在大夫，孔子所疾；⑤世卿持权，《春秋》以戒。⑥圣人恳恻，不虚言也。近世外戚富贵，必有骄溢之败。今陛下思慕山陵，未遑政事；诸舅宠盛，权行四方。若不能自损，诛罚必加。臣寿命垂尽，临死竭愚，惟蒙留神。”诏听上印绶，乃归乡里。窦宪因是风厉州郡迫胁，恢遂饮药死。弟子缞绖挽者数百人，⑦众庶痛伤之。

①《东观记》载恢所上书谏曰：“《春秋》之义，王者不理夷狄。得其地不可垦发，得其人无益于政，故明王之于夷狄，羁縻而已。孔子曰：‘远人不服，则修文德以来之。’以汉之盛，不务修舜、禹、周公之(术)〔德〕，〔33〕而无故兴干戈，动兵革，以求无用之物，臣诚惑之！”

②《决录注》曰：“调字叔和，为河南尹。永和二年，坐买洛阳令同郡任稜竹田及上罢城东漕渠免官。”

③春秋谓年也。言年少，春秋尚多，故称富。

④四舅谓窦宪、弟笃、景、瓌也。

⑤《论语》孔子曰：“天下有道，政不在大夫。”

⑥《左传》曰：“齐崔氏出奔卫。”〔34〕《公羊传》曰：“崔氏者何？齐大夫。称崔氏者何？贬。曷为贬？讥世卿也。”

⑦挽，引柩也。

后窦氏诛，帝始亲事，恢门生何融等上书陈恢忠节，除子己为郎中。①

①《三辅决录注》曰：“己字伯文，为郎非其好也，去官。”

何敞字文高，扶风平陵人也。其先家于汝阴。六世祖比干，学《尚书》于朝错，①武帝时为廷尉正，与张汤同时。汤持法深而比干务仁恕，数与汤争，虽不能尽得，然所济活者以千数。后迁丹(杨)〔阳〕都尉，〔35〕因徙居平陵。敞父宠，建武中为千乘都尉，以病免，遂隐居不仕。

①《何氏家传》："(云并)〔六世〕祖父比干，〔36〕字少卿，经明行修，兼通法律。为汝阴县狱吏决曹掾，平活数千人。后为丹阳都尉，狱无冤囚，淮汝号曰'何公'。征和三年三月辛亥，天大阴雨，比干在家，日中梦贵客车骑满门，觉以语妻。语未已，而门有老妪可八十馀，头白，求寄避雨，雨甚而衣履不沾渍。雨止，送至门，乃谓比干曰：'公有阴德，今天锡君策，以广公之子孙。'因出怀中符策，状如简，长九寸，凡九百九十枚，以授比干，子孙佩印绶者当如此算。比干年五十八，有六男，又生三子。本始元年，自汝阴徙平陵，代为名族。"

敞性公正。自以趣舍不合时务，每请召，常称疾不应。元和中，辟太尉宋由府，由待以殊礼。敞论议高，常引大体，多所匡正。司徒袁安亦深敬重之。是时京师及四方累有奇异鸟兽草木，言事者以为祥瑞。敞通经传，能为天官，意甚恶之。乃言于二公曰："夫瑞应依德而至，灾异缘政而生。故鸜鹆来巢，昭公有乾侯之戹；①西狩获麟，孔子有两楹之殡。②海鸟避风，臧文祀之，君子讥焉。③今异鸟翔于殿屋，怪草生于庭际，不可不察。"由、安惧然不敢答。④居无何而肃宗崩。

①《春秋》："有鸜鹆来巢。"《左氏传》鲁大夫师已曰："文、成之世，〔37〕童谣有之曰：'鸜鹆之羽，公在外野，往馈之马。鸜鹆跦跦，公在乾侯。'"季平子逐昭公，公逊于乾侯。杜预注："乾侯在魏郡斥丘县，晋境内邑也。"

②《公羊传》曰："西狩获麟，有以告孔子者曰：'有麕而角者何？'孔子曰：'孰为来哉！孰为来哉！'反袂拭面，涕下沾袍，曰：'吾道穷矣！'"何氏注曰："麟者，太平之符，圣人之类。时得麟而死，此亦天告夫子将没之征也。"《礼记》孔子谓子贡曰："予畴昔夜梦坐奠于两楹之间焉。殷人殡于两楹之间，丘即殷人也，予殆将死也。"遂寝疾，七日而死。

③《国语》曰，海鸟爰居，止于鲁东门之外三日，臧文仲使国人祭之。展禽讥焉，因曰："今兹海其有风乎？广川之鸟恒知避风。"是岁海多大风，冬暖。文仲闻之，曰："吾过矣！"

④惧音纪具反。

时窦氏专政，外戚奢侈，赏赐过制，仓帑为虚。①敞奏记由曰："敞闻事君之义，进思尽忠，退思补过。历观世主时臣，无不各欲为化，垂之无穷,然而平和之政万无一者,盖以圣主贤臣不能相遭故也。今国家秉聪明之弘道,明公履晏晏之纯德,②君臣相合,天下翕然,治平之化,〔38〕有望于今。孔子曰:'如有用我者,三年有成。'今明公视事,出入再期,宜当克己,以酬四海之心。《礼》,一谷不升,则损服彻膳。③天下不足,若己使然。而比年水旱,人不收获,凉州缘边,家被凶害,④男子疲于战陈,妻女劳于转运,老幼孤寡,叹息相依,又中州内郡,公私屈竭,此实损膳节用之时。国恩覆载,赏赉过度,但闻腊赐,自郎官以上,公卿王侯以下,至于空竭帑藏,损耗国资。寻公家之用,皆百姓之力。明君赐赉,宜有品制,忠臣受赏,亦应有度,⑤是以夏禹玄圭,周公束帛。⑥今明公位尊任重,责深负大,上当匡正纲纪,下当济安元元,岂但空空无违而已哉!〔39〕宜先正己以率群下,还所得赐,因陈得失,奏王侯就国,除苑囿之禁,节省浮费,赈恤穷孤,则恩泽下畅,黎庶悦豫,上天聪明,必有立应。使百姓歌诵,史官纪德,岂但子文逃禄,⑦公仪退食之比哉!"⑧由不能用。

①帑音它朗反。

②晏晏,温和也。

③《礼记》曰:"岁凶,年谷不登,君膳不祭肺。"损服,减损服御。

④时西羌犯边为害也。

⑤腊赐大将军、三公钱各二十万,牛肉二百斤,粳米二百斛,特进、侯十五万,卿十万,校尉五万,尚书三万,侍中、将、大夫各二万,千石、六百石各七千,虎贲、羽林郎二人共三千,以为祀门户直。见《汉官仪》也。

⑥《尚书》曰:"召公出取币,入锡周公。"

⑦《国语》:"昔楚鬬子文三登令尹,无一日之积。成王闻子文朝不及夕也,于是乎每朝设脯七束,糗一筐,以羞子文。成王每出子文之禄,必逃,王止而后复。人谓子文曰:'人生求富,子逃之,何也?'对曰:'从政者,以庇人也。人多旷者而我取富焉,是勤人以自封也,死无日矣。我逃死,非逃富也。'"

⑧《史记》:"公仪休相鲁,食茹而美,拔园葵而弃之,见布好而逐出其家妇,燔其机,云'欲令农士女工安得夺其货乎'?〔40〕"比音庇。

时齐殇王子都乡侯畅奔吊国忧,上书未报,①侍中窦宪遂令人刺杀畅于城门屯卫之中,②而主名不立。敞又说由曰:“刘畅宗室肺府,茅土藩臣,来吊大忧,上书须报,③亲在武卫,致此残酷。奉宪之吏,莫適讨捕,④踪迹不显,主名不立。敞备数股肱,职典贼曹,⑤故欲亲至发所,以纠其变,而二府以为故事三公不与贼盗。⑥昔陈平生于征战之世,犹知宰相之分,云‘外镇四夷,内抚诸侯,使卿大夫各得其宜’。⑦今二府执事不深惟大义,惑于所闻,公纵奸慝,莫以为咎。惟明公运独见之明,昭然勿疑,敞不胜所见,请独奏案。”由乃许焉。二府闻敞行,皆遣主者随之,⑧于是推举具得事实,京师称其正。

①时章帝崩也。殇王〔41〕名石,齐武王缤之孙也。

②畅得幸窦太后,故刺杀之。

③须,待也。

④適音的。谓无指的讨捕也。

⑤股肱谓手臂也。公府有贼曹,主知盗贼也。

⑥敞在太尉府,二府谓司徒、司空。丙吉为丞相不案事,遂为故事,见《马防传》也。

⑦陈平为左丞相,对文帝曰:“宰相者,佐天子理阴阳,顺四时,下育万物之宜,外镇抚四夷、诸侯,内亲附百姓,使卿大夫各得任其职焉。”

⑧主者谓主知盗贼之曹也。

以高第拜侍御史。时遂以窦宪为车骑将军,大发军击匈奴,而诏使者为宪弟笃、景并起邸第,兴造劳役,百姓愁苦。敞上疏谏曰:“臣闻匈奴之为桀逆久矣。平城之围,嫚书之耻,①〔42〕此二辱者,臣子所为捐躯而必死,高祖、吕后忍怒还忿,舍而不诛。伏惟皇太后秉文母之操,②陛下履晏晏之姿,匈奴无逆节之罪,汉朝无可惭之耻,而盛春东作,③兴动大役,元元怨恨,咸怀不悦。而猥复为卫尉笃、奉车都尉景缮修馆第,弥街绝里。臣虽斗筲之人,④诚窃怀怪,以为笃、景亲近贵臣,当为百僚表仪。今众军在道,朝廷焦唇,百姓愁苦,县官无用,而遽起大第,崇饰玩好,非所以垂令德,示无穷也。宜且罢工匠,专忧北边,恤人之困。”书奏不省。

①匈奴冒顿以精兵三十万骑，围高帝于白登七日。案：白登在平城东南十馀里。高后时，冒顿遗高后书曰："陛下独立，孤偾独居，两主不乐，无以自娱，愿以所有，易其所无。"孤偾，冒顿自谓。

②文母，文王之妻大姒也。《诗》曰"既有烈考，亦有文母"也。

③岁起于东，人始就耕，故曰东作。

④郑玄注《论语》："筲，竹器，容斗二升。"

后拜为尚书，复上封事曰："夫忠臣忧世，犯主严颜，讥刺贵臣，至以杀身灭家而犹为之者，何邪？君臣义重，有不得已也。臣伏见往事，国之危乱，家之将凶，皆有所由，较然易知。① 昔郑武姜之幸叔段，② 卫庄公之宠州吁，③ 爱而不教，终至凶戾。由是观之，爱子若此，犹饥而食之以毒，适所以害之也。④ 伏见大将军宪，〔43〕始遭大忧，公卿比奏，欲令典干国事。⑤ 宪深执谦退，固辞盛位，恳恳勤勤，言之深至，天下闻之，莫不悦喜。今逾年无几，大礼未终，卒然中改，兄弟专朝。宪秉三军之重，笃、景总宫卫之权，而虐用百姓，奢侈僭逼，诛戮无罪，肆心自快。今者论议凶凶，咸谓叔段、州吁复生于汉。臣观公卿怀持两端，不肯极言者，以为宪等若有匪懈之志，则己受吉甫褒申伯之功，⑥ 如宪等陷于罪辜，则自取陈平、周勃顺吕后之权，⑦ 终不以宪等吉凶为忧也。臣敞区区，诚欲计策两安，绝其绵绵，塞其涓涓，⑧ 上不欲令皇太后损文母之号，陛下有誓泉之讥，⑨ 下使宪等得长保其福祐。然臧获之谋，上安主父，下存主母，犹不免于严怒。⑩ 臣伏惟累祖蒙恩，至臣八世，⑪ 复以愚陋，旬年之间，历显位，备机近，每念厚德，忽然忘生。虽知言必夷灭，而冒死自尽者，诚不忍目见其祸而怀默苟全。驸马都尉瓌，虽在弱冠，有不隐之忠，比请退身，愿抑家权。可与参谋，听顺其意，诚宗庙至计，窦氏之福。"

①较，明。

②《左传》，郑武姜爱少子叔段，〔44〕庄公立，武姜请以京封叔段，谓之京城大叔，后武姜引以袭郑。

③《左传》，卫庄公宠庶子州吁，州吁好兵，公不禁。大夫石碏谏曰："臣闻爱子教之以义方，弗纳于邪。"庄公不从。及卒，适子桓公立，州吁乃杀桓公而篡其位。

④《史记》苏秦曰："饥人之所以饥而不食乌喙，为其愈充腹而与饿死同患也。"

⑤比，频也。干，主也。

⑥申伯，周宣王元舅也，有令德，故尹吉甫作颂以美之。其《诗》曰："维岳降神，生甫及申。申伯之德，柔惠且直。揉此万邦，闻于四国。"

⑦吕后欲封吕禄、吕产为王，王陵谏不许，陈平、周勃顺旨而封之。吕后崩，平、勃合谋，卒诛产、禄也。

⑧《周金人铭》曰"涓涓不壅，终为江河；绵绵不绝，或成网罗"也。

⑨《左传》，郑武姜引大叔段袭庄公，庄公寘姜氏于城颍，誓之曰："不及黄泉，无相见也。"

⑩《方言》："臧获，奴婢贱称也。"《史记》曰："苏秦谓燕王曰：'客有远为吏，其妻私人。其夫将来，私者忧之，妻曰："勿忧，吾已为作药酒待之矣。"居三日，其夫果至，妻使妾举药酒而进之。妾欲言酒之药乎，则恐逐其主母也；欲勿言邪，则恐杀其主父。于是佯僵而弃酒。主父怒，笞之。故妾僵而覆酒，上存主父，下存主母，然犹不免于笞。'"

⑪《东观记》曰，何脩生成，为汉胶东相；成生果，为太中大夫；果生比干，为丹阳都尉；比干生寿〔45〕，蜀郡太守；寿生显，〔46〕京辅都尉；显生鄢，光禄大夫；鄢生宠，济南都尉；宠生敞：八世也。

敞数切谏，言诸窦罪过，宪等深怨之。时济南王康尊贵骄甚，①宪乃白出敞为济南太傅。敞至国，辅康以道义，数引法度谏正之，康敬礼焉。

①康，光武少子也。

岁馀，迁汝南太守。敞疾文俗吏以苛刻求当时名誉，故在职以宽和为政。立春日，常召督邮还府，①分遣儒术大吏案行属县，显孝悌有义行者。及举冤狱，以《春秋》义断之。是以郡中无怨声，百姓化其恩礼。其出居者，皆归养其父母，追行丧服，②推财相让者二百许人。③置立礼官，不任文吏。又修理鲖阳旧渠，百姓赖其利，④垦田增三万馀顷。吏人共刻石，颂敞功德。

①督邮主司察愆过，立春阳气发生，故召归。

②出居谓与父母别居者。其亲先亡者自恨丧礼不足，追行丧制也。

③《东观记》曰："高谭等百八十五人推财相让。"

④鲖阳，县，属汝南郡，故城在今豫州新蔡县北。《水经注》云："葛陂东出为鲖水，俗谓之三丈陂。"

及窦氏败，有司奏敞子与夏阳侯瓌厚善，坐免官。永元十二年复征，三迁五官中郎将。〔47〕常忿疾中常侍蔡伦，伦深憾之。元兴元年，敞以祠庙严肃，微疾不斋，后邓皇后上太傅禹冢，敞起随百官会，伦因奏敞诈病，坐抵罪。卒于家。

论曰：永元之际，天子幼弱，太后临朝，窦氏凭盛戚之权，将有吕、霍之变。①幸汉德未衰，大臣方忠，袁、任二公正色立朝，②乐、何之徒抗议柱下，③故能挟幼主〔之〕断，〔48〕剿奸回之逼。④不然，国家危矣。夫窦氏之间，唯何敞可以免，而特以子失交之故废黜，不显大位。惜乎，过矣哉！

①吕禄、吕产也。霍光之子禹。

②袁安、任隗也。

③《汉官仪》曰："侍御史，周官也，为柱下史，冠法冠。"案《礼图·注》云："法冠，执法者服之。"乐恢为司隶，何敞为御史，并弹射纠察之官也。

④剿，绝也。

赞曰：朱生受寄，诚不愆义。公叔辟梁，允纳明刺。绝交面朋，崇厚浮伪。①恢举谤己，敞非祥瑞。永言国逼，甘心强诐。②

①杨雄《法言》曰："朋而不心，面朋也。友而不心，面友也。"浮伪者，劝之以崇厚也。

②诐，佞谄也。窦宪兄弟奢僭上逼，敞冒死切谏，〔49〕是甘心于强诐之人也。

【校勘记】

〔1〕 朱晖字文季 《袁宏纪》作"文秀"。按：下云"强直自遂，南阳朱季"，则作"文季"是。

〔2〕 太守阮况尝欲市晖(牛)〔婢〕 据汲本、殿本改。 按：注引《东观记》"欲

买晖婢”，则作“婢”是。

〔3〕　是时阴就为府卿　按：《御览》八〇六引“府卿”作“少府卿”。

〔4〕　晖为(掾)督邮　据汲本、殿本删。按：聚珍本《东观记》作“晖为郡督邮”。

〔5〕　臣观大王无偿赵城色　汲本、殿本“无”下有“意”字，“色”作“邑”。今按：《史记》作“臣观大王无意偿赵王城邑”。

〔6〕　居俭难之时　汲本、殿本“俭”作“险”。按：《易·否卦》“君子以俭德辟难”，为此语所本。俭与险通。

〔7〕　严鲔谋立清河王蒜　按：《集解》引沈字说，谓《清河王》、《李固》、《杜乔传》皆作“刘鲔”。

〔8〕　郡中瞻望明府谓如仲尼非颜回不敢以迎孔子　按：汲本、殿本“谓”字在“非颜回”上。

〔9〕　此老子〔道〕德经之词也　据汲本、殿本补。

〔10〕　行〔之〕有失　据汲本、殿本补。

〔11〕　(武)〔景〕帝王皇后　据陈景云说改。

〔12〕　然〔后〕知薄者之不足　《刊误》谓案文“然”字下不可少“后”字，明脱之。今据补。

〔13〕　世之务交游也久矣敦千乘不忌于君　按：《御览》四一〇引作“世之务交游也甚矣，不惇于业，不忌于君”。

〔14〕　我岂足下部〔民〕　据汲本补。按：《刊误》谓“部”下应有“民”字。

〔15〕　马免之徒　按：《集解》引惠栋说，谓蒋杲云帝纪“免”作“勉”。

〔16〕　漂害人庶数十万户　按：《校补》引钱大昭说，谓《续汉·五行志》注引此传作“数千万户”。

〔17〕　奏劾诸郡　按：汲本、殿本“郡”作“部”。

〔18〕　系趾谓钛其足也以铁著足曰钛也　按：两“钛”字原并讹“钬”，径改正。

〔19〕　追赠益州太守　《集解》引沈钦韩说，谓《袁纪》作“益州刺史”为是。按：《校补》谓蔡邕《朱公叔碑》首云“忠文公益州太守朱君”，则固可为赠太守之一证。汉制刺史虽巡行所部各郡，以六条问事，而秩仅六百石，远不逮太守，故太守转为刺史迁途，赠官亦例以太守为重也。

〔20〕　否则止　按：《刊误》谓“否”当作“不可”。

〔21〕　莫之能改也　按：殿本无“能”字，王先谦谓无“能”字是。

〔22〕　走将从夫孤焉　按：“夫”原讹“失”，径改正。

〔23〕 (武)〔景〕帝王皇后　据陈景云说改。

〔24〕 为大梁夷门门者　按:汲本、殿本下"门"字作"监"。

〔25〕 恢年十一　按:《校补》引柳从辰说,谓《袁宏纪》"一"作"二"。

〔26〕 事博士焦永　按:《集解》引惠栋说,谓《袁宏纪》作"焦贶"。案《郑宏传》,宏师河东太守焦贶,《袁纪》称贶尝为博士,后为河东太守,则"永"当为"贶"也。

〔27〕 恢独(皦)〔曒〕然不污于法　据殿本改,注同。

〔28〕 同郡杨政　按:《校补》引柳从辰说,谓《袁纪》作"杜陵人杨正"。

〔29〕 干人主以窥觎　按:"觎"原讹"逾",径据汲本、殿本改正。

〔30〕 年十三入太学　按:《集解》引沈钦韩说,谓《书钞》引《先贤行状》作"年十五"。

〔31〕 众物夭伤　按:汲本"夭"作"大"。

〔32〕 成阳高凤　《集解》引钱大昕说,谓案《逸民传》,高凤南阳叶人,此"成阳"恐是"南阳"之讹,或别有同姓名者。按:张森楷《校勘记》谓南阳高凤以建初元年为任隗所荐,寻卒,此在永元之时,则卒已久矣,盖非一人。钱说疑尚未审。

〔33〕 不务修舜禹周公之(术)〔德〕　据汲本、殿本改。按:今《东观记》亦作"德"。

〔34〕 左传曰齐崔氏出奔卫　按:《校补》谓此《春秋》宣公十年经文,"左传"二字乃"春秋"之误,各本皆未正。

〔35〕 后迁丹(杨)〔阳〕都尉　据汲本、殿本改。

〔36〕 何氏家传(云并)〔六世〕祖父比干　据汲本改。按:"云并"与"六世"形近而讹。

〔37〕 文成之世　汲本、殿本"成"作"武"。按:今本《左传》亦作"文武之世",汲本、殿本殆据今本《左传》改也。然阮元《校勘记》谓石经、宋本、岳本"武"作"成",谓文公、成公也,则作"文成之世"是。

〔38〕 治平之化　按:"治"原讹"洽",径据汲本、殿本改正。

〔39〕 岂但空空无违而已哉　按:《集解》引《通鉴》胡注,谓"空"当作"悾",悾悾,谨悫也。

〔40〕 欲令农士女工安得夺其货乎　汲本"夺"作"售"。《刊误》谓案文"夺"当作"售","得"当作"所"。按:《史记·循吏传》作"欲令农士女工安所雠

其货乎”。

〔41〕殇王　按:《刊误》谓“殇”当作“炀”。

〔42〕嫚书之耻　按:“嫚”原讹“慢”,径据汲本、殿本改正。

〔43〕伏见大将军宪　按:汲本、殿本“宪”上有“窦”字。

〔44〕郑武姜爱少子叔段　按:“少”原讹“小”,径改正。

〔45〕比干生寿　按:张森楷《校勘记》谓案《汉书·百官表》及《何武传》,寿是卢江人,与比干居郡绝远,《东观记》乃以为比干生寿,恐非也。

〔46〕寿生显　按:张森楷《校勘记》谓案《前书·何武传》,寿子不见名字,名显者乃武弟,非寿子也。

〔47〕三迁五官中郎将　按:《校补》引钱大昭说,谓《张酺传》作“左中郎将”。

〔48〕故能挟幼主〔之〕断　据《刊误》补。

〔49〕敞冒死切谏　按:陈景云谓“永言”二句乃直指恢、敞言之,非独谓敞也,注“敞”上脱“恢”字。

后汉书卷四十四

邓张徐张胡列传第三十四

邓彪字智伯，南阳新野人，① 太傅禹之宗也。父邯，中兴初以功封鄳侯，② 仕至勃海太守。彪少励志，修孝行。父卒，让国于异母弟荆凤，③ 显宗高其节，下诏许焉。

①《续汉书》曰："其先楚人，邓况始居新野，子孙以农桑为业。"

②鄳音莫庚反。

③本或无"荆"。

后仕州郡，辟公府，① 五迁桂阳太守。永平十七年，征入为太仆。数年，丧后母，辞疾乞身，诏以光禄大夫行服。服竟，拜奉车都尉，迁大司农。数月，代鲍昱为太尉。彪在位清白，为百僚式。视事四年，以疾乞骸骨。元和元年，赐策罢，赠钱三十万，在所以二千石奉终其身。〔1〕又诏太常四时致宗庙之胙，② 河南尹遣丞存问，常以八月旦奉羊、酒。③

①《东观记》曰："彪与同郡宗武伯、翟敬伯、陈绥伯、张弟伯同志好，齐名，南阳号曰'五伯'。"

②胙，祭庙肉也。礼，凡预祭，异姓则归之胙，同姓则留之宴。彪不预祭而赐胙，重之。

③《东观记》曰"赐羊一头，酒二石"也。

和帝即位，以彪为太傅，录尚书事，赐爵关(中)〔内〕侯。〔2〕永元初，窦氏专权骄纵，朝廷多有谏争，而彪在位修身而已，不能有所匡正。又尝奏免御史中丞周纡，纡前失窦氏旨，故颇以此致讥，然当时宗其礼让。及窦氏诛，以老病上还枢机职，诏赐养牛酒而许焉。五年春，薨于位，天子亲临吊临。〔3〕

张禹字伯达，赵国襄国人也。

祖父况族姊为皇祖考夫人，① 数往来南顿，见光武。光武为大司马，过邯郸，况为郡吏，谒见光武。光武大喜，曰："乃今得我大舅乎！"因与俱北，到高邑，以为元氏令。迁涿郡太守。后为常山关长。会赤眉攻关城，况战殁。② 父歆，初以报仇逃亡，③ 后仕为淮阳相，终于汲命。④

①皇祖考，钜鹿都尉回。

②关，县，属常山郡，今定州行唐县西北有故关邑城。《东观记》曰："况迁涿郡太守，时年八十，不任兵马，上疏乞身，诏许之。后诏问起居何如，子歆对曰'如故'。诏曰：'家人居不足赡，且以一县自养。'复以况为常山关长。会赤眉攻关城，况出战死，上甚哀之。"

③《东观记》曰："歆守皋长，有报父仇贼自出，歆召囚诣阁，曰：'欲自受其辞。'既入，解械饮食，便发遣，遂弃官亡命，逢赦出，由是乡里服其高义。"与此不同。

④《东观记》曰："歆为相时，王新归国，宾客放纵，干乱法禁，歆将令尉入宫搜捕，王(自)〔白〕上，〔4〕歆坐左迁为汲令，卒官。"

禹性笃厚节俭。① 父卒，汲吏人赙送前后数百万，悉无所受。又以田宅推与伯父，身自寄止。

①《东观记》曰："禹好学，习《欧阳尚书》，事太常桓荣，恶衣食。"

永平八年，举孝廉，稍迁；建初中，拜杨州刺史。当过江行部，中土(民)〔人〕皆以江有子胥之神，〔5〕难于济涉。① 禹将度，吏固请不听。禹厉言曰："子胥如有灵，知吾志在理察枉讼，岂危我哉？"遂鼓楫而过。历行郡邑，深幽之处莫不毕到，亲录囚徒，多所明举。吏民希见使者，(民)〔人〕怀喜悦，〔6〕怨德美恶，莫不自归焉。

①郦元《水经注》曰，吴王赐子胥死，浮尸于江。夫差悔，与群臣临江设祭，修塘道及坛，吴人因为立庙而祭焉。

元和二年，转兖州刺史，亦有清平称。三年，迁下邳相。徐县北界有蒲阳坡，①，傍多良田，而堙废莫修。禹为开水门，通引灌溉，遂成孰田数百顷。劝率吏民，假与种粮，亲自勉劳，遂大收谷实。邻郡贫者归之千馀户，室庐相属，其下成市。后岁至垦千馀顷，民用温给。②功曹史戴闰，故太尉掾也，权动郡内。有小谴，禹令自致徐狱，然后正其法。③自长史以下，莫不震肃。

①《东观记》曰："坡水广二十里，径且百里，在道西，其东有田可万顷。""坡"与"陂"同。

②《东观记》曰："禹巡行守舍，止大树下，食糒饮水而已。〔7〕后年，邻国贫人来归之者，茅屋草庐千户，屠酤成市。垦田千馀顷，得谷百万馀斛。"

③徐，县名也。《东观记》曰"闰当从行县，从书佐假车马什物。禹闻知，令直符责问，闰具以实对。禹以宰士惶恐首实，令自致徐狱"也。

永元六年，入为大司农，拜太尉，和帝甚礼之。十五年，南巡祠园庙，禹以太尉兼卫尉留守。①闻车驾当进幸江陵，以为不宜冒险远，〔8〕驿马上谏。诏报曰："祠谒既讫，当南礼大江，会得君奏，临汉回舆而旋。"及行还，禹特蒙赏赐。

①《东观记》曰"禹留守北宫，太官朝夕送食，赐䦨登具物，除子男盛为郎"也。

延平元年，迁为太傅，录尚书事。邓太后以殇帝初育，①欲令重臣居禁内，乃诏禹舍宫中，给帷帐床褥，太官朝夕进食，五日一归府。每朝见，特赞，与三公绝席。禹上言："方谅闇密静之时，不宜依常有事于苑囿。②其广成、上林空地，宜且以假贫民。"太后从之。及安帝即位，数上疾乞身。诏遣小黄门问疾，赐牛一头，酒十斛，劝令就第。其钱布、刀剑、衣物，前后累至。

①育，生也。

②郑玄注《论语》曰："谅闇谓凶庐也。"《尚书》曰"帝乃徂落，四海遏密八音"也。

永初元年，以定策功封安乡侯，食邑千二百户，与太尉徐防、司空尹勤同日俱封。其秋，以寇贼水雨策免防、勤，而禹不自安，上书乞骸骨，更拜太尉。四年，新野君病，①皇太后车驾幸其第。禹与司徒夏勤、司空张敏俱上表言："新野君不安，车驾连日宿止，臣等诚窃惶惧。臣闻王者动设先置，止则交戟，清道而后行，清室而后御，②离宫不宿，所以重宿卫也。陛下体烝烝之至孝，亲省方药，恩情发中，久处单外，百官露止，议者所不安。宜且还宫，上为宗庙社稷，下为万国子民。”比三上，固争，乃还宫。后连岁灾荒，府臧空虚，禹上疏求入三岁租税，以助郡国禀假。③诏许之。五年，以阴阳不和策免。七年，卒于家。使者吊祭。除小子曜为郎中。长子盛嗣。

①邓太后母阴氏。

②《前书》曰：“旧典，天子行幸，所至必遣静室令先案行，清静殿中，以虞非常。”

③禀，给也。假，贷也。

徐防字谒卿，沛国铚人也。①祖父宣，为讲学大夫，以《易》教授王莽。②父宪，亦传宣业。

①铚故城，今亳州临涣县也。

②王莽置《六经》祭酒各一人，秩上卿。长安国由为讲《易》祭酒，宣为讲学大夫，盖当属于祭酒也。

防少习父祖学，永平中，举孝廉，除为郎。防体貌矜严，占对可观，显宗异之，特补尚书郎。职典枢机，周密畏慎，奉事二帝，未尝有过。和帝时，稍迁司隶校尉，出为魏郡太守。永元十年，迁少府、大司农。防勤晓政事，所在有迹。十四年，拜司空。

防以《五经》久远，圣意难明，宜为章句，以悟后学。上疏曰：“臣闻《诗》、《书》、《礼》、《乐》，定自孔子；发明章句，始于子夏。①其后诸家分析，各有异说。②汉承乱秦，经典废绝，本文略存，或无章句。收拾缺遗，建立明经，博征儒术，开置太学。③孔圣既远，微旨将绝。故立博士十有四家，④设甲乙之科，⑤以勉劝学者。所以示人好恶，改敝就善者也。伏见太学试博士弟子，皆以意说，不修家法，⑥私相容隐，开生奸路。每有策试，辄兴诤讼，论议纷错，互相是非。孔子称‘述而不作’，⑦又曰‘吾犹及史之阙文’，⑧疾史有所不知而不肯阙也。今不依章句，妄生穿凿，以遵师为非义，意说为得理，轻侮道术，浸以成俗，诚非诏书实选本意。

改薄从忠，三(世)〔代〕常道，⑨〔9〕专精务本，儒学所先。臣以为博士及甲乙策试，宜从其家章句，开五十难以试之。解释多者为上第，引文明者为高说；若不依先师，义有相伐，⑩皆正以为非。《五经》各取上第六人，《论语》不宜射策。虽所失或久，差可矫革。”⑪诏书下公卿，皆从防言。

①《史记》，孔子没，子夏居西河，教弟子三百人，为魏文侯师。

②《前书》：“仲尼没而微言绝，七十子丧而大义乖，故《春秋》为五，《诗》分为四，《易》有数家之传。”

③武帝时开学官，置博士弟子员也。

④《汉官》曰：“光武中兴，恢弘稽古，《易》有施、孟、梁丘贺、京房，《书》有欧阳和伯、夏侯胜、建，《诗》有申公、辕固、韩婴，《春秋》有严彭祖、颜安乐，《礼》有戴德、戴圣。凡十四博士。太常差选有聪明威重一人为祭酒，总领纲纪也。”

⑤《前书》曰：“岁课甲科四十人为郎中，乙科二十人为太子舍人，丙科四十人补文学掌故。”

⑥诸经为业，各自名家。

⑦但述先圣之言，不自制作。

⑧古者史官于书事，有不知则阙，以待能者。孔子言“吾少时犹及见古史官之阙文，今则无之”，疾时多穿凿也。见《论语》也。

⑨太史公曰：“夏之政忠。忠之敝，小人以野，故殷人承之以敬。敬之敝，小人以鬼，故周人承之以文。文之敝，小人以僿，故救僿莫若以忠。三王之道若循环，周而复始。”僿音西志反，《史记》“僿”或作“薄”。

⑩伐谓自相攻伐也。

⑪《东观记》防上疏曰：“试《论语》本文章句，但通度，勿以射策。冀令学者务本，有所一心，专精师门，思核经意，事得其实，道得其真。于此弘广经术，尊重圣业，有益于化。虽从来久，六经衰微，〔10〕学问浸浅，诚宜反本，改矫其失。”

十六年，拜为司徒。延平元年，迁太尉，与太傅张禹参录尚书事，数受赏赐，甚见优宠。

安帝即位，以定策封龙乡侯。食邑千一百户。其年以灾异寇贼策免,〔11〕就国。凡三公以灾异策免,始自防也。①

①《东观记》曰:“郡国被水灾,比州湮没,死者以千数。灾异数降。西羌反畔,杀略人吏。京师淫雨,蠡贼伤稼穑。防比上书自陈过咎,遂策免。”

防卒,子衡当嗣,让封于其弟崇。数岁,不得已,乃出就爵云。

张敏字伯达,河间鄚人也。①建初二年,举孝廉,四迁,五年,为尚书。

①鄚,今瀛州县也。音莫。

建初中,有人侮辱人父者,而其子杀之,肃宗贳其死刑而降宥之,①自后因以为比。是时遂定其议,以为《轻侮法》。敏驳议曰:“夫《轻侮》之法,先帝一切之恩,不有成科班之律令也。夫死生之决,宜从上下,犹天之四时,有生有杀。若开相容恕,著为定法者,则是故设奸萌,生长罪隙。孔子曰:‘民可使由之,不可使知之。’②《春秋》之义,子不报仇,非子也。③而法令不为之减者,以相杀之路不可开故也。今托义者得减,妄杀者有差,使执宪之吏得设巧诈,非所以导‘在丑不争’之义。④又《轻侮》之比,浸以繁滋,至有四五百科,转相顾望,弥复增甚,难以垂之万载。臣闻师言:‘救文莫如质。’故高帝去烦苛之法,为三章之约。建初诏书,有改于古者,可下三公、廷尉蠲除其敝。”议寝不省。敏复上疏曰:“臣敏蒙恩,特见拔擢,愚心所不晓,迷意所不解,诚不敢苟随众议。臣伏见孔子垂经典,皋陶造法律,⑤原其本意,皆欲禁民为非也。未晓《轻侮》之法将以何禁?必不能使不相轻侮,而更开相杀之路,执宪之吏复容其奸枉。议者或曰:‘平法当先论生。’臣愚以为天地之性,唯人为贵,杀人者死,三代通制。今欲趣生,反开杀路,一人不死,天下受敝。记曰:‘利一害百,人去城郭。’夫春生秋杀,天道之常。春一物枯即为灾,⑥秋一物华即为异。⑦王者承天地,顺四时,法圣人,从经律。愿陛下留意下民,考寻利害,广令平议,天下幸甚。”和帝从之。

①贳,宽也,音示夜反。

②由，从也。言设政教，可但使人从之，若知其本末，愚者或轻而不行。事见《论语》也。

③《公羊传》曰："父不受诛，子复仇可也。"注云："不受诛，罪不当诛也。"

④导，教也。丑，类也。

⑤史游《急就篇》曰"皋陶造狱法律存"也。

⑥《礼记·月令》曰"孟春行夏令，则风雨不时，草木早落"也。

⑦《月令》曰"仲秋行春令，则秋雨不降，草木生荣，国乃有恐"也。

九年，拜司隶校尉。视事二岁，迁汝南太守。清约不烦，用刑平正，有理能名。坐事免。延平元年，拜议郎，再迁颍川太守。〔永初元年〕，征拜司空，〔12〕在位奉法而已。视事三岁，以病乞身，不听。六年春，行大射礼，陪位顿仆，乃策罢之。①因病笃，卒于家。

①《东观记》载策曰："今君所苦未瘳，有司奏君年体衰羸，郊庙礼仪仍有旷废。鼎足之任不可以缺，重以职事留君。其上司空印绶。"

胡广字伯始，南郡华容人也。①六世祖刚，〔13〕清高有志节。平帝时，大司徒马宫辟之。值王莽居摄，刚解其衣冠，县府门而去，遂亡命交阯，隐于屠肆之间。后莽败，乃归乡里。父贡，交阯都尉。

①华容，县，故城在今荆州东。

广少孤贫，亲执家苦。①长大，随辈入郡为散吏。太守法雄之子真，从家来省其父。真颇知人。会岁终应举，雄敕真助〔其〕求(其)才。〔14〕雄因大会诸吏，真自于牖间密占察之，乃指广以白雄，遂察孝廉。既到京师，试以章奏，安帝以广为天下第一。②旬月拜尚书郎，五迁尚书仆射。

①《襄阳耆旧记》，广父名宠，宠妻生广，早卒，宠更娶江陵黄氏，生康，字仲始。

②《谢承书》曰："广有雅才，学究《五经》，古今术蓺皆毕览之。年二十七，举孝廉。"《续汉书》曰"故事，孝廉高第，三公尚书辄优(文)〔之〕，特劳来其举将，〔15〕于是公府下诏书劳来雄焉。及拜郎，恪勤职事，所掌(辩)〔辨〕护"也。〔16〕

顺帝欲立皇后，而贵人有宠者四人，莫知所建，议欲探筹，以神定选。广与尚书郭虔、史敞上疏谏曰："窃见诏书以立后事大，谦不自专，欲假之筹策，决疑灵神。篇籍所记，祖宗典故，未尝有也。恃神任筮，既不必当贤；就值其人，犹非德选。夫岐嶷形于自然，①伣天必有异表。②宜参良家，简求有德，德同以年，年钧以德，〔17〕稽之典经，断之圣虑。③政令犹汗，往而不反。④诏文一下，形之四方。⑤臣职在拾遗，忧深责重，是以焦心，冒昧陈闻。"帝从之，以梁贵人良家子，定立为皇后。

①《诗》云："克岐克嶷。"郑玄注云："岐岐然意有所知也。其貌嶷然，有所识别也。"

②伣音苦见反。《说文》曰："伣，譬谕也。"《诗》云："文王嘉止，伣天之妹。"文王闻太姒之贤则美之。言大邦有子女，譬天之有女弟，故求为配焉。

③《左传》曰"昔先王之命曰：'王后无嫡，则择立长，年钧以德，德钧以卜'"也。

④《易》曰："涣汗其大号，王居无咎。"刘向曰"汗出而不反"者也。

⑤形，见也。

时尚书令左雄议改察举之制，限年四十以上，儒者试经学，文吏试章奏。广复与敞、虔上书驳之，曰："臣闻君以兼览博照为德，①臣以献可替否为忠。②《书》载稽疑，谋及卿士；③《诗》美先人，询于刍荛。④国有大政，必议之于前训，谘之于故老，⑤是以虑无失策，举无过事。窃见尚书令左雄议郡举孝廉，皆限年四十以上，诸生试章句，文吏试笺奏。⑥明诏既许，复令臣等得与相参。窃惟王命之重，载在篇典，⑦当令县于日月，固于金石，遗则百王，施之万世。《诗》云：'天难谌斯，不易惟王。'可不慎与！⑧盖选举因才，无拘定制。六奇之策，不出经学；⑨郑、阿之政，非必章奏。⑩甘、奇显用，年乖强仕；⑪终、贾扬声，亦在弱冠。⑫汉承周、秦，兼览殷、夏，祖德师经，参杂霸轨，⑬圣主贤臣，世以致理，贡举之制，莫或回革。今以一臣之言，刬戾旧章，⑭便利未明，众心不猒。⑮矫枉变常，政之所重，而不访台司，不谋卿士。〔18〕若事下之后，议者剥异，异之则朝失其便，同之则王言已行。臣愚以为可宜下百官，参其同异，然后览择胜否，详采厥衷。敢以瞽言，冒干天禁，⑯惟陛下纳焉。"帝不从。

①即明四目,达四聪也。

②《左传》曰,齐晏子曰:“君所谓可而有否焉,臣献其否,以成其可。君所谓否而有可焉,臣献其可,以去其否。”

③稽,考也。考正疑事,谋及卿士。见《尚书》。

④《诗·大雅》曰:“先人有言,询于刍荛。”注云:“询,谋也。刍荛,薪采者也。言有疑事,当与薪采者谋之也。”

⑤《国语》叔向曰:“国有大事,必顺于典刑,而访于耇老,而后行之。”

⑥周成《杂字》曰:“笺,表也。”《汉杂事》曰:“凡群臣之书,通于天子者四品:一曰章,二曰奏,三曰表,四曰驳议。章者需头,称‘稽首上以闻’,谢恩陈事,诣阙通者也。奏者亦需头,其京师官但言‘稽首言’,下‘稽首以闻’,其中有所请,若罪法劾案,公府送御史台,卿校送谒者台也。表者不需头,上言‘臣某言’,下言‘诚惶诚恐,顿首顿首,死罪死罪’,左方下附曰‘某官臣甲乙上’。”

⑦《礼记》曰:“动则左史书之,言则右史书之。”《尚书》曰:“王言惟作命,弗言,臣下罔由禀令。”〔19〕又曰:“令出惟行,不惟反。”

⑧《诗·大雅》也。谌,信也。斯,词也。天之意难信矣,不可改易者天子也。

⑨《前书》陈平设六奇策以佐高祖。

⑩《说苑》曰:“子产相郑,内无国中之乱,外无诸侯之患也。子产从政也,择能而使之。晏子化东阿,三年,景公召而数之,晏子请改道易行。明年上计,景公迎而贺之,晏子对曰:‘臣前之化东阿也,属托不行,货赂不至,君反以罪臣。今则反是,而更蒙贺。’景公下席而谢。”

⑪《史记》曰,秦欲与燕共伐赵,以广河间之地。甘罗年十二,使于赵,说赵王立割五城,以广河间,秦乃封罗为上卿。《说苑》曰,子奇年十八,齐君使主东阿,东阿大化。《礼记》曰:“四十强而仕。”

⑫《前书》,终军年十八,为博士弟子,自请愿以长缨必羁南越王而致之阙下。上奇其对,擢为谏大夫,往说越。越听命,天子大悦。贾谊年十八,以诵《诗》属文称于郡中,文帝召为博士。

⑬宣帝曰:“汉家自有制度,本以霸王道杂理之。”

⑭刬,削也。戾,乖也。

⑮猒,服也。

⑯瞽,无目者也。不察人君颜色而言,如无目之人也。孔子曰:“未见颜色而

言谓之瞽。”干，犯也。

时陈留郡缺职，尚书史敞等荐广。曰：“臣闻德以旌贤，①〔20〕爵以建事，②‘明试以功’，《典》、《谟》所美，③‘五服五章’，天秩所作，④〔21〕是以臣竭其忠，君丰其宠，⑤举不失德，下忘其死。窃见尚书仆射胡广，体真履规，谦虚温雅，博物洽闻，探赜穷理，〔22〕《六经》典奥，旧章宪式，无所不览。柔而不犯，文而有礼，⑥忠贞之性，忧公如家。不矜其能，不伐其劳，翼翼周慎，行靡玷漏。密勿夙夜，⑦十有馀年，心不外顾，志不苟进。臣等窃以为广在尚书，劬劳日久，后母年老，既蒙简照，宜试职千里，匡宁方国。⑧陈留近郡，今太守任缺。广才略深茂，堪能拨烦，顾以参选，纪纲颓俗，使束脩守善，有所劝仰。”

①旌，明也。《书》曰“德懋懋官”也。

②能建立事则与之爵。

③明白考试之，有功者则授之以官。《舜典》、《咎繇谟》皆有此言，故云“《典》、《谟》所美”也。

④五服谓天子、诸侯、卿、大夫、士之服也。五者之服必须章明。《尚书·咎繇谟》曰：“天秩有礼，自我五礼有庸哉。天命有德，五服五章哉。”秩，序也。

⑤丰，厚也。

⑥柔而不犯谓性和柔而不可犯以非义也。

⑦密勿，僶勉。

⑧《诗》云：“厥德不回，以受方国。”

广典机事十年，出为济阴太守，以举吏不实免。复为汝南太守，入拜大司农。汉安元年，迁司徒。质帝崩，代李固为太尉，录尚书事。以定策立桓帝，封育阳安乐乡侯。以病逊位。又拜司空，告老致仕。寻以特进征拜太常，迁太尉，以日食免。复为太常，拜太尉。

延熹二年，大将军梁冀诛，广与司徒韩縯、司空孙朗坐不卫宫，皆减死一等，夺爵土，免为庶人。后拜太中大夫、太常。九年，复拜司徒。

灵帝立，与太傅陈蕃参录尚书事，复封故国。以病自乞。会蕃被诛，代为太傅，总录如故。

时年已八十，而心力克壮。①继母在堂，朝夕瞻省，傍无几杖，言不称老。②及母卒，居丧尽哀，率礼无愆。性温柔谨素，常逊言恭色。③达练事体，明解朝章。虽无謇直之风，屡有补阙之益。故京师谚曰："万事不理问伯始，天下中庸有胡公。"④及共李固定策，大议不全，⑤〔23〕又与中常侍丁肃婚姻，以此讥毁于时。

①盛弘之《荆州记》曰"菊水出穰县。芳菊被涯，水极甘香。谷中皆饮此水，上寿百二十，七八十者犹以为夭。太尉胡广所患风疾，休沐南归，恒饮此水，后疾遂瘳，年八十二薨"也。

②《礼记》曰："夫为人子者，恒言不称老。"

③逊，顺也。

④庸，常也。中和可常行之德也。孔子曰："中庸之为德，其至矣乎！"

⑤质帝崩，固为太尉，与广及司空越戒议欲立清河王蒜。梁冀以蒜年长有德，恐为后患，盛意立蠡吾侯志。广、戒等慑惮不能与争，而固与杜乔坚守本议。

自在公台三十馀年，历事六帝，①礼任甚优，每逊位辞病，及免退田里，未尝满岁，辄复升进。凡一履司空，再作司徒，三登太尉，又为太傅。其所辟命，皆天下名士。与故吏陈蕃、李咸并为三司。②蕃等每朝会，辄称疾避广，时人荣之。年八十二，熹平元年薨。使五官中郎将持节奉策赠太傅、安乐乡侯印绶，给东园梓器，谒者护丧事，赐冢茔于原陵，谥文恭侯，拜家一人为郎中。故吏自公、卿、大夫、博士、议郎以下数百人，皆缞绖殡位，自终及葬。汉兴以来，人臣之盛，未尝有也。

①广以顺帝汉安元年为司空，至灵帝熹平元年薨，三十一年也。六帝谓安、顺、冲、质、桓、灵也。

②《谢承书》曰："咸字元卓，汝南西平人。孤特自立。家贫母老，常躬耕稼以奉养。学《鲁诗》、《春秋公羊传》、《三礼》。三府并辟，司徒胡广举茂才，除高密令，政多奇异，青州表其状。建宁三年，自大鸿胪拜太尉。自在相位，约身率下，常食脱粟饭、酱菜而已。不与州郡交通。刺史、二千石笺记，非公事不发省。以老乞骸骨，见许，悉还所赐物，乘敝牛车，使子男御。晨发京师，百僚追送盈涂，不能得见。家旧贫狭，庇荫草庐。"

初，杨雄依《虞箴》作《十二州二十五官箴》，① 其九箴亡阙，后涿郡崔骃及子瑗又临邑侯刘騊駼增补十六篇，广复继作四篇，文甚典美。乃悉撰次首目，为之解释，名曰《百官箴》，凡四十八篇。其馀所著诗、赋、铭、颂、箴、吊及诸解诂，凡二十二篇。

①《杨雄传》曰："箴莫大于《虞箴》，故遂作《九州箴》。"《左传》曰，昔周辛甲之为太史也，命百官官箴王阙，于《虞人之箴》曰"芒芒禹迹，画为九州。经启九道，人有寝庙，兽有茂草，各有攸处，德用不扰。在帝夷羿，冒于原兽，忘其国恤，而思其麀牡。武不可重，用不恢于夏家，兽臣司原，敢告仆夫。"

熹平六年，灵帝思感旧德，乃图画广及太尉黄琼于省内，诏议郎蔡邕为其颂云。①

①《谢承书》载其颂曰："岩岩山岳，配天作辅。降神有周，生申及甫。允兹汉室，诞育二后。曰胡曰黄，方轨齐武。惟道之渊，惟德之薮。股肱元首，代作心膂。天之烝人，有则有类。我胡我黄，锺厥纯懿。〔24〕巍巍特进，仍践其位。赫赫三事，七佩其绂。奕奕四牡，沃若六辔。衮职龙章，其文有蔚。参曜乾台，穷宠极贵。功加八荒，群生以遂。超哉邈乎，莫与为二！"

论曰：爵任之于人重矣，全丧之于生大矣。怀禄以图存者，仕子之恒情；审能而就列者，出身之常体。① 夫纡于物则非己，直于志则犯俗，② 辞其艰则乖义，徇其节则失身。③ 统之，方轨易因，险涂难御。④ 故昔人明慎于所受之分，迟迟于岐路之间也。⑤ 如令志行无牵于物，临生不先其存，后世何贬焉？⑥ 古人以宴安为戒，岂数公之谓乎？⑦

①列，位也。

②纡，曲也。

③徇，营也。

④统者，总论上事也。方轨谓平路也。若履平路，易可因循；如践险涂，则难免颠覆也。

⑤呈材效职，则受之分明矣。迟迟，疑不前之貌也。明其分，则不可妄进。

⑥守志直道，视死如归，则后之人何从而贬责矣。

⑦《左传》曰："宴安鸩毒，不可怀也。"

赞曰：邓、张作傅，无咎无誉。敏正疑律，防议章句。胡公庸庸，饰情恭貌。朝章虽理，据正或桡。①

①桡，曲也，《易》曰“栋桡凶”也。

【校勘记】

〔1〕 在所以二千石奉终其身 按：王先谦谓《东观记》“在所”作“所在”。

〔2〕 赐爵关(中)〔内〕侯 据汲本改。按：《刊误》谓案汉无关中侯，“中”当作“内”。

〔3〕 天子亲临吊临 殿本《考证》王会汾云上“临”字疑衍。今按：上“临”字训莅，下“临”字读如“临于大宫”之“临”，同字异训，非衍文也。

〔4〕 王(自)〔白〕上 据汲本、殿本改。

〔5〕 当过江行部中土(民)〔人〕皆以江有子胥之神 李慈铭谓“中土民”及下文“民怀喜悦”两“民”字皆本当作“人”，此类皆宋以后校者妄以为章怀讳避而误改之。今据改。

〔6〕 (民)〔人〕怀喜悦 据殿本改。

〔7〕 食糒饮水而已 按：汲本、殿本“食糒”下有“音惫糗也干饭屑”七字，当原为小注而混入注中也。聚珍本《东观记》亦衍“干饭屑”三字。

〔8〕 以为不宜冒险远 按：李慈铭谓“冒险远”不成句，“远”下当有“行”字。

〔9〕 三(世)〔代〕常道 据汲本改。按：《刊误》谓“世”与“代”全别，缘太宗讳，遂更“世”为“代”。此合作“代”字，乃误为“世”，盖后人知此书中“世”字率皆换“代”，乃欲稍还正之，遂误为此字也。

〔10〕 六经衰微 按：“六”原讹“大”，径据汲本、殿本改正。

〔11〕 其年以灾异寇贼策免 按：沈家本谓按防之免在永初元年秋，此传上言延平元年，又言安帝即位，而不著永初元年，则“其年”云者似即延平元年，未免稍疏。

〔12〕 〔永初元年〕征拜司空 钱大昭谓敏代周章为司空，本纪在永初元年，“征拜”上当有“永初元年”四字，下文“六年”二字乃有根，否则下六年竟似延平六年矣，南监本不误。今据补。

〔13〕 六世祖刚 按：《集解》引惠栋说，谓《渚宫故事》“刚”作“纲”。

〔14〕 雄敕真助〔其〕求(其)才 据汲本、殿本改。

〔15〕 辄优(文)〔之〕特劳来其举将 据汲本改。按:《校补》谓劳来举将正所以优此孝廉,其举将,明谓孝廉举主也,且劳来由公府下诏书,非三公得自以文劳来之,作“文”误。

〔16〕 所掌(辩)〔辨〕护也 据汲本、殿本改。

〔17〕 年钧以德 按:“钧”原讹“均”,径改正。

〔18〕 不谋卿士 按:“谋”原讹“博”,径据汲本、殿本改正。

〔19〕 臣下罔由禀令 按:《校补》引柳从辰说,谓今《书·说命》“由”作“攸”。

〔20〕 臣闻德以旌贤 按:《集解》引苏舆说,谓“德”疑作“官”。

〔21〕 天秩所作 按:“作”原讹“祚”,径据汲本、殿本改正。

〔22〕 探赜穷理 按:“赜”原讹“颐”,径据汲本、殿本改正。

〔23〕 大议不全 按:《刊误》谓案文“议”当作“义”。

〔24〕 锺厥纯懿 按:“锺”原讹“钟”,径据汲本、殿本改正。

后汉书卷四十五

袁张韩周列传第三十五

袁安字邵公,汝南汝阳人也。〔1〕祖父良,习《孟氏易》,①平帝时举明经,为太子舍人;②建武初,至成武令。③

①孟喜字长卿,东海人。明《易》,为丞相掾。见《前书》。

②《续汉志》曰:"太子舍人,秩二百石,无员。"

③成武,今曹州县。

安少传良学。为人严重有威,见敬于州里。初为县功曹,①奉檄诣从事,从事因安致书于令。②安曰:"公事自有邮驿,私请则非功曹所持。"辞不肯受,从事惧然而止。③后举孝廉,④除阴平长、任城令,⑤所在吏人畏而爱之。

①《续汉志》曰:"县功曹史,主选署功劳。"

②《续汉志》曰:"每州刺史皆有从事史。"

③惧音九具反。

④《汝南先贤传》曰"时大雪积地丈馀,洛阳令身出案行,〔2〕见人家皆除雪出,有乞食者。至袁安门,无有行路。谓安已死,令人除雪入户,见安僵卧。问何以不出。安曰:'大雪人皆饿,不宜干人。'令以为贤,举为孝廉"也。

⑤阴平,县,故城在今沂州承县西南。任城,今兖州县也。

永平十三年,楚王英谋为逆,事下郡覆考。明年,三府举安能理剧,拜楚郡太守。是时英辞所连及系者数千人,显宗怒甚,吏案之急,迫痛自诬,死者甚众。安到郡,不入府,先往案狱,理其无明验者,条上出之。府丞掾史皆叩头争,以为阿附反虏,法与同罪,不可。安曰:"如有不合,太守自当坐之,不以相及也。"遂分别具奏。帝感悟,即报许,得出者四百馀家。岁馀，征为河南尹。政号严明，然未曾以臧罪鞫人。常称曰："凡学仕者，高则望宰相，下则希牧守。锢人于圣世，尹所不忍为也。"闻之者皆感激自励。在职十年，京师肃然，名重朝廷。建初八年，迁太仆。

元和二年，武威太守孟云上书："北虏既已和亲，而南部复往抄掠，北单于谓汉欺之，谋欲犯边。宜还其生口，以安慰之。"诏百官议朝堂。公卿皆言夷狄谲诈，求欲无猒，①既得生口，当复妄自夸大，不可开许。安独曰："北虏遣使奉献和亲，有得边生口者，辄以归汉，此明其畏威，而非先违约也。云以大臣典边，不宜负信于戎狄，还之足示中国优贷，而使边人得安，诚便。"司徒桓虞改议从安。太尉郑弘、司空第五伦皆恨之。弘因大言激励虞曰："诸言当还生口者，皆为不忠。"虞廷叱之，伦及大鸿胪韦彪各作色变容，司隶校尉举奏，安等皆上印绶谢。肃宗诏报曰："久议沈滞，各有所志。盖事以议从，策由众定，訚訚衎衎，得礼之容，②寝嘿抑心，更非朝廷之福。君何尤而深谢？其各冠履。"帝竟从安议。明年，代第五伦为司空。章和元年，代桓虞为司徒。

①谲亦诈也。

②訚訚，忠正貌。衎衎，和乐貌。

和帝即位，窦太后临朝，后兄车骑将军宪北击匈奴，安与太尉宋由、司空任隗及九卿诣朝堂上书谏，以为匈奴不犯边塞，而无故劳师远涉，损费国用，徼功万里，非社稷之计。书连上辄寝。宋由惧，遂不敢复署议，而诸卿稍自引止。唯安独与任隗守正不移，至免冠朝堂固争者十上。太后不听，众皆为之危惧，安正色自若。窦宪既出，而弟卫尉笃、执金吾景各专威权，公于京师使客遮道夺人财物。景又擅使乘驿施檄缘边诸郡，发突骑及善骑射有才力者，渔阳、雁门、上谷三郡各遣吏将送诣景第。有司畏惮，莫敢言者。安乃劾景擅发边兵，惊惑吏人，二千石不待符信而辄承景檄，当伏显诛。又奏司隶校尉、河南尹阿附贵戚，无尽节之义，①请免官案罪。并寝不报。宪、景等日益横，尽树其亲党宾客于名都大郡，②皆赋敛吏人，更相赂遗，其馀州郡，亦复望风从之。安与任隗举奏诸二千石，又它所连及贬秩免官者四十馀人，窦氏大恨。但安、隗素行高，亦未有以害之。

①《续汉书》曰，安奏司隶郑据、河南尹蔡嵩。

②《袁山松书》曰，河南尹王调，汉阳太守朱敞，南阳太守满殷、〔3〕高丹等皆其宾客。《前书》曰"十二万户为大郡"也。

时窦宪复出屯武威。明年，北单于为耿夔所破，遁走乌孙，塞北地空，馀部不知所属。宪日矜己功，欲结恩北虏，乃上立降者左鹿蠡王阿佟①〔4〕为北单于，置中郎将领护，如南单于故事。事下公卿议，太尉宋由、太常丁鸿、光禄勋耿秉等十人议可许。安与任隗奏，以为"光武招怀南虏，非谓可永安内地，正以权时之算，可得捍御北狄故也。今朔漠既定，宜令南单于反其北庭，并领降众，无缘复更立阿佟，以增国费"。宗正刘方、大司农尹睦同安议。事奏，未以时定。安惧宪计遂行，乃独上封事曰："臣闻功有难图，不可豫见；事有易断，较然不疑。伏惟光武皇帝本所以立南单于者，欲安南定北之策也，恩德甚备，故匈奴遂分，边境无患。孝明皇帝奉承先意，不敢失坠，赫然命将，爰伐塞北。至乎章和之初，降者十馀万人，〔5〕议者欲置之滨塞，东至辽东，②太尉宋由、光禄勋耿秉皆以为失南单于心，不可，先帝从之。陛下奉承洪业，大开疆宇，大将军远师讨伐，席卷北庭，此诚宣明祖宗，崇立弘勋者也。宜审其终，以成厥初。伏念南单于屯，先父举众归德，自蒙恩以来，四十馀年。三帝积累，以遗陛下。陛下深宜遵述先志，成就其业。况屯首唱大谋，空尽北虏，辍而弗图，更立新降，以一朝之计，违三世之规，失信于所养，建立于无功。由、秉实知旧议，而欲背弃先恩。夫言行君子之枢机，③赏罚理国之纲纪。《论语》曰：'言忠信，行笃敬，虽蛮貊行焉。'今若失信于一屯，则百蛮不敢复保誓矣。又乌桓、鲜卑新杀北单于，凡人之情，咸畏仇雠，今立其弟，则二虏怀怨。兵、食可废，信不可去。④且汉故事，供给南单于费直岁一亿九十馀万，西域岁七千四百八十万。今北庭弥远，其费过倍，是乃空尽天下，而非建策之要也。"诏下其议。安又与宪更相难折。宪险急负埶，言辞骄讦，⑤至诋毁安，称光武诛韩歆、戴涉故事，安终不移。⑥宪竟立匈奴降者右鹿蠡王於除鞬为单于，⑦后遂反叛，卒如安策。

①徒冬反。

②滨，边也。

③《易》曰："言行者，君子之枢机。枢机之发，荣辱之主也。"

④《论语》："孔子曰：'足食足兵，人信之矣。''必不得已而去，于斯三者何先？'曰：'去兵。'曰：'必不得已而去，于斯二者何先？'曰：'去食。自古皆有死，人无信不立。'"

⑤讦谓发扬人之恶。

⑥大司徒歆坐非帝读隗嚣书，自杀。大司徒涉坐杀太仓令，下狱死。

⑦犍音九言反。

安以天子幼弱，外戚擅权，每朝会进见，及与公卿言国家事，未尝不噫呜流涕。①自天子及大臣皆恃赖之。四年春，薨，朝廷痛惜焉。

①噫音医，又乙戒反。呜音一故反。叹伤之貌也。

后数月，窦氏败，帝始亲万机，追思前议者邪正之节，乃除安子赏为郎。策免宋由，以尹睦为太尉，刘方为司空。睦，河南人，薨于位。方，平原人，后坐事免归，自杀。

初，安父没，母使安访求葬地，道逢三书生，问安何之，安为言其故，生乃指一处，云"葬此地，当世为上公"。须臾不见，安异之。于是遂葬其所占之地，故累世隆盛焉。安子京、敞最知名。

京字仲誉。习《孟氏易》，作《难记》三十万言。初拜郎中，稍迁侍中，出为蜀郡太守。

子彭，字伯楚。少传父业，历广汉、南阳太守。顺帝初，为光禄勋。行至清，为吏粗袍粝食，终于议郎。尚书胡广等追表其有清洁之美，比前朝贡禹、第五伦。①未蒙显赠，〔6〕当时皆嗟叹之。

①贡禹，元帝御史大夫。经明行修，清洁忧国也。

彭弟汤，字仲河，少传家学，诸儒称其节，多历显位。桓帝初为司空，以豫议定策封安国亭侯，食邑五百户。累迁司徒、太尉，以灾异策免。卒，谥曰康侯。①

①《风俗通》曰："汤时年八十六，有子十二人。"

汤长子成，左中郎〔将〕。〔7〕早卒，次子逢嗣。

逢字周阳，以累世三公子，宽厚笃信，著称于时。灵帝立，逢以太仆豫议，增封三百户。后为司空，卒于执金吾。朝廷以逢尝为三老，特优礼之，赐以珠画特诏秘器，①饭含珠玉二十六品，②使五官中郎将持节奉策，赠以车骑将军印绶，加号特进，谥曰宣文侯。子基嗣，位至太仆。

①《前书》曰，董贤死，以沙画棺。《音义》云："以朱沙画之也。""珠"与"朱"同。秘器，棺也。

②《穀梁传》曰："贝玉曰含。"

逢弟隗，少历显官，①先逢为三公。时中常侍袁赦，〔8〕隗之宗也，用事于中。以逢、隗世宰相家，推崇以为外援。故袁氏贵宠于世，富奢甚，不与它公族同。献帝初，隗为太傅。

①隗字次阳。

成子绍，逢子术，自有传。董卓忿绍、术背己，遂诛隗及术兄基等男女二十馀人。〔9〕

敞字叔平，少传《易经》教授，以父任为太子舍人。和帝时，历位将军、大夫、侍中，出为东郡太守，征拜太仆、光禄勋。元初三年，代刘恺为司空。明年，坐子与尚书郎张俊交通，漏泄省中语，策免。敞廉劲不阿权贵，失邓氏旨，遂自杀。

张俊者，蜀郡人，有才能，与兄龛并为尚书郎，年少励锋气。郎朱济、丁盛立行不修，俊欲举奏之，二人闻，恐，因郎陈重、雷义往请俊，俊不听，因共私赂侍史，使求俊短，得其私书与敞子，遂封上之，皆下狱，当死。俊自狱中占狱吏上书自讼，①书奏而俊狱已报。②廷尉将出穀门，临行刑，③邓太后诏驰骑以减死论。俊假名上书谢曰："臣孤恩负义，自陷重刑，情断意讫，无所复望。廷尉鞠遣，欧④刀在前，棺絮在后，魂魄飞扬,形容已枯。陛下圣泽,以臣尝在近密,⑤识其状貌,伤其眼目,[10]留心曲虑,特加遍覆。丧车复还,白骨更肉,披棺发椁,起见白日。天地父母能生臣俊,不能使臣俊当死复生。陛下德过天地,恩重父母,诚非臣俊破碎骸骨,举宗腐烂,所报万一。臣俊徒也,不得上书;不胜去死就生,惊喜踊跃,触冒拜章。"当时皆哀其文。

①占谓口授也,《前书》曰"陈遵凭几口占书吏"是也。

②谓奏报论死也。

③黄门,洛阳城北面中门也。

④音一口反。

⑤谓为尚书郎。

朝廷由此薄敞罪而隐其死,以三公礼葬之,复其官。子盱。①

①况于反。

盱后至光禄勋。时大将军梁冀擅朝,内外莫不阿附,唯盱与廷尉邯郸义正身自守。及桓帝诛冀,使盱持节收其印绶,事已具《梁冀传》。

闳字夏甫,彭之孙也。少励操行,苦身修节。父贺,为彭城相。①闳往省谒,变名姓,徒行无旅。既至府门,连日吏不为通,会阿母出,见闳惊,②入白夫人,乃密呼见。既而辞去,贺遣车送之,闳称眩疾不肯乘,反,郡界无知者。及贺卒郡,闳兄弟迎丧,不受赙赠,缞绖扶柩,冒犯寒露,体貌枯毁,手足血流,见者莫不伤之。服阕,累征聘举召,皆不应。居处仄陋,以耕学为业。从父逢、隗并贵盛,数馈之,无所受。

①《风俗通》曰:"贺字元服。祖父京,为侍中。安帝始加元服,百僚会贺,临庄垂出而孙适生,喜其嘉会,因名字焉。"

②《谢承书》曰:"乳母从内出,见在门侧,面貌省瘦,为其垂泣。闳厚丁宁:'此间不知吾,慎勿宣露也。'"

闳见时方险乱,而家门富盛,常对兄弟叹曰:"吾先公福祚,后世不能以德守之,而竞为骄奢,与乱世争权,此即晋之三郤矣。"①延熹末,党事将作,闳遂散发绝世,欲投迹深林。以母老不宜远遁,乃筑土室,四周于庭，不为户，自牖纳饮食而已。旦于室中东向拜母。母思闳，时往就视，母去，便自掩闭，兄弟妻子莫得见也。及母殁，不为制服设位，时莫能名，或以为狂生。潜身十八年，黄巾贼起，攻没郡县，百姓惊散，闳诵经不移。贼相约语不入其间，乡人就闳避难，皆得全免。年五十七，卒于土室。②二弟忠、弘，节操皆亚于闳。

①三郤谓郤锜、郤犨、郤至，皆晋卿也。各骄奢，为厉公所杀。事见《左传》。

②《汝南先贤传》曰："闳临卒，敕其子曰：'勿设殡棺，但著裈衫疏布单衣幅巾，亲尸于板床之上，以五百墼为藏。'"

忠字正甫，与同郡范滂为友，俱证党事得释，语在《滂传》。初平中，为沛相，①乘苇车到官，以清亮称。及天下大乱，忠弃官客会稽上虞。②一见太守王朗徒从整饰，心嫌之，遂称病自绝。③后孙策破会稽，忠等浮海南投交阯。献帝都许，征为卫尉，未到，卒。

①沛王琮相也。琮，光武八代孙也。

②县名，城在今越州馀姚县西。

③王朗字景兴，肃之父也，《魏志》有传。《谢承书》曰"忠乘船载笠盖诣朗，见朗左右僮从皆著青绛采衣，非其奢丽，即辞疾发而退"也。

弘字邵甫，耻其门族贵埶，乃变姓名，徒步师门，〔11〕不应征辟，终于家。①

①《谢承书》曰："弘尝入京师太学，其从父逢为太尉，〔12〕呼弘与相见。遇逢宴会作乐，弘伏称头痛，不听(呼)(音)声而退，〔13〕遂不复往。绍、术兄弟亦不与通。"

忠子祕，为郡门下议生。黄巾起，祕从太守赵谦击之，军败，祕与功曹封观等七人以身扞刃，皆死于陈，谦以得免。诏祕等门闾号曰"七贤"。①〔14〕

①《谢承书》曰"祕字永宁。封观与主簿陈端、门下督范仲礼、贼曹刘伟德、主记史丁子嗣、记室史张仲然、议生袁祕等七人擢刃突陈，与战并死"也。

封观者，有志节，当举孝廉，以兄名位未显，耻先受之，遂称风疾，喑不能言。火起观屋，徐出避之，忍而不告。后数年，兄得举，观乃称损而仕郡焉。①

①《谢承书》曰："观字孝起，南顿人也。"

论曰：陈平多阴谋，而知其后必废；①邴吉有阴德，夏侯胜识其当封及子孙。②终陈掌不侯，而邴昌绍国，虽有不类，未可致诘，其大致归然矣。袁公窦氏之间，乃情帝室，③引义雅正，可谓王臣之烈。④及其理楚狱，未尝鞫人于臧罪，其仁心足以覃乎后昆。⑤子孙之盛，不亦宜乎？⑥

①丞相陈平为高祖谋臣，出六奇，叹曰："我多阴谋，道家之所禁，吾世即废，以吾多阴谋祸也。"其后曾孙掌以卫氏亲戚贵达，愿得续封，而终不得也。

②武帝末，戾太子巫蛊事起，邴吉为廷尉监。时宣帝年二岁，坐太子事系。望气者言长安狱中有天子气，于是上遣使者分条中都官诏狱，系者亡轻重一切皆杀之。内者令郭穰至郡邸狱，吉闭门扞拒曰："它人无辜犹不可，况亲曾孙乎？"穰不得入，还以闻。上曰："天使之也。"因大赦天下。曾孙赖吉得立。〔15〕宣帝立，吉为丞相，未及封而病。上忧吉不起，夏侯胜曰："此未死也。臣闻有阴德者必飨其乐以及子孙。"后吉病愈，封博阳侯。薨，子显嗣。甘露中，削爵为关内侯。至孙昌，复封博阳侯。传子至孙，王莽败乃绝。

③乃情犹竭情也。

④《易》曰："王臣蹇蹇，匪躬之故。"烈，业也。

⑤《尔雅》曰："覃，延也。"

⑥此论并华峤之词也。

张酺字孟侯，汝南细阳人，赵王张敖之后也。①敖子寿，封细阳之池阳乡，后废，因家焉。

①敖父耳，自楚降汉，高祖封为赵王。敖嗣，后有罪，废为宣平侯。

酺少从祖父充受《尚书》，能传其业。①又事太常桓荣。勤力不怠，聚徒以百数。永平九年，显宗为四姓小侯开学于南宫，②置《五经》师。酺以《尚书》教授，数讲于御前。以论难当意，除为郎，赐车马衣裳，遂令入授皇太子。

①《东观记》曰:"充与光武同门学,光武即位,求问充,充已死。"

②小侯,解见《明纪》也。

酺为人质直,守经义,每侍讲间隙,数有匡正之辞,以严见惮。①及肃宗即位,擢酺为侍中、虎贲中郎将。数月,出为东郡太守。酺自以尝经亲近,未悟见出,意不自得,②上疏辞曰:"臣愚以经术给事左右,少不更职,不晓文法,猥当剖符典郡,班政千里,必有负恩辱位之咎。臣窃私自分,殊不虑出城阙,冀蒙留恩,托备冗官,群僚所不安,耳目所闻见,不敢避好丑。"诏报曰:"经云:'身虽在外,乃心不离王室。'③典城临民,益所以报效也。好丑必上,不在远近。④今赐装钱三十万,其亟之官。"酺虽儒者,而性刚断。下车擢用义勇,搏击豪强。长吏有杀盗徒者,酺辄案之,以为令长受臧,犹不至死,盗徒皆饥寒佣保,何足穷其法乎!

①《东观记》曰:"太子家时为奢侈物,未尝不正谏,甚见重焉。"

②悟,晓也。

③《尚书·康王之诰》曰"虽尔身在外,乃心罔不在王室"也。

④好丑谓善恶也。言事之善恶,必以闻上,此即报效,岂拘外内也。

郡吏王青者,①祖父翁,与前太守翟义起兵攻王莽,及义败,馀众悉降,翁独守节力战,莽遂燔烧之。父隆,建武初为都尉功曹,青为小史。与父俱从都尉行县,道遇贼,隆以身卫全都尉,遂死于难;青亦被矢贯咽,音声流喝。②前郡守以青身有金夷,竟不能举。③酺见之,叹息曰:"岂有一门忠义而爵赏不及乎?"遂擢用极右曹,④乃上疏荐青三世死节,宜蒙显异。奏下三公,由此为司空所辟。⑤

①《谢承书》曰:"青字公然,东郡聊城人也。"

②"流"或作"嘶"。喝音一介反。《广苍》曰:"声之幽也。"

③夷,伤也。

④《汉官仪》曰:"督邮、功曹,郡之极位。"

⑤《东观记》曰"青从此除步兵司马。酺伤青不遂,复举其子孝廉"也。

自酺出后,帝每见诸王师傅,常言:"张酺前入侍讲,屡有谏正,訚訚恻恻,出于诚心,可谓有史鱼之风矣。"①元和二年,东巡狩,幸东郡,引酺及门生并郡县掾史并会庭中。帝先备弟子之仪，使酺讲《尚书》一篇，然后修君臣之礼。②赏赐殊特，莫不沾洽。

①訚訚，忠正也。恻恻，恳切也。史鱼，卫大夫，名鰌，字子鱼。孔子曰“直哉史鱼，邦有道如矢，邦无道如矢”也。

②《东观记》曰：“时使尚书令王鲔与酺相难，上甚欣悦。”

酺视事十五年，和帝初，迁魏郡太守。郡人郑据时为司隶校尉，奏免执金吾窦景。景后复位，遣掾夏猛私谢酺曰：“郑据小人，为所侵冤。闻其儿为吏，放纵狼藉。取是曹子一人，足以惊百。”〔16〕酺大怒，即收猛系狱，檄言执金吾府，疑猛与据子不平，矫称卿意，以报私雠。会有赎罪令，猛乃得出。①顷之，征入为河南尹。窦景家人复击伤市卒，吏捕得之，景怒，遣缇骑侯海等五百人欧伤市丞。②酺部吏杨章等穷究，正海罪，徙朔方。景忿怨，乃移书辟章等六人为执金吾吏，欲因报之。章等惶恐，入白酺，愿自引臧罪，以辞景命。酺即上言其状。窦太后诏报：“自今执金吾辟吏，皆勿遣。”

①《东观记》曰“据字平卿，黎阳人也。为侍御史，转司隶校尉”也。

②《说文》曰：“缇，帛丹黄色也。”《汉官仪》曰，执金吾有缇骑。

及窦氏败，酺乃上疏曰：“臣实愚惷，不及大体，①以为窦氏虽伏厥辜，而罪刑未著，后世不见其事，但闻其诛，非所以垂示国典，贻之将来。宜下理官，与天下平之。②方宪等宠贵，群臣阿附唯恐不及，皆言宪受顾命之托，怀伊、吕之忠，③至乃复比邓夫人于文母。④今严威既行，皆言当死，不复顾其前后，考折厥衷。臣伏见夏阳侯瓌，每存忠善，前与臣言，常有尽节之心，检敕宾客，未尝犯法。臣闻王政骨肉之刑，有三宥之义，过厚不过薄。⑤今议者为瓌选严能相，恐其迫切，必不完免，宜裁加贷宥，以崇厚德。”和帝感酺言，徙瓌封，就国而已。

①郑玄注《周礼》云：“惷愚，痴騃也。”惷音陟降反。

②平之谓平论其罪也。

③临终之命曰顾命。

④臣贤案：邓夫人即穰侯邓叠母元也。元出入宫掖，共窦宪女婿郭举父子同

谋杀害，与窦氏同诛，语见《宪传》，故张瓌论宪兼及其党。称邓夫人者，犹如《前书》霍光妻称霍显，祁太伯母号祁夫人之类也。文母，文王之妻也。《诗》曰："既有烈考，亦有文母。"

⑤《礼记》曰"公族有罪，狱成，有司谳于公曰：'某之罪在大辟。'公曰：'宥之。'有司又曰：'在大辟。'公又曰：'宥之。'有司又曰：'在大辟。'公又曰：'宥之。'及三宥不对，走出，〔17〕致刑于甸人。公又使人追之，曰：'虽然，必宥之。'有司曰：'无及也。'反命于公，公素服如其伦之丧"也。

永元五年，迁酺为太仆。数月，代尹睦为太尉。①数上疏以疾乞身，荐魏郡太守徐防自代。帝不许，使中黄门问病，加以珍羞，赐钱三十万。酺遂称笃。时子蕃以郎侍讲，帝因令小黄门敕蕃曰："阴阳不和，万人失所，朝廷望公思惟得失，与国同心，而托病自絜，求去重任，谁当与吾同忧责者？非有望于断金也。②司徒固疾，司空年老，③公其伛偻，勿露所敕。"④酺惶恐诣阙谢，还复视事。酺虽在公位，而父常居田里，酺每有迁职，辄一诣京师。尝来候酺，适会岁节，公卿罢朝，俱诣酺府奉酒上寿，极欢卒日，众人皆庆羡之。及父卒，既葬，诏遣使赍牛酒为释服。

①《汉官仪》曰："睦字伯师，河南巩人也。"

②断金，解在《皇后纪》。

③时司徒刘方，司空张奋也。

④伛偻言恭敬从命也。《左氏传》曰："一命而偻，再命而伛，三命而俯。"

后以事与司隶校尉晏称会于朝堂，酺从容谓称曰："三府辟吏，多非其人。"称归，即奏令三府各实其掾史。酺本以私言，不意称奏之，甚怀恨。会复共谢阙下，酺因责让于称。称辞语不顺，酺怒，遂廷叱之，称乃劾奏酺有怨言。天子以酺先帝师，有诏公卿、博士、朝臣会议。司徒吕盖奏酺位居三司，知公门有仪，不屏气鞠躬以须诏命，反作色大言，怨让使臣，不可以示四远。①于是策免。

①司隶校尉督大奸猾，无所不察，故曰使臣也。

酺归里舍，谢遣诸生，闭门不通宾客。左中郎将何敞及言事者多讼酺公忠，帝亦雅重之。十(五)〔六〕年，〔18〕复拜为光禄勋。数月，代鲁恭为司徒。月馀薨。乘舆缟素临吊，赐冢茔地，赗赠恩宠异于它相。酺病临危，敕其子曰："显节陵埽地露祭，欲率天下以俭。①吾为三公，既不能宣扬王化，令吏人从制，岂可不务节约乎？其无起祠堂，可作槁盖庑，施祭其下而已。"②

①显节，明帝陵也。明帝遗诏无起寝庙，故言埽地而祭也，故酺遵奉之。

②庑，屋也。

曾孙济，好儒学，①光和中至司空，病罢。及卒，灵帝以旧恩赠车骑将军、关内侯印绶。其年，追济侍讲有劳，封子根为蔡阳卿侯。

①《华峤书》曰："蕃生磐，磐生济。济字元江。灵帝初，杨赐荐济明习典训，为侍讲。"

济弟喜，初平中为司空。

韩棱字伯师，颍川舞阳人，弓高侯穨当之后也。①世为乡里著姓。父寻，建武中为陇西太守。

①穨当，韩王信之子。见《前书》。

棱四岁而孤，养母弟以孝友称。及壮，推先父馀财数百万与从昆弟，乡里益高之。初为郡功曹，太守葛兴中风，病不能听政，棱阴代兴视事，出入二年，令无违者。兴子尝发教欲署吏，棱拒执不从，因令怨者章之。①事下案验，吏以棱掩蔽兴病，专典郡职，遂致禁锢。显宗知其忠，后诏特原之。由是征辟，五迁为尚书令，与仆射郅寿、尚书陈宠，同时俱以才能称。肃宗尝赐诸尚书剑，唯此三人特以宝剑，自手署其名曰："韩棱楚龙渊，②郅寿蜀汉文，陈宠济南椎成。"③时论者为之说：以棱渊深有谋，故得龙渊；寿明达有文章，故得汉文；宠敦朴，善不见外，故得椎成。

①章谓令上章告言之。

②《晋大康记》曰："汝南西平县有龙泉水，可淬刀剑，特坚利。"汝南即楚分野。

③椎音直追反。《汉官仪》"椎成"作"锻成"。

和帝即位，侍中窦宪使人刺杀齐殇王子都乡侯畅于上东门，有司畏宪，咸委疑于畅兄弟。诏遣侍御史之齐案其事。棱上疏以为贼在京师，不宜舍近问远，恐为奸臣所笑。窦太后怒，以切责棱，棱固执其议。及事发，果如所言。宪惶恐，白太后求出击北匈奴以赎罪。棱复上疏谏，太后不从。及宪有功，还为大将军，威震天下，复出屯武威。会帝西祠园陵，诏宪与车驾会长安。及宪至，尚书以下议欲拜之，伏称万岁。棱正色曰："夫上交不谄，下交不黩，① 礼无人臣称万岁之制。"议者皆惭而止。尚书左丞王龙私奏记上牛酒于宪，棱举奏龙，论为城旦。② 棱在朝数荐举良吏应顺、吕章、周纡等，皆有名当时。及窦氏败，棱典案其事，深竟党与，数月不休沐。帝以为忧国忘家，赐布三百匹。

①《易·下系》之辞也。

②《前书音义》曰："城旦，轻刑之名也。昼日司寇虏，夜暮筑长城，故曰城旦。"

迁南阳太守，特听棱得过家上冢，乡里以为荣。棱发擿奸盗，郡中震栗，政号严平。数岁，征入为太仆。九年冬，代张奋为司空。明年薨。

子辅，安帝时至赵相。①

①赵王良孙商之相也。

棱孙演，〔19〕顺帝时为丹阳太守，政有能名。桓帝时为司徒。① 大将军梁冀被诛，演坐阿党抵罪，以减死论，遣归本郡。② 后复征拜司隶校尉。

①演字伯南。

②《华峤书》曰"梁皇后崩，梁贵人大幸，将立，大将军冀欲分其宠，谋冒姓为贵人父，演阴许诺，及冀诛事发，演坐抵罪"也。

周荣字平孙，庐江舒人也。肃宗时，举明经，辟司徒袁安府。安数与论议，甚器之。及安举奏窦景及与窦宪争立北单于事，皆荣所具草。窦氏客太尉掾徐齮深恶之，胁荣曰："子为袁公腹心之谋，排奏窦氏，窦氏悍士刺客满城中，谨备之矣！"荣曰："荣江淮孤生，蒙先帝大恩，以历宰二城。今复得备宰士,①纵为窦氏所害,诚所甘心。”故常敕妻子,若卒遇飞祸,无得殡敛,②冀以区区腐身觉悟朝廷。及窦氏败,荣由此显名。自郾令擢为尚书令。出为颍川太守,坐法,当下狱,和帝思荣忠节,左转共令。③岁馀,复以为山阳太守。所历郡县,皆见称纪。以老病乞身,卒于家,诏特赐钱二十万,除子男兴为郎中。

①荣辟司徒府,故称宰士。

②飞祸言仓卒而死也。

③共,县名,属河内郡,故城在今卫州共城县东,即古共国也。

兴少有名誉,永宁中,尚书陈忠上疏荐兴曰:“臣伏惟古者帝王有所号令,言必弘雅,辞必温丽,垂于后世,列于典经。故仲尼嘉唐虞之文章,从周室之郁郁。①臣窃见光禄郎周兴,②孝友之行,著于闺门,清厉之志,闻于州里。蕴匵古今,博物多闻,③《三坟》之篇,《五典》之策,无所不览。④属文著辞,有可观采。尚书出纳帝命,为王喉舌。⑤臣等既愚暗,而诸郎多文俗吏,鲜有雅才,每为诏文,宣示内外,转相求请,或以不能而专己自由,辞多鄙固。兴抱奇怀能,随辈栖迟,诚可叹惜。”诏乃拜兴为尚书郎。卒。兴子景。

①《论语》孔子曰:“大哉尧之为君也,焕乎其有文章。”又曰:“周监于二代,郁郁乎文哉。吾从周。”

②光禄主郎,故曰光禄郎。

③蕴,藏也。匵,匮也。

④伏羲、神农、黄帝之书曰《三坟》;少昊、颛顼、高辛、唐、虞之书曰《五典》也。

⑤尚书为王之喉舌官也。李固对策曰:“今陛下有尚书,犹天之有北斗也。北斗为天之喉舌,尚书亦为陛下之喉舌也。”

景字仲飨。辟大将军梁冀府,稍迁豫州刺史、河内太守。好贤爱士,其拔才荐善,常恐不及。每至岁时,延请举吏入上后堂,与共宴会,如此数四,乃遣之。赠送什物,无不充备。既而选其父兄子弟,事相优异。常称曰:“臣子同贯,若之何不厚!”先是司徒韩演在河内,志在无私，举吏当行，一辞而已，恩亦不及其家。曰："我举若可矣，岂可令遍积一门！"〔20〕故当时论者议此二人。

景后征入为将作大匠。及梁冀诛，景以故吏免官禁锢。朝廷以景素著忠正，顷之，复引拜尚书令。①迁太仆、卫尉。六年，代刘宠为司空。是时宦官任人及子弟充塞列位。景初视事，与太尉杨秉举奏诸奸猾，自将军牧守以下，免者五十馀人。遂连及中常侍防东侯览、〔21〕东武阳侯具瑗，皆坐黜。朝廷莫不称之。视事二年，以地震策免。岁馀，复代陈蕃为太尉。建宁元年薨。以豫议定策立灵帝，追封安阳乡侯。

①蔡质《汉仪》曰："延熹中，京师游侠有盗发顺帝陵，卖御物于市，市长追捕不得。周景以尺一诏召司隶校尉左雄诣台对诘，雄伏于廷答对，景使虎贲左骏顿头，血出覆面，与三日期，贼便擒也。"

长子崇嗣，至甘陵相。①

①甘陵王理相也。理即章帝曾孙。

中子忠，少历列位，累迁大司农。①忠子晖，前为洛阳令，去官归。兄弟好宾客，雄江淮间，出入从车常百馀乘。及帝崩，晖闻京师不安，来候忠，董卓闻而恶之，使兵劫杀其兄弟。忠后代皇甫嵩为太尉，录尚书事，以灾异免。复为卫尉，从献帝东归洛阳。

①《吴书》曰，忠字嘉谋，与朱俊共败李傕于曹阳也。

赞曰：袁公持重，诚单所奉。①惟德不忘，延世承宠。孟侯经博，侍言帝幄。梭、荣事君，志同鹯雀。②

①单，尽也。

②《左传》曰："见无礼于其君者诛之，如鹰鹯之逐鸟雀也。"

【校勘记】

〔1〕 汝南汝阳人也　按：《集解》引惠栋说，谓《袁纪》作"汝南宛人"。

〔2〕 洛阳令身出案行　按：殿本《考证》引孙鑛说，谓"洛阳"当作"汝阳"。又

按:汲本、殿本“身”作“自”。

〔3〕　南阳太守满殷　按:汲本“满”作“蒲”。

〔4〕　左鹿蠡王阿佟　按:《集解》引惠栋说,谓《袁纪》“阿佟”作“阿修”。又引钱大昭说,谓疑即於除鞬也。“左”当作“右”。

〔5〕　至乎章和之初降者十馀万人　按:汲本“乎”作“于”。汲本、殿本“十馀万人”作“十万馀人”。

〔6〕　未蒙显赠　按:“未”原讹“求”,径据汲本、殿本改正。

〔7〕　左中郎〔将〕《集解》引何焯说,谓“左中郎”下当有“将”字。又《校补》引柳从辰说,谓《袁纪》亦作“左中郎将”,与《华峤书》同。今据补。

〔8〕　中常侍袁赦　按:《集解》引惠栋说,谓《袁纪》作“袁朗”,案《梁冀传》当作“赦”。

〔9〕　遂诛隗及术兄基等男女二十馀人　按:沈家本谓《袁绍传》注引《献帝春秋》曰:“卓使司隶宣播尽口收之,母及姊妹婴孩以上五十馀人下狱死。”《献纪》注引亦同。此传云二十馀人,恐“二”字误也。

〔10〕　识其状貌伤其眼目　按:汲本、殿本二“其”字皆作“臣”。

〔11〕　徒步师门　按:汲本“师门”下有“从师”二字。殿本无“从师”二字,《考证》云从宋本删。

〔12〕　其从父逢为太尉　按:张森楷《校勘记》谓案袁逢以太仆为司空,未尝为太尉,“尉”字疑误,否则竟谢承谬也。

〔13〕　不听(呼)〔音〕声而退　据汲本、殿本改。

〔14〕　诏袐等门闾号曰七贤　按:《御览》一五七引作“诏复袐等闾号曰七贤闾”。

〔15〕　曾孙赖吉得立　按:《刊误》谓案《前书》“立”当作“全”。

〔16〕　足以惊百　按:汲本“惊”作“警”。

〔17〕　公又曰宥之及三宥不对走出　按:《刊误》谓案今《礼记》文,注多下“公又曰宥之”五字。

〔18〕　十(五)〔六〕年复拜为光禄勋数月代鲁恭为司徒　按:《和帝纪》永元十六年秋七月庚午,光禄勋张酺为司徒,八月己酉,司徒张酺薨。今据改。

〔19〕　稜孙演　按:《桓帝纪》“演”作“缜”。沈钦韩谓《胡广传》作“缜”。李慈铭谓《吴志·周瑜传》注引张酺《汉纪》作“缜”,与《桓纪》同。

〔20〕　岂可令遍积一门　按:“遍”原作“偏”,径据汲本、殿本改。

〔21〕中常侍防东侯览　宸翰楼覆宋本《东汉书刊误》云："案览本传，览防东人，封高乡侯。今此载其侯爵，当云高乡侯，若载其本县名，则非例也。盖脱一'侯'字，误二'高乡'字。"今按刘氏之意，盖谓"防东"二字乃"高乡"之误，其下又脱一"侯"字。是刘氏所见本，亦作"中常侍防东侯览"也。殿本正文作"中常侍防东阳侯侯览"（汲本同），而引刘攽《刊误》，则删去"脱一侯字"四字，遂使读者不知刘氏所言谓何，当时校勘之粗疏如是。又《集解》引钱大昕说，谓刘据《览传》证此文当为"高乡"之误，是矣。予又疑高乡即防东之乡，故传称防东乡侯，因下文有"东武阳"字，又误"乡"为"阳"也。今按钱氏之意，盖谓疑当作"中常侍防东乡侯侯览"也。

后汉书卷四十六

郭陈列传第三十六

郭躬弟子镇　陈宠子忠

郭躬字仲孙，颍川阳翟人也。家世衣冠。父弘，习《小杜律》。① 太守寇恂以弘为决曹掾，断狱至三十年，用法平。诸为弘所决者，退无怨情，郡内比之东海于公。年九十五卒。②

①《前书》，杜周武帝时为廷尉、御史大夫，断狱深刻。少子延年亦明法律，宣帝时又为御史大夫。对父故言小。

②于公，东海人，丞相于定国父也。为郡决曹，决狱平，罗文法者，于公所决皆不恨。见《前书》也。

躬少传父业，讲授徒众常数百人。后为郡吏，辟公府。永平中，奉车都尉窦固出击匈奴，骑都尉秦彭为副。彭在别屯而辄以法斩人，固奏彭专擅，请诛之。显宗乃引公卿朝臣平其罪科。躬以明法律，召入议。议者皆然固奏，躬独曰："于法，彭得斩之。"帝曰："军征，校尉一统于督。① 彭既无斧钺，可得专杀人乎？"躬对曰："一统于督者，谓在部曲也。② 今彭专军别将，有异于此。兵事呼吸，不容先关督帅。且汉制棨戟即为斧钺，于法不合罪。"③ 帝从躬议。又有兄弟共杀人者，而罪未有所归。帝以兄不训弟，故报兄重而减弟死。中常侍孙章宣诏，误言两报重，尚书奏章矫制，罪当腰斩。帝复召躬问之，躬对"章应罚金"。帝曰："章矫诏杀人，何谓罚金？"躬曰："法令有故、误，章传命之谬，于事为误，误者其文则轻。"帝曰："章与囚同县，疑其故也。"躬曰："'周道如砥，其直如矢。'④ '君子不逆诈。'⑤ 君王法天，刑不可以委曲生意。"帝曰：

"善。"迁躬廷尉正,坐法免。

①督谓大将。

②《前书音义》曰"大将军行有五部,〔1〕部有曲"也。

③有衣之戟曰棨。

④《诗·小雅》也。如砥,贡赋平。如矢,赏罚中。

⑤《论语》孔子之言。

后三迁,元和三年,拜为廷尉。躬家世掌法,务在宽平,及典理官,决狱断刑,多依矜恕,乃条诸重文可从轻者四十一事奏之,事皆施行,著于令。章和元年,赦天下系囚在四月丙子以前减死罪一等,勿笞,诣金城,而文不及亡命未发觉者。躬上封事曰:"圣恩所以减死罪使戍边者,重人命也。今死罪亡命无虑万人,①又自赦以来,捕得甚众,而诏令不及,皆当重论。伏惟天恩莫不荡宥,死罪已下并蒙更生,而亡命捕得独不沾泽。臣以为赦前犯死罪而系在赦后者,可皆勿笞诣金城,以全人命,有益于边。"肃宗善之,即下诏赦焉。躬奏谳法科,多所生全。永元六年,卒官。中子晊,亦明法律,②至南阳太守,政有名迹。弟子镇。

①《广雅》曰:"无虑,都凡也。"

②晊音质。

镇字桓锺,少修家业。辟太尉府,再迁,延光中为尚书。及中黄门孙程诛中常侍江京等而立济阴王,镇率羽林士击杀卫尉阎景,以成大功,事在《宦者传》。再迁尚书令。太傅、三公奏镇冒犯白刃,手剑贼臣,奸党殄灭,宗庙以宁,功比刘章,①宜显爵土,以励忠贞。乃封镇为定颍侯,食邑二千户。拜河南尹,转廷尉,免。永建四年,卒于家。诏赐冢茔地。

①章,齐王肥子也,高帝孙,诛诸吕有功,封朱虚侯也。

长子贺当嗣爵,让与小弟时而逃去。积数年,诏大鸿胪下州郡追之,贺不得已,乃出受封。累迁,复至廷尉。及贺卒,顺帝追思镇功,下诏赐镇谥曰昭武侯,贺曰成侯。

贺弟祯,亦以能法律至廷尉。

镇弟子禧，①少明习家业，兼好儒学，有名誉，延熹中亦为廷尉。建宁二年，代刘宠为太尉。禧子鸿，至司隶校尉，封城安乡侯。

①许其反。

郭氏自弘后，数世皆传法律，子孙至公者一人，廷尉七人，侯者三人，刺史、二千石、侍中、中郎将者二十馀人，侍御史、正、监、平者甚众。

顺帝时，廷尉河南吴雄季高，以明法律，断狱平，起自孤宦，致位司徒。雄少时家贫，丧母，营人所不封土者，择葬其中。丧事趣辨，不问时日，(医)巫皆言当族灭，〔2〕而雄不顾。及子䜣孙恭，三世廷尉，为法名家。①〔3〕

①名为明法之家。

初，肃宗时，司隶校尉下邳赵兴亦不恤讳忌，①每入官舍，辄更缮修馆宇，移穿改筑，故犯妖禁，而家人爵禄，益用丰炽，官至颍川太守。子峻，太傅，以才器称。孙安世，鲁相。三叶皆为司隶，时称其盛。

①恤，忧也。

桓帝时，汝南有陈伯敬者，行必矩步，坐必端膝，呵叱狗马，终不言死，目有所见，不食其肉，行路闻凶，便解驾留止，还触归忌，则寄宿乡亭。①年老寝滞，不过举孝廉。后坐女婿亡吏，太守邵夔怒而杀之。时人罔忌禁者，多谈为证焉。②

①《阴阳书·历法》曰："归忌日，四孟在丑，四仲在寅，四季在子，其日不可远行归家及徙也。"

②罔，无也。

论曰：曾子云："上失其道，民散久矣。如得其情，则哀矜而勿喜。"①夫不喜于得情则恕心用，恕心用则可寄枉直矣。夫贤人君子断狱，其必主于此乎？郭躬起自佐史，小大之狱必察焉。②原其平刑审断，庶于勿喜者乎？若乃推己以议物，舍状以贪情，③法家之能庆延于世，盖由此也！

①言人离散犯法，乃自上之所为，非下之过，当哀矜之，勿以得情为喜也。见

《论语》也。

②《左传》曰："小大之狱，虽不能察，必以情。"

③秦彭、孙章不死为推己，亡命得减为贪情也。贪与探同也。

陈宠字昭公，沛国洨人也。①曾祖父咸，成哀间以律令为尚书。平帝时，王莽辅政，多改汉制，咸心非之。及莽因吕宽事诛不附己者何武、鲍宣等，②咸乃叹曰："《易》称'君子见几而作，不俟终日'，吾可以逝矣！"③即乞骸骨去职。及莽篡位，召咸以为掌寇大夫，谢病不肯应。时三子参、丰、钦皆在位，乃悉令解官，父子相与归乡里，闭门不出入，犹用汉家祖腊。④。人问其故，咸曰："我先人岂知王氏腊乎？"其后莽复征咸，遂称病笃。于是乃收敛其家律令书文，皆壁藏之。咸性仁恕，常戒子孙曰："为人议法，当依于轻，虽有百金之利，慎无与人重比。"

①洨，县名，故城在今泗州虹县西南。洨音户交反。

②平帝时，王莽辅政，隔绝平帝外家，不得至京师。莽子宇，恐帝长大后见怨，教帝舅卫宝令帝母上书求入，莽不许。宇与妇兄吕宽谋，以为莽不可说而好鬼神，乃夜以血洒莽第门，以惊惧之，事觉，并诛死。何武为前将军，王莽先从武求举，武不敢。鲍宣为司隶，免，徙之上党。吕宽事起，莽案鞠，并诛不附己者，武与宣在见诬中，皆被诛。并见《前书》。

③几者事之微，吉凶之先见者。逝，往也。

④应劭《风俗通》曰，共工之子好远游，死为祖神。汉家火行盛于午，故以午日为祖也。腊者，岁终祭众神之名。腊，接也，新故交接，故大祭以报功也。汉火行，衰于戌，故腊用戌日也。

建武初，钦子躬为廷尉左监，早卒。

躬生宠，明习家业，少为州郡吏，辟司徒鲍昱府。是时三府掾属专尚交游，以不肯视事为高。宠常非之，独勤心物务，数为昱陈当世便宜。昱高其能，转为辞曹，掌天下狱讼。①其所平决，无不厌服众心。时司徒辞讼，久者数十年，事类溷错，易为轻重，不良吏得生因缘。②宠为昱撰《辞讼比》七卷，决事科条，皆以事类相从。昱奏上之，其后公府奉以为法。

①《续汉志》曰"三公掾属二十四人,有辞曹,主讼事"也。

②因缘谓依附以生轻重也。

三迁,肃宗初,为尚书。是时承永平故事,吏政尚严切,尚书决事率近于重。宠以帝新即位,宜改前世苛俗。乃上疏曰:"臣闻先王之政,赏不僭,刑不滥,与其不得已,宁僭不滥。①故唐尧著典,'眚灾肆赦';②周公作戒,'勿误庶狱';③伯夷之典,'惟敬五刑,以成三德'。④由此言之,圣贤之政,以刑罚为首。往者断狱严明,所以威惩奸慝,奸慝既平,必宜济之以宽。⑤陛下即位,率由此义,数诏群僚,弘崇晏晏。⑥而有司执事,未悉奉承,典刑用法,犹尚深刻。断狱者急于篣格酷烈之痛,⑦〔4〕执宪者烦于诋欺放滥之文,或因公行私,逞纵威福。夫为政犹张琴瑟,大弦急者小弦绝。故子贡非臧孙之猛法,而美郑乔之仁政。⑧《诗》云:'不刚不柔,布政优优。'⑨方今圣德充塞,假于上下,⑩宜隆先王之道,荡涤烦苛之法。轻薄箠楚,以济群生;全广至德,以奉天心。"帝敬纳宠言,每事务于宽厚。其后遂诏有司,绝鉆钻诸惨酷之科,⑪〔5〕解妖恶之禁,除文致之请谳五十馀事,定著于令。⑫是后人俗和平,屡有嘉瑞。

①事见《左传》蔡大夫声子辞。

②《尚书·舜典》之辞也。眚,过也。灾,害也。肆,缓也。言过误有害,当缓赦也。

③《尚书·立政》之辞也。言文子文孙,从今以往,惟以正道理众狱勿误也。

④三德,刚、柔、正直。《尚书·吕刑》曰:"伯夷降典,折民惟刑,惟敬五刑,以成三德。"

⑤济,益也。

⑥晏晏,温和也。《尚书考灵耀》曰:"尧聪明文塞晏晏。"

⑦篣即榜也,古字通用。《声类》曰:"笞也。"《说文》曰:"格,击也。"

⑧臧孙,鲁大夫,行猛政。子贡非之曰:"夫政犹张琴瑟也,大弦急则小弦绝矣。故曰:'罚得则奸邪止,赏得则下欢悦。'子之贼心见矣。独不闻子产之相郑乎?推贤举能,抑恶扬善,有大略者不问其短,有厚德者不非小疵,家给人足,囹圄空虚。子产卒,国人皆叩心流涕,三月不闻竽琴之音。其生也见爱,死也可悲。故曰:'德莫大于仁,祸莫大于刻。'今子病而人贺,子愈而

人相惧,曰:'嗟乎!何命之不善,臧孙子又不死?'"臧孙惭而避位,终身不出。见《新序》。

⑨优优,和也。

⑩假,至也,音格。上下,天地也。

⑪《苍颉篇》曰:"鉆,持也。"《说文》曰:"鉆,铁鉗也。"其炎反。鉗音陟叶反。鉗,膑刑,谓钻去其髌骨也。钻音作唤反。

⑫文致谓前人无罪,文饰致于法中也。〔6〕

汉旧事断狱报重,常尽三冬之月,①是时帝始改用冬初十月而已。元和二年,旱,长水校尉贾宗等上言,以为断狱不尽三冬,故阴气微弱,阳气发泄,招致灾旱,事在于此。帝以其言下公卿议,宠奏曰:"夫冬至之节,阳气始萌,故十一月有兰、射干、芸、荔之应。②《时令》曰:'诸生荡,安形体。'③天以为正,周以为春。④十二月阳气上通,雉雊鸡乳,地以为正,殷以为春。⑤十三月阳气已至,天地已交,万物皆出,蛰虫始振,人以为正,夏以为春。⑥三微成著,以通三统。⑦周以天元,殷以地元,夏以人元。若以此时行刑,则殷、周岁首皆当流血,不合人心,不稽天意。《月令》曰:'孟冬之月,趣狱刑,无留罪。'⑧明大刑毕在立冬也。又:'(孟)〔仲〕冬之月,〔7〕身欲宁,事欲静。'⑨若以降威怒,不可谓宁;若以行大刑,不可谓静。议者咸曰:'旱之所由,咎在改律。'臣以为殷、周断狱不以三微,而化致康平,无有灾害。自元和以前,皆用三冬,而水旱之异,往往为患。由此言之,灾害自为它应,不以改律。秦为虐政,四时行刑,圣汉初兴,改从简易。萧何草律,季秋论囚,俱避立春之月,⑩而不计天地之正,二王之春,实颇有违。⑪陛下探幽析微,允执其中,⑫革百载之失,建永年之功,⑬上有迎承之敬,下有奉微之惠,⑭稽《春秋》之文,当《月令》之意,⑮圣功美业,不宜中疑。"书奏,帝纳之,遂不复改。

①报,论也。重,死刑也。

②《易通卦验》曰:"十一月广莫风至,则兰、夜干生。"〔8〕《月令》:"仲冬日短至,阴阳争,诸生荡,芸始生,荔挺出。"射音夜,即今之乌扇也。芸,香草。荔,马薤。

③《时令》,《月令》也。荡,动也。仲冬一阳爻生,草木皆欲萌动也。《礼记·

月令》“仲冬诸生荡，君子斋戒，安形性”也。

④正，春，皆始也。十一月万物微而未著，天以为正，而周以为岁首。

⑤十二月二阳爻生，雁北向，阳气上通，诸生皆动，始萌牙，地以为正，殷以为岁首也。《月令》“季冬，雉雊鸡乳”也。

⑥十三月今正月也，天子迎春东郊，阴阳交合，万物皆出于地，人始初见，故曰“人以为正，夏以为岁首”也。《月令》“孟春天气下降，地气上腾，天地和同，草木萌动，东风解冻，蛰虫始振”也。

⑦统者，统一岁之事。王者三正递用，周环无穷，故曰通三统。《三礼义宗》曰：“三微，三正也。言十一月阳气始施，万物动于黄泉之下，微而未著，其色皆赤，赤者阳气。故周以天正为岁，色尚赤，夜半为朔。十二月万物始牙，色白，白者阴气。故殷以地正为岁，色尚白，鸡鸣为朔。十三月万物始达，其色皆黑，人得加功以展其业。夏以人正为岁，色尚黑，平旦为朔。故曰三微。王者奉而成之，各法其一以改正朔也。”《易乾凿度》曰：“三微而成著，三著而体成。”当此之时，天地交，万物通也。

⑧臣贤案：《月令》及《淮南子》皆言季秋趣狱刑，无留罪，今言孟冬，未详其故。

⑨《月令》“仲冬，君子斋戒，身欲宁，事欲静，以待阴阳之所定”也。

⑩草谓创造之也。论，决也。

⑪言萧何不论天地之正及殷、周之春，实乖正道。

⑫允，信也。中，正也。言信执中正之道。语见《尚书》。

⑬《尚书》曰：“立功立事，可以永年。”

⑭三正之月，不用断狱，敬承天意，奉顺三微也。

⑮《春秋》于春每月书王，所以通三统也。何休注云：“二月三月皆有王者，二月殷正月，三月夏正月也。”

宠性周密，常称人臣之义，苦不畏慎。自在枢机，谢遣门人，拒绝知友，唯在公家而已。朝廷器之。①

①器，重也。

皇后弟侍中窦宪，①荐真定令张林为尚书，帝以问宠，宠对“林虽有才能，而素行贪浊”，宪以此深恨宠。林卒被用，而以臧污抵罪。及帝崩，宪等秉权，常衔宠，乃白太后，令典丧事，欲因过中之。黄门侍郎鲍德素敬宠，说宠弟夏阳侯瓌曰："陈宠奉事先帝，深见纳任，故久留台阁，赏赐有殊。今不蒙忠能之赏，而计几微之故，② 诚伤辅政容贷之德。"瓌亦好士，深然之，故得出为太山太守。

①臣贤案：《窦后纪》及《宪传》并云宪窦后兄，今诸本皆言弟，盖误也。

②几微言微细也。

后转广汉太守。西州豪右并兼，吏多奸贪，诉讼日百数。宠到，显用良吏王涣、镡显等，以为腹心，① 讼者日减，郡中清肃。先是(洛)〔雒〕县城南，②〔9〕每阴雨，常有哭声闻于府中，积数十年。宠闻而疑其故，使吏案行。还言："世衰乱时，此下多死亡者，而骸骨不得葬，傥在于是?"宠怆然矜叹，即敕县尽收敛葬之。自是哭声遂绝。

①镡音徒南反。

②(洛)〔雒〕，县名，故城在今益州雒县南也。

及窦宪为大将军征匈奴，公卿以下及郡国无不遣吏子弟奉献遗者，而宠与中山相汝南张郴、① 东平相应顺② 守正不阿。后和帝闻之，擢宠为大司农，郴太仆，顺左冯翊。

①光武子中山王焉相也。

②东平王苍孙敞之相也。

永元六年，宠代郭躬为廷尉。性仁矜。及为理官，数议疑狱，常亲自为奏，每附经典，务从宽恕，帝辄从之，济活者甚众。其深文刻敝，于此少衰。宠又钩校律令条法，溢于《甫刑》者除之。① 曰："臣闻礼经三百，威仪三千，② 故《甫刑》大辟二百，五刑之属三千。礼之所去，刑之所取，③ 失礼则入刑，相为表里者也。今律令死刑六百一十，耐罪千六百九十八，④ 赎罪以下二千六百八十一，溢于《甫刑》者千九百八十九，其四百一十大辟，千五百耐罪，七十九赎罪。《春秋保乾图》曰：'王者三百年一蠲法。'汉兴以来，三百二年，宪令稍增，科条无限。又律有三家，其说各异。宜令三公、廷尉平定律令，应经合义者，可使大辟二百，而耐罪、赎罪二千八百，并为三千，悉删除其馀令，与礼相应，以易万人视听，以致刑措之美，传之无穷。”未及施行，会坐诏狱吏与囚交通抵罪。诏特免刑，拜为尚书。迁大鸿胪。

①钩犹动也。《前书》曰：“钩校得其奸贼。”钩音工候反。溢，出也。孔安国注《尚书》曰：“吕侯后为甫侯，故或称《甫刑》也。”

②《礼记》曰：“礼经三百，曲礼三千。”郑玄注云：“《礼》篇多亡，本数未闻，其中事仪有三千也。”

③去礼之人，刑以加之，故曰取也。

④耐者，轻刑之名也。

宠历二郡三卿，所在有迹，见称当时。十六年，代徐防为司空。宠虽传法律，而兼通经书，奏议温粹，号为任职相。在位三年薨。以太常南阳尹勤代为司空。

勤字叔梁，笃性好学，屏居人外，荆棘生门，时人重其节。后以定策立安帝，封福亭侯，五百户。永初元年，以雨水伤稼，策免就国。病卒，无子，国除。

宠子忠。

忠字伯始，永初中辟司徒府，三迁廷尉正，①以才能有声称。司徒刘恺举忠明习法律，宜备机密，于是擢拜尚书，使居三公曹。②忠自以世典刑法，用心务在宽详。初，父宠在廷尉，上除汉法溢于《甫刑》者，未施行，③及宠免后遂寝。而苛法稍繁，人不堪之。忠略依宠意，奏上二十三条，〔10〕为《决事比》，④以省请谳之敝。又上除蚕室刑；⑤解臧吏三世禁锢；狂易杀人，得减重论；⑥母子兄弟相代死，听，赦所代者。事皆施行。

①正，廷尉属官也，秩千石也。

②成帝置五尚书，三公曹尚书主知断狱也。

③上音时掌反。

④比，例也，必寐反。

⑤蚕室，宫刑名也，或云犗刑也。音奇败反。作窨室畜火如蚕室。《说文》曰：“犗，騬牛也。”騬音缯。《汉旧仪》注曰“少府若卢狱有蚕室”也。

⑥狂易谓狂而易性也。

及邓太后崩，安帝始亲朝事。忠以为临政之初，宜征聘贤才，以宣助风化，数上荐隐逸及直道之士冯良、周燮、杜根、成翊世之徒。于是公车礼聘良、燮等。后连有灾异，诏举有道，公卿百僚各上封事。忠以诏书既开谏争，虑言事者必多激切，或致不能容，乃上疏豫通广帝意。曰："臣闻仁君广山薮之大，纳切直之谋；①忠臣尽謇谔之节，不畏逆耳之害。②是以高祖舍周昌桀纣之譬，③孝文嘉爰盎人豕之讥，④武帝纳东方朔宣室之正，⑤元帝容薛广德自刎之切。⑥昔晋平公问于叔向曰：'国家之患孰为大？'对曰：'大臣重禄不极谏，小臣畏罪不敢言，下情不上通，此患之大者。'公曰：'善。'于是下令曰：'吾欲进善，有谒而不通者，罪至死。'⑦今明诏崇高宗之德，⑧推宋景之诚，⑨引咎克躬，谘访群吏。言事者见杜根、成翊世等新蒙表录，显列二台，⑩必承风响应，争为切直。若嘉谋异策，宜辄纳用。如其管穴，妄有讥刺，⑪虽苦口逆耳，不得事实，且优游宽容，以示圣朝无讳之美。若有道之士，对问高者，宜垂省览，特迁一等，以广直言之路。"书御，有诏拜有道高第士沛国施延为侍中，延后位至太尉。⑫

①《左氏传》曰："川泽纳污，山薮藏疾，瑾瑜匿瑕，国君含垢，天之道也。"

②《史记》曰，赵简子有臣周舍好直谏。周舍死，简子曰："吾闻千羊之皮，不如一狐之腋；众人之唯唯，不如周舍之谔谔。"《家语》孔子曰"忠言逆耳而利于行"也。

③周昌为御史大夫，尝燕入奏事，高帝方拥戚姬，昌走出，高帝逐得，骑昌项问曰："我何如主也？"昌仰曰："陛下桀纣之主也。"上笑，不之罪也。

④文帝幸慎夫人，常与皇后同坐。后幸上林，慎夫人从，盎为中郎将，却慎夫人坐。慎夫人怒，不坐，帝亦起。盎前说曰："陛下为慎夫人，适所以祸之也。独不见人豕乎？"上大悦。人豕，解见《皇后纪》也。

⑤武帝为馆陶公主私人董偃置酒宣室，东方朔为太中大夫，谏曰："不可。夫宣室者，先帝之正处也，非法度之正不得入焉。"上曰："善。"更置酒北宫也。

⑥元帝酎祭宗庙，出便门，欲御楼船。御史大夫薛广德当车免冠谏曰："宜从桥。"诏曰："大夫冠。"广德曰："陛下不听臣，臣自刎，以血污车轮。"帝乃从桥。

⑦此已上皆见《新序》。

⑧高宗，殷王武丁也。有雉登鼎耳而雊，惧而修德，位以永年。

⑨《史记》曰，宋景公时荧惑守心星，太史子韦请移之大臣、国人与岁，公皆不听，天感其诚，荧惑为之退三舍也。

⑩谓杜根为侍御史，成翊世为尚书郎也。

⑪管穴言小也。《史记》扁鹊曰："若以管窥天，以隙视文。"隙即穴也。

⑫《谢承书》曰："延字君子，蕲县人也。少为诸生，明于《五经》，星官风角，靡有不综。家贫母老，周流佣赁。常避地于庐江临湖县种瓜，后到吴郡海盐，取卒月直，赁作半路亭父以养其母。是时吴会未分，山阴冯敷为督邮，到县，延持帚往，敷知其贤者，下车谢，使入亭，请与饮食，脱衣与之，饷饯不受。〔11〕顺帝征拜太尉，年七十六薨。"

常侍江京、李闰等皆为列侯，共秉权任。帝又爱信阿母王圣，封为野王君。忠内怀惧懑而未敢陈谏，乃作《搢绅先生论》以讽，文多故不载。①

①搢，插也。绅，大带也。

自帝即位以后，频遭元二之戹，①百姓流亡，盗贼并起，郡县更相饰匿，莫肯纠发。②忠独以为忧，上疏曰："臣闻轻者重之端，小者大之源，故堤溃蚁孔，气泄针芒。③是以明者慎微，智者识几。《书》曰：'小不可不杀。'④《诗》云：'无纵诡随，以谨无良。'⑤盖所以崇本绝末，钩深之虑也。臣窃见元年以来，盗贼连发，攻亭劫掠，多所伤杀。夫穿窬不禁，则致强盗；⑥强盗不断，则为攻盗；攻盗成群，必生大奸。故亡逃之科，宪令所急，至于通行饮食，罪致大辟。⑦而顷者以来，莫以为忧。州郡督录怠慢，长吏防御不肃，皆欲采获虚名，讳以盗贼为负。虽有发觉，不务清澄。至有逞威滥怒，无辜僵仆。或有跼蹐比伍，转相赋敛。⑧或随吏追赴，周章道路。是以盗发之家，不敢申告，邻舍比里，共相压迮，⑨或出私财，以偿所亡。其大章著不可掩者，乃肯发露。陵迟之渐，遂且成俗。寇攘诛咎，皆由于此。⑩前年勃海张伯路，可为至戒。覆车之轨，其迹不远。盖失之末流，求之本源。宜纠增旧科，以防来事。自今强盗为上官若它郡县所纠觉，一发，部吏皆正法，⑪尉贬秩一等，令长三月奉赎罪；二发，尉免官，令长贬秩一等；三发以上，令长免官。便可撰立科条，处为诏文，切敕刺史，严加纠罚。冀以猛济宽，惊惧奸慝。顷季夏大暑，而消息不协，⑫寒气错时，水涌为变。天之降异，必有其故。所举有道之士，可策问国典所务，王事过差，令处暖气不效之意。庶有谠言，以承天诫。”

①元二，解见《邓骘传》。

②更相文饰，隐匿盗贼也。

③《韩子》曰：“千丈之堤，以蝼蚁之穴而溃。”《黄帝素问》曰：“针头如芒，气出如筐”也。

④《尚书·康诰》曰：“有厥罪，小乃不可不杀。”

⑤《诗·大雅》也。言诡诳委随之人不可纵，宜即罪之，用谨敕不善之人也。

⑥《论语》孔子曰：“色厉而内荏，其犹穿窬之盗乎？”

⑦通行饮食，犹今《律》云过致资给，与同罪也。饮音荫。食音寺。

⑧《说文》曰：“蹐，小步也。”言跼身小步，畏吏之甚也。

⑨迮，迫也。

⑩寇，盗；攘，窃也。《尚书》曰“无敢寇攘”也。

⑪上官谓郡府也。若，及也。部吏谓督邮、游徼也。正法，依法也。

⑫《前书音义》曰：“息卦曰太阳，消卦曰太阴，其馀杂卦曰少阴、少阳”也。

元初三年有诏，大臣得行三年丧，服阕还职。忠因此上言：“孝宣皇帝旧令，人从军屯〔12〕及给事县官者，大父母死未满三月，皆勿徭，令得葬送。请依此制。”太后从之。至建光中，尚书令祝讽、①〔13〕尚书孟布等奏，以为“孝文皇帝定约礼之制，②光武皇帝绝告宁之典，③贻则万世，诚不可改。宜复建武故事”。忠上疏曰：“臣闻之《孝经》，始于爱亲，终于哀戚。上自天子，下至庶人，尊卑贵贱，其义一也。夫父母于子，同气异息，一体而分，三年乃免于怀抱。先圣缘人情而著其节，制服二十五月，是以《春秋》臣有大丧，君三年不呼其门，闵子虽要绖服事，以赴公难，退而致位，以究私恩，故称‘君使之非也，臣行之礼也’。④周室陵迟，礼制不序，《蓼莪》之人作诗自伤曰：‘瓶之罄矣，惟罍之耻。’⑤言己不得终竟子道者，亦上之耻也。高祖受命，萧何创制，大臣有宁告之科，合于致忧之义。⑥建武之初，新承大乱，凡诸国政，多趣简易，大臣既不得告宁，而群司营禄念私，鲜循三年之丧，以报顾复之恩者。礼义之方，实为彫损。大汉之兴，虽承衰敝，而先王之制，稍以施行。故藉田之耕，起于孝文；⑦孝廉之贡，发于孝武；⑧郊祀之礼，定于元、成；⑨三雍之序，备于显宗；⑩大臣终丧，成乎陛下。⑪圣功美业，靡以尚兹。孟子有言：'老吾老以及人之老，幼吾幼以及人之幼，天下可运于掌。'⑫臣愿陛下登高北望，以甘陵之思，揆度臣子之心，则海内咸得其所。"⑬宦竖不便之，竟寝忠奏而从讽、布议，遂著于令。

①"祝"或作"袓"。

②约，俭也。孝文帝崩，遗诏薄葬，以日易月，凡三十六日释服，后以为故事。

③《前书音义》曰："告宁，休谒之名。吉曰告，凶曰宁。古者名吏休假曰告，吏二千石有予告、赐告。予告，在官有功，法所当得也。赐告，病三月当免，天子优赐其告，使带印绶，将官属归家养疾也。"

④自此已上至"臣有大丧"，并《公羊传》之文也。闵子骞，孔子弟子也，遭丧，君使之从军，骞乃要绖而服，以从军役，事了退家，致位丧次，极尽私恩。故君使之虽非，臣从君命有礼也。

⑤《小雅·蓼莪》之诗也。蓼蓼，长大皃也。莪，萝也。言孝子忧思，中心不精，不识莪萝，误以为蒿也。其诗曰："蓼蓼者莪，匪莪伊蒿。哀哀父母，生我劬劳。瓶之罄矣，惟罍之耻。"注云："瓶小而罍大也。罄，尽也。瓶小而尽，罍大而盈。言为罍耻者，刺幽王不使富分贫，众恤寡也。"

⑥《论语》曾子曰："吾闻夫子，人未有自致者也，必也亲丧乎？"

⑦文帝二年，诏曰"农，天下之本也，其开藉田"也。

⑧武帝元光元年，初令郡国举孝廉。

⑨元帝、成帝时，匡衡、韦玄成定迭毁郊祀之礼也。

⑩三雍，明堂、辟雍、灵台也。雍，和也。解具《明纪》也。

⑪谓安帝诏大臣得行三年丧也。

⑫言敬吾老亦敬人之老，爱吾幼亦爱人之幼，有敬爱之心，则天下归顺之也。运掌言易也。

⑬甘陵，安帝母陵。陵在清河，故言北望也。

忠以久次，转为仆射。时帝数遣黄门常侍及中使伯荣往来甘陵，①而伯荣负宠骄蹇，所经郡国莫不迎为礼谒。又霖雨积时，河水涌溢，百姓骚动。忠上疏曰："臣闻位非其人，则庶事不叙；庶事不叙，则政有得失；政有得失，则感动阴阳，妖变为应。陛下每引灾自厚，不责臣司，臣司狃恩，莫以为负。②故天心未得，隔并屡臻，③青、冀之域淫雨漏河，④徐、岱之滨海水盆溢，兖、豫蝗蝝滋生，⑤荆、杨稻收俭薄，并凉二州羌戎叛戾。加以百姓不足，府帑虚匮，自西徂东，杼柚将空。⑥臣闻《洪范》五事，一曰貌，貌以恭，恭作肃，貌伤则狂，而致常雨。⑦春秋大水，皆为君上威仪不穆，临莅不严，臣下轻慢，贵幸擅权，阴气盛强，阳不能禁，故为淫雨。陛下以不得亲奉孝德皇园庙，⑧比遣中使致敬甘陵，朱轩骈马，相望道路，可谓孝至矣。⑨然臣窃闻使者所过，威权翕赫，震动郡县，王侯二千石至为伯荣独拜车下，仪体上僭，侔于人主。长吏惶怖谴责，或邪谄自媚，发人修道，缮理亭传，多设储跱，征役无度，⑩老弱相随，动有万计，赂遗仆从，人数百匹，顿踣呼嗟，莫不叩心。河间托叔父之属，⑪清河有陵庙之尊，⑫及剖符大臣，皆猥为伯荣屈节车下。陛下不问，必以陛下欲其然也。伯荣之威重于陛下，陛下之柄在于臣妾。水灾之发，必起于此。昔韩嫣托副车之乘，受驰视之使；江都误为一拜，而嫣受欧刀之诛。⑬臣愿明主严天元之尊，正乾刚之位，⑭职事巨细，皆任贤能，不宜复令女使干错万机。重察左右，得无石显泄漏之奸；⑮尚书纳言，得无赵昌谮崇之诈；⑯公卿大臣，得无朱博阿傅之援；⑰外属近戚，得无王凤害商之谋。⑱若国政一由帝命，王事每决于己，则下不得逼上，臣不得干君，常雨大水必当霁止，⑲四方众异不能为害。"书奏不省。

①伯荣，帝乳母王圣女也。

②狃音女九反。《诗》曰："将叔无狃。"注云："狃，习也。"言屡被恩贷，不以灾变为忧负也。

③隔并谓水旱不节也。《尚书》曰："一极备凶，一极亡凶。"并音必姓反。

④漏，溢也。

⑤蝝，蝗子也。

⑥杼柚谓机也。《小雅·大东》诗曰“小东大东，杼柚其空”也。

⑦《洪范五行传》辞。

⑧孝德皇，安帝父清河王庆也。

⑨朱轩车，使者所乘。骈，并也。

⑩储，积也。跱，具也。

⑪河间王开，安帝叔也。

⑫清河王延平也。陵庙所在，故曰尊。

⑬韩嫣，弓高侯之孙也。得幸于武帝。武帝猎上林中，先使嫣乘副车从数十百骑驰视兽，江都王望见以为天子，伏谒道傍。嫣驱不见，王怒，为皇太后泣言，太后衔之。后嫣出入永巷以奸闻，太后赐嫣死也。

⑭天元犹乾元也。《易》曰“大哉乾元”也。

⑮石显字君房，少时坐法腐刑，为中书令，元帝委以政事，公卿畏之，重足一迹。显恐天子一旦纳用左右间己，乃取一言为验。上尝使至诸宫征发，先白上，恐漏尽宫门闭，请诏开门，上许之。显故投夜还，诏开宫门，后果有上书告显矫诏开宫门，天子闻之笑。显泣曰：“陛下过私小臣，属任以事，群下无不嫉妒欲陷害者，唯明主能知之。”上以为然而怜之。

⑯郑崇，哀帝时为尚书仆射，数谏争，帝不许。尚书令赵昌佞谄，因奏崇与宗族通，疑有奸。上怒，下崇狱，死狱中也。

⑰哀帝时博为丞相，承傅太后指，奏免大司马傅喜，哀帝怒，下博狱，自杀也。

⑱成帝舅王凤为大将军，专权骄僭，王商为丞相，论议不能平，凤(凤)阴求商短，〔14〕使人上书告商闺门内事，商坐免。王商，宣帝舅乐昌侯王武之子，非成帝舅成都侯也。

⑲霁亦止也。

时三府任轻，机事专委尚书，而灾眚变咎，辄切免公台。①忠以为非国旧体，上疏谏曰：“臣闻‘君使臣以礼，臣事君以忠’。②故三公称曰冢宰，王者待以殊敬，在舆为下，御坐为起，③入则参对而议政事，出则监察而董是非。④汉典旧事，丞相所请，靡有不听。今之三公，虽当其名而无其实，选举诛赏，一由尚书，尚书见任，重于三公，陵迟以来，其渐久矣。臣忠心常独不安，是故临事战惧，不敢穴见有所兴造，⑤又不敢希意同僚，以谬平典，而谤讟日闻，罪足万死。近以地震策免司空陈褒，⑥

今者灾异，复欲切让三公。昔孝成皇帝以妖星守心，移咎丞相，使贲丽纳说方进，方进自引，卒不蒙上天之福，⑦徒乖宋景之诚。⑧故知是非之分，较然有归矣。又尚书决事，多违故典，罪法无例，诋欺为先，文惨言丑，有乖章宪。宜责求其意，割而勿听。上顺国典，下防威福，置方员于规矩，审轻重于衡石，⑨诚国家之典，万世之法也。”

①切，责也。

②《论语》孔子对鲁定公之辞也。

③《汉旧仪》云：“皇帝见丞相起，谒者赞称曰‘皇帝为丞相起立’，乃坐。皇帝在道，丞相迎，谒者赞称曰‘皇帝为丞相下舆立’，乃升车。”

④董，督也。

⑤穴见言不广也。

⑥褒字伯仁，庐江人也。

⑦成帝时，荧惑守心，议郎李寻奏记丞相翟方进曰：“唯君侯尽节转凶。”方进忧，不知所出。有郎贲丽善为星，言大臣宜当之。上乃召见方进，赐养牛、上尊酒，令审处焉。方进即日自杀。贲音肥。

⑧解见前文。言景公有灾，身自引咎，成帝不然，故曰徒也。

⑨衡，秤衡也。三十斤为钧，四钧为石也。

忠意常在褒崇大臣，待下以礼。其九卿有疾，使者临问，加赐钱布，皆忠所建奏。顷之，迁尚书令。延光三年，拜司隶校尉。纠正中官外戚宾客，近幸惮之，不欲忠在内。明年，出为江夏太守，复留拜尚书令，会疾卒。

初，太尉张禹、司徒徐防欲与忠父宠共奏追封和熹皇后父护羌校尉邓训，宠以先世无奏请故事，争之连日不能夺，乃从二府议。及训追加封谥，禹、防复约宠俱遣子奉礼于虎贲中郎将邓骘，宠不从，骘心不平之，故忠不得志于邓氏。及骘等败，众庶多怨之，〔15〕而忠数上疏陷成其恶，遂诋劾大司农朱宠。顺帝之为太子废也，诸名臣来历、祝讽等守阙固争，时忠为尚书令，与诸尚书复共劾奏之。及帝立，司隶校尉虞诩追奏忠等罪过，当世以此讥焉。

论曰：陈公居理官则议狱缓死，相幼主则正不僭宠，可谓有宰相之器矣。忠能承风，亦庶乎明慎用刑而不留狱。然其听狂易杀人，开父子兄弟得相代死，斯大谬矣。是则不善人多幸，而善人常代其祸，进退无所措也。

赞曰：陈、郭主刑，人赖其平。宠矜枯胔，躬断以情。忠用详密，损益有程。①施于孙子，且公且卿。②

①程，品式也。谓强盗发，贬黜令长，各有科条，故曰程也。

②施，延也。音羊豉反。

【校勘记】

〔1〕　大将军行有五部　汲本、殿本"五"作"伍"。按：五伍通。

〔2〕　(医)巫皆言当族灭　据《刊误》删。

〔3〕　为法名家　按：王先谦谓《初学记》十二引《华峤书》云"以法为名家"。

〔4〕　断狱者急于篣格酷烈之痛　按：张森楷《校勘记》谓今《说文》木部格下云"长木皃"，无击义，惟手部挌下云"击也"，与注引《说文》合，疑此"格"字及注文"格"字并是"挌"字之误。

〔5〕　绝鉆钻诸惨酷之科　按："鉆"原讹"鈷"，注同，径改正。

〔6〕　文致谓前人无罪文饰致于法中也　按：《校补》引柳从辰说，谓"前"字疑"其"字之误。

〔7〕　(孟)〔仲〕冬之月　《刊误》谓案文并注意，"孟"当作"仲"。今据改。

〔8〕　广莫风至则兰夜干生　殿本、《集解》本"夜"作"射"。按：《校补》谓射夜古本通作，故注射即音夜。

〔9〕　先是(洛)〔雒〕县城南　《集解》引钱大昕说，谓"洛"当作"雒"，广汉郡治所。今据改。注同。

〔10〕　奏上二十三条　钱大昭谓《晋书·刑法志》引作"三十三"。

〔11〕　饷饯不受　按：王先谦谓"饯"当作"钱"。

〔12〕　人从军屯　《刊误》谓"屯"当作"役"，说详下。按：《校补》谓汉时有卒更、践更、过更之律，天下人民皆应戍边三日，谓之徭戍。既云"未满三

月皆勿徭”，自系言军役，非言军屯，且屯垦者，亦不得归家送葬也。

〔13〕 尚书令祝讽　殿本此下引《刊误》谓“案文祝当作役”，宸翰楼覆宋本《东汉书刊误》作“案文祝当作祋”。今按：刘攽此条刊误，乃刊上文“人从军屯”之误，原文当作“案文屯当作役”，覆宋本《东汉书刊误》讹“屯”为“祝”，讹“役”为“祋”，而殿本引《刊误》则讹“屯”为“祝”，且皆误列于“祝讽”之下，遂扞格不可通矣。又按：“祝讽”《来历传》、《邓骘传》并作“祋讽”。

〔14〕 凤(凤)阴求商短　据汲本、殿本删。

〔15〕 众庶多怨之　《集解》引何焯说，谓“怨”当作“冤”。今按：怨冤通。

后汉书卷四十七

班梁列传第三十七

班超字仲升，扶风平陵人，〔1〕徐令彪之少子也。为人有大志，不修细节。然内孝谨，居家常执勤苦，不耻劳辱。有口辩，而涉猎书传。①永平五年，兄固被召诣校书郎，②超与母随至洛阳。家贫，常为官佣书以供养。久劳苦，尝辍业投笔叹曰："大丈夫无它志略，犹当效傅介子、张骞立功异域，以取封侯，安能久事笔研间乎？"③左右皆笑之。超曰："小子安知壮士志哉！"其后行诣相者，曰："祭酒，布衣诸生耳，④而当封侯万里之外。"超问其状。相者指曰："生燕颔虎颈，飞而食肉，此万里侯相也。"久之，显宗问固"卿弟安在"，固对"为官写书，受直以养老母"。帝乃除超为兰台令史。⑤后坐事免官。

①涉如涉水，猎如猎兽。言不能周悉，粗窥览之也。《东观记》曰："超持《公羊春秋》，〔2〕多所窥览。"

②校书郎，解见《班固传》。

③傅介子，北地人。昭帝时使西域，刺杀楼兰王，封义阳侯。张骞，汉中人，武帝时凿空开西域，封博望侯。《续汉书》作"久弄笔研乎"。《华峤书》作"久事笔耕乎"。研音砚。

④一坐所尊，则先祭酒。今称祭酒，相尊敬之词也。

⑤《续汉志》曰："兰台令史六人，秩百石，掌书劾奏及印主文书。

十六年，奉车都尉窦固出击匈奴，以超为假司马，将兵别击伊吾，战于蒲类海，多斩首虏而还。①固以为能，遣与从事郭恂俱使西域。

①伊吾，匈奴中地名，在今伊州纳职县界。《前书音义》曰"蒲类，匈奴中海名，在敦煌北"也。

超到鄯善，①鄯善王广奉超礼敬甚备，后忽更疏懈。超谓其官属曰："宁觉广礼意薄乎？此必有北虏使来，狐疑未知所从故也。明者睹未萌，况已著邪。"乃召侍胡诈之曰："匈奴使来数日，今安在乎？"侍胡惶恐，具服其状。超乃闭侍胡，悉会其吏士三十六人，与共饮，酒酣，因激怒之曰："卿曹与我俱在绝域，②欲立大功，以求富贵。今虏使到裁数日，而王广礼敬即废；如令鄯善收吾属送匈奴，骸骨长为豺狼食矣。为之奈何？"官属皆曰："今在危亡之地，死生从司马。"超曰："不入虎穴，不得虎子。当今之计，独有因夜以火攻虏，使彼不知我多少，必大震怖，可殄尽也。灭此虏，则鄯善破胆，功成事立矣。"众曰："当与从事议之。"超怒曰："吉凶决于今日。从事文俗吏，闻此必恐而谋泄，死无所名，非壮士也！"众曰："善。"初夜，遂将吏士往奔虏营。会天大风，超令十人持鼓藏虏舍后，约曰："见火然，皆当鸣鼓大呼。"馀人悉持兵弩夹门而伏。超乃顺风纵火，前后鼓噪。虏众惊乱，超手格杀三人，吏兵斩其使及从士三十馀级，馀众百许人悉烧死。③明日乃还告郭恂，恂大惊，既而色动。超知其意，举手曰："掾虽不行，班超何心独擅之乎？"恂乃悦。超于是召鄯善王广，以虏使首示之，一国震怖。超晓告抚慰，遂纳子为质。还奏于窦固，固大喜，具上超功效，并求更选使使西域。帝壮超节，诏固曰："吏如班超，何故不遣而更选乎？今以超为军司马，令遂前功。"超复受使，固欲益其兵，超曰："愿将本所从三十馀人足矣。如有不虞，多益为累。

①鄯善本西域楼兰国也，昭帝元凤四年改为鄯善。去阳关一千六百里，去长安六千一百里也。

②曹，辈也。

③《东观记》曰"斩得匈奴节使屋赖带、副使比离支首及节"也。

是时于窴王广德新攻破莎车，遂雄张南道，①而匈奴遣使监护其国。超既西，先至于窴。广德礼意甚疏。且其俗信巫。巫言："神怒何故欲向汉？汉使有騧马，急求取以祠我。"广德乃遣使就超请马。②超密知其状，报许之，而令巫自来取马。有顷，巫至，超即斩其首以送广德，因辞让之。广德素闻超在鄯善诛灭虏使，大惶恐，即攻杀匈奴使者而降超。超重赐其王以下，因镇抚焉。

①于窴国去长安九千六百七十里，南与婼羌，西与姑墨接。〔3〕莎车国去长安九千九百五十里。西域南北有大山，中央有河，东西六千馀里。〔4〕东至玉门、阳关有两道，从鄯善傍南山北波河西行，〔5〕至莎车，为南道。雄张犹炽盛也。张音丁亮反。波，傍也。波音诐。

②《续汉》及《华峤书》"騧"字并作"駭"。《说文》："马浅黑色也。"音京媚反。

时龟兹王建为匈奴所立，倚恃虏威，据有北道，攻破疏勒，杀其王，①而立龟兹人兜题为疏勒王。明年春，超从间道至疏勒。去兜题所居槃橐城九十里，逆遣吏田虑先往降之。〔6〕敕虑曰："兜题本非疏勒种，国人必不用命。若不即降，便可执之。"虑既到，兜题见虑轻弱，殊无降意。虑因其无备，遂前劫缚兜题。左右出其不意，皆惊惧奔走。虑驰报超，超即赴之，悉召疏勒将吏，说以龟兹无道之状，因立其故王兄子忠为王，②国人大悦。忠及官属皆请杀兜题，超不听，欲示以威信，释而遣之。疏勒由是与龟兹结怨。

①龟兹国居居延城，去长安七千四百八十里，南与精绝，东与且末，北与乌孙，西与姑墨接。《前书音义》龟兹音丘慈。今龟音丘勿反，〔7〕兹音沮惟反，盖急言耳。自车师前王庭随北山波河西行，至疏勒，为北道。疏勒国居疏勒城，去长安九千三百五十里也。

②《续汉书》曰"求得故王兄子榆勒立之，更名曰忠"也。

十八年，帝崩。焉耆以中国大丧，①遂攻没都护陈睦。超孤立无援，而龟兹、姑墨数发兵攻疏勒。②超守盘橐城，〔8〕与忠为首尾，士吏单少，拒守岁馀。肃宗初即位，以陈睦新没，恐超单危不能自立，下诏征超。超发还，疏勒举国忧恐。其都尉黎弇曰："汉使弃我，我必复为龟兹所灭耳。诚不忍见汉使去。"因以刀自刭。超还至于窴，王侯以下皆号泣曰："依汉使如父母，诚不可去。"互抱超马脚，不得行。超恐于窴终不听其东，又欲遂本志，乃更还疏勒。疏勒两城自超去后，复降龟兹，而与尉头连兵。③超捕斩反者，击破尉头，杀六百馀人，疏勒复安。

①焉耆国居员渠城，去长安七千三百里，北与乌孙接。

②姑墨国王居南城，去长安八千一百五十里。

③尉头国居尉头谷，去长安八千六百五十里，南与疏勒接。衣服类乌孙也。

建初三年，超率疏勒、康居、于寘、拘弥兵一万人攻姑墨石城，破之，①斩首七百级。超欲因此叵平诸国，②乃上疏请兵。曰："臣窃见先帝欲开西域，故北击匈奴，西使外国，鄯善、于寘即时向化。今拘弥、莎车、疏勒、月氏、乌孙、康居复愿归附，欲共并力破灭龟兹，平通汉道。若得龟兹，则西域未服者百分之一耳。臣伏自惟念，卒伍小吏，实愿从谷吉效命绝域，庶几张骞弃身旷野。③昔魏绛列国大夫，尚能和辑诸戎，④况臣奉大汉之威，而无铅刀一割之用乎？⑤前世议者皆曰取三十六国，号为断匈奴右臂。⑥今西域诸国，自日之所入，莫不向化，⑦大小欣欣，贡奉不绝，唯焉耆、龟兹独未服从。臣前与官属三十六人奉使绝域，备遭艰戹。自孤守疏勒，于今五载，胡夷情数，臣颇识之。问其城郭小大，皆言'倚汉与依天等'。以是效之，则葱领可通，⑧葱领通则龟兹可伐。今宜拜龟兹侍子白霸为其国王，以步骑数百送之，与诸国连兵，岁月之间，龟兹可禽。以夷狄攻夷狄，计之善者也。⑨臣见莎车、疏勒田地肥广，草牧饶衍，不比敦煌、鄯善间也，⑩兵可不费中国而粮食自足。且姑墨、温宿二王，特为龟兹所置，⑪既非其种，更相厌苦，其埶必有降反。若二国来降，则龟兹自破。愿下臣章，参考行事。诚有万分，死复何恨。臣超区区，特蒙神灵，窃冀未便僵仆，目见西域平定，陛下举万年之觞，⑫荐勋祖庙，布大喜于天下。"⑬书奏，帝知其功可成，议欲给兵。平陵人徐幹素与超同志，上疏愿奋身佐超。五年，遂以幹为假司马，将弛刑及义从千人就超。

①康居国去长安万二千三百里，不属都护。

②叵犹遂也。

③谷吉，长安人，永之父也。元帝时为卫司马，使送郅支单于侍子，为郅支所杀。张骞，武帝时为郎，使月氏，为匈奴所闭，留之十馀岁，乃亡走大宛，穷急即射禽兽给食。

④魏绛，晋大夫。晋悼公时，山戎使孟乐如晋，因魏绛纳虎豹之皮，请和诸戎。公悦，使魏绛盟诸戎。事见《左传》。辑亦和也。

⑤贾谊曰："莫邪为钝兮，铅刀为铦。"《楚词》曰："捐弃太阿，宝铅刀兮。"

⑥《前书》曰，汉遣公主为乌孙夫人，结为昆弟，则是断匈奴右臂也。哀帝时刘歆上议曰，武帝时立五属国，起朔方，伐朝鲜，起玄菟、乐浪，以断匈奴之左臂。西伐大宛，结乌孙，裂匈奴之右臂。南面以西为右也。

⑦《西域传》曰"自条支国乘水西行，可百馀日，近日所入"也。

⑧效犹验也。《西河旧事》曰："葱领山，其上多葱，因以为名。"

⑨《前书》朝错曰："以蛮夷攻蛮夷，中国之利。"

⑩敦煌今凉州县。

⑪温宿国王居温宿城，去长安八千三百五十里也。

⑫《诗》曰："跻彼公堂，称彼兕觥，万寿无疆。"《前书·兒宽传》曰："臣宽再拜上千万岁寿。"

⑬荐，进也。勋，功也。《左氏传》曰："反行饮至，舍爵策勋焉。"

先是莎车以为汉兵不出，遂降于龟兹，而疏勒都尉番辰①亦复反叛。会徐幹适至，超遂与幹击番辰，大破之，斩首千馀级，多获生口。超既破番辰，欲进攻龟兹。以乌孙兵强，宜因其力，乃上言："乌孙大国，控弦十万，故武帝妻以公主，②至孝宣皇帝，卒得其用。③今可遣使招慰，与共合力。"帝纳之。八年，拜超为将兵长史，假鼓吹幢麾。④以徐幹为军司马，别遣卫候李邑护送乌孙使者，赐大小昆弥以下锦帛。⑤

①番音潘，下同也。

②乌孙国居赤谷城，去长安八千九百里。武帝元封中，以江都王建女细君为公主，以妻乌孙，赠送甚盛，乌孙以为右夫人。

③《西域传》曰，宣帝即位，乌孙遣使上书，言匈奴连发大兵侵击乌孙，欲隔绝汉，乌孙愿发国半精兵五万骑，尽力击匈奴，唯天子出兵以救公主。汉大发十五万骑，五将军分道并出。乌孙以五万骑从西方入，至右谷蠡王庭，获四万馀级，马牛羊七十馀万。

④将兵长史，解见《和帝纪》。平帝元始二年，使谒者大司马掾持节行边兵，遣执金吾候陈茂假以钲鼓。《古今乐录》曰："横吹，胡乐也。张骞入西域，传其法于长安，唯得《摩诃兜勒》一曲，李延年因之更造新声二十八解，乘舆以

为武乐，后汉以给边将，万人将军得之。在俗用者有《黄鹄》、《陇头》、《出关》、《入关》、《出塞》、《入塞》、《折杨柳》、《黄覃子》、《赤之杨》、《望行人》十曲。”刘熙《释名》曰：“幢，童也，其貌童童然。”蔡邕《月令章句》曰：“羽，鸟翼也，以为旌幢麾也。”横吹、麾幢皆大将所有，超非大将，故言假。

⑤《前书》曰，乌孙国王先号昆莫，名猎骄靡，后书昆弥云。后代取“昆”字，靡弥声相近，音有轻重耳。昆莫既死，子孙争国，汉令立元贵靡为大昆弥，乌就屠为小昆弥，赐印绶，故有大小昆弥之号焉。

李邑始到于窴，而值龟兹攻疏勒，恐惧不敢前，因上书陈西域之功不可成，又盛毁超拥爱妻，抱爱子，安乐外国，无内顾心。超闻之，叹曰：“身非曾参而有三至之谗，恐见疑于当时矣。”① 遂去其妻。帝知超忠，乃切责邑曰：“纵超拥爱妻，抱爱子，思归之士千馀人，何能尽与超同心乎？”令邑诣超受节度。诏超：“若邑任在外者，便留与从事。”超即遣邑将乌孙侍子还京师。徐幹谓超曰：“邑前亲毁君，欲败西域，今何不缘诏书留之，更遣它吏送侍子乎？”超曰：“是何言之陋也！以邑毁超，故今遣之。内省不疚，何恤人言！② 快意留之，非忠臣也。”

①三至，解见《寇荣传》。

②疚，病也。恤，忧也。《论语》孔子曰：“内省不疚，夫何忧何惧！”《左氏传》曰：“《诗》云‘礼义不愆，何恤乎人之言’！”《诗》谓逸《诗》也。

明年，复遣假司马和恭等四人将兵八百诣超，超因发疏勒、于窴兵击莎车。莎车阴通使疏勒王忠，啖以重利，① 忠遂反从之，西保乌即城。超乃更立其府丞成大为疏勒王，悉发其不反者以攻忠。积半岁，而康居遣精兵救之，超不能下。是时月氏新与康居婚，相亲，超乃使使多赍锦帛遗月氏王，令晓示康居王，康居王乃罢兵，执忠以归其国，乌即城遂降于超。

①谓多以珍宝诱引之。啖音徒滥反。《前书》曰，高祖令陆贾往说秦将，啖以利。啖与啗同。

后三年，忠说康居王借兵，还据损中，① 密与龟兹谋，遣使诈降于超。超内知其奸而外伪许之。忠大喜，即从轻骑诣超。超密勒兵待之，为供张设乐。②酒行，乃叱吏缚忠斩之。因击破其众，杀七百馀人，南道于是遂通。

①损中，未详。《东观记》作“顿中”，《续汉》及《华峤书》并作“损中”，本或作“植”，〔9〕未知孰是也。

②供音居用反，张音竹亮反。

明年，超发于寘诸国兵二万五千人，复击莎车。而龟兹王遣左将军发温宿、姑墨、尉头合五万人救之。超召将校及于寘王议曰：“今兵少不敌，其计莫若各散去。于寘从是而东，长史亦于此西归，可须夜鼓声而发。”阴缓所得生口。龟兹王闻之大喜，自以万骑于西界遮超，温宿王将八千骑于东界徼于寘。超知二虏已出，密召诸部勒兵，鸡鸣驰赴莎车营，胡大惊乱奔走，追斩五千馀级，大获其马畜财物。莎车遂降，龟兹等因各退散，自是威震西域。

初，月氏尝助汉击车师有功，是岁贡奉珍宝、符拔、师子，①因求汉公主。超拒还其使，由是怨恨。永元二年，月氏遣其副王谢将兵七万攻超。超众少，皆大恐。超譬军士曰：“月氏兵虽多，然数千里逾葱领来，非有运输，何足忧邪？但当收谷坚守，彼饥穷自降，不过数十日决矣。”谢遂前攻超，不下，又钞掠无所得。超度其粮将尽，必从龟兹求救，〔10〕乃遣兵数百于东界要之。谢果遣骑赍金银珠玉以赂龟兹。超伏兵遮击，尽杀之，持其使首以示谢。谢大惊，即遣使请罪，愿得生归。超纵遣之。月氏由是大震，岁奉贡献。

①《续汉书》曰：“符拔，形似麟而无角。”

明年，龟兹、姑墨、温宿皆降，乃以超为都护，徐幹为长史。拜白霸为龟兹王，遣司马姚光送之。超与光共胁龟兹废其王尤利多而立白霸，使光将尤利多还诣京师。超居龟兹它乾城，徐幹屯疏勒。西域唯焉耆、危须、尉犁以前没都护，怀二心，其馀悉定。

六年秋，超遂发龟兹、鄯善等八国兵合七万人，及吏士贾客千四百人讨焉耆。兵到尉犁界，而遣晓说焉耆、尉犁、危须曰：“都护来者，欲镇抚三国。即欲改过向善，宜遣大人来迎，当赏赐王侯已下，①事毕即还。

今赐王彩五百匹。”焉耆王广遣其左将北鞬支〔11〕奉牛酒迎超。②超诘鞬支曰：“汝虽匈奴侍子，而今秉国之权。都护自来，王不以时迎，皆汝罪也。”或谓超可便杀之。超曰：“非汝所及。此人权重于王，今未入其国而杀之，遂令自疑，设备守险，岂得到其城下哉！”于是赐而遣之。广乃与大人迎超于尉犁，奉献珍物。

①大人谓其酋豪。

②鞬音九言反。

焉耆国有苇桥之险，广乃绝桥，不欲令汉军入国。超更从它道厉度。①七月晦，到焉耆，去城二十里，(正)营大泽中。〔12〕广出不意，大恐，乃欲悉驱其人共入山保。焉耆左候元孟先尝质京师，密遣使以事告超，超即斩之，示不信用。乃期大会诸国王，因扬声当重加赏赐，于是焉耆王广、尉犁王汎及北鞬支等三十人〔13〕相率诣超。其国相腹久等十七人惧诛，皆亡入海，②而危须王亦不至。坐定，超怒诘广曰：“危须王何故不到？腹久等所缘逃亡？”遂叱吏士收广、汎等于陈睦故城斩之，传首京师。因纵兵钞掠，斩首五千馀级，获生口万五千人，马畜牛羊三十馀万头，更立元孟为焉耆王。超留焉耆半岁，慰抚之。于是西域五十馀国悉皆纳质内属焉。

①由带以上为厉，由膝以下为揭，见《尔雅》也。

②“十七”字本或为“七十”。

明年，下诏曰：“往者匈奴独擅西域，寇盗河西，永平之末，城门昼闭。先帝深愍边萌婴罗寇害，〔14〕乃命将帅击右地，破白山，临蒲类，①取车师，城郭诸国震慑响应，遂开西域，置都护。而焉耆王舜、舜子忠独谋悖逆，恃其险隘，覆没都护，并及吏士。先帝重元元之命，惮兵役之兴，故使军司马班超安集于寘以西。超遂逾葱领，迄县度，②出入二十二年，莫不宾从。改立其王，而绥其人。不动中国，不烦戎士，得远夷之和，同异俗之心，而致天诛，蠲宿耻，以报将士之仇。③《司马法》曰：‘赏不逾月，欲人速睹为善之利也。’其封超为定远侯，邑千户。”④

①《西河旧事》曰：“白山之中有好木，匈奴谓之天山，去蒲类海百里。”郭义恭

《广志》曰："西域有白山，通岁有雪，亦名雪山。"破白山见《明纪》也。

②迄，至也。县度，山名。县音玄。谓以绳索县縋而过也。其处在皮山国以西，罽宾国之东也。

③致犹至也。蠲，除也。

④《东观记》曰："其以汉中郡南郑之西乡户千封超为定远侯。"故城在今洋州西乡县南。

超自以久在绝域，年老思土。十二年，上疏曰："臣闻太公封齐，五世葬周，狐死首丘，代马依风。①夫周齐同在中土千里之间，况于远处绝域，小臣能无依风首丘之思哉？蛮夷之俗，畏壮侮老。②臣超犬马齿歼，常恐年衰，奄忽僵仆，孤魂弃捐。昔苏武留匈奴中尚十九年，今臣幸得奉节带金银护西域，③如自以寿终屯部，诚无所恨，然恐后世或名臣为没西域。臣不敢望到酒泉郡，但愿生入玉门关。④臣老病衰困，冒死瞽言，谨遣子勇随献物入塞。⑤及臣生在，令勇目见中土。"而超妹同郡曹寿妻昭亦上书请超曰：

①《礼记》曰："太公封于营丘，比及五世，皆反葬于周。君子曰：'乐乐其所自生，礼不忘其本。古之人有言曰：狐死正丘首，仁也。'"郑玄注曰："正丘首，〔正首〕丘也。〔15〕"代，郡名，在赵北。《韩诗外传》曰"代马依北风，飞鸟扬故巢"也。

②案《前书》曰，匈奴，其俗壮者食肥美，老者食其馀。贵壮健，贱老弱也。

③金银谓印也。金印紫绶，银印青绶也。

④玉门关属敦煌郡，今沙州也。去长安三千六百里。关在敦煌县西北。酒泉，今肃州也。去长安二千八百五十里也。

⑤《东观记》曰"时安息遣使献大爵、师子，超遣子勇随入塞"也。

妾同产兄西域都护定远侯超，幸得以微功特蒙重赏，爵列通侯，位二千石。天恩殊绝，诚非小臣所当被蒙。超之始出，志捐躯命，冀立微功，以自陈效。会陈睦之变，道路隔绝，超以一身转侧绝域，晓譬诸国，因其兵众，每有攻战，辄为先登，身被金夷，①不避死亡。赖蒙陛下神灵，且得延命沙漠，至今积三十年。骨肉生离，不复相识。所与相随时人士众，皆已物故。超年最长，今且七十。衰老被病，头发无黑，两手不仁，[②]耳目不聪明，扶杖乃能行。虽欲竭尽其力，以报塞天恩，迫于岁暮，犬马齿索。蛮夷之性，悖逆侮老，而超旦暮入地，久不见代，恐开奸宄之源，生逆乱之心。而卿大夫咸怀一切，莫肯远虑。如有卒暴，超之气力不能从心，便为上损国家累世之功，下弃忠臣竭力之用，诚可痛也。故超万里归诚，自陈苦急，延颈逾望，三年于今，未蒙省录。[③]

①夷，伤也。

②不仁犹不遂也。

③逾，遥也。高祖逾谓黥布曰："何苦而反？"

妾窃闻古者十五受兵，六十还之，[①]亦有休息不任职也。缘陛下以至孝理天下，得万国之欢心，不遗小国之臣，况超得备侯伯之位，故敢触死为超求哀，匄超馀年。[②]一得生还，复见阙庭，使国永无劳远之虑，西域无仓卒之忧，超得长蒙文王葬骨之恩，子方哀老之惠。[③]《诗》云："民亦劳止，汔可小康，惠此中国，以绥四方。"[④]超有书与妾生诀，恐不复相见。妾诚伤超以壮年竭忠孝于沙漠，疲老则便捐死于旷野，诚可哀怜。如不蒙救护，超后有一旦之变，冀幸超家得蒙赵母、卫姬先请之贷。[⑤]妾愚戆不知大义，触犯忌讳。

书奏，帝感其言，乃征超还。

①《周礼》(卿)〔乡〕大夫职〔16〕曰："国中七尺以及六十，野自六尺以及六十有五，皆征之。"征谓赋税从征役也。《韩诗外传》曰"二十行役，六十免役"，与《周礼》国中同，即知(一)〔二十〕与《周礼》七尺同。〔17〕《〔周〕礼》国中六十免役，〔18〕野即六十有五，晚于国中五年。国中七尺从役，野六尺，即是野又早于国中五年。七尺谓二十，六尺即十五也。此言十五受兵，谓据野外为言，六十还之，据国中为说也。

②匄，乞。

③葬骨，解见《明纪》。田子方，魏文侯之师也。见君之老马弃之，曰："少尽其力，老而弃之，非仁也。"于是收而养之。事见《史记》也。

④《诗·大雅》也。汔，其也。康、绥，皆安也。言先施恩惠于中国，然后乃安四方。

⑤赵母谓赵奢之妻，赵括之母也。惧括败，先请，得不坐。事见《史记》。卫姬者，齐桓公之姬。桓公与管仲谋伐卫，桓公入，姬请卫之罪。事见《列女传》也。

超在西域三十一岁。十四年八月至洛阳，拜为射声校尉。超素有匈胁疾，既至，病遂加。帝遣中黄门问疾，赐医药。其年九月卒，年七十一。朝廷愍惜焉，使者吊祭，赠赗甚厚。子雄嗣。

初，超被征，以戊己校尉任尚为都护。[19]与超交代。尚谓超曰：[20]“君侯在外国三十馀年，而小人猥承君后，任重虑浅，宜有以诲之。”超曰：[21]“年老失智，任君数当大位，岂班超所能及哉！必不得已，愿进愚言。塞外吏士，本非孝子顺孙，皆以罪过徙补边屯。而蛮夷怀鸟兽之心，难养易败。今君性严急，水清无大鱼，察政不得下和。①宜荡佚简易，宽小过，总大纲而已。”超去后，尚私谓所亲曰：“我以班君当有奇策，今所言平平耳。”尚至数年，而西域反乱，以罪被征，如超所戒。

①《家语》孔子曰：“水至清则无鱼，人至察则无徒。”

有三子。长子雄，累迁屯骑校尉。会叛羌寇三辅，诏雄将五营兵屯长安，就拜京兆尹。雄卒，子始嗣，尚清河孝王女阴城公主。主顺帝之姑，贵骄淫乱，与嬖人居帷中，而召始入，使伏床下。始积怒，永建五年，遂拔刃杀主。帝大怒，腰斩始，同产皆弃市。超少子勇。

勇字宜僚，少有父风。永初元年，西域反叛，以勇为军司马。与兄雄俱出敦煌，迎都护及西域甲卒而还。因罢都护。后西域绝无汉吏十馀年。

元初六年，敦煌太守曹宗遣长史索班将千馀人屯伊吾，车师前王及鄯善王皆来降班。后数月，北单于与车师后部遂共攻没班，[22]进击走前王，略有北道。鄯善王急，求救于曹宗，宗因此请出兵五千人击匈奴，报索班之耻，因复取西域。邓太后召勇诣朝堂会议。先是公卿多以为宜闭玉门关，遂弃西域。勇上议曰：“昔孝武皇帝患匈奴强盛，兼总百蛮，以逼障塞。于是开通西域，离其党与，论者以为夺匈奴府藏，断其右臂。遭王莽篡盗，征求无猒，胡夷忿毒，遂以背叛。光武中兴，未遑外事，故匈奴负强，驱率诸国。及至永平，再攻敦煌，河西诸郡，城门昼闭。孝明皇帝深惟庙策，①乃命虎臣，出征西域，②故匈奴远遁，边境得安。及至永元，莫不内属。会间者羌乱，西域复绝，北虏遂遣责诸国，备其逋租，高其价直，严以期会。鄯善、车师皆怀愤怨，思乐事汉，其路无从。前所以时有叛者，皆由牧养失宜，还为其害故也。今曹宗徒耻于前负，欲报雪匈奴，而不寻出兵故事，未度当时之宜也。夫要功荒外，万无一成，若兵连祸结，悔无及已。况今府藏未充，师无后继，是示弱于远夷，暴短于海内，臣愚以为不可许也。旧敦煌郡有营兵三百人，今宜复之，复置护西域副校尉，居于敦煌，如永元故事。又宜遣西域长史将五百人屯楼兰，西当焉耆、龟兹径路，南强鄯善、于寘心胆，北扞匈奴，东近敦煌。如此诚便。”

①古者谋事必就祖，故言“庙策”也。

②《毛诗》曰：“进厥虎臣，阚如虓虎。”

尚书问勇曰：“今立副校尉，何以为便？又置长史屯楼兰，利害云何？”勇对曰：“昔永平之末，始通西域，初遣中郎将居敦煌，后置副校〔尉〕于车师，〔23〕既为胡虏节度，又禁汉人不得有所侵扰。故外夷归心，匈奴畏威。今鄯善王尤还，①汉人外孙，若匈奴得志，则尤还必死。此等虽同鸟兽，亦知避害。若出屯楼兰，足以招附其心，愚以为便。”长乐卫尉镡显、廷尉綦毋参、〔24〕司隶校尉崔据难曰：“朝廷前所以弃西域者，以其无益于中国而费难供也。今车师已属匈奴，鄯善不可保信，一旦反覆，班将能保北虏不为边害乎？”②勇对曰：“今中国置州牧者，以禁郡县奸猾盗贼也。若州牧能保盗贼不起者，臣亦愿以要斩保匈奴之不为边害也。今通西域则虏埶必弱，虏埶(必)弱则为患微矣。〔25〕孰与归其府藏，续其断臂哉！今置校尉以扞抚西域，设长史以招怀诸国，若弃而不立，则西域望绝。望绝之后，屈就北虏，缘边之郡将受困害，恐河西城门必复有昼闭之儆矣。今不廓开朝廷之德，而拘屯戍之费，若北虏遂炽，岂安边久长之策哉！”太尉属毛轸难曰：“今若置校尉，则西域骆驿遣使，求索无猒，与之则费难供，不与则失其心。一旦为匈奴所迫，当复求救，则为役大矣。”勇对曰：“今设以西域归匈奴，而使其恩德大汉，不为钞盗则可矣。如其不然，则因西域租入之饶，兵马之众，以扰动缘边，是为富仇雠之财，增暴夷之埶也。置校尉者，宣威布德，以系诸国内向之心，以疑匈奴觊觎之情，而无财费耗国之虑也。且西域之人无它求索，其来入者，不过稟食而已。今若拒绝，埶归北属，夷虏并力以寇并、凉，则中国之费不止千亿。置之诚便。”于是从勇议，复敦煌郡营兵三百人，置西域副校尉居敦煌。虽复羁縻西域，然亦未能出屯。其后匈奴果数与车师共入寇钞，河西大被其害。

①尤还，王名。

②以勇为军司马，故以将言之。将音子亮反。

延光二年夏，复以勇为西域长史，将兵五百人出屯柳中。①明年正月，勇至楼兰，以鄯善归附，特加三绶。〔26〕而龟兹王白英犹自疑未下，勇开以恩信，白英乃率姑墨、温宿自缚诣勇降。勇因发其兵步骑万馀人到车师前王庭，击走匈奴伊蠡王于伊和谷，收得前部五千馀人，于是前部始复开通。还，屯田柳中。

①柳中，今西州县。

四年秋，勇发敦煌、张掖、酒泉六千骑及鄯善、疏勒、车师前部兵击后部王军就，大破之。①首虏八千馀人，马畜五万馀头。捕得军就及匈奴持节使者，将至索班没处斩之，以报其耻，传首京师。永建元年，更立后部故王子加特奴为王。勇又使别校诛斩东且弥王，亦更立其种人为王，②于是车师六国悉平。

①军就，名也。

②且音子余反。

其冬，勇发诸国兵击匈奴呼衍王，呼衍王亡走，其众二万馀人皆降。捕得单于从兄，勇使加特奴手斩之，以结车师匈奴之隙。北单于自将万馀骑入后部，至金且谷，勇使假司马曹俊驰救之。单于引去，俊追斩其贵人骨都侯，于是呼衍王遂徙居枯梧河上。是后车师无复虏迹，城郭皆安。唯焉耆王元孟未降。

二年，勇上请攻元孟，于是遣敦煌太守张朗将河西四郡兵三千人配勇。①因发诸国兵四万馀人，分骑为两道击之。勇从南道，朗从北道，约期俱至焉耆。而朗先有罪，欲徼功自赎，遂先期至爵离关，遣司马将兵前战，首虏二千馀人。元孟惧诛，逆遣使乞降，张朗径入焉耆受降而还。元孟竟不肯面缚，唯遣子诣阙贡献。朗遂得免诛。勇以后期，徵下狱，免。后卒于家。

①河西四郡，金城、敦煌、张掖、酒泉。

梁慬字伯威，①北地弋居人也。②父讽，历州宰。永元元年，车骑将军窦宪出征匈奴，除讽为军司马，令先赍金帛使北单于，宣国威德，其归附者万馀人。后坐失宪意，髡输武威，武威太守承旨杀之。窦氏既灭，和帝知其为宪所诬，征慬，除为郎中。

①慬音勤。

②弋居，县名。《郡国志》曰有铁官。

慬有勇气，常慷慨好功名。初为车骑将军邓鸿司马，再迁，延平元年拜西域副校尉。慬行至河西，会西域诸国反叛，攻都护任尚于疏勒。尚上书求救，诏慬将河西四郡羌胡五千骑驰赴之，慬未至而尚已得解。会征尚还，以骑都尉段禧为都护，西域长史赵博为骑都尉。禧、博守它乾城。它乾城小，慬以为不可固，乃谲说龟兹王白霸，欲入共保其城，白霸许之。吏人固谏，白霸不听。慬既入，遣将急迎禧、博，合军八九千人。龟兹吏人并叛其王，而与温宿、姑墨数万兵反，共围城。慬等出战，大破之。连兵数月，胡众败走，乘胜追击，凡斩首万馀级，获生口数千人，骆驼畜产数万头，龟兹乃定。而道路尚隔，檄书不通。岁馀，朝廷忧之。公卿议者以为西域阻远，数有背叛，吏士屯田，其费无已。永初元年，遂罢都护，遣骑都尉王弘发关中兵迎慬、禧、博及伊吾卢、柳中屯田吏士。

二年春，还至敦煌。会众羌反叛，朝廷大发兵西击之，逆诏慬留为诸军援。慬至张掖日勒。[①]羌诸种万馀人攻亭候，杀略吏人。慬进兵击，大破之，乘胜追至昭武，[②]虏遂散走，其能脱者十二三。及至姑臧，羌大豪三百馀人诣慬降，并慰譬遣还故地，河西四郡复安。

①日勒，县名，属张掖郡，故城在今甘州删丹县东南。

②县名，属张掖郡，故城在今甘州张掖县西北也。

慬受诏当屯金城，闻羌转寇三辅，迫近园陵，即引兵赴击之，转战武功美阳关。[①]慬临阵被创，不顾，连破走之，尽还得所掠生口，获马畜财物甚众，羌遂奔散。朝廷嘉之，数玺书劳勉，委以西方事，令为诸军节度。

①美阳，县名，故城在武功县北七里，于其所置关。

三年冬，南单于与乌桓大人俱反。以大司农何熙行车骑将军事，中郎将庞雄为副，将羽林五校营士，及发缘边十郡兵二万馀人，[①]又辽东太守耿夔率将鲜卑种众共击之，诏慬行度辽将军事。庞雄与耿夔共击匈奴奥鞬日逐王，破之。单于乃自将围中郎将耿种于美稷，连战数月，攻之转急，种移檄求救。明年正月，慬将八千馀人驰往赴之，至属国故城，与匈奴左将军、乌桓大人战，破斩其渠帅，杀三千馀人，虏其妻子，获财物甚众。单于复自将七八千骑迎攻，围慬。慬被甲奔击，所向皆破，虏遂引还虎泽。三月，何熙军到五原曼柏，[②]暴疾，不能进，遣庞雄与慬及耿种步骑万六千人攻虎泽。连营稍前，单于惶怖，遣左奥鞬日逐王诣慬乞降，慬乃大陈兵受之。单于脱帽徒跣，面缚稽颡，纳质。会熙卒于师，即拜慬度辽将军。庞雄还为大鸿胪。雄，巴郡人，有勇略，称为名将。

①缘边十郡谓五原、云中、定襄、雁门、朔方、代郡、上谷、渔阳、辽西、右北平。

②曼柏，县名，属五原郡。

明年，安定、北地、上郡皆被羌寇，谷贵人流，不能自立。诏慬发边兵迎三郡太守，使将吏人徙扶风界。慬即遣南单于兄子优孤涂奴将兵迎之。既还，慬以涂奴接其家属有劳，辄授以羌侯印绶，坐专擅，征下狱，抵罪。明年，校书郎马融上书讼慬与护羌校尉庞参，有诏原刑。语在《庞参传》。

会叛羌寇三辅，关中盗贼起，拜慬谒者，将兵击之。至湖县，病卒。

何熙字孟孙，陈国人。少有大志。永元中，为谒者。身长八尺五寸，善为威容，赞拜殿中，音动左右。和帝伟之，擢为御史中丞，历司隶校尉、大司农。及在军临殁，遗言薄葬。三子：临，瑾，阜。临、瑾并有政能。阜俊才早没。临子衡，为尚书，以正直称，坐讼李膺等下狱，免官，废于家。

论曰：时政平则文德用，而武略之士无所奋其力能，故汉世有发愤张胆，争膏身于夷狄以要功名，多矣。祭肜、耿秉启匈奴之权，班超、梁慬奋西域之略，卒能成功立名，享受爵位，荐功祖庙，勒勋于后，亦一时之志士也。

赞曰：定远慷慨，专功西遐。坦步葱、雪，咫尺龙沙。① 慬亦抗愤，勇乃负荷。②

①葱领、雪山，白龙堆沙漠也。八寸曰咫。坦步言不以为艰，咫尺言不以为远也。

②《左传》曰："其父析薪，其子弗克负荷。"言勇能继超之功业。

【校勘记】

〔1〕 扶风平陵人　按：《班彪传》云扶风安陵人，钱大昕谓当有一误。《校补》引柳从辰说，谓《东观记》载班超亦为安陵人，则作"平陵"者误。

〔2〕 超持公羊春秋　按：王先谦谓"持"当为"治"，避唐高宗讳改。

〔3〕 西与姑墨接　按：《校补》谓《前书·西域传》作"北与姑墨接"。

〔4〕 东西六千馀里　按："千"原讹"十"，径改正。

〔5〕 傍南山北波河西行　按：《西域传》"波"作"陂"。下一二行注"随北山波河西行"同。

〔6〕　逆遣吏田虑先往降之　《袁宏纪》"田虑"作"陈宪"。惠栋谓古陈田字通,"宪"当为"虑",字之误也。今按:虑宪形近,未知孰讹。

〔7〕　今龟音丘勿反　按:龟无入声,"勿"字疑讹。

〔8〕　超守盘橐城　按汲本、殿本"盘"作"槃"。

〔9〕　本或作植　按:《通鉴》胡注引"植"作"桢",胡氏谓案《西域传》,灵帝建宁三年,凉州刺史孟佗遣兵讨疏勒,攻桢中城,"桢中"是也。

〔10〕　必从龟兹求救　按:《集解》引惠栋说,谓《袁宏纪》"救"作"食"。

〔11〕　遣其左将北鞬支　按:《集解》引惠栋说,谓"北"一作"比"。《校补》引钱大昭说,谓闽本作"比"。

〔12〕　(正)营大泽中　按:《刊误》谓案文"正"当作"止"。《集解》引惠栋说,谓案《袁宏纪》,"正"字当衍。今依惠说删"正"字。

〔13〕　尉犁王汎及北鞬支等三十人　按:《集解》引王补说,谓《袁宏纪》"汎"作"沈"。又引惠栋说,谓《袁纪》作"四十一人"。

〔14〕　先帝深愍边萌婴罗寇害　"萌"汲本、殿本作"氓"。今按:"氓"亦作"萌",音义并同。又"罗"汲本、殿本作"罹"。今按:罗罹通。

〔15〕　正丘首〔正首〕丘也　据《集解》本补,与《礼·檀弓》郑注合。

〔16〕　周礼(卿)〔乡〕大夫职　据殿本改。

〔17〕　即知(一)〔二十〕与周礼七尺同　据《刊误》改。

〔18〕　〔周〕礼国中六十免役　据《刊误》补。

〔19〕　以戊己校尉任尚为都护　按:《刊误》谓是时但有戊校尉,多"己"字。

〔20〕　尚谓超曰　按:《集解》引王补说,谓《袁宏纪》作"尚与超书曰"。

〔21〕　超曰　按:《集解》引王补说,谓据《袁纪》尚与超书,则超此语亦答书,非面论也。

〔22〕　元初六年至遂共攻没班　按:《集解》引《通鉴考异》,谓案本纪及《车师传》,皆云永宁元年事,盖班以去年末屯伊吾,今春见杀,或今春奏事方到也。

〔23〕　后置副校〔尉〕于车师　据汲本、殿本补。

〔24〕　廷尉綦母参　按:《集解》本"母"作"毋",《校补》谓据《通鉴》正。

〔25〕　虏埶(必)弱则为患微矣　据《刊误》删。

〔26〕　特加三绶　按:《集解》引《通鉴》胡注,谓"三绶"疑当作"王绶"。

后汉书卷四十八

杨李翟应霍爰徐列传第三十八

杨终字子山，蜀郡成都人也。年十三，为郡小吏，太守奇其才，遣诣京师受业，习《春秋》。①显宗时，征诣兰台，拜校书郎。

①《袁山松书》曰："时蜀郡有雷震决曹，终上白记，以为断狱烦苛所致，太守乃令终赋雷电之意，而奇之也。"

建初元年，大旱谷贵，终以为广陵、楚、淮阳、济南之狱，徙者万数，又远屯绝域，吏民怨旷，乃上疏曰："臣闻'善善及子孙，恶恶止其身'，百王常典，不易之道也。①秦政酷烈，违牾天心，一人有罪，延及三族。②高祖平乱，约法三章。太宗至仁，除去收孥。③万姓廓然，蒙被更生，泽及昆虫，功垂万世。陛下圣明，德被四表。今以比年久旱，灾疫未息，④躬自菲薄，广访失得，三代之隆，无以加焉。臣窃桉《春秋》水旱之变，皆应暴急，惠不下流。自永平以来，仍连大狱，有司穷考，转相牵引，掠考冤滥，家属徙边。加以北征匈奴，西开三十六国，频年服役，转输烦费。又远屯伊吾、楼兰、车师、戊己，民怀土思，〔1〕怨结边域。传曰：'安土重居，谓之众庶。'⑤昔殷民近迁洛邑，且犹怨望，⑥何况去中土之肥饶，寄不毛之荒极乎？⑦且南方暑湿，障毒互生。愁困之民，足以感动天地，移变阴阳矣。陛下留念省察，以济元元。"书奏，肃宗下其章。司空第五伦亦同终议。太尉牟融、司徒鲍昱、校书郎班固等难伦，以施行既久，孝子无改父之道，先帝所建，不宜回异。终复上书曰："秦筑长城，功役繁兴，胡亥不革，卒亡四海。故孝元弃珠崖之郡，光武绝西域之国，不以介鳞易我衣裳。⑧鲁文公毁泉台，《春秋》讥之曰'先祖为之而己毁之，不如勿居而已'，以其无妨害于民也。⑨襄公作三军，昭公舍之，君子大其复古，以为不舍则有害于民也。⑩今伊吾之役，楼兰之屯，久而未还，非天意也。"帝从之，听还徙者，悉罢边屯。

①《春秋》："昭公二十年，曹公孙会自鄸出奔宋。"《公羊传》曰："畔也。曷为不言畔？为公子喜时之后讳也。《春秋》为贤者讳也。何贤乎公子喜时？让国也。君子善善也长，恶恶也短，恶恶止其身，善善及子孙。贤者子孙，故君子为之讳。"

②《前书音义》曰："父族、母族、妻族也。"

③太宗，文帝也。《史记》曰："文帝德至盛也，岂不仁哉。"除去收孥相坐之律也。

④"灾"字或作"牛"。疫，病也。

⑤元帝诏曰"安土重迁，黎人之性"也。

⑥《尚书·盘庚序》曰："盘庚五迁，将治亳，殷人咨胥怨。"亳，今河南偃师，故曰"近迁洛邑"。

⑦毛，草也。《尔雅》曰："孤竹、北户、西王母、日下谓之四荒。"又曰："东至于泰远，西至于邠国，南至于濮鈆，北至于祝栗，谓之四极。"言不毛、荒极，直论远耳，非必此地也。

⑧元帝初元三年，珠崖郡反，待诏贾捐之以为宜弃珠崖，救人饥饿，乃罢珠崖郡。光武二十一年，鄯善、车师王等十六国皆遣子入侍，请都护。帝以中国初定，未遑外事，还其侍子，厚加赏赐。介鳞喻远夷，言其人与鱼鳖无异也。衣裳谓中国也。杨雄《法言》曰："珠崖之绝，捐之之力也，否则鳞介易我衣裳。"

⑨《公羊传》曰"毁泉台何以书？讥尔。筑之讥，毁之讥，先祖为之而己毁之，勿居而已"也。

⑩《公羊传》曰："襄公十一年作三军。三军者何？三卿也。"昭公五年传曰："舍中军。舍中军者何？复古也。"言舍之与留，量时制宜也。

终又言："宣帝博征群儒，论定《五经》于石渠阁。方今天下少事，学者得成其业，而章句之徒，破坏大体。宜如石渠故事，永为后世则。"于是诏诸儒于白虎观论考同异焉。会终坐事系狱，博士赵博、校书郎班固、贾逵等，以终深晓《春秋》，学多异闻，表请之，终又上书自讼，即日贯出，乃得与于白虎观焉。①后受诏删《太史公书》为十馀万言。

①与音预。

时太后兄卫尉马廖，谨笃自守，不训诸子。终与廖交善，以书戒之曰：“终闻尧舜之民，可比屋而封；桀纣之民，可比屋而诛。①何者？尧舜为之堤防，桀纣示之骄奢故也。《诗》曰：‘皎皎练丝，在所染之。’②上智下愚，谓之不移；中庸之流，要在教化。《春秋》杀太子母弟，直称君甚恶之者，坐失教也。③《礼》制，人君之子年八岁，为置少傅，教之书计，以开其明；④十五置太傅，教之经典，以道其志。汉兴，诸侯王不力教诲，多触禁忌，故有亡国之祸，而乏嘉善之称。今君位地尊重，海内所望，岂可不临深履薄，以为至戒！〔2〕黄门郎年幼，血气方盛，⑤既无长君退让之风，⑥而要结轻狡无行之客，纵而莫诲，视成任性，⑦鉴念前往，〔3〕可为寒心。君侯诚宜以临深履薄为戒。”廖不纳。子豫后坐县书诽谤，⑧廖以就国。

①事见陆贾《新语》。

②逸诗也。皎皎，白貌也。《墨子》曰：“墨子见染丝者叹曰：‘染于苍则苍，染于黄则黄，故染不可不慎也。’”

③《公羊传》曰：“晋侯杀其太子申生。曷为直称晋侯？曰以杀其太子母弟，直称君者甚之也。”〔4〕

④《大戴礼》曰：“古者八岁出就外舍，学小蓺焉，履小节焉。”又曰：“为置三少，曰少保、少傅、少师，是与太子宴者也。”《礼记·内则》曰“十年出就外傅，居宿于外学书计”也。

⑤廖子防及光俱为黄门郎。〔5〕孔子曰“及其壮也，血气方刚，戒之在斗”也。

⑥文帝窦后兄长君，弟广国字少君，此两人所出微，绛、灌等选长者之有节行者与之居，〔6〕长君、少君由此为退让君子，不敢以富贵骄人也。

⑦《马防传》曰“兄弟贵盛，宾客奔凑，四方毕至，数百馀人皆为食客”也。

⑧县音悬。

终兄凤为郡吏，太守廉范为州所考，遣凤候终，终为范游说，坐徙北地。①帝东巡狩，凤皇黄龙并集，终赞颂嘉瑞，上述祖宗鸿业，凡十五章，奏上，诏贯还故郡。著《春秋外传》十二篇，改定章句十五万言。永元十二年，征拜郎中，以病卒。②

①《益部耆旧传》曰"终徙于北地望松县，而母于蜀物故。终自伤被罪充边，乃作《晨风》之诗以舒其愤"也。

②《袁山松书》曰"侍中贾逵荐终博达忠直，征拜郎中。及卒，赐钱二十万"也。

李法字伯度，汉中南郑人也。博通群书，性刚而有节。和帝永元九年，应贤良方正对策，除博士，迁侍中、光禄大夫。岁馀，上疏以为朝政苛碎，违永平、建初故事；宦官权重，椒房宠盛；又讥史官记事不实，后世有识，寻功计德，必不明信。坐失旨，下有司，免为庶人。还乡里，杜门自守。故人儒生时有候之者，言谈之次，问其不合上意之由，法未尝应对。友人固问之，法曰："鄙夫可与事君乎哉？苟患失之，无所不至。①孟子有言：'夫仁者如射，正己而后发。发而不中，不怨胜己者，反诸身而已矣。'"②在家八年，征拜议郎、谏议大夫，正言极辞，无改于旧。出为汝南太守，政有声迹。后归乡里，卒于家。

①此以上《论语》孔子之言也。郑玄注云："无所不至谓谄佞邪媚，无所不为也。"

②《孟子·公孙丑篇》之言也。反诸身而已，言克己自责，不责人也。

翟酺字子超，广汉雒人也。①四世传《诗》。酺好《老子》，尤善图纬、天文、历算。以报舅仇，当徙日南，亡于长安，为卜相工，后牧羊凉州。遇赦还。仕郡，征拜议郎，迁侍中。

①雒属广汉郡，漳山雒水所出，南入湔，故城在今雒县南。湔音子田反。

时尚书有缺，诏将大夫六百石以上试对政事、天文、道术，以高第者补之。酺自恃能高，而忌故太史令孙懿，恐其先用，乃往候懿。既坐，言无所及，唯涕泣流连。懿怪而问之，酺曰："图书有汉贼孙登，将以才智为中官所害。观君表相，似当应之。①酺受恩接，凄怆君之祸耳！"懿忧惧，移病不试。②由是酺对第一，拜尚书。

①《春秋保乾图》曰“汉贼臣，名孙登，大形小口，长七尺九寸，巧用法，多技方，《诗书》不用，贤人杜口”也。

②移病谓作文移而称病也。

时安帝始亲政事，追感祖母宋贵人，悉封其家。又元舅耿宝及皇后兄弟阎显等并用威权。酺上疏谏曰：

臣闻微子佯狂而去殷，叔孙通背秦而归汉，彼非自疏其君，时不可也。臣荷殊绝之恩，蒙值不讳之政，岂敢雷同受宠，而以戴天履地。①伏惟陛下应天履祚，历值中兴，当建太平之功，而未闻致化之道。盖远者难明，请以近事征之。昔窦、邓之宠，倾动四方，兼官重绂，盈金积货，至使议弄神器，改更社稷。②岂不以埶尊威广，以致斯患乎？及其破坏，头颡墯地，愿为孤豚，岂可得哉！③夫致贵无渐失必暴，受爵非道殃必疾。今外戚宠幸，功均造化，汉元以来，未有等比。陛下诚仁恩周洽，以亲九族。然禄去公室，政移私门，覆车重寻，宁无摧折。④而朝臣在位，莫肯正议，翕翕訿訿，更相佐附。⑤臣恐威权外假，归之良难，虎翼一奋，卒不可制。⑥故孔子曰“吐珠于泽，谁能不含”；⑦老子称“国之利器，不可以示人”。⑧此最安危〔之极〕戒，〔7〕社稷之深计也。

①雷之发声，物皆同应，言无是非者谓之雷同。《礼记》曰：“无雷同。”《左传》曰“君履后土而戴皇天”也。

②神器谓天位也。《老子》曰：“天下神器，不可为也。”窦宪出入禁中，得幸太后，图为杀害。帝知其谋，诛之。邓太后崩，宫人告邓悝、邓弘等取废帝故事，谋立平原王得。帝闻，遂免邓氏为庶人也。

③《庄子》曰，或聘庄子，庄子谓其使曰：“子见夫牺牛乎？衣以文绣，食以刍菽。及其牵而入于太庙，欲为孤犊，其可得乎？”此作“豚”，不同也。

④贾谊曰“谚云前车覆，后车诫”也。

⑤《诗·小雅》曰：“翕翕訿訿，亦孔之哀。”《毛传》曰：“翕翕然患其上，訿訿然不思称职。”《尔雅》曰：“翕翕，訿訿，莫供职也。”訿音将徙反。“訾”与“訿”古字通。

⑥《韩诗外传》曰：“无为虎傅翼，将飞入邑，择人而食。”夫置不肖之人于位，是

为虎傅翼也。

⑦《春秋保乾图》曰："臣功大者主威侵，权并族害(尸)〔己〕奸行，〔8〕吐珠于泽，谁能不含。"谕君之权柄外假，则必竞取以为己利，犹珠出于泽中，谁能不含取以为己宝也。吐犹出也。

⑧《老子道经》曰："鱼不可脱于泉，国之利器不可以示人。"河上公注曰："利器谓权道也。理国权道，不可以示执事之臣。"

夫俭德之恭，政存约节。①故文帝爱百金于露台，饰帷帐于皂囊。②或有讥其俭者，上曰："朕为天下守财耳，岂得妄用之哉！"至仓谷腐而不可食，钱贯朽而不可校。今自初政已来，日月未久，费用赏赐已不可算。敛天下之财，〔9〕积无功之家，帑藏单尽，民物彫伤，卒有不虞，复当重赋百姓，怨叛既生，危乱可待也。

①《左氏传》鲁大夫御孙曰"俭，德之恭；侈，恶之大"也。

②文帝常欲作露台，计直百金。曰："百金中人十家之产，何以台为？"遂止不作。又东方朔曰："文帝集上书囊以为殿帷。"

昔成王之政，周公在前，邵公在后，毕公在左，史佚在右，四子挟而维之。目见正容，耳闻正言，一日即位，天下旷然，言其法度素定也。今陛下有成王之尊而无数子之佐，虽欲崇雍熙，致太平，其可得乎？

自去年已来，灾谴频数，地拆天崩，高岸为谷。修身恐惧，则转祸为福；轻慢天戒，则其害弥深。愿陛下亲自劳恤，研精致思，勉求忠贞之臣，诛远佞谄之党，损玉堂之盛，尊天爵之重，①割情欲之欢，罢宴私之好。帝王图籍，陈列左右，心存亡国所以失之，鉴观兴王所以得之，庶灾害可息，丰年可招矣。

①《孟子》曰："公卿大夫，人爵也。仁义礼智信，天爵也。"

书奏不省，而外戚宠臣咸畏恶之。

延光三年，出为酒泉太守。叛羌千馀骑徙敦煌来钞郡界，〔10〕酺赴击，斩首九百级，羌众几尽，威名大震。迁京兆尹。顺帝即位，拜光禄大夫，迁将作大匠。损省经用，岁息四五千万。①屡因灾异，多所匡正。②由是权贵共诬酺及尚书令高堂芝等交通属托，坐减死归家。复被章云酺前与河南张楷等谋反，逮诣廷尉。及杜真等上书讼之，事得明释。卒于家。③

①经，常也。

②《益部耆旧传》曰："时诏问酺阴阳失序，水旱隔并，其设销复兴济之本。酺上奏陈图书之意曰：'汉四百年将有弱主闭门听难之祸，数在三百年之间。(宜升)〔斗〕历改宪，〔宜〕行先王至德要道，〔11〕奉率时禁，抑损奢侈，宣明质朴，以延四百年之难。'帝从之。"

③《益部耆旧传》曰："杜真字孟宗，广汉绵竹人也。少有孝行，习《易》、《春秋》，诵百万言，兄事同郡翟酺。酺后被系狱，真上檄章救酺，〔12〕系狱笞六百，竟免酺难，京师莫不壮之。"

著《援神》、《钩命解诂》十二篇。①

①《援神契》，《钩命决》，皆《孝经纬》篇名也。诂音古。

初，酺之为大匠，上言："孝文皇帝始置一经博士，①〔13〕武帝大合天下之书，②而孝宣论《六经》于石渠，学者滋盛，弟子万数。③光武初兴，愍其荒废，起太学博士舍、内外讲堂，诸生横巷，为海内所集。明帝时辟雍始成，欲毁太学，太尉赵憙以为太学、辟雍皆宜兼存，故并传至今。而顷者颓废，至为园采刍牧之处。宜更修缮，诱进后学。"帝从之。酺免后，遂起太学，更开拓房室，学者为酺立碑铭于学云。

①武帝建元五年始置《五经》博士，文帝之时未遑庠序之事，酺之此言，不知何据。

②武帝诏曰："其令礼官劝学，举遗兴礼。"举遗谓搜求遗逸，是合天下之书也。

③宣帝甘露三年，诏诸儒讲《五经》于殿中，兼平《公羊》、《穀梁》同异，上亲临决焉。时更崇《穀梁传》，故此言"六经"也。石渠，阁名。昭帝时博士弟子员百人，宣帝末增倍之，元帝时诏无置弟子员，以广学者，故言以万数也。

应奉字世叔，汝南南顿人也。曾祖父顺，字华仲，和帝时为河南尹、将作大匠，公廉约己，明达政事。①生十子，皆有才学。中子叠，江夏太守。叠生郴，武陵太守。郴生奉。

①《华峤书》曰："华仲少给事郡县，为吏清公，不发私书。举孝廉，尚书郎转右丞，迁冀州刺史，廉直无私。迁东平相，赏罚必信，吏不敢犯。有梓树生于厅事室上，事后母至孝，众以为孝感之应。时窦宪出屯河西，刺史、二千石皆遣子弟奉赂遗宪，宪败后咸被绳黜，顺独不在其中，由是显名。为将作大匠，视事五年，省费亿万。"《汝南记》曰"华仲妻本是汝南邓元义前妻也。元义父伯考为尚书仆射，元义还乡里，妻留事姑甚谨，姑憎之，幽闭空室，节其食饮，羸露日困，妻终无怨言。后伯考怪而问之。时义子朗年数岁，言母不病，但苦饥耳。伯考流涕曰：'何意亲姑反为此祸！'因遣归家。更嫁为华仲妻。仲为将作大匠，妻乘朝车出，元义于路傍观之，谓人曰：'此我故妇，非有它过，家夫人遇之实酷，本自相贵。'其子朗时为郎，母与书皆不答，与衣裳辄烧之。母不以介意，意欲见之，乃至亲家李氏堂上，令人以它词请朗。朗至，见母，再拜涕泣，因起出。母追谓之曰：'我几死，自为汝家所弃，我何罪过，乃如此邪？'因此遂绝"也。

奉少聪明，自为童儿及长，凡所经履，莫不暗记。读书五行并下。为郡决曹史，行部四十二县，〔14〕录囚徒数百千人。及还，太守备问之，奉口说罪系姓名，坐状轻重，无所遗脱，时人奇之。①著《汉书后序》，多所述载。②大将军梁冀举茂才。

①《谢承书》曰："奉少为上计吏，〔15〕许训为计掾，俱到京师。训自发乡里，在路昼顿暮宿，所见长吏、宾客、亭长、吏卒、奴仆，训皆密疏姓名，欲试奉。还郡，出疏示奉。奉云：'前食颍川纶氏都亭，亭长胡奴名禄，以饮浆来，何不在疏？'坐中皆惊。"又云："奉年二十时，尝诣彭城相袁贺，贺时出行闭门，造车匠于内开扇出半面视奉，奉即委去。后数十年于路见车匠，识而呼之。"

②《袁山松书》曰："奉又删《史记》、《汉书》及《汉记》三百六十馀年，自汉兴至其时，凡十七卷，名曰《汉事》。"

先是，武陵蛮詹山等四千馀人反叛，执县令，屯结连年。诏下公卿议，四府举奉才堪将帅。①永兴元年，拜武陵太守。到官慰纳，山等皆悉降散。于是兴学校，举仄陋，政称变俗。坐公事免。

①四府，解见《皇后纪》。

延熹中，武陵蛮复寇乱荆州，车骑将军冯绲以奉有威恩，为蛮夷所服，上请与俱征。拜从事中郎。①奉勤设方略，贼破军罢，绲推功于奉，荐为司隶校尉。纠举奸违，不避豪戚，以严厉为名。

①《谢承书》曰："时诏奉曰：'蛮夷叛逆作难，积恶放恣，镬中之鱼，火炽汤尽，当悉燋烂，以刷国耻。朝廷以奉昔守南土，威名播越，故复式序重任。奉之废兴，期在于今。赐奉钱十万，驳犀方具剑、金错把刀剑、革带各一。奉其勉之！'"

及邓皇后败，而田贵人见幸，桓帝有建立之议。奉以田氏微贱，不宜超登后位，上书谏曰："臣闻周纳狄女，襄王出居于郑；①汉立飞燕，成帝胤嗣泯绝。母后之重，兴废所因。宜思《关雎》之所求，远五禁之所忌。"②帝纳其言，竟立窦皇后。

①《左传》襄王将以狄女为后，富(臣)〔辰〕谏曰〔16〕："不可。狄固贪惏，王又启之。"王不从。狄人伐周，襄王出奔。

②《韩诗外传》曰："妇人有五不娶：丧妇之长女不娶，为其不受命也；〔17〕世有恶疾不娶，弃于天也；世有刑人不娶，弃于人也；乱家女不娶，类不正也；逆家子不娶，废人伦也。"

及党事起，奉乃慨然以疾自退。追愍屈原，因以自伤，著《感骚》三十篇，数万言。〔18〕诸公多荐举，会病卒。子劭。

劭字仲远。①少笃学，博览多闻。灵帝时举孝廉，辟车骑将军何苗掾。

①《谢承书》、(曰)《应氏谱》并云"字仲远"，〔19〕《续汉书·文士传》作"仲援"，《汉官仪》又作"〔仲〕瑗"，〔20〕未知孰是。

中平二年，汉阳贼边章、韩遂与羌胡为寇，东侵三辅，时遣车骑将军皇甫嵩西讨之。嵩请发乌桓三千人。北军中候邹靖上言："乌桓众弱，宜开募鲜卑。"事下四府，大将军掾韩卓议，以为"乌桓兵寡，而与鲜卑世为仇敌，若乌桓被发，则鲜卑必袭其家。乌桓闻之，当复弃军还救。非唯无益于实，乃更沮三军之情。邹靖居近边塞，究其态诈。若令靖募鲜卑轻骑五千，必有破敌之效”。劭驳之曰：“鲜卑隔在漠北，犬羊为群，无君长之帅，庐落之居，而天性贪暴，不拘信义，故数犯障塞，且无宁岁。唯至互市，乃来靡服。苟欲中国珍货，非为畏威怀德。计获事足，旋踵为害。是以朝家外而不内，盖为此也。①往者匈奴反叛，度辽将军马续、乌桓校尉王元发鲜卑五千馀骑，又武威太守赵沖亦率鲜卑征讨叛羌。斩获丑虏，既不足言，而鲜卑越溢，多为不法。裁以军令，则忿戾作乱；制御小缓，则陆掠残害。劫居人，钞商旅，啖人牛羊，略人兵马。得赏既多，不肯去，复欲以物买铁。边将不听，便取缣帛聚欲烧之。边将恐怖，畏其反叛，辞谢抚顺，无敢拒违。今狡寇未殄，而羌为巨害，如或致悔，其可追乎！臣愚以为可募陇西羌胡守善不叛者，简其精勇，多其牢赏。②太守李参沈静有谋，必能奖厉得其死力。当思渐消之略，不可仓卒望也。”韩卓复与劭相难反覆。于是诏百官大会朝堂，皆从劭议。

①朝家犹国家也。《公羊传》曰“《春秋》内诸夏而外夷狄”也。

②牢，禀食也。或作“劳”。劳，功也。

三年，举高第，再迁，六年，拜太山太守。初平二年，黄巾三十万众入郡界。劭纠率文武连与贼战，前后斩首数千级，获生口老弱万馀人，辎重二千两，贼皆退却，郡内以安。兴平元年，前太尉曹嵩及子德从琅邪入太山，劭遣兵迎之，未到，而徐州牧陶谦素怨嵩子操数击之，乃使轻骑追嵩、德，并杀之于郡界。劭畏操诛，弃郡奔冀州牧袁绍。

初，安帝时河间人尹次、颍川人史玉皆坐杀人当死，次兄初及玉母军并诣官曹求代其命，因缢而物故。尚书陈忠以罪疑从轻，议活次、玉。劭后追驳之，据正典刑，有可存者。其议曰：

《尚书》称“天秩有礼，五服五章哉。天讨有罪，五刑五用哉”。而孙卿亦云“凡制刑之本，将以禁暴恶，且惩其末也。凡爵列、官秩、赏庆、刑威，皆以类相从，使当其实也”。若德不副位，能不称官，赏不酬功，刑不应罪，不祥莫大焉。杀人者死，伤人者刑，此百王之定制，有法之成科。高祖入关，虽尚约法，然杀人者死，亦无宽降。夫时化则刑重，〔21〕时乱则刑轻。①《书》曰“刑罚时轻时重”，此之谓也。

①犯化之罪固重，犯乱之罪为轻。

今次、玉公以清时释其私憾，阻兵安忍，僵尸道路。① 朝恩在宽，幸至冬狱，而初、军愚狷，妄自投毙。昔召忽亲死子纠之难，而孔子曰“经于沟渎，人莫之知”。② 朝氏之父非错刻峻，遂能自陨其命，班固亦云“不如赵母指括以全其宗”。③ 传曰“仆妾感慨而致死者，非能义勇，顾无虑耳”。④ 夫刑罚威狱，以类天之震耀杀戮也；温慈和惠，以放天之生殖长育也。⑤ 是故春一草枯则为灾，秋一木华亦为异。今杀无罪之初、军，而活当死之次、玉，其为枯华，不亦然乎？陈忠不详制刑之本，而信一时之仁，遂广引八议求生之端。夫亲故贤能功贵勤宾，岂有次、玉当罪之科哉？⑥ 若乃小大以情，原心定罪，⑦ 此为求生，非谓代死可以生也。败法乱政，悔其可追。

劭凡为驳议三十篇，皆此类也。

①阻，恃也。《左传》曰，卫州吁“阻兵而安忍。”

②召忽，齐大夫。子纠，齐襄公之庶子也。子纠与小白争国，子纠被杀，召忽其傅也，遂死之。《论语》孔子论召忽曰：“岂若匹夫匹妇之为谅也，自经于沟渎而莫之知也。”

③《前书》，晁错为御史大夫，改更律令，诸侯喧哗。错父闻而非之，曰：“刘氏安而晁氏危矣。”遂饮药而死。《史记》曰：赵母，赵将马服君赵奢之妻，赵括之母也。奢死，赵欲以括为将，母谓赵王曰：“王以为括如其父，父子异心，愿王勿遣。”王曰：“吾计决矣。”括母曰：“王终将之，即有不称，妾得无随乎？”王许诺。及括败，王以母先言，竟不诛也。而班固引之以为晁错赞词。

④言仆妾之致死者，顾由无计虑耳。〔22〕语见《史记·栾布传赞》也。

⑤《左传》郑大夫游吉之词。

⑥《周礼》小司寇职郑司农曰：“亲，宗室有罪先请也。故谓旧知也。贤谓有德行者。能谓有道蓺者。功谓有大勋也。贵谓若今墨绶，有罪先请也。勤谓憔悴国事。宾谓二王后。”

⑦《左传》曰：“小大之狱，虽不能察，必以情。”原心定罪，解见《霍谞传》也。

又删定律令为《汉仪》，建安元年乃奏之。曰：“夫国之大事，莫尚载籍。载籍也者，决嫌疑，明是非，①赏刑之宜，允获厥中，俾后之人永为监焉。故胶(东)〔西〕相董仲舒[23]老病致仕，朝廷每有政议，数遣廷尉张汤亲至陋巷，问其得失。②于是作《春秋决狱》二百三十二事，动以经对，言之详矣。逆臣董卓，荡覆王室，典宪焚燎，靡有孑遗，开辟以来，莫或兹酷。③今大驾东迈，巡省许都，拔出险难，其命惟新。臣累世受恩，荣祚丰衍，窃不自揆，贪少云补，辄撰具《律本章句》、《尚书旧事》、《廷尉板令》、《决事比例》、《司徒都目》、《五曹诏书》④及《春秋断狱》凡二百五十篇。蠲去复重，为之节文。⑤又集驳议三十篇，以类相从，凡八十二事。其见《汉书》二十五，《汉记》四，⑥皆删叙润色，以全本体。其二十六，博采古今瑰玮之士，文章焕炳，德义可观。其二十七，臣所创造。岂繄自谓必合道衷，⑦心焉愤邑，聊以藉手。⑧昔郑人以干鼠为璞，鬻之于周；宋愚夫亦宝燕石，缇緆十重。夫睹之者掩口卢胡而笑，斯文之族，[24]无乃类旃。⑨《左氏》实云虽有姬姜丝麻，不弃憔悴菅蒯，盖所以代匮也。⑩是用敢露顽才，厕于明哲之末。虽未足纲纪国体，宣洽时雍，庶几观察，增阐圣听。惟因万机之馀暇，游意省览焉。"献帝善之。

①《礼记》曰："夫礼者，决嫌疑，明是非。"

②事见《前书》。

③或，有也。

④司徒即丞相也。总领纲纪，佐理万机，故有都目。成帝初置尚书员五人，《汉旧仪》有常侍曹、二千石曹、户曹、主客曹、三公曹也。

⑤复音複，重音直容反。

⑥即《东观记》。

⑦繄音乌兮反。繄犹是也。

⑧藉音自夜反。

⑨《尹文子》曰："郑人谓玉未琢者为璞，周人谓鼠未腊者为璞。周人遇郑贾，人曰：'欲买璞乎？'郑贾曰：'欲之。'出璞视之，乃鼠也，因谢不取。"《战国策》亦然。今此乃云"郑人以干鼠为璞"，便与二说不同。此云"干鼠"，彼云"未腊"，事又差舛。《阙子》曰："宋之愚人得燕石梧台之东，归而藏之，以为大宝。周客闻而观之，主人父斋七日，端冕之衣，衅之以特牲，革匮十重，缇

巾十袭。客见之，俯而掩口卢胡而笑曰：‘此燕石也，与瓦甓不殊。’主人父怒曰：‘商贾之言，竖匠之心。’藏之愈固，守之弥谨。”旃，之也。缙音袭。缇，赤色缯也。《楚词》曰：“袭英衣兮缇缙。”谓鲜明之衣。

⑩《左传》曰：“《诗》云：‘虽有丝麻，无弃菅蒯。虽有姬、姜，无弃蕉萃。凡百君子，莫不代匮’”。杜注云：“逸《诗》也。姬、姜，大国之女。蕉萃，陋贱之人。”蕉萃、憔(萃)〔悴〕古字通。〔25〕

二年，诏拜劭为袁绍军谋校尉。时始迁都于许，旧章堙没，书记罕存。劭慨然叹息，乃缀集所闻，著《汉官礼仪故事》，凡朝廷制度，百官典式，多劭所立。

初，父奉为司隶时，并下诸官府郡国，各上前人像赞，劭乃连缀其名，录为《状人纪》。又论当时行事，著《中汉辑序》。撰《风俗通》，以辩物类名号，释时俗嫌疑。〔26〕文虽不典，后世服其洽闻。凡所著述百三十六篇。又集解《汉书》，皆传于时。〔27〕后卒于邺。

弟子玚、〔28〕璩，并以文才称。①

①《华峤书》曰：“劭弟珣，字季瑜，司空掾。珣生玚。”《魏志》曰“玚字德琏，〔29〕玚弟璩字休琏，咸以文章显”也。

中兴初，有应妪者，生四子而寡。见神光照社，试探之，乃得黄金。自是诸子宦学，并有才名，至玚七世通显。①

①应顺，将作大匠；子叠，江夏太守；叠生郴，武陵太守；郴生奉，从事中郎；奉生劭，车骑将军掾；劭弟珣，司空掾；珣子玚，曹操辟为丞相掾。

霍谞字叔智，魏郡邺人也。少为诸生，明经。有人诬谞舅宋光于大将军梁商者，以为妄刊章文，坐系洛阳诏狱，掠考困极。谞时年十五，奏记于商曰：

将军天覆厚恩，愍舅光冤结，前者温教许为平议，虽未下吏断决其事，已蒙神明顾省之听。皇天后土，实闻德音。窃独踊跃，私自庆幸。谞闻《春秋》之义，原情定过，赦事诛意，故许止虽弑君而不罪，赵盾以纵贼而见书。①此仲尼所以垂王法，汉世所宜遵前修也。传曰："人心不同，譬若其面。"② 斯盖谓大小窳隆丑美之形，至于鼻目众窍毛发之状，未有不然者也。情之异者，刚柔舒急倨敬之间。至于趋利避害，畏死乐生，亦复均也。谞与光骨肉，义有相隐，言其冤滥，未必可谅，且以人情平论其理。

①许止，许悼公之子名止也。《公羊传》曰："冬，葬许悼公。贼未讨何以书葬？不成乎弑也。许悼公是止进药而杀，是以君子加弑焉。葬许悼公是君子之赦止。赦止者，免止罪之辞也。"何休注云："原止欲愈父之病，无害父之意，故赦之。"是原情定过也。又曰："晋史书赵盾弑其君。赵盾曰：'天乎无辜，吾不弑君。'太史曰：'尔为仁为义，人杀尔君而不讨贼，此非弑君如何？'"此赦事诛意也。

②《左传》郑子产谓子皮曰："人心不同，譬如面焉。吾岂敢谓子面如吾面乎？"

光衣冠子孙，径路平易，① 位极州郡，日望征辟，亦无瑕秽纤介之累，无故刊定诏书，欲以何名？就有所疑，当求其便安，岂有触冒死祸，以解细微？譬犹疗饥于附子，止渴于鸩毒，未入肠胃，已绝咽喉，岂可为哉！② 昔东海孝妇见枉不辜，幽灵感革，天应枯旱。③ 光之所坐，情既可原，守阙连年，而终不见理。呼嗟紫宫之门，泣血两观之下，④ 伤和致灾，为害滋甚。凡事更赦令，不应复案。夫以罪刑明白，尚蒙天恩，岂有冤谤无征，反不得理？是为刑宥正罪，戮加诬侵也。不偏不党，其若是乎？明将军德盛位尊，人臣无二，言行动天地，举厝移阴阳，诚能留神，沛然晓察，必有于公高门之福，⑤ 和气立应，天下幸甚。

①谓遵依常辙，〔30〕无所规求也。

②《史记》苏秦曰："饥人之所以饥而不食乌喙〔31〕者，以其愈充腹而与饿死者同患也。"附子、乌喙，根同而状异也。

③《前书》曰，东海有孝妇，少寡无子，养姑甚谨，姑欲嫁之，终不肯。姑告邻人曰："孝妇养我勤苦，我老，久累丁壮。"乃自经死。姑女告吏曰："妇杀我母。"吏验之急，孝妇自诬服，具狱上府，太守竟论杀妇。郡中枯旱三年。后太守至，自祭孝妇墓，天立大雨，岁熟。

④天有紫微宫，是上帝之所居也，王者立宫，象而为之。两观谓阙也。

⑤于公，东海人，为郡决曹，决狱平。其闾门坏，父老共修之。于公曰："少高大闾门，令容驷马盖车。〔32〕我决狱多有阴德，子孙必有兴者。"至子定国为丞相，孙永御史大夫。

商高谞才志，即为奏原光罪，由是显名。

仕郡，举孝廉，稍迁金城太守。性明达笃厚，能以恩信化诱殊俗，甚为羌胡所敬服。遭母忧，自上归行丧。服阕，公车征，再迁北海相，入为尚书仆射。是时大将军梁冀贵戚秉权，自公卿以下莫敢违牾。谞与尚书令尹勋数奏其事，又因陛见陈闻罪失。及冀诛后，桓帝嘉其忠节，封鄄都亭侯。前后固让，不许。出为河南尹，迁司隶校尉，转少府、廷尉，卒官。

子儁，〔33〕安定太守。

爰延字季平，陈留外黄人也。清苦好学，能通经教授。性质悫，少言辞。县令陇西牛述好士知人，乃礼请延为廷掾，范丹为功曹，濮阳潜为主簿，①常共言谈而已。后令史昭以为乡啬夫，仁化大行，人但闻啬夫，不知郡县。在事二年，〔34〕州府礼请，不就。桓帝时征博士，太尉杨秉等举贤良方正，再迁为侍中。

①濮阳，姓也。

帝游上林苑，从容问延曰："朕何如主也？"对曰："陛下为汉中主。"帝曰："何以言之？"对曰："尚书令陈蕃任事则化，〔35〕中常侍黄门豫政则乱，是以知陛下可与为善，可与为非。"①帝曰："昔朱云廷折栏槛，〔36〕今侍中面称朕违，敬闻阙矣。"②拜五官中郎将，转长水校尉，迁魏郡太守，征拜大鸿胪。

①《前书》曰："齐桓公，管仲相之则霸，竖貂辅之则乱。可与为善，可与为恶，是谓中人。"

②朱云字游。成帝时上书求见，曰："今朝廷大臣，上不能匡主，下无以益人，臣愿赐尚方斩马剑，断佞臣一人，以励其馀。"上问曰："谁也？"对曰："安昌侯张禹。"上大怒曰："小臣廷辱师傅，罪死不赦。"御史将云下，云攀殿槛折。云呼曰："臣得从龙逢、比干游于地下足矣，未知朝廷如何耳！"上意乃解。

及后当修槛，上曰“勿易”，因而辑之，以旌直臣。

帝以延儒生，常特宴见。时太史令上言客星经帝坐，帝密以问延。延因上封事曰：“臣闻天子尊无为上，故天以为子，位临臣庶，威重四海。动静以礼，则星辰顺序；意有邪僻，则晷度错违。陛下以河南尹邓万〔37〕有龙潜之旧，封为通侯，恩重公卿，惠丰宗室。加顷引见，与之对博，上下媟黩，有亏尊严。臣闻之，帝左右者，所以咨政德也。故周公戒成王曰‘其朋其朋’，言慎所与也。①昔宋闵公与强臣共博，列妇人于侧，积此无礼，以致大灾。②武帝与幸臣李延年、韩嫣同卧起，尊爵重赐，情欲无猒，遂生骄淫之心，行不义之事，卒延年被戮，嫣伏其辜。③夫爱之则不觉其过，恶之则不知其善，所以事多放滥，物情生怨。故王者赏人必酬其功，爵人必甄其德。④〔38〕善人同处，则日闻嘉训；恶人从游，则日生邪情。孔子曰：‘益者三友，损者三友。’⑤邪臣惑君，乱妾危主，以非所言则悦于耳，以非所行则玩于目，故令人君不能远之。仲尼曰：‘唯女子与小人为难养，近之则不逊，远之则怨。’盖圣人之明戒也！昔光武皇帝与严光俱寝，上天之异，其夕即见。⑥夫以光武之圣德，严光之高贤，君臣合道，尚降此变，岂况陛下今所亲幸，以贱为贵，以卑为尊哉？惟陛下远谗谀之人，纳謇謇之士，除左右之权，寤宦官之敝。使积善日熙，⑦佞恶消殄，则乾灾可除。”帝省其奏。因以病自上，乞骸骨还家。灵帝复特征，不行，病卒。

①《尚书》周公戒成王曰：“孺子其朋，孺子其朋，慎其往！”

②《公羊》经书“宋万弑其君捷”。传曰：“宋万尝与鲁庄公战，获于庄公，归舍诸宫中，数月然后归之，与宋闵公博，妇人在侧，万曰：‘甚矣鲁侯之淑，鲁侯之美！天下诸侯宜为君者唯鲁侯尔。’闵公矜此妇人，妒其言，顾曰：‘此虏也，鲁侯之美恶乎至？’万怒，搏闵公，绝其脰。”

③李延年，中山人也。身及父母兄弟皆故倡人也。武帝时，延年女弟得幸，号曰李夫人。延年善歌舞，为协律都尉，佩二千石印绶，与上卧起。弟季与中人乱，出入骄恣，〔39〕上遂诛延年兄弟。韩嫣，韩王信之曾孙也。武帝为王时，与嫣相爱，后位至上大夫，赏赐拟邓通，与上卧起，出入永巷，以奸闻

被诛。

④甄，明也。

⑤《论语》孔子曰："友直，友谅，友多闻，益矣。友便僻，友善柔，友便佞，损矣。"

⑥事见《逸人传》。

⑦熙，广也。

子骥，白马令，亦称善士。①

①《谢承书》曰兴字骥。

徐璆字孟玉，①〔40〕广陵海西人也。父淑，度辽将军，有名于边。②璆少博学，辟公府，举高第。③稍迁荆州刺史。时董太后姊子张忠为南阳太守，因埶放滥，臧罪数亿。璆临当之部，太后遣中常侍以忠属璆。璆对曰："臣身为国，不敢闻命。"太后怒，遽征忠为司隶校尉，以相威临。璆到州，举奏忠臧馀一亿，使冠军县上簿诣大司农，以彰暴其事。又奏五郡太守及属县有臧污者，悉征案罪，威风大行。中平元年，与中郎将朱儁击黄巾贼于宛，破之。张忠怨璆，与诸阉官构造无端，〔41〕璆遂以罪征。有破贼功，得免官归家。后再征，迁汝南太守，转东海相，所在化行。

①璆音仇。〔42〕

②《谢承书》曰："淑字伯进，宽裕(传)〔博〕学，〔43〕习《孟氏易》、《春秋公羊传》、《礼记》、《周官》。善诵《太公六韬》，交接英雄，常有壮志。"

③《袁山松书》曰："璆少履清高，立朝正色。称扬后进，惟恐不及。"

献帝迁许，以廷尉征，当诣京师，道为袁术所劫，授璆以上公之位。璆乃叹曰："龚胜、鲍宣，独何人哉？守之必死！"①术不敢逼。术死军破，璆得其盗国玺，及还许，上之，②并送前所假汝南、东海二郡印绶。司徒赵温谓璆曰："君遭大难，犹存此邪？"璆曰："昔苏武困于匈奴，不队七尺之节，况此方寸印乎？"

①龚胜字君宾，楚人也。好学明经，哀帝时为光禄大夫，乞骸骨。王莽即位，

遣使以上卿征，胜不食而死。鲍宣字子都，渤海人也，哀帝时为司隶校尉。王莽辅政，诛汉忠臣不附己者，宣及何武等皆死。

②卫宏曰："秦以前以金、玉、银为方寸玺。秦以来天子独称玺，又以玉，群下莫得用。其玉出蓝田山，题是李斯书，其文曰'受命于天，既寿永昌'，号曰传国玺。汉高祖定三秦，子婴献之，高祖即位乃佩之。王莽篡位，就元后求玺，后乃出以投地，上螭一角缺。及莽败时，仍带玺绂，杜吴杀莽，不知取玺，公宾就斩莽首，并取玺。更始将李松送上更始。赤眉至高陵，更始奉玺上赤眉。建武三年，盆子奉以上光武。孙坚从桂阳入雒讨董卓，军于城南，见井中有五色光，军人莫敢汲，坚乃浚得玺。袁术有僭盗意，乃拘坚妻求之。术得玺，举以向肘。魏武谓之曰：'我在，不听汝乃至此。'"时璆得而献之。

后拜太常，使持节拜曹操为丞相。操以相让璆，璆不敢当。卒于官。

论曰：孙懿以高明见忌，而受欺于阴计；翟酺资谲数取通，而终之以謇谏。岂性智自有周偏，先后之要殊度乎？应氏七世才闻，而奉、劭采章为盛。及撰著篇籍，甄纪异知，虽云小道，亦有可观者焉。延、璆应对辩正，而不(可)犯陵上之尤，〔44〕斯固辞之不可以已也。①

①《左氏传》孔子曰："辞之不可以已也如是夫！子产有辞，诸侯赖之。"

赞曰：杨终、李法，华阳有闻。①二应克聪，亦表汝渍。②翟酺诈懿，霍谞请舅。延能讦帝，璆亦忤后。

①益州，古梁州之域。《尚书》曰："华阳黑水惟梁州。"孔安国注曰："北拒华山之阳，南拒黑水。"故常璩叙蜀事而谓之《华阳国志》焉。

②郑玄注《周礼》曰："水涯曰渍。"

【校勘记】

〔1〕 民怀土思 《群书治要》"民"作"人"。按：作"人"是，此盖后人回改而

误者。

〔2〕　岂可不临深履薄以为至戒　按：王先谦谓未有复语，疑此衍文。

〔3〕　鉴念前往　按：殿本“往”作“世”。

〔4〕　晋侯杀其太子申生至直称君者甚之也　按：章怀引经传多删节，此注所引，与《公羊传》原文更多出入。《公羊传》原文作“晋侯杀其世子申生。曷为直称晋侯以杀？杀世子母弟直称君者甚之也”。

〔5〕　廖子防及光俱为黄门郎　按：沈家本谓光、防乃廖弟，非廖子，注谬。此传上文言廖不训诸子，下文言廖不纳，子豫后坐县书诽谤，廖以就国，则终所称黄门郎即指廖子豫，《廖传》不言豫为黄门郎，史文不具耳。下文“视成任性”注引《马防传》云云，亦误。

〔6〕　选长者之有节行者与之居　按：《史记·外戚传》作“选长者士之有节行者与居”。

〔7〕　此最安危〔之极〕戒　据汲本、殿本补。

〔8〕　权并族害(尸)〔己〕奸行　据汲本、殿本改。

〔9〕　敛天下之财　按：“天”下原脱“下”字，径据汲本、殿本补。

〔10〕　叛羌千馀骑徙敦煌来钞郡界　按：《刊误》谓案文“徙”当作“从”。

〔11〕　(宜升)〔斗〕历改宪〔宜〕行先王至德要道　《校补》引钱大昭说，谓“升”当作“斗”，见《春秋保乾图》。《校补》谓案《续志·律厤》中篇论厤，凡三引《保乾图》谶文，皆作“三百年斗厤改宪”。所谓斗厤者，即古法冬至日在建星，建星谓北斗也。岁十二月以配天之十二辰，取斗杓所指为验，闰月无中气，则北斗邪指两辰之间，以定四时而成岁。汉兴迄章帝，改用四分厤，适当三百年，已应斗厤改宪之谶矣。辅本谓汉更有四百年之难，其数即起于三百年改宪之间，宜豫修省，以销其祸，则注引《耆旧传》“宜”字，并当在“斗厤改宪”下也。今据改。

〔12〕　上檄章救酺　按：殿本《考证》王会汾谓上移下曰檄，此止可言上章耳，不应有“檄”字，明衍。

〔13〕　孝文皇帝始置一经博士　汲本“一经”作“五经”。惠校本作“一经”，惠所据乃北宋本也。《集解》引周寿昌说，谓据王氏《玉海》引此，作“文帝始置一经博士”，殆宋本此书有作“一经”者，非“五经”也。今按：证以章怀注，则作“五经”为合，作“一经”者，殆后人以文帝未尝于《五经》遍置博士而改之耳。

〔14〕　行部四十二县　按:《集解》引钱大昕说,谓《郡国志》汝南郡领三十七城,此云"四十二",未详。

〔15〕　奉少为上计吏　按:《刊误》谓"吏"当作"史"。

〔16〕　富(臣)〔辰〕谏曰　据汲本改。

〔17〕　丧妇之长女不娶为其不受命也　按:李慈铭谓"丧妇"当作"丧父"。今《韩诗外传》无此文。何氏《公羊》庄二十七年《解诂》与此略同,惟"为其不受命也"作"无教戒也"。《大戴礼》《本命篇》又小异。

〔18〕　数万言　按:汲本作"数十万言"。

〔19〕　谢承书(曰)应氏谱并云字仲远　据《刊误》删。

〔20〕　汉官仪又作〔仲〕瑗　据汲本、殿本补。

〔21〕　夫时化则刑重　按:《集解》引钱大昕说,谓案《汉书·刑法志》"治则刑重,乱则刑轻"。此传及注中"化"字本是"治"字,唐人讳治,故章怀注《范史》,多改"治"为"理",亦有改为"化"者,"世"皆改为"代",亦有改为"时"者,此传下文"时轻时重"是也。

〔22〕　顾由无计虑耳　按:汲本、殿本"由无"作"无由"。

〔23〕　故胶(东)〔西〕相董仲舒　按:《集解》引钱大昕说,谓"胶东"当作"胶西"。今据改。

〔24〕　斯文之族　按:汲本"族"作"俗"。

〔25〕　憔(萃)〔悴〕古字通　据汲本、殿本改。

〔26〕　释时俗嫌疑　按:汲本"释"作"识"。

〔27〕　皆传于时　按:"于"原作"乎",径据汲本、殿本改。

〔28〕　弟子玚　按:原本正文及注"玚"字皆讹"瑒",各本不误,径改正。

〔29〕　玚字德琏　按:原本"琏"作"璉",璉不成字,据汲本、殿本径改正。

〔30〕　谓遵依常辙　按:"谓"原讹"论","辙"原讹"彻",径据汲本、殿本改正。

〔31〕　不食乌喙　按:"喙"原讹"啄",径据汲本、殿本改正。下同。

〔32〕　令容驷马盖车　按:"令"原讹"今",径据汲本、殿本改正。

〔33〕　子儁　按:汲本、殿本"儁"作"隽"。

〔34〕　在事二年　按:汲本、殿本"二"作"三"。

〔35〕　尚书令陈蕃任事则化　按:《御览》四二七、四五二引,"化"并作"治",此亦避唐讳改。

〔36〕　昔朱云廷折栏槛　按:《刊误》谓案文"廷"下少"争"字。

〔37〕 河南尹邓万　按:《集解》引王补说,谓《通鉴》作“邓万世”,本书《邓后》、《陈蕃传》引并作“邓万世”。又引惠栋说,谓唐讳“世”,故削之,犹“韩擒虎”为“韩擒”也。

〔38〕 爵人必甄其德　按:“必”原讹“以”,径据汲本、殿本改正。

〔39〕 出入骄恣　按:“骄”原讹“娇”,径据汲本、殿本改正。

〔40〕 徐璆字孟玉　殿本“玉”作“本”。按:《集解》引洪亮吉说,谓案《先贤行状》作“孟平”,《汝南先贤传》作“孟玉”。《校补》谓洪氏历举孟平、孟玉两说,知所见本正文亦必作“孟本”。

〔41〕 构造无端　按:“构”原讹“搆”,径改正。

〔42〕 璆音仇　按:殿本此下有“字孟玉”三字。《校补》谓殿本就监本改刊,其正文作“字孟本”,注当是“一作字孟玉”,脱“一作”二字。

〔43〕 宽裕(传)〔博〕学　据汲本、殿本改。

〔44〕 而不(可)犯陵上之尤　《集解》引何焯说,谓“可”字衍。今据删。

后汉书卷四十九

王充王符仲长统列传第三十九

王充字仲任，会稽上虞人也，其先自魏郡元城徙焉。充少孤，乡里称孝。后到京师，受业太学，①师事扶风班彪。好博览而不守章句。家贫无书，常游洛阳市肆，阅所卖书，一见辄能诵忆，遂博通众流百家之言。后归乡里，屏居教授。仕郡为功曹，以数谏争不合去。

①《袁山松书》："充幼聪朗。〔1〕诣太学，观天子临辟雍，作《六儒论》。"

充好论说，始若诡异，终有理实。以为俗儒守文，多失其真，乃闭门潜思，绝庆吊之礼，户牖墙壁各置刀笔。箸《论衡》八十五篇，二十馀万言，①释物类同异，正时俗嫌疑。

①《袁山松书》曰："充所作《论衡》，中土未有传者，蔡邕入吴始得之，恒秘玩以为谈助。其后王朗为会稽太守，又得其书，及还许下，时人称其才进。或曰，不见异人，当得异书。问之，果以《论衡》之益，由是遂见传焉。"《抱朴子》曰："时人嫌蔡邕得异书，或搜求其帐中隐处，果得《论衡》，抱数卷持去。邕丁宁之曰：'唯我与尔共之，勿广也。'"

刺史董勤辟为从事，转治中，自免还家。友人同郡谢夷吾上书荐充才学，①肃宗特诏公车征，病不行。年渐七十，志力衰耗，乃造《养性书》十六篇，裁节嗜欲，颐神自守。永元中，病卒于家。

①《谢承书》曰："夷吾荐充曰：'充之天才，非学所加，虽前世孟轲、孙卿，近汉杨雄、刘向、司马迁，不能过也。'"

王符字节信，安定临泾人也。少好学，有志操，与马融、窦章、张衡、崔瑗等友善。安定俗鄙庶孽，①而符无外家，为乡人所贱。自和、安之后，世务游宦，当涂者更相荐引，而符独耿介不同于俗，以此遂不得升进。志意蕴愤，乃隐居著书三十馀篇，以讥当时失得，不欲章显其名，故号曰《潜夫论》。其指讦时短，讨谪物情，②足以观见当时风政，著其五篇云尔。

①何休注《公羊传》云："孽，贱也。"

②讦，攻也。谪，责也。

《贵忠篇》曰：

夫帝王之所尊敬者天也，皇天之所爱育者人也。今人臣受君之重位，牧天之所爱，焉可以不安而利之，养而济之哉？是以君子任职则思利人，达上则思进贤，故居上而下不怨，在前而后不恨也。《书》称"天工人其代之"。王者法天而建官，①故明主不敢以私授，忠臣不敢以虚受。窃人之财犹谓之盗，况偷天官以私己乎！②以罪犯人，必加诛罚，况乃犯天，得无咎乎？夫五(世)〔代〕之臣，〔2〕以道事君，③泽及草木，仁被率土，是以福祚流衍，本支百世。④季世之臣，以谄媚主，不思顺天，专杖杀伐。白起、蒙恬，秦以为功，天以为贼；⑤息夫、董贤，主以为忠，天以为盗。⑥《易》曰："德薄而位尊，智小而谋大，鲜不及矣。"⑦是故德不称，其祸必酷；能不称，其殃必大。〔3〕夫窃位之人，天夺其鉴。⑧虽有明察之资，仁义之志，一旦富贵，则背亲捐旧，丧其本心，疏骨肉而亲便辟，薄知友而厚犬马，宁见朽贯千万，而不忍贷人一钱，情知积粟腐仓，而不忍贷人一斗，骨肉怨望于家，细人谤讟于道。前人以败，后争袭之，诚可伤也。

①《尚书·咎繇谟》曰："亡旷庶官，天工人其代之。"孔安国注云："言人代天理官，不可以天官私非其才也。"又曰："明王奉若天道，建邦设都。"孔安国注云："天有日、月、北斗、五星二十八宿，皆有尊卑相正之法。言明王奉顺此道，以立国设都也。"

②《左传》介之推曰："窃人之财犹谓之盗，况贪天功以为己力乎？"

③五代谓唐、虞、夏、殷、周也。

④《诗·大雅》曰:"文王孙子,本支百世。"

⑤《史记》曰,白起为秦将,与赵战于长平,坑赵卒四十五万人。蒙恬为秦将,北逐戎翟,筑长城,起临洮至辽东,延袤万馀里。此为虐于人也。

⑥息夫躬字子微,哀帝时,告东平王云事,封宜陵侯。董贤字圣卿,得幸哀帝,为贤起大第于北阙下,封为高安侯。

⑦《易·系辞》之言。

⑧《论语》孔子曰:"臧文仲其窃位者欤?"《左传》晋卜偃曰:"虢必亡矣,天夺之鉴而益其疾也。"杜预注云"鉴,所以自照"也。

历观前政贵人之用心也,〔4〕与婴儿子其何异哉?婴儿有常病,贵臣有常祸,父母有常失,人君有常过。婴儿常病,伤于饱也;贵臣常祸,伤于宠也。哺乳多则生痫病,富贵盛而致骄疾。爱子而贼之,骄臣而灭之者,非一也。极其罚者,乃有仆死深牢,衔刀都市,①岂非无功于天,有害于人者乎?夫鸟以山为埤而增巢其上,鱼以泉为浅而穿穴其中,卒所以得者饵也。②贵戚愿其宅吉而制为令名,欲其门坚而造作铁枢,卒其所以败者,非苦禁忌少而门枢朽也,常苦崇财货而行骄僭耳。

①赵将李牧为韩仓所谮,赐死。将自诛,臂短不能及,衔刀于柱以自杀。见《战国策》。

②《曾子》之文也。亦见《大戴礼》。

不上顺天心,下育人物,而欲任其私智,窃弄君威,反戾天地,欺诬神明。居累卵之危,而图太山之安;为朝露之行,而思传世之功。①岂不惑哉!岂不惑哉!

①朝露言易尽也。苏子曰:"人生一世,若朝露之托于桐叶耳,其与几何!"

《浮侈篇》曰:

王者以四海为家,兆人为子。一夫不耕,天下受其饥;一妇不织,天下受其寒。①今举俗舍本农,趋商贾,牛马车舆,填塞道路,游手为巧,充盈都邑,②务本者少,浮食者众。"商邑翼翼,四方是极。"③今察洛阳,资末业者什于农夫,虚伪游手什于末业。是则一夫耕，百人食之，一妇桑，百人衣之，以一奉百，孰能供之！天下百郡千县，市邑万数，类皆如此。本末不足相供，则民安得不饥寒？饥寒并至，则民安能无奸轨？奸轨繁多，则吏安能无严酷？严酷数加，则下安能无愁怨？愁怨者多，则咎征并臻。下民无聊，而上天降灾，则国危矣。

①《文子》曰："神农之法曰：'丈夫丁壮不耕，天下有受其饥者；妇人当年不织，天下有受其寒者。故其耕不强者，无以养生；其织不力者，无以衣形。'"

②游手为巧谓雕镂之属也。

③《诗·商颂》文也。郑玄注云："极，中也。翼翼然可则效，乃四方之中正也。"

夫贫生于富，弱生于强，乱生于化，危生于安。①是故明王之养民，忧之劳之，教之诲之，慎微防萌，以断其邪。故《易》美节以制度，不伤财，不害民。②七月之诗，大小教之，终而复始。由此观之，人固不可恣也。③

①富而不节则贫，强而骄人则弱，居理而不修德则乱，恃安而不慎微则危矣。

②"节以制度"以下，并节卦彖辞也。郑玄注云："空府臧则伤财，力役繁则害人，二者奢泰之所致。"

③七月，《诗》豳风也。大谓耕桑之法，小谓索绹之类。自春及冬，终而复始也。

今人奢衣服，侈饮食，事口舌而习调欺。或以谋奸合任为业，①或以游博持掩为事。②丁夫不扶犁锄，而怀丸挟弹，携手上山遨游，或好取土作丸卖之，外不足御寇盗，内不足禁鼠雀。或作泥车瓦狗诸戏弄之具，以巧诈小儿，此皆无益也。

①合任谓相合为任侠也。

②博谓六博，掩谓意钱也。《前书》货殖传曰"又况掘冢搏掩犯奸成富"也。

《诗》刺"不绩其麻，市也婆娑"。①又妇人不修中馈，休其蚕织，②而起学巫祝，鼓舞事神，以欺诬细民，荧惑百姓妻女。羸弱疾病之家，怀忧愤愤，〔5〕易为恐惧。至使奔走便时，去离正宅，崎岖路侧，风寒所伤，奸人所利，盗贼所中。或增祸重崇，至于死亡，而不知巫所欺误，反恨事神之晚，此妖妄之甚者也。〔6〕

①《诗》陈风也。婆娑,舞皃。谓妇人于市中歌舞以事神也。

②《易》家人卦六二曰:“在中馈,贞吉。”郑玄注云:“中馈,酒食也。”《诗·大雅》曰:“妇无公事,休其蚕织。”

或刻画好绘,以书祝辞;或虚饰巧言,希致福祚;或糜折金彩,令广分寸;或断截众缕,绕带手腕;或裁切绮縠,缝紩成幡。皆单费百缣,用功千倍,〔7〕破牢为伪,以易就难,坐食嘉谷,消损白日。①夫山林不能给野火,江海不能实漏卮,皆所宜禁也。

①损或作“捐”。

昔孝文皇帝躬衣弋绨,①革舄韦带。而今京师贵戚,衣服饮食,车舆庐第,奢过王制,固亦甚矣。且其徒御仆妾,皆服文组彩牒,②锦绣绮纨,葛子升越,筩中女布。③犀象珠玉,虎魄玳瑁,石山隐饰,金银错镂,④穷极丽靡,转相夸咤。⑤其嫁娶者,车軿数里,〔8〕缇帷竟道,⑥骑奴侍童,夹毂并引。富者竞欲相过,贫者耻其不逮,一飨之所费,破终身之业。古者必有命然后乃得衣缯丝而乘车马,⑦今虽不能复古,宜令细民略用孝文之制。

①《前书音义》曰:“弋,皂也。绨,缯也。”

②牒即今叠布也。

③《说文》曰:“绮,文缯也。”《前书》曰:“齐俗作冰纨。”子,细称也。沈怀远南越志曰:“蕉布之品有三,有蕉布,有竹子布,又有葛焉。虽精粗之殊,皆同出而异名。”杨雄蜀都赋曰:“布则蜘蛛作丝,不可见风,筩中黄润,一端数金。”盛弘之荆州记曰:“秭归县室多幽闲,其女尽织布至数十升。”今永州俗犹呼贡布为女子布也。

④《广雅》曰:“虎魄,珠也。生地中,其上及旁不生草,深者八九尺。初时如桃胶,凝坚乃成。其方人以为枕。出罽宾及大秦国。”吴录曰:“玳瑁似龟而大,出南海。”山石谓隐起为山石之文也。

⑤郭景纯注子虚赋曰:“诧,夸也。”咤与诧通也。

⑥《苍颉篇》曰:“軿,衣车。”軿音薄丁反,又步田反。

⑦《尚书大传》曰:“古之帝王者必有命。人能敬长矜孤,取舍好让者,命于其君,得乘饰车骈马,衣文锦。未有命者,不得衣,不得乘,乘衣者有罚。”

古之葬者，厚衣之以薪，葬之中野，不封不树，丧期无数。后世圣人易之以棺椁，①桐木为棺，葛采为缄，②下不及泉，上不泄臭。中世以后，转用楸梓槐柏杶樗之属，各因方土，裁用胶漆，使其坚足恃，其用足任，如此而已。今者京师贵戚，必欲江南檽梓豫章之木。③边远下土，亦竞相放效。夫檽梓豫章，所出殊远，伐之高山，引之穷谷，入海乘淮，逆河溯洛，工匠雕刻，连累日月，会众而后动，多牛而后致，重且千斤，功将万夫，而东至乐浪，西达敦煌，费力伤农于万里之地。古者墓而不坟，中世坟而不崇。仲尼丧母，冢高四尺，遇雨而崩，弟子请修之，夫子泣曰："古不修墓。"④及鲤也死，有棺无椁。文帝葬芷阳，⑤明帝葬洛南，皆不臧珠宝，不起山陵，墓虽卑而德最高。今京师贵戚，郡县豪家，生不极养，死乃崇丧。或至金缕玉匣，檽梓楩楠，多埋珍宝偶人车马，造起大冢，广种松柏，庐舍祠堂，务崇华侈。案鄗毕之陵，南城之冢，⑥周公非不忠，曾子非不孝，以为褒君爱父，不在于聚财，扬名显亲，无取于车马。昔晋灵公多赋以雕墙，《春秋》以为(非)〔不〕君；⑦〔9〕华元、乐举〔10〕厚葬文公，君子以为不臣。⑧况于群司士庶，乃可僭侈主上，过天道乎？⑨

①《易·系辞》之言也。

②尸子曰："禹之丧法，死于陵者葬于陵，死于泽者葬于泽，桐棺三寸，制丧三日。"《墨子》曰："舜西教乎七戎，道死，葬南巴之中，〔11〕衣衾三领，款木之棺，葛以缄之。"采犹蔓也。缄，束也。

③檽音乃豆反，见《埤苍》。《尔雅》曰："栭檽。"音而。注云"檽似槲樕而痺小"，恐非棺椁之用。豫章即樟木也。

④孔子合葬母于防，曰："吾闻之，古也墓而不坟。"于是封之崇四尺。孔子先反，门人后，雨甚至。孔子曰："尔来何迟也？"曰："防墓崩。"孔子泫然流涕曰："吾闻之，古不修墓。"见《礼记》也。

⑤县名，属京兆，文帝后改曰霸陵。

⑥毕，周文王、武王葬地也。司马迁云"在鄗东南杜中"，无坟陇，在今咸阳县西北。孔安国注《尚书》云在长安西北。南城山，曾子父所葬，在今沂州费县西南也。

⑦《左传》:"晋灵公不君,厚敛以雕墙。"杜预注云:"不君,失君道也。雕,画也。"

⑧《左传》曰:"宋文公卒,始厚葬,用蜃炭,益车马,始用殉,椁有四阿,棺有翰桧。君子谓华元、乐举于是不臣,是弃君于恶也。"

⑨《前书》贡禹曰:"今大夫僭诸侯,诸侯僭天子,天子过天道,其日久矣。"

实贡篇曰:

国以贤兴,以谄衰;君以忠安,以佞危。此古今之常论,而时所共知也。然衰国危君,继踵不绝者,岂时无忠信正直之士哉,诚苦其道不得行耳。夫十步之间,必有茂草;十室之邑,必有忠信。①是故乱殷有三仁,小卫多君子。②今以大汉之广土,士民之繁庶,朝廷之清明,上下之修正,而官无善吏,位无良臣。此岂时之无贤,谅由取之乖实。夫志道者少与,逐俗者多畴,是以朋党用私,背实趋华。其贡士者,不复依其质干,准其才行,但虚造声誉,妄生羽毛。略计所举,岁且二百。览察其状,则德侔颜、冉,详核厥能,则鲜及中人,皆总务升官,自相推达。夫士者贵其用也,不必求备。故四友虽美,能不相兼;③三仁齐致,事不一节。高祖佐命,出自亡秦;光武得士,亦资暴莽。况太平之时,而云无士乎!

①《说苑》曰:"十步之泽,必有芳草。"《论语》曰"十室之邑,必有忠信"也。

②乱殷谓纣时也。三仁,箕子、微子、比干也。《左传》,吴季札适卫,悦蘧瑗、史狗、史鳅、公子荆、公叔发、公子朝,曰:"卫多君子,未有患也。"又臧宣叔曰:"卫之于晋,不得为次国。"杜预注云:"春秋之时,以强弱为大小,卫虽侯爵,犹为小国。"

③《尚书大传》孔子曰:"文王得四臣,丘亦得四友。"谓回也为胥附,赐也为奔走,师也为先后,由也为御侮,其能各不同也。

夫明君之诏也若声,忠臣之和也如响。长短大小,清浊疾徐,必相应也。且攻玉以石,洗金以盐,①濯锦以鱼,浣布以灰。夫物固有以贱理贵,以丑化好者矣。智者弃短取长,以致其功。今使贡士必核以实,其有小疵,勿强衣饰,②出处默语,〔12〕各因其方,则萧、曹、周、韩之伦，何足不致，吴、邓、梁、窦之属，企踵可待。孔子曰："未之思也，夫何远之有？"

①《诗·小雅》曰："它山之石，可以攻玉。"今之金工发金色者，皆淬之于盐水焉。

②衣饰谓装饰以成其过也。衣音于气反。

爱日篇曰：

国之所以为国者，以有民也。民之所以为民者，以有谷也。谷之所以丰殖者，以有民功也。功之所以能建者，以日力也。化国之日舒以长，〔13〕故其民闲暇而力有馀；乱国之日促以短，故其民困务而力不足。舒长者，非谓羲和安行，①乃君明民静而力有馀也。促短者，非谓分度损减，②乃上暗下乱，力不足也。孔子称"既庶则富之，既富乃教之"。是故礼义生于富足，盗窃起于贫穷；富足生于宽暇，贫穷起于无日。圣人深知力者民之本，国之基也，故务省徭役，使之爱日。是以尧敕羲和，钦若昊天，敬授民时。明帝时，公车以反支日不受章奏，③帝闻而怪曰："民废农桑，远来诣阙，而复拘以禁忌，岂为政之意乎！"于是遂蠲其制。(令)〔今〕冤民仰希申诉，〔14〕而令长以神自畜，④百姓废农桑而趋府廷者，相续道路，非朝餔不得通，非意气不得见。⑤或连日累月，更相瞻视；或转请邻里，馈粮应对。岁功既亏，天下岂无受其饥者乎？

①羲和，日也。《山海经》曰："东南海之外，甘水之间，有羲和之国。有女子曰羲和，方浴日于甘泉。羲和者，帝俊之妻，是生十日。"郭璞注曰："羲和盖天地始生日月者也。"

②《洛书甄耀度》曰"凡周天三百六十五度四分度之一，一度为千九百三十二里。日一日行一度，月一日行十三度十九分度之一"也。

③凡反支日，用月朔为正。戌、亥朔一日反支，申、酉朔二日反支，午、未朔三日反支，辰、巳朔四日反支，寅、卯朔五日反支，子、丑朔六日反支。见《阴阳书》也。

④难见如神也。

⑤《说文》曰："餔谓日加申时也。"今为"晡"字也。

孔子曰："听讼吾犹人也。"从此言之，中才以上，足议曲直，乡亭部吏，亦有任决断者，而类多枉曲，盖有故焉。夫理直则恃正而不桡，事曲则谄意以行赇。不桡故无恩于吏，〔15〕行赇故见私于法。若事有反覆，吏应坐之，吏以应坐之故，不得不枉之于庭。以羸民之少党，而与豪吏对讼，其埶得无屈乎？县承吏言，故与之同。若事有反覆，县亦应坐之，县以应坐之故，而排之于郡。以一民之轻，而与一县为讼，其理岂得申乎？事有反覆，郡亦坐之，郡以共坐之故，而排之于州。以一民之轻，与一郡为讼，其事岂获胜乎？既不肯理，故乃远诣公府。公府复不能察，而当延以日月。贫弱者无以旷旬，强富者可盈千日。理讼若此，何枉之能理乎？正士怀怨结而不见信，①猾吏崇奸轨而不被坐，此小民所以易侵苦，而天下所以多困穷也。

①信读曰伸。

且除上天感痛致灾，但以人功见事言之。自三府州郡，至于乡县典司之吏，辞讼之民，官事相连，更相检对者，日可有十万人。一人有事，二人经营，是为日三十万人废其业也。以中农率之，则是岁三百万人受其饥者也。然则盗贼何从而销，太平何由而作乎？《诗》云："莫肯念乱，谁无父母？"①百姓不足，君谁与足？可无思哉！可无思哉！

①《诗·小雅》也。

《述赦篇》曰：

凡疗病者，必知脉之虚实，气之所结，然后为之方，故疾可愈而寿可长也。为国者，必先知民之所苦，祸之所起，然后为之禁，故奸可塞而国可安也。今日贼良民之甚者，莫大于数赦赎。赦赎数，则恶人昌而善人伤矣。何以明之哉？夫谨敕之人，身不蹈非，又有为吏正直，不避强御，而奸猾之党横加诬言者，皆知赦之不久故也。善人君子，被侵怨而能至阙庭自明者，万无数人；数人之中得省问者，百不过一；既对尚书而空遣去者，复什六七矣。其轻薄奸轨，既陷罪法，怨毒之家冀其辜戮，以解畜愤，而反一概悉蒙赦释，令恶人高会而夸咤，老盗服臧而过门，孝子见仇而不得讨，遭盗者睹物而不敢取，痛莫甚焉！

夫养稂莠者伤禾稼，惠奸轨者贼良民。①《书》曰："文王作罚，刑兹无赦。"②先王之制刑法也，非好伤人肌肤，断人寿命也；贵威奸惩恶，除人害也。故《经》称"天命有德，五服五章哉，天讨有罪，五刑五用哉"；《诗》刺"彼宜有罪，汝反脱之"。③古者唯始受命之君，承大乱之极，寇贼奸轨，难为法禁，故不得不有一赦，与之更新，颐育万民，[16]以成大化。非以养奸活罪，放纵天贼也。夫性恶之民，民之豺狼，虽得放宥之泽，终无改悔之心。旦脱重梏，夕还囹圄，严明令尹，不能使其断绝。何也？凡敢为大奸者，才必有过于众，而能自媚于上者也。多散诞得之财，奉以谄谀之辞，以转相驱，④非有第五公之廉直，孰不为顾哉？⑤论者多曰："久不赦则奸轨炽而吏不制，宜数肆眚以解散之。"此未昭政乱之本源，不察祸福之所生也。

①《尔雅》曰："稂，童粱。"郭璞注云："莠类也。"《诗》曰："不稂不莠。"稂音郎。

②《康诰》之言也。

③《诗·大雅》也。"此宜无罪，汝反收之；彼宜有罪，汝反脱之"。毛苌注云："脱，赦也。"

④诞犹虚也。

⑤谓第五伦也。为司空，性廉直也。

后度辽将军皇甫规解官归安定，乡人有以货得雁门太守者，亦去职还家，书刺谒规。规卧不迎，既入而问："卿前在郡食雁美乎？"有顷，又白王符在门。规素闻符名，乃惊遽而起，衣不及带，屣履出迎，援符手而还，与同坐，极欢。时人为之语曰："徒见二千石，不如一缝掖。"①言书生道义之为贵也。符竟不仕，终于家。

①《礼记·儒行》孔子曰："丘少居鲁，衣逢掖之衣。"郑玄注曰："逢犹大也。大

掖之衣，大袂单衣也。”

仲长统字公理，山阳高平人也。少好学，博涉书记，赡于文辞。年二十馀，游学青、徐、并、冀之间，与交友者多异之。并州刺史高幹，袁绍甥也。素贵有名，招致四方游士，士多归附。统过幹，幹善待遇，访以当时之事。统谓幹曰：“君有雄志而无雄才，好士而不能择人，所以为君深戒也。”幹雅自多，不纳其言，统遂去之。无几，幹以并州叛，卒至于败。①并冀之士皆以是异统。②

①《魏志》曰：“高幹叛，欲〔南〕奔(南)荆州，〔17〕上洛都尉王琰捕斩之”也。

②异其有知人之鉴也。

统性俶傥，敢直言，不矜小节，默语无常，时人或谓之狂生。每州郡命召，辄称疾不就。常以为凡游帝王者，欲以立身扬名耳，而名不常存，人生易灭，优游偃仰，可以自娱，欲卜居清旷，以乐其志，论之曰：“使居有良田广宅，背山临流，沟池环市，竹木周布，场圃筑前，果园树后。舟车足以代步涉之艰，使令足以息四体之役。养亲有兼珍之膳，妻孥无苦身之劳。①良朋萃止，则陈酒肴以娱之；嘉时吉日，则亨羔豚以奉之。蹰躇畦苑，游戏平林，②濯清水，追凉风，钓游鲤，弋高鸿。讽于舞雩之下，咏归高堂之上。③安神闺房，思老氏之玄虚；呼吸精和，求至人之仿佛。④与达者数子，论道讲书，俯仰二仪，错综人物。弹《南风》之雅操，发清商之妙曲。⑤消摇一世之上，睥睨天地之间。不受当时之责，永保性命之期。如是，则可以陵霄汉，出宇宙之外矣。岂羡夫入帝王之门哉！”又作诗二篇，以见其志。辞曰：

①孥读曰奴。

②蹰躇犹踟蹰也。

③雩，祭旱之名也。为坛而舞其上，以祈雨焉。《论语》曾点曰：“春服既成，冠者五六人，童子六七人，浴乎沂，风乎舞雩，咏而归。”

④《老子》曰：“玄之又玄，虚其心，实其腹。”呼吸谓咽气养生也。《庄子》曰：“吹呴呼吸，吐故纳新。”又曰“至人无己”也。

⑤《家语》曰:“舜弹五弦之琴,造《南风》之诗曰:‘南风之薰兮,可以解吾人之愠兮。南风之时兮,可以阜吾人之财兮。’”《三礼图》曰:“琴本五弦,曰宫、商、角、徵、羽,文王增二,曰少宫、少商,弦最清也。”

飞鸟遗迹,蝉蜕亡壳。腾蛇弃鳞,神龙丧角。①至人能变,达士拔俗。乘云无辔,骋风无足。垂露成帏,张霄成幄。沆瀣当餐,九阳代烛。②恒星艳珠,朝霞润玉。六合之内,恣心所欲。人事可遗,何为局促?

①王充《论衡》曰:“蛴螬化为复育,复育转为蝉。蝉之去复育,龟之解甲,蛇之脱皮,可谓尸解矣。”蜕音式锐反。《尔雅》曰:“腾蛇有鳞。”〔18〕《广雅》曰:“有角曰龙。”〔19〕丧角,解角也。

②霄,摩天赤气也。在旁曰帏,在上曰幄。《陵阳子明经》曰:“沆瀣者,北方夜半气也。”九阳谓日也。《山海经》曰“阳谷上有扶木,九日居下枝,一日居上枝”也。

大道虽夷,见几者寡。任意无非,适物无可。古来绕绕,委曲如琐。百虑何为,至要在我。寄愁天上,埋忧地下。叛散《五经》,灭弃《风》、《雅》。百家杂碎,请用从火。抗志山栖,〔20〕游心海左。元气为舟,微风为柂。①〔21〕敖翔太清,纵意容冶。

①柂,船尾也,音徒可反。

尚书令荀彧闻统名,奇之,举为尚书郎。后参丞相曹操军事。每论说古今及时俗行事,恒发愤叹息。因著论名曰《昌言》,①凡三十四篇,十馀万言。

①昌,当也。《尚书》曰:“汝亦昌言。”

献帝逊位之岁,统卒,时年四十一。友人东海缪袭常称统才章足继西京董、贾、刘、杨。①今简撮其书有益政者,略载之云。

①董仲舒、贾谊、刘向、杨雄也。袭字熙伯,辟御史府,后至尚书、光禄勋。

《理乱篇》曰:

豪杰之当天命者,未始有天下之分者也。无天下之分,故战争者竞起焉。于斯之时，并伪假天威，矫据方国，拥甲兵与我角才智，程勇力与我竞雌雄，不知去就，疑误天下，盖不可数也。角知者皆穷，角力者皆负，形不堪复伉，势不足复校，乃始羁首系颈，就我之衔绁耳。①夫或曾为我之尊长矣，或曾与我为等侪矣，或曾臣虏我矣，或曾执囚我矣。彼之蔚蔚，皆匈詈腹诅，幸我之不成，②而以奋其前志，讵肯用此为终死之分邪？

①衔，勒也。绁，缰也。

②蔚与郁古字通。

及继体之时，民心定矣。普天之下，赖我而得生育，由我而得富贵，安居乐业，长养子孙，天下晏然，皆归心于我矣。豪杰之心既绝，士民之志已定，贵有常家，尊在一人。当此之时，虽下愚之才居之，犹能使恩同天地，威侔鬼神。暴风疾霆，不足以方其怒；阳春时雨，不足以喻其泽；周、孔数千，无所复角其圣；贲、育百万，无所复奋其勇矣。

彼后嗣之愚主，见天下莫敢与之违，自谓若天地之不可亡也，乃奔其私嗜，骋其邪欲，君臣宣淫，上下同恶。①目极角抵之观，耳穷郑、卫之声。②入则耽于妇人，出则驰于田猎。荒废庶政，弃亡人物，澶漫弥流，无所底极。③信任亲爱者，尽佞谄容说之人也；宠贵隆丰者，尽后妃姬妾之家也。使饿狼守庖厨，饥虎牧牢豚，遂至熬天下之脂膏，斲生人之骨髓。怨毒无聊，祸乱并起，中国扰攘，四夷侵叛，土崩瓦解，一朝而去。昔之为我哺乳之子孙者，今尽是我饮血之寇仇也。至于运徙势去，犹不觉悟者，岂非富贵生不仁，沈溺致愚疾邪？存亡以之迭代，政乱从此周复，〔22〕天道常然之大数也。④

①《左传》泄冶谏陈灵公曰："公卿宣淫，人无效焉。"杜预注云："宣，示也。"

②武帝元封三年，作角抵戏。《音义》云："两两相当角力，角伎埶射御，故名角抵，盖杂伎乐(以)〔也〕，〔23〕巴俞戏鱼龙蔓延之属也。后更名平乐观。"《礼记》曰"郑音好滥淫志，宋音宴安溺志"也。〔24〕

③澶漫犹纵逸也。澶音徒旦反。《庄子·外篇》曰"澶漫为乐"也。

④《左传》曰:"美恶周必复,天之道也。"

又政之为理者,取一切而已,非能斟酌贤愚之分,以开盛衰之数也。日不如古,弥以远甚,岂不然邪?汉兴以来,相与同为编户齐民,而以财力相君长者,世无数焉。而清洁之士,徒自苦于茨棘之间,无所益损于风俗也。豪人之室,连栋数百,膏田满野,奴婢千群,徒附万计。①船车贾贩,周于四方;废居积贮,满于都城。②琦赂宝货,巨室不能容;③马牛羊豕,山谷不能受。妖童美妾,填乎绮室;倡讴(妓)〔伎〕乐,〔25〕列乎深堂。宾客待见而不敢去,车骑交错而不敢进。三牲之肉,臭而不可食;清醇之酎,败而不可饮。睇盼则人从其目之所视,喜怒则人随其心之所虑。此皆公侯之广乐,君长之厚实也。苟能运智诈者,则得之焉;苟能得之者,人不以为罪焉。源发而横流,路开而四通矣。求士之舍荣乐而居穷苦,④弃放逸而赴束缚,夫谁肯为之者邪!⑤夫乱世长而化世短。乱世则小人贵宠,君子困贱。当君子困贱之时,跼高天,蹐厚地,犹恐有镇厌之祸也。⑥逮至清世,则复入于矫枉过正之检。老者耄矣,不能及宽饶之俗;少者方壮,将复困于衰乱之时。是使奸人擅无穷之福利,而善士挂不赦之罪辜。苟目能辩色,耳能辩声,口能辩味,体能辩寒温者,将皆以修洁为讳恶,设智巧以避之焉,况肯有安而乐之者邪?斯下世人主一切之愆也。

①徒,众也。附,亲也。

②《史记》曰:"转毂百数,废居蓄邑。"注云:"有所废,有所蓄,言其乘时射利也。"

③琦,玮也。《抱朴子》曰"片玉可以琦,奚必俟盈尺"也。

④舍音式者反。

⑤束缚谓自洁清如拘执也。

⑥《诗·小雅》曰:"谓天盖高,不敢不跼;谓地盖厚,不敢不蹐。"毛苌注云:"跼,曲也。蹐,累足也。"

昔春秋之时，周氏之乱世也。逮乎战国，则又甚矣。秦政乘并兼之埶，放虎狼之心，①屠裂天下，吞食生人，暴虐不已，以招楚汉用兵之苦，甚于战国之时也。汉二百年而遭王莽之乱，②计其残夷灭亡之数，又复倍乎秦、项矣。以及今日，名都空而不居，百里绝而无民者，不可胜数。③此则又甚于亡新之时也。悲夫！不及五百年，大难三起，④中间之乱，尚不数焉。变而弥猜，下而加酷，⑤推此以往，可及于尽矣。嗟乎！不知来世圣人救此之道，将何用也？又不知天若穷此之数，欲何至邪？

①政，始皇名也。

②汉至王莽篡位二百一十四年。云二百者，举全数。

③孝平帝时，凡郡国一百三，县邑一千三百一十四，道三十四，〔26〕侯国二百四十一。地东西九千三百二里，南北一万三百六十八里。〔27〕人户一千二百二十三万三千六十二，口五千九百五十九万四千九百七十八。此汉家极盛之时。遭王莽丧乱，暨光武中兴，海内人户，准之于前，十裁二三，边方萧条，略无孑遗。孝灵遭黄巾之寇，献帝婴董卓之祸，英雄棋峙，白骨膏野，兵乱相寻三十馀年，三方既宁，万不存一也。

④秦三王二帝通在位四十九年，前汉二百三十年，后汉百九十五年，凡四百七十四年，故云不及五百年也。三起谓秦末及王莽并献帝时也。

⑤下犹后也。

《损益篇》曰：

作有利于时，制有便于物者，可为也。事有乖于数，法有玩于时者，可改也。故行于古有其迹，用于今无其功者，不可不变。变而不如前，易而多所败者，亦不可不复也。汉之初兴，分王子弟，委之以士民之命，假之以杀生之权。〔28〕于是骄逸自恣，志意无厌。鱼肉百姓，以盈其欲；报蒸骨血，以快其情。上有篡叛不轨之奸，下有暴乱残贼之害。虽藉亲属之恩，盖源流形埶使之然也。降爵削土，稍稍割夺，卒至于坐食奉禄而已。然其洿秽之行，淫昏之罪，犹尚多焉。故浅其根本，轻其恩义，犹尚假一日之尊，收士民之用。况专之于国，擅之于嗣，岂可鞭笞叱咤，而使唯我所为者乎？时政彫敝，风俗移易，纯朴已去，智惠已来。①出于礼制之防，放于嗜欲之域久矣，固不可授之以柄，假之以资者也。是故收其奕世之权，校其从横之埶，善者早登，否者早去，②故下土无壅滞之士，国朝无专贵之人。此变之善，可遂行者也。

①《老子》曰“智惠出，有大伪”也。

②去音袪莒反。

井田之变，豪人货殖，馆舍布于州郡，田亩连于方国。身无半通青纶之命，而窃三辰龙章之服；①不为编户一伍之长，而有千室名邑之役。②荣乐过于封君，埶力侔于守令。财赂自营，犯法不坐。刺客死士，为之投命。至使弱力少智之子，被穿帷败，寄死不敛，冤枉穷困，不敢自理。虽亦由网禁疏阔，盖分田无限使之然也。今欲张太平之纪纲，立至化之基趾，齐民财之丰寡，正风俗之奢俭，非井田实莫由也。此变有所败，而宜复者也。

①《十三州志》曰：“有秩、啬夫，得假半章印。”《续汉·舆服志》曰：“百石，青绀纶，一采，宛转缪织，长丈二尺。”《说文》：“纶，青丝绶也。”郑玄注《礼记》曰：“纶，今有秩、啬夫所佩也。”三辰，日、月、星也。龙章谓山龙之章。皆画于衣也。

②《周礼·小司徒》职：“五人为伍。”《前书》曰：“五家为伍，伍有长。”《论语》孔子曰：“千室之邑，百乘之家。”言豪强之家，身无品秩，而强富比于公侯也。

肉刑之废，轻重无品，下死则得髡钳，下髡钳则得鞭笞。①死者不可复生，而髡者无伤于人。髡笞不足以惩中罪，安得不至于死哉！②夫鸡狗之攘窃，男女之淫奔，酒醴之赂遗，谬误之伤害，皆非值于死者也。杀之则甚重，髡之则甚轻。不制中刑以称其罪，则法令安得不参差，杀生安得不过谬乎？今患刑轻之不足以惩恶，则假臧货以成罪，托疾病以讳杀。③科条无所准，名实不相应，恐非帝王之通法，圣人之良制也。或曰：过刑恶人，可也；过刑善人，岂可复哉？曰：若前政以来，未曾枉害善人者，则有罪不死也，④是为忍于杀人(也)，〔29〕而不忍于刑人也。今令五刑有品，轻重有数，科条有序，名实有正，非杀人逆乱鸟兽之行甚重者，皆勿杀。⑤嗣周氏之秘典，续吕侯之祥刑，此又宜复之善者也。⑥

①下犹减也。

②言髡笞太轻，不足畏惧，而奸人冒罪，以陷于死。明复古肉刑，则人不陷于死也。

③假增臧货，以益其罪。托称疾病，令死于狱也。

④言善人有罪，亦当杀之也。

⑤鸟兽之行谓蒸报也。

⑥《周礼·大司寇》职："掌邦之三典，以佐王刑邦国，诘四方，一曰刑新国用轻典，二曰刑平国用中典，三曰刑乱国用重典。"祥，善也。《尚书》曰："教尔祥刑。"

《易》曰："阳一君二臣，君子之道也；阴二君一臣，小人之道也。"①然则寡者，为人上者也；众者，为人下者也。一伍之长，才足以长一伍者也；一国之君，才足以君一国者也；天下之王，才足以王天下者也。愚役于智，犹枝之附干，此理天下之常法也。制国以分人，立政以分事，人远则难绥，事总则难了。今远州之县，或相去数百千里，虽多山陵洿泽，犹有可居人种谷者焉。当更制其境界，使远者不过二百里。明版籍以相数阅，审什伍以相连持，②限夫田以断并兼，定五刑以救死亡，③益君长以兴政理，急农桑以丰委积，去末作以一本业，敦教学以移情性，表德行以厉风俗，核才艺以叙官宜，简精悍以习师田，④修武器以存守战，严禁令以防僭差，信赏罚以验惩劝，纠游戏以杜奸邪，察苛刻以绝烦暴。审此十六者以为政务，操之有常，课之有限，安宁勿懈墯，有事不迫遽，圣人复起，不能易也。

①《系词》之文也。《阳卦》一阳而二阴，《阴卦》一阴而二阳。阳为君，阴为臣。

②《周礼》曰："凡在版者。"注云："版，名籍也，以版为之也。"

③《司马法》曰："步百为亩，亩百为夫，夫三为屋，屋三为井。"并兼谓豪富之家以财埶并取贫人之田而兼有之。

④《周礼》曰："凡师田斩牲以左右徇陈。"注云："示犯誓必杀也。"

向者，天下户过千万，除其老弱，但户一丁壮，则千万人也。遗漏既多，又蛮夷戎狄居汉地者尚不在焉。丁壮十人之中，必有堪为其什伍之长，推什长已上，则百万人也。又十取之，则佐史之才已上十万人也。又十取之，则可使在政理之位者万人也。以筋力用者谓之人，人求丁壮；以才智用者谓之士，士贵耆老。充此制以用天下之人，犹将有储，何嫌乎不足也？故物有不求，未有无物之岁也；士有不用，未有少士之世也。夫如此，然后可以用天性，究人理，兴顿废，属断绝，① 网罗遗漏，拱柙天人矣。②

①属犹续也。

②拱，执也。柙，槛也。柙，音下甲反。

或曰：善为政者，欲除烦去苛，并官省职，为之以无为，事之以无事，何子言之云云也？① 曰：若是，三代不足摹，圣人未可师也。② 君子用法制而至于化，小人用法制而至于乱。均是一法制也，或以之化，或以之乱，行之不同也。苟使豺狼牧羊豚，盗跖主征税，国家昏乱，吏人放肆，则恶复论损益之间哉！③ 夫人待君子然后化理，国待蓄积乃无忧患。君子非自农桑以求衣食者也，蓄积非横赋敛以取优饶者也。奉禄诚厚，则割剥贸易之罪乃可绝也；蓄积诚多，则兵寇水旱之灾不足苦也。故由其道而得之，民不以为奢；由其道而取之，民不以为劳。天灾流行，开仓库以禀贷，不亦仁乎？衣食有馀，损靡丽以散施，不亦义乎？彼君子居位为士民之长，固宜重肉累帛，朱轮四马。今反谓薄屋者为高，藿食者为清，既失天地之性，又开虚伪之名，使小智居大位，庶绩不咸熙，未必不由此也。得拘絜而失才能，非立功之实也。④ 以廉举而以贪去，非士君子之志也。⑤ 夫选用必取善士。善士富者少而贫者多，禄不足以供养，安能不少营私门乎？从而罪之，是设机置穽以待天下之君子也。⑥

①《老子》云“为无为，事无事”也。

②摹，法也。三代皆用肉刑及井田之法，今不用，是不摹之也。

③恶音乌。

④拘絜谓自拘束而絜其身者，即隐逸之人也。

⑤去音欺吕反。

⑥穽，穿地陷兽也。机，弩牙也。

盗贼凶荒，九州代作，饥馑暴至，军旅卒发，横税弱人，割夺吏禄，所恃者寡，所取者猥，①万里悬乏，首尾不救，徭役并起，农桑失业，兆民呼嗟于昊天，贫穷转死于沟壑矣。今通肥饶之率，计稼穑之入，令亩收三斛，斛取一斗，未为甚多。一岁之间，则有数年之储，虽兴非法之役，恣奢侈之欲，广爱幸之赐，犹未能尽也。不循古法，规为轻税，及至一方有警，一面被灾，未逮三年，校计骞短，坐视战士之蔬食，立望饿殍之满道，如之何为君行此政也？②二十税一，名之曰貊，况三十税一乎？③夫薄吏禄以丰军用，缘于秦征诸侯，续以四夷，汉承其业，遂不改更，危国乱家，此之由也。今田无常主，民无常居，吏食日禀，④(禄)班〔禄〕未定。〔30〕可为法制，画一定科，租税十一，更赋如旧。⑤今者土广民稀，中地未垦；⑥虽然，犹当限以大家，勿令过制。其地有草者，尽曰官田，力堪农事，乃听受之。若听其自取，后必为奸也。

①猥犹多也。

②《孟子》曰："涂有饿莩而不知发。"赵岐注云："饿死者曰莩。"莩与殍通，音皮表反。

③《孟子》载白圭曰："吾欲二十而取一何如？"孟子曰："子之道貊〔道〕也。"〔31〕赵岐注云〔32〕："貊，夷貊之人在荒者也。貊在北方，其气寒，不生五谷，无中国之礼，故可二十取一而足也。"此言欲轻税也。

④禀，给也。

⑤更赋，已见《光武纪》也。

⑥上田已耕，唯中地已下未也。

《法诫篇》曰：

《周礼》六典，冢宰贰王而理天下。①春秋之时，诸侯明德者，皆一卿为政。爰及战国，亦皆然也。秦兼天下，则置丞相，而贰之以御史大夫。自高帝逮于孝成，因而不改，多终其身。汉之隆盛，是惟在焉。夫任一人则政专，任数人则相倚。政专则和谐，相倚则违戾。和谐则太平之所兴也，违戾则荒乱之所起也。光武皇帝愠数世之失权，忿强臣之窃命，②矫枉过直，政不任下，虽置三公，事归台阁。③自此以来，三公之职，备员而已；然政有不理，犹加谴责。而权移外戚之家，宠被近习之竖，亲其党类，用其私人，内充京师，外布列郡，颠倒贤愚，贸易选举，疲驽守境，贪残牧民，挠扰百姓，忿怒四夷，④招致乖叛，乱离斯瘼。⑤怨气并作，阴阳失和，三光亏缺，怪异数至，虫螟食稼，水旱为灾，此皆戚宦之臣所致然也。反以策让三公，至于死免，乃足为叫呼苍天，号咷泣血者也。又中世之选三公也，务于清悫谨慎，循常习故者。是妇女之检柙，乡曲之常人耳，恶足以居斯位邪?⑥势既如彼，选又如此，而欲望三公勋立于国家，绩加于生民，不亦远乎？昔文帝之于邓通，可谓至爱，而犹展申徒嘉之志。⑦〔33〕夫见任如此，则何患于左右小臣哉？至如近世，外戚宦竖请托不行，意气不满，立能陷人于不测之祸，恶可得弹正者哉！曩者任之重而责之轻，今者任之轻而责之重。昔贾谊感绛侯之困辱，因陈大臣廉耻之分，开引自裁之端。⑧自此以来，遂以成俗。继世之主，生而见之，习其所常，曾莫之悟。呜呼，可悲夫！左手据天下之图，右手刎其喉，愚者犹知难之，况明哲君子哉！⑨光武夺三公之重，至今而加甚，不假后党以权，数世而不行，盖亲疏之势异也。⑩母后之党，左右之人，有此至亲之势，故其贵任万世。常然之败，无世而无之，莫之斯鉴，亦可痛矣。未若置丞相自总之。若委三公，则宜分任责成。夫使为政者，不当与之婚姻；婚姻者，不当使之为政也。如此，在位病人，⑪举用失贤，百姓不安，争讼不息，天地多变，人物多妖，然后可以分此罪矣。

①《尔雅》曰："冢，大也。"贰谓副贰也。《周礼·天官·冢宰》"掌建邦之六典，以佐王理邦国。一曰理典，以理官府；二曰教典，以扰万姓；三曰礼典，以谐万姓；四曰政典，以均万姓；五曰刑典，以纠万姓；六曰事典，以生万姓"也。

②愠犹恨也。数代谓元、成、哀、平。强臣谓王莽。

③台阁谓尚书也。

④挠音火高反。

⑤瘼，病也。

⑥检柙犹规矩也。

⑦展犹申也。文帝时，太中大夫邓通居上傍，有怠慢礼，丞相申屠嘉奏事见之，罢朝，召通责之曰："通小臣，戏殿上，大不敬，当斩。"通顿首，首尽出血。文帝使人召通，谢丞相曰："此吾弄臣，君其释之。"

⑧文帝时贾谊上书曰："大臣有罪，不执缚系引而行也。其有大罪者，闻命则北面再拜，跪而自裁，(之)〔上〕不使人捽抑而刑之也。"〔34〕是时丞相绛侯周勃免就国，人有告勃谋反，系长安狱，卒无事，复爵邑，故谊以此讥上。上深纳其言，是后大臣有罪，皆自杀，不受刑也。

⑨言不以重利害其生。事见《庄子》。

⑩言光武夺三公重任，今夺更甚。光武不假后党威权，数代遂不遵行。此为三公疏，后族亲故也。

⑪病人谓万姓困敝也。

或曰："政在一人，权甚重也。曰：人实难得，何重之嫌？昔者霍禹、窦宪、邓骘、梁冀之徒，籍外戚之权，管国家之柄；及其伏诛，以一言之诏，诘朝而决，何重之畏乎？今夫国家漏神明于媟近，输权重于妇党，筭十世而为之者八九焉。不此之罪而彼之疑，何其诡邪！①

①此谓后党，彼谓三公也。诡犹违也。

论曰：百家之言政者尚矣。①大略归乎宁固根柢，革易时敝也。夫遭运无恒，意见偏杂，故是非之论，纷然相乖。尝试妄论之，②以为世非胥、庭，人乖鷇饮，化迹万肇，情故萌生。③虽周物之智，不能研其推变；山川之奥，未足况其纡险。④则应俗适事，难以常条。如使用审其道，则殊涂同会；才爽其分，则一豪以乖。⑤何以言之？若夫玄圣御世，则天同极，施舍之道，宜无殊典。⑥而损益异运，文朴递行。⑦用明居晦，回沇于曩时；兴戈陈俎，参差于上世。⑧及至戴黄屋，服絺衣，丰薄不齐，而致化则一；⑨亦有宥公族，黥国储，宽惨巨隔，而防非必同。此其分波而共源，百虑而一致者也。⑩若乃偏情矫用，则枉直必过。⑪故葛屦履霜，敝由崇俭；⑫楚楚衣服，戒在穷赊；⑬疏禁厚下，以尾大陵弱；⑭敛威峻罚，以苛薄分崩。⑮斯《曹》、《魏》之刺，所以明乎国风；周、秦未轨，所以彰于微灭。故用舍之端，兴败资焉。是以繁简唯时，宽猛相济。刑书镌鼎，事有可详；三章在令，取贵能约。⑯太叔致猛政之褒，国子流遗爱之涕，⑰宣孟改冬日之和，平阳循画一之法。斯实弛张之弘致，可以征其统乎！⑱数子之言当世失得皆究矣，然多谬通方之训，好申一隅之说。⑲贵清静者，以席上为腐议；束名实者，以柱下为诞辞。⑳或推前王之风，可行于当年；有引救敝之规，宜流于长世。稽之笃论，将为敝矣。如以舟无推陆之分，瑟非常调之音，㉑不限局以疑远，不拘玄以妨素，则化枢各管其极，理略可得而言与？㉒

①尚犹远也。

②谦不敢正言也。

③赫胥氏、大庭氏并古之帝号。《庄子》曰："夫圣人鹑居而鷇饮。"言鹑鸟无常居，鷇饮不假物，并淳朴时也。肇，始也。

④《易·系辞》曰："知周乎万物而道济天下。"推，迁也。《庄子》曰"凡人心险于山川，难知于天"也。

⑤用得其人，审其道也。授非其才，爽其分也。《易·系辞》曰："天下同归而殊涂，一致而百虑。"《易纬》曰："差以毫厘，失之千里。"

⑥《庄子》曰："玄圣，素王道也。"极犹致也。言法天之道，同其致也。施舍犹兴废也。

⑦《论语》孔子曰："殷因于夏礼，所损益可知也。"朴，质也。《礼记》曰"文质再而复"也。

⑧回泬犹携互不齐一也。泬音穴。

⑨《前书音义》曰："天子车以黄缯为盖里，故曰黄屋。"《韩子》曰："尧之王天下也，冬日鹿裘，夏日葛衣。"絺，葛也。

⑩《礼记》曰："公族有死罪，狱成，有司谳于公曰'某之罪在大辟'，公曰'宥之'。

有司又曰‘在大辟’，公又曰‘宥之’。”《史记》曰，秦孝公太子犯法，卫鞅曰“太子君嗣也，不可施刑，刑其傅公子虔，黥其师公孙贾”也。

⑪《孟子》曰：“矫枉过直。”矫，正也。枉，曲也。言正曲者过于直，以喻为政者惩奢则太俭，患宽则伤猛，不能折衷也。

⑫《诗·魏风序》曰：“葛屦，刺褊也。其君俭啬褊急，而无德以将之。”《诗》曰：“纠纠葛屦，可以履霜。”郑玄注云：“葛屦贱，皮屦贵，魏俗至冬犹葛屦，可用履霜，利其贱也。”

⑬《诗·曹风序》曰：“蜉蝣，刺奢也。”《诗》曰：“蜉蝣之羽，衣裳楚楚。”毛苌注云：“蜉蝣，渠略也。朝生夕死，犹有羽翼以自饰。楚楚，鲜皃也。喻曹朝群臣皆小人也，徒饰其衣裳，不知死亡之无日。”赊奢同。

⑭疏禁谓防制太宽，厚下谓封建太广。言周室微弱而诸侯强盛，如尾大然。《左传》楚申无宇曰“末大必折，尾大不掉”也。

⑮敛，聚也。言秦酷法，以至分崩也。

⑯《左传》曰：“郑人铸刑书。”杜预注云“铸刑书于鼎，以为国之常法”也。高祖初入关，除秦苛法，约法三章，言其详约不同。〔35〕

⑰《左传》曰：“郑子产有疾，谓子大叔曰：‘我死，子必为政。唯有德者能以宽服人，其次莫如猛。’”又曰：“子产卒，仲尼闻之，出涕曰：‘古之遗爱也。’”国子即子产也，郑穆公子国之子，因以为姓也。

⑱宣孟，晋大夫赵盾也。《左传》贾季对酆舒曰：“赵衰，冬日之日也。赵盾，夏日之日也。”注云：“冬日可爱，夏日可畏。”《前书》平阳侯曹参为相国，百姓歌之曰：“萧何为法，讲若画一。曹参代之，守而勿失。载其清静，人以宁一。”

⑲一隅谓一方偏见也。

⑳清静谓道家也。席上谓儒也。腐，朽也。《礼记·儒行》曰：“儒有席上之珍。”高祖折随何曰：“安用腐儒哉。”名实，名家也。柱下，老子也。诞，虚也。言志各不同也。

㉑古法不施于今，犹舟不可行之于陆也。今法有合于时，如瑟可移柱而调也。《庄子》曰“是推舟于陆，劳而无功”也。《前书》董仲舒曰：“琴瑟不调，甚者必解而更张之，乃可鼓也。为政不行，甚者必变而更化之，乃可理也。”

㉒音余。

赞曰：管视好偏，群言难一。救朴虽文，矫迟必疾。举端自理，滞隅则失。详观时蠹，成昭政术。①

①滞隅谓偏执一隅也。[36]《淮南子》曰："非循一迹之路，守一隅之指，而不与俗推移也。"

【校勘记】

〔1〕　充幼聪朗　按：汲本、殿本"朗"作"明"。

〔2〕　夫五(世)〔代〕之臣　《刊误》谓此"世"字当是"代"字，后人误改。今据以回改。

〔3〕　是故德不称其祸必酷能不称其殃必大　《刊误》谓"德不称"下脱"其位"二字，"能不称"下脱"其禄"二字。按：《集解》引苏舆说，谓《潜夫论·贵忠篇》作"德不称其任"，"能不称其位"。

〔4〕　历观前政贵人之用心也　按：《集解》引苏舆说，谓《潜夫论》"政"作"世"，连下读，疑此避唐讳改。

〔5〕　怀忧愤愤　按：殿本"愤愤"作"愦愦"，今《潜夫论》亦作"愦愦"。

〔6〕　此妖妄之甚者也　按："妖"原作"妭"，径改正。

〔7〕　用功千倍　按：《集解》引苏舆说，谓"千倍"当从元书作"十倍"。

〔8〕　车軿数里　汲本"軿"作"骈"。《校补》谓车骈数里本指车马言，作"軿"者误，章怀注亦误。今按：下言"缇帏竟道"，明指车言，作"軿"者是，《校补》说非。

〔9〕　春秋以为(非)〔不〕君　殿本"非"作"不"，与《左传》合，今据改。

〔10〕　乐举　按：《潜夫论》作"乐吕"，成二年《左传》作"乐举"，文十八年、宣二年并作"乐吕"。

〔11〕　葬南巴之中　按：《集解》引沈钦韩说，谓《墨子·节葬篇》"南巴之中"作"南己之市"。《吕览·安死篇》"舜葬于纪市，不变其肆"。高注"九疑山亦有纪邑"。己与巴相似而误。

〔12〕　出处默语　按：殿本"默语"作"语默"。

〔13〕　化国之日舒以长　按：《潜夫论》"化"作"治"，此亦避唐讳改。惠栋谓唐讳"治"，章怀注《后汉书》，随文改易，此篇"治国之日舒以长"，改为"化国"，后人因之，遂有"光天化日"之语，岂非郢书而燕说乎？

〔14〕(令)〔今〕冤民仰希申诉　《刊误》谓案文"令"当作"今"。今据改。

〔15〕不桡故无恩于吏　"桡"原作"挠",径据殿本改。按:挠桡从手从木,古互通,然上文既作"桡",以改归一律为是。

〔16〕颐育万民　按:汲本、殿本"民"作"物"。

〔17〕欲〔南〕奔(南)荆州　张森楷《校勘记》谓州名有"南"字,始见《宋志》,汉、魏、晋俱无,此"南"字当在"奔"字上。按:《魏志·袁绍传》正作"欲南奔荆州",今据改。

〔18〕腾蛇有鳞　按:《集解》引沈钦韩说,谓《尔雅·释鱼》"腾"作"螣",无"有鳞"二字。

〔19〕有角曰龙　按:《集解》引沈钦韩说,谓《广雅》"有角曰虬龙",注脱"虬"字。

〔20〕抗志山栖　按:汲本、殿本"栖"作"西"。

〔21〕微风为椸　按:"椸"原讹"杝",径改正。注同。

〔22〕政乱从此周复　按:王先谦谓"政"亦"治"字避讳改。

〔23〕盖杂伎乐(以)〔也〕　据《汉书·武帝纪》文颖注改。

〔24〕宋音宴安溺志　按:《礼记·乐记》"安"作"女"。

〔25〕倡讴(妓)〔伎〕乐　据《集解》本改。

〔26〕道三十四　按:《集解》引洪亮吉说,谓《前书·地理志》"三十四"作"三十二"。

〔27〕南北一万三百六十八里　按:《集解》引王鸣盛说,谓"南北一万"下《前书》有"三千"字,此脱。

〔28〕假之以杀生之权　按:汲本、殿本作"生杀之权"。

〔29〕是为忍于杀人(也)而不忍于刑人也　据《刊误》删。

〔30〕(禄)班〔禄〕未定　《刊误》谓案文当作"班禄"。今据改。

〔31〕子之道貊〔道〕也　据汲本补,与今本《孟子》合。

〔32〕赵岐注云　按:原本赵岐之"岐"皆作"歧",径改正。

〔33〕而犹展申徒嘉之志　按:汲本、殿本"徒"作"屠"。

〔34〕(之)〔上〕不使人捽抑而刑之也　据殿本改,与《前书·贾谊传》合。

〔35〕言其详约不同　按:"详"原讹"群",径改正。又按:汲本、殿本作"言其详约也",无"不同"二字。

〔36〕谓偏执一隅也　按:"偏"原讹"徧",径改正。

后汉书卷五十

孝明八王列传第四十

孝明皇帝九子：贾贵人生章帝；阴贵人生梁节王畅；馀七王本书不载母氏。①

①本书谓《东观记》也。〔1〕

千乘哀王建，永平三年封。明年薨。年少无子，国除。

陈敬王羡，永平三年封广平王。建初三年，有司奏遣羡与钜鹿王恭、乐成王党俱就国。肃宗性笃爱，不忍与诸王乖离，遂皆留京师。明年，案舆地图，令诸国户口皆等，租入岁各八千万。羡博涉经书，有威严，与诸儒讲论于白虎殿。〔2〕七年，帝以广平在北，多有边费，①乃徙羡为西平王，②分汝南八县为国。及帝崩，遗诏徙封为陈王，食淮阳郡，其年就国。立三十七年薨，子思王钧嗣。

①广平，县，故城在今洺州永年县北。

②西平，县，属汝南郡也。

钧立，多不法，遂行天子大射礼。①性隐贼，喜文法，国相二千石不与相得者，辄阴中之。憎怨敬王夫人李仪等，永元十一年，遂使客隗久②杀仪家属。吏捕得久，系长平狱。③钧欲断绝辞语，复使结客篡杀久。事发觉，有司举奏，钧坐削西华、项、新阳三县。④十二年，封钧六弟为列侯。⑤后钧取掖庭出女李娆为小妻，⑥复坐削圉、宜禄、扶沟三县。⑦永初七年，封敬王孙安国为耕亭侯。

①天子将祭，择士而祭，谓之大射。大射之礼，张三侯，虎侯、熊侯、豹侯，示服猛也，皆以其皮方制之。乐用《驺虞》，九节。《谢承书》曰"陈国户曹史高慎谏国相曰：'诸侯射豕，天子射熊，八彝六樽，礼数不同。昔季氏设朱干玉戚以舞《大夏》。《左传》曰："唯名与器，不可以假人。"奢僭之渐，不可听也。'于是谏争不合，为王所非，坐司寇罪"也。

②"久"或作"文"。

③长平，县，属陈国。

④西华故城在今陈州溵水县西北。项，今陈州项城县也。新阳故城在今豫州真阳县西南也。

⑤伏侯《古今注》曰"番为阳都乡侯，千秋为新平侯，参为周亭侯，寿为乐阳亭侯，宝为博平侯，旦为高亭侯"也。

⑥娆音宁了反。

⑦圉、扶沟并属陈留郡。宜禄属汝南郡。

钧立二十一年薨，子怀王竦嗣。立二年薨，无子，国绝。

永宁元年，立敬王子安寿亭侯崇为陈王，是为顷王。立五年薨，子孝王承嗣。

承薨，子愍王宠嗣。熹平二年，国相师迁追奏前相魏愔与宠共祭天神，希幸非冀，罪至不道。有司奏遣使者案验。是时新诛勃海王悝，①灵帝不忍复加法，诏槛车传送愔、迁诣北寺诏狱，使中常侍王酺②与尚书令、侍御史杂考。愔辞与王共祭黄老君，求长生福而已，无它冀幸。酺等奏愔职在匡正，而所为不端，迁诬告其王，罔以不道，皆诛死。有诏赦宠不案。

①灵帝熹平元年，悝被诬谋反自杀也。

②《华峤书》及《宦者传》诸本并作"甫"，此云"酺"，未详孰是也。

宠善弩射，十发十中，中皆同处。①中平中，黄巾贼起，郡县皆弃城走，宠有强弩数千张，出军都亭。②国人素闻王善射，不敢反叛，故陈独得完，百姓归之者众十馀万人。及献帝初，义兵起，宠率众屯阳夏，③自称辅汉大将军。国相会稽骆俊素有威恩，时天下饥荒，邻郡人多归就之，俊倾资赈赡，并得全活。后袁术求粮于陈而俊拒绝之，术忿恚，遣客诈杀俊及宠，陈由是破败。④

①《华峤书》曰："宠射，其秘法以天覆地载，参连为奇。又有三微、三小。三微为经，三小为纬，经纬相将，万胜之方，然要在机牙。"

②置军营于国之都亭也。

③县名，属淮阳国。夏音公雅反。

④《谢承书》曰："俊字孝远，乌伤人。察孝廉，补尚书侍郎，擢拜陈国相。人有产子，厚致米肉，达府主意，生男女者，以骆为名。袁术使部曲将张闿阳私行到陈，之俊所，俊往从饮酒，因诈杀俊，一郡吏人哀号如丧父母。"

是时诸国无复租禄，而数见虏夺，并日而食，转死沟壑者甚众。夫人姬妾多为丹(阳)〔陵〕兵[3]乌桓所略云。

彭城靖王恭，永平九年赐号灵寿王。①十五年，封为钜鹿王。建初三年，徙封江陵王，改南郡为国。元和二年，三公上言江陵在京师正南，不可以封，乃徙为六安王，以庐江郡为国。肃宗崩，遗诏徙封彭城王，食楚郡，其年就国。恭敦厚威重，举动有节度，吏人敬爱之。永初六年，封恭子阿奴为竹邑侯。②

①取其美名也，下重熹王亦同。《东观记》曰"赐号，未有国邑"也。

②竹邑，县，属沛郡，故城在今徐州符离县也。"竹邑"或为"邕"字，转写误也。

元初三年，恭以事怒子酺，酺自杀。①国相赵牧以状上，因诬奏恭祠祀恶言，大逆不道。有司奏请诛之。恭上书自讼。朝廷以其素著行义，令考实，无征，牧坐下狱，会赦免死。②

①《东观记》曰："恭子男丁前〔妻〕物故，[4]酺侮慢丁小妻，恭怒，闭酺马厩，酺亡，夜诣彭城县欲上书，恭遣从官仓头晓令归，数责之，乃自杀也。"

②《决录注》曰："牧字仲师，长安人。少知名，以公正称。修《春秋》，事乐恢。恢以直谏死，牧为陈冤得申。高第为侍御史、会稽太守，皆有称绩。及诬奏恭，安帝疑其侵，乃遣御史毋丘歆覆案其事实，下牧廷尉，会赦不诛，终于家。"

恭立四十六年薨，子考王道嗣。元初五年，封道弟三人为乡侯，①

恭孙顺为东安亭侯。

①《东观记》曰:“丙为都乡侯,国为安乡侯,丁为鲁阳乡侯。”

道立二十八年薨,子顷王定嗣。本初元年,封定兄弟九人皆为亭侯。①〔5〕

①《东观记》曰“定兄据下亭侯,弟光昭阳亭侯,固公梁亭侯,兴蒲亭侯,延昌城亭侯,祀梁父亭侯,坚西安亭侯,代林亭侯也。”

定立四年薨,子孝王和嗣。和性至孝,太夫人薨,行丧陵次,毁胔过礼。傅相以闻。桓帝诏使奉牛酒迎王还宫。和敬贤乐施,国中爱之。初平中,天下大乱,和为贼昌务所攻,避奔东阿,后得还国。

立六十四年薨,孙祗嗣。立七年,魏受禅,以为崇德侯。

乐成靖王党,永平九年赐号重熹王,十五年封乐成王。党聪惠,善《史书》,喜正文字。与肃宗同年,尤相亲爱。建初四年,以清河之游、观津,勃海之东光、成平,涿郡之中水、饶阳、安平、南深泽八县益乐成国。①及帝崩,其年就国。党急刻不遵法度。旧禁宫人出嫁,不得适诸国。有故掖庭技人哀置,嫁为男子章初妻,②〔6〕党召哀置入宫与通,初欲上书告之,党恐惧,乃密赂哀置姊焦使杀初。事发觉,党乃缢杀内侍三人,以绝口语。又取故中山简王傅婢李羽生为小妻。永元七年,国相举奏之。和帝诏削东光、鄡二县。③

①《前书》及《郡国志》清河无游县。观津故城在今德州钘县东北,东光在沧州东光县南,成平在景城县南,中水在今瀛州乐寿县西北,南深泽在今定州深泽县东也。

②哀,姓;置,名也。称男子者,无官爵也。

③鄡县属钜鹿郡。鄡音羌尧反。

立二十五年薨,子哀王崇嗣。立二月薨,无子,国绝。

明年,和帝立崇兄脩侯巡为乐成王,是为釐王。①立十五年薨,子隐王宾嗣。立八年薨,无子,国绝。

①脩县(及)〔即〕条县,(皆)属勃海。〔7〕条字或作"脩"。

明年,复立济北惠王子苌为乐成王后。苌到国数月,骄淫不法,愆过累积,冀州刺史与国相举奏苌罪至不道。安帝诏曰:"苌有靦其面,而放逸其心。①知陵庙至重,承继有礼,不惟致敬之节,肃穆之慎,乃敢擅损牺牲,不备苾芬。②慢易大姬,不震厥教。③出入颠覆,风淫于家,娉取人妻,馈遗婢妾。殴击吏人,〔8〕专己凶暴。愆罪莫大,甚可耻也。朕览八辟之议,不忍致之于理。④其贬苌爵为临湖侯。⑤朕无'则哲'之明,致简统失序,罔以尉承大姬,增怀永叹。"⑥

①靦,姡也。言面姡然无愧。姡音胡八反。

②《诗·小雅》曰:"苾苾芬芬,祀事孔明。"

③大姬即苌所继之母。震,惧也。

④《周礼·司寇》:"以八辟丽邦法:一曰议亲之辟,二曰议故之辟,三曰议贤之辟,四曰议能之辟,五曰议功之辟,六曰议贵之辟,七曰议勤之辟,八曰议宾之辟。"

⑤临湖属庐江郡。

⑥《袁宏纪》曰:"尚书侍郎冷宏〔9〕议,以为自非圣人,不能无过,故王太子生,为立贤师傅以训导之,是以目不见恶,耳不闻非,能保其社稷,高明令终。苌少长藩国,内无过庭之训,外无师傅之道,血气方刚,卒受荣爵,几微生过,遂陷不义。臣闻《周官》议亲,蠢愚见赦。苌不杀无辜,以谴呵为非,无赫赫大恶,可裁削夺损其租赋,令得改过自新,革心向道。"案《黄香集》,香与宏共奏,此香之辞也。

延光元年,以河间孝王子得嗣靖王后。以乐成比废绝,故改国曰安平,是为安平孝王。

立三十年薨,子续立。〔10〕中平元年,黄巾贼起,为所劫质,囚于广宗。①贼平复国。其年秋,坐不道被诛。立三十四年,国除。

①今贝州宗城县也,随室讳改焉。

下邳惠王衍,永平十五年封。衍有容貌,肃宗即位,常在左右。建初初冠，诏赐衍师傅已下官属金帛各有差。四年，以临淮郡及九江之锺离、当涂、东城、历阳、全椒合十七县益下邳国。①帝崩，其年就国。衍后病荒忽，而太子卬有罪废，诸姬争欲立子为嗣，连上书相告言。和帝怜之，使彭城靖王恭至下邳正其嫡庶，立子成为太子。②

①锺离在今豪州〔11〕锺离县东。当涂在县西南。东城在定远县东南。历阳，和州县也。全椒，今滁州县也。

②《东观记》载赐恭诏曰："皇帝问彭城王始夏无恙。盖闻尧亲九族，万国协和，书典之所美也。下邳王被病沈滞之疾，昏乱不明，家用不宁，姬妾适庶，诸子分争，纷纷至今。前太子卬顽凶失道，陷于大辟，是后诸子更相诬告，迄今适嗣未知所定，朕甚伤之。惟王与下邳王恩义至亲，正此国嗣，非王而谁？《礼》重适庶之序，《春秋》之义大居正。孔子曰：'惟仁者能好人，能恶人。'贵仁者所好恶得其中也。太子国之储嗣，可不慎欤！王其差次下邳诸子可为太子者上名，将及景风拜授印绶焉。"

衍立五十四年薨，子贞王成嗣。永建元年，封成兄二人及惠王孙二人皆为列侯。

成立二年薨，子愍王意嗣。阳嘉元年，封意弟八人为乡、亭侯。中平元年，意遭黄巾，弃国走。贼平复国，数月薨。立五十七年，年九十。

子哀王宜嗣，数月薨，无子，建安十一年国除。

梁节王畅，永平十五年封为汝南王。母阴贵人有宠，畅尤被爱幸，国土租入倍于诸国。肃宗立，缘先帝之意，赏赐恩宠甚笃。建初二年，封畅舅阴棠为西陵侯。①四年，徙为梁王，以陈留之郾、宁陵，济阴之薄、单父、己氏、成武，凡六县，益梁国。②帝崩，其年就国。

①西陵，县，属江夏郡。

②隅，今许州郾陵县也。〔12〕宁陵，今宋州县也。薄故城在今曹州考城县东北。单父，今宋州县也。己氏，今宋州楚丘县也。成武，今曹州县也。

畅性聪惠，然少贵骄，颇不遵法度。归国后，数有恶梦，从官卞忌自言能使六丁，善占梦，①畅数使卜筮。又畅乳母王礼等，因此自言能见鬼神事，遂共占气，祠祭求福。忌等谄媚，云神言王当为天子。畅心喜，与相应答。永元五年，豫州刺史梁相举奏畅不道，考讯，辞不服。有司请征畅诣廷尉诏狱，和帝不许。有司重奏除畅国，徙九真，帝不忍，但削成武、单父二县。畅惭惧，上疏辞谢曰："臣天性狂愚，生在深宫，长养傅母之手，信惑左右之言。及至归国，不知防禁。从官侍史利臣财物，荧惑臣畅。臣畅无所昭见，与相然诺，不自知陷死罪，以至考案。肌栗心悸，自悔无所复及。自谓当即时伏显诛，魂魄去身，分归黄泉。不意陛下圣德，枉法曲平，不听有司，② 横贷赦臣。战栗连月，未敢自安。上念以负先帝而令陛下为臣收污天下，③〔13〕诚无气以息，筋骨不相连。臣畅知大贷不可再得，自誓束身约妻子，不敢复出入失绳墨，不敢复有所横费。租入有馀，乞裁食睢阳、穀孰、虞、蒙、宁陵五县，还馀所食四县。臣畅小妻三十七人，其无子者愿还本家。自选择谨敕奴婢二百人，其馀所受虎贲、官骑及诸工技、鼓吹、仓头、奴婢、兵弩、厩马皆上还本署。臣畅以骨肉近亲，乱圣化，污清流，既得生活，诚无心面目以凶恶复居大宫，〔14〕食大国，张官属，藏什物。愿陛下加大恩，开臣自悔之门，假臣小善之路，〔15〕令天下知臣蒙恩，得去死就生，颇能自悔。臣以公卿所奏臣罪恶诏书常置于前，昼夜诵读。臣小人，贪见明时，不能即时自引，惟陛下哀臣，令得喘息漏刻。若不听许，臣实无颜以久生，下入黄泉，无以见先帝。此诚臣至心。臣欲多还所受，恐天恩不听许。节量所留，于臣畅饶足。"诏报曰："朕惟王至亲之属，淳淑之美，傅相不良，不能防邪，至令有司纷纷有言。今王深思悔过，端自克责，朕恻然伤之。志匪由(于)〔王〕，咎在彼小子。④〔16〕一日克己复礼，天下归仁。王其安心静意，茂率休德。《易》不云乎：'一谦而四益。小有言，终吉。'⑤ 强食自爱。"畅固让，章数上，卒不许。

①六丁谓六甲中丁神也。若甲子旬中，则丁卯为神，甲寅旬中，则丁巳为神之类也。役使之法，先斋戒，然后其神至，可使致远方物及知吉凶也。

②曲平，曲法申恩，平处其罪。

③污，恶也。天下以帝赦王为恶，故言收恶天下也。

④谓由下忌及王礼等也。

⑤《易·谦卦》曰："天道亏盈而益谦，地道变盈而流谦，鬼神害盈而福谦，人道恶盈而好谦。"为谦是一，而天地神人皆益之，故曰"一谦而四益"。《讼卦·初六》曰："小有言，终吉。"言王虽小有讼言，而终吉也。

立二十七年薨，子恭王坚嗣。永元十六年，封坚弟二人为乡、亭侯。

坚立二十六年薨，子怀王匡嗣。永建二年，封匡兄弟七人为乡、亭侯。

匡立十一年薨，无子，顺帝封匡弟孝阳亭侯成为梁王，是为夷王。

立二十九年薨，子敬王元嗣。

立十六年薨，子弥嗣。立四十年，魏受禅，以为崇德侯。

淮阳顷王昞，永平〔十〕五年封常山王〔17〕，建初四年，徙为淮阳王，以汝南之新安、西华益淮阳国。〔18〕

立十六年薨，未及立嗣，永元二年，和帝立昞小子侧复为常山王，奉昞后，是为殇王。

立十三年薨，父子皆未之国，并葬京师。侧无子，其月立兄防子侯章为常山王。和帝怜章早孤，数加赏赐。延平元年就国。

立二十五年薨，是为靖王。子顷王仪嗣。永建二年，封仪兄二人为亭侯。

仪立十七年薨，子节王豹嗣。(永)〔元〕嘉元年，〔19〕封豹兄四人为亭侯。

豹立八年薨，子暠嗣。三十二年，遭黄巾贼，弃国走，建安十一年国除。

济阴悼王长，永平十五年封。建初四年，以东郡之离狐、陈留之长垣益济阴国。立十三年，薨于京师，无子，国除。

论曰：晏子称“夫人生厚而用利，于是乎正德以幅之，谓之幅利”。言人情须节以正其德，亦由布帛须幅以成其度焉。① 明帝封诸子，租岁不过二千万，马后为言而不得也。② 贤哉！岂徒俭约而已乎！知骄贵之无猒，嗜欲之难极也，故东京诸侯鲜有至于祸败者也。

①《左传》云，齐景公与晏子邶殿之邑六十，晏子不受，曰：“夫富如布帛之有幅焉，为之度使无迁也。夫人生厚而用利，于是正德以幅之，谓之幅利。过则为败，吾不敢贪多，所谓幅也。”

②《东观·明纪》曰：“皇子之封，皆减旧制。尝案舆地图，皇后在傍，言钜鹿、乐成、广平各数县，租谷百万，帝令满二千万止。诸小王皆当略与楚、淮阳相比，什减三四。‘我子不当与先帝子等’者也。”

赞曰：孝明传胤，维城八国。陈敬严重，彭城厚德。下邳婴痾，梁节邪惑。三藩夙龄，① 党惟荒忒。

①谓千乘、淮阳、济阴并早殁也。”

【校勘记】

〔1〕　本书谓东观记也　按：“东”原讹“云”，径据汲本、殿本改正。

〔2〕　与诸儒讲论于白虎殿　按：张森楷《校勘记》谓何焯云“殿”疑作“观”。

〔3〕　多为丹(阳)〔陵〕兵　据汲本、殿本改。按：殿本《考证》谓“陵”监本误作“阳”，今改正。

〔4〕　恭子男丁前〔妻〕物故　按：王先谦谓今本《东观记》“前”下有“妻”字，是也。下又引《东观记》，云丁为鲁阳乡侯，则是丁未物故，而物故者乃其妻也。今据补。

〔5〕　封定兄弟九人皆为亭侯　按：《校补》引钱大昭说，谓据《东观记》当作“兄弟八人”。

〔6〕　嫁为男子章初妻　按：“初”原讹“诸”，径据汲本、殿本改正。

〔7〕　脩县(及)〔即〕条县(皆)属勃海　《集解》引沈钦韩说，谓注“及”当为“即”，又衍一“皆”字。今按：《汉书·地理志》作“脩”，《景帝纪》、《周亚夫传》作“条”，师古曰“脩音条”，是脩县即条县也，沈说是，今据改。

〔8〕 殴击吏人 按:“殴”原讹“敺”,径据《集解》本改正。

〔9〕 尚书侍郎冷宏 按:汲本“冷”作“泠”。

〔10〕 子续立 按:汲本“续”作“绩”。

〔11〕 在今豪州 按:殿本“豪”作“濠”。

〔12〕 隅今许州鄢陵县也 按:“隅”汲本作“鄢”,殿本作“郾”。《集解》引惠栋说,谓正文之“郾”,亦当依注作“鄢”。又引钱大昕说,谓《郡国志》“郾”作“隅”,此字亦误,当为“鄢”。《校补》谓案《光武纪》“三月,光武别与诸将徇昆阳、定陵、郾,皆下之”。彼注云“郾,今豫州郾城县也”。章怀既释郾为豫州之郾城,则此云许州鄢陵,当然是“鄢”非“郾”,不独殿本注作“郾”误,各本正文作“郾”皆误矣。惟“鄢”之作“隅”,似不应遽指为误。鄢陵《前》、《续志》均属颍川郡,鄢《前志》属陈留郡,《续志》属梁国,字则《前志》均作“傿”,《续志》均作“隅”,更无作“鄢”者,如以为误,则《前志》亦误矣。

〔13〕 而令陛下为臣收污天下 按:《集解》引顾炎武说,谓“收污”《袁宏纪》作“收耻”,《通鉴》作“受污”。

〔14〕 诚无心面目以凶恶复居大宫 按:《集解》引苏舆说,谓“心”字疑衍。

〔15〕 假臣小善之路 殿本“小”作“迁”。今按:《袁纪》亦作“小”。

〔16〕 志匪由(于)〔王〕咎在彼小子 《校补》引柳从辰说,谓“于”字系“王”字之讹,“咎”字属下读。又谓“于”当作“王”,钱大昭已有是说。今据改。

〔17〕 永平〔十〕五年封常山王 《校补》引钱大昭说,谓“五年”当作“十五年”,脱“十”字。今据补。

〔18〕 以汝南之新安西华益淮阳国 按:《集解》引钱大昕说,谓汝南郡无新安县,疑“新阳”之讹。

〔19〕 (永)〔元〕嘉元年 据《集解》引钱大昕说改。

后汉书卷五十一

李陈庞陈桥列传第四十一

李恂字叔英,安定临泾人也。少习《韩诗》,① 教授诸生常数百人。太守颍川李鸿请署功曹,未及到,而州辟为从事。会鸿卒,恂不应州命,而送鸿丧还乡里。既葬,留起冢坟,持丧三年。

①韩婴所传《诗》也。

辟司徒桓虞府。后拜侍御史,持节使幽州,宣布恩泽,慰抚北狄,所过皆图写山川、屯田、聚落百馀卷,悉封奏上,肃宗嘉之。拜兖州刺史。以清约率下,常席羊皮,服布被。迁张掖太守,有威重名。时大将军窦宪将兵屯武威,天下州郡远近莫不修礼遗,恂奉公不阿,为宪所奏免。

后复征拜谒者,使持节领西域副校尉。西域殷富,多珍宝,诸国侍子及督使贾胡① 数遗恂奴婢、宛马、金银、香罽之属,一无所受。② 北匈奴数断西域车师、伊吾,陇沙以西使命不得通,③ 恂设购赏,遂斩虏帅,县首军门。自是道路夷清,威恩并行。

①督使,主蕃国之使也。贾胡,胡之商贾也。

②《袁山松书》曰:"西域出诸香、石蜜。"罽,织毛为布者。

③《前书》曰:"车师前国王居交河城。"伊吾故城在今瓜州晋昌县北。《广志》曰:"流沙在玉门关外,东西数百里,有三断名曰三陇也。"

迁武威太守。后坐事免,步归乡里,潜居山泽,结草为庐,独与诸生织席自给。会西羌反畔,恂到田舍,为所执获。羌素闻其名,放遣之。恂因诣洛阳谢。时岁荒,司空张敏、司徒鲁恭等各遣子馈粮,悉无所受。徙居新安关下,拾橡实以自资。① 年九十六卒。

①橡，栎实也。武帝元鼎三年徙函谷关于新安也。

陈禅字纪山，巴郡安汉人也。仕郡功曹，举善黜恶，为邦内所畏。察孝廉，州辟治中从事。①〔1〕时刺史为人所上受纳臧赂，禅当传考，②无它所赍，但持丧敛之具而已。及至，笞掠无筭，五毒毕加，禅神意自若，辞对无变，事遂散释。车骑将军邓骘闻其名而辟焉，举茂才。时汉中蛮夷反畔，以禅为汉中太守。夷贼素闻其声，〔2〕即时降服。迁左冯翊，入拜谏议大夫。

①《续汉志》曰，每州有持中从事也。

②传谓逮捕而考之也。

永宁元年，西南夷掸国王①献乐及幻人，能吐火，自支解，易牛马头。明年元会，作之于庭，安帝与群臣共观，大奇之。禅独离席举手大言曰："昔齐鲁为夹谷之会，齐作侏儒之乐，仲尼诛之。②又曰：'放郑声，远佞人。'③帝王之庭，不宜设夷狄之技。"尚书陈忠劾奏禅曰："古者合欢之乐舞于堂，四夷之乐陈于门，故诗云'以《雅》以《南》，《韎》、《任》、《朱离》'。④〔3〕今掸国越流沙，逾县度，⑤万里贡献；非郑卫之声，佞人之比，而禅廷讪朝政，⑥请劾禅下狱。"有诏勿收，左转为玄菟候城障尉，⑦诏"敢不之官，上妻子从者名"。禅既行，朝廷多讼之。会北匈奴入辽东，追拜禅辽东太守。胡惮其威强，退还数百里。禅不加兵，但使吏卒往晓慰之，单于随使还郡。禅于学行礼，为说道义以感化之。单于怀服，遗以胡中珍货而去。

①掸音徒丹反。

②《家语》曰，鲁定公与齐侯会于夹谷，孔子摄相事。齐奏中宫之乐，倡优侏儒戏于前。孔子趋曰："匹夫而侮诸侯，罪应诛。"于是斩侏儒，手足异处。〔4〕

③《论语》孔子之言。

④《诗·小雅·鼓钟》之诗曰："以《雅》以《南》，以籥不僭。"薛君云："南夷之乐曰《南》。四夷之乐唯《南》可以和于《雅》者，以其人声音及籥不僭差也。"《周礼》，鞮鞻氏掌四夷之乐。郑玄注云："东方曰《韎》，南方曰《任》，西方曰《朱

离》，北方曰《禁》。”《毛诗》无“韎任朱离”之文，〔5〕盖见《齐》、《鲁》之诗也，今亡。韎音昧。《礼记》曰，九夷、八蛮、六戎、五狄来朝，立于明堂四门之外也。

⑤《前书·西域传》曰：“县度者，山名也。〔6〕谿谷不通，以绳索相引而度，去阳关五千八百八十里。”〔7〕

⑥讪，谤也。

⑦候城，县，在辽东。

及邓骘诛废，禅以故吏免。复为车骑将军阎显长史。顺帝即位，迁司隶校尉。明年，卒于官。

子澄，有清名，官至汉中太守。

禅曾孙宝，亦刚壮有禅风，为州别驾从事，显名州里。

庞参字仲达，河南缑氏人也。初仕郡，未知名，河南尹庞奋见而奇之，举为孝廉，拜左校令。坐法输作若卢。①

①若卢，狱名。

永初元年，凉州先零种羌反畔，遣车骑将军邓骘讨之。参于徒中使其子俊上书曰：“方今西州流民扰动，而征发不绝，水潦不休，地力不复。①重之以大军，疲之以远戍，农功消于转运，资财竭于征发。田畴不得垦辟，禾稼不得收入，搏手困穷，无望来秋。②百姓力屈，不复堪命。臣愚以为万里运粮，远就羌戎，不若总兵养众，以待其疲。车骑将军骘宜且振旅，留征西校尉任尚使督凉州士民，转居三辅。休徭役以助其时，止烦赋以益其财，令男得耕种，女得织纴，③然后畜精锐，乘懈沮，出其不意，攻其不备，则边人之仇报，奔北之耻雪矣。”书奏，会御史中丞樊准上疏荐参曰：“臣闻鸷鸟累百，不如一鹗。④昔孝文皇帝悟冯唐之言，而赦魏尚之罪，使为边守，匈奴不敢南向。⑤夫以一臣之身，折方面之难者，选用得也。臣伏见故左校令河南庞参，勇谋不测，卓尔奇伟，高才武略，有魏尚之风。前坐微法，输作经时。今羌戎为患，大军西屯，臣以为如参之人，宜在行伍。惟明诏采前世之举，观魏尚之功，免赦参刑，以为军锋，必有成效，宣助国威。”邓太后纳其言，即擢参于徒中，召拜谒者，使西督三辅诸军屯，而征邓骘还。

①言其耗损，不复于旧。

②两手相搏，言无计也。

③纴音如深反。杜预注《左传》云：“织纴，织缯布也。”

④《前书》邹阳谏吴王之辞也。鹗，大雕也。

⑤《前书》冯唐谓文帝曰：“臣闻魏尚为云中守，匈奴远避，不近云中之塞。上功莫府，一言不相应，文吏以法绳之。愚以为陛下法太明而赏太轻。”文帝悦，是日令唐持节赦魏尚，复以为云中守也。

四年，羌寇转盛，兵费日广，且连年不登，谷石万馀。参奏记于邓骘曰：“比年羌寇特困陇右，供徭赋役为损日滋，官负人责数十亿万。①今复募发百姓，调取谷帛，衒卖什物，以应吏求。外伤羌虏，内困征赋。②遂乃千里转粮，远给武都西郡。涂路倾阻，难劳百端，疾行则钞暴为害，迟进则谷食稍损，运粮散于旷野，牛马死于山泽。县官不足，辄贷于民。民已穷矣，将从谁求？名救金城，而实困三辅。三辅既困，还复为金城之祸矣。参前数言宜弃西域，乃为西州士大夫所笑。今苟贪不毛之地，营恤不使之民，③暴军伊吾之野，以虑三族之外，④果破凉州，祸乱至今。夫拓境不宁，无益于强；多田不耕，何救饥敝！故善为国者，务怀其内，不求外利；务富其民，不贪广土。三辅山原旷远，民庶稀疏，故县丘城，可居者多。⑤今宜徙边郡不能自存者，入居诸陵，田戍故县。孤城绝郡，以权徙之；转运远费，聚而近之；徭役烦数，休而息之。此善之善者也。”骘及公卿以国用不足，欲从参议，众多不同，乃止。

①责音侧懈反。

②为羌寇所伤也。

③恤，忧也。不使之人谓戎虏凶犷，不堪为用。

④言劳师救远，以为亲戚之忧虑。

⑤丘，空也。

拜参为汉阳太守。郡人任棠者，有奇节，隐居教授。参到，先候之。棠不与言，但以薤一大本，水一盂，置户屏前，自抱孙儿伏于户下。主簿白以为倨。参思其微意，良久曰："棠是欲晓太守也。水者，欲吾清也。拔大本薤者，欲吾击强宗也。抱儿当户，欲吾开门恤孤也。"于是叹息而还。参在职，果能抑强助弱，以惠政得民。

元初元年，迁护羌校尉，畔羌怀其恩信。明年，烧当羌种号多等皆降，始复得还都令居，〔8〕通河西路。①时先零羌豪僭号北地，诏参将降羌及湟中义从胡七千人，②与行征西将军司马钧期会北地击之。参于道为羌所败。既已失期，乃称病引兵还，坐以诈疾征下狱。校书郎中马融上书请之曰："伏见西戎反畔，寇钞五州，陛下愍百姓之伤痍，哀黎元之失业，单竭府库以奉军师。昔周宣猃狁侵镐及方，③孝文匈奴亦略上郡，而宣王立中兴之功，文帝建太宗之号。非惟两主有明睿之姿，抑亦扞城有虓虎之助，④是以南仲赫赫，列在《周诗》，亚夫赳赳，载于汉策。⑤窃见前护羌校尉庞参，文武昭备，智略弘远，既有义勇果毅之节，兼以博雅深谋之姿。又度辽将军梁慬，前统西域，勤苦数年，还留三辅，功效克立，间在北边，单于降服。今皆幽囚，陷于法网。昔荀林父败绩于邲，晋侯使复其位；⑥孟明视丧师于崤，秦伯不替其官。⑦故晋景并赤狄之土，秦穆遂霸西戎。⑧宜远览二君，使参、慬得在宽宥之科，诚有益于折冲，毗佐于圣化。"书奏，赦参等。

①令居，县，属金城郡。令音零。

②湟，水名，今在鄯州。

③《诗·小雅·六月》之诗曰："侵镐及方，至于泾阳。"郑玄注云："镐、方皆北方地名。"

④《诗》曰："公侯干城。"又曰："阚如虓虎。"干，扞也。虓虎，怒貌也。

⑤《诗》曰："赫赫南仲，薄伐西戎。"周亚夫为汉将。赳赳，武貌。

⑥《左传》曰，晋荀林父及楚师战于邲，晋师败绩。林父请死，晋侯欲许之。士贞子谏曰："不可。夫其败也，如日月之食，何损于明？"晋侯使复其位。

⑦《左传》曰，晋败秦师于崤，获百里孟明视，后赦而归之。秦伯曰："孤之罪也。"不替孟明。

⑧《左传》曰，晋荀林父败赤狄，遂灭之。晋侯赏林父狄臣千室，亦赏士贞子瓜衍之县，曰："吾获狄土，子之功也。"又曰："秦伯伐晋，遂霸西戎，用孟明也。"

后以参为辽东太守。永建元年，迁度辽将军。四年，入为大鸿胪。尚书仆射虞诩荐参有宰相器能，(顺帝时)以为太尉，〔9〕录尚书事。是时三公之中，参名忠直，数为左右所陷毁，以所举用忤帝旨，司隶承风案之。时当会茂才孝廉，参以被奏，称疾不得会。上计掾广汉段恭因会上疏曰："伏见道路行人，农夫织妇，皆曰'太尉庞参，竭忠尽节，徒以直道不能曲心，孤立群邪之间，自处中伤之地'。臣犹冀在陛下之世，当蒙安全，而复以谗佞伤毁忠正，此天地之大禁，人主之至诫。昔白起赐死，诸侯酌酒相贺；季子来归，鲁人喜其纾难。①夫国以贤化，〔10〕君以忠安。今天下咸欣陛下有此忠贤，愿卒宠任，以安社稷。"书奏，诏即遣小黄门视参疾，太医致羊酒。

①纾，缓也。季子，鲁公子季友也。闵公之时，国家多难，以季子忠贤，故请齐侯复之。《公羊传》曰："季子来归。其言季子何？贤也。言其来归何？〔11〕喜之也。"

后参夫人疾前妻子，投于井而杀之。参素与洛阳令祝良不平，①良闻之，率吏卒入太尉府案实其事，乃上参罪，遂因灾异策免。有司以良不先闻奏，辄折辱宰相，坐系诏狱。良能得百姓心，洛阳吏人守阙请代其罪者，日有数千万人，诏乃原刑。

①《谢承书》曰"良字邵平，〔12〕长沙人。聪明博学有才干，以廉平见称"也。

阳嘉四年，复以参为太尉。永和元年，以久病罢，卒于家。

陈龟字叔珍，上党泫氏人也。①家世边将，便习弓马，雄于北州。

①泫氏故城，今泽州高平县也。泫音公玄反。

龟少有志气。永建中，举孝廉，五迁五原太守。永和五年，拜使匈奴中郎将。时南匈奴左部反乱，龟以单于不能制下，外顺内畔，促令自杀，坐征下狱免。后再迁，拜京兆尹。时三辅强豪之族，多侵枉小民。

龟到，厉威严，悉平理其怨屈者，郡内大悦。

会羌胡寇边，杀长吏，驱略百姓。桓帝以龟世谙边俗，拜为度辽将军。龟临行，上疏曰："臣龟蒙恩累世，驰骋边垂，虽展鹰犬之用，顿毙胡虏之庭，魂骸不返，荐享狐狸，犹无以塞厚责，答万分也。(至)臣〔至〕顽驽，〔13〕器无铅刀一割之用，过受国恩，荣秩兼优，生年死日，永惧不报。臣闻三辰不轨，擢士为相；蛮夷不恭，拔卒为将。臣无文武之才，而忝鹰扬之任，①上惭圣(朝)〔明〕，〔14〕下惧素餐，②虽殁躯体，无所云补。今西州边鄙，土地塉埆，③鞍马为居，射猎为业，男寡耕稼之利，女乏机杼之饶，守塞候望，悬命锋镝，闻急长驱，去不图反。自顷年以来，匈奴数攻营郡，④残杀长吏，侮略良细。战夫身膏沙漠，居人首系马鞍。或举国掩户，尽种灰灭，孤儿寡妇，号哭空城，野无青草，室如悬磬。⑤虽含生气，实同枯朽。往岁并州水雨，灾螟互生，稼穑荒耗，租更空阙。⑥老者虑不终年，少壮惧于困厄。陛下以百姓为子，品庶以陛下为父，焉可不日昃劳神，⑦垂抚循之恩哉！唐尧亲舍其子以禅虞舜者，是欲民遭圣君，不令遇恶主也。⑧故古公杖策，其民五倍；⑨文王西伯，天下归之。⑩岂复舆金辇宝，以为民惠乎！近孝文皇帝感一女子之言，除肉刑之法，⑪体德行仁，为汉贤主。陛下继中兴之统，承光武之业，临朝听政，而未留圣意。且牧守不良，或出中官，惧逆上旨，取过目前。呼嗟之声，招致灾害，胡虏凶悍，因衰缘隙。而令仓库单于豺狼之口，功业无铢两之效，皆由将帅不忠，聚奸所致。前凉州刺史祝良，初除到州，多所纠罚，太守令长，贬黜将半，政未逾时，功效卓然。实应赏异，以劝功能，改任牧守，去斥奸残。又宜更选匈奴乌桓护羌中郎将校尉，简练文武，授之法令，除并凉二州今年租更，宽赦罪隶，埽除更始。则善吏知奉公之祐，恶者觉营私之祸，胡马可不窥长城，塞下无候望之患矣。"帝觉悟，乃更选幽、并刺史，自营郡太守都尉以下，多所革易，下诏"为陈将军除并、凉一年租赋，以赐吏民"。龟既到职，州郡重足震栗，鲜卑不敢近塞，省息经用，岁以亿计。⑫

①《诗》曰"维师尚父，时惟鹰扬"也。

②素，空也。无功受禄为素餐。

③埆音觉，又音确，谓薄土也。

④谓郡有屯兵者，即护羌校尉屯金城，乌桓校尉屯上谷之类。

⑤《左传》曰："室如悬磬，野无青草。"言其屋居如磬之悬，下无所有。

⑥更谓卒更钱也。

⑦《书》曰"文王至于日中昃，不遑暇食"也。

⑧《史记》曰"尧知子丹朱不肖，不足授天下，乃推授舜。〔授舜〕则天下得其利而丹朱病，〔15〕授丹朱则天下病而丹朱得其利。尧曰：'终不以天下之病而利一人。'卒授舜以天下"也。

⑨《帝王世纪》曰"古公亶甫，是为太王，为百姓所附。狄人攻之，事之以皮币玉帛，不能免焉。王遂杖策而去，逾梁山，止于岐山之阳，邑于周地。豳人从者如归市，一年成邑，二年成都，三年五倍其初"也。

⑩《帝王世纪》曰西伯至仁，百姓襁负而至。

⑪女子即太仓令淳于公之女缇萦也。事见《前书》。

⑫经，常也。

大将军梁冀与龟素有隙，谮其沮毁国威，挑取功誉，①不为胡虏所畏。坐征还，遂乞骸骨归田里。复征为尚书。冀暴虐日甚，龟上疏言其罪状，请诛之。帝不省。自知必为冀所害，不食七日而死。西域胡夷，并、凉民庶，咸为举哀，吊祭其墓。

①挑取犹独取也。独取其名，如挑战之义。

桥玄字公祖，梁国睢阳人也。七世祖仁，从同郡戴德学，〔16〕著《礼记章句》四十九篇，号曰"桥君学"。成帝时为大鸿胪。〔17〕祖父基，广陵太守。父肃，东莱太守。

玄少为县功曹。时豫州刺史周景行部到梁国，玄谒景，因伏地言陈相羊昌〔18〕罪恶，乞为部陈从事，①穷案其奸。景壮玄意，署而遣之。玄到，悉收昌宾客，具考臧罪。昌素为大将军梁冀所厚，冀为驰檄救之。景承旨召玄，玄还檄不发，案之益急。昌坐槛车征，玄由是著名。

①部犹领也。

举孝廉，补洛阳左尉。①时梁不疑为河南尹，玄以公事当诣府受对，耻为所辱，弃官还乡里。后四迁为齐相，坐事为城旦。刑竟，征，再迁上谷太守，又为汉阳太守。时上邽令皇甫祯有臧罪，玄收考髡笞，死于冀市，②一境皆震。郡人上邽姜岐，守道隐居，名闻西州。玄召以为吏，称疾不就。玄怒，敕督邮尹益逼致之，曰："岐若不至，趣嫁其母。"③益固争不能得，遽晓譬岐。岐坚卧不起。郡内士大夫亦竞往谏，玄乃止。时颇以为讥。后谢病免，复公车征为司徒长史，拜将作大匠。

①左部尉也。

②冀，县名，属汉阳郡。

③趣音促。

桓帝末，鲜卑、南匈奴及高句骊嗣子伯固并畔，为寇钞，四府举玄为度辽将军，假黄钺。玄至镇，休兵养士，然后督诸将守讨击胡虏及伯固等，皆破散退走。在职三年，边境安静。

灵帝初，征入为河南尹，转少府、大鸿胪。建宁三年，迁司空，转司徒。素与南阳太守陈球有隙，及在公位，而荐球为廷尉。玄以国家方弱，自度力无所用，乃称疾上疏，引众灾以自劾。遂策罢。岁馀，拜尚书令。时太中大夫盖升与帝有旧恩，前为南阳太守，臧数亿以上。玄奏免升禁锢，没入财贿。帝不从，而迁升侍中。玄托病免，拜光禄大夫。光和元年，迁太尉。数月，复以疾罢，拜太中大夫，就医里舍。

玄少子十岁，独游门次，卒有三人持杖劫执之，入舍登楼，就玄求货，玄不与。有顷，司隶校尉阳球率河南尹、洛阳令围守玄家。球等恐并杀其子，未欲迫之。玄瞋目呼曰："奸人无状，玄岂以一子之命而纵国贼乎！"促令兵进。于是攻之，玄子亦死。玄乃诣阙谢罪，乞下天下："凡有劫质，皆并杀之，不得赎以财宝，开张奸路。"诏书下其章。初自安帝以后，法禁稍弛，京师劫质，不避豪贵，自是遂绝。

玄以光和六年卒，时年七十五。〔19〕玄性刚急无大体，然谦俭下士，子弟亲宗无在大官者。及卒，家无居业，〔20〕丧无所殡，当时称之。

初，曹操微时，人莫知者。尝往候玄，玄见而异焉，谓曰："今天下将乱，安生民者其在君乎！”操常感其知己。及后经过玄墓，辄悽怆致祭。自为其文曰：“故太尉桥公，懿德高轨，〔21〕泛爱博容。国念明训，士思令谟。幽灵潜翳，邈哉缅矣！〔22〕操以幼年，逮升堂室，特以顽质，见纳君子。〔23〕增荣益观，皆由奖助，〔24〕犹仲尼称不如颜渊，① 李生厚叹贾复。② 士死知己，怀此无忘。又承从容约誓之言：‘徂没之后，〔25〕路有经由，不以斗酒只鸡过相沃酹，车过三步，腹痛勿怨。’〔26〕虽临时戏笑之言，非至亲之笃好，胡肯为此辞哉？怀旧惟顾，念之悽怆。③ 奉命东征，屯次乡里，北望贵土，乃心陵墓。裁致薄奠，公其享之！”④〔27〕

①《论语》孔子谓子贡曰：“汝与回也孰愈？”子贡曰：“赐也何敢望回。”子曰：“吾与汝俱不如也。”

②复少好学，师事舞阴李生。李生奇之，曰：“贾君国器也。”

③惟，思也。

④《魏志》曰“建安七年，曹公军谯，遂至浚仪，遣使以太牢祀桥玄，进军官度”也。

玄子羽，官至任城相。

论曰：任棠、姜岐，世著其清。结瓮牖而辞三命，① 殆汉阳之幽人乎？② 庞参躬求贤之礼，故民悦其政；桥玄厉邦君之威，而众失其情。夫岂力不足欤？将有道在焉。③ 如令其道可忘，则强梁胜矣。语曰：“三军可夺帅，匹夫不可夺志。”④ 子贡曰：“宁丧千金，不失士心。”昔段干木逾墙而避文侯之命，⑤ 泄柳闭门不纳穆公之请。⑥ 贵必有所屈，贱亦有所申矣。

①结犹构也。《庄子》曰：“原宪处鲁，居环堵之室，桑枢而瓮牖。”《周礼》：“一命受职，再命受服，三命受位。”谓任、姜辞太守之辟也。

②《易》曰：“履道坦坦，幽人贞吉。”

③桥玄之舍姜岐，以道不可违，故不得以威力逼也。

④郑玄注《论语》云：“匹夫之守志，重于三军之死将者也。”

⑤《高士传》曰，段干木者，晋人也。守道不仕。魏文侯造其门，段干木逾墙而避之。

⑥泄柳，鲁之贤人也。鲁穆公时，请见之，泄柳闭门而不纳。事见《孟子》。

赞曰：李叟勤身，甘饥辞馈。禅为君隐，之死靡贰。龟习边功，参起徒中。桥公识运，先觉时雄。

【校勘记】

〔1〕州辟治中从事　按：《集解》引钱大昕说，谓章怀避唐讳，凡“治”字或改为“理”，或改为“化”，或改为“持”，此“治中”字亦必改易，宋人校书者又回改耳。

〔2〕夷贼素闻其声　按：汲本、殿本“声”上有“名”字。

〔3〕秣任朱离　按：《集解》引钱大昕说，谓此句上下当有脱文，未必《诗》有此语。

〔4〕手足异处　《刊误》谓“手”当作“首”。今按：《史记·孔子世家》亦作“手足异处”，惟《穀梁传》作“首足异门而出”，刘氏殆据《穀梁传》言也。

〔5〕毛诗无秣任朱离之文　按：《集解》引黄山说，谓贤注引薛君《韩诗说》，不及“秣任朱离”，是《韩诗》亦无此句，不独《毛诗》也。今曰《毛诗》无，“毛”字当为后人妄改。注不及《毛传》，必不舍《韩》而计《毛》也。

〔6〕县度者山名也　按：《前书·西域传》“山名也”作“石山也”，此讹。《章帝纪》注引作“石山也”，不讹。

〔7〕去阳关五千八百八十里　按：《前书》“八十里”作“八十八里”。

〔8〕始复得还都令居　按：《集解》引黄山说，谓《通鉴》“都”作“治”，此避唐讳改。

〔9〕（顺帝时）以为太尉　沈钦韩谓上有永建元年事，此“顺帝时”三字衍文。今据删。

〔10〕夫国以贤化　《集解》引惠栋说，谓“化”当作“治”。按：此亦章怀避讳改。

〔11〕言其来归何　《刊误》谓“言其”当作“其言”。按：今本《公羊传》作“其言”。

〔12〕良字邵平　按：《集解》引惠栋说，谓《长沙耆旧传》作“字邵卿”，《水经

注》亦作“邵卿”，章怀注误。

〔13〕 (至)臣〔至〕顽驽　据《刊误》改。

〔14〕 上惭圣(朝)〔明〕　据汲本、殿本改。

〔15〕 乃推授舜〔授舜〕则天下得其利而丹朱病　《刊误》谓案《史记》本文，更有“授舜”二字。今据补。

〔16〕 七世祖仁从同郡戴德学　按：“戴德”当作“戴圣”。《集解》引朱彝尊说，谓案《前书·儒林传》，仁传小戴之学，此云“戴德”，恐误。

〔17〕 成帝时为大鸿胪　按：《集解》引洪亮吉说，谓案《前书·百官表》，平帝元始元年始云大鸿胪桥仁，今言“成帝时”，误。

〔18〕 陈相羊昌　按：《集解》引何焯说，谓“羊”旧抄《广川书跋》作“芊”。

〔19〕 玄以光和六年卒时年七十五　《集解》引惠栋说，谓《桥公庙碑》“七年五月甲寅，以太中大夫薨于京师”。案《桥公》二碑皆云光和七年，疑传误也。又引侯康说，谓玄卒时年七十五，而蔡伯喈《西鼎铭》载玄于光和元年有“犬马齿七十”之语，则实卒于六年，传不误。今按：光和七年十二月己巳改元中平，如依《桥公庙碑》，则当书“中平元年”。

〔20〕 家无居业　按：《集解》引惠栋说，谓张璠《汉记》“居业”作“馀业”。

〔21〕 懿德高轨　按：《三国·魏志》注作“诞敷明德”。

〔22〕 幽灵潜翳翛哉缅矣　按：《魏志》注作“灵幽体翳，邈哉晞矣”。

〔23〕 特以顽质见纳君子　按：《魏志》注作“特以顽鄙之姿，为大君子所纳”。

〔24〕 皆由奖助　按：《魏志》注同，汲本、殿本“助”作“勗”。

〔25〕 徂没之后　按：《魏志》注“没”作“逝”。

〔26〕 腹痛勿怨　按：《魏志》注“怨”作“怪”。

〔27〕 公其享之　按：《魏志》注“享之”作“尚飨”。

后汉书卷五十二

崔骃列传第四十二

子瑗　孙寔

崔骃字亭伯，涿郡安平人也。高祖父朝，昭帝时为幽州从事，谏刺史无与燕剌王通。[1]及剌王败，擢为侍御史。①生子舒，历四郡太守，所在有能名。

①燕剌王旦，武帝子，坐与上官桀等谋乱，自杀。剌，力割反。

舒小子篆，王莽时为郡文学，以明经征诣公车。太保甄丰[2]举为步兵校尉，篆辞曰："吾闻伐国不问仁人，①战陈不访儒士。②此举奚为至哉？"遂投劾归。③

①《前书》董仲舒曰："昔（在）〔者〕鲁君问柳下惠曰[3]：'吾欲伐齐，如何？'柳下惠曰：'不可。'归而有忧色，曰：'吾闻伐国不问仁人，此言何为至于我哉？'"

②《论语》曰："卫灵公问陈于孔子。孔子对曰：'俎豆之事则尝闻之，军旅之事未之学也。'"

③投辞自劾有过，不合应举。

莽嫌诸不附己者，多以法中伤之。时篆兄发以佞巧幸于莽，位至大司空。母师氏能通经学、百家之言，莽宠以殊礼，赐号义成夫人，金印紫绶，文轩丹毂，显于新世。

后以篆为建新大尹，①篆不得已，乃叹曰："吾生无妄之世，值浇、羿之君，②上有老母，下有兄弟，安得独洁己而危所生哉？"乃遂单车到官，称疾不视事，三年不行县。③门下掾倪敞谏，篆乃强起班春。④所至之县，狱犴填满。⑤篆垂涕曰："嗟乎！刑罚不中，乃陷人于穽。此皆何罪，而至于是！”遂平理，所出二千馀人。掾吏叩头谏曰〔4〕：“朝廷初政，州牧峻刻。⑥宥过申枉，诚仁者之心；然独为君子，将有悔乎！”篆曰：“邾文公不以一人易其身，君子谓之知命。⑦如杀一大尹赎二千人，盖所愿也。”遂称疾去。

①莽改千乘郡曰建新，守曰大尹。

②《易》曰：“无妄之行，穷之灾也。”《左传》曰：“昔有夏之方衰也，后羿自钼迁于穷石，因夏人以代夏政，而淫于原兽。用寒浞，伯明氏之谗子弟也。而虞羿于田，以取其国家。浞因羿室，生浇及豷，恃其谗慝诈伪，而不德于人。”浇音五吊反。豷音许既反。

③《续汉志》曰：“郡国常以春行(至)〔主〕县，〔5〕劝人农桑，振救乏绝。”

④班布春令。

⑤犴音岸。《前书音义》曰：“乡亭之狱曰犴。”

⑥初政谓莽即位。

⑦《左传》曰“邾文公卜迁于绎。史曰：‘利于人，不利于君。’邾子曰：‘苟利于人，孤之利也。人既利矣，孤必与焉。’遂迁于绎。五月，邾文公卒。君子曰知命”也。

建武初，朝廷多荐言之者，幽州刺史又举篆贤良。篆自以宗门受莽伪宠，惭愧汉朝，遂辞归不仕。客居荥阳，闭门潜思，著《周易林》六十四篇，用决吉凶，多所占验。临终作赋以自悼，名曰《慰志》。其辞曰：

嘉昔人之遘辰兮，①美伊、傅之遌时。②应规矩之淑质兮，过班、倕而裁之。③协准矱之贞度兮，同断金之玄策。④何天衢于盛世兮，超千载而垂绩。⑤岂修德之极致兮，将天祚之攸适？

①遘，遇也。辰，时也。

②伊尹干汤，傅说遇高宗。《尔雅》曰：“遌，遇也。”音五故反。

③公输班，鲁人也。倕，舜时为共工之官。皆巧人也。以喻汤及高宗也。

④准，绳也。矱，尺也。贞，正也。《易》曰：“二人同心，其利断金。”玄策犹妙策也。

⑤《易·大畜》卦，《乾》下《艮》上，其《上九》曰：“何天之衢，亨。”郑玄云：“《艮》为手，手上肩也。《乾》为首。首肩之间荷物处。《乾》为天，《艮》为径路，天衢象也。”

愍余生之不造兮，①丁汉氏之中微。②氛霓郁以横厉兮，羲和忽以潜晖。③六柄制于家门兮，王纲漼以陵迟。④黎、共奋以跋扈兮，羿、浞狂以恣睢。⑤睹嫚臧而乘衅兮，窃神器之万机。⑥思辅弼以偷存兮，亦号咷以酬咨。⑦嗟三事之我负兮，乃迫余以天威。⑧岂无熊僚之微介兮？悼我生之歼夷。⑨庶明哲之末风兮，惧《大雅》之所讥。⑩遂翕翼以委命兮，受符守乎艮维。⑪恨遭闭而不隐兮，违石门之高踪。⑫扬蛾眉于复关兮，犯孔戒之冶容。⑬懿氓蚩之悟悔兮，慕白驹之所从。⑭乃称疾而屡复兮，历三祀而见许。⑮悠轻举以远遁兮，托峻峗以幽处。⑯竫潜思于至赜兮，骋《六经》之奥府。⑰皇再命而绍恤兮，乃云眷乎建武。⑱运欃枪以电埽兮，清六合之土宇。⑲圣德滂以横被兮，黎庶恺以鼓舞。辟四门以博延兮，彼幽牧之我举。⑳分画定而计决兮，岂云贲乎鄙耇，㉑遂悬车以縶马兮，绝时俗之进取。叹暮春之成服兮，阖衡门以埽轨。㉒〔6〕聊优游以永日兮，守性命以尽齿。㉓贵启体之归全兮，庶不忝乎先子。㉔

①造，成也。

②丁，当也。

③氛，祲也。霓，日傍之气。横厉谓气盛而陵于天也。羲和，日也。气盛而日光微，谕王莽篡汉。

④《国语》管仲对齐桓公曰："昔者圣人之理天下也，而慎用其六柄焉。"韦昭注云："六柄，生、杀、贫、贱、富、贵也。"漼犹摧落也，音千隗反。

⑤《国语》曰："昔少皞之衰，九黎乱德，人神杂揉，不可方物。"《淮南子》曰："昔者共工与颛顼争为帝，怒而触不周之山，天柱折，地维绝。"跋扈，强梁也。恣睢，自用之貌也。恣音訾。睢音许维反。羿、浞已见上。

⑥《易》曰："嫚藏诲盗。"衅，隙也。神器，帝王之位。《老子》曰："天下神器，不可为也。"《书》云："兢兢业业，一日二日万机。"

⑦辅弼谓王莽辅政也。偷，苟且也。〔7〕号咷，哀呼也。《前书》王莽策孺子婴为定安公，莽亲执孺子手，流涕歔欷也。

⑧三事谓三公也。负谓太保甄丰举也。

⑨《左传》曰："楚白公胜为乱。石乞曰：'市南有熊相宜僚者，若得之，可以当五

百人矣。'从白公而见之。与之言,说;告之故,辞;承之以剑,不动。胜曰:'不为利(谄)〔谄〕,〔8〕不为威惕,不泄人言以求媚者。'去之。"介,耿介也。我生谓母也。歼,灭也。夷,伤也。言其母老,恐祸及也。

⑩《诗·大雅》曰:"既明且哲,以保其身。"

⑪艮,东北之位。谓篆为千乘太守也。

⑫《易》曰:"天地闭而贤人隐。"《论语》曰:"子路宿于石门。晨门曰:'奚自?'子路曰:'自孔氏。'曰:'是知其不可而为之者欤?'"

⑬《楚词》曰:"众女皆妒余之蛾眉。"《诗·国风序》曰:"《氓》,刺时也。淫风大行,男女无别,故序其事以风焉。"其《诗》曰:"乘彼垝垣,以望复关。"毛苌注云:"垝,毁也。复关,君子所近之处也。"《易·系辞》曰:"冶容诲淫。"郑玄云:"谓饰其容而见于外曰冶。"

⑭《诗》曰"氓之蚩蚩,抱布贸丝。匪来贸丝,来即我谋"。注云:"氓,人也。蚩蚩,殷厚之貌。布,币也。即,就也。言此之人,非买丝来,就我为室家也。"又曰:"及尔偕老,老使我怨。"注云:"我欲与汝俱至老,汝反薄我使怨也。"又曰:"皎皎白驹。"谕贤人也。

⑮复犹白也。

⑯峻峗谓山也。峗音鱼委反。

⑰赜,深也。

⑱皇,天也。绍,继也。恤,忧也。言天忧恤眷顾汉家,所以再命光武也。

⑲欃枪,彗也。

⑳开辟四方之门,广求贤也。幽牧谓为幽州刺史所举也。

㉑贲,饰也。《易》曰"东帛戋戋,贲于丘园"也。

㉒《论语》曾点曰:"暮春〔者〕,春服既成。"〔9〕衡,横也,谓横木为门。轨,迹也。

㉓齿,年也。

㉔《论语》曰:"曾子有疾,召门弟子曰:'启余足。'"〔10〕注云:"父母全已生之,〔11〕亦当全而归之。"忝,辱也。先子谓先人也。《孟子》曾西曰:"吾先子之所畏。"

篆生毅,以疾隐身不仕。

毅生骃,年十三能通《诗》、《易》、《春秋》,博学有伟才,尽通古今训诂百家之言，善属文。少游太学，与班固、傅毅同时齐名。常以典籍为业，未遑仕进之事。时人或讥其太玄静，将以后名失实。骃拟杨雄《解嘲》，作《达旨》以答焉。①其辞曰：

①《华峤书》曰："骃讥杨雄，以为范、蔡、邹衍之徒，乘衅相倾，诳曜诸侯者也，而云'彼我异时'。又曰，窃赀卓氏，割炙细君，斯盖士之赘行，而云'不能与此数公者同'。以为失类而改之也。"

或说己曰："《易》称'备物致用'，'可观而有所合'，故能扶阳以出，顺阴而入。①春发其华，秋收其实，有始有极，爰登其质。今子韫椟《六经》，服膺道术，②历世而游，高谈有日，俯钩深于重渊，仰探远乎九乾，③穷至赜于幽微，测潜隐之无源。然下不步卿相之廷，上不登王公之门，进不党以赞己，退不黩于庸人。④独师友道德，合符曩真，抱景特立，与士不群。盖高树靡阴，独木不林，随时之宜，道贵从凡。⑤于时太上运天德以君世，宪王僚而布官；⑥临雍泮以恢儒，疏轩冕以崇贤；⑦率惇德以厉忠孝，扬茂化以砥仁义；⑧选利器于良材，求镆铘于明智。⑨不以此时攀台阶，窥紫闼，⑩据高轩，望朱阙，夫欲千里而咫尺未发，⑪蒙窃惑焉。故英人乘斯时也，⑫犹逸禽之赴深林，虻蚋之趣大沛。⑬胡为嘿嘿而久沈滞也？"

①"备物致用"，《易·系辞》之文也。"可观而有所合"，《序卦》之文也。郑玄注《易乾凿度》曰："阳起于子，阴起于午，天数大分。以阳出《离》，以阴入《坎》，《坎》为中男，《离》为中女。太一之行，出从中男，入从中女。因阴阳男女之偶为终始也。"

②韫，匣也。椟，匮也。《论语》曰："有美玉，韫椟而藏诸。"

③《易》曰："探赜索隐，钩深致远。"九乾谓天有九重也。《离骚·天问》曰："圜则九重，孰营度之？"

④赞犹称也。

⑤《华峤书》作"高树不庇"。《易》曰："随时之义大矣哉！"《老子》曰："和其光而同其尘。"故言道贵从凡。

⑥太上，明帝也。传曰："太上立德。"天德，含弘光大也。《易》曰："乃位乎天德。"《尚书》曰："唐虞稽古，建官惟百，夏商官倍，亦克用乂。"宪，法也。僚，

官也。言法三王而建官也。

⑦天子辟雍,诸侯頖宫。璧雍者,环之以水,圜而如璧也。頖,半也。诸侯半天子之宫,皆所以立学垂教也。

⑧砥,砺也。

⑨《吴越春秋》曰:"干将,吴人也,造二剑,一曰干将,二曰莫邪。莫邪者,干将之妻名也。干将作剑,采五山之精,合六金之英,百神临观,遂以成剑。"《说苑》曰:"所以尚干将、莫邪者,贵其立断。所以尚骐骥者,〔12〕贵其立至。必且历日旷久,丝氂犹能契石,驽马亦能致远。是以聪明敏捷,人之美材也。"

⑩三台谓之三阶,三公之象也。

⑪八寸为咫。

⑫《文子》曰:"智过万人谓之英,千人谓之俊。"

⑬蚋,小虫,蚊之类。蚋音芮。《说文》曰:"秦谓之蚋,楚谓之蚊。"《孟子》曰:"污池沛泽。"刘熙曰:"沛,水草相半。"

答曰:"有是言乎?子苟欲勉我以世路,不知其跌而失吾之度也。古者阴阳始分,天地初制,①皇纲云绪,帝纪乃设,传序历数,三代兴灭。昔大庭尚矣,赫胥罔识。②淳朴散离,人物错乖。高辛攸降,厥趣各违。③道无常稽,与时张弛。④失仁为非,得义为是。⑤君子通变,各审所履。故士或掩目而渊潜,⑥或盥耳而山栖;⑦或草耕而仅饱,⑧或木茹而长饥;⑨或重聘而不来,⑩或屡黜而不去;⑪或冒询以干进,或望色而斯举;⑫或以役夫发梦于王公,⑬或以渔父见兆于元龟。⑭若夫纷纕塞路,〔13〕凶虐播流,⑮人有昏垫之戹,主有畴咨之忧,⑯条垂藟蔓,上下相求。⑰于是乎贤人授手,援世之灾,⑱跋涉赴俗,急斯时也。⑲昔尧含戚而皋陶谟,高祖叹而子房虑;⑳祸不散而曹、绛奋,㉑结不解而陈平权。㉒及其策合道从,克乱弭冲,乃将镂玄珪,册显功,㉓铭昆吾之冶,㉔勒景、襄之钟。㉕与其有事,〔14〕则褰裳濡足,冠挂不顾。㉖人溺不拯,则非仁也。当其无事,则躐缨整襟,规矩其步。㉗德让不修,则非忠也。是以险则救俗,平则守礼,举以公心,不私其体。

①制,协韵音之设反。

②大庭、赫胥并古帝王号也。尚，远也。罔，无也。识，记也。

③高辛氏，帝喾也。

④随时弛张，不考之于常道也。

⑤《老子》曰："失道后德，失德后仁，失仁后义，失义后礼。"

⑥《庄子》曰"北人无泽与舜为友，舜以天下让之，无泽乃自投清泠之渊，终身不反"也。

⑦盥，洗也。许由字武仲，隐于沛泽之中。尧闻之，乃致天下而让焉。由以为污，乃临池洗耳。其友巢父饮犊，闻由为尧所让，曰："何以污吾犊口！"牵于上流而饮之。见《庄子》及《高士传》。

⑧伯成子高，唐虞时为诸侯。至禹，去而耕。禹往见之，则耕在野。见《吕氏春秋》。

⑨《说苑》曰："鲍焦衣木皮，食木实。"《韩诗外传》曰"焦弃其蔬，而立槁死于洛滨"也。

⑩狂接舆者，楚人也。耕而食。楚王闻其贤，使使者持金百溢、车二驷聘之，曰："愿烦先生理江南。"接舆笑而不应。使者去而远徙，莫知所之。见《庄子》。

⑪《论语》曰"柳下惠为士师，三黜。人曰：'可以去矣。'曰：'直道而事人，何往而不三黜'"也。

⑫诟，辱也，音火豆反。《新序》曰："伊尹蒙耻辱，负鼎俎以干汤。"《论语》曰："色斯举矣，翔而后集。"举，协韵音据。

⑬高宗梦得说，乃使百工营求诸野，得诸傅岩。孔安国曰："傅氏之岩，在虞、虢之界，通道所经，有涧水坏道，常使胥靡刑人筑护此道。说贤而隐，代胥靡筑之以供食。"事见《尚书》。王公，总而言也。《尔雅》："皇、王、后、辟、公、侯，君也。"

⑭《战国策》曰："吕尚之遇文王也，身为渔父。"《史记》曰："太公以钓干周西伯。西伯将出猎，卜之，曰：'所获非龙非螭，非熊非罴，所获霸王之辅。'于是西伯猎，果遇太公渭水之阳，与语大说。"元，大也。

⑮《方言》云："䙜，盛多也。"音奴董反。

⑯《尚书》曰："下人昏垫。"孔安国曰："昏瞀垫溺，皆困水灾也。"又曰："帝曰：咨洪水滔天，浩浩怀山襄陵，有能俾乂。"

⑰藟，藤也。音垒。《诗》曰："南有樛木，葛藟累之。"

⑱《孟子》曰"天下溺则援之以道,嫂溺则援之以手"也。

⑲草行为跋。

⑳谟,谋也。尧遭洪水,咨嗟忧愁,访下人有能理者,皋陶、大禹陈其谋。见《尚书》。《史记》曰,高祖为项羽所败,下马踞鞍而问子房曰:"吾欲捐关以东,谁可与共功者?"子房曰:"九江王布、彭越、韩信。即欲捐之此三人,楚可破(之)〔也〕。"〔15〕

㉑曹参及绛侯周勃,皆从高祖征伐,以定天下也。

㉒高祖击匈奴,至白登,被围七日,用陈平计得出。

㉓珪,玉也。《诗含神雾》曰:"刻之玉版,臧之金匮。"

㉔《墨子》曰:"昔夏后开(治)使飞廉析金于山,〔16〕以铸鼎于昆吾。"蔡邕《铭论》曰"吕尚作周太师,其功铭于昆吾之鼎"也。

㉕《国语》曰:"晋魏颗以其身退秦师于辅氏,其勋铭于景钟。"此兼言襄也。

㉖褰裳,涉水也。《新序》曰:"今为濡足之故,不救人溺,可乎?"《淮南子》曰"禹之趋时,冠挂而不顾,履遗而不取"也。

㉗躐音吕涉反。躐,践也。此字宜从"手"。《广雅》云:"擸,持也。"言持缨整襟,修其容止。《史记》曰:"摄缨整襟。"《华峤书》"躐"作"摄"也。

"今圣上之育斯人也,朴以皇质,雕以唐文。①六合怡怡,比屋为仁。壹天下之众异,齐品类之万殊。参差同量,坏冶一陶。②群生得理,庶绩其凝。③家家有以乐和,人人有以自优。威械臧而俎豆布,六典陈而九刑厝。④济兹兆庶,出于平易之路。虽有力牧之略,尚父之厉,⑤伊、皋不论,奚事范、蔡?⑥夫广厦成而茂木畅,远求存而良马絷,⑦阴事终而水宿臧,⑧场功毕而大火入。⑨方斯之际,处士山积,学者川流,衣裳被宇,冠盖云浮。譬犹衡阳之林,岱阴之麓,⑩伐寻抱不为之稀,蓺拱把不为之数。⑪悠悠罔极,亦各有得。⑫彼采其华,我收其实。舍之则臧,己所学也。⑬故进动以道,则不辞执珪而秉柱国;⑭复静以理,则甘糟糠而安藜藿。

①孔子曰:"大哉尧之为君也,焕乎其有文章。"故言唐文。

②坏,土器之未烧者。郭璞注《尔雅》曰:"坏胎,物之始也。"坏音普才反。

③凝,成也。

④械谓器械甲兵之属也。厝谓置之不用也。《周礼》："太宰之职，掌建邦之六典，以佐王理邦国：一曰理典，二曰教典，三曰礼典，四曰政典，五曰刑典，六曰事典。"《左传》曰："周有乱政而作九刑。"杜预注云："周之衰，为刑书，谓之九刑。"

⑤力牧，黄帝臣也。《史记》，尚父吕望相武王以伐纣。厉谓威容严厉。

⑥伊尹、皋繇、范雎、蔡泽。

⑦广厦既成，不求材，故林木条畅也。远求谓远方珍异之物也。存犹止息也。言所求之物既止，不资良马之力也。

⑧立冬之后，盛德在水，阴气用事，故曰阴事。水宿谓北方七宿，斗、牛、女、虚、危、室、壁也。《月令》曰，孟冬之月昏危中，仲冬昏东壁中，季冬昏娄中，孟春昏参中，水星伏臧不见也。

⑨《尔雅》曰："心为大火。"《诗·豳风》曰："七月流火。"又曰"九月筑场圃"也。

⑩山南曰阳，山北曰阴。《穀梁传》曰："林属于山曰麓。"

⑪八尺曰寻。蓺，殖也。两手曰拱。数犹概也。数音疏角反。

⑫悠悠，众多也。罔极犹无穷也。亦各有得，言皆自以为得也。

⑬彼，彼众人也。《论语》曰："用之则行，舍之则臧。"

⑭《吕氏春秋》曰："得伍员者位执珪。"《前书音义》曰："古爵名也。"又曰："柱国，楚官，犹秦之相国也。"

"夫君子非不欲仕也，耻夸毗以求举；①非不欲室也，恶登墙而搂处。②叫呼衒鬻，县旌自表，非随和之宝也。暴智耀世，因以干禄，非仲尼之道也。③游不伦党，苟以徇己，④汗血竞时，利合而友。⑤子笑我之沈滞，吾亦病子屑屑而不已也。⑥先人有则而我弗亏，行有枉径而我弗随。⑦臧否在予，唯世所议。固将因天质之自然，诵上哲之高训；咏太平之清风，行天下之至顺。惧吾躬之秽德，勤百亩之不耘。⑧絷余马以安行，俟性命之所存。⑨昔孔子起威于夹谷，⑩晏婴发勇于崔杼；⑪曹刿举节于柯盟，⑫卞严克捷于强御；⑬范蠡错埶于会稽，⑭五员树功于柏举；⑮〔17〕鲁连辩言以退燕，⑯包胥单辞而存楚；⑰唐且华颠以悟秦，⑱甘罗童牙而报赵；⑲原衰见廉于壶飧，⑳〔18〕宣孟收德于束脯；㉑吴札结信于丘木，㉒展季效贞于门女;㉓颜回明仁于度毂,程婴显义于赵武。㉔仆诚不能编德于数者,窃慕古人之所序。”

①夸毗谓佞人足恭,善为进退。

②《孟子》曰:“逾东家墙搂其处子则得妻,不搂则不得,将搂之乎?”赵岐注云:“搂,牵也。”其字从“手”。“处子,处女也。”

③《华峤书》(曰)“因”字作“回”。〔19〕回,邪也。

④伦谓等伦,党谓朋党。徇,营也。言交非其类,苟以营己而已。

⑤汗血谓劳力也。竞时谓趋时也。利合而友,〔20〕不以道义。

⑥屑屑犹区区也。

⑦枉,曲也。径,道也。

⑧《尚书》曰:“秽德彰闻。”《礼记》曰:“夫人情者,圣王之田也。修礼以耕之,陈义以种之,讲学以耨之。”古者夫田百亩。耘,除草也。

⑨安行,不奔驰也。天命之谓性。言隐居以体命。

⑩解见《陈禅传》。

⑪解见《冯衍传》。

⑫曹刿,曹沫也。《史记》曰,曹沫以勇事鲁庄公,为鲁将,与齐战,三败,庄公惧,乃献遂邑地以和,犹以为将。齐桓公与庄公会于柯而盟。桓公与庄公既盟于坛上,曹沫执匕首劫齐桓公,左右莫敢动,乃还鲁之侵地。

⑬《新序》曰“卞庄子养母,战而三北,交游非之,国君辱之。及母死三年,齐与鲁战,庄子请从,遂赴敌而斗,三获甲首。曰:‘夫三北,以养母也。今志节小具,而责塞矣。吾闻之,节士不以辱生。’遂反敌,杀十人而死。君子曰:三北已塞,灭世断宗,于孝未终”也。

⑭错,置也,音七故反。埶谓谋略也。《史记》曰,吴王败越于夫椒,越王乃以馀兵五千人保于会稽。吴师追而围之。越王谓范蠡曰:“奈何?”范蠡对曰:“卑辞厚礼以遗之。”句践乃命大夫种行成于吴。膝行顿首曰:“句践请为臣,妻为妾。”吴王乃赦越王。越王反国,拊循其士。范蠡曰:“可矣。”乃伐吴。吴师败,越复栖吴王姑苏之山也。

⑮伍子胥名员,楚人也。子胥父诛于楚,子胥挟弓矢而干吴王阖闾,阖闾甚勇之,为兴师伐楚,战于柏举,楚师败绩。事见《穀梁传》。

⑯《史记》曰,鲁仲连,齐人也。燕将攻下齐聊城,固保守之,田单攻之不下。鲁

仲连乃为书遗燕将。燕将见书，泣三日，乃自杀。遂平聊城。

⑰《左传》曰，楚昭王为吴所败，奔随，〔21〕申包胥如秦乞师，曰："吴为封豕长蛇，以荐食上国，寡君越在草莽，使下臣告急。"立依于庭墙而哭，日夜不绝声，勺饮不入口，七日，秦师乃出，军败吴而复楚国。〔22〕

⑱唐且即唐雎也。〔23〕《战国策》曰："齐、楚伐魏，魏使人请救〔于秦〕，〔24〕不至。魏人有唐雎者，年九十馀矣，西见秦王。秦王曰：'丈人忙然乃远至(魏)此，〔魏〕来者数矣，〔25〕寡人知魏之急矣。'唐且曰：'夫魏，万乘之国也。称东藩者，以秦之强也。今齐、楚之兵已在魏郊矣，大王之救不至，魏急，且割地而约从。是王亡一万乘之魏，而强二敌之齐、楚。'秦王悟，遽发兵救魏。"《尔雅》曰："颠，顶也。"华颠谓白首也。

⑲甘罗，下蔡人，甘茂孙也。年十二，事秦相吕不韦。秦使张唐往相燕。罗曰："借臣车五乘，请为张唐先报赵。"不韦乃言之于始皇，召见，使甘罗于赵，赵襄王郊迎。事见《史记》。童牙谓幼小也。

⑳昔赵衰为原大夫，〔26〕故曰原衰。《左传》曰，晋侯问原守于寺人勃鞮，对曰："昔赵衰以壶飧从径，馁而不食，故使处原。"见音胡殿反。

㉑《吕览》曰，昔赵宣孟将之绛，见桑下有饿人，宣孟止车下食而餔之，再咽而能视。宣孟问之曰："汝何为而饿若是？"对曰："臣宦于绛，归而粮绝，羞行乞，故至于此。"宣子与脯三朐，拜受而弗敢食。问其故。曰："臣有老母，将以遗之。"宣孟曰："食之，吾更与汝。"乃复与脯二束。

㉒《史记》曰："吴公子季札使过徐，徐君好季札剑，口不敢言。季札知之，为使上国，未献。洎还至徐，徐君已死，于是乃解其宝剑，系之徐君冢树而去。"

㉓展季，柳下惠也。《韩诗外传》曰："鲁有男子独处，夜暴风雨至，妇人趋而托之。男子闭户不纳，曰：'吾闻男子不六十不间居。'妇人曰：'子何不学柳下惠然？妪不逮门之女，国人不称其乱焉。'"

㉔程婴解见《冯衍传》。度毂，未详。

元和中，肃宗始修古礼，巡狩方岳。骃上《四巡颂以》称汉德，辞甚典美，文多故不载。①帝雅好文章，自见骃颂后，(帝)〔常〕嗟叹之，〔27〕谓侍中窦宪曰："卿宁知崔骃乎？"对曰："班固数为臣说之，然未见也。"帝曰："公爱班固而忽崔骃，此叶公之好龙也。试请见之。"②骃由此候宪。宪屣履迎门，③笑谓骃曰："亭伯，吾受诏交公，公何得薄哉？"遂揖入为上客。居无几何，帝幸宪第，时骃适在宪所，帝闻而欲召见之。宪谏，以为不宜与白衣会。帝悟曰："吾能令骃朝夕在傍，何必于此！"适欲官之，会帝崩。

①案：《骃集》有东、西、南、北四巡颂，流俗本"四"多作"西"者，误。

②刘向《新序》曰："子张见鲁哀公，七日，哀公不礼焉而去，曰：'君之好士，有似叶公子高好龙。天龙闻而降之，窥头于牖，拖尾于堂，叶公见之，失其魂魄，五色无主。是叶公非好龙也，好夫似龙而非龙者。'"

③屣履谓纳履曳之而行，言匆遽也。屣音山尔反。

窦太后临朝，宪以重戚出内诏命。骃献书诫之曰：

骃闻交浅而言深者，愚也；在贱而望贵者，惑也；未信而纳忠者，谤也。三者皆所不宜，而或蹈之者，思效其区区，愤盈而不能已也。窃见足下体淳淑之姿，躬高明之量，意美志厉，有上贤之风，骃幸得充下馆，序后陈，①是以竭其拳拳，敢进一言。

①陈，列也。

传曰："生而富者骄，生而贵者傲。"生富贵而能不骄傲者，未之有也。今宠禄初隆，百僚观行，当尧舜之盛世，处光华之显时，①岂可不庶几夙夜，以永众誉，弘申伯之美，致周邵之事乎？②语曰："不患无位，患所以立。"③昔冯野王以外戚居位，称为贤臣；④近阴卫尉克己复礼，终受多福。⑤郯氏之宗，非不尊也；⑥阳（侯）〔平〕之族，〔28〕非不盛也。重侯累将，建天枢，执斗柄。⑦其所以获讥于时，垂愆于后者，何也？盖在满而不挹，位有馀而仁不足也。汉兴以后，迄于哀、平，外家二十，保族全身，四人而已。⑧《书》曰："鉴于有殷。"可不慎哉！

①《尚书大传》曰："舜时百工相和为《卿云之歌》曰：'卿云烂兮，（礼）〔纠〕漫漫兮，〔29〕日月光华，旦复旦兮。'"

②申伯，周宣王之元舅。周公、邵公皆辅佐周室也。

③《论语》（曰）孔子之言也。〔30〕言但患立身不处于仁义也。

④《前书》曰，冯野王字君卿，妹为元帝昭仪，野王为左冯翊。御史大夫缺，上使

尚书选第中二千石，而野王行能第一。

⑤阴卫尉，光烈皇后同母弟兴也。以谨敕亲幸焉。

⑥史丹封郑，故云郑氏。《前书》史丹字君仲，鲁国人也。祖父恭有女弟，武帝时为卫太子良娣。成帝即位，擢丹为长乐尉，迁右将军，封为武阳侯，封东海郯之武强聚，以旧恩见褒赏，赐累千金。

⑦王氏九侯五大司马。《春秋运斗枢》曰："北斗七星，第一名天枢，第二至第四为魁，第五至第七为杓。杓即柄。《前书》"斗运中央，制临四海"。

⑧外家，当为后家也。二十者，谓高帝吕后产、禄谋反诛，惠帝张皇后废，文帝母薄太后弟昭被杀，孝文帝窦皇后从昆弟子婴诛，景帝薄皇后、武帝陈皇后并废，卫皇后自杀，昭帝上官皇后家族诛，宣帝祖母史良娣为巫蛊死，宣帝母王夫人弟子商下狱死，霍皇后家破，元帝王皇后弟(王)〔子〕莽篡位，〔31〕成帝许皇后赐死，赵皇后废自杀，哀帝祖母傅太后家属徙合浦，平帝母卫姬家属诛，昭帝赵太后忧死是也。四人者，哀帝母丁姬，景帝王皇后，宣帝许皇后、王皇后，其家族并全。

窦氏之兴，肇自孝文。①二君以淳淑守道，成名先日；②安丰以佐命著德，显自中兴。③内以忠诚自固，外以法度自守，卒享祚国，垂祉于今。夫谦德之光，《周易》所美；满溢之位，道家所戒。④故君子福大而愈惧，爵隆而益恭。远察近览，俯仰有则，铭诸几杖，刻诸盘杅。⑤矜矜业业，〔32〕无殆无荒。如此，则百福是荷，庆流无穷矣。

①《前书》曰，窦婴字王孙，孝文皇后从兄子也。孝文时为吴相，孝景时为詹事也。

②窦太后之弟长君、少君，退让君子，不敢以富贵骄人，故云淳淑守道也。

③窦融封为安丰侯。

④《易》曰："谦尊而光，卑而不可逾。"《老子》曰："富贵而骄，自遗其咎。功成名遂而身退，天之道也。"

⑤《太公金匮》曰："武王曰：'吾欲造起居之诫，随之以身。'几之书曰：'安无忘危，存无忘亡，孰惟二者，必后无凶。'杖之书曰：'辅人无苟，扶人无(容)〔咎〕。'"〔33〕《墨子》曰："尧、舜、禹、汤书其事于竹帛，琢之盘盂。"杅亦盂也。

及宪为车骑将军，辟骃为掾。宪府贵重，掾属三十人，皆故刺史、二千石，唯骃以处士年少，擢在其间。宪擅权骄恣，骃数谏之。及出击匈奴，道路愈多不法，骃为主簿，前后奏记数十，指切长短。宪不能容，稍疏之，因察骃高第，出为长岑长。①骃自以远去，不得意，遂不之官而归。永元四年，卒于家。所著诗、赋、铭、颂、书、记、表、《七依》、《婚礼结言》、《达旨》、《酒警》合二十一篇。中子瑗。

①长岑，县，属乐浪郡，其地在辽东。

瑗字子玉，早孤，锐志好学，尽能传其父业。年十八，至京师，从侍中贾逵质正大义，逵善待之，瑗因留游学，遂明天官、历数、《京房易传》、六日七分。①诸儒宗之。与扶风马融、南阳张衡特相友好。初，瑗兄章为州人所杀，瑗手刃报仇，因亡命。会赦，归家。家贫，兄弟同居数十年，乡邑化之。

①解见《郎觊传》。

年四十馀，始为郡吏。以事系东郡发干狱。①狱掾善为《礼》，瑗间考讯时，辄问以《礼》说。其专心好学，虽颠沛必于是。后事释归家，为度辽将军邓遵所辟。居无何，遵被诛，瑗免归。

①发干县之狱也。

后复辟车骑将军阎显府。时阎太后称制，显入参政事。先是安帝废太子为济阴王，而以北乡侯为嗣。瑗以侯立不以正，知显将败，欲说令废立，而显日沈醉，不能得见。乃谓长史陈禅曰："中常侍江京、陈达等，得以嬖宠惑蛊先帝，遂使废黜正统，扶立疏孽。少帝即位，发病庙中，周勃之征，于斯复见。①今欲与长史君共求见，说将军白太后，收京等，废少帝，引立济阴王，必上当天心，下合人望。伊、霍之功，不下席而立，则将军兄弟传祚于无穷。若拒违天意，久旷神器，则将以无罪并辜元恶。②此所谓祸福之会，分功之时。"③禅犹豫未敢从。会北乡侯薨，孙程立济阴王，是为顺帝。阎显兄弟悉伏诛，瑗坐被斥。门生苏祇具知瑗谋，欲上书言状，瑗闻而遽止之。时陈禅为司隶校尉，召瑗谓曰："第听祇上书，〔34〕禅请为之证。"④瑗曰："此譬犹儿妾屏语耳，愿使君勿复出口。”遂辞归，不复应州郡命。

①吕后立惠帝后宫子为少帝，周勃废之也。

②元，大也。《书》曰：“元恶大憝。”

③《史记》蔡泽说范雎曰：“君独不观夫博者乎？或欲大投，或欲分功。今君相秦，坐制诸侯，使天下皆畏秦，此亦秦分功之时也。”

④第，但也。《司马相如〔传〕》曰〔35〕：“第如临邛。”

久之，大将军梁商初开莫府，复首辟瑗。自以再为贵戚吏，不遇被斥，遂以疾固辞。岁中举茂才，迁汲令。①在事数言便宜，为人开稻田数百顷。视事七年，百姓歌之。

①汲，县名，属河内。

汉安初，大司农胡广、少府窦章共荐瑗宿德大儒，从政有迹，不宜久在下位，由此迁济北相。时李固为太山太守，美瑗文雅，奉书礼致殷勤。岁馀，光禄大夫杜乔为八使，徇行郡国，①以臧罪奏瑗，征诣廷尉。瑗上书自讼，得理出。会病卒，年六十六。临终，顾命子寔曰：“夫人禀天地之气以生，及其终也，归精于天，还骨于地。何地不可臧形骸，勿归乡里。其赗赠之物，羊豕之奠，一不得受。”寔奉遗令，遂留葬洛阳。

①八使见《周举传》。

瑗高于文辞，尤善为书、记、箴、铭，所著赋、碑、铭、箴、颂、《七苏》、①《南阳文学官志》、《叹辞》、《移社文》、《悔祈》、《草书埶》、七言，凡五十七篇。其《南阳文学官志》称于后世，诸能为文者皆自以弗及。瑗爱士，好宾客，盛修肴膳，单极滋味，〔36〕不问馀产。居常蔬食菜羹而已。家无担石储，当世清之。②

①《瑗集》载其文，即枚乘《七发》之流。

②《华峤书》曰：“瑗爱士，好宾客，盛脩肴膳。或言其太奢。瑗闻之怒，敕妻子曰：‘吾并日而食，以供宾客，而反以获讥，士大夫不足养如此。后勿过菜具，无为诸子所蚩也。’终不能改，奉禄尽于宾飧”也。

寔字子真，一名台，字元始。少沈静，好典籍。父卒，隐居墓侧。服竟，三公并辟，皆不就。

桓帝初，诏公卿郡国举至孝独行之士。寔以郡举，征诣公车，病不对策，除为郎。明于政体，吏才有馀，论当世便事数十条，名曰《政论》。指切时要，言辩而确，①当世称之。仲长统曰："凡为人主，宜写一通，置之坐侧。"其辞曰：

①确，坚正也，音口角反。

自尧舜之帝，汤武之王，皆赖明哲之佐，博物之臣。故皋陶陈谟而唐虞以兴，伊、箕作训而殷周用隆。①及继体之君，欲立中兴之功者，曷尝不赖贤哲之谋乎！凡天下所以不理者，常由人主承平日久，俗渐敝而不悟，政寖衰而不改，习乱安危，怢不自睹。②或荒耽嗜欲，不恤万机；或耳蔽箴诲，厌伪忽真；③或犹豫歧路，莫适所从；或见信之佐，括囊守禄；④或疏远之臣，言以贱废。是以王纲纵弛于上，智士郁伊于下。⑤悲夫！

①伊尹作《伊训》，箕子作《洪范》。

②怢音他没反。怢，忽忘也。

③厌饫奸伪，轻忽至真。

④《易》曰："括囊无咎无誉。"括，结也。结囊不言，持禄而已。

⑤郁伊，不申之貌。《楚词》曰"独郁伊而谁语"也。

自汉兴以来，三百五十馀岁矣。政令垢玩，上下怠懈，①风俗彫敝，人庶巧伪，百姓嚣然，咸复思中兴之救矣。且济时拯世之术，岂必体尧蹈舜然后乃理哉？期于补绽决坏，枝柱邪倾，②随形裁割，要措斯世于安宁之域而已。故圣人执权，遭时定制，③步骤之差，各有云设。不强人以不能，背急切而慕所闻也。④盖孔子对叶公以来远，哀公以临人，景公以节礼，非其不同，所急异务也。⑤是以受命之君，每辄创制；中兴之主，亦匡时失。昔盘庚愍殷，迁都易民；⑥周穆有阙，甫侯正刑。⑦俗人拘文牵古，不达权制，奇伟所闻，简忽所见，乌可与论国家之大事哉！故言事者，虽合圣德，〔37〕辄见掎夺。⑧何者？其顽士暗于时权，安习所见，不知乐成，况可虑始，⑨

苟云率由旧章而已。其达者或矜名妒能，耻策非己，舞笔奋辞，以破其义，寡不胜众，遂见摈弃。虽稷、契复存，犹将困焉。斯贾生之所以排于绛、灌，屈子之所以摅其幽愤者也。⑩夫以文帝之明，贾生之贤，绛、灌之忠，而有此患，况其馀哉！

①垢，恶也。

②裗音直苋反，《礼记》曰："衣裳裗裂纫箴请补缀。"柱音陟主反。

③权谓变也。遭遇其时而定法制，不循于旧也。

④背当时之急切，而慕所闻之事，则非济时之要。

⑤《韩子》曰，叶公问政于仲尼。仲尼曰："政在悦近而来远。"鲁哀公问政于仲尼。仲尼曰："政在选贤。"齐景公问政于仲尼。仲尼曰："政在节财。"此云"临人""节礼"，文不同也。

⑥盘庚，殷王也。自耿迁于亳邑，作书三篇以告之。

⑦甫侯即吕侯也。为周穆王训畅夏禹用刑之法。并见《尚书》。

⑧掎音居蚁反。贾逵注《国语》曰："从后牵曰掎。"

⑨《前书》刘歆曰："夫可与乐成，难与虑始，此乃众庶所为耳。"

⑩孝文帝时，贾谊请更定律，令列侯就国，周勃、灌婴等毁之。屈原为楚三闾大夫，上官靳尚妒害其能，忧愁愤懑，遂作《离骚经》。

(故宜)量力度德，〔38〕《春秋》之义。①今既不能纯法八(世)〔代〕，〔39〕故宜参以霸政，②则宜重赏深罚以御之，明著法术以检之。自非上德，严之则理，宽之则乱。何以明其然也？近孝宣皇帝明于君人之道，审于为政之理，故严刑峻法，破奸轨之胆，海内清肃，天下密如。③荐勋祖庙，享号中宗。筭计见效，优于孝文。及元帝即位，多行宽政，卒以堕损，④威权始夺，遂为汉室基祸之主。政道得失，于斯可监。昔孔子作《春秋》，褒齐桓，懿晋文，叹管仲之功。夫岂不美文、武之道哉？诚达权救敝之理也。⑤故圣人能与世推移，而俗士苦不知变，⑥以为结绳之约，可复理乱秦之绪，《干戚》之舞，足以解平城之围。⑦

①《左氏传》曰，息侯伐郑，"不度德，不量力"。

②八(世)〔代〕谓三皇、五帝也。霸政谓齐桓、晋文也。

③密，静也。

④堕读曰隳。

⑤《左传》，齐桓公伐楚，责以包茅不贡，王祭不供；晋文公召王盟诸侯于践土；管仲相公子纠而射桓公〔40〕：此并权变之道也。

⑥《楚词·渔父》曰"圣人不凝滞于物，而与时推移"也。

⑦《易》曰："上古结绳而化，后世圣人易之以书契。"干，盾也。戚，钺也。《尚书》曰，苗人逆命，禹乃舞《干羽》于两阶，七旬有苗格。《前书》，高祖被匈奴围于平城，用陈平计得解。言《干戚》之舞，非平城之所用也。

夫熊经鸟伸，虽延历之术，非伤寒之理；呼吸吐纳，虽度纪之道，非续骨之膏。①盖为国之法，有似理身，平则致养，〔41〕疾则攻焉。夫刑罚者，治乱之药石也；德教者，兴平之粱肉也。夫以德教除残，是以粱肉理疾也；以刑罚理平，是以药石供养也。方今承百王之敝，值厄运之会。自数世以来，政多恩贷，驭委其辔，马骀其衔，四牡横奔，皇路险倾。②方将柑勒鞬辀以救之，岂暇鸣和銮，清节奏哉？③〔42〕昔高祖令萧何作九章之律，有夷三族之令，黥、劓、斩趾、断舌、枭首，故谓之具五刑。文帝虽除肉刑，当劓者笞三百，当斩左趾者笞五百，当斩右趾者弃市。右趾者既殒其命，笞挞者往往至死，虽有轻刑之名，其实杀也。当此之时，民皆思复肉刑。至景帝元年，乃下诏曰："〔加〕笞与重罪无异，〔43〕幸而不死，不可为(民)〔人〕。"〔44〕乃定律，减笞轻捶。自是之后，笞者得全。④以此言之，文帝乃重刑，非轻之也；以严致平，非以宽致平也。必欲行若言，当大定其本，使人主师五帝而式三王。⑤荡亡秦之俗，遵先圣之风，弃苟全之政，蹈稽古之踪，复五等之爵，立井田之制。⑥然后选稷契为佐，伊吕为辅，乐作而凤皇仪，击石而百兽舞。⑦若不然，则多为累而已。

①《庄子》曰："吹呴呼吸，吐故纳新，熊经鸟伸，此导引之士，养形之人也。"《黄帝素问》曰："人伤于寒而转为热，何也？夫寒盛则生于热也。"度纪犹延年也。言鸟伸不可疗伤寒，吸气不能续断骨也。

②《家语》曰："古者天子以德法为衔勒，以百官为辔策。善御马者，正衔勒，齐

辔策，钧马力，和马心，故口无声而极千里。善御人者，一其德法，正其百官，均齐人物，和安人心，故刑不用而天下化。”《说文》曰：“骀，马衔脱也。”音达来反。皇路，天路也。〔45〕

③何休注《公羊传》曰：“柑，以木衔其口也。”柑音巨炎反。勒，马辔。辀，车辕。鞬犹束也。《说苑》曰：“銮设于镳，和设于轼，马动〔则〕銮鸣，銮鸣则〔和〕应，〔46〕行〔之〕节也。”〔47〕

④此以上并见《前书·刑法志》。

⑤式，法也。

⑥亩百为夫，九夫为井。

⑦《尚书》曰：“《箫韶》九成，凤皇来仪。”又“夔曰：‘於余击石拊石，百兽率舞。’”

其后辟太尉袁汤、大将军梁冀府，并不应。大司农羊傅、少府何豹上书荐寔才美能高，宜在朝廷。召拜议郎，迁大将军冀司马，与边韶、延笃等著作东观。

出为五原太守。五原土宜麻枲，而俗不知织绩，民冬月无衣，积细草而卧其中，见吏则衣草而出。寔至官，斥卖储峙，为作纺绩、织纴、练缊之具以教之，民得以免寒苦。① 是时胡虏连入云中、朔方，杀略吏民，一岁至九奔命。寔整厉士马，严烽候，虏不敢犯，常为边最。②

①杜预注《左传》曰：“织纴，织布者。”孔安国《论语》注曰：“缊，枲也。”

②最为第一。

以病征，拜议郎，复与诸儒博士共杂定《五经》。会梁冀诛，寔以故吏免官，禁锢数年。

时鲜卑数犯边，诏三公举威武谋略之士，司空黄琼荐寔，拜辽东太守。行道，母刘氏病卒，上疏求归葬行丧。母有母仪淑德，博览书传。初，寔在五原，常训以临民之政，寔之善绩，母有其助焉。服竟，召拜尚书。寔以世方阻乱，称疾不视事，数月免归。

初，寔父卒，剽卖田宅，起冢茔，立碑颂。① 葬讫，资产竭尽，因穷困，以酤酿贩鬻为业。时人多以〔此〕讥之，〔48〕寔终不改。亦取足而已，不致盈馀。及仕官，〔49〕历位边郡，而愈贫薄。建宁中病卒。家徒四壁立，无以殡敛，光禄勋杨赐、太仆袁逢、少府段颎为备棺椁葬具，大鸿胪袁隗树碑颂德。所著碑、论、箴、铭、答、七言、祠、文、表、记、书凡十五篇。

①《广雅》曰："剽，削也，音匹妙反。"一作"标"。〔50〕

寔从兄烈，有重名于北州，历位郡守、九卿。灵帝时，开鸿都门榜卖官爵，公卿州郡下至黄绶各有差。其富者则先入钱，贫者到官而后倍输，或因常侍、阿保别自通达。①是时段颎、樊陵、张温等虽有功勤名誉，然皆先输货财而后登公位。烈时因傅母入钱五百万，得为司徒。及拜日，天子临轩，百僚毕会。帝顾谓亲幸者曰："悔不小靳，可至千万。"②程夫人于傍应曰："崔公冀州名士，岂肯买官？赖我得是，反不知姝邪？"③烈于是声誉衰减。久之不自安，从容问其子钧曰："吾居三公，于议者何如？"钧曰："大人少有英称，历位卿守，论者不谓不当为三公；而今登其位，天下失望。"烈曰："何为然也？"钧曰："论者嫌其铜臭。"烈怒，举杖击之。钧时为虎贲中郎将，服武弁，戴鹖尾，狼狈而走。烈骂曰："死卒，父檛而走，〔51〕孝乎？"④钧曰："舜之事父，小杖则受，大杖则走，非不孝也。"⑤烈惭而止。烈后拜太尉。

①阿保谓傅母也。

②靳，固惜之也。靳或作"僑"。《说文》曰："僑，引为价也。"音一建反。

③姝，美也。言反不知斯事之美也。姝或作"株"。株，根本也。

④以其武官，故骂为卒。或作"孔卒"者，误也。

⑤《家语》曰："曾子耘瓜，误伤其根。曾晳怒，建大杖以击其首。曾子仆地不知人，有顷乃苏。孔子闻之怒，谓门弟子曰：'参来勿内也。昔瞽叟有子曰舜，瞽叟欲使之，未尝不往，则欲杀之，未尝可得。小箠则待，大杖则逃，不陷父于不义也。'"

钧少交结英豪，有名称，为西河太守。献帝初，钧与袁绍俱起兵山东，董卓以是收烈付郿狱，锢之，锒铛铁锁。①卓既诛，拜烈城门校尉。及李傕入长安，为乱兵所杀。

①《说文》曰："锒铛，锁也。"《前书》曰："人犯铸钱，以铁锁锒铛其颈。"锒音郎，铛音当。

烈有文才，所著诗、书、教、颂等凡四篇。

论曰："崔氏世有美才，兼以沈沦典籍，遂为儒家文林。骃、瑗虽先尽心于贵戚，而能终之以居正，则其归旨异夫进趣者乎！李固，高洁之士也，与瑗邻郡，奉贽以结好。① 由此知杜乔之劾，殆其过矣。寔之《政论》，言当世理乱，虽晁错之徒不能过也。

①《仪礼》曰："士相见之礼，贽冬用雉，夏用腒，奉之曰：'某也欲见无由达。'"腒，乾(腒)〔胊〕，〔52〕音渠。

赞曰：崔为文宗，世禅雕龙。① 建新耻洁，摧志求容。永矣长岑，于辽之阴。不有直道，曷取泥沈。瑗不言禄，亦离冤辱。子真持论，感起昏俗。

①《史记》曰："谈天衍，雕龙奭。"刘向《别录》曰："言邹奭修饰之文若雕龙文也。"禅谓相传授也。

【校勘记】

〔1〕 谏刺史无与燕剌王通　按："刺史"之"刺"从朿，"剌王"之"剌"从柬，二字音义并异，各本往往讹混。

〔2〕 太保甄丰　按：《集解》引黄山说，谓《前书·王莽传》甄邯为太保，丰为太阿，未为太保也，"保""丰"二字当有一误。

〔3〕 昔(在)〔者〕鲁君问柳下惠曰　据汲本改，与《前书·董仲舒传》合。

〔4〕 掾吏叩头谏曰　按：《刊误》谓"吏"当作"史"。总言之，掾、史皆吏也，独言之当云史耳。

〔5〕 郡国常以春行(至)〔主〕县　陈景云谓"至"当从《续志》本文作"主"。主县者，所主之县也。按：《百官志》云"常以春行所主县"，陈说是，今据改。

〔6〕 阖衡门以埽轨　按："埽"原讹"归"，径据汲本、殿本改正。

〔7〕 偷苟且也　按：汲本、殿本"偷"作"媮"，与正文合，然偷媮同字，似不必改归一律，今仍之。

〔8〕 不为利(谄)〔谄〕　据《集解》本改。

〔9〕　暮春〔者〕春服既成　据汲本、殿本补，与《论语》合。

〔10〕　启余足　按：汲本、殿本“余”作“予”，与《论语》合。

〔11〕　父母全己生之　按：汲本、殿本“己”作“而”。

〔12〕　所以尚骐骥者　汲本、殿本“骥”作“骥”。按：骐骥、骐骥皆谓良马也。

〔13〕　纷纆塞路　“纆”汲本、殿本作“纆”。《集解》引惠栋说，谓“纆”依《方言》作“纆”，云“南楚凡大而多谓之纆，或谓之纆”。郭璞曰“纆音奴动反”。按：据惠说，则字当作“纆”。

〔14〕　与其有事　按：《刊误》谓案文“与”合作“当”，上又合有“故”字，杨雄、蔡邕同用此律也。

〔15〕　楚可破(之)〔也〕　据《刊误》改。

〔16〕　昔夏后开(冶)使飞廉析金于山　沈钦韩谓“冶”字衍文，见《墨子·耕柱》篇。今据删。按：《墨子》“析”作“折”，王念孙谓作“折”是。

〔17〕　五员树功于柏举　汲本、殿本“五”作“伍”。按：五伍通。

〔18〕　原衰见廉于壶飧　按：“衰”原讹“襄”，径改正。

〔19〕　华峤书(曰)因字作回　按：“曰”字当衍，今删。

〔20〕　利合而友　按：“利”原讹“时”，径改正。

〔21〕　奔随　按：“随”原讹“遗”，殿本讹“隋”，径据汲本改正。

〔22〕　军败吴而复楚国　按：“军”字疑衍。

〔23〕　唐且即唐雎也　按：“雎”字各本并讹“睢”，径改正。

〔24〕　魏使人请救〔于秦〕　据汲本、殿本补。

〔25〕　丈人忙然乃远至(魏)此〔魏〕来者数矣　据汲本改。按：今本《战国策》作“丈人芒然乃远至此，甚苦矣，魏来求救数矣”。

〔26〕　昔赵衰为原大夫　按：陈景云谓“昔”当作“晋”。

〔27〕　(帝)〔常〕嗟叹之　据汲本改。

〔28〕　阳(侯)〔平〕之族　《刊误》谓案文“侯”当作“平”，王凤封阳平侯，《前书》亦谓阳平之王也。今据改。按：《集解》引黄山说，谓凤乃嗣侯，始封阳平者，凤父顷侯禁也。

〔29〕　(礼)〔纚〕漫漫兮　据殿本改。按：疑“纚”先讹作“礼”，转写又讹作“礼”。

〔30〕　论语(曰)孔子之言也　据《校补》删。

〔31〕　元帝王皇后弟(王)〔子〕莽篡位　《校补》谓“王”乃“子”之讹，莽乃后弟曼子也，各本皆未正。今据改。

〔32〕 矜矜业业 按:汲本“矜矜”作“兢兢”。

〔33〕 扶人无(容)〔咎〕 据殿本改。按:《集解》引钱大昭说,谓“容”当作“咎”。

〔34〕 第听衹上书 “第”原作“弟”,殿本同。此据汲本改,注同,按:第弟通。

〔35〕 司马相如〔传〕曰 据《集解》引黄山说改。按:此非司马相如语,乃文君谓相如云云也。

〔36〕 单极滋味 按:《御览》九七六引“单”作“殚”。

〔37〕 虽合圣德 按:张森楷《校勘记》谓《治要》“德”作“听”,疑“听”字是。

〔38〕 (故宜)量力度德 《刊误》谓案文多“故宜”二字,下文自有用“故宜”字处。今据删。

〔39〕 纯法八(世)〔代〕 《刊误》谓“世”当作“代”。《集解》引惠栋说,谓《文选》注引作“八代”。按:此转改之失,今据改。注同。

〔40〕 管仲相公子纠而射桓公 按:《集解》引黄山说,谓原注“射桓公”下当有“卒乃相桓公”句。

〔41〕 平则致养 按:殿本无“致”字。

〔42〕 岂暇鸣和銮清节奏哉 按:“清”原讹“请”,径据汲本、殿本改正。

〔43〕 〔加〕笞与重罪无异 据汲本、殿本补,与《前志》合。

〔44〕 不可为(民)〔人〕 按:《校补》谓案《前志》本作“不可为人”,此转改之失。今据改。

〔45〕 皇路天路也 按:汲本“天”作“大”。

〔46〕 马动〔则〕銮鸣銮鸣则〔和〕应 据汲本、殿本补。

〔47〕 行〔之〕节也 据今本《说苑》补“之”字。按:汲本、殿本“节也”上无“行”字。

〔48〕 时人多以〔此〕讥之 据汲本、殿本补。

〔49〕 及仕官 汲本、殿本“官”作“宦”,《勘误》谓案文“宦”当作“官”。按:《集解》引王会汾说,谓古书中言“仕宦”者甚多,“仕官”不成文理,此传写互误,传及注“宦”字当本作“官”,刘注当本作“官当作宦”。

〔50〕 一作标 按:“标”原讹“摽”,径改正。

〔51〕 父村而走 按:汲本“村”作“拊”。

〔52〕 腒乾(腒)〔胸〕 按:张元济《后汉书校勘记》谓汪文盛刊本、元大德本并作“乾胸”。今据改。又按:殿本作“乾雉”,与《仪礼·士相见礼》“夏用腒”《释文》合。

后汉书卷五十三

周黄徐姜申屠列传第四十三

《易》曰："君子之道，或出或处，或默或语。"①孔子称"蘧伯玉邦有道则仕，邦无道则可卷而怀也"。②〔1〕然用舍之端，君子之所以存其诚也。③故其行也，则濡足蒙垢，出身以效时；④及其止也，则穷栖茹菽，臧宝以迷国。⑤

①《上系》之词也。言贤哲所行，其趣异也。

②《论语》蘧伯玉名瑗，卫大夫也。卷而怀谓不预时政，不忤于人者也。

③诚，实也。孔子曰："用之则行，舍之则臧。"《易》曰："闲邪存其诚。"

④《新序》曰："申徒狄〔2〕非时，将自投河，崔嘉闻而止之曰：'吾闻圣人从事于天地之间，人之父母也。今为濡足之故，不救溺人乎？'"

⑤《尔雅》曰："啜，茹也。"《孙卿子》曰："君子啜菽饮水，非愚也，是节然也。"《论语》曰，阳货谓孔子曰："怀其宝而迷其邦，可谓仁乎？"

太原闵仲叔者，①世称节士，虽周党之洁清，自以弗及也。党见其含菽饮水，遗以生蒜，受而不食。②建武中，应司徒侯霸之辟。既至，霸不及政事，徒劳苦而已。③仲叔恨曰："始蒙嘉命，且喜且惧；今见明公，喜惧皆去。以仲叔为不足问邪，不当辟也。辟而不问，是失人也。"遂辞出，投劾而去。④复以博士征，不至。客居安邑。老病家贫，不能得肉，日买猪肝一片，屠者或不肯与，安邑令闻，敕吏常给焉。仲叔怪而问之，知，乃叹曰："闵仲叔岂以口腹累安邑邪？"遂去，客沛。以寿终。

①《谢沈书》曰〔3〕："闵贡字仲叔。"

②党与仲叔同郡，亦贞介士也。见《逸人传》。皇甫谧《高士传》曰："党见仲叔食无菜，遗之生蒜。仲叔曰：'我欲省烦耳，今更作烦邪？'受而不食。"

③劳其勤苦也。劳音力到反。

④案罪曰劾，自投其劾状而去也。投犹下也。今有投辞、投牒之言也。

仲叔同郡荀恁，〔4〕字君大，①少亦修清节。资财千万，父越卒，悉散与九族。隐居山泽，以求厥志。王莽末，匈奴寇其本县广武，②闻恁名节，相约不入荀氏闾。光武征，以病不至。永平初，东平王苍为骠骑将军，开东阁延贤俊，辟而应焉。及后朝会，显宗戏之曰："先帝征君不至，骠骑辟君而来，何也？"对曰："先帝秉德以惠下，故臣可得不来。骠骑执法以检下，③故臣不敢不至。"后月馀，罢归，卒于家。

①恁音而甚反。

②广武，县，属太原郡，故城在今代州雁门县也。

③检犹察也。

桓帝时，安阳人魏桓，字仲英，亦数被征。其乡人劝之行。桓曰："夫干禄求进，所以行其志也。今后宫千数，其可损乎？厩马万匹，其可减乎？左右悉权豪，其可去乎？"皆对曰："不可。"桓乃慨然叹曰："使桓生行死归，于诸子何有哉！"①遂隐身不出。

①若忤时强谏，死而后归，于诸劝行者复何益也。

若二三子，可谓识去就之概，候时而处。①夫然，岂其枯槁苟而已哉？盖诡时审己，以成其道焉。②余故列其风流，区而载之。③

①概，节也。候时以居，不失去就也。

②诡，违也。(亦)〔迹〕若违时，〔5〕志存量己也。

③言其清洁之风，各有条流，故区别而纪之。

周燮字彦祖，汝南安城人，(法)〔决〕曹掾燕之后也。①〔6〕燮生而钦颐折頞，丑状骇人。②其母欲弃之，其父不听，曰："吾闻贤圣多有异貌。③兴我宗者，乃此儿也。"于是养之。

①燕具《独行篇·周嘉传》。

②颐，颔也。钦颐，曲颔也。《说文》曰："頞，鼻茎也。"折亦曲也。钦音丘凡反。钦或作"顩"，音同。

③伏羲牛首，女娲蛇躯，皋繇鸟喙，孔子牛唇，是圣贤异貌也。又蔡泽亦颔颐蹙頞。

始在髫鬌，而知廉让；① 十岁就学，能通《诗》、《论》；及长，专精《礼》、《易》。不读非圣之书，不修贺问之好。有先人草庐结于冈畔，② 下有陂田，常肆勤以自给。③〔7〕非身所耕渔，则不食也。乡党宗族希得见者。④

①髫，发也。《礼记》曰："子生三月之末，择日翦发为（髫）〔鬌〕，〔8〕男角女羁，否则男左女右。"鬌音徒果反。

②山脊曰冈。

③肆，陈也。

④《谢承书》曰"燮居家清处，非法不言，兄弟、父子、室家相待如宾，乡曲不善者皆从其教"也。

举孝廉、贤良方正，特征，皆以疾辞。延光二年，安帝以玄纁羔币聘燮，① 及南阳冯良，二郡各遣丞掾致礼。宗族更劝之曰："夫修德立行，所以为国。自先世以来，勋宠相承，君独何为守东冈之陂乎？"燮曰："吾既不能隐处巢穴，追绮季之迹，② 而犹显然不远父母之国，斯固以滑泥扬波，同其流矣。③ 夫修道者，度其时而动。动而不时，焉得亨乎！"④ 因自载到颍川阳城，遣〔门〕生送敬，〔9〕遂辞疾而归。⑤ 良亦载病到近县，送礼而还。⑥ 诏书告二郡，岁以羊酒养病。

①《礼》，卿执羔。董仲舒《春秋繁露》曰："凡贽卿用羔，羔有角而不用，类仁者；执之不鸣，杀之不嗥，类死义者；羔饮其母必跪，类知礼者：故以为贽。"

②绮季、东园公、夏黄公、甪里先生，〔10〕谓之四皓，隐于商山。见《前书》也。

③滑，混也。《楚词》："何不滑其泥而扬其波。"滑音古没反。

④亨，通也。《书》曰："虑善以动，动惟厥时。"

⑤送敬犹致谢也。

⑥送礼谓送其所致之礼也。

良字君郎。〔11〕出于孤微，少作县吏。年三十，为尉从佐。① 奉檄迎督邮，即路慨然，耻在厮役，② 因坏车杀马，毁裂衣冠，乃遁至犍为，从杜抚学。妻子求索，踪迹断绝。后乃见草中有败车死马，衣裳腐朽，谓为虎狼盗贼所害，发丧制服。积十许年，乃还乡里。志行高整，非礼不动，遇妻子如君臣，乡党以为仪表。燮、良年皆七十馀终。

①从佐谓随从而已，不主案牍也。

②厮，贱也。

黄宪字叔度，汝南慎阳人也。①世贫贱，父为牛医。

①在慎水之南，〔12〕因以名县。南阳有顺阳国，而流俗书此或作“顺阳”者，误。

颍川荀淑至慎阳，遇宪于逆旅，①时年十四，淑竦然异之，揖与语，移日不能去。谓宪曰：“子，吾之师表也。”既而前至袁(闳)〔阆〕②所，〔13〕未及劳问，逆曰：“子国有颜子，宁识之乎？”③(闳)〔阆〕曰：“见吾叔度邪？”是时，同郡戴良才高倨傲，而见宪未尝不正容，及归，罔然若有失也。其母问曰：“汝复从牛医儿来邪？”对曰：“良不见叔度，不自以为不及；既睹其人，则瞻之在前，忽焉在后，④固难得而测矣。”同郡陈蕃、周举〔14〕常相谓曰：“时月之间不见黄生，则鄙吝之萌复存乎心。”⑤及蕃为三公，临朝叹曰：“叔度若在，吾不敢先佩印绶矣。”太守王龚在郡，礼进贤达，多所降致，卒不能屈宪。郭林宗少游汝南，先过袁(闳)〔阆〕，不宿而退；进往从宪，累日方还。或以问林宗。⑥林宗曰：“奉高之器，譬诸(氿)〔氿〕滥〔15〕，虽清而易挹。⑦叔度汪汪若千顷陂，〔16〕澄之不清，淆之不浊，不可量也。”⑧

①逆旅，客舍。

②一作“阆”。〔17〕

③颜子，颜回也。

④《论语》颜回慕孔子之言也。

⑤吝，贪也。

⑥《郭泰别传》曰：“时林宗过薛恭祖，恭祖问曰：‘闻足下见袁奉高，车不停轨，銮不辍轭，从叔度乃弥信宿也？’”〔18〕

⑦奉高，闳字也。〔19〕《尔雅》曰：“侧出(氿)〔氿〕泉，正出滥泉。”(氿)〔氿〕音轨。

滥音槛。

⑧淆,混也。

宪初举孝廉,又辟公府,友人劝其仕,宪亦不拒之,暂到京师而还,竟无所就。年四十八终,天下号曰"征君"。

论曰:黄宪言论风旨,无所传闻,然士君子见之者,靡不服深远,去玼吝。①将以道周性全,无德而称乎?②余曾祖穆侯③以为宪隤然其处顺,④渊乎其似道,⑤浅深莫臻其分,清浊未议其方。⑥若及门于孔氏,其殆庶乎!⑦故尝著论云。

①玼音此。《说文》曰:"鲜色也。"据此文当为"疵",作"玼"者,古字通也。

②道周备,性全一。无德而称,言其德大无能名焉。

③《晋书》曰:"范汪字玄平,安北将军,谥曰穆侯。汪生甯,甯生泰,泰生晔。"

④《易·系词》曰:"坤隤然示人简矣。"隤,柔顺貌。

⑤《老子》曰:"道冲而用之,或不盈,渊乎似万物之宗。"言渊深不可知也。

⑥《广雅》曰:"方,所也。"

⑦《易·系词》曰:"颜氏之子,其殆庶几乎!"殆,近也。

徐稺字孺子,豫章南昌人也。①家贫,常自耕稼,非其力不食。恭俭义让,所居服其德。屡辟公府,不起。

①豫章,郡,今洪州也。南昌,县,即今豫章县也。《谢承书》曰"稺少为诸生,学《严氏春秋》、《京氏易》、《欧阳尚书》,兼综风角、星官、算历、《河图》、《七纬》、推步、变易,异行矫时俗,闾里服其德化。有失物者,县以相还,道无拾遗。四察孝廉,五辟宰府,三举茂才"也。

时陈蕃为太守,以礼请署功曹,稺不免之,[20]既谒而退。蕃在郡不接宾客,唯稺来特设一榻,去则县之。后举有道,家拜太原太守,①皆不就。

①就家而拜之也。

延熹二年,尚书令陈蕃、仆射胡广等上疏荐稺等曰:"臣闻善人天地之纪，政之所由也。①《诗》云：‘思皇多士，生此王国。’②天挺俊乂，为陛下出，当辅弼明时，左右大业者也。③伏见处士豫章徐稺、彭城姜肱、汝南袁闳、④京兆韦著、⑤颍川李昙，德行纯备，著于人听。若使擢登三事，协亮天工，必能翼宣盛美，增光日月矣。”桓帝乃以安车玄纁，备礼征之，并不至。帝因问蕃曰：“徐稺、袁闳、韦著谁为先后？”蕃对曰：“闳生出公族，闻道渐训。著长于三辅礼义之俗，所谓不扶自直，不镂自雕。⑥至于稺者，爰自江南卑薄之域，而角立杰出，宜当为先。”⑦

①《左传》曰，晋三郤害伯宗，谮而杀之，及栾弗忌。韩献子曰“郤氏其不免乎！善人天地之纪也，而骤绝之，不亡何待”也。

②《大雅·文王》之诗也。思，愿也。皇，天也。思愿天多生贤人于此王国。

③左右，助也。

④闳见《袁安传》。《谢承书》曰：“闳少修志节，矫俗高厉。”

⑤著见《韦彪传》。《谢承书》曰：“为三辅冠族。著少修节操，持《京氏易》、《韩诗》，博通术蓺。”

⑥《说苑》曰“蓬生枲中，不扶自直”也。

⑦如角之特立也。

稺尝为太尉黄琼所辟，不就。及琼卒归葬，稺乃负粮徒步到江夏赴之，设鸡酒薄祭，哭毕而去，不告姓名。①时会者四方名士郭林宗等数十人，闻之，疑其稺也，乃选能言语生茅容轻骑追之。及于涂，容为设饭，共言稼穑之事。临诀去，谓容曰：“为我谢郭林宗，大树将颠，非一绳所维，何为栖栖不遑宁处？”②及林宗有母忧，稺往吊之，置生刍一束于庐前而去。众怪，不知其故。林宗曰：“此必南州高士徐孺子也。《诗》不云乎，‘生刍一束，其人如玉。’③吾无德以堪之。”

①《谢承书》曰：“遂诸公所辟虽不就，有死丧负笈赴吊。常于家豫炙鸡一只，以一两绵絮渍酒中，暴干以裹鸡，径到所起冢遂外，以水渍绵使有酒气，斗米饭，白茅为藉，以鸡置前，醊酒毕，留谒则去，不见丧主。”

②颠，仆也。维，系也。喻时将衰季，岂一人可能救邪？

③《小雅·白驹》诗。此戒贤者，行所舍，主人之饩虽薄，要就贤主人，其德如玉然也。

灵帝初，欲蒲轮聘稺，会卒，时年七十二。

子胤字季登，笃行孝悌，亦隐居不仕。① 太守华歆礼请相见，固病不诣。② 汉末寇贼从横，皆敬胤礼行，转相约敕，不犯其闾。建安中卒。

①《谢承书》曰"胤少遭父母丧，致哀毁瘁，欧血发病。服阕，隐居林薮，躬耕稼穑，倦则诵经，贫寠困乏，执志弥固，不受惠于人"也。

②《魏志》曰，歆字子鱼，平原人。为豫章太守。为政清净不烦，吏人咸感而爱之。

李昙字云，少孤，继母严酷，昙事之愈谨，① 为乡里所称法。养亲行道，终身不仕。

①《谢承书》曰："昙少丧父，躬事继母。〔继母〕酷烈，〔21〕昙性纯孝，定省恪勤，妻子恭奉，寒苦执劳，不以为怨。得四时珍玩，先以进母。与徐孺子等海内列名五处士焉。"

姜肱字伯淮，彭城广戚人也。① 家世名族。② 肱与二弟仲海、季江，俱以孝行著闻。其友爱天至，常共卧起。③ 及各娶妻，兄弟相恋，不能别寝，以燕嗣当立，〔22〕乃递往就室。

①广戚故城今徐州沛县东。

②《谢承书》曰"祖父豫章太守，父任城相"也。

③《谢承书》曰"肱性笃孝，事继母恪勤。母既年少，又严厉。肱感《恺风》之孝，兄弟同被而寝，不入房室，以慰母心"也。

肱博通《五经》，兼明星纬，士之远来就学者三千馀人。诸公争加辟命，皆不就。二弟名声相次，亦不应征聘，时人慕之。

肱尝与季江谒郡，夜于道遇盗，欲杀之。肱兄弟更相争死，贼遂两释焉，① 但掠夺衣资而已。既至郡中，见肱无衣服，怪问其故，肱托以它辞，终不言盗。盗闻而感悔，后乃就精庐，② 求见征君。肱与相见，皆叩头谢罪，而还所略物。肱不受，劳以酒食而遣之。

①《谢承书》曰"肱与季江俱乘车行适野庐，为贼所劫，取其衣物，欲杀其兄弟。肱谓盗曰：'弟年幼，父母所怜愍，又未娉娶，愿自杀身济弟。'季江言：'兄年

德在前，家之珍宝，国之英俊，乞自受戮，以代兄命。'盗戢刃曰：'二君所谓贤人，吾等不良，妄相侵犯。'弃物而去。肱车中尚有数千钱，盗不见也，使从者追以与之，亦复不受。肱以物经历盗手，因以付亭吏而去"也。

②精庐即精舍也。

后与徐穉俱征，不至。桓帝乃下彭城使画工图其形状。肱卧于幽暗，以被韬面，①言患眩疾，不欲出风。工竟不得见之。

①韬，藏也。

中常侍曹节等专执朝事，新诛太傅陈蕃、大将军窦武，欲借宠贤德，以释众望，乃白征肱为太守。肱得诏，乃私告其友曰："吾以虚获实，遂藉声价。明明在上，犹当固其本志，况今政在阉竖，夫何为哉！"乃隐身遁命，远浮海滨。再以玄纁聘，不就。即拜太中大夫，诏书至门，①肱使家人对云"久病就医"。遂羸服间行，窜伏青州界中，卖卜给食。召命得断，家亦不知其处，历年乃还。年七十七，熹平二年终于家。弟子陈留刘操追慕肱德，共刊石颂之。

①《谢承书》曰："灵帝手笔下诏曰：'肱抗陵云之志，养浩然之气，以朕德薄，未肯降志。昔许由不屈，王道为化；夷、齐不挠，周德不亏。州郡以礼优顺，勿失其意。'"

申屠蟠字子龙，陈留外黄人也。九岁丧父，哀毁过礼。服除，不进酒肉十馀年。每忌日，辄三日不食。①

①《海内先贤传》曰："蟠在冢侧致甘露、白雉，以孝称。"

同郡缑氏女玉为父报仇，①杀夫氏之党，吏执玉以告外黄令梁配，②配欲论杀玉。蟠时年十五，为诸生，进谏曰："玉之节义，足以感无耻之孙，激忍辱之子。不遭明时，尚当表旌庐墓，况在清听，而不加哀矜！"配善其言，乃为谳得减死论。③乡人称美之。

①缑，姓也。

②《续汉书》曰"同县大女缑玉为从父报仇，杀夫之从母兄李士，姑执玉以告吏"也。〔23〕

③譈，请也。

家贫，佣为漆工。郭林宗见而奇之。同郡蔡邕深重蟠，及被州辟，乃辞让之曰："申屠蟠禀气玄妙，性敏心通，丧亲尽礼，几于毁灭。至行美义，人所鲜能。安贫乐潜，味道守真，不为燥湿轻重，①不为穷达易节。②方之于邕，以齿则长，以德则贤。"

①《律历志》曰："铜为物至精，不为燥湿寒暑变其节，不为风雨暴露改其形，介然有常，似于士君子之行。"

②《易》曰："穷则独善其身，达则兼济天下。"〔24〕

后郡召为主簿，不行。①遂隐居精学，博贯《五经》，兼明图纬。始与济阴王子居同在太学，子居临殁，以身托蟠，蟠乃躬推辇车，送丧归乡里。遇司隶从事于河巩之间，②从事义之，为封传护送，③蟠不肯受，投传于地而去。事毕还学。

①《谢承书》曰"蟠前后征辟，文书悉挂于树，初不顾眄"也。

②《百官志》曰"司隶从事史十二人，秩百石"也。

③传谓符牒。使人监送之。

太尉黄琼辟，不就。及琼卒，归葬江夏，四方名豪会帐下者六七千人，①互相谈论，莫有及蟠者。唯南郡一生与相酬对，既别，执蟠手曰："君非聘则征，如是相见于上京矣。"蟠勃然作色曰："始吾以子为可与言也，何意乃相拘教乐贵之徒邪？"②因振手而去，不复与言。再举有道，不就。③

①帐下，葬处。

②乐音五孝反。

③《谢承书》曰"诏书令郡以礼发遣，蟠到河南万岁亭，折辕而旋"也。

先是京师游士汝南范滂等非讦朝政，，自公卿以下皆折节下之。①太学生争慕其风，以为文学将兴，处士复用。蟠独叹曰："昔战国之世，处士横议，②列国之王，至为拥篲先驱，③卒有坑儒烧书之祸，今之谓矣。"乃绝迹于梁砀之间，④因树为屋，自同佣人。⑤居二年，滂等果罹党锢，或死或刑者数百人，蟠确然免于疑论。后蟠友人陈郡冯雍坐事系狱，豫州牧黄琬欲杀之。或劝蟠救雍，蟠不肯行，曰："黄子琰为吾故邪，未必合罪。如不用吾言，虽往何益！"琬闻之，遂免雍罪。

①讦谓横议是非也。讦或作"评"也。

②《孟子》曰："圣王不作，诸侯恣行，处士横议。"《前书》曰："秦既称帝，患周之败，以为起于处士横议，诸侯力争。"《音义》曰："言由横议而败之。"

③《史记》，邹衍如燕，昭王拥篲先驱，请列弟子之坐而受业。筑碣石宫，身亲往师之。

④梁国有砀县。

⑤《谢承书》曰"居蓬莱之室，〔25〕依桑树以为栋"也。

大将军何进连征不诣，进必欲致之，使蟠同郡黄忠书劝曰："前莫府初开，至如先生，特加殊礼，优而不名，申以手笔，设几杖之坐。经过二载，而先生抗志弥高，所尚益固。窃论先生高节有馀，于时则未也。今颍川荀爽载病在道，北海郑玄北面受署。彼岂乐羁牵哉，知时不可逸豫也。昔人之隐，遭时则放声灭迹，巢栖茹薇。①其不遇也，则裸身大笑，被发狂歌。②今先生处平壤，③游人间，吟典籍，袭衣裳，事异昔人，而欲远蹈其迹，不亦难乎！孔氏可师，何必首阳。"④蟠不答。

①放，弃也。谓弃声名也。巢栖谓巢父也。《说文》："薇，似藿也。"

②《楚词》曰："桑扈裸行。"《史记》曰："箕子被发阳狂。"歌谓楚狂接舆歌而过孔子也。

③壤，地也。

④孔子使子路语隐者云："不仕无义。长幼之节，不可废也；君臣之义如之何其可废也？欲洁其身而乱大伦。"首阳，夷、齐所隐山也。

中平五年，复与爽、玄及颍川韩融、①陈纪等十四人并博士征，不至。明年，董卓废立，蟠及爽、融、纪等复俱公车征，②唯蟠不到。众人咸劝之，蟠笑而不应。居无几，爽等为卓所胁迫，西都长安，京师扰乱。及大驾西迁，公卿多遇兵饥，室家流散，融等仅以身脱。唯蟠处乱末，终全高志。年七十四，终于家。

①融字元长，韶之子也。见《韶传》。

②《续汉志》曰，征爽为司空，融为尚书，纪为侍中。

赞曰：琛宝可怀，贞期难对。①道苟违运，理用同废。与其遐栖，岂若蒙秽？②凄凄硕人，陵阿穷退。③韬伏明姿，甘是堙暧。④

①琛宝喻道德也。贞期谓明时也。对，偶也。

②蒙秽谓仕乱朝。

③硕人谓贤者。凄凄，饥病貌也。言贤者退而穷处。《诗·国风》曰："考槃在阿，硕人之莛。"曲陵曰阿。陵，升也。莛，饥也。莛音苦戈反。

④堙，沈也。暧犹翳也。

【校勘记】

〔1〕　邦无道则可卷而怀也　按："则"字原脱，径据汲本、殿本补。

〔2〕　申徒狄　按：汲本、殿本"徒"作"屠"。

〔3〕　谢沈书曰　按：汲本、殿本"沈"作"承"。

〔4〕　仲叔同郡荀恁　按：《集解》引钱大昕说，谓案《刘平传》，数荐达名士承宫、郇恁等，即此荀恁也。《说文》无"荀"字，当以"郇"为正。

〔5〕　(亦)〔迹〕若违时　据殿本改。

〔6〕　(法)〔决〕曹掾燕之后也　据汲本、殿本改。按：殿本《考证》云"决"字监本作"法"。王会汾谓《周嘉传》言燕于宣帝时为郡决曹掾，则作"法曹"者误。

〔7〕　常肆勤以自给　按：《集解》引钱大昕说，谓"肆"当为"肄"字之误。

〔8〕　择日翦发为(鬌)〔鬌〕　据殿本改，与今本《礼记》合。

〔9〕　遣〔门〕生送敬　据《刊误》补。

〔10〕　甪里先生　殿本"甪"作"角"。按：角本有禄音，后人不知，别造"甪"字代之。《广韵·一屋》亦作"角"，不作"甪"。

〔11〕　良字君郎　按：《集解》引惠栋说，谓《袁宏纪》"君郎"作"君卿"。

〔12〕　在慎水之南　按：《校补》谓"南"字疑"阳"字之误。

〔13〕　既而前至袁(闳)〔阆〕所　《集解》引陈景云说，谓黄宪、袁阆俱慎阳人，故

荀淑有“子国颜子”之语，慎阳本侯国也。若汝阳袁闳，与宪同郡异县，则作“闳”非矣。又引黄山说，谓此传“闳”皆当作“阆”，惟后《徐穉传》所载，则确为袁闳耳。今据改。

〔14〕同郡陈蕃周举　按：《集解》引惠栋说，谓《世说》及《袁宏纪》皆作“周子居”。

〔15〕譬诸(汎)〔氿〕滥　据殿本改。注同。

〔16〕叔度汪汪若千顷陂　按：《集解》引惠栋说，谓“千顷”《续汉书》作“万顷”。

〔17〕一作阆　按：李慈铭谓《黄宪传》之“袁闳”，皆为“袁阆”之误。章怀所注者乃是误本，其云“一作阆”者，乃别据一不误之本。

〔18〕乃弥信宿也　按：《校补》引柳从辰说，谓《袁宏纪》作“乃弥日信宿也”，多“日”字文义更较圆足。

〔19〕奉高闳字也　按：李慈铭谓袁阆字奉高，见第五十六卷《王龚传》，《宪传》与《龚传》仅隔两卷，章怀又见他本之作“阆”，乃不能援以改正，反注奉高为闳字，可谓率谬。足见当时东宫僚属，各人分注，不相证核也。

〔20〕穉不免之　按：殿本《考证》引何焯说，谓“免”疑作“就”。《集解》引惠栋说，谓《通鉴》作“穉不之免”，胡注“不辞免也”。《袁宏纪》作“不之起”。

〔21〕躬事继母〔继母〕酷烈　据汲本、殿本补。

〔22〕以燕嗣当立　殿本《考证》谓“燕”当作“继”。按：《集解》引黄山说，谓《御览》五一五引《续汉书》作“继”。蔇、燕、继三字古以同义通作。

〔23〕姑执玉以告吏也　按：“吏”原讹“史”，径改正。

〔24〕达则兼济天下　汲本、殿本“济”作“善”。按：《校补》谓“穷则独善其身，达则兼善天下”，语出《孟子》，注作“《易》曰”，误。

〔25〕居蓬莱之室　按：殿本《考证》王会汾谓蓬莱虽皆草名，然古人或作“蓬蒿”，或作“蒿莱”，至蓬莱二字并用，恐与山名相混，此注“莱”字当是“藁”字之误。

后汉书卷五十四

杨震列传第四十四

子秉　孙赐　曾孙彪　玄孙脩

杨震字伯起，弘农华阴人也。八世祖喜，〔1〕高祖时有功，封赤泉侯。① 高祖敞，昭帝时为丞相，封安平侯。父宝，② 习《欧阳尚书》。哀、平之世，隐居教授。居摄二年，与两龚、蒋诩俱征，遂遁逃，不知所处。③ 光武高其节。建武中，公车特征，老病不到，卒于家。

①《史记》曰，喜追杀项羽，以功封。

②《续齐谐记》曰："宝年九岁时，至华阴山北，见一黄雀为鸱枭所搏，坠于树下，为蝼蚁所困。宝取之以归，置巾箱中，唯食黄花，百馀日毛羽成，乃飞去。其夜有黄衣童子向宝再拜曰：'我西王母使者，君仁爱救拯，实感成济。'以白环四枚与宝：'令君子孙洁白，位登三事，当如此环矣。'"

③龚胜字君宾，龚舍字君倩，蒋诩字元卿，并以高节著名。见《前书》。

震少好学，受《欧阳尚书》于太常桓郁，明经博览，无不穷究。诸儒为之语曰："关西孔子杨伯起。"常客居于湖，① 不答州郡礼命数十年，② 众人谓之晚暮，而震志愈笃。后有冠雀衔三鳣鱼，飞集讲堂前，③ 都讲取鱼进曰："蛇鳣者，卿大夫服之象也。数三者，法三台也。先生自此升矣。"年五十，乃始仕州郡。

①今湖城县。

②《续汉(志)〔书〕》曰〔2〕"教授二十馀年，州请召，数称病不就。少孤贫，独与母居，假地种殖，以给供养，诸生尝有助种蓝者，震辄拔，更以距其后，乡里称孝"也。

③冠音贯，即鹳雀也。鳣音善。《韩子》云："鳣似蛇。"臣贤案：《续汉》及《谢承

书》"鳣"字皆作"鱓"，然则"鳣""鱓"古字通也。鳣鱼长者不过三尺，黄地黑文，故都讲云"蛇鱓，卿大夫之服象也"。郭璞云"鳣鱼长二三丈，音知然反"，安有鹳雀能胜二三丈乎？此为鳣明矣。

大将军邓骘闻其贤而辟之，举茂才，四迁荆州刺史、东莱太守。当之郡，道经昌邑，①故所举荆州茂才王密为昌邑令，谒见，至夜怀金十斤以遗震。震曰："故人知君，君不知故人，何也？"密曰："暮夜无知者。"震曰："天知，神知，我知，子知。何谓无知！"密愧而出。后转涿郡太守。性公廉，不受私谒。子孙常蔬食步行，故旧长者或欲令为开产业，震不肯，曰："使后世称为清白吏子孙，以此遗之，不亦厚乎！"

①昌邑故城在今兖州金乡县西北也。

元初四年，征入为太仆，迁太常。先是博士选举多不以实，震举荐明经名士陈留杨伦等，①显传学业，诸儒称之。

①伦字仲桓。〔3〕《谢承书》云："荐杨仲桓等五人，各从家拜博士。"

永宁元年，代刘恺为司徒。明年，邓太后崩，内宠始横。安帝乳母王圣，因保养之勤，缘恩放恣；圣子女伯荣出入宫掖，传通奸赂。震上疏曰："臣闻政以得贤为本，理以去秽为务。①是以唐虞俊乂在官，四凶流放，天下咸服，以致雍熙。②方今九德未事，③嬖幸充庭。④阿母王圣出自贱微，得遭千载，奉养圣躬，虽有推燥居湿之勤，⑤前后赏惠，过报劳苦，而无厌之心，不知纪极，⑥外交属托，扰乱天下，损辱清朝，尘点日月。《书》诫牝鸡牡鸣，⑦《诗》刺哲妇丧国。⑧昔郑严公从母氏之欲，恣骄弟之情，几至危国，然后加讨，《春秋》贬之，以为失教。⑨夫女子小人，近之喜，远之怨，实为难养。⑩《易》曰：'无攸遂，在中馈。'⑪言妇人不得与于政事也。宜速出阿母，令居外舍，断绝伯荣，莫使往来，令恩德两隆，上下俱美。惟陛下绝婉娈之私，割不忍之心，⑫留神万机，诫慎拜爵，减省献御，损节征发。令野无《鹤鸣》之叹，⑬朝无《小明》之悔，⑭《大东》不兴于今，⑮劳止不怨于下。⑯拟踪往古，比德哲王，岂不休哉！"奏御，帝以示阿母等，内幸皆怀忿恚。而伯荣骄淫尤甚，与故朝阳侯刘护从兄瓌交通，[17]瓌遂以为妻，得袭护爵，位至侍中。震深疾之，复诣阙上疏曰："臣闻高祖与群臣约，非功臣不得封，故经制父死子继，兄亡弟及，以防篡也。[18]伏见诏书封故朝阳侯刘护再从兄瓌袭护爵为侯。护同产弟威，今犹见在。臣闻天子专封封有功，诸侯专爵爵有德。今瓌无佗功行，但以配阿母女，一时之间，既位侍中，又至封侯，不稽旧制，不合经义，行人喧哗，百姓不安。陛下宜览镜既往，顺帝之则。"书奏不省。

①《墨子》曰："夫尚贤者，政本也。"《左传》曰："为国者，如农夫之务去草焉。"

②《尚书》曰："四罪而天下咸服。"又曰："黎人于变时雍，庶绩咸熙。"雍，和也。熙，广也。

③《尚书·皋繇谟》曰："亦行有九德：宽而栗，柔而立，愿而龚，乱而敬，扰而毅，直而温，简而廉，刚而塞，强而谊。"又曰："九德咸事，俊乂在官。"

④《谥法》曰："贱而得爱曰嬖。"

⑤《孝经援神契》曰"母之于子也，鞠养殷勤，推燥居湿，绝少分甘"也。

⑥《左传》曰，缙云氏有不材子，聚敛积实，不知纪极。

⑦牝，雌也。牡，雄也。《尚书》："古人有言，牝鸡无晨，牝鸡之晨，唯家之索。"

⑧《诗·大雅》曰："哲夫成城，哲妇倾城。"

⑨严公，庄公也，避明帝讳改焉。《左传》，郑庄公杀母弟段，称郑伯，讥失教也。

⑩《论语》曰"唯女子与小人为难养，近之则不逊，远之则怨"也。

⑪《家人卦·六二·爻辞》也。郑玄注曰："二为阴爻，得正于内；五，阳爻也，得正于外。犹妇人自修正于内，丈夫修正于外。无攸遂，言妇人无敢自遂也。爻体《离》，又互体《坎》，火位在下，水在上，饪之象也。馈，食也，故云在中馈也。"

⑫《诗·国风·候人篇序》曰："曹共公远君子而近小人。"其诗曰："婉兮娈兮，季女斯饥。"婉，少貌。娈，好貌也。

⑬《诗·小雅序》曰："《鹤鸣》，诲宣王也。"郑玄注云："教周宣王求贤人之未仕者。"其诗曰："鹤鸣于九皋，声闻于野。"言身隐而名著，喻贤者虽隐居，人咸知之。

⑭《诗·小雅序》曰："《小明》，大夫悔仕于乱也。"小明者，言周幽王日小其明，损其政事，以至于乱。

⑮《诗·小雅序》:“《大东》,刺乱也。”其诗曰:“小东大东,杼柚其空。”郑玄注云:“小亦于东,大亦于东,言赋敛多也。”

⑯《诗·大雅序》曰:“《人劳》,刺厉王也。”其诗曰“人亦劳止,迄可小康”也。

⑰护,泗水王歙之从曾孙。

⑱《公羊传》曰:“刘子、单子以王猛入于王城者何?西周也。其言入何?篡辞也。〔4〕冬十月,王子猛卒。此未逾年之君,其称王子猛卒何?不予当也。不予当者,不与当父死子继,兄亡弟及也。”

延光二年,代刘恺为太尉。帝舅大鸿胪耿宝荐中常侍李闰兄于震,震不从。宝乃自往候震曰:“李常侍国家所重,欲令公辟其兄,宝唯传上意耳。”①震曰:“如朝廷欲令三府辟召,故宜有尚书敕。”遂拒不许,宝大恨而去。皇后兄执金吾阎显亦荐所亲厚于震,震又不从。司空刘授闻之,②即辟此二人,旬日中皆见拔擢。由是震益见怨。

①言非己本心,传在上之意。

②《汉官仪》:“授字孟春,武原人。”

时诏遣使者大为阿母修第,中常侍樊丰及侍中周广、谢恽等更相扇动,倾摇朝廷。震复上疏曰:“臣闻古者九年耕必有三年之储,故尧遭洪水,人无菜色。①臣伏念方今灾害发起,弥弥滋甚,②百姓空虚,不能自赡。重以螟蝗,羌虏抄掠,三边震扰,战斗之役至今未息,兵甲军粮不能复给。大司农帑藏匮乏,殆非社稷安宁之时。伏见诏书为阿母兴起津城门内第舍,③合两为一,连里竟街,④雕修缮饰,穷极巧伎。今盛夏土王,而攻山采石,其大匠左校别部将作合数十处,⑤转相迫促,为费巨亿。周广、谢恽兄弟,与国无肺腑枝叶之属,依倚近幸奸佞之人,与樊丰、王永等分威共权,属托州郡,倾动大臣。宰司辟召,承望旨意,招来海内贪污之人,受其货赂,至有臧锢弃世之徒复得显用。⑥白黑溷淆,清浊同源,天下讙哗,咸曰财货上流,为朝结讥。臣闻师言:‘上之所取,财尽则怨,力尽则叛。’怨叛之人,不可复使,故曰:‘百姓不足,君谁与足?’⑦惟陛下度之。”丰、恽等见震连切谏不从,无所顾忌,遂诈作诏书,调发司农钱谷、大匠见徒材木,各起家舍、园池、庐观,役费无数。

①言有储蓄，人无食菜之饥色也。

②弥弥犹稍稍也。韦孟诗曰“弥弥其失”也。

③津城门，洛阳南面西头门也。

④合两坊而为一宅。里即坊也。

⑤《续汉志》将作大匠，秩二千石。左校令，秩六百石。

⑥有臧贿禁锢之人也。

⑦《论语》有若对鲁哀公之词。

震因地震，复上疏曰：“臣蒙恩备台辅，不能奉宣政化，调和阴阳，去年十(一)〔二〕月四日，京师地动。〔5〕臣闻师言：‘地者阴精，当安静承阳。’而今动摇者，阴道盛也。其日戊辰，三者皆土，位在中宫，①此中臣近官盛于持权用事之象也。臣伏惟陛下以边境未宁，躬自菲薄，宫殿垣屋倾倚，枝柱而已，②无所兴造，欲令远近咸知政化之清流，商邑之翼翼也。③而亲近幸臣，未崇断金，④骄溢逾法，多请徒士，盛修第舍，卖弄威福。道路讙哗，众所闻见。地动之变，近在城郭，殆为此发。又冬无宿雪，春节未雨，百僚燋心，而缮修不止，诚致旱之征也。《书》曰：‘僭恒阳若，臣无作威作福玉食。’⑤唯陛下奋乾刚之德，⑥弃骄奢之臣，以掩𫍙言之口，奉承皇天之戒，无令威福久移于下。”

①戊干辰支皆土也，并地动，故言三者。

②倚，邪也。柱音竹主反。

③《诗·商颂》“商邑翼翼，四方之极”也。

④《易·系辞》曰：“二人同心，其利断金。”言邪佞之臣，不与上同心。

⑤《尚书·洪范》之词也。僭，差也。若，顺也。君行僭差，则常阳顺之也。言唯君得专威福，为美食。

⑥《易》曰：“大哉乾乎！刚健中正，纯粹精也。”

震前后所上，转有切至，帝既不平之，而樊丰等皆侧目愤怨，俱以其名儒，未敢加害。寻有河间男子赵腾诣阙上书，指陈得失。帝发怒，遂收考诏狱，结以罔上不道。震复上疏救之曰：“臣闻尧舜之世，谏鼓谤木，立之于朝；①殷周哲王，小人怨詈，则还自敬德。②〔6〕所以达聪明，开不讳，博采负薪，尽极下情也。今赵腾所坐激讦谤语为罪，与手刃犯法有差。乞为亏除，全腾之命，以诱刍荛舆人之言。”③帝不省，腾竟伏尸都市。

①《帝王纪》曰：“尧置敢谏之鼓，舜立诽谤之木。”

②《尚书》曰“自殷王中宗及高宗及祖甲及我周文王，兹四人迪哲。厥或告之曰小人怨女詈女，则皇自敬德”也。

③舆，众也。《诗》曰：“询于刍荛。”《左氏传》曰“听舆人之谋”也。

会三年春，东巡岱宗，樊丰等因乘舆在外，竞修第宅，震部掾高舒召大匠令史考校之，①得丰等所诈下诏书，具奏，须行还上之。丰等闻，惶怖，会太史言星变逆行，遂共谮震云：“自赵腾死后，深用怨怼；②且邓氏故吏，有恚恨之心。”③及车驾行还，便时太学，④夜遣使者策收震太尉印绶，于是柴门绝宾客。丰等复恶之，乃请大将军耿宝奏震大臣不服罪，怀恚望，有诏遣归本郡。震行至城西几阳亭，〔7〕乃慷慨谓其诸子门人曰：⑤“死者士之常分。吾蒙恩居上司，疾奸臣狡猾而不能诛，恶嬖女倾乱而不能禁，何面目复见日月！身死之日，以杂木为棺，布单被裁足盖形，勿归冢次，勿设祭祠。”因饮酖而卒，时年七十馀。弘农太守移良⑥承樊丰等旨，遣吏于陕县留停震丧，露棺道侧，⑦谪震诸子代邮行书，道路皆为陨涕。⑧

①史谓府吏也。

②怼，怨怒也。

③震初邓骘辟之，故曰故吏。

④且于太学待吉时而后入也，故曰便时。《前书》“便时上林延寿门”也。

⑤慷慨，悲叹。

⑥《风俗通》曰：“齐公子雍食菜于移，其后氏焉。”

⑦《谢承书》曰：“震临没，谓诸子以牛车薄簀，载柩还归。”

⑧《说文》：“邮，境上行书舍也。”《广雅》曰：“邮，驿也。”

岁馀，顺帝即位，樊丰、周广等诛死，震门生虞放、陈翼诣阙追讼震事。朝廷咸称其忠，乃下诏除二子为郎，赠钱百万，以礼改葬于华阴潼亭，①远近毕至。先葬十馀日，有大鸟高丈馀，集震丧前，俯仰悲鸣，泪下沾地，葬毕，乃飞去。郡以状上。② 时连有灾异，帝感震之枉，乃下诏策曰："故太尉震，正直是与，俾匡时政，而青蝇点素，同兹在藩。③ 上天降威，灾眚屡作，尔卜尔筮，惟震之故。朕之不德，用彰厥咎，山崩栋折，我其危哉！④ 今使太守丞以中牢具祠，魂而有灵，傥其歆享。"于是时人立石鸟象于其墓所。

①墓在今潼关西大道之北，其碑尚存。

②《续汉书》曰："大鸟来止亭树，下地安行到柩前，正立低头泪出。众人更共摩抚抱持，终不惊骇。"《谢承书》曰："其鸟五色，高丈馀，两翼长二丈三尺，人莫知其名也。"

③藩，樊也。《诗》云："营营青蝇，止于樊，恺悌君子，无信谗言。"青蝇，污白使黑，污黑使白，喻佞人变乱善恶也。

④《礼记》曰："孔子将终，歌曰：'泰山其颓乎！梁木其坏乎！'"

震之被谮也，高舒亦得罪，以减死论。及震事显，舒拜侍御史，至荆州刺史。

震五子。长子牧，富波相。①

①富波，县，属汝南郡。

牧孙奇，灵帝时为侍中，帝尝从容问奇曰〔8〕："朕何如桓帝？"对曰："陛下之于桓帝，亦犹虞舜比德唐尧。"帝不悦曰："卿强项，真杨震子孙，① 死后必复致大鸟矣。"出为汝南太守。帝崩后，复入为侍中卫尉，从献帝西迁，有功勤。及李傕胁帝归其营，奇与黄门侍郎钟繇诱傕部曲将宋晔、杨昂令反傕，傕由此孤弱，帝乃得东。② 后徙都许，追封奇子亮为阳成亭侯。③

①强项，言不低屈也，光武谓董宣为"强项令"也。

②《魏志》曰，繇为黄门侍郎，傕胁天子，繇与尚书郎韩斌同策谋。天子得出长安，繇有力焉。

③亮旧宅在阌乡县西南。

震少子奉，奉子敷，笃志博闻，议者以为能世其家。敷早卒，子众，亦传先业，以谒者仆射从献帝入关，累迁御史中丞。及帝东还，夜走度河，众率诸官属步从至太阳，拜侍中。①建安二年，追前功封蕲亭侯。②

①太阳，县，属河东郡。

②《郡国志》桃林县有蕲乡，〔9〕音莫老反。

震中子秉。

秉字叔节，〔10〕少传父业，兼明《京氏易》，博通书传，常隐居教授。年四十馀，乃应司空辟，拜侍御史，频出为豫、荆、徐、兖四州刺史，迁任城相。自为刺史、二千石，计日受奉，馀禄不入私门。故吏赍钱百万遗之，闭门不受。以廉洁称。

桓帝即位，以明《尚书》征入劝讲，①拜太中大夫、左中郎将，迁侍中、尚书。帝时微行，私过幸河南尹梁胤府舍。②〔11〕是日大风拔树，昼昏，秉因上疏谏曰："臣闻瑞由德至，灾应事生。传曰：'祸福无门，唯人所召。'③天不言语，以灾异谴告，是以孔子迅雷风烈必有变动。《诗》云：'敬天之威，不敢驱驰。'④王者至尊，出入有常，警跸而行，静室而止，⑤自非郊庙之事，则銮旗不驾。⑥故《诗》称'自郊徂宫'，⑦《易》曰'王假有庙，致孝享也'。⑧诸侯如臣之家，《春秋》尚列其诫，⑨况以先王法服而私出槃游！⑩降乱尊卑，等威无序，⑪侍卫守空宫，绂玺委女妾，设有非常之变，任章之谋，⑫上负先帝，下悔靡及。臣奕世受恩，⑬得备纳言，⑭又以薄学，充在讲劝，特蒙哀识，〔12〕见照日月，恩重命轻，义使士死，敢惮摧折，略陈其愚。"帝不纳。秉以病乞退，出为右扶风。太尉黄琼〔13〕惜其去朝廷，上秉劝讲帷幄，不宜外迁，留拜光禄大夫。是时大将军梁冀用权，秉称病。六年，冀诛后，乃拜太仆，迁太常。

①劝讲，犹侍讲也。

②胤，梁冀子也。

③《左传》闵子马之词。

④《诗·大雅》曰"敬天之怒，无敢戏豫，敬天之渝，无敢驰驱"，与此文稍异也。

⑤跸，止行人也。静室谓先使清宫也。《前书音义》曰，汉有静室令也。

⑥《汉官仪》曰"前驱有云罕，皮轩銮旗车"也。

⑦《诗·大雅·云汉》之词也。郊,祭天也。

⑧《萃卦》词也。假,至也。假音格。

⑨《左传》,齐庄公如崔杼之家,为杼所杀也。

⑩法服谓天子服,日、月、星辰、山、龙、华虫、藻、火、粉、米、〔黼、黻〕十二章。〔14〕

⑪等威谓威仪有等差也。《左传》曰"贵有常尊,贱有等威"也。

⑫《前书》曰,代郡太守任宣坐谋反诛,宣子章为公车丞,亡在渭城界中,夜玄服入庙,居郎间,〔15〕执戟立于庙门,待上至,欲为逆,发觉伏诛也。

⑬奕犹重也。

⑭纳言,尚书。

延熹三年,白马令李云以谏受罪,秉争之不能得,坐免官,归田里。①其年冬,复征拜河南尹。先是中常侍单超弟匡〔16〕为济阴太守,以臧罪为刺史第五种所劾,窘急,乃赂客任方刺兖州从事卫羽。事已见《种传》。及捕得方,囚系洛阳,匡虑秉当穷竟其事,密令方等得突狱亡走。尚书召秉诘责,秉对曰:"《春秋》不诛黎比而鲁多盗,②方等无状,衅由单匡。刺执法之吏,害奉公之臣,复令逃窜,宽纵罪身,元恶大憝,终为国害。乞槛车征匡考核其事,则奸慝踪绪,必可立得。"而秉竟坐输作左校,以久旱赦出。

①《谢承书》曰:"秉免归,雅素清俭,家至贫窭,并日而食。任城故孝廉景虑赍钱百馀万,就以饷秉,秉闭门距绝不受。"

②《左传》曰:"邾庶其以漆闾丘来奔,于是鲁多盗。"臣贤案:黎比,莒国之君,恐别有所据也。

会日食,太山太守皇甫规等讼秉忠正,不宜久抑不用。有诏公车征秉及处士韦著,二人各称疾不至。有司并劾秉、著大不敬,请下所属正其罪。尚书令周景与尚书边韶议奏:"秉儒学侍讲,常在谦虚;著隐居行义,以退让为节。俱征不至,诚违侧席之望,然逶迤退食,足抑苟进之风。①夫明王之世,必有不召之臣,②圣朝弘养,宜用优游之礼。可告在所属,〔17〕喻以朝廷恩意。如遂不至,详议其罚。"于是重征,乃到,拜太常。

①《诗·国风·羔羊诗》曰："退食自公，委蛇委蛇。"退食谓减膳也。从于公谓正直顺于事也。委蛇，委曲自得之貌。

②尧时许由，禹时伯成子高，汤时务光等。

五年冬，代刘矩为太尉。是时宦官方炽，任人及子弟为官，[①]布满天下，竞为贪淫，朝野嗟怨。秉与司空周景上言："内外吏职，多非其人，自顷所征，皆特拜不试，致盗窃纵恣，怨讼纷错。旧典，中臣子弟不得居位秉埶，而今枝叶宾客布列职署，或年少庸人，典据守宰，上下忿患，四方愁毒。可遵用旧章，退贪残，塞灾谤。请下司隶校尉、中二千石、二千石、城门五营校尉、北军中候，各实核所部，应当斥罢，自以状言，三府廉察有遗漏，续上。"帝从之。于是秉条奏牧守以下匈奴中郎将燕瑗、青州刺史羊亮、辽东太守孙谊等五十馀人，或死或免，天下莫不肃然。

①任谓保任。

时郡国计吏多留拜为郎，秉上言三署见郎七百馀人，[①]帑臧空虚，浮食者众，而不良守相，欲因国为池，浇濯衅秽。宜绝横拜，以塞觊觎之端。[②]自此终桓帝世，计吏无复留拜者。

①三署郎，解见《和帝纪》。

②《左传》曰："下无觊觎。"杜预注曰："无冀望上位。"

七年，南巡园陵，特诏秉从。南阳太守张彪与帝微时有旧恩，以车驾当至，因傍发调，多以入私。秉闻之，下书责让荆州刺史，以状副言公府。[①]及行至南阳，左右并通奸利，诏书多所除拜。秉复上疏谏曰："臣闻先王建国，顺天制官。[②]太微积星，名为郎位，[③]入奉宿卫，出牧百姓。皋陶诫虞，在于官人。[④]顷者道路拜除，恩加竖隶，爵以货成，化由此败，所以俗夫巷议，白驹远逝，[⑤]穆穆清朝，远近莫观。宜割不忍之恩，以断求欲之路。"于是诏除乃止。

①南阳郡，荆州所部也。

②《尚书》曰："明王奉若天道，建邦设都。"孔安国注云："天有日、月、北斗、五星、二十八宿，皆有尊卑相正之法。明王奉顺此道，建国设都。"

③《史记·天官书》曰，太微宫五帝坐，后聚二十五星蔚然，曰郎位。积，聚也。

④《尚书》皋陶诫舜曰“在知人，在官人”也。

⑤孔子曰：“天下有道，庶人不议。”《诗·小雅》曰：“皎皎白驹，食我场苗，所谓伊人，于焉逍遥。”言宣王官失其人，贤者乘白驹而去之。

时中常侍侯览弟参为益州刺史，累有臧罪，暴虐一州。明年，秉劾奏参，槛车征诣廷尉。参惶恐，道自杀。①秉因奏览及中常侍具瑗曰：“臣案国旧典，宦竖之官，本在给使省闼，司昏守夜，而今猥受过宠，执政操权。其阿谀取容者，则因公褒举，以报私惠；有忤逆于心者，必求事中伤，肆其凶忿。居法王公，富拟国家，饮食极肴膳，仆妾盈纨素，虽季氏专鲁，穰侯擅秦，何以尚兹！②案中常侍侯览弟参，贪残元恶，自取祸灭，览顾知衅重〔18〕，必有自疑之意，臣愚以为不宜复见亲近。昔懿公刑邴歜之父，夺阎职之妻，而使二人参乘，卒有竹中之难，《春秋》书之，以为至戒。③盖郑詹来而国乱，四佞放而众服。④以此观之，容可近乎？览宜急屏斥，投畀(有)〔豺〕虎。⑤〔19〕若斯之人，非恩所宥，请免官送归本郡。”书奏，尚书召对秉掾属曰：⑥“公府外职，而奏劾近官，经典汉制有故事乎？”秉使对曰：“《春秋》赵鞅以晋阳之甲，逐君侧之恶。⑦传曰：‘除君之恶，唯力是视。’⑧邓通懈慢，申屠嘉召通诘责，文帝从而请之。⑨汉世故事，三公之职无所不统。”尚书不能诘。帝不得已，竟免览官，而削瑗国。每朝廷有得失，辄尽忠规谏，多见纳用。

①《谢承书》曰：“秉奏‘参取受罪臧累亿。牂柯男子张攸，居为富室，参横加非罪，云造讹言，杀攸家八人，没入庐宅。又与同郡诸生李元之官，共饮酒，醉饱之后，戏故相犯，诬言有淫慝之罪，应时捶杀。以人臣之势，行桀纣之态，伤和逆理，痛感天地，宜当纠持，以谢一州’。又曰‘京兆尹袁逢于长安客舍中得参重车三百馀乘，金银珍玩，不可称记’。”

②季氏，鲁卿，世专鲁政。孔子曰：“季氏富于周公。”《史记》曰，穰侯魏冉者，秦昭王母宣太后弟也，为秦相国，侈富于王室。尚犹加也。

③《左传》曰“齐懿公之为公子也，与邴歜之父争田弗胜。及即位，乃掘而刖之，而使歜仆。纳阎职之妻，而使职骖乘。夏五月，公游于申池。歜以扑抶职，职怒，歜曰：‘人夺汝妻而不怒，一抶汝，庸何伤？’职曰：‘与刖其父而弗

能病者何如?'乃谋杀懿公,纳诸竹中,归,舍爵而行”也。

④《公羊传》曰:“郑詹自齐逃来,何以书?甚佞也,曰佞人来矣。”后鲁庄公取齐淫女,卒为后败。四佞即四凶也。

⑤畀,与也。《诗·小雅》曰:“取彼谮人,投畀豺虎。”

⑥召秉掾属问之。

⑦《公羊传》曰:“赵鞅取晋阳之甲,以逐荀寅、士吉射。曷为此?逐君侧之恶人也。”

⑧《左传》曰晋寺人披言也。[20]

⑨《前书》邓通,文帝幸臣,为太中大夫,居上傍怠慢。丞相申屠嘉罢朝,坐府中,召通至,不为礼,责曰:“通小臣,戏殿上,大不敬,当斩。”通顿首,首尽出血。上使使持节召通而谢丞相:“此吾弄臣,君释之。”

秉性不饮酒,又早丧夫人,遂不复娶,所在以淳白称。尝从容言曰:“我有三不惑:酒,色,财也。”八年薨,时年七十四,赐茔陪陵。子赐。

赐字伯献。[21]少传家学,笃志博闻。常退居隐约,教授门徒,不答州郡礼命。后辟大将军梁冀府,非其好也。出除陈仓令,因病不行。公车征不至,连辞三公之命。后以司空高第,再迁侍中、越骑校尉。

建宁初,灵帝当受学,诏太傅、三公选通《尚书》桓君章句宿有重名者,三公举赐,乃侍讲于华光殿中。①迁少府、光禄勋。

①《洛阳宫殿名》曰:“华光殿在崇光殿北。”

熹平元年,青蛇见御坐,帝以问赐,赐上封事曰:“臣闻和气致祥,乖气致灾,休征则五福应,①咎征则六极至。②夫善不妄来,灾不空发。王者心有所惟,意有所想,虽未形颜色,而五星以之推移,阴阳为其变度。以此而观,天之与人,岂不符哉?《尚书》曰:‘天齐乎人,假我一日。’是其明征也。③夫皇极不建,则有蛇龙之孽。④《诗》云:‘惟虺惟蛇,女子之祥。’⑤故《春秋》两蛇斗于郑门,昭公殆以女败;⑥康王一朝晏起,《关雎》见几而作。⑦夫女谒行则谗夫昌,谗夫昌则苞苴通,故殷汤以之自戒,终济亢旱之灾。⑧惟陛下思乾刚之道,别内外之宜,崇帝乙之制,受元吉之祉，⑨抑皇甫之权，割艳妻之爱，⑩则蛇变可消，祯祥立应。殷戊、宋景，其事甚明。”⑪

①休，美也。征，验也。五福：一曰寿，二曰富，三曰康宁，四曰逌好德，五曰考终命。

②咎，恶也。六极：一曰凶短折，二曰疾，三曰忧，四曰贫，五曰恶，六曰弱。并见《尚书》。

③我谓君也。天意欲整齐于人，必假于君也。今《尚书》文“假”作“俾”。俾，使也，义亦通。

④《洪范五行传》曰。皇，大也。极，中也。建，立也。孽，灾也。君不合大中，是谓不立。蛇龙，阴类也。

⑤《诗·小雅》也。虺蛇，穴居，阴之类，故为女子之祥也。

⑥《洪范五行传》曰：“初，郑厉公劫相祭仲而篡兄昭公，立为郑君。后雍纠之难，厉公出奔，郑人立昭公。既立，内蛇与外蛇斗郑南门中，内蛇死。是时傅瑕仕于郑，欲内厉公，故内蛇死者，昭公将败，厉公将胜之象也。是时昭公宜布恩施惠，〔22〕以抚百姓，举贤崇德，以厉群臣，观察左右，以省奸谋，则内变不得生，外谋无由起矣。昭公不觉，果杀于傅瑕，二子死而厉公入，此其效也。《诗》云：‘惟虺惟蛇，女子之祥。’郑昭公殆以女子败矣。”

⑦《前书》曰：“佩玉晏鸣，《关雎》叹之。”《音义》曰：“后夫人，鸡鸣佩玉去君所。周康王后不然，故诗人叹而伤之。此事见《鲁诗》，今亡失也。”

⑧《说苑》曰：“汤自伐桀后，大旱七年，洛川竭，使人持三足鼎祝于山川曰：‘政不节邪？使人疾邪？苞苴行邪？谗夫昌邪？宫室荣邪？女谒行邪？何不雨之极！’言未已而天大雨。”

⑨《易·泰卦·六五》曰“帝乙归妹，以祉元吉”也。

⑩艳妻，周幽王后褒姒也。皇甫卿士等皆后之党，用后嬖宠而居位也。《诗》曰“皇甫卿士，艳妻煽方处”也。

⑪殷王太戊时，桑穀共生于朝，修德而桑穀死。景公时，〔23〕荧惑守心，修德而星退舍。并见《史记》。

二年，代唐珍为司空，以灾异免。复拜光禄大夫，秩中二千石。五年，代袁隗为司徒。是时朝廷爵授，多不以次，而帝好微行，游幸外苑。赐复上疏曰：“臣闻天生蒸民，不能自理，①故立君长使司牧之，②是以唐虞兢兢业业，③周文日昃不暇，④〔24〕明慎庶官，俊乂在职，三载考绩，⑤以观厥成。而今所序用无佗德，有形埶者，旬日累迁，守真之徒，历载不转，劳逸无别，善恶同流，《北山》之诗，所为训作。⑥又闻数微行出幸苑囿，观鹰犬之势，极槃游之荒，⑦政事日堕，⑧大化陵迟。陛下不顾二祖之勤止，⑨追慕五宗之美踪，⑩而欲以望太平，是由曲表而欲直景，却行而求及前人也。⑪宜绝慢慠之戏，念官人之重，割用板之恩，慎贯鱼之次，⑫无令丑女有四殆之叹，⑬遐迩有愤怨之声。臣受恩偏特，忝任师傅，不敢自同凡臣，括囊避咎。⑭谨自手书密上。”

①蒸，众也。

②司，主也。牧，养也。

③兢兢，戒慎。业业，危惧。《尚书·皋陶谟》曰：“兢兢业业，一日二日万机。”

④《尚书》曰：“文王自朝至于日中仄，〔25〕弗遑暇食。”

⑤《尚书》曰“三载考绩，黜陟幽明”也。

⑥《诗·小雅》曰：“陟彼北山，言采其杞。偕偕士子，朝夕从事。大夫不均，我从事独贤。”

⑦槃，乐也。《诗》曰：“槃于游田。”《书》曰：“内作色荒，外作禽荒。”

⑧许规反。

⑨二祖，高祖、光武也。《诗》曰：“文王既勤止。”

⑩文帝太宗、武帝世宗、宣帝中宗、明帝显宗、章帝肃宗也。

⑪《孙卿子》曰：“犹立枉木而求其影之直也。”《韩诗外传》曰：“夫明镜所以照形也，往古所以知今也。夫知恶往古之恶而不知修今之善，恶往古之所以危亡而不知袭积其所以安存，则无以异乎却行而求逮于前人也。”

⑫板谓诏书也。《易·剥卦》曰：“贯鱼，以宫人宠。”言王者御宫人，如贯鱼之有次序也。

⑬刘向《列女传》曰：“锺离春者，齐无盐邑之女，齐宣王之正后也。其为人也，极丑无双，臼头深目，长壮大节，〔26〕卬鼻结喉，肥项少发，折腰出匈，〔27〕皮肤若漆。年四十，〔28〕行嫁不售，〔29〕自谒宣王，举手拊膝曰：‘殆哉！殆哉！’曰：‘今王之国，西有衡秦之患，南有强楚之雠，外有二国之难，一旦山陵崩弛，社稷不安，此一殆也。渐台五重，万人罢极，此二殆也。贤者伏匿于山林，谄谀者强于左右，此三殆也。饮酒沈湎，以夜继昼，外不修诸侯之

礼，内不秉国家之政，此四殆也。’”

⑭括，结也。《易》曰：“括囊无咎无誉。”

后坐辟党人免。复拜光禄大夫。光和元年，有虹蜺昼降于嘉德殿前，①帝恶之，引赐及议郎蔡邕等人金商门崇德署，②使中常侍曹节、王甫问以祥异祸福所在。赐仰天而叹，谓节等曰：“吾每读《张禹传》，未尝不愤恚叹息，既不能竭忠尽情，极言其要，而反留意少子，乞还女婿。③朱游欲得尚方斩马剑以理之，固其宜也。④吾以微薄之学，充先师之末，累世见宠，无以报国。猥当大问，死而后已。”乃书对曰：“臣闻之经传，或得神以昌，或得神以亡。⑤国家休明，则鉴其德；邪辟昏乱，则视其祸。今殿前之气，应为虹蜺，皆妖邪所生，不正之象，诗人所谓蝃蝀者也。⑥于《中孚经》曰：‘蜺之比，无德以色亲。’⑦方今内多嬖幸，外任小臣，上下并怨，喧哗盈路，是以灾异屡见，前后丁宁。今复投蜺，可谓孰矣。⑧案《春秋谶》曰：‘天投蜺，天下怨，海内乱。’⑨加四百之期，亦复垂及。⑩昔虹贯牛山，管仲谏桓公无近妃宫。⑪《易》曰：‘天垂象，见吉凶，圣人则之。’⑫今妾媵嬖人阉尹之徒，共专国朝，欺罔日月。又鸿都门下，招会群小，造作赋说，以虫篆小技见宠于时，⑬如驩兜、共工更相荐说，⑭旬月之间，并各拔擢，乐松处常伯，任芝居纳言。郄俭、梁鹄俱以便辟之性，佞辩之心，各受丰爵不次之宠，而令搢绅之徒委伏畎亩，口诵尧舜之言，身蹈绝俗之行，弃捐沟壑，不见逮及。冠履倒易，陵谷代处，⑮从小人之邪意，顺无知之私欲，不念《板》、《荡》之作，虺蜴之诫。⑯殆哉之危，莫过于今。⑰幸赖皇天垂象谴告。《周书》曰：‘天子见怪则修德，诸侯见怪则修政，卿大夫见怪则修职，士庶人见怪则修身。’惟陛下慎经典之诫，图变复之道，⑱斥远佞巧之臣，速征鹤鸣之士，内亲张仲，外任山甫，⑲断绝尺一，抑止槃游，留思庶政，无敢怠遑。冀上天还威，众变可弭。老臣过受师傅之任，数蒙宠异之恩，岂敢爱惜垂没之年，而不尽其慺慺之心哉！”⑳书奏，甚忤曹节等。蔡邕坐直对抵罪，徙朔方。赐以师傅之恩，故得免咎。

①《洛阳记》，殿在九龙门内。郭景纯注《尔雅》曰：“双出，色鲜盛者为雄，曰

虹;暗者为雌,曰蜺。”

②戴延之《西征记》曰:“太极殿西有金商门。”

③张禹,成帝时为丞相,以师傅恩,禹每疾,辄以起居闻,车驾日临问之,拜禹床下。禹顿首谢恩,言“老臣有四男一女,爱女甚于男,远嫁为张掖太守萧咸妻,不胜父子私情,思与女相近”。上即时徙咸为弘农太守。又禹少子未有官,上临候禹,禹数视其少子,〔30〕上即禹床下拜为黄门给事中也。

④朱云字游。张禹以帝师尊重,云上书求见,公卿在前,云曰:“今朝廷大臣不能匡主,臣愿得尚方斩马剑,断佞臣一人头,以厉其馀。”上问:“谁也?”对曰:“安昌侯张禹。”尚方,少府之属官也,作供御器物,故有斩马剑,利可以斩马也。并见《前书》。

⑤《左传》曰:“有神降于莘,周内史过曰:‘国之将兴,明神降之,监其德也。将亡,神又降之,观其恶也。故有得神以兴,亦有以亡。’”《国语》曰“昔夏之兴也,祝融降于崇山;其亡也,回禄信于黔遂。商之兴也,梼杌次于(平)〔丕〕山;〔31〕其亡也,夷羊在牧。周之兴也,鸑鷟鸣于岐山;其衰也,杜伯射王于鄗”也。

⑥《韩诗序》曰:“《蝃蝀》,刺奔女也。蝃蝀在东,莫之敢指,诗人言蝃蝀在东者,邪色乘阳,人君淫佚之征。臣子为君父隐藏,故言莫之敢指。”蝃音帝。蝀音董。〔32〕

⑦《易稽览图·中孚经》之文也。比,类也。郑玄注曰:“霓,邪气也。阴无德,以好色得亲幸于阳也。”

⑧孰,成也。

⑨《春秋演孔图》曰:“霓者,斗之乱精也。失度投霓见。”宋均注曰:“投霓,投应也。”

⑩汉终于四百年,解见《献帝纪》。

⑪《春秋文曜钩》曰:“白虹贯牛山,管仲谏曰:‘无近妃宫,君恐失权。’齐侯大惧,退去色党,更立贤辅,使后出望,上牛山四面听之,以厌神。”宋均注曰:“山,君位也。虹蜺,阴气也。阴气贯之,君惑于妻党之象也。望谓祭以谢过也。”流俗本“山”作“升”者,误也。

⑫《上系》之词。则,效也。

⑬《法言》曰“赋者,童子雕虫篆刻,壮夫不为”也。

⑭《尚书》驩兜曰:“都,共工方鸠僝功。”

⑮《楚词》曰:“冠履兮杂处。”《诗》曰“高岸为谷,深谷为陵”也。

⑯《诗·大雅序》曰:“《板》,凡伯刺厉王也。”其《诗》曰:“上帝板板,下人卒瘅。”“《荡》,邵穆公伤周室大坏也。”其《诗》曰:“荡荡上帝,下人之辟。”又云:“哀今之人,胡为虺蜴。”注云:“蜴,蝾螈也。虺蜴之性,见人则走。哀哉,今之人何为如是!伤时政也。”

⑰无盐之词也,解见上。

⑱谓变改而销复之。

⑲《诗》曰:“张仲孝友。”又曰:“衮职有阙,仲山甫补之。”皆周宣王贤臣也。

⑳偻偻犹勤勤也。音力侯反。

其冬,行辟雍礼,引赐为三老。复拜少府、光禄勋,代刘郃为司徒。帝欲造毕圭灵琨苑,赐复上疏谏曰:“窃闻使者并出,规度城南人田,欲以为苑。昔先王造囿,裁足以修三驱之礼,薪莱刍牧,皆悉往焉。先帝之制,左开鸿池,右作上林,① 不奢不约,以合礼中。今猥规郊城之地,以为苑囿,坏沃衍,② 废田园,驱居人,畜禽兽,殆非所谓‘若保赤子’之义。③ 今城外之苑已有五六,④ 可以逞情意,顺四节也,⑤ 宜惟夏禹卑宫,⑥ 太宗露台之意,⑦ 以尉下民之劳。”书奏,帝欲止,以问侍中任芝、中常侍乐松。松等曰:“昔文王之囿百里,人以为小;齐宣五里,〔33〕人以为大。⑧ 今与百姓共之,无害于政也。”帝悦,遂令筑苑。

①鸿池在洛阳东,上林在西。

②杜预注《左传》曰:“衍沃,平美之地也。”

③《书》曰“若保赤子,唯人其康乂”也。

④阳嘉元年起西苑,延熹二年造显阳苑。《洛阳宫殿名》有平乐苑、上林苑。桓帝延熹元年置鸿德苑也。

⑤逞,快也。四节谓春搜、夏苗、秋狝、冬狩也。

⑥孔子曰“禹恶衣服,卑宫室”也。

⑦文帝欲作露台,召匠计之,直百金。帝曰“百金,中人十家之产。吾奉先帝宫室,常恐羞之,何以台为”也。

⑧《孟子》齐宣王问曰:“文王之囿方七十里,人犹以为小;寡人之囿方四十里,人犹以为大。何也?”曰:“文王之囿方七十里,刍荛者往焉,雉菟者往焉,与

人同之，人以为小，不亦宜乎?”此云文王百里，齐宣五里，与《孟子》不同也。

四年，赐以病罢。居无何，拜太常，诏赐御府衣一袭，① 自所服冠帻绶，玉壶革带，金错钩佩。②

①衣单复具曰袭。

②金错，以金间错其文。

五年冬，复拜太尉。中平元年，黄巾贼起，赐被召会议诣省阁，切谏忤旨，因以寇贼免。

先是黄巾帅张角等执左道，称大贤，以诳耀百姓，天下繦负归之。赐时在司徒，召掾刘陶告曰：“张角等遭赦不悔，而稍益滋蔓，今若下州郡捕讨，恐更骚扰，速成其患。且欲切敕刺史、二千石，简别流人，各护归本郡，以孤弱其党，然后诛其渠帅，可不劳而定，何如?”陶对曰：“此孙子所谓不战而屈人之兵，庙胜之术也。”① 赐遂上书言之。会去位，事留中。② 后帝徙南宫，阅录故事，得赐所上张角奏及前侍讲注籍，③ 乃感悟，下诏封赐临晋侯，邑千五百户。④ 初，赐与太尉刘宽、司空张济⑤ 并入侍讲，自以不宜独受封赏，上书愿分户邑于宽、济。帝嘉叹，复封宽及济子，拜赐尚书令。数日出为廷尉，赐自以代非法家，言曰：“三后成功，惟殷于民，皋陶不与焉，盖吝之也。”⑥ 遂固辞，以特进就第。

①《孙子》曰：“未战而庙胜，得算多也。未战而庙不胜，得算少也。”

②谓所论事留在禁中，未施用之。

③所注之籍录。

④临晋，县，属冯翊，故城在今同州朝邑县西南。

⑤济字元江，细阳人也，张(辅)〔酺〕曾孙。〔34〕

⑥吝，耻也。殷，盛也。《尚书》曰：“伯夷降典，折人惟刑，禹平水土，主名山川，稷降播种，农殖嘉谷，三后成功，惟殷于人。”言皋陶不预其数者，盖耻之。

二年九月，复代张温为司空。其月薨。天子素服，三日不临朝，赠东园梓器襚服，赐钱三百万，布五百匹。策曰：“故司空临晋侯赐，华岳所挺，九德纯备，① 三叶宰相，辅国以忠。朕昔初载，授道帷幄，② 遂阶成勋，以陟大猷。师范之功，昭于内外，庶官之务，劳亦勤止。七在卿校，殊位特进，五登衮职，弭难乂宁。虽受茅土，未答厥勋，哲人其萎，将谁咨度！朕甚惧焉。③礼设殊等，物有服章。今使左中郎将郭仪持节追位特进，④赠司空骠骑将军印绶。”及葬，又使侍御史持节送丧，兰台令史十人发羽林骑轻车介士，⑤前后部鼓吹，又敕骠骑将军官属司空法驾，送至旧茔。⑥公卿已下会葬。谥文烈侯。及小祥，又会焉。子彪嗣。⑦

①挺，生也。九德即《皋陶谟》九德。

②《诗·大雅》曰：“文王初载。”毛苌注云：“载，识也。”

③《礼记》曰：“孔子负手曳杖，消摇于门，歌曰：‘太山其颓乎，梁木其坏乎，哲人其萎乎！’”

④《前书》，张禹为丞相，以老罢就第，以列侯朝朔望，位特进，见礼如丞相。《汉杂事》曰：“诸侯功德优盛，朝廷所敬异，赐位特进，在三公下。”

⑤《续汉志》：“轻车，古之战车也，洞朱轮舆，不巾不盖，建矛戟幢麾。”建音侧事反。建谓插也。

⑥《续汉志》“三公、列侯车，倚鹿，伏熊，黑轓，朱班轮，鹿文飞軨，九游降龙。骑吏四人，皆带剑持棨戟为前列，三百石长导从，置门下五吏，贼曹、功曹皆带剑车道，〔35〕主簿、主记两车为从”也。

⑦《礼》“期而小祥”，“又期而大祥”。郑玄注曰：“祥，吉也，言其渐即吉也。”

彪字文先，少传家学。初举孝廉，州举茂才，辟公府，皆不应。熹平中，以博习旧闻，公车征拜议郎，①迁侍中、京兆尹。光和中，黄门令王甫使门生于郡界辜榷官财物七千馀万，②彪发其奸，言之司隶。司隶校尉阳球因此奏诛甫，天下莫不惬心。征还为侍中、五官中郎将，迁颍川、南阳太守，复拜侍中，三迁永乐少府、太仆、卫尉。

①《华峤书》曰：“与马日磾、卢植、蔡邕等著作东观。”

②《华峤书》曰：“甫使门生王翘辜榷。”解见《灵帝纪》。

中平六年，代董卓为司空，其冬，代黄琬为司徒。明年，关东兵起，董卓惧，欲迁都以违其难。①乃大会公卿议曰：“高祖都关中十有一世，光武宫洛阳，于今亦十世矣。〔36〕案《石包谶》，宜徙都长安，以应天人之意。”百官无敢言者。彪曰：“移都改制，天下大事，故盘庚五迁，殷民胥怨。②〔昔〕关中遭王莽变乱，〔37〕宫室焚荡，民庶涂炭，百不一在。光武受命，更都洛邑。今天下无虞，③百姓乐安，明公建立圣主，光隆汉祚，无故捐宗庙，弃园陵，恐百姓惊动，必有糜沸之乱。④《石包室谶》，妖邪之书，岂可信用？”卓曰：“关中肥饶，故秦得并吞六国。且陇右材木自出，致之甚易。又杜陵南山下有武帝故瓦陶灶数千所，并功营之，可使一朝而辨。百姓何足与议！若有前却，我以大兵驱之，可令诣沧海。”⑤彪曰：“天下动之至易，安之甚难，惟明公虑焉。”卓作色曰：“公欲沮国计邪？”⑥太尉黄琬曰：“此国之大事，杨公之言得无可思？”卓不答。司空荀爽见卓意壮，恐害彪等，因从容言曰：“相国岂乐此邪？山东兵起，非一日可禁，故当迁以图之，此秦、汉之埶也。”卓意小解。爽私谓彪曰：“诸君坚争不止，祸必有归，故吾不为也。”议罢，卓使司隶校尉宣播以灾异奏免琬、彪等，诣阙谢，即拜光禄大夫。十馀日，迁大鸿胪。从入关，转少府、太常，以病免。复为京兆尹、光禄勋，再迁光禄大夫。三年秋，代淳于嘉为司空，以地震免。复拜太常。兴平元年，代朱儁为太尉，录尚书事。及李傕、郭汜之乱，彪尽节卫主，崎岖危难之间，几不免于害。语在《董卓传》。及车驾还洛阳，〔38〕复守尚书令。

①违，避也。

②盘庚，殷王之名也。胥，相也。迁都于亳，殷人相与怨恨。汤迁亳，仲丁迁嚣，河亶甲居相，祖乙居耿，并盘庚五也。

③虞，度也。言无可度之事也。《书》曰：“四方无虞。”

④如糜粥之沸也。《诗》曰：“如沸如羹。”

⑤言不敢避险难也。

⑥沮，止也。

建安元年，从东都许。时天子新迁，大会公卿，兖州刺史曹操上殿，见彪色不悦，恐于此图之，未得宴设，托疾如厕，因出还营。彪以疾罢。时袁术僭乱，操托彪与术婚姻，诬以欲图废置，奏收下狱，劾以大逆。将作大匠孔融闻之，不及朝服，往见操曰：①“杨公四世清德，海内所瞻。

《周书》父子兄弟罪不相及,②况以袁氏归罪杨公。《易》称'积善馀庆',徒欺人耳。"③操曰:"此国家之意。"融曰:"假使成王杀邵公,周公可得言不知邪?今天下缨緌搢绅④所以瞻仰明公者,以公聪明仁智,辅相汉朝,举直厝枉,致之雍熙也。今横杀无辜,则海内观听,谁不解体!⑤孔融鲁国男子,明日便当拂衣而去,不复朝矣。"⑥操不得已,遂理出彪。

①《献帝春秋》曰:"〔融见〕操〔曰〕:〔39〕'刑之不滥,君之明也。杨彪获罪,惧者甚众。'"

②《左传》曰:"《康诰》曰:'父不慈,子不祗,兄不友,弟不恭,不相及也。'"

③《易·文言》曰:"积善之家,必有馀庆。"

④《说文》曰:"缨,冠索也。"郑玄注《礼记》曰:"緌,冠饰也。绅,带也。搢,插也,插笏于绅也。"或作"缙"者,浅赤,言带之色。

⑤《左传》曰,季文子谓晋韩穿曰:"四方诸侯,谁不解体!"杜预注曰:"言不复肃敬也。"

⑥若以非罪杀彪,融则还为鲁国一男子,不复更来朝也。

四年,复拜太常,十年免。十一年,诸以恩泽为侯者皆夺封。①彪见汉祚将终,遂称脚挛不复行,积十年。后子脩为曹操所杀,操见彪问曰:"公何瘦之甚?"对曰:"愧无日磾先见之明,犹怀老牛舐犊之爱。"②操为之改容。

①彪父赐,以师傅封临晋侯。

②《前书》曰,金日磾子二人,武帝所爱,以为弄儿。其后弄儿壮大,不谨,自殿下与宫人戏,日磾适见之,恶其淫乱,遂杀弄儿。

脩字德祖,好学,有俊才,为丞相曹操主簿,①用事曹氏。及操自平汉中,欲因讨刘备而不得进,欲守之又难为功,护军不知进止何依。操于是出教,唯曰"鸡肋"而已。外曹莫能晓,脩独曰:"夫鸡肋,食之则无所得,弃之则如可惜,公归计决矣。"乃令外白稍严,操于此回师。脩之几决,多有此类。脩又尝出行,筹操有问外事,乃逆为答记,敕守舍儿:"若有令出,依次通之。"既而果然。如是者三,操怪其速,使廉之,知状,②于此忌脩。且以袁术之甥,虑为后患,遂因事杀之。③

①《典略》曰："脩，建安中举孝廉，除郎中，丞相请署仓曹属主簿。是时军国多事，脩总知内外事，皆称意。自魏太子以下，并争与交好。"

②廉，察也。

③《续汉书》曰："人有白脩与临淄侯曹植饮醉共载，从司马门出，谤讪鄢陵侯章。太祖闻之大怒，故遂收杀之，时年四十五矣。"

脩所著赋、颂、碑、赞、诗、哀辞、表、记、书凡十五篇。

及魏文帝受禅，欲以彪为太尉，先遣使示旨。彪辞曰："彪备汉三公，遭世倾乱，不能有所补益。耄年被病，岂可赞惟新之朝？"遂固辞。乃授光禄大夫，赐几杖衣袍，①因朝会引见，令彪著布单衣、鹿皮冠，杖而入，待以宾客之礼。年八十四，黄初六年卒于家。自震至彪，四世太尉，德业相继，与袁氏俱为东京名族云。②

①《续汉书》曰"魏文帝诏曰：'先王制几杖之赐，所以宾礼黄耇。太尉杨彪，乃祖以来世著名绩，其赐公延年杖。延请之日便使杖入'"也。

②《华峤书》曰："东京杨氏、袁氏，累世宰相，为汉名族。然袁氏车马衣服极为奢僭；能守家风，为世所贵，不及杨氏也。"

论曰：孔子称"危而不持，颠而不扶，则将焉用彼相矣。"①诚以负荷之寄，不可以虚冒，②崇高之位，忧重责深也。延、光之间，震为上相，抗直方以临权枉，③先公道而后身名，可谓怀王臣之节，④识所任之体矣。遂累叶载德，⑤继踵宰相。信哉，"积善之家，必有馀庆"。先世韦、平，方之蔑矣。⑥

①《论语》载孔子之言也。相扶持者，谕臣当辅君也。

②负荷之寄，周公、霍光之俦。

③《坤·六二》曰"直方大不习无不利"也。

④《易》曰："王臣蹇蹇，匪躬之故。"

⑤《易》曰："德积载。"载，重也。

⑥韦贤、平当父子并相继为丞相。

赞曰：杨氏载德，仍世柱国。①震畏四知，秉去三惑。赐亦无讳，彪诚匪忒。②倏虽才子，渝我淳则。③

①言世为国柱臣也。

②忒，差也。

③渝，变也。

【校勘记】

〔1〕　八世祖喜　按：《集解》引惠栋说，谓《太尉杨震碑》作“熹”，喜读为熹也。

〔2〕　续汉(志)〔书〕曰　《集解》引沈钦韩说，谓“志”当作“书”，今据改。按：《御览》九百九十六引作“谢承《后汉书》”。

〔3〕　伦字仲桓　按：《集解》引惠栋说，谓案《儒林传》，伦字仲理，东昏人。伦理名字相副，作“桓”者未详。

〔4〕　篡辞也　按：“辞”原讹“乱”，径据汲本、殿本改正。

〔5〕　去年十(一)〔二〕月四日京师地动　按：延光二年十二月戊辰，京师及郡国三地震。《通鉴考异》谓下文“其日戊辰”，十一月丙申朔，戊辰乃十二月四日也。今据改。

〔6〕　小人怨詈则还自敬德　汲本“还自敬德”作“皇自敬德”，《群书治要》作“洗目改听”。按：李慈铭谓案《无逸》“皇自敬德”《今文尚书》作“况自敬德”，《隶释》载汉熹平石经《尚书》残碑“况”作“兄”，兄即古况字，王肃《尚书》注训为滋益。石经用今文，杨震受《欧阳尚书》，故此疏用今文作“况自敬德”，因误作“洗目改听”，皆因形近致讹。章怀注仅引《古文尚书》“皇自敬德”，后人不解“况”字，遂改作“还”字，幸《治要》四字皆误，转可推求而得。

〔7〕　震行至城西几阳亭　汲本、殿本“几”作“夕”。《集解》引惠栋说，谓《东观记》作“洛阳都亭”，《袁宏纪》作“洛阳沈亭”，《通鉴》作“几阳亭”。今按：清胡克家翻刻元刊胡注本《通鉴》作“夕阳亭”，章钰校宋刊本《通鉴》三种及明孔天胤本，并作“几阳亭”。

〔8〕　帝尝从容问奇曰　按：“尝”原作“常”，径据汲本、殿本改。

〔9〕　桃林县有蓩乡　按：“桃林”当作“弘农”。《集解》引惠栋说，谓《郡国志》宏农郡宏农县有桃邱聚，故桃林，有蓩乡。桃林非县名，注讹。

〔10〕 秉字叔节　按:《校补》引柳从辰说,谓《御览》二百七引张璠《汉记》作“字叔卿”。

〔11〕 私过幸河南尹梁胤府舍　按:《集解》引沈钦韩说,谓《袁宏纪》云幸梁不疑府,梁冀子为河南尹在元嘉初元之后,《袁纪》是。

〔12〕 特蒙哀识　《集解》引王补说,谓《袁纪》“哀识”作“光识”。按:《校补》谓“哀”字疑当作“表”。

〔13〕 太尉黄琼　按:《校补》引柳从辰说,谓“太尉”《袁纪》作“太常”,又《袁纪》载秉上疏在元嘉元年,而琼为太尉在永兴二年,则作“太常”是也。

〔14〕 日月星辰山龙华虫藻火粉米〔黼黻〕十二章　据汲本、殿本补。

〔15〕 居郎间　汲本、殿本“郎”讹“廊”。按:《前书》颜注,郎著皂衣,故章玄服以厕也。

〔16〕 中常侍单超弟匡　按:《集解》引钱大昕说,谓案《第五种传》以匡为超兄子,《宦者传》以为超弟子。

〔17〕 可告在所属　按:《刊误》谓案文多一“在”字。

〔18〕 览顾知衅重　汲本、殿本“顾”作“固”。按:顾固通。

〔19〕 投畀(有)〔豺〕虎　《刊误》谓“有”当作“豺”,注无它说,知与《诗》同。今据改。

〔20〕 左传曰晋寺人披言也　“言”原讹“吉”,径改正。按:“曰”字疑衍。

〔21〕 赐字伯献　按:《集解》引惠栋说,谓《太尉杨公碑》及《文烈杨公碑》皆云字伯献,《袁宏纪》字子猷。又引沈钦韩说,谓《谢承书》作“伯钦”。又《校补》引柳从辰说,谓今《袁纪》作“字子献”,又《东观记》作“字伯献”,与此同。

〔22〕 布恩施惠　按:“惠”原讹“志”,径改正。

〔23〕 景公时　按:陈景云谓“景公”上脱“宋”字。

〔24〕 周文日昊不暇　汲本、殿本、“昊”作“昃”。按:昃本作厢,昊为厢之或字。

〔25〕 文王自朝至于日中仄　汲本、殿本“仄”作“昃”。按:仄昃通。

〔26〕 长壮大节　《集解》引沈钦韩说,谓《列女传》“壮”作“指”。今按:《初学记》引作“壮”。

〔27〕 折腰出匈　汲本、殿本“出”作“凸”。按:《列女传》作“出”,《初学记》引同。

〔28〕 年四十　按:《集解》引沈钦韩说,谓“四十”《新序》及《初学记》并作“三十”。

〔29〕 行嫁不售　按:《集解》引沈钦韩说,谓《列女传》“行”作“出”。

〔30〕 禹数视其少子　按:“少”原讹“小”,径改正。

〔31〕 梼杌次于(平)〔丕〕山　据殿本改。

〔32〕 蝀音董　按:汲本“董”作“东”。

〔33〕 齐宣五里　按:《集解》引惠栋说,谓王懋云《世说》举乐松之语,云齐五十里,乃知非五里也,当时史文于“五”字下脱一“十”字。盖七十里近于百里,四十里近于五十里,乐松举其大要耳。

〔34〕 张(辅)〔酺〕曾孙　据《校补》引柳从辰说改。按:张济为张酺曾孙,已见《酺传》。

〔35〕 三百石长导从置门下五吏贼曹功曹皆带剑车道　按:《刊误》谓案《后汉志》文,此不合有“三百石长”四字。又云“贼曹、督盗贼、功曹皆带剑,三车导”,此文少“督盗贼”三字,又少一“三”字,又误“导”字也。盖门下五吏,贼曹一,督盗贼一,功曹一,主簿一,主记一,凡五车也。

〔36〕 光武宫洛阳于今亦十世矣　按:沈家本谓《魏志·董卓传》注“十世”作“十一世”,是也。此夺“一”字。

〔37〕 〔昔〕关中遭王莽变乱　据汲本、殿本补。

〔38〕 及车驾还洛阳　按:“还”原讹“迁”,径改正。

〔39〕 〔融见〕操〔曰〕　据《刊误》补。按:此注原在“劾以大逆”下,据《刊误》说移此。

后汉书卷五十五

章帝八王传第四十五[1]

孝章皇帝八子：宋贵人生清河孝王庆，梁贵人生和帝，申贵人生济北惠王寿、河间孝王开，四王不载母氏。

千乘贞王伉，建初四年封。和帝即位，以伉长兄，甚见尊礼。立十五年薨。

子宠嗣，一名伏胡。永元七年，改国名乐安。立二十八年薨，是为夷王。父子薨于京师，皆葬洛阳。

子鸿嗣。安帝崩，始就国。鸿生质帝。质帝立，梁太后下诏，以乐安国土卑湿，租委鲜薄，改〔封〕鸿(封)勃海王。①[2]立二十六年薨，是为孝王。

①委谓委输也。

无子，太后立桓帝弟蠡吾侯悝为勃海王，奉鸿(嗣)〔祀〕。①[3]延熹八年，悝谋为不道，有司请废之。帝不忍，乃贬为瘿陶王，食一县。

①悝，蠡吾侯翼子，河间王开孙也。

悝后因中常侍王甫求复国，许谢钱五千万。帝临崩，遗诏复为勃海王。悝知非甫功，不肯还谢钱。甫怒，阴求其过。初，迎立灵帝，道路流言悝恨不得立，欲抄征书，而中常侍郑飒、①中黄门董腾并任侠通剽轻，数与悝交通。②王甫司察，以为有奸，密告司隶校尉段颎。熹平元年，遂收飒送北寺狱。③使尚书令廉忠诬奏飒等谋迎立悝，大逆不道。遂诏冀州刺史收悝考实，又遣大鸿胪持节与宗正、廷尉之勃海，迫责悝。悝自杀。妃妾十一人,子女七十人,伎女二十四人,皆死狱中。傅、相以下,以辅导王不忠,悉伏诛。悝立二十五年国除。众庶莫不怜之。

①音立。

②剽,疾也。

③北寺,狱名,属黄门署。《前书音义》曰即若卢狱也。

平春悼王全,①以建初四年封。其年薨,葬于京师。无子,国除。

①《续汉志》平春,县,属江夏郡也。

清河孝王庆,母宋贵人。贵人,宋昌八世孙,扶风平陵人也。①父杨,以恭孝称于乡闾,不应州郡之命。杨姑即明德马后之外祖母也。马后闻杨二女皆有才色,迎而训之。永平末,选入太子宫,甚有宠。肃宗即位,并为贵人。建初三年,大贵人生庆,〔4〕明年立为皇太子,征杨为议郎,褒赐甚渥。贵人长于人事,供奉长乐宫,身执馈馔,太后怜之。太后崩后,窦皇后宠盛,以贵人姊妹并幸,庆为太子,心内恶之,与母比阳主谋陷宋氏。②外令兄弟求其纤过,内使御者侦伺得失。③后于掖庭门邀遮得贵人书,云"病思生菟,令家求之",因诬言欲作蛊道祝诅,以菟为厌胜之术,日夜毁谮,贵人母子遂渐见疏。

①昌,文帝时为中尉,以代邸功封壮武侯。

②比阳主,东海王彊女。

③侦,候也,音丑政反。《广雅》曰:"侦,问也。"

庆出居承禄观,数月,窦后讽掖庭令诬奏前事,请加验实。七年,帝遂废太子庆而立皇太子肇。肇,梁贵人子也。乃下诏曰:"皇太子有失惑无常之性,爰自孩乳,至今益章,恐袭其母凶恶之风,不可以奉宗庙,为天下主。大义灭亲,况降退乎!①今废庆为清河王。皇子肇保育皇后,承训怀衽,导达善性,将成其器。盖庶子慈母,尚有终身之恩,②岂若嫡后事正义明哉!今以肇为皇太子。"遂出贵人姊妹置丙舍,使小黄门蔡伦考实之,皆承讽旨傅致其事,③乃载送暴室。二贵人同时饮药自杀。[4]帝犹伤之，敕掖庭令葬于樊濯聚。[5]于是免杨归本郡。郡县因事复捕系之，杨友人前怀令山阳张峻、左冯翊沛国刘均等奔走解释，得以免罪。杨失志憔悴，卒于家。庆时虽幼，而知避嫌畏祸，言不敢及宋氏，帝更怜之，敕皇后令衣服与太子齐等。太子特亲爱庆，入则共室，出则同舆。及太子即位，是为和帝，待庆尤渥，诸王莫得为比，常共议私事。

①《左传》，卫石碏杀其子厚，君子曰："石碏纯臣也，恶州吁而厚预焉。大义灭亲，其是之谓乎！"

②《仪礼·丧服》曰："慈母如母。"谓妾子之无母，父命妾养之，故曰慈母。如母者，贵父之命也。

③傅读曰附。

④《续汉志》曰"暴室，署名，主中妇人疾病"也。

⑤在洛阳城北也。

后庆以长，别居丙舍。永元四年，帝移幸北宫章德殿，讲于白虎观，庆得入省宿止。帝将诛窦氏，欲得《外戚传》，[1]惧左右不敢使，乃令庆私从千乘王求，夜独内之；又令庆传语中常侍郑众求索故事。[2]及大将军窦宪诛，庆出居邸，赐奴婢三百人，舆马、钱帛、帷帐、珍宝、玩好充仞其第，又赐中傅以下至左右钱帛各有差。[3]

①《前书·外戚传》也。

②谓文帝诛薄昭，武帝诛窦婴故事。

③《前书音义》曰："中傅，宦者也。"〔5〕

庆多被病，或时不安，帝朝夕问讯，进膳药，所以垂意甚备。庆小心恭孝，自以废黜，尤畏事慎法。每朝谒陵庙，常夜分严装，衣冠待明；[1]约敕官属，不得与诸王车骑竞驱。常以贵人葬礼有阙，每窃感恨，至四节伏腊，辄祭于私室。窦氏诛后，始使乳母于城北遥祠。及窦太后崩，庆求上冢致哀，帝许之，诏太官四时给祭具。庆垂涕曰："生虽不获供养，终得奉祭祀，私愿足矣。"欲求作祠堂，恐有自同恭怀梁后之嫌，遂不敢言。[2]常泣向左右，以为没齿之恨。[3]后上言外祖母王年老，遭忧病，下土无医药，愿乞诣洛阳疗疾。于是诏宋氏悉归京师，除庆舅衍、俊、盖、暹等皆为郎。

①分,半也。

②恭怀梁后,和帝母梁贵人。

③没,终;齿,年也。

十五年,有司以日食阴盛,奏遣诸王侯就国。诏曰:“甲子之异,责由一人。诸王幼稚,早离顾复,弱冠相育,①常有《蓼莪》、《凯风》之哀。②选懦之恩,知非国典,且复须留。”③至冬,从祠章陵,诏假诸王羽林骑各四十人。后中傅卫䜣私为臧盗千馀万,诏使案理之,并责庆不举之状。庆曰:“䜣以师傅之尊,选自圣朝,臣愚唯知言从事听,不甚有所纠察。”帝嘉其对,悉以䜣臧财赐庆。及帝崩,庆号泣前殿,呕血数升,因以发病。

①《诗·小雅》曰:“父兮生我,母兮鞠我,顾我复我,出入腹我。”

②《诗·小雅》曰:“蓼蓼者莪,匪莪伊蒿。哀哀父母,生我劬劳。”《诗·国风》曰:“凯风自南,吹彼棘心。棘心夭夭,母氏劬劳。”

③选懦,仁弱慈恋不决之意也。懦音仁兖反。《东观记》“须留”作“宿留”。

明年,诸王就国,邓太后特听清河王置中尉、内史,赐什物皆取乘舆上御,以宋衍等并为清河中大夫。①庆到国,下令:〔6〕“寡人生于深宫,长于朝廷,②仰恃明主,垂拱受成。③既以薄祐,〔7〕早离顾复,属遭大忧,④悲怀感伤。蒙恩大国,职惟藩辅,新去京师,忧心茕茕,夙夜屏营,未知所立。⑤盖闻智不独理,必须明贤。今官属并居爵任,失得是均,庶望上遵策戒,下免悔咎。其纠督非枉,明察典禁,无令孤获怠慢之罪焉。”

①《续汉(书)》〔志〕曰:〔8〕“中大夫,秩六百石,无员,掌奉王使至京师。”

②鲁哀公与孔子言曰:“寡人生于深宫之中,长于妇人之手。”事见《孙卿子》也。

③垂拱言无为也。《尚书》曰:“垂拱仰成。”

④属,近。

⑤茕茕,孤特也。屏营,仿偟也。

邓太后以殇帝襁抱，远虑不虞，① 留庆长子祐〔9〕与嫡母耿姬居清河邸。至秋，帝崩，立祐为嗣，是为安帝。太后使中黄门送耿姬归国。

①襁以缯帛为之，即今之小儿绷也。绷音必衡反。

帝所生母左姬，字小娥。小娥姊字大娥，犍为人也。初，伯父圣坐妖言伏诛，家属没官，二娥数岁入掖庭，及长，并有才色。小娥善《史书》，喜辞赋。和帝赐诸王宫人，因入清河第。庆初闻其美，赏傅母以求之。及后幸爱极盛，姬妾莫比。姊妹皆卒，葬于京师。

庆立凡二十五年，乃归国。其年病笃，谓宋衍等曰："清河埤薄，①欲乞骸骨于贵人冢傍下棺而已。朝廷大恩，犹当应有祠室，庶母子并食，魂灵有所依庇，死复何恨？"乃上书太后曰："臣国土下湿，愿乞骸骨，下从贵人于樊濯，虽殁且不朽矣。及今口目尚能言视，冒昧干请。命在呼吸，愿蒙哀怜。"遂薨，年二十九。遣司空持节与宗正奉吊祭；又使长乐谒者仆射、中谒者二人副护丧事；赐龙旂九旒，虎贲百人，仪比东海恭王。② 太后使掖庭丞送左姬丧，与王合葬广丘。

①埤音婢。

②旂有九旒，天子制也。恭王彊葬，赠以殊礼，升龙、旄头、鸾辂、龙旂、虎贲百人。

子愍王虎威嗣。永初元年，太后封宋衍为盛乡侯，分清河为二国，封庆少子常保为广川王，子女十一人皆为乡公主，食邑奉。明年，常保薨，无子，国除。

虎威立三年薨，亦无子。邓太后复立乐安王宠子延平为清河王，是为恭王。①

①宠即千乘王伉之子。

太后崩，有司上言："清河孝王至德淳懿，载育明圣，承天奉祚，为郊庙主。汉兴，高皇帝尊父为太上皇，宣帝号父为皇考，① 序昭穆，置园邑。(太)〔大〕宗之义，〔10〕旧章不忘。② 宜上尊号曰孝德皇，皇妣左氏曰孝德后，孝德皇母宋贵人追谥曰敬隐后。"乃告祠高庙，使司徒持节与大鸿胪奉策书玺绶〔之〕清河，〔11〕追上尊号；又遣中常侍奉太牢祠典，护礼仪侍中刘珍等及宗室列侯皆往会事。尊陵曰甘陵，庙曰昭庙，置令、丞，设兵车周卫，比章陵。③复以广川益清河国。尊耿姬为甘陵大贵人。又封女弟侍男为涅阳长公主，别得为舞阴长公主，久长为濮阳长公主，直得为平氏长公主。馀七主并早卒，故不及进爵。追赠敬隐后女弟小贵人印绶，追封谥宋杨为当阳穆侯。④杨四子皆为列侯，食邑各五千户。宋氏为卿、校、侍中、大夫、谒者、郎吏十馀人。孝德后异母弟次及达生二人，诸子九人，皆为清河国郎中。耿贵人者，牟平侯舒之孙也。贵人兄宝，袭封牟平侯。帝以宝嫡舅，宠遇甚渥，位至大将军，事已见《耿舒传》。〔12〕

①宣帝父讳进，武帝时号史皇孙，坐戾太子事遇害。帝即位，追尊皇考，立庙。

②(太)〔大〕宗谓继嗣也。《左传》季桓子曰"旧章不可忘"也。

③皇考南顿君陵。

④当阳，今荆州也。

〔延平〕立三十五年薨，〔13〕子蒜嗣。冲帝崩，征蒜诣京师，将议为嗣。会大将军梁冀与梁太后立质帝，罢归国。

蒜为人严重，动止有度，朝臣太尉李固等莫不归心焉。初，中常侍曹腾谒蒜，蒜不为礼，宦者由此恶之。及帝崩，公卿皆正议立蒜，而曹腾说梁冀不听，遂立桓帝。语在《李固传》。蒜由此得罪。

建和元年，甘陵人刘文与南郡妖贼刘鲔交通，〔14〕讹言清河王当统天下，欲共立蒜。事发觉，文等遂劫清河相谢暠，将至王宫司马门，①曰："当立王为天子，暠为公。"暠不听，骂之，文因刺杀暠。于是捕文、鲔诛之。有司因劾奏蒜，坐贬爵为尉氏侯，徙桂阳，〔15〕自杀。立三年，国绝。

①帝纪"谢"作"射"，盖纪传不同。

梁冀恶清河名，明年，乃改为甘陵。梁太后立安平孝王子经侯理为甘陵王，①奉孝德皇祀，是为威王。

①安平王德，河间王开子。

理立二十五年薨，子贞王定嗣。

定立四年薨，子献王忠嗣。黄巾贼起，忠为国人所执，既而释之。灵帝以亲亲故，诏复忠国。忠立十三年薨，嗣子为黄巾所害，建安十一年，以无后，国除。

济北惠王寿，母申贵人，颍川人也，世吏二千石。贵人年十三，入掖庭。寿以永元二年封，分太山郡为国。和帝遵肃宗故事，兄弟皆留京师，恩宠笃密。有司请遣诸王归藩，不忍许之，及帝崩，乃就国。永初元年，邓太后封寿舅申转为新亭侯。寿立三十一年薨。自永初已后，戎狄叛乱，国用不足，始封王薨，减赙钱为千万，布万匹；嗣王薨，五百万，布五千匹。时唯寿最尊亲，特赙钱三千万，布三万匹。

子节王登嗣。永宁元年，封登弟五人为乡侯，皆别食太山邑。

登立十五年薨，子哀王多嗣。

多立三年薨，无子。永和四年，立战乡侯安国为济北王，〔16〕是为釐王。①

①釐音僖也。

安国立(十)〔七〕年薨，〔17〕子孝王次嗣。本初元年，封次弟猛为亭侯。次九岁丧父，至孝。建和元年，梁太后下诏曰："济北王次以幼年守藩，躬履孝道，父没哀恸，焦毁过礼，草庐土席，衰杖在身，头不枇沐，体生疮肿。谅闇已来二十八月，自诸国有忧，未之闻也，朝廷甚嘉焉。《书》不云乎：'用德章厥善。'①《诗》云：'孝子不匮，永锡尔类。'②今增次封五千户，广其土宇，以慰孝子恻隐之劳。"

①《尚书·盘庚》之辞也。言以道德明之，使竞为善也。

②《诗·大雅》也。匮，竭也。类，善也。永，长也。言孝子之行，无有匮竭，长赐与汝之族类，教道天下。

次立〔十〕七年薨，〔18〕子鸾嗣。鸾薨，子政嗣。政薨，无子，建安十一年，国除。

河间孝王开，以永元二年封，分乐成、勃海、涿郡为国。延平元年就国。开奉遵法度，吏人敬之。永宁元年，邓太后封开子翼为平原王，奉怀王胜祀；①子德为安平王，奉乐成王党祀。②〔19〕

①胜，和帝子。

②党，明帝子也。

开立四十二年薨，子惠王政嗣。政慠佷，不奉法宪。顺帝以侍御史吴郡沈景有强能称，故擢为河间相。景到国谒王，王不正服，箕踞殿上。侍郎赞拜，景峙不为礼。①问王所在，虎贲曰："是非王邪?"景曰："王不服，〔20〕常人何别！今相谒王，岂谒无礼者邪！"王惭而更服，景然后拜。出住宫门外，请王傅责之曰："前发京师，陛下见受诏，以王不恭，使相检督。诸君空受爵禄，而无训导之义。"因奏治罪。诏书让政而诘责傅。景因捕诸奸人上案其罪，②杀戮尤恶者数十人，出冤狱百馀人。政遂为改节，悔过自修。阳嘉元年，封政弟十三人皆为亭侯。

①峙，立也。

②上，奏上也，音市丈反。

政立十年薨，子贞王建嗣。建立十年薨，子安王利嗣。利立二十八年薨，子陔嗣。陔立四十一年，魏受禅，以为崇德侯。

蠡吾侯翼，元初六年邓太后征济北、河间王诸子诣京师，奇翼美仪容，故以为平原怀王后焉。①留在京师。岁馀，太后崩。安帝乳母王圣与中常侍江京等谮邓骘兄弟及翼，云与中大夫赵王〔21〕谋图不轨，窥觎神器，怀大逆心。②贬为都乡侯，遣归河间。翼于是谢宾客，闭门自处。永建五年，父开上书，愿分蠡吾县以封翼，顺帝从之。

①平原王得无子，故立之也。

②神器喻帝位也。《老子》曰："天下神器，不可为也。"

翼卒，子志嗣，为大将军梁冀所立，是为桓帝。梁太后诏追尊河间孝王为孝穆皇，夫人赵氏曰孝穆后，庙曰清庙，陵曰乐成陵；蠡吾先侯曰孝崇皇，庙曰烈庙，陵曰博陵。皆置令、丞，使司徒持节奉策书、玺绶，祠以太牢。建和二年，更封帝(兄)〔弟〕都乡侯硕为平原王，〔22〕留博陵，奉翼后。尊翼夫人马氏为孝崇博园贵人，以涿郡之良乡、故安，河间之蠡吾三县为汤沐邑。硕嗜酒，多过失，帝令马贵人领王家事。建安十一年，国除。

解渎亭侯淑，以河间孝王子封。淑卒，子(长)〔苌〕嗣。〔23〕(长)〔苌〕卒，子宏嗣，为大将军窦武所立，是为灵帝。建宁元年，窦太后诏追尊皇祖淑为孝元皇，夫人夏氏曰孝元后，陵曰敦陵，庙曰靖庙；皇考长为孝仁皇，夫人董氏为慎园贵人，陵曰慎陵，庙曰奂庙。皆置令、丞，使司徒持节之河间奉策书、玺绶，祠以太牢，常以岁时遣中常侍持节之河间奉祠。

熹平三年，使使拜河间安王利子康为济南王，〔24〕奉孝仁皇祀。

康薨，子赟嗣，建安十二年，为黄巾贼所害。子开嗣，〔25〕立十三年，魏受禅，以为崇德侯。

城阳怀王淑，以永元二年分济阴为国。立五年薨，葬于京师。无子，国除，还并济阴。

广宗殇王万岁，以永元五年封，分钜鹿为国。其年薨，葬于京师。无子，国除，还并钜鹿。

平原怀王胜，和帝长子也。不载母氏。少有痼疾，延平元年封。立八年薨，葬于京师。无子，邓太后立乐安夷王宠子得为平原王，奉胜后，是为哀王。

得立六年薨，无子，永宁元年，太后又立河间王开子都乡侯翼为平原王嗣。安帝废之，国除。

论曰：传称吴子夷昧，甚德而度，有吴国者，必其子孙。① 章帝长者，事从敦厚，继祀汉室，咸其苗裔，古人之言信哉！

①夷昧，吴君之名。《左传》屈狐庸谓赵文子曰：“若天所启，其在今嗣君乎？甚德而度，德不失人，度不失事，有吴国者，必此君之子孙也。”杜预注云：“嗣君谓夷昧也。”

赞曰：章祚不已，本枝流祉。质惟伉孙，安亦庆子。河间多福，桓、灵承祀。济北无骄，皇恩宠饶。平原抱痼，三王薨朝。①振振子孙，或秀或苗。②

①平春王全、广宗王万岁、城阳王淑并薨于京师也。

②振振，仁厚貌也，音之人反。《诗·国风》曰：“宜尔子孙振振兮。”《论语》曰：“苗而不秀者有矣夫，秀而不实者有矣夫！”苗谓早夭，秀谓成长也。

【校勘记】

〔1〕 章帝八王传第四十五　按：《集解》引黄山说，谓八王中平原王胜既为和帝子，应称“章和八王”，如《前书》“宣元六王”之例，“帝”盖误字。

〔2〕 改〔封〕鸿(封)勃海王　《校补》谓案文“鸿封”当作“封鸿”。今据改。

〔3〕 奉鸿(嗣)〔祀〕　据汲本、殿本改。

〔4〕 大贵人生庆　按：《集解》引惠栋说，谓《续汉书》云“小贵人”。

〔5〕 中傅宦者也　按：汲本“宦者”作“官名”。

〔6〕 庆到国下令　按：《刊误》谓“令”下少一“曰”字。

〔7〕 既以薄祐　按：“祐”当作“祜”，汲本正作“祜”。然《范书》“祜”字皆作“祐”，或别有所讳，参阅《周章传》校记。

〔8〕 续汉(书)〔志〕曰　按：“书”当作“志”，各本皆失正，今改。

〔9〕 留庆长子祐　《集解》引惠栋说，谓按《说文》当作“祜”。今按：《范书》“祜”皆作“祐”，参阅《周章传》校记。

〔10〕 (太)〔大〕宗之义　按：殿本《考证》谓何焯校本“太”改“大”，是。今据改。注同。

〔11〕 使司徒持节与大鸿胪奉策书玺绶〔之〕清河　《校补》谓案文“清河”上少一“之”字。今据补。

〔12〕 事已见耿舒传　“已”原作“以”，径据汲本、殿本改。按：已以通。

〔13〕〔延平〕立三十五年薨　据《刊误》补。

〔14〕甘陵人刘文与南郡妖贼刘鲔交通　按：《集解》引洪颐煊说，谓《李固传》"甘陵刘文，魏郡刘鲔，各谋立蒜为天子"。甘陵、魏郡皆与清河近，此作"南郡"，误。又"刘鲔"《朱穆传》作"严鲔"。

〔15〕坐贬爵为尉氏侯徙桂阳　按：《集解》引惠栋说，谓《天文志》"徙为犍为都乡侯，薨，国绝"。

〔16〕立战乡侯安国为济北王　按：《集解》引惠栋说，谓"战乡"疑作"阐乡"。又引钱大昕说，谓《和帝纪》封故济北王寿子安为济北王，无"国"字。

〔17〕安国立(十)〔七〕年薨　张熷谓案文"十"当为"七"。《质帝纪》永嘉元年四月，济北王安薨，距永和四年止七年耳。今据改。

〔18〕次立〔十〕七年薨　张森楷《校勘记》谓次以本初元年嗣，若立七年，当薨于元嘉二年，而本纪于延熹五年乃有次薨之文，则相距十七年矣，"七"上明夺"十"字。今据补。

〔19〕永宁元年至奉乐成王党祀　按：《集解》引钱大昕说，谓《安帝纪》是年与平原王同封者，乃济北王寿之子乐成王苌也。其明年为建光元年，邓太后崩，乐成王苌亦以罪废。又明年为延光元年，始改乐成国为安平，封河间王开子得为王，得与德本一人也。此传盖有脱文，不可考矣。

〔20〕王不服　按：《刊误》谓"服"上少一"王"字。

〔21〕中大夫赵王　按：《集解》引惠栋说，谓蒋果云"中大夫"疑当作"中大人"。又殿本《考证》谓"王"字疑当作"玉"，《邓太后纪》有宫人赵玉。

〔22〕更封帝(兄)〔弟〕都乡侯硕为平原王　按："兄"当依《桓帝纪》作"弟"。《桓帝纪》《校补》引侯康说，谓《东观记》称桓帝为蠡吾侯长子，则帝不得有兄也。今据改。

〔23〕子(长)〔苌〕嗣　《刊误》谓案纪"长"作"苌"，他书亦然，明此误。今据改。

〔24〕康为济南王　按：《集解》引钱大昕说，谓案光武子有济南安王康，此济南王亦名康，先后同国同名，亦可疑也。《御览》引《续汉书》，此济南王名庚。

〔25〕子开嗣　按：《集解》引惠栋说，谓开为孝王六世孙，不应与始封之祖同讳，有误。

后汉书卷五十六

张王种陈列传第四十六

张晧[1]字叔明，犍为武阳人也。六世祖良，高帝时为太子少傅，封留侯。晧少游学京师，(初)永元中，归仕州郡，[2]辟大将军邓骘府，五迁尚书仆射，职事八年，出为彭城相。①

①明帝子彭城王恭之相也。

永宁元年，征拜廷尉。晧虽非法家，而留心刑断，数与尚书辩正疑狱，多以详当见从。①时安帝废皇太子为济阴王，晧与太常桓焉、太仆来历廷争之，不能得。事已具《来历传》。退而上疏曰："昔贼臣江充，造构谗逆，至令戾园兴兵，终及祸难。②后壶关三老一言，上乃觉悟，虽追前失，悔之何逮！③今皇太子春秋方始十岁，未见保傅九德之义，④宜简贤辅，就成圣质。"书奏不省。

①详审而平当也。

②赵人江充，字次倩。武帝时，为直指绣衣，劾太子家吏行驰道中，恐为太子所诛，见上年老，意多所恶，因言左右皆为巫蛊。上乃使充捕案巫蛊。既知上意太子，乃言宫中有蛊气，遂掘蛊太子宫，得桐木人。时上疾在甘泉宫，太子惧，不能自明，收充斩之，发兵与丞相刘屈氂战，败，亡走湖，自杀。后太子孙宣帝即位，追谥太子曰戾，于湖置园邑奉祠，故曰戾园。

③及，逮也。太子死后，壶关三老令狐茂上书讼太子冤，武帝感寤，怜太子无辜，乃族灭江充，作思子宫，为归来望思之台于湖，天下闻而悲之。事见《前书》。

④《尚书》皋繇陈九德，曰"宽而栗，柔而立，愿而恭，乱而敬，扰而毅，直而温，简而廉，刚而塞，强而谊"也。

及顺帝即位，拜晧司空，在事多所荐达，天下称其推士。时清河赵腾上言灾变，讥刺朝政，章下有司，收腾系考，所引党辈八十馀人，皆以诽谤当伏重法。晧上疏谏曰："臣闻尧舜立敢谏之鼓，三王树诽谤之木，《春秋》采善书恶，圣主不罪刍荛。①腾等虽干上犯法，所言本欲尽忠正谏。如当诛戮，天下杜口，塞谏争之源，非所以昭德示后也。"帝乃悟，减腾死罪一等，馀皆司寇。②四年，以阴阳不和策免。

①《左氏传》曰："《春秋》之称，微而显，志而晦，惩恶而劝善，非圣人谁能修之。"

②《前书音义》曰："司寇，二岁刑也。"输作司寇，因以名焉。

阳嘉元年，复为廷尉。其年卒官，时年八十三。遣使者吊祭，赐葬地于河南县。子纲。

纲字文纪。少明经学。虽为公子，而厉布衣之节。举孝廉不就，司徒辟高第为〔侍〕御史。[3]时顺帝委纵宦官，有识危心。纲常感激，慨然叹曰："秽恶满朝，不能奋身出命埽国家之难，虽生吾不愿也。"退而上书曰："《诗》曰：'不愆不忘，率由旧章。'①寻大汉初隆，及中兴之世，文、明二帝，德化尤盛。观其理为，易循易见，但恭俭守节，约身尚德而已。中官常侍不过两人，近幸赏赐裁满数金，惜费重人，故家给人足。夷狄闻中国优富，任信道德，所以奸谋自消而和气感应。而顷者以来，不遵旧典，无功小人皆有官爵，富之骄之而复害之，非爱人重器，承天顺道者也。②伏愿陛下少留圣思，割损左右，以奉天心。"书奏不省。

①《诗·大雅》也。愆，过也。率，循也。言成王令德，不过循用旧典之文。

②器谓车服也。言无功小人不可妄授也。《左传》曰"唯器与名不可以假人"也。

汉安元年，选遣八使徇行风俗，皆耆儒知名，多历显位，①唯纲年少，官次最微。馀人受命之部，而纲独埋其车轮于洛阳都亭，曰："豺狼当路，安问狐狸！"②遂奏曰："大将军冀，河南尹不疑，蒙外戚之援，荷国厚恩，以刍荛之资，居阿衡之任，不能敷扬五教，翼赞日月，而专为封豕长蛇，肆其贪叨，③甘心好货，纵恣无底，多树谄谀，〔4〕以害忠良。诚天威所不赦，大辟所宜加也。谨条其无君之心十五事，斯皆臣子所切齿者也。”④书御，京师震竦。⑤时冀妹为皇后，内宠方盛，诸梁姻族满朝，帝虽知纲言直，终不忍用。

①《周举传》曰："诏遣八使巡行风俗，同时俱拜，天下号曰'八俊'。〔5〕刺史、二千石有臧罪者，驿马上之，墨绶已下便收；其有清勤忠惠宜表异者，状闻。"八使名见《顺帝纪》。

②《前书》京兆督邮侯文之辞。

③《左传》申包胥曰"吴为封豕长蛇，荐食上国"也。

④《左传》曰"有无君之心，而后动于恶"也。《前书》邹阳谓盖侯王长君曰："太后怫郁泣血，切齿侧目于贵臣矣。"

⑤御，进也。

时广陵贼张婴等众数万人，杀刺史、二千石，寇乱扬徐间，积十馀年，朝廷不能讨。冀乃讽尚书，以纲为广陵太守，因欲以事中之。前遣郡守，率多求兵马，纲独请单车之职。既到，乃将吏卒十馀人，径造婴垒，以慰安之，求得与长老相见，申示国恩。婴初大惊，既见纲诚信，乃出拜谒。纲延置上坐，问所疾苦。乃譬之曰："前后二千石多肆贪暴，①故致公等怀愤相聚。二千石信有罪矣，然为之者又非义也。今主上仁圣，欲以文德服叛，故遣太守，思以爵禄相荣，不愿以刑罚相加，今诚转祸为福之时也。若闻义不服，天子赫然震怒，荆、扬、兖、豫大兵云合，岂不危乎？若不料强弱，非明也；弃善取恶，非智也；去顺效逆，非忠也；身绝血嗣，〔6〕非孝也；②背正从邪，非直也；见义不为，非勇也：六者成败之几，利害所从，公其深计之。"婴闻，泣下，曰："荒裔愚人，不能自通朝廷，不堪侵枉，遂复相聚偷生，若鱼游釜中，喘息须臾间耳。今闻明府之言，乃婴等更生之(晨)〔辰〕也。〔7〕既陷不义，实恐投兵之日，不免孥戮。"纲约之以天地，誓之以日月，婴深感悟，乃辞还营。明日，将所部万馀人与妻子面缚归降。纲乃单车入婴垒，大会，置酒为乐，散遣部众，任从所之；亲为卜居宅，相田畴；③子弟欲为吏者，皆引召之。人情悦服，南州晏然。朝廷论功当封，梁冀遏绝，乃止。天子嘉美，征欲擢用纲，而婴等上书乞留，乃许之。

①二千石谓太守也。

②凡祭皆用牲，故曰血嗣。

③相，视也。田并畔曰畴。

纲在郡一年，年四十六卒。百姓老幼相携，诣府赴哀者不可胜数。纲自被疾，吏人咸为祠祀祈福，皆言“千秋万岁，何时复见此君”。张婴等五百馀人[8]制服行丧，送到犍为，负土成坟。诏曰：“故广陵太守张纲，大臣之苗，剖符统务，正身导下，班宣德信，降集剧贼张婴万人，息干戈之役，济蒸庶之困，未升显爵，不幸早卒。婴等缞杖，若丧考妣，朕甚愍焉！”拜纲子续为郎中，赐钱百万。

王龚字伯宗，山阳高平人也。世为豪族。初举孝廉，稍迁青州刺史，劾奏贪浊二千石数人，安帝嘉之，征拜尚书。建光元年，擢为司隶校尉，明年迁汝南太守。政崇温和，好才爱士，引进郡人黄宪、陈蕃等。宪虽不屈，蕃遂就吏。蕃性气高明，初到，龚不即召见之，乃留记谢病去。龚怒，使除其录。功曹袁阆请见，言曰：“闻之传曰‘人臣不见察于君，不敢立于朝’。蕃既以贤见引，不宜退以非礼。”龚改容谢曰：“是吾过也。”乃复厚遇待之。由是后进知名之士莫不归心焉。阆字奉高。数辞公府之命，不修异操，而致名当时。

永建元年，征龚为太仆，转太常。四年，迁司空，以地震策免。

永和元年，拜太尉。在位恭慎，自非公事，不通州郡书记。其所辟命，皆海内长者。龚深疾宦官专权，志在匡正，乃上书极言其状，请加放斥。诸黄门恐惧，各使宾客诬奏龚罪，顺帝命亟自实。①前掾李固时为大将军梁商从事中郎，乃奏记于商曰：“今旦闻下太尉王公敕令自实，未审其事深浅何如。王公束修厉节，敦乐艺文，不求苟得，不为苟行，②但以坚贞之操，违俗失众，横为谗佞所构毁，众人闻知，莫不叹栗。夫三公尊重，承天象极，未有诣理诉冤之义。③纤微感概，辄引分决，是以旧典不有大罪,不至重问。④王公沈静内明,不可加以非理。卒有它变,则朝廷获害贤之名,群臣无救护之节矣。昔绛侯得罪,袁盎解其过,⑤魏尚获戾,冯唐诉其冤,⑥时君善之,列在书传。今将军内倚至尊,外典国柄,言重信著,指捴无违,宜加表救,济王公之艰难。语曰:'善人在患,饥不及餐。'斯其时也。"商即言之于帝,事乃得释。

①亟,急也,音纪力反。

②《前书》曰,杨子云曰:"蜀严湛冥不作苟见,不为苟得。"

③三公承助天子,位象三台,故曰承天象极。哀帝时,丞相王嘉有罪,召诣廷尉诏狱。主簿曰"将相不对理陈冤,相踵以为故事,君侯宜引决"也。

④大臣狱重,故曰重问。成帝时,丞相薛宣、御史大夫翟方进有罪,上使五二千石杂问。《音义》云:"大狱重,故以二千石五人同问之。"

⑤文帝时,丞相绛侯周勃免就国,人告以为反,诸公莫敢为言,唯郎中袁盎明绛侯无罪。绛侯得释,盎有力也。

⑥冯唐,安陵人,文帝时为郎署长。上与论将帅,唐曰:"臣闻魏尚为云中守,坐上功首虏差六级,陛下下之吏,削其爵,罚作之。臣愚以为陛下法太明,罚太重。"文帝悦,舍尚复官也。

龚在位五年,以老病乞骸骨,卒于家。子畅。

论曰:张晧、王龚,称为(雅)〔推〕士,〔9〕若其好通汲善,明发升荐,仁人之情也。夫士进则世收其器,贤用即人献其能。能献既已厚其功,器收亦理兼天下。①其利甚博,而人莫之先,岂同折枝于长者,以不为为难乎?②昔柳下惠见抑于臧文,③淳于长受称于方进。④然则立德者以幽陋好遗,显登者以贵涂易引。故晨门有抱关之夫,⑤柱下无朱文之轸也。⑥

①言贤人见用,则人竞献其所能。但有能即献,动必有功,功多赏厚,故言已厚其功。有才器必被收用,用则海内蒙福,故曰理兼天下。

②以不为为难,言不之难也。谓进贤达士,同折枝之易,而不为之。孟子谓齐宣王曰:"今恩足以及禽兽,而不能加于百姓者何?非力不能,是不为也。"王曰:"不能不为,二者谓何也?"孟子曰:"夫挟太山以超北海,王能乎?"王曰:"不能。""为长者折枝,王能乎?"曰:"不能也。"孟子曰:"夫挟太山以超

〔北〕海,〔10〕是实不能,不可强也。为长者折枝甚易,而王不为,非不能也。老吾老,以及人之老,幼吾幼,以及人之幼,天下可运诸掌,何为不能加于百姓乎?”刘熙注《孟子》曰:“折枝,若今之案摩也。”

③柳下惠姓展,名禽,字获,食邑于柳下,谥曰惠。臧文仲,鲁大夫,姓臧孙,名辰。《左传》仲尼曰:“臧文仲不仁者三,下展禽,废六关,妾织蒲。”言文仲知柳下惠之贤而使在下位,故曰抑之。

④成帝时,定陵侯淳于长以太后姊子为九卿。翟方进为丞相,独与长交,称荐之。

⑤《论语》:“子路宿于石门。晨门曰:‘奚自?’”注云:“石门,鲁城外门也。晨,主守门,晨夜开闭也。”《史记》,侯嬴,夷门抱关者。守门必抱关,故兼言之。

⑥《神仙传》曰:“老子,周宣王时为柱下史。”朱文,画车为文也。轸,车后横木也。言贫贱之人,多被沦弃,所以晨门之下必有抱关之贤,柱下之微永无朱文之辙也。

畅字叔茂。少以清实为称,无所交党。初举孝廉,辞病不就。大将军梁商特辟举茂才,四迁尚书令,出为齐相。① 征拜司隶校尉,转渔阳太守。所在以严明为称。坐事免官。是时政事多归尚书,桓帝特诏三公,令高选庸能。② 太尉陈蕃荐畅清方公正,有不可犯之色,③ 由是复为尚书。

①齐王喜之相。

②庸,功也。

③《礼记》曰:“介胄之士,则有不可犯之色。”

寻拜南阳太守。前后二千石逼惧帝乡贵戚,多不称职。畅深疾之,下车奋厉威猛,其豪党有衅秽者,莫不纠发。会赦,事得散。畅追恨之,更为设法,诸受臧二千万以上不自首实者,尽入财物;若其隐伏,使吏发屋伐树,堙井夷灶,豪右大震。功曹张敞奏记谏曰:“五教在宽,著之经典。汤去三面,八方归仁。① 武王入殷,先去炮格之刑。② 高祖鉴秦,唯定三章之法。孝文皇帝感一缇萦,蠲除肉刑。③ 卓茂、文翁、召父之徒,皆疾恶严刻,务崇温厚。④ 仁贤之政,流闻后世。夫明哲之君,网漏吞舟之鱼，⑤然后三光明于上，人物悦于下。言之若迂，其效甚近。⑥发屋伐树，将为严烈，虽欲惩恶，难以闻远。以明府上智之才，日月之曜，⑦敷仁惠之政，则海内改观，实有折枝之易，而无挟山之难。郡为旧都侯甸之国，园庙出于章陵，⑧三后生自新野，⑨士女沾教化，黔首仰风流，自中兴以来，功臣将相，继世而隆。愚以为恳恳用刑，不如行恩；孳孳求奸，未若礼贤。舜举皋陶，不仁者远。⑩随会为政，晋盗奔秦。⑪虞、芮入境，让心自生。⑫化人在德，不在用刑。”畅深纳敞谏，更崇宽政，慎刑简罚，教化遂行。

①《史记》曰，汤为夏方伯，得专征伐。出见野张四面网，祝曰：“自天下四方，皆入吾网。”汤曰：“嘻，尽之矣！去其三面！”祝曰：“欲左左，欲右右，不用命，乃入吾网。”诸侯闻曰：“汤德至禽兽！”于是诸侯毕服。嘻音僖。

②《列女传》：“纣为铜柱，以膏涂之，加于炭之上，使有罪缘焉，足滑跌堕，纣与妲己笑以为乐，名曰炮格之刑。”臣贤案：《史记》及《帝王代纪》皆言文王为西伯，献洛西之地，请除炮格之刑。今云武王，与此不同。

③文帝时，太仓令淳于公有罪当刑。淳于公无男，有五女，骂其女曰：“生女不生男，缓急非有益也。”其少女缇萦自伤悲泣，随父至长安，上书请没官为婢以赎父。文帝悲怜其意，为除肉刑。

④景帝时，文翁为蜀郡守，仁爱教化。宣帝时，召信臣为南阳太守，视人如子，其化大行。

⑤《韩诗外传》曰：“夫吞舟之鱼，不居潜泽。”《前书》曰“高祖约法三章，号为网漏吞舟之鱼”也。

⑥迂，远也。

⑦《庄子》曰“饰智以惊愚，修身以明污，昭昭乎若揭日月而行”也。

⑧五百里甸服，千里侯服。南阳去洛千里，故曰侯甸。南顿君以上四庙在焉。

⑨光烈皇后，和帝阴后、邓后，并新野人。

⑩《论语》子夏之辞也。

⑪《左传》，晋命随会将中军，且为太傅，晋国之盗奔秦也。

⑫《史记》曰，文王为西伯，阴行善化，〔11〕诸侯皆来决平。于是虞、芮之人有狱不决，乃如周。入界，见耕者让畔，少者让长。虞、芮二人不见西伯，惭而相谓曰：“吾所争，周人所耻，蜀为取辱？”遂俱让而还也。

郡中豪族多以奢靡相尚，畅常布衣皮褥，车马羸败，以矫其敝。同郡刘表时年十七，从畅受学。进谏曰："夫奢不僭上，俭不逼下，①循道行礼，贵处可否之间。蘧伯玉耻独为君子。府君不希孔圣之明训，而慕夷齐之末操，②无乃皎然自贵于世乎？"畅曰："昔公仪休在鲁，拔园葵，去织妇；③孙叔敖相楚，其子被裘刈薪。④夫以约失之鲜矣。⑤闻伯夷之风者，贪夫廉，懦夫有立志。⑥虽以不德，敢慕遗烈。"

①《礼记》曰"君子上不僭上，下不逼下"也。

②《论语》孔子曰："奢则不逊，俭则固。"言仲尼得奢俭之中，而夷齐饥死，是末操也。

③《史记》曰，鲁相公仪休之其家，见织帛，怒而出其妇，食于舍而茹葵，愠而拔其葵，曰："吾已食禄，又夺园夫女子利乎？"

④《史记》曰，孙叔敖为楚相，且死，属其子曰："我死，汝贫困，往见优孟，言孙叔敖子也。"居数年，其子贫，负薪逢优孟。优孟言之于王，封之寝丘四百户也。

⑤《论语》孔子之辞也。言俭则无失。

⑥孟子之辞。

后征为长乐卫尉。建宁元年，迁司空，数月，以水灾策免。明年，卒于家。

子谦，为大将军何进长史。谦子粲，以文才知名。①

①粲字仲宣。蔡邕见而奇之。时邕才学显著，贵重朝廷，车骑填门，宾客盈坐。闻粲在门，倒屣迎之。既至，年幼，容状短小，一座尽惊。邕曰："王公之孙，有异才，吾不如也。"太祖辟粲为丞相掾，后为侍中。博物多识，问无不对。尝与人行，读道边碑，人问"卿能暗记乎"？因使背而诵之，一文不失。观人围棋，粲为覆之，棋者不信，以帕盖之，更以它局为之，不误一道。年四十卒。《魏志》有传。

种暠字景伯，河南洛阳人，仲山甫之后也。父为定陶令，有财三千万。父卒，暠悉以赈恤宗族及邑里之贫者。其有进趣名利，皆不与交通。始为县门下史。时河南尹田歆外甥王谌，名知人。①歆谓之曰："今当举六孝廉，多得贵戚书命，不宜相违，欲自用一名士以报国家，尔助我求之。”明日，谌送客于大阳郭，遥见翯，异之。还白歆曰：“为尹得孝廉矣，近洛阳门下史也。”歆笑曰：“当得山泽隐滞，(近)〔迺〕洛阳吏邪？”〔12〕谌曰：“山泽不必有异士，异士不必在山泽。”歆即召翯于庭，辩诘职事。翯辞对有序，歆甚知之，召署主簿，遂举孝廉，辟太尉府，举高第。

①有知人之名也。

顺帝末，为侍御史。时所遣八使光禄大夫杜乔、周举等，多所纠奏，而大将军梁冀及诸宦官互为请救，事皆被寝遏。翯自以职主刺举，志案奸违，乃复劾诸为八使所举蜀郡太守刘宣等罪恶章露，宜伏欧刀。又奏请敕四府条举近臣父兄及知亲为刺史、二千石尤残秽不胜任者，免遣案罪。帝乃从之。擢翯监太子于承光宫。中常侍高梵从中单驾出迎太子，时太傅杜乔等疑不欲从，惶惑不知所为。翯乃手剑当车，曰：“太子国之储副，人命所系。今常侍来无诏信，何以知非奸邪？今日有死而已。”梵辞屈，不敢对，驰命奏之。〔13〕诏报，太子乃得去。乔退而叹息，愧翯临事不惑。帝亦嘉其持重，称善者良久。

出为益州刺史。翯素慷慨，好立功立事。在职三年，宣恩远夷，开晓殊俗，岷山杂落皆怀服汉德。其白狼、槃木、唐菆、邛、僰诸国，①自前刺史朱辅〔14〕卒后遂绝；翯至，乃复举种向化。时永昌太守冶铸黄金为文蛇，以献梁冀，翯纠发逮捕，驰传上言，而二府畏懦，〔15〕不敢案之，冀由是衔怒于翯。会巴郡人服直聚党数百人，〔16〕自称“天王”，②翯与太守应承讨捕，不克，吏人多被伤害。冀因此陷之，传逮翯、承。太尉李固上疏救曰：“臣伏闻讨捕所伤，本非翯、承之意，实由县吏惧法畏罪，迫逐深苦，致此不详。比盗贼群起，处处未绝。翯、承以首举大奸，而相随受罪，臣恐沮伤州县纠发之意，更共饰匿，莫复尽心。”③梁太后省奏，乃赦翯、承罪，免官而已。

①菆音侧留反。

②“直”或作“宜”。

③言各饰伪辞，隐匿真状也。

后凉州羌动，以暠为凉州刺史，甚得百姓欢心。被征当迁，吏人诣阙请留之，太后叹曰："未闻刺史得人心若是。"乃许之。暠复留一年，迁汉阳太守，戎夷男女送至汉阳界，暠与相揖谢，千里不得乘车。及到郡，化行羌胡，禁止侵掠。迁使匈奴中郎将。时辽东乌桓反叛，复转辽东太守，乌桓望风率服，迎拜于界上。坐事免归。

后司隶校尉举暠贤良方正，不应。征拜议郎，迁南郡太守，入为尚书。会匈奴寇并凉二州，桓帝擢暠为度辽将军。暠到营所，先宣恩信，诱降诸胡，其有不服，然后加讨。羌虏先时有生见获质于郡县者，悉遣还之。诚心怀抚，信赏分明，由是羌胡、龟兹、莎车、乌孙等皆来顺服。暠乃去烽燧，除候望，①边方晏然无警。

①昼举烽，夜燔燧。解见《光武纪》。

入为大司农。延熹四年，迁司徒。推达名臣桥玄、皇甫规等，为称职相。在位三年，年六十一薨。并、凉边人咸为发哀。匈奴闻暠卒，举国伤惜。单于每入朝贺，望见坟墓，辄哭泣祭祀。二子：岱，拂。

岱字公祖。好学养志。举孝廉、茂才，辟公府，皆不就。公车特征，病卒。

初，岱与李固子燮同征议郎，燮闻岱卒，痛惜甚，乃上书求加礼于岱。曰："臣闻仁义兴则道德昌，道德昌则政化明，政化明而万姓宁。伏见故处士种岱，淳和达理，耽悦《诗》、《书》，富贵不能回其虑，万物不能扰其心。禀命不永，奄然殂殒。若不盘桓难进，等辈皆已公卿矣。①昔先贤既没，有加赠之典，②《周礼》盛德，有铭诔之文，③而岱生无印绶之荣，卒无官谥之号。虽未建忠效用，而为圣恩所拔，遐迩具瞻，宜有异赏。"朝廷竟不能从。

①《易·屯卦》曰："盘桓，利居贞。"

②《春秋》隐公五年，臧僖伯卒，隐公葬之加一等。杜预曰："加命服之一等。"

③《周礼·司勋》曰："凡有功者，铭书于王之太常。"又曰"卿大夫之丧，赐谥诔"也。

拂字颖伯。初为司隶从事，拜宛令。时南阳郡吏好因休沐，游戏市里，为百姓所患。拂出逢之，必下车公谒，以愧其心，自是莫敢出者。政有能名，累迁光禄大夫。初平元年，代荀爽为司空。明年，以地震策免，复为太常。

李傕、郭汜之乱，长安城溃，百官多避兵冲。拂挥剑而出曰："为国大臣，不能止戈除暴，致使凶贼兵刃向宫，去欲何之！"遂战而死。子劭。

劭字申甫。少知名。中平末，为谏议大夫。

大将军何进将诛宦官，召并州牧董卓，至渑池，而进意更狐疑，遣劭宣诏止之。卓不受，遂前至河南。劭迎劳之，因譬令还军。卓疑有变，使其军士以兵胁劭。劭怒，称诏大呼叱之，军士皆披，①遂前质责卓。卓辞屈，乃还军夕阳亭。②

①披音芳靡反。

②夕阳亭在河南城西。

及进败，献帝即位，拜劭为侍中。卓既擅权，而恶劭强力，遂左转议郎，出为益凉二州刺史。会父拂战死，竟不之职。服终，征为少府、大鸿胪，皆辞不受。曰："昔我先父以身徇国，吾为臣子，不能除残复怨，何面目朝觐明主哉！"遂与马腾、韩遂及左中郎刘範、谏议大夫马宇〔17〕共攻李傕、郭汜，以报其仇。与汜战于长平观下，①军败，劭等皆死。腾遂还凉州。

①长平，阪名也。有观，在长安西十五里也。〔18〕

陈球字伯真，下邳淮浦人也。历世著名。①父亹，广汉太守。②球少涉儒学，善律令。阳嘉中，举孝廉，稍迁繁阳令。③时魏郡太守讽县求纳货贿，球不与之，太守怒而挝督邮，〔19〕欲令逐球。④督邮不肯，曰："魏郡十五城，独繁阳有异政，今受命逐之，将致议于天下矣。"太守乃止。

①《谢承书》曰："祖父屯，有令名。"

②亹音尾。

③繁阳，魏郡县。

④挝，击也。

复辟公府，举高第，拜侍御史。是时，桂阳黠贼李研等群聚寇抄，陆梁荆部，州郡懦弱，不能禁，太尉杨秉表球为零陵太守。球到，设方略，期月间，贼虏消散。而州兵朱盖等反，〔20〕与桂阳贼胡兰数万人转攻零陵。零陵下湿，编木为城，不可守备，郡中惶恐。掾史白遣家避难，球怒曰："太守分国虎符，受任一邦，①〔21〕岂顾妻孥而沮国威重乎？复言者斩！"乃悉内吏人老弱，与共城守，弦大木为弓，羽矛为矢，引机发之，远射千馀步，多所杀伤。贼复激流灌城，球辄于内因地势反决水淹贼。相拒十馀日，不能下。会中郎将度尚将救兵至，球募士卒，与尚共破斩朱盖等。赐钱五十万，拜子一人为郎。迁魏郡太守。

①文帝初与郡守分铜虎符。

征拜将作大匠，作桓帝陵园，所省巨万以上。迁南阳太守，以纠举豪右，为埶家所谤，征诣廷尉抵罪。会赦，归家。

(复)〔征〕拜廷尉。〔22〕熹平元年，窦太后崩。太后本迁南宫云台，①宦者积怨窦氏，遂以衣车载后尸，置城南市舍数日。中常侍曹节、王甫欲用贵人礼殡，帝曰："太后亲立朕躬，统承大业。《诗》云：'无德不报，无言不酬。'②岂宜以贵人终乎？"于是发丧成礼。及将葬，节等复欲别葬太后，而以冯贵人配祔。③诏公卿大会朝堂，令中常侍赵忠监议。太尉李咸时病，乃扶舆而起，捣椒自随，谓妻子曰："若皇太后不得配食桓帝，吾不生还矣。"既议，坐者数百人，各瞻望中官，良久莫肯先言。赵忠曰："议当时定。"怪公卿以下各相顾望。球曰："皇太后以盛德良家，母临天下，宜配先帝，是无所疑。"忠笑而言曰："陈廷尉宜便操笔。"球即下议曰："皇太后自在椒房，有聪明母仪之德。遭时不造，援立圣明，承继宗庙，功烈至重。先帝晏驾，因遇大狱，迁居空宫，不幸早世，家虽获罪，事非太后。今若别葬，诚失天下之望。且冯贵人冢墓被发，骸骨暴露，与贼并尸，魂灵污染，④且无功于国，何宜上配至尊？"忠省球议，作色俯仰，蚩球曰："陈廷尉建此议甚健！"球曰："陈、窦既冤，皇太后无故幽闭，臣常痛心，天下愤叹。今日言之，退而受罪，宿昔之愿。”公卿以下，皆从球议。李咸始不敢先发，见球辞正，然〔后〕大言曰：[23]“臣本谓宜尔，诚与臣意合。”会者皆为之愧。曹节、王甫复争，以为梁后家犯恶逆，别葬懿陵，武帝黜废卫后，而以李夫人配食。⑤今窦氏罪深，岂得合葬先帝乎？李咸乃诣阙上疏曰：“臣伏惟章德窦后虐害恭怀，安思阎后家犯恶逆，而和帝无异葬之议，顺朝无贬降之文。至于卫后，孝武皇帝身所废弃，不可以为比。今长乐太后尊号在身，亲尝称制，坤育天下，⑥且援立圣明，光隆皇祚。太后以陛下为子，陛下岂得不以太后为母？子无黜母，臣无贬君，宜合葬宣陵，一如旧制。”帝省奏，谓曹节等曰：“窦氏虽为不道，而太后有德于朕，不宜降黜。”节等无复言，于是议者乃定。咸字元贞，[24]汝南人。累经州郡，以廉干知名；在朝清忠，权幸惮之。

①太后父窦武与陈蕃谋诛宦官，反为中常侍曹节矫诏杀武、蕃，迁太后焉。

②《大雅·抑》诗也。

③祔谓新死之主祔于先死者之庙，妇祔于其夫，所祔之妃妾祔于妾祖姑也。

④段颎为河南尹，坐盗发冯贵人冢，左迁谏议大夫。

⑤戾太子卫皇后共太子斩江充，自杀。武帝崩，霍光缘上雅意，以李夫人配食也。

⑥《周易》曰：“坤为母。”

六年，迁球司空，以地震免。拜光禄大夫，复为廷尉、太常。光和元年，迁太尉，数月，以日食免。复拜光禄大夫。明年，为永乐少府，①乃潜与司徒河间刘郃谋诛宦官。

①桓帝母孝崇皇后宫曰永乐，置太仆、少府。

初，郃兄侍中儵，[25]与大将军窦武同谋俱死，故郃与球相结。事未及发，球复以书劝郃曰：“公出自宗室，位登台鼎，天下瞻望，社稷镇卫，岂得雷同容容无违而已？今曹节等放纵为害，而久在左右，又公兄侍中受害节等，永乐太后所亲知也。今可表徙卫尉阳球为司隶校尉，以次收节等诛之。政出圣主，天下太平，可翘足而待也。”又尚书刘纳以正直忤宦官，出为步兵校尉，亦深劝于郃。郃曰：“凶竖多耳目，恐事未会，先受其祸。”纳曰：“公为国栋梁，倾危不持，焉用彼相邪？”① 郃许诺，亦结谋阳球。

①《论语》孔子之辞也。

球小妻，程璜之女，璜用事宫中，所谓程大人也。节等颇得闻知，乃重赂于璜，且胁之。璜惧迫，以球谋告节，节因共白帝曰：“郃等常与藩国交通，有恶意。数称永乐声势，受取狼籍。步兵校尉刘纳及永乐少府陈球、卫尉阳球交通书疏，谋议不轨。”帝大怒，策免郃，郃与球及刘纳、阳球皆下狱死。球时年六十二。

子瑀，吴郡太守；瑀弟琮，汝阴太守；弟子珪，沛相；珪子登，广陵太守：并知名。①

①《谢承书》曰：“瑀举孝廉，辟公府，洛阳市长；后辟太尉府，未到。永汉元年，就拜议郎，迁吴郡太守，不之官。球(兄)〔弟〕子珪，〔26〕字汉瑜。举孝廉，剧令，去官；举茂才，济北相。珪子登，字元龙。学通今古，处身循礼，非法不行，性兼文武，有雄姿异略，一领广陵太守。”《魏志》曰，登在广陵，有威名，有功加伏波将军，年三十九卒。后许汜与刘备并在荆州牧刘表坐，备共论天下人，汜曰：“陈元龙淮海之士，〔27〕豪气不除。”备问汜曰：“君言豪，宁有事邪？”汜曰：“昔遭乱过下邳，见元龙无客主之意，不相与语，自上大床卧，使客卧下床。”备曰：“君有国士之名。今天下大乱，帝王失所，君须忧国忘家，有救世之意。乃求田问舍，言无可采，是元龙所讳也，何缘当与君语？如我自卧百尺楼上，卧君于地下，何但上下床之间哉！”表大笑也。

赞曰：安储遭谮，张卿有请。① 龚纠便佞，以直为眚。② 二子过正，埋车堙井。③ 种公自微，临官以威。陈球专议，桓思同归。

①张晧为廷尉，故曰卿。

②眚，过也。

③张纲埋轮，王(龚)〔畅〕堙井。〔28〕《孟子》曰：“矫枉过正。”

【校勘记】

〔1〕 张晧　按：《集解》引惠栋说，谓《蜀志》“晧”作“浩”。

〔2〕(初)永元中归仕州郡　据《刊误》删。

〔3〕司徒辟高第为〔侍〕御史　《群书治要》“御”上有“侍”字，又《御览》七七八引及《初学记》一二引《续汉书》，并作“侍御史”，今据补。

〔4〕多树谄谀　按：“谄”原讹“滔”，径改正。

〔5〕天下号曰八俊　按：《集解》引惠栋说，谓“八俊”《续汉书》作“八彦”。

〔6〕身绝血嗣　按：《集解》引惠栋说，谓据注则正文注文之“嗣”字皆当作“祀”。

〔7〕乃婴等更生之(晨)〔辰〕也　按：《校补》谓“晨”当作“辰”，各本均未正。今据改。

〔8〕张婴等五百馀人　按：《校补》引柳从辰说，谓《袁纪》作“三百馀人”。

〔9〕称为(雅)〔推〕士　据汲本、殿本改。

〔10〕夫挟太山以超〔北〕海　据汲本、殿本补。

〔11〕阴行善化　按：“化”字疑衍。《史记》作“阴行善”，无“化”字。殿本“化”作“行”，疑涉上“行”字而衍。

〔12〕(近)〔逌〕洛阳吏邪　据汲本改。

〔13〕驰命奏之　《刊误》谓案文多一“命”字。　按：《通鉴》作“驰还奏之”。

〔14〕自前刺史朱辅　按：《集解》引惠栋说，谓《西南夷传》作“酺”，《东观记》有传，仍作“辅”。

〔15〕而二府畏懦　按：《御览》六四一引《谢承书》“二”作“三”。

〔16〕聚党数百人　按：汲本、殿本作“百馀人”。

〔17〕左中郎刘範谏议大夫马宇　按：《集解》引钱大昕说，谓《董卓传》云“侍中马宇、右中郎将刘範”。

〔18〕在长安西十五里也　按：《集解》引惠栋说，谓纪注及《董卓传》注皆云去长安五十里。

〔19〕太守怒而挝督邮　按：“挝”原作“枺”，径据汲本、殿本改。注同。

〔20〕而州兵朱盖等反　《集解》引汪文台说，谓《御览》二百六十、三百四十七、《类聚》六十引张璠《汉记》作“朱益”。今按：影印宋本《御览》三四七作“朱盖”。

〔21〕受任一邦　按：《集解》引惠栋说，谓球，汉人，不应斥高祖讳。张璠《汉记》“邦”作“郡”。

〔22〕(复)〔征〕拜廷尉　《刊误》谓案球初未尝为廷尉，何得言“复”，当作“征”

字。《集解》引汪文台说，谓《书钞》五十五引《谢承书》，云“桥玄表球明法律，征拜廷尉正。”今据改。

〔23〕 然〔后〕大言曰　据汲本、殿本补。

〔24〕 咸字元贞　按：《集解》引惠栋说，谓蔡邕《太尉李公碑》云咸字元卓，案《灵纪》及《胡广传》注，皆云字元卓也。

〔25〕 郃兄侍中儵　按：殿本“儵”作“攸”。

〔26〕 球(兄)〔弟〕子珪　据殿本改，与正文合。

〔27〕 陈元龙淮海之士　《校补》引柳从辰说，谓《魏志》“淮海”作“湖海”，《御览》七百六引同。按：影宋本《御览》作“河海”。

〔28〕 王(龚)〔畅〕堙井　据汲本、殿本改。

后汉书卷五十七

杜栾刘李刘谢列传第四十七

杜根字伯坚，颍川定陵人也。父安，字伯夷，少有志节，年十三入太学，号奇童。京师贵戚慕其名，或遗之书，安不发，悉壁藏之。及后捕案贵戚宾客，安开壁出书，印封如故，竟不离其患，时人贵之。①位至巴郡太守，政甚有声。

①离，被也。

根性方实，好绞直。①永初元年，举孝廉，为郎中。时和熹邓后临朝，权在外戚。根以安帝年长，宜亲政事，乃与同时郎上书直谏。太后大怒，收执根等，令盛以缣囊，于殿上扑杀之。执法者以根知名，私语行事人使不加力，既而载出城外，根得苏。太后使人检视，根遂诈死，三日，目中生蛆，因得逃窜，为宜城山中酒家保。②积十五年，〔1〕酒家知其贤，厚敬待之。

①绞，急也。

②宜城县故城在今襄州率道县南，其地出美酒。《广雅》云："保，使也。"言为人佣力保任而使也。

及邓氏诛，左右皆言根等之忠。帝谓根已死，乃下诏布告天下，录其子孙。根方归乡里，征诣公车，拜侍御史。〔2〕初，平原郡吏成翊世亦谏太后归政，坐抵罪，与根俱征，擢为尚书郎，并见纳用。或问根曰："往者遇祸，天下同义，知故不少，何至自苦如此？"根曰："周旋民间，非绝迹之处，邂逅发露，祸及知亲，故不为也。"顺帝时，稍迁济阴太守。去官还家，年七十八卒。〔3〕

翊世字季明，少好学，深明道术。延光中，中常侍樊丰、帝乳母王圣共谮皇太子，废为济阴王。翊世连上书讼之，又言樊丰、王圣诬罔之状。帝既不从，而丰等陷以重罪，下狱当死，有诏免官归本郡。及济阴王立，是为顺帝，司空张晧辟之。晧以翊世前讼太子之废，荐为议郎。翊世自以其功不显，耻于受位，自劾归。三公比辟，不应。①尚书仆射虞诩雅重之，欲引与共参朝政，乃上书荐之，征拜议郎。后尚书令左雄、仆射郭虔复举为尚书。在朝正色，百僚敬之。

①比犹频也。

栾巴字叔元，魏郡内黄人也。①〔好道〕。〔4〕顺帝世，以宦者给事掖庭，补黄门令，非其好也。性质直，学览经典，虽在中官，不与诸常侍交接。后阳气通畅，白上乞退，擢拜郎中，四迁桂杨太守。以郡处南垂，不闲典训，为吏人定婚姻丧纪之礼，兴立(校)学〔校〕，〔5〕以奖进之。虽干吏卑末，皆课令习读，程试殿最，随能升授。②政事明察。视事七年，以病乞骸骨。

①《神仙传》云："巴，蜀郡人也。少而学道，不修俗事。"

②干，府吏之类也。《晋令》诸郡国不满五千以下，置干吏二人。郡县皆有干。干犹主也。

荆州刺史李固荐巴治迹，征拜议郎，守光禄大夫，与杜乔、周举等八人徇行州郡。

巴使徐州还，再迁豫章太守。郡土多山川鬼怪，小人常破赀产以祈祷。巴素有道术，能役鬼神，乃悉毁坏房祀，翦理奸巫，①于是妖异自消。百姓始颇为惧，终皆安之。②迁沛相。所在有绩，征拜尚书。③会帝崩，营起宪陵。陵左右或有小人坟冢，主者欲有所侵毁，巴连上书苦谏。时梁太后临朝，诏诘巴曰："大行皇帝晏驾有日，卜择陵园，务从省约，茔域所极，裁二十顷，而巴虚言主者坏人冢墓。事既非实，寝不报下，巴犹固遂其愚，复上诽谤。苟肆狂瞽，益不可长。"巴坐下狱，抵罪，禁锢还家。

①房谓为房堂而祀者。

②《神仙传》曰"时庐山庙有神，于帐中与人言语，饮酒投杯，能令宫亭湖中分风，船行者举帆相逢。巴未到十数日，庙中神不复作声。郡中常患黄父鬼为百姓害，巴到，皆不知所在，郡内无复疾疫"也。

③《神仙传》曰："巴为尚书，正朝大会，巴独后到，又饮酒西南噀之。有司奏巴不敬。有诏问巴，巴顿首谢曰：'臣本县成都市失火，臣故因酒为雨以灭火。臣不敢不敬。'诏即以驿书问成都，成都答言：'正旦大失火，食时有雨从东北来，火乃息，雨皆酒臭。'后忽一旦大风，天雾晦暝，对坐皆不相见，失巴所在。寻问之，云其日还成都，与亲故别也。"

二十馀年，灵帝即位，大将军窦武、太傅陈蕃辅政，征拜议郎。蕃、武被诛，巴以其党，复谪为永昌太守。以功自劾，〔6〕辞病不行，上书极谏，理陈、窦之冤。帝怒，下诏切责，收付廷尉。巴自杀。子贺，官至云中太守。

刘陶字子奇，一名伟，颍川颍阴人，济北贞王勃之后。陶为人居简，不修小节。所与交友，必也同志。好尚或殊，富贵不求合；情趣苟同，贫贱不易意。同宗刘恺，以雅德知名，独深器陶。

时大将军梁冀专朝，而桓帝无子，连岁荒饥，灾异数见。陶时游太学，乃上疏陈事曰：

臣闻人非天地无以为生，天地非人无以为灵，①是故帝非人不立，人非帝不宁。夫天之与帝，帝之与人，犹头之与足，相须而行也。伏惟陛下年隆德茂，中天称号，②袭常存之庆，循不易之制，目不视鸣条之事，耳不闻檀车之声，③天灾不有痛于肌肤，震食不即损于圣体，故蔑三光之谬，轻上天之怒。伏念高祖之起，始自布衣，④拾暴秦之敝，追亡周之鹿，⑤合散扶伤，克成帝业。功既显矣，勤亦至矣。流福遗祚，至于陛下。陛下既不能增明烈考之轨，而忽高祖之勤，妄假利器，委授国柄，使群丑刑隶，芟刈小民，雕敝诸夏，虐流远近，⑥故天降众异，以戒陛下。陛下不悟，而竟令虎豹窟于麑场，豺狼乳于春囿。⑦斯岂唐咨禹、稷，益典朕虞，议物赋土蒸民之意哉？又(令)〔今〕牧守长吏，〔7〕上下交竞；封豕长蛇，蚕食天下；〔8〕货殖者为穷冤之魂，贫馁者作饥寒之鬼；高门获东观之辜，丰室罗妖叛之罪；⑧死者悲于窀穸，生者戚于朝野：⑨是愚臣所为咨嗟长怀叹息者也。且秦之将亡，正谏者诛，谀进者赏，⑩嘉言结于忠舌，国命出于谗口，擅阎乐于咸阳，授赵高以车府。⑪权去己而不知，威离身而不顾。古今一揆，成败同埶。愿陛下远览强秦之倾，近察哀、平之变，得失昭然，祸福可见。

①《书》曰“惟天地万物父母，惟人万物之灵”也。

②中谓当天之中也。

③鸣条，地名，在安邑之西。《尚书》曰：“伊尹相汤伐桀，遂与桀战于鸣条之野。”檀车，兵车也。《诗》曰：“檀车啴啴，四牡痯痯，征夫不远。”啴音昌善反。痯音管。

④高祖曰：“吾以布衣提三尺以取天下。”〔9〕

⑤《前书》蒯通曰：“秦失其鹿，天下共逐之。”《音义》云：“以鹿喻帝位也。”

⑥利器谓威权也。《周礼》“太宰以八柄诏王驭群臣”，谓爵、禄、与、置、生、夺、废、诛也。刑隶谓阉人也。

⑦鹿子曰麑。乳，产也。

⑧《说苑》曰“孔子为鲁司寇，七日而诛少正卯于东观之下”也。

⑨杜元凯注《左传》曰：“窀，厚也。穸，夜也。厚夜犹长夜也。”

⑩《前书》贾山上书曰“秦始皇进谀谄之人，杀直谏之士”也。

⑪赵高为车府令，与婿咸阳令阎乐谋杀胡亥。事见《史记》也。

臣又闻危非仁不扶，乱非智不救，故武丁得傅说，以消鼎雉之灾，①周宣用申、甫，以济夷、厉之荒。②窃见故冀州刺史南阳朱穆，前乌桓校尉臣同郡李膺，皆履正清平，贞高绝俗。穆前在冀州，奉宪操平，摧破奸党，扫清万里。膺历典牧守，正身率下，及掌戎马，威扬朔北。斯实中兴之良佐，国家之柱臣也。宜还本朝，挟辅王室，上齐七耀，下镇万国。臣敢吐不时之义于讳言之朝，③犹冰霜见日，必至消灭。臣始悲天下之可悲，今天下亦悲臣之愚惑也。

①武丁，殷王高宗也。《尚书》曰，高宗得傅说为相，殷复兴焉。高宗时，有雉

登鼎耳而雊，武丁惧而修德，位以永宁。

②申伯，仲山甫，周宣王之臣也。《诗》曰："惟申及甫，惟周之翰。"《史记》曰，周孝王之子燮，是为夷王。夷王崩，子厉王胡立，行暴虐，死于彘也。

③不时谓不合于时也。讳言谓拒谏也。

书奏不省。

时有上书言人以货轻钱薄，故致贫困，宜改铸大钱。事下四府群僚及太学能言之士。陶上议曰：

圣王承天制物，与人行止，建功则众悦其事，兴戎而师乐其旅。是故灵台有子来之人，武旅有凫藻之士，①皆举合时宜，动顺人道也。臣伏读铸钱之诏，平轻重之议，访覃幽微，不遗穷贱，是以藿食之人，谬延逮及。②

①《诗·大雅》曰："经始灵台，经之营之，不日成之。经始勿亟，庶人子来。"武旅，周武王之旅。凫得水藻，言喜悦也。

②《说苑》曰："有东郭祖朝者，上书于晋献公曰：'愿请闻国家之计。'献公使人告之曰：'肉食者已虑之矣，藿食者尚何预焉？'祖朝曰：'肉食者，一旦失计于庙堂之上，若臣等藿食，宁得无肝胆涂地于中原之野？其祸亦及臣之身，安得无预国家之计乎！'"

盖以为当今之忧，不在于货，在乎民饥。夫生养之道，先食后(民)〔货〕。〔10〕是以先王观象育物，敬授民时，①使男不逋亩，女不下机。故君臣之道行，王路之教通。由是言之，食者乃有国之所宝，生民之至贵也。窃见比年已来，良苗尽于蝗螟之口，杼柚空于公私之求，②所急朝夕之餐，所患靡盬之事，岂谓钱货之厚薄，铢两之轻重哉？就使当今沙砾化为南金，瓦石变为和玉，③使百姓渴无所饮，饥无所食，虽皇羲之纯德，唐虞之文明，犹不能以保萧墙之内也。盖民可百年无货，不可一朝有饥，故食为至急也。议者不达农殖之本，多言铸冶之便，或欲因缘行诈，以贾国利。国利将尽，取者争竞，造铸之端于是乎生。盖万人铸之，一人夺之，犹不能给；况今一人铸之，则万人夺之乎？虽以阴阳为炭，万物为铜，④役不食之民，使不饥之士，犹不能足无厌之求也。夫欲民殷财阜，要在止役禁夺，则百姓不劳而足。陛下圣德，愍海内之忧戚，伤天下之艰难，欲铸钱齐货以救其敝，此犹养鱼沸鼎之中，栖鸟烈火之上。水木本鱼鸟之所生也，用之不时，必至燋烂。愿陛下宽锲薄之禁，后冶铸之议，⑤听民庶之谣吟，问路叟之所忧，⑥瞰三光之文耀，视山河之分流。⑦天下之心，国家大事，粲然皆见，无有遗惑者矣。

①象，天象也。《尚书》曰："钦若昊天，敬授人时。"

②《诗》曰："小东大东，杼柚其空。"

③《诗》曰："大路南金。"和玉，卞和之玉也。

④贾谊之言。

⑤锲，刻也，音口结反。

⑥《列子》曰："昔尧理天下五十年，不知天下理乱。尧乃微服游于康衢。儿童谣曰：'立我蒸人，莫(不)〔非〕尔极，〔11〕不识不知，顺帝之则。'"《说苑》曰："孔子行游中路，闻哭者声，其音甚悲。孔子避车而问之曰：'夫子非有丧也，何哭之悲？'虞丘子对曰：'吾有三失：吾少好学，周遍天下，还后吾亲亡，一失也；事君奢骄不遂，是二失也；厚交友而后绝，是三失也。'"

⑦三光，日、月、星也。分谓山，流谓河。言日月有谪食之灾，星辰有错行之变，故视其文耀也。山崩川竭，皆亡之征也。

臣尝诵《诗》，至于鸿雁于野之劳，哀勤百堵之事，每喟尔长怀，中篇而叹。①近听征夫饥劳之声，甚于斯歌。是以追悟匹妇吟鲁之忧，始于此乎？②见白驹之意，屏营傍徨，不能监寐。③伏念当今地广而不得耕，民众而无所食。群小竞进，秉国之位，鹰扬天下，(鸟)〔乌〕钞求饱，〔12〕吞肌及骨，并噬无厌。诚恐卒有役夫穷匠，起于板筑之间，④投斤攘臂，登高远呼，使愁怨之民，响应云合，八方分崩，中夏鱼溃。⑤虽方尺之钱，何能有救！其危犹举函牛之鼎，絓纤枯之末，⑥诗人所以眷然顾之，潸焉出涕者也。⑦

①《诗·小雅·鸿雁》之篇曰："鸿雁于飞，肃肃其羽。之子于征，劬劳于野。鸿雁于飞，集于中泽。之子于垣，百堵皆作。"郑玄注云："坏灭之国，征人起屋舍，筑墙壁，百堵同时而起，言趋事也。"

②《列女传》曰："鲁漆室邑之女，过时未适人。当穆公之时，君老，太子幼，女倚柱而啸。傍人闻之，心莫不惨惨者。邻妇从之游，谓曰：'何哭之悲？子欲嫁乎？吾为子求偶。'漆室女曰：'嗟乎，始吾以子为知，今反无识也。岂为嫁之故不乐而悲哉，吾忧鲁君老而太子少也。'"

③《诗》曰："皎皎白驹，食我场苗。絷之维之，以永今朝。"白驹谕贤人也。监寐犹寤寐也。

④役夫谓陈涉起蕲也。穷匠谓骊山之徒也。并见《史记》也。

⑤《公羊传》曰："其言梁亡何？鱼烂而亡也。"何休曰："鱼烂，从中发溃烂也。"

⑥函牛之鼎谓大鼎也。《淮南子》曰："函牛之鼎沸，则蝇不得置一足焉。"絓，挂也，音胡卖反。

⑦《诗·小雅·大东》之文也。潸，涕下貌。郑玄注云："伤今不如古也。"

臣东野狂暗，不达大义，缘广及之时，对过所问，知必以身脂鼎镬，为天下笑。

帝竟不铸钱。

后陶举孝廉，除顺阳长。〔13〕县多奸猾，陶到官，宣募吏民有气力勇猛，能以死易生者，不拘亡命奸臧，于是剽轻剑客之徒过晏等十馀人，①皆来应募。陶责其先过，要以后效，使各结所厚少年，得数百人，皆严兵待命。于是覆案奸轨，所发若神。以病免，吏民思而歌之曰："邑然不乐，思我刘君。何时复来，安此下民。"

①过，姓也，过国之后。见《左传》。

陶明《尚书》、《春秋》，为之训诂。推三家《尚书》①及古文，是正文字七百馀事，名曰《中文尚书》。

①三家谓夏侯建、夏侯胜、欧阳和伯也。

顷之，拜侍御史。灵帝宿闻其名，数引纳之。时钜鹿张角伪托大道，妖惑小民，陶与奉车都尉乐松、议郎袁贡连名上疏言之，曰："圣王以天下耳目为视听，故能无不闻见。今张角支党不可胜计。前司徒杨赐奏下诏书，切敕州郡，护送流民，会赐去位，不复捕录。〔14〕虽会赦令，而谋不解散。四方私言，云角等窃人京师，觇视朝政，鸟声兽心，私共鸣呼。州郡忌讳，不欲闻之，但更相告语，莫肯公文。宜下明诏，重募角等，赏以国土。有敢回避，与之同罪。”帝殊不悟，方诏陶次第《春秋》条例。明年，张角反乱，海内鼎沸，帝思陶言，封中陵乡侯，三迁尚书令。以所举将为尚书，难与齐列，乞从冗散，拜侍中。以数切谏，为权臣所惮，徙为京兆尹。到职，当出修宫钱直千万，①陶既清贫，而耻以钱买职，称疾不听政。帝宿重陶才，原其罪，征拜谏议大夫。

①时拜职名，当出买官之钱，谓之修宫钱也。

是时天下日危，寇贼方炽，陶忧致崩乱，复上疏曰：“臣闻事之急者不能安言，心之痛者不能缓声。窃见天下前遇张角之乱，后遭边章之寇，每闻羽书告急之声，心灼内热，四体惊竦。今西羌逆类，私署将帅，皆多段颎时吏，晓习战陈，识知山川，变诈万端。臣常惧其轻出河东、冯翊，抄西军之后，东之函谷，据阸高望。今果已攻河东，恐遂转更豕突上京。如是则南道断绝，车骑之军孤立，①关东破胆，四方动摇，威之不来，叫之不应，虽有田单、陈平之策，计无所用。臣前驿马上便宜，急绝诸郡赋调，冀尚可安。事付主者，留连至今，莫肯求问。今三郡之民皆以奔亡，南出武关，北徙壶谷，②冰解风散，唯恐在后。今其存者尚十三四，军吏士民悲愁相守，民有百走退死之心，而无一前斗生之计。西寇浸前，去营咫尺，胡骑分布，已至诸陵。将军张温，天性精勇，而主者旦夕迫促，军无后殿，假令失利，其败不救。臣自知言数见厌，而言不自裁者，以为国安则臣蒙其庆，国危则臣亦先亡也。谨复陈当今要急八事，乞须臾之间，深垂纳省。”其八事，大较言天下大乱，皆由宦官。宦官事急，共谗陶曰：“前张角事发，诏书示以威恩，自此以来，各各改悔。今者四方安静，而陶疾害圣政，专言妖孽。州郡不上，陶何缘知？疑陶与贼通情。”于是收陶，下黄门北寺狱，掠按日急。陶自知必死。对使者曰：“朝廷前封臣云何？今反受邪谮。恨不与伊、吕同畴，而以三仁为辈。”③遂闭气而死，天下莫不痛之。

①时湟中义从胡北宫伯玉等叛，遣左车骑将军皇甫嵩讨之不克也。

②三郡，河东、冯翊、京兆也。壶谷，壶关之谷，在上党也。

③《论语》曰："殷有三仁焉，微子去之，箕子为之奴，比干谏而死。"

陶著书数十万言，又作七曜论、匡老子、反韩非、复孟轲，及上书言当世便事、条教、赋、奏、书、记、辩疑，凡百馀篇。

时司徒东海陈耽，亦以非罪与陶俱死。耽以忠正称，历位三司。光和五年，诏公卿以谣言举刺史、二千石为民蠹害者。①时太尉许馘、司空张济承望内官，受取货赂，其宦者子弟宾客，虽贪污秽浊，皆不敢问，而虚纠边远小郡清修有惠化者二十六人。吏人诣阙陈诉，耽与议郎曹操上言："公卿所举，率党其私，所谓放鸱枭而囚鸾凤。"其言忠切，帝以让馘、济，由是诸坐谣言征者悉拜议郎。宦官怨之，遂诬陷耽死狱中。

①谣言谓听百姓风谣善恶而黜陟之也。〔15〕

李云字行祖，甘陵人也。性好学，善阴阳。初举孝廉，再迁白马令。

桓帝延熹二年，诛大将军梁冀，而中常侍单超等五人皆以诛冀功并封列侯，专权选举。又立掖庭民女亳氏为皇后，数月间，后家封者四人，赏赐巨万。①是时地数震裂，众灾频降。云素刚，忧国将危，心不能忍，乃露布上书，移副三府，②曰："臣闻皇后天下母，德配坤灵，得其人则五氏来备，不得其人则地动摇宫。③比年灾异，可谓多矣，皇天之戒，可谓至矣。高祖受命，至今三百六十四岁，君期一周，当有黄精代见，姓陈、项、虞、田、许氏，不可令此人居太尉、太傅典兵之官。④举厝至重，不可不慎。班功行赏，宜应其实。梁冀虽持权专擅，虐流天下，今以罪行诛，犹召家臣搤杀之耳。而猥封谋臣万户以上，高祖闻之，得无见非？西北列将，得无解体？⑤孔子曰：'帝者，谛也。'⑥今官位错乱，小人谄进，财货公行，政化日损，尺一拜用不经御省。⑦是帝欲不谛乎？"帝得奏震怒，下有司逮云，诏尚书都护剑戟送黄门北寺狱，使中常侍管霸与御史廷尉杂考之。时弘农五官掾杜众伤云以忠谏获罪，上书愿与云同日死。帝愈怒，遂并下廷尉。大鸿胪陈蕃上疏救云曰："李云所言，虽不识禁忌，干上逆旨，其意归于忠国而已。昔高祖忍周昌不讳之谏，成帝赦朱云腰领之诛。⑧今日杀云，臣恐剖心之讥复议于世矣。⑨故敢触龙鳞，冒昧以请。"⑩太常杨秉、洛阳市长沐茂、郎中上官资并上疏请云。帝恚甚，有司奏以为大不敬。诏切责蕃、秉，免归田里；茂、资贬秩二等。时帝在濯龙池，管霸奏云等事。霸(跪)〔诡〕言曰：〔16〕"李云野泽愚儒，杜众郡中小吏，出于狂戆，不足加罪。"帝谓霸曰："帝欲不谛，是何等语，而常侍欲原之邪?"顾使小黄门可其奏，云、众皆死狱中。后冀州刺史贾琮使行部，〔17〕过祠云墓，刻石表之。

①时封后兄康为比阳侯，弟统昆阳侯，统从兄会安阳侯，统弟秉为(济)〔淯〕阳侯。〔18〕

②露布谓不封之也，并以副本上三公府也。

③《史记》曰："庶征：曰雨，曰旸，曰燠，曰风，曰寒。五者来备，各以其序，庶草繁庑。"是与氏古字通耳。春秋汉含孳曰："女主盛，臣制命，则地动。"

④黄精谓魏氏将兴也。陈、项、虞、田并舜之后。舜土德，亦尚黄，故忌也。

⑤列将谓皇甫规、段颎等。

⑥春秋运斗枢曰："五帝修名立功，修德成化，统调阴阳，招类使神，故称帝。帝之言谛也。"郑玄注云："审谛于物也。"

⑦尺一之板谓诏策也。见《汉官仪》也。

⑧周昌，解见陈忠传。朱云上书曰："臣愿赐尚方斩马剑，断佞臣一人，以厉其馀。"上问："谁也?"对曰："安昌侯张禹。"上大怒曰："小臣居下讪上，廷辱师傅，罪死不赦。"御史将云去。左将军辛庆忌以死争，上意解，然后得已。事并见《前书》。

⑨比干以死谏纣，纣怒曰："吾闻圣人心有七窍。"〔19〕乃剖比干而观其心。事见《史记》。

⑩《韩子》曰："夫龙之为虫也，可狎而驯也。然喉下有逆鳞，婴之则杀人。人主有逆鳞，说者婴之，则亦几矣。"

论曰：礼有五谏，讽为上。①若夫托物见情，因文载旨，使言之者无罪，闻之者足以自戒，②贵在于意达言从，理归乎正。曷其绞讦摩上，以衒沽成名哉?③李云草茅之生，不识失身之义，④遂乃露布帝者，班檄三公，至于诛死而不顾，斯岂古之狂也！⑤夫未信而谏，则以为谤己，⑥故说者识其难焉。⑦

①五谏谓讽谏、顺谏、窥谏、指谏、陷谏也。讽谏者，知患祸之萌而讽告也。顺谏者，出辞逊顺，不逆君心也。窥谏者，视君颜色而谏也。指谏者，质指其事而谏也。陷谏者，言国之害忘生为君也。见《大戴礼》。

②卜商《诗序》之文也。

③绞，直也。讦，正也。沽，卖之。

④《仪礼》曰："凡自称于君宅〔者〕，在邦(者)曰市井之臣，〔20〕在野则曰草茅之臣，庶人则曰刺草之臣。"《易》曰："臣不密，则失身。"

⑤《论语》曰："古之狂也直，今之狂也诈而已矣。"〔21〕

⑥《论语》曰："事君信而后谏，其君未信，〔22〕则以为谤己。"

⑦韩非有说难篇。

刘瑜字季节，广陵人也。高祖父广陵靖王。父辩，清河太守。①瑜少好经学，尤善图谶、天文、历算之术。州郡礼请不就。

①《谢承书》云："父祥，为清河太守。"

延熹八年，太尉杨秉举贤良方正，及到京师，上书陈事曰：

臣瑜自念东国鄙陋，得以丰沛枝胤，被蒙复除，不给卒伍。故太尉杨秉知臣窃窥典籍，猥见显举，诚冀臣愚直，有补万一。而秉忠谟不遂，命先朝露。臣在下土，听闻歌谣，骄臣虐政之事，远近呼嗟之音，窃为辛楚，泣血涟如。〔23〕幸得引录，备答圣问，泄写至情，不敢庸回。①诚愿陛下且以须臾之虑，览今往之事，人何为咨嗟，天曷为动变。

①庸，用也。回，邪也。

盖诸侯之位，上法四七，垂文炳耀，关之盛衰者也。①〔24〕今中官邪孽，比肩裂土，皆竞立胤嗣，继体传爵，或乞子疏属，或买儿市道，殆乖开国承家之义。②

①四七，二十八宿也。诸侯为天子守四方，犹天之有二十八宿。《汉官仪》曰

"天子建侯,上法四七"也。

②《易》曰:"大君有命,开国承家。"

古者天子一娶九女,①娣侄有序,《河图》授嗣,正在九房。今女嬖令色,充积闺帷,皆当盛其玩饰,冗食空宫,劳散精神,生长六疾。②此国之费也,生之伤也。且天地之性,阴阳正纪,隔绝其道,则水旱为并。《诗》云:"五日为期,六日不詹。"③怨旷作歌,仲尼所录。④况从幼至长,幽藏殁身。又常侍、黄门,亦广妻娶。怨毒之气,结成妖眚。行路之言,官发略人女,〔25〕取而复置,转相惊惧。孰不悉然,无缘空生此谤。邹衍匹夫,杞氏匹妇,尚有城崩霜陨之异;况乃群辈咨怨,能无感乎!⑤

①《公羊传》曰,诸侯一聘三女,天子一娶九女,〔26〕夏、殷制也。

②《左传》曰"天有六气,淫生六疾。六气曰阴、阳、风、雨、晦、明,过则为灾。阴淫寒疾,阳淫热疾,风淫末疾,雨淫腹疾,晦淫惑疾,明淫心疾。女,阳物而晦时,淫则生内热惑蛊之疾"也。

③《诗·小雅》曰:"终朝采蓝,不盈一襜。五日为期,六日不詹。"注云:"詹,至也。妇人过时而怨旷,期至五日而归,今六日不至,是以忧也。"

④谓仲尼删《诗》编录也。

⑤《淮南子》曰:"邹衍事燕惠王尽忠,左右谮之,王系之,仰天而哭,五月天为之下霜。"《列女传》曰"齐人杞梁袭莒,战死。其妻无所归,乃就夫尸于城下而哭之,七日城崩"也。

昔秦作阿房,国多刑人。今第舍增多,穷极奇巧,掘山攻石,不避时令。①促以严刑,威以(法)正〔法〕。〔27〕民无罪而覆入之,民有田而覆夺之。州郡官府,各自考事,奸情赇赂,皆为吏饵。民愁郁结,起入贼党,官辄兴兵,诛讨其罪。贫困之民,或有卖其首级以要酬赏,父兄相代残身,妻孥相(见)〔视〕分裂。〔28〕穷之如彼,伐之如此,岂不痛哉!

①《礼记·月令》曰"孟夏之月,无有坏堕,无起土功,无发大众"也。

又陛下以北辰之尊,神器之宝,而微行近习之家,私幸宦者之舍，①宾客市买，熏灼道路，因此暴纵，无所不容。今三公在位，皆博达道艺，而各正诸己，莫或匡益者，非不智也，畏死罚也。惟陛下设置七臣，以广谏道，②及开东序金縢史官之书，从尧舜禹汤文武致兴之道，③远佞邪之人，放郑卫之声，则政致和平，德感祥风矣。④臣悾悾推情，言不足采，⑤惧以触忤，征营慴悸。

①近习谓亲近狎者。

②孝经曰："古者天子有争臣七人。"郑玄注："七人谓三公及前疑、后承、左辅、右弼。"

③《尔雅》曰："东西厢谓之序。"《书》曰："天球河图在东序。"縢，缄也。以金缄之，不欲人开也。

④《孝经援神契》曰："德至八方则祥风至。"

⑤悾悾，诚恳之貌。

于是特诏召瑜问灾咎之征，指事案经谶以对。执政者欲令瑜依违其辞，而更策以它事。瑜复悉心以对，八千馀言，有切于前，帝竟不能用。拜为议郎。

及帝崩，大将军窦武欲大诛宦官，乃引瑜为侍中，又以侍中尹勋为尚书令，共同谋画。及武败，瑜、勋并被诛。事在武传。

勋字伯元，河南人。从祖睦为太尉，睦孙颂为司徒。勋为人刚毅直方。少时每读书，得忠臣义士之事，未尝不投书而仰叹。自以行不合于当时，不应州郡公府礼命。桓帝时，以有道征，四迁尚书令。延熹中，诛大将军梁冀，帝召勋部分众职，甚有方略，封宜阳乡侯。仆射霍谞，尚书张敬、欧阳参、李伟、虞放、周永，并封亭侯。勋后再迁至九卿，以病免，拜为侍中。八年，中常侍具瑗、左悺等有罪免，夺封邑，因黜勋等爵。

瑜诛后，宦官悉焚其上书，以为讹言。

子琬，传瑜学，明占候，能著灾异。举方正，不行。

谢弼字辅宣，东郡武阳人也。①中直方正，②为乡邑所宗师。建宁二年，诏举有道之士，〔29〕弼与东海陈敦、玄菟公孙度俱对策，皆除郎中。

①《谢承书》曰："弼字辅鸾，东郡濮阳人也。"与此不同。

②犹言中正方直也。

时青蛇见前殿，大风拔木，诏公卿以下陈得失。弼上封事曰：

臣闻和气应于有德，妖异生乎失政。上天告谴，则王者思其愆；政道或亏，则奸臣当其罚。夫蛇者，阴气所生；鳞者，甲兵之符也。①《鸿范传》曰："厥极弱，时则有蛇龙之孽。"②又荧惑守亢，裴回不去，法有近臣谋乱，发于左右。不知陛下所与从容帷幄之内，亲信者为谁。宜急斥黜，以消天戒。臣又闻"惟虺惟蛇，女子之祥"。③伏惟皇太后定策宫闼，援立圣明，《书》云："父子兄弟，罪不相及。"窦氏之诛，岂宜咎延太后？幽隔空宫，愁感天心，如有雾露之疾，陛下当何面目以见天下？④昔周襄王不能敬事其母，戎狄遂至交侵。⑤孝和皇帝不绝窦后之恩，前世以为美谈。⑥礼为人后者为之子，今以桓帝为父，岂得不以太后为母哉？《援神契》曰："天子行孝，四夷和平。"方今边境日蹙，兵革蜂起，自非孝道，何以济之！愿陛下仰慕有虞蒸蒸之化，俯思《凯风》慰母之念。⑦

①《谢承书》曰："蛇者，阴(之)〔气〕所生，〔30〕龙之类也。龙有鳞，甲兵之符也。"

②《前书》曰"皇之不极，是谓不建，厥极弱，时则有下伐上之痾，龙蛇之孽"也。

③《诗·小雅》之文也。郑玄注云："虺、蛇冗处，阴之祥也，故为生女。"

④文帝徙淮南王长于蜀，袁盎曰："淮南王为人刚，今暴摧折之，臣恐其逢雾露病死，陛下有杀弟之名也。"

⑤《史记》曰，周襄王母早死，后母曰惠后，生叔带，有宠。带与戎翟谋伐襄王。

⑥窦太后崩，张酺等奏云："不宜合葬先帝。"和帝手诏曰："臣子无贬尊上之文，恩不忍离。"于是合葬。见《皇后纪》也。

⑦《尚书·舜典》曰："蒸蒸乂，不格奸。"孔安国注云："蒸蒸犹进进也。言舜进于善道。"《诗·凯风》曰："有子七人，莫慰母心。"

臣又闻爵赏之设，必酬庸勋；开国承家，小人勿用。①今功臣久外，未蒙爵秩，阿母宠私，乃享大封，大风雨雹，亦由于兹。又故太傅陈蕃，辅相陛下，勤身王室，夙夜匪懈，而见陷群邪，一旦诛灭。

其为酷滥，骇动天下，而门生故吏，并离徙锢。蕃身已往，人百何赎！②宜还其家属，解除禁网。夫台宰重器，国命所继。今之四公，唯司空刘宠[31]断断守善，馀皆素餐致寇之人，③必有折足覆悚之凶。可因灾异，并加罢黜。④征故司空王畅，长乐少府李膺，并居政事，庶灾变可消，国祚惟永。臣山薮顽暗，未达国典。策曰"无有所隐"，敢不尽愚，用忘讳忌。伏惟陛下裁其诛罚。

①《易·师卦·上六爻》词也。

②《诗·国风》曰："如可赎兮，人百其身。"

③四公谓刘矩为太尉，许训为司徒，胡广为太傅及宠也。《书》曰："如有一介臣，断断猗，无它伎。"孔安国注云："断断猗然专一之臣也。"素，空也。无德而食其禄曰素餐。《易》曰"负且乘，致寇至"也。

④《易》曰："鼎折足，覆公悚。"鼎以喻三公。悚，鼎实也。折足覆悚，言不胜其任。

左右恶其言，出为广陵府丞。去官归家。

中常侍曹节从子绍为东郡太守，忿疾于弼，遂以它罪收考掠按，死狱中，时人悼伤焉。初平二年，司隶校尉赵谦讼弼忠节，求报其怨〔魂〕，[32]乃收绍斩之。

赞曰：邓不明辟，①梁不损陵。慊慊栾、杜，讽辞以兴。黄寇方炽，子奇有识。②武谋允臧，瑜亦协志。弼忤宦情，云犯时忌。成仁丧己，同方殊事。

①《尚书》曰："朕复子明辟。"孔安国注云："复还明君之政于成王也。"言邓后临朝，不还政于安帝也。

②识，协韵，音式侍反。

【校勘记】

〔1〕 积十五年　按：《校补》引柳从辰说，谓《袁宏纪》载根上书直谏在永初二年十二月，"积十五年"作"积十年馀"。

〔2〕拜侍御史　按:《校补》引钱大昭说,谓《先贤行状》作"符节郎"。

〔3〕年七十八卒　按:《集解》引周寿昌说,谓《三国·魏志》引《先贤行状》,云年八十七,以寿终,与此作"七十八"微异。

〔4〕魏郡内黄人也〔好道〕　据汲本、殿本补。

〔5〕兴立(校)学〔校〕　据《刊误》改。按:汲本作"学校"。

〔6〕以功自劾　按:汲本"劾"作"效"。又按:《刊误》谓功不可以自劾,当是"无功自劾",少一"无"字。

〔7〕又(令)〔今〕牧守长吏　《刊误》谓案文"令"当作"今"。张森楷《校勘记》谓《群书治要》"令"作"今"。今据改。

〔8〕蚕食天下　按:"蚕"原讹"吞",径据汲本、殿本改正。

〔9〕吾以布衣提三尺以取天下　汲本、殿本"三尺"下有"剑"字。今按:《史记》有"剑"字。《汉书》无"剑"字,小颜谓三尺,剑也,流俗本或云"提三尺剑","剑"字后人所加耳。

〔10〕先食后(民)〔货〕　据《刊误》改。

〔11〕莫(不)〔非〕尔极　据《刊误》改。

〔12〕(鸟)〔乌〕抄求饱　《集解》引惠栋说,谓"鸟"当作"乌",引《周礼·射鸟氏》"以弓矢欧乌鸢"郑玄注"乌鸢喜抄盗,故云乌抄"为证。今据改。

〔13〕后陶举孝廉除顺阳长　《集解》引汪文台说,谓《类聚》十九引《谢承书》作"枞阳长",《类聚》五十、《御览》二百六十七引《续汉书》作"浈阳长"。今按:《校补》引柳从辰说,谓《御览》四百六十五引本书,仍作"顺阳长"。又按:《类聚》十九引《谢承书》,《御览》二百六十七引《续汉书》,"刘陶"作"刘騊駼",《类聚》五十作"刘騊",《御览》四百六十五引本书作"刘陶駼",皆误。

〔14〕不复捕录　按:《校补》谓案上文止言护送流民,未言捕贼,杨赐又本以下州郡捕讨恐更骚扰,明不主捕,先捕后录,亦不成文理,"捕"当为"补"之讹。

〔15〕按:此注原在"二千石"下,今据殿本移正。

〔16〕霸(跪)〔诡〕言曰　据汲本、殿本改。按:胡刻《通鉴》亦讹"跪",章钰《胡刻通鉴正文校宋记》云明孔天胤本作"诡",张敦仁校本同。

〔17〕冀州刺史贾琮　按:《集解》引惠栋说,谓《水经注》作"贾瑶"。

〔18〕统弟秉为(济)〔湞〕阳侯　据《集解》引惠栋说改。

〔19〕　吾闻圣人心有七窍　按："七"原讹"九"，径据汲本、殿本改正。

〔20〕　凡自称于君宅〔者〕在邦(者)曰市井之臣　据汲本改，与《仪礼》文合。

〔21〕　古之狂也直今之狂也诈而已矣　按：今《论语》两"狂"字皆作"愚"。意者，范氏元以李云为古之愚，而正文讹"愚"为"狂"，后人遂并注文而改之欤？

〔22〕　事君信而后谏其君未信　按：今《论语》无"事君""其君"字，或章怀所见本异也。

〔23〕　泣血涟如　按："涟"原作"连"，径据汲本、殿本改。

〔24〕　关之盛衰者也　按：《集解》引何焯说，谓"关"字下有脱文。

〔25〕　行路之言官发略人女　按：张森楷《校勘记》谓《治要》"之"下有"人"字。

〔26〕　公羊传曰诸侯一聘三女天子一娶九女　按：《集解》引惠栋说，谓《公羊传》无此文，《逸礼·王度记》有之，未知章怀何据以为《公羊传》也。

〔27〕　威以(法)正〔法〕　据《刊误》改。按：汲本作"正法"。

〔28〕　妻孥相(见)〔视〕分裂　据汲本、殿本改。

〔29〕　建宁二年诏举有道之士　殿本"二年"作"三年"。《集解》引钱大昕说，谓《灵帝纪》建宁元年五月，诏郡国守相举有道之士各一人，"二年"当是"元年"之误。按：《校补》谓案《灵帝纪》举有道下诏虽在元年，郡国守相遵旨荐举，奉准以某人为有道之士，岂必尚在元年，钱说殊泥。惟殿本作"三年"，证以弼上封事所言各事，无一合者，殆必误矣。

〔30〕　蛇者阴(之)〔气〕所生　据殿本改。

〔31〕　司空刘宠　按：《校补》谓案《灵帝纪》，诏公卿以下各上封事在建宁二年四月，其时刘宠尚为司徒，传文"司空"明是"司徒"之误。

〔32〕　求报其怨〔魂〕　据汲本、殿本补。

后汉书卷五十八

虞傅盖臧列传第四十八

虞诩字升卿，陈国武平人也。① 祖父经，为郡县狱吏，案法平允，务存宽恕，每冬月上其状，恒流涕随之。尝称曰："东海于公高为里门，而其子定国卒至丞相。② 吾决狱六十年矣，虽不及于公，其庶几乎！子孙何必不为九卿邪？"故字诩曰升卿。

①武平故城在今亳州鹿邑县东北。郦元《水经注》云武平城西南七里有《汉尚书令虞诩碑》，题云"君讳诩，字定安，虞仲之后"。定安盖诩之别字也。

②《前书》，于定国字曼倩，东海人。其父于公为县狱吏、郡决曹，所决皆不恨，为之生立祠。其门闾坏，父老方共修之，于公曰："少高大闾门，令容驷马高盖车。我决狱多阴德，未尝有所冤，子孙必有兴者。"至定国为丞相，孙永为御史大夫也。

诩年十二，能通《尚书》。早孤，孝养祖母。县举顺孙，国相奇之，欲以为吏。诩辞曰："祖母九十，非诩不养。"相乃止。后祖母终，服阕，辟太尉李脩府，拜郎中。①

①《汉官仪》曰："脩字伯游，襄城人也。"

永初四年，羌胡反乱，残破并、凉，大将军邓骘以军役方费，事不相赡，欲弃凉州，并力北边，乃会公卿集议。骘曰："譬若衣败，坏一以相补，犹有所完。若不如此，将两无所保。"议者咸同。诩闻之，乃说李脩曰：〔1〕"窃闻公卿定策当弃凉州，求之愚心，未见其便。先帝开拓土宇，劬劳后定，而今惮小费，举而弃之。凉州既弃，即以三辅为塞；三辅为塞，则园陵单外。此不可之甚者也。喭曰：'关西出将，关东出相。'① 观其习兵壮勇，实过余州。今羌胡所以不敢入据三辅，为心腹之害者，以凉州在后故也。其土人所以推锋执锐，无反顾之心者，为臣属于汉故也。若弃其境域，徙其人庶，安土重迁，必生异志。如使豪雄相聚，席卷而东，②虽贲、育为卒，太公为将，犹恐不足当御。议者喻以补衣犹有所完，诩恐其疽食侵淫而无限极。弃之非计。”③脩曰：“吾意不及此。微子之言，几败国事。然则计当安出？”诩曰：“今凉土扰动，人情不安，窃忧卒然有非常之变。诚宜令四府九卿，④各辟彼州数人，其牧守令长子弟皆除为冗官，⑤外以劝厉，答其功勤，内以拘致，防其邪计。”脩善其言，更集四府，皆从诩议。于是辟西州豪桀为掾属，拜牧守长吏子弟为郎，以安慰之。

①《说文》曰：“嗙，传言也。”《前书》曰：“秦、汉以来，山东出相，山西出将。”秦时郿白起，频阳王翦；汉兴，义渠公孙贺，傅介子，成纪李广、李蔡，上邽赵充国，狄道辛武贤：皆名将也。丞相，则萧、曹、魏、丙、韦、平、孔、翟之类也。

②席卷言无馀也。《前书》曰“云彻席卷，后无馀灾”也。

③疽，痈疮也。

④四府谓太傅、太尉、司徒、司空之府也。九卿谓太常、光禄、卫尉、廷尉、太仆、大鸿胪、宗正、大司农、少府等也。

⑤冗，散也，音人勇反。

邓骘兄弟以诩异其议，因此不平，欲以吏法中伤诩。后朝歌贼甯季等数千人攻杀长吏，屯聚连年，州郡不能禁，乃以诩为朝歌长。故旧皆吊诩曰：“得朝歌何衰！”〔2〕诩笑曰：“志不求易，事不避难，臣之职也。不遇槃根错节，何以别利器乎？”始到，谒河内大守马棱。①棱勉之曰：“君儒者，当谋谟庙堂，反在朝歌邪？”诩曰：“初除之日，士大夫皆见吊勉。以诩诪之，知其无能为也。②朝歌者，韩、魏之郊，③背太行，临黄河，去敖仓百里，④而青、冀之人流亡万数。贼不知开仓招众，劫库兵，守城皋，断天下右臂，⑤此不足忧也。今其众新盛，难与争锋。兵不厌权，愿宽假辔策，勿令有所拘阂而已。”⑥及到官，设令三科以募求壮士，自掾史以下各举所知，其攻劫者为上，伤人偷盗者次之，带丧服而不事家业为下。收得百馀人，诩为飨会，悉贯其罪，使人贼中，诱令劫掠，乃伏兵以待之,遂杀贼数百人。又潜遣贫人能缝者,佣作贼衣,以采綖缝其裾为帜,⑦有出市里者,吏辄禽之。贼由是骇散,咸称神明。迁怀令。

①棱字伯威,援族孙也。

②诪当作"筹"也。〔3〕

③韩界上党,魏界河内,相接犬牙,故云郊也。

④敖仓在荥阳,解具《安纪》也。

⑤右臂,喻要便也。

⑥阂与"碍"同。

⑦帜,记也。《续汉书》曰"以绛缕缝其裾"也。

后羌寇武都,邓太后以诩有将帅之略,迁武都太守,引见嘉德殿,厚加赏赐。羌乃率众数千,遮诩于陈仓、崤谷,诩即停军不进,而宣言上书请兵,须到当发。羌闻之,乃分钞傍县,诩因其兵散,日夜进道,兼行百馀里。令吏士各作两灶,日增倍之,羌不敢逼。或问曰:"孙膑减灶而君增之。①兵法日行不过三十里,以戒不虞,②而今日且二百里。何也?"诩曰:"虏众多,吾兵少。徐行则易为所及,速进则彼所不测。虏见吾灶日增,必谓郡兵来迎。众多行速,必惮追我。孙膑见弱,吾今示强,埶有不同故也。"

①孙膑为齐军将,与魏庞涓战,使齐军入魏地,为十万灶,明日为五万灶,明日为三万灶。〔4〕庞涓行三日,大喜曰:"我固知齐卒怯。入吾地三日,士卒亡过半矣。"事见《史记》。

②《前书》王吉上疏曰:"古者师行三十里,吉行五十里。"

既到郡,兵不满三千,而羌众万馀,攻围赤亭数十日。①诩乃令军中,使强弩勿发,而潜发小弩。羌以为矢力弱,不能至,并兵急攻。诩于是使二十强弩共射一人,发无不中,羌大震,退。诩因出城奋击,多所伤杀。明日悉陈其兵众,令从东郭门出,北②郭门入,贸易衣服,回转数周。羌不知其数,更相恐动。诩计贼当退,乃潜遣五百馀人于浅水设伏,候其走路。虏果大奔,因掩击,大破之,斩获甚众,贼由是败散,南入益州。诩乃占相地势,筑营壁百八十所,〔5〕招还流亡,假赈贫人,郡遂以安。

①赤亭故城在今渭州襄武县东南，有赤亭水也。

②一作“西”。

先是运道艰险，舟车不通，驴马负载，僦五致一。① 诩乃自将吏士，案行川谷，自沮至下辩②〔6〕数十里中，皆烧石剪木，开漕船道，③ 以人僦直雇借佣者，于是水运通利，岁省四千馀万。诩始到郡，户裁盈万。及绥聚荒馀，招还流散，二三年间，遂增至四万馀户。盐米丰贱，十倍于前。④ 坐法免。

①《广雅》曰：“僦，赁也。”音子救反。僦五致一谓用五石赁而致一石也。

②沮及下辩并县名。沮，今兴州顺政县也。下辩，今成州同谷县也。沮音七余反。

③《续汉书》曰“下辩东三十馀里有峡，中当泉水，生大石，障塞水流，每至春夏，辄溢没秋稼，坏败营郭。〔7〕诩乃使人烧石，以水灌之，石皆坼裂，〔8〕因镌去石，遂无汜溺之患”〔9〕也。

④《续汉书》曰：“诩始到，谷石千，〔10〕盐石八千，见户万三千。视事三岁，米石八十，盐石四百，流人还归，郡户数万，人足家给，一郡无事。”

永建元年，代陈禅为司隶校尉。数月间，奏太傅冯石、太尉刘熹、中常侍程璜、陈秉、孟生、李闰等，百官侧目，号为苛刻。三公劾奏诩盛夏多拘系无辜，为吏人患。诩上书自讼曰：“法禁者俗之堤防，刑罚者人之衔辔。① 今州曰任郡，郡曰任县，更相委远，百姓怨穷，以苟容为贤，尽节为愚。臣所发举，臧罪非一，二府恐为臣所奏，〔11〕遂加诬罪。臣将从史鱼死，即以尸谏耳。”② 顺帝省其章，乃为免司空陶敦。③

①《礼记》曰：“夫礼，禁乱之所由生，犹坊止水之所自来也。故以旧防为无用坏之者，必有水败。”《尸子》曰：“刑罚者，人之鞭策也。”

②《韩诗外传》曰“昔者卫大夫史鱼病且死，谓其子曰：‘我数言蘧伯玉之贤而不能进，弥子瑕不肖不能退。为人臣生不能进贤而退不肖，死不当理丧正堂，殡我于室足矣。’卫君问其故，子以父言闻，君乃立召蘧伯玉而贵之，弥子瑕而退之，徙殡于正堂，成礼而后去”也。

③《汉官仪》曰：“敦字文理，京(兆)〔县〕人也。”〔12〕

时中常侍张防特用权埶，每请托受取，诩辄案之，而屡寝不报。诩不胜其愤，乃自系廷尉，奏言曰："昔孝安皇帝任用樊丰，遂交乱嫡统，几亡社稷。今者张防复弄威柄，国家之祸将重至矣。臣不忍与防同朝，谨自系以闻，无令臣袭杨震之迹。"①〔13〕书奏，防流涕诉帝，诩坐论输左校。防必欲害之，二日之中，传考四狱。狱吏劝诩自引，诩曰："宁伏欧刀以示远近。"②宦者孙程、张贤等知诩以忠获罪，乃相率奏乞见。程曰："陛下始与臣等造事之时，③常疾奸臣，知其倾国。今者即位而复自为，何以非先帝乎？司隶校尉虞诩为陛下尽忠，而更被拘系；常侍张防臧罪明正，反搆忠良。今客星守羽林，其占宫中有奸臣。④宜急收防送狱，以塞天变。下诏出诩，还假印绶。"时防立在帝后，程乃叱防曰："奸臣张防，何不下殿！"防不得已，趋就东箱。⑤程曰："陛下急收防，无令从阿母求请。"⑥帝问诸尚书，尚书贾朗素与防善，证诩之罪。帝疑焉，谓程曰："且出，吾方思之。"于是诩子顗与门生百馀人，举幡候中常侍高梵车，叩头流血，诉言枉状。梵乃入言之，防坐徙边，贾朗等六人或死或黜，即日赦出诩。程复上书陈诩有大功，语甚切激。帝感悟，复征拜议郎。数日，迁尚书仆射。

①震为樊丰所谮而死。

②欧刀，刑人之刀也。

③谓顺帝为太子，被江京等废为济阴王，程等谋立之时也。

④《史记·天官书》曰"虚、危南有众星，曰羽林"也。

⑤《埤苍》云："箱，序也。"字或作"厢"。

⑥阿母，宋娥也。

是时长吏、二千石听百姓谪罚者输赎，号为"义钱"，托为贫人储，而守令因以聚敛。诩上疏曰："元年以来，贫百姓章言长吏受取百万以上者，匈匈不绝，谪罚吏人至数千万，而三公、刺史少所举奏。寻永平、章和中，州郡以走卒钱给贷贫人，①司空劾案，州及郡县皆坐免黜。今宜遵前典，蠲除权制。"于是诏书下诩章，切责州郡。谪罚输赎自此而止。

①走卒，伍伯之类也。《续汉志》曰："伍伯，公八人，中二千石六人，千石、六百

石皆四人，自〔四〕百石以下〔14〕至二百石皆二人。黄绶。武官伍伯，文官辟车。铃下、侍阁、门兰、部署、街〔里〕走卒，〔15〕皆有程品，多少随所典领，率皆赤帻缝韝〔16〕。"即今行鞭杖者也。此言钱者，令其出资钱，不役其身也。

先是宁阳主簿诣阙，诉其县令之枉，①积六七岁不省。主簿乃上书曰："臣为陛下子，陛下为臣父。臣章百上，终不见省，臣岂可北诣单于以告怨乎？"帝大怒，持章示尚书，尚书遂劾以大逆。诩驳之曰："主簿所讼，乃君父之怨；百上不达，是有司之过。愚憃之人，不足多诛。"帝纳诩言，笞之而已。诩因谓诸尚书曰："小人有怨，不远千里，断发刻肌，诣阙告诉，而不为理，岂臣下之义？君与浊长吏何亲，而与怨人何仇乎？"闻者皆惭。诩又上言："台郎显职，仕之通阶。今或一郡七八，或一州无人。宜令均平，以厌天下之望。"及诸奏议，多见从用。

①宁阳，县，属东平国，故城在今兖州龚丘县南也。

诩好刺举，无所回容，①数以此忤权戚，遂九见谴考，三遭刑罚，而刚正之性，终老不屈。永和初，迁尚书令，以公事去官。朝廷思其忠，复征之，会卒。临终，谓其子恭曰："吾事君直道，行己无愧，所悔者为朝歌长时杀贼数百人，其中何能不有冤者。自此二十馀年，家门不增一口，斯获罪于天也。"

①回，曲也。

恭有俊才，官至上党太守。

傅燮字南容，北地灵州人也。①本字幼起，慕南容三复白圭，乃易字焉。②身长八尺，有威容。少师事太尉刘宽。再举孝廉。闻所举郡将丧，乃弃官行服。后为护军司马，与左中郎〔将〕皇甫嵩〔17〕俱讨贼张角。

①灵州，县也。

②《家语》子贡对卫文子曰："一日三复白圭之玷，是南宫绍之行也。"王肃注云："玷，缺也。《诗》云：'白圭之玷，尚可磨也。斯言之玷，不可为也。'一日三复，慎之至也。"

燮素疾中官，既行，因上疏曰："臣闻天下之祸，不由于外，皆兴于内。是故虞舜升朝，先除四凶，然后用十六相。① 明恶人不去，则善人无由进也。今张角起于赵、魏，黄巾乱于六州。② 此皆衅发萧墙，而祸延四海者也。臣受戎任，奉辞伐罪，始到颍川，战无不克。黄巾虽盛，不足为庙堂忧也。臣之所惧，在于治水不自其源，末流弥增其广耳。陛下仁德宽容，多所不忍，胡阉竖弄权，忠臣不进。诚使张角枭夷，黄巾变服，臣之所忧，甫益深耳。③ 何者？夫邪正之人不宜共国，亦犹冰炭不可同器。④ 彼知正人之功显，而危亡之兆见，皆将巧辞饰说，共长虚伪。夫孝子疑于屡至，⑤ 市虎成于三夫。⑥ 若不详察真伪，忠臣将复有杜邮之戮矣。⑦ 陛下宜思虞舜四罪之举，速行谗佞放殛之诛，⑧ 则善人思进，奸凶自息。臣闻忠臣之事君，犹孝子之事父也。子之事父，焉得不尽其情？使臣身备𫓧钺之戮，陛下少用其言，国之福也。"书奏，宦者赵忠见而忿恶。及破张角，燮功多当封，忠诉谮之，⑨ 灵帝犹识燮言，⑩ 得不加罪，竟亦不封，以为安定都尉。以疾免。

①《左传》曰，昔高阳氏有才子八人，苍舒、隤敳、梼戭、大临、尨降、庭坚、仲容、叔达，谓之八恺。高辛氏有才子八人，伯奋、仲堪、叔献、季仲、伯虎、仲熊、叔豹、季貍，谓之八元也。

②《皇甫嵩传》曰："连结郡国，自青、徐、幽、冀、荆、杨、兖、豫八州之人，莫不毕应。"此云"六州"，盖初起时也。

③甫，始也。

④《韩子》曰"冰炭不同器而久，寒暑不同时而至"也。

⑤甘茂对秦武王曰："昔曾参之居费，鲁人有与曾参同姓名者杀人，人告其母曰'曾参杀人'，其母织自若也。又告之，其母自若也。又告之，其母投杼下机，逾墙而走。夫以曾参之贤与其母之信也，三人疑之，其母惧焉。"见《史记》也。

⑥解见《马援传》。

⑦白起与应侯有隙，搆之秦昭王，免起为士伍，迁之阴密。行出咸阳西门十里，至杜邮，使赐剑自裁。见《史记》。案杜邮，今咸阳城是其地。郦元注《水经》云渭水北有杜邮亭也。

⑧殛音纪力反。殛亦诛也。

⑨《续汉书》曰："燮军斩贼三帅卜已、张伯、梁仲宁等，功高为封首。"

⑩识，记也，音志。

后拜议郎。会西羌反，边章、韩遂作乱陇右，征发天下，役赋无已。司徒崔烈以为宜弃凉州。诏会公卿百官，烈坚执先议。燮厉言曰："斩司徒，天下乃安。"尚书郎杨赞奏燮廷辱大臣。帝以问燮。燮对曰："昔冒顿至逆也，樊哙为上将，顾得十万众横行匈奴中，愤激思奋，未失人臣之节，顾计当从与不耳，季布犹曰'哙可斩也'。①今凉州天下要冲，国家藩卫。高祖初兴，使郦商别定陇右；②世宗拓境，列置四郡，议者以为断匈奴右臂。③今牧御失和，使一州叛逆，海内为之骚动，陛下卧不安寝。烈为宰相，不念为国思所以弭之之策，乃欲割弃一方万里之土，臣窃惑之。若使左衽之虏得居此地，④士劲甲坚，因以为乱，此天下之至虑，社稷之深忧也。若烈不知之，是极蔽也；知而故言，是不忠也。"帝从燮议。由是朝廷重其方格，⑤每公卿有缺，为众议所归。

①冒顿，匈奴单于名也。《前书》曰，季布为中郎将，单于为书嫚吕太后，吕太后怒，召诸将议之。将军樊哙曰："愿得十万众，横行匈奴中。"诸将皆阿太后，以哙言为然。布曰："樊哙可斩也！夫以高帝兵三十万困于平城，哙时亦在其中。今奈何以十万众横行匈奴中！"

②《前书》，汉王赐郦商爵信成君，以将军为陇西都尉，别定北地。

③《前书》，武帝分武威、酒泉，置张掖、敦煌，谓之四郡。刘歆等议曰："孝武帝北攘匈奴，降昆邪十万之众，置五属国，起朔方，以夺其肥饶之地。东伐朝鲜，起玄菟、乐浪，以断匈奴之左臂。西伐大宛，并〔三十〕六国，〔18〕结乌孙，起敦煌、酒泉、张掖，以(高)〔鬲〕婼羌，〔19〕裂匈奴之右臂。"婼音而遮反。

④《说文》曰："衽，衣衿也。"

⑤方，正也。格犹标准也。

顷之，赵忠为车骑将军，诏忠论讨黄巾之功，执金吾甄举等谓忠曰："傅南容前在东军，有功不侯，故天下失望。今将军亲当重任，宜进贤理屈，以副众心。"忠纳其言，遣弟城门校尉延致殷勤。延谓燮曰："南容少答我常侍，万户侯不足得也。”燮正色拒之曰：“遇与不遇，命也；有功不论，时也。傅燮岂求私赏哉！”忠愈怀恨，然惮其名，不敢害。[20]权贵亦多疾之，是以不得留，①出为汉阳太守。

①一作“封”。

初，郡将范津明知人，[21]举燮孝廉。及津为汉阳，与燮交代，合符而去，乡邦荣之。津字文渊，南阳人。燮善恤人，叛羌怀其恩化，并来降附，乃广开屯田，列置四十馀营。

时刺史耿鄙委任治中程球，球为通奸利，士人怨之。①中平四年，鄙率六郡兵讨金城贼王国、韩遂等。燮知鄙失众，必败，谏曰：“使君统政日浅，人未知教。孔子曰：‘不教人战，是谓弃之。’今率不习之人，越大陇之阻，将十举十危，而贼闻大军将至，必万人一心。边兵多勇，其锋难当，而新合之众，上下未和，万一内变，虽悔无及。不若息军养德，明赏必罚。贼得宽挺，②必谓我怯，群恶争势，其离可必。然后率已教之人，讨已离之贼，其功可坐而待也。今不为万全之福，而就必危之祸，窃为使君不取。”鄙不从。行至狄道，果有反者，先杀程球，次害鄙，贼遂进围汉阳。城中兵少粮尽，燮犹固守。

①《汉官》曰，司隶功曹从事，即持中也。

②挺，解也。

时北〔地〕胡骑数千[22]随贼攻郡，皆夙怀燮恩，共于城外叩头，求送燮归乡里。子幹年十三，从在官舍。知燮性刚，有高义，恐不能屈志以免，进谏曰：“国家昏乱，遂令大人不容于朝。今天下已叛，而兵不足自守，乡里羌胡①先被恩德，欲令弃郡而归，愿必许之。徐至乡里，率厉义徒，见有道而辅之，以济天下。”言未终，燮慨然而叹，呼幹小字曰：“别成，②汝知吾必死邪？盖‘圣达节，次守节’。③且殷纣之暴，伯夷不食周粟而死，仲尼称其贤。④今朝廷不甚殷纣，吾德亦岂绝伯夷？世乱不能养浩然之志，⑤[23]食禄又欲避其难乎？⑥吾行何之，必死于此。汝有才智，勉之勉之。主簿杨会，吾之程婴也。”⑦幹哽咽不能复言，左右皆泣下。王国使故酒泉太守黄衍说燮曰：“成败之事，已可知矣。先起，上有霸王之业，下成伊吕之勋。天下非复汉有，府君宁有意为吾属师乎？"⑧燮案剑叱衍曰："若剖符之臣，反为贼说邪！"遂麾左右进兵，临阵战殁。谥曰壮节侯。〔24〕

①燮，北地人，故云乡里也。

②《幹集》曰："幹字彦林。"〔25〕

③《左传》曰，曹公子臧曰："前志有之，圣达节，次守节，下失节。"

④《史记》曰，伯夷，孤竹君之子也。武王载文王木主伐纣。殷既平，伯夷耻之，义不食周粟，遂饿死。《论语》曰，子贡问曰："伯夷、叔齐何人也？"孔子曰："古之贤人也。"

⑤《孟子》曰："养吾浩然之气。"赵岐注曰：〔26〕"浩然，天气也。"

⑥《左传》曰，子路曰"食焉不避其难"也。

⑦程婴，解见《冯衍传》也。

⑧师即君也。《尚书》曰"作之君，作之师"也。

幹知名，位至扶风太守。

盖勋字元固，敦煌广至人也。①家世二千石。②初举孝廉，为汉阳长史。时武威太守倚恃权埶，恣行贪横，从事武都苏正和案致其罪。凉州刺史梁鹄畏惧贵戚，欲杀正和以免其负，乃访之于勋。勋素与正和有仇，或劝勋可因此报隙。勋曰："不可。谋事杀良，非忠也；乘人之危，非仁也。"乃谏鹄曰："夫绁食鹰鸢〔27〕欲其鸷，③鸷而亨之，将何用哉？"鹄从其言。正和喜于得免，而诣勋求谢。勋不见，曰："吾为梁使君谋，不为苏正和也。"怨之如初。④

①广至，县名，故城在今瓜州常乐县东，今谓之县泉堡是也。

②《续汉书》曰："曾祖父进，汉阳太守。祖父彪，大司农。"《谢承书》曰：〔28〕"父字思齐，官至安定属国都尉。"

③绁，系也。《广雅》曰："鸷，执也。"《苍颉解诂》曰："鸢，鸱也。"食音嗣。

④《续汉书》，中平元年，黄巾贼起，故武威太守酒泉黄隽被征，失期。梁鹄欲奏诛隽，勋为言得免。隽执黄金二十斤谢勋，勋谓隽曰："吾以子罪在八议，故为子言。吾岂卖评哉！"终辞不受。

中平元年，北地羌胡与边章等寇乱陇右，刺史左昌因军兴断盗数千万。①勋固谏，昌怒，乃使勋别屯阿阳以拒贼锋，②欲因军事罪之，而勋数有战功。边章等遂攻金城，杀郡守陈懿，勋劝昌救之，不从。边章等进围昌于冀，昌惧而召勋。勋初与从事辛曾、孔常俱屯阿阳，及昌檄到，曾等疑不肯赴。勋怒曰："昔庄贾后期，穰苴奋剑。③今之从事，岂重于古之监军哉！"曾等惧而从之。勋即率兵救昌。到，乃诮让章等，责以背叛之罪。皆曰："左使君若早从君言，以兵临我，庶可自改。今罪已重，不得降也。"乃解围而去。昌坐断盗征，以扶风宋枭代之。④枭患多寇叛，谓勋曰："凉州寡于学术，故屡致反暴。今欲多写《孝经》，令家家习之，庶或使人知义。"勋谏曰："昔太公封齐，崔杼杀君；伯禽侯鲁，庆父篡位。⑤此二国岂乏学者？今不急静难之术，遽为非常之事，既足结怨一州，又当取笑朝廷，勋不知其可也。"枭不从，遂奏行之。果被诏书诘责，坐以虚慢征。时叛羌围护羌校尉夏育于畜官，⑥勋与州郡合兵救育，至狐槃，〔29〕为羌所破。勋收馀众百馀人，为鱼丽之陈。⑦羌精骑夹攻之急，士卒多死。勋被三创，坚不动，乃指木表⑧曰："必尸我于此。"句就种羌滇吾⑨素为勋所厚，乃以兵扞众曰："盖长史贤人，汝曹杀之者为负天。"勋仰骂曰："死反虏，汝何知？促来杀我！"众相视而惊。滇吾下马与勋，勋不肯上，遂为贼所执。羌戎服其义勇，不敢加害，送还汉阳。后刺史杨雍即表勋领汉阳太守。时人饥，相渔食，勋调谷禀之，⑩先出家粮以率众，存活者千馀人。

①断谓割截。

②阿阳，县，属天水郡。〔30〕

③齐景公时，燕、晋侵齐，景公以司马穰苴为将，扞之，仍令宠臣庄贾监军。与穰苴期旦日会，贾素骄贵，夕时至，穰苴召军正问曰："军法期而后者云何？"对曰："当斩。"遂斩贾以徇三军。

④《续汉书》"枭"字作"泉"也。〔31〕

⑤崔杼，齐大夫。齐庄公先通其妻，杼杀之。庆父，鲁庄公弟。庄公子开立，是为湣公，庆父袭杀湣公。〔32〕并见《史记》。

⑥《前书·尹翁归传》曰："有论罪输掌畜官。"《音义》曰："右扶风畜牧所在，有

苑师之属，故曰畜官。畜音许救反。”

⑦丽音离。《左传》曰：“王以诸侯伐郑，郑原繁、高渠弥奉公为鱼丽之陈，先偏后伍，伍承弥缝。”〔33〕杜预注曰：“此鱼丽陈法也。”

⑧表，标也。

⑨句就，羌别种也。句音古侯反。

⑩调犹发也。

后去官，征拜讨虏校尉。灵帝召见，问：“天下何苦而反乱如此？”勋曰：“幸臣子弟扰之。”时宦者上军校尉蹇硕在坐，帝顾问硕，硕惧，不知所对，而以此恨勋。帝又谓勋曰：“吾已陈师于平乐观，多出中藏财物以饵士，何如？”①勋曰：“臣闻‘先王耀德不观兵’。②今寇在远而设近陈，不足昭果毅，秪黩武耳。”③帝曰：“善。恨见君晚，群臣初无是言也。”

①中藏谓内藏也。

②《国语》曰：“穆王将征犬戎，祭公谋父谏曰：‘不可。先王耀德不观兵。’”韦昭注曰：“耀，明也。观，示也。”

③左传曰“戎昭果毅以听之之谓武，杀敌为果，致果曰毅”也。

勋时与宗正刘虞、佐军校尉袁绍同典禁兵。勋谓虞、绍曰：“吾仍见上，上甚聪明，但拥蔽于左右耳。若共并力诛嬖幸，然后征拔英俊，以兴汉室，功遂身退，岂不快乎！”虞、绍亦素有谋，因相连结，未及发，而司隶校尉张温举勋为京兆尹。帝方欲延接勋，而蹇硕等心惮之，并劝从温奏，遂拜京兆尹。

时长安令杨党，父为中常侍，恃埶贪放，勋案得其臧千馀万。贵戚咸为之请，勋不听，具以事闻，并连党父，有诏穷案，威震京师。时小黄门京兆高望为尚药监，幸于皇太子，太子因蹇硕属望子进为孝廉，勋不肯用。或曰：“皇太子副主，望其所爱，硕帝之宠臣，而子违之，所谓三怨成府者也。”①勋曰：“选贤所以报国也。非贤不举，死亦何悔！”勋虽在外，每军国密事，帝常手诏问之。②数加赏赐，甚见亲信，在朝臣右。

①府，聚也。

②《续汉书》曰：“是时，汉阳叛人王国，众十馀万，攻陈仓，三辅震动。勋领郡

兵五千人，自请满万人，因表用处士扶风〔士〕孙瑞〔34〕为鹰鹞都尉，桂阳魏傑〔35〕为破敌都尉，京兆杜楷为威虏都尉，弘农杨儒为鸟击都尉，长陵第五儁为清寇都尉。凡五都尉，皆素有名，悉领属勋。每有密事，灵帝手诏问之。”

及帝崩，董卓废少帝，杀何太后，勋与书曰：“昔伊尹、霍光权以立功，犹可寒心，足下小丑，何以终此？贺者在门，吊者在庐，可不慎哉！”①卓得书，意甚惮之。征为议郎。时左将军皇甫嵩精兵三万屯扶风，勋密相要结，将以讨卓。会嵩亦被征，勋以众弱不能独立，遂并还京师。自公卿以下，莫不卑下于卓，唯勋长揖争礼，见者皆为失色。卓问司徒王允曰：“欲得快司隶校尉，谁可作者？”允曰：“唯有盖京兆耳。”卓曰：“此人明智有馀，然不可假以雄职。”乃以为越骑校尉。卓又不欲令久典禁兵，复出为颍川太守。未及至郡，征还京师。时河南尹朱儁为卓陈军事。卓折儁曰：“我百战百胜，决之于心，卿勿妄说，且污我刀。”勋曰：“昔武丁之明，犹求箴谏，②况如卿者，而欲杜人之口乎？”卓曰：“戏之耳。”勋曰：“不闻怒言可以为戏？”卓乃谢儁。勋虽强直不屈，而内厌于卓，不得意，疽发背卒，时年五十一。遗令勿受卓赙赠。卓欲外示宽容，表赐东园秘器赗襚，送之如礼。葬于安陵。

①《孙卿子》曰“庆者在堂，吊者在闾，福与祸邻，莫知其门”也。

②武丁，殷王高宗也。谓傅说曰：“启乃心，沃朕心。”说复于王曰：“惟木从绳则正，后从谏则圣。”见《尚书》。

子顺，官至永阳太守。

臧洪字子源，〔36〕广陵射阳人也。①父旻，有干事才。②熹平元年，会稽妖贼许昭起兵句章，③自称“大将军”，立其父生为越王，攻破城邑，众以万数。拜旻扬州刺史。旻率丹(扬)〔阳〕太守陈夤〔37〕击昭，破之。昭遂复更屯结，大为人患。旻等进兵，连战三年，破平之，获昭父子，斩首数千级。迁旻为使匈奴中郎将。

①射阳故城在今楚州安宜县东也。

②《谢承书》曰："旻达于从政，为汉良吏，迁匈奴中郎将。还京师，太尉袁逢问其西域诸国土地风俗人物种数，旻具答言西域本三十六国，后分为五十五，稍散至百馀国。大小，道里近远，人数多少，风俗燥湿，山川草木鸟兽异物名种不与中国同者，口陈其状，手画地形。逢奇其才，叹息言：'虽班固作《西域传》，何以加此乎？'"

③句章县故城在今越州鄮县〔38〕西。《十三州志》云："句践之地，南至句无，其后并吴，因大城句，章伯功以示子孙，故曰句章。"

洪年十五，以父功拜童子郎，① 知名太学。洪体貌魁梧，有异姿。② 举孝廉，补即丘长。③

①汉法，孝廉试经者拜为郎。洪以年幼才俊，故拜童子郎也。《续汉书》曰"左雄奏征海内名儒为博士，使公卿子弟为诸生，有志操者加其俸禄。及汝南谢廉、河南赵建章〔39〕年始十二，各能通经，雄并奏拜童子郎。于是负书来学，云集京师"也。

②魁梧，壮大之貌也。梧音吾。

③即丘，县，属琅邪国，故城在今沂州临沂县东南，即《春秋》之祝丘也。

中平末，弃官还家，太守张超请为功曹。时董卓(杀)〔弑〕帝，〔40〕图危社稷。洪说超曰："明府历世受恩，兄弟并据大郡。① 今王室将危，贼臣虎视，此诚义士效命之秋也。今郡境尚全，吏人殷富，若动桴鼓，可得二万人。以此诛除国贼，为天下唱义，不亦宜乎！"超然其言，与洪西至陈留，见兄邈计事。邈先谓超曰："闻弟为郡，委政臧洪，洪者何如人？"超曰："臧洪海内奇士，才略智数不比于超矣。"邈即引洪与语，大异之。乃使诣兖州刺史刘岱、② 豫州刺史孔伷，③ 遂皆相善。邈既先有谋约，会超至，定议，乃与诸牧守大会酸枣。设坛场，将盟，既而更相辞让，莫敢先登，咸共推洪。洪乃摄衣升坛，操血而盟曰："汉室不幸，皇纲失统，贼臣董卓，乘衅纵害，祸加至尊，毒流百姓。大惧沦丧社稷，翦覆四海。兖州刺史岱、豫州刺史伷、陈留太守邈、东郡太守瑁、④ 广陵太守超等，纠合义兵，并赴国难。⑤ 凡我同盟，齐心一力，以致臣节，陨首丧元，必无二志。有渝此盟，俾坠其命，无克遗育。⑥ 皇天后土，祖宗明灵，实皆鉴之。"洪辞气慷慨，闻其言者，无不激扬。自是之后，诸军各怀迟疑，莫适先进，遂使粮储单竭，兵众乖散。

①谓超为广陵，兄邈为陈留也。

②岱字公山。

③伷字公绪。

④桥瑁也。

⑤纠，收也。

⑥《左传》曰，王子虎盟诸侯于王廷，要言曰"皆奖王室，无相害也。有渝此盟，明神殛之，俾坠其师，无克祚国"也。

时讨虏校尉公孙瓒与大司马刘虞有隙，超乃遣洪诣虞，共谋其难。行至河间而值幽冀交兵，行涂阻绝，因寓于袁绍。绍见洪，甚奇之，与结友好，以洪领青州刺史。前刺史焦和好立虚誉，能清谈。时黄巾群盗处处飙起，而青部殷实，军革尚众。和欲与诸同盟西赴京师，未及得行，而贼已屠城邑。和不理戎警，但坐列巫史，禜祷群神。①又恐贼乘冻而过，命多作陷冰丸，以投于河。众遂溃散，和亦病卒。洪收抚离叛，百姓复安。

①巫，女巫也。史，祝史也。禜谓营攒用币，以(穰)〔禳〕风雨〔41〕霜雪水旱厉疫于日月星辰山川也。祷谓告事求福也。

在事二年，袁绍惮其能，徙为东郡太守，都东武阳。时曹操围张超于雍丘，甚危急。超谓军吏曰："今日之事，唯有臧洪必来救我。"或曰："袁曹方穆，而洪为绍所用，恐不能败好远来，违福取祸。"超曰："子源天下义士，终非背本者也，或见制强力，不相及耳。"洪始闻超围，乃徒跣号泣，并勒所领，将赴其难。自以众弱，从绍请兵，而绍竟不听之，超城遂陷，张氏族灭。洪由是怨绍，绝不与通。绍兴兵围之，历年不下，使洪邑人陈琳以书譬洪，示其祸福，责以恩义。①洪答曰：

①《献帝春秋》曰"绍使琳为书八条，责以恩义，告喻使降"也。

隔阔相思，发于寤寐。相去步武，①而趋舍异规，其为怆恨，胡可胜言！前日不遗，比辱雅况，②述叙祸福，公私切至。以子之才，穷该典籍，岂将暗于大道，不达余趣哉？是以损弃翰墨，一无所酬，亦冀遥忖褊心，粗识鄙性。重获来命，援引纷纭，虽欲无对，而义笃其言。

①《尔雅》曰："武，迹也。"

②比，频也。

仆小人也，本乏志用，中因行役，特蒙倾盖，①恩深分厚，遂窃大州，宁乐今日自还接刃乎？每登城临兵，观主人之旗鼓，②瞻望帐幄，感故友之周旋，抚弦搦矢，③不觉涕流之覆面也。何者？自以辅佐主人，无以为悔；主人相接，过绝等伦。受任之初，志同大事，埽清寇逆，共尊王室。岂悟本州被侵，郡将遘厄，请师见拒，辞行被拘，使洪故君，遂至沦灭。区区微节，无所获申，岂得复全交友之道，重亏忠孝之名乎？所以忍悲挥戈，收泪告绝。若使主人少垂古人忠恕之情，来者侧席，去者克己，④则仆抗季札之志，不为今日之战矣。⑤

①《家语》，孔子之郯，与程子相遇于涂，倾盖而语也。

②洪常寓于绍，故谓之主人也。

③搦，捉也，音女卓反。

④来者侧席而待之，去者克己自责，不责人也。

⑤吴王馀昧卒，欲授弟季札，季札逃去。见《史记》也。

昔张景明登坛喢血，奉辞奔走，卒使韩牧让印，主人得地。后但以拜章朝主，赐爵获传之故，不蒙观过之贷，而受夷灭之祸。①吕奉先讨卓来奔，请兵不获，告去何罪，复见斫刺。②刘子璜奉使逾时，辞不获命，畏君怀亲，以诈求归，可谓有志忠孝，无损霸道，亦复僵尸麾下，不蒙亏除。慕进者蒙荣，违意者被戮，此乃主人之利，非游士之愿也。是以鉴戒前人，守死穷城，亦以君子之违，不适敌国故也。③

①《英雄记》云，袁绍使张景明、郭公则、高元才等说韩馥，使让冀州与绍。然则馥之让位，景明亦有其功。其馀未详也。

②《魏志·吕布传》曰:“布破张燕军而求益兵,众将士抄掠,绍患忌之。布觉其意,从绍求去。”《英雄记》:“布求还洛,绍假布领司隶校尉,外言当遣,内欲杀布。明日当发,绍遣甲士三十人,辞以送布,止于帐侧。布伪使人于帐中鼓筝,绍兵卧,无何,出帐去而兵不觉。夜半兵起,乱斫布床被,谓已死。明旦,绍讯问,知布尚在,乃闭城门,布遂引去。”

③《左传》云,公山不狃曰:“君子违不适仇国。”杜预注云:“违,奔亡也。”

足下当见久围不解,救兵未至,感婚姻之义,推平生之好,以为屈节而苟生,胜守义而倾覆也。昔晏婴不降志于白刃,南史不曲笔以求存,①故身传图象,名垂后世。况仆据金城之固,驱士人之力,散三年之畜以为一年之资,匡困补乏,以悦天下,何图筑室反耕哉?②但惧秋风扬尘,伯圭马首南向,③张扬、飞燕旅力作难,④北鄙将告倒悬之急,股肱奏乞归之记耳。⑤主人当鉴戒曹辈,反旌退师,何宜久辱盛怒,暴威于吾城之下哉!

①崔杼杀齐庄公,欲劫晏子与盟,以戟拘其颈,剑承其心。晏子曰:“劫吾以刃而失其意,非勇也。”崔杼遂释之。事见《晏子》。《左传》曰“太史书曰‘崔杼弑其君’,崔子杀之。其弟嗣书而死者二人,其弟又书,乃舍之。南史氏闻太史尽死,执简以往,闻既书矣,乃还”也。

②《左传》曰:“楚子围宋,筑室反耕。”杜预注曰:“筑室于宋,反兵耕田,示无还意也。”

③伯圭,公孙瓒字。

④《魏志》曰,张扬字稚叔,云中人也,以武勇给并州为从事。何进令于本州募兵,得千馀人,因留上党击山贼。进败,扬遂以所将兵攻上党,仍略诸县,众至数千,又与袁绍合。张燕,常山人,本姓褚。黄巾起,燕合聚少年为群盗,众万人。博陵张牛角(立)〔之〕起,〔42〕众次瘿陶,牛角为飞矢所中,且死,告其众曰:“必以燕为帅。”角死,众奉燕,故改姓张。燕僄悍,捷速过人,军中号为“飞燕”。众至百万,号曰“黑山”。后助公孙瓒与绍争冀州也。

⑤股肱犹手足也。言北边有仓卒之急,股肱之臣将告归自救耳。

足下讥吾恃黑山以为救,独不念黄巾之合从邪?昔高祖取彭越于钜野,①光武创基兆于绿林,卒能龙飞受命,中兴帝业。苟可辅主兴化，夫何嫌哉！况仆亲奉玺书，与之从事！

①《前书》，彭越将其众居钜野中，无所属，汉王乃使人赐越将军印，使下济阴以击楚也。

行矣孔璋！足下徼利于境外，臧洪投命于君亲；吾子托身于盟主，①臧洪策名于长安。子谓余身死而名灭，仆亦笑子生死而无闻焉。本同末离，努力努力，夫复何言！

①盟主谓袁绍也。

绍见洪书，知无降意，增兵急攻。城中粮尽，外无援救，洪自度不免，呼吏士谓曰："袁绍无道，所图不轨，且不救洪郡将，洪于大义，不得不死。念诸君无事，空与此祸，①可先城未破，将妻子出。"将吏皆垂泣曰："明府之于袁氏，本无怨隙，今为郡将之故，自致危困，吏人何忍当舍明府去也？"初尚掘鼠，煮筋角，后无所复食，主簿启内厨米三斗，请稍为饘粥，②洪曰："何能独甘此邪？"使为薄糜，遍班士众。又杀其爱妾，以食兵将。兵将咸流涕，无能仰视。男女七八十人相枕而死，莫有离叛。

①与音预。

②杜预注《左传》曰："饘，糜也。"音之延反。

城陷，生执洪。绍盛帷幔，大会诸将见洪。谓曰："臧洪何相负若是！今日服未？"洪据地瞋目曰："诸袁事汉，四世五公，可谓受恩。今王室衰弱，无扶翼之意，而欲因际会，觖望非冀，①多杀忠良，以立奸威。洪亲见将军呼张陈留为兄，则洪府君亦宜为弟，而不能同心戮力，为国除害，坐拥兵众，观人屠灭。惜洪力劣，不能推刃为天下报仇，②何谓服乎？"绍本爱洪，意欲屈服赦之，见其辞切，知终不为用，乃命杀焉。

①《前汉音义》曰："觖犹冀也。"觖音羌恚反。

②《公羊传》曰："事君犹事父也，父受诛，子复仇，推刃之道。"

洪邑人陈容，少为诸生，亲慕于洪，随为东郡丞。先城未败，洪使归绍。时容在坐，见洪当死，起谓绍曰："将军举大事，欲为天下除暴，而专先诛忠义，岂合天意？臧洪发举为郡将，奈何杀之！"绍惭，使人牵出，谓曰："汝非臧洪畴，空复尔为？"容顾曰："夫仁义岂有常所，蹈之则君子，背之则小人。[43]今日宁与臧洪同日死，不与将军同日生也。"遂复见杀。在绍坐者，无不叹息，窃相谓曰："如何一日戮二烈士！"

先是洪遣司马二人出，求救于吕布。比还，城已陷，皆赴敌死。

论曰：雍丘之围，臧洪之感愤壮矣！想其行跣且号，束甲请举，诚足怜也。夫豪雄之所趣舍，其与守义之心异乎？若乃缔谋连衡，怀诈算以相尚者，盖惟利埶所在而已。况偏城既危，曹袁方穆，洪徒指外敌之衡，以纾倒县之会。忿悁之师，兵家所忌。①可谓怀哭秦之节，存荆则未闻也。②

①《前书》魏相上书曰："救乱诛暴，谓之义兵，兵义者王。敌加于己，不得已而起者，谓之应兵，兵应者胜。争恨小故，不胜愤怒者，谓之忿兵，兵忿者败。利人土地货宝者，谓之贪兵，兵贪者破。恃国家之大，矜其人众，欲见威于敌者，谓之骄兵，兵骄者灭。此非但人事，乃天道也。"

②吴破楚，申包胥如秦乞师，立依于庭墙而哭，日夜不绝声，勺饮不入口，七日秦师乃出，以车五百乘救楚，败吴兵于稷。事见《左传》及《史记》。言臧洪徒守节致死，不能如包胥之存楚也。

赞曰：先零扰疆，邓、崔弃凉。诩、燮令图，再全金方。盖勋抗董，终然允刚。洪怀偏节，力屈志扬。

【校勘记】

〔1〕 乃说李傕曰　按：《集解》引惠栋说，谓《袁纪》诩说太尉张禹，与传异也。

〔2〕 得朝歌何衰　按：《集解》引惠栋说，谓《袁纪》"何衰"作"可哀"。

〔3〕 祷当作筹也　按：《御览》一九〇引正作"筹"，疑据章怀注改也。

〔4〕 明日为三万灶　按："三"原讹"二"，径据汲本、殿本改正。

〔5〕 筑营壁百八十所　汲本、殿本"百"上有"二"字。按：《通鉴》亦作"百八十所"。

〔6〕 自沮至下辩　《集解》引惠栋说，谓案《汉李翕碑》题名，"辩"当作"辨"。今按：《续志》作"辨"，《通鉴》胡注亦作"辨"。

〔7〕 每至春夏辄溢没秋稼坏败营郭　按：《类聚》六引作"春夏辄溃溢，败坏城郭"。

〔8〕 石皆坼裂　按：《类聚》引"坼"作"罅"。

〔9〕 遂无氾溺之患　按：汲本"氾"作"汎"。《类聚》引作"遂无沈溺之害"。

〔10〕 谷石千　《集解》引惠栋说，谓《御览》八百六十五引《续汉书》，云"始到郡，谷千五百"，此脱"五百"字。今按：《通鉴》亦作"谷石千"。

〔11〕 二府恐为臣所奏　按：《刊误》谓上文三公劾诩，则"二府"当为"三府"也。

〔12〕 敦字文理京(兆)〔县〕人也　张森楷《校勘记》谓据《顺帝纪》注，敦是河南京县人，此"兆"字当衍文，或"县"字之误。按：《顺帝纪》注作"京县人也"，今据改。

〔13〕 无令臣袭杨震之迹　按："杨"原讹"扬"，径改正。下一二六八页五行"杨会"、一二六九页二七行"杨雍"、一二七一页一二行注"杨儒"同。

〔14〕 自〔四〕百石以下　陈景云谓按《续志》"百石"上当有"四"字。今据补。

〔15〕 街〔里〕走卒　《刊误》谓《后汉志》"街"下有一"里"字。今据补。

〔16〕 率皆赤帻缝褠　汲本、殿本"缝"作"绛"。按：《续志》作"绛韝"。

〔17〕 与左中郎〔将〕皇甫嵩　《刊误》谓案《嵩传》，此少一"将"字。今据补。

〔18〕 并〔三十〕六国　陈景云谓"六"上当有"三十"二字。今据补。

〔19〕 以(高)〔鬲〕婼羌　据《刊误》改。

〔20〕 然惮其名不敢害　按：《校补》谓此处当脱仍奏请封燮某侯，并燮转某官，否则下文似不接，且议郎亦不得即拜太守也。

〔21〕 郡将范津明知人　按：《刊误》谓"明"当作"名"。

〔22〕 时北〔地〕胡骑数千　《刊误》谓案文少一"地"字，下文云"乡里羌胡"，是与燮同北地人也。今据补。

〔23〕 世乱不能养浩然之志　"浩"原讹"皓"，径改正。下一六行"养吾浩然之气"同。

〔24〕 谥曰壮节侯　《集解》引周寿昌说，谓燮未封侯，岂死后赠爵邪？《范史》不叙，明少疏。按：《校补》谓范氏史法本密，不至一传之中前后文亦不相应如此，其为上脱燮封侯事明矣。

〔25〕 斡字彦林　按:《集解》引惠栋说,谓“林”一作“材”,见《三国志》注。

〔26〕 赵岐注曰　按:“岐”原作“歧”,径改正。

〔27〕 继食鹰鸢　按:“鹰”原讹“膺”,径改正。

〔28〕 谢承书曰　按:“承”原讹“丞”,径改正。

〔29〕 至狐槃　按:《集解》引惠栋说,谓《袁宏纪》作“孤磐”。

〔30〕 阿阳县属天水郡　按:“天水”当作“汉阳”,惠栋云后汉改天水为汉阳。

〔31〕 续汉书枭字作泉也　《集解》引汪文台说,谓范作“枭”非,作“泉”亦非,疑本作“因”,音近讹作“渊”,又以避讳作“泉”。按:《校补》谓疑本是“臬”字,误为“枭”,复讹为“泉”耳。

〔32〕 是为滑公庆父袭杀滑公　按:两“滑”字原皆误“涽”,径改正。

〔33〕 伍承弥缝　“伍”原作“五”,径据汲本、殿本改。

〔34〕 扶风〔士〕孙瑞　据《集解》引惠栋说补。

〔35〕 桂阳魏傑　按:张森楷《校勘记》谓案《太尉刘宽碑》阴有“右扶风杜阳魏傑”,《献帝春秋》同,而桂阳则荆州郡,不在三辅矣,盖“桂”字是“杜”字之误。

〔36〕 臧洪字子源　按:《集解》引惠栋说,谓《唐赠工部尚书臧怀恪碑》历叙臧氏作“子原”,案字从厂从泉,后人复添三点,见《顾炎武金石文字记》。

〔37〕 丹(扬)〔阳〕太守陈夤　据汲本改。

〔38〕 越州鄮县　按:“鄮”原讹“鄚”,径据汲本、殿本改正。

〔39〕 河南赵建章　按:《集解》引惠栋说,谓依《左雄传》,衍“章”字。

〔40〕 时董卓(杀)〔弑〕帝　据汲本、殿本改。

〔41〕 以(穰)〔禳〕风雨　据汲本改。

〔42〕 博陵张牛角(立)〔之〕起　《刊误》谓“立”当作“之”。今据改。

〔43〕 蹈之则君子背之则小人　按:汲本、殿本两“则”字下并有“为”字。

后汉书卷五十九

张衡列传第四十九

张衡字平子，南阳西鄂人也。①世为著姓。祖父堪，蜀郡太守。衡少善属文，游于三辅，因入京师，观太学，遂通《五经》，贯六艺。虽才高于世，而无骄尚之情。常从容淡静，不好交接俗人。永元中，举孝廉不行，连辟公府不就。时天下承平日久，自王侯以下，莫不逾侈。衡乃拟班固《两都》，作《二京赋》，因以讽谏。精思傅会，十年乃成。文多故不载。大将军邓骘奇其才，累召不应。

①西鄂，县，故城在今邓州向城县南，有平子墓及碑在焉，崔瑗之文也。

衡善机巧，尤致思于天文、阴阳、历算。常耽好《玄经》，①谓崔瑗曰："吾观《太玄》，方知子云妙极道数，乃与《五经》相拟，非徒传记之属，使人难论阴阳之事，汉家得天下二百岁之书也。②复二百岁，殆将终乎？③所以作者之数，必显一世，常然之符也。汉四百岁，《玄》其兴矣。"④安帝雅闻衡善术学，公车特征拜郎中，再迁为太史令。⑤遂乃研覈阴阳，妙尽琁机之正，作浑天仪，著《灵宪》、《筭罔论》，言甚详明。⑥

①桓谭《新论》曰："扬雄作《玄书》，以为玄者，天也，道也。言圣贤制法作事，皆引天道以为本统，而因附续万类、王政、人事、法度，故宓羲氏谓之《易》，老子谓之道，孔子谓之元，而扬雄谓之玄。《玄经》三篇，以纪天地人之道，立三体有上中下，如《禹贡》之陈三品。三三而九，因以九九八十一，故为八十一卦。以四为数，数从一至四，重累变易，竟八十一而遍，不可损益。以三十(五)〔六〕蓍揲之。〔1〕《玄经》五千馀言，而传十二篇也。"

②子云当哀帝时著《太玄经》，自汉初至哀帝，二百岁也。

③自中兴至献帝，一百八十九年也。

④自此已上，并衡与崔瑗书之文也。

⑤《汉官仪》"太史令属太常，秩六百石"也。

⑥《汉名臣奏》曰，蔡邕曰："言天体者有三家：一曰周髀，二曰宣夜，三曰浑天。宣夜之学绝，无师法。周髀术数具存，考验天状，多所违失，故史官不用。唯浑天者，近得其情，今史官所用候台铜仪，则其法也。"《灵宪序》曰："昔在先王，将步天路，用定灵轨。寻绪本元，先准之于浑体，是为正仪，故灵宪作兴。"《衡集》无《筭罔论》，盖网络天地而算之，因名焉。

顺帝初，再转，复为太史令。衡不慕当世，所居之官，辄积年不徙。自去史职，五载复还，乃设客问，作《应间》以见其志云：①

①间，非也。《衡集》云："观者，观余去史官五载而复还，非进取之势也。唯衡内识利钝，操心不改。或不我知者，以为失志矣。用为间余。余应之以时有遇否，性命难求，因兹以露余诚焉，名之《应间》云。"

有间余者曰：盖闻前哲首务，务于下学上达，佐国理民，有云为也。①朝有所闻，则夕行之。立功立事，式昭德音。②是故伊尹思使君为尧舜，而民处唐虞，彼岂虚言而已哉，必旌厥素尔。③咎单、巫咸，寔守王家，④申伯、樊仲，实干周邦，服衮而朝，介圭作瑞。⑤厥迹不朽，垂烈后昆，不亦丕欤！且学非以要利，而富贵萃之。贵以行令，富以施惠，惠施令行，故《易》称以"大业"。⑥质以文美，实由华兴，器赖雕饰为好，人以舆服为荣。吾子性德体道，笃信安仁，约已博艺，无坚不钻，以思世路，斯何远矣！⑦曩滞日官，今又原之。⑧虽老氏曲全，进道若退，然行亦以需。⑨必也学非所用，术有所仰，故临川将济，而舟楫不存焉。徒经思天衢，内昭独智，固合理民之式也？故尝见谤于鄙儒。⑩深厉浅揭，随时为义，曾何贪于支离，而习其孤技邪？⑪参⑫轮可使自转，木雕犹能独飞，已垂翅而还故栖，盍亦调其机而铦诸？⑬昔有文王，〔2〕自求多福。⑭人生在勤，不索何获。⑮曷若卑体屈己，美言以相克？⑯鸣于乔木，乃金声而玉振之。⑰用后勋，雪前吝，婞佷不柔，以意谁靳也。⑱

①《论语》曰，孔子曰："下学而上达。"注云："下学人事，上知天命也。"

②《尚书》曰:"立功立事,可以永年。"《逸诗》曰:"祈招之愔愔,式昭德音。"式,用也。昭,明也。

③《尚书》伊尹曰:"予弗克俾厥后,惟尧舜其心,愧耻若挞于市。"旌,明也。素犹志也。

④咎单、巫咸,并殷贤臣也。《尚书》曰:"咎单作《明居》。"又曰"巫咸保乂王家"也。

⑤申伯,申国之伯也;樊仲,仲山甫也,为樊侯:并周宣王之卿士。《诗·大雅》曰:"维申及甫,维周之翰。"注:"翰,干也。服衮谓申伯为冢宰,服衮冕之服也。"又曰:"锡尔介圭,以作尔宝。"注云"宝,瑞也。圭长尺二寸谓之介"也。

⑥《易·系词》曰"盛德大业,至矣哉!富有之谓大业,日新之谓盛德"也。

⑦《论语》曰:"笃信好学。"又曰:"仁者安仁。"又曰:"钻之弥坚。""博我以文,约我以礼。"

⑧日官,史官也。《左传》曰:"天子有日官。"《尔雅》曰:"原,再也。"

⑨《老子》曰:"曲则全,枉则(正)〔直〕。"〔3〕又曰:"夷道若类,进道若退。"《易·杂卦》曰:"需,不进也。"

⑩天衢,天道也。言徒锐思作《灵宪》、浑天仪等也。

⑪揭,褰衣也,音丘例反。《诗·鄁风》曰:"深则厉,浅则揭。"《尔雅》曰:"由带以上为厉,由膝以下为揭。"言遭时制宜,遇深水则厉,浅则揭也。《易·随卦》:"随时之义大矣哉!"《庄子》曰:"朱泙曼学屠龙于支离益,单千金之家,三年技成而无所用。"技音渠绮反。责衡何独妙思于机巧者也。

⑫音三。

⑬垂翅故栖,谓再为史官也。盍,何不也。铦,利也。诸,之也。间者言衡作三轮木雕,尚能飞转,已乃垂翅故栖,何不调其机关使利而高飞邪?《傅子》曰"张衡能令三轮独转"也。

⑭《诗·大雅·文王篇》曰"永言配命,自求多福"也。

⑮《左传》曰:"人生在勤,勤则不匮。"又曰:"不索何获,吾欲求之。"

⑯克,胜也。《衡集》作"美言以市"也。

⑰《诗·小雅》曰:"伐木丁丁,鸟鸣嘤嘤,出自幽谷,迁于乔木。"喻求仕迁于高位,振扬德音,如金玉之声。《孟子》曰:"金声而玉振〔之〕。"〔4〕

⑱吝,耻也。《左传》曰:"宋公靳之。"杜预注云:"戏而相愧曰靳。"

应之曰：是何观同而见异也？君子不患位之不尊，而患德之不崇；不耻禄之不夥，而耻智之不博。① 是故艺可学，而行可力也。天爵高悬，得之在命，② 或不速而自怀，或羡旃而不臻，③ 求之无益，故智者面而不思。④ 阽身以徼幸，固贪夫之所为，未得而豫丧也。⑤ 枉尺直寻，议者讥之，盈欲亏志，孰云非羞？⑥ 于心有猜，则簋飧馔餔犹不屑餐，旌瞀以之。⑦ 意之无疑，则兼金盈百而不嫌辞，孟轲以之。⑧ 士或解裋褐而袭黼黻，或委臿筑而据文轩者，度德拜爵，量绩受禄也。⑨ 输力致庸，受必有阶。⑩

①《方言》曰："凡物盛而多，齐宋之郊谓之夥。"音和果反。

②《孟子》曰："仁义忠信，乐善不倦，此天爵也。公卿大夫，此人爵也。"案：此谓天子高县爵位，得者在命也。

③速，召也。怀，来也。旃，之也。

④面，偝也。

⑤阽，危也。

⑥《孟子》陈代问孟子曰："枉尺而直寻，若可为也？"孟子曰："昔齐景公田，招虞人以旌，不到，〔5〕将杀之。志士不忘在沟壑，如不待招而往，何哉？且夫枉尺而直寻者，以利言也。如以利，则枉寻直尺而利，亦可为欤？"赵岐注云：〔6〕"志士，守义者也。君子固穷，〔7〕故虞人不得其招尚不往，如何君子不(得)〔待〕其招而妄见也。〔8〕尺小寻大，不可枉大就小，而以要利也。"

⑦猜，嫌也。簋，食器也。飧音孙。《诗》云："有蒙簋飧。"馔音仕卷反，餔音补故反，并谓食也。屑犹介也。以，用也。爰旌瞀，饿人也。一作"爰精目"。《列子》曰："东方有人焉，曰爰旌目，将有适也，而饿于道。狐丘父之盗曰丘，见而下壶飧以餔之。爰旌目三餔而后能视，曰：'子何为者？'(也)〔曰〕：'我狐父之人丘也。'〔9〕爰旌目曰：'譆，汝非盗邪？吾义不食子之食也。'两手据地而欧之，不出，喀喀而死。"

⑧《孟子》："陈臻问曰：'前于齐，王餽兼金一百而不受；于宋，餽七十镒而受。前日之不受是，则今受之非也？'孟子曰：'皆是也。当在宋也，予将远行，远行者必以赆，予何为不受？若于齐，则未有处也，无处而餽之，是货之也。焉有君子而可以货取乎？'"赵岐注云："兼金，好金也。价兼倍于恶者，故曰兼金。一百，百镒也。二十两为镒。赆，送行者赠贿之礼也。在齐时无事，

于义未有所处也。义无所处而馈之，是以货贿(所)取我，〔10〕欲使我怀惠也。"

⑨解袛裯谓甯戚也。委沓筑谓傅说也。袛音常主反。《方言》曰"自关而西，谓襜褕短者谓之袛"也。

⑩"受"或作"爰"。

浑元初基，灵轨未纪，吉凶纷错，人用瞳矇。①黄帝为斯深惨。有风后者，是焉亮之，察三辰于上，迹祸福乎下，经纬历数，然后天步有常，则风后之为也。②当少昊清阳之末，实或乱德，人神杂扰，不可方物，重黎又相颛顼而申理之，日月即次，则重黎之为也。③人各有能，因艺授任，鸟师别名，四叔三正，官无二业，事不并济。④昼长则宵短，日南则景北。⑤天且不堪兼，况以人该之。⑥夫玄龙，迎夏则陵云而奋鳞，乐时也；涉冬则淈泥而潜蟠，避害也。⑦公旦道行，故制典礼以尹天下，惧教诲之不从，有人〔之〕不理。⑧〔11〕仲尼不遇，故论《六经》以俟来辟，⑨耻一物之不知，有事之无范。所考不齐，如何可一？⑩

①瞳矇言未晤也。

②《史记》曰："黄帝迎日推策，举风后、力牧以理人，顺天地之纪，幽明之占。"又曰："旁罗日月星辰。"《春秋内事》曰："黄帝师于风后，风后善于伏羲氏之道，故推演阴阳之事。"《艺文志》阴阳流有《风后》十三篇也。

③《帝王纪》曰："少昊字清阳。"《国语》楚观射父曰："少皞之衰也，九黎乱德，人神杂糅，不可方物。颛顼承之，乃命南正重司天以属神，命火正黎司地以属人。"重，少昊氏之子。黎，颛顼氏之子。

④《左传》郯子曰："少皞鸟师而鸟名。凤鸟氏历正也，玄鸟氏司分也，伯赵氏司至也，青鸟氏司启也，丹鸟氏司闭也。"又晋蔡墨曰："少皞氏有四叔，曰重，曰该，曰脩，曰熙，实能金木及水，使重为句芒，该为蓐收，脩及熙为玄冥。"四叔分主三正，言其不兼业也。

⑤夏至日北极而影短，昼六十刻，夜四十刻。冬至日南极而影长，夜六十刻，昼四十刻也。《易通卦验》曰："冬至，晷长丈三尺。夏至，晷长尺五寸。"谓立八尺表之阴也。

⑥该，备也。

⑦《说文》曰："龙，鳞虫之长，能幽能明，能小能巨，能短能长，春分而登天，秋分而入川。"言出入有时也。贾逵注《国语》曰："淈，乱也。"淈音骨。

⑧尹，正也。道行言道得申也。流俗本作"行道"者，非也。

⑨辟，君也。《公羊传》曰，孔子制《春秋》，以俟后圣也。

⑩《衡集》"考"字作"丁"。丁，当也。

夫战国交争，戎车竞驱，君若缀旒，人无所丽。①烛武县縋而秦伯退师，②鲁连系箭而聊城弛柝。③从往则合，横来则离，安危无常，要在说夫。④咸以得人为枭，失士为尤。⑤故樊哙披帷，入见高祖；⑥高祖踞洗，以对郦生。⑦当此之会，乃鼋鸣而鳖应也。⑧故能同心戮力，勤恤人隐，⑨奄受区夏，遂定帝位，皆谋臣之由也。故一介之策，各有攸建，子长谍之，烂然有第。⑩夫女魃北而应龙翔，洪鼎声而军容息；⑪溽暑至而鹑火栖，寒冰沍而鼋鼍蛰。⑫今也，皇泽宣洽，海外混同，万方亿丑，并质共剂，若修成之不暇，尚何功之可立！⑬立事有三，言为下列；下列且不可庶矣，奚冀其二哉！⑭〔12〕

①丽，附也。《公羊传》曰："君若赘旒然。"旒，旂旒也。言为下所执持西东也。

②烛之武，郑大夫也。縋，县绳于城而下也。《左传》曰，秦伯围郑，郑伯使烛之武夜縋而出，说秦，秦伯为之退师。

③鲁仲连，齐人也。时燕将守聊城，仲连为书系箭射聊城中，燕将自杀。见《史记》。弛，废也。柝，行夜木也。

④张仪说诸侯连和事秦为横，苏秦说诸侯连兵拒秦为从。苏秦往则从合，张仪来则从离。

⑤枭犹胜也，犹六博得枭则胜。

⑥《前书》曰，樊哙，沛人也，封舞阳侯。高帝尝病，恶见人，卧禁中，诏户者无得入。哙乃排闼直入，流涕曰："独不见赵高之事乎？"帝笑而起也。

⑦《前书》曰，沛公方踞床，令两女子洗足，而见郦食其，食其曰："必欲聚徒合义兵，诛无道，不宜踞见长者。"于是沛公辍洗谢之。

⑧喻君臣相感也。焦赣《易林》曰"鼋鸣岐野，〔13〕鳖应于泉"也。

⑨隐，病也。《国语》曰"勤恤人隐，而除其害"也。

⑩《前书音义》曰："谍，谱第也。"与"牒"通。司马迁字子长，作《史记》，著功臣等传，烂然各有第序也。

⑪女魃，旱神也。北犹退也。应龙，能兴云雨者也。《山海经》曰："蚩尤作兵伐黄帝，黄帝乃令应龙攻之冀州之野。应龙蓄水，蚩尤请风伯、雨师从，大风雨。黄帝乃下天女曰(妖)〔妭〕，〔14〕雨止，遂杀蚩尤。(妖)〔妭〕不得复上，所居不雨。"(妖)〔妭〕亦魃也，音步末反。"声"或作"罄"，"容"或作"客"，《衡集》"容"作"害"，并未详也。

⑫栖，息也。《礼记·月令》曰："季夏土润溽暑。"鹑火，午之宿也。三月在午，六月在酉。言当季夏之时，鹑火退于酉。冱，凝也。

⑬质、剂犹今分支契也。并、共犹言交通也。《周礼》曰："凡卖买者质剂焉，大市以质，小市以剂。"郑玄注云："两书一札，同而别之，长曰质，短曰剂。"剂音子随反。

⑭《左传》鲁叔孙豹曰："太上有立德，其次有立功，其次有立言。"杜预注云："立德，黄帝、尧、舜也。立功，禹、稷也。立言，史佚、周任、臧文仲。"

于兹搢绅如云，儒士成林，及津者风摅，失涂者幽僻，遭遇难要，趋偶为幸。世易俗异，事埶舛殊，不能通其变，而一度以揆之，①斯契船而求剑，守株而伺兔也。②冒愧逞愿，必无仁以继之，有道者所不履也。越王句践事此，故厥绪不永。③捷径邪至，我不忍以投步；干进苟容，我不忍以歙肩。④虽有犀舟劲楫，犹人涉卬否，有须者也。⑤姑亦奉顺敦笃，守以忠信，得之不休，不获不吝。⑥不见是而不惛，居下位而不忧，允上德之常服焉。⑦方将师天老而友地典，与之乎高睨而大谈，孔甲且不足慕，焉称殷彭及周聃！⑧与世殊技，固孤是求。⑨子忧朱泙曼之无所用，吾恨轮扁之无所教也。⑩子睹木雕独飞，愍我垂翅故栖，吾感去蛙附鸱，悲尔先笑而后号也。⑪

①《易·系词》曰"通其变，使人不倦"也。

②契犹刻也。《吕氏春秋》曰："楚人有涉江者，其剑自舟中坠于水，遽契其舟，曰'是吾剑所从坠也'。舟已行而剑不行，若此求剑，不亦惑乎！"《韩子》曰"宋人有耕者，田中有株，兔走触之，折颈而死，因释耕守株，冀复得兔，为宋国笑"也。

③《史记》曰，越王句践先吴兴师，吴王闻之，悉发精兵击越，败之于夫椒。越王乃以馀兵五千人保栖于会稽。此为冒愧逞愿，自取败也。

④捷，疾也。歙，敛也，音翕。《孟子》曰："阿意事贵，胁肩所尊，俗之情也。"〔15〕歙亦胁也。

⑤《前书》曰："羌戎弓矛之兵器不犀利。"《音义》曰："今俗谓刀兵利为犀。犀，坚也。"《诗·卫风》曰："招招舟子，人涉卬否。人涉卬否，卬须我友。"卬，我也。须，待也。郑玄注云："人皆涉，我友未至，我独待而不涉。言室家之道，非得所适贞女不行，非得礼义婚姻不成，喻仕当以道，不求妄进也。"

⑥姑，且也。休，美也。吝，耻也。

⑦惛犹闷也。《易》曰："不见是而无闷，乐则行之，忧则违之。"又曰"居上位而不骄，在下位而不忧"也。

⑧《帝王纪》曰："黄帝以风后配上台，天老配中台，五圣配下台，谓之三公。其馀知天、规纪、地典、力牧、常先、封胡、孔甲等，或以为师，或以为将。"《艺文志》阴阳有《地典》六篇。般彭即老彭，般贤人也。睨，视也。高视大谈，言不同流俗。《衡集》作"矢谈"，矢亦直也，义亦通也。

⑨技，巧也，音伎。本或作"拔"，误也。

⑩轮扁谓为轮者名扁也。扁音皮殄反。《庄子》曰："轮扁对齐桓公曰：'斲轮之法，徐则甘而不固，疾则苦而不入。不疾不徐，得之于手而应之于心，口不能言也。臣不能以喻臣之子，臣子亦不能受之于臣。'"言泙曼屠龙既无所用，轮扁斲轮亦不能教人也。泙音匹萌反。

⑪蛙，虾蟆也，音胡娲反。《周易·旅·上九》曰："先笑而后号咷。"

斐豹以毙督燔书，礼至以掖国作铭；①弦高以牛饩退敌，墨翟以萦带全城；②贯高以端辞显义，苏武以秃节效贞；③蒲且以飞矰逞巧，詹何以沈钩致精；④弈秋以棋局取誉，王豹以清讴流声。⑤仆进不能参名于二立，退又不能群彼数子。⑥愍《三坟》之既颓，惜《八索》之不理。⑦庶前训之可钻，聊朝隐乎柱史。⑧且韫椟以待价，踵颜氏以行止。⑨曾不慊夫晋、楚，敢告诚于知己。⑩

①《左传》曰，晋栾盈复入于晋，栾氏之力臣曰督戎，国人惧之。斐豹谓范宣子曰："苟焚丹书，我杀督戎。"宣子曰："而杀之，所不请于君焚丹书者有如日。"乃杀之。杜注曰："盖豹犯罪，没为官奴，以丹书其罪。"《左传》，卫伐

邢，礼至与国子巡城，掖以赴外，杀之。礼至自为铭曰："余掖杀国子，莫余敢止。"国子，邢正卿。礼至本卫人，仕邢为大夫。掖谓挟之而投于城外也。《衡集》"豹"字作"隶"也。

②《左传》曰，秦师袭郑及滑。郑商人弦高将市于周，遇之，以牛十二犒师。曰："寡君闻吾子将出于獘邑，敢犒从者。"秦孟明曰："郑有备矣。"灭滑而还。《墨子》曰："公输般为云梯以攻宋，墨子解带为城，以牒为械，〔16〕公输般九攻，墨子九拒。公输之攻尽，墨子之守有馀。楚王曰：'善哉，吾请无攻宋矣。'"

③贯高，赵相也。端犹正也。独正言赵王不反，高帝贤而赦之。苏武使匈奴中，杖节卧起，〔17〕节毛尽落。并见《前书》。

④《列子》曰："蒱且子之弋，弱弓纤缴，乘风振之，连双鸧于青云之际。"又曰："詹何以独茧丝为纶，芒针为钩，荆筱为竿，剖粒为饵，引盈车之鱼。"《周礼》曰："矰矢用弋射。"郑玄注云："结缴于矢谓之矰。矰，高也。"

⑤弈，围局也，棋即所执之子。秋，名也。《孟子》曰："弈秋，通国之善弈者。"又曰"王豹处于淇而河西善讴"也。

⑥二立谓太上立德，其次立功也。上云"立事有三，言为下列，下列且不可庶，况其二哉"，故言不能参名于二立也。臣贤案：古本作"二立"，流俗本及《衡集》"立"字多作"匹"，非也。数子谓斐豹以下也。

⑦《左传》曰，楚左史倚相能读《三坟》、《五典》、《八索》、《九丘》。孔安国以为《三坟》(五典)三皇之书，〔18〕《八卦》之说谓之《八索》。此以下言不能立德立功，唯欲立言而已。

⑧《前书》东方朔曰："首阳为拙，柱下为工。"应劭曰："老子为周柱下史，朝隐终身无患，是为上也。"

⑨《论语》子贡曰："有美玉于斯，韫椟而藏诸，求善贾而沽诸？"子曰："我待价者也。"又子谓颜回曰："用之则行，舍之则藏，唯我与尔有是夫。"

⑩《孟子》曾子曰："晋、楚之富，不可及也。彼以其富，我以吾仁，彼以其爵，我以吾义，吾何慊也？"慊犹羡也，音苦簟反。

阳嘉元年，复造候风地动仪。以精铜铸成，员径八尺，合盖隆起，形似酒尊，饰以篆文山龟鸟兽之形。中有都柱，傍行八道，施关发机。外有八龙，首衔铜丸，下有蟾蜍，张口承之。①其牙机巧制，皆隐在尊中，覆盖周密无际。如有地动，尊则振龙机发吐丸，而蟾蜍衔之。振声激扬，伺者因此觉知。虽一龙发机，而七首不动，寻其方面，乃知震之所在。验之以事，合契若神。自书典所记，未之有也。尝一龙机发而地不觉动，京师学者咸怪其无征，后数日驿至，果地震陇西，于是皆服其妙。自此以后，乃令史官记地动所从方起。

①蟾蜍，虾蟆也。蟾音时占反，蜍音时诸反。

时政事渐损，权移于下，衡因上疏陈事曰："伏惟陛下宣哲克明，继体承天，中遭倾覆，龙德泥蟠。①今乘云高跻，磐桓天位，诚所谓将隆大位，必先倥偬之也。②亲履艰难者知下情，备经险易者达物伪。③故能一贯万机，靡所疑惑，百揆允当，庶绩咸熙。宜获福祉神祇，〔19〕受誉黎庶。而阴阳未和，灾眚屡见，神明幽远，冥鉴在兹。〔20〕福仁祸淫，景响而应，因德降休，乘失致咎，天道虽远，吉凶可见，近世郑、蔡、江、樊、周广、王圣，皆为效矣。④故恭俭畏忌，必蒙祉祚，奢淫谄慢，鲜不夷戮，前事不忘，后事之师也。夫情胜其性，流遁忘反，⑤岂唯不肖，中才皆然。苟非大贤，不能见得思义，故积恶成衅，罪不可解也。向使能瞻前顾后，援镜自戒，则何陷于凶患乎！⑥贵宠之臣，众所属仰，其有愆尤，上下知之。褒美讥恶，有心皆同，故怨讟溢乎四海，神明降其祸辟也。⑦顷年雨常不足，思求所失，则《洪范》所谓'僭恒阳若'〔21〕者也。⑧惧群臣奢侈，昏逾典式，自下逼上，用速咎征。又前年京师地震土裂，⑨裂者威分，震者人扰也。君以静唱，臣以动和，威自上出，不趣于下，礼之政也。窃惧圣思厌倦，制不专己，恩不忍割，与众共威。威不可分，德不可共。《洪范》曰：'臣有作威作福玉食，害于而家，凶于而国。'天鉴孔明，虽疏不失。灾异示人，前后数矣，而未见所革，以复往悔。⑩自非圣人，不能无过。愿陛下思惟所以稽古率旧，勿令刑德八柄，不由天子。⑪若恩从上下，事依礼制，礼制修则奢僭息，事合宜则无凶咎。然后神望允塞，灾消不至矣。"〔22〕

①倾覆谓顺帝为太子时废为济阴王。蟠音薄寒反。《广雅》曰："蟠，曲也。"扬雄〔23〕《方言》曰："未升天龙谓之蟠。"

②倥音口弄反,偬音子弄反。《埤苍》曰:"倥偬,穷困也。"亦谓顺帝被废时也。

③《左传》曰:"晋侯在外十九年矣,险阻艰难备尝之矣,人之情伪尽知之矣。"

④事具《宦者传》。

⑤性者生之质,情者性之欲。性善情恶,情胜则荒淫也。

⑥《楚辞》曰:"瞻前而顾后兮,援镜自戒。"谓引前事以为镜而自戒敕也。《韩诗外传》曰:"明镜所以照形,往古所以知今。"

⑦辟,罪也,音频亦反。

⑧恒,常也。若,顺也。孔安国注《洪范》云:"君行僭差则常阳顺之,常阳则多旱也。"

⑨顺帝永建三年正月,京师地震也。

⑩革,改也。复,反也。

⑪《周礼》,太宰以八柄诏王驭群臣,一曰爵,二曰禄,三曰予,四曰置,五曰生,六曰夺,七曰废,八曰诛。

初,光武善谶,及显宗、肃宗因祖述焉。自中兴之后,儒者争学图纬,兼复附以訞言。衡以图纬虚妄,非圣人之法,乃上疏曰:"臣闻圣人明审律历以定吉凶,重之以卜筮,杂之以九宫,①经天验道,本尽于此。或观星辰逆顺,寒燠所由,或察龟策之占,巫觋之言,②其所因者,非一术也。立言于前,有征于后,故智者贵焉,谓之谶书。谶书始出,盖知之者寡。自汉取秦,用兵力战,功成业遂,可谓大事,当此之时,莫或称谶。若夏侯胜、眭孟之徒,以道术立名,其所述著,无谶一言。刘向父子领校秘书,阅定九流,亦无谶录。成、哀之后,乃始闻之。③《尚书》尧使鲧理洪水,九载绩用不成,鲧则殛死,禹乃嗣兴。④而《春秋谶》云'共工理水'。凡谶皆云黄帝伐蚩尤,而《诗谶》独以为'蚩尤败,然后尧受命'。《春秋元命包》中有公输班与墨翟,事见战国,非春秋时也。⑤又言'别有益州'。益州之置,在于汉世。⑥其名三辅诸陵,世数可知。至于图中讫于成帝。一卷之书,互异数事,圣人之言,埶无若是,殆必虚伪之徒,以要世取资。往者侍中贾逵摘谶互异三十馀事,诸言谶者皆不能说。至于王莽篡位,汉世大祸,八十篇何为不戒?则知图谶成于哀平之际也。且《河洛》、《六艺》,篇录已定,后人皮傅,无所容篡。⑦永元中,清河宋景遂以历纪推言水灾，而伪称洞视玉版。⑧或者至于弃家业，入山林。后皆无效，而复采前世成事，以为证验。至于永建复统，则不能知。⑨此皆欺世罔俗，以昧埶位，情伪较然，莫之纠禁。且律历、卦候、九宫、风角，数有征效，世莫肯学，而竞称不占之书。⑩譬犹画工，恶图犬马而好作鬼魅，诚以实事难形，而虚伪不穷也。⑪宜收藏图谶，一禁绝之，则朱紫无所眩，典籍无瑕玷矣。"

①《易乾凿度》曰："太一取其数以行九宫。"郑玄注云："太一者，北辰神名也。下行八卦之宫，每四乃还于中央。中央者，(地神)〔北辰〕之所居，〔24〕故谓之九宫。天数大分，以阳出，以阴入。阳起于子，阴起于午，是以太一下九宫，从坎宫始，自此而从于坤宫，又自此而从于震宫，又自此而从于巽宫，所以(从)〔行〕半矣，〔25〕还息于中央之宫。既又自此而从于乾宫，又自此而从于兑宫，又自此而从于艮宫，又自此而从于离宫，行则周矣，上游息于太一之星而反紫宫。行起从坎宫始，终于离宫也。"

②《前书》曰："齐肃聪明者，神或降之。"在男曰觋，在女曰巫。觋音胡历反。

③眭弘字孟，鲁国蕃人也。昭帝时，以明经为议郎。夏侯胜字长公，东平人，好《洪范五行传》说，宣帝时为太子太傅。又成、哀时，有诏使刘向及子歆于秘书〔26〕校定经、传、诸子等。九流谓儒家、道家、阴阳家、法家、名家、墨家、纵横家、杂家、农家，见《艺文志》，并无谶说也。

④殛，诛死也。

⑤《衡集》云"班与墨翟并当子思时，出仲尼后"也。

⑥《前书》武帝始置益州。

⑦《衡集》上事云："《河洛》五九，《六艺》四九，谓八十一篇也。"傅音附。臣贤案：《衡集》云："后人皮傅，无所容窜。"又扬雄《方言》曰："秦、晋言非其事谓之皮傅。"谓不深得其情核，皮肤浅近，强相傅会也。后人不达皮肤之意，流俗本多作"颇传"者，〔27〕误也。无所容窜谓不容妄有加增也。《庄子》曰："窜句籍辞。"《续汉书》亦作"窜"。本作"篡"者，义亦通也。

⑧《遁甲开山图》曰："禹游于东海，得玉圭，碧色，长一尺二寸，圆如日月，以自照，自达幽冥。"言宋景历纪推知水灾，非洞视玉版所见也。

⑨永建，顺帝即位年也。复统谓废而复立，言谶家不论也。

⑩谓竞称谶书也。

⑪《韩子》曰"客为齐王画者。问:'画孰难?'对曰:'狗马最难。''孰易?''鬼魅最易。'狗马,人所知也,故难;鬼魅无形,故易"也。

后迁侍中,帝引在帷幄,讽议左右。尝问衡天下所疾恶者。宦官惧其毁已,皆共目之,衡乃诡对而出。阉竖恐终为其患,遂共谗之。

衡常思图身之事,以为吉凶倚伏,幽微难明,乃作《思玄赋》,①以宣寄情志。其辞曰:

①玄,道也,德也。《老子》曰:"玄之又玄,众妙之门。"

仰先哲之玄训兮,虽弥高其弗违。①匪仁里其焉宅兮,匪义迹其焉追?②潜服膺以永靓兮,绵日月而不衰。③伊中情之信修兮,慕古人之贞节。④竦余身而顺止兮,遵绳墨而不跌。⑤志团团以应悬兮,〔28〕诚心固其如结。⑥旌性行以制佩兮,佩夜光与琼枝。⑦纗幽兰之秋华兮,〔29〕又缀之以江蓠。⑧美襞积以酷裂兮,〔30〕允尘邈而难亏。⑨既姱丽而鲜双兮,非是时之攸珍。⑩奋余荣而莫见兮,播余香而莫闻。幽独守此仄陋兮,敢怠皇而舍勤。⑪幸二八之遌虞兮,喜傅说之生殷;〔31〕尚前良之遗风兮,恫后辰而无及。⑫何孤行之茕茕兮,孑不群而介立?感鸾鹥之特栖兮,悲淑人之稀合。⑬

①玄训,道德之训也。《论语》颜回曰:"仰之弥高。"

②《论语》孔子曰:"里仁为美,宅不处仁,〔32〕焉得知?"里、宅,皆居也。

③《说文》曰:"膺,匈也。"《礼记》曰:"服膺拳拳而不息。"靓音才性反。《前书音义》曰:"靓与'静'同。"

④修谓自修为善也。《楚辞》曰:"苟中情其好修兮。"

⑤竦,企立也。《礼记》曰:"为人臣止于恭,为人子止于孝,为人父止于慈,与国人交止于信。"跌,蹉也,音徒结反。绳墨谕礼法也。《楚辞》曰:"遵绳墨而不颇。"

⑥团团,垂皃也。《诗》曰:"心之忧矣,如或结之。"

⑦旌,明也。夜光,美玉。琼枝,玉树。以谕坚贞也。《楚辞》曰"折琼枝以继佩"也。

⑧案:纗音租缓反。《字书》亦"纂"字也。纂,系也。诸家音并户珪反,误也。江蓠,香草也。《本草经》曰:"蘼芜,一名江蓠。"即芎䓖苗也。《楚辞》曰:

"扈江蓠与薜芷兮,纫秋兰以为佩。"皆取芬芳以象德也。

⑨襞积,衣褶也。酷裂,香气盛也。司马相如曰:"酷裂淑郁。"又曰:"襞积褰皱。"允,信也。尘,久也。邈,远也。亏犹歇也。衣服芬芳,久而不歇,以喻道德著美,幽而不屈也。

⑩姱音口瓜反。王逸注《楚词》曰:"姱,好也。"攸,所也。言德虽美好,而时人不珍也。

⑪怠,惰也。皇,暇也。舍,废也。

⑫二八,八元、八恺也。逻,遇也,音五故反。虞,虞舜也。尚,慕也。恫,痛也,音通。辰,时也。痛己后时而不及之也。

⑬《山海经》曰,女床山有鸟,五采,名曰鸾,见则天下安宁。又曰,九疑山有五采之鸟,名鹥。淑,善也。特,独也。言灵鸟既独栖,善人亦少合也。

彼无合其何伤兮,〔33〕患众伪之冒真。旦获讟于群弟兮,启《金縢》而乃信。①〔34〕览蒸民之多僻兮,畏立辟以危身。②曾烦毒以迷或兮,羌孰可与言己?③〔35〕私湛忧而深怀兮,思缤纷而不理。④愿竭力以守义兮,虽贫穷而不改。执雕虎而试象兮,阽焦原而跟止。⑤〔36〕庶斯奉以周旋兮,要既死而后已。⑥〔37〕俗迁渝而事化兮,泯规矩之圜方。⑦珍萧艾于重笥兮,〔38〕谓蕙芷之不香。⑧斥西施而弗御兮,羁要褭以服箱。⑨〔39〕行陂僻而获志兮,循法度而离殃。⑩惟天地之无穷兮,何遭遇之无常!不抑操而苟容兮,譬临河而无航。⑪欲巧笑以干媚兮,非余心之所尝。袭温恭之黻衣兮,披礼义之绣裳。⑫辫贞亮以为鞶兮,杂技艺以为珩。⑬昭彩藻与雕琢兮,璜声远而弥长。⑭淹栖迟以恣欲兮,燿灵忽其西藏。⑮恃己知而华予兮,〔40〕鹈鴂鸣而不芳。⑯冀一年之三秀兮,遒白露之为霜。⑰〔41〕时亹亹而代序兮,畴可与乎比伉?⑱咨妒嫮之难并兮,想依韩以流亡,⑲恐渐冉而无成兮,留则蔽而不章。

①旦,周公也。讟,谤也。信音申。成王立,周公摄政,其弟管叔、蔡叔等谤言,云公将不利于孺子,周公乃诛二叔。秋大孰未获,天大雷电以风,禾尽偃。成王与大夫启金縢之书,乃得周公所自以为功代武王之策,方信周公忠于国家也。事见《尚书》。

②蒸，众也。僻，邪也。辟，法也。《诗》曰“人之多僻，无自立辟”也。

③曾，重也。羌，发语辞也。言己之志，无可为言之也。

④湛音沈。缤纷，乱皃也。

⑤雕虎，有文也。阽，临也。焦原，原名也。跟，足踵也。《尸子》曰：“中黄伯曰：‘我左执太行之獶，右执雕虎，唯象之未试，吾或焉。有力者则又愿为牛，与象，自谓天下之义人也。恶乎试之？曰，夫贫穷，太行之獶也；迹贱者，义之雕虎也。吾日试之矣。’”〔42〕又曰：“莒国有名焦原者，广寻，长五十步，临百刃之谿，莒国莫敢近也。有以勇见莒子者，独却行剂踵焉，此所以服莒国也。夫义之为焦原也高矣，此义所以服一世也。”衡言躬履仁义，不避险难，亦足以服一代之人也。

⑥《左传》史克曰：“奉以周旋，不敢失坠。”《论语》孔子曰：“死而后已，不亦远乎？”

⑦化，变也。泯，灭也。

⑧萧，蒿也。笥，箧也。蕙、芷，并香草也。贵萧艾，喻任小人。谓蕙芷为不香，喻弃贤人也。

⑨斥，远也。西施，越之美女也。要音于皎反。褭音奴了反。《吕氏春秋》曰：“要褭，古之骏马也。”服，驾也。箱，车也。言疏远美女，又以骏马驾车，并喻不能用贤也。

⑩陂，不正也。离，被也。

⑪航，船也。《孙卿子》曰：“偷合苟容以持禄。”《周书阴符》曰：“四辅不存，若济河无舟矣。”

⑫袭，重也。《周礼》黑与青谓之黻，五色备曰绣。

⑬《说文》曰：“辫，交织也。”音蒲殄反。《礼记》曰：“男鞶革，(革)〔女〕鞶丝。”〔43〕郑玄注云：“鞶，小囊，盛帨巾也。”珩，佩玉也。

⑭璜，佩玉也。《尔雅》曰：“半璧曰璜。”言佩服之美，喻道德之盛也。

⑮淹，久也。栖迟，游息也。燿灵，日也。《楚辞》曰：“燿灵安藏。”言年岁之蹉跎也。

⑯己知犹知己也。华，荣也。予，衡自谓也。鶗鴂，鸟名，喻谗人也。《广雅》曰：“鹈鴂，布谷也。”《楚辞》曰：“恐鹈鴂之先鸣兮，使夫百草为之不芳。”王逸注云：“以喻谗言先至，使忠直之士被罪也。”言恃知己以相荣，反遇谗而见害也。

⑰三秀，芝草也。《楚辞》曰："采三秀于山间。"《说文》曰："遒，迫也。"方秀遇霜，喻以贤被谗也。〔44〕

⑱亹亹，进貌也。谓四时更进而代序。畴，谁也。伉，偶也。伉，协韵音苦郎反。

⑲咨，叹也。妒，忌也。嫮，美也，音胡故反。《楚辞》曰："嫮目宜笑。"言嫉妒者，憎恶美人，故难与并也。韩谓齐仙人韩终也。为王采药，王不肯服，终自服之，遂得仙。《楚辞》曰："羡韩众之得一。"流亡谓流遁亡去也。

心犹与而狐疑兮，即岐阯而摅情。①〔45〕文君为我端蓍兮，利飞遁以保名。②历众山以周流兮，翼迅风以扬声。③二女感于崇岳兮，或冰折而不营。④天盖高而为泽兮，谁云路之不平！⑤勔自强而不息兮，蹈玉阶之峣峥。⑥惧筮氏之长短兮，钻东龟以观祯。⑦遇九皋之介鸟兮，怨素意之不逞。⑧游尘外而瞥天兮，据冥翳而哀鸣。⑨雕鹗竞于贪婪兮，我修絜以益荣。⑩子有故于玄鸟兮，归母氏而后宁。⑪

①岐阯，山足也。周文王所居也。

②文君，文王也。端，正也。《楚辞》曰："詹尹端策拂龟。"《周易·遁卦·上九》曰："肥遁无不利。"《淮南九师道训》曰："遁而能飞，吉孰大焉？"

③《遁卦》《艮》下《乾》上，《艮》为山，故曰历众山。从二至四为《巽》，《巽》为风，故曰翼迅风也。

④《遁·上九》变而为《咸》。咸，感也。《咸卦》《艮》下《兑》上，从二至四为《巽》，与《兑》为二女也。崇岳谓《艮》也。从三至五为《乾》。《易·说卦》曰："《乾》为冰，《兑》为毁折。"阳不求阴，故曰冰折而不营也。

⑤《乾》变为《兑》，《乾》为天，《兑》为泽，故曰天为泽。言天高尚为泽，谁云路之不平？言可行也。

⑥勔，勉也。《乾》为金玉，故曰玉阶。峣峥，高峻皃。峣音尧。峥音士耕反。

⑦《左传》晋卜人曰："筮短龟长，不如从长。"言筮之未尽，复以龟卜之也。《周礼》"龟人掌六龟之属，东龟曰果属，其色青"也。

⑧《诗·小雅》曰："鹤鸣九皋。"注云："皋，泽中溢水出所为也。自外数至九，喻深远也。"介，耿介也。《龟经》有栖鹤兆也。言卜得鹤兆也。逞，快也，协韵音丑贞反。

⑨瞥，视也，音普列反。冥翳，高远也。

⑩雕、鹗，鸷鸟也，以喻谗佞也。

⑪子谓衡也。有故于玄鸟谓卜得鹤兆也。《易》曰："鸣鹤在阴，其子和之。我有好爵，吾与汝縻之。"言子归母氏然后得宁，犹臣遇贤君方享爵禄。劝衡求圣君以仕之也。

占既吉而无悔兮，简元辰而俶装。①旦余沐于清原兮，晞余发于朝阳。②漱飞泉之沥液兮，咀石菌之流英。③翾鸟举而鱼跃兮，将往走乎八荒。④过少皞之穷野兮，问三丘乎句芒。⑤〔46〕何道真之淳粹兮，去秽累而票轻。⑥登蓬莱而容与兮，鳌虽抃而不倾。⑦留瀛洲而采芝兮，聊且以乎长生。⑧凭归云而遐逝兮，夕余宿乎扶桑。⑨噏青岑之玉醴兮，餐沆瀣以为粮。⑩发昔梦于木禾兮，谷崐岭之高冈。⑪朝吾行于汤谷兮，从伯禹于稽山。⑫集群神之执玉兮，疾防风之食言。⑬

①悔，恶也。元辰，吉辰也。俶，整也。

②晞，乾也。朝阳，日也。《尔雅》曰："山东曰朝阳。"《楚辞》曰"朝濯发于阳谷，夕晞余身乎九阳"也。

③沥液，微流也。咀，嚼也。石菌，芝也。英，华也。

④翾，飞也，〔47〕音许缘反。走犹赴也，音奏。八荒，八方荒远地也。《淮南子》曰："登太山，履石封，以望八荒。"

⑤《帝王纪》曰："少昊邑于穷桑，都曲阜，故或谓之穷桑帝。"地在鲁城北。衡欲往东方，故先过穷桑之野。三丘，东海中三山也，谓蓬莱、方丈、瀛洲。句芒、木正，东方之神也。

⑥道真谓道德之真。班固《幽通赋》曰："矧沈躬于道真。"不浇曰淳，不杂曰粹。票音匹妙反，犹飘飖也。

⑦鳌，大龟也。《列子》曰："勃海之东有大壑焉，其中有五山，一曰岱舆，二曰员峤，三曰方壶，四曰瀛洲，五曰蓬莱。随波上下往还，不得暂峙。仙圣诉于帝，使巨鳌十五举首而戴之，迭为三番，六万岁一交焉，五山始不动。"抃音皮媛反。《楚辞》曰："鳌戴山抃。"《说文》："抃，㨾手也。"

⑧东方朔《十洲记》曰"瀛洲，在东海之东，上生神芝仙草，有玉石膏出泉酒味，名之为玉酒，饮之令人长生"也。

⑨扶桑，日所出，在汤谷中，其桑相扶而生。见《淮南子》。

⑩《尔雅》曰："山小而高曰岑。"郭璞注曰："言岑崟也。"《楚辞》曰："餐六气而饮沆瀣。"王逸注云："沆瀣，夜半气也。""粮"或作"粻"。

⑪《山海经》曰："峎岭墟在西北，方八百里，高万仞，上有木禾，长五寻，大五围。"昔，夜也。榖，生也。衡此夜梦禾生于峎岭山之上，即下文云"抨巫咸作占梦，含嘉秀以为敷"是也。《衡集》注及近代注解皆云"昔日梦至木禾，今亲往见焉，是为发昔梦也"。臣贤案：衡之此赋，将往走乎八荒以后，即先往东方，次往南方，乃适西方，此时正在汤谷、扶桑之地，峎岭乃西方之山，安得已往峎岭见木禾乎？良由寻究不精，致斯谬耳。

⑫汤谷，日所出也。孔安国注《尚书》曰："禹代鲧为崇伯，故称伯。"《吴越春秋》曰："禹登茅山，大会计理国之道，故更名其山曰会稽"也。

⑬《左传》曰："禹合诸侯于涂山，执玉帛者万国。"《国语》仲尼曰："昔禹致群神于会稽之山，防风氏后至，禹杀而戮之。"客曰："敢问谁为神？"仲尼曰："山川之守，足以纪纲天下者，其守为神。"食言谓后至也。《尔雅》曰："食，伪也。"

指长沙以邪径兮，〔48〕存重华乎南邻。①哀二妃之未从兮，翩傧处彼湘濒。②〔49〕流目覜夫衡阿兮，睹有黎之圮坟；痛火正之无怀兮，托山陂以孤魂。③〔50〕愁蔚蔚以慕远兮，〔51〕越卬州而愉敖。④〔52〕跻日中于昆吾兮，憩炎天之所陶。⑤〔53〕扬芒熛而绛天兮，水泫沄而涌涛。⑥温风翕其增热兮，惄郁邑其难聊。⑦颠羁旅而无友兮，〔54〕余安能乎留兹？⑧

①长沙，今潭州也。从稽山西南向长沙，故云邪径。存犹问也。重华，舜名。葬于苍梧，在长沙南，故云"南邻"也。

②二妃，舜妻尧女娥皇、女英。翩，连翩也。傧，弃也。濒，水涯也。刘向《列女传》曰："舜陟方，死于苍梧，二妃死于江、湘之间，俗谓之湘君、湘夫人也。"〔55〕《礼记》云"舜葬苍梧，二妃不从"也。

③衡阿，衡山之曲也。黎，颛顼之子祝融也，为高辛氏之火正，葬于衡山。圮，毁也。盛弘之《荆州记》云："衡山南有南正重黎墓。楚灵王时山崩，毁其坟，得营丘九头图焉。"

④《河图》曰："天有九部八纪，地有九州八柱。东南神州曰晨土，正南卬州曰

深土，西南戎州曰滔土，正西弇州曰开土，正中冀州曰白土，西北柱州曰肥土，北方玄州曰成土，东北咸州曰隐土，正东扬州曰信土。”愉，乐也。敖，游也。

⑤《淮南子》曰：“日至于昆吾，是谓正中。”高诱注云：“昆吾，丘名，在南方。”憩，息也。东方朔《神异经》曰：“南方有火山，长四十里，广四五里，昼夜火然。”陶犹炎炽也。

⑥芒，光芒也。《字林》曰：“熛，飞火也。”音必遥反。泫音胡犬反，沄音户昆反，并水流皃也。

⑦温风，炎风也。《淮南子》曰：“南方之极，自北户之外，南至委火、炎风之野，二万二千里。”惄音奴觌反。《尔雅》曰“惄，思也”。

⑧颙，独也，音苦骨反。不能留此，将复西行也。

顾金天而叹息兮，吾欲往乎西嬉。①前祝融使举麾兮，纚朱鸟以承旗。②躔建木于广都兮，拓若华而踌躇。③超轩辕于西海兮，跨汪氏之龙鱼；闻此国之千岁兮，曾焉足以娱余？④

①金天氏，西方之帝少皞也。嬉，戏也。

②纚，系也，音山绮反。朱鸟，凤也。《楚辞》曰“凤皇翼其承旗”也。

③躔，次也。拓犹折也。《淮南子》曰：“建木在广都，若木在建木西，末有十日，其华照地。”《山海经》曰，广都之野，后稷葬焉。《楚辞》曰：“折若木以拂日。”踌躇犹俳回也。踌音直流反。躇音直余反。

④《山海经》曰“轩辕之国，在穷山之际，其(不)〔下〕寿者八百岁。〔56〕龙鱼在其北，一曰虾鱼，有神巫乘此以行九野。一曰鳖鱼，在汪野北，其为鱼也如鲤鱼。白人之国在龙鱼北”也。

思九土之殊风兮，从蓐收而遂徂。①欻神化而蝉蜕兮，朋精粹而为徒。②蹶白门而东驰兮，云台行乎中野。③乱弱水之潺湲兮，逗华阴之湍渚。④号冯夷俾清津兮，棹龙舟以济予。⑤会帝轩之未归兮，怅相佯而延伫。⑥〔57〕哂河林之蓁蓁兮，伟《关雎》之戒女。⑦黄灵詹而访命兮，摎天道其焉如。⑧曰近信而远疑兮，六籍阙而不书。⑨神逵昧其难覆兮，畴克谟而从诸？⑩〔58〕牛哀病而成虎兮，虽逢昆其必噬。⑪鳖令殪而尸亡兮，取蜀禅而引世。⑫死生错而不齐兮，虽司命其不晰。⑬〔59〕窦号行于代路兮，后膺祚而繁庑。⑭王肆侈于汉庭兮，卒衔恤而绝绪。⑮尉龙眉而郎潜兮，逮三叶而遘武。⑯董弱冠而司衮兮，设王隧而弗处。⑰夫吉凶之相仍兮，恒反侧而靡所。穆负天以悦牛兮，〔60〕竖乱叔而幽主。⑱文断袪而忌伯兮，阉谒贼而宁后。⑲通人暗于好恶兮，岂爱惑之能剖？⑳〔61〕嬴擿谶而戒胡兮，备诸外而发内。㉑或辇贿而违车兮，孕行产而为对。㉒慎灶显于言天兮，占水火而妄谇。㉓〔62〕梁叟患夫黎丘兮，丁厥子而事刃，〔63〕亲所睇而弗识兮，〔64〕矧幽冥之可信。㉔毋绵挛以涬己兮，〔65〕思百忧以自疢。㉕彼天监之孔明兮，用棐忱而佑仁。㉖〔66〕汤蠲体以祷祈兮，蒙厖褫以拯人。㉗景三虑以营国兮，荧惑次于它辰。㉘魏颗亮以从理兮，鬼亢回以敝秦。㉙〔67〕咎繇迈而种德兮，德树茂乎英、六。㉚〔68〕桑末寄夫根生兮，卉既雕而已毓。㉛有无言而不雠兮，又何往而不复？㉜盍远迹以飞声兮，孰谓时之可蓄？㉝

①九土，九州也。蓐收，西方神也。徂，往也。欲还中土也。

②欻，疾貌也，音许勿反。蜕音税。《说文》曰："〔蜕〕，蝉虵(蜕)所解皮也。"〔69〕言去故就新，若蝉之蜕也。朋犹侣也。粹，美也。

③蹶音厥。郑玄注《礼记》云："蹶，行处之貌也。"〔70〕《淮南子》曰："自东北方曰方土之山，曰苍门；东方曰东极之山，〔曰〕开明之门；〔71〕东南方曰波母之山，曰阳门；南方〔曰〕南极之山；〔72〕曰暑门；西南方曰编驹之山，曰白门；西方曰西极之山，曰阊阖之门；西北方曰不周之山，曰幽都之门；北方曰北极之山，曰寒门。凡八极之云，是雨天下，八门之风，是节寒暑。"《尔雅》曰："台，我也。"野，协韵音神渚反。

④正绝流曰乱。《山海经》曰："崐岭之丘，其下有弱水之川环之。"注云："其水不胜鸟毛。"潺湲，流貌也。逗，止也。华阴，华山之北也。临河，故云"湍渚"。

⑤号，呼也。《圣贤冢墓记》曰："冯夷者，弘农华阴潼乡隄首里人，服八石，得水仙，为河伯。"《龙鱼河图》曰："河伯姓吕名公子，夫人姓冯名夷。"俾，使也。清，静也。津，济度处。静之使无波涛也。棹，楫也。《淮南子》曰："龙舟，鹢首，浮吹以虞。"予，我也。

⑥帝轩，黄帝也。铸鼎于湖，在今湖城县，与河、华相近。未归谓黄帝得仙升天，神灵未归。相佯犹俳回也。

⑦呬音许吏反。《尔雅》曰："呬，息也。"蓁蓁，茂盛皃。《山海经》云："北望河林，其状如蒨。"伟，美也。《诗·国风》曰："关关雎鸠，在河之洲。窈窕淑女，君子好仇。"衡睹河洲而思之也。

⑧黄灵，黄帝神也。《尔雅》曰："詹，至也。访，谋也。摎，求也。"

⑨曰，黄帝答言也。六籍，《六经》也。

⑩逵，道也。《尔雅》曰："覆，审也。畴，谁也。谟，谋也。"

⑪昆，兄也。《淮南子》曰："昔公牛哀病七日，化而为虎。其兄觇之，虎搏而杀之，不知其兄也。"

⑫鳖令，蜀王名也。令音灵。殪，死也。禅，传位也。引，长也。扬雄《蜀王本纪》曰"荆人鳖令死，其尸流亡，随江水上至成都，见蜀王杜宇，杜宇立以为相。杜宇号望帝，自以德不如鳖令，以其国禅之，号开明帝。下至五代，有开明尚，始去帝号，复称王"也。

⑬错，交错也。司命，天神也。《春秋佐助期》曰："司命，神，名为灭党，长八尺，小鼻，望羊，多髭，癯瘦，通于命运期度。"晰，明也，协韵音之逝反。

⑭窦谓孝文窦皇后也。繁庑，茂盛也。吕太后时，出宫人以赐诸王，窦姬家在清河，愿如赵近家，遗宦者吏，必置我赵伍中。宦者忘之，误置代伍中，姬涕泣不欲往，相强乃行。至代，代王独幸窦姬，生景帝，后立为皇后。景帝生十四子，后至光武中兴也。

⑮王谓孝平王皇后，莽之女也。《前书》聘以黄金二万斤，遣刘歆奉乘舆法驾，迎后于第。及莽篡位，后常称疾不朝，会莽诛，后自投火中而死。恤，忧也。《诗·小雅》曰："出则衔恤。"绝绪言无后也。

⑯尉谓都尉颜驷也。尨，苍杂色也。遘，遇也。《汉武故事》曰："上至郎署，见一老郎，鬓眉皓白，问：'何时为郎？何其老也？'对曰：'臣姓颜，名驷，以文帝时为郎。文帝好文而臣好武，景帝好老而臣尚少，陛下好少而臣已老，是以三叶不遇也。'上感其言，擢为会稽都尉"也。

⑰董贤字圣卿，哀帝时为大司马，年二十二。衮，三公服也。时哀帝令为贤起冢，至尊无以加。及帝崩，王莽杀贤于狱中。《左传》曰，晋侯请隧，曰："王章也。"《礼记》曰"二十曰弱冠"也。

⑱穆，鲁大夫叔孙豹也，谥曰穆。牛谓竖牛，豹之子也。幽，闭也。大夫称主。

《左传》曰，叔孙豹奔齐，宿于庚宗，遇妇人而私焉。至齐，梦天压己，弗胜，顾而见人，号之曰“牛，助余”，乃胜之。及后还鲁，庚宗之妇人献以雉，曰：“余子长矣。”召而见之，则所梦也。遂使为竖，有宠。及穆子遇疾，竖牛欲乱其室，曰：“夫子疾病，不欲见人。”牛不进食，穆子遂饿而死。

⑲文，晋文公也。袪，袂也。忌，怨也。伯谓伯楚也。谒，告也。贼谓吕甥、冀芮等。宁，安也。后，文公也。初，晋献公使寺人勃鞮伐公于蒲城，公逾垣，勃鞮斩其袪。及公入国，吕甥、冀芮谋作乱，〔73〕伯楚知之，以告公。公会秦伯于王城，杀吕、郄。伯楚，勃鞮字也。事见《国语》也。

⑳通人谓穆子、文公等。暗于好恶谓初悦竖牛，后以饿死；始怨勃鞮，终能告贼。剖，分也。言通人尚暗于好恶，况爱宠昏惑者岂能分之？

㉑嬴，秦姓也。擿犹发也。谓始皇发谶，云“亡秦者胡”，乃使蒙恬北筑长城，以为外备，而不知胡亥竟为赵高所杀，秦氏遂亡，是发内。

㉒辇，运也。违，避也。车谓张车子也。有夫妇夜田者，天帝见而矜之，问司命曰：“此可富乎？”司命曰：“命当贫，有张车子财可以借而与之期。曰，车子生，急还之。”田者稍富，及期，夫妇辇其贿以逃。同宿有妇人，夜生子，问名于其父，父曰：“生车间，名车子。”其家自此之后遂大贫敝。见《搜神记》。

㉓《尔雅》曰：“谇，告也。”《左传》曰：“日有食之。梓慎曰：‘将水。’叔孙昭子曰：‘旱也。’后果大旱。”又曰“宋、卫、陈、郑将火，郑大夫裨灶请瓘斝、玉瓒禳火，子产弗予。灶曰：‘不用吾言，郑又将火。’子产曰：‘天道远，人道迩，非尔所及。’遂不与，亦不复火”也。

㉔梁叟，梁国之老人也。丁，当也。睇，视也。矧，况也。《吕氏春秋》曰：“梁北有黎丘乡，乡有丈人往市，醉而归者，黎丘奇鬼效其子之状而道苦之。丈人醒，谓其子曰：‘吾为而父，我醉，女道苦我，何故？’其子泣曰：‘必奇鬼也。’丈人明日之市，醉，其真子迎之，丈人拔剑而刺之。”事音侧利反。《前书音义》曰“江东人以物插地中为事”也。

㉕绵挛犹牵制也。涬音胡鼎反。《衡集》注云：“涬，引也。言勿牵制于俗，引忧于己。”《诗》曰：“无思百忧，只自重兮。”

㉖监，视也，孔，甚也。棐，辅也。忱，诚也。佑，助也。言天之视人甚明，唯辅诚信而助仁德也。《尚书》曰：“天监厥德。”又曰：“天威棐忱。”

㉗蠲，絜也。祈，求也。《尔雅》曰：“厖，大也。禠，福也。”《帝王纪》曰：“汤时大旱七年，殷史卜曰：‘当以人祷。’汤曰‘必以人祷，吾请自当。’遂斋戒，剪

发断爪，以己为牲，祷于桑林之社，果大雨。”言蒙天大福以拯救人。《衡集》“祈”字作“祊”。祊，祭也。禠音斯。

㉘景，宋景公也。三虑谓三善言也。景公有疾，司马子韦曰：“荧惑守心。心，宋之分野。君当祭之，可移于相。”公曰：“相，股肱也。除心腹之疾而置之股肱，可乎？”曰：“可移于民。”公曰：“民所以为国，无民何以为君？”曰：“可移于岁。”公曰：“岁，所以养人也。岁不登，何以畜人乎？”子韦曰：“君善言三，荧惑必退三舍。”见《吕氏春秋》也。

㉙魏颗，魏武子之子也。亮，信也。《左传》曰，晋魏颗败秦师于辅氏，获杜回。杜回，秦之力人也。初，魏武子有嬖妾，武子疾，命颗曰：“必嫁是妾。”疾病，则曰：“必以为殉。”及卒，颗嫁之，曰：“疾病则乱，吾从其治也。”辅氏之役，颗见老人结草以亢杜回，踬而颠，故获之。夜梦之曰：“余，而所嫁妇人之父也。尔用先人治命，余是以报也。”

㉚《尚书》曰：“咎繇迈种德。”注云：“迈，行也。种，布也。”英、六，并国名。咎繇能行布道德，子孙茂盛，封于英、六。《帝王纪》：“皋陶卒，葬之于六，禹封其少子于六，以奉其祀。”六故城在今寿州安丰县南也。

㉛根生谓寄生也。言百草至寒皆凋落，唯寄生独荣于桑之末。《本草经》：“桑上寄生，一名寄屑，一名寓木，〔74〕一名宛童。”以喻咎繇封于英、六，馀国先灭，英、六独存也。

㉜言咎繇布德行仁，庆流后裔，《诗》曰：“无言不雠。”《易》曰“无往不复”也。

㉝盍，何不也。蓄犹待。言何不远游以飞声誉，谁谓时之可待？言易逝也。

仰矫首以遥望兮，魂懒惘而无畴。① 偪区中之隘陋兮，将北度而宣游。② 行积冰之硙硙兮，清泉冱而不流。③ 寒风凄而永至兮，〔75〕拂穹岫之骚骚。玄武缩于壳中兮，螣蛇蜿而自纠。④〔76〕鱼矜鳞而并凌兮，鸟登木而失条。⑤ 坐太阴之屏室兮，慨含欷而增愁。⑥ 怨高阳之相寓兮，伷颛顼之宅幽。⑦〔77〕庸织络于四裔兮，斯与彼其何瘳？⑧ 望寒门之绝垠兮，纵余荑乎不周。⑨ 迅飙潚其媵我兮，〔78〕骛翩飘而不禁。⑩ 趋谽呀之洞穴兮，摽通渊之硥硥。⑪〔79〕经重阴乎寂寞兮，愍坟羊之潜深。⑫

①懒惘犹敞怳也。

②逼，迫也。宣，遍也。

③《淮南子》曰："北方之极，自九泽穷大海之极，有冻寒积(水)〔冰〕雪雹群冰之野。"〔80〕硙音牛哀反。《世本》云："公输作石硙。"《说文》曰："皑皑，霜雪之貌也。"盖古字"硙"与"皑"通。冱音胡故反。杜预注《左传》云："冱，闭也。"

④玄武谓龟、蛇也。《曲礼》曰："前朱爵而后玄武。"壳，龟甲也。《尔雅》曰："螣，螣蛇。"䄖，屈也。纠，缠结也。骚骚，协韵音修。纠音古由反。

⑤矜，竦也。并犹聚也。凌，冰也，音力澄反。失条言寒也。

⑥太阴，北方极阴之地也。《楚词》曰："选鬼神于太阴。"

⑦高阳氏，帝颛顼也。《山海经》曰："东北海之外，附禺之山，帝颛顼与九嫔葬焉。"相，视也。寓，居也。䌷，屈也，音乞凤反。宅幽谓居北方幽都之地。《尚书》曰："宅朔方曰幽都。"

⑧庸，劳也。织络犹经纬往来也。瘳，愈也。言劳于往来四方，经积冰炎火之地，彼此亦何差也。"织"或作"识"，"络"或作"骆"。

⑨《淮南子》曰："北极之山，曰寒门。"《楚辞》曰："踔绝垠乎寒门。"垠音玉巾反。〔81〕《广雅》曰："垠，咢也。"靾，马缰也，音思列反。不周，西北方山也。"垠"或作"限"也。

⑩(飘)〔飙〕，风也。〔82〕潚，疾也，音肃。媵，送也。翩飘亦疾皃也。禁，协韵音金。

⑪谽谺，深貌也。谽音呼含反。谺音呼加反。硹音林，亦深皃也。既游四方，又入地下。

⑫重阴，地中也。《国语》曰："鲁季桓子穿井，获土缶，中有虫若羊焉，使问仲尼。仲尼对曰：'土之怪曰坟羊。'"

追慌忽于地底兮，〔83〕轶无形而上浮。①出右密之暗野兮，〔84〕不识蹊之所由。②速烛龙令执炬兮，过锺山而中休。③瞰瑶谿之赤岸兮，吊祖江之见刘。④聘王母于银台兮，羞玉芝以疗饥；⑤戴胜慭其既欢兮，又诮余之行迟。⑥载太华之玉女兮，召洛浦之宓妃。⑦咸姣丽以蛊媚兮，增嫮眼而蛾眉。⑧舒妙婧之纤腰兮，扬杂错之袿徽。⑨离朱唇而微笑兮，颜的砺以遗光。⑩献环琨与玙缡兮，〔85〕申厥好以玄黄。⑪虽色艳而赂美兮，志浩荡而不嘉。⑫〔86〕双材悲于不纳兮，并咏诗而清歌。⑬歌曰:天地烟煴,百卉含葩。〔87〕鸣鹤交颈,雎鸠相和。处子怀春,精魂回移。⑭如何淑明,忘我实多。⑮

①慌忽,无形皃也。

②右谓西方也。密,山名也。《山海经》曰,西北曰密山。黄帝取密山之玉策,投之锺山之阴。暗,幽隐也。蹊,路也。

③逮,召也。烛龙,北方之神也。《山海经》曰:"西北海之外有神,人面蛇身,而赤其眼,及晦视乃明,〔88〕不食不寝,是烛九阴,是谓烛龙。"炬,可以照明。

④瑶谿,瑶岸也。《山海经》曰:"锺山之东曰瑶岸。"又曰:"锺山,其子曰鼓,其状人面而龙身,是与钦䲹杀祖江于崐岭之阳。"䲹音邳。《尔雅》曰:"刘,杀也。"

⑤王母,西王母也。银台,仙人所居也。羞,进也。《本草经》曰:"白芝,一名玉芝。"

⑥《山海经》曰:"崐岭之丘,有人戴胜虎齿,有尾,穴处,名曰西王母。"慭,相传音宜觐反。杜预注《左传》:"慭,发语之音也。"臣贤案张揖《字诂》,慭,笑皃也,(鸣)〔听〕之别体,〔89〕音许近反,与此义合也。

⑦《诗含神雾》曰:"太华之山,上有明星玉女,主持玉浆,服之(神)〔成〕仙。"〔90〕宓妃,洛水神也。

⑧姣,好也,音古巧反。蛊音野,谓妖丽也。嫮音胡故反,好貌也。《楚辞》曰"嫮目宜笑"也。

⑨婧音财性反,谓妍婧也。袿音圭,妇人之上服。《尔雅》曰:"妇人之徽谓之褵。"郭璞注云:"即今之香缨也。"

⑩的砾,明也。遗光言光彩射人也。

⑪环、琨,并玉佩也。《白虎通》曰"修道无穷即佩环,能本道德即佩琨"也。玄黄谓缯绮也。《尚书》曰:"厥篚玄黄。"言玉女、宓妃等既献环佩,又赠以缯绮也。

⑫"赂"或作"贻"。浩荡,广大也。言不以玉女及赠遗为美也。《楚辞》曰:"怨灵修之浩荡。"

⑬双材谓玉女、宓妃也,即上文所谓"二女感于崇岳"也。

⑭烟煴,气也。《易·系辞》曰:"天地烟煴。"张揖《字诂》曰:"葩,古花字也。"处子,处女也。怀,思也。《庄子》曰:"绰约若处子。"《诗》曰:"有女怀春。"

⑮淑，善也。《诗》曰："如何如何，忘我实多。"

将答赋而不暇兮，爰整驾而亟行。①瞻崐岭之巍巍兮，临萦河之洋洋。伏灵龟以负坻兮，亘螭龙之飞梁。②登阆风之曾城兮，搆不死而为床。③屑瑶蕊以为糇兮，斢白水以为浆。④抨巫咸以占梦兮，[91]乃贞吉之元符。⑤滋令德于正中兮，(合)〔含〕嘉(秀)〔禾〕以为敷。⑥[92]既垂颖而顾本兮，尔要思乎故居。⑦[93]安和静而随时兮，姑纯懿之所庐。⑧

①赋谓玉女所歌诗也。亟，疾也，音纪力反。即上所谓"冰折不营"也。

②《山海经》曰："河出崐岭西北嵎。"萦，曲也。《尔雅》曰："小沚曰坻。"谓水中高地，以龟负之，可以架桥也。亘犹横度也。《广雅》曰"无角曰螭龙"也。

③阆风，山名，在昆仑山上。《楚词》曰："登阆风而绁马。"《淮南子》曰："崐岭山有曾城九重，高万一千里，上有不死树在其西。"今以不死木为床也。

④瑶，琼也。《楚辞》曰："屑琼蕊以为粻。"糇，粮也。斢音(居)〔古〕于反，[94]谓酌也。《河图》曰："崐山出五色流水，其白水东南流入中国，名为河"也。

⑤抨，使也，音普耕反，又补耕反。巫咸，神巫也。《山海经》曰，大荒之中有灵山，巫咸、巫彭、巫谢等十巫。衡既梦木禾，今故令巫咸占之也。元，善也。

⑥滋，茂也。《淮南子》曰："昏张中则务种谷。"《说文》曰："禾，嘉谷也。至二月始生，八月而孰，得时之中，故谓之禾。"

⑦颖，穟也。本，禾本也。言禾既垂穟顾本，人亦当思故居也。《淮南子》曰："孔子见禾三变，始于粟，生于苗，成于穟，乃叹曰：'我其首禾乎?'"高诱注云："禾穟向根，君子不忘本也。"

⑧姑，且也。懿，美也。庐犹居也。

戒庶寮以夙会兮，佥恭职而并迓。①丰隆轩其震霆兮，列缺晔其照夜。②云师䨴以交集兮，冻雨沛其洒涂。③辖琱舆而树葩兮，扰应龙以服辂。④[95]百神森其备从兮，屯骑罗而星布。⑤振余袂而就车兮，修剑揭以低昂。⑥冠咢咢其映盖兮，[96]佩綝缅以辉煌。⑦仆夫俨其正策兮，八乘摅而超骧。⑧[97]氛旄溶以天旋兮，蜺旌飘而飞扬。⑨[98]抚轸轵而还睨兮，心灼药其如汤。⑩[99]羡上都之赫戏兮，何迷故而不忘?⑪左青琱以揵芝兮，[100]右素威以司钲。⑫前长离使拂羽兮，委水衡乎玄冥。⑬〔101〕属箕伯以函风兮，澄澳涊而为清。⑭〔102〕曳云旗之离离兮，鸣玉鸾之嘤嘤。⑮涉清霄而升遐兮，浮蔑蒙而上征。⑯纷翼翼以徐戾兮，焱回回其扬灵。⑰叫帝阍使阚扉兮，觌天皇于琼宫。⑱聆广乐之九奏兮，展泄泄以彤彤。⑲考理乱于律钧兮，意建始而思终。⑳惟盘逸之无斁兮，惧乐往而哀来。㉑素抚弦而馀音兮，〔103〕大容吟曰念哉。㉒既防溢而静志兮，〔104〕迨我暇以翱翔。㉓出紫宫之肃肃兮，集大微之阆阆。㉔命王良掌策驷兮，逾高阁之锵锵。㉕建罔车之幕幕兮，猎青林之芒芒。㉖弯威弧之拨剌兮，射嶓冢之封狼。㉗观壁垒于北落兮，伐河鼓之磅硠。㉘乘天潢之泛泛兮，浮云汉之汤汤。㉙倚招摇、摄提以低回剹流兮，察二纪、五纬之绸缪遹皇。㉚偃蹇夭矫娩以连卷兮，杂沓丛颔飒以方骧。㉛僪汨飂戾沛以罔象兮，烂漫丽靡藐以迭逷。㉜凌惊雷之砊磕兮，弄狂电之淫裔。㉝逾庞澒于宕冥兮，贯倒景而高厉。㉞廓荡荡其无涯兮，乃今穷乎天外。〔105〕

①佥，皆也。迓，迎也。

②丰隆，雷也。轩，声也，音普耕反。震霆，霹雳也。霆音庭。列缺，电也。晔，光也。

③云师，屏翳也。䨏，阴皃，音徒感反。《尔雅》曰："暴雨谓之涷。"沛，雨皃也。涂，协韵音徒故反。《楚辞》曰："使涷雨兮洒尘。"

④辕音鱼绮反。《尔雅》曰："载辔谓之辕。"郭璞注云："辕，轭上环也，辔所贯也。"琱，以玉饰车也。树，立也。葩，华也，于车上建华盖。扰，驯也。《广雅》曰"有翼曰应龙"也。

⑤《周颂》曰："怀柔百神。"森，众皃也。屯，聚也。

⑥修，长也。揭，低昂皃也。

⑦咢音五各反。一作"岌"，并冠高皃也。映盖谓冠与车盖相映也。綝音林，缡音离，盛皃也。烰音胡本反，光皃也。

⑧八乘，八龙也。《楚辞》曰："驾八龙之蜿蜿。"摅犹腾也。

⑨氛，天气也。旌，羽旌也。溶音勇。王逸注《楚辞》曰："溶，广大皃也"。蜺，雌虹也。

⑩軨音零。《说文》曰:"车輜间横木也。"《楚辞》曰:"倚结軨兮太息。"轵音之是反。杜子春注《周礼》云:"轵,两轊也。"《说文》云:"车轮小穿也。"还睨,顾瞻也。葯音铄,热皃也。言顾瞻乡国而心热也。

⑪上都谓天上也。赫戏,盛皃也。衡既遍历四海,方欲游于天上,故云何不忘其故居,而苦迷惑思之。

⑫青琱,青文龙也。揵,坚也,音巨偃反。芝,盖也。素威,白武也。〔106〕《礼记》曰:"左青龙而右白武。"《说文》曰"钲,铙也,似铃"也。

⑬长离,即凤也。水衡,官名,主水官也。玄冥,水神也。司马相如《大人赋》曰"前长离而后遹皇"也。

⑭箕伯,风师也。函犹含也。澄,清也。淟音它典反。涊音乃典反。《楚辞》曰:"切淟涊之流俗。"王逸注曰:"淟涊,垢浊也。"

⑮鸾,铃也,在镳。罂,声也,音嘤。《楚辞》曰"鸣玉鸾之啾啾"也。

⑯霄,云也。蔑蒙,气也。蒙音莫孔反。上征,上于天也。扬雄《甘泉赋》曰:"浮蔑蒙而撇天。"

⑰翼翼,飞皃。戾,至也。回回,光貌。《楚辞》曰:"皇剡剡其扬灵。"王逸注云:"扬其光灵也。"

⑱阍,主门者。天皇,天帝也。扬雄《甘泉赋》曰:"选巫咸兮叫帝阍。"

⑲《史记》曰,赵简子曰:"我之帝所甚乐,与百神游于钧天,《广乐》九奏。"《左传》,郑庄公赋"大隧之中,其乐也融融"。姜出,赋"大隧之外,其乐也洩洩"。"肜"与"融"同也。

⑳《诗序》曰:"太平之音安以乐,其政和。乱世之音怨以怒,其政乖。"律,十二律也。《乐叶图征》曰:"圣人承天以立均。"宋均注曰:"均长八尺,施弦以调六律也。"建,立也。衡言听九奏之乐,考政化之得失,而思其终始也。

㉑盘,乐也。逸,纵也。斁,厌也,音亦,又音徒故反,古"度"字也。《庄子》曰:"乐未毕也,哀又继之。"

㉒素,素女也。《史记》曰:"太帝使素女鼓五十弦(琴)〔瑟〕。"〔107〕大容,黄帝乐师也。念哉,戒逸乐也。

㉓溢,满也。迨,及也。翱翔,将远逝也。

㉔紫宫、太微,并星名也。肃肃,清也。阆阆,明大也。

㉕《史记》曰:"天驷旁一星曰王良。"高阁,阁道星也。《史记》曰:"绝汉抵营室曰阁道。"锵锵,高皃也。

㉖罔车，毕星也。幕幕，罔皃。青林，天苑也。

㉗弧，星名也。《易》曰："弧矢之利以威天下。"拨音方割反。剌音力达反。拨剌，张弓皃也。嶓冢，山也。封，大也。狼，星名。《河图》曰："嶓冢之精，上为狼星。"

㉘壁，东壁也。《史记》曰，羽林天军西为壁垒，旁大星为北落。牵牛北为河鼓。磅硠，声也。磅音普郎反。硠音郎。

㉙《史记》曰，王良旁有八星绝汉曰天潢，云汉曰天河也。

㉚招摇、摄提，星名也。劉音居流反，低回劉流回转之皃。二纪，日月也。五纬，五星也。绸缪，相次之皃也。遹皇，行皃也。

㉛嬔音孚万反，卷音拳，并翱翔自恣之皃也。

㉜灇音一六反，汩音于笔反，飂音辽，沛音普盖反，并疾皃也。藐，小也。藐音亡小反。逿，徒郎反。

㉝硠磕，雷声也。〔108〕硠音康。磕音苦盖反。淫裔，电皃也。狂，疾也。

㉞庬音亡孔反。澒，胡孔反。《孝经援神契》曰："天度濛澒。"宋均注云："濛澒，未分之象也。"《说文》曰："宕，过也。"冥，幽冥也。贯，穿也。《前书》谷永上书曰："登遐倒景。"《音义》曰："在日月之上，日月反从下照，故其景倒也。"厉，陵厉也。

据开阳而頫盼兮，〔109〕临旧乡之暗蔼。①悲离居之劳心兮，情悁悁而思归。②魂眷眷而屡顾兮，马倚辀而俳回。③虽遨游以媮乐兮，〔110〕岂愁慕之可怀。④出阊阖兮降天涂，乘飙忽兮驰虚无。⑤云霏霏兮绕余轮，风眇眇兮震余旂。缤联翩兮纷暗暧，倏眩眃兮反常闾。⑥

①《春秋运斗枢》曰："北斗第六星为开阳。"頫音俯。暗蔼，远皃也。暗音乌感反。

②《说文》曰："悁悁，忧也。"音於缘反。《诗・国风》曰"劳心悁悁"也。

③辀，辕也。

④媮音通侯反。怀，安也。

⑤阊阖，天门。

⑥倏，忽也。眩音县，眃音混，疾皃也。常闾，故里。

收畴昔之逸豫兮，卷淫放之遐心。①修初服之娑娑兮，长余佩之参参。②文章焕以粲烂兮，美纷纭以从风。御六艺之珍驾兮，游道德之平林。③结典籍而为罟兮，欧儒、墨而为禽。④〔111〕玩阴阳之变化兮，咏《雅》、《颂》之徽音。嘉曾氏之《归耕》兮，慕历陵之钦崟。⑤共夙昔而不贰兮，固终始之所服也；夕惕若厉以省諐兮，惧余身之未敕也。⑥〔112〕苟中情之端直兮，莫吾知而不恧。⑦墨无为以凝志兮，与仁义乎消摇。⑧不出户而知天下兮，何必历远以劬劳？⑨

①谓初游于四方天地之间以自淫放，今改悔也。

②《楚辞》曰："退将复修吾初服。"王逸注云："修吾初始清絜之服也。"娑娑，衣貌。参参，长皃。

③以六艺为车而驾之也。以道德为林而游之也。

④罟，网也，音古。儒家，子思、孟轲、孙卿等。墨家谓墨翟、胡非、尹佚等。

⑤《琴操》曰："《归耕》者，曾子之所作也。曾子事孔子十馀年，晨觉，眷然念二亲年衰，养之不备，于是援琴鼓之曰：'往而不反者年也，不可得而再事者亲也。歔欷归耕来日！安所耕历山盘乎！'"〔113〕钦崟，山皃。崟音吟。

⑥共音恭。《易》曰："君子终日乾乾，夕惕若，厉。"惕，惧也。厉，病也。敕，整也。

⑦恧，惭也，音女六反。

⑧《老子》曰："上德无为。"

⑨《老子》曰："不出户而知天下。"

系曰：天长地久岁不留，俟河之清祇怀忧。①愿得远度以自娱，上下无常穷六区。②超逾腾跃绝世俗，飘飖神举逞所欲。天不可阶仙夫希，柏舟悄悄吝不飞。③松、乔高跱孰能离？结精远游使心携。④回去朅来从玄谋，⑤获我所求夫何思！

①系，繫也。《老子》曰："天长地久。"《左氏传》曰"俟河之清，人寿几何"也。

②六区谓四方上下也。

③阶，升也。《论语》曰："夫子之不可及，犹天之不可阶而升。"仙夫，仙人也。《诗·邶风》曰："《柏舟》言仁而不遇也。"其诗曰："泛彼柏舟，亦泛其流。忧心悄悄，愠于群小。静言思之，不能奋飞。"郑玄注云："舟，载度物者也。今

不用，而与众物泛泛然俱流水中，谕仁人不用，而与群小并列。”悄悄，忧皃也。臣不遇于君，犹不忍奋翼而飞去。吝，惜也。衡亦不遇其时，而为宦者所谗，故引以自谕也。

④松，赤松子也。乔，王子乔也。《列仙传》曰：“赤松子，神农时雨师，服水玉，教神农，能入火自烧。〔114〕至崐岭山上，常止西王母石室，随风上下。王子乔，周灵王太子晋也。好吹笙作凤鸣，游伊洛间。道士浮丘公接上嵩高山，三十馀年。后来于山上，见桓良曰：‘告我家，七月七日待我缑氏山头。’果乘白鹄住山颠，〔115〕望之不得到，举手谢时人，数日去。”《字林》曰：“跱，踞也。”谓得仙高踞也。离，附也。攜，离也。

⑤竭，去也，音丘列反。“谌”或作“谋”。谌亦谋也，音基，字从“其”。

永和初，出为河间相。① 时国王骄奢，不遵典宪；又多豪右，共为不轨。衡下车，治威严，整法度，阴知奸党名姓，一时收禽，上下肃然，称为政理。视事三年，上书乞骸骨，征拜尚书。年六十二，永和四年卒。

①河间王名政。

著《周官训诂》，崔瑗以为不能有异于诸儒也。又欲继孔子《易》说《彖》、《象》残缺者，竟不能就。所著诗、赋、铭、七言、《灵宪》、《应间》、《七辩》、《巡诰》、《悬图》凡三十二篇。①

①《衡集》作“玄图”，盖玄与悬通。

永初中，谒者仆射刘珍、校书郎刘騊駼等著作东观，撰集《汉记》，因定汉家礼仪，上言请衡参论其事，会并卒，而衡常叹息，欲终成之。及为侍中，上疏请得专事东观，收捡遗文，毕力补缀。① 又条上司马迁、班固所叙与典籍不合者十馀事。② 又以为王莽本传但应载篡事而已，至于编年月，纪灾祥，宜为元后本纪。又更始居位，人无异望，光武初为其将，然后即真，宜以更始之号建于光武之初。书数上，竟不听。及后之著述，多不详典，时人追恨之。

①衡表曰“臣仰干史职，敢徼官守，窃贪成训，自忘顽愚，愿得专于东观，毕力于纪记，竭思于补阙，俾有汉休烈，比久长于天地，并光明于日月，炤示万嗣，永永不朽”也。

②《衡集》其略曰："《易》称宓戏氏王天下，宓戏氏没，神农氏作，神农氏没，黄帝、尧、舜氏作。史迁独载五帝，不记三皇，今宜并录。"又一事曰："《帝系》，黄帝产青阳、昌意。《周书》曰：'乃命少皞清。'清即青阳也，〔116〕今宜实定之。"

论曰：崔瑗之称平子曰"数术穷天地，制作侔造化"。① 斯致可得而言欤！推其围范两仪，天地无所蕴其灵；② 运情机物，有生不能参其智。③ 故(智)〔知〕思引渊微，〔117〕人之上术。记曰："德成而上，艺成而下。"④ 量斯思也，岂夫艺而已哉？何德之损乎！⑤

①瑗撰平子碑文也。

②《易·系辞》曰："范围天地之化。"王弼注云："拟范天地而周备其理也。"谓作《浑天仪》也。

③机物谓作候风地动仪等。

④《礼记》文也。

⑤损，减也。言艺不减于德，一也。

赞曰：三才理通，人灵多蔽。① 近推形算，远抽深滞。不有玄虑，孰能昭晰？②

①三才，天、地、人。言人虽与天地通为三才，而性灵多蔽，罕能知天道也。

②玄犹深也。晰音制。

【校勘记】

〔1〕 以三十(五)〔六〕蓍揲之　按：《刊误》谓《太玄》乃用三十六揲，作"五"误。今据改。

〔2〕 昔有文王　按：《刊误》谓"昔有"当作"昔者"。

〔3〕 枉则(正)〔直〕　据汲本、殿本改。按：今本《老子》作"直"。

〔4〕 金声而玉振〔之〕　据汲本、殿本补。

〔5〕 不到　汲本、殿本"到"作"至"。按：今本《孟子》作"至"。

〔6〕赵岐注云　按："岐"原讹"歧"，径改正。下同。

〔7〕君子固穷　按："固"原讹"困"，径改正。

〔8〕如何君子不(得)〔待〕其招而妄见也　据汲本改，与今本《孟子》赵注合。

〔9〕(也)〔曰〕我狐父之人丘也　据《刊误》改。

〔10〕是以货贿(所)取我　据《刊误》删。按：今本《孟子》赵注无"所"字。

〔11〕有人〔之〕不理　据汲本、殿本补。

〔12〕奚冀其二哉　按："冀"原讹"异"，径据汲本、殿本改正。

〔13〕鼋鸣岐野　按："岐"原讹"歧"，径改正。

〔14〕黄帝乃下天女曰(妖)〔妭〕《集解》引沈钦韩说，谓"妖"乃"妭"之讹。按：下云妖亦魃也，音步末反，则为"妭"字之讹无疑，今据改。下同。

〔15〕孟子曰阿意事贵胁肩所尊俗之情也　按：沈家本谓此疑孟子注家语，或《孟子》逸文也。

〔16〕以牒为械　按：《御览》三三六引"牒"作"褋"，《书钞》引讹作"襟"。孙诒让《墨子间诂》谓作"褋"是。俞樾谓牒、褋皆假字，其本字当作"梜"，梜即箸也，孙氏谓俞说亦通。

〔17〕杖节卧起　按：汲本"杖"作"持"。《校补》谓注专就卧起言，故云持节，若改作"杖"，则卧岂能杖，作"杖"非。

〔18〕孔安国以为三坟(五典)三皇之书　据《校补》删。

〔19〕宜获福祉神祇　按：《集解》引苏舆说，谓"福""祉"疑衍一字。

〔20〕冥鉴在兹　汲本、殿本"冥"作"宜"。按：严可均辑《全后汉文》作"冥"。

〔21〕僭恒阳若　按：汲本"阳"作"旸"。注同。

〔22〕灾消不至矣　按：灾消不至，语意重复，疑当依《袁宏纪》作"灾沴不至"。又按：《袁宏纪》引张衡此疏多异文，今不列举。

〔23〕扬雄　按：前后皆作"杨雄"，"杨"字从木，独此篇注文皆从才作"扬"，今依原本，不改归一律。

〔24〕中央者(地神)〔北辰〕之所居　汲本、殿本"地"作"北"，王先谦谓当作"北辰"，今据改。

〔25〕所以(从)〔行〕半矣　据汲本、殿本改。

〔26〕有诏使刘向及子歆于秘书　汲本"于"作"为"。按：殿本作"于"。《校补》引柳从辰说，谓当依《前书·向传》作"领校秘书"，"为"字即"领"字转写之讹，"于"字又明明"校"字形近之讹，两本固皆有脱讹也。

〔27〕 流俗本多作颇传者　汲本“传”作“傅”。按:《集解》引洪颐煊说,谓“颇犹偏也,颇傅谓以偏词相傅会,义亦得通”。则似以作“傅”为是。

〔28〕 志团团以应悬兮　按:《文选》“团团”作“抟抟”。

〔29〕 綪幽兰之秋华兮　按:《文选》“綪”作“纗”。

〔30〕 美襞积以酷裂兮　按:《文选》“裂”作“烈”。

〔31〕 喜傅说之生殷　按:《文选》“喜”作“嘉”。

〔32〕 宅不处仁　按:王先谦谓“择”作“宅”,异文。

〔33〕 彼无合其何伤兮　按:《文选》“其”作“而”。

〔34〕 启金縢而乃信　按:《文选》“乃”作“后”。

〔35〕 羌孰可与言己　按:《文选》“与”作“为”。

〔36〕 阽焦原而跟止　按:《文选》“止”作“趾”。

〔37〕 要既死而后已　按:殿本“要”作“安”,《文选》作“恶”,《校补》谓皆“要”字形近之讹。

〔38〕 珍萧艾于重笥兮　按:《文选》“珍”作“宝”。

〔39〕 羁要袅以服箱　按:《文选》“羁”作“縶”。

〔40〕 恃己知而华予兮　按:“予”原讹“子”,径改正。注同。

〔41〕 遒白露之为霜　按:“遒”原讹“道”,径改正。

〔42〕 中黄伯曰至吾日试之矣　按:注引《尸子》,文有讹夺,几不可句读,今录《文选》注备考:“中黄伯曰:‘余左执太行之獶,而右搏雕虎,唯象之未与,吾心试焉。有力者则又愿为牛,欲与象斗,以自试。今二三子以为义矣,将恶乎试之?夫贫穷,太行之獶也;疏贱,义之雕虎也。而吾日遇之,亦足以试矣。’”

〔43〕 男鞶革(革)〔女〕鞶丝　据汲本、殿本改。

〔44〕 喻以贤被谗也　按:“以”原讹“似”,径据汲本、殿本改正。

〔45〕 即岐阯而攄情　按:“岐”字原本皆讹“歧”,径改正。“攄”《文选》作“胪”,《集解》引惠栋说,谓《张衡集》亦作“胪”。

〔46〕 问三丘乎句芒　按:《文选》“乎”作“于”。

〔47〕 翾飞也　按:“翾”原讹“鹮”,径据汲本、殿本改正。

〔48〕 指长沙以邪径兮　按:《文选》“以”作“之”。

〔49〕 翩傧处彼湘濒　按:《文选》“傧”作“缤”。

〔50〕 托山陂以孤魂　按:《文选》“陂”作“阪”。

〔51〕　愁蔚蔚以慕远兮　按:《文选》"蔚蔚"作"郁郁"。

〔52〕　越印州而愉敖　"印"原讹"卬",径改正。注同。按:《文选》"愉敖"作"游遨"。

〔53〕　憩炎天之所陶　按:《文选》"天"作"火"。

〔54〕　颠羁旅而无友兮　按:《文选》"羁"作"羇"。

〔55〕　俗谓之湘君湘夫人也　按:《集解》引沈钦韩说,谓《列女传》无"湘夫人也"四字。

〔56〕　其(不)〔下〕寿者八百岁　据汲本改。按:《文选》注亦作"不"。《考异》谓"不"当依《范书》注作"下"。

〔57〕　怅相佯而延伫　按:《文选》"相佯"作"徜徉"。

〔58〕　畴克谟而从诸　按:《文选》"谟"作"谋"。

〔59〕　虽司命其不晰　《文选》"晰"作"晣"。按:此据胡克家本,别本作"晣"。

〔60〕　穆负天以悦牛兮　按:《文选》"负"作"届"。

〔61〕　岂爱惑之能剖　按:《文选》"爱"作"昏","之"作"而"。

〔62〕　慎灶显于言天兮占水火而妄谇　《文选》"于"作"以","谇"作"讯"。按:《校补》谓李注,讯,息对反,疑本"谇"之讹。

〔63〕　丁厥子而事刃　按:《文选》"事"作"剚"。

〔64〕　亲所睇而弗识兮　按:《文选》"睇"作"睼"。

〔65〕　毋绵挛以涬己兮　"毋"原讹"母",径改正。按:《文选》"涬"作"幸"。

〔66〕　用棐忱而佑仁　按:《文选》"佑"作"祐",疑本"佑"之讹。

〔67〕　鬼亢回以敝秦　按:《文选》"敝"作"毙"。

〔68〕　德树茂乎英六　按:《文选》"德树"作"树德"。

〔69〕　〔蜕〕蝉虵(蜕)所解皮也　按:汲本作"蝉蜕蝉所解皮也",殿本作"蝉蜕所解皮也",并有脱讹,兹据《说文》改。

〔70〕　蹶行处之皃也　汲本"处"作"远"。按:《校补》引柳从辰说,谓"远""处"皆"遽"之讹,注引郑注《礼记》,虽未明指何篇,然《曲礼》"足毋蹶"注,固作"行遽皃"也。

〔71〕　〔曰〕开明之门　据汲本、殿本补。

〔72〕　南方〔曰〕南极之山　据汲本、殿本补。

〔73〕　吕甥冀芮谋作乱　按:"甥"原讹"生",径据汲本、殿本改正。

〔74〕　一名寓木　按:"木"原讹"末",径改正。

〔75〕 寒风凄而永至兮　按:《文选》"凄而"作"凄其"。

〔76〕 螣蛇蜿而自纠　按:《文选》"螣"作"腾"。

〔77〕 他颛顼之宅幽　按:《文选》"之"作"而"。

〔78〕 迅飙潚其媵我兮　按:"飙"原作"飚",径据汲本改,后文"飙忽"同。又按:《文选》"飙"作"猋",《校补》谓当作"猋",后文"猋忽"同。

〔79〕 趋谽呺之洞穴兮摽通渊之碄碄　《文选》"趋"作"越","呺"作"谺","摽"作"漂","渊"作"川"。按:李慈铭谓盖此本亦作"通川",宋以后校者误以为章怀避讳改川,遂妄改为"通渊"耳。

〔80〕 有冻寒积(水)〔冰〕雪雹群冰之野　据汲本、殿本改。按:《淮南子·时则训》作"有冻寒积冰、雪雹霜霰、漂润群水之野"。此注似有脱讹,"群冰"之"冰"应作"水"。

〔81〕 垠音玉巾反　按:"玉"原讹"五",径改正。

〔82〕 (飘)〔飙〕风也　据汲本改。

〔83〕 追慌忽于地底兮　"底"原作"厎",径依汲本、殿本改。按:"慌"《文选》作"荒"。

〔84〕 出右密之暗野兮　按:《文选》"右"作"石"。

〔85〕 献环琨与玙缡兮　按:《文选》"玙"作"琛"。

〔86〕 志浩盪而不嘉　按:汲本、殿本"盪"作"荡",《文选》同。《文选》"浩"作"皓"。

〔87〕 百卉含葩　按:《文选》"葩"作"葩"。

〔88〕 及晦视乃明　按:《集解》引沈钦韩说,谓《大荒北经》"其瞑乃晦,其视乃明",注误。

〔89〕 (呜)〔听〕之别体　汲本、殿本"呜"作"鸣"。《集解》引沈钦韩说,谓注"呜"乃"听"之误,《说文》"听,笑皃",㤆与听通。今据改。

〔90〕 服之(神)〔成〕仙　据殿本改。

〔91〕 抨巫咸以占梦兮　按:《文选》"以"作"作"。

〔92〕 (合)〔含〕嘉(秀)〔禾〕以为敷　汲本作"合嘉禾以为敷"。殿本作"含嘉秀以为敷",《文选》同。《校补》引钱大昭说,谓秀乃光武讳,作"禾"者不误。又李慈铭谓"合"当是"含"字之误。今据改。按:沈家本谓此注引《说文》以解禾字,则章怀所据本实作"禾",不作"秀"。

〔93〕 尔要思乎故居　按:《文选》"尔"作"亦"。

〔94〕 蕲音(居)〔古〕于反　张森楷《校勘记》谓居于叠韵,不为反语,"居"当为"古"之误。今据改。

〔95〕 扰应龙以服辂　按:《文选》"辂"作"路"。

〔96〕 冠咢咢其映盖兮　按:《文选》"咢咢"作"咢咢"。

〔97〕 八乘摅而超骧　按:《文选》"摅"作"腾"。

〔98〕 蜺旌飘而飞扬　按:《文选》"而"作"以"。

〔99〕 心灼药其如汤　按:《文选》"如"作"若"。

〔100〕 左青琱以揵芝兮　按:《文选》"以"作"之"。

〔101〕 委水衡乎玄冥　按:《文选》"委"上有"后"字,"委"下无"水"字。

〔102〕 澄澳涊而为清　按:《文选》"澄"作"惩"。

〔103〕 素抚弦而馀音兮　按:《文选》"素"下有"女"字。

〔104〕 既防溢而静志兮　按:《文选》"静"作"靖"。

〔105〕 乃今穷乎天外　按:《文选》"穷"作"窥"。

〔106〕 素威白武也　按:汲本、殿本"武"作"虎",此避唐讳改。下"左青龙而右白武"同。

〔107〕 使素女鼓五十弦(琴)〔瑟〕　据《史记》改。按:王先谦谓"琴"当作"瑟"。

〔108〕 斻磕雷声也　按:"雷"原讹"电",径改正。

〔109〕 据开阳而頫盼兮　按:《文选》"盼"作"眡"。

〔110〕 虽遨游以媮乐兮　按:《文选》"遨游"作"游娱"。

〔111〕 欧儒墨而为禽　《文选》"欧"作"殴"。按:《集解》引柳从辰说,谓"欧"当读为"殴"。

〔112〕 共夙昔而不贰兮固终始之所服也至惧余身之未敇也　按:《文选》"共"作"恭","昔"作"夜",无两"也"字。

〔113〕 歔欷归耕来日安所耕历山盘乎　按:《文选》李注"日""乎"均作"兮"。

〔114〕 能入火自烧　按:《文选·游仙诗》注引"自"作"不",《类聚》七十八引仍作"自"。

〔115〕 果乘白鹄住山颠　汲本、殿本"住"作"往"。按:《文选·游仙诗》李注作"驻",驻住声近义通。

〔116〕 清即青阳也　按:"青阳"原讹"清阳",径改正。

〔117〕 故(智)〔知〕思引渊微　王先谦谓"智"当作"知"。今据改。

后汉书卷六十上

马融列传第五十上

马融字季长，扶风茂陵人也，①将作大匠严之子。②为人美辞貌，有俊才。初，京兆挚恂以儒术教授，隐于南山，不应征聘，名重关西，③融从其游学，博通经籍。恂奇融才，以女妻之。

①《融集》云："茂陵成懽里人也。"

②严，援兄余之子。

③《三辅决录注》曰："恂字季直，好学善属文，隐于南山之阴。"

永初二年，大将军邓骘闻融名，召为舍人，非其好也，遂不应命，客于凉州武都、汉阳界中。会羌虏飙起，〔1〕边方扰乱，米谷踊贵，自关以西，道殣相望。①融既饥困，乃悔而叹息，谓其友人曰："古人有言：'左手据天下之图，右手刎其喉，愚夫不为。'②所以然者，生贵于天下也。今以曲俗咫尺之羞，灭无赀之躯，殆非老庄所谓也。"故往应骘召。

①《左传》曰，叔向云："道殣相望。"杜注云"饿死为殣"也。音觐。

②《庄子》曰。言不以名害其生者。

四年，拜为校书郎中，①〔2〕诣东观典校秘书。是时邓太后临朝，骘兄弟辅政。而俗儒世士，以为文德可兴，武功宜废，遂寝蒐狩之礼，息战陈之法，故猾贼从横，乘此无备。融乃感激，以为文武之道，圣贤不坠，五才之用，无或可废。②元初二年，上《广成颂》以讽谏。其辞曰：③

①《谢承〔书〕》及《续汉书》〔3〕并云为校书郎，又拜郎中也。

②五才，金、木、水、火、土也。《左传》曰，宋子罕曰"天生五材，人并用之，废一不可，谁能去兵"也。

③广成，苑，在今汝州梁县西。

臣闻孔子曰："奢则不逊，俭则固。"奢俭之中，以礼为界。① 是以《蟋蟀》、《山枢》之人，并刺国君，讽以太康驰驱之节。② 夫乐而不荒，忧而不困，③ 先王所以平和府藏，颐养精神，致之无疆。④ 故戛击鸣球，载于《虞谟》；吉日车攻，序于《周诗》。⑤ 圣主贤君，以增盛美，岂徒为奢淫而已哉！伏见元年已来，遭值厄运，⑥ 陛下戒惧灾异，躬自菲薄，荒弃禁苑，废弛乐悬，勤忧潜思，十有馀年，以过礼数。重以皇太后体唐尧亲九族笃睦之德，陛下履有虞烝烝之孝，外舍诸家，每有忧疾，圣恩普劳，遣使交错，稀有旷绝。时时宁息，又无以自娱乐，殆非所以逢迎太和，裨助万福也。臣愚以为虽尚颇有蝗虫，今年五月以来，雨露时澍，祥应将至。方涉冬节，农事间隙，宜幸广成，览原隰，观宿麦，〔劝〕收藏，〔4〕因讲武校猎，使寮庶百姓，复睹羽旄之美，闻钟鼓之音，欢嬉喜乐，〔5〕鼓舞疆畔，⑦ 以迎和气，招致休庆。小臣蝼蚁，不胜区区。职在书籍，谨依旧文，重述蒐狩之义，作颂一篇，并封上。浅陋鄙薄，不足观省。

①界犹限也。

②《诗·国风序》曰："《蟋蟀》，刺晋僖公也。俭不中礼。"其《诗》曰："无已太康，职思其居。"毛苌注云"已，甚也。"郑《笺》云："君虽当自乐，亦无甚太乐，欲其用礼以为节也。"又《序》曰："《山有枢》，刺晋昭公也。有才不能用。"〔6〕其《诗》曰："子有车马，弗驰弗驱。宛其死矣，佗人是愉。"言僖公以太康贻戒，昭公以不能驰驱被讥，言文武之道须折衷也。枢音讴。

③《左传》曰，吴季札聘于鲁，鲁为之歌《颂》。季札曰："乐而不荒。"为之歌《卫》。曰："忧而不困。"

④《韩诗外传》曰："人有五藏六府。何谓五藏？精藏于肾，神藏于心，魂藏于肝，魄藏于肺，志藏于脾，此之谓五藏也。何谓六府？喉咽者，量肠之府也；胃者，五谷之府也；大肠者，转输之府也；小肠者，受成之府也；胆者，积精之府也；旁光者，凑液之府也。"《诗》曰："天生蒸民，有物有则。"

⑤戛，敔也，音古八反。形如伏兽，背上有二十七刻，以木长尺栎之，所以止乐。击，柷也，象桶，中有椎柄，连底摇之，所以作乐。见《三礼图》。球，玉磬也。《虞谟》，《舜典》也。《诗·小雅》曰："吉日维戊，既伯既祷。田车既

好，四牡孔阜。”又曰：“我车既攻，我马既同。”

⑥元年谓安帝即位年也。厄运谓地震、大水、雨雹之类。

⑦孟子对齐宣王曰：“今王(颇)鼓乐于此，〔7〕百姓闻王钟鼓之声，举欣欣然有喜色而相告曰：‘吾王庶几无疾病欤？何以能鼓乐也！’今王田猎于此，百姓见羽旄之美，欣欣有喜色而相告曰：‘吾王庶几无疾病欤？何以能田猎也？’此无佗，与人同乐也。”

臣闻昔命师于鞬櫜，偃伯于灵台，或人嘉而称焉。①彼固未识夫雷霆之为天常，金革之作昏明也。②自黄炎之前，传道罔记；三五以来，越可略闻。且区区之酆郊，犹廓七十里之囿，盛春秋之苗。③《诗》咏(囿)〔圃〕草，〔8〕乐奏《驺虞》。④是以大汉之初基也，宅兹天邑，总风雨之会，交阴阳之和。⑤揆厥灵囿，营于南郊。⑥徒观其坰场区宇，恢胎旷荡，〔9〕薮敻勿罔，寥豁郁泱，⑦〔10〕骋望千里，天与地莽。于是周阹环渎，右矕三涂，左概嵩岳，⑧〔11〕面据衡阴，箕背王屋，〔12〕浸以波、溠，夤以荥、洛。⑨金山、石林，殷起乎其中，峨峨硊硊，锵锵崰崰，隆穹槃回，嵎峗错崔。⑩神泉侧出，丹水涅池，怪石浮磬，燿焜于其陂。⑪其土毛则推牧荐草，芳茹甘荼，⑫茈萁、芸蒩，昌本、深蒲，⑬〔13〕芝茻、堇、荁，蘘荷、芋渠，⑭桂荏、凫葵，格、韭、菹、于。⑮其植物则玄林包竹，藩陵蔽京，珍林嘉树，建木丛生，⑯椿、梧、栝、柏，柜、柳、枫、杨，⑰丰彤对蔚，〔14〕崟领槮爽。⑱翕习春风，含津吐荣，铺于布濩，蓶扈蘛荧，恶可殚形。⑲

①鞬以藏箭，櫜以藏弓。鞬音纪言反。櫜音高。《礼记》孔子曰：“武王克殷，倒载干戈，包以兽皮，名之曰建櫜。”郑注云“建读为键”，音其蹇反，谓藏闭之也，此马郑异义。《司马法》曰：“古者武军三年不兴，则凯乐凯歌，偃伯灵台，答人之劳，告不兴也。”偃，休也。伯谓师节也。灵台，望气之台也。

②《左传》郑子太叔曰：“为刑罚威狱，以类天之震耀杀戮。”杜注曰：“雷霆震燿，天之威也。圣人作刑狱以象类之。”又宋子罕曰：“兵之设久矣，所以威不轨而昭文德也。圣人以兴，乱人以废，废兴存亡昏明之术，皆兵之由也。”

③酆，周文王所都。《孟子》曰：“文王之囿方七十里。”《尔雅》曰：“春猎为蒐，夏曰苗，秋曰狝，冬曰狩。”

④《韩诗》曰："东有(圃)〔圃〕草，驾言行狩。"《毛诗》曰："彼茁者葭，一发五豝，于嗟乎驺虞。"毛苌注云："驺虞，义兽也，白虎黑文，不食生物。有至信之德则应之。"《周礼·大司乐》："王大射则奏《驺虞》。"

⑤《周礼》曰："风雨之所会也，阴阳之所和也，乃建王国焉。"天邑谓洛阳也。

⑥揆，度也。《诗·大雅》曰："王在灵囿。"言作广成苑以比之。

⑦藐音眇，泱音乌朗反，并广大皃。

⑧陆音欺於反。《上林赋》曰："江河为陆。"郭璞注曰："因山谷遮禽兽曰陆。"《广雅》曰："瞀，视也。"音马板反。三涂，山名，在陆浑县西南。

⑨衡阴，衡山之北。《山海经》曰："雉山，澧水出焉。东曰衡山，多青(臒)〔雘〕。"〔15〕《地里志》云："雉县衡山，澧水所出。"在今邓州向城县北。王屋，山，在今王屋县北。《周礼》曰："豫州，其浸波、溠，其川荥、洛。"《水经注》云："溠水出黄山。"在今随州枣阳县东北。又云"波水出歇马岭"，即应劭〔16〕所谓孤山波水所出者。在今汝州鲁山西北。荥水在荥阳县东是也。

⑩金山，金门山也。《水经注》云在渑池县南。石林，大石山也，一名万安山，在河南郡境，(薄)〔《簿》〕云〔17〕"洛阳县南大石山中有杂树木，有祠名大石祠，山高二百丈"也。殷音于谨反，硊音五来反，崔音徂回反，嵎音隅，嵬音鱼轨反，并高峻貌。

⑪《尔雅》曰："(汍)〔氿〕泉穴出。〔18〕穴出，侧出也。"丹水、涅水在今邓州。怪石，怪异好石似玉者。浮磬，若泗水中石，可以为磬也。燿焜，光也。

⑫毛，草也。《左传》云楚芋尹无宇曰："食土之毛，谁非君臣?"摧，相传音角。摧牧，未详。《庄子》曰："麋鹿食荐。"一曰，草稠曰荐。茹，菜也。《尔雅》曰："荼，苦菜也。"《诗》曰："堇荼如饴。"饴亦甘也。

⑬茈音紫。萁音其。《尔雅》曰："綦，月尔。"郭璞注曰："即紫綦也，似蕨可食。"芸，香草也。《说文》云："似苜蓿。"蒩音资都反。《广雅》曰："蕺，蒩也。其根似茅根，可食。"昌本，昌蒲根也。深蒲谓蒲白生深水之中。

⑭芝栭，草也。《礼记》曰："芝栭菱椇。"栭音而。堇，菜，花紫，叶可食而滑。荁音户官反。《礼记》曰："堇荁枌榆。"郑注云："荁，堇类也。"蘘荷，苗似姜，根色红紫似芙蓉，可食。芋渠即芋魁也，一名蹲鸱，大叶，根可食也。

⑮《尔雅》曰："苏，桂荏。"《方言》曰："苏亦荏也。"《尔雅》曰："茆，凫葵。"〔19〕叶团似荇，生水中，今俗名水葵。《尔雅》曰："茖，山葱。"格与茖古字通。苴音子闾反，即巴苴，一名芭蕉。于，轩于也，一名莸，生于水中(矣)〔涘〕。〔20〕

⑯玄犹幽也。包,丛生也。《尔雅》曰:"大阜曰陵,绝高曰京。"藩亦蔽也。建木,长木也。

⑰并木名也。柜音矩。杨,叶韵音以征反。

⑱并林木皃也。对音徒对反。崟音吟。椮音所金反。爽,叶韵音生。

⑲铺音敷。藿音以揆反。郭璞注《尔雅》云:"草木花初出为笋。"与藿通,其字从"唯",本作从"萑"者,误也。扈音户。蘳音胡瓦反,字从"圭",并花叶皃。本或作(蘳)"〔鞋〕"。〔21〕《说文》云:"蘳,黄花也。"《广雅》曰:"好色也。"荧,光也。恶,何也,音乌。

至于阳月,阴慝害作,百草毕落,林衡戒田,焚莱柞木。①然后举天网,顿八纮,揫敛九薮之动物,缳橐四野之飞征。②鸠之乎兹囿之中,山敦云移,群鸣胶胶,鄙骇噪讙,〔22〕子野听耸,离朱目眩,隶首策乱,陈子筹昏。③于时营围恢廓,充斥川谷,罦罝罗羉,弥纶阬泽,皋牢陵山。④校队案部,前后有屯,甲乙相伍,戊己为坚。⑤

①《尔雅》曰:"十月为阳。"孙炎注曰:"纯阴用事,嫌于无阳,故以名云。"《左传》曰:"唯正月之朔,慝未作。"杜注云:"慝,阴气也。害作言阴气肃杀,害于百草也。"《周礼》曰:"林衡掌巡林麓之禁令。"又曰:"牧师掌牧地,凡田事赞焚莱。"除草也。柞音士雅反,邪斫木也。《周礼》:"柞氏掌攻草木及林麓。"

②揫,聚也,音子由反。《周礼·职方氏》掌九薮:杨州具区,荆州云梦,豫州圃田,青州孟诸,兖州大野,雍州弦蒲,幽州貕养,冀州杨纡,并州昭余祁。郑玄注云:"泽无水曰薮。"动物谓禽兽也。缳音胡犬反,又胡串反。《说文》曰:"缳,落也。"《国语》曰:"缳于山有罕。"〔23〕贾逵注云:"缳,还也。"橐,囊也。音托。四野,四方之野。飞征,飞走也。

③鸠,聚也。敦音屯,亦积聚也。鄙骇,兽奋迅皃也。鄙音普美反,骇音俟。《韩诗》曰:"驱驱俟俟,或群或友。"眩,乱也,叶韵音玄。隶首,黄帝时善算者也。陈子,陈平,善于筹策也。昏,乱也。言禽兽多不可算计。

④罦音浮,雉网也。罝,兔罟也。羉,彘网也,音力官反。并见《尔雅》。阬音苦庚反。《苍颉篇》曰:"阬,壑也。"皋牢犹牢笼也。《孙卿子》曰"皋牢天下而制之,若制子孙"也。诸本有作牢栅者,非也。

⑤《周礼·司马》职曰:"前后有屯。"甲乙谓相次也。伍,伍长也。戊己居中为

中坚也。

乘舆乃以吉月之阳朔，登于疏镂之金路，六骕骦之玄龙，建雄虹之旌夏，揭鸣鸢之修橦。①曳长庚之飞髾，载日月之太常，栖招摇与玄弋，〔24〕注枉矢于天狼。②羽毛纷其髟鼬，扬金嵕而抛玉瓖。③〔25〕屯田车于平原，播同徒于高冈，旃旝掺其如林，错五色以摛光。④清氛埃，埽野场，誓六师，搜俊良。⑤司徒勒卒，司马平行，车攻马同，教达戒通。⑥伐咎鼓，撞华钟，猎徒纵，赴榛丛。⑦徽婳霍奕，别骛分奔，骚扰聿皇，往来交舛，纷纷回回，南北东西。⑧风行云转，匈礚隐訇，黄尘勃滃，暗若雾昏。⑨日月为之笼光，列宿为之翳昧，僄狡课才，劲勇程气。⑩狗马角逐，〔26〕鹰鹯竞鸷，骁骑旁佐，轻车横厉，相与陆梁，聿皇于中原。绢猑蹏，钒特肩，脰完羝，抝介鲜，散毛族，梏羽群。⑪然后飞鋋电激，流矢雨坠，各指所质，不期俱殪，窜伏扔轮，发作梧辖。⑫祋殳狂击，〔27〕头陷颅碎，兽不得猭，禽不得瞥。⑬或夷由未殊，颠狈顿踬，蝡蝡蟫蟫，充衢塞隧，葩华荓布，不可胜计。⑭

①阳朔，十月朔也。疏镂谓雕镂也。周迁《舆服杂记》曰："玉路，重(较)〔辂〕也。〔28〕金路、玉路形制如一。六，驾六马也。"《续汉志》曰："天子五路，驾六马。"骕骦，马名。《左传》云，唐成公有两骕骦马。《周礼》曰："马高八尺曰龙。"《礼记》曰："孟冬，乘玄辂，驾铁骊。"今此亦顺冬气而乘玄也。郭璞注《尔雅》云："虹双出色鲜盛者为雄。"《左传》云："舞师题以旌夏。"杜预注云："旌夏，大旌也。"揭，举也，音渠列反。《礼记》曰："前有尘埃，则载鸣鸢。"鸢，鸱也，音缘。鸣则风动，故画之于旌旗以候埃尘也。橦者，旗之竿也，音直江反。

②长庚即太白星。髾音所交反，即旌旗所垂之羽毛也。太常，天子所建大旗也，画之日月。《周礼》云："日月为常。"招摇、玄弋、天狼，并星名也。枉矢，妖星，蛇行有尾目，(赤)〔亦〕画于旌旗也。〔29〕

③髟鼬，羽旄飞扬皃也。髟音必由反。鼬音羊救反。蔡邕《独断》曰："金嵕者，马冠也，高广各四寸，在马鬉前。"〔30〕嵕音无犯反，一音子公反。瓖，马带以玉饰之，音襄。

④《诗·小雅》曰："我车既好。"〔31〕又曰："射夫既同。"言徒众齐同也。旝亦旃也，音古会反。《左传》曰："旝动而鼓。"掺音所金反，与"森"字同。

⑤野场谓除其草莱，令得驱驰也。《左传》曰："天子六军。"儁良，马之善者。

⑥《周礼》曰："司徒若将有军旅、会同，田役之戒，则受法于司马，以作其众。"又曰："司马狩田，以旌为左右和之门。前后有屯，百步有司，巡其前后。"郑注云："正其士之行列。"《诗·小雅》曰："我车既攻，我马既同。"毛苌注曰："攻，坚也。同，齐也。戎事齐力，尚强也。田猎齐足，尚疾也。"

⑦咎鼓，大鼓也，音公刀反。《周礼》："鼛鼓长寻有四尺。"

⑧婳音呼获反，并奔驰皃。

⑨磕音苦盖反，訇音火宏反，并声也。滃音乌董反。

⑩僄狡，勇捷。僄音匹妙反。

⑪绢，系也，与罥通，音工犬反。猑䮫，野马也。《尔雅》曰："猑䮫研，〔32〕善升甗。"猑音昆。钬犹撞也。杨雄《方言》曰："吴楚之间，或谓矛为钬。"音楚江反。《韩诗·齐风》曰："并驱从两肩兮。"薛君传曰："兽三岁曰肩。"脰，颈也，谓中其颈也。脰音豆。完羝，野羊也。臣贤案：《字书》作"羦"，音户官反，与"完"通。梏，诸家并古酷反。案《字书》"梏"从"手"，即古文"搅"字，谓搅扰也。

⑫铤，矛也，音市延反。《周礼》曰："王弓以授射甲革、椹质者。"郑注云："质，正也。"正音征。扔音人证反。《声类》曰："扔，摧也。"言为轮所摧也。梧，支梧也，音悟。谓支著车也。辖，车轴头也，音卫，谓车轴輣而杀之。

⑬祋亦殳也，音丁外反。颅，额也，音卢。豫，走也，音丑恋反。瞥，视也，叶韵音足例反。殳音殊。

⑭夷由，不行也。《楚词》曰："君不行兮夷由。"未殊谓未死。蝡音而究反。《说文》曰："动也。"蟫音似林反，亦动皃也。

若夫鸷兽毅虫，倨牙黔口，大匈哨后，缊巡欧纡，负隅依阻，莫敢婴御。①乃使郑叔、晋妇之徒，睽孤刲刺，裸裎袒裼。②冒棡柘，槎棘枳，穷浚谷，底幽嶰，暴斥虎，搏狂兕，狱𩐨熊，〔33〕抾封狶。③或轻讠少趑悍，廋疏娄领，犯历嵩峦，陵乔松，履修樠，踔婐枝，杪标端，〔34〕尾苍蜼，掎玄猨，木产尽，寓属单。④罕罔合部，罾弋同曲，类行并驱，星布丽属，曹伍相保，各有分局。⑤矰碆飞流，纤罗络縸，游雉群惊，晨凫辈作，翚然云起，雪尔雹落。⑥

①《尔雅》曰："驳如马，倨牙食虎豹。"黔，黑也。《周礼·考工记》曰："大匈，燿后，有力而不能走。"郑玄注曰："燿，读曰哨。"哨，小也，音稍。缊巡，并行貌也。缊音于粉反。《孟子》曰："有众逐虎，虎负隅，莫之敢撄。"撄，迫也。御，扞也。

②郑叔，郑庄公弟太叔段也，《诗·郑风》曰："太叔于田，乘乘马，襢裼暴虎，献于公所。"《孟子》曰："晋人有冯妇者，善搏虎，攘臂下车，众皆悦之。"睽，离也。孤，独也。谓挺身刺兽。刲亦刺也，音苦圭反。《尔雅》曰："袒裼，肉袒也。"《孟子》曰："袒裼裸裎于我侧。"《说文》曰："裎，(袒)〔裸〕也。"〔35〕其字从"衣"。

③《尔雅》曰："檿，山桑也。"音一染反。槎，斫也，音仕雅反。嶰谓山涧也。《苍颉篇》曰"斥，大也"。猘亦狂也，音吉曳反。《说文》曰："兕，似野牛而青色。"抾音劫，古字通。封，大也。狶，猪也，虚起反。

④𪊲，轻捷也，音初稍反。趬音丘昭反。《说文》曰："趬，行轻皃。"廋疏犹搜索也。廋音所由反。《字林》曰："𡺹，山颠也"，音力于反。《尔雅》曰："山大而高曰嵩，山小而高锐曰峦。"樠音莫寒反。踔，跳也，音敕教反。㷗音寻，谓长枝也。杪音亡小反，标音必遥反，并木末也。蜼音以蕊反。《尔雅》曰："蜼，卬鼻而长尾。"郭璞注曰："似猕猴而大，黄黑色，尾长数尺，末有两歧，雨则自悬于树，以尾塞鼻。"零陵、南康人呼之音"馀"，建平人呼之音"相赠遗"之"遗"也，又音余救反，皆土俗轻重不同耳。掎音居螳反。《说文》曰："偏引一足也。"木产谓巢栖之类也。寓属谓穴居之属也。

⑤罕亦网也。相如《上林赋》曰："戴云罕。"《续汉志》曰："将军有部，部下有曲。"罾，鱼网也，音增。弋，缴射也。分音扶问反。

⑥矰，弋矢也。碆与磻同，音补何反，又补佐反。《说文》曰："以石著惟缴也。"络缦，张罗皃也。缦与幕通。翚，飞也，音挥。雪音素洽反。《广雅》曰："雪，雨也。"言鸟中缴如雹之落。

尔乃藐观高蹈，改乘回辕，泝恢方，抚冯夷，策句芒，超荒忽，出重阳，厉云汉，横天潢。①导鬼区，〔36〕径神场，诏灵保，召方相，驱厉疫，走蜮祥。②捎罔两，拂游光，枷天狗，蒺坟羊。③然后缓节舒容，裴回安步，降集波籞，川衡泽虞，矢鱼陈罟。④兹飞、宿沙，田开、古蛊，⑤翚终葵，扬关斧，刊重冰，拨蛰户，测潜鳞，踵介旅。⑥逆猎湍濑，济薄汾桡，沦灭潭渊，左挈夔龙，右提蛟鼍，春献王鲔，夏荐鳖鼋。⑦于是流览遍照，殚变极态，上下究竟，山谷萧条，原野嵺愀，上无飞鸟，下无走兽，虞人植旍，猎者效具，车弊田罢，旋入禁囿。⑧栖迟乎昭明之观，休息乎高光之榭，以临乎宏池。⑨镇以瑶台，纯以金堤，树以蒲柳，〔37〕被以绿莎，疒瀇沆漭，错纱槃委，天地虹洞，固无端涯，大明生东，月朔西陂。⑩乃命壶涿，驱水蛊，逐罔、螭，灭短狐，簎鲸、鲵。⑪然后方馀皇，连舼舟，张云帆，施蜺帱，靡飓风，陵迅流，发棹歌，纵水讴，淫鱼出，蓍蔡浮，湘灵下，汉女游。⑫水禽鸿鹄，鸳鸯、鸥、鹥，鸧鸹、鸬、鹢，鹭、雁、鹭鹏，乃安斯寝，戢翩其涯。⑬鲂、鲔、鳣、鳊、鳆、鲤、鲶、鲂，乐我纯德，腾踊相随，虽灵沼之白鸟，孟津之跃鱼，方斯蔑矣。⑭然犹咏歌于伶萧，〔38〕载陈于方策，岂不哀哉！⑮

①藐，远也，音名小反。田猎既罢，故改乘回辕也。《左传》曰：“改乘辕而北之。”泝，上也。恢，大也。冯夷，河伯也。句芒，东方之神也。荒忽，幽远也。重阳，天也。云汉，天河也。天潢，星也。

②灵保，神巫也。《楚辞·九歌》曰“思灵保兮贤姱”。《周礼》：“方相氏掌执戈扬楯，帅百隶以驱疫。”〔39〕《洪范五行传》曰：“蜮，射人，生于南越，谓之短狐。”《诗虫鱼疏》曰“一名射景，如鳖三足，今俗谓之水弩”也。

③捎音所交反。郑玄注《周礼》曰“捎，除也”。《国语》曰：“木石之怪曰夔、罔两。”游光，神也，兄弟八人。天狗，星名也。《春秋元命包》曰：“天狗主守财。”薁，系也，音息列反。坟羊，土之怪，其形似羊。见《家语》。

④波篻，池篻也。《前书音义》曰：“篻，在池中作室，可用栖鸟，入则捕之。”又曰“折竹以绳绵连，禁御使人不得往来”也。《周礼》“川衡，掌川泽之禁令。泽虞，掌国泽之政令”也。《左传》曰：“鲁隐公矢鱼于棠。”矢亦陈也。《国语》曰：“鲁宣公夏滥罟于泗川，里革断其罟而弃之，曰：‘古者大寒降，水虞于是登川禽而尝之于庙，行诸国助宣气也。今鱼方孕，又行罟，贪无艺也。’公曰：‘吾之过也。’”篻音围。

⑤音治。

⑥兹飞即佽飞也。《吕氏春秋》曰："荆人佽飞，涉江中流，两蛟绕其船。佽飞拔剑赴江，刺蛟杀之。"《鲁连子》曰："古善渔者宿沙渠子，使渔山侧，虽十宿沙子不得鱼焉。宿沙非暗于渔道也，彼山者非鱼之所生也。"《晏子春秋》曰："公孙捷、田开强、古冶子事景公以勇，晏子劝景公馈之二桃，曰：'计功而食之。'公孙捷〔曰：'捷〕持楯而再搏乳虎，〔40〕若捷之功，可以食桃。'田开强曰：'吾仗兵而御三军者再，可以食桃。'古冶子曰：'吾尝济河，黿衔左骖以入砥柱之流，吾逆而百步，顺流九里，得黿头，鹤跃而出，可以食桃矣。'二子皆反其桃，契领而死。古冶子曰：'二子死之，吾独生，不仁。'亦契领而死。""蛊"与"冶"通。翚亦挥也。《广雅》曰："终葵，椎也。"关斧，斧名也。刊，除也。踵犹寻也。介谓鳞虫之属也。旅，众也。

⑦漭音蒲艮反；桡，奴教反：并入水皃也。沦灭谓没于水中也。鼍音坛。鲔、鳣属也，大者为王鲔，小者为叔鲔。《礼记》"季春之月，天子始乘舟，荐鲔于寝庙。季夏之月，令渔师取黿"也。

⑧流览谓周流观览也。《周礼》曰："植虞旌以属禽。"郑注曰："植犹树也。田上树旗，令获者皆致其禽也。"又曰："车弊献禽以享礿。"注曰："车弊，车止也。"嵺音力救反，愀音七救反，亦萧条皃也。

⑨宏，大也。

⑩纯，缘也，音之尹反。蒲亦柳也。沪音胡广反，瀁音养，沆音胡朗反，漭音莽，并水皃也。错紾，交结也。紾音之忍反。委音于危反。虹洞，相连也。虹音胡贡反。朔，生也。《礼记》曰："大明生于东，月生于西。"郑注曰："大明，日也。"言池水广大，日月出于其中也。

⑪《周礼》："壶涿氏掌除水蛊。"涿音丁角反。蛊音公户反。罔谓罔两也。螭，龙(也)〔属〕。〔41〕短狐即蜮也。簎音七亦反。《说文》曰："刺也。"《周礼》："鳖人掌以时簎鱼鳖龟蜃。"郑众注云："簎谓以杖刺泥中搏取之。"

⑫方犹并也。馀皇，吴之船名也。见《左传》。艆，小舟也，音渠恭反。《淮南子》曰："越艆、蜀艇，不能无水而浮。"帆音凡。帱，帐也，音直由反。飔，疾风也，音楚疑反。武帝《秋风词》曰："萧鼓鸣兮〔42〕发棹歌。"刘向《列女传》曰："津吏之女，中流奏河激之歌。"《韩诗外传》曰："瓠巴鼓琴，淫鱼出听。"《淮南子》曰："上有丛蓍，下有伏龟。"《论语》曰："臧文仲居蔡。"注云："龟出蔡地，故以为名也。"湘灵，舜妃，溺于湘水，为湘夫人也。见《楚词》。汉女，汉水之神〔女〕。〔43〕《诗》云："汉有游女。"

⑬鸳鸯，匹鸟也。鸥，白鸥也。〔44〕鹥，凫属也。《尔雅》曰"鸧，麋鸹"。今谓之鸹鹿也。鸹音括。鸬，鸬鹚也。杨孚《异物志》云："能没于深水，取鱼而食之，不生卵而孕雏于池泽间，既胎而又吐生，多者生八九，少生五六，相连而出，若丝绪焉。水鸟而巢高树之上。"鹢，白鸼也。鹭，白鹭也。鹭音步历反。鹈音梯。杨雄《方言》曰："(白)〔野〕凫也，〔45〕甚小，好没水中，膏可以莹刀剑。"寝，宿也。《诗》曰："乃安斯寝。"涯，水滨也。

⑭鲊音绪，似鲂而弱鳞。鳣音徐林反，口在颔下，大者长七八尺。鳊音卑连反，鲂之类也。鳁音匽，今鳁额白鱼(鲤)〔也〕。〔46〕鲿音尝，《诗虫鱼疏》曰"今黄颊鱼"也。鲨音沙，或作"鲨"。郭义恭《广志》曰："吹沙鱼，大如指，沙中行。"《诗·大雅》曰："王在灵沼，于牣鱼跃。"郑玄注云："灵沼之水，鱼盈满其中也，皆以跳跃。"又曰："白鸟翯翯。"翯，肥泽也。翯音学。言并得其所也。《尚书中候》曰"武王度孟津，白鱼跃入于王舟中"也。

⑮伶，乐官也。《诗·国风序》曰："卫之贤者，仕于伶官。"《礼记》曰："文武之道，布在方策。"又曰："百名以上，书之于策，不满百名，书之于方。"郑注云："方，板也。"

于是宗庙既享，庖厨既充，车徒既简，器械既攻。①然后摆牲班禽，淤赐犒功，群师叠伍，伯校千重，山罍常满，房俎无空。②酒正案队，膳夫巡行，清醪车凑，燔炙骑将，鼓骇举爵，钟鸣既觞。③若乃《阳阿》衰斐之晋制，阐蛙华羽之南音，④所以洞荡匈臆，发明耳目，疏越蕴慉，骇恫底伏，⑤锽锽铃铃，奏于农郊大路之衢，与百姓乐之。⑥是以明德曜乎中夏，威灵畅乎四荒，东邻浮巨海而入享，西旅越葱领而来王，南徼因九译而致贡，朔狄属象胥而来同。⑦盖安不忘危，治不忘乱，道在乎兹，斯固帝王之所以曜神武而折遐冲者也。⑧

①《礼记》曰："天子岁三田，一为乾豆，二为宾客，三为充君之庖。"

②《广雅》曰："捭，开也。"《字书》："摆亦捭字也，〔47〕音捕买反。"班固《西都赋》曰："置互摆牲。"〔48〕班，布也。淤与饫同。《左传》曰："加膳则饫赐。"犒，劳也。山罍，画为山文。《礼记》曰："山罍，夏后氏之樽也。"又曰："周以房俎。"郑玄注云："房谓足下跗也，有似于堂房矣。"

③《周礼》"酒正,中士,辨五齐之名,三酒之物。膳夫,上士,掌王之食饮膳羞"。《说文》曰:"醪,汁滓酒也。"《大雅》曰:"或燔或炙。"将,行也。既,尽也。流俗本"爵"字作"爝","既"字作"暨",皆误也。

④《淮南子》曰:"歌《采菱》,发《阳阿》。"《礼记》曰:"啴谐慢易之音作而人康乐。"《鹖冠子》曰:"南方万物华羽焉,故以调羽也。"

⑤越,散也。蕴慉犹积聚也。慉与畜通。恫音洞。底伏犹滞伏也。《吕氏春秋》曰:"昔阴康氏之始,阴多滞伏湛积,故作为舞以宣导之。"此言作乐,亦以疏散滞伏之象。

⑥锽锽铃铃,钟鼓之声也。锽音横。铃音测庚反。孟子谓齐〔宣〕王曰:〔49〕"今王与百姓同其乐则王矣。"农郊,田野也。

⑦入享谓来助祭也。孔安国注《尚书》曰:"西旅,西戎远国也。"葱岭,西域山也。《西河旧事》曰:"岭上多葱,因以名焉。"徼,塞之道也。九译为九重译语而通中国也。《尚书大传》曰:"周成王时,越裳氏重九译而贡白雉。"朔狄,北狄也。《周礼》:"象胥掌蛮、夷、戎、翟之国,使传王之言而谕说焉,以和亲之。"郑注云:"通夷狄之言者曰象胥,其有才智者也。此类之本名,东方曰寄,南方曰象,西方曰狄鞮,北方曰译。此官正为象者,周始有南越重译来贡献,是以名通言语之官为象胥。"〔50〕胥音谞。

⑧《晏子春秋》曰:"晋平公欲攻齐,使范昭观焉。景公觞之。范昭曰:'愿请君之弃酌。'景公曰:'诺。'范昭已饮,晏子命彻尊更之。范昭归,以报晋平公曰:'齐未可伐也,吾欲惭其君而晏子知之。'仲尼闻之曰:'起于尊俎之间,而折冲千里之外。'"

方今大汉收功于道德之林,致获于仁义之渊,忽蒐狩之礼,阙槃虞之佃。①暗昧不睹日月之光,聋昏不闻雷霆之震,于今十二年,为日久矣。亦方将刊禁台之秘藏,发天府之官常,由质要之故业,率典刑之旧章。②采清原,嘉岐阳,〔51〕登俊桀,命贤良,举淹滞,拔幽荒。③察淫侈之华誉,顾介特之实功,聘畎亩之群雅,宗重渊之潜龙。④乃储精山薮,历思河泽,目曬鼎俎,耳听康衢,营傅说于胥靡,求伊尹于庖厨,索胶鬲于鱼盐,听甯戚于大车。⑤俾之昌言而宏议,轶越三家,驰骋五帝,悉览休祥,总括群瑞。⑥遂栖凤皇于高梧,宿麒麟于西园，纳僬侥之珍羽，受王母之白环。⑦永逍摇乎宇内，与二仪乎无疆，贰造化于后土，参神施于昊乾，超特达而无俦，焕巍巍而无原。⑧丰千亿之子孙，历万载而永延。⑨礼乐既阕，北辕反旆，至自新城，背伊阙，反洛京。⑩

①槃，乐也。虞与娱同。

②《周礼》八法，四曰官常，以听官理。天府掌祖庙之守藏，与其禁令，察群吏之理。《左传》云："晋赵盾为国，政由质要。"杜预注曰："由，用也。质要，契券也。"刊音苦寒反。

③清原，地在河东闻喜县北。《左传》曰："晋蒐于清原，作五军。"又楚椒举曰："周武有孟津之誓，成有岐阳之搜。"《礼记·月令》："孟夏，命太尉赞杰俊，遂贤良。"《左传》楚平王"诘奸慝，举淹滞"。杜预注云："淹滞，有才德而未叙者也。"

④华誉，虚誉也。介特谓孤介特立也。畎亩谓隐于陇亩之中也。司马相如《上林赋》曰："掩群雅。"《音义》云："谓《大雅》、《小雅》之人也。"潜龙，喻贤人隐也。

⑤矖，视也，音所解反。鼎俎谓伊尹负鼎以干汤也。《墨子》曰："汤举伊尹于庖厨之中。"康衢谓甯戚也。《说苑》曰："甯戚饭牛于康衢，击车辐而歌《硕鼠》。"傅说代胥靡刑人筑于傅岩之野，高宗梦得之。《孟子》曰"胶鬲举于鱼盐"也。

⑥俾，使也。昌，当也。宏，大也。《前书》杨雄曰："宏言崇议。"轶，过也。三家，三皇也。

⑦《韩诗外传》曰："黄帝时凤皇止帝东园，集帝梧桐，食帝竹实。"《尚书中候》曰："黄帝时麒麟在园。"《帝王纪》曰"尧时僬侥氏来贡没羽。西王母慕舜之德，来献白环"也。

⑧《论语》孔子曰："尧之为君，焕乎其有文章，巍巍乎其有成功。"

⑨《诗·大雅》曰"天锡百禄，子孙千亿"也。

⑩阕，止也，音苦穴反。新城，县，属河南郡，今伊阙县。

颂奏，忤邓氏，滞于东观，十年不得调。因兄子丧自劾归。①太后闻之怒，谓融羞薄诏除，欲仕州郡，遂令禁锢之。②

①《融集》云，时兄伉子在融舍物故，融因是自劾而归。

②《融集》云，时左将奏融(道)〔遣〕兄子丧，〔52〕自劾而归，离署当免官。制曰："融典校秘书，不推忠尽节，而羞薄诏除，希望欲仕州郡，免官勿罪。"禁锢六年矣。

太后崩，安帝亲政，召还郎署，复在讲部。出为河间王厩长史。〔53〕时车驾东巡岱宗，①融上《东巡颂》，帝奇其文，召拜郎中。及北乡侯即位，融移病去，为郡功曹。

①延光三年。

阳嘉二年，诏举敦朴，城门校尉岑起举融，征诣公车，对策，拜议郎。①大将军梁商表为从事中郎，转武都太守。时西羌反叛，征西将军马贤与护羌校尉胡畴征之，而稽久不进。融知其将败，上疏乞自效，曰："今杂种诸羌转相抄盗，宜及其未并，亟遣深入，破其支党，而马贤等处处留滞。羌胡百里望尘，千里听声，今逃匿避回，漏出其后，则必侵寇三辅，为民大害。臣愿请贤所不可用关东兵五千，裁假部队之号，尽力率厉，埋根行首，以先吏士，②三旬之中，必克破之。臣少习学艺，不更武职，猥陈此言，必受诬罔之辜。昔毛遂厮养，为众所蚩，终以一言，克定从要。③臣惧贤等专守一城，言攻于西而羌出于东，且其将士必有高克溃叛之变。"④朝廷不能用。又陈："星孛参、毕，参西方之宿，毕为边兵，至于分野，并州是也。⑤西戎北狄，殆将起乎！宜备二方。"寻而陇西羌反，乌桓寇上郡，皆卒如融言。

①《续汉书》曰，融对策于北宫端门。

②埋根言不退。

③毛遂，赵平原君赵胜客也。居门下三年。时平原将与楚合从，以毛遂备二十人数，其十九人相与笑之。比至楚，毛遂果按剑与楚定从，楚立发兵救赵。事见《史记》。厮养，贱人也。

④《左传》曰，郑使高克率师次于河上，久而不召，师溃而归，高克奔陈。

⑤参在申，为晋分，并州之地。

三迁，桓帝时为南郡太守。先是融有事忤大将军梁冀旨，冀讽有司奏融在郡贪浊，免官，髡徙朔方。自刺不殊，得赦还，复拜议郎，重在东观著述，以病去官。

融才高博洽，为世通儒，教养诸生，常有千数。涿郡卢植，北海郑玄，皆其徒也。善鼓琴，好吹笛，达生任性，不拘儒者之节。居宇器服，多存侈饰。常坐高堂，施绛纱帐，前授生徒，后列女乐，弟子以次相传，鲜有入其室者。尝欲训《左氏春秋》，及见贾逵、郑众注，乃曰："贾君精而不博，郑君博而不精。既精既博，吾何加焉！"但著《三传异同说》。注《孝经》、《论语》、《诗》、《易》、《三礼》、《尚书》、《列女传》、《老子》、《淮南子》、《离骚》，所著赋、颂、碑、诔、书、记、表、奏、七言、琴歌、对策、遗令，凡二十一篇。

初，融惩于邓氏，不敢复违忤埶家，遂为梁冀草奏李固，又作大将军《西第颂》，以此颇为正直所羞。年八十八，延熹九年卒于家。遗令薄葬。族孙日磾，献帝时位至太傅。①

①《三辅决录注》："日磾字翁叔。"

论曰：马融辞命邓氏，逡巡陇汉之间，将有意于居贞乎？①既而羞曲士之节，惜不赀之躯，②终以奢乐恣性，党附成讥，固知识能匡欲者鲜矣。③夫事苦，则矜全之情薄；生厚，故安存之虑深。④登高不惧者，胥靡之人也；⑤坐不垂堂者，千金之子也。⑥原其大略，归于所安而已矣。物我异观，亦更相笑也。

①陇汉之间谓客于汉阳时。《易·屯卦·初九》曰："磐桓利居贞。"

②《庄子》曰："曲士不可语于道者，束于教也。"

③识，性也。匡，正也。

④《老子》曰："人之轻死者，以其求生。生之厚也，是以轻死。"

⑤《前书音义》曰："胥，相也。靡，随也。谓相随受刑之人也。"《庄子》曰："胥靡登高(也)不惧，〔54〕遗死生也。"此为矜全之情薄也。

⑥《前书》晁错曰："千金之子，坐不垂堂。"此为安存之虑深也。

【校勘记】

〔1〕 会羌虏飙起　按："飙"原作"飈"，径据汲本改。

〔2〕 拜为校书郎中 “校”原作“挍”,径据汲本、殿本改。按:校挍本通作,然各本皆作“校”,且注文亦作“校”,故改。

〔3〕 谢承〔书〕及续汉书 “承”原讹“丞”,径改正。按:当作“《谢承书》及《续汉书》”,谓谢承《后汉书》及司马彪《续汉书》也,今补“书”字。

〔4〕 〔劝〕收藏 据汲本、殿本补。

〔5〕 欢嬉喜乐 按:汲本、殿本“嬉”作“欣”。

〔6〕 有才不能用 按:《刊误》谓“才”当作“财”。

〔7〕 今王(颇)鼓乐于此 据《刊误》删,与今本《孟子》合。

〔8〕 诗咏(囿)〔圃〕草 据汲本改,注同。按:《集解》引钱大昕说,谓“囿”当从闽本作“圃”。《诗》“东有甫草”,郑氏读如“圃”。

〔9〕 恢胎旷荡 按:“恢”原作“烣”,俗体字,径改正。下“营围恢廓”同。

〔10〕 寥豁郁泱 按:“寥”原讹“寒”,径据汲本、殿本改正。

〔11〕 左概嵩岳 按:王念孙《读书杂志馀编》谓“概”当作“枕”,字之误也。《水经·汝水注》、《太平御览·地部》引此,并作“左枕嵩岳”。

〔12〕 箕背王屋 按:王念孙谓“箕背”当作“背箕”,与“面据”相对,箕读为基,基亦据也,言前据衡阴,后据王屋也。《水经·汝水注》引此,正作“背基王屋”。

〔13〕 昌本深蒱 殿本“蒱作“蒲”,注同。按:蒱蒲通。

〔14〕 丰彤对蔚 按:“彤”原作“肜”,径依汲本、殿本改。

〔15〕 东曰衡山多青(雘)〔䨼〕 按:引文见《山海经·中次八经》。善丹曰雘,从丹;善青曰䨼,从青。《山海经》凡言“青䨼”,皆从青作“䨼”,兹据改。

〔16〕 应劭 按:“劭”原讹“邵”,径改正。

〔17〕 (薄)〔簿〕云 据《集解》本改。按:张森楷谓《簿》即《河南十二县簿》,《太平御览》屡引之。

〔18〕 (氿)〔沈〕泉穴出 各本并误,据《尔雅》改。

〔19〕 尔雅曰茆凫葵 按:“尔雅”当作“广雅”。沈钦韩谓《尔雅》无此语,见《广雅·释草》。

〔20〕 生于水中(矣)〔涘〕 据殿本改。

〔21〕 本或作(蘸)〔鲑〕 据汲本改。按:汲本无“或”字。

〔22〕 鄙骙噪讙 按:李慈铭谓“鄙”当作“駓”。注引《韩诗》“駓駓俟俟”,即《毛诗》之“儦儦俟俟”也。

〔23〕 缳于山有罕　按：今《国语·齐语》作“缳山于有牢”。

〔24〕 栖招摇与玄弋　按：沈钦韩谓“玄弋”当作“玄戈”。《隋书·天文志》“玄戈一星，在招摇北”。《新唐书·兵志》“武德三年更以关中富平道为玄弋军，军置将副各一人”，皆取星文为号。

〔25〕 扬金夋而拖玉瓖　按：沈家本谓“夋”当作“爱”。《说文》：“爱，㡛盖也。”读若范，大徐亡范切。注中之“无犯反”，即大徐之“亡范切”，其音是矣。而又云“一云子公反”，盖唐时已有误作“夋”者，故注家遂有此音而不知其非耳。

〔26〕 狗马角逐　按：汲本“角”作“争”。

〔27〕 祋殳狂击　按：“祋”原讹“袯”，径改正。注同。

〔28〕 玉路重（较）〔辂〕也　据殿本改。

〔29〕 蛇行有尾目（赤）〔亦〕画于旌旗也　按：《刊误》谓妖星但见尾目而已，又言其赤，非也。当作“蛇行有尾目，亦画于旌旗也”。上文太常画日月，故云“亦画”也。今据改。

〔30〕 高广各四寸在马鬉前　按：《续书·舆服志》注引《独断》，“四寸”作“五寸”，“马鬉”作“马髦”。

〔31〕 我车既好　《刊误》谓“我”当作“田”。按：《诗·小雅·车攻》作“田”。

〔32〕 猑䝙豣　殿本“猑”作“䝑”。按：今本《尔雅》作“䝑”。

〔33〕 狱㹉熊　按：《集解》引钱大昕说，谓“㹉”当作“㺀”。

〔34〕 杪标端　按：“标”原讹“摽”，径改正。注同。

〔35〕 裎（祖）〔裸〕也　据汲本、殿本改。

〔36〕 导鬼区　按：《刊误》谓“导”当作“道”。

〔37〕 树以蒱柳　汲本、殿本“蒱”作“蒲”，注同。按：蒲蒱通。

〔38〕 咏歌于伶萧　按：汲本“萧”作“箫”。

〔39〕 帅百隶以驱疫　按：“驱”原讹“欧”，径改正。

〔40〕 公孙捷〔曰捷〕持楯而再搏乳虎　据汲本补。按：宋本注无“曰捷”二字，故刘攽《刊误》谓如下文，则此少“曰吾”二字。此“曰捷”二字疑毛子晋以意补之。张森楷《校勘记》谓据下二子皆曰“吾”，不自称名，则捷亦不宜独自称名，刘谓少“曰吾”二字是也，未知子晋何从改作“捷”。

〔41〕 螭龙（也）〔属〕　据汲本改。

〔42〕 萧鼓鸣兮　按：汲本“萧”作“箫”。

〔43〕 汉水之神〔女〕 据汲本、殿本补。

〔44〕 鸥白鸥也 按:汲本"白鸥"作"白鷗"。

〔45〕 (白)〔野〕凫也 据汲本、殿本改。

〔46〕 今鰋额白鱼(鲤)〔也〕 据汲本、殿本改。

〔47〕 摆亦捭字也 按:"捭"原讹"裨",径改正。

〔48〕 班固西都赋曰置互摆牲 按:沈钦韩谓此张衡《西京赋》语,注误以为班固。

〔49〕 孟子谓齐〔宣〕王曰 据汲本、殿本补。

〔50〕 是以名通言语之官为象胥 《刊误》谓"名通"当作"通名",谓总称言语之官为象胥也。按:《周礼》郑注作"是因通言语之官为象胥云",阮元《校勘记》谓大字本"因"下有"名"字,则《刊误》之说非也。

〔51〕 嘉岐阳 按:"岐"原作"歧",径改正。注同。

〔52〕 时左将奏融(道)〔遭〕兄子丧 据殿本改。

〔53〕 出为河间王厩长史 按:《刊误》谓厩长即是官名,"史"字衍。

〔54〕 胥靡登高(也)不惧 据《刊误》删。

后汉书卷六十下

蔡邕列传第五十下

蔡邕字伯喈，陈留圉人也。① 六世祖勋，② 好黄老，平帝时为郿令。王莽初，授以厌戎连率。③ 勋对印绶仰天叹曰："吾策名汉室，死归其正。昔曾子不受季孙之赐，况可事二姓哉？"④ 遂携将家属，逃入深山，与鲍宣、卓茂等同不仕新室。父棱，亦有清白行，谥曰贞定公。⑤

①圉，县，故城在今汴州陈留县东南。

②《谢承书》曰："勋字君严。"

③王莽改陇西郡曰厌戎郡，守曰连率。

④《礼记》曰："曾子有疾，童子曰：'华而睆，大夫之箦欤？'曾子曰：'然，斯季孙之赐也，我未之能易也。元起易箦。'曾元曰：'幸而至于旦，请敬易之。'曾子曰：'尔之爱我也不如彼也。君子之爱人也以德，细人之爱人也以姑息。吾何求哉？吾得正而毙焉，斯已矣。'举扶而易之，反席未安而没。"言虽临死不失正道也。

⑤邕祖攜碑云："攜字叔业，有周之胄。昔蔡叔没，成王命其子仲使践诸侯之位，以国氏姓，君其后也。君曾祖父勋，哀帝时以孝廉为长安邰长。及君之身，增修厥德，顺帝时以司空高弟迁新蔡长，年七十九卒。长子棱，字伯直，处俗孤党，不协于时，垂翼华发，人爵不升，年五十三卒。"《谥法》曰："清白守节曰贞，纯行不差曰定。"

邕性笃孝，母常滞病三年，邕自非寒暑节变，未尝解襟带，不寝寐者七旬。母卒，庐于冢侧，动静以礼。有菟驯扰其室傍，〔1〕又木生连理，远近奇之，多往观焉。与叔父从弟同居，三世不分财，乡党高其义。少博学，师事太傅胡广。好辞章、数术、天文，妙操音律。

桓帝时，中常侍徐璜、左悺等五侯擅恣，闻邕善鼓琴，遂白天子，敕陈留太守督促发遣。邕不得已，行到偃师，称疾而归。闲居玩古，不交当世。感东方〔朔〕《客难》〔2〕及杨雄、班固、崔骃之徒设疑以自通，①乃斟酌群言，韪其是而矫其非，②作《释诲》以戒厉云尔。

①杨雄作《解嘲》，班固作《答宾戏》，崔骃作《达旨》。

②韪亦是也。

有务世公子诲于华颠胡老曰：①"盖闻圣人之大宝曰位，故以仁守位，以财聚人。②然则有位斯贵，有财斯富，行义达道，士之司也。故伊挚有负鼎之衒，仲尼设执鞭之言，③甯子有清商之歌，百里有豢牛之事。④夫如是，对圣哲之通趣，古人之明志也。夫子生清穆之世，禀醇和之灵，覃思典籍，韫椟《六经》，安贫乐贱，举世无营，沈精重渊，抗志高冥，包括无外，综析无形，其已久矣。曾不能拔萃出群，扬芳飞文，⑤登天庭，序彝伦，埽六合之秽慝，清宇宙之埃尘，连光芒于白日，属炎气于景云。⑥时逝岁暮，默而无闻。小子惑焉，是以有云。方今圣上宽明，辅弼贤知，崇英逸伟，不坠于地，德弘者建宰相而裂土，才羡者荷荣禄而蒙赐。⑦盍亦回涂要至，俛仰取容，⑧辑当世之利，定不拔之功，荣家宗于此时，遗不灭之令踪？⑨夫独未之思邪，何为守彼而不通此？"⑩

①颠，顶也。华顶谓白首也。《新序》齐宣王对闾丘卬曰："士亦华发堕颠而后可用耳。"《左传》宋司马子鱼曰："虽及胡耇，获即取之。"杜预注曰："胡耇，元老之称。"

②《易》曰"圣人之大宝曰位。何以守位？曰仁。何以聚人？曰财"也。

③挚，伊尹名也。《史记》曰，伊尹欲干汤而无由，乃为有莘媵臣，负鼎俎以滋味说汤，致于王道。衒，自媒衒也。《论语》孔子曰："行义以达其道。"又曰："富而可求，虽执鞭之士吾亦为之。"《周礼》涤狼氏下士八人，执鞭以辟道也。

④《淮南子》曰："甯戚欲干齐桓公，穷困无以自达，于是为商旅，将车以适于齐，暮宿于郭门，饭牛车下，望见桓公，乃击牛角而〔疾〕商歌。〔3〕桓公闻之曰：'异哉！歌者非常人也。'命后车载之。"《三齐记》载其歌曰："南山矸，白石烂，生不遭尧与舜禅，短布单衣适至骭，从昏饭牛薄夜半，长夜漫漫何时旦！"

公悦之，以为大夫。矸音岸。骭音户谏反。百里奚，虞大夫也。《史记》赵良曰："百里奚自鬻于秦，衣褐食牛，期年而后穆公知之，举之牛口之下。"《说文》曰："豢，养也。"

⑤《孟子》曰："若仲尼者，拔乎其萃，出乎其类。"

⑥《瑞应图》曰"景云者太平之应也，一曰庆云"也。

⑦羡音以战反，本或作"美"。

⑧回，曲也。要音一遥反。言履直道，则不能有所至也。

⑨遗犹留也。

⑩彼谓贫贱，此谓荣禄。

胡老慠然而笑曰："若公子，所谓睹暧昧之利，而忘昭晢之害；专必成之功，而忽蹉跌之败者已。"公子谡尔敛袂而兴曰："胡为其然也？"①胡老曰："居，吾将释汝。②昔自太极，君臣始基，③有羲皇之洪宁，唐虞之至时。④三代之隆，亦有缉熙，五伯扶微，勤而抚之。于斯已降，天网纵，人纮弛，王涂坏，太极陁，⑤君臣土崩，上下瓦解。⑥于是智者骋诈，辩者驰说，武夫奋略，战士讲锐。⑦电骇风驰，雾散云披，变诈乖诡，以合时宜。或画一策而绾万金，或谈崇朝而锡瑞珪。⑧连衡者六印磊落，合从者骈组流离。⑨隆贵翕习，积富无崖，据巧蹈机，以忘其危。夫华离蒂而萎，条去干而枯，女冶容而淫，士背道而辜。人毁其满，神疾其邪，利端始萌，害渐亦牙。速速方毂，夭夭是加，⑩〔4〕欲丰其屋，乃蔀其家。⑪是故天地否闭，圣哲潜形，⑫石门守晨，沮、溺耦耕，⑬颜歜抱璞，蘧瑗保生，⑭齐人归乐，孔子斯征，雍渠骖乘，逝而遗轻。⑮夫岂慠主而背国乎？道不可以倾也。

①谡然，翕敛之皃，音所六反。

②居犹坐也。释，解也。

③太极，天地之始也。《易》曰："《易》有太极，是生两仪。"

④洪，大也。

⑤贾逵注《国语》曰："小崩曰陁。"

⑥《淮南子》曰："武王伐纣，左操黄钺，右执白旄而麾之，则瓦解而走，遂土崩

而下。"

⑦讲，习也。

⑧《战国策》曰，秦昭王见顿弱，顿弱曰："韩，天下之喉咽也；魏，天下之匈臆也。王资臣万金而游之，天下可图也。"秦王曰："善。"乃资万金，使东游韩、魏，入其将相，北游燕、赵，而杀李牧。齐王入朝，四国毕从，顿子说之也。《史记》曰："虞卿说赵孝成王，一见赐黄金百溢，再见赐白璧一双。"

⑨连衡谓张仪，合从谓苏秦，并佩六国之印。骈，并也。组，绶也。流离，光彩皃也。

⑩《诗·小雅》曰："速速方谷，夭夭是椓。"毛苌注云："速速，陋也。"郑玄注云："穀，禄也。"言鄙陋小人，将贵而得禄也。夭，杀也。椓，破之也。《韩诗》亦同。此作"毂"者，盖谓小人乘宠，方毂而行。方犹并也。

⑪《易·丰卦·上六》曰："丰其屋，蔀其家。"王弼注云："蔀，覆也。屋厚覆，暗之甚也。"蔀音部。

⑫《易·文言》曰："天地闭，贤人隐。"

⑬《论语》曰："子路宿于石门。晨门曰：'奚自？'子路曰：'自孔氏。'郑玄注云："石门，鲁城外门也。晨门，主晨夜开闭者。"又曰："长沮、桀溺耦而耕。"并隐遁人也。

⑭《战国策》齐宣王谓颜歜曰："愿先生与寡人游。"歜辞曰："玉生于山，制则毁焉，非不宝也，然失璞不完。〔5〕士生鄙野，选而禄焉，非不贵也，而形神不全。歜愿得晚食以当肉，安步以当车，无罪以当贵，清静以自娱。知足矣。归反于朴，则终身不辱。"〔6〕《论语》孔子曰："蘧伯玉邦有道则仕，邦无道则可卷而怀之。"此为保其生也。

⑮《论语》曰："齐人馈女乐，季桓子受之，三日不朝。孔子行。"《史记》曰："卫灵公与夫人同车，宦者雍渠参乘。孔子曰：'吾未见好德如好色者也。'于是丑之，去卫适曹。"遗轻谓若弃轻细之物而去，言恶之甚也。

"且我闻之，日南至则黄钟应，融风动而鱼上冰，蕤宾统则微阴萌，蒹葭苍而白露凝。①寒暑相推，阴阳代兴，运极则化，理乱相承。今大汉绍陶唐之洪烈，荡四海之残灾，隆隐天之高，拆绠地之基。②皇道惟融，帝猷显丕，泜泜庶类，〔7〕含甘吮滋。③〔8〕检六合之群品，济之乎雍熙，群僚恭己于职司，圣主垂拱乎两楹。君臣穆穆，守之以平，济济多士，端委缙綖，④鸿渐盈阶，振鹭充庭。⑤譬犹锺山之玉，泗滨之石，累珪璧不为之盈，(探)〔采〕浮磬不为之索。⑥〔9〕曩者，洪源辟而四隩集，武功定而干戈戢，猃狁攘而吉甫宴，城濮捷而晋凯入。⑦故当其有事也，则蓑笠并载，擐甲扬锋，不给于务；⑧当其无事也，则舒绅缓佩，鸣玉以步，绰有馀裕。

①《月令》："仲冬，律中黄钟。"融风，艮之风也。《月令》："孟春，东风解冻，鱼上冰。"又："仲夏之月，律中蕤宾。"微阴谓一阴爻生也。《诗·秦风》曰："蒹葭苍苍，白露为霜。"《尔雅》曰："蒹，薕也。葭，芦也。"

②緪音古邓反。緪与亘同。

③泜泜，齐皃。

④端委，礼衣也。《左传》曰："太伯端委以持周礼。"《说文》曰："缙，赤白色也。"綖，系绶也，音它丁反。

⑤《易》曰："鸿渐于陆。"鸿，水鸟也。渐出于陆，喻君子仕进于朝。《诗》曰："振振鹭，鹭于下。"注云："鹭，白鸟也。喻絜白之士，群集君之朝也。"

⑥《山海经》曰："黄帝取密山之玉策，投之锺山之阳。"《尚书》曰："泗滨浮磬。"注云："水中见石，可以为磬。"言锺山多玉，泗水多石，喻汉多贤人。索，尽也，音所(格)〔洛〕反。〔10〕

⑦辟，开也，音频亦反。谓禹理洪水而开道之。《尚书》曰："四隩既宅。"隩，居也，音於六反。武功定谓武王伐纣。《诗·周颂》曰："载戢干戈。"《诗·小雅》曰："薄伐猃狁，至于太原，吉甫燕喜，既多受祉。"郑玄注曰："吉甫既伐猃狁而归，天子以燕礼乐之也。"《左传》，晋与楚战于城濮，楚师败绩，故晋凯乐而归也。

⑧蓑音素和反。《诗·小雅》曰："荷蓑荷笠。"毛苌注云："荷，揭也。蓑所以备雨。笠所以御暑。"擐，贯也。

"夫世臣、门子、暬御之族，①天隆其祐，主丰其禄。抱膺从容，爵位自从，摄须理髯，馀官委贵。其取进也，顺倾转圆，不足以喻其便；逡巡放屣，不足以况其易。夫〔夫〕有逸群之才，人人有优赡之智。〔11〕童子不问疑于老成，瞳矇不稽谋于先生。心恬澹于守高，意无为于持盈。②粲乎煌煌，莫非华荣。明哲泊焉，不失所宁。③狂淫振荡，乃乱其情。贪夫殉财，夸者死权。④瞻仰此事，体躁心烦。暗谦盈之效，迷损益之数。⑤骋驽骀于修路，慕骐骥而增驱，卑俯乎外戚之门，乞助乎近贵之誉。荣显未副，从而颠踣，⑥下获熏胥之辜，高受灭家之诛。⑦前车已覆，袭轨而骛，曾不鉴祸，以知畏惧。予惟悼哉，害其若是！⑧天高地厚，跼而蹐之。⑨怨岂在明，患生不思。战战兢兢，必慎厥尤。

①《诗·小雅》曰："曾我暬御。"毛苌注云："暬御，侍御也。"

②《老子》曰："持而盈之，不如其已。"河上公注云："持满必倾，不如止也。"

③泊犹静也。

④贾谊《服鸟赋》之文也。言夸华者必死于权埶也。

⑤《易》曰："天道亏盈而益谦。"又曰："损益盈虚，与时偕行。"王弼注云："自然之质，各定其分，短者不为不足，长者不为有馀，损益将何加焉？"

⑥踣音步北反，协韵音赴。

⑦《诗·小雅》曰："若此无罪，勋胥以痡。"勋，帅也。胥，相也。痡，病也。言此无罪之人，而使有罪者相帅而病之，是其大甚。见《韩诗》。《前书》曰："史迁薰胥以刑。"《音义》云："谓相薰蒸得罪也。"诛，协韵音丁注反。

⑧害，何也，音曷。

⑨《诗·小雅》曰"谓天盖高，不敢不跼。谓地盖厚，不敢不蹐"。

"且用之则行，圣训也；舍之则藏，至顺也。①夫九河盈溢，非一凷所防；②带甲百万，非一勇所抗。③今子责匹夫以清宇宙，庸可以水旱而累尧、汤乎？惧烟炎之毁熸，何光芒之敢扬哉！④且夫地将震而枢星直，井无景则日阴食，⑤元首宽则望舒朓，侯王肃则月侧匿。⑥是以君子推微达著，寻端见绪，履霜知冰，践露知暑。时行则行，时止则止，消息盈冲，取诸天纪。⑦利用遭泰，可与处否，乐天知命，持神任己。群车方奔乎险路，安能与之齐轨？思危难而自豫，故在贱而不耻。方将骋驰乎典籍之崇涂，休息乎仁义之渊薮，⑧槃旋乎周、孔之庭宇，揖儒、墨而与为友。舒之足以光四表，收之则莫能知其所有。若乃丁千载之运，应神灵之符，闿阊阖，乘天衢，拥华盖而奉皇枢，⑨纳玄策于圣德，宣太平于中区。计合谋从，己之图也;勋绩不立,予之辜也。龟凤山翳,雾露不除,踊跃草莱,祗见其愚。不我知者,将谓之迂。⑩修业思真,弃此焉如?静以俟命,不斁不渝。⑪‘百岁之后,归乎其居。’⑫幸其获称,天所诱也。⑬罕漫而已,非己咎也。⑭昔伯翳综声于鸟语,葛卢辩音于鸣牛,董父受氏于豢龙,奚仲供德于衡辀,⑮倕氏兴政于巧工,造父登御于骅骝,非子享土于善圉,狼瞫取右于禽囚,⑯弓父毕精于筋角,佽非明勇于赴流,寿王创基于格五,东方要幸于谈优,⑰上官效力于执盖,弘羊据相于运筹。仆不能参迹于若人,故抱璞而优游。”⑱

①《论语》孔子曰:“用则行,舍则藏。”故言圣训也。

②九河谓河水分为九道。《尔雅》曰,徒骇、太史、马颊、覆鬴、胡苏、简、絜、钩般、鬲津,是谓九河也。

③协韵音苦郎反。

④烟炎,烟火之微细者。言常惧微细以致毁灭。杜预注《左传》曰:“吴楚之间谓火灭为熸。”音子廉反。炎音焰。

⑤晏子见伯常骞,问曰:“昔吾见维星绝,枢星散,地其动乎?”见《晏子春秋》。阴食谓不显食也。凡日阴食则井无影也。

⑥望舒,月也。《尚书大传》曰:“晦而月见西方,谓之朓。朔而月见东方,谓之侧匿。侧匿则侯王肃,朓则侯王舒。”注:“肃,急也。舒,缓也。”

⑦《易·坤·文言》曰:“履霜坚冰至。”《艮卦》曰:“时行则行,时止则止。”《丰卦》曰:“天地盈虚,与时消息。”

⑧《前书》司马相如曰:“游于六艺之囿,驰骛乎仁义之涂。”班固曰“肴覈仁义之林薮”也。

⑨《古今注》曰:“华盖,黄帝所作也。与蚩尤战于涿鹿之野,常有五色云气,金枝玉叶,因而作华盖。”

⑩龟凤喻贤人,雾露喻昏暗也。迂,曲也。

⑪斁,厌也。渝,变也。

⑫《诗·晋风》也。毛苌注云:“居,坟墓也。”

⑬谓小人妄得称举者,天之所诱,后必遇害也。

⑭罕漫犹无所知闻也,非君子之咎也。

⑮伯翳即秦之先伯益也,能与鸟语。见《史记》。葛卢,东夷介国之君也。介葛

卢聘于鲁，闻牛鸣，曰："是生三牺，皆用之矣。"问之，如其言。晋太史蔡墨曰："昔有董父，实甚好龙，能求嗜欲以饮食之，以服事帝舜。帝赐姓曰董，氏曰豢龙。"并见《左传》。奚仲，薛之祖也。《世本》曰："奚仲作车。"衡，轭也。輈，辕也。

⑯倕，舜(之)〔时〕巧人也。〔12〕见《尚书》。造父者，秦之先也，为周穆王御骅骝、騄耳之乘。非子亦秦之先，善养马。周孝王使主马于汧、渭之间，马大蕃息，分土为附庸，邑之于秦。并见《史记》。圉，养马人也。见《周礼》。《左传》曰："战于殽，晋襄公缚秦囚，使莱驹以戈斩之。囚呼，莱驹失戈，狼瞫取戈斩之，遂以为车右。"瞫音舒饪反。

⑰弓父，弓工也。《阙子》曰："宋景公使弓工为弓，九年，来见公。公曰：'为弓亦迟矣。'对曰：'臣精尽于弓矣。'献弓而归，三日而死。公张弓东向而射，矢逾西霜之山，集彭城之东，其馀力逸劲，饮羽于石梁。"《吕氏春秋》曰，荆人佽飞入江斩蛟。《前书》，武帝时，吾丘寿王字子赣，以善格五待制。格五，今之簺也。东方朔以善谈笑俳优得幸。班固曰："朔应谐似优。"杜预注《左传》曰："优，调戏也。"

⑱《前书》，上官桀，武帝时为期门郎，从上甘泉，大风，车不得行，解盖授桀，虽(底)〔风〕，盖常属车。〔13〕桑弘羊，洛阳贾人也，以能心计为侍中。

于是公子仰首降阶，忸怩而避。①胡老乃扬衡含笑，援琴而歌。②歌曰："练余心兮浸太清，涤秽浊兮存正灵。和液畅兮神气宁，情志泊兮心亭亭，嗜欲息兮无由生。踔宇宙而遗俗兮，眇翩翩而独征。"③

①忸怩，心惭也。忸音女六反。怩音尼。

②衡，眉目之间也。

③太清谓天也。和液谓和气灵液也。亭亭，孤峻之皃。踔犹越也，音丑教反。

建宁三年，辟司徒桥玄府，〔14〕玄甚敬待之。出补河平长。〔15〕召拜郎中，校书东观。迁议郎。邕以经籍去圣久远，文字多谬，俗儒穿凿，疑误后学，熹平四年，乃与五官中郎将堂谿典、光禄大夫杨赐、谏议大夫马日磾、议郎张驯、韩说、太史令单飏等，①奏求正定《六经》文字。灵帝许之，邕乃自书(册)〔丹〕于碑，〔16〕使工镌刻立于太学门外。②于是后儒晚学，咸取正焉。及碑始立，其观视及摹写者，车乘日千馀两，填塞街陌。

①堂谿，姓也。《先贤行状》曰："典字子度，颍川人，为西鄂长。"

②《洛阳记》曰："太学在洛城南开阳门外，讲堂长十丈，广二丈。堂前《石经》四部。本碑凡四十六枚，西行，《尚书》、《周易》、《公羊传》十六碑存，十二碑毁。南行，《礼记》十五碑悉崩坏。东行，《论语》三碑，二碑毁。《礼记》碑上有谏议大夫马日磾、议郎蔡邕名。"

初，朝议以州郡相党，人情比周，乃制婚姻之家及两州人士不得对相监临。至是复有三互法，①禁忌转密，选用艰难。幽冀二州，久缺不补。邕上疏曰："伏见幽、冀旧壤，铠马所出，②比年兵饥，渐至空耗。今者百姓虚县，万里萧条，③阙职经时，吏人延属，而三府选举，逾月不定。臣经怪其事，而论者云'避三互'。十一州有禁，当取二州而已。又二州之士，或复限以岁月，狐疑迟淹，以失事会。愚以为三互之禁，禁之薄者，今但申以威灵，明其宪令，在任之人岂不戒惧，而当坐设三互，自生留阂邪？昔韩安国起自徒中，朱买臣出于幽贱，并以才宜，还守本邦。④又张敞亡命，擢授剧州。岂复顾循三互，继以末制乎？⑤三公明知二州之要，所宜速定，当越禁取能，以救时敝；而不顾争臣之义，苟避轻微之科，选用稽滞，以失其人。臣愿陛下上则先帝，蠲除近禁，其诸州刺史器用可换者，无拘日月三互，以差厥中。"书奏不省。

①三互谓婚姻之家及两州人不得交互为官也。《谢承书》曰"史弼迁山阳太守，其妻钜野薛氏女，以三互自上，转拜平原相"是也。

②铠，甲也。《周礼·考工记》曰："燕无函。"函亦甲也，言幽、燕之地，家家皆能为函，故无函匠也。《左传》曰："冀之北土，马之所生。"

③县音玄。

④《前书》，安国字长孺，梁人。坐法抵罪。居无几，天子使使者拜安国为梁内史，起徒中为二千石。买臣字翁子，吴人。家贫，负薪卖以给食，歌讴道中，后拜会稽太守。

⑤《前书》，敞字子高，河东人也。为京兆尹，坐与杨恽厚善，制免为庶人，从阙下亡命。数月，冀州部有大贼，天子思敞功，使使者召拜为冀州刺史。

初，帝好学，自造《皇羲篇》五十章，因引诸生能为文赋者。本颇以经学相招，后诸为尺牍及工书鸟篆者，皆加引召，遂至数十人。①侍中祭酒乐松、贾护，多引无行趣埶之徒，并待制鸿都门下，憙陈方俗闾里小事，帝甚悦之，待以不次之位。又市贾小民，〔17〕为宣陵孝子者，复数十人，悉除为郎中、太子舍人。时频有雷霆疾风，伤树拔木，地震、陨雹、蝗虫之害。又鲜卑犯境，役赋及民。六年七月，制书引咎，诰群臣各陈政要所当施行。邕上封事曰：

①《说文》曰："牍，书板也，长一尺。"《艺文志》曰："六体者，古文、奇字、篆书、隶书、缪篆、虫书。"《音义》曰："古文谓孔子壁中书也。奇字即古文而异者也。篆书谓小篆，盖秦始皇使程邈所作也。隶书亦程邈所献，主于徒隶，从简易也。缪篆谓其文屈曲缠绕，所以摹印章也。虫书谓为虫鸟之形，所以书幡信也。"

臣伏读圣旨，虽周成遇风，讯诸执事，宣王遭旱，密勿祗畏，无以或加。①臣闻天降灾异，缘象而至。辟历数发，②殆刑诛繁多之所生也。风者天之号令，所以教人也。③夫昭事上帝，则自怀多福；④宗庙致敬，则鬼神以著。国之大事，实先祀典，⑤天子圣躬所当恭事。臣自在宰府，及备朱衣，⑥迎气五郊，而车驾稀出，四时至敬，〔18〕屡委有司，虽有解除，犹为疏废。⑦故皇天不悦，显此诸异。《鸿范传》曰："政悖德隐，厥风发屋折木。"《坤》为地道，《易》称安贞。⑧阴气愤盛，则当静反动，法为下叛。夫权不在上，则雹伤物；政有苛暴，则虎狼食人；贪利伤民，则蝗虫损稼。去六月二十八日，太白与月相迫，兵事恶之。鲜卑犯塞，所从来远，今之出师，未见其利。上违天文，下逆人事。诚当博览众议，从其安者。臣不胜愤满，〔19〕谨条宜所施行七事表左：⑨

①《尚书·金縢》曰："秋大孰未获，天大雷电以风，王乃问诸史百执事。"《诗·大雅·云汉篇序》曰："宣王遇旱，侧身修行，欲消去之，故大夫仍叔作《云汉》之诗以美之。"密勿祗畏言勤劳戒惧也。

②辟音普历反。《史记》曰"霹雳，阳气之动"也。

③《翼氏风角》曰："风者天之号令，所以谴告人君者。"

④《诗·大雅》曰："昭事上帝，聿怀多福。"聿，遂也。怀，来也。

⑤《左传》曰："国之大事，在祀与戎。"

⑥宰府谓司徒桥玄府也。朱衣谓祭官也。《汉官仪》曰："汉家赤行，齐者绛绔袜。"袜音文伐反。

⑦解除谓谢过也。

⑧《易·坤·文言》曰："地道也，妻道也。"其《彖》曰："安贞之吉，应地无疆。"

⑨表左谓陈之于表左也，犹今云"如左"、"如右"。

一事：明堂月令，天子以四立及季夏之节，迎五帝于郊，①所以导致神气，祈福丰年。清庙祭祀，追往孝敬，养老辟雍，示人礼化，皆帝者之大业，祖宗所祗奉也。而有司数以蕃国疏丧，宫内产生，及吏卒小污，屡生忌故。②窃见南郊斋戒，未尝有废，至于它祀，辄兴异议。岂南郊卑而它祀尊哉？孝元皇帝策书曰："礼之至敬，莫重于祭，所以竭心亲奉，以致肃祗者也。"又元和故事，复申先典。③前后制书，推心恳恻。而近者以来，更任太史。忘礼敬之大，任禁忌之书，拘信小故，以亏大典。《礼》，妻妾产者，斋则不入侧室之门，无废祭之文也。④所谓宫中有卒，三月不祭者，谓士庶人数堵之室，共处其中耳，⑤岂谓皇居之旷，臣妾之众哉？自今斋制宜如故典，庶答风霆灾妖之异。

①天子居明堂，各依其月布政，故云"明堂月令"。四立谓立春、立夏、立秋、立冬。各以其日，天子亲迎气于其方，并祭其方之帝。季夏之末，祭中央帝也。

②小污谓病及死也。

③章帝元和二年制曰："山川百神应典礼者，尚未咸秩，其议修群祀，以祈丰年。"又宗祀五帝于汶上明堂。三年，望祀华、霍，东柴岱宗，为人祈福。

④《礼记》曰"妻将生子，及月辰，居侧室，夫使人日再问之。夫斋，则不入侧室之门"也。

⑤《仪礼》曰："有死于宫中者，则为之三月不举祭。"

二事：臣闻国之将兴，至言数闻，内知己政，外见民情。是故先帝虽有圣明之姿，而犹广求得失。又因灾异，援引幽隐，重贤良、方正、敦朴、有道之选，危言极谏，不绝于朝。陛下亲政以来，频年灾异，而未闻特举博选之旨。诚当思省述修旧事，使抱忠之臣展其狂直，以解《易传》"政悖德隐"之言。

三事：夫求贤之道，未必一涂，或以德显，或以言扬。顷者，立朝之士，曾不以忠信见赏，恒被谤讪之诛，遂使群下结口，莫图正辞。郎中张文，前独尽狂言，圣听纳受，以责三司。臣子旷然，众庶解悦。①臣愚以为宜擢文右职，以劝忠謇，②宣声海内，博开政路。

①《汉名臣奏》张文上疏，其略曰："《春秋》义曰：'蝗者贪扰之气所生。天意若曰："贪狼之人，蚕食百姓，若蝗食禾稼而扰万民。兽啮人者，象暴政若兽而啮人。'京房《易传》曰：'小人不义而反尊荣，则虎食人，辟历杀人，亦象暴政，妄有喜怒。'政以贿成，刑放于宠，推类叙意，探指求原，皆象群下贪狼，威教妄施，或苦蝗虫。宜敕正众邪，清审选举，退屏贪暴。鲁僖公小国诸侯，敕政修己，斥退邪臣，尚获其报，六月甚雨之应。岂况万乘之主，修善求贤？宜举敦朴，以辅善政。陛下体尧舜之圣，秉独见之明，恢太平之业，敦经好学，流布远近，可留须臾神虑，则(可)致太平，〔20〕招休征矣。"制曰："下太尉、司徒、司空。夫瑞不虚至，〔21〕灾必有缘。朕以不德，秉统未明，以招祆伪，将何以昭显宪法哉？三司任政者也，所当夙夜，而各拱默，讫未有闻，将何以奉答天一意，(救)〔救〕宁我人？〔22〕其各悉心思所崇改，务消复之术，称朕意焉。"

②右，用事之便，谓枢要之官。

四事：夫司隶校尉、诸州刺史，所以督察奸枉，分别白黑者也。伏见幽州刺史杨憙、益州刺史庞芝、凉州刺史刘虔，各有奉公疾奸之心，憙等所纠，其效尤多。馀皆枉桡，不能称职。或有抱罪怀瑕，与下同疾，纲网弛纵，莫相举察，公府台阁亦复默然。五年制书，议遣八使，又令三公谣言奏事。①是时奉公者欣然得志，邪枉者忧悸失色。未详斯议，所因寝息。昔刘向奏曰："夫执狐疑之计者，开群枉之门；〔23〕养不断之虑者，来谗邪之口。"②今始闻善政，旋复变易，足令海内测度朝政。宜追定八使，纠举非法，更选忠清，平章赏罚。③三公岁尽，差其殿最，使吏知奉公之福，营私之祸，则众灾之原庶可塞矣。

①《汉官仪》曰："三公听采长吏臧否，人所疾苦，条奏之。"是为举谣言者也。

②语见《前书》。

③平，和也。章，明也。

五事：臣闻古者取士，必使诸侯岁贡。①孝武之世，郡举孝廉，又有贤良、文学之选，于是名臣辈出，文武并兴。汉之得人，数路而已。②夫书画辞赋，才之小者，匡国理政，未有其能。陛下即位之初，先涉经术，听政馀日，观省篇章，聊以游意，当代博弈，非以教化取士之本。而诸生竞利，作者鼎沸。其高者颇引经训风喻之言；下则连偶俗语，有类俳优；或窃成文，虚冒名氏。臣每受诏于盛化门，差次录第，其未及者，亦复随辈皆见拜擢。既加之恩，难复收改，但守奉禄，于义已弘，不可复使理人及仕州郡。昔孝宣会诸儒于石渠，章帝集学士于白虎，通经释义，其事优大，文武之道，所宜从之。若乃小能小善，虽有可观，孔子以为"致远则泥"，君子故当志其大者。③

①《尚书大传》曰："古者诸侯之于天子，三年一贡士。一适谓之攸好德，再适谓之贤贤，三适谓之有功。"注云："适犹得也。"

②数路谓孝廉、贤良、文学之类也。

③《论语》子夏曰："虽小道必有可观者焉，致远恐泥。"郑玄注云："小道，如今诸子书也。泥谓滞陷不通。"此邕以为孔子之言，当别有所据也。

六事：墨绶长吏，职典理人，①皆当以惠利为绩，日月为劳。褒责之科，所宜分明。而今在任无复能省，及其还者，多召拜议郎、郎中。若器用优美，不宜处之冗散。如有衅敌，自当极其刑诛。岂有伏罪惧考，反求迁转，更相放效，臧否无章？先帝旧典，未尝有此。〔24〕可皆断绝，以核真伪。

①《汉官仪》曰"秩六百石，铜章墨绶"也。

七事：伏见前一切宣陵孝子(者)为太子舍人。〔25〕臣闻孝文皇帝制丧服三十六日，虽继体之君，父子至亲，公卿列臣，受恩之重，皆屈情从制，不敢逾越。今虚伪小人，本非骨肉，既无幸私之恩，又无禄仕之实，恻隐思慕，情何缘生？而群聚山陵，假名称孝，行不隐心，义无所依，至有奸轨之人，通容其中。(恒)〔桓〕思皇后祖载之时，①〔26〕东郡有盗人妻者亡在孝中，本县追捕，乃伏其辜。虚伪杂秽，难得胜言。又前至得拜，后辈被遗；或经年陵次，以暂归见漏；或以人自代，亦蒙宠荣。争讼怨恨，凶凶道路。太子官属，宜蒐选令德，岂有但取丘墓凶丑之人？其为不祥，莫与大焉。宜遣归田里，以明诈伪。

①《周礼》曰："丧祝掌大丧，及祖饰棺(及)〔乃〕载，〔27〕遂御之。"郑玄注云："祖谓将葬祖祭于庭，载谓升柩于车也。"

书奏，帝乃亲迎气北郊，及行辟雍之礼。又诏宣陵孝子为舍人者，悉改为丞尉焉。光和元年，遂置鸿都门学，画孔子及七十二弟子像。其诸生皆敕州郡三公举用辟召，或出为刺史、太守，入为尚书、侍中，乃有封侯赐爵者，士君子皆耻与为列焉。

时妖异数见，人相惊扰。其年七月，诏召邕与光禄大夫杨赐、谏议大夫马日磾、议郎张华、太史令单飏诣金商门，引入崇德殿，①使中常侍曹节、王甫就问灾异及消改变故所宜施行。邕悉心以对，事在《五行》、《天文志》。②又特诏问曰："比灾变互生，未知厥咎，朝廷焦心，载怀恐惧。每访群公卿士，庶闻忠言，而各存括囊，莫肯尽心。③以邕经学深奥，故密特稽问，宜披露失得，指陈政要，勿有依违，自生疑讳。具对经术，以皂囊封上。"④邕对曰："臣伏惟陛下圣德允明，深悼灾咎，褒臣末学，特垂访及，非臣蝼蚁所能堪副。斯诚输写肝胆出命之秋，岂可以顾患避害，使陛下不闻至戒哉！臣伏思诸异，皆亡国之怪也。天于大汉，殷勤不已，故屡出祆变，以当谴责，欲令人君感悟，改危即安。今灾眚之发，不于它所，远则门垣，近在寺署，其为监戒，可谓至切。蜺墯鸡化，皆妇人干政之所致也。前者乳母赵娆，贵重天下，⑤生则赀藏侔于天府，死则丘墓逾于园陵，两子受封，兄弟典郡；续以永乐门史霍玉，依阻城社，又为奸邪。今者道路纷纷，复云有程大人者，察其风声，将为国患。宜高为堤防，明设禁令，深惟赵、霍，以为至戒。⑥今圣意勤勤，思明邪正。而闻太尉张颢，为玉所进；光禄勋姓璋，⑦有名贪浊；又长水校尉赵玹、⑧屯骑校尉盖升，并叨时幸，荣富优足。宜念小人在位之咎，退思引身避贤之福。⑨伏见廷尉郭禧，〔28〕纯厚老成；光禄大夫桥玄，聪达方直；故太尉刘宠，忠实守正：并宜为谋主，数见访问。夫宰相大臣，君之四体，⑩委任责成，优劣已分，不宜听纳小吏，雕琢大臣也。⑪又尚方工技之作，鸿都篇赋之文，可且消息，以示惟忧。《诗》云：'畏天之怒，不敢戏豫。'天戒诚不可戏也。宰府孝廉，士之高选。近者以辟召不慎，切责三公，而今并以小文超取选举，开请托之门，违明王之典，众心不厌，莫之敢言。⑫臣愿陛下忍而绝之，思惟万机，以答天望。圣朝既自约厉，左右近臣亦宜从化。人自抑损，以塞咎戒，则天道亏满，鬼神福谦矣。臣以愚赣，〔29〕感激忘身，敢触忌讳，手书具对。夫君臣不密，上有漏言之戒，下有失身之祸。⑬愿寝臣表，无使尽忠之吏，受怨奸仇。"章奏，帝览而叹息，因起更衣，曹节于后窃视之，悉宣语左右，事遂漏露。其为邕所裁黜者，皆侧目思报。

①《洛阳记》曰"南宫有崇德殿、太极殿，西有金商门"也。

②其志今亡。《续汉志》曰，光和元年，诏问曰："连年蝗虫，其咎焉在？"邕对曰："《易传》云：'大作不时天降灾，厥咎蝗虫来。'《河图秘征篇》曰：'帝贪则政暴，吏酷则诛惨。生蝗虫，贪苛之所致也。'"又南宫侍中寺，雌鸡欲化为雄，一身毛皆似雄，但头冠尚未变。诏以问邕。对曰："貌之不恭，则有鸡祸。宣帝黄龙元年，未央宫雌鸡化为雄，不鸣无距。是岁元帝初即位，〔30〕将立王皇后。至初元元年，丞相史家雌鸡化为雄，距而鸣将。是〔岁〕后父禁为平阳侯，〔31〕女立为后。至哀帝晏驾，后摄政，王莽以后兄子为大司马，由是为乱。臣窃推之，头为元首，人君之象。今鸡一身已变，未至于头而止，〔32〕是将有其事而不遂成之象也。若应之不精，政无所改，头冠或成，为患滋大也。"

③括囊喻闭口而不言。《易》曰："括囊无咎。"王弼注云："括，结也。"

④《汉官仪》曰"凡章表皆启封，其言密事得皂囊"也。

⑤娆音奴鸟反。

⑥赵娆及霍玉也。

⑦姓，姓也；璋，名也。汉有姓伟。

⑧音玄。《蔡邕集》"玹"作"玄"。

⑨《尚书》曰："君子在野，小人在位。"

⑩谓股肱也。〔33〕

⑪雕琢犹镌削以成其罪也。

⑫厌，伏也，音一叶反。

⑬《易》曰："君不密则失臣，臣不密则失身。"

初，邕与司徒刘郃〔34〕素不相平，叔父卫尉质①又与将作大匠(杨)〔阳〕球〔35〕有隙。球即中常侍程璜女夫也，璜遂使人飞章言邕、质数以私事请托于郃，郃不听，邕含隐切，志欲相中。②于是诏下尚书，召邕诘状。邕上书自陈曰："臣被召，问以大鸿胪刘郃前为济阴太守，臣属吏张宛长休百日，③郃为司隶，又托河内郡吏李奇为州书佐，④及营护故河南尹羊陟、侍御史胡母班，郃不为用致怨之状。⑤臣征营怖悸，肝胆涂地，不知死命所在。窃自寻案，实属宛、奇，不及陟、班。凡休假小吏，非结恨之本。与陟姻家，岂敢申助私党？如臣父子欲相伤陷，当明言台阁，具陈恨状所缘。内无寸事，而谤书外发，宜以臣对与郃参验。臣得以学问特蒙褒异，执事秘馆，操管御前，姓名皃状，微简圣心。今年七月，召诣金商门，问以灾异，赍诏申旨，诱臣使言。⑥臣实愚赣，唯识忠尽，〔36〕出命忘躯，不顾后害，遂讥刺公卿，内及宠臣。实欲以上对圣问，救消灾异，规为陛下建康宁之计。陛下不念忠臣直言，宜加掩蔽，诽谤卒至，便用疑怪。尽心之吏，岂得容哉？诏书每下，百官各上封事，欲以改政思遣，除凶致吉，而言者不蒙延纳之福，旋被陷破之祸。今皆杜口结舌，以臣为戒，谁敢为陛下尽忠孝乎？臣季父质，连见拔擢，位在上列。臣被蒙恩渥，数见访逮。言事者因此欲陷臣父子，破臣门户，非复发纠奸伏，补益国家者也。臣年四十有六，孤特一身，得托名忠臣，死有馀荣，恐陛下于此不复闻至言矣。臣之愚冗，职当咎患，但前者所对，质不及闻，⑦而衰老白首，横见引逮，随臣摧没，并入阬埳，诚冤诚痛。臣一入牢狱，当为楚毒所迫，趣以饮章，辞情何缘复闻？⑧死期垂至，冒昧自陈。愿身当辜戮，匄质不并坐，⑨则身死之日，更生之年也。惟陛下加餐，为万姓自爱。”于是下邕、质于洛阳狱，劾以仇怨奉公，议害大臣，大不敬，弃市。事奏，中常侍吕强愍邕无罪，请之，帝亦更思其章，有诏减死一等，与家属髡钳徙朔方，不得以赦令除。(杨)〔阳〕球使客追路刺邕，客感其义，皆莫为用。球又赂其部主使加毒害，所赂者反以其情戒邕，故每得免焉。居五原安阳县。⑩

①质字子文，著《汉职仪》。

②中伤也。

③休，假也。《前书音义》曰“吏病满百日当免”也。

④《续汉志》曰：“书佐，主干文书。”

⑤《邕集》其奏曰：“邕属张宛长休百日，郃假宛五日；复属河南李奇为书佐，郃不为召；太山党魁羊陟与邕季父卫尉质对门九族，质为尚书，营护阿拥，令文书不觉，郃被诏书考胡母班等，辞与陟为党，质及邕频诣郃问班所及，郃不应，遂怀怨恨，欲必中伤郃。”制曰：“下司隶校尉正处上。”《邕集》作“綦母班”也。

⑥赍犹持也，〔37〕与赍通。

⑦前在金商门对事之时，质为下邳相，故不闻也。

⑧趣音促。饮犹隐却告人姓名，无可对问。章者，今之表也。《邕集》曰：“光和元年，都官从事张恕，以辛卯诏书，收邕送雒阳诏狱。考吏张静谓邕曰：‘省君章云欲仇怨未有所施，法令无此，以诏书又刊章家姓名，不得对相指斥考事，〔38〕君学多所见，古今如此，岂一事乎？’答曰：‘晓是。’吏遂饮章为文书。’臣贤案：俗本有不解“饮”字，或改为“报”，或改为“款”，并非也。

⑨丐，乞也。

⑩即西安阳县也，故城在今胜州银城县。

邕前在东观，与卢植、韩说等撰补《后汉记》，会遭事流离，不及得成，因上书自陈，奏其所著十意，①分别首目，连置章左。帝嘉其才高，会明年大赦，乃宥邕还本郡。邕自徙及归，凡九月焉。将就还路，五原太守王智饯之。酒酣，智起舞属邕，邕不为报。②智者，中常侍王甫弟也，素贵骄，惭于宾客，诟邕曰：“徒敢轻我！”邕拂衣而去。智衔之，密告邕怨于囚放，谤讪朝廷。内宠恶之。邕虑卒不免，乃亡命江海，远迹吴会。③往来依太山羊氏,积十二年,在吴。

①犹《前书》十志也。《邕别传》曰:"邕昔作《汉记》十意,未及奏上,遭事流离,因上书自陈曰:'臣既到徙所,乘塞守烽,职在候望,忧怖焦灼,无心能复操笔成草,致章阙廷。诚知圣朝不责臣谢,但怀愚心有所不竟。臣自在布衣,常以为《汉书》十志下尽王莽而止,光武已来唯记纪传,无续志者。臣所事师故太傅胡广,知臣颇识其门户,略以所有旧事与臣。虽未备悉,粗见首尾,积累思惟,二十馀年。不在其位,非外史庶人所得擅述。天诱其衷,得备著作郎,建言十志皆当撰录。会臣被罪,逐放边野,恐所怀随躯朽腐,抱恨黄泉,遂不设施,谨先颠踣,〔39〕科条诸志,臣欲删定者一,所当接续者四,《前志》所无臣欲著者五,及经典群书〔所〕宜捃摭,〔40〕本奏诏书所当依据,分别首目,并书章左,惟陛下留神省察。臣谨因临戎长霍圉封上。'有《律历意》第一,《礼意》第二,《乐意》第三,《郊祀意》第四,《天文意》第五,《车服意》第六。"

②属犹劝也,音烛。

③张骘《文士传》曰:"邕告吴人曰:'吾昔尝经会稽高迁亭,见屋椽竹东间第十六可以为笛。'取用,果有异声。"伏滔《长笛赋·序》云"柯亭之观,以竹为椽,邕取为笛,奇声独绝"也。

吴人有烧桐以爨者,邕闻火烈之声,知其良木,因请而裁为琴,果有美音,而其尾犹焦,故时人名曰"焦尾琴"焉。①初,邕在陈留也,其邻人有以酒食召邕者,比往而酒以酣焉。〔41〕客有弹琴于屏,邕至门试潜听之,曰:"憘!②以乐召我而有杀心,何也?"遂反。将命者告主人曰:"蔡君向来,至门而去。"邕素为邦乡所宗,主人遽自追而问其故,邕具以告,莫不怃然。③弹琴者曰:"我向鼓弦,见螳螂方向鸣蝉,蝉将去而未飞,螳螂为之一前一却。吾心耸然,惟恐螳螂之失之也,此岂为杀心而形于声者乎?"邕莞然而笑曰:④"此足以当之矣。"

①傅玄《琴赋·序》曰:"齐桓公有鸣琴曰'号钟',楚庄有鸣琴曰'绕梁',司马相如'绿绮',蔡邕有'焦尾',皆名器也。"

②叹声也,音僖。

③怃犹怪也,音武。

④莞,笑皃也,音胡板反。

中平六年，灵帝崩，董卓为司空，闻邕名高，辟之。称疾不就。卓大怒，詈曰："我力能族人，蔡邕遂偃蹇者，不旋踵矣。"又切敕州郡举邕诣府，邕不得已，到，署祭酒，甚见敬重。举高第，补侍御史，又转持书御史，迁尚书。三日之间，[42]周历三台。迁巴郡太守，复留为侍中。

初平元年，拜左中郎将，从献帝迁都长安，封高阳乡侯。[43]

董卓宾客部曲议欲尊卓比太公，称尚父。卓谋之于邕，邕曰："太公辅周，受命翦商，故特为其号。今明公威德，诚为巍巍，然比之尚父，愚意以为未可。宜须关东平定，车驾还反旧京，然后议之。"卓从其言。

(初平)二年[44]六月，地震，卓以问邕。邕对曰："地动者，阴盛侵阳，臣下逾制之所致也。前春郊天，公奉引车驾，乘金华青盖，爪画两轓，远近以为非宜。"① 卓于是改乘皂盖车。②

①《续汉志》曰："乘舆大驾，公卿奉引，皇太子、皇子皆安车，朱轮，青盖，金华爪，画轓。"《广雅》："轓，箱也。"

②《续汉志》曰："中二千石、二千石皆皂盖，朱两轓。"

卓重邕才学，厚相遇待，每集讌，辄令邕鼓琴赞事，邕亦每存匡益。然卓多自佷用，[45]邕恨其言少从，谓从弟谷曰："董公性刚而遂非，终难济也。吾欲东奔兖州，若道远难达，且遁逃山东以待之，何如？"谷曰："君状异恒人，每行观者盈集。以此自匿，不亦难乎？"邕乃止。

及卓被诛，邕在司徒王允坐，殊不意言之而叹，有动于色。允勃然叱之曰："董卓国之大贼，几倾汉室。君为王臣，所宜同忿，而怀其私遇，以忘大节！今天诛有罪，而反相伤痛，岂不共为逆哉？"即收付廷尉治罪。邕陈辞谢，乞黥首刖足，继成汉史。士大夫多矜救之，不能得。太尉马日磾驰往谓允曰："伯喈旷世逸才，多识汉事，当续成后史，为一代大典。且忠孝素著，而所坐无名，诛之无乃失人望乎？"允曰："昔武帝不杀司马迁，使作谤书，流于后世。① 方今国祚中衰，神器不固，不可令佞臣执笔在幼主左右。既无益圣德，复使吾党蒙其讪议。"日磾退而告人曰："王公其不长世乎？善人，国之纪也；制作，国之典也。灭纪废典，其能久乎？"邕遂死狱中。允悔，欲止而不及。时年六十一。[46]搢绅诸儒

莫不流涕。北海郑玄闻而叹曰："汉世之事，谁与正之！"兖州、陈留（闻）〔间〕皆画像而颂焉。〔47〕

①凡史官记事，善恶必书。谓迁所著《史记》，但是汉家不善之事，皆为谤也。非独指武帝之身，即高祖善家令之言，武帝算缗、榷酤之类是也。《班固集》云："司马迁著书，成一家之言。至以身陷刑，故微文刺讥，贬损当世，非谊士也。"

其撰集汉事，未见录以继后史。适作《灵纪》及十意，又补诸列传四十二篇，因李傕之乱，湮没多不存。所著诗、赋、碑、诔、铭、赞、连珠、箴、吊、论议、《独断》、《劝学》、《释诲》、《叙乐》、《女训》、《篆艺》、祝文、章表、书记，凡百四篇，传于世。

论曰：意气之感，士所不能忘也。流极之运，有生所共深悲也。①当伯喈抱钳扭，徙幽裔，仰日月而不见照烛，临风尘而不得经过，②其意岂及语平日幸全人哉！及解刑衣，窜欧越，潜舟江壑，不知其远，捷步深林，尚苦不密，但愿北首旧丘，归骸先茔，又可得乎？董卓一旦入朝，辟书先下，分明枉结，信宿三迁。③匡导既申，狂僭屡革，资《同人》之先号，得北叟之后福。④属其庆者，夫岂无怀？⑤君子断刑，尚或为之不举，⑥况国宪仓卒，虑不先图，矜情变容，而罚同邪党？执政乃追怨子长谤书流后，⑦放此为戮，⑧未或闻之典刑。

①流，极，皆放也。极音纪力反。

②谓迫促之，令不得避风尘也。

③谓三日之间，位历三台也。

④《易·同人卦》曰："先号咷而后笑。"北叟，塞上叟也。其马亡入胡中，人皆吊之。叟曰："何知非福？"居数月，其马引胡骏马而归，人皆贺之。叟曰："何知非祸？"及家富马良，其子好骑，馈而折髀，人皆吊之。叟曰："何知非福？"居一年，胡夷大入，丁壮皆战死者十九，其子独以跛之故，子父相保。见《淮南子》也。

⑤庆谓恩遇也。怀，思也。荷恩遇者，岂不思之乎？

⑥《左传》郑伯见虢叔曰："夫司寇行戮，君为之不举。"杜注云："不举盛

馔也。"〔48〕

⑦执政谓王允也。

⑧放音甫往反。

赞曰：季长戚氏，才通情侈。苑囿典文，流悦音伎。① 邕实慕静，心精辞绮。斥言金商，南徂北徙。② 籍梁怀董，名浇身毁。③

①侈谓纱帐、女乐之类。音技谓鼓琴吹笛之属也。

②谓对事于金商门，指斥而言，无隐讳也。

③籍梁谓融因籍梁冀贵幸，为作《西第颂》。怀董谓邕怀董卓之恩也。浇，薄也。

【校勘记】

〔1〕 有菟驯扰其室傍　汲本、殿本"菟"作"兔"。按：菟兔通。

〔2〕 感东方〔朔〕客难　据汲本、殿本补。

〔3〕 乃击牛角而〔疾〕商歌　据王先谦说补。

〔4〕 速速方毂夭夭是加　《刊误》谓上"夭"当作"天"，据今《诗》文正然。按：王先谦谓"速速"二句出《诗》三家。

〔5〕 然失璞不完　汲本"失"作"夫"，殿本作"大"。按：此谓玉经雕琢，失去其璞，则不完也，以作"失"为是。今本《战国策》作"夫"或作"大"，皆形近而讹。

〔6〕 知足矣归反于朴则终身不辱　汲本、殿本"矣"作"以"。殿本"朴"作"璞"。今按：《国策》作"君子曰，斶知足矣。归真反璞，则终身不辱"。作"矣"是，作"以"非也。

〔7〕 泜泜庶类　按：沈钦韩谓方以智《通雅》"泜犹蚩蚩也，直借此声耳"，按"泜"或本作"泯泯"，唐讳"民"所改。

〔8〕 含甘吮滋　按："含"原讹"合"，径据汲本、殿本改正。

〔9〕 (探)〔采〕浮磬不为之索　据汲本、殿本改。

〔10〕 音所(格)〔洛〕反　据殿本改。

〔11〕 夫〔夫〕有逸群之才人人有优赡之智　按：《集解》引何焯说，谓衍一"人"

字。又引沈钦韩说,谓“夫”字当重,此扬雄“家家自以为稷、契,人人自以为咎陶”例。王先谦谓沈说是。今依沈说补一“夫”字。

〔12〕 倕舜(之)〔时〕巧人也 据《校补》改。

〔13〕 虽(底)〔风〕盖常属车 据汲本、殿本改。

〔14〕 建宁三年辟司徒桥玄府 按:《集解》引洪颐煊说,谓“司徒”当作“司空”。《灵帝纪》建宁三年八月,大鸿胪桥玄为司空,四年三月,司徒许训免,司空桥玄为司徒。《校补》谓邕或于三年辟司空府,及玄转司徒,仍以邕为掾,则“司徒”乃“司空”之误,否则“三年”乃“四年”之误,必有一误。

〔15〕 出补河平长 按:《集解》引钱大昕说,谓《郡国志》无河平县。又引沈钦韩说,谓“河平”盖“平阿”之误。

〔16〕 邕乃自书(册)〔丹〕于碑 《集解》引何焯说,谓“册”当依《水经注》作“丹”。今据改。按:《御览》五八九引作“乃自丹于碑”,无“书”字。

〔17〕 市贾小民 按:张森楷《校勘记》谓“民”当作“人”,亦回改而误者。

〔18〕 四时至敬 按:《刊误》谓“至”当作“致”。

〔19〕 臣不胜愤满 汲本、殿本“满”作“懑”。按:满懑通。

〔20〕 则(可)致太平 据《刊误》删。

〔21〕 夫瑞不虚至 按:“至”原讹“年”,径据汲本、殿本改正。

〔22〕 (救)〔敉〕宁我人 《刊误》谓“救”当作“敉”,“敉宁”出《尚书》。今据改。

〔23〕 开群枉之门 按:“开”原讹“闻”,径改正。

〔24〕 未尝有此 “尝”原作“常”,据汲本、殿本改。

〔25〕 以宣陵孝子(者)为太子舍人 按:《刊误》谓案文多一“者”字。今据删。

〔26〕 (恒)〔桓〕思皇后祖载之时 按:《刊误》谓“恒”当作“桓”,谓桓帝后也。又《集解》引惠栋说,谓《通鉴》作“桓”,《邕集》同。今据改。

〔27〕 及祖饰棺(及)〔乃〕载 “及载”之“及”,当依《周礼》作“乃”,今改。

〔28〕 伏见廷尉郭禧 按:《校补》引柳从辰说,谓“禧”《袁宏纪》作“僖”。

〔29〕 臣以愚赣 殿本“赣”作“戆”。下“臣实愚赣”同。按:赣为戆之或字,见《集韵》。

〔30〕 是岁元帝初即位 按:“帝”原讹“年”,径据汲本、殿本改正。

〔31〕 是〔岁〕后父禁为平阳侯 《刊误》谓如上文,此处少一“岁”字。按:《续志》有“岁”字,今据补。又按:《刊误》谓“平阳侯”当作“阳平侯”,然《续

志》亦作“平阳侯”,今仍之。

〔32〕 未至于头而止　按:《续志》作“未至于头而上知之”。《校补》谓注误“上”为“止”,又脱“知之”二字。

〔33〕 谓股肱也　按:“股肱”二字原倒,径据汲本、殿本乙。

〔34〕 司徒刘郃　按:《通鉴》作“大鸿胪刘郃”,下邕上书自陈,亦言“大鸿胪刘郃”,则作“司徒”者误,时司徒乃袁滂也。

〔35〕 将作大匠(杨)〔阳〕球　《集解》引钱大昕说,谓“杨”当作“阳”。今据改,下同。

〔36〕 唯识忠尽　按:汲本、殿本“尽”作“荩”。

〔37〕 赍犹持也　按:“持”原讹“特”,径改正。

〔38〕 不得对相指斥考事　按:“指”原讹“旨”,径据汲本、殿本改正。

〔39〕 谨先颠踣　按:“谨”字疑误,海原阁校刊本《蔡中郎集》作“辄”。

〔40〕 及经典群书〔所〕宜捃摭　据殿本补。

〔41〕 比往而酒以酣焉　《御览》五七七引“以”作“已”,无“焉”字。按:以已通。

〔42〕 三日之间　《书钞》六十、《初学记》十一、《御览》二百十二引《谢承书》“三日”作“三月”。按:《校补》谓既云周历,则是已历三官,非未拜而又徙官,自不可以日计,作“月”固较长,但后论云“信宿三迁”,则范本文似仍作“日”也。

〔43〕 封高阳乡侯　按:“乡”原讹“卿”,径改正。

〔44〕 (初平)二年　按:《校补》引钱大昭说,谓上文已言“初平元年”,则此“初平”二字衍。今据删。

〔45〕 卓多自佷用　按:《刊误》谓当作“卓佷多自用”。

〔46〕 时年六十一　按:《校补》谓上文光和元年召邕诘状,邕自陈有云“臣年四十有六”,迄初平三年,诛董卓而邕下狱死,则年甫六十,无六十一也。故钱大昭、侯康皆谓传误。

〔47〕 兖州陈留(闻)〔间〕皆画像而颂焉　据汲本改。

〔48〕 不举盛馔也　按:“盛”原讹“成”,径改正。

后汉书卷六十一

左周黄列传第五十一

左雄字伯豪，南(郡)〔阳〕涅阳人也。〔1〕安帝时，举孝廉，稍迁冀州刺史。州部多豪族，好请托，雄常闭门不与交通。奏案贪猾二千石，无所回忌。

永建初，公车征拜议郎。时顺帝新立，大臣懈怠，朝多阙政，雄数言事，其辞深切。尚书仆射虞诩以雄有忠公节，上疏荐之曰："臣见方今公卿以下，类多拱默，以树恩为贤，尽节为愚，至相戒曰：'白璧不可为，容容多后福。'①伏见议郎左雄，数上封事，至引陛下身遭难厄，以为警戒，实有王臣蹇蹇之节，周公谟成王之风。②宜擢在喉舌之官，必有匡弼之益。"由是拜雄尚书，再迁尚书令。上疏陈事曰：

①容容犹和同也。言不可独为白玉之清洁，当与众人和同。

②谟，谋也。即《尚书·立政》、《无逸篇》之类也。

臣闻柔远和迩，〔2〕莫大宁人，宁人之务，莫重用贤，用贤之道，必存考黜。是以皋陶对禹，贵在知人。"安人则惠，黎民怀之。"①分伯建侯，代位亲民，民用和穆，礼让以兴。故《诗》云："有渰凄凄，兴雨祁祁。〔3〕雨我公田，遂及我私。"②及幽、厉昏乱，不自为政，③褒艳用权，七子党进，贤愚错绪，深谷为陵。故其诗云："四国无政，不用其良。"又曰："哀今之人，胡为虺蜴?"言人畏吏如虺蜴也。④宗周既灭，六国并秦，阬儒泯典，刬革五等，更立郡县，⑤县设令长，郡置守尉，什伍相司，封豕其民。⑥大汉受命，虽未复古，然克慎庶官，蠲苛救敝，悦以济难，抚而循之。至于文、景，天下康乂。诚由玄靖宽柔，克慎官人故也。降及宣帝，兴于仄陋，综覈名实，知时所病，刺史守相，辄亲引见，考察言行，信赏必罚。帝乃叹曰："民所以安而无怨者，政平吏良也。与我共此者，其唯良二千石乎！"以为吏数变易，则下不安业；久于其事，则民服教化。其有政理者，辄以玺书勉励，增秩赐金，或爵至关内侯，公卿缺则以次用之。是以吏称其职，人安其业。汉世良吏，于兹为盛，故能降来仪之瑞，建中兴之功。⑦

①《尚书·皋陶谟》之词也。惠，爱也。黎，众也。

②《诗·小雅》也。渰，阴云也。凄凄，云兴皃。祁，徐也。言阴阳和，风雨时，先雨公田，乃及私田。

③《诗·小雅》刺幽王曰："不自为政，卒劳百姓。"

④褒艳谓褒姒也。艳，色美也。〔4〕七子皆褒姒之亲党，谓皇甫为卿士，仲允为膳夫，家伯为宰，番为司徒，蹶为趣马，棸子为内史，楀为师氏也。厉王淫于色，〔5〕七子皆用，言妻党盛也。四国，四方之国也。虺蜴之性，见人则走，哀今之人皆如是，伤时政事。见《诗·小雅》。番音方元反。棸音侧流反。楀音记禹反。

⑤刬，削也。五等谓诸侯。

⑥《史记》，商鞅为秦定变法之令，令人什伍而相牧司，犯禁相连坐，不告奸者腰斩。扬雄《长杨赋》曰"秦窫窳其士，封豕其人"也。

⑦宣帝时凤皇五至，因以纪年。

汉初至今，三百馀载，俗浸雕敝，巧伪滋萌，下饰其诈，上肆其残。典城百里，转动无常，各怀一切，莫虑长久。谓杀害不辜为威风，聚敛整辨为贤能，以理己安民为劣弱，以奉法循理为不化。髡钳之戮，生于睚眦；覆尸之祸，成于喜怒。视民如寇仇，税之如豺虎。①监司项背相望，②与同疾疢，见非不举，闻恶不察，观政于亭传，责成于期月，③言善不称德，论功不据实，虚诞者获誉，拘检者离毁。④或因罪而引高，或色斯以求名。⑤州宰不覆，竞共辟召，踊跃升腾，超等逾匹。或考奏捕案，而亡不受罪，会赦行赂，复见洗涤。朱紫同色，清浊不分。故使奸猾枉滥，轻忽去就，拜除如流，缺动百数。乡官部吏,职斯禄薄,⑥车马衣服,一出于民,廉者取足,贪者充家,特选横调,⑦纷纷不绝,送迎烦费,损政伤民。和气未洽,灾眚不消,咎皆在此。今之墨绶,犹古之诸侯,⑧拜爵王庭,舆服有庸,⑨而齐于匹竖,叛命避负,非所以崇宪明理,惠育元元也。臣愚以为守相长吏,惠和有显效者,可就增秩,勿使移徙,非父母丧不得去官。其不从法禁,不式王命,锢之终身,⑩虽会赦令,不得齿列。若被劾奏,亡不就法者,徙家边郡,以惩其后。乡部亲民之吏,皆用儒生清白任从政者,⑪宽其负算,⑫增其秩禄,吏职满岁,宰府州郡乃得辟举。如此,威福之路塞,虚伪之端绝,送迎之役损,赋敛之源息。循理之吏,得成其化;率土之民,各宁其所。追配文、宣中兴之轨,⑬流光垂祚,永世不刊。

①《国语》曰:"斗丹廷见令尹子常,与之语,问畜货聚(馬)〔马〕。〔6〕归以语其弟曰:'楚其亡乎?吾见令尹如饿兽豺虎焉,殆必亡者也。'"

②项背相望谓前后相顾也。背音辈。

③期,匝也。谓一岁。

④离,遭也。

⑤因罪潜遁,以求高尚之名也。《论语》曰:"色斯举矣。"言观前人之颜色也。

⑥斯,贱也。

⑦调,征也。

⑧墨绶谓令长,即古子男之国也。

⑨庸,常也。

⑩式,用也。

⑪任,堪也,音人林反。

⑫负,欠也。算,口钱也。儒生未有品秩,故宽之。

⑬文帝、宣帝也。文帝遭吕氏难,胡亦云中兴。

帝感其言,申下有司,考其真伪,详所施行。雄之所言,皆明达政体,而宦竖擅权,终不能用。自是选代交互,令长月易,迎新送旧,劳扰无已,或官寺空旷,无人案事,每选部剧,乃至逃亡。

永建三年,京师、汉阳地皆震裂,水泉涌出。四年,司、冀复有大水。

雄推较灾异，以为下人有逆上之征，① 又上疏言："宜密为备，以俟不虞。"寻而青、冀、杨州盗贼连发，数年之间，海内扰乱。其后天下大赦，贼虽颇解，而官犹无备，流叛之馀，数月复起。雄与仆射郭虔共上疏，以为"寇贼连年，死亡太半，一人犯法，举宗群亡。宜及其尚微，开令改悔。若告党与者，听除其罪；能诛斩者，明加其赏"。书奏，并不省。

①《天镜经》曰："大水自平地出，破山杀人，其国有兵。"

又上言："宜崇经术，缮修太学。"帝从之。阳嘉元年，太学新成，诏试明经者补弟子，〔7〕增甲乙之科，员各十人。除京师及郡国耆儒年六十以上为郎、舍人、诸王国郎者百三十八人。〔8〕

雄又上言："郡国孝廉，古之贡士，出则宰民，宣协风教。若其面墙，则无所施用。孔子曰'四十不惑'，《礼》称'强仕'。请自今孝廉年不满四十，不得察举，皆先诣公府，诸生试家法，① 文吏课笺奏，副之端门，练其虚实，以观异能，以美风俗。有不承科令者，正其罪法。若有茂才异行，自可不拘年齿。"帝从之，于是班下郡国。明年，有广陵孝廉徐淑，② 年未及举，台郎疑而诘之。对曰："诏书曰'有如颜回、子奇，不拘年齿'，③ 是故本郡以臣充选。"郎不能屈。雄诘之曰："昔颜回闻一知十，孝廉闻一知几邪？"淑无以对，乃遣却郡。于是济阴太守胡广等十馀人皆坐谬举免黜，唯汝南陈蕃、颍川李膺、下邳陈球等三十馀人得拜郎中。自是牧守畏栗，莫敢轻举。迄于永(嘉)〔憙〕，〔9〕察选清平，多得其人。

①儒有一家之学，故称家〔法〕。〔10〕

②《谢承书》曰"淑字伯进，〔11〕广陵海西人也。宽裕博雅，好学乐道。随父慎在京师，钻《孟氏易》、《春秋》、《公羊》、《礼记》、《周官》。善诵太公《六韬》，交接英雄，常有壮志。举茂才。除勃海修令，迁琅邪都尉"也。

③解见《顺帝纪》。

雄又奏征海内名儒为博士，使公卿子弟为诸生。有志操者，加其俸禄。及汝南谢廉，河南赵建，年始十二，各能通经，雄并奏拜童子郎。于是负书来学，云集京师。

初，帝废为济阴王，乳母宋娥与黄门孙程等共议立帝，帝后以娥前有谋，遂封为山阳君，邑五千户。又封大将军梁商子冀襄邑侯。雄上封事曰："夫裂土封侯，王制所重。高皇帝约，非刘氏不王，非有功不侯。孝安皇帝封江京、王圣等，遂致地震之异。永建二年，封阴谋之功，又有日食之变。数术之士，咸归咎于封爵。今青州饥虚，盗贼未息，民有乏绝，上求禀贷。陛下乾乾劳思，以济民为务。宜循古法，宁静无为，以求天意，以消灾异。诚不宜追录小恩，亏失大典。"帝不听。雄复谏曰："臣闻人君莫不好忠正而恶谗谀，然而历世之患，莫不以忠正得罪，谗谀蒙幸者，盖听忠难，从谀易也。夫刑罪，人情之所甚恶；贵宠，人情之所甚欲。是以时俗为忠者少，而习谀者多。故令人主数闻其美，稀知其过，迷而不悟，至于危亡。臣伏见诏书顾念阿母旧德宿恩，欲特加显赏。案尚书故事，无乳母爵邑之制，唯先帝时阿母王圣为野王君。圣造生谗贼废立之祸，生为天下所咀嚼，死为海内所欢快。桀、纣贵为天子，而庸仆羞与为比者，以其无义也。夷、齐贱为匹夫，而王侯争与为伍者，以其有德也。今阿母躬蹈约俭，以身率下，群僚蒸庶，莫不向风，而与王圣并同爵号，惧违本操，失其常愿。臣愚以为凡人之心，理不相远，其所不安，古今一也。百姓深惩王圣倾覆之祸，民萌之命，危于累卵，常惧时世复有此类。怵惕之念，未离于心；恐惧之言，未绝乎口。乞如前议，岁以千万给奉阿母，内足以尽恩爱之欢，外可不为吏民所怪。梁冀之封，事非机急，宜过灾厄之运，然后平议可否。"会复有地震、缑氏山崩之异，雄复上疏谏曰："先帝封野王君，汉阳地震，今封山阳君而京城复震，专政在阴，其灾尤大。臣前后瞽言封爵至重，王者可私人以财，不可以官，宜还阿母之封，以塞灾异。今冀已高让，山阳君亦宜崇其本节。"雄言数切至，娥亦畏惧辞让，而帝恋恋不能已，卒封之。后阿母遂以交遘失爵。

是时大司农刘据以职事被谴，召诣尚书，传呼促步，又加以捶扑。雄上言："九卿位亚三事，〔12〕班在大臣，行有佩玉之节，动有庠序之仪。①孝明皇帝始有扑罚，皆非古典。"帝从而改之。其后九卿无复捶扑者。自雄掌纳言，多所匡肃，每有章表奏议，台阁以为故事。迁司隶校尉。

①《礼记》曰："公侯佩山玄玉而朱组绶，大夫佩水苍玉而缁组绶。"

初，雄荐周举为尚书，举既称职，议者咸称焉。及在司隶，又举故冀州刺史冯直以为将帅，而直尝坐臧受罪，举以此劾奏雄。雄悦曰："吾尝事冯直之父而又与直善，今宣光以此奏吾，乃是韩厥之举也。"由是天下服焉。①明年坐法免。后复为尚书。永和三年卒。

①韩厥，韩献子也。《国语》曰："赵宣子举献子于灵公，以为司马。河曲之役，宣子使人以其乘车干行，献子执而戮之。宣子皆告诸大夫曰：'可贺我矣。吾举厥也而中吾，乃今知免于罪矣。'"

周举字宣光，〔13〕汝南汝阳人，陈留太守防之子。防在《儒林传》，举姿皃短陋，而博学洽闻，为儒者所宗，故京师为之语曰："《五经》从横周宣光。"

延(熹)〔光〕四年，〔14〕辟司徒李郃府。时宦者孙程等既立顺帝，诛灭诸阎，议郎陈禅以为阎太后与帝无母子恩，宜徙别馆，绝朝见。群臣议者咸以为宜。举谓郃曰："昔郑武姜谋杀严公，严公誓之黄泉；〔15〕秦始皇怨母失行，久而隔绝，后感颍考叔、茅焦之言，循复子道。书传美之。①今诸阎新诛，太后幽在离宫，若悲愁生疾，一旦不虞，主上将何以令于天下？如从禅议，后世归咎明公。宜密表朝廷，令奉太后，率厉群臣，朝觐如旧，以厌天心，以答人望。"郃即上疏陈之。明年正月，帝乃朝于东宫，太后由此以安。

①郑武姜生庄公及共叔段，爱叔段，谋杀庄公。公誓之曰："不及黄泉，无相见也。"既而悔之。颍考叔为颍谷封人，曰："若掘地及泉，隧而相见，其谁曰不然！"公从之，遂为母子如初。事见《左传》。茅焦事，解见《苏竟传》也。

后长乐少府朱伥①代郃为司徒，举犹为吏。时孙程等坐怀表上殿争功，帝怒，悉徙封远县，敕洛阳令促期发遣。举说朱伥曰："朝廷在西钟下时，非孙程等岂立？②虽韩、彭、吴、贾之功，何以加诸！③今忘其大德，录其小过，如道路夭折，帝有杀功臣之讥。及今未去，宜急表之。"伥曰："今诏怒，〔16〕二尚书已奏其事，吾独表此，必致罪谴。"举曰："明公年过八十，位为台辅，〔17〕不于今时竭忠报国，惜身安宠，欲以何求？禄位虽全，必陷佞邪之讥；谏而获罪，犹有忠贞之名。若举言不足采，请从此辞。”伥乃表谏，帝果从之。

①音丑良反。

②朝廷谓顺帝也。孙程与王康等十八人谋于西钟下，共立济阴王为顺帝也。

③韩信、彭越、吴汉、贾复也。

举后举茂才，为平丘令。① 上书言当世得失，辞甚切正。尚书郭虔、〔18〕应贺等见之叹息，共上疏称举忠直，欲帝置章御坐，以为规诫。②

①平丘，县，属陈留郡。

②章谓所上之书。

举稍迁并州刺史。太原一郡，旧俗以介子推焚骸，有龙忌之禁。①至其亡月，咸言神灵不乐举火，由是士民每冬中辄一月寒食，莫敢烟爨，老小不堪，岁多死者。举既到州，乃作吊书以置子推之庙，言盛冬去火，残损民命，非贤者之意，以宣示愚民，使还温食。② 于是众惑稍解，风俗颇革。

①《新序》曰：“晋文公反国，介子推无爵，遂去而之介山之上。文公求之不得，乃焚其山，推遂不出而焚死。”事具《耿恭传》。龙，星，木之位也，春见东方。心为大火，惧火之盛，故为之禁火。俗传云子推以此日被焚而禁火。

②其事见桓谭《新论》及《汝南先贤传》也。

转冀州刺史。阳嘉三年，司隶校尉左雄荐举，征拜尚书。举与仆射黄琼同心辅政，名重朝廷，左右惮之。是岁河南、三辅大旱，五谷灾伤，天子亲自露坐德阳殿东厢请雨，又下司隶、河南祷祀河神、名山、大泽。诏书以举才学优深，特下策问曰：“朕以不德，仰承三统，① 夙兴夜寐，思协大中。② 顷年以来，旱灾屡应，稼穑焦枯，民食困乏。五品不训，王泽未流，③ 群司素餐，据非其位。审所贬黜，变复之征，厥效何由？分别具对，勿有所讳。”举对曰：“臣闻《易》称‘天尊地卑，乾坤以定’。二仪交构，乃生万物，万物之中，以人为贵。故圣人养之以君，成之以化，顺四节之宜，〔19〕适阴阳之和，使男女婚娶不过其时。包之以仁恩，导之以德教，示之以灾异，训之以嘉祥。此先圣承乾养物之始也。夫阴阳闭隔，则二气否塞；二气否塞，则人物不昌；人物不昌，则风雨不时；风雨不时，则水旱成灾。陛下处唐虞之位，未行尧舜之政，近废文帝、光武之法，而循亡秦奢侈之欲，内积怨女，外有旷夫。今皇嗣不兴，东宫未立，伤和逆理，断绝人伦之所致也。非但陛下行此而已，竖宦之人，亦复虚以形势，威侮良家，取女闭之，至有白首殁无配偶，逆于天心。④昔武王入殷，出倾宫之女；⑤成汤遭灾，以六事克己；⑥鲁僖遇旱，而自责祈雨：⑦皆以精诚转祸为福。自枯旱以来，弥历年岁，未闻陛下改过之效，徒劳至尊暴露风尘，诚无益也。又下州郡祈神致请。昔齐有大旱，景公欲祀河伯，晏子谏曰：'不可。夫河伯以水为城国，鱼鳖为民庶。水尽鱼枯，岂不欲雨？自是不有致也。'⑧陛下所行，但务其华，不寻其实，犹缘木希鱼，却行求前。⑨[20]诚宜推信革政，崇道变惑，出后宫不御之女，理天下冤枉之狱，除太官重膳之费。夫五品不训，责在司徒，有非其位，宜急黜斥。臣自藩外擢典纳言，学薄智浅，不足以对。《易传》曰：'阳感天，不旋日。'⑩惟陛下留神裁察。"因召见举及尚书令成翊世、仆射黄琼，问以得失。举等并对以为宜慎官人，去斥贪污，离远佞邪，循文帝之俭，尊孝明之教，则时雨必应。帝曰："百官贪污佞邪者为谁乎？"举独对曰："臣从下州，超备机密，不足以别群臣。⑪然公卿大臣数有直言者，忠贞也；阿谀苟容者，佞邪也。司徒视事六年，未闻有忠言异谋，愚心在此。"其后以事免司徒刘崎，迁举司隶校尉。

①天统、地统、人统谓之三统。事见《白武通》。[21]

②《尚书·洪范》曰："建用皇极。"孔安国注云："皇，大也。极，中也。言立大中之道而行之也。"

③五品，五常之教也。《书》曰："五品不逊，汝作司徒，敬敷五教在宽。"训亦逊之义。

④殁，终也。

⑤《帝王纪》曰："武王入殷，命召公释箕子之囚，表商容之间，出倾宫之女于诸侯。"

⑥《帝王纪》曰："汤伐桀，后大旱七年，洛川竭，使人持三足鼎祝于山川曰：'政

不节邪？使人疾邪？苞苴行邪？谗夫昌邪？宫室荣邪？女谒行邪？保不雨之极也！'"

⑦解见《杨厚传》。〔22〕

⑧《晏子春秋》之文。

⑨缘木求鱼，见《孟子》之文。《韩诗外传》曰："夫明镜所以照形，往古所以知今。夫恶知往古之所以危亡，无异却行而求逮于前人也。"

⑩《易稽览图》之文也。解具《郎𫖮传》也。

⑪别音彼列反。

永和元年，灾异数见，省内恶之，诏召公、卿、中二千石、尚书诣显亲殿，问曰："言事者多云，昔周公摄天子事，及薨，成王欲以公礼葬之，天为动变。及更葬以天子之礼，即有反风之应。①北乡侯亲为天子而葬以王礼，故数有灾异，宜加尊谥，列于昭穆。"群臣议者多谓宜如诏旨，举独对曰："昔周公有请命之应，隆太平之功，故皇天动威，以章圣德。北乡侯本非正统，奸臣所立，立不逾岁，年号未改，皇天不祐，大命夭昏。②《春秋》王子猛不称崩，鲁子野不书葬。③今北乡侯无它功德，以王礼葬之，于事已崇，不宜称谥。灾眚之来，弗由此也。"于是司徒黄尚、太常桓焉等七十人同举议，帝从之。尚字伯河，南郡人也，少历显位，亦以政事称。

①《尚书·洪范五行传》曰："周公死，成王不图大礼，故天大雷雨，禾偃，大木拔。及成王寤《金縢》之策，改周公之葬，尊以王礼，申命鲁郊，而天立复风雨，禾稼尽起。"

②杜预注《左传》曰："短折曰夭，未名曰昏。"

③子猛，周景王之子。子野，鲁襄公之子。《春秋经》书"王子猛卒"。杜元凯注云："未即位，故不言崩。"又曰："秋九月癸巳，子野卒。"注曰："不书葬，未成君也。"

举出为蜀郡太守，坐事免。大将军梁商表为从事中郎，甚敬重焉。六年三月上巳日，商大会宾客，讌于洛水，①〔23〕举时称疾不往。商与亲暱酣饮极欢，及酒阑倡罢，继以《薤露》之歌，坐中闻者，皆为掩涕。②太仆张种时亦在焉，会还，以事告举。举叹曰："此所谓哀乐失时，非其所也。殃将及乎!”③商至秋果薨。商疾笃,帝亲临幸,问以遗言。对曰:“人之将死,其言也善。臣从事中郎周举,清高忠正,可重任也。”由是拜举谏议大夫。

①《周官》曰:“女巫,掌岁时祓除衅浴。”郑玄云:“如今三月上巳,水上之类也。”司马彪《续汉书》曰“三月上巳,宫人皆絜于东流水上,自洗濯祓除为大絜”也。

②《纂文》曰:“《薤露》,今之挽歌也。”崔豹《古今注·薤露歌》曰:“薤上露何易晞!〔24〕露晞明朝还复落,人死一去何时归?”

③《左传》曰,叔孙昭子与宋公语,相泣。乐祁退而告人曰:“君与叔孙其皆死乎?吾闻之,哀乐而乐哀,皆丧心也。心之精爽,是谓魂魄。魂魄去之,何以能久也!”

时连有灾异,帝思商言,召举于显亲殿,问以变眚。举对曰:“陛下初立,遵修旧典,兴化致政,远近肃然。顷年以来,稍违于前,朝多宠幸,禄不序德。观天察人,准今方古,诚可危惧。《书》曰:‘僭恒旸若。’①夫僭差无度,则言不从而下不正;阳无以制,则上扰下竭。宜密严敕州郡,察强宗大奸,以时禽讨。”其后江淮猾贼周生、徐凤等处处并起,如举所陈。

①《尚书·洪范》之文也。孔安国注曰:“君行僭差,则常旸顺之也。”

时诏遣八使巡行风俗,皆选素有威名者,乃拜举为侍中,与侍中杜乔、守光禄大夫周栩、前青州刺史冯羡、尚书栾巴、侍御史张纲、兖州刺史郭遵、〔25〕太尉长史刘班并守光禄大夫,分行天下。其刺史、二千石有臧罪显明者,驿马上之;墨绶以下,便辄收举。其有清忠惠利,为百姓所安,宜表异者,皆以状上。于是八使同时俱拜,天下号曰“八俊”。举于是劾奏贪猾,表荐公清,朝廷称之。迁河内太守,征为大鸿胪。

及梁太后临朝,诏以殇帝幼崩,庙次宜在顺帝下。太常马访奏宜如诏书,谏议大夫吕勃以为应依昭穆之序,先殇帝,后顺帝。诏下公卿。举议曰:“《春秋》鲁闵公无子,庶兄僖公代立,其子文公遂跻僖于闵上。孔子讥之,书曰:‘有事于太庙,跻僖公。’《传》曰:‘逆祀也。’①及定公正其序，经曰‘从祀先公’，为万世法也。②今殇帝在先，于秩为父，顺帝在后，于亲为子，先后之义不可改，昭穆之序不可乱。吕勃议是也。”太后下诏从之。迁光禄勋，会遭母忧去职，后拜光禄大夫。

①事见《左氏传》。

②《左氏传》：“从祀先公。”杜预云：“从，顺也。先公，闵公、僖公也。将正二公之位，亲尽，故通言先公也。”

建和三年卒。朝廷以举清公亮直，方欲以为宰相，深痛惜之。乃诏告光禄勋、汝南太守曰：“昔在前世，求贤如渴，封墓轼闾，以光贤哲。①故公叔见诔，翁归蒙述，所以昭忠厉俗，作范后昆。②故光禄大夫周举，性侔夷、鱼，③忠逾随、管，④前授牧守，及还纳言，出入京辇，有钦哉之绩，⑤在禁闱有密静之风。予录乃勋，用登九列。方欲式序百官，亮协三事，不永夙终，用乖远图。朝廷愍悼，良为怆然。《诗》不云乎：‘肇敏戎功，用锡尔祉。’⑥其令将大夫以下到丧发日复会吊。加赐钱十万，以旌委蛇素丝之节焉。”⑦子勰。⑧

①《尚书》曰，武王入殷，封比干墓，轼商容闾。

②公叔文子，卫大夫也。文子卒，其子戍请谥于君。君曰：“昔者卫国凶饥，夫子为粥与国之饿者，不亦惠乎？卫国有难，夫子以其死卫寡人，不亦贞乎？夫子听卫国之政，修其班制，不亦文乎？谓夫子‘贞惠文子’。”事见《礼记》。尹翁归为右扶风，〔卒〕，〔26〕宣帝下诏褒扬，赐金百斤。班固曰：“翁归承风，帝扬厥声。”故曰蒙述也。

③伯夷、史鱼也。

④随会、管仲。

⑤《史记·尧典》曰：“咨十有二牧，钦哉！”

⑥《诗·大雅》也。肇，谋也。敏，疾也。戎，汝也。锡，赐也。祉，福也。

⑦(诗)《国风·羔羊诗》：〔27〕“羔羊之皮，素丝五纶。退食自公，逶蛇逶蛇。”

⑧音叶。

勰字巨胜，少尚玄虚，以父任为郎，自免归家。父故吏河南召夔为郡将，卑身降礼，致敬于勰。〔28〕勰耻交报之，因杜门自绝。后太守举孝廉，复以疾去。时梁冀贵盛，被其征命者，莫敢不应，唯勰前后三辟，竟不能屈。后举贤良方正，不应。又公车征，玄纁备礼，固辞废疾。常隐处窜身，慕老聃清静，杜绝人事，巷生荆棘，十有馀岁。至延熹二年，乃开门延宾，游谈宴乐，及秋而梁冀诛，年终而勰卒，时年五十。蔡邕以为知命。自勰曾祖父扬至勰孙恂，六世一身，皆知名云。

黄琼字世英，江夏安陆人，魏郡太守香之子也。香在《文苑传》。琼初以父任为太子舍人，辞病不就。遭父忧，服阕，五府俱辟，连年不应。

永建中，公卿多荐琼者，于是与会稽贺纯、广汉杨厚俱公车征。琼至纶氏，称疾不进。① 有司劾不敬，诏下县以礼慰遣，遂不得已。先是征聘处士多不称望，李固素慕于琼，乃以书逆遗之曰："闻已度伊、洛，近在万岁亭，岂即事有渐，将顺王命乎？② 盖君子谓伯夷隘，柳下惠不恭，故传曰'不夷不惠，可否之间'。③ 盖圣贤居身之所珍也。诚遂欲枕山栖谷，拟迹巢、由，斯则可矣；若当辅政济民，今其时也。自生民以来，善政少而乱俗多，必待尧舜之君，此为志士终无时矣。常闻语曰：[29]'峣峣者易缺，皦皦者易污。'《阳春》之曲，和者必寡，盛名之下，其实难副。④ 近鲁阳樊君被征初至，朝廷设坛席，犹待神明。⑤ 虽无大异，而言行所守无缺。而毁谤布流，应时折减者，岂非观听望深，声名太盛乎？自顷征聘之士，胡元安、薛孟尝、朱仲昭、顾季鸿等，其功业皆无所采，是故俗论皆言处士纯盗虚声。愿先生弘此远谟，令众人叹服，一雪此言耳。"琼至，即拜议郎，稍迁尚书仆射。

①纶氏即夏之纶国，少康之邑也。《竹书纪年》云："楚及秦伐郑纶氏。"今洛州故嵩阳县城是也。

②万岁亭在今洛州故嵩阳县西北。武帝元封元年，幸缑氏，登太室，闻山上呼万岁声者三，因以名焉。

③《论语》孔子曰，伯夷、叔齐不降其志，不辱其身。谓柳下惠、少连降志辱身。我则异于是，无可无不可。郑玄注云：不为夷、齐之清，不为惠、连之屈，故曰异于是也。

④宋玉对楚襄王问曰："客有歌于郢中者，为《下里巴人》，国中属而和者数千人，为《阳春白雪》，属而和者不过数百人。是其曲弥高，其和弥寡。"

⑤樊君，樊英也。事具《英传》。

初，琼随父在台阁，习见故事。及后居职，达练官曹，争议朝堂，莫能抗夺。时连有灾异，琼上疏顺帝曰："间者以来，卦位错谬，①寒燠相干，蒙气数兴，日暗月散。②原之天意，殆不虚然。陛下宜开石室，案《河洛》，③外命史官，悉条上永建以前至汉初灾异，与永建以后讫于今日，孰为多少。又使近臣儒者参考政事，数见公卿，察问得失。诸无功德者，宜皆斥黜。臣前颇陈灾眚，并荐光禄大夫樊英、太中大夫薛包及会稽贺纯、广汉杨厚，未蒙御省。伏见处士巴郡黄错、汉阳任棠，年皆耆耋，有作者七人之志。④宜更见引致，助崇大化。"于是有诏公车征错等。

①《易乾凿度》曰："《求卦主岁术》常以太岁为岁纪岁，七十六为一纪，二十纪为一蔀首。即置积蔀首岁数，加所入纪岁数，以三十二除之，不足除者以乾坤始数二卦而得一岁，未算即主岁之卦也。"

②蒙，阴暗也。散谓不精明。

③石室，藏书之府。《河》、《洛》，图书之文也。

④《论语》曰："作者七人。"注云："谓伯夷、叔齐、虞仲、夷逸、朱张、柳下惠、少连。"

三年，大旱，琼复上疏曰："昔鲁僖遇旱，以六事自让，躬节俭，闭女谒，放谗佞者十三人，诛税民受货者九人，①退舍南郊，天立大雨。今亦宜顾省政事，有所损阙，务存质俭，以易民听。尚方御府，息除烦费。明敕近臣，使遵法度，如有不移，示以好恶。数见公卿，引纳儒士，访以政化，使陈得失。又囚徒尚积，多致死亡，亦足以感伤和气，招降灾旱。若改敝从善，择用嘉谋，则灾消福至矣。"书奏，引见德阳殿，使中常侍以琼奏书属主者施行。

①《春秋考异邮》曰"僖公之时，雨泽不澍，比于九月，公大惊惧，〔30〕率群臣祷山川，以六过自让，绌女谒，放下谗佞郭都（之）等〔31〕十三人，诛领人之吏受货赂赵祝等九人。曰：'辜在寡人。方今天旱，野无生稼，寡人当死，百姓何

谤，请以身塞无状’”也。

自帝即位以后，不行籍田之礼。琼以国之大典不宜久废，上疏奏曰：“自古圣帝哲王，莫不敬恭明祀，增致福祥，故必躬郊庙之礼，亲籍田之勤，以先群萌，率劝农功。昔周宣王不籍千亩，虢文公以为大讥，卒有姜戎之难，终损中兴之名。①窃见陛下遵稽古之鸿业，体虔肃以应天，顺时奉元，怀柔百神，朝夕触尘埃于道路，昼暮聆庶政以恤人。虽《诗》咏成汤之不怠遑，《书》美文王之不暇食，诚不能加。②今庙祀适阕，而祈谷絜斋之事，近在明日。臣恐左右之心，不欲屡动圣躬，以为亲耕之礼，可得而废。臣闻先王制典，籍田有日，司徒咸戒，司空除坛。先时五日，有协风之应，王即斋宫，飨醴载耒，诚重之也。自癸巳以来，仍西北风，甘泽不集，寒凉尚结。③迎春东郊，既不躬亲，先农之礼，所宜自勉，以逆和气，以致时风。④《易》曰：‘君子自强不息。’斯其道也。”⑤书奏，帝从之。

①《国语》曰，宣王即位，不籍千亩。虢文公谏曰：“夫人之大事在农，上帝之粢盛于是乎出，故稷为太官。古者太史顺时覛土，〔32〕农祥晨正日月，底于天庙。先时九日，太史告稷曰：‘阳气俱蒸，土膏其动。’稷以告王，王即斋宫，百官御事。王耕一坺，班三之，庶人终于千亩。”王弗听，后师败绩于姜氏之戎。坺音扶发反。

②《诗·商颂》曰：“不僭不滥，不敢怠遑。”《书》曰“文王至于日中昃，不遑暇食”也。

③西北风曰不周风，亦曰厉风，见《吕氏春秋》也。

④《五经通义》曰：“八风者，八卦之气。八风以时至，则阴阳变化之道成，万物得以时育生之。”

⑤《乾卦·象》曰“天行健，君子以自强不息”也。

顷之，迁尚书令。琼以前左雄所上孝廉之选，专用儒学文吏，于取士之义，犹有所遗，乃奏增孝悌及能从政者为四科，事竟施行。又雄前议举吏先试之于公府，又覆之于端门，后尚书张盛奏除此科。琼复上言：“覆试之作，将以澄洗清浊，覆实虚滥，不宜改革。”帝乃止。出为魏郡太守，稍迁太常。和平中，以选入侍讲禁中。

元嘉元年，迁司空。桓帝欲褒崇大将军梁冀，使中朝二千石以上会议其礼。特进胡广、太常羊溥、司隶校尉祝恬、太中大夫边韶等，咸称冀之勋德，其制度赉赏，以宜比周公，〔33〕锡之山川、土田、附庸。①琼独建议曰："冀前以亲迎之劳，增邑三千，〔34〕又其子胤亦加封赏。昔周公辅相成王，制礼作乐，化致太平，是以大启土宇，开地七百。②今诸侯以户邑为制，不以里数为限。萧何识高祖于泗水，霍光定倾危以兴国，皆益户增封，以显其功。③冀可比邓禹，合食四县，赏赐之差，同于霍光，使天下知赏必当功，爵不越德。"朝廷从之。冀意以为恨。会以地动策免。复为太仆。

①《诗·鲁颂》曰："王曰叔父，建尔元子，俾侯于鲁，启尔土宇，〔35〕为周室辅。乃命鲁公，俾侯于东，锡之山川，土田附庸。注云："王，成王也。叔父，周公也。"

②《礼记·明堂位》曰"周公相武王以伐纣。武王崩，成王幼弱，周公践天子位，以理天下。七年，致政于成王。成王以周公有勋劳于天下，是以封周公于曲阜，地方七百里，革车千乘，命鲁公世世祀周公以天子之礼乐"也。

③高祖为泗上亭长，萧何佐之，后拜何为相国，益封五千户。霍光废昌邑王，立宣帝，后益封光万七千户。

永兴元年，迁司徒，转太尉。梁冀前后所托辟召，一无所用。虽有善人而为冀所饰举者，〔36〕亦不加命。延熹元年，以日食免。复为大司农。明年，梁冀被诛，太尉胡广、司徒韩缜、〔37〕司空孙朗皆坐阿附免废，复拜琼为太尉。以师傅之恩，而不阿梁氏，乃封为邟乡侯，①邑千户。琼辞疾让封六七上，言旨恳恻，乃许之。梁冀既诛，琼首居公位，举奏州郡素行贪污至死徙者十馀人，海内由是翕然望之。寻而五侯擅权，倾动内外，自度力不能匡，乃称疾不起。②四年，以寇贼免。其年复为司空。秋，以地震免。

①《说文》云"邟，颍川县"也。汉颍川有周承休侯国，元始二年更名曰邟，音亢。

②五侯谓左悺、徐璜等。

七年，疾笃，上疏谏曰："臣闻天者务刚其气，君者务强其政。是以王者处高自持，不可不安；履危任力，不可不据。夫自持不安则颠，任力不据则危。故圣人升高据上，则以德义为首；涉危蹈倾，则以贤者为力。〔38〕唐尧以德化为冠冕，以稷、契为筋力。高而益崇，动而愈据，此先圣所以长守万国，保其社稷者也。昔高皇帝应天顺民，奋剑而王，埽除秦、项，革命创制，降德流祚。至于哀、平，而帝道不纲，秕政日乱，遂使奸佞擅朝，外戚专恣。所冠不以仁义为冕，所蹈不以贤佐为力，终至颠蹶，灭绝汉祚。天维陵弛，民鬼惨怆，赖皇乾眷命，炎德复辉。光武以圣武天挺，继统兴业，创基冰泮之上，立足枳棘之林。①擢贤于众愚之中，画功于无形之世。②崇礼义于交争，循道化于乱离。是自历高而不倾，任力危而不跌，兴复洪祚，开建中兴，光被八极，垂名无穷。至于中叶，盛业渐衰。陛下初从藩国，爰升帝位，天下拭目，谓见太平。而即位以来，未有胜政。诸梁秉权，竖宦充朝，重封累职，倾动朝廷，卿校牧守之选，皆出其门，羽毛齿革、明珠南金之宝，殷满其室，③富拟王府，埶回天地。言之者必族，附之者必荣。忠臣惧死而杜口，万夫怖祸而木舌，④塞陛下耳目之明，更为聋瞽之主。故太尉李固、杜乔，忠以直言，德以辅政；念国亡身，〔39〕陨殁为报，而坐陈国议，遂见残灭。⑤贤愚切痛，海内伤惧。又前白马令李云，指言宦官罪秽宜诛，皆因众人之心，以救积薪之敝。⑥弘农杜众，知云所言宜行，惧云以忠获罪，故上书陈理之，乞同日而死，所以感悟国家，庶云获免。而云既不辜，众又并坐，天下尤痛，益以怨结，故朝野之人，以忠为讳。昔赵杀鸣犊，孔子临河而反。夫覆巢破卵，则凤皇不翔；刳牲夭胎，则麒麟不臻。诚物类相感，理使其然。⑦尚书周永，昔为沛令，素事梁冀，幸其威埶，坐事当罪，越拜令职。见冀将衰，乃阳毁示忠，遂因奸计，亦取封侯。又黄门协邪，群辈相党，自冀兴盛，腹背相亲，朝夕图谋，共构奸轨。临冀当诛，无可设巧，复记其恶，以要爵赏。陛下不加清澄，审别真伪，复与忠臣并时显封，使朱紫共色，粉墨杂蹂，所谓抵金玉于沙砾，⑧碎珪璧于泥涂。四方闻之，莫不愤叹。昔曾子大孝，慈母投杼；⑨伯奇至贤，终于流放。⑩夫谗谀所举，无高而不可升；〔阿党〕相抑，〔40〕无深而不可沦。可不察欤？臣至顽驽，世荷国恩，身轻位重，勤不补过，然惧于永殁，负衅益深。敢以垂绝之日，〔41〕陈不讳之言，庶有万分，无恨三泉。"⑪其年卒，时年七十九。赠车骑将军，谥曰忠侯。〔42〕孙琬。

①泮冰谕危陷。枳棘谕艰难。

②形，兆也。言未有天下之兆。"画"或作"书"也。

③殷，盛也。

④《法言》曰"金口木舌"也。

⑤坐音才卧反。

⑥贾谊上疏曰"夫抱火厝之积薪之下而寝其上，火未及然，因谓之安。方今之政，何以异此"也。

⑦《史记》曰，孔子将西见赵简子，至于河而闻窦鸣犊、舜华之死也，临河而叹曰："美哉洋洋，丘之不济此，命也夫！窦鸣犊、舜华，晋之贤大夫也。赵简子未得志之时，须此两人而后从政，及其得志而杀之。丘闻刳胎杀夭，则麒麟不至郊薮，涸泽而渔，则蛟龙不合阴阳；〔43〕覆巢毁卵，则凤皇不翔。何则？君子讳伤其类也。"事亦见《孔子家语》文也。

⑧抵，投也，音纸。

⑨解见《寇荣传》。

⑩《说苑》曰"王国子前母子伯奇，后母子伯封。后母欲其子立为太子，说王曰：'伯奇好妾。'王不信。其母曰：'令伯奇于后园，妾过其旁，王上台视之，即可知。'王如其言，伯奇入园，后母阴取蜂十数置单衣中，过伯奇边曰：'蜂螫我。'伯奇就衣中取蜂杀之。王遥见之，乃逐伯奇"也。

⑪三者数之极。一生二，二生三，三生万物，天地人之极数。故以三为名者，取其深之极也。

琬字子琰。〔44〕少失父。〔45〕早而辩慧。祖父琼，初为魏郡太守，〔46〕建和元年正月日食，京师不见而琼以状闻。太后诏问所食多少，琼思其对而未知所况。琬年七岁，在傍，曰："何不言日食之馀，如月之初？"琼大惊，即以其言应诏，而深奇爱之。后琼为司徒，琬以公孙拜童子郎，辞病不就，知名京师。时司空盛允有疾，琼遣琬候问，会江夏上蛮贼事副府，①允发书视毕，微戏琬曰："江夏大邦，而蛮多士少。"琬奉手对曰：

"蛮夷猾夏,责在司空。"因拂衣辞去。允甚奇之。

①副本谓公府也。

稍迁五官中郎将。时陈蕃为光禄勋,深相敬待,数与议事。旧制,光禄举三署郎,以高功久次才德尤异者为茂才四行。①时权富子弟多以人事得举,而贫约守志者以穷退见遗,京师为之谣曰:"欲得不能,光禄茂才。"②于是琬、蕃同心,显用志士,平原刘醇、河东朱山、蜀郡殷参等并以才行蒙举。蕃、琬遂为权富郎所见中伤,事下御史〔中〕丞王畅、〔47〕侍御史刁韪。韪、畅素重蕃、琬,不举其事,而左右复陷以朋党。畅坐左转议郎而免蕃官,琬、韪俱禁锢。

①久次谓久居官次也。

②能音乃来反。

韪字子荣,彭城人。后陈蕃被征,而言事者讼韪,复拜议郎,迁尚书。在朝有鲠直节,出为鲁、东海二郡相。性抗厉,有明略,所在称神。常以法度自整,家人莫见惰容焉。

琬被废弃几二十年。至光和末,太尉杨赐上书荐琬有拔乱之才,由是征拜议郎,擢为青州刺史,迁侍中。中平初,出为右扶风,征拜将作大匠、少府、太仆。又为豫州牧。时寇贼陆梁,州境雕残,琬讨击平之,威声大震。政绩为天下表,封关内侯。

及董卓秉政,以琬名臣,征为司徒,迁太尉,更封阳泉乡侯。卓议迁都长安,琬与司徒杨彪同谏不从。琬退而驳议之曰:"昔周公营洛邑以宁姬,光武卜东都以隆汉,天之所启,神之所安。大业既定,岂宜妄有迁动,以亏四海之望?"时人惧卓暴怒,琬必及害,固谏之。琬对曰:"昔白公作乱于楚,屈卢冒刃而前;①崔杼弑君于齐,晏婴不惧其盟。②吾虽不德,诚慕古人之节。"琬竟坐免。卓犹敬其名德旧族,不敢害。后与杨彪同拜光禄大夫,及徙西都,转司隶校尉,与司徒王允同谋诛卓。及卓将李傕、郭汜攻破长安,遂收琬下狱死,时年五十二。

①《新序》曰:"白公胜(杀)〔将弑〕楚惠王,〔48〕王出亡,令尹、司马皆死,胜拔剑而属之于屈庐曰:'子与我,将舍子,不我与,将杀子。'屈庐曰:"诗有之曰:

'莫莫葛藟,延于条枚,恺悌君子,求福不回。'今子杀子叔父而求福于庐也,可乎?且吾闻之,知命之士,见利不动,临死则死,是谓人臣之礼。〔49〕故上知天命,下知臣道。其有可劫乎?子胡不推之!'白公胜乃入其剑焉。"

②解见《冯衍传》。

论曰:古者诸侯岁贡士,进贤受上赏,非贤贬爵土。升之司马,辩论其才,论定然后官之,任官然后禄之。①故王者得其人,进仕劝其行,经邦弘务,所由久矣。汉初诏举贤良、方正,州郡察孝廉、秀才,斯亦贡士之方也。中兴以后,复增敦朴、有道、贤能、〔50〕直言、独行、高节、质直、清白、敦厚之属。荣路既广,觖望难裁,自是窃名伪服,浸以流竞。权门贵仕,请谒繁兴。自左雄任事,限年试才,虽颇有不密,固亦因识时宜。〔51〕而黄琼、胡广、张衡、崔瑗之徒,泥滞旧方,互相诡驳,循名者屈其短,筭实者挺其效。故雄在尚书,天下不敢妄选,十馀年间,称为得人,斯亦效实之征乎?顺帝始以童弱反政,而号令自出,知能任使,故士得用情,天下喁喁仰其风采。遂乃备玄纁玉帛,以聘南阳樊英,天子降寝殿,设坛席,尚书奉引,延问失得。急登贤之举,虚降己之礼,于是处士鄙生,忘其拘儒,②拂巾衽褐,以企旌车之招矣。至乃英能承风,俊乂咸事,若李固、周举之渊谟弘深,左雄、黄琼之政事贞固,桓焉、杨厚以儒学进,崔瑗、马融以文章显,吴祐、苏章、种暠、栾巴牧民之良干,庞参、虞诩将帅之宏规,王龚、张皓虚心以推士,张纲、杜乔直道以纠违,郎觊阴阳详密,张衡机术特妙:东京之士,于兹盛焉。向使庙堂纳其高谋,彊(场)埸宣其智力,〔52〕帷幄容其謇辞,举厝禀其成式,则武、宣之轨,岂其远而?③《诗》云:"靡不有初,鲜克有终。"可为恨哉!及孝桓之时,硕德继兴,④陈蕃、杨秉处称贤宰,皇甫、张、段〔53〕出号名将,王畅、李膺弥缝衮阙,⑤朱穆、刘陶献替匡时,郭有道奖鉴人伦,陈仲弓弘道下邑。其馀宏儒远智,高心洁行,激扬风流者,不可胜言。而斯道莫振,文武陵队,在朝者以正议婴戮,谢事者以党锢致灾。往车虽折,而来轸方遒。⑥所以倾而未颠,决而未溃,岂非仁人君子心力之为乎?呜呼!

①《尚书大传》曰"古者诸侯之于天子，三年一贡士。一适谓之好德，再适谓之贤贤，三适谓之有功。有功者，天子赐以车服弓矢，号曰命。诸侯有不贡士谓之不率正，一不适谓之过，再不适谓之傲，三不适谓之诬。诬者，天子绌之，一绌以爵，再绌以地，三绌而爵地毕"也。

②拘儒犹褊狭也。

③而，语辞也。《论语》曰："岂不尔思，室是远而。"

④硕，大也。

⑤弥缝犹补合也。《诗》曰："衮职有阙，惟仲山甫补之。"

⑥《广雅》曰："遒，急也。"

赞曰：雄作纳言，古之八元。举升以汇，越自下蕃。[①]登朝理政，并纾灾昏。[②]琼名夙知，累章国疵。[③]琬亦早秀，位及志差。[④]

①汇，类也。《易》曰："以其汇征吉。"汇音谓。

②纾，解也，音式余反。

③疵，病也。

④志意差舛，不能遂也。差音楚宜反。

【校勘记】

〔1〕 南(郡)〔阳〕涅阳人也 《集解》引洪亮吉说，谓"郡"应作"阳"，刊写之误。今据改。

〔2〕 臣闻柔远和迩 按：《校补》引柳从辰说，谓闽本"闻"下有"之"字。

〔3〕 兴雨祁祁 按：王先谦谓据注"兴雨"当作"兴云"。此用三家《诗》，而后人据毛改之。

〔4〕 褒艳谓褒姒也艳色美也 《集解》引钱大昕说，谓章怀注用毛氏说，郑康成则以艳妻为厉王后，谓《正月》恶褒姒灭周，《十月之交》疾艳妻煽方处，则"褒艳"非一人。此疏上言"幽、厉昏乱"，下言"褒艳用权"，则亦与郑说同。《鲁诗》"艳"作阎，《尚书中候》作"剡"。阎、剡、艳文异实同，盖其女族姓，非训美色也。

〔5〕 厉王淫于色 殿本"厉"作"幽"。按：用毛说当作"幽"，依郑说应作

"厉"也。

〔6〕 问畜货聚(焉)〔马〕 《刊误》谓案《国语》作"聚马",此误。今据改。

〔7〕 诏试明经者补弟子　按:《顺帝纪》"明经"下有"下第"二字。

〔8〕 诸王国郎者百三十八人　按:张熷谓"者"字衍。

〔9〕 迄于永(嘉)〔憙〕 "永嘉"乃"永憙"之讹,今改,详《冲帝纪》校勘记。汲本、殿本作"永熹",钱大昭谓"熹"乃"憙"之讹。

〔10〕 故称家〔法〕 据汲本、殿本补。

〔11〕 淑字伯进　按:殿本"伯进"作"伯达"。

〔12〕 九卿位亚三事　按:《集解》引惠栋说,谓《东观记》"三事"作"三公"。

〔13〕 周举字宣光　《校补》引柳从辰说,谓《书钞》七十二引《续汉书》作"字真先"。按:《类聚》五十、《御览》二百五十六引无"字真先"三字。

〔14〕 延(熹)〔光〕四年　据《集解》引钱大昕说改。

〔15〕 谋杀严公严公誓之黄泉　汲本、殿本"严"并作"庄"。按:此避明帝讳,未回改也。

〔16〕 今诏怒　按:《集解》引何焯说,谓"怒"下疑有脱文。

〔17〕 位为台辅　按:汲本、殿本"为"作"至"。

〔18〕 尚书郭虔　按:《集解》引汪文台说,谓《御览》五九四引张璠《汉记》,谓"尚书郭度见之叹息,上疏愿退位避举"。"虔"作"度",未知孰是。

〔19〕 顺四节之宜　按:汲本、殿本"节"作"时"。

〔20〕 犹缘木希鱼却行求前　汲本、殿本"希鱼"作"求鱼"。按:《群书治要》亦作"希鱼"。李慈铭谓此因下文有"求"字而避易,今本乃据《孟子》妄改之。

〔21〕 事见白武通　汲本、殿本"武"作"虎"。按:此避唐讳,未回改也。

〔22〕 解见杨厚传　按:《集解》引惠栋说,谓《杨厚传》无此注,《黄琼传》有之。

〔23〕 禊于洛水　按:"于"原作"乎",径据汲本、殿本改。

〔24〕 薤上露何易晞　按:《集解》引李良裘说,谓按《古今注》"露"上有"朝"字,以七字为句。

〔25〕 兖州刺史郭遵　《集解》引汪文台说,谓《御览》七七八引《续汉书》,"郭遵"作"甄遵"。

〔26〕 尹翁归为右扶风〔卒〕 据《刊误》补。

〔27〕 (诗)国风羔羊诗　据汲本、殿本删。

〔28〕 致敬于繐 按:“敬”原讹“教”,径据汲本、殿本改正。

〔29〕 常闻语曰 汲本“常”作“尝”。按:尝常通。

〔30〕 公大惊惧 按:“公”原讹“人”,径据汲本、殿本改正。

〔31〕 郭都(之)等 据《刊误》删。

〔32〕 顺时觋土 按:“觋”原讹“顾”,径改正。又按:“觋”字见《说文》辰部,汲本、殿本作“辰”,亦误。

〔33〕 以宜比周公 《刊误》谓“以宜”当作“宜以”。《集解》引沈钦韩说,谓《袁纪》无“以”字,更顺。按:原本“以”字漫漶,径据汲本、殿本补。

〔34〕 增邑三千 按:“三千”原作“三十”,然查张元济校勘记,谓“十”字板损宜修,则原本“十”字或亦作“千”也。今从汲本、殿本。

〔35〕 启尔土宇 按:今《诗》作“大启尔宇”。

〔36〕 为冀所饰举者 按:汲本“饰”作“辟”。

〔37〕 司徒韩缜 按:惠栋《补注》谓《风俗通》“缜”作“演”。

〔38〕 则以贤者为力 《袁宏纪》作“则以忠贤为助”。按:“忠贤”与上“德义”相对成文,当从《袁纪》。

〔39〕 念国亡身 殿本“亡”作“忘”。按:亡忘通。

〔40〕 〔阿党〕相抑 《集解》引王补说,谓《袁纪》作“阿党相抑”。按:“阿党相抑”与上“谗谀所举”相对成文,今依《袁纪》补“阿党”二字。

〔41〕 敢以垂绝之日 《袁纪》作“敢以垂死之年”。按:《袁纪》琼上疏在延熹二年,云会单超等五侯擅权,琼自度力不能制,乃称疾不朝,上表曰云云,与此云七年疾笃上疏谏异,措辞亦不同也。

〔42〕 谥曰忠侯 按:惠栋《补注》谓《袁纪》作“昭侯”。

〔43〕 则蛟龙不合阴阳 汲本、殿本“不合阴阳”作“不处其渊”。按:《史记·孔子世家》作“不合阴阳”,今本《家语·困誓篇》作“不处其渊”。

〔44〕 琬字子琰 按:《集解》引惠栋说,谓《文选》注引《范书》作“公琰”。

〔45〕 少失父 按:《集解》引惠栋说,谓《文选》注引云“少失父母”。

〔46〕 祖父琼初为魏郡太守 按:《集解》引惠栋说,谓《文选》注引云“祖父琼育之,初为魏郡太守”云云也。

〔47〕 事下御史〔中〕丞王畅 据汲本补。

〔48〕 白公胜(杀)〔将弑〕楚惠王 据今《新序》增删。

〔49〕 见利不动临死则死是谓人臣之礼 按:《校补》引柳从辰说,谓今《新序》

作"见利不动，临死不恐，为人臣者，时生则生，时死则死"。

〔50〕 贤能　按："贤能"上原衍"仁"字，径据汲本、殿本删。

〔51〕 固亦因识时宜　按：《刊误》谓案文当作"因时识宜"。

〔52〕 彊(场)〔埸〕宜其智力　据汲本改。

〔53〕 皇甫张段　按："段"原讹"叚"，径改正。

后汉书卷六十二

荀韩锺陈列传第五十二

荀淑字季和，颍川颍阴人(也)，〔1〕荀卿十一世孙也。①少有高行，博学而不好章句，多为俗儒所非，而州里称其知人。

①卿名况，赵人也。为楚兰陵令。著书二十二篇，号《荀卿子》。避宣帝讳，故改曰“孙”也。

安帝时，征拜郎中，后再迁当涂长。①去职还乡里。当世名贤李固、李膺等皆师宗之。及梁太后临朝，有日食地震之变，诏公卿举贤良方正，光禄勋杜乔、少府房植举淑对策，讥刺贵幸，为大将军梁冀所忌，出补朗陵侯相。②莅事明理，称为神君。顷之，弃官归，闲居养志。产业每增，辄以赡宗族知友。年六十七，建和三年卒。李膺时为尚书，自表师丧。③二县皆为立祠。有子八人：俭，绲，靖，焘，汪，爽，肃，专，〔2〕并有名称，时人谓〔之〕“八龙”。④〔3〕

①当涂，县名，故城在今宣州。

②《续汉书》曰，淑对策讥刺梁氏，故出也。

③《礼记》曰“事师无犯无隐，左右就养无方，服勤至死，心丧三年”也。

④绲音昆。焘音道。汪音乌光反。《说文》云：“汪，深广也。”俗本改作“注”，非。“专”本或作“敷”。

初，荀氏旧里名西豪，①颍阴令勃海苑康以为昔高阳氏有才子八人，②今荀氏亦有八子，故改其里曰高阳里。

①今许州城内西南有荀淑故宅，相传云即旧西豪里也。

②《左传》曰：“昔高阳氏有才子八人：苍舒，隤敳，梼戭，〔4〕大临，尨降，庭坚，仲容，叔达。”

靖有至行，不仕，年五十而终，号曰玄行先生。①

①皇甫谧《高士传》曰"靖字叔慈，少有俊才，动止以礼。靖弟爽亦以才显于当时。或问汝南许章曰：'爽与靖孰贤？'章曰：'皆玉也。慈明外朗，叔慈内润。'及卒，学士惜之，诔靖者二十六人。颍阴令丘祯追号靖曰玄行先生"也。

淑兄子昱〔5〕字伯条，昙字元智。昱为沛相，昙为广陵太守。兄弟皆正身疾恶，志除阉宦。其支党宾客有在二郡者，纤罪必诛。昱后共大将军窦武谋诛中官，与李膺俱死。昙亦禁锢终身。

爽字慈明，一名谞。①幼而好学，年十二，能通《春秋》、《论语》。太尉杜乔见而称之，曰："可为人师。"爽遂耽思经书，庆吊不行，征命不应。颍川为之语曰："荀氏八龙，慈明无双。"

①音息汝反。

延熹九年，太常赵典举爽至孝，拜郎中。对策陈便宜曰：

臣闻之于师曰："汉为火德，火生于木，木盛于火，故其德为孝，①其象在《周易》之《离》。"夫在地为火，在天为日。②在天者用其精，在地者用其形。夏则火王，其精在天，温暖之气，养生百木，是其孝也。冬时则废，其形在地，酷烈之气，焚烧山林，是其不孝也。故汉制使天下诵《孝经》，选吏举孝廉。③夫丧亲自尽，孝之终也。④今之公卿及二千石，三年之丧，不得即去，殆非所以增崇孝道而克称火德者也。往者孝文劳谦，行过乎俭，⑤故有遗诏以日易月。此当时之宜，不可贯之万世。古今之制虽有损益，而谅闇之礼未尝改移，〔6〕以示天下莫遗其亲。⑥今公卿群寮皆政教所瞻，而父母之丧不得奔赴。夫仁义之行，自上而始；敦厚之俗，以应乎下。传曰："丧祭之礼阙，则人臣之恩薄，背死忘生者众矣。"曾子曰："人未有自致者，必也亲丧乎！"⑦《春秋传》曰："上之所为，民之归也。"⑧夫上所不为而民或为之，故加刑罚；若上之所为，民亦为之，又何诛焉？昔丞相翟方进，以自备宰相，而不敢逾制。〔7〕至遭母忧，三十六日而除。⑨夫失礼之源，自上而始。古者大丧三年不呼其门，⑩所以崇国厚俗笃化之道也。事失宜正，过勿惮改。⑪天下通丧，可如旧礼。⑫

①火，木之子；夏，火之位。木至夏而盛，故为孝。

②《易·说卦》曰“离为火，为日”也。

③平帝时，王莽作书八篇戒子孙，令学官以教授，吏能诵者比《孝经》。《音义》云：“言用之得选举之也。”

④尽谓尽其哀戚也。

⑤《易·谦卦·九三爻》：“劳谦君子，有终吉。”

⑥遗，忘也。

⑦事见《论语》。致犹尽也，极也。

⑧《左氏传》臧武仲之言。

⑨《前书》翟方进为丞相，遭后母忧，行服三十六日起视事，曰：“不敢逾国制也。”

⑩《公羊传》之文也。何休注云：“重夺孝子之恩。”

⑪惮，难也。

⑫《礼记》曰：“三年之丧，天下之通丧也。”

臣闻有夫妇然后有父子，有父子然后有君臣，有君臣然后有上下，有上下然后有礼义。礼义备，则人知所厝矣。①夫妇人伦之始，王化之端，故文王作《易》，上经首《乾》、《坤》，下经首《咸》、《恒》。②孔子曰：“天尊地卑，乾坤定矣。”③夫妇之道，所谓顺也。《尧典》曰：“厘降二女于妫汭，嫔于虞。”降者下也，嫔者妇也。言虽帝尧之女，下嫁于虞，犹屈体降下，勤修妇道。《易》曰：“帝乙归妹，以祉元吉。”④妇人谓嫁曰归，言汤以娶礼归其妹于诸侯也。《春秋》之义，王姬嫁齐，使鲁主之，不以天子之尊加于诸侯也。⑤今汉承秦法，设尚主之仪，以妻制夫，以卑临尊，违乾坤之道，失阳唱之义。⑥孔子曰：“昔圣人之作《易》也，仰则观象于天，俯则察法于地，睹鸟兽之文，与地之宜。近取诸身，远取诸物，以通神明之德，以类万物之情。”⑦今观法于天，则北极至尊，四星妃后。⑧察法于地，则崐山象夫，卑泽象妻。⑨睹鸟兽之文，鸟则雄者鸣鸲，雌能顺服；兽则牡为唱导，牝乃相从。近取诸身，则乾为人首，坤为人腹。⑩远取诸物，则木实属天，根荄属地。⑪阳尊阴卑，盖乃天性。且《诗》初篇实首《关雎》；《礼》始《冠》、《婚》，先正夫妇。⑫天地《六经》，其旨一揆。宜改尚主之制，以称乾坤之性。遵法尧、汤，式是周、孔。⑬合之天地而不谬，质之鬼神而不疑。人事如此，则嘉瑞降天，吉符出地，五韪咸备，各以其叙矣。⑭

①语见《易·序卦》也。

②《易》《乾》、《坤》至《离》为上经，《咸》、《恒》至《未济》为下经。

③《易·系辞》也。

④《易·泰卦·六五·爻辞》也。王辅嗣注云："妇人谓嫁曰归。《泰》者，阴阳交通之时，女处尊位，履中居顺，降身应二，帝乙归妹，诚合斯义也。"案《史记》纣父名帝乙，此文以帝乙为汤，汤名天乙也。

⑤《公羊传》曰："夏单伯逆王姬。单伯者何？吾大夫之命于天子者。何以不称使？天子召而使逆之。逆之者何？使我主之也。曷为使我主之？天子嫁女于诸侯，必使同姓诸侯主之。"何休注云："不自为主，尊卑不敌也。"

⑥《易纬》曰"阳唱而阴和"也。

⑦皆《易系》之文也。

⑧北极，北辰也。轩辕四星，女主之象也。

⑨崐犹高也。《易》、《艮》下《兑》上为《咸》。《艮》为山，夫象也。《兑》为泽，妻象也。《咸》，感也。山泽通气，夫妇之相感也。

⑩《易·说卦》之文也。

⑪荄音该。

⑫《仪礼·士冠礼》为始，《士婚礼》次之。

⑬式，法也。

⑭韪，是也。《史记》曰："休征：曰肃，时雨若；曰乂，时(阳)〔旸〕若；〔8〕曰哲，时燠若；曰谋，时寒若；曰圣，时风若。"五是来备，各以其叙也。

昔者圣人建天地之中而谓之礼，礼者，所以兴福祥之本，而止祸乱之源也。人能枉欲从礼者，则福归之；顺情废礼者，则祸归之。推祸福之所应，知兴废之所由来也。众礼之中，婚礼为首。故天子娶十二，天之数也；诸侯以下各有等差，事之降也。① 阳性纯而能施，阴体顺而能化，以礼济乐，节宣其气。② 故能丰子孙之祥，致老寿之福。及三代之季，淫而无节。瑶台、倾宫，陈妾数百。③ 阳竭于上，阴隔于下。故周公之戒曰："不知稼穑之艰难，不闻小人之劳，惟耽乐之从，时亦罔或克寿。"是其明戒。④ 后世之人，好福不务其本，恶祸不易其轨。传曰："截趾适屦，孰云其愚？何与斯人，追欲丧躯？"诚可痛也。⑤ 臣窃闻后宫采女五六千人，从官侍使复在其外。冬夏衣服，朝夕禀粮，耗费缣帛，空竭府藏，征调增倍，十而税一，空赋不辜之民，以供无用之女，百姓穷困于外，阴阳隔塞于内。故感动和气，灾异屡臻。臣愚以为诸非礼聘未曾幸御者，一皆遣出，使成妃合。一曰通怨旷，和阴阳。二曰省财用，实府藏。〔9〕三曰修礼制，绥眉寿。四曰配阳施，祈螽斯。⑥ 五曰宽役赋，安黎民。此诚国家之弘利，天人之大福也。

①《白武通》曰："天子娶十二，法天，则有十二月，百物毕生也。"又曰"诸侯娶九女"也。

②《左传》曰，昔晋侯有疾，〔10〕医和视之，曰："疾不可为也。是为近女室，疾如蛊，非鬼非食，惑以丧志。"公曰："女不可近乎？"对曰："节之。先王之乐，所以节百事也。天有六气，过则为灾。"于是乎节宣其气也。

③《列女传》曰，夏桀为璇室、瑶台，以临云雨，纣为倾宫。解见《桓帝纪》也。

④事见《尚书·无逸篇》，其词与此微有不同也。

⑤适犹从也。言丧身之愚，甚于截趾也。

⑥螽斯，蚣蝑也，其性不妒，故能子孙众多。《诗》曰："螽斯羽，诜诜兮。宜尔子孙，振振兮。"

夫寒热晦明，所以为岁；尊卑奢俭，所以为礼：故以晦明寒暑之气，尊卑侈约之礼为其节也。《易》曰："天地节而四时成。"①《春秋传》曰："唯器与名不可以假人。"②《孝经》曰："安上治民，莫善于礼。"礼者，尊卑之差，上下之制也。昔季氏八佾舞于庭，非有伤害困于人物，而孔子犹曰"是可忍也，孰不可忍"。《洪范》曰："惟辟作威，惟辟作福，惟辟玉食。”凡此三者，君所独行而臣不得同也。今臣僭君服，下食上珍，所谓害于而家，凶于而国者也。宜略依古礼尊卑之差，及董仲舒制度之别，③严(笃)〔督〕有司，〔11〕必行其命。此则禁乱善俗足用之要。

奏闻，即弃官去。

①《节卦·彖辞》文也。

②杜预注《左氏》云：“器谓车服，名谓爵号。”

③《前书》董仲舒曰：“王者正法度之宜，别上下之序，以防欲也。”

后遭党锢，隐于海上，又南遁汉滨，积十馀年，以著述为事，遂称为硕儒。党禁解，五府并辟，司空袁逢举有道，不应。及逢卒，爽制服三年，当世往往化以为俗。时人多不行妻服，虽在亲忧犹有吊问丧疾〔12〕者，又私谥其君父及诸名士，爽皆引据大义，正之经典，虽不悉变，亦颇有改。①

①《丧服》曰：“夫为妻齐缞杖期。”《礼记》曰：“曾子问：‘三年之丧吊乎？’孔子曰：‘礼以饰情。三年之丧而吊哭，不亦虚乎！’”

后公车征为大将军何进从事中郎。进恐其不至，迎荐为侍中，及进败而诏命中绝。献帝即位，董卓辅政，复征之。爽欲遁命，吏持之急，不得去，因复就拜平原相。行至宛陵，复追为光禄勋。视事三日，进拜司空。爽自被征命及登台司，九十五日。因从迁都长安。

爽见董卓忍暴滋甚，必危社稷，其所辟举皆取才略之士，将共图之，亦与司徒王允及卓长史何颙等为内谋。会病薨，年六十三。

著《礼》、《易传》、《诗传》、《尚书正经》、《春秋条例》，又集汉事成败可为鉴戒者，谓之《汉语》。又作《公羊问》及《辩谶》，并它所论叙，题为《新书》。凡百馀篇，今多所亡缺。

兄子悦、彧并知名。彧自有传。

论曰：荀爽、郑玄、申屠蟠俱以儒行为处士，累征并谢病不诣。及董卓当朝，复备礼召之。蟠、玄竟不屈以全其高。爽已黄发矣，独至焉，未十旬而取卿相。意者疑其乖趣舍，余窃商其情，以为出处君子之大致也，平运则弘道以求志，陵夷则濡迹以匡时。① 荀公之急急自励，其濡迹乎？不然，何为违贞吉而履虎尾焉？② 观其逊言迁都之议，以救杨、黄之祸。③ 及后潜图董氏，几振国命，所谓“大直若屈”，道固逶迤也。④

①濡迹，解见《崔骃传》。

②《易·履卦》曰：“履道坦坦，幽人贞吉。”又曰：“履虎尾，不咥人亨。”王辅嗣注云：“履虎尾者，言其危也。”

③杨彪、黄琬也。

④《老子》云：“大直若屈，大巧若拙。”逶迤，曲也。

悦字仲豫，俭之子也。俭早卒。悦年十二，能说《春秋》。家贫无书，每之人间，所见篇牍，一览多能诵记。性沈静，美姿容，尤好著述。灵帝时阉官用权，〔13〕士多退身穷处，悦乃托疾隐居，时人莫之识，唯从弟彧特称敬焉。初辟镇东将军曹操府，迁黄门侍郎。献帝颇好文学，悦与彧及少府孔融侍讲禁中，旦夕谈论。累迁秘书监、侍中。

时政移曹氏，天子恭己而已。悦志在献替，而谋无所用，乃作《申鉴》五篇。其所论辩，通见政体，既成而奏之。其大略曰：

夫道之本，仁义而已矣。① 五典以经之，群籍以纬之，咏之歌之，弦之舞之，前监既明，后复申之。故古之圣王，其于仁义也，申重而已。

①《易》曰：“立人之道曰仁与义。”

致政之术，先屏四患，乃崇五政。

一曰伪，二曰私，三曰放，四曰奢。伪乱俗，私坏法，放越轨，奢败制。四者不除，则政末由行矣。夫俗乱则道荒，虽天地不得保其性矣；法坏则世倾，虽人主不得守其度矣；轨越则礼亡，虽圣人不得全其道矣；制败则欲肆，虽四表不得充其求矣。① 是谓四患。

①肆，放也。

兴农桑以养其(性)〔生〕，〔14〕审好恶以正其俗，宣文教以章其化，立武备以秉其威，明赏罚以统其法。是谓五政。

人不畏死，不可惧以罪。人不乐生，不可劝以善。〔15〕虽使契布五教，皋陶作士，政不行焉。① 故在上者先丰人财以定其志，帝耕籍田，后桑蚕宫，② 国无游人，野无荒业，财不贾用，③ 力不妄加，以周人事。是谓养生。④

①《尚书》舜谓契曰："汝作司徒，敬敷五教在宽。"谓皋陶曰："汝作士，明于五刑。"

②籍田事，解见《明纪》。《礼记》曰："季春之月，后妃斋戒，亲东向桑，以劝蚕事。"古者天子诸侯必有公桑蚕室，近川而为之，宫仞有三尺也。

③言自足也。

④周，给也。

君子之所以动天地，应神明，正万物而成王化者，必乎真定而已。〔16〕故在上者审定好丑焉。善恶要乎功罪，毁誉效于准验。听言责事，举名察实，无惑诈伪，以荡众心。故事无不核，物无不切，〔17〕善无不显，恶无不章，俗无奸怪，民无淫风。百姓上下睹利害之存乎己也，故肃恭其心，慎修其行，内不回惑，外无异望，则民志平矣。是谓正俗。

君子以情用，小人以刑用。荣辱者，赏罚之精华也。故礼教荣辱，以加君子，化其情也；桎梏鞭扑，以加小人，化其刑也。君子不犯辱，况于刑乎！小人不忌刑，况于辱乎！若教化之废，推中人而坠于小人之域；教化之行，引中人而纳于君子之涂。是谓章化。① 小人之情，缓则骄，骄则恣，恣则怨，怨则叛，危则谋乱，安则思欲，非威强无以惩之。故在上者，必有武备，以戒不虞，以遏寇虐。安居则寄之内政，有事则用之军旅。② 是谓秉威。

①章，明也。

②《国语》齐桓公问管仲曰："国安可乎？"管仲曰："未可。君若正卒伍，修甲兵，则大国亦将修之，小国设备，可作内政而寄军令焉。"注云："（正）〔政〕，国政也。〔18〕言修国政而寄军令，邻国不知。"

赏罚，政之柄也。[①]明赏必罚，审信慎令，赏以劝善，罚以惩恶。人主不妄赏，非徒爱其财也，赏妄行则善不劝矣。不妄罚，非矜其人也，罚妄行则恶不惩矣。赏不劝谓之止善，罚不惩谓之纵恶。在上者能不止下为善，不纵下为恶，则国法立矣。是谓统法。

①《韩子》曰："二柄者，刑、德也。杀戮之谓刑，庆赏之谓德。"

四患既蠲，五政又立，行之以诚，守之以固，简而不怠，疏而不失，无为为之，使自施之，无事事之，使自交之。[①]不肃而成，不严而化，垂拱揖让，而海内平矣。是谓为政之方。

①《老子》曰："为无为，事无事。"又曰"故德交归"也。

又言：

尚主之制非古。厘降二女，陶唐之典。归妹元吉，帝乙之训。王姬归齐，宗周之礼。以阴乘阳违天，以妇陵夫违人。违天不祥，违人不义。又古者天子诸侯有事，必告于庙。朝有二史，左史记言，右史书事。[①]事为《春秋》，言为《尚书》。君举必记，善恶成败，无不存焉。下及士庶，苟有茂异，咸在载籍。或欲显而不得，或欲隐而名章。得失一朝，而荣辱千载。善人劝焉，淫人惧焉。[②]宜于今者备置史官，掌其典文，纪其行事。每于岁尽，举之尚书。以助赏罚，以弘法教。

①《礼记》曰"天子朝日于东门之外，听朔于南门之外，闰月则阖门左扉，立于其中，动则左史书之，言则右史书之"也。

②淫，过也。《左氏传》曰"或求名而不得，或欲盖而名章，书齐豹盗三叛人名，以惩不义"也。

帝览而善之。

帝好典籍，常以班固《汉书》文繁难省，乃令悦依《左氏传》体以为《汉纪》三十篇，诏尚书给笔札。辞约事详，论辨多美。其序之曰："昔在上圣，惟建皇极，经纬天地，观象立法，乃作书契，以通宇宙，扬于王庭，厥用大焉。先王光演大业，肆于时夏。[①]亦惟厥后，永世作典。夫立典有五志焉：一曰达道义，二曰章法式，三曰通古今，四曰著功勋，五曰表贤能。于是天人之际，事物之宜，粲然显著，罔不备矣。世济其轨，不陨其业。②损益盈虚，与时消息。臧否不同，其揆一也。汉四百有六载，拨乱反正，统武兴文，永惟祖宗之洪业，思光启乎万嗣。圣上穆然，惟文之恤，瞻前顾后，是绍是继，阐崇大猷，命立国典。于是缀叙旧书，以述《汉纪》。中兴以前，明主贤臣得失之轨，亦足以观矣。”

①《诗·周颂》曰：“我求懿德，肆于时夏。”郑玄注曰：“懿，美也。肆，陈也。我，武王也。求美德之士而任用之，故陈于是夏而歌之也。”

②济，成也。

又著《崇德》、《正论》及诸论数十篇。年六十二，建安十四年卒。

韩韶字仲黄，〔19〕颍川舞阳人也。少仕郡，辟司徒府。时太山贼公孙举伪号历年，守令不能破散，多为坐法。尚书选三府掾能理剧者，乃以韶为嬴长。①贼闻其贤，相戒不入嬴境。馀县多被寇盗，废耕桑，其流入县界求索衣粮者甚众。韶愍其饥困，乃开仓赈之，所禀赡万馀户。主者争谓不可。韶曰：“长活沟壑之人，而以此伏罪，含笑入地矣。”太守素知韶名德，竟无所坐。以病卒官。同郡李膺、陈寔、杜密、荀淑等为立碑颂焉。

①嬴，县，故城在今兖州博城县东北。

子融，字元长。少能辩理而不为章句学。声名甚盛，五府并辟。献帝初，至太仆。年七十卒。

锺皓字季明，颍川长社人也。为郡著姓，世善刑律。皓少以笃行称，公府连辟，为二兄未仕，避隐密山，①以诗律教授门徒千馀人。同郡陈寔，年不及皓，皓引与为友。皓为郡功曹，会辟司徒府，临辞，太守问：“谁可代卿者？”皓曰：“明府欲必得其人，西门亭长陈寔可。”寔闻之，曰：“锺君似不察人，不知何独识我？”皓顷之自劾去。前后九辟公府，征为廷尉正、博士、林虑长，皆不就。时皓及荀淑并为士大夫所归慕。李膺常叹曰："荀君清识难尚，锺君至德可师。"

①密县山也。

皓兄子瑾母，膺之姑也。瑾好学慕古，有退让风，与膺同年，俱有声名。膺祖太尉脩，常言："瑾似我家性，邦有道不废，邦无道免于刑戮。"复以膺妹妻之。瑾辟州府，未尝屈志。膺谓之曰："孟子以为'人无是非之心，非人也'。①弟何期不与孟轲同邪？"瑾常以膺言白皓。皓曰："昔国武子好昭人过，[20]以致怨本。②卒保身全家，尔道为贵。"其体训所安，多此类也。

①《孟子》曰："人无恻隐之心，非人也。无羞恶之心，非人也。无辞让之心，非人也。无是非之心，非人也。"

②国武子，齐大夫。齐庆克通于齐君之母，国武子知之而责庆克，夫人遂谮武子而逐之。事见《左传》。

年六十九，终于家。诸儒颂之曰："林虑懿德，非礼不处。悦此诗书，弦琴乐古。五就州招，九应台辅。[21]逡巡王命，卒岁容与。"

皓孙繇，建安中为司隶校尉。①

①《海内先贤传》曰："繇字元常，郡主簿迪之子也。"《魏志》曰："举孝廉为尚书郎，辟三府为廷尉正、黄门侍郎。"

陈寔字仲弓，颍川许人也。出于单微。自为儿童，虽在戏弄，为等类所归。少作县吏，常给事厮役，后为都亭(刺)佐。[22]而有志好学，坐立诵读。县令邓邵试与语，奇之，听受业太学。后令复召为吏，乃避隐阳城山中。时有杀人者，同县杨吏以疑寔，县遂逮系，考掠无实，而后得出。及为督邮，乃密托许令，礼召杨吏。远近闻者，咸叹服之。

家贫，复为郡西门亭长，寻转功曹。时中常侍侯览托太守高伦用吏，伦教署为文学掾。寔知非其人，怀檄请见。①言曰："此人不宜用，而侯常侍不可违。寔乞从外署，不足以尘明德。"伦从之。②于是乡论怪其非举，寔终无所言。伦后被征为尚书，郡中士大夫送至轮氏传舍。③伦谓众人言曰:“吾前为侯常侍用吏,陈君密持教还,而于外白署。比闻议者以此少之,此咎由故人畏惮强御,陈君可谓善则称君,过则称己者也。”寔固自引愆,闻者方叹息,由是天下服其德。

①檄,板书。谓以高伦之教书之于檄而怀之者,惧泄事也。

②请从外署之举,不欲陷伦于请托也。

③轮氏,县名,属颍川郡,今故高阳县是。

司空黄琼辟选理剧,补闻喜长,旬月,以期丧去官。复再迁除太丘长。①修德清静,百姓以安。邻县人户归附者,寔辄训导譬解,发遣各令还本司官行部。②吏虑有讼者,白欲禁之。寔曰:“讼以求直,禁之理将何申?其勿有所拘。”司官闻而叹息曰:“陈君所言若是,岂有怨于人乎?”亦竟无讼者。以沛相赋敛违法,乃解印绶去,吏人追思之。

①太丘,县,属沛国,故城在今亳州永城县西北也。

②司官谓主司之官也。

及后逮捕党人,事亦连寔。馀人多逃避求免,寔曰:“吾不就狱,众无所恃。”乃请囚焉。遇赦得出。灵帝初,大将军窦武辟以为掾属。时中常侍张让权倾天下。让父死,归葬颍川,虽一郡毕至,而名士无往者,让甚耻之,寔乃独吊焉。及后复诛党人,让感寔,故多所全宥。

寔在乡闾,平心率物。其有争讼,辄求判正,晓譬曲直,退无怨者。至乃叹曰:“宁为刑罚所加,不为陈君所短。”时岁荒民俭,有盗夜入其室,止于梁上。寔阴见,乃起自整拂,呼命子孙,正色训之曰:“夫人不可不自勉。不善之人未必本恶,习以性成,遂至于此。梁上君子者是矣!”盗大惊,自投于地,稽颡归罪。寔徐譬之曰:“视君状貌,不似恶人,宜深克己反善。然此当由贫困。”令遗绢二匹。自是一县无复盗窃。

太尉杨赐、司徒陈耽,每拜公卿,群僚毕贺,赐等常叹寔大位未登,愧于先之。及党禁始解,大将军何进、司徒袁隗遣人敦寔,①欲特表以不次之位。寔乃谢使者曰:“寔久绝人事,饰巾待终而已。”时三公每缺,议者归之,累见征命,遂不起,闭门悬车,栖迟养老。中平四年,年八十四,〔23〕卒于家。何进遣使吊祭,海内赴者三万馀人,制衰麻者以百数。

共刊石立碑，谥为文范先生。②

①敦，劝也。

②《先贤行状》曰："将军何进遣官属吊祠为谥。"

有六子，纪、谌最贤。

纪字元方，亦以至德称。兄弟孝养，闺门雍和，后进之士皆推慕其风。及遭党锢，发愤著书数万言，号曰《陈子》。党禁解，四府并命，无所屈就。遭父忧，每哀至，辄欧血绝气，虽衰服已除，而积毁消瘠，殆将灭性。豫州刺史嘉其至行，表上尚书，图象百城，以厉风俗。董卓入洛阳，乃使就家拜五官中郎将，不得已，到京师，迁侍中。出为平原相，往谒卓，时欲徙都长安，乃谓纪曰："三辅平敞，四面险固，土地肥美，号为陆海。①今关东兵起，恐洛阳不可久居。长安犹有宫室，今欲西迁何如？"纪曰："天下有道，守在四夷。②宜修德政，以怀不附。迁移至尊，诚计之末者。愚以公宜事委公卿，专精外任。其有违命，则威之以武。今关东兵起，民不堪命。若谦远朝政，率师讨伐，则涂炭之民，庶几可全。若欲徙万乘以自安，将有累卵之危，峥嵘之险也。"③卓意甚忤，而敬纪名行，无所复言。时议欲以为司徒，纪见祸乱方作，不复辨严，④即时之郡。玺书追拜太仆，又征为尚书令。建安初，袁绍为太尉，让于纪；纪不受，拜大鸿胪。年七十一，卒于官。

①《前书》曰，东方朔曰："三辅之地，南有江、淮，北有河、渭，汧、陇以东，商、洛以西，厥壤肥饶，此所谓天府陆海之地。"

②《左传》曰，楚沈尹戌曰"古者天子守在四夷。天子卑，守在诸侯"也。

③累卵，解见《皇后纪》。峥音士耕反。

④严读曰装也。

子群，为魏司空。①天下以为公惭卿，卿惭长。

①群字长文。《魏志》曰"鲁国孔融才高倨傲，年在群、纪之间，先与〔纪友，后与〕群交，〔24〕更为纪拜，由是显名"也。

弟谌，字季方。与纪齐德同行，父子并著高名，时号三君。每宰府辟召，常同时旌命，羔雁成群，①当世者靡不荣之。〔25〕谌早终。②

①古者诸侯朝天子，卿执羔，大夫执雁，士执雉。成群言众多也。

②《先贤行状》曰："豫州百城，皆图画寔、纪、谌形像焉。"

论曰：汉自中世以下，阉竖擅恣，故俗遂以遁身矫絜放言为高。①士有不谈此者，则芸夫牧竖已叫呼之矣。②故时政弥惛，而其风愈往。唯陈先生进退之节，必可度也。据于德故物不犯，安于仁故不离群，行成乎身而道训天下，故凶邪不能以权夺，王公不能以贵骄，所以声教废于上，而风俗清乎下也。

①放肆其言，不拘节制也。《论语》曰："隐居放言。"

②叫呼，讥笑之也。芸，除草也。

赞曰：二李师淑，陈君友皓。韩韶就吏，嬴寇怀道。太丘奥广，模我彝伦。曾是渊轨，薄夫以淳。①庆基既启，有蔚颍滨，二方承则，八慈继尘。②

①曾之言则也。

②二方，元方、季方也。荀淑八子，皆以慈为字，见《荀氏家传》也。

【校勘记】

〔1〕颍川颍阴人(也)　《校补》谓案文"也"字误衍。沈家本说同。今据删。

〔2〕有子八人俭绲靖焘汪爽肃专　《三国·魏志·荀彧传》裴注引张璠《汉纪》，"汪"作"诜"，"专"作"旉"。按：《集解》引钱大昕说，谓"专"当作"旉"。

〔3〕时人谓〔之〕八龙　据汲本补。

〔4〕梼戭　按："梼"原误"擣"，径改正。

〔5〕淑兄子昱　按：《灵帝纪》"昱"作"翌"，《通鉴》同。

〔6〕未尝改移　"尝"原作"常"，径据汲本、殿本改。按：常尝古通作。

〔7〕以自备宰相而不敢逾制　按：《刊误》谓"以自"当作"自以"。

〔8〕　时(阳)〔旸〕若　据汲本、殿本改。

〔9〕　实府藏　按：殿本“藏”作“库”。

〔10〕　昔晋侯有疾　按：《刊误》谓玩文多一“昔”字。

〔11〕　严(笃)〔督〕有司　据殿本改。按：王先谦谓作“督”是。

〔12〕　吊问丧疾　按：《刊误》谓当作“吊丧问疾”。

〔13〕　灵帝时阉官用权　按：《校补》引钱大昭说，谓闽本“官”作“宦”。

〔14〕　兴农桑以养其(性)〔生〕　《申鉴》“性”作“生”。按：下云“是谓养生”，明“性”乃“生”之讹，今据改。

〔15〕　不可劝以善　按：《申鉴》“劝”作“观”。

〔16〕　必乎真定而已　按：《校补》引钱大昭说，谓《申鉴》“定”作“实”。

〔17〕　物无不切　按：“切”原讹“功”，径据殿本改正。

〔18〕　(正)〔政〕国政也　据殿本改。

〔19〕　韩韶字仲黄　《校补》引柳从辰说，谓《御览》二六八“仲黄”作“仲潢”。今按：《御览》乃引典略，“韩韶”作“韩攸”。

〔20〕　昔国武子好昭人过　按：《刊误》谓“昭”当作“招”。

〔21〕　九应台辅　按：殿本“应”作“膺”。

〔22〕　后为都亭(剌)佐　王先谦谓“剌”字衍，亭长下有亭佐，寔为之。今据删。

〔23〕　中平四年年八十四　按：《集解》引钱大昕说，谓碑云春秋八十三，中平三年卒。惠栋《补注》引赵明诚说同。两“四”字皆作“三”。

〔24〕　先与〔纪友后与〕群交　据殿本补。

〔25〕　当世者靡不荣之　按：《集解》引惠栋说，谓“当世”下疑有脱字，刘攽谓多一“者”字，非也。

后汉书卷六十三

李杜列传第五十三

李固字子坚，汉中南郑人，司徒郃之子也。郃在(数)《〔方〕术传》。〔1〕固貌状有奇表，鼎角匿犀，足履龟文。①少好学，常步行寻师，不远千里。②遂究览坟籍，结交英贤。四方有志之士，多慕其风而来学。京师咸叹曰："是复为李公矣。"③司隶、益州并命郡举孝廉，辟司空掾，皆不就。④

①鼎角者，顶有骨如鼎足也。匿犀，伏犀也。谓骨当额上入发际隐起也。足履龟文者二千石，见《相书》。

②《谢承书》曰："固改易姓名，杖策驱驴，负笈追师三辅，学《五经》，积十馀年，博览古今，明于风角、星算、《河图》、谶纬，仰察俯占，穷神知变。每到太学，密入公府，定省父母，不令同业诸生知是郃子。"

③言复继其父为公也。

④《谢承书》曰："五察孝廉，益州再举茂才，不应。五府连辟，皆辞以疾。"

阳嘉二年，有地动、山崩、火灾之异，公卿举固对策，①诏又特问当世之敝，为政所宜。固对曰：

①《续汉书》曰"阳嘉二年，诏公卿举敦朴之士，卫尉贾建举固"也。

臣闻王者父天母地，①宝有山川。②王道得则阴阳和穆，政化乖则崩震为灾。斯皆关之天心，效于成事者也。夫化以职成，官由能理。古之进者，有德有命；③今之进者，唯财与力。伏闻诏书务求宽博，疾恶严暴。而今长吏多杀伐致声名者，必加迁赏；其存宽和无党援者，辄见斥逐。是以淳厚之风不宣，凋薄之俗未革。虽繁刑重禁，何能有益？前孝安皇帝变乱旧典，封爵阿母，④因造妖孽，使樊丰之徒乘权放恣，侵夺主威，改乱嫡嗣，[⑤]至令圣躬狼狈，亲遇其艰。既拔自困殆，[⑥]龙兴即位，天下喁喁，属望风政。积敝之后，易致中兴，诚当沛然思惟善道；[⑦]而论者犹云，方今之事，复同于前。臣伏从山草，痛心伤臆。实以汉兴以来，三百馀年，贤圣相继，十有八主。岂无阿乳之恩？岂忘贵爵之宠？然上畏天威，俯案经典，知义不可，故不封也。今宋阿母[⑧]虽有大功勤谨之德，但加赏赐，足以酬其劳苦；至于裂土开国，实乖旧典。闻阿母体性谦虚，必有逊让，陛下宜许其辞国之高，使成万安之福。

①《春秋感精符》曰："人主日月同明，四时合信，故父天母地，兄日姊月。"宋均注曰："父天于圜丘之祀也，母地于方泽之祭也，兄日于东郊，姊月于西郊。"

②《史记》曰："魏武侯浮西河而下，中河顾而谓吴起曰：'美哉乎河山之固，此魏之宝也。'吴起对曰：'在德不在险。'"

③命，爵命也。言有德者乃可加爵命也。

④阿母王圣。

⑤谓顺帝为太子时，废为济阴王。

⑥殆，危也。

⑦沛然，宽广之意。

⑧谓宋娥也。

夫妃后之家所以少完全者，岂天性当然？但以爵位尊显，专总权柄，天道恶盈，不知自损，故至颠仆。先帝宠遇阎氏，位号太疾，故其受祸，曾不旋时。《老子》曰："其进锐，其退速也。"[①]今梁氏戚为椒房，礼所不臣，[②]尊以高爵，尚可然也。而子弟群从，荣显兼加，永平、建初故事，殆不如此。宜令步兵校尉冀及诸侍中还居黄门之官，使权去外戚，政归国家，岂不休乎！

①案：《孟子》有此文。《谢承书》亦云《孟子》，而《续汉书》复云《老子》。

②《公羊传》曰："宋杀其大夫，何以不名？宋三世无大夫，三世内娶也。"何休注云："内娶，娶大夫女也。言无大夫者三世，礼不臣妻之父母，国内皆臣，无娶道，故绝去大夫名，正其义也。"椒房者，皇后所居，以椒泥涂也。

又诏书所以禁侍中尚书中臣子弟不得为吏察孝廉者，以其秉威权，容请托故也。而中常侍在日月之侧，声埶振天下，子弟禄仕，曾无限极。虽外托谦默，不干州郡，而谄伪之徒，望风进举。今可为设常禁，同之中臣。

昔馆陶公主为子求郎，① 明帝不许，赐钱千万。所以轻厚赐，重薄位者，为官人失才，害及百姓也。窃闻长水司马武宣、② 开阳城门候羊迪等，③ 无它功德，初拜便真。此虽小失，而渐坏旧章。④ 先圣法度，所宜坚守，政教一跌，百年不复。《诗》云："上帝板板，下民卒瘅。"刺周王变祖法度，故使下民将尽病也。⑤

①馆陶公主，光武第三女也。

②《续汉志》"长水校尉一人，比二千石，司马一人，千石，掌宿卫"也。

③《续汉志》曰："城门每门候一人，六百石。"

④《续汉书》曰："中都官，千石、六百石，故事先守一岁，然后补真。"

⑤板，反也。卒，尽也。瘅，病也。《诗·大雅》，凡伯刺周厉王反先王之道，下人尽病也。

今陛下之有尚书，犹天之有北斗也。斗为天喉舌，〔2〕尚书亦为陛下喉舌。① 斗斟酌元气，运平四时。② 尚书出纳王命，赋政四海，③ 权尊势重，责之所归。若不平心，灾眚必至。诚宜审择其人，以毗圣政。今与陛下共理天下者，外则公卿尚书，内则常侍黄门，譬犹一门之内，一家之事，安则共其福庆，危则通其祸败。刺史、二千石，外统职事，内受法则。夫表曲者景必邪，源清者流必絜，犹叩树本，百枝皆动也。《周颂》曰："薄言振之，莫不震叠。"④ 此言动之于内，而应于外者也。(犹)〔由〕此言之，〔3〕本朝号令，岂可蹉跌？间隙一开，则邪人动心；利竞暂启，则仁义道塞。刑罚不能复禁，化导以之寖坏。此天下之纪纲，当今之急务。陛下宜开石室，陈图书，⑤ 招会群儒，引问失得，指擿变象，以求天意。其言有中理，即时施行，显拔其人，以表能者。则圣听日有所闻，忠臣尽其所知。又宜罢退宦官，去其权重，裁置常侍二人，方直有德者，省事左右；小黄门五人，才智闲雅者，给事殿中。如此，则论者厌塞，升平可致也。臣所以敢陈愚瞽，冒昧自闻者，傥或皇天欲令微臣觉悟陛下。陛下宜熟察臣言，怜赦臣死。

①《春秋合诚图》曰："天理在斗中，司三公，如人喉在咽，以理舌语。"宋均注曰："斗为天之舌口，主出政教。三公主导宜君命，喻于人，则宜如人喉在咽，以理舌口，使言有条理。"

②《春秋保乾图》曰："天皇于是斟元陈枢，〔4〕以五易威。"宋均注曰："威，则也，法也。天皇斟元气，陈列枢机，受行次之当得也。"

③赋，布也。

④《韩诗·薛君传》曰："薄，辞也。振，奋也。莫，无也。震，动也。叠，应也。美成王能奋舒文武之道而行之，则天下无不动而应其政教。"

⑤《前书》曰："司马迁为太史令，䌷史记石室金匮之书。"䌷音抽。

顺帝览其对，多所纳用，即时出阿母还弟舍，诸常侍悉叩头谢罪，朝廷肃然。以固为议郎。而阿母宦者疾固言直，因诈飞章以陷其罪，事从中下。大司农黄尚等请之于大将军梁商，又仆射黄琼救明固事，久乃得拜议郎。

出为广汉雒令，至白水关，解印绶，还汉中，①杜门不交人事。岁中，梁商请为从事中郎。商以后父辅政，而柔和自守，不能有所整裁，灾异数见，下权日重。固欲令商先正风化，退辞高满，乃奏记曰："《春秋》褒仪父以开义路，②贬无骇以闭利门。③夫义路闭则利门开，利门开则义路闭也。前孝安皇帝内任伯荣、樊丰之属，④外委周广、谢恽之徒，开门受赂，署用非次，天下纷然，怨声满道。朝廷初立，颇存清静，未能数年，稍复堕损。左右党进者，日有迁拜，守死善道者，滞涸穷路，⑤而未有改敝立德之方。又即位以来，十有馀年，圣嗣未立，群下继望。〔5〕可令中宫博简嫔媵，兼采微贱宜子之人，进御至尊，顺助天意。若有皇子，母自乳养，无委保妾医巫，以致飞燕之祸。⑥明将军望尊位显，当以天下为忧，崇尚谦省，垂则万方。而新营祠堂，费功亿计，非以昭明令德，崇示清俭。自数年以来，灾怪屡见，比无雨润，而沈阴郁泱。⑦宫省之内，容有阴谋。孔子曰：'智者见变思刑，愚者睹怪讳名。'〔6〕天道无亲，可为祇畏。⑧加近者月食既于端门之侧。⑨〔7〕月者,大臣之体也。⑩夫穷高则危,大满则溢,月盈则缺,日中则移。⑪凡此四者,自然之数也。天地之心,福谦忌盛,⑫是以贤达功遂身退,⑬全名养寿,无有怵迫之忧。⑭诚令王纲一整,道行忠立,明公踵伯成之高,全不朽之誉,⑮岂与此外戚凡辈耽荣好位者同日而论哉!固狂夫下愚,不达大体,窃感古人一饭之报,⑯况受顾遇而容不尽乎!"商不能用。

①《梁州记》曰:"关城西南百八十里有白水关,昔李固解印绶处也。"故关城今在梁州金牛县西。

②隐公元年三月,公及邾仪父盟于眛。《公羊传》曰:"仪父者何?邾娄之君也。何以称字?褒之也。曷为褒之?为其与〔公〕盟也。"〔8〕何休注云:"《春秋》王鲁,托隐公为受命王,因仪父先与隐公盟,假以见褒赏义。"

③《春秋》隐公二年,经书"无骇帅师入极"。《公羊传》曰:"无骇者何?展无骇也。何以不氏?贬。曷为贬?疾始灭也。"

④伯荣,王圣女也。

⑤守死善道,《论语》文。滞涸穷路,以鱼为谕也。

⑥赵飞燕,成帝皇后。妹为昭仪,专宠。成帝贵人曹伟能等生皇子,皆杀之。

⑦云起貌。

⑧祇,敬也。言天无亲疏,惟善是与,可敬(威)〔畏〕也。〔9〕《书》曰:"皇天无亲。"

⑨既,尽也。端门,太微宫南门也。

⑩《前书》李寻上疏曰:"月者众阴之长,妃后、大臣、诸侯之象也。"

⑪《易·丰卦》曰:"日中则昃,月盈则食,天地盈虚,与时消息。"《史记》蔡泽谓范睢曰:"日中则移,月满则亏"也。

⑫《易》曰:"鬼神害盈而福谦,人道恶盈而好谦。"又曰:"见天地之心。"

⑬《老子》曰:"功成名遂身退,天之道也。"

⑭为利所诱,怵迫于忧勤也。怵音息律反,或音黜。

⑮《庄子》曰:"伯成子高,唐虞时为诸侯,至禹,去而耕。禹往见之,则耕在野。禹问曰:'昔尧化天下,吾子立为诸侯,尧授舜,舜授予,子去而耕,其故何也?'子高曰:'昔尧化天下,至公无私,不赏而人自劝,不罚而人自畏。今子赏而不劝,罚而不威,德自此衰,刑自此作。夫子盍行,无留吾事。'俋俋然,

耕不顾。”亦见《吕氏春秋》。

⑯谓灵辄也。

永和中，荆州盗贼起，弥年不定，乃以固为荆州刺史。固到，遣吏劳问境内，赦寇盗前衅，与之更始。于是贼帅夏密等敛其魁党六百馀人，自缚归首。固皆原之，遣还，使自相招集，开示威法。半岁间，馀类悉降，州内清平。

上奏南阳太守高赐等臧秽。赐等惧罪，遂共重赂大将军梁冀，冀为千里移檄，①而固持之愈急。冀遂令徙固为太山太守。时太山盗贼屯聚历年，郡兵常千人，追讨不能制。固到，悉罢遣归农，但选留任战者百馀人，以恩信招诱之。未满岁，贼皆弭散。

①言移一日行千里，救之急也。

迁将作大匠。上疏陈事曰：“臣闻气之清者为神，人之清者为贤。养身者以练神为宝，安国者以积贤为道。〔10〕昔秦欲谋楚，王孙圉设坛西门，陈列名臣，秦使戄然，遂为寝兵。①魏文侯师卜子夏，友田子方，轼段干木，〔11〕故群俊竞至，名过齐桓，秦人不敢窥兵于西河，斯盖积贤人之符也。②陛下拨乱龙飞，初登大位，聘南阳樊英、江夏黄琼、广汉杨厚、会稽贺纯，③策书嗟叹，待以大夫之位。是以岩穴幽人，智术之士，弹冠振衣，乐欲为用，四海欣然，归服圣德。厚等在职，虽无奇卓，然夕惕孳孳，志在忧国。臣前在荆州，闻厚、纯等以病免归，诚以怅然，为时惜之。一日朝会，见诸侍中并皆年少，无一宿儒大人可顾问者，诚可叹息。宜征还厚等，以副群望。琼久处议郎，已且十年，众人皆怪始隆崇，今更滞也。④光禄大夫周举，才谟高正，宜在常伯，访以言议。侍中杜乔，学深行直，当世良臣，久托疾病，可敕令起。”又荐陈留杨伦、⑤河南尹存、东平王恽、陈国何临、⑥清河房植等。⑦是日有诏征用伦、厚等，而迁琼、举，以固为大司农。

①秦欲伐楚，使使者往观楚之宝器。昭奚恤乃为坛，使客东面，自居西面之坛，称曰：“理百姓，实仓廪，子西在此；奉圭璋，使诸侯，子方在此；〔12〕守封疆，谨境界，叶公子高在此；理师旅，正兵戎，司马子反在此；怀霸王之馀义，

猎治乱之遗风，昭奚恤在此；惟大国所观。”使反，言于秦君曰：“楚多贤臣，未可谋也。”事见《新序》。《国语》曰，楚王孙圉聘于晋，赵简子鸣玉以相，问圉曰：“楚之白珩犹在乎，其为宝也几何？”对曰：“未尝为宝也。楚人有观射父，能作训辞以行诸侯，有左史倚相，道训典以序百物，此楚国之宝也。若夫古玉、白珩，先王之所玩也，何宝焉！”与此所引不同也。

②魏文侯受经于子夏，过段干木闾，未尝不轼也。李克曰：“文侯东得卜子夏、田子方、段干木，此三人者，君皆师之。”又秦欲伐魏，或曰：“魏君贤人是礼，国人称仁，上下和合，未可图也。”事见《史记》也。

③《谢承书》曰：“纯字仲真，会稽山阴人。少为诸生，博极群艺。十辟公府，三举贤良方正，五征博士，四公车征，皆不就。后征拜议郎，数陈灾异，上便宜数百事，多见省纳。迁江夏太守。”

④隆，高也。崇，重也。

⑤伦见《儒林传》。

⑥临字子陵，熙之子，为平原太守，见《百家谱》也。

⑦植见《党人篇》也。

先是周举等八使案察天下，多所劾奏，其中并是宦者亲属，辄为请乞，诏遂令勿考。又旧任三府选令史，光禄试尚书郎，时皆特拜，不复选试。固乃与廷尉吴雄上疏，以为八使所纠，宜急诛罚，选举署置，可归有司。帝感其言，乃更下免八使所举刺史、二千石，自是稀复特拜，切责三公，明加考察，朝廷称善。乃复与光禄勋刘宣上言：“自顷选举牧守，多非其人，至行无道，侵害百姓。又宜止槃游，专心庶政。”帝纳其言，于是下诏诸州劾奏守令以下，政有乖枉，遇人无惠者，免所居官；其奸秽重罪，收付诏狱。

及冲帝即位，以固为太尉，与梁冀参录尚书事。明年帝崩，梁太后以杨、徐盗贼盛强，恐惊扰致乱，使中常侍诏固等，欲须所征诸王侯到乃发丧。固对曰：“帝虽幼少，犹天下之父。今日崩亡，人神感动，岂有臣子反共掩匿乎？昔秦皇亡于沙丘，①胡亥、赵高隐而不发，卒害扶苏，以至亡国。②近北乡侯薨，阎后兄弟及江京等亦共掩秘，遂有孙程手刃之事。③此天下大忌，不可之甚者也。”太后从之，即暮发丧。

①《史记》曰，始皇东巡道病，崩于沙丘。徐广曰，赵有沙丘宫，在钜鹿也。

②丞相李斯为始皇崩在外，恐诸公子及天下有变，乃秘之不发丧。独胡亥、赵高等知阴谋，破去始皇所封书，赐公子扶苏死，而立胡亥为太子。胡亥元年，楚、汉并起。

③江京、刘安等坐省门下，孙程与王康等就斩京、安等，立顺帝也。

固以清河王蒜年长有德，欲立之，谓梁冀曰："今当立帝，宜择长年高明有德，任亲政事者，愿将军审详大计，察周、霍之立文、宣，①戒邓、阎之利幼弱。"②冀不从，乃立乐安王子缵，年八岁，是为质帝。时冲帝将北卜山陵，固乃议曰："今处处寇贼，军兴用费加倍，新创宪陵，赋发非一。帝尚幼小，可起陵于宪陵茔内，依康陵制度，③其于役费三分减一。"乃从固议。时太后以比遭不造，委任宰辅，固所匡正，每辄从用，其黄门宦者一皆斥遣，天下咸望遂平，而梁冀猜专，每相忌疾。

①周勃立文帝，霍光立宣帝也。

②谓邓太后立殇帝，帝时诞育百馀日，二岁而崩；又立安帝，时年十馀岁。阎太后立北乡侯，其年薨，又征诸王子，拟择立之也。

③康陵，殇帝陵也。

初，顺帝时诸所除官，多不以次，及固在事，奏免百馀人。此等既怨，又希望冀旨，遂共作飞章虚诬固罪曰："臣闻君不稽古，无以承天；①臣不述旧，无以奉君。昔尧殂之后，舜仰慕三年，坐则见尧于墙，食则睹尧于羹。②斯所谓聿追来孝，不失臣子之节者。③太尉李固，因公假私，依正行邪，离间近戚，自隆支党。至于表举荐达，例皆门徒；及所辟召，靡非先旧。或富室财赂，或子婿婚属，其列在官牒者凡四十九人。又广选贾竖，以补令史；募求好马，临窗呈试。出入逾侈，辎軿曜日。大行在殡，路人掩涕，固独胡粉饰貌，搔头弄姿，④槃旋偃仰，从容冶步，曾无惨怛伤悴之心。山陵未成，违矫旧政，善则称己，过则归君，斥逐近臣，不得侍送，作威作福，莫固之甚。臣闻台辅之位，实和阴阳，琁机不平，寇贼奸轨，⑤则责在太尉。⑥固受任之后，东南跋扈，两州数郡，⑦千里萧条，兆人伤损，大化陵迟，而诋疵先主，苟肆狂狷。存无廷争之忠，没有诽谤之说。夫子罪莫大于累父，臣恶莫深于毁君。固之过衅，事合诛辟。”⑧书奏，冀以白太后，使下其事。太后不听，得免。

①《书》曰：“粤若稽古帝尧。”郑玄注曰：“稽，同也。古，天也。言能同天而行者帝尧。”

②《太公兵法》曰：“帝尧王天下之时，金银珠玉弗服也，锦绣文绮弗衣也，奇怪异物弗视也，玩好之器弗宝也，淫佚之乐弗听也，宫垣室屋弗垩色也，榱桷柱楹弗藻饰也，茅茨之盖弗翦齐也，滋味重累弗食也，温饭暖羹酸馁不易也。”

③聿，述也。《诗·大雅》曰：“文王烝哉，遹追来孝。”言文王能述追王季勤孝之行也。

④《西京杂记》曰：“武帝遇李夫人，就取玉簪搔头，自此宫人搔头皆用玉。”

⑤《书》曰：“琁机玉衡以齐七政。”孔安国注曰：“琁，美玉也。机，衡也。王者正天文之器，可运转者也。”又曰：“寇贼奸轨。”注曰：“群行攻劫曰寇，杀人曰贼，在外曰奸，在内曰轨。”

⑥《续汉志》曰“太尉掌四方兵事功课，岁尽则奏殿最而行赏罚”也。

⑦谓九江贼徐凤、马免等攻烧城邑，广陵贼张婴等攻杀江都长。九江、广陵是荆、杨之地，故云两州也。

⑧据《吴祐传》，此章马融之词。

冀忌帝聪慧，恐为后患，遂令左右进鸩。帝苦烦甚，使促召固。固入，前问：“陛下得患所由？”帝尚能言，曰：“食煮饼，今腹中闷，得水尚可活。”时冀亦在侧，曰：“恐吐，不可饮水。”语未绝而崩。固伏尸号哭，推举侍医。冀虑其事泄，大恶之。

因议立嗣，固引司徒胡广、司空赵戒，①先与冀书曰：“天下不幸，仍遭大忧。皇太后圣德当朝，摄统万机，明将军体履忠孝，忧存社稷，而频年之间，国祚三绝。②今当立帝，天下重器，诚知太后垂心，将军劳虑，详择其人，务存圣明。然愚情眷眷，窃独有怀。远寻先世废立旧仪，近见国家践祚前事，未尝不询访公卿，广求群议，令上应天心，下合众望。且永初以来，政事多谬，地震宫庙，彗星竟天，诚是将军用情之日。传曰：‘以天下与人易，为天下得人难。’昔昌邑之立，昏乱日滋，霍光忧愧发愤，悔之折骨。③自非博陆忠勇，④延年奋发，大汉之祀，几将倾矣。⑤至忧至重，可不熟虑！悠悠万事，唯此为大。国之兴衰，在此一举。”冀得书，乃召三公、中二千石、列侯大议所立。固、广、戒及大鸿胪杜乔皆以为清河王蒜明德著闻，又属最尊亲，宜立为嗣。先是蠡吾侯志当取冀妹，时在京师，冀欲立之。众论既异，愤愤不得意，而未有以相夺。⑥中常侍曹腾等闻而夜往说冀曰：“将军累世有椒房之亲，秉摄万机，宾客纵横，多有过差。清河王严明，若果立，则将军受祸不久矣。不如立蠡吾侯，富贵可长保也。”冀然其言。明日重会公卿，冀意气凶凶，而言辞激切。自胡广、赵戒以下，莫不慑惮之。皆曰：“惟大将军令。”而固独与杜乔坚守本议。冀厉声曰：“罢会。”固意既不从，犹望众心可立，复以书劝冀。冀愈激怒，乃说太后先策免固，竟立蠡吾侯，是为桓帝。

①《谢承书》“戒字志伯，蜀郡成都人也。戒博学明经讲授，举孝廉，累迁荆州刺史。梁商弟让为南阳太守，恃椒房之宠，不奉法，戒到州，劾奏之。迁戒河间相。以冀部难理，整厉威严。迁南阳太守。纠豪杰，恤吏人，奏免中官贵戚子弟为令长贪浊者。征拜为尚书令，出为河南尹，转拜太常。永和六年特拜司空”也。

②顺帝崩，冲帝立一年崩，质帝一年崩。

③昌邑王贺，武帝孙昌邑哀王子也。昭帝崩，霍光立之。

④霍光封博陆侯。《前书音义》曰：“博，大。陆，平。取其嘉名，无此县也。食邑北海、河东也。”

⑤霍光召丞相已下议曰：“昌邑王行昏乱，恐危社稷，如何？”群臣皆惊愕失色。大司农田延年前离席案剑曰：“今日之议，不得旋踵，群臣后应者，臣请剑斩之！”于是废立遂定。

⑥未有别理而易夺之。

后岁馀，甘陵刘文、魏郡刘鲔各谋立蒜为天子，梁冀因此诬固与文、鲔共为妖言，下狱。门生勃海王调贯械上书，证固之枉，河内赵承等数十人亦要鈇锧诣阙通诉，①太后明之，乃赦焉。及出狱，京师市里皆称万岁。冀闻之大惊，畏固名德终为己害，乃更据奏前事，遂诛之，时年五十四。②

①《字林》曰："铁锧，椹也。"锧音质。椹音竹心反。

②固临终，敕子孙素棺三寸，幅巾，殡殓于本郡墝埆之地，不得还墓茔，污先公兆域。见《谢承书》也。

临命，与胡广、赵戒书曰："固受国厚恩，是以竭其股肱，不顾死亡，志欲扶持王室，比隆文、宣。①何图一朝梁氏迷谬，公等曲从，以吉为凶，成事为败乎？汉家衰微，从此始矣。公等受主厚禄，颠而不扶，倾覆大事，后之良史，岂有所私？固身已矣，于义得矣，夫复何言！"广、戒得书悲惭，皆长叹流涕。

①文帝、宣帝皆群臣迎立，能兴汉祚。

州郡收固二子基、兹于郾城，皆死狱中。①小子燮得脱亡命。[13]冀乃封广、戒而露固尸于四衢，②令有敢临者加其罪。固弟子汝南郭亮，③年始成童，④游学洛阳，乃左提章钺，⑤[14]右秉铁锧，诣阙上书，乞收固尸。不许，因往临哭，陈辞于前，遂守丧不去。夏门亭长呵之曰：⑥"李、杜二公为大臣，不能安上纳忠，而兴造无端。卿曹何等腐生，公犯诏书，干试有司乎？"⑦亮曰："亮含阴阳以生，戴乾履坤。义之所动，岂知性命，何为以死相惧？"亭长叹曰："居非命之世，⑧天高不敢不跼，地厚不敢不蹐。⑨耳目适宜视听，口不可以妄言也。"太后闻而不诛。[15]南阳人董班亦往哭固，而殉尸不肯去。⑩太后怜之，乃听得襚敛归葬。二人由此显名，三公并辟。班遂隐身，莫知所归。

①《续汉书》曰，基，偃师长。《袁宏纪》曰，基字宪公，兹字季公，并为长史，闻固策免，并弃官亡归巴汉。南郑赵子贱为郡功曹，诏下郡杀固二子。太守知其枉，遇之甚宽，二子托服药夭，具棺器，欲因出逃。子贱畏法，敕吏验实，就杀之。

②《尔雅》曰："四达谓之衢。"郭璞注曰："交通四出者也。"

③《谢承书》曰："亮字恒直，朗陵人也。"

④成童，年十五也。《礼记》曰"十五成童，舞《象》"也。

⑤章谓所上章也。《苍颉篇》曰："钺，斧也。"

⑥洛阳北面西头门，门外有万寿亭。

⑦腐生者，犹言腐儒也。

⑧非命谓衰乱之时，人多不得其死也。

⑨跼，曲也。蹐，累足也。言天高而有雷霆，地厚而有沦陷，上下皆可畏惧也。《诗》云“谓天盖高，不敢不跼，谓地盖厚，不敢不蹐”也。

⑩殉，巡也。《楚国先贤传》曰：“班字季，宛人也。少游太学，宗事李固，才高行美，不交非类。尝耦耕泽畔，恶衣蔬食。闻固死，乃星行奔赴，哭泣尽哀。司隶案状奏闻，〔16〕天子释而不罪。班遂守尸积十日不去。桓帝嘉其义烈，听许送丧到汉中，赴葬毕而还也。”

固所著章、表、奏、议、教令、对策、记、铭凡十一篇。弟子赵承等悲叹不已，乃共论固言迹，以为《德行》一篇。①

①《谢承书》曰：“固所授弟子，颍川杜访、汝南郑遂、河内赵承等七十二人，相与哀叹悲愤，以为眼不复瞻固形容，耳不复闻固嘉训，乃共论集《德行》一篇。”

燮字德公。初，固既策罢，知不免祸，乃遣三子归乡里。时燮年十三，姊文姬为同郡赵伯英妻，贤而有智，见二兄归，具知事本，默然独悲曰：“李氏灭矣！自太公已来，积德累仁，何以遇此？”①密与二兄谋豫藏匿燮，托言还京师，人咸信之。有顷难作，下郡收固三子。二兄受害，文姬乃告父门生王成曰：“君执义先公，有古人之节。今委君以六尺之孤，②李氏存灭，其在君矣。”成感其义，乃将燮乘江东下，入徐州界内，令变名姓为酒家佣，③而成卖卜于市。各为异人，阴相往来。

①太公谓祖父郃也。

②六尺谓年十五以下。

③《谢承书》曰：“燮远遁身于北海剧，托命滕咨家以得免。”与此不同。

燮从受学，酒家异之，意非恒人，以女妻燮。燮专精经学。十馀年间，梁冀既诛而灾眚屡见。明年，史官上言宜有赦令，又当存录大臣冤死者子孙，于是大赦天下，并求固后嗣。燮乃以本末告酒家，酒家具车重厚遣之，皆不受，遂还乡里，追服。姊弟相见，悲感傍人。既而戒燮曰:“先公正直,为汉忠臣,而遇朝廷倾乱,梁冀肆虐,令吾宗祀血食将绝。今弟幸而得济,岂非天邪!宜杜绝众人,勿妄往来,慎无一言加于梁氏。加梁氏则连主上,祸重至矣。唯引咎而已。”燮谨从其诲。后王成卒,燮以礼葬之,感伤旧恩,每四节为设上宾之位而祠焉。

州郡礼命,四府并辟,皆无所就,后征拜议郎。及其在位,廉方自守,所交皆舍短取长,好成人之美。时颍川荀爽、贾彪,虽俱知名而不相能,燮并交二子,情无适莫,世称其平正。①

①《论语》曰:“君子之于天下也,无适也,无莫也,义之与比。”

灵帝时拜安平相。〔17〕先是安平王续为张角贼所略,国家赎王得还,朝廷议复其国。燮上奏曰:“续在国无政,为妖贼所虏,守藩不称,损辱圣朝,不宜复国。”时议者不同,而续竟归藩。燮以谤毁宗室,输作左校。未满岁,王果坐不道被诛,乃拜燮为议郎。京师语曰:“父不肯立帝,子不肯立王。”

擢迁河南尹。时既以货赂为官,诏书复横发钱三亿,以实西园。①燮上书陈谏,辞义深切,帝乃止。先是颍川甄邵谄附梁冀,为邺令。有同岁生得罪于冀,亡奔邵,邵伪纳而阴以告冀,冀即捕杀之。邵当迁为郡守,会母亡,邵且埋尸于马屋,先受封,然后发丧。〔18〕邵还至洛阳,燮行涂遇之,使卒投车于沟中,笞捶乱下,大署帛于其背曰“谄贵卖友,贪官埋母”。乃具表其状。邵遂废锢终身。燮在职二年卒,时人感其世忠正,咸伤惜焉。

①事见《宦者传》。

杜乔字叔荣,河内林虑人也。①少为诸生,举孝廉,辟司徒杨震府。稍迁为南郡太守,转东海相,入拜侍中。

①《续汉书》曰:“累祖吏二千石。〔19〕乔少好学,治《韩诗》、《京氏易》、《欧阳尚书》,以孝称。虽二千石子,常步担求师。”林虑,今相州县也。

汉安元年,以乔守光禄大夫,使徇察兖州。表奏太山太守李固政为天下第一;陈留太守梁让、济阴太守汜宫、[20]济北相崔瑗等臧罪千万以上。让即大将军梁冀季父,宫、瑗皆冀所善。还,拜太子太傅,迁大司农。

时梁冀子弟五人及中常侍等以无功并封,乔上书谏曰:“陛下越从藩臣,龙飞即位,天人属心,万邦攸赖。不急忠贤之礼,而先左右之封,伤善害德,兴长佞谀。臣闻古之明君,褒罚必以功过;末世暗主,诛赏各缘其私。今梁氏一门,宦者微孽,①并带无功之绂,②裂劳臣之土,其为乖滥,胡可胜言!夫有功不赏,为善失其望;奸回不诘,为恶肆其凶。故陈资斧而人靡畏,[21]班爵位而物无劝。③苟遂斯道,岂伊伤政,为乱而已,丧身亡国,可不慎哉!”书奏不省。

①孽音鱼列反。《公羊传》曰:“臣仆庶孽之事。”何休注云:“孽,贱子也,犹树之有孽生也。”

②《苍颉篇》:“绂,绶也。”

③《易·旅卦·九四》曰:“旅于处,得其资斧。”《前书音义》曰:“资,利也。”

益州刺史种暠举劾永昌太守刘君世以金蛇遗梁冀,事发觉,以蛇输司农。冀从乔借观之,乔不肯与,冀始为恨。累迁大鸿胪。时冀小女死,令公卿会丧,乔独不往,冀又衔之。

迁光禄勋。建和元年,代胡广为太尉。桓帝将纳梁冀妹,冀欲令以厚礼迎之,乔据执旧典,不听。①又冀属乔举汜宫为尚书,乔以宫臧罪明著,遂不肯用,因此日忤于冀。先是李固见废,内外丧气,群臣侧足而立,唯乔正色无所回桡。②由是海内叹息,朝野瞻望焉。在位数月,以地震免。宦者唐衡、左悺等因共谮于帝曰:“陛下前当即位,乔与李固抗议言上不堪奉汉宗祀。”③帝亦怨之。及清河王蒜事起,梁冀遂讽有司劾乔及李固与刘鲔等交通,请逮案罪。而梁太后素知乔忠,但策免而已。④冀愈怒,使人胁乔曰:“早从宜,妻子可得全。”⑤乔不肯。明日冀遣骑至其门,不闻哭者,遂白执系之,死狱中。妻子归故郡。与李固俱暴尸于城北,家属故人莫敢视者。

①时有司奏曰:“春秋迎王后于纪,在涂则称后。今大将军冀女弟宜备礼章,

时进征币。"奏可。于是悉依孝惠帝纳后故事，聘黄金二万斤，〔22〕纳采雁璧乘马，一依旧典。

②回，邪也。桡，曲也。

③抗，举也。

④《续汉书》曰："乔诸生耿伯尝与鲔同止，冀讽吏执鲔为乔门生。"

⑤从宜，令其自尽也。

乔故掾陈留杨匡闻之，〔23〕号泣星行到洛阳，乃著故赤帻，托为夏门亭吏，守卫尸丧，驱护蝇虫，积十二日，都官从事执之以闻。梁太后义而不罪。匡于是带铁锧诣阙上书，并乞李、杜二公骸骨。太后许之。成礼殡殓，送乔丧还家，葬送行服，〔24〕隐匿不仕。匡初好学，〔25〕常在外黄大泽教授门徒。补蕲长，① 政有异绩，迁平原令。时国相徐曾，中常侍璜之兄也，匡耻与接事，托疾牧豕云。②

①蕲，今徐州县也。音机。

②《袁山松书》，匡一名章，字叔康也。

论曰：夫称仁人者，其道弘矣！① 立言践行，② 岂徒徇名安己而已哉，③ 将以定去就之概，正天下之风，使生以理全，死与义合也。④ 夫专为义则伤生，⑤ 专为生则骞义，⑥ 专为物则害智，⑦ 专为己则损仁。若义重于生，舍生可也；生重于义，全生可也。⑧ 上以残暗失君道，下以笃固尽臣节。臣节尽而死之，则为杀身以成仁，去之不为求生以害仁也。⑨ 顺桓之间，国统三绝，太后称制，贼臣虎视。李固据位持重，以争大义，确乎而不可夺。⑩ 岂不知守节之触祸，耻夫覆折之伤任也。⑪ 观其发正辞，及所遗梁冀书，虽机失谋乖，犹恋恋而不能已。至矣哉，社稷之心乎！其顾视胡广、赵戒，犹粪土也。

①弘，大也。言非一涂也。

②立其言，必践而行之。

③徇，求也。

④概，节也。立身之道，唯孝与忠，全生死之义，须得其所。

⑤贵义则贱生也。

⑥骞,违也。

⑦为物则役智,故为害。

⑧《孟子》曰:“鱼我所欲,熊掌我所欲也。二者不可得兼,舍鱼而取熊掌者也。生亦我所欲也,义亦我所欲也。二者不可得兼,舍生而取义者也。”

⑨《论语》:“无求生以害仁,有杀身以成仁。”

⑩确,坚貌也。《易》曰:“确乎其不可拔。”《论语》曰:“临大节而不可夺。”

⑪《易》曰:“鼎折足,覆公餗。”言不胜其任。

赞曰:李、杜司职,朋心合力。①致主文、宣,抗情伊、稷。②道亡时晦,终离罔极。③燮同赵孤,④世载弦直。⑤

①朋犹同也。

②伊尹、后稷也。

③离,被也。《毛诗》曰:“谗人罔极。”

④赵朔之子赵武。《史记》曰,晋景公三年,大夫屠岸贾杀赵朔,朔客程婴、公孙杵臼匿朔遗腹子于中山。居十五年,后景公与韩厥立赵孤,而攻灭屠岸贾也。

⑤载,行也。

【校勘记】

〔1〕 郃在(数)〔方〕术传　据《集解》引钱大昕说改。

〔2〕 斗为天喉舌　《艺文类聚》四十八引《续汉书》,“斗”上有“北”字,《太平御览》五引本书,亦有“北”字。按:《校补》谓据下文皆止言斗,则“北”字非本有。

〔3〕 (犹)〔由〕此言之　据殿本改。

〔4〕 斟元陈枢　按:殿本“元”下有“气”字。

〔5〕 群下继望　《刊误》谓“继”当作“系”。今按:继亦音系,训缚,亦维系之义,见《集韵》,刘说非。

〔6〕 智者见变思刑愚者睹怪讳名　按:《集解》引惠栋说,谓“刑”《通鉴》作“形”。胡注,此二语盖本之纬书。

〔7〕　加近者月食既于端门之侧　按：殿本"加"作"如"，《考证》云"如"字本或作"加"。

〔8〕　为其与〔公〕盟也　据《刊误》补，与《公羊传》合。

〔9〕　可敬(威)〔畏〕也　据殿本改。

〔10〕　臣闻气之清者为神至安国者以积贤为道　按：《集解》引沈钦韩说，谓以上语并见《繁露》，"神"彼作"精"。《校补》引柳从辰说，谓《袁纪》"神"亦作"精"，"练神"作"积精"。

〔11〕　轼段干木　按："段"原误"叚"，径改正。注同。

〔12〕　子方在此　按：《集解》引沈钦韩说，谓"子方"今《新序》作"大宗子敖"。

〔13〕　小子夒　按："夒"原皆讹"燮"，汲本、殿本同，惟《集解》本不讹，今径改正。

〔14〕　乃左提章钺　按：《集解》引沈钦韩说，谓案文"钺"字衍。

〔15〕　太后闻而不诛　按：《校补》引柳从辰说，谓《御览》三八五引《李固别传》，作"太后闻而诛之"。

〔16〕　司隶案状奏闻　按：汲本、殿本"案"作"察"。

〔17〕　灵帝时拜安平相　按：《集解》引惠栋说，谓《华阳国志》"安平"作"东平"。

〔18〕　先受封然后发丧　按：《刊误》谓甄邵迁为郡守，不得言"受封"，或"封"上脱一"玺"字。先受玺封谓拜郡诏也。

〔19〕　累祖吏二千石　按：《校补》谓"祖"亦"世"字讳改。

〔20〕　济阴太守氾宫　按：殿本"氾"作"汜"。

〔21〕　故陈资斧而人靡畏　李慈铭谓"资"《治要》作"质"，即锧字。今按：注引《旅卦》以释资斧，则章怀所见本亦作"资"也。

〔22〕　聘黄金二万斤　按：汲本、殿本作"一万斤"。

〔23〕　乔故掾陈留杨匡　按：《集解》引汪文台说，谓《类聚》九十七引《谢承书》，"杨匡"作"杨章"。

〔24〕　葬送行服　按：王先谦谓"葬送"疑误倒。

〔25〕　匡初好学　按：王先谦谓"初"当是"幼"之误。

后汉书卷六十四

吴延史卢赵列传第五十四

吴祐字季英,①陈留长垣人也。父恢,为南海太守。②祐年十二,随从到官。恢欲杀青简以写经书,③祐谏曰:"今大人逾越五领,④远在海滨,其俗诚陋,然旧多珍怪,上为国家所疑,下为权戚所望。⑤此书若成,则载之兼两。⑥昔马援以薏苡兴谤,王阳以衣囊徼名。⑦嫌疑之间,诚先贤所慎也。"恢乃止,抚其首曰:"吴氏世不乏季子矣。"⑧及年二十,丧父,居无檐石,而不受赡遗。常牧豕于长垣泽中,⑨〔1〕行吟经书,遇父故人,谓曰:"卿二千石子而自业贱事,纵子无耻,奈先君何?"祐辞谢而已,守志如初。

①祐音又。《续汉书》作"佑"。

②"恢"或作"惔",音徒滥反。

③杀青者,以火炙简令汗,取其青易书,复不蠹,谓之杀青,亦谓汗简。义见刘向《别录》也。

④领者,西自衡山之南,东至于海,一山之限耳,别标名则有五焉。裴氏《广(川)〔州〕记》云:〔2〕"大庾、始安、临贺、桂阳、揭阳,是为五领。"邓德明《南康记》曰:"大庾,一也;桂阳甲骑,二也;九真都庞,〔3〕三也;临贺萌渚,四也;始安越城,五也。"裴氏之说则为审矣。

⑤希望其赠遗也。

⑥车有两轮,故称"两"也。

⑦徼,要也,音工尧反。《前书》曰,王阳好车马,衣服鲜明,而迁徙转移,所载不过囊橐。时人怪其奢,伏其俭,故俗传王阳能作黄金。

⑧季子谓季札也。

⑨《续汉书》曰"年四十馀,乃为郡吏"也。

后举孝廉,①将行,郡中为祖道,祐越坛共小史雍丘黄真欢语移时,与结友而别。②功曹以祐倨,请黜之。太守曰:“吴季英有知人之明,卿且勿言。”真后亦举孝廉,除新蔡长,世称其清节。③时公沙穆来游太学,无资粮,乃变服客佣,为祐赁舂。祐与语大惊,遂共定交于杵臼之间。

①《陈留耆旧传》曰:“太守冷宏召补文学,宏见异之,擢举孝廉。”

②祖道之礼 封土为軷坛也。《五经要义》曰:“祖道者,行祭为道路祈也。”《周礼·太驭》:“掌王玉路以祀,及(祀)〔犯〕軷。”〔4〕注云:“〔犯〕軷(祀)者,〔5〕封土象山于路侧,以〔菩〕刍棘柏为神主祭之,〔6〕以车轹軷而去。喻无险难。”

③《谢承书》曰:“真字夏甫。”

祐以光禄四行迁胶东侯相。①时济北戴宏父为县丞,宏年十六,从在丞舍。祐每行园,常闻讽诵之音,奇而厚之,亦与为友,卒成儒宗,知名东夏,②官至酒泉太守。③祐政唯仁简,以身率物。民有争诉者,辄闭阁自责,然后断其讼,以道譬之。或身到闾里,重相和解。自是之后,争隙省息,吏人怀而不欺。啬夫孙性私赋民钱,④市衣以进其父,父得而怒曰:“有君如是,何忍欺之!”促归伏罪。性惭惧,诣阁持衣自首。祐屏左右问其故,性具谈父言。祐曰:“掾以亲故,受污秽之名,所谓‘观过斯知人矣’。”⑤〔7〕使归谢其父,还以衣遗之。又安丘男子毋丘长与母俱行市,〔8〕道遇醉客辱其母,长杀之而亡,安丘追踪于胶东得之。祐呼长谓曰:“子母见辱,人情所耻。然孝子忿必虑难,动不累亲。⑥今若背亲逞怒,⑦白日杀人,赦若非义,刑若不忍,将如之何?”长以械自系,⑧曰:“国家制法,囚身犯之。明府虽加哀矜,〔9〕恩无所施。”祐问长有妻子乎?对曰:“有妻未有子也。”即移安丘逮长妻,妻到,解其桎梏,使同宿狱中,妻遂怀孕。至冬尽行刑,长泣谓母曰:“负母应死,当何以报吴君乎?”乃啮指而吞之,含血言曰:“妻若生子,名之‘吴生’,言我临死吞指为誓,属儿以报吴君。”因投缳而死。⑨

①《汉官仪》曰“四行,敦厚、质朴、逊让、节俭”也。

②东夏,东方也。《尚书》曰“尹兹东夏”也。

③《济北先贤传》曰“宏字元襄，刚县人也。年二十二，〔10〕为郡督邮，曾以职事见诘，府君欲挞之。宏曰：‘今鄗郡遭明府，咸以为仲尼之君，国小人少，以宏为颜回，岂闻仲尼有挞颜回之义？’府君异其对，即日教署主簿”也。

④《续汉书》曰：“赋钱五百，为父市单衣。”

⑤《论语》载孔子之言也。

⑥《论语》孔子曰：“忿思难。”又曰：“一朝之忿，忘其身以及其亲，非惑与？”

⑦若，汝也。逞，快也。

⑧在手曰械。

⑨谓以绳为缳，投之而缢也。缳音胡犬反。

祐在胶东九年，①迁齐相，大将军梁冀表为长史。及冀诬奏太尉李固，祐闻而请见，与冀争之，不听。时扶风马融在坐，为冀章草，祐因谓融曰：“李公之罪，成于卿手。李公即诛，卿何面目见天下之人乎？”冀怒而起入室，祐亦径去。冀遂出祐为河间相，因自免归家，不复仕，躬灌园蔬，以经书教授。年九十八卒。

①《陈留耆旧传》曰：“祐处同僚，无私书之问，上司无笺檄之敬。在胶东，书不入京师也。”

长子凤，官至乐浪太守；少子恺，新息令；凤子冯，鲖阳侯相：①皆有名于世。②

①鲖阳，县，属汝南郡。音纣。

②《陈留耆旧传》曰：“凤字君雅，冯字子高。”

延笃字叔坚，〔11〕南阳犨人也。①少从颍川唐溪典受《左氏传》，②旬日能讽之，〔12〕典深敬焉。③又从马融受业，博通经传及百家之言，能著文章，有名京师。

①犨音昌犹反，故城在汝州鲁山县东南也。

②《先贤行状》曰：“典字季度，为西鄂长。”《风俗通》曰：“吴夫概王奔楚，封堂溪，因以为氏。”典为五官中郎将。“唐”与“堂”同也。

③《先贤行状》曰：“笃欲写《左氏传》，无纸，唐溪典以废笺记与之。笃以笺记

纸不可写《传》，乃借本讽之，粮尽辞归。典曰：‘卿欲写传，何故辞归？’笃曰：‘已讽之矣。’典闻之叹曰：‘嗟乎延生！〔13〕虽复端木闻一知二，未足为喻。若使尼父更起于洙、泗，君当编名七十，与游、夏争四也。’”

举孝廉，为平阳侯相。到官，表龚遂之墓，立铭祭祠，擢用其后于畎亩之间。①以师丧弃官奔赴，五府并辟不就。

①《前书》龚遂，山阳南平阳人，为勃海太守。南平阳故城〔在〕今兖州邹县。〔14〕

桓帝以博士征，拜议郎，与朱穆、边韶共著作东观。稍迁侍中。帝数问政事，笃诡辞密对，①动依典义。迁左冯翊，又徙京兆尹。其政用宽仁，忧恤民黎，擢用长者，与参政事，郡中欢爱，三辅咨嗟焉。先是陈留边凤为京兆尹，亦有能名，郡人为之语曰：“前有赵张三王，②后有边延二君。”

①《穀梁传》曰：“故士造辟而言，诡辞而出。”范甯注云：“辟，君也。诡辞而出，不以实告人也。”

②《前书》，赵广汉、张敞、王遵、王章、王骏俱为京兆尹也。

时皇子有疾，下郡县出珍药，而大将军梁冀遣客赍书诣京兆，并货牛黄。①笃发书收客，曰：“大将军椒房外家，而皇子有疾，必应陈进医方，岂当使客千里求利乎？”遂杀之。冀惭而不得言，有司承旨欲求其事。笃以病免归，教授家巷。

①吴普《本草》曰：“牛黄味苦，无毒，牛出入呻者有之。夜有光走角中。牛死，入胆中，如鸡子黄。”《神农本草》曰：“疗惊痫，除邪逐鬼。”

时人或疑仁孝前后之证，笃乃论之曰：“观夫仁孝之辩，①纷然异端，互引典文，代取事据，②可谓笃论矣。③夫人二致同源，总率百行，④非复铢两轻重，必定前后之数也。而如欲分其大较，⑤体而名之，则孝在事亲，仁施品物。施物则功济于时，事亲则德归于己。于己则事寡，济时则功多。推此以言，仁则远矣。然物有出微而著，事有由隐而章。近取诸身，则耳有听受之用，目有察见之明，足有致远之劳，手有饰卫之功，功虽显外，本之者心也。远取诸物，则草木之生，始于萌牙，终于弥蔓，枝叶扶疏，荣华纷缛，⑥末虽繁蔚，致之者根也。夫仁人之有孝，犹四体之有心腹，⑦枝叶之有本根也。圣人知之，故曰：'夫孝，天之经也，地之义也，人之行也。'⑧'君子务本，本立而道生，孝悌也者，其为仁之本与！'⑨〔15〕然体大难备，物性好偏，故所施不同，事少两兼者也。如必对其优劣，则仁以枝叶扶疏为大，孝以心体本根为先，可无讼也。或谓先孝后仁，非仲尼序回、参之意。⑩盖以为仁孝同质而生，纯体之者，则互以为称，虞舜、颜回是也。⑪若偏而体之，则各有其目，公刘、曾参是也。⑫夫曾、闵以孝悌为至德，⑬管仲以九合为仁功，⑭未有论德不先回、参，考功不大夷吾。以此而言，各从其称者也。"

①辩，争也。

②代，更也。

③笃，厚也。

④二致，仁、孝也。《易·系词》曰"殊涂而同归，百虑而一致"也。

⑤较犹略也。

⑥《说文》曰："缛，繁彩饰也。"

⑦四体谓手足也。

⑧《左氏传》赵简子问子太叔："何谓礼？"对曰："闻诸先大夫子产曰：'夫礼，天之经也，地之义也，人之行也。天地之经，人实则之，则天之明，因地之性。'"孔子取为《孝经》之词也。

⑨《论语》载有若之词也。

⑩《论语》孔子曰："参也鲁，回也其庶乎？"言庶几于善道也。鲁，钝也。言若先孝后仁，则曾参不得不贤于颜子。

⑪虞舜、颜回纯德既备，或仁或孝，但随其所称尔。

⑫《史记》，公刘，后稷曾孙也。能修复后稷之业，务耕种，行地宜，百姓怀之，多从而保归焉。故公刘以仁纪德，曾参以至孝称贤，此则各自为目，不能总兼其美也。

⑬曾参、闵损也。

⑭《论语》孔子曰："桓公九合诸侯，不以兵车，管仲之力，如其仁，如其仁。"九合者，谓再会于鄄，两会于幽，又会柽、首止、戴甯、母洮、葵丘也。

前越巂太守李文德素善于笃，时在京师，谓公卿曰："延叔坚有王佐之才，奈何屈千里之足乎?"欲令引进之。笃闻，乃为书止文德曰："夫道之将废，所谓命也。①流闻乃欲相为求还东观，来命虽笃，所未敢当。吾尝昧爽栉梳，坐于客堂。②〔16〕朝则诵羲、文之《易》，虞、夏之《书》，历公旦之典礼，览仲尼之《春秋》。③夕则消摇内阶，咏《诗》南轩。④百家众氏，投间而作。⑤洋洋乎其盈耳也，⑥涣烂兮其溢目也，⑦纷纷欣欣兮其独乐也。当此之时，不知天之为盖，地之为舆；⑧不知世之有人，己之有躯也。虽渐离击筑，傍若无人，⑨高凤读书，不知暴雨，⑩方之于吾，未足况也。且吾自束修已来，⑪为人臣不陷于不忠，为人子不陷于不孝，上交不谄，下交不黩，⑫从此而殁，下见先君远祖，可不惭赧。⑬如此而不以善止者，恐如教羿射者也。⑭慎勿迷其本，弃其生也。"

①《论语》孔子曰："道之将行也与？命也。道之将废也与？命也。"

②孔安国注《尚书》曰："昧，瞑也。爽，明也。"

③周公摄政七年，制礼作乐。班固《东都赋》曰"今论者但知诵虞、夏之《书》，咏殷、周之《诗》，讲羲、文之《易》，论孔氏之《春秋》"也。

④《楚词》："高堂邃宇，锼槛层轩。"王逸注云："轩，楼板也。"

⑤言诵经典之馀，投射间隙而玩百氏也。

⑥洋洋，美也。《论语》曰："洋洋乎盈耳哉。"

⑦涣烂，文章貌也。

⑧宋玉《大言赋》曰"方地为舆，员天为盖"也。

⑨《说文》曰："筑，五弦之乐也。"沈约《宋书》曰："筑不知谁所造也。《史记》唯云高渐离击筑。"案：今筑形似筝，有项有柱。《史记》，荆轲至燕，日与屠狗及高渐离击筑，荆轲和而歌于市中，相乐，已而相泣，傍若无人。

⑩事具《逸人传》也。

⑪束修谓束带修饰。郑玄注《论语》曰"谓年十五已上"也。

⑫《易·系词》之文也。

⑬色愧曰赧，音女板反。

⑭《史记》，有养由基者，善射者也，去柳叶百步而射之，百发而百中之。左右观者数千人，皆曰"善射"。有一人立其旁，曰："善，可教射矣。"养由基怒，

释弓搤剑曰："客安能教我射乎?"客曰："非吾能教枝左诎右也。夫去柳叶百步而射之，百发百中之，不以善息，少焉气衰力倦，弓拨矢钩，一发不中者百发尽息。"此言羿者，盖以俱善射而称之焉。

后遭党事禁锢。① 永康元年，卒于家。乡里图其形于屈原之庙。②

①锢谓闭塞。

②屈原，楚大夫，抱忠贞而死。笃有志行文彩，故图其像而偶之焉。

笃论解经传，多所驳正，后儒服虔等以为折中。所著诗、论、铭、书、应讯、表、教令，① 凡二十篇云。

①讯，问也。盖《答客难》之类。

史弼字公谦，陈留考城人也。父敞，顺帝时以佞辩至尚书、郡守。① 弼少笃学，聚徒数百。仕州郡，② 辟公府，迁北军中候。

①《续汉书》曰"敞为京兆尹，化有能名，尤善条教，见称于三辅"也。

②《谢承书》曰："弼年二十为郡功曹，承前太守宋诉秽浊之后，悉条诸生聚敛奸吏百馀人，〔17〕皆白太守，埽迹还县，高名由此而兴。"

是时桓帝弟渤海王悝素行险辟，〔18〕僭傲多不法。弼惧其骄悖为乱，乃上封事曰："臣闻帝王之于亲戚，爱虽隆，必示之以威；体虽贵，必禁之以度。如是，和睦之道兴，骨肉之恩遂。昔周襄王恣甘昭公，① 孝景皇帝骄梁孝王，② 而二弟阶宠，终用勃慢，卒周有播荡之祸，汉有爰盎之变。窃闻勃海王悝，凭至亲之属，恃偏私之爱，失奉上之节，有僭慢之心，外聚剽轻不逞之徒，③ 内荒酒乐，出入无常，所与群居，皆有口无行，④ 或家之弃子，或朝之斥臣，必有羊胜、伍被之变。⑤ 州司不敢弹纠，傅相不能匡辅。陛下隆于友于，不忍遏绝。⑥ 恐遂滋蔓，为害弥大。⑦ 乞露臣奏，宣示百僚，使臣得于清朝明言其失，然后诏公卿平处其法。法决罪定，乃下不忍之诏。臣下固执，然后少有所许。如是，则圣朝无伤亲之讥，勃海有享国之庆。不然，惧大狱将兴，使者相望于路矣。臣职典禁兵，备御非常，而妄知藩国，干犯至戚，罪不容诛。不胜愤懑，谨冒死以闻。"帝以至亲,不忍下其事。后悝竟坐逆谋,贬为廮陶王。

①甘昭公王子带,周襄王弟也,食邑于甘,谥曰昭。《左传》曰,初,甘昭公有宠于惠后,后将立之,未及而卒。昭公奔齐。王复之,遂以狄师攻王,王出适郑也。

②梁孝王,景帝弟,窦太后少子,爱之,赐天子旌旗,出警入跸。景帝尝与王宴太后前,曰:"千秋万岁后传王。"爰盎谏不许,遂令人刺杀盎也。

③剽,悍也。逞,快也。谓被侵枉不快之人也。《左传》曰:"率群不逞之人。"剽音疋妙反。

④有虚言无实行也。

⑤《前书》羊胜劝梁王求汉嗣,伍被劝淮南(子)〔王〕谋反诛也。〔19〕

⑥友,亲也。《尚书》曰:"惟孝友于兄弟。"

⑦滋,长;蔓,延也。《左氏传》:"无使滋蔓,蔓难图也。"

弼迁尚书,出为平原相。时诏书下举钩党,①郡国所奏相连及者多至数百,唯弼独无所上。诏书前后切却州郡,②髡笞掾史。从事坐传责曰:③"诏书疾恶党人,旨意恳恻。青州六郡,其五有党,④近国甘陵,亦考南北部,⑤平原何理而得独无?"弼曰:"先王疆理天下,画界分境,⑥水土异齐,风俗不同。⑦它郡自有,平原自无,胡可相比?若承望上司,诬陷良善,淫刑滥罚,以逞非理,则平原之人,户可为党。相有死而已,所不能也。"从事大怒,即收郡僚职送狱,遂举奏弼。会党禁中解,弼以俸赎罪得免,⑧济活者千馀人。

①钩谓相连也。

②切,急也。却,退也。

③《续汉志》每州皆有从事史及诸曹掾史。传,客舍也,音知恋反。坐传舍召弼而责。

④济南、乐安、齐国、东莱、平原、北海六郡,青州所管也。青州在齐国临淄,见《汉官仪》。

⑤桓帝为蠡吾侯,受学于甘陵周福,及帝即位,擢福为尚书。时同郡河南尹房植有名当朝,二家宾客互相讥揣,遂各树朋徒,渐成尤隙,由是甘陵有南北部。见《党人篇序》也。

⑥疆，界也。理，正也。《左传》曰“先王疆理天下，物土之宜而布其利”也。

⑦《前书》曰“凡人函五常之性，而其刚柔缓急，音声不同。系水土之风气，故谓之风。好恶取舍，动静无常，随君上之情欲，故谓之俗”也。

⑧(奉)〔俸〕音扶用反。〔20〕

弼为政特挫抑强豪，其小民有罪，多所容贷。迁河东太守，被一切诏书当举孝廉。弼知多权贵请托，乃豫敕断绝书属。①中常侍侯览果遣诸生赍书请之，并求假盐税，积日不得通。生乃说以它事谒弼，〔21〕而因达览书。弼大怒曰：“太守忝荷重任，当选士报国，尔何人而伪诈无状！”命左右引出，楚捶数百，府丞、掾史十馀人皆谏于廷，弼不对。遂付安邑狱，即日考杀之。侯览大怨，〔22〕遂诈作飞章下司隶，诬弼诽谤，槛车征。吏人莫敢近者，唯前孝廉裴瑜送到崤渑之间，大言于道傍曰：“明府摧折虐臣，选德报国，如其获罪，足以垂名竹帛，愿不忧不惧。”弼曰：“‘谁谓荼苦，其甘如荠。’②昔人刎颈，九死不恨。”③及下廷尉诏狱，平原吏人奔走诣阙讼之。又前孝廉魏劭毁变形服，诈为家僮，瞻护于弼。弼遂受诬，事当弃市。劭与同郡人卖郡邸，④行赂于侯览，得减死罪一等，论输左校。时人或讥曰：“平原行货以免君，无乃蚩乎！”陶丘洪曰：⑤“昔文王牖里，闳、散怀金。⑥史弼遭患，义夫献宝。亦何疑焉！”于是议者乃息。刑竟归田里，称病闭门不出。数为公卿所荐，议郎何休又讼弼有干国之器，宜登台相，征拜议郎。侯览等恶之。光和中，出为彭城相，会病卒。裴瑜位至尚书。⑦

①属音之欲反。

②《诗·卫风》也。荼，苦菜也。

③刎，割也。《楚词》曰“虽九死其犹未悔”也。

④郡邸，若今之寺邸也。

⑤《青州先贤传》曰：“洪字子林，〔23〕平原人也。清达博辩，文冠当代。举孝廉，不行，辟太尉府。年三十卒。”

⑥牖里，殷狱名。或作“羑”，亦名羑城，在今相州汤阴县北。《帝王纪》：“散宜生、南宫括、闳天学乎吕尚。尚知三人贤，结朋友之交。及纣囚文王，乃以黄金千镒与宜生，令求诸物与纣。”《史记》曰“闳夭之徒乃求有莘美女，骊戎

文马，有熊九驷，它奇怪物，因殷嬖臣费仲献之于纣，纣大说，乃赦之”也。

⑦《先贤行状》曰“瑜字雉璜。聪明敏达，观物无滞。清论所加，必为成器；丑议所指，没齿无怨”也。

论曰：夫刚烈表性，鲜能优宽；仁柔用情，多乏贞直。吴季英视人畏伤，发言烝烝，①似夫儒者；〔24〕而怀愤激扬，折让权枉，又何壮也！仁以矜物，义以退身，君子哉！②语曰：“活千人者子孙必封。”③史弼颉颃严吏，④终全平原之党，而其后不大，⑤斯亦未可论也。

①烝烝犹仍也。

②《法言》曰：“君子于仁也柔，于义也刚。”

③《前书》王翁孺曰：“闻活千人者有封〔子〕孙。〔25〕吾所活者千人，〔后〕世其兴乎？”〔26〕

④颉颃犹上下也。

⑤不大谓子孙衰替也。《左传》晋卜偃曰：“毕万之后必大。”

卢植字子幹，涿郡涿人也。身长八尺二寸，音声如钟。少与郑玄俱事马融，能通古今学，好研精而不守章句。融外戚豪家，①多列女倡歌舞于前。植侍讲积年，未尝转眄，融以是敬之。学终辞归，阖门教授。性刚毅有大节，常怀济世志，不好辞赋，能饮酒一石。

①融，明德皇后之从侄也。

时皇后父大将军窦武援立灵帝，初秉机政，朝议欲加封爵。植虽布衣，以武素有名誉，乃献书以规之曰：“植闻嫠有不恤纬之事，①漆室有倚楹之戚，②忧深思远，君子之情。③夫士立争友，义贵切磋。④《书》陈‘谋及庶人’，⑤《诗》咏‘询于刍荛’。⑥植诵先王之书久矣，敢爱其瞽言哉！⑦今足下之于汉朝，犹旦、奭之在周室，建立圣主，四海有系。论者以为吾子之功，于斯为重。天下聚目而视，攒耳而听，⑧谓准之前事，将有景风之祚。⑨寻《春秋》之义，王后无嗣，择立亲长，年均以德，德均则决之卜筮。⑩今同宗相后，披图案牒，以次建之，何勋之有？岂横叨天功以为己力乎！[11]宜辞大赏，以全身名。又比世祚不竞，[12]仍外求嗣，可谓危矣。而四方未宁，盗贼伺隙，恒岳、勃碣，[13]特多奸盗，将有楚人胁比，尹氏立朝之变。[14]宜依古礼。置诸子之官，征王侯爱子，宗室贤才，外崇训道之义，内息贪利之心，简其良能，随用爵之，强干弱枝之道也。”[15]武并不能用。州郡数命，植皆不就。建宁中，征为博士，乃始起焉。熹平四年，九江蛮反，四府选植才兼文武，拜九江太守，蛮寇宾服。以疾去官。

①《左传》曰，范献子曰：“人亦有言，嫠不恤其纬而忧宗周之陨，为将及焉。”杜预注曰：“嫠，寡妇也。织者常苦纬少，寡妇所宜忧也。”

②《琴操》曰：“鲁漆室女倚柱悲吟而啸，邻人见其心之不乐也，进而问之曰：‘有淫心欲嫁之念耶，何吟之悲？’漆室女曰：‘嗟呼！嗟呼！子无志，不知人之甚也。昔者楚人得罪于其君，走逃吾东家，马逸，蹈吾园葵，使吾终年不餍菜；吾西邻人失羊不还，请吾兄追之，雾浊水出，使吾兄溺死，终身无兄。政之所致也。吾忧国伤人，心悲而啸，岂欲嫁哉！’自伤怀结而为人所疑，于是褰裳入山林之中，见女贞之木，喟然叹息，援琴而弦歌以女贞之辞，自经而死。”

③《诗序》曰：“忧深思远，俭而用礼，乃有尧之遗风焉。”

④《孝经》曰：“士有争友，身不陷于不义。”《诗》云：“如切如磋。”郑玄注云：“骨曰切，象曰磋。言友之相规诫，如骨象之见切磋。”

⑤《尚书·洪范》曰“谋及卿士，谋及庶人”也。

⑥《诗·大雅》曰：“先人有言，询于刍荛。”毛苌注云：“刍荛，采薪者也。”

⑦无目眹曰瞽。眹音直忍反。

⑧《前书》贾山曰“使天下戴目而视，倾耳而听”也。

⑨景风，解见《和纪》。

⑩《左传》王子朝曰：“先王之命，王后无嫡，则择立长。年钧以德，德钧以卜，古之制也。”

⑪叨，贪也。《左传》曰“贪天之功，以为己力”也。

⑫竞，强也。

⑬勃，勃海也。碣，碣石山也。

⑭《左传》曰，楚公子比，恭王之子也。灵王立，子比奔晋。灵王卒，子比自晋

归楚，立为君。比弟公子弃疾欲篡其位，夜乃使人周走呼曰："王至矣。"国人大惊，子比乃自杀。王子朝，周景王之庶子。景王卒，子猛立。尹氏，周卿士，立子朝，夺猛位也。

⑮以树为喻也。谓京师为干，四方为枝。《前书》曰："汉兴，立都长安，徙齐诸田、楚昭、屈、景及诸功臣家于长陵。盖以强干弱枝，非独为奉山园也。"

作《尚书章句》、《三礼解诂》。①时始立太学《石经》，以正《五经》文字，植乃上书曰："臣少从通儒故南郡太守马融受古学，颇知今之《礼记》特多回冗。②臣前以《周礼》诸经，发起秕谬，③〔27〕敢率愚浅，为之解诂，而家乏，无力供缮〔写〕上。④〔28〕愿得将能书生二人，共诣东观，就官财粮，专心研精，合《尚书》章句，考《礼记》失得，庶裁定圣典，刊正碑文。古文科斗，近于为实，而厌抑流俗，降在小学。⑤中兴以来，通儒达士班固、贾逵、郑兴父子，并敦悦之。⑥今《毛诗》、《左氏》、《周礼》各有传记，其与《春秋》共相表里，⑦宜置博士，为立学官，以助后来，以广圣意。"

①诂，事也。言解其事意。

②回冗犹纡曲也。

③秕，粟不成。谕义之乖僻也。

④缮，善也。言家贫不能善写而上也。

⑤古文谓孔子壁中书也。形似科斗，因以为名。《前书》谓文字为"小学"也。

⑥兴子众也，自有传。《左传》曰"郤縠悦《礼》、《乐》而敦《诗》、《书》"也。

⑦表里言义相须而成也。《前书》云："《河图》、《洛书》相为经纬，八卦、九章相为表里。"

会南夷反叛，以植尝在九江有恩信，拜为庐江太守。植深达政宜，务存清静，弘大体而已。

岁馀，复征拜议郎，与谏议大夫马日磾、议郎蔡邕、杨彪、韩说等并在东观，校中书《五经》记传，补续《汉纪》。①帝以非急务，转为侍中，迁尚书。光和元年，有日食之异，植上封事谏曰："臣闻《五行传》'日晦而月见谓之朓，王侯其舒'。②此谓君政舒缓，故日食晦也。《春秋传》曰'天子避位移时'，③言其相掩不过移时。而间者日食自巳过午，既食之后，云雾晻暧。比年地震，彗孛互见。臣闻汉以火德，化当宽明。近色信谗，忌之甚者，如火畏水故也。案今年之变，皆阳失阴侵，消御灾凶，宜有其道。谨略陈八事：一曰用良，二曰原禁，④三曰御疠，⑤四曰备寇，五曰修礼，六曰遵尧，七曰御下，八曰散利。用良者，宜使州郡覈举贤良，⑥随方委用，责求选举。原禁者，凡诸党锢，多非其罪，可加赦恕，申宥回枉。⑦御疠者，宋后家属，并以无辜委骸横尸，不得收葬，疫疠之来，皆由于此。宜敕收拾，以安游魂。⑧备寇者，侯王之家，赋税减削，愁穷思乱，必致非常，宜使给足，以防未然。修礼者，应征有道之人，若郑玄之徒，陈明《洪范》，攘服灾咎。〔29〕遵尧者，今郡守刺史一月数迁，宜依黜陟，以章能否，纵不九载，可满三岁。⑨御下者，请谒希爵，一宜禁塞，⑩迁举之事，责成主者。散利者，天子之体，理无私积，宜弘大务，蠲略细微。"⑪帝不省。

①言中书以别于外也。

②《五行传》，刘向所著。朓者，月行速在日前，〔30〕故早见。刘向以为君舒缓则臣(娇)〔骄〕慢，〔31〕故日行迟而月行速也。

③《左氏传》曰："日过分未至三辰有灾，于是乎君不举，避移时。"杜预注曰："避正寝，过日食时也。"

④原其所禁而宥之也。

⑤防御疫疠之气。

⑥覈，实也。

⑦回，邪也。

⑧后以王甫、程阿所构，〔32〕忧死，父及兄弟并被诛。灵帝后梦见桓帝怒曰"宋皇后何罪而绝其命？已诉于天，上帝震怒，罪在难救"也。

⑨《书》曰："三载考绩，黜陟幽明。"孔安国注曰："三年考功，三考九年，能否幽明有别，升进其明者，黜退其幽者。"此皆唐尧之法也。

⑩希，求也。

⑪蠲，除也。

中平元年，黄巾贼起，四府举植，拜北中郎将，持节，以护乌桓中郎将宗员副，将北军五校士，发天下诸郡兵征之。连战破贼帅张角，斩获万馀人。角等走保广宗，植筑围凿堑，造作云梯，垂当拔之。帝遣小黄门左丰诣军观贼形势，或劝植以赂送丰，植不肯。丰还言于帝曰："广宗贼易破耳。卢中郎固垒息军，以待天诛。"帝怒，遂槛车征植，减死罪一等。及车骑将军皇甫嵩讨平黄巾，盛称植行师方略，嵩皆资用规谋，济成其功。以其年复为尚书。

帝崩，大将军何进谋诛中官，乃召并州牧董卓，以惧太后。植知卓凶悍难制，必生后患，固止之。进不从。及卓至，果陵虐朝廷，乃大会百官于朝堂，议欲废立。群僚无敢言，植独抗议不同。卓怒罢会，将诛植，语在《卓传》。植素善蔡邕，邕前徙朔方，植独上书请之。邕时见亲于卓，故往请植事。又议郎彭伯谏卓曰："卢尚书海内大儒，人之望也。今先害〔之〕，〔33〕天下震怖。"卓乃止，但免植官而已。

植以老病求归，惧不免祸，乃诡道从轘辕出。① 卓果使人追之，到怀，不及。遂隐于上谷，不交人事。冀州牧袁绍请为军师。初平三年卒。临困，敕其子俭葬于土穴，不用棺椁，附体单帛而已。所著碑、诔、表、记凡六篇。

①诡，诈也。轘辕道在今洛州缑氏县东南也。

建安中，曹操北讨柳城，过涿郡，① 告守令曰："故北中郎将卢植，名著海内，学为儒宗，士之楷模，国之桢干也。昔武王入殷，封商容之间；郑丧子产，仲尼陨涕。② 孤到此州，嘉其馀风。《春秋》之义，贤者之后，宜有殊礼。③ 亟遣丞掾除其坟墓，④ 存其子孙，并致薄醊，⑤ 以彰厥德。"子毓，知名。⑥

①《魏志》曰，建安十二年，操北征乌桓，涉鲜卑，讨柳城，登白狼山也。

②《左传》曰："仲尼闻子产死，出涕曰：'古之遗爱也。'"

③《公羊传》曰："君子之善善也长，恶恶也短。恶恶止其身，善善及子孙。贤者子孙，故君子为之讳也。"

④亟，急也。

⑤醊，祭酹也，音张芮反。

⑥《魏志》曰："毓字子家，十岁而孤，以学行称，仕魏至侍中、吏部尚书。时举

中书郎，诏曰：'得其人与不，在卢生耳。选举莫取有名，如画地为饼，不可啖也。'毓对曰：'名不足以致异人，而可以得常士。常士畏教慕善，然后有名也。'"

论曰：风霜以别草木之性，①危乱而见贞良之节，②则卢公之心可知矣。夫蜂虿起怀，雷霆骇耳，虽贲、育、荆、诸之伦，③未有不冘豫夺常者也。④当植抽白刃严阁之下，追帝河津之间，排戈刃，赴戕折，⑤岂先计哉？君子之于忠义，造次必于是，颠沛必于是也。⑥

①《论语》曰："岁寒然后知松柏之后凋也。"

②《老子》曰："国家昏乱有忠臣。"

③孟贲，多力者也；夏育，勇者也：并卫人。荆，荆轲也。诸，专诸也。

④冘，人行貌也，音淫。言冘豫不能自定也。夺谓易其常分者也。

⑤事见《何进传》。杜预注《左传》曰："戕者，卒暴之名也。"

⑥孔子曰："君子无终食之间违仁，造次必于是，颠沛必于是。"马融注云："造次，急遽也。颠沛，僵仆也。虽急遽僵仆，不违仁也。"

赵岐字邠卿，〔34〕京兆长陵人也。初名嘉，生于御史台，因字台卿，①后避难，故自改名字，示不忘本土也。岐少明经，有才艺，娶扶风马融兄女。融外戚豪家，岐常鄙之，不与融相见。②仕州郡，以廉直疾恶见惮。年三十馀，有重疾，〔35〕卧蓐七年，③自虑奄忽，乃为遗令敕兄子曰："大丈夫生世，遁无箕山之操，④仕无伊、吕之勋，天不我与，复何言哉！可立一员石于吾墓前，刻之曰：'汉有逸人，姓赵名嘉。有志无时，命也奈何！'"其后疾瘳。

①以其祖为御史，故生于台也。

②《三辅决录注》曰："岐娶马敦女宗姜为妻。敦兄子融尝至岐家，多从宾与从妹宴饮作乐，日夕乃出。过问赵处士所在。岐亦厉节，不以妹婿之故屈志于融也。与其友书曰：'马季长虽有名当世，而不持士节，三辅高士未曾以衣裾襒其门也。'岐曾读《周官》二义不通，一往造之，贱融如此也。"

③蓐，寝蓐也。《声类》曰："蓐，荐也。"

④《易》曰"遁而亨,君子以远小人。"王弼注:"遁之义,避内而之外者也。"箕山,许由所隐处也。

永兴二年,辟司空掾,议二千石得去官为亲行服,朝廷从之。其后为大将军梁冀所辟,为陈损益求贤之策,冀不纳。举理剧,为皮氏长。①会河东太守刘祐去郡,而中常侍左悺兄胜代之,岐耻疾宦官,即日西归。京兆尹延笃复以为功曹。

①皮氏故城在今绛州龙门县西。《决录》曰"岐为长,抑强讨奸,大兴学校"也。

先是中常侍唐衡兄玹为京兆虎牙都尉,①郡人以玹进不由德,皆轻侮之。岐及从兄袭又数为贬议,玹深毒恨。②延熹元年,玹为京兆尹,岐惧祸及,乃与从子戬逃避之。玹果收岐家属宗亲,陷以重法,尽杀之。③岐遂逃难四方,江、淮、海、岱,靡所不历。自匿姓名,卖饼北海市中。时安丘孙嵩年二十馀,游市见岐,察非常人,停车呼与共载。岐惧失色,嵩乃下帷,令骑屏行人。密问岐曰:"视子非卖饼者,又相问而色动,不有重怨,即亡命乎?我北海孙宾石,阖门百口,埶能相济。"岐素闻嵩名,即以实告之,遂以俱归。嵩先入白母曰:"出行,乃得死友。"迎入上堂,飨之极欢。藏岐复壁中数年,岐作《戹屯歌》二十三章。

①玹音玄。

②《决录注》:"袭字元嗣。先是杜伯度、崔子玉以工草书称于前代,袭与罗晖拙书,见蚩于张伯英。英颇自矜高,与朱赐书云'上比崔、杜不足,下方罗、赵有馀'"也。

③《决录注》曰:"岐长兄磐,州都官从事,早亡。次兄无忌,字世卿,部河东从事,为玹所杀。"戬音翦。

后诸唐死灭,因赦乃出。三府闻之,同时并辟。九年,乃应司徒胡广之命。会南匈奴、乌桓、鲜卑反叛,公卿举岐,擢拜并州刺史。岐欲奏守边之策,未及上,会坐党事免,因撰次以为《御寇论》。①

①《决录注》曰:"是时纲维不摄,阉竖专权,岐拟前代连珠之书四十章上之,留中不出。"

灵帝初,复遭党锢十馀岁。中平元年,四方兵起,诏选故刺史、二千石有文武才用者，征岐拜议郎。车骑将军张温西征关中，请补长史，别屯安定。大将军何进举为敦煌太守，行至襄武，①岐与新除诸郡太守数人俱为贼边章等所执。贼欲胁以为帅，岐诡辞得免，展转还长安。②

①县名，属陇西郡。

②《决录注》曰"岐还至陈仓，复遇乱兵，裸身得免，在草中十二日不食"也。

及献帝西都，复拜议郎，稍迁太仆。及李傕专政，使太傅马日磾抚慰天下，以岐为副。日磾行至洛阳，表别遣岐宣扬国命，所到郡县，百姓皆喜曰："今日乃复见使者车骑。"

是时袁绍、曹操与公孙瓒争冀州，绍及操闻岐至，皆自将兵数百里奉迎，岐深陈天子恩德，宜罢兵安人之道，又移书公孙瓒，为言利害。绍等各引兵去，皆与岐期会洛阳，奉迎车驾。岐南到陈留，得笃疾，经涉二年，期者遂不至。

兴平元年，诏书征岐，会帝当还洛阳，先遣卫将军董承修理宫室。岐谓承曰："今海内分崩，唯有荆州境广地胜，西通巴蜀，南当交阯，年谷独登，兵人差全。岐虽迫大命，犹志报国家，欲自乘牛车，南说刘表，可使其身自将兵来卫朝廷，与将军并心同力，共奖王室。此安上救人之策也。"承即表遣岐使荆州，督租粮。岐至，刘表即遣兵诣洛阳助修宫室，军资委输，前后不绝。时孙嵩亦寓于表，表不为礼，岐乃称嵩素行笃烈，因共上为青州刺史。岐以老病，遂留荆州。

曹操时为司空，举以自代。光禄勋桓典、少府孔融上书荐之，于是就拜岐为太常。年九十馀，建安六年卒。先自为寿藏，①图季札、子产、晏婴、叔向四像居宾位，又自画其像居主位，皆为赞颂。敕其子曰："我死之日，墓中聚沙为床，布簟白衣，散发其上，覆以单被，即日便下，下讫便掩。"岐多所述作，著《孟子章句》、《三辅决录》传于时。②

①寿藏谓冢圹也。称寿者，取其久远之意也。犹如寿宫、寿器之类。冢在今荆州古郢城中也。

②《决录序》曰："三辅者，本雍州之地，世世徙公卿吏二千石及高赀，皆以陪诸陵。五方之俗杂会，非一国之风，不但系于《诗·秦》、《豳》也。其为士好高

尚义，贵于名行。其俗失则趣埶进权，唯利是视。余以不才，生于西土，耳能听而闻故老之言，目能视〔而〕见衣冠之畴，〔36〕心能识而观其贤愚。常以玄冬，梦黄发之士，〔37〕姓玄名明，字子真，〔38〕与余寤言，言必有中，〔39〕善否之间，无所依违，命操笔者书之。近从建武以来，暨于斯今，其人既亡，行乃可书，玉石朱紫，由此定矣，故谓之《决录》矣。"

赞曰：吴翁温爱，义干刚烈。① 延、史字人，风和恩结。梁使显刑，诬党潜绝。子干兼姿，逢掖临师。② 郃卿出疆，专命朝威。③

①谓以义干梁冀争李固也。

②《礼记》孔子曰："丘少居鲁，衣逢掖之衣。"郑玄注曰："逢犹大也。为大掖之衣，此君子有道艺者所衣也。"相承本作缝，义亦通。

③疆，界也。《左传》曰："大夫出疆，苟利社稷，专之可也。"

【校勘记】

〔1〕 常牧豕于长垣泽中　按：《集解》引惠栋说，谓《袁纪》作"长罗泽"。《水经注》云圈称言长垣县有罗亭，故长罗县也，后汉并长垣。有长罗泽，季英牧豕处。

〔2〕 裴氏广(川)〔州〕记　据殿本《考证》改。

〔3〕 桂阳甲骑九真都庞　按：《集解》引沈钦韩说，谓《水经注》"甲骑"作"骑田"，"都庞"作"部龙"。又按：汲本"都庞"作"都宠"。

〔4〕 及(祀)〔犯〕軷　据殿本改。按：殿本《考证》谓"犯"字监本误"祀"，据《周礼·大驭》文改正。

〔5〕 〔犯〕軷(祀)者　据殿本改。

〔6〕 以〔菩〕刍棘柏为神主　按《刊误》补，与《周礼》郑注合。

〔7〕 观过斯知人矣　按：殿本"人"作"仁"，疑后人据《论语》改。钱大昕谓古书仁人二字多通用，然以"人"义为长。

〔8〕 安丘男子毋丘长　按："毋"原讹"母"，径据殿本改正。

〔9〕 明府虽加哀矜　汲本、殿本"矜"作"矝"。按：段注《说文》作"矝"，云从矛令声。

〔10〕 年二十二　按：殿本作“年三十二”。

〔11〕 延笃字叔坚　按：《集解》引汪文台说，谓《御览》四百五十二引《谢承书》，云“字叔固”。

〔12〕 旬日能讽之　按：殿本“讽”下有“诵”字。

〔13〕 嗟乎延生　按：“乎”原作“呼”，径据汲本、殿本改。

〔14〕 南平阳故城〔在〕今兖州邹县　据汲本、殿本补。

〔15〕 其为仁之本与　按：《集解》引钱大昕说，谓葛本“仁”作“人”，今本《论语》作“仁”，《初学记·友悌部》、《御览·人事部》引《论语》俱作“人”，与有子先言“其为人也孝弟”，后言“其为人之本”，首尾相应，亦当以“人”为长也。

〔16〕 坐于客堂　按：《集解》引沈钦韩说，谓“客”一本作“容”，是也。隐蔽自障者皆谓之容。堂前有屏蔽之设，故曰容堂。

〔17〕 悉条诸生聚敛奸吏　按：殿本《考证》谓“生”字疑衍。

〔18〕 桓帝弟渤海王悝　何焯校本改“渤”为“勃”。按：下文皆作“勃”，故何氏改为一律。

〔19〕 伍被劝淮南(子)〔王〕谋反诛也　据汲本、殿本改。

〔20〕 (奉)〔俸〕音扶用反　据汲本、殿本改，与正文合。

〔21〕 生乃说以它事谲弼　按：《刊误》谓案文“说”字当作“诡”，谓诡谲也。

〔22〕 侯览大怨　按：殿本“怨”作“怒”。

〔23〕 洪字子林　按：殿本“林”作“休”。

〔24〕 似夫儒者　汲本、殿本“儒”作“懦”。按：《说文》儒，柔也。儒有懦弱义，非讹字。

〔25〕 闻活千人者有封〔子〕孙　据殿本补。

〔26〕 〔后〕世其兴乎　据汲本、殿本补。

〔27〕 发起秕谬　按：《集解》引惠栋说，谓“秕谬”疑“纰缪”之讹。

〔28〕 无力供缮〔写〕上　据汲本、殿本补。

〔29〕 攘服灾咎　汲本、殿本“攘”作“禳”。按：攘禳通。

〔30〕 朓者月行速在日前　按：“日”原讹“目”，径据汲本、殿本改正。

〔31〕 君舒缓则臣(娇)〔骄〕慢　据汲本、殿本改。

〔32〕 后以王甫程阿所构　按：“甫”原讹“封”，径据汲本、殿本改正。

〔33〕 今先害〔之〕　《刊误》谓案文少“之”字，不成文理。又《集解》引惠栋说，

谓《先贤传》云"今先害之"。今据补。

〔34〕　赵岐字邠卿　按:此传"岐"字原本皆作"歧",汲本同。王先谦谓殿本"歧"作"岐",古书通作,以"岐"为是。今一律依殿本改为"岐"。

〔35〕　年三十馀有重疾　按:《御览》五百一引"三十馀"作"四十馀"。

〔36〕　目能视〔而〕见衣冠之畴　据汲本补。

〔37〕　常以玄冬梦黄发之士，《集解》引惠栋说,谓据《御览》三百九十九卷引"玄冬"下有"修夜思而未之得也忽然而寝"十二字,"梦"下有"此"字。今按:《御览》"士"作"叟"。

〔38〕　字子真　按:惠栋谓《御览》引"字"下有"曰"字。

〔39〕　言必有中　按:惠栋谓《御览》引此下有"予授其人子真评之析微通理"十二字。

后汉书卷六十五

皇甫张段列传第五十五

皇甫规字威明，安定朝那人也。祖父棱，度辽将军。父旗，扶风都尉。

永和六年，西羌大寇三辅，围安定，征西将军马贤将诸郡兵击之，不能克。规虽在布衣，见贤不卹军事，审其必败，乃上书言状。寻而贤果为羌所没。郡将知规有兵略，乃命为功曹，使率甲士八百，与羌交战，斩首数级，贼遂退却。举规上计掾。其后羌众大合，攻烧陇西，朝廷患之。规乃上疏求乞自效，〔1〕曰："臣比年以来，数陈便宜。羌戎未动，策其将反，马贤始出，颇知必败。误中之言，在可考校。臣每惟贤等拥众四年，未有成功，悬师之费且百亿计，①出于平人，回入奸吏。②故江湖之人，群为盗贼，青、徐荒饥，襁负流散。夫羌戎溃叛，不由承平，皆由边将失于绥御。乘常守安，则加侵暴，苟竞小利，则致大害，微胜则虚张首级，军败则隐匿不言。军士劳怨，困于猾吏，进不得快战以徼功，退不得温饱以全命，饿死沟渠，暴骨中原。徒见王师之出，不闻振旅之声。③酋豪泣血，惊惧生变。是以安不能久，败则经年。臣所以搏手叩心而增叹者也。愿假臣两营二郡，④屯列坐食之兵五千，出其不意，与护羌校尉赵冲共相首尾。土地山谷，臣所晓习；兵势巧便，臣已更之。可不烦方寸之印，尺帛之赐，高可以涤患，下可以纳降。若谓臣年少官轻，不足用者，凡诸败将，非官爵之不高，年齿之不迈。⑤臣不胜至诚，没死自陈。"时帝不能用。

①悬犹停也。

②平人，齐人也。

③振，整；旅，众也。《穀梁传》曰“出曰治兵，入曰振旅”也。

④两营谓马贤及赵冲等。二郡，安定、陇西也。

⑤迈，往也。

冲质之间，梁太后临朝，规举贤良方正。对策曰：

伏惟孝顺皇帝，初勤王政，纪纲四方，几以获安。后遭奸伪，威分近习，①畜货聚马，戏谑是闻；又因缘嬖幸，受赂卖爵，轻使宾客，交错其间，天下扰扰，从乱如归。②故每有征战，鲜不挫伤，官民并竭，上下穷虚。臣在关西，窃听风声，未闻国家有所先后，③而威福之来，咸归权幸。陛下体兼乾坤，聪哲纯茂。摄政之初，拔用忠贞，其馀维纲，多所改正。远近翕然，望见太平。而地震之后，雾气白浊，日月不光，旱魃为虐，④大贼从横，流血丹野，〔2〕庶品不安，谴诫累至，殆以奸臣权重之所致也。其常侍尤无状者，亟便黜遣，⑤披埽凶党，收入财贿，以塞痛怨，以答天诫。

①近习，诸佞幸亲近小人也。《礼记》曰：“虽有贵戚近习。”

②《左传》曰“人患王之无厌也，故从乱如归”也。

③先后谓进退也。言国家不妄有褒贬进退，〔3〕而权幸之徒反为祸福也。

④《诗·大雅》曰：“旱魃为虐，如惔如焚。”魃，旱神也。

⑤无状者，谓无善状。

今大将军梁冀、河南尹不疑，处周、邵之任，为社稷之镇，加与王室世为姻族，①今日立号虽尊可也，②实宜增修谦节，辅以儒术，省去游娱不急之务，割减庐第无益之饰。夫君者舟也，人者水也。③群臣乘舟者也，将军兄弟操楫者也。若能平志毕力，以度元元，所谓福也。如其怠弛，将沦波涛。可不慎乎！夫德不称禄，犹凿墉之趾，以益其高。岂量力审功安固之道哉？凡诸宿猾、酒徒、戏客，皆耳纳邪声，口出谄言，甘心逸游，唱造不义。亦宜贬斥，以惩不轨。令冀等深思得贤之福，失人之累。又在位素餐，尚书怠职，有司依违，莫肯纠察，故使陛下专受谄谀之言，不闻户牖之外。臣诚知阿谀有福，深言近祸，岂敢隐心以避诛责乎！臣生长边远，希涉紫庭，怖慴失守，言不尽心。

①梁商女为顺帝后，后女弟又为桓帝后。冀即商子，故曰代姻也。

②可犹宜也。

③《家语》孔子曰："夫君者舟也，人者水也。水可载舟，亦以覆舟。君以此思危，则可知也。"

梁冀忿其刺己，以规为下第，拜郎中。托疾免归，州郡承冀旨，几陷死者再三。遂以《诗》、《易》教授，门徒三百馀人，积十四年。后梁冀被诛，旬月之间，礼命五至，皆不就。

时太山贼叔孙无忌侵乱郡县，中郎将宗资讨之未服。公车特征规，拜太山太守。规到官，广设方略，寇贼悉平。延熹四年秋，叛羌零吾等与先零别种寇钞关中，护羌校尉段颎坐征。①〔4〕后先零诸种陆梁，覆没营坞。②规素悉羌事，志自奋效，乃上疏曰："自臣受任，志竭愚钝，实赖兖州刺史牵颢之清猛，中郎将宗资之信义，得承节度，幸无咎誉。今猾贼就灭，太山略平，复闻群羌并皆反逆。臣生长邠岐，〔5〕年五十有九，昔为郡吏，再更叛羌，豫筹其事，有误中之言。臣素有固疾，恐犬马齿穷，不报大恩，愿乞冗官，备单车一介之使，劳来三辅，宣国威泽，以所习地形兵埶，佐助诸军。臣穷居孤危之中，坐观郡将，已数十年矣。自鸟鼠至于东岱，其病一也。③力求猛敌，不如清平；勤明吴、孙，未若奉法。④前变未远，臣诚戚之。⑤是以越职，尽其区区。"

①颎击羌，坐为凉州刺史郭闳留兵不进下狱。

②《说文》曰："坞，小障也。一曰庳城也。"音乌古反。

③郡将，郡守也。鸟鼠，山名，在今渭州西，即先零羌寇钞处也。东岱谓泰山，叔孙无忌反处也。皆由郡守不加绥抚，致使反叛，其疾同也。

④吴起，魏将也。孙武，吴将也。言若求猛(敌)〔将〕，〔6〕不如抚以青平之政；明习兵书，不如郡守奉法，使之无反也。

⑤戚，忧也。前变谓羌反。

至冬，羌遂大合，朝廷为忧。三公举规为中郎将，持节监关西兵，讨零吾等，破之，斩首八百级。先零诸种羌慕规威信，相劝降者十馀万。

明年，规因发其骑共讨陇右，而道路隔绝，军中大疫，死者十三四。规亲入庵庐，巡视将士，三军感悦。东羌遂遣使乞降，凉州复通。

先是安定太守孙儁受取狼籍，属国都尉李翕、督军御史张禀多杀降羌，凉州刺史郭闳、汉阳太守赵熹并老弱不堪任职，而皆倚恃权贵，不遵法度。规到州界，悉条奏其罪，或免或诛。羌人闻之，翕然反善。沈氏大豪滇昌、饥恬等十馀万口，〔7〕复诣规降。

规出身数年，持节为将，拥众立功，还督乡里，既无它私惠，而多所举奏，又恶绝宦官，不与交通，于是中外并怨，遂共诬规货赂群羌，令其文降。①天子玺书诮让相属。规惧不免，上疏自讼曰："四年之秋，戎丑蠢戾，②爰自西州，侵及泾阳，③旧都惧骇，朝廷西顾。明诏不以臣愚驽，急使军就道。④〔8〕幸蒙威灵，遂振国命，羌戎诸种，大小稽首，辄移书营郡，以访诛纳，⑤所省之费，一亿以上。以为忠臣之义，不敢告劳，⑥故耻以片言自及微效。然比方先事，庶免罪悔。⑦前践州界，先奏郡守孙儁，次及属国都尉李翕、督军御史张禀；旋师南征，又上凉州刺史郭闳、汉阳太守赵熹，陈其过恶，执据大辟。凡此五臣，支党半国，其馀墨绶，下至小吏，所连及者，复有百馀。吏托报将之怨，子思复父之耻，载贽驰车，怀粮步走，交搆豪门，竞流谤讟，云臣私报诸羌，谢其钱货。⑧若臣以私财，则家无担石；如物出于官，则文簿易考。就臣愚惑，信如言者，前世尚遗匈奴以宫姬，⑨镇乌孙以公主。⑩今臣但费千万，以怀叛羌。则良臣之才略，兵家之所贵，将有何罪，负义违理乎？自永初以来，将出不少，覆军有五，动资巨亿。有旋车完封，写之权门，⑪而名成功立，厚加爵封。今臣还督本土，纠举诸郡，绝交离亲，戮辱旧故，众谤阴害，固其宜也。臣虽污秽，廉絜无闻，今见覆没，耻痛实深。传称'鹿死不择音'，谨冒昧略上。"⑫

①以文簿虚降，非真心也。

②蠢，动也。戾，乖也。

③县名，属安定郡，其故城在今原州平源县南也。

④就犹上也。

⑤访,问也。规言羌种既服,臣即移书军营及郡,勘问诛杀并纳受多少之数目也。

⑥《诗·小雅》曰:"密勿从事,不敢告劳。无罪无辜,谗口嗸嗸。"

⑦先事谓前辈败将也。

⑧谢犹雠也。

⑨元帝赐呼韩邪单于待诏掖庭王嫱为阏氏也。

⑩武帝以江都王建女细君妻乌孙王昆莫为夫人也。

⑪言覆军之将,旋师之日,多载珍宝,封印完全,便入权门。

⑫《左传》曰"鹿死不择音,挺而走险,急何能择"也。

其年冬,征还拜议郎。论功当封。而中常侍徐璜、左悺欲从求货,数遣宾客就问功状,规终不答。璜等忿怒,陷以前事,下之于吏。官属欲赋敛请谢,规誓而不听,遂以馀寇不绝,坐系廷尉,论输左校。①诸公及太学生张凤等三百馀人诣阙讼之。会赦,归家。

①《汉官仪》曰,左校署属将作大匠也。

征拜度辽将军,至营数月,上书荐中郎将张奂以自代。曰:"臣闻人无常俗,而政有治乱;兵无强弱,而将有能否。伏见中郎将张奂,才略兼优。〔9〕宜正元帅,以从众望。若犹谓愚臣宜充军事者,愿乞冗官,以为奂副。"朝庭从之,以奂代为度辽将军,规为使匈奴中郎将。及奂迁大司农,规复代为度辽将军。

规为人多意筭,自以连在大位,欲退身避第,〔10〕数上病,不见听。会友人上郡太守王旻丧还,规缟素越界,到下亭迎之。因令客密告并州刺史胡芳,言规擅远军营,公违禁宪,当急举奏。芳曰:"威明欲避第仕涂,故激发我耳。①吾当为朝廷爱才,何能申此子计邪!"遂无所问。及党事大起,天下名贤多见染逮,规虽为名将,素誉不高。自以西州豪桀,耻不得豫,乃先自上言:"臣前荐故大司农张奂,是附党也。又臣昔论输左校时,太学生张凤等上书讼臣,是为党人所附也。臣宜坐之。"朝廷知而不问,时人以为规贤。〔11〕〔12〕

①言欲归第避仕宦之涂也。

在事数岁，北边威服。永康元年，征为尚书。其夏日食，诏公卿举贤良方正，下问得失。规对曰："天之于王者，如君之于臣，父之于子也。诫以灾妖，使从福祥。陛下八年之中，三断大狱，①一除内嬖，②再诛外臣。③而灾异犹见，人情未安者，殆贤愚进退，威刑所加，有非其理也。前太尉陈蕃、刘矩，④忠谋高世，废在里巷；刘祐、冯绲、⑤赵典、尹勋，正直多怨，流放家门；李膺、王畅、孔翊，絜身守礼，终无宰相之阶。至于钩党之衅，事起无端，⑥虐贤伤善，哀及无辜。今兴改善政，易于覆手，而群臣杜口，鉴畏前害，互相瞻顾，莫肯正言。伏愿陛下暂留圣明，容受謇直，则前责可弭，后福必降。"对奏，不省。

①谓诛梁冀，诛邓万、〔13〕邓会，诛李膺等党事也。

②无德而宠曰嬖，谓废邓皇后也。

③杀桂阳太守任胤，杀南阳太守成瑨、太原太守刘质等也。

④《汉官仪》曰："矩字叔方。"

⑤古本反。

⑥钩，引也。谓李膺等事也。

迁规弘农太守，封寿成亭侯，邑二百户，让封不受。再转为护羌校尉。熹平三年，以疾召还，未至，卒于穀城，年七十一。所著赋、铭、碑、赞、祷文、吊、章表、教令、书、檄、笺记，凡二十七篇。

论曰：孔子称"其言之不怍，则其为之也难"。①察皇甫规之言，其心不怍哉！夫其审己则干禄，见贤则委位，故干禄不为贪，而委位不求让；称己不疑伐，而让人无惧情。故能功成于戎狄，身全于邦家也。

①怍，惭也。

张奂字然明，敦煌(酒)〔渊〕泉人也。①〔14〕父惇，为汉阳太守。奂少游三辅，师事太尉朱宠，学《欧阳尚书》。初，《牟氏章句》浮辞繁多，②有四十五万馀言，奂减为九万言。后辟大将军梁冀府，乃上书桓帝，奏其《章句》，诏下东观。以疾去官，复举贤良，对策第一，擢拜议郎。

①(酒)〔渊〕泉，县名，地多泉水，故城在今(阳)〔瓜〕州晋昌县东北也。〔15〕

②时牟卿受书于张堪，〔16〕为博士，故有《牟氏章句》。

永寿元年，迁安定属国都尉。初到职，而南匈奴左薁鞬台耆、且渠伯德等七千馀人寇美稷，东羌复举种应之，而奂壁唯有二百许人，闻即勒兵而出。军吏以为力不敌，叩头争止之。奂不听，遂进屯长城，收集兵士，遣将王卫招诱东羌，因据龟兹，①使南匈奴不得交通东羌。诸豪遂相率与奂和亲，共击薁鞬等，连战破之。伯德惶恐，将其众降，郡界以宁。

①龟兹音丘慈，县名，属上郡。《前书音义》曰"龟兹国人来降之，因以名县"也。

羌豪帅感奂恩德，上马二十匹，先零酋长又遗金鐻八枚。奂并受之，①而召主簿于诸羌前，以酒酹地曰：②"使马如羊，不以入厩；使金如粟，不以入怀。"悉以金马还之。③羌性贪而贵吏清，前有八都尉率好财货，为所患苦，及奂正身絜己，威化大行。"

①郭璞注《山海经》云："鐻音渠，金(食)〔银〕器名。"〔17〕未详形制也。

②以酒沃地谓之酹。音力外反。

③如羊如粟，喻多也。

迁使匈奴中郎将。时休屠各①及朔方乌桓并同反叛，烧度辽将军门，②引屯赤阬，烟火相望。兵众大恐，各欲亡去。奂安坐帷中，与弟子讲诵自若，军士稍安。乃潜诱乌桓阴与和通，遂使斩屠各渠帅，袭破其众。诸胡悉降。

①屠音直于反。

②时度辽将军屯五原。

延熹元年，鲜卑寇边，奂率南单于击之，斩首数百级。

明年，梁冀被诛，奂以故吏免官禁锢。奂与皇甫规友善，奂既被锢，凡诸交旧莫敢为言，唯规荐举前后七上。在家四岁，复拜武威太守。平均徭赋，率厉散败，常为诸郡最，河西由是而全。其俗多妖忌，凡二月、五月产子及与父母同月生者，悉杀之。奂示以义方，严加赏罚，风俗遂改，百姓生为立祠。举尤异，迁度辽将军。数载间，幽、并清静。

九年春，征拜大司农。鲜卑闻奂去，其夏，遂招结南匈奴、乌桓数道入塞，或五六千骑，或三四千骑，寇掠缘边九郡，杀略百姓。秋，鲜卑复率八九千骑入塞，诱引东羌与共盟诅。于是上郡沈氏、安定先零诸种共寇武威、张掖，缘边大被其毒。朝廷以为忧，复拜奂为护匈奴中郎将，以九卿秩督幽、并、凉三州及度辽、乌桓二营，①兼察刺史、二千石能否，赏赐甚厚。匈奴、乌桓闻奂至，因相率还降，凡二十万口。奂但诛其首恶，馀皆慰纳之。唯鲜卑出塞去。

①明帝永平八年，初置度辽将军，屯五原郡曼柏县，《汉官仪》曰“乌丸校尉屯上谷郡宁县”，故曰二营。

永康元年春，东羌、先零五六千骑寇关中，围祋祤，掠云阳。夏，复攻没两营，杀千馀人。冬，羌岸尾、摩蟞等①胁同种复钞三辅。奂遣司马尹端、董卓并击，大破之，斩其酋豪，首虏万馀人，三州清定。论功当封，奂不事宦官，故赏遂不行，唯赐钱二十万，除家一人为郎。并辞不受，而愿徙属弘农华阴。旧制边人不得内移，唯奂因功特听，故始为弘农人焉。

①蟞音必薛反。

建宁元年，振旅而还。时窦太后临朝，大将军窦武与太傅陈蕃谋诛宦官，事泄，中常侍曹节等于中作乱，以奂新征，不知本谋，矫制使奂与少府周靖率五营士围武。武自杀，蕃因见害。奂迁少府，又拜大司农，以功封侯。奂深病为节所卖，上书固让，封还印绶，卒不肯当。

明年夏，青蛇见于御坐轩前，①又大风雨雹，霹雳拔树，诏使百僚各言灾应。奂上疏曰：“臣闻风为号令，动物通气。②木生于火，相须乃明。蛇能屈申，配龙腾蛰。③顺至为休征，逆来为殃咎。阴气专用，则凝精为雹。故大将军窦武、太傅陈蕃，或志宁社稷，或方直不回，前以谗胜，并伏诛戮，海内默默，人怀震愤。昔周公葬不如礼，天乃动威。④今武、蕃忠贞，未被明宥，妖眚之来，皆为此也。宜急为改葬，徙还家属。其从坐禁锢，一切蠲除。又皇太后虽居南宫，而恩礼不接，朝臣莫言，远近失望。宜思大义顾复之报。”⑤天子深纳奂言，以问诸黄门常侍，左右皆恶之，帝不得自从。

①轩，殿槛阑板也。

②《翼氏风角》曰：“凡风者天之号令，所以谴告人君者也。”

③《易》曰“龙蛇之蛰，以存身也”。《慎子》曰“腾蛇游雾，飞龙乘云，云罢雾散，与蚯蚓同”也。

④《尚书大传》：“周公薨，成王欲葬之于成周，天乃雷雨以风，〔18〕禾即尽偃，大木斯拔，国人大恐。王葬周公于毕，示不敢臣也。”

⑤顾，旋视也。复，反复也。《小雅》曰：“父兮生我，母兮鞠我，顾我复我，出入腹我。”

转奂太常，与尚书刘猛、刁韪、卫良同荐王畅、李膺可参三公之选，而曹节等弥疾其言，遂下诏切责之。奂等皆自囚廷尉，数日乃得出，并以三月俸赎罪。司隶校尉王寓，出于宦官，欲借宠公卿，以求荐举，百僚畏惮，莫不许诺，唯奂独拒之。寓怒，因此遂陷以党罪，禁锢归田里。

奂前为度辽将军，与段颎争击羌，不相平。及颎为司隶校尉，欲逐奂归敦煌，将害之。奂忧惧，奏记谢颎曰：“小人不明，得过州将，千里委命，以情相归。①足下仁笃，照其辛苦，使人未反，复获邮书。恩诏分明，前以写白，而州期切促，郡县惶惧，屏营延企，侧待归命。父母朽骨，孤魂相托，若蒙矜怜，壹惠咳唾，则泽流黄泉，施及冥寞，非奂生死所能报塞。夫无毛发之劳，而欲求人丘山之用，此淳于髡所以拍髀仰天而笑者也。②诚知言必见讥，然犹未能无望。何者？朽骨无益于人，而文王葬之；③死马无所复用，而燕昭宝之。④党同文、昭之德，岂不大哉！⑤凡人之情，冤则呼天，穷则叩心。今呼天不闻，叩心无益，诚自伤痛。俱生圣世，独为匪人。⑥孤微之人，无所告诉。如不哀怜，便为鱼肉。⑦企心东望，无所复言。”颎虽刚猛，省书哀之，卒不忍也。时禁锢者多不能守静，或死或徙。奂闭门不出，养徒千人，著《尚书记难》三十馀万言。

①《汉官仪》曰：“司隶州部河南雒阳，管三辅、三河、弘农七郡。”所以奂屈于

颍，称曰“州将”焉。

②拍音片百反。髀音步弟反。《史记》，楚发兵伐齐，齐威王使淳于髡赍百金，车马十驷，之赵请救。髡仰天大笑，冠缨索绝。王曰：“先生少之乎？’髡曰：“今者臣从东方来，见道傍有禳田者，操一豚蹄，酒一盂，而祝曰：‘瓯娄满篝，污邪满车，五谷蕃熟，穰穰满家。’〔19〕臣见其所持者狭，所求者奢，故笑。”于是王乃益以黄金千镒、白璧十双、车马百驷也。

③《新序》曰：“文王作灵台，掘得死人骨，吏以闻。文王曰：‘葬之。’吏曰：‘此无主矣。’文王曰：‘有天下者，天下之主也；有一国者，一国之主也。寡人固其主焉。’令吏以棺葬之。天下闻之，曰：‘文王贤矣，泽及朽骨，又况人乎。’”

④《新序》曰：“燕昭王即位，卑身求贤。谓郭隗曰：‘齐因孤国之乱而袭燕，然得贤士与共国，以雪先王之丑，孤之愿也。先生视可者，得身事之。’隗曰：‘臣闻古之人君，有以千金求千里马者，三年不得，涓人言于君请求之，君遣焉。三月，得千里马，马已死，乃以五百金买其首以报。〔20〕君大怒曰：“所求者生马，安市死马而捐五百金乎？”对曰：“死马且市之，况生马乎？天下必以王为能市马，马今至矣。”不出期年，千里马至者二。今王诚欲必致士，从隗始。隗且见事，况贤于隗者乎？’于是王为隗筑宫而师之。乐毅自魏往，邹衍自齐往，剧辛自赵往，士争归燕焉。”

⑤党音佗朗反。

⑥《诗·小雅》曰“哀我征夫，独为匪人”也。

⑦言将为人所吞噬也。

奂少立志节，尝与士友言曰：“大丈夫处世，当为国家立功边境。”及为将帅，果有勋名。董卓慕之，使其兄遗缣百匹。奂恶卓为人，绝而不受。光和四年卒，年七十八。遗命曰：“吾前后仕进，十要银艾，①不能和光同尘，为谗邪所忌。②通塞命也，始终常也。但地底冥冥，长无晓期，而复缠以纩绵，牢以钉密，为不喜耳。幸有前窀，朝殒夕下，措尸灵床，幅巾而已。奢非晋文，③〔21〕俭非王孙，④推情从意，庶无咎吝。”诸子从之。武威多为立祠，世世不绝。所著铭、颂、书、教、诫述、志、对策、章表二十四篇。

①银印绿绶也，以艾草染之，故曰艾也。

②《老子》曰“和其光，同其尘”也。

③陆翙《邺中纪》曰：“永嘉末，发齐桓公墓，得水银池金蚕数十箔，珠襦、玉匣、缯彩不可胜数。”《左传》曰：“晋文公朝王，请隧。王不许，曰：‘王章也，未有代德而有二王，亦叔父之所恶也。’”晋文既臣，请用王礼，是其奢也。

④武帝时，杨王孙死，诫其子为布囊盛尸，入地七尺，脱去其囊，以身亲土。

长子芝，字伯英，最知名。①芝及弟昶，字文舒，并善草书，至今称传之。

①王愔《文志》曰：〔22〕“芝少持高操，以名臣子勤学，文为儒宗，武为将表。太尉辟，公车有道征，皆不至，号张有道。尤好草书，学崔、杜之法，家之衣帛，必书而后练。临池学书，水为之黑。下笔则为楷则，号匆匆不暇草书，为世所宝，寸纸不遗，韦仲将谓之‘草圣’也。”

初，奂为武威太守，其妻怀孕，梦带奂印绶登楼而歌。讯之占者，曰：“必将生男，复临兹邦，命终此楼。”既而生子猛，以建安中为武威太守，杀刺史邯郸商，州兵围之急，猛耻见擒，乃登楼自烧而死，卒如占云。

论曰：自鄛乡之封，中官世盛，①暴恣数十年间，四海之内，莫不切齿愤盈，愿投兵于其族。陈蕃、窦武奋义草谋，征会天下，名士有识所共闻也，而张奂见欺竖子，扬戈以断忠烈。②虽恨毒在心，辞爵谢咎。《诗》云：“啜其泣矣，何嗟及矣！”③

①宦者郑众封鄛乡侯也。

②奂被曹节等矫制，使率五营士围杀陈蕃、窦武等。

③《诗·国风》也。啜，泣貌也，音知劣反。

段颎字纪明，武威姑臧人也。其先出郑共叔段，西域都护会宗之从曾孙也。①颎少便习弓马，尚游侠，轻财贿，长乃折节好古学。初举孝廉，为宪陵园丞、阳陵令，②所在〔有〕能政。〔23〕

①〔会〕宗字子松，〔24〕天水上邽人，元帝时为西域都护。死，城郭诸国为发丧

立祠。

②宪陵，顺帝陵；阳陵，景帝陵。《汉官仪》曰“丞秩三百石，令秩六百石”也。

迁辽东属国都尉。时鲜卑犯塞，颎即率所领驰赴之。既而恐贼惊去，乃使驿骑诈赍玺书诏颎，颎于道伪退，潜于还路设伏。虏以为信然，乃入追颎。颎因大纵兵，悉斩获之。坐诈玺书伏重刑，以有功论司寇。刑竟，征拜议郎。

时太山、琅邪贼东郭窦、公孙举等聚众三万人，破坏郡县，遣兵讨之，连年不克。永寿二年，桓帝诏公卿选将有文武者，司徒尹(讼)〔颂〕荐颎，①〔25〕乃拜为中郎将。击窦、举等，大破斩之，获首万馀级，馀党降散。封颎为列侯，赐钱五十万，除一子为郎中。

①《汉官仪》曰："(讼)〔颂〕字公孙，巩人也。"

延熹二年，迁护羌校尉。会烧当、烧何、当煎、勒姐等八种羌①寇陇西、金城塞，颎将兵及湟中义从羌万二千骑出湟谷，击破之。追讨南度河，使军吏田晏、夏育募先登，悬索相引，复战于罗亭，大破之，斩其酋豪以下二千级，获生口万馀人，虏皆奔走。

①姐音紫且反。

明年春，馀羌复与烧何大豪寇张掖，攻没钜鹿坞，杀属国吏民，又招同种千馀落，并兵晨奔颎军。颎下马大战，至日中，刀折矢尽，虏亦引退。颎追之，且斗且行，昼夜相攻，割肉食雪，四十馀日，遂至河首积石山，出塞二千馀里，斩烧何大帅，首虏五千馀人。〔26〕又分兵击石城羌，斩首溺死者千六百人。烧当种九十馀口诣颎降。〔27〕又杂种羌屯聚白石，①颎复进击，首虏三千馀人。冬，勒姐、零吾种围允街，②杀略吏民，颎排营救之，斩获数百人。

①白石，山，在今兰州狄道县东。

②允音铅。街音阶。

四年冬，上郡沈氏、陇西牢姐、乌吾诸种羌共寇并凉二州，颎将湟中义从讨之。凉州刺史郭闳贪共其功，稽固颎军，使不得进。①义从役久，恋乡旧，皆悉反叛。郭闳归罪于颎，颎坐征下狱，输作左校。羌遂陆梁，覆没营坞，转相招结，唐突诸郡，于是吏人守阙讼颎以千数。朝廷知颎为郭闳所诬，诏问其状。颎但谢罪，不敢言枉，京师称为长者。起于徒中，复拜议郎，迁并州刺史。

①稽固犹停留也。

时滇那等诸种羌五六千人寇武威、张掖、酒泉，烧人庐舍。六年，寇埶转盛，凉州几亡。冬，复以颎为护羌校尉，乘驿之职。明年春，羌封僇、良多、滇那等①酋豪三百五十五人率三千落诣颎降。当煎、勒姐种犹自屯结。冬，颎将万馀人击破之，斩其酋豪，首虏四千馀人。

①僇音良逐反，又力救反。

八年春，颎复击勒姐种，斩首四百馀级，降者二千馀人。夏，进军击当煎种于湟中，颎兵败，被围三日，用隐士樊志张策，潜师夜出，鸣鼓还战，大破之，首虏数千人。颎遂穷追，展转山谷间，自春及秋，无日不战，虏遂饥困败散，北略武威间。

颎凡破西羌，斩首二万三千级，获生口数万人，马牛羊八百万头，降者万馀落。封颎都乡侯，邑五百户。

永康元年，当煎诸种复反，合四千馀人，欲攻武威，颎复追击于鸾鸟，大破之，①杀其渠帅，斩首三千馀级，西羌于此弭定。

①鸟音爵，县名，属武威郡，故城在今凉州昌松县北也。

而东羌先零等，自覆没征西将军马贤后，朝廷不能讨，遂数寇扰三辅。其后度辽将军皇甫规、中郎将张奂招之连年，既降又叛。桓帝诏问颎曰："先零东羌造恶反逆，而皇甫规、张奂各拥强众，不时辑定。欲颎移兵东讨，未识其宜，可参思术略。"颎因上言曰："臣伏见先零东羌虽数叛逆，而降于皇甫规者，已二万许落，善恶既分，馀寇无几。今张奂踌躇久不进者，当虑外离内合，兵往必惊。且自冬践春，屯结不散，人畜疲羸，自亡之势，徒更招降，〔28〕坐制强敌耳。臣以为狼子野心，难以恩纳，①埶穷虽服，兵去复动。唯当长矛挟胁，白刃加颈耳。计东种所馀三万馀落，居近塞内，路无险折，非有燕、齐、秦、赵从横之埶，而久乱并、凉，累侵三辅，西河、上郡，已各内徙，安定、北地，复至单危，自云中、五原，西至汉阳二千馀里，匈奴、种羌，并擅其地，是为痈疽伏疾，留滞胁下，如不加诛，转就滋大。今若以骑五千，步万人，车三千两，三冬二夏，足以破定，无虑用费为钱五十四亿。②如此，则可令群羌破尽，匈奴长服，内徙郡县，得反本土。伏计永初中，诸羌反叛，十有四年，用二百四十亿；永和之末，复经七年，用八十馀亿。费耗若此，犹不诛尽，馀孽复起，于兹作害。今不暂疲人，则永宁无期。臣庶竭驽劣，伏待节度。”帝许之，悉听如所上。

①《左传》晋叔向母曰“狼子野心”也。

②无虑，都凡也。

建宁元年春，颎将兵万馀人，赍十五日粮，从彭阳直指高平，①与先零诸种战于逢义山。虏兵盛，颎众恐。颎乃令军中张镞利刃，〔29〕长矛三重，挟以强弩，列轻骑为左右翼。激怒兵将曰：“今去家数千里，进则事成，走必尽死，努力共功名！”因大呼，众皆应声腾赴，颎驰骑于傍，突而击之，虏众大溃，斩首八千馀级，获牛马羊二十八万头。

①彭阳，高平，并县名，属安定郡。彭阳县即今原州彭原县也。高平县今原州也。

时窦太后临朝，下诏曰：“先零东羌历载为患，颎前陈状，欲必埽灭。涉履霜雪，兼行晨夜，身当矢石，感厉吏士。曾未浃日，凶丑奔破，①连尸积俘，掠获无算。洗雪百年之逋负，以慰忠将之亡魂。②功用显著，朕甚嘉之。须东羌尽定，当并录功勤。今且赐颎钱二十万，以家一人为郎中。”敕中藏府调金钱彩物，增助军费。拜颎破羌将军。

①浃，匝也。浃音子牒反。谓匝十二辰也。

②《东观记》曰，太后诏云“此以慰种光、马贤等亡魂”也。

夏，颎复追羌出桥门，至走马水上。①寻闻虏在奢延泽，②乃将轻兵兼行，一日一夜二百馀里，晨及贼，击破之。馀虏走向落川，复相屯结。

颎乃分遣骑司马田晏将五千人出其东，假司马夏育将二千人绕其西。羌分六七千人攻围晏等，晏等与战，羌溃走。颎急进，与晏等共追之于令鲜水上。③颎士卒饥渴，乃勒众推方夺其水，④虏复散走。颎遂与相连缀，且斗且引，及于灵武谷。⑤颎乃被甲先登，士卒无敢后者。羌遂大败，弃兵而走。追之三日三夜，士皆重茧。⑥既到泾阳，⑦馀寇四千落，悉散入汉阳山谷间。

①《东观记·段颎(日)传》〔曰〕“出桥门谷”也。[30]

②即上郡奢延县界也。

③令鲜，水名，在今甘州张掖县界。一名合黎水，一名羌谷水也。

④推方谓方头竞进也。

⑤灵武，县名，有谷，在今灵州怀远县西北。

⑥茧，足下伤起形如茧也。《淮南子》曰“申包胥曾茧重胝”也。

⑦县名，属安定郡。

时张奂上言：“东羌虽破，馀种难尽，颎性轻果，虑负败难常。宜且以恩降，可无后悔。”诏书下颎。颎复上言：“臣本知东羌虽众，而软弱易制，所以比陈愚虑，思为永宁之算。而中郎将张奂，说虏强难破，宜用招降。圣朝明监，信纳瞽言，故臣谋得行，奂计不用。事势相反，遂怀猜恨。信叛羌之诉，饰润辞意，云臣兵累见折衄，①又言羌一气所生，不可诛尽，②山谷广大，不可空静，血流污野，伤和致灾。臣伏念周秦之际，戎狄为害，中兴以来，羌寇最盛，诛之不尽，虽降复叛。今先零杂种，累以反复，攻没县邑，剽略人物，发冢露尸，祸及生死，上天震怒，假手行诛。③昔邢为无道，卫国伐之，师兴而雨。④臣动兵涉夏，连获甘澍，岁时丰稔，人无疵疫。上占天心，不为灾伤；⑤下察人事，众和师克。⑥自桥门以西，落川以东，故(宫)〔官〕县邑，更相通属，[31]非为深险绝域之地，车骑安行，无应折衄。案奂为汉吏，身当武职，驻军二年，不能平寇，虚欲修文戢戈，招降犷敌，⑦诞辞空说，僭而无征。何以言之？昔先零作寇，赵充国徙令居内，⑧煎当乱边，马援迁之三辅，⑨始服终叛，至今为鲠。⑩故远识之士，以为深忧。今傍郡户口单少，数为羌所创毒，而欲令降徒与之杂居，是犹种枳棘于良田，养虺蛇于室内也。故臣奉大汉之威，建长久之策，欲绝其本根，不使能殖。⑪本规三岁之费，用五十四亿，今适期年，所耗未半，而馀寇残烬，将向殄灭。⑫臣每奉诏书，军不内御，⑬愿卒斯言，一以任臣，临时量宜，不失权便。”

①伤败曰衄，音女六反。

②言羌亦禀天之一气所生，诛之不可尽也。

③假，借也。《尚书》曰“皇天降灾，假手于我有命”也。

④《左传》曰“卫大旱，卜有事于山川，不吉。宁庄子曰：‘昔周饥，克殷而年丰。今邢方无道，天欲卫伐邢乎？’从之，师兴而雨”也。

⑤占，候也。

⑥克，胜也。《左传》曰“师克在和不在众’也。

⑦犷，恶貌也，音谷猛反。

⑧宣帝时，充国击西羌，徙之于金城郡也。

⑨迁置天水、陇西、扶风，见《西羌传》也。

⑩“鲠”与“梗”同。梗，病也。《大雅》云：“至今为梗。”

⑪殖，生也。《左传》曰：“为国家者，见恶如农夫之务去草焉，绝其本根，勿使能殖。”

⑫杜预注《左传》曰：“烬，火馀木也。”

⑬御，制御也。《淮南子》曰“国不可从外理，军不可从中御”也。

二年，诏遣谒者冯禅说降汉阳散羌。颎以春农，百姓布野，羌虽暂降，而县官无廪，必当复为盗贼，不如乘虚放兵，势必殄灭。夏，颎自进营，去羌所屯凡亭山四五十里，遣田晏、夏育将五千人据其山上。羌悉众攻之，厉声问曰：“田晏、夏育在此不？湟中义从羌悉在何面？今日欲决死生。”军中恐，晏等劝激兵士，殊死大战，遂破之。羌众溃，东奔，复聚射虎谷，分兵守诸谷上下门。颎规一举灭之，不欲复令散走，乃遣千人于西县结木为栅，广二十步，长四十里，遮之。①分遣晏、育等将七千人，衔枚夜上西山，结营穿堑，去虏一里许。又遣司马张恺等将三千人上东山。虏乃觉之，遂攻晏等，分遮汲水道。颎自率步骑进击水上，羌却走，因与恺等挟东西山，纵兵击破之，羌复败散。颎追至谷上下门穷山深谷之中，处处破之，斩其渠帅以下万九千级，获牛马驴骡毡裘庐帐什物，不可胜数。冯禅等所招降四千人，分置安定、汉阳、陇西三郡，于是东羌悉平。

①西县属天水郡，〔32〕故城在今秦州上邽县西南也。

凡百八十战，斩三万八千六百馀级，获牛马羊骡驴骆驼四十二万七千五百馀头，费用四十四亿，军士死者四百馀人。更封新丰县侯，邑万户。颎行军仁爱，士卒疾病者，亲自瞻省，手为裹创。在边十馀年，未尝一日蓐寝。①与将士同苦，故皆乐为死战。

①郭璞曰："蓐，席也。"言身不自安。

三年春，征还京师，将秦胡步骑五万馀人，及汗血千里马，生口万馀人。诏遣大鸿胪持节慰劳于镐。①军至，拜侍中。转执金吾河南尹。有盗发冯贵人冢，坐左转谏议大夫，再迁司隶校尉。

①镐，水名，在今长安县西。

颎曲意宦官，故得保其富贵，遂党中常侍王甫，枉诛中常侍郑飒、董腾等，增封四千户，并前万四千户。

明年，代李咸为太尉，其冬病罢，复为司隶校尉。数岁，转颍川太守，征拜太中大夫。

光和二年，复代桥玄为太尉。在位月馀，会日食自劾，有司举奏，诏收印绶，诣廷尉。时司隶校尉阳球奏诛王甫，并及颎，就狱中诘责之，遂饮鸩死，家属徙边。后中常侍吕强上疏，追讼颎功，灵帝诏颎妻子还本郡。

初，颎与皇甫威明、张然明，并知名显达，京师称为"凉州三明"云。

赞曰：山西多猛，"三明"俪踪。①戎骖纠结，尘斥河、潼。②规、奂审策，亟遏嚣凶。文会志比，更相为容。段追两狄，束马县锋。纷纭腾突，谷静山空。

①俪，偶也。《前书》班固曰："秦汉以来，山东出相，山西出将。"若白起、王翦、

李广、辛庆忌之流，皆山西人也。

②潼，谷名。谷有水，曰潼水，即潼关。

【校勘记】

〔1〕 规乃上疏求乞自效　按：殿本无“乞”字，王先谦谓无“乞”字是。

〔2〕 流血丹野　殿本“丹”作“川”，《校补》引钱大昭说，谓闽本作“川”。按：《集解》引周寿昌说，谓丹野犹赤地也，本书《公孙瓒传》有“流血丹水”语，与此同，作“丹”为是。

〔3〕 言国家不妄有褒贬进退　《校补》谓案文“妄”当作“闻”。

〔4〕 护羌校尉段颎坐征　按“段”字原皆讹“叚”，径改正，后如此不悉出校记。

〔5〕 臣生长邠岐　按：“岐”原讹“歧”，径据汲本、殿本改正。

〔6〕 若求猛(敌)〔将〕　据汲本、殿本改。

〔7〕 沈氏大豪滇昌饥恬等十馀万口　按：《集解》引惠栋说，谓《袁纪》作“二十馀万口”。

〔8〕 急使军就道　按：《刊误》谓“军”上少一字，或“督”或“领”也。

〔9〕 才略兼优　按：“兼”原讹“廉”，径据汲本、殿本改正。

〔10〕 欲退身避第　按：《集解》引钱大昕说，谓“第”当作“弟”，避弟谓己避位而弟得辟召也，此事见《风俗通·过誉篇》，下文“避第仕途”亦“弟”字之讹。

〔11〕 及党事大起(至)时人以为规贤　按：《校补》谓此文九十一字当在“让封不受”下。以所叙乃张奂已坐党禁锢归田里后事，故称奂为故大司农。据《奂传》，奂之被禁锢，先因灾应上疏追讼窦武、陈蕃，及言皇太后恩礼不接，触宦官忌，事已在灵帝建宁二年四月矣，不应反列于桓帝永康元年前也。

〔12〕 时人以为规贤　按：《刊误》谓案文当作“以规为贤”。

〔13〕 诛邓万　按：《校补》谓邓万即邓万世，章怀避唐讳，省去一“世”字。

〔14〕 敦煌(酒)〔渊〕泉人也　按：《集解》引钱大昕说，谓酒泉郡名，非县名，当作“渊泉”。《汉志》敦煌郡有渊泉县，《晋志》作“深泉”，盖避唐讳。章怀

本亦当作“深”，后人妄改为“酒”耳。胡注《通鉴》云奂敦煌渊泉人，胡所见本尚未讹也。今据改。注同。

〔15〕 (阳)〔瓜〕州晋昌县　汲本、殿本“阳”作“永”。按：《刊误》谓“永”当作“瓜”。《集解》引钱大昕说，谓闽本“永”作“阳”，考《唐书·地理志》，晋昌县属瓜州，永阳二字俱误。今据改。

〔16〕 时牟卿受书于张堪　按：《集解》引洪亮吉说，谓“张”字应作“周”字。

〔17〕 金(食)〔银〕器名　《集解》引洪颐煊说，谓《中山经》郭注，鏤，金银器之名。李注“食”当是“银”字之讹。今据改。

〔18〕 天乃雷雨以风　按：汲本、殿本“雨”作“电”。

〔19〕 穰穰满家　按：“穰穰”原讹“禳禳”，径据汲本、殿本改正。

〔20〕 乃以五百金买其首以报　按：《校补》引柳从辰说，谓今《新序》“首”作“骨”。案《北史·隐逸传》崔赜答豫章王书“燕求马首，薛养鸡鸣”，知古本原有作“首”者。《南史·郑鲜之传》“燕昭市骨而骏足至”，则仍作“骨”。且孔融与魏武论盛孝章书已云“燕君市骏马之骨”，是作“骨”亦由来已久。疑《新序》自有南北本之别，唐起北方，章怀所据盖是北本。

〔21〕 奢非晋文　按：《集解》引惠栋说，谓“晋”《续汉书》作“桓”，据注引齐桓公事，疑本书亦元是“桓”字。

〔22〕 王愔文志　按：殿本“文志”作“文字志”。

〔23〕 所在〔有〕能政　据《刊误》补。

〔24〕 〔会〕宗字子松　据殿本补。

〔25〕 司徒尹(讼)〔颂〕荐颎　《通鉴》胡注谓《桓帝纪》“讼”作“颂”，作“颂”为是。今据改。注同。

〔26〕 首虏五千馀人　按：“千”原讹“十”，径据汲本、殿本改正。

〔27〕 烧当种九十馀口诣颎降　按：《刊误》谓烧当一种不止九十馀口，其种中九十口降亦不足记，“十”当作“千”。

〔28〕 徒更招降　按：“徒”字疑讹，《通鉴》作“欲”。

〔29〕 乃令军中张鏃利刃　《刊误》谓案文鏃非可张，未知何字。按：殿本《考证》谓《通鉴》“张”作“长”。

〔30〕 段颎(日)传〔曰〕　据汲本改。

〔31〕 故(宫)〔官〕县邑更相通属　据汲本改。按：《刊误》谓案文“宫”当作

"官",旧屯田营壁皆是故官也。

〔32〕 西县属天水郡　按:《集解》引洪亮吉说,谓"天水"应作"汉阳",明帝永平十七年所改也。

后汉书卷六十六

陈王列传第五十六

陈蕃字仲举，汝南平舆人也。祖河东太守。蕃年十五，尝闲处一室，而庭宇芜秽。父友同郡薛勤来候之，谓蕃曰："孺子何不洒埽以待宾客？"蕃曰："大丈夫处世，当埽除天下，安事一室乎！"勤知其有清世志，甚奇之。

初仕郡，举孝廉，除郎中。遭母忧，弃官行丧。服阕，刺史周景辟别驾从事，①以谏争不合，投传而去。②后公府辟举方正，皆不就。

①《续汉志》曰："别驾从事，校尉行部奉引，总录众事。"

②投，弃也。传谓符也，音丁恋反。

太尉李固表荐，征拜议郎，再迁为乐安太守。①时李膺为青州刺史，名有威政，属城闻风，皆自引去，蕃独以清绩留。郡人周璆，高洁之士。②前后郡守招命莫肯至，唯蕃能致焉。字而不名，特为置一榻，去则县之。璆字孟玉，临济人，有美名。民有赵宣葬亲而不闭埏隧，③因居其中，行服二十馀年，乡邑称孝，州郡数礼请之。郡内以荐蕃，蕃与相见，问及妻子，而宣五子皆服中所生。蕃大怒曰："圣人制礼，贤者俯就，不肖企及。④且祭不欲数，以其易黩故也。⑤况乃寝宿冢藏，而孕育其中，诳时惑众，诬污鬼神乎？"遂致其罪。

①《续汉志》曰，乐安本名千乘，和帝更名也。

②璆音仇。

③埏隧，今人墓道也。〔1〕杜预注《左传》云："掘地通路曰隧。"

④《礼记》曰："三年之丧，可复父母之恩也。贤者俯而就之，不肖者企而及之。"

⑤黩，媟也。《礼记》曰："祭不欲数，数则烦，烦则不敬。"

大将军梁冀威震天下，时遣书诣蕃，有所请托，不得通，使者诈求谒，蕃怒，笞杀之，坐左转修武令。稍迁，拜尚书。〔2〕

时零陵、桂阳山贼为害，公卿议遣讨之，又诏下州郡，一切皆得举孝廉、茂才。蕃上疏驳之曰："昔高祖创业，万邦息肩，抚养百姓，同之赤子。①今二郡之民，亦陛下赤子也。致令赤子为害，岂非所在贪虐，使其然乎？宜严敕三府，隐覈牧守令长，其有在政失和，侵暴百姓者，即便举奏，更选清贤奉公之人，能班宣法令情在爱惠者，可不劳王师，而群贼弭息矣。又三署郎吏二千馀人，三府掾属过限未除，但当择善而授之，简恶而去之。岂烦一切之诏，以长请属之路乎！"以此忤左右，故出为豫章太守。性方峻，不接宾客，士民亦畏其高。②征为尚书令，送者不出郭门。

①《尚书》曰："若保赤子，唯人其康乂。"

②蕃丧妻，乡人毕至，唯许子将不往，曰："仲举性峻，峻则少通，故不造也。"

迁大鸿胪。会白马令李云抗疏谏，桓帝怒，当伏〔重〕诛。〔3〕蕃上书救云，坐免归田里。

复征拜议郎，数日迁光禄勋。时封赏逾制，内宠猥盛，蕃乃上疏谏曰："臣闻有事社稷者，社稷是为；有事人君者，容悦是为。今臣蒙恩圣朝，备位九列，见非不谏，则容悦也。夫诸侯上象四七，垂燿在天，下应分土，藩屏上国。①高祖之约，非功臣不侯。而闻追录河南尹邓万世父遵之微功，更爵尚书令黄儁先人之绝封，近习以非义授邑，左右以无功传赏，授位不料其任，裂土莫纪其功，至乃一门之内，侯者数人，故纬象失度，阴阳谬序，稼用不成，民用不康。臣知封事已行，言之无及，诚欲陛下从是而止。又比年收敛，十伤五六，万人饥寒，不聊生活，而采女数千，食肉衣绮，脂油粉黛，不可赀计。②鄙谚言'盗不过五女门'，以女贫家也。今后宫之女，岂不贫国乎！是以倾宫嫁而天下化，③楚女悲而西宫灾。④且聚而不御，必生忧悲之感，以致并隔水旱之困。夫狱以禁止奸违，官以称才理物。若法亏于平，官失其人，则王道有缺。而令天下之论，〔4〕皆谓狱由怨起，爵以贿成。夫不有臭秽，则苍蝇不飞。陛下宜采求失得，择从忠善。尺一选举，委尚书三公，⑤使褒责诛赏，各有所归，岂不幸甚！”帝颇纳其言，为出宫女五百馀人，但赐儁爵关内侯，而万世南乡侯。

①上象四七，谓二十八宿各主诸侯之分野，故曰下应分土，言皆以辅王室也。

②赀，量也。

③《帝王纪》曰“纣作倾宫，多采美女以充之。武王伐殷，乃归倾宫之女于诸侯”也。

④《公羊传》曰：“西宫灾。”何休注云：“时僖公为齐桓所胁，以齐媵为嫡，楚女废居西宫，而不见恤，悲愁怨旷所生。”

⑤尺一谓板长尺一，以写诏书也。

延熹六年，车驾幸广(城)〔成〕校猎。①〔5〕蕃上疏谏曰：“臣闻人君有事于苑囿，唯仲秋西郊，顺时讲武，杀禽助祭，以敦孝敬。如或违此，则为肆纵。故皋陶戒舜‘无教逸游’，②〔6〕周公戒成王‘无槃于游田’。③虞舜、成王犹有此戒，况德不及二主者乎！夫安平之时，尚宜有节，况当今之世，有三空之厄哉！〔7〕田野空，朝廷空，仓库空，是谓三空。加兵戎未戢，四方离散，是陛下焦心毁颜，坐以待旦之时也。岂宜扬旗曜武，骋心舆马之观乎！又(前)秋〔前〕多雨，〔8〕民始种麦。今失其劝种之时，而令给驱禽除路之役，非贤圣恤民之意也。齐景公欲观于海，放乎琅邪，晏子为陈百姓恶闻旌旗舆马之音，举首嚬眉之感，景公为之不行。周穆王欲肆车辙马迹，祭公谋父为诵《祈招》之诗，以止其心。诚恶逸游之害人也。”④书奏不纳。

①广(城)〔成〕，苑名，在今汝州梁县西也。

②《尚书·咎繇谟》曰：“无教逸欲有邦。”

③《尚书·无逸篇》之言。

④祭公，祭国公，为周卿士。谋父，名也。《祈招》，逸诗也。《左传》曰：“昔周穆王欲肆其心，周行天下，将皆必有车辙马迹焉。祭公谋父作《祈招》之诗以止王心。其诗曰：‘祈招之愔愔，式昭德音，思我王度，式如玉，式如金。刑人之力，而无醉饱之心。’”

自蕃为光禄勋，与五官中郎将黄琬共典选举，不偏权富，而为势家郎所谮诉，坐免归。顷之，征为尚书仆射，转太中大夫。八年，代杨秉为太尉。蕃让曰："'不愆不忘，率由旧章，'①臣不如太常胡广。齐七政，训五典，臣不如议郎王畅。聪明亮达，文武兼姿，〔9〕臣不如弛刑徒李膺。"帝不许。

①《诗·大雅》也。言成王令德，不过误，不遗失，循用旧典文章，谓周公之礼法也。

中常侍苏康、管霸等复被任用，遂排陷忠良，共相阿媚。大司农刘祐、廷尉冯绲、①河南尹李膺，皆以忤旨，为之抵罪。蕃因朝会，固理膺等，请加原宥，升之爵任。言及反覆，诚辞恳切。帝不听，因流涕而起。时小黄门赵津、〔10〕南阳大猾张(氾)〔汜〕等，〔11〕奉事中官，乘埶犯法，二郡太守刘瓆、成瑨考案其罪，虽经赦令，而并竟考杀之。〔12〕宦官怨恚，有司承旨，遂奏瓆、瑨罪当弃市。又山阳太守翟超，没入中常侍侯览财产，东海相黄浮，诛杀下邳令徐宣，超、浮并坐髡钳，输作左校。蕃与司徒刘矩、〔13〕司空刘茂共谏请瓆、瑨、超、浮等，帝不悦。有司劾奏之，矩、茂不敢复言。蕃乃独上疏曰："臣闻齐桓修霸，务为内政；②《春秋》于鲁，小恶必书。③宜先自整敕，后以及人。今寇贼在外，四支之疾；内政不理，心腹之患。臣寝不能寐，食不能饱，实忧左右日亲，忠言以疏，内患渐积，外难方深。陛下超从列侯，继承天位。④小家畜产百万之资，子孙尚耻愧失其先业，况乃产兼天下，受之先帝，而欲懈怠以自轻忽乎？诚不爱己，不当念先帝得之勤苦邪？前梁氏五侯，毒遍海内，⑤天启圣意，收而戮之，天下之议，冀当小平。明鉴未远，覆车如昨，而近习之权，复相扇结。小黄门赵津、大猾张(氾)〔汜〕等，肆行贪虐，奸媚左右，前太原太守刘瓆、南阳太守成瑨，纠而戮之。虽言赦后不当诛杀，原其诚心，在乎去恶。至于陛下，有何悁悁？⑥而小人道长，营惑圣听，〔14〕遂使天威为之发怒。如加刑谪，已为过甚，况乃重罚，令伏欧刀乎！又前山阳太守翟超、东海相黄浮，奉公不桡，疾恶如仇，超没侯览财物，浮诛徐宣之罪，并蒙刑坐，不逢赦恕。览之从横，没财已幸；宣犯衅过，死有馀辜。昔丞相申屠嘉召责邓通，洛阳令董宣折辱公主，而文帝从而请之，光武加以重赏，⑦未闻二臣有专命之诛。而今左右群竖，恶伤党类，妄相交搆，致此刑谴。闻臣是言，当复啼诉。陛下深宜割塞近习豫政之源，引纳尚书朝省之事，公卿大官，五日壹朝，⑧简练清高，斥黜佞邪。如是天和于上，地洽于下，休祯符瑞，岂远乎哉！陛下虽厌毒臣言，凡人主有自勉强，敢以死陈。"帝得奏愈怒，竟无所纳。朝廷众庶莫不怨之。宦官由此疾蕃弥甚，选举奏议，辄以中诏谴却，长(吏)〔史〕已下多至抵罪。〔15〕犹以蕃名臣，不敢加害。瑱字文理，高唐人。⑨瑨字幼平，陕人。〔16〕并有经术称，处位敢直言，多所搏击，知名当时，皆死于狱中。

①音古本反。

②《国语》曰："桓公问管仲曰：'安国可乎？'对曰：'未可。君若正卒伍，修甲兵，大国亦如之。若欲速得志于天下诸侯，则可以隐令，可以寄政。'公曰：'隐令寄政若何？'对曰：'作内政而寄军令焉。'"

③《公羊传》庄公四年，公及齐人狩于郜，讥其与雠狩也。僖公二十年，新作南门，讥其奢也。故曰"小恶必书"也。

④言桓帝以蠡吾侯即位。

⑤五侯谓胤、让、淑、忠、戟五人，与冀同时诛。事见《冀传》也。

⑥《说文》曰："悁悁，恚忿。"

⑦文帝时，太中大夫邓通爱幸，居上旁有怠慢礼。丞相申屠嘉入朝，因见之，为檄召通。通至，嘉曰："通小臣，戏殿上，大不敬，当斩。"通顿首，首尽出血。文帝使使召通，而谢丞相曰"吾弄臣，君释之"也。湖阳公主苍头白日杀人，匿主家，吏追不得。公主出，宣驻车叩马，以刀画地数主。主言于帝，帝赐宣钱三十万。语见《董宣传》。

⑧宣帝五日一听事，自丞相已下，各敷奏其言。

⑨高唐，县名，今博州县也。

九年，李膺等以党事下狱考实。蕃因上疏极谏曰："臣闻贤明之君，委心辅佐；亡国之主，讳闻直辞。故汤武虽圣，而兴于伊吕；桀纣迷惑，亡在失人。①由此言之，君为元首，臣为股肱，同体相须，其成美恶者也。②伏见前司隶校尉李膺、太仆杜密、太尉掾范滂等，正身无玷，死心社稷。以忠忤旨，横加考案，或禁锢闭隔，或死徙非所。杜塞天下之口，聋亡一世之人，与秦焚书阬儒，何以为异？③昔武王克殷，表闾封墓，④今陛下临政，先诛忠贤。遇善何薄？待恶何优？夫谗人似实，巧言如簧，⑤使听之者惑，视之者昏。夫吉凶之效，存乎识善；成败之机，在于察言。人君者，摄天地之政，秉四海之维，举动不可以违圣法，进退不可以离道规。谬言出口，则乱及八方，何况髡无罪于狱，杀无辜于市乎！昔禹巡狩苍梧，见市杀人，下车而哭之曰：'万方有罪，在予一人！'故其兴也勃焉。⑥又青、徐炎旱，五谷损伤，民物流迁，茹菽不足。⑦而宫女积于房掖，国用尽于罗纨，外戚私门，贪财受赂，所谓'禄去公室，政在大夫'。⑧昔春秋之末，周德衰微，数十年间无复灾眚者，天所弃也。⑨天之于汉，悢悢无已，⑩故殷勤示变，以悟陛下。除妖去孽，实在修德。臣位列台司，忧责深重，不敢尸禄惜生，坐观成败。如蒙采录，使身首分裂，异门而出，所不恨也。"⑪帝讳其言切，托以蕃辟召非其人，遂策免之。

①关龙逢，桀臣。王子比干，纣诸父，二人并谏，悉皆诛死。

②《前书》曰"君为元首，臣为股肱，明其一体相须而成"也。

③秦始皇时，丞相李斯上言曰："天下已定，百姓力农。今诸生好古，惑乱黔首，臣请史官非《秦记》及天下敢有藏《诗》、《书》、百家语者，悉烧之。"事见《史记》。卫宏《诏定古文官书序》曰："秦既焚书，患苦天下不从所改更，而诸生到者拜为郎，前后七百人。乃密令种瓜于骊山阬谷中温处，瓜实，诏博士说之，人人不同。乃令就视，为伏机，诸生贤儒皆至焉，方相难不决，因发机从上填之以土，皆压之，终乃无声。"今新丰县温汤处号愍儒乡。汤西有马谷，西岸有阬，古老相传以为秦阬儒处也。

④《史记》武王克殷，命毕公表商容之闾，闳夭封比干之墓也。

⑤《诗·小雅》曰："巧言如簧，颜之厚矣。"簧，笙簧也。言谗人之口以喻笙簧也。

⑥《说苑》曰：〔17〕"禹见罪人，下车泣而问之。左右曰：'夫罪人不顺，故使杀焉，君王何为痛之至此也！'禹曰：'尧舜之人，皆以尧舜之心为心。今寡人为君也，百姓各自以其心，是以痛之。'"《书》曰："百姓有罪，在予一人。"《左传》曰："禹汤罪己，其兴也勃焉。桀纣罪人，其亡也忽焉。"杜预注曰："勃，

盛也。"

⑦《广雅》曰:"茹,食也。"

⑧《论语》孔子之言也。

⑨《春秋感精符》曰:"鲁哀公政乱,绝无日食,天不谴告也。"

⑩恨恨犹眷眷也。

⑪《穀梁传》曰"公会齐侯于颊谷,齐人使优施舞于鲁之幕下。孔子曰:'笑君者罪当死。'使司马行法焉,首足异门而出"也。

永康元年,帝崩。窦后临朝,诏曰:"夫民生树君,使司牧之,必须良佐,以固王业。①前太尉陈蕃,忠清直亮。其以蕃为太傅,录尚书事。"时新遭大丧,国嗣未立,诸尚书畏惧权官,托病不朝。蕃以书责之曰:"古人立节,事亡如存。②今帝祚未立,政事日蹙,诸君奈何委荼蓼之苦,息偃在床?③于义不足,焉得仁乎!"诸尚书惶怖,皆起视事。

①《前书》谷永曰"臣闻天生蒸人,不能相持,〔18〕为立王者以统理之(故)"也。〔19〕

②言人主虽亡,法度尚存,〔20〕当行之与不亡时同,故曰"如存"。《前书》爰盎曰"主在与在,主亡与亡"也。

③《诗·国风》曰:"谁谓荼苦,其甘如荠。"《周颂》曰:"未堪家多难,予又集于蓼。"

灵帝即位,窦太后复优诏蕃曰:"盖褒功以劝善,表义以厉俗,无德不报,《大雅》所叹。①太傅陈蕃,辅弼先帝,出内累年。②忠孝之美,德冠本朝;謇愕之操,华首弥固。③今封蕃高阳乡侯,食邑三百户。"蕃上疏让曰:"使者即臣庐,授高阳乡侯印绶,④臣诚悼心,不知所裁。臣闻让,身之文,德之昭也,然不敢盗以为名。窃惟割地之封,功德是为。臣孰自思省,前后历职,无它异能,合亦食禄,不合亦食禄。臣虽无素洁之行,窃慕'君子不以其道得之,不居也'。⑤若受爵不让,掩面就之,⑥使皇天震怒,〔21〕灾流下民,于臣之身,亦何所寄?顾惟陛下哀臣朽老,戒之在得。"⑦窦太后不许,蕃复固让,章前后十上,竟不受封。

①《诗·大雅》曰:"无言不雠,无德不报。"

②内音纳。《尚书》曰"出纳朕命"也。

③齐宣王对闾丘卭曰："夫士亦华发堕颠而后可用。"见《新序》。

④即，就也。

⑤《论语》孔子曰："富与贵是人之所欲，不以其道得之，不处也。"

⑥《诗·小雅》曰："受爵不让，至于已斯亡。"注云："爵禄不以相让，故怨祸及之"也。

⑦《论语》孔子曰："及其老也，血气既衰，戒之在得。"注云："得，贪也。"

初，桓帝欲立所幸田贵人为皇后。蕃以田氏卑微，窦族良家，争之甚固。帝不得已，乃立窦后。及后临朝，故委用于蕃。蕃与后父大将军窦武，同心尽力，征用名贤，共参政事，天下之士，莫不延颈想望太平。而帝乳母赵娆，旦夕在太后侧，① 中常侍曹节、王甫等与共交构，谄事太后。太后信之，数出诏命，有所封拜，及其支类，多行贪虐。蕃常疾之，志诛中官，会窦武亦有谋。蕃自以既从人望而德于太后，必谓其志可申，乃先上疏曰："臣闻言不直而行不正，则为欺乎天而负乎人。危言极意，则群凶侧目，祸不旋踵。钧此二者，臣宁得祸，不敢欺天也。今京师嚣嚣，道路諠哗，言侯览、曹节、公乘昕、王甫、郑飒等与赵夫人诸女尚书并乱天下。② 附从者升进，忤逆者中伤。③ 方今一朝群臣，如河中木耳，泛泛东西，耽禄畏害。陛下前始摄位，顺天行诛，苏康、管霸并伏其辜。是时天地清明，人鬼欢喜，奈何数月复纵左右？元恶大奸，莫此之甚。今不急诛，必生变乱，倾危社稷，其祸难量。愿出臣章宣示左右，并令天下诸奸知臣疾之。"太后不纳，朝廷闻者莫不震恐。蕃因与窦武谋之，语在《武传》。

①娆音乃了反。

②赵夫人即赵娆也。女尚书，宫内官也。

③《前书》刘向上书论王凤曰"称誉者登进，忤恨者诛伤"也。

及事泄，曹节等矫诏诛武等。蕃时年七十馀，闻难作，将官属诸生八十馀人，并拔刃突入承明门，攘臂呼曰："大将军忠以卫国，黄门反逆，何云窦氏不道邪？"王甫时出，与蕃相迕，① 适闻其言，而让蕃曰："先帝新弃天下，山陵未成，窦武何功，兄弟父子，一门三侯？又多取掖庭宫人，作乐饮宴，旬月之间，赀财亿计。大臣若此，是为道邪？公为栋梁，枉桡阿党，复焉求贼！”遂令收蕃。蕃拔剑叱甫，甫兵不敢近，乃益人围之数十重，遂执蕃送黄门北寺狱。黄门从官驺②蹋蹴蕃曰：“死老魅！复能损我曹员数，夺我曹禀假不？”即日害之。徙其家属于比景，宗族、门生、故吏皆斥免禁锢。

①迕犹遇也。

②驺，骑士也。

蕃友人陈留朱震，时为铚令，①闻而弃官哭之，收葬蕃尸，匿其子逸于甘陵界中。事觉系狱，合门桎梏。震受考掠，誓死不言，故逸得免。后黄巾贼起，大赦党人，乃追还逸，官至鲁相。

①铚，县，属沛郡。

震字伯厚，初为州从事，奏济阴太守单匡臧罪，并连匡兄中常侍车骑将军超。〔22〕桓帝收匡下廷尉，以谴超，超诣狱谢。三府谚曰：“车如鸡栖马如狗，疾恶如风朱伯厚。”

论曰：桓、灵之世，若陈蕃之徒，咸能树立风声，抗论惛俗。而驱驰崄阸之中，与刑人腐夫同朝争衡，①终取灭亡之祸者，彼非不能洁情志，违埃雾也。②愍夫世士以离俗为高而人伦莫相恤也。〔23〕以遁世为非义，故屡退而不去；以仁心为己任，虽道远而弥厉。③及遭际会，〔24〕协策窦武，自谓万世一遇也。懔懔乎伊、望之业矣！④功虽不终，然其信义足以携持民心。汉世乱而不亡，百馀年间，数公之力也。

①《前书》班固曰：“相与提衡。”《音义》云：“衡，平也。言二人齐也。”

②违，避也。

③《论语》曰：“仁以为己任，不亦重乎！死而后已，不亦远乎！”

④懔懔，有风采之貌也。

王允字子师，太原祁人也。①世仕州郡为冠盖。同郡郭林宗尝见允而奇之，曰：“王生一日千里，王佐才也。”②遂与定交。

①祁，今并州县也。

②《史记》曰，田光谓燕太子丹曰："臣闻骐骥壮盛之时，一日千里；至其老也，驽马先之。"

年十九，为郡吏。时小黄门晋阳赵津贪横放恣，为一县巨患，允讨捕杀之。而津兄弟谄事宦官，因缘谮诉，桓帝震怒，征太守刘瓆，遂下狱死。允送丧还平原，终毕三年，然后归家。复还仕，郡人有路佛者，〔25〕少无名行，而太守王球召以补吏，允犯颜固争，球怒，收允欲杀之。刺史邓盛闻而驰传辟为别驾从事。允由是知名，而路佛以之废弃。

允少好大节，有志于立功，常习诵经传，朝夕试驰射。三公并辟，以司徒高第为侍御史。中平元年，黄巾贼起，特选拜豫州刺史。辟荀爽、孔融等为从事，上除禁党。〔26〕讨击黄巾别帅，大破之，与左中郎将皇甫嵩、右中郎将朱儁等受降数十万。于贼中得中常侍张让宾客书疏，与黄巾交通，允具发其奸，以状闻。灵帝责怒让，让叩头陈谢，竟不能罪之。而让怀协忿怨，〔27〕以事中允。①明年，遂传下狱。②〔28〕

①中，伤也。

②传，逮也。

会赦，还复刺史。旬日间，复以它罪被捕。司徒杨赐以允素高，不欲使更楚辱，①乃遣客谢之曰："君以张让之事，故一月再征。凶慝难量，幸为深计。"②又诸从事好气决者，共流涕奉药而进之。允厉声曰："吾为人臣，获罪于君，当伏大辟以谢天下，岂有乳药求死乎！"投杯而起，出就槛车。既至廷尉，左右皆促其事，朝臣莫不叹息。大将军何进、太尉袁隗、司徒杨赐共上疏请之曰：〔29〕"夫内视反听，则忠臣竭诚；宽贤矜能，则义士厉节。③是以孝文纳冯唐之说，④晋悼宥魏绛之罪。⑤允以特选受命，诛逆抚顺，曾未期月，州境澄清。方欲列其庸勋，请加爵赏，而以奉事不当，当肆大戮。责轻罚重，有亏众望。臣等备位宰相，不敢寝默。诚以允宜蒙三槐之听，以昭忠贞之心。"⑥书奏，得以减死论。是冬大赦，而允独不在宥，三公咸复为言。至明年，乃得解释。是时宦者横暴，睚眦触死。⑦允惧不免，乃变易名姓，转侧河内、陈留间。⑧

①更,经也。楚,苦痛。

②深计谓令自死。

③内视,自视也。反听,自听也。言皆恕己,不责于人也。

④文帝时,魏尚为云中守,下吏免。冯唐为郎中署长,奏言曰:"臣闻魏尚为云中守,上功首虏差六级,陛下下之吏,削其爵。愚以为陛下法太明,赏太轻,罚太重。"帝即日赦尚复为云中太守。

⑤《左传》曰,晋悼公之弟杨干乱行于曲梁,魏绛戮其仆。公怒之。绛曰:"臣闻师众以顺为武,军事有死无犯为敬。臣惧其死,以及杨干,无所逃罪。"公自:"寡人有弟不能教训,使干大命,寡人之过也。子无重寡人之过。"与之礼食,使佐新军。

⑥《周礼》朝士职,三槐、九棘,公卿于下听讼,故曰"三槐之听"。

⑦睚音五懈反。眦音士懈反。《前书》曰:"原涉好杀,睚眦于尘中,触死者甚多。"

⑧转侧犹去来也。

及帝崩,乃奔丧京师。时大将军何进欲诛宦官,召允与谋事,请为从事中郎,转河南尹。献帝即位,拜太仆,再迁守尚书令。

初平元年,代杨彪为司徒,守尚书令如故。及董卓迁都关中,允悉收敛兰台、石室图书秘纬要者以从。既至长安,皆分别条上。又集汉朝旧事所当施用者,一皆奏之。经籍具存,允有力焉。时董卓尚留洛阳,朝政大小,悉委之于允。允矫情屈意,每相承附,卓亦推心,不生乖疑,故得扶持王室于危乱之中,臣主内外,莫不倚恃焉。

允见卓祸毒方深,篡逆已兆,密与司隶校尉黄琬、尚书郑公业等谋共诛之。乃上护羌校尉杨瓒行左将军事,执金吾士孙瑞为南阳太守,并将兵出武关道,以讨袁术为名,实欲分路征卓,而后拔天子还洛阳。卓疑而留之,允乃引内瑞为仆射,瓒为尚书。

二年,卓还长安,录入关之功,封允为温侯,食邑五千户。固让不受。士孙瑞说允曰:"夫执谦守约,存乎其时。公与董太师并位俱封,而独崇高节,岂和光之道邪?"①允纳其言,乃受二千户。

①《老子》曰:"和其光,同其尘。"

三年春，连雨六十馀日，允与士孙瑞、杨瓒登台请霁，复结前谋。①瑞曰："自岁末以来，太阳不照，霖雨积时，月犯执法，②彗孛仍见，昼阴夜阳，雾气交侵，此期应促尽，内发者胜。几不可后，公其图之。"允然其言，乃潜结卓将吕布，使为内应。会卓入贺，吕布因刺杀之。语在《卓传》。③

①《说文》曰："霁，雨止也。"郭璞曰："南阳人呼雨止曰霁。"

②执法，星名。《史记》曰"太微南四星曰执法"也。

③帝时疾愈，故入贺也。

允初议赦卓部曲，吕布亦数劝之。既而疑曰："此辈无罪，从其主耳。今若名为恶逆而特赦之，适足使其自疑，非所以安之之道也。"吕布又欲以卓财物班赐公卿、将校，允又不从。而素轻布，以剑客遇之。布亦负其功劳，多自夸伐，既失意望，渐不相平。

允性刚棱疾恶，①初惧董卓豺狼，故折节图之。卓既歼灭，自谓无复患难，及在际会，每乏温润之色，杖正持重，不循权宜之计，是以群下不甚附之。

①棱，威稜也，力登反。

董卓将校及在位者多凉州人，允议罢其军。或说允曰："凉州人素惮袁氏而畏关东。今若一旦解兵(关东)，〔30〕则必人人自危。可以皇甫义真为将军，就领其众，因使留陕以安抚之，而徐与关东通谋，以观其变。"允曰："不然。关东举义兵者，皆吾徒耳。今若距险屯陕，虽安凉州，而疑关东之心，甚不可也。"时百姓讹言，当悉诛凉州人，遂转相恐动。其在关中者，皆拥兵自守。更相谓曰："丁彦思、蔡伯喈但以董公亲厚，并尚从坐。〔31〕今既不赦我曹，而欲解兵，今日解兵，明日当复为鱼肉矣。"卓部曲将李傕、郭汜等先将兵在关东，因不自安，遂合谋为乱，攻围长安。城陷，吕布奔走。布驻马青琐门外，①招允曰："公可以去乎?"允曰："若蒙社稷之灵，上安国家，吾之愿也。如其不获，则奉身以死之。朝廷幼少，恃我而已，②临难苟免，吾不忍也。努力谢关东诸公，勤以国家为念。"

①《前书音义》曰:“以青画户边镂中,天子制也。”

②朝廷谓天子也。

初,允以同郡宋翼为左冯翊,王宏为右扶风。是时三辅民庶炽盛,兵谷富实,李傕等欲即杀允,惧二郡为患,乃先征翼、宏。宏遣使谓翼曰:“郭汜、李傕以我二人在外,故未危王公。今日就征,明日俱族。计将安出?”翼曰:“虽祸福难量,然王命所不得避也。”宏曰:“义兵鼎沸,在于董卓,况其党与乎!若举兵共讨君侧恶人,山东必应之,此转祸为福之计也。”翼不从。宏不能独立,遂俱就征,下廷尉。傕乃收允及翼、宏,并杀之。

允时年五十六。长子侍中盖、次子景、定及宗族十馀人皆见诛害,唯兄子晨、陵得脱归乡里。天子感恸,百姓丧气,莫敢收允尸者,唯故吏平陵令赵戬弃官营丧。①

①戬音翦。

王宏字长文,少有气力,不拘细行。初为弘农太守,考案郡中有事宦官买爵位者,虽位至二千石,皆掠考收捕,遂杀数十人,威动邻界。素与司隶校尉胡种有隙,及宏下狱,种遂迫促杀之。宏临命诟①曰:“宋翼竖儒,不足议大计。②胡种乐人之祸,祸将及之。”种后眠辄见宏以杖击之,因发病,数日死。

①诟,骂也,音火豆反。

②竖者,言贱劣如僮竖。

后迁都于许,帝思允忠节,使改殡葬之,遣虎贲中郎将奉策吊祭,赐东园秘器,赠以本官印绶,送还本郡。封其孙黑为安乐亭侯,〔32〕食邑三百户。

士孙瑞字君策,〔33〕扶风人,颇有才谋。瑞以允自专讨董卓之劳,故归功不侯,所以获免于难。后为国三老、光禄大夫。每三公缺,杨彪、皇甫嵩皆让位于瑞。兴平二年,从驾东归,为乱兵所杀。

赵戬字叔茂,长陵人,性质正多谋。初平中,为尚书,典选举。董卓数欲有所私授，戬辄坚拒不听，言色强厉。卓怒，召将杀之，众人悚慄，而戬辞貌自若。卓悔，谢释之。长安之乱，客于荆州，刘表厚礼焉。及曹操平荆州，乃辟之，执戬手曰："恨相见晚。"卒相国锺繇长史。①

①锺繇字元常，魏太祖时为相国。

论曰：士虽以正立，亦以谋济。若王允之推董卓而引其权，伺其间而敝其罪，当此之时，天下悬解矣。①而终不以猜忤为衅者，知其本于忠义之诚也。故推卓不为失正，分权不为苟冒，伺间不为狙诈。及其谋济意从，则归成于正也。

①《庄子》曰："斯所谓帝之悬解。"悬解喻安泰也。

赞曰：陈蕃芜室，志清天纲。人谋虽缉，幽运未当。①言观殄瘁，曷非云亡？②子师图难，晦心倾节。③功全元丑，身残馀孽。时有隆夷，事亦工拙。④

①缉，合也。《易·下系》曰："人谋鬼谋。"言蕃设谋虽合，而冥运未符也。

②殄，尽也。瘁，病也。言国将殄瘁，岂不由贤人云亡乎？《诗·大雅》曰"人之云亡，邦国殄瘁"也。

③谓矫性屈意于董卓。

④诛卓为工，被杀为拙也。

【校勘记】

〔1〕　埏隧今人墓道也　按：汲本"人"作"人"。

〔2〕　稍迁拜尚书　按：《校补》谓案文"拜"上当有"召"字。

〔3〕　当伏〔重〕诛　据汲本、殿本补。

〔4〕　而令天下之论　按：《刊误》谓案文"令"当作"今"。

〔5〕　车驾幸广(城)〔成〕校猎　按：《集解》引钱大昕说，谓"城"当作"成"，马融上《广成颂》，即此。今据改。注同。

〔6〕　无教逸游　按："教"原讹"放"，径据汲本、殿本改正。

〔7〕有三空之厄哉　按:《校补》引柳从辰说,谓《御览》四五二引本书,“厄”作“危”。

〔8〕又(前)秋〔前〕多雨　据殿本改。

〔9〕文武兼姿　按:《刊误》谓姿是姿貌,此当作“资”。

〔10〕时小黄门赵津　按:钱大昕谓据《王允传》称“小黄门晋阳赵津”,此传“小黄门”下无“晋阳”字,则“二郡”文不可通矣。

〔11〕南阳大猾张(氾)(汜)　按汲本、殿本改。下同。按:《岑晊传》作“张汎”,汎与汜同。

〔12〕而并竟考杀之　按:《刊误》谓案汉、魏鞫狱皆云“考竟”,此误倒。

〔13〕蕃与司徒刘矩　《集解》引惠栋说,谓《考异》云时胡广为司徒,非矩也,栋案《刘恺传》,《考异》非也。今按:刘矩未尝为司徒,《考异》说是。《刘恺传》亦误,参阅《刘恺传》校记。

〔14〕营惑圣听　按:何焯校本改“营”为“荧”。

〔15〕长(吏)〔史〕已下多至抵罪　《刊误》谓案文“吏”当作“史”,太尉府有长史,故因蕃见谴也。今据改。

〔16〕瑨字幼平陕人　按:“陕”原讹“陝”,径据汲本改正。

〔17〕说菀曰　汲本、殿本“菀”作“苑”。按:苑菀通。

〔18〕不能相持　殿本“持”作“治”。案“治”作“持”,避唐讳改。

〔19〕为立王者以统理之(故)也　据殿本删,与《前书·谷永传》合。

〔20〕法度尚存　按:汲本、殿本“存”作“在”。

〔21〕使皇天震怒　按:“震”原讹“振”,径据汲本、殿本改正。

〔22〕并连匡兄中常侍车骑将军超　按:《校补》谓《宦者传》又谓匡为超弟之子。

〔23〕而人伦莫相恤也　按:李慈铭谓《治要》“莫”下有“能”字,当据增。

〔24〕及遭际会　按:李慈铭谓《治要》“遭”下有“值”字,当据增。

〔25〕复还仕郡人有路佛者　按:张森楷谓“郡”下当更有一“郡”字。

〔26〕上除禁党　按:李慈铭谓“禁党”当作“党禁”。

〔27〕而让怀协忿怨　汲本、殿本“协”作“挟”。按:协挟古字通,《党锢传》“怀经协术”,《黄琼传》“黄门协邪”,皆借“协”为“挟”也。

〔28〕明年遂传下狱　按:《校补》引柳从辰说,谓“明年”二字衍,盖黄巾起事及允之讨击黄巾别帅,发张让之奸,皆中平元年二三月事,下狱会赦,还

复刺史，旬日间复以它罪被捕，仍不出元年三月也。

〔29〕　太尉袁隗司徒杨赐　《通鉴考异》谓隗、赐时皆不为此官，恐误。按：《通鉴》系此事于中平元年冬十二月，故《考异》云然。柳从辰谓隗、赐之与何进共上疏请，乃在元年二三月间，其时袁隗为司徒，杨赐为太尉，不过官名互误耳。

〔30〕　今若一旦解兵(关东)　《刊误》谓案文多“关东”二字。今据删。按：《集解》引王补说，谓《通鉴》作“解兵开关”。

〔31〕　丁彦思蔡伯喈但以董公亲厚并尚从坐　按：《集解》引洪亮吉说，谓丁彦思不知何人，陈、范二史于《卓传》俱不载，裴松之注极详，亦不及此。又引王补说，谓《通鉴》无“丁彦思”三字。

〔32〕　封其孙黑为安乐亭侯　按：《校补》引柳从辰说，谓《袁纪》“黑”作“异”。

〔33〕　士孙瑞字君策　按：《集解》引惠栋说，谓“策”一作“荣”，见《三辅决录》。

后汉书卷六十七

党锢列传第五十七

孔子曰："性相近也，习相远也。"言嗜恶之本同，而迁染之涂异也。①夫刻意则行不肆，牵物则其志流。②是以圣人导人理性，裁抑宕佚，慎其所与，节其所偏，虽情品万区，质文异数，至于陶物振俗，其道一也。③叔末浇讹，王道陵缺，④而犹假仁以效己，凭义以济功。举中于理，则强梁褫气；片言违正，则厮台解情。盖前哲之遗尘，有足求者。⑤

①嗜犹好也。恶音乌故反。言人好恶，各有本性，迁染者，由其所习。《尚书》曰："唯人生厚，因物有迁。"《墨子》曰："墨子见染丝者，泣而叹曰：'染于苍则苍，染于黄则黄，故染不可不慎也。非独染丝然也，国亦有染。汤染于伊尹，故王天下；殷纣染于恶来，故国残身死，为天下僇。'"

②刻意，刻削其意不得自恣也。《庄子》曰："刻意尚行，离时异俗。"行音下孟反。肆犹放纵也。牵物谓为物所牵制，则其志流宕忘反也。《淮南子》曰："非拘系牵连于物，而不与推移也。"

③陶谓陶冶以成之。《管子》曰："夫法之制人，犹陶之于埴，冶之于金也。"埴音植。

④叔末犹季末也。谓当春秋之时。

⑤褫犹夺也，音直纸反。厮台，贱人也。齐侯伐楚，楚子使与师言曰："君处北海，寡人处南海，唯是风马牛不相及也，不虞君之涉吾地也。何故？"管仲对曰："尔贡苞茅不入，王祭不供，无以缩酒，寡人是征。"对曰："贡之不入，寡君之罪也。"遂使屈完与齐盟于召陵。此强梁褫气也。又晋吕甥、郤芮将焚公宫而杀晋侯，寺人披请见，公使让之，且辞曰："汝为惠公来求杀余，命汝三宿，汝中宿而至。虽君有命，何其速也？"对曰："臣谓君之入也，其知之矣。若犹未也，又将及难。〔1〕君命无二，古之制也。除君之恶，唯力是视，蒲人

狄人,余何有焉。今君即位,其无蒲、狄乎?"此为厮台解情也。并见《左传》。

霸德既衰,狙诈萌起。①强者以决胜为雄,弱者以诈劣受屈。至有画半策而绾万金,开一说而锡琛瑞。②或起徒步而仕执圭,解草衣以升卿相。③士之饰巧驰辩,以要能钓利者,不期而景从矣。④自是爱尚相夺,与时回变,其风不可留,其敝不能反。

①霸德衰谓六国时也。狙音七馀反。《广雅》曰:"狙,狝猴也。"〔2〕以其多诈,故比之也。

②苏秦说赵王,赐白璧百双,黄金万镒。虞卿一见赵王,赐白璧一双,黄金百镒。见《史记》及《战国策》。

③《史记》曰,楚惠王言"庄舄,越之鄙细人也,今仕楚执圭,贵富矣"。解草衣谓范睢、蔡泽之类。〔3〕

④《韩子》李斯曰"韩非饰辩诈谋,以钓利于秦"也。贾谊《过秦》曰"赢粮而景从"也。〔4〕

及汉祖杖剑,武夫勃兴,宪令宽赊,文礼简阔,绪馀四豪之烈,人怀陵上之心,①轻死重气,怨惠必雠,令行私庭,权移匹庶,任侠之方,成其俗矣。②自武帝以后,崇尚儒学,怀经协术,〔5〕所在雾会,至有石渠分争之论,党同伐异之说,守文之徒,盛于时矣。③至王莽专伪,终于篡国,忠义之流,〔6〕耻见缨绋,遂乃荣华丘壑,甘足枯槁。④虽中兴在运,汉德重开,而保身怀方,弥相慕袭,去就之节,重于时矣。⑤逮桓灵之间,主荒政缪,国命委于阉寺,〔7〕士子羞与为伍,故匹夫抗愤,处士横议,遂乃激扬名声,互相题拂,品覈公卿,裁量执政,婞直之风,于斯行矣。⑥

①四豪谓信陵君魏公子无忌、平原君赵胜、春申君黄歇、孟尝君田文。《前书》班固曰:"游谈者以四豪为称首。"

②《前书音义》曰:"相与信为任,同是非为侠,所谓权行州域,力折公侯者也。"

③武帝诏求贤良,于是公孙弘、董仲舒等出焉。宣帝时,集诸儒于石渠阁,讲论六艺。召《五经》名儒太子太傅萧望之等大议殿中,平《公羊》、《穀梁》同异,同己者朋党之,异己者攻伐之。刘歆书曰:"党同门,妒道真。"

④谓龚胜、薛方、郭钦、蒋诩之类,并隐居不应莽召。

⑤谓逢萌、严光、周党、尚长之属。

⑥婞，狠也，音邢鼎反。

夫上好则下必甚，矫枉故直必过，其理然矣。①若范滂、张俭之徒，清心忌恶，终陷党议，不其然乎？

①《礼记》曰："下之事上也，不从其所令，从其所行。上好是物，下必有甚者矣。"矫，正也。正枉必过其直，见《孟子》。〔8〕

初，桓帝为蠡吾侯，受学于甘陵周福，及即帝位，擢福为尚书。时同郡河南尹房植有名当朝，乡人为之谣曰："天下规矩房伯武，因师获印周仲进。"二家宾客，互相讥揣，①遂各树朋徒，渐成尤隙，由是甘陵有南北部，党人之议，自此始矣。后汝南太守宗资任功曹范滂，南阳太守成瑨亦委功曹岑晊，②二郡又为谣曰："汝南太守范孟博，南阳宗资主画诺。南阳太守岑公孝，弘农成瑨但坐啸。"③因此流言转入太学，诸生三万馀人，郭林宗、贾伟节为其冠，④并与李膺、陈蕃、王畅更相褒重。学中语曰："天下模楷李元礼，不畏强御陈仲举，天下俊秀王叔茂。"又渤海公族进阶、⑤扶风魏齐卿，并危言深论，不隐豪强。⑥自公卿以下，莫不畏其贬议，屣履到门。

①初委反。

②音质。

③《谢承书》曰"成瑨少修仁义，笃学，以清名见。举孝廉，拜郎中，迁南阳太守。郡旧多豪强，中官黄门磐(牙)互境界。〔9〕瑨下车，振威严以检摄之。是时桓帝乳母、中官贵人外亲张子禁，怙恃贵势，不畏法网，功曹岑晊劝使捕子禁付宛狱，笞杀之。桓帝征瑨，下狱死。宗资字叔都，南阳安众人也。家代为汉将相名臣。祖父均，自有传。资少在京师，学《孟氏易》、《欧阳尚书》。举孝廉，拜议郎，补御史中丞、汝南太守。署范滂为功曹，委任政事，推功于滂，不伐其美。任善之名，闻于海内"也。

④冠犹首也。

⑤公族，姓也，名进阶。《风俗通》曰："晋成公立嫡子为公族大夫。"韩无忌号公族穆子，见《左氏传》。

⑥危言谓不畏危难而直言也。《论语》孔子曰："邦有道，危言危行。"

时河内张成善说风角，推占当赦，遂教子杀人。李膺为河南尹，〔10〕督促收捕，既而逢宥获免，膺愈怀愤疾，竟案杀之。初，成以方伎交通宦官，帝亦颇谇其占。〔11〕成弟子牢脩因上书诬告膺等养太学游士，〔12〕交结诸郡生徒，更相驱驰，共为部党，诽讪朝廷，疑乱风俗。①于是天子震怒，班下郡国，逮捕党人，布告天下，使同忿疾，遂收执膺等。其辞所连及陈寔之徒二百馀人，或有逃遁不获，皆悬金购募。使者四出，相望于道。明年，尚书霍谞、城门校尉窦武并表为请，帝意稍解，乃皆赦归田里，禁锢终身。而党人之名，犹书王府。

①《说文》曰："诽，谤也。"《苍颉篇》曰："讪，非也。"

自是正直废放，邪枉炽结，海内希风之流，遂共相摽搒，①指天下名士，为之称号。上曰"三君"，次曰"八俊"，次曰"八顾"，次曰"八及"，次曰"八厨"，犹古之"八元"、"八凯"也。窦武、刘淑、陈蕃为"三君"。君者，言一世之所宗也。李膺、荀翌、〔13〕杜密、王畅、刘祐、魏朗、赵典、朱寓为"八俊"。俊者，言人之英也。郭林宗、宗慈、巴肃、夏馥、范滂、尹勋、蔡衍、羊陟为"八顾"。顾者，言能以德行引人者也。张俭、岑晊、刘表、陈翔、孔昱、〔14〕苑康、〔15〕檀(敷)〔敷〕、〔16〕翟超为"八及"。及者，言其能导人追宗者也。②度尚、张邈、王考、刘儒、胡母班、秦周、蕃向、王章为"八厨"。③厨者，言能以财救人者也。

①希，望也。摽搒犹相称扬也。"搒"与"牓"同，古字通。

②导，引也。宗谓所宗仰者。

③蕃，姓也，音皮。

又张俭乡人朱并，承望中常侍侯览意旨，上书告俭与同乡二十四人别相署号，共为部党，图危社稷。以俭及檀彬、褚凤、张肃、薛兰、冯禧、魏玄、徐乾为"八俊"，田林、张隐、刘表、薛郁、王访、刘祇、〔17〕宣靖、公绪恭为"八顾"，①朱楷、〔18〕田槃、疏耽、薛敦、宋布、唐龙、嬴咨、宣褒为"八及"，刻石立墠，共为部党，而俭为之魁。②灵帝诏刊章捕俭等。③大长秋曹节因此讽有司奏捕前党故司空虞放、太仆杜密、长乐少府李膺、司隶校尉朱寓、颍川太守巴肃、沛相荀翌、河内太守魏朗、山阳太守翟超、任城相刘儒、太尉掾范滂等百馀人，皆死狱中。馀或先殁不及，或亡命获免。自此诸为怨隙者，因相陷害，睚眦之忿，滥入党中。④又州郡承旨，或有未尝交关，亦离祸毒。其死徙废禁者，六七百人。

①公绪，姓也。

②墠，除地于中为坛。墠音禅。魁，大帅也。

③刊，削。不欲宣露并名，故削除之，而直捕俭等。

④睚音五懈反。《广雅》曰："睚，裂也。"眦音才赐反。《前书音义》曰："瞋目皃也。"《史记》曰："睚眦之隙必报。"

熹平五年，永昌太守曹鸾上书大讼党人，言甚方切。帝省奏大怒，即诏司隶、益州槛车收鸾，送槐里狱掠杀之。于是又诏州郡更考党人门生故吏父子兄弟，其在位者，免官禁锢，爰及五属。①

①谓斩衰、齐衰、大功、小功、缌麻也。

光和二年，上禄长和海①上言："礼，从祖兄弟别居异财，恩义已轻，服属疏末。而今党人锢及五族，既乖典训之文，有谬经常之法。"②帝览而悟之，党锢自从祖以下，皆得解释。

①上禄，县，属武都郡，今成州县也。

②《左氏传》曰："父子兄弟，罪不相及。"

中平元年，黄巾贼起，中常侍吕强言于帝曰："党锢久积，人情多怨。若久不赦宥，轻与张角合谋，为变滋大，悔之无救。"帝惧其言，乃大赦党人，诛徙之家皆归故郡。其后黄巾遂盛，朝野崩离，纲纪文章荡然矣。①

①《诗·大雅·荡篇序》曰："厉王无道，天下荡荡，无纲纪文章。"郑玄注云："荡荡，法度废坏之皃也。"

凡党事始自甘陵、汝南，成于李膺、张俭，海内涂炭，二十馀年，诸所蔓衍，皆天下善士。三君、八俊等三十五人，其名迹存者，并载乎篇。陈蕃、窦武、王畅、刘表、度尚、郭林宗别有传。荀翌附祖《淑传》。〔19〕张邈附《吕布传》。胡母班附《袁绍传》。王考字文祖，东平寿张人，冀州刺史；秦周字平王，陈留平丘人，北海相；蕃向字嘉景，鲁国人，郎中；王璋字伯仪，〔20〕东莱曲城人，少府卿：①位行并不显。翟超，山阳太守，事在

《陈蕃传》,字及郡县未详。朱寓,沛人,与杜密等俱死狱中。唯赵典名见而已。

①曲城,县,故城在今莱州掖县东北也。

刘淑字仲承,河间乐成人也。祖父称,司隶校尉。淑少学明《五经》,遂隐居,立精舍讲授,诸生常数百人。州郡礼请,五府连辟,并不就。永兴二年,司徒种暠举淑贤良方正,辞以疾。桓帝闻淑高名,切责州郡,使舆病诣京师。淑不得已而赴洛阳,对策为天下第一,拜议郎。又陈时政得失,灾异之占,事皆效验。再迁尚书,纳忠建议,多所补益。又再迁侍中、虎贲中郎将。上疏以为宜罢宦官,辞甚切直,帝虽不能用,亦不罪焉。以淑宗室之贤,特加敬异,每有疑事,常密谘问之。灵帝即位,宦官谮淑与窦武等通谋,下狱自杀。

李膺字元礼,颍川襄城人也。祖父脩,安帝时为太尉。① 父益,赵国相。膺性简亢,无所交接,② 唯以同郡荀淑、陈寔为师友。

①《汉官仪》曰:"脩字伯游。"

②亢,高也。

初举孝廉,为司徒胡广所辟,举高第,再迁青州刺史。守令畏威明,多望风弃官。复征,再迁渔阳太守。寻转蜀郡太守,以母老乞不之官。① 转护乌桓校尉。鲜卑数犯塞,膺常蒙矢石,每破走之,虏甚惮慑。② 以公事免官,还居纶氏,〔21〕教授常千人。③ 南阳樊陵求为门徒,膺谢不受。陵后以阿附宦官,致位太尉,为节〔志〕者所羞。④〔22〕荀爽尝就谒膺,因为其御,既还,喜曰:"今日乃得御李君矣。"其见慕如此。

①《谢承书》曰:"出补蜀郡太守,修庠序,设条教,明法令,威恩并行。蜀之珍玩,不入于门。益州纪其政化,朝廷举能理剧,转乌桓校尉。"

②《谢承书》曰:"膺常率步骑临阵交战,身被创夷,拭血进战,遂破寇,斩首二千级。"

③纶氏,县,属颍川郡,故城今阳城县也。

④《汉官仪》曰："樊陵字德云。"

永寿二年，鲜卑寇云中，桓帝闻膺能，乃复征为度辽将军。先是羌虏及疏勒、龟兹，数出攻钞张掖、酒泉、云中诸郡，百姓屡被其害。自膺到边，皆望风惧服，先所掠男女，悉送还塞下。自是之后，声振远域。

延熹二年征，再迁河南尹。时宛陵大姓羊元群罢北海郡，臧罪狼藉，郡舍溷轩有奇巧，乃载之以归。① 膺表欲按其罪，元群行赂宦竖，膺反坐输作左校。

①溷轩，厕屋。

初，膺与廷尉冯绲、大司农刘祐等共同心志，纠罚奸幸，绲、祐时亦得罪输作。司隶校尉应奉上疏理膺等曰："昔秦人观宝于楚，昭奚恤莅以群贤；① 梁惠王玮其照乘之珠，齐威王答以四臣。② 夫忠贤武将，国之心膂。窃见左校弛刑徒前廷尉冯绲、大司农刘祐、河南尹李膺等，执法不挠，诛举邪臣，肆之以法，③ 众庶称宜。昔季孙行父亲逆君命，逐出莒仆，于舜之功二十之一。④ 今膺等投身强御，毕力致罪，陛下既不听察，而猥受谮诉，遂令忠臣同愆元恶。自春迄冬，不蒙降恕，遐迩观听，为之叹息。夫立政之要，记功忘失，是以武帝舍安国于徒中，⑤ 宣帝征张敞于亡命。⑥ 绲前讨蛮荆，均吉甫之功。⑦ 祐数临督司，有不吐茹之节。⑧ 膺著威幽、并，遗爱度辽。今三垂蠢动，王旅未振。《易》称'雷雨作解，君子以赦过宥罪'。⑨ 乞原膺等，以备不虞。"书奏，乃悉免其刑。

①《新序》曰："秦欲伐楚，使〔使〕者往观楚之宝器。〔23〕楚王闻之，召昭奚恤问焉。对曰：'此欲观吾国之得失而图之，宝器在于贤臣。'遂使恤应之。乃为东面之坛一，为南面之坛四，为西面之坛一。秦使者至，恤曰：'君，客也，请就上位东面，子西南面，太宰子方次之，叶公子高次之，司马子反次之。'恤自居西面之坛，称曰：'客观楚国之宝器。所宝者，贤臣也。理百姓，实仓廪，使人各得其所，子西在此。奉圭璋，使诸侯，解忿悁之难，交两国之欢，使无兵革之忧，太宰子方在此。守封疆，谨境界，不侵邻国，邻亦不侵，叶公子高在此。理师旅，正兵戎，以当强敌，提桴鼓以动百万之众，使皆赴汤火，蹈白刃，出万死不顾，司马子反在此。若怀霸王之馀义，猎理乱之遗风，昭奚恤在此。

惟大国所观。'秦使者瞿然无以对,恤遂摄衣而去。使反,言秦君曰:'楚多贤臣,未可谋也。'"

②玮犹美也。《史记》曰,魏惠王问齐威王曰:"王亦有宝乎?"威王曰:"无有。"魏王曰:"寡人之国虽小,尚有径寸珠照车前后十二乘者十枚,奈何以万乘之国而无宝乎!"威王曰:"寡人所以为宝者与王异。吾臣有檀子者,使守南城,楚人不敢为寇。吾臣有盼子者,使守高堂,〔24〕则赵人不敢东渔于河。吾臣有黔夫者,使守徐州,于是燕人祭北门,赵人祭西门,从者七千馀家。吾臣有种首者,使备盗贼,则道不拾遗。以此为宝,将以照千里,岂直十二乘哉?"魏王惭,不怿而去。

③肆,陈也。

④纪太子仆杀纪公,以其宝玉来奔,纳诸宣公,公命与之邑,季文子使司寇出之境。公问其故,对曰:"孝敬忠信为吉德,盗贼藏奸为凶德。夫莒仆,则其孝敬,〔则〕弑君父矣,〔25〕则其忠信,则窃宝玉矣,其人则盗贼也,是以去之。舜举十六相,去四凶,有大功二十而为天子。今行父虽未获一吉人,去一凶矣,于舜之功,二十之一也。"见《左传》。

⑤景帝时,韩安国为梁大夫,坐法抵罪。后梁内史缺,起徒中为二千石,拜为内史。臣贤案:此言武帝,误也。

⑥张敞为京兆尹,坐杀人亡命归家。冀州乱,征敞为冀州刺史。

⑦《诗·小雅》曰:"显允方叔,征伐猃狁,蛮荆来威。"郑玄注云:"方叔先与吉甫征伐猃狁,今特往伐蛮荆,皆使来服于宣王之威,美其功之多也。"绲以顺帝时讨长沙武陵蛮夷有功,故以比之。

⑧谓祐奏梁冀弟旻,又为司隶校尉,权豪畏之也。《诗》曰:"唯仲山甫,柔亦不茹,刚亦不吐,不侮鳏寡,不畏强御。"

⑨《易·解卦·象词》也。卦《坎》下《震》上。《解》,《坎》为险,为水。水者,雨之象。《震》为动,为雷。《王弼》注云:"屯难盘结,于是乎解也。"

再迁,复拜司隶校尉。时张让弟朔为野王令,〔26〕贪残无道,至乃杀孕妇,闻膺厉威严,惧罪逃还京师,因匿兄让弟舍,藏于合柱中。膺知其状,率将吏卒破柱取朔,付洛阳狱。受辞毕,即杀之。让诉冤于帝,诏膺入殿,御亲临轩,诘以不先请便加诛辟之意。膺对曰:"昔晋文公执卫成公归于京师,《春秋》是焉。①《礼》云公族有罪,虽曰宥之,有司执宪不从。②昔仲尼为鲁司寇，七日而诛少正卯。今臣到官已积一旬，〔27〕私惧以稽留为愆，不意获速疾之罪。诚自知衅责，死不旋踵，特乞留五日，克殄元恶，退就鼎镬，始生之愿也。”帝无复言，顾谓让曰：“此汝弟之罪，司隶何愆？”乃遣出之。自此诸黄门常侍皆鞠躬屏气，〔28〕休沐不敢复出宫省。帝怪问其故，并叩头泣曰：“畏李校尉。”

①《公羊传》曰：“晋人执卫侯，归之于京师。归之于者，执之乎天子之侧者也。罪定不定已可知矣。”何休注云：“归之于者，决辞也。”

②解见《张酺传》。

是时朝庭日乱，纲纪穨阤，膺独持风裁，以声名自高。①士有被其容接者，名为登龙门。②及遭党事，当考实膺等。案经三府，太尉陈蕃却之。曰：“今所考案，皆海内人誉，忧国忠公之臣。此等犹将十世宥也，③岂有罪名不章而致收掠者乎？”不肯平署。④帝愈怒，遂下膺等于黄门北寺狱。⑤膺等颇引宦官子弟，宦官多惧，请帝以天时宜赦，于是大赦天下。膺免归乡里，居阳城山中，天下士大夫皆高尚其道，而污秽朝廷。⑥

①裁音才代反。

②以鱼为喻也。龙门，河水所下之口，在今绛州龙门县。辛氏《三秦记》曰“河津一名龙门，水险不通，鱼鳖之属莫能上，江海大鱼薄集龙门下数千，不得上，上则为龙”也。

③解见《耿弇传》。

④平署犹连署也。

⑤狱名，解见《灵纪》也。

⑥以朝廷为污秽也。

及陈蕃免太尉，朝野属意于膺，荀爽恐其名高致祸，欲令屈节以全乱世，为书贻曰：“久废祸庭，不闻善诱，陟岵瞻望，惟日为岁。①知以直道不容于时，悦山乐水，家于阳城。道近路夷，当即聘问，无状婴疾，关于所仰。顷闻上帝震怒，贬黜鼎臣，②人鬼同谋，③以为天子当贞观二五，利见大人，④不谓夷之初旦，明而未融，⑤虹蜺扬辉，弃和取同。⑥方今天地气闭，大人休否，⑦智者见险，投以远害。⑧虽匮人望，内合私愿。⑨想甚欣然，不为恨也。愿怡神无事，偃息衡门，⑩任其飞沈，与时抑扬。”顷之，帝崩。陈蕃为太傅，与大将军窦武共秉朝政，连谋诛诸宦官，故引用天下名士，乃以膺为长乐少府。及陈、窦之败，膺等复废。

①《论语》曰：“鲤趋而过庭。子曰：‘学《诗》乎？’曰‘未也’。”又曰：“孔子恂恂然善诱人。”《诗》曰：“陟彼岵兮，瞻望父兮。”又曰：“一日不见，如三岁兮。”爽致敬于膺，故以父为喻也。

②上帝谓天子，鼎臣即陈蕃。

③《易·下系》曰：“人谋鬼谋，百姓与能。”

④《易》曰：“天地之道，贞观也。”《乾·九二》、《九五》并曰“利见大人”也。

⑤夷，伤也。融，朗也。《明夷卦》《离》下《坤》上，《离》为日，《坤》为地，日之初出，其明未朗。《左传》曰：“明而未融，其当旦乎？”以膺黜，故喻之也。

⑥《春秋考异邮》曰：“虹蜺出，乱惑弃和。”谓弃君子，同小人也。《论语》曰：“君子和而不同，小人同而不和”也。

⑦《易·文言》曰：“天地闭，贤人隐。”《否·九五》曰：“大人休否。”休否谓休废而否塞。

⑧见险难，故投身以远害也。《易》曰：“君子以俭德避难，不可荣以禄。”

⑨匮，乏也。

⑩毛苌《诗》注曰：“衡门，横木为门。”

后张俭事起，收捕钩党，乡人谓膺曰：“可去矣。”对曰：“事不辞难，罪不逃刑，臣之节也。①吾年已六十，死生有命，去将安之？”乃诣诏狱。考死，妻子徙边，门生、故吏及其父兄，并被禁锢。

①《左传》曰，晋侯之弟杨干乱行于曲梁，魏绛戮其仆。晋侯怒，谓羊舌赤曰：“合诸侯以为荣也。杨干为戮，何辱如之？必杀魏绛，无失也。”对曰：“绛无贰志，事君不避难，有罪不逃刑，其将来辞，何辱命焉！”

时侍御史蜀郡景毅子顾为膺门徒，而未有录牒，故不及于谴。毅乃慨然曰：“本谓膺贤，遣子师之，岂可以漏夺名籍，〔29〕苟安而已！”遂自表免归，时人义之。

膺子瓒，位至东平相。①初，曹操微时，瓒异其才，将没，谓子宣等曰："时将乱矣，天下英雄无过曹操。张孟卓与吾善，袁本初汝外亲，虽尔勿依，必归曹氏。"诸子从之，并免于乱世。

①《谢承书》"瓒"作"珪"。

杜密字周甫，颍川阳城人也。为人沈质，少有厉俗志。为司徒胡广所辟，稍迁代郡太守。征，三迁太山太守、北海相。其宦官子弟为令长有奸恶者，辄捕案之。行春到高密县，见郑玄为乡佐，知其异器，即召署郡职，遂遣就学。

后密去官还家，每谒守令，多所陈托。同郡刘胜，亦自蜀郡告归乡里，闭门埽轨，无所干及。①太守王昱谓密曰："刘季陵清高士，〔30〕公卿多举之者。"密知昱激己，对曰："刘胜位为大夫，见礼上宾，而知善不荐，闻恶无言，隐情惜己，自同寒蝉，此罪人也。②今志义力行之贤而密达之，③违道失节之士而密纠之，使明府赏刑得中，令问休扬，不亦万分之一乎？"昱惭服，待之弥厚。

①轨，车迹也。言绝人事。

②寒蝉谓寂默也。《楚词》曰："悲哉秋之为气也，蝉寂漠而无声。"

③力行谓尽力行善也。《礼记》曰："好问近乎智，力行近乎仁。"

后桓帝征拜尚书令，迁河南尹，转太仆。党事既起，免归本郡，与李膺俱坐，而名行相次，故时人亦称"李杜"焉。①后太傅陈蕃辅政，复为太仆。明年，坐党事被征，自杀。

①前有李固、杜乔，故言"亦"也。

刘祐字伯祖，中山安国人也。①安国后别属博陵。祐初察孝廉，补尚书侍郎，闲练故事，文札强辨，每有奏议，应对无滞，为僚类所归。

①安国，县，故城在今定州义丰县东南。《谢承书》曰："祐，宗室胤绪，代有名位。少修操行，学《严氏春秋》、《小戴礼》、《古文尚书》，仕郡为主簿。郡将小子尝出钱付之，令市买果实，祐悉以买笔书具与之，因白郡将，言'郎君年可

入小学，而但傲佷，远近谓明府无过庭之教，请出授书。'郡将为使子就祐受经，五日一试，不满呈限，白决罚，遂成学业也。"

除任城令，兖州举为尤异，迁扬州刺史。是时会稽太守梁旻，大将军冀之从弟也。祐举奏其罪，旻坐征。复迁祐河东太守。时属县令长率多中官子弟，百姓患之。祐到，黜其权强，平理冤结，政为三河表。①

①三河谓河东、河内、河南也。表犹标准也。

再迁，延熹四年，拜尚书令，又出为河南尹，转司隶校尉。时权贵子弟罢州郡还入京师者，每至界首，辄改易舆服，隐匿财宝，威行朝廷。

拜宗正，三转大司农。时中常侍苏康、管霸用事于内，遂固天下良田美业，山林湖泽，民庶穷困，州郡累气。①祐移书所在，依科品没入之。桓帝大怒，论祐输左校。

①累气，屏息也。

后得赦出，复历三卿，辄以疾辞，乞骸骨归田里。诏拜中散大夫，遂杜门绝迹。每三公缺，朝廷皆属意于祐，以谮毁不用。延笃贻之书曰："昔太伯三让，人无德而称焉。①延陵高揖，华夏仰风。②吾子怀蘧氏之可卷，体甯子之如愚，③微妙玄通，冲而不盈，④蔑三光之明，未暇以天下为事，何其劭与！"⑤

①三让，解见《和纪》。

②揖，让也。《左传》，吴王寿梦卒，子诸樊既除丧，将立弟季札，札弃其室而耕，乃舍之。

③蘧瑗字伯玉，甯子名俞，并卫大夫。《论语》孔子曰："君子哉蘧伯玉，邦有道则仕，邦无道则可卷而怀之。"又曰："甯武子邦无道则愚。"

④《老子》曰"古之善为道者，微妙玄通，深不可识"也。又曰"道冲而用之或不盈"。

⑤《庄子》曰："舜让天下于子州支伯，子州支伯曰：'予适有幽忧之病，方且理之，未暇理天下也。'"

灵帝初，陈蕃辅政，以祐为河南尹。及蕃败，祐黜归，卒于家。明年，大诛党人，幸不及祸。

魏朗字少英，会稽上虞人也。① 少为县吏。兄为乡人所杀，朗白日操刃报仇于县中，遂亡命到陈国。从博士郤仲信学《春秋图纬》，② 又诣太学受《五经》，京师长者李膺之徒争从之。

①上虞，县，故城在今越州馀姚县西。有虞山，在县东。

②孔子作《春秋纬》十二篇。

初辟司徒府，再迁彭城令。时中官子弟为国相，多行非法，朗与更相章奏，幸臣忿疾，欲中之。① 会九真贼起，乃共荐朗为九真都尉。到官，奖厉吏兵，讨破群贼，斩首二千级。桓帝美其功，征拜议郎。顷之，迁尚书。屡陈便宜，有所补益。出为河内太守，政称三河表。尚书令陈蕃荐朗公忠亮直，宜在机密，复征为尚书。会被党议，免归家。

①中犹中伤。

朗性矜严，闭门整法度，家人不见堕容。后窦武等诛，朗以党被急征，行至牛渚，自杀。① 著书数篇，号《魏子》云。

①牛渚，山名。突出江中，谓为牛渚圻，在今宣州当涂县北也。

夏馥字子治，陈留圉人也。少为书生，言行质直。同县高氏、蔡氏并皆富殖，郡人畏而事之，唯馥比门不与交通，① 由是为豪姓所仇。桓帝初，举直言，不就。

①比门犹并门也。

馥虽不交时宦，然以声名为中官所惮，遂与范滂、张俭等俱被诬陷，诏下州郡，捕为党魁。

及俭等亡命，经历之处，皆被收考，辞所连引，布遍天下。馥乃顿足而叹曰："孽自己作，空污良善，一人逃死，祸及万家，何以生为！"乃自翦须变形，入林虑山中，①〔31〕隐匿姓名，为冶家佣。〔32〕亲突烟炭，形貌毁瘁，积二三年，人无知者。后馥弟静，乘车马，载缣帛，追之于涅阳市中。②〔33〕遇馥不识，闻其言声，乃觉而拜之。馥避不与语，静追随至客舍，共宿。夜中密呼静曰："吾以守道疾恶，故为权宦所陷。且念营苟全，以庇性命，弟奈何载物相求，是以祸见追也。”明旦，别去。党禁未解而卒。

①林虑，今相州县。

②涅阳，县，属南阳郡。

宗慈字孝初，南阳安众人也。①举孝廉，九辟公府，有道征，不就。后为修武令。时太守出自权豪，多取货赂，慈遂弃官去。征拜议郎，未到，道疾卒。南阳群士皆重其义行。

①安众在今南阳县西南，仍有其名，无复基趾也。

巴肃字恭祖，勃海高城人也。①初察孝廉，历慎令、贝丘长，②皆以郡守非其人，辞病去。辟公府，稍迁拜议郎。与窦武、陈蕃等谋诛阉官，武等遇害，肃亦坐党禁锢。中常侍曹节后闻其谋，收之。肃自载诣县。县令见肃，入阁解印绶与俱去。肃曰：“为人臣者，有谋不敢隐，有罪不逃刑。既不隐其谋矣，又敢逃其刑乎？”遂被害。刺史贾琮刊石立铭以记之。

①高城，县，故城在今沧州盐山县南。

②慎，县，属汝南郡。贝丘，县，属清河郡。

范滂字孟博，汝南征羌人也。①少厉清节，为州里所服，举孝廉、光禄四行。②时冀州饥荒，盗贼群起，乃以滂为清诏使，案察之。滂登车揽辔，慨然有澄清天下之志。及至州境，守令自知臧污，望风解印绶去。其所举奏，莫不厌塞众议。迁光禄勋主事。时陈蕃为光禄勋，滂执公仪诣蕃，蕃不止之，滂怀恨，投版弃官而去。③郭林宗闻而让蕃曰：“若范孟博者，岂宜以公礼格之？④今成其去就之名，得无自取不优之议也？”〔34〕蕃乃谢焉。

①征羌，解见《来歙传》。《谢承书》曰：“汝南细阳人也。”

②《汉官仪》曰：“光禄举敦厚、质朴、逊让、节俭。”此为四行也。

③版，笏也。

④格，正也。

复为太尉黄琼所辟。后诏三府掾属举谣言，①滂奏刺史、二千石权豪之党二十馀人。尚书责滂所劾猥多，疑有私故。滂对曰："臣之所举，自非叨秽奸暴，深为民害，岂以污简札哉！闲以会日迫促，故先举所急，其未审者，方更参实。臣闻农夫去草，嘉谷必茂；②忠臣除奸，王道以清。若臣言有贰，甘受显戮。"吏不能诘。滂睹时方艰，〔35〕知意不行，因投劾去。

①《汉官仪》曰："三公听采长史臧否，人所疾苦，还条奏之，是为举谣言也。顷者举谣言，掾属令史都会殿上，主者大言，州郡行状云何，善者同声称之，不善者默尔衔枚。"

②《左传》曰："为国家者，见恶如农夫之务去草焉。"

太守宗资先闻其名，请署功曹，委任政事。滂在职，严整疾恶。其有行违孝悌，不轨仁义者，皆埽迹斥逐，不与共朝。显荐异节，抽拔幽陋。滂外甥西平李颂，公族子孙，而为乡曲所弃，中常侍唐衡以颂请资，资用为吏。滂以非其人，寝而不召。资迁怒，捶书佐朱零。零仰曰："范滂清裁，犹以利刃齿腐朽。①今日宁受笞死，而滂不可违。"资乃止。郡中中人以下，莫不归怨，乃指滂之所用以为"范党"。

①裁音才载反。

后牢脩诬言钩党，①滂坐系黄门北寺狱。狱吏谓曰："凡坐系皆祭皋陶。"滂曰："皋陶贤者，古之直臣。知滂无罪，将理之于帝；②如其有罪，祭之何益！"众人由此亦止。狱吏将加掠考，滂以同囚多婴病，乃请先就格，遂与同郡袁忠争受楚毒。桓帝使中常侍王甫以次辩诘，滂等皆三木囊头，暴于阶下。③馀人在前，或对或否，滂、忠于后越次而进。王甫诘曰："君为人臣，不惟忠国，而共造部党，自相褒举，评论朝廷，虚搆无端，诸所谋结，并欲何为？皆以情对，不得隐饰。"滂对曰："臣闻仲尼之言，'见善如不及，见恶如探汤'。④欲使善善同其清，恶恶同其污，谓王政之所愿闻，不悟更以为党。"甫曰："卿更相拔举，迭为唇齿，有不合者，见则排斥，〔36〕其意如何？”滂乃慷慨仰天曰：“古之循善，〔37〕自求多福；今之循善，身陷大戮。身死之日，愿埋滂于首阳山侧，上不负皇天，下不愧夷、齐。”⑤甫愍然为之改容。乃得并解桎梏。⑥

①钩，引也。

②帝谓天也。

③三木，项及手足皆有械，更以物蒙覆其头也。《前书》司马迁曰“魏其，大将也，衣赭关三木”也。

④探汤喻去疾也。见《论语》。

⑤伯夷、叔齐饿死首阳山，见《史记》。首阳山在洛阳东北。

⑥郑玄注《周礼》曰：“木在足曰桎，在手曰梏。”

滂后事释，南归。始发京师，汝南、南阳士大夫迎之者数千两。①同囚乡人殷陶、黄穆，亦免俱归，并卫侍于滂，〔38〕应对宾客。滂顾谓陶等曰：“今子相随，是重吾祸也。”遂遁还乡里。

①两，车也。《尚书》曰：“戎车三百两。”

初，滂等系狱，尚书霍谞理之。及得免，到京师，往候谞而不为谢。或有让滂者。对曰：“昔叔向婴罪，祁奚救之，未闻羊舌有谢恩之辞，祁老有自伐之色。”竟无所言。①

①《左传》，晋讨栾盈之党，杀叔向之弟羊舌虎，并囚叔向。于是祁奚闻之，见范宣子曰：“夫谋而鲜过，惠训不倦者，叔向有焉。社稷之固也，犹将十代宥之，今一不免其身，不亦惑乎？”宣子说而免之。祁奚不见叔向而归，叔向亦不告免焉而朝。孔安国注《尚书》曰“自功曰伐”也。

建宁二年，遂大诛党人，诏下急捕滂等。督邮吴导至县，抱诏书，闭传舍，伏床而泣。①滂闻之，曰：“必为我也。”即自诣狱。县令郭揖大惊，出解印绶，引与俱亡。曰：“天下大矣，子何为在此？”滂曰：“滂死则祸塞，何敢以罪累君，又令老母流离乎！”其母就与之诀。滂白母曰：“仲博孝敬，足以供养，②滂从龙舒君归黄泉，③存亡各得其所。惟大人割不可忍之恩，勿增感戚。”母曰：“汝今得与李、杜齐名，死亦何恨！④既有令名，复求寿考，可兼得乎？”滂跪受教，再拜而辞。顾谓其子曰：“吾欲使汝为恶，则恶不可为；使汝为善，则我不为恶。”行路闻之，莫不流涕。时年三十三。

①传，驿舍也，音知恋反。

②仲博，滂弟也。

③《谢承书》曰：“滂父显，故龙舒侯相也。”

④李膺、杜密。

论曰：李膺振拔污险之中，①蕴义生风，以鼓动流俗，②激素行以耻威权，立廉尚以振贵執，使天下之士奋迅感概，波荡而从之，幽深牢破室族而不顾，至于子伏其死而母欢其义。壮矣哉！子曰：“道之将废也与？命也！”③

①《前书》班固曰“振拔污涂，跨腾风云”也。

②《周易》曰：“鼓以动之。”〔39〕

③《论语》之文。

尹勋字伯元，河南巩人也。家世衣冠。伯父睦为司徒，兄颂为太尉，宗族多居贵位者，而勋独持清操，不以地執尚人。州郡连辟，察孝廉，三迁邯郸令，政有异迹。后举高第，五迁尚书令。及桓帝诛大将军梁冀，勋参建大谋，封都乡侯。迁汝南太守。上书解释范滂、袁忠等党议禁锢。寻征拜将作大匠，转大司农。坐窦武等事，下狱自杀。

蔡衍字孟喜，汝南项人也。①少明经讲授，以礼让化乡里。乡里有争讼者，辄诣衍决之，其所平处，皆曰无怨。

①项，今陈州项城县也。

举孝廉，稍迁冀州刺史。中常侍具瑗托其弟恭举茂才，衍不受，乃收赍书者案之。又劾奏河间相曹鼎臧罪千万。鼎者，中常侍腾之弟也。腾使大将军梁冀为书请之，衍不答，鼎竟坐输作左校。乃征衍拜议郎、符节令。梁冀闻衍贤，请欲相见，衍辞疾不往，冀恨之。时南阳太守成瑨等以收纠宦官考廷尉，衍与议郎刘瑜表救之，言甚切厉，坐免官还家，杜门不出。灵帝即位，(征)〔复〕拜议郎，〔40〕会病卒。

羊陟字嗣祖，太山梁父人也。①家世冠族。〔41〕陟少清直有学行，举孝廉，辟太尉李固府，举高第，拜侍御史。会固被诛，陟以故吏禁锢历年。复举高第，再迁冀州刺史。奏案贪浊，所在肃然。又再迁虎贲中郎将、城门校尉，三迁尚书令。时太尉张颢、司徒樊陵、〔42〕大鸿胪郭防、太仆曹陵、大司农冯方并与宦竖相姻私，公行货赂，并奏罢黜之，不纳。以前太尉刘宠、司隶校尉许冰、〔43〕幽州刺史杨熙、〔44〕凉州刺史刘恭、益州刺史庞艾清亮在公，荐举升进。帝嘉之，拜陟河南尹。计日受奉，常食干饭茹菜，禁制豪右，京师惮之。会党事起，免官禁锢，卒于家。

①梁父故城在今兖州泗水县北。

张俭字元节，山阳高平人，赵王张耳之后也。①父成，江夏太守。俭初举茂才，以刺史非其人，谢病不起。

①张耳，大梁人也。高祖立为赵王。

延熹八年，太守翟超请为东部督邮。时中常侍侯览家在防东，①残暴百姓，所为不轨。俭举劾览及其母罪恶，请诛之。览遏绝章表，并不得通，由是结仇。乡人朱并，〔45〕素性佞邪，为俭所弃，并怀怨恚，遂上书告俭与同郡二十四人为党，于是刊章讨捕。俭得亡命，困迫遁走，望门投止，莫不重其名行，破家相容。后流转东莱，止李笃家。外黄令毛钦操兵到门，〔46〕笃引钦谓曰："张俭知名天下，而亡非其罪。纵俭可得，宁忍执之乎?"钦因起抚笃曰："蘧伯玉耻独为君子，足下如何自专仁义?"笃曰："笃虽好义，明廷今日载其半矣。"②钦叹息而去。笃因缘送俭出塞，以故得免。其所经历，伏重诛者以十数，宗亲并皆殄灭，郡县为之残破。

①县名，属山阳郡，故城在今兖州金乡县南。

②明廷犹明府。言不执俭，得义之半也。

中平元年，党事解，乃还乡里。大将军、三公并辟，又举敦朴，公车特征，起家拜少府，皆不就。献帝初，百姓饥荒，而俭资计差温，乃倾竭财产，与邑里共之，赖其存者以百数。

建安初，征为卫尉，不得已而起。俭见曹氏世德已萌，乃阖门悬车，不豫政事。岁馀卒于许下。年八十四。

论曰：昔魏齐违死，虞卿解印；①季布逃亡，朱家甘罪。②而张俭见怒时王，颠沛假命，天下闻其风者，莫不怜其壮志，而争为之主。至乃捐城委爵、破族屠身，盖数十百所，岂不贤哉！然俭以区区一掌，而欲独堙江河，③终婴疾甚之乱，多见其不知量也。④

①违，避也。《史记》魏齐，魏之诸公子也。虞卿，赵相也。范睢入秦，为昭王相，昭王乃遗赵王书曰："魏齐，范睢之仇也，急持其头来。"赵王乃围齐，齐急亡，见虞卿。卿度赵王不可说，乃解其印，与齐往信陵君所。信陵君初闻之疑，后乃出迎。齐闻信陵初疑，遂自刎。赵王持其头遗秦也。

②季布，楚人。为项羽将，数窘汉王。羽败，汉购求布千金，敢舍匿，罪三族。布匿濮阳周氏，髡钳布，之鲁朱家所卖之。朱家心知是季布也，买置田舍。乃往洛阳，见汝阴侯灌婴，说之曰："季布何罪？臣各为主用，职耳。"汝阴侯言于高帝，帝乃赦之。拜郎中，后为河东守也。

③堙，塞也。《前书》班固曰："何武、王嘉，区区以一蒉障江河，用没其身。"

④《论语》曰："人而不仁，疾之以甚，乱也。"又曰："人虽欲自绝，其何伤于日月〔乎〕？〔47〕多见其不知量也。"

岑晊字公孝，南阳棘阳人也。①父(像)〔豫〕，为南郡太守，〔48〕以贪叨诛死。②晊年少未知名，往候同郡宗慈，慈方以有道见征，宾客满门，以晊非良家子，不肯见。晊留门下数日，晚乃引入。慈与语，大奇之，遂将俱至洛阳，因诣太学受业。

①棘音力。

②《方言》曰:"叨,残也。"

晊有高才,郭林宗、朱公叔等皆为友,李膺、王畅称其有干国器,虽在闾里,慨然有董正天下之志。①太守弘农成瑨下车,欲振威严,闻晊高名,请为功曹,又以张牧为中贼曹吏。〔49〕瑨委心晊、牧,褒善纠违,肃清朝府。宛有富贾张汎者,桓帝美人之外亲,善巧雕镂玩好之物,颇以赂遗中官,以此并得显位,恃其伎巧,用埶纵横。晊与牧劝瑨收捕汎等,既而遇赦,晊竟诛之,并收其宗族宾客,杀二百馀人,后乃奏闻。于是中常侍侯览使汎妻上书讼其冤。帝大震怒,征瑨,下狱死。晊与牧亡匿齐鲁之间。〔50〕会赦出。后州郡察举,三府交辟,并不就。及李、杜之诛,因复逃窜,终于江夏山中云。

①《尔雅》曰:"董,督正也。"

陈翔字子麟,汝南邵陵人也。祖父珍,司隶校尉。翔少知名,善交结。察孝廉,太尉周景辟举高第,拜侍御史。时正旦朝贺,大将军梁冀威仪不整,〔翔〕奏冀恃贵不敬,〔51〕请收案罪,时人奇之。迁定襄太守,征拜议郎,迁扬州刺史。举奏豫章太守王永奏事中官,〔52〕吴郡太守徐参在职贪秽,并征诣廷尉。参,中常侍璜之弟也。由此威名大振。又征拜议郎,补御史中丞。坐党事考黄门北寺狱,以无验见原,卒于家。

孔昱字元世,鲁国鲁人也。七世祖霸,成帝时历九卿,封褒成侯。①自霸至昱,爵位相系,其卿相牧守五十三人,列侯七人。昱少习家学,②大将军梁冀辟,不应。太尉举方正,对策不合,乃辞病去。后遭党事禁锢。灵帝即位,公车征拜议郎,补洛阳令,以师丧弃官,卒于家。

①臣贤案:《前书》孔霸字次(孺)〔儒〕,〔53〕即安国孙,世习《尚书》。宣帝时为太中大夫,授太子经,迁詹事,高密相。元帝即位,霸以师赐爵关内侯,号褒成君。薨,谥曰烈君。今《范书》及《谢承书》皆云成帝,又言封侯,盖误也。詹事及相俱二千石,故曰历卿。

②家学《尚书》。

苑康字仲真，勃海重合人也。①少受业太学，与郭林宗亲善。举孝廉，再迁颍阴令，有能迹。

①重合，县，故城在今沧州乐陵县东。

迁太山太守。郡内豪姓多不法，康至，奋威怒，施严令，莫有干犯者。先所请夺人田宅，皆遽还之。〔54〕

是时山阳张俭杀常侍侯览母，案其宗党宾客，或有迸匿太山界者，康既常疾阉官，因此皆穷相收掩，无得遗脱。览大怨之，诬康与兖州刺史第五种及都尉壶嘉诈上贼降，征康诣廷尉狱，减死罪一等，徙日南。颍阴人及太山羊陟等诣阙为讼，乃原还本郡，卒于家。

檀敷字文有，山阳瑕丘人也。①少为诸生，家贫而志清，不受乡里施惠。举孝廉，连辟公府，皆不就。立精舍教授，远方至者常数百人。〔55〕桓帝时，博士征，不就。灵帝即位，太尉黄琼举方正，对策合时宜，再迁议郎，补蒙令。②以郡守非其人，弃官去。家无产业，子孙同衣而出。年八十，卒于家。③

①瑕丘，今兖州县。

②蒙，县，属梁国。

③《谢承书》曰"敷〔与〕子孙同衣而行，〔56〕并日而食"也。

刘儒字叔林，东郡阳平人也。①郭林宗常谓儒口讷心辩，有珪璋之质。②察孝廉，举高第，三迁侍中。桓帝时，数有灾异，下策博求直言，儒上封事十条，极言得失，辞甚忠切。帝不能纳，出为任城相。〔57〕顷之，征拜议郎。会窦武事，下狱自杀。

①阳平故城，今魏州莘县。

②珪璋，玉也。半珪曰璋。《谢承书》曰："林宗叹儒有珪璋之质，终必为令德之

士。"《诗》曰:"如珪如璋,令闻令望。"〔58〕

贾彪字伟节,颍川定陵人也。少游京师,志节慷慨,与同郡荀爽齐名。

初仕州郡,举孝廉,补新息长。①小民困贫,多不养子,彪严为其制,与杀人同罪。城南有盗劫害人者,北有妇人杀子者,彪出案发,②而掾吏欲引南。〔59〕彪怒曰:"贼寇害人,此则常理,母子相残,逆天违道。"遂驱车北行,案验其罪。城南贼闻之,亦面缚自首。数年间,人养子者千数,佥曰"贾父所长",生男名为"贾子",生女名为"贾女"。

①新息,今豫州县。

②就发处案验之。

延熹九年,党事起,太尉陈蕃争之不能得,朝廷寒心,莫敢复言。彪谓同志曰:"吾不西行,大祸不解。"乃入洛阳,说城门校尉窦武、尚书霍谞,武等讼之,桓帝以此大赦党人。李膺出,曰:"吾得免此,贾生之谋也。"

先是岑晊以党事逃亡,亲友多匿焉,彪独闭门不纳,时人望之。①彪曰:"《传》言'相时而动,无累后人'。②公孝以要君致衅,自遗其咎,吾以不能奋戈相待,反可容隐之乎?"于是咸服其裁正。

①望,怨也。

②相,视也。《左传》之文也。

以党禁锢,卒于家。初,彪兄弟三人,并有高名,而彪最优,故天下称曰"贾氏三虎,伟节最怒"。

何颙字伯求,南阳襄乡人也。①少游学洛阳。颙虽后进,而郭林宗、贾伟节等与之相好,显名太学。友人虞伟高有父仇未报,而笃病将终,颙往候之,伟高泣而诉。颙感其义,为复仇,以头醊其墓。②

①襄乡故城在今随州枣阳县东北也。

②餟，祭酹也，音竹岁反。

及陈蕃、李膺之败，颙以与蕃、膺善，遂为宦官所陷，乃变姓名，亡匿汝南间。〔60〕所至皆亲其豪桀，有声荆豫之域。袁绍慕之，私与往来，结为奔走之友。①是时党事起，天下多离其难，颙常私入洛阳，从绍计议。其穷困闭戹者，为求援救，以济其患。有被掩捕者，则广设权计，使得逃隐，全免者甚众。

①《诗·大雅》曰："予曰有胥附，予曰有先后，予曰有奔走，予曰有御侮。"毛苌注曰："谕德宣誉曰奔走。"

及党锢解，颙辟司空府。每三府会议，莫不推颙之长。累迁。及董卓秉政，逼颙以为长史，托疾不就，乃与司空荀爽、司徒王允等共谋卓。会爽薨，颙以它事为卓所系，忧愤而卒。初，颙见曹操，叹曰："汉家将亡，安天下者必此人也。"操以是嘉之。尝称"颍川荀彧，王佐之器"。及彧为尚书令，遣人西迎叔父爽，〔61〕并致颙尸，而葬之爽之冢傍。

赞曰：渭以泾浊，玉以砾贞。物性既区，嗜恶从形。①兰莸无并，销长相倾。②〔62〕徒恨芳膏，煎灼灯明。③

①砾音历。《说文》曰："砾，小石也。"言渭以泾浊，乃显其清，玉居砾石，乃见其贞。区犹别也。嗜，爱也。从形谓形有善恶也。以谕彼李膺等与宦竖不同，故相憎疾。

②莸，臭草也。《左传》曰："一薰一莸，十年尚犹有臭。"《易·否卦》曰："小人道长，君子道销。"《泰卦》曰："君子道长，小人道销。"《老子》曰"高下相倾"也。

③《前书》龚胜死，有一老父入哭甚哀，曰："薰以香自烧，膏以明自销。"

【校勘记】

〔1〕 又将及难 按："又"原讹"及"，径据汲本、殿本改正。

〔2〕 狙狝猴也 按："狝"原讹"弥"，径据汲本、殿本改正。

〔3〕谓范睢蔡泽之类　按：汲本、殿本“睢”作“雎”。

〔4〕赢粮而景从也　按：“赢”原讹“嬴”，径据汲本、殿本改正。

〔5〕怀经协术　《集解》引惠栋说，谓“协”当作“挟”，古字通，《黄琼传》“黄门协邪”是也。

〔6〕忠义之流　按：“忠”原讹“志”，径据汲本、殿本改正。

〔7〕国命委于阉寺　按：“阉”原讹“阁”，径据汲本、殿本改正。

〔8〕正枉必过其直见孟子　按：殿本《考证》谓今《孟子》无此文。

〔9〕磐(牙)〔互〕境界　按：《校补》引柳从辰说，谓“牙”应作“⽛”，即“互”字。今据改。

〔10〕李膺为河南尹　《集解》引惠栋说，谓《考异》云“河南尹”当作“司隶”。《校补》引侯康说，谓《通鉴》系张成事于延熹九年，是年李膺为司隶，故《考异》云然，然《灵纪》九年无赦，惟八年三月大赦天下，则张成推占当赦，命子杀人，实在八年三月前，是时李膺正代邓万世为河南尹也。今按：黄山谓按张成事不必在八年。膺之输作左校，本传及《陈蕃传》皆谓膺河南尹，《冯绲传》则谓膺司隶校尉，此《范书》之疏缪也。

〔11〕帝亦颇谇其占　《集解》引钱大昕说，谓“谇”当作“讯”，古书讯谇二字多相乱。今按：《御览》六五一引作“讯”。

〔12〕成弟子牢脩　《集解》引惠栋说，谓《袁宏纪》作“牢顺”，《续汉志》作“牢川”。今按：《御览》引作“牢循”。

〔13〕荀翌　按：汲本、殿本“翌”作“昱”。下同。按：“翌”字经史多假为“昱”字。

〔14〕孔昱　按：《皇甫规传》“昱”作“翊”。《集解》引惠栋说，谓《党锢传》有孔昱，昱字元世，《韩敕碑》有御史孔翊元世，则翊即昱也。

〔15〕苑康　汲本、殿本“苑”作“范”。下同。按：《荀淑》、《窦武传》并作“苑康”，作“范”误。

〔16〕檀(敷)〔敷〕　按：《集解》引惠栋说，谓本传及《韩敕碑》皆作“敷”。今据改，与下文合。

〔17〕刘祗　按：“祗”原讹“祇”，径据汲本、殿本改正。

〔18〕朱楷　按：“楷”原讹“揩”，径据汲本、殿本改正。

〔19〕荀翌附祖淑传　按：沈家本谓案《淑传》云兄淑子昱，则“祖”字讹。

〔20〕王璋字伯仪　《集解》引惠栋说，谓“璋”当作“章”，“仪”当作“义”。按：

《校补》引柳从辰说，谓上文王章为八厨，字本作“章”，此又作“璋”，必有一误。

〔21〕 还居纶氏 《续志》“纶氏”作“轮氏”。按：纶轮通。

〔22〕 为节〔志〕者所羞 据汲本、殿本补。

〔23〕 使〔使〕者往观楚之宝器 据汲本、殿本补。

〔24〕 使守高堂 按：汲本、殿本“堂”作“唐”。

〔25〕 〔则〕弑君父矣 据汲本、殿本补，与《左传》合。

〔26〕 时张让弟朔为野王令 按：《集解》引惠栋说，谓《袁纪》作“阳翟令张舆”，又膺为河南尹时考杀之也。

〔27〕 今臣到官已积一旬 按：《集解》引惠栋说，谓《袁纪》“一旬”作“二旬”。

〔28〕 皆鞠躬屏气 按：“鞠”原讹“鞫”，径据汲本、殿本改正。

〔29〕 漏夺名籍 《刊误》谓“夺”当作“脱”。按：惠栋谓《续汉书》作“漏脱”，夺与脱古字通。

〔30〕 刘季陵清高士 按：汲本“陵”作“林”。殿本《考证》谓“陵”本或作“林”。

〔31〕 入林虑山中 按：《御览》八一七引《谢承书》，作“遁迹黑山”。

〔32〕 为冶家佣 按：“冶”原讹“治”，径据汲本、殿本改正。

〔33〕 追之于涅阳市中 按：《集解》引惠栋说，谓《袁纪》作“滏阳”，魏郡邺县有釜水，或是滏水之阳。案汉末林虑、邺县皆属魏郡，馥入林虑山，静追之滏阳市中，为得其实。

〔34〕 得无自取不优之议也 按：汲本“议也”作“讥邪”。

〔35〕 滂睹时方艰 按：《集解》引王补说，谓《袁纪》“艰”下有“难”字。

〔36〕 见则排斥 按：《刊误》谓“见则”案文当作“则见”。

〔37〕 古之循善 按：《刊误》谓案文“循”当作“修”。

〔38〕 并卫侍于滂 按：汲本、殿本“滂”作“傍”。

〔39〕 周易曰鼓以动之 殿本《考证》云诸本同，王会汾谓案《易》无此文。张森楷《校勘记》谓“鼓”或当是“风”误。今按：注或引《诗·大序》“风以动之”，展转传写，误“诗序”为“周易”，误“风”为“鼓”耳。

〔40〕 (征)〔复〕拜议郎 据汲本、殿本改。按：前曾征拜议郎，故此云复拜，作“征”误。

〔41〕 家世冠族 按：汲本、殿本“冠”上有“衣”字。

〔42〕 司徒樊陵 按:《集解》引钱大昕说,谓《灵帝纪》陵为太尉,非司徒。

〔43〕 司隶校尉许冰 汲本、殿本“冰”作“永”。按:殿本《考证》谓“永”毛本作“冰”,监本作“水”,今从宋本。王先谦谓毛本并不作“冰”,不知所据何本。

〔44〕 幽州刺史杨熙 按:“杨”原讹“扬”,径改正。

〔45〕 由是结仇乡人朱并 汲本、殿本“结仇”下衍“览等”二字。按:“览等”二字如连上读,当以“由是结仇览等”句绝,然上文祗言侯览与张俭结仇,不当有“等”字也。如连下读,则朱并成为侯览之乡人,《通鉴》即以“览等”二字连下读,而省去一“等”字,作“览乡人朱并”,然朱并为张俭之乡人,非侯览之乡人也。绍兴本无此二字,乃知此二字为衍文。《册府元龟》九四九正作“乡人朱并告俭与同郡二十四人为党”,亦一明证也。

〔46〕 外黄令毛钦操兵到门 按:外黄属陈留郡,黄县属东莱郡,故顾炎武、钱大昕皆谓当作“黄令”,多一“外”字。惠栋则谓《袁纪》作“督邮毛钦”,或钦是外黄人,衍一“令”字耳。

〔47〕 其何伤于日月〔乎〕 据汲本、殿本补,与《论语》合。

〔48〕 父(像)〔豫〕为南郡太守 据汲本、殿本改。按:殿本《考证》谓“豫”监本作“像”,从宋本改。

〔49〕 又以张牧为中贼曹吏 按:《刊误》谓案文多一“中”字,“吏”当作“史”。

〔50〕 晊与牧亡匿齐鲁之间 按:汲本、殿本“亡匿”上衍“遁逃”二字。

〔51〕 〔翔〕奏冀恃贵不敬 据汲本、殿本补。

〔52〕 奏事中官 按:《校补》谓案文“奏”当为“奉”之讹。又按:据张元济《后汉书校勘记》,“官”原作“宫”,影印时描改为“官”。

〔53〕 前书孔霸字次(孺)〔儒〕 据汲本、殿本改,与《前书》合。

〔54〕 皆遽还之 按:王先谦谓“遽”乃“追”之讹。

〔55〕 远方至者常数百人 按:“常”原作“尝”,径据汲本、殿本改。

〔56〕 敷〔与〕子孙同衣而行 据汲本、殿本补。

〔57〕 出为任城相 按:“城”原讹“成”,径据汲本、殿本改正。

〔58〕 令闻令望 按:“闻”原作“问”,径据汲本、殿本改。

〔59〕 而掾吏欲引南 按:《刊误》谓案文“吏”当作“史”。

〔60〕 亡匿汝南间 按:《刊误》谓案文“间”字下又云“有声荆豫之域”,若只在

汝南,则无用“间”字,不当云“荆”,盖漏“南郡”二字也,南郡则属荆州。

〔61〕 遣人西迎叔父爽 按:《刊误》谓案文致颙尸,又葬冢旁,则爽亦死矣,明脱一“丧”字。

〔62〕 销长相倾 殿本“销”作“消”,注同。按:销消多通用。

后汉书卷六十八

郭符许列传第五十八

郭太字林宗，①太原介休人也。②家世贫贱。早孤，母欲使给事县廷。③林宗曰："大丈夫焉能处斗筲之役乎？"遂辞。就成皋屈伯彦学，三年业毕，博通坟籍。善谈论，美音制。乃游于洛阳。始见河南尹李膺，膺大奇之，遂相友善，于是名震京师。后归乡里，衣冠诸儒送至河上，车数千两。林宗唯与李膺同舟而济，众宾望之，以为神仙焉。

①范晔父名泰，故改为此"太"。郑公业之名亦同焉。

②介休，今汾州县。

③《苍颉篇》曰："廷，直也。"《说文》："廷，朝中也。"《风俗通》："廷，正也。言县廷、郡廷、朝廷，皆取平均正直也。"

司徒黄琼辟，太常赵典举有道。或劝林宗仕进者，对曰："吾夜观乾象，昼察人事，天之所废，不可支也。"①遂并不应。性明知人，好奖训士类。身长八尺，容貌魁伟，褒衣博带，周游郡国。尝于陈梁闲行遇雨，巾一角垫，②时人乃故折巾一角，以为"林宗巾"。其见慕皆如此。③或问汝南范滂曰："郭林宗何如人？"滂曰："隐不违亲，④贞不绝俗，⑤天子不得臣，诸侯不得友，吾不知其它。"⑥后遭母忧，有至孝称。⑦林宗虽善人伦，而不为危言覈论，⑧故宦官擅政而不能伤也。及党事起，知名之士多被其害，唯林宗及汝南袁闳得免焉。遂闭门教授，弟子以千数。

①《左传》晋汝叔宽之词。支犹持也。

②音丁念反。周迁《舆服杂事》曰："巾以葛为之，形如(帽)〔帢〕，〔1〕音口洽反。本居士野人所服。魏武造(帽)〔帢〕，其巾乃废。今国子学生服焉。以白纱为之。"

③《泰别传》曰："泰名显，士争归之，载刺常盈车。"

④介推之类。

⑤柳下惠之类。

⑥《礼记》曰："儒有上不臣天子，下不事诸侯。"

⑦《谢承书》曰："遭母忧，欧血发病，历年乃瘳。"

⑧《礼记》曰："拟人必于其伦。"郑玄注曰："伦犹类也。"《论语》孔子曰："邦有道，危言危行。邦无道，危行言孙。"覈犹实也。

建宁元年，太傅陈蕃、大将军窦武为阉人所害，林宗哭之于野，恸。既而叹曰："'人之云亡，邦国殄瘁'。①'瞻乌爰止，不知于谁之屋'耳。"②

①《诗·大雅》之词。

②《诗·小雅》也。言不知王业当何所归。

明年春，卒于家，时年四十二。四方之士千馀人，皆来会葬。①同志者乃共刻石立碑，蔡邕为其文，既而谓涿郡卢植曰："吾为碑铭多矣，皆有惭德，唯郭有道无愧色耳。"

①《谢承书》曰："泰以建宁二年正月卒，自弘农函谷关以西，河内汤阴以北，二千里负笈荷担弥路，柴车苇装塞涂，盖有万数来赴。"

其奖拔士人，皆如所鉴。①后之好事，或附益增张，故多华辞不经，又类卜相之书。今录其章章效于事者，著之篇末。②

①《谢承书》曰："泰之所名，人品乃定，先言后验，众皆服之。故适陈留则友符伟明，游太学则师仇季智，之陈国则亲魏德公，入汝南则交黄叔度。初，太始至南州，过袁奉高，不宿而去；从叔度，累日不去。或以问太。太曰：'奉高之器，譬之(泛)〔氿〕滥，〔3〕虽清而易挹。叔度之器，汪汪若千顷之陂，澄之不清，扰之不浊，〔4〕不可量也。'已而果然，太以是名闻天下。"〔2〕

②章章犹昭昭也。

左原者，陈留人也。为郡学生，犯法见斥。林宗尝遇诸路，为设酒肴以慰之。谓曰："昔颜涿聚梁甫之巨盗，段干木晋国之大驵，〔5〕卒为齐之忠臣，魏之名贤。①蘧瑗、颜回尚不能无过，况其馀乎？②慎勿恚恨，责躬而已。"原纳其言而去。或有讥林宗不绝恶人者。对曰："人而不仁，疾之以甚，乱也。"③原后忽更怀忿，结客欲报诸生。其日林宗在学，原愧负前言，因遂罢去。后事露，众人咸谢服焉。

①《吕氏春秋》曰："颜涿聚，梁父大盗也，学于孔子。"《左传》曰："晋伐齐，战于黎丘，齐师败绩，亲禽颜庚。"杜预注曰："黎丘，隰也。颜庚，齐大夫颜涿聚也。"又曰："晋荀瑶伐郑，〔郑驷弘〕请救于齐。〔6〕齐师将兴，陈成子属孤子，三日朝，设乘车两马，系五邑焉。召颜涿聚之子晋，曰：'隰之役，而父死焉，以国之多难，未汝恤也。今君命汝以是邑也，服车而朝，无废前劳。'"《吕氏春秋》曰："段干木，晋国之驵。"《说文》曰："驵，会也。谓合两家之卖买，如今之度市也。"《新序》曰"魏文侯过段干木之闾而轼之，遂致禄百万，而时往问之。国人皆喜，相与诵之曰：'吾君好正，段干木之敬；吾君好忠，段干木之隆。'秦欲攻魏，司马唐谏曰：〔7〕'段干木贤者也，而魏礼之，天下莫不闻，无乃不可加兵乎？'秦君以为然"也。驵音子朗反。

②《论语》曰："蘧伯玉使人于孔子，问之曰：'夫子何为？'对曰：'夫子欲寡其过而未能也。'"又曰："颜回好学，不贰过。"

③《论语》孔子之言也。郑玄注云："不仁之人，当以风化之。若疾之以甚，是益使为乱也。"

茅容字季伟，〔8〕陈留人也。年四十馀，耕于野，时与等辈避雨树下，众皆夷踞相对，①容独危坐愈恭。林宗行见之而奇其异，遂与共言，因请寓宿。旦日，容杀鸡为馔，林宗谓为己设，既而以供其母，自以草蔬与客同饭。②林宗起拜之曰："卿贤乎哉！"因劝令学，卒以成德。

①夷，平也。《说文》曰："踞，蹲也。"

②草，粗也。

孟敏字叔达，钜鹿杨氏人也。①〔9〕客居太原。荷甑堕地，不顾而去。林宗见而问其意。对曰："甑以破矣，视之何益？"林宗以此异之，因劝令游学。十年知名，三公俱辟，并不屈云。

①《十三州志》曰，杨氏县在今魏郡北也。

庾乘字世游，颍川鄢陵人也。少给事县廷为门士。①林宗见而拔之，劝游学(宫)〔官〕，〔10〕遂为诸生佣。后能讲论，自以卑第，每处下坐，诸生博士皆就雠问，由是学中以下坐为贵。后征辟并不起，号曰“征君”。

①士即门卒。

宋果字仲乙，①扶风人也。性轻悍，憙与人报仇，为郡县所疾。林宗乃训之义方，惧以祸败。果感悔，叩头谢负，遂改节自敕。后以烈气闻，辟公府，侍御史、并州刺史，所在能化。

①《谢承书》“乙”作“文”。

贾淑字子厚，〔11〕林宗乡人也。虽世有冠冕，而性险害，邑里患之。①林宗遭母忧，淑来修吊，既而钜鹿孙威直亦至。〔12〕威直以林宗贤而受恶人吊，心怪之，不进而去。林宗追而谢之曰：“贾子厚诚实凶德，然洗心向善。仲尼不逆互乡，故吾许其进也。”②淑闻之，改过自厉，终成善士。乡里有忧患者，淑辄倾身营救，为州闾所称。

①《谢承书》曰：“淑为舅宋瑗报仇于县中，为吏所捕，系狱当死。泰与语，淑恳恻流涕。泰诣县令应操，陈其报怨蹈义之士。被赦，县不宥之，郡上言，乃得原。”

②互乡，乡名。“互乡难与言，童子见，门人惑。孔子曰：‘人洁己以进，与其进，不保其往。’”

史叔宾者，陈留人也。少有盛名。林宗见而告人曰：“墙高基下，虽得必失。”后果以论议阿枉败名云。

黄允字子艾，〔13〕济阴人也。以儁才知名。林宗见而谓曰：“卿有绝人之才，足成伟器。然恐守道不笃，将失之矣。”后司徒袁隗欲为从女求姻，见允而叹曰：“得婿如是足矣。”允闻而黜遣其妻夏侯氏。妇谓姑曰：“今当见弃，方与黄氏长辞，乞一会亲属，以展离诀之情。”于是大集宾客三百馀人，〔14〕妇中坐，攘袂数允隐匿秽恶十五事，言毕，登车而去。允以此废于时。

谢甄字子微，汝南召陵人也。与陈留边让并善谈论，俱有盛名。每共候林宗，未尝不连日达夜。林宗谓门人曰：“二人英才有馀，而并不入道，惜乎！”甄后不拘细行，为时所毁。让以轻侮曹操，操杀之。

王柔字叔优，弟泽，字季道，林宗同郡晋阳县人也。兄弟总角共候林宗，以访才行所宜。林宗曰："叔优当以仕进显，季道当以经术通，然违方改务，亦不能至也。"后果如所言，柔为护匈奴中郎将，泽为代郡太守。

又识张孝仲刍牧之中，知范特祖邮置之役，①召公子、许伟康并出屠酤，司马子威拔自卒伍，及同郡郭长信、王长文、韩文布、李子政、曹子元、定襄周康子、西河王季然、云中丘季智、郝礼真等六十人，并以成名。②

①《说文》曰："邮，境上传书舍也。"《广雅》曰："邮，驿也。"置亦驿也。《风俗通》曰："汉改邮为置。置者，度其远近之间置之也。"

②《谢承书》曰："太原郭长信、王长文、长文弟子师、韩文布、李子政、曹子元、定襄周康子、西河王季然、云中丘季智名灵举。子师位至司徒，季然北地太守，其馀多典州郡者。"

论曰：庄周有言，人情险于山川，以其动静可识，而沈阻难征。①故深厚之性，诡于情貌；②"则哲"之鉴，惟帝所难。③而林宗雅俗无所失，将其明性特有主乎？然而逊言危行，终亨时晦，④恂恂善导，使士慕成名，虽墨、孟之徒，不能绝也。⑤

①征，明也。沈，深也。

②诡，违也。

③帝谓尧也。《书》曰："知人则哲，惟帝为难。"

④亨，通也。

⑤墨翟、孟轲也。绝，过也。

符融字伟明，陈留浚仪人也。少为都官吏，耻之，委去。①后游太学，师事少府李膺。膺风性高简，每见融，辄绝它宾客，听其言论。融幅巾奋褎，谈辞如云，②膺每捧手叹息。郭林宗始入京师，时人莫识，融一见嗟服，因以介于李膺，由是知名。③

①《续汉志》曰："都官从事，主察举百官犯法者。"融耻为其吏而去。

②幅巾者，以一幅为之也。褎，古袖字。如云者，奔踊而出也。

③古人相见，必因绍介。介，因也，言因此人以相接见也。《谢承书》曰："融见林宗，便与之交。又绍介于膺，以为海之明珠，未耀其光，鸟之凤皇，羽仪未翔。膺与林宗相见，待以师友之礼，遂振名天下，融之致也。"

时汉中晋文经、梁国黄子艾，并恃其才智，炫曜上京，卧托养疾，无所通接。洛中士大夫好事者，承其声名，坐门问疾，犹不得见。①三公所辟召者，辄以询访之，随所臧否，以为与夺。融察其非真，乃到太学，并见李膺曰："二子行业无闻，以豪桀自置，遂使公卿问疾，王臣坐门。融恐其小道破义，空誉违实，特宜察焉。"膺然之。二人自是名论渐衰，宾徒稍省，旬日之间，惭叹逃去。后果为轻薄子，并以罪废弃。

①《谢承书》曰："文经、子艾，曜名远近，声价已定，征辟不就，疗病京师，不通宾客。公卿将相大夫遣门生旦暮问疾，郎吏公府掾属杂坐其门，不得见也。"

融益以知名。州郡礼请，举孝廉，公府连辟，皆不应。太守冯岱有名称，到官，请融相见。融一往，荐达郡士范冉、韩卓、孔伷等三人，①因辞病自绝。会有党事，亦遭禁锢。

①伷音胄。《谢承书》曰："冯岱字德山。性忼慨，有文武异才。既到官，融往相见，荐范冉为功曹，韩卓为主簿，孔伷为上计吏。"《袁山松书》曰："卓字子助。腊日，奴窃食祭其先，卓义其心，即日免之。"

妻亡，贫无殡敛，乡人欲为具棺服，融不肯受。曰："古之亡者，弃之中野。①唯妻子可以行志，但即土埋藏而已。"②

①《易·系词》曰："古之葬者，厚衣以薪，葬之中野。"

②《谢承书》："颍川张元祖，志行士也，来存融，吊其妻亡，知其如此，谓言'足下欲尚古道，非不清妙；且礼设棺椁，制杖章，孔子曰"吾从周"'。便推所乘羸牛车，命融以给殡，融受而不辞也。"

融同郡田盛，字仲向，与郭林宗同好，亦名知人，优游不仕，并以寿终。

许劭字子将，汝南平舆人也。① 少峻名节，好人伦，多所赏识。若樊子昭、和阳士者，并显名于世。② 故天下言拔士者，咸称许、郭。

①舆音预。

②《魏志》曰："和洽字阳士，汝南西平人也。初举孝廉，大将军辟，不就。魏国建，为侍中。"

初为郡功曹，太守徐璆甚敬之。① 府中闻子将为吏，莫不改操饰行。同郡袁绍，公族豪侠，去濮阳令归，车徒甚盛，将入郡界，乃谢遣宾客，曰："吾舆服岂可使许子将见。"遂以单车归家。

①璆音求，又巨秋反。

劭尝到颍川，多长者之游，唯不候陈寔。又陈蕃丧妻还葬，乡人(必)〔毕〕至，〔15〕而劭独不往。或问其故，劭曰："太丘道广，广则难周；仲举性峻，峻则少通。故不造也。"其多所裁量若此。

曹操微时，常卑辞厚礼，求为己目。① 劭鄙其人而不肯对，操乃伺隙胁劭，劭不得已，曰："君清平之奸贼，乱世之英雄。"〔16〕操大悦而去。

①令品藻为题目。

劭从祖敬，敬子训，训子相，并为三公，相以能谄事宦官，故自致台司封侯，数遣请劭。劭恶其薄行，终不候之。

劭邑人李逵，壮直有高气，劭初善之，而后为隙，又与从兄靖不睦，① 时议以此少之。初，劭与靖俱有高名，好共覈论乡党人物，每月辄更其品题，故汝南俗有"月旦评"焉。

①《蜀志》曰："许靖字文休，少与从弟劭俱知名，并有人伦臧否之称，而私情不协。劭为郡功曹，排摈靖不得齿叙，以马磨自给。"

司空杨彪辟，〔17〕举方正、敦朴，征，皆不就。或劝劭仕，对曰："方今小人道长，王室将乱，吾欲避地淮海，以全老幼。"乃南到广陵。徐州刺史陶谦礼之甚厚。劭不自安，告其徒曰："陶恭祖外慕声名，内非真正。待吾虽厚，其执必薄。不如去之。"遂复投扬州刺史刘繇于曲阿。① 其后陶谦果捕诸寓士。② 及孙策平吴，劭与繇南奔豫章而卒，时年四十六。

①繇字正礼。

②寓，寄也。

兄虔亦知名，汝南人称平舆渊有二龙焉。①

①平舆故城〔在〕今豫州汝阳县东北，〔18〕有二龙乡、月旦里。

赞曰：林宗怀宝，识深甄藻。①明发周流，永言时道。②符融鉴真，子将人伦。守节好耻，并亦逡巡。③

①甄，明也。藻犹饰也。

②明发，发夕至明也。《吕氏春秋》曰："孔子周流天下。"

③逡巡，自退不仕也。

【校勘记】

〔1〕　形如(幍)〔帢〕　按：注云"音口洽反"，则字当作"帢"，今改，下同。

〔2〕　初太始至南州至太以是名闻天下　按：此注文七十四字，汲本、殿本皆儳入正文。明嘉靖汪文盛刻本不误，闽本亦不误，闽本盖据汪文盛本翻刻也。

〔3〕　譬之(泛)〔氿〕滥　《集解》引惠栋说，谓蒋杲云"泛"当作"氿"，俗本误"氿"为"汎"，因转误为"泛"也。王先谦谓《黄宪传》"泛滥"作"氿滥"，谓氿泉、滥泉也。今据改。

〔4〕　扰之不浊　按：殿本"扰"作"挠"，《御览》七十二引《续汉书》同。

〔5〕　段干木　按："段"原讹"叚"，径改正。注同。

〔6〕　晋荀瑶伐郑〔郑驷弘〕请救于齐　按：注脱"郑驷弘"三字，则上下文语意不属，今据今本《左传》补。

〔7〕　司马唐谏曰　按：《校补》引柳从辰说，谓"司马唐"今《新序》作"司马唐且"。

〔8〕　茅容字季伟　按：《校补》谓"伟"一作"玮"。柳从辰云《风俗通》有黄琼门生茅季玮，即其人。

〔9〕　钜鹿杨氏人也　按："杨"原讹"扬"，径改正。注同。

〔10〕　劝游学(宫)〔官〕　《刊误》谓案文"宫"当作"官"。今据改。

〔11〕 贾淑字子厚　按:《集解》引惠栋说,谓《袁纪》"子厚"作"子序"。

〔12〕 既而钜鹿孙威直亦至　按:《集解》引惠栋说,谓《郭泰别传》"威"作"咸"。

〔13〕 黄允字子艾　按:《集解》引惠栋说,谓《袁纪》"子艾"作"元艾"。

〔14〕 于是大集宾客三百馀人　按:《校补》引柳从辰说,谓《袁纪》作"请亲属及宾客二十馀人"。

〔15〕 乡人(必)〔毕〕至　据汲本、殿本改。

〔16〕 君清平之奸贼乱世之英雄　按:《三国·魏志》裴注引《世说》,作"治世之能臣,乱世之奸雄"。

〔17〕 司空杨彪　按:"杨"原讹"扬",径改正。

〔18〕 平舆故城〔在〕今豫州汝阳县东北　据汲本、殿本补。

后汉书卷六十九

窦何列传第五十九

窦武字游平，扶风平陵人，安丰戴侯融之玄孙也。父奉，定襄太守。武少以经行著称，常教授于大泽中，不交时事，名显关西。

延熹八年，长女选入掖庭，桓帝以为贵人，拜武郎中。其冬，贵人立为皇后，武迁越骑校尉，封槐里侯，五千户。明年冬，拜城门校尉。在位多辟名士，清身疾恶，礼赂不通，妻子衣食裁充足而已。是时羌蛮寇难，岁俭民饥，武得两宫赏赐，悉散与太学诸生，及载肴粮于路，丐施贫民。兄子绍，〔1〕为虎贲中郎将，性疏简奢侈。武每数切厉相戒，犹不觉悟，乃上书求退绍位，又自责不能训导，当先受罪。由是绍更遵节，大小莫敢违犯。

时国政多失，内官专宠，李膺、杜密等为党事考逮。永康元年，上疏谏曰："臣闻明主不讳讥刺之言，以探幽暗之实；忠臣不恤谏争之患，以畅万端之事。是以君臣并熙，名奋百世。① 臣幸得遭盛明之世，逢文武之化，岂敢怀禄逃罪，不竭其诚！陛下初从藩国，爰登圣祚，天下逸豫，谓当中兴。自即位以来，未闻善政。梁、孙、寇、邓虽或诛灭，②〔2〕而常侍黄门续为祸虐，欺罔陛下，竞行谲诈，自造制度，妄爵非人，朝政日衰，奸臣日强。伏寻西京放恣王氏，佞臣执政，终丧天下。今不虑前事之失，复循覆车之轨，臣恐二世之难，必将复及，③ 赵高之变，不朝则夕。④ 近者奸臣牢脩，造设党议，遂收前司隶校尉李膺、太仆杜密、御史中丞陈翔、太尉掾范滂等逮考，连及数百人，旷年拘录，事无效验。臣惟膺等建忠抗节，志经王室，此诚陛下稷、卨、伊、吕之佐，〔3〕而虚为奸臣贼子之所诬枉，天下寒心，海内失望。惟陛下留神澄省，时见理出，⑤ 以厌人鬼喁喁之心。臣闻古之明君，必须贤佐，以成政道。今台阁近臣，尚书令陈蕃，仆射胡广，〔4〕尚书朱寓、荀绲、⑥刘祐、魏朗、刘矩、尹勋等，皆国之贞士，朝之良佐。尚书郎张陵、妫皓、苑康、杨乔、边韶、戴恢等，文质彬彬，明达国典。内外之职，群才并列。而陛下委任近习，专树饕餮，外典州郡，内干心膂。宜以次贬黜，案罪纠罚，抑夺宦官欺国之封，案其无状诬罔之罪，信任忠良，平决臧否，使邪正毁誉，各得其所，宝爱天官，唯善是授。如此，咎征可消，天应可待。间者有嘉禾、芝草、黄龙之见。夫瑞生必于嘉士，⑦福至实由善人，在德为瑞，无德为灾。陛下所行，不合天意，不宜称庆。"书奏，因以病上还城门校尉、槐里侯印绶。⑧帝不许，有诏原李膺、杜密等，自黄门北寺、若卢、都内诸狱，系囚罪轻者皆出之。⑨

①熙，盛也。

②梁冀、孙寿、寇荣、邓万代，见《桓纪》也。

③二世即胡亥。

④赵高使女婿阎乐弑胡亥于望夷宫。

⑤时谓即时也。

⑥音古本反。

⑦嘉士犹善人也。

⑧上音时丈反。

⑨都内，主藏官名。《前书》有都内令丞，属大司农也。

其冬帝崩，无嗣。武召侍御史河间刘儵，参问其国中王子侯之贤者，儵称解渎亭侯宏。武入白太后，遂征立之，是为灵帝。拜武为大将军，常居禁中。帝既立，论定策功，更封武为闻喜侯；子机渭阳侯，拜侍中；兄子绍鄠侯，迁步兵校尉；绍弟靖西乡侯，为侍中，监羽林左骑。

武既辅朝政，常有诛翦宦官之意，太傅陈蕃亦素有谋。时共会朝堂，蕃私谓武曰："中常侍曹节、王甫等，自先帝时操弄国权，浊乱海内，百姓匈匈，归咎于此。今不诛节等，后必难图。"武深然之。蕃大喜，以手推席而起。武于是引同志尹勋为尚书令，刘瑜为侍中，冯述为屯骑校尉；又征天下名士废黜者前司隶李膺、宗正刘猛、太仆杜密、庐江太守朱寓等，列于朝廷；请前越嶲太守荀翌为从事中郎，〔5〕辟颍川陈寔为属；共定计策。于是天下雄俊，知其风旨，莫不延颈企踵，思奋其智力。①

①《续汉志》曰："桓帝初，京都童谣曰：'游平卖印自有评，不避贤豪及大姓。'案：武字游平。与陈蕃合策戮力，唯德是建，咸得其人，豪贤大姓皆绝望矣。"

会五月日食，蕃复说武曰："昔萧望之困一石显，①近者李、杜诸公祸及妻子，况今石显数十辈乎！蕃以八十之年，欲为将军除害，今可且因日食，斥罢宦官，以塞天变。又赵夫人及女尚书，旦夕乱太后，②急宜退绝。惟将军虑焉。"武乃白太后曰："故事，黄门、常侍但当给事省内，典门户，主近署财物耳。今乃使与政事而任权重，子弟布列，专为贪暴。天下匈匈，正以此故。宜悉诛废，以清朝廷。"太后曰："汉来故事世有，但当诛其有罪，岂可尽废邪？"时中常侍管霸颇有才略，专制省内。武先白诛霸及中常侍苏康等，竟死。武复数白诛曹节等，太后冘豫未忍，③故事久不发。

①元帝时，阉人石显为中书令，谮御史大夫萧望之，令自杀也。

②女尚书，内官也。夫人即赵娆。

③冘音淫。冘豫，不定也。

至八月，太白出西方。刘瑜素善天官，恶之，上书皇太后曰："太白犯房左骖，上将星入太微，其占宫门当闭，将相不利，奸人在主傍。愿急防之。"又与武、蕃书，以星辰错缪，不利大臣，宜速断大计。武、蕃得书将发，于是以朱寓为司隶校尉，刘祐为河南尹，虞祁为洛阳令。武乃奏免黄门令魏彪，以所亲小黄门山冰代之。使冰奏素狡猾尤无状者长乐尚书郑飒，①送北寺狱。蕃谓武曰："此曹子便当收杀，何复考为！"武不从，令冰与尹勋、侍御史祝瑨杂考飒，辞连及曹节、王甫。勋、冰即奏收节等，使刘瑜内奏。

①音立。

时武出宿归府，典中书者先以告长乐五官史朱瑀。〔6〕瑀盗发武奏，骂曰："中官放纵者，自可诛耳。我曹何罪，而当尽见族灭？"因大呼曰："陈蕃、窦武奏白太后废帝，为大逆！"乃夜召素所亲壮健者长乐从官史共普、〔7〕张亮等十七人，喢血共盟诛武等。曹节闻之，惊起，白帝曰："外间切切，请出御德阳前殿。"令帝拔剑踊跃，使乳母赵娆等拥卫左右，取棨信，闭诸禁门。①召尚书官属，胁以白刃，使作诏板。拜王甫为黄门令，持节至北寺狱收尹勋、山冰。冰疑，不受诏，甫格杀之。遂害勋，出郑飒。还共劫太后，夺玺书。〔8〕令中谒者守南宫，闭门，绝复道。②使郑飒等持节，及侍御史、谒者捕收武等。武不受诏，驰入步兵营，与绍共射杀使者。召会北军五校士数千人屯都亭下，令军士曰："黄门常侍反，尽力者封侯重赏。"诏以少府周靖行车骑将军，加节，与护匈奴中郎将张奂率五营士讨武。夜漏尽，王甫将虎贲、羽林、厩驺、都候、剑戟士，合千馀人，出屯朱雀掖门，与奂等合。明旦悉军阙下，与武对陈。甫兵渐盛，使其士大呼武军曰："窦武反，汝皆禁兵，当宿卫宫省，何故随反者乎？先降有赏！"营府素畏服中官，于是武军稍稍归甫。自旦至食时，兵降略尽。武、绍走，诸军追围之，皆自杀，枭首洛阳都亭。③收捕宗亲、宾客、姻属，悉诛之，及刘瑜、冯述，皆夷其族。徙武家属日南，迁太后于云台。

①棨，有衣戟也。《汉官仪》曰："凡居宫中，〔9〕皆施籍于掖门，案姓名当入者，本官为封棨传，审印信，然后受之。"

②复音福。

③《续汉志》曰："桓帝末，京师童谣曰：'茅田一顷中有井，四方纤纤不可整。嚼复嚼，今年尚可后年硗。'案：《易》曰'拔茅连茹'。茅喻群贤也。井者，法也。时中常侍管霸等憎疾海内英贤，并见废锢。'茅田一顷'言群贤众多也。'中有井'者，言虽厄穷，不失法度也。'四方纤纤'言奸慝不可理也。'嚼'，饮酒相强之辞也。言不恤王政，徒耽宴而已。'今年尚可'者，言但禁锢也。'后年硗'者，陈蕃、窦武等诛，天下大坏也。"硗音苦教反。硗犹恶也。

当是时，凶竖得志，士大夫皆丧其气矣。武府掾桂阳胡腾，少师事武，独殡敛行丧，坐以禁锢。

武孙辅，时年二岁，逃窜得全。事觉，节等捕之急。胡腾及令史南阳张敞共逃辅于零陵界，诈云已死，腾以为己子，而使聘娶焉。后举桂阳孝廉。至建安中，荆州牧刘表闻而辟焉，以为从事，使还窦姓，以事列上。会表卒，曹操定荆州，辅与宗人徙居于邺，辟丞相府。从征马超，为流矢所中死。①

①飞矢曰流矢。中，伤也。

初，武母产武而并产一蛇，送之林中。后母卒，及葬未窆，有大蛇自榛草而出，①径至丧所，以头击柩，涕血皆流，俯仰蛣屈，②若哀泣之容，有顷而去。时人知为窦氏之祥。③

①《广雅》曰："木蘩生曰榛。"

②蛣音丘吉反。

③祥，吉凶之先见者。《尚书》曰："亳有祥。"

腾字子升。初，桓帝巡狩南阳，以腾为护驾从事。公卿贵戚车骑万计，征求费役，不可胜极。腾上言："天子无外，乘舆所幸，即为京师。臣请以荆州刺史比司隶校尉，①臣自同都官从事。"帝从之。②自是肃然，莫敢妄有干欲，腾以此显名。党锢解，官至尚书。

①南阳属荆州，故请以刺史比司隶。

②《汉官仪》曰"都官从事主洛阳百官，〔10〕朝会与三府掾同"也。

张敞者，太尉温之弟也。①

①《汉官仪》曰："温字伯慎，穰人也，封(玄)〔互〕乡侯。〔11〕太史奏言有大臣诛死，董卓取温笞杀于市以厌之。"

何进字遂高，南阳宛人也。异母女弟选入掖庭为贵人，有宠于灵帝，拜进郎中，再迁虎贲中郎将，出为颍川太守。光和(二)〔三〕年，贵人立为皇后，〔12〕征进入，拜侍中、将作大匠、河南尹。

中平元年，黄巾贼张角等起，以进为大将军，率左右羽林五营士屯都亭，修理器械，以镇京师。张角别党马元义谋起洛阳，进发其奸，以功封慎侯。①

①慎，县，属汝南郡。

四年，荥阳贼数千人群起，攻烧郡县，杀中牟县令，诏使进弟河南尹苗出击之。[13]苗攻破群贼，平定而还。诏遣使者迎于成皋，拜苗为车骑将军，封济阳侯。

五年，天下滋乱，望气者以为京师当有大兵，两宫流血。大将军司马许凉、假司马伍宕说进曰："太公《六韬》有天子将兵事，①可以威厌四方。"进以为然，入言之于帝。于是乃诏进大发四方兵，讲武于平乐观下。起大坛，上建十二重五采华盖，高十丈，坛东北为小坛，复建九重华盖，高九丈，列步兵、骑士数万人，结营为陈。天子亲出临军，驻大华盖下，进驻小华盖下。礼毕，帝躬擐甲介马，②称"无上将军"，行陈三匝而还。诏使进悉领兵屯于观下。是时置西园八校尉，以小黄门蹇硕为上军校尉，虎贲中郎将袁绍为中军校尉，屯骑都尉鲍鸿为下军校尉，[14]议郎曹操为典军校尉，赵融为助军校尉，淳于琼为佐军校尉，又有左右校尉。帝以蹇硕壮健而有武略，特亲任之，以为元帅，督司隶校尉以下，虽大将军亦领属焉。

①太公《六韬篇》：第一《霸典》，文论；第二《文师》，武论；第三《龙韬》，主将；第四《虎韬》，偏裨；第五《豹韬》，校尉；第六《犬韬》，司马。《龙韬》云："武王曰：'吾欲令三军之众，亲其将如父母，闻金声而怒，闻鼓音而喜，为之奈何？'"

②擐音宦。擐，贯也。介亦甲也。

硕虽擅兵于中，而犹畏忌于进，乃与诸常侍共说帝遣进西击边章、韩遂。帝从之，赐兵车百乘，虎贲斧钺。进阴知其谋，乃上遣袁绍东击徐兖二州兵，[15]须绍还，即戎事，以稽行期。

初，何皇后生皇子辩，王贵人生皇子协。群臣请立太子，帝以辩轻佻无威仪，不可为人主，①然皇后有宠，且进又居重权，故久不决。

①《字书》曰："佻，轻也。"

六年，帝疾笃，属协于蹇硕。硕既受遗诏，且素轻忌于进兄弟，及帝崩，硕时在内，欲先诛进而立协。及进从外入，硕司马潘隐与进早旧，迎而目之。进惊，驰从儳道归营，引兵入屯百郡邸，① 因称疾不入。硕谋不行，皇子辩乃即位，何太后临朝，进与太傅袁隗辅政，录尚书事。

①《广雅》曰："儳，疾也。"音仕鉴反。

进素知中官天下所疾，兼忿蹇硕图己，及秉朝政，阴规诛之。袁绍亦素有谋，因进亲客张津劝之曰："黄门常侍权重日久，又与长乐太后专通奸利，① 将军宜更清选贤良，整齐天下，为国家除患。"进然其言。又以袁氏累世宠贵，海内所归，② 而绍素善养士，能得豪杰用，其从弟虎贲中郎将术亦尚气侠，故并厚待之。因复博征智谋之士(庞)〔逢〕纪、〔16〕何颙、荀攸等，与同腹心。

①灵帝母董太后居长乐宫。

②袁安为司徒、司空，孙汤为司徒、太尉，汤子成五官中郎将，成生绍，故云"累代宠贵"也。

蹇硕疑不自安，与中常侍赵忠等书曰："大将军兄弟秉国专朝，今与天下党人谋诛先帝左右，埽灭我曹。但以硕典禁兵，故且沈吟。今宜共闭上阁，急捕诛之。"中常侍郭胜，进同郡人也。太后及进之贵幸，胜有力焉。故胜亲信何氏，遂共赵忠等议，不从硕计，而以其书示进。进乃使黄门令收硕，诛之，因领其屯兵。

袁绍复说进曰："前窦武欲诛内宠而反为所害者，以其言语漏泄，而五营百官服畏中人故也。今将军既有元舅之重，而兄弟并领劲兵，部曲将吏皆英俊名士，乐尽力命，事在掌握，此天赞之时也。将军宜一为天下除患，名垂后世。虽周之申伯，何足道哉！① 今大行在前殿，② 将军(宜)受诏领禁兵，〔17〕不宜轻出入宫省。"进甚然之，乃称疾不入陪丧，又不送山陵。遂与绍定筹策，而以其计白太后。太后不听，曰："中官统领禁省，自古及今，汉家故事，不可废也。且先帝新弃天下，我奈何楚楚与士人对共事乎？"③ 进难违太后意，且欲诛其放纵者。绍以为中官亲近至尊，出入号令，今不悉废，后必为患。而太后母舞阳君及苗数受诸宦官赂遗，知进欲诛之，数白太后，为其障蔽。又言："大将军专杀左右，擅权以弱社稷。"太后疑以为然。中官在省闼者或数十年，封侯贵宠，胶固内外。进新当重任，素敬惮之，虽外收大名而内不能断，故事久不决。

①申伯，周申后父也。《诗·大雅》曰："维申及甫，维周之翰。"

②人主崩未有谥，故称大行也。《前书音义》曰："大行者，不反之辞也。"

③《楚词》曰"楚楚"，鲜明貌也。《诗》曰："衣裳楚楚。"

绍等又为画策，多召四方猛将及诸豪杰，使并引兵向京城，以胁太后。进然之。主簿陈琳入谏曰："《易》称'即鹿无虞'，①谚有'掩目捕雀'。夫微物尚不可欺以得志，况国之大事，其可以诈立乎？今将军总皇威，握兵要，龙骧虎步，高下在心，此犹鼓洪炉燎毛发耳。夫违经合道，天人所顺，而反委释利器，更征外助。大兵聚会，强者为雄，所谓倒持干戈，授人以柄，②功必不成，只为乱阶。"进不听。遂西召前将军董卓屯关中上林苑，又使府掾太山王匡东发其郡强弩，并召东郡太守桥瑁屯城皋，使武猛都尉丁原烧孟津，火照城中，③皆以诛宦官为言。太后犹不从。

①《易·屯卦·六三·爻辞》也。虞，掌山泽之官。即鹿犹从禽也。无虞言不可得。

②《前书》梅福上书曰："倒持太阿，授楚其柄。"

③武猛谓有武艺而勇猛者。取其嘉名，因以名官也。

苗谓进曰："始共从南阳来，俱以贫贱，依省内以致贵富。国家之事，亦何容易！覆水不可收。宜深思之，且与省内和也。"进意更狐疑。绍惧进变计，乃胁之曰："交搆已成，形势已露，事留变生，将军复欲何待，而不早决之乎？"进于是以绍为司隶校尉，假节，专命击断；从事中郎王允为河南尹。绍使洛阳方略武吏司察宦者，而促董卓等使驰驿上，欲进兵平乐观。太后乃恐，悉罢中常侍小黄门，使还里舍，唯留进素所私人，以守省中。诸常侍小黄门皆诣进谢罪，唯所措置。进谓曰："天下匈匈，正患诸君耳。今董卓垂至，诸君何不早各就国？"袁绍劝进便于此决之，至于再三。进不许。绍又为书告诸州郡，诈宣进意，使捕案中官亲属。

进谋积日，颇泄，中官惧而思变。张让子妇，太后之妹也。〔18〕让向子妇叩头曰："老臣得罪，当与新妇俱归私门。惟受恩累世，① 今当远离宫殿，情怀恋恋，愿复一入直，得暂奉望太后、陛下颜色，然后退就沟壑，死不恨矣。"子妇言于舞阳君，入白太后，乃诏诸常侍皆复入直。

①惟，思念也。

八月，进入长乐白太后，请尽诛诸常侍以下，选三署郎入守宦官庐。诸宦官相谓曰："大将军称疾不临丧，不送葬，今欻入省，① 此意何为？窦氏事竟复起邪？"又张让等使人潜听，具闻其语，乃率常侍段珪、[19] 毕岚等数十人，持兵窃自侧闼入，伏省中。及进出，因诈以太后诏召进。入坐省闼，让等诘进曰："天下愦愦，[20] 亦非独我曹罪也。② 先帝尝与太后不快，几至成败，③ 我曹涕泣救解，各出家财千万为礼，和悦上意，但欲托卿门户耳。今乃欲灭我曹种族，不亦太甚乎？卿言省内秽浊，公卿以下忠清者为谁？"于是尚方监渠穆拔剑斩进于嘉德殿前。让、珪等为诏，以故太尉樊陵为司隶校尉，少府许相为河南尹。尚书得诏板，疑之，曰："请大将军出共议。"中黄门以进头掷与尚书，曰："何进谋反，已伏诛矣。"

①欻音许物反。

②《说文》曰："愦愦，乱也。"

③陈留王协母王美人，何后鸩杀之，帝怒，欲废后，宦官固请得止。

进部曲将吴匡、张璋，素所亲幸，在外闻进被害，欲将兵入宫，宫阁闭。袁术与匡共斫攻之，中黄门持兵守阁。会日暮，术因烧南宫九龙门及东西宫，[21] 欲以胁出让等。让等入白太后，言大将军兵反，烧宫，攻尚书闼，因将太后、天子及陈留王，又劫省内官属，从复道走北宫。① 尚书卢植执戈于阁道窗下，仰数段珪。段珪等惧，乃释太后。太后投阁得免。

①复音福。

袁绍与叔父隗矫诏召樊陵、许相，斩之。苗、绍乃引兵屯朱雀阙下，捕得赵忠等，斩之。吴匡等素怨苗不与进同心，而又疑其与宦官同谋，乃令军中曰："杀大将军者即车骑也，士吏能为报仇乎？"进素有仁恩，士卒皆流涕曰："愿致死！"匡遂引兵与董卓弟奉车都尉旻攻杀苗，弃其尸于苑中。绍遂闭北宫门，勒兵捕宦者，无少长皆杀之。或有无须而误死者，至自发露然后得免。〔死〕者二千馀人。[22]绍因进兵排宫，或上端门屋，以攻省内。

张让、段珪等困迫，遂将帝与陈留王数十人步出榖门，奔小平津。①公卿并出平乐观，无得从者，唯尚书卢植夜驰河上，王允遣河南中部掾闵贡随植后。贡至，手剑斩数人，馀皆投河而死。明日，公卿百官乃奉迎天子还宫，以贡为郎中，封都亭侯。

①榖门，洛城北当中门也。

董卓遂废帝，又迫杀太后，杀舞阳君，何氏遂亡，而汉室亦自此败乱。

论曰：窦武、何进藉元舅之资，据辅政之权，内倚太后临朝之威，外迎群英乘风之势，卒而事败阉竖，身死功颓，为世所悲，岂智不足而权有馀乎？①《传》曰："天之废商久矣，君将兴之。"斯宋襄公所以败于泓也。②

①言智非不足，权亦有馀，盖天败也。

②《左传》曰，楚伐宋，宋公将战。子鱼谏曰："天之弃商久矣，公将兴之，不可。"宋公不从，遂与楚战，大败于泓也。

赞曰：武生蛇祥，进自屠羊。①惟女惟弟，来仪紫房。上惛下嬖，人灵动怨。将纠邪慝，以合人愿。道之屈矣，代离凶困。②

①进本屠家子也。

②代，更也。

【校勘记】

〔1〕 兄子绍 按：《集解》引惠栋说，谓《袁宏纪》绍为武长子，与此异。

〔2〕 梁孙寇邓虽或诛灭 按:《集解》引惠栋说,谓《袁宏纪》云“梁、孙、邓、亳贵戚专势”云云,案寇荣未尝有此,《袁纪》是也。

〔3〕 此诚陛下稷卨伊吕之佐 “卨”原讹“禼”,汲本讹“卨”,径改正。按:“卨”乃“契”之古文。

〔4〕 尚书令陈蕃仆射胡广 按:《通鉴》删此九字,《考异》谓蕃、广时不为令、仆,故去之。

〔5〕 请前越巂太守荀翌为从事中郎 按:汲本、殿本“翌”作“昱”。

〔6〕 长乐五官史朱瑀 按:《集解》引惠栋说,谓《百官志》云“长信、长乐宦者署少府一人,职如长秋,及馀吏皆以宫名为号”,刘昭云“如长乐五官吏朱瑀之类”,是“史”当作“吏”。

〔7〕 长乐从官史 按:惠栋《补注》谓胡三省云“掌太后宫从官”,案“史”亦当作“吏”。

〔8〕 夺玺书 《刊误》谓“书”当作“绶”。按:《集解》引惠栋说,谓《袁纪》作“玺绶”。

〔9〕 凡居宫中 按:“宫”原讹“官”,径据汲本、殿本改正。

〔10〕 主洛阳百官 按:《集解》引惠栋说,谓《北堂书钞》引《汉官仪》,云都官从事掌洛阳中百姓,似“百官”当作“百姓”。

〔11〕 封(玄)〔互〕乡侯 据殿本改。按:王先谦谓作“互”是。

〔12〕 光和(二)〔三〕年贵人立为皇后 据《校补》引钱大昭说改。

〔13〕 进弟河南尹苗 殿本《考证》谓苗,朱氏子,《五行志》作“皇后异父兄”。按:李慈铭谓何后本屠家,其父真早死,舞阳君改适朱氏,生苗,及何氏贵,苗亦冒姓何氏,幸《续志》偶存其本姓耳。苗与进固非一姓,故进之部将疑其同谋杀进,遂报杀苗也。

〔14〕 屯骑都尉鲍鸿为下军校尉 按:《刊误》谓汉无屯骑都尉,“都”当作“校”。

〔15〕 乃上遣袁绍东击徐兖二州兵 按:《校补》谓案文“击”当作“集”。

〔16〕 因复博征智谋之士(庞)〔逄〕纪 《校补》引陈景云说,谓据《荀彧》、《袁绍传》均作“逄纪”,此作“庞”,误。今据改。按:逄读同庞,音近而讹。

〔17〕 将军(宜)受诏领禁兵 据《刊误》删。

〔18〕 张让子妇太后之妹也 按:汲本“妹”作“甥”,误。《袁纪》作“娣”,娣训女弟也。

〔19〕 乃率常侍段珪　按:“段”字原讹“叚”,径改正,下同。

〔20〕 天下愦愦　按:《校补》引柳从辰说,谓《袁纪》“愦愦”作“愤愤”。

〔21〕 术因烧南宫九龙门　按:《集解》引惠栋说,谓《袁宏纪》“九龙门”作“青琐门”。又引王补说,谓《通鉴》从《袁纪》。

〔22〕 至自发露然后得免〔死〕者二千馀人　《刊误》谓案文少一“死”字。今按:《魏志·袁绍传》作“或有无须而误死者,至自发露形体而后得免。死者二千馀人”。又《袁纪》及《通鉴》均作“死者二千馀人”。此明脱一“死”字,今补。

后汉书卷七十

郑孔荀列传第六十

郑太字公业，河南开封人，司农众之曾孙也。①〔1〕少有才略。灵帝末，知天下将乱，阴交结豪桀。家富于财，有田四百顷，而食常不足，名闻山东。

①开封，县，故城在今汴州南。

初举孝廉，三府辟，公车征，皆不就。及大将军何进辅政，征用名士，以公业为尚书侍郎，①迁侍御史。进将诛阉官，欲召并州牧董卓为助。公业谓进曰："董卓强忍寡义，志欲无厌。若借之朝政，授以大事，②将恣凶欲，必危朝廷。明公以亲德之重，据阿衡之权，秉意独断，诛除有罪，诚不宜假卓以为资援也。且事留变生，殷鉴不远。"又为陈时务之所急数事。进不能用，乃弃官去。谓颍川人荀攸曰："何公未易辅也。"

①《续汉志》曰："尚书凡六曹，侍郎三十六人，四百石。一曹有六人，主作文书起草。"

②借音子夜反。

进寻见害，卓果作乱。公业等与侍中伍琼、卓长史何颙共说卓，以袁绍为勃海太守，以发山东之谋。及义兵起，卓乃会公卿议，大发卒讨之，群僚莫敢忤旨。公业恐其众多益横，凶强难制，独曰："夫政在德，不在众也。"卓不悦，曰，"如卿此言，兵为无用邪?"公业惧，乃诡词更对曰：①"非谓无用，以为山东不足加大兵耳。如有不信，试为明公略陈其要。今山东合谋，州郡连结，人庶相动，非不强盛。然光武以来，中国无警，百姓优逸，忘战日久。仲尼有言：'不教人战，是谓弃之。'其众虽多，不能为害。一也。明公出自西州，少为国将，闲习军事，数践战场，名振当世，人怀慑服。二也。袁本初公卿子弟，生处京师。张孟卓东平长者，②坐不窥堂。③孔公绪④清谈高论，嘘枯吹生。⑤并无军旅之才，执锐之干，临锋决敌，非公之俦。三也。山东之士，素乏精悍。⑥未有孟贲之勇，庆忌之捷，⑦聊城之守，⑧良、平之谋，可任以偏师，责以成功。四也。就有其人，而尊卑无序，王爵不加，若恃众怙力，⑨将各(基)〔棋〕峙，⑩〔2〕以观成败，不肯同心共胆，与齐进退。五也。关西诸郡，颇习兵事，自顷以来，数与羌战，妇女犹戴戟操矛，〔3〕挟弓负矢，⑪况其壮勇之士，以当妄战之人乎！其胜可必。六也。且天下强勇，百姓所畏者，有并、凉之人，〔4〕及匈奴、屠各、湟中义从、西羌八种，⑫而明公拥之，以为爪牙，譬驱虎兕以赴犬羊。七也。又明公将帅，皆中表腹心，周旋日久，恩信淳著，忠诚可任，智谋可恃。以胶固之众，⑬当解合之势，犹以烈风扫彼枯叶。八也。夫战有三亡，以乱攻理者亡，以邪攻正者亡，以逆攻顺者亡。今明公秉国平正，讨灭宦竖，忠义克立。以此三德，待彼三亡，奉辞伐罪，谁敢御之！九也。东州郑玄学该古今，⑭北海邴原清高直亮，⑮皆儒生所仰，群士楷式。彼诸将若询其计画，足知强弱。且燕、赵、齐、梁非不盛也，终灭于秦；吴、楚七国非不众也，卒败荥阳。⑯况今德政赫赫，股肱惟良，彼岂赞成其谋，造乱长寇哉？其不然。十也。若其所陈少有可采，无事征兵以惊天下，使患役之民相聚为非，弃德恃众，自亏威重。"卓乃悦，以公业为将军，使统诸军讨击关东。或说卓曰："郑公业智略过人，而结谋外寇，今资之士马，就其党与，窃为明公惧之。"卓乃收还其兵，留拜议郎。

①诡犹诈也。

②孟卓名邈。

③言不妄视也。

④名伷。

⑤枯者嘘之使生，生者吹之使枯。言谈论有所抑扬也。

⑥悍，勇也。

⑦《说苑》曰：〔5〕"孟贲水行不避蛟龙，陆行不避虎狼，发怒吐气，声响动天。"〔6〕许慎注《淮南子》曰："孟贲，卫人也。"《吕氏春秋》曰："孟贲过于河，先其伍，船人怒，以楫虓其头，不知其孟贲故也。中河，孟贲瞋目视船人，发植目裂，舟中人尽播入河。"庆忌，吴王僚子也。射之矢，满把不能中，四马追之不能及。

⑧《史记》，燕将攻下聊城，因保守之。齐将田单攻之，岁馀不下。

⑨怙亦恃也。

⑩峙，止也。

⑪挟，持也。

⑫义从、八种并见《西羌传》。

⑬胶亦固也。

⑭玄，北海人，故云东州。

⑮《魏志》，原字根矩，北海朱虚人也。与管宁俱以操尚称。

⑯《前书》吴王濞、楚王戊、赵王遂、淄川王贤、济南王辟光、胶西王卬、胶东王雄渠，景帝(二)〔三〕年反，〔7〕大将军条侯周亚夫将兵破之荥阳。

卓既迁都长安，天下饥乱，士大夫多不得其命。而公业家有馀资，日引宾客高会倡乐，所赡救者甚众。乃与何颙、荀攸共谋杀卓。事泄，颙等被执，公业脱身自武关走，东归袁术。术上以为杨州刺史。未至官，道卒，年四十一。〔8〕

孔融字文举，鲁国人，孔子二十世孙也。七世祖霸，为元帝师，位至侍中。①父宙，太山都尉。

①《前书》霸字次(孺)〔儒〕，〔9〕元帝师。解见《孔昱传》。

融幼有异才。①年十岁，随父诣京师。时河南尹李膺②以简重自居，〔10〕不妄接士宾客，敕外自非当世名人及与通家，皆不得白。融欲观其人，故造膺门。语门者曰："我是李君通家子弟。"门者言之。膺请融，问曰："高明祖父尝与仆有恩旧乎？"融曰："然。先君孔子与君先人李老君同德比义，而相师友，③则融与君累世通家。”众坐莫不叹息。太中大夫陈炜后至，④〔11〕坐中以告炜。炜曰：“夫人小而聪了，大未必奇。”融应声曰：“观君所言，将不早惠乎？”〔12〕膺大笑曰：“高明必为伟器。”〔13〕

①《融家传》曰：“兄弟七人，融第六，幼有自然之性。年四岁时，每与诸兄共食梨，融辄引小者。大人问其故，答曰：‘我小儿，法当取小者。’由是宗族奇之。”

②膺，颍川襄城人。《融家传》曰：“闻汉中李公清节直亮，意慕之，遂造公门。”李固，汉中人，为太尉，与此传不同也。

③《家语》曰：“孔子谓南宫敬叔曰：‘吾闻老聃博古而达今，通礼乐之源，明道德之归，即吾之师也。今将往矣。’遂至周，问礼于老聃焉。”

④炜音于匭反。

年十三，丧父，〔14〕哀悴过毁，扶而后起，州里归其孝。性好学，博涉多该览。

山阳张俭为中常侍侯览所怨，览为刊章下州郡，以名捕俭。①俭与融兄褒有旧，亡抵于褒，不遇。②时融年十六，〔15〕俭少之而不告。融见其有窘色，③谓曰：“兄虽在外，吾独不能为君主邪？”因留舍之。④后事泄，国相以下，密就掩捕，俭得脱走，遂并收褒、融送狱。二人未知所坐。融曰：“保纳舍藏者，融也，当坐之。”褒曰：“彼来求我，非弟之过，请甘其罪。”吏问其母，母曰：“家事任长，妾当其辜。”一门争死，郡县疑不能决，乃上谳之。⑤诏书竟坐褒焉。融由是显名，与平原陶丘洪、陈留边让齐声称。州郡礼命，皆不就。

①刊，削也。谓削去告人姓名。

②抵，归也。《融家传》“褒字文礼”也。

③窘，迫也。

④舍，止也。

⑤《前书音义》曰：“谳，请也，音宜杰反。”

辟司徒杨赐府。时隐核官僚之贪浊者，将加贬黜，融多举中官亲族。尚书畏迫内宠，召掾属诘责之。融陈对罪恶，言无阿挠。①河南尹何进当迁为大将军，杨赐遣融奉谒贺进，不时通，融即夺谒还府，投劾而去。河南官属耻之，私遣剑客欲追杀融。客有言于进曰："孔文举有重名，②将军若造怨此人，则四方之士引领而去矣。不如因而礼之，可以示广于天下。"进然之，既拜而辟融，举高第，为侍御史。与中丞赵舍不同，托病归家。

①挠，曲也，音乃孝反。

②《融家传》曰："客言于进曰：'孔文举于时英雄特杰，譬诸物类，犹众星之有北辰，百谷之有黍稷，天下莫不属目也。'"

后辟司空掾，拜中军候。[16]在职三日，迁虎贲中郎将。会董卓废立，融每因对答，辄有匡正之言。以忤卓旨，转为议郎。时黄巾寇数州，而北海最为贼冲，卓乃讽三府同举融为北海相。

融到郡，收合士民，起兵讲武，驰檄飞翰，引谋州郡。贼张饶等群辈二十万众从冀州还，融逆击，为饶所败，乃收散兵保朱虚县。稍复鸠集吏民为黄巾所误者男女四万馀人，更置城邑，立学校，表显儒术，荐举贤良郑玄、彭璆、邴原等。①郡人甄子然、临孝存知名早卒，融恨不及之，乃命配食县社。其馀虽一介之善，莫不加礼焉。郡人无后及四方游士有死亡者，皆为棺具而敛葬之。时黄巾复来侵暴，融乃出屯都昌，②为贼管亥所围。融逼急，乃遣东莱太史慈求救于平原相刘备。③备惊曰："孔北海乃复知天下有刘备邪？"即遣兵三千救之，贼乃散走。

①璆音巨秋反，又音求。

②都昌，县，属北海郡，故城在今青州临朐县东北。

③《吴志》，慈字子义，东莱人也。避事之辽东，北海相孔融闻而奇之，数遣人讯问其母，并致饷遗。时融为管亥所围，慈从辽东还，母谓之曰："汝与孔北海未尝相见，至汝行后，赡恤殷勤，过于故旧。今为贼所围，汝宜赴之。"慈单步见融，既而求救于刘备，得兵以解围焉。

时袁、曹方盛，而融无所协附。左丞祖者，称有意谋，劝融有所结纳。融知绍、操终图汉室，不欲与同，故怒而杀之。

融负其高气，志在靖难，而才疏意广，迄无成功。①在郡六年，刘备表领青州刺史。建安元年，为袁谭所攻，自春至夏，战士所馀裁数百人，流矢雨集，戈矛内接。融隐几读书，②谈笑自若。城夜陷，乃奔东山，妻子为谭所虏。

①迄，竟也。

②隐，凭也。《庄子》曰："南郭子綦隐几而坐。"

及献帝都许，征融为将作大匠，迁少府。每朝会访对，融辄引正定议，公卿大夫皆隶名而已。①

①《说文》云："隶，附著。"

初，太傅马日磾奉使山东，及至淮南，数有意于袁术。术轻侮之，遂夺取其节，求去又不听，因欲逼为军帅。日磾深自恨，遂呕血而毙。①及丧还，朝廷议欲加礼。融乃独议曰："日磾以上公之尊，秉髦节之使，衔命直指，②宁辑东夏，③而曲媚奸臣，为所牵率，章表署用，辄使首名，④附下罔上，⑤奸以事君。⑥昔国佐当晋军而不挠，⑦宜僚临白刃而正色。⑧王室大臣，岂得以见胁为辞！又袁术僭逆，非一朝一夕，日磾随从，周旋历岁。《汉律》与罪人交关三日已上，皆应知情。《春秋》鲁叔孙得臣卒，以不发扬襄仲之罪，贬不书日。⑨郑人讨幽公之乱，斫子家之棺。⑩圣上哀矜旧臣，未忍追案，不宜加礼。"朝廷从之。

①《三辅决录》曰："日磾字翁叔，马融之族子。少传融业，以才学进。与杨彪、卢植、蔡邕等典校中书，历位九卿，遂登台辅。"《献帝春秋》曰："术从日磾借节观之，因夺不还，条军中十馀人使促辟之。日磾谓术曰：'卿先代诸公辟士云何？而言促之，谓公府掾可劫得乎？'从术求去，而术不遣，既以失节屈辱忧恚。"

②直指，无屈挠也。《前书》有绣衣直指。

③辑，和也。

④所上章表及署补用，皆以日磾名为首也。

⑤《前书》曰："附下罔上者刑。"

⑥《左传》叔向曰："奸以事君者，吾所能御。"

⑦《公羊传》曰："鞍之战，齐师大败。齐侯使国佐如师。郤克曰：'与我纪侯之甗，(及)〔反〕鲁、卫之侵地，〔17〕使耕者东西其亩，以萧同叔子为质，则吾舍

子。'国佐曰:'与我纪侯之甗,请诺。使反鲁、卫之侵,请诺。使耕者东西其亩,是则土齐也。萧同叔子者,齐君母也,齐君母犹晋君之母也,曰不可。请战,一战而不胜,请再战,再战而不胜,请三战,三战不胜,则齐国尽子之有也,何必萧同叔子为质!'揖而去之。"

⑧楚白公胜欲为乱,谓石乞曰:"王卿士皆以五百人当之则可。"乞曰:"不可得也。"曰:"市南有熊相宜僚者,若得之,可以当五百人矣。"乃从白公而见之。与言,悦;告之故,辞;承之以剑,不动。事见《左传》。

⑨《公羊传》曰:"叔孙得臣卒。"何休注曰:"不日者,知公子遂欲杀君,而为人臣知贼而不言,明当诛也。"公子遂即襄仲也。

⑩《左传》:"郑子家卒,郑人讨幽公之乱,斫子家之棺而逐其族。"杜预注曰:"斫薄其棺,不使从卿礼。"为其杀君故也。

时论者多欲复肉刑。融乃建议曰:"古者敦庬,善否不别,①〔18〕吏端刑清,②政无过失。百姓有罪,皆自取之。末世陵迟,风化坏乱,政挠其俗,法害其人。故曰上失其道,民散久矣。而欲绳之以古刑,投之以残弃,③非所谓与时消息者也。④纣斮朝涉之胫,天下谓为无道。⑤夫九牧之地,千八百君,⑥若各刖一人,是下常有千八百纣也。〔19〕求俗休和,弗可得已。且被刑之人,虑不念生,志在思死,类多趋恶,莫复归正。夙沙乱齐,⑦伊戾祸宋,⑧赵高、英布,为世大患。⑨不能止人遂为非也,适足绝人还为善耳。虽忠如鬻拳,⑩信如卞和,⑪智如孙膑,⑫冤如巷伯,⑬才如史迁,⑭达如子政,⑮一离刀锯,没世不齿。⑯是太甲之思庸,⑰穆公之霸秦,⑱南睢之骨立,卫武之《初筵》,⑲陈汤之都赖,⑳魏尚之守边,㉑无所复施也。汉开改恶之路,凡为此也。故明德之君,远度深惟,弃短就长,不苟革其政者也。"朝廷善之,卒不改焉。

①《左传》楚申叔时曰:"人生敦庬。"杜预注:"庬,厚大也。"

②端,直也。

③残其支体而弃废之。

④《易》曰:"天地盈虚,与时消息。"

⑤《尚书》曰:"纣斮朝涉之胫。"孔安国注曰:"冬日见朝涉水者,谓其胫耐寒,斮而视之。"

⑥《前书》贾山曰："昔者周盖千八百国，以九州之人养千八百君也。"

⑦《左传》曰，灵公废太子光，立公子牙，使高厚傅牙，夙沙卫为少傅。崔杼逆光而立之，是为庄公。庄公以夙沙卫易己，卫奔高唐以叛。

⑧《左传》，楚客聘于晋，过宋，太子痤知之，请野享之。公使往，伊戾请从，遣之。至则欿用牲，加书征之，聘而告曰："太子将为乱，既与楚客盟矣。"公使视之，则信有焉。公囚太子，太子缢死。公徐闻其无罪，乃亨伊戾。

⑨《史记》，胡亥谓李斯曰："高，故宫人也。"遂专信任之。后杀李斯，劫杀胡亥，卒亡秦也。《前书》，英布坐法黥，论输骊山，亡之江中为群盗。及属项羽，常为先锋陷阵。后归汉，为九江王。谋反，诛之。

⑩《左传》："初，鬻拳强谏，楚子弗从。临之以兵，惧而从之。拳曰：'吾惧君以兵，罪莫大焉。'遂自刖。楚人以为大阍。君子曰：'鬻拳可谓爱君矣。谏以自纳于刑，刑犹不忘纳君于善。'"

⑪《韩子》曰："楚人和氏得璞玉于楚山之中，献之武王。武王使玉人相之，曰：'石也。'王以和为谩己，刖其左足。及文王即位，和又奉其璞，玉人又曰：'石也。'又刖其右足。文王薨，成王即位，和乃抱其璞而哭于楚山之下，三日三夜，泣尽而继以血。王使玉人攻璞而得宝焉。"《琴操》曰："荆王封和为陵阳侯，和辞不就而去。乃作怨歌曰：'进宝得刑，足离分兮。去封立信，守休芸兮。断者不续，岂不冤兮！'"

⑫《史记》，孙膑与庞涓学兵法，涓事魏惠王为将军，自以能不及膑，阴使召膑，断其两足而黥之。膑后入齐，威王问兵法，以为师。魏与赵攻韩，齐使田忌将而往。庞涓闻，去韩而归。膑谓田忌曰："三晋之兵素悍勇而轻齐。军半至。〔20〕使齐军入魏地为十万灶，明日为五万灶，明日为二万灶。"庞涓行三日，大喜曰："我固知齐卒怯，入吾地三日，士卒亡者过半矣。"乃弃其步兵，与其轻锐倍日并行逐之。孙子度其行，暮当至马陵。马陵道狭，旁多险阻，可伏兵，乃斫大树白而书之曰"庞涓死于此木下"。于是令齐军曰：〔21〕"善射者万弩，夹道而伏，期日莫见火举而俱发。"〔22〕涓夜至斫木下，见白书，乃攒火烛之，读书未毕，齐军万弩俱发，魏军大乱相失。庞涓自知智穷兵败，遂自刭。曰："遂成竖子之名矣。"

⑬毛苌注《诗》云："巷伯，内小臣也。掌王后之命于宫中，故谓之巷伯。"伯被谗将刑，寺人孟子伤而作诗，以刺幽王也。

⑭李陵为匈奴败，马迁明陵当必立功以报汉，遂被下蚕室宫刑，后乃著《史记》。

⑮刘向字子政。宣帝时，上言黄金可成。上令典尚方铸作事，费甚多，方不验，乃下吏，当死。上奇其材，得逾冬减论。班固云："向博物洽闻，通达古今。"

⑯《国语》"中刑用刀锯"也。

⑰《尚书》："太甲既立，不明，伊尹放诸桐。三年，复归于亳。思庸。"孔注曰："念常道也。"

⑱秦穆使孟明、白乙等伐郑，蹇叔谏，不从。晋襄公败诸崤，囚孟明等，后归之。穆公曰："孤之罪也，夫子何罪！"复使为政，遂霸西戎。事见《左传》。

⑲《韩诗》曰："《宾之初筵》，卫武公饮酒悔过也。言宾客初就筵之时，宾主秩秩然，俱谨敬也。宾既醉止，载号载呶，不知其为恶也。"

⑳《前书》，汤字子公。迁西域副校尉，矫制发诸国兵，斩郅支单于于都赖水上。

㉑文帝时，尚为云中守，坐上首虏差六级，下吏削爵。赵人冯唐为郎，为言文帝，赦尚复为云中守也。

是时荆州牧刘表不供职贡，多行僭伪，遂乃郊祀天地，拟斥乘舆。①诏书班下其事。融上疏曰："窃闻领荆州牧刘表桀逆放恣，所为不轨，至乃郊祭天地，拟仪社稷。虽昏僭恶极，罪不容诛，至于国体，宜且讳之。②何者？万乘至重，天王至尊，身为圣躬，国为神器，③陛级县远，禄位限绝，④犹天之不可阶，日月之不可逾也。⑤每有一竖臣，辄云图之，若形之四方，非所以杜塞邪萌。⑥愚谓虽有重戾，必宜隐忍。贾谊所谓'掷鼠忌器'，盖谓此也。⑦是以齐兵次楚，唯责包茅；⑧王师败绩，不书晋人。⑨前以露袁术之罪，今复下刘表之事，是使跛牂欲窥高岸，天险可得而登也。⑩案表跋扈，擅诛列侯，遏绝诏命，断盗贡篚，⑪招呼元恶，以自营卫，专为群逆，主萃渊薮。⑫郜鼎在庙，章孰甚焉！⑬桑落瓦解，其势可见。⑭臣愚以为宜隐郊祀之事，以崇国防。"

①斥，指也。

②体谓国家之大体也。

③《老子》曰："天下神器，不可为也。"

④贾谊曰："人主之尊譬如堂，群臣如陛，众庶如地。故陛乃九级上，廉远地则堂高也。"

⑤《论语》曰："夫子之不可及也，犹天之不可阶而升也。"又曰："仲尼如日月，无

得而逾焉。”

⑥形，见也。

⑦《前书》贾谊曰：“里谚云‘欲投鼠而忌器’，此善谕也。鼠近于器，尚惮不投，恐伤其器，况乎贵臣之近主乎？”

⑧《左传》，齐桓伐楚，责以“苞茅不入，〔23〕王祭不供，无以缩酒”。杜预注曰：“包，裹束也。〔24〕茅，菁茅也。束茅而灌之以酒，为缩酒也。”

⑨《公羊传》：“成公元年秋，王师败绩于贸戎。孰败之？盖晋败之。曷为不言晋败之？王者无敌，莫敢当也。”

⑩《史记》李斯曰：“故城高五丈，而楼季不轻犯也；太山之高百仞，而跛牂牧其上。夫楼季而难五丈之限，岂跛牂而易百仞之高哉？峭渐之势异也。”《尔雅》曰：“羊牝曰牂。”《易》曰：“天险不可升，地险山川丘陵也。”

⑪郑玄注《仪礼》曰：“篚，竹器如筐也。”《书》曰：“厥篚玄纁玑组。”

⑫《书》曰：“今商王受亡道，为天下逋逃主，萃渊薮。”孔注曰：“天下罪人逃亡者，而纣为魁主，窟聚泉府薮泽也。”

⑬《左传》：“取郜大鼎于宋，戊申纳于太庙。臧哀伯谏曰：‘君人者，昭德塞违，以临照百官，百官于是乎戒惧。郜鼎在庙，彰孰甚焉！’”郜鼎，郜国所作也。

⑭《诗》曰：“桑之落矣，其黄而陨。”

五年，南阳王冯、东海王祗薨，①帝伤其早殁，欲为修四时之祭，以访于融。融对曰：“圣恩敦睦，感时增思，悼二王之灵，发哀愍之诏，稽度前典，以正礼制。窃观故事，前梁怀王、临江愍王、齐哀王、临淮怀王并薨无后，同产昆弟，即景、武、昭、明四帝是也，②未闻前朝修立祭祀。若临时所施，则不列传纪。臣愚以为诸在冲龀，圣慈哀悼，礼同成人，加以号谥者，宜称上恩，③祭祀礼毕，而后绝之。至于一岁之限，不合礼意，又违先帝已然之法，所未敢处。”④

①并献帝子。〔25〕

②梁怀王揖，景帝弟也，立十年薨。临江闵王荣，武帝兄也，为皇太子，四岁废为王，坐侵庙壖地自杀。齐怀王闳，武帝子，昭帝异母兄，立八年薨。臣贤案：齐哀王，悼惠王之子，高帝之孙，非昭帝兄弟，当为怀王，作“哀”者误也。临淮公衡，明帝弟，建武十五年立，未及进爵为王而薨。《融家传》及本传皆作“公”，此为“王”者，亦误也。

③称音尺证反。

④处犹安也。

初，曹操攻屠邺城，袁氏妇子多见侵略，而操子丕私纳袁熙妻甄氏。①融乃与操书，称"武王伐纣，以妲己赐周公"。②操不悟，后问出何经典。对曰："以今度之，想当然耳。"后操讨乌桓，③又嘲之曰："大将军远征，萧条海外。昔肃慎不贡楛矢，④丁零盗苏武牛羊，可并案也。"⑤

①《袁绍传》，熙，绍之中子也。甄氏，中山无极人，汉太保甄邯后也。父逸，上蔡令。《魏略》曰："熙出在幽州，甄氏侍姑，及邺城破，文帝入绍舍，后怖，伏姑膝上。帝令举头就视，见其颜色非凡。太祖闻其意，为迎取之。"

②妲音丁末反，又音旦。纣之妃，有苏氏女也。纣用其言，毒虐众庶。武王克殷，斩妲己头，县之于小白旗，以为纣之亡由此女也。出《列女传》也。

③建安十二年也。

④《国语》曰："昔武王克商，通于九夷百蛮，于是肃慎氏贡楛矢石砮，其长尺有咫。"《肃慎国记》曰："肃慎氏，其地在夫馀国北，东滨大海。"《魏略》曰："挹娄一名肃慎氏。"《说文》曰"楛，木也。今辽左有楛木，状如荆，叶如榆"也。

⑤《山海经》曰："北海之内，有丁零之国。"《前书》苏武使匈奴，单于徙北海上，〔26〕丁零盗武牛羊，武遂穷厄也。

时年饥兵兴，操表制酒禁，融频书争之，多侮慢之辞。①既见操雄诈渐著，数不能堪，故发辞偏宕，多致乖忤。②又尝奏宜准古王畿之制，千里寰内，不以封建诸侯。③操疑其所论建渐广，益惮之。然以融名重天下，外相容忍，而潜忌正议，虑鲠大业。山阳郗虑④承望风旨，以微法奏免融官。因显明仇怨，操故书激厉融曰："盖闻唐虞之朝，有克让之臣，⑤故麟凤来而颂声作也。⑥后世德薄，犹有杀身为君，⑦破家为国。⑧及至其敝，睚眦之怨必仇，一餐之惠必报。⑨故晁错念国，遘祸于袁盎；⑩屈平悼楚，受谮于椒、兰；⑪彭宠倾乱，起自朱浮；⑫邓禹威损，失于宗、冯。⑬由此言之，喜怒怨爱，祸福所因，可不慎与！⑭昔廉、蔺小国之臣，犹能相下；⑮寇、贾仓卒武夫，屈节崇好；光武不问伯升之怨；齐侯不疑射钩之虏。⑯夫立大操者，岂累细故哉！往闻二君有执法之平，以为小介，⑰当收旧好；而怨毒渐积，志相危害，闻之怃然，中夜而起。⑱昔国家东迁，文举盛叹鸿豫名实相副，综达经学，出于郑玄，又明《司马法》，⑲鸿豫亦称文举奇逸博闻，诚怪今者与始相违。孤与文举既非旧好，又于鸿豫亦无恩纪，然愿人之相美，不乐人之相伤，是以区区思协欢好。又知二君群小所搆，孤为人臣，进不能风化海内，退不能建德和人，然抚养战士，杀身为国，破浮华交会之徒，计有馀矣。”

①《融集》与操书云：“酒之为德久矣。古先哲王，类帝禋宗，和神定人，以济万国，非酒莫以也。故天垂酒星之耀，地列酒泉之郡，人著旨酒之德。尧不千钟，无以建太平。孔非百觚，无以堪上圣。樊哙解厄鸿门，非豕肩钟酒，无以奋其怒。赵之厮养，东迎其王，非引卮酒，无以激其气。高祖非醉斩白蛇，无以畅其灵。景帝非醉幸唐姬，无以开中兴。袁盎非醇醪之力，无以脱其命。定国不酣饮一斛，无以决其法。故郦生以高阳酒徒，著功于汉；屈原不馎糟啜醨，取困于楚。由是观之，酒何负于政哉？”又书曰：“昨承训答，陈二代之祸，及众人之败，以酒亡者，实如来诲。虽然，徐偃王行仁义而亡，今令不绝仁义；燕哙以让失社稷，今令不禁谦退；鲁因儒而损，今令不弃文学；夏、商亦以妇人失天下，今令不断婚姻。而将酒独急者，疑但惜谷耳，非以亡王为戒也。”

②偏邪跌宕，不拘正理。

③《周礼》：“方千里曰国畿，其外五百里侯畿。”郑玄注：“畿，限也。”

④《续汉书》：“虑字鸿豫，山阳高平人，少受学于郑玄。”虞溥《江表传》曰：“献帝尝时见虑及少府孔融。〔27〕问融曰：‘鸿豫何所优长？’融曰：‘可与适道，未可与权。’虑举笏曰：‘融昔宰北海，政散人流，其权安在？’遂与融互相长短，以至不穆。曹操以书和解之。”虑从光禄勋迁御史大夫。

⑤《尚书》曰，舜以伯禹为司空，禹让稷、契暨皋陶。以益为朕虞，益让于朱虎、熊罴。以伯夷为秩宗，伯夷让于夔龙。

⑥《史记》曰：“于是禹兴《九韶》之乐，致异物，凤皇来仪。”

⑦若齐孟阳代君居床以待贼，西汉纪信乘黄屋诳楚之类也。

⑧若要离焚妻子以徇吴，李通诛宗族以从汉之类也。

⑨《史记》，范睢一餐之德必偿，睚眦之怨必报。

⑩景帝时，错为御史大夫，以诸侯国大，请削其土。吴楚七国反，以诛错为名。

袁盎素与错不相善，盎乃进说，请斩错以谢七国，景帝遂斩错也。

⑪屈平楚怀王时为三闾大夫。秦昭王使张仪谲诈怀王，令绝齐交，又诱请会武关，平谏，王不听其言，卒客死于秦。怀王子子椒、子兰谗之于襄王，而放逐之。见《史记》。

⑫朱浮与宠不相能，数谮之光武，宠遂反。

⑬邓禹征赤眉，令宗钦、冯愔守栒邑。〔28〕二人争权相攻，遂杀钦，因反击禹。今流俗本"宗"误作"宋"也。

⑭音馀。

⑮赵惠文王与秦昭王会渑池，归，拜蔺相如为上卿，位在廉颇右。颇曰："吾不忍为之下，必辱之。"相如每朝，常避之。颇闻之，肉袒负荆谢之，相与为刎颈之友。事见《史记》。

⑯公子纠与桓公争立，管仲射桓公中钩。后桓公即位，以管仲为相也。

⑰介犹蒂芥也。公法虽平，私情为蒂芥者也。

⑱怃音舞。怃，失意貌也。

⑲《史记》，齐威王使大夫追论古者《司马法》。其法论田及兵之法也。

融报曰："猥惠书教，①告所不逮。融与鸿豫州里比郡，②知之最早。虽尝陈其功美，欲以厚于见私，信于为国，不求其覆过掩恶，有罪望不坐也。前者黜退，欢欣受之。昔赵宣子朝登韩厥，夕被其戮，喜而求贺。③况无彼人之功，而敢枉当官之平哉！忠非三闾，④智非晁错，窃位为过，免罪为幸。乃使馀论远闻，所以惭惧也。朱、彭、寇、贾，为世壮士，爱恶相攻，能为国忧。至于轻弱薄劣，犹昆虫之相啮，适足还害其身，⑤诚无所至也。晋侯嘉其臣所争者大，而师旷以为不如心竞。⑥性既迟缓，与人无伤，虽出胯下之负，⑦榆次之辱，⑧不知贬毁之于己，犹蚊虻之一过也。⑨子产谓人心不相似，⑩或矜势者，欲以取胜为荣，不念宋人待四海之客，大炉不欲令酒酸也。⑪至于屈穀巨瓠，坚而无窍，当以无用罪之耳。⑫它者奉遵严教，不敢失坠。郗为故吏，融所推进。赵衰之拔郤縠，⑬不轻公叔之升臣也。⑭知同其爱，训诲发中。⑮虽懿伯之忌，犹不得念，⑯况恃旧交，而欲自外于贤吏哉！⑰辄布腹心，修好如初。苦言至意，终身诵之。"

①猥，曲也。

②山阳与鲁郡相邻比。

③宣子，赵盾谥也。《国语》曰："宣子言韩厥于灵公，以为司马。河曲之役，赵宣子使人以其乘车干行，韩厥执而戮之。众咸曰：'韩厥必不没矣。其主朝升之而暮戮其车，其谁安之？'宣子召而礼之，谓诸大夫曰：'二三子可以贺我矣。吾举厥也，中吾，乃今知免于罪矣。'"

④即屈原也。掌王族三姓，曰昭、屈、景，故曰"三闾"。

⑤《夏小正》云："昆，众也。"《孙卿子》曰："昆虫亦有知。"

⑥《左传》"秦伯之弟鍼如晋修成，叔向命召行人子员。行人子朱曰：'朱也当御。'三云，叔向不应。子朱怒曰：'班爵同，何以黜朱于朝？'抚剑从之。叔向曰：'秦晋不和久矣。今日之事，幸而集，晋国赖之；不集，三军暴骨。子员导二国之言无私，子常易之。奸以事君者，吾所能御也。'拂衣从之。人救之。平公曰：'晋其庶乎！吾臣之所争者大。'师旷曰：'公室惧卑，臣不心竞而力争'"也。

⑦韩信贫贱，淮阴少年侮之，令信出跨下。〔29〕

⑧《史记》，荆轲尝游榆次，与盖聂论剑，盖聂怒而目之，荆轲出去。

⑨蚊音文。虻音萌。言蚊虻之暂过，未以为害。

⑩《左传》曰，子产谓子皮曰："人心不同，其如面焉，吾岂敢谓子面如吾面乎？"

⑪炉，累土为之，以居酒瓮，四边隆起，一面高如锻炉，故名炉。字或作"垆"。《韩子》曰："宋人有沽酒者，斗概甚平，遇客甚谨，为酒甚美，而酒不售，酒酸(者)。〔30〕怪其故，问所知闾长者杨倩。(二人)〔倩〕曰：'汝狗猛耶？'〔31〕曰：'狗猛。''何故不售？'曰：'人畏焉。'令孺子怀钱挈壶往沽，狗迎龁之，酒所以酸而不售。"

⑫《韩子》曰："齐有居士田仲，宋人屈榖往见之，曰：'榖闻先生之义，不恃仰人而食。今榖有树瓠之法，坚如石，厚而无窍，愿献先生。'田仲曰：'夫子徒谓我也。凡贵于树瓠者，为可以盛也。今厚而无窍，则不可以盛物，而任坚如石，则不可以割而斟，吾无以此瓠为也。'〔曰：'然，榖〕将弃之。'〔32〕今仲不恃仰人而食，亦无益人国，亦坚瓠之类。"

⑬《左传》，晋文公谋元帅，赵衰曰："郤縠可。"乃使郤縠将中军。

⑭公叔文子，卫大夫，其家臣名僎，行与文子同，升之于公，与之并为大夫。僎音士眷反，见《论语》。

⑮言曹公与己同爱郗虑，故发于中心而训诲。

⑯《礼记·檀弓》曰："滕成公之丧，使子叔敬叔吊，子服惠伯为介。及郊，为懿伯之忌不入。惠伯曰：'政也，不可以叔父之私不将公事。'遂入。"郑玄注曰："懿伯，惠伯之叔父也。忌，怨也。"

⑰贤吏谓虑也。

岁馀，复拜太中大夫。性宽容少忌，好士，喜诱益后进。及退闲职，①宾客日盈其门。常叹曰："坐上客恒满，尊中酒不空，吾无忧矣。"与蔡邕素善，邕卒后，有虎贲士貌类于邕，②融每酒酣，引与同坐，曰："虽无老成人，且有典刑。"③融闻人之善，若出诸己，言有可采，必演而成之，面告其短，而退称所长，荐达贤士，多所奖进，知而未言，以为己过，故海内英俊皆信服之。

①太中大夫职在言议，故云闲职。

②《汉官典职仪》曰："虎贲中郎将，主武贲千五百人。"

③《诗·大雅》曰"虽无老成人，尚有典刑"也。

曹操既积嫌忌，而郗虑复搆成其罪，遂令丞相军谋祭酒路粹①枉状奏融曰："少府孔融，昔在北海，见王室不静，而招合徒众，欲规不轨，云'我大圣之后，而见灭于宋，②有天下者，何必卯金刀'。及与孙权使语，谤讪朝廷。③又融为九列，不遵朝仪，秃巾微行，④唐突宫掖。又前与白衣祢衡跌荡放言，⑤云'父之于子，当有何亲？论其本意，实为情欲发耳。子之于母，亦复奚为？譬如寄物缻中，⑥〔33〕出则离矣'。既而与衡更相赞扬。衡谓融曰：'仲尼不死。'融答曰：'颜回复生。'大逆不道，宜极重诛。"书奏，下狱弃市。时年五十六。妻子皆被诛。

①《典略》曰："粹文字蔚，陈留人，少学于蔡邕。建安初，以高第擢拜尚书郎，后为军谋祭酒，与陈琳、阮瑀等典记室。融诛之后，人睹粹所作，无不嘉其才而忌其笔也。"

②《史记》曰，鲁大夫孟釐子曰："孔丘，圣人之后，灭于宋。"服虔注曰："圣人谓商汤也。孔子六代祖孔父嘉为宋华督所杀，其子奔鲁也。"

③讪音所谏反。讪谓谤毁也。《苍颉篇》曰："讪，非也。"

④谓不加帻。

⑤跌荡，无仪检也。放，纵也。

⑥《说文》曰："瓵，缶也。"〔34〕《字书》曰："瓵似缶而高。"

初，女年七岁，男年九岁，以其幼弱得全，寄它舍。二子方弈棋，融被收而不动。左右曰："父执而不起，何也？"答曰："安有巢毁而卵不破乎！"主人有遗肉汁，男渴而饮之。女曰："今日之祸，岂得久活，何赖知肉味乎？"兄号泣而止。或言于曹操，遂尽杀之。及收至，谓兄曰："若死者有知，得见父母，岂非至愿！"乃延颈就刑，颜色不变，莫不伤之。

初，京兆人脂习元升，与融相善，每戒融刚直。①及被害，许下莫敢收者，习往抚尸曰："文举舍我死，吾何用生为？"操闻大怒，将收习杀之，后得赦出。

①《魏略》曰："曹操为司空，威德日盛，融故以旧意书疏倨傲，习常责融令改节，融不从之。"

魏文帝深好融文辞，每叹曰："杨、班俦也。"募天下有上融文章者，辄赏以金帛。所著诗、颂、碑文、论议、六言、策文、表、檄、教令、书记凡二十五篇。文帝以习有栾布之节，加中散大夫。①

①《前书》曰："栾布，梁人也，为梁王彭越大夫，使于齐，未反。汉诛越，枭首雒阳下，布还，奏事越头下，祠而哭之。"

论曰：昔谏大夫郑昌有言："山有猛兽者，藜藿为之不采。"①是以孔父正色，不容弑虐之谋；②平仲立朝，有纾盗齐之望。③若夫文举之高志直情，其足以动义概而忤雄心。④故使移鼎之迹，事隔于人存；⑤代终之规，启机于身后也。⑥夫严气正性，覆折而已。岂有员园委屈，可以每其生哉！⑦〔35〕懔懔焉，皓皓焉，其与琨玉秋霜比质可也。⑧

①宣帝时，司隶校尉盖宽饶以直言得罪，郑昌愍伤宽饶忠直忧国，以言事不当意，而为文吏所诋挫，故上书讼之。

②《公羊传》曰："孔父正色而立于朝，则人莫敢过而致难于其君者，孔父可谓义形于色矣。"

③纾音舒，解也，缓也。盗齐谓田常也。《庄子》曰："田成子一旦弑齐君而盗其

国。"《左传》，齐景公坐于路寝。公叹曰："美哉室！其谁有此乎？"晏子对曰："如君之言，其陈氏乎？"公曰："是可若何？"对曰："唯礼可以已之。"

④忤，逆也。

⑤移鼎谓迁汉之鼎也。人存谓曹操身在不得篡位也。《左传》曰："桀有昏德，鼎迁于商；商纣暴虐，鼎迁于周。"

⑥代终谓代汉祚之终也。身后谓曹丕受禅也。

⑦"园"即"刓"字，音五丸反。《前书音义》曰："刓谓刓团无棱角也。"每，贪也。言宁正直以倾覆摧折，不能委曲以贪生也。贾谊云："品庶每生。"

⑧懔懔言劲烈如秋霜也。皓皓言坚贞如白玉也。皓音古老反。

荀彧字文若，①颍川颍阴人，朗陵令淑之孙也。②父绲，为济南相。③绲畏惮宦官，乃为彧娶中常侍唐衡女。④彧以少有才名，故得免于讥议。南阳何颙名知人，见彧而异之，曰："王佐才也。"

①袁宏《汉纪》"彧"作"郁"。

②朗陵，县，属汝南郡，故城在今豫州朗山县西南。

③绲音古本反。

④《典略》曰："衡欲以女妻汝南傅公明，公明不取，转以妻郁。"

中平六年，举孝廉，再迁亢父令。①董卓之乱，弃官归乡里。同郡韩融时将宗亲千馀家，避乱密西山中。②彧谓父老曰："颍川，四战之地也。③天下有变，常为兵冲。密虽小固，不足以扞大难，宜亟避之。"④乡人多怀土不能去。会冀州牧同郡韩馥遣骑迎之，彧乃独将宗族从馥，留者后多为董卓将李傕所杀略焉。

①亢父，〔县〕，属梁国，〔36〕故城在今兖州任城县南。亢音刚，父音甫。

②密县西山也。

③四面通也。

④亟音纪力反。

彧比至冀州，而袁绍已夺馥位，绍待彧以上宾之礼。彧明有意数，①〔37〕见汉室崩乱，每怀匡佐之义。时曹操在东郡，彧闻操有雄略，而度绍终不能定大业。初平二年，乃去绍从操。操与语大悦，曰："吾子房也。"②以为奋武司马，时年二十九。明年，又为操镇东司马。[38]

①数，计数也。

②比之张良。

兴平元年，操东击陶谦，使彧守甄城，①任以留事。会张邈、陈宫以兖州反操，②而潜迎吕布。布既至，诸城悉应之。邈乃使人谲彧③曰："吕将军来助曹使君击陶谦，宜亟供军实。"[39]彧知邈有变，即勒兵设备，故邈计不行。豫州刺史郭贡率兵数万来到城下，求见彧。彧将往，东郡太守夏侯惇等止之。④曰："何知贡不与吕布同谋，而轻欲见之。今君为一州之镇，往必危也。"彧曰："贡与邈等分非素结，今来速者，计必未定，及其犹豫，宜时说之，纵不为用，可使中立。⑤若先怀疑嫌，彼将怒而成谋，不如往也。"贡既见彧无惧意，知城不可攻，遂引而去。彧乃使程昱说范、东阿，⑥使固其守，卒全三城以待操焉。⑦

①县名，属济阴郡，今濮州县也。"甄"今作"鄄"，音绢。

②《典略》"宫字公台，东郡人。刚直烈壮，少与海内知名之士皆相连结"也。

③谲，诈也。

④《魏志》曰："惇字元让，沛国人。"

⑤不令其有去就也。

⑥《魏志》："昱字仲德，东郡东阿人。"范，县，属东郡，今濮阳县也。东阿，县，属东郡，今济州县也。

⑦三城谓甄、范、东阿也。

二年，陶谦死，操欲遂取徐州，还定吕布。彧谏曰："昔高祖保关中，①光武据河内，皆深根固本，以制天下。进可以胜敌，退足以坚守，故虽有困败，而终济大业。将军本以兖州首事，故能平定山东，②此实天下之要地，而将军之关河也。[40]若不先定之，根本将何寄乎？宜急分讨陈宫，使虏不得西顾，乘其间而收熟麦，约食蓄谷，以资一举，则吕布不足破也。今舍之而东，未见其便。多留兵则力不胜敌，少留兵则后不足固。布乘虚寇暴，震动人心，纵数城或全，其馀非复己有，则将军尚安归乎？且前讨徐州，威罚实行，其子弟念父兄之耻，必人自为守。就能破之，尚不可保。彼若惧而相结，共为表里，坚壁清野，以待将军，将军攻之不拔，掠之无获，不出一旬，则十万之众未战而自困矣。夫事固有弃彼取此，以权一时之势，愿将军虑焉。”操于是大收孰麦，复与布战。布败走，因分定诸县，兖州遂平。

①高祖距项羽，常留萧何守关中。

②曹操初从东郡守鲍信等迎领兖州牧，〔41〕遂进兵破黄巾等，故能平定山东也。

建安元年，献帝自河东还洛阳，操议欲奉迎车驾，徙都于许。众多以山东未定，韩暹、杨奉负功恣睢，①未可卒制。彧乃劝操曰：“昔晋文公纳周襄王，而诸侯景从；②汉高祖为义帝缟素，而天下归心。③自天子蒙尘，④将军首唱义兵，徒以山东扰乱，未遑远赴，虽御难于外，乃心无不在王室。⑤今銮驾旋轸，⑥东京榛芜，义士有存本之思，兆人怀感旧之哀。诚因此时奉主上以从人望，大顺也；秉至公以服天下，大略也；扶弘义以致英俊，大德也。四方虽有逆节，其何能为？韩暹、杨奉，安足恤哉！若不时定，使豪桀生心，后虽为虑，亦无及矣。”操从之。

①恣睢，肆怒貌。睢音火季反，又火隹反。《史记》：“盗跖日杀不辜，暴戾恣睢。”

②《左传》，卜偃言于晋侯曰：“求诸侯莫如勤王，诸侯信之，且大义也。”晋侯以左师逆王，王入于王城，取太叔于温，杀之于隰城，遂定霸业，天下服从也。

③项羽杀义帝于郴，高祖为义帝发丧。高祖大哭，发使告诸侯曰：“天下共立义帝，北面事之。今项羽放杀义帝，大逆无道，寡人亲为发丧，兵皆缟素。”

④蒙，冒也。《左传》臧文仲曰：“天子蒙尘于外，敢不奔问官守。”

⑤《尚书》曰：“虽尔身在外，乃心无不在王室。”乃，汝也。

⑥郑玄注《周礼》曰：“轸，舆后横木也。”

及帝都许，以彧为侍中，守尚书令。操每征伐在外，其军国之事，皆与彧筹焉。彧又进操计谋之士从子攸，①及锺繇、郭嘉、②陈群、杜袭、③司马懿、戏志才等，④皆称其举。唯严象为杨州，⑤韦康为凉州，后并负败焉。⑥

①《魏志》，荀攸字公达。太祖素闻攸名，与语大悦，谓彧曰："公达非常人，吾得与计事，天下当何忧哉？"

②《魏志》，嘉字奉孝，颍川人也。戏志才，筹画士也，太祖甚器之，早卒。太祖与彧书曰："自志才亡后，莫可与计事者。汝、颍固多奇士，谁可以继之？"彧荐嘉，召见论天下事，太祖曰："使孤成大业者，必此人也。"

③袭字子绪，颍川人。荀彧荐袭，太祖以为丞相军谋祭酒，魏国建，为侍中。

④懿字仲达，即晋宣帝。

⑤《三辅决录》曰："象字文则，京兆人。少聪博有胆智，为杨州刺史。后为孙策庐江太守李术所杀。"

⑥康字元将，京兆人。父端，从凉州牧征为太仆，康代为凉州刺史，时人荣之。后为马超所围，坚守历时，救军不至，遂为超所杀。

袁绍既兼河朔之地，有骄气。而操败于张绣，①绍与操书甚倨。②操大怒，欲先攻之，而患力不敌，以谋于彧。彧量绍虽强，终为操所制，乃说先取吕布，然后图绍，操从之。三年，遂擒吕布，定徐州。

①《魏志》，张绣在南阳降，既而悔之，而复反。操与战，军败为流矢所中。

②陈琳为绍作檄书曰："操祖父腾饕餮放横，父嵩乞丐携养，操赘阉遗丑。"并倨慢之词也。

五年，袁绍率大众以攻许，操与相距。绍甲兵甚盛，议者咸怀惶惧。少府孔融谓彧曰："袁绍地广兵强，田丰、许攸智计之士为其谋，①审配、逢纪尽忠之臣任其事，②颜良、文丑勇冠三军，统其兵，殆难克乎？"彧曰："绍兵虽多而法不整，田丰刚而犯上，许攸贪而不正，审配专而无谋，逢纪果而自用，颜良、文丑匹夫之勇，可一战而擒也。"后皆如彧之筹，事在《袁绍传》。

①《先贤行状》："丰字元皓，钜鹿人。天姿瑰杰，权略多奇。"许攸字子远。

②配字正南，魏郡人。忠烈慷慨，有不可犯之色。绍领冀州，委配腹心之任。《英雄记》曰："纪字元图。初，绍去董卓，与许攸及纪俱诣冀州，绍以纪聪达有计策，甚信之。"

操保官度，①与绍连战，虽胜而军粮方尽，〔书〕与彧议，〔42〕欲还许以致绍师。②彧报曰："今谷食虽少，未若楚汉等荥阳、成皋间也。是时刘项莫肯先退者，以为先退则埶屈也。③公以十分居一之众，④画地而守之，⑤搤其喉而不得进，已半年矣。⑥情见埶竭，必将有变，此用奇之时，不可失也。"操从之。乃坚壁持之。遂以奇兵破绍，绍退走。封彧万岁亭侯，邑一千户。

①官度，即古之鸿沟也。于荥阳下引河东南流，其所保处在今郑州中牟县北官度口是也。

②致犹至也。《兵法》曰："善战者，致人不致于人。"

③高祖与项羽于荥阳、成皋间，久相持不决，后羽请鸿沟以西为汉而退，高祖遂乘羽，败之垓下，追杀之。

④言与绍众寡相悬也。

⑤言画地作限隔也。邹阳曰："画地而不敢犯。"

⑥彧音厄。彧谓捉持之也。

六年，操以绍新破，未能为患，但欲留兵卫之，自欲南征刘表，以计问彧。彧对曰："绍既新败，众惧人扰，今不因而定之，而欲远兵江汉，若绍收离纠散，①乘虚以出，则公之事去矣。"操乃止。

①纠，合也。

九年，操拔邺，自领冀州牧。有说操宜复置九州者，以为冀部所统既广，则天下易服。操将从之。彧言曰："今若依古制，是为冀州所统，悉有河东、冯翊、扶风、西河、幽、并之地也。公前屠邺城，海内震骇，各惧不得保其土宇，守其兵众。今若一处被侵，必谓以次见夺，人心易动，若一旦生变，天下未可图也。愿公先定河北，然后修复旧京，南临楚郢，责王贡之不入。天下咸知公意，则人人自安。须海内大定，乃议古制，此社稷长久之利也。"操报曰："微足下之相难，所失多矣！"遂寝九州议。

十二年，操上书表彧曰："昔袁绍作逆，连兵官度，时众寡粮单，图欲还许。尚书令荀彧深建宜住之便，远恢进讨之略，①起发臣心，革易愚虑，坚营固守，徼其军实，②遂摧扑大寇，济危以安。绍既破败，臣粮亦尽，将舍河北之规，改就荆南之策。彧复备陈得失，用移臣议，故得反旆冀土,[3]克平四州。[4]向使臣退军官度,绍必鼓行而前,[5]敌人怀利以自百,[6]臣众怯沮以丧气,[7]有必败之形,无一捷之势。[8]复若南征刘表,委弃兖、豫,饥军深入,逾越江、沔,[9]利既难要,将失本据。而彧建二策,以亡为存,以祸为福,谋殊功异,臣所不及。是故先帝贵指纵之功,薄搏获之赏;[10]古人尚帷幄之规,下攻拔之力。[11]原其绩效,足享高爵。而海内未喻其状,所受不侔其功,[12]臣诚惜之。乞重平议,增畴户邑。"[13]彧深辞让。操譬之曰:"昔介子推有言:'窃人之财,犹谓之盗。'[14]况君奇谟拔出,兴亡所系,可专有之邪?[15]虽慕鲁连冲高之迹,[16]将为圣人达节之义乎!"[17]于是增封千户,并前二千户。又欲授以正司,[18]彧使荀攸深自陈让,至于十数,乃止。操将伐刘表,问彧所策。彧曰:"今华夏以平,荆、汉知亡矣,可声出宛、叶而间行轻进,以掩其不意。"操从之。会表病死。[19]

①恢,大也。

②徼,邀也,音古尧反。

③《左传》:"南辕反旆。"杜预曰:"军门前大旗。"

④谓冀、青、幽、并也。

⑤鼓行谓鸣鼓而行,言无所畏也。

⑥各规利,人百其勇也。〔43〕

⑦沮,止也。

⑧捷,胜也。

⑨沔即汉水也。孔安国曰:"汉上为沔。"

⑩搏,击也。高祖既杀项羽,论功行封,以萧何为最,功臣多不服。高祖曰:"诸君知猎乎?夫猎追杀兽者,狗也,而发纵指示兽者,人也。诸君徒能追得兽耳,功狗也。至如萧何,发〔纵〕指示,功人也。"〔44〕"纵"或作"踪",两通。

⑪张良未尝有战斗功,高帝曰:"运策帷幄中,决胜千里外,子房功也。"自择齐三万户以封之。

⑫侔,等也。

⑬《前书》曰:"复其后代,畴其爵邑。"《音义》曰:"畴,等也,使其后常与先人等也。"

⑭《左传》介子推，晋文公臣。

⑮操不专功，欲分之于彧也。

⑯《史记》曰，赵欲尊秦为帝，鲁连止之，平原君乃欲封鲁连。连笑曰："所贵于天下之士，为人排患释难解纷而无取也。即有取者，是商贾之士也，而连不忍为也。"

⑰《左传》曰："圣达节，次守节。"

⑱彧先守尚书令，今欲正除也。

⑲《魏志》，操如彧计，表子琮以州逆降。

十七年，董昭等①欲共进操爵国公，九锡备物，②密以访彧。彧曰："曹公本兴义兵，以匡振汉朝，虽勋庸崇著，犹秉忠贞之节。君子爱人以德，不宜如此。"事遂寝。③操心不能平。会南征孙权，表请彧劳军于谯，因表留彧曰："臣闻古之遣将，上设监督之重，下建副二之任，④所以尊严国命，谋而鲜过者也。⑤臣今当济江，奉辞伐罪，宜有大使肃将王命。文武并用，自古有之。使持节侍中守尚书令万岁亭侯彧，国之(望)〔重〕臣，〔45〕德洽华夏，既停军所次，便宜与臣俱进，宣示国命，威怀丑虏。军礼尚速，不及先请，臣辄留彧，依以为重。"书奏，帝从之，遂以彧为侍中、光禄大夫，持节，参丞相军事。至濡须，⑥彧病留寿春，⑦操馈之食，发视，乃空器也，于是饮药而卒。时年五十。⑧帝哀惜之，祖日为之废讌乐。⑨谥曰敬侯。明年，操遂称魏公云。

①昭字公仁，济阴人也。

②《礼含文嘉》曰："九锡一曰车马，二曰衣服，三曰乐器，四曰朱户，五曰纳陛，六曰虎贲百人，七曰斧钺，八曰弓矢，九曰秬鬯，谓之九锡。锡，与也，九锡皆如其德。"《左传》曰："分鲁公以大路大旂，夏后氏之璜，封父之繁弱，祝宗卜史，备物典策。"

③《礼记》曰"君子之爱人也以德，细人之爱人也以姑息"也。

④《史记》，齐景公以田穰苴为将军，扞燕。苴曰："臣素卑贱，擢之闾伍之中，加之大夫之上，士卒未附，百姓不信，权轻，愿得君之宠臣，国之所尊，以监军，乃可。"景公许之，使庄贾往。即监督之义也。

⑤《左传》曰："谋而鲜过，惠训不倦。"

⑥濡须，水名也，在今和州历阳县西南。《吴录》曰："孙权闻操来，夹水立坞，状如偃月，以相拒，月馀乃退。"

⑦寿春，县，属淮南郡，今寿州郡也。

⑧《献帝春秋》，董承之诛，伏后与父完书，言司空杀董承，帝方为报怨。完得书以示彧，彧恶之，隐而不言。完以示其妻弟樊普，普封以呈太祖，太祖阴为之备。彧恐事觉，欲自发之，因求使至邺，劝太祖以女配帝。太祖曰："今朝廷有伏后，吾女何得配上？"彧曰："伏后无子，性又凶邪，往尝与父书，言词丑恶，可因此废也。"太祖曰："卿昔何不道之？"彧阳惊曰："昔已尝为公言也。"太祖曰："此岂小事，而吾忘之！"太祖以此恨彧，而外含容之。至董昭建魏公议，彧意不同，欲言之于太祖，乃赍玺书犒军，饮飨礼毕，彧请间，太祖知彧欲言，揖而遣之，遂不得。留之，卒于寿春。

⑨祖日谓祭祖神之日，因为讌乐也。《风俗通》曰："共工氏子曰脩，好远游，祀以为祖神。汉以午日祖。"

论曰：自迁帝西京，山东腾沸，①天下之命倒县矣。②荀君乃越河、冀，间关以从曹氏。③察其定举措，立言策，④崇明王略，以急国艰，岂云因乱假义，以就违正之谋乎？⑤诚仁为己任，期纾民于仓卒也。⑥及阻董昭之议，以致非命，岂数也夫！世言荀君者，通塞或过矣。常以为中贤以下，道无求备，智筭有所研疏，原始未必要末，斯理之不可全诘者也。夫以卫赐之贤，一说而毙两国。⑦彼非薄于仁而欲之，盖有全必有丧也，斯又功之不兼者也。⑧方时运之屯邅，⑨非雄才无以济其溺，功高势强，则皇器自移矣。⑩此又时之不可并也。盖取其归正而已，亦杀身以成仁之义也。

①《诗》曰："百川沸腾。"

②赵岐注《孟子》曰：〔46〕"倒县犹困苦也。"

③间关犹展转也。

④措，置也。

⑤言彧本心不背汉也。

⑥纾，缓也，音舒。

⑦两国谓齐与吴也。端木赐字子贡，卫人也。田常欲伐鲁，仲尼令出使劝田常伐吴，常许之。赐又至吴，请夫差伐齐。又之越，说句践将兵助吴。又之晋，

说以兵待吴伐齐之弊。吴既胜齐,与晋争强,晋果败吴,越袭其后,遂杀夫差。故子贡一出,存鲁,乱齐,破吴,强晋,霸越。

⑧子贡不欲违仁义而致晋,但其事不兼济也。言彧岂愿强曹氏令代汉哉?事不得已也。

⑨《易》曰:“屯如邅如。”邅音竹连反。

⑩谓魏太祖功业大而神器自归也。

赞曰:公业称豪,骏声升腾。权诡时逼,①挥金僚朋。②北海天逸,音情顿挫。③越俗易惊,孤音少和。直辔安归,高谋谁佐?④彧之有弼,诚感国疾。功申运改,迹疑心一。⑤

①谓诡辞以对卓。

②挥,散也。

③逸,纵也。顿挫犹抑扬也。

④直辔,直道也。言其道无所归,谋谟之高欲谁佐也。

⑤迹若可疑,心如一也。

【校勘记】

〔1〕 司农众之曾孙也　按:“曾孙”当作“玄孙”。泰弟浑,《魏志》有传,云高祖父众,则泰乃众之玄孙也。

〔2〕 将各(基)〔棋〕峙　《刊误》谓案文“基”当作“棋”,谓如棋不动。按:王先谦谓《魏志·郑浑传》注引张璠《汉纪》作“棋峙”。今据改。

〔3〕 妇女犹戴戟操矛　按:王先谦谓戟不能戴,《魏志·郑浑传》注引张璠《汉纪》作“载戟”。

〔4〕 百姓所畏者有并凉之人　按:《刊误》谓案文多一“有”字。

〔5〕 说菀曰　汲本、殿本“菀”作“苑”。按:菀苑通。

〔6〕 声响动天　按:“响”原讹“向”,径改正。

〔7〕 景帝(二)〔三〕年反　据殿本改。

〔8〕 年四十一　汲本、殿本作“四十二”。按:《魏志·郑浑传》注作“四十一”,卢弼校云宋本作“四十二”。

〔9〕 霸字次(孺)〔儒〕 据汲本、殿本改，与《前书》合。

〔10〕 年十岁随父诣京师时河南尹李膺 《集解》引洪颐煊说，谓《献帝纪》建安十三年八月，曹操杀孔融，传云时年五十六，融当生于永兴元年。今按：据《李膺传》，膺于延熹二年为河南尹，坐输左校，则是时融年七岁也，“十”乃“七”之讹。

〔11〕 太中大夫陈炜 按：《袁纪》“炜”作“袆”。

〔12〕 将不早惠乎 殿本“惠”作“慧”，《册府元龟》七七三卷同。按：惠慧通。

〔13〕 高明必为伟器 按：王先谦谓《世说》注引《续汉书》，“高明”上有“长大”二字，似不可少。

〔14〕 年十三丧父 按：《校补》引沈铭彝说，谓融父宙卒于桓帝延熹六年正月已未，见《孔宙碑》，以融卒年计之，则宙卒时，融年十一，非十三也。

〔15〕 时融年十六 按：《校补》引侯康说，谓诏捕张俭事在建宁二年，融年十七矣。

〔16〕 拜中军候 《刊误》谓汉官无中军候，惟有北军中候耳，明字有脱误。按：《校补》引钱大昭说，谓《魏志·崔琰传》注云“累迁北军中候”，此作“中军候”，误。

〔17〕 (及)〔反〕鲁卫之侵地 《刊误》谓案《公羊传》本文，“及”当作“反”。今据改。按：以下注所引《公羊传》文与今本多不合，然意义无大出入。

〔18〕 善否不别 按：《御览》六四八引《续汉书》，“不别”作“区别”。

〔19〕 是下常有千八百纣也 按：《刊误》谓“是”下少一“天”字。

〔20〕 军半至 《刊误》谓案《史记》，彼文更有他语，故末云“军半至”，今既节取，不宜长此三字。今按：《史记》作“兵法，百里而趣利者蹶上将，五十里而趣利者军半至”。

〔21〕 于是令齐军曰 按：《史记》无“曰”字。

〔22〕 期日莫见火举而俱发 按：《史记》“日”作“曰”。

〔23〕 苞茅不人 汲本、殿本“苞”作“包”。按：阮元谓“包茅不入”之“包”，原从艸作“苞”，自石经始去艸头，后人往往从之。

〔24〕 包裹束也 按：“裹”原讹“里”，径改正。

〔25〕 并献帝子 按：《校补》谓以融所对圣恩敦睦及同产昆弟之说证之，实皆献帝之诸弟，而灵帝子耳。疑此注本作“并灵帝子”，浅人妄改为“献”。

〔26〕 单于徙北海上 按：张森楷《校勘记》谓“徙”下疑有“之”字。

〔27〕 献帝尝时见虑　按:《刊误》谓案文“时”当作“特”。

〔28〕 令宗钦冯愔守栒邑　按:《集解》引周寿昌说,谓案《邓禹传》,“宗钦”作“宗歆”。

〔29〕 令信出跨下　汲本、殿本“跨”作“胯”。按:跨胯同。

〔30〕 酒酸(者)　据今本《韩非子》删。

〔31〕 (二人)〔倩〕曰汝狗猛耶　据今本《韩非子》改。

〔32〕 〔曰然縠〕将弃之　按:《韩非子》作“曰然縠将弃之”,此脱“曰然縠”三字,今据补。

〔33〕 譬如寄物瓻中　按:殿本“瓻”作“瓶”。

〔34〕 瓻缶也　按:沈家本谓按《说文》,缾,罋也,瓶缾或从瓦。此注言缶也,疑传写夺烂其半耳。“瓶”字本或作“瓻”者误,《说文》无瓻字也。

〔35〕 岂有员园委屈可以每其生哉　汲本“有员”作“其负”,《校补》谓负,恃也,恃员道以为委屈也。园可通员,作“员园”于义为窒,似误。今按:员园委屈,相对成文,古人自有复语耳,作“负”者讹,《校补》说非。

〔36〕 亢父〔县〕属梁国　据汲本、殿本补。

〔37〕 或明有意数　按:《刊误》谓“明”上当有一“聪”字。

〔38〕 明年又为操镇东司马　按:《集解》引钱大昕说,谓此初平二年之明年也。据《魏志》,操为镇东将军在建安元年,则初平三年安得便称镇东司马乎?《魏志·彧传》本云明年太祖领兖州牧,后为镇东将军,常以司马从。然则领兖州在此年,而除镇东不在此年也。《范史》删去领兖州句,遂误以镇东司马为是年事矣。

〔39〕 宜亟供军实　按:《集解》引惠栋说,谓“实”《魏志》作“食”。

〔40〕 而将军之关河也　按:《集解》引钱大昕说,谓“关河”当依《魏志·彧传》作“关中河内”,盖上言高祖保关中,光武据河内,皆深根固本,以制天下,故以兖州比关中、河内。《范史》删去二字,未当。

〔41〕 东郡守　按:《刊误》谓案文少一“太”字。

〔42〕 〔书〕与彧议　据殿本补。按:下文云“彧报曰”,则此当有“书”字。

〔43〕 各规利人百其勇也　按:“各”原讹“名”,径改正。

〔44〕 发〔纵〕指示功人也　据汲本补。

〔45〕 国之(望)〔重〕臣　据汲本、殿本改。

〔46〕 赵岐注孟子曰　按:“岐”原讹“歧”,径改正。

后汉书卷七十一

皇甫嵩朱儁列传第六十一〔1〕

皇甫嵩字义真，安定朝那人，度辽将军规之兄子也。父节，雁门太守。嵩少有文武志介，好《诗》、《书》，习弓马。初举孝廉、茂才。① 太尉陈蕃、大将军窦武连辟，并不到。灵帝公车征为议郎，迁北地太守。

①《续汉书》曰："举孝廉为郎中，迁霸陵、临汾令，以父丧遂去官。"

初，钜鹿张角自称"大贤良师"，① 奉事黄老道，畜养弟子，跪拜首过，② 符水呪说以疗病，病者颇愈，百姓信向之。角因遣弟子八人使于四方，以善道教化天下，转相诳惑。十馀年间，众徒数十万，连结郡国，自青、徐、幽、冀、荆、杨、兖、豫八州之人，莫不毕应。遂置三十六方。〔2〕方犹将军号也。大方万馀人，小方六七千，各立渠帅。讹言"苍天已死，黄天当立，岁在甲子，天下大吉"。以白土书京城寺门及州郡官府，皆作"甲子"字。中平元年，大方马元义等先收荆、杨数万人，期会发于邺。元义数往来京师，以中常侍封谞、徐奉等为内应，约以三月五日内外俱起。未及作乱，而张角弟子济南唐周上书告之，于是车裂元义于洛阳。灵帝以周章下三公、司隶，使钩盾令周斌将三府掾属，案验宫省直卫及百姓有事角道者，诛杀千馀人，推考冀州，逐捕角等。角等知事已露，晨夜驰敕诸方，一时俱起。皆著黄巾为摽帜，③ 时人谓之"黄巾"，亦名为"蛾贼"。④ 杀人以祠天。角称"天公将军"，角弟宝称"地公将军"，宝弟梁称"人公将军"。〔3〕所在燔烧官府，劫略聚邑，州郡失据，长吏多逃亡。旬日之间，天下向应，京师震动。

①"良"或作"郎"。

②首音式受反。

③帜音尺志反,又音试。

④蛾音鱼绮反,即“蚁”字也。谕贼众多,故以为名。

诏敕州郡修理攻守,简练器械,自函谷、大谷、广城、[4]伊阙、轘辕、旋门、孟津、小平津诸关,并置都尉。①召群臣会议。嵩以为宜解党禁,益出中藏钱、西园厩马,以班军士。帝从之。于是发天下精兵,博选将帅,以嵩为左中郎将,持节,与右中郎将朱儁,共发五校、三河骑士及募精勇,合四万馀人,嵩、儁各统一军,共讨颍川黄巾。

①大谷、轘辕在洛阳东南,旋门在汜水之西。[5]

儁前与贼波才战,战败,嵩因进保长社。波才引大众围城,嵩兵少,军中皆恐,乃召军吏谓曰:“兵有奇变,不在众寡。①今贼依草结营,易为风火。若因夜纵烧,必大惊乱。吾出兵击之。四面俱合,田单之功可成也。”②其夕遂大风,嵩乃约敕军士皆束苣乘城,③使锐士间出围外,纵火大呼,城上举燎应之,嵩因鼓而奔其陈,贼惊乱奔走。会帝遣骑都尉曹操将兵适至,嵩、操与朱儁合兵更战,大破之,斩首数万级。封嵩都乡侯。嵩、儁乘胜进讨汝南、陈国黄巾,追波才于阳翟,击彭脱于西华,并破之。④馀贼降散,三郡悉平。

①《孙子兵法》曰:“凡战者,以正合,以奇胜者也。故善出奇,无穷如天地,无竭如江海。战势不过奇正。奇正之变,不可胜也。”

②田单为齐将,守即墨城。燕师攻城,田单取牛千头,衣以五采,束矛盾于其角,系火于其尾,穿城而出,城上大噪,燕师大败。事见《史记》。

③苣音巨。《说文》云:“束苇烧之。”

④西华,县,属汝南。

又进击东郡黄巾卜己于仓亭,生禽卜己,斩首七千馀级。时北中郎将卢植及东中郎将董卓讨张角,并无功而还,乃诏嵩进兵讨之。嵩与角弟梁战于广宗。①梁众精勇,嵩不能克。明日,乃闭营休士,以观其变。知贼意稍懈,乃潜夜勒兵,鸡鸣驰赴其陈,战至晡时,大破之,斩梁,获首三万级,赴河死者五万许人,焚烧车重三万馀两,悉虏其妇子,系获甚众。〔6〕角先已病死，乃剖棺戮尸，传首京师。

①今贝州宗城县。

嵩复与钜鹿太守冯翊郭典攻角弟宝于下曲阳，又斩之。首获十馀万人，筑京观于城南。①即拜嵩为左车骑将军，领冀州牧，封槐里侯，食槐里、美阳两县，②合八千户。

①杜元凯注《左传》曰："积尸封土于其上，谓之京观。"

②并属扶风。

以黄巾既平，故改年为中平。嵩奏请冀州一年田租，以赡饥民，帝从之。百姓歌曰："天下大乱兮市为墟，母不保子兮妻失夫，赖得皇甫兮复安居。"嵩温卹士卒，甚得众情，每军行顿止，须营幔修立，然后就舍帐。军士皆食，(尔)〔己〕乃尝饭。〔7〕吏有因事受赂者，嵩更以钱物赐之，吏怀惭，或至自杀。

嵩既破黄巾，威震天下，而朝政日乱，海内虚困。故信都令汉阳阎忠干说嵩曰：①"难得而易失者，时也；时至不旋踵者，几也。故圣人顺时以动，智者因几以发。今将军遭难得之运，蹈易骇之机，而践运不抚，临机不发，将何以保大名乎？"嵩曰："何谓也？"忠曰："天道无亲，百姓与能。今将军受钺于暮春，收功于末冬。②兵动若神，谋不再计，摧强易于折枯，消坚甚于汤雪，旬月之间，神兵电埽，封尸刻石，南向以报，威德震本朝，风声驰海外，虽汤武之举，未有高将军者也。今身建不赏之功，体兼高人之德，而北面庸主，何以求安乎？"嵩曰："夙夜在公，心不忘忠，何故不安？"忠曰："不然。昔韩信不忍一餐之遇，而弃三分之业，利剑已揣其喉，方发悔毒之叹者，机失而谋乖也。③今主上埶弱于刘、项，将军权重于淮阴，指捪足以振风云，叱咤可以兴雷电。④赫然奋发，因危抵颓，⑤崇恩以绥先附，振武以临后服，征冀方之士，动七州之众，羽檄先驰于前，大军响振于后，蹈流漳河，饮马孟津，诛阉官之罪，除群凶之积，虽僮儿可使奋拳以致力，女子可使褰裳以用命，况厉熊罴之卒，因迅风之势哉！功业已就，天下已顺，然后请呼上帝，示以天命，混齐六合，南面称制，移宝器于将兴，⑥推亡汉于已坠，实神机之至会，风发之良时也。夫既朽不雕，衰世难佐。若欲辅难佐之朝，雕朽败之木，是犹逆坂走丸，迎风纵棹，岂云易哉？且今竖宦群居，同恶如市，⑦上命不行，权归近习，昏主之下，难以久居，⑧不赏之功，谗人侧目，如不早图，后悔无及。"嵩惧曰："非常之谋，不施于有常之埶。创图大功，岂庸才所致。黄巾细孽，敌非秦、项，新结易散，难以济业。且人未忘主，天不祐逆。若虚造不冀之功，不速朝夕之祸，孰与委忠本朝，守其臣节。虽云多谗，不过放废，犹有令名，死且不朽。⑨反常之论，所不敢闻。"忠知计不用，因亡去。⑩

①干谓冒进。

②《老子》曰："天道无亲，常与善人。"《易》曰："人谋鬼谋，百姓与能。"《淮南子》曰："凡命将，主亲授钺，〔8〕曰：'从此上至天，将军制之。'"

③《前书》，项羽使武涉说韩信，信曰："汉王解衣衣我，推食食我，背之不祥。"又蒯通说信，令信背汉，参分天下，鼎足而立。信曰："汉王遇我厚，岂可背之哉？"后信谋反，为吕后所执，叹曰："吾不用蒯通计，为女子所诈，岂非天哉！"

④"㧑"即"麾"字，古通用。叱咤，怒声也。

⑤抵音纸。抵，击也。

⑥宝器犹神器也，谓天位也。

⑦《左氏传》韩宣子曰："同恶相求，如市贾焉。"

⑧《史记》范蠡曰："大名之下，难以久居。"

⑨二句皆《左传》之辞。

⑩《英雄记》曰："梁州贼王国等起兵，劫忠为主，统三十六(郡)〔部〕，〔9〕号'车骑将军'。忠感慨发病死。"

会边章、韩遂作乱陇右，明年春，诏嵩回镇长安，以卫园陵。章等遂复入寇三辅，使嵩因讨之。

初，嵩讨张角，路由邺，见中常侍赵忠舍宅逾制，乃奏没入之。又中常侍张让私求钱五千万，嵩不与，二人由此为憾，奏嵩连战无功，所费者多。其秋征还，收左车骑将军印绶，削户六千，更封都乡侯，二千户。

五年，(梁)〔凉〕州贼王国围陈仓，〔10〕复拜嵩为左将军，督前将军董卓，各率二万人拒之。卓欲速进赴陈仓，嵩不听。卓曰："智者不后时，勇者不留决。速救则城全，不救则城灭，全灭之埶，在于此也。”嵩曰：“不然。百战百胜，不如不战而屈人之兵。是以先为不可胜，以待敌之可胜。不可胜在我，可胜在彼。彼守不足，我攻有馀。①有馀者动于九天之上，不足者陷于九地之下。②今陈仓虽小，城守固备，非九地之陷也。王国虽强，而攻我之所不救，非九天之埶也。夫埶非九天，攻者受害；陷非九地，守者不拔。国今已陷受害之地，而陈仓保不拔之城，我可不烦兵动众，而取全胜之功，将何救焉！”遂不听。王国围陈仓，自冬迄春，八十馀日，城坚守固，竟不能拔。贼众疲敝，果自解去。嵩进兵击之。卓曰：“不可。兵法，穷寇勿(追)〔追〕，归众勿(追)〔追〕。③〔11〕今我追国，是追归众，追穷寇也。困兽犹斗，蜂虿有毒，④况大众乎！”嵩曰：“不然。前吾不击，避其锐也。今而击之，待其衰也。所击疲师，非归众也。国众且走，莫有斗志。以整击乱，非穷寇也。”遂独进击之，使卓为后拒。连战大破之，斩首万馀级，国走而死。卓大惭恨，由是忌嵩。

①《孙子》之文。

②《孙子兵法》曰：“善守者藏于九地之下，善攻者动于九天之上。”《玄女三宫战法》曰：“行兵之道，天地之宝。九天九地，各有表里。九天之上，六甲子也。九地之下，六癸酉也。子能顺之，万全可保。”

③《司马兵法》之言。

④皆《左氏传》文。

明年，卓拜为并州牧，诏使以兵委嵩，卓不从。嵩从子郦①时在军中，〔12〕说嵩曰：“本朝失政，天下倒悬，能安危定倾者，唯大人与董卓耳。今怨隙已结，埶不俱存。卓被诏委兵，而上书自请，此逆命也。又以京师昏乱，踌躇不进，此怀奸也。且其凶戾无亲，将士不附。大人今为元帅，杖国威以讨之，上显忠义，下除凶害，此桓文之事也。”嵩曰：“专命虽罪，专诛亦有责也。②〔13〕不如显奏其事，使朝廷裁之。”于是上书以闻。帝让卓，卓又增怨于嵩。及后秉政，初平元年，乃征嵩为城门校尉，因欲杀之。嵩将行，长史梁衍说曰：“汉室微弱，阉竖乱朝，董卓虽诛之，而不能尽忠于国，遂复寇掠京邑，废立从意。今征将军，大则危祸，小则困辱。今卓在洛阳，天子来西，以将军之众，精兵三万，迎接至尊，奉令讨逆，发命海内，征兵群帅，袁氏逼其东，将军迫其西，此成禽也。"嵩不从，遂就征。有司承旨，奏嵩下吏，将遂诛之。

①郦音历。

②《春秋左氏传》曰："禀命则不威，专命则不孝。"

嵩子坚寿与卓素善，自长安亡走洛阳，归投于卓。卓方置酒欢会，坚寿直前质让，责以大义，①叩头流涕。坐者感动，皆离席请之。卓乃起，牵与共坐。使免嵩囚，复拜嵩议郎，迁御史中丞。及卓还长安，公卿百官迎谒道次。卓风令御史中丞已下皆拜以屈嵩，②既而抵手言曰："义真犕未乎？"③嵩笑而谢之，卓乃解释。④

①质，正也。

②风音讽，谓讽动也。

③犕音服。《说文》曰："犕牛乘马。"犕，即古"服"字也，今河朔人犹有此言，音备。

④《献帝春秋》曰："初卓为前将军，嵩为左将军，俱征边章、韩遂，争雄。及嵩拜车下，卓曰：'可以服未？'嵩曰：'安知明公乃至于是？'卓曰：'鸿鹄固有远志，但燕雀自不知耳。'嵩曰：'昔与明公俱为鸿鹄，但明公今日变为凤皇耳。'"

及卓被诛，以嵩为征西将军，又迁车骑将军。其年秋，拜太尉，冬，以流星策免。①复拜光禄大夫，迁太常。寻李傕作乱，嵩亦病卒，赠骠骑将军印绶，拜家一人为郎。

①《续汉书》曰以日有重珥免。

嵩为人爱慎尽勤，〔14〕前后上表陈谏有补益者五百馀事，皆手书毁草，不宣于外。又折节下士，门无留客。①时人皆称而附之。

①言汲引之速。

坚寿亦显名，后为侍中，辞不拜，病卒。

朱儁字公伟，会稽上虞人也。少孤，母尝贩缯为业。儁以孝养致名，为县门下书佐，好义轻财，乡闾敬之。时同郡周规辟公府，〔15〕当行，假郡库钱百万，以为冠帻费，而后仓卒督责，规家贫无以备，儁乃窃母缯帛，为规解对。①母既失产业，深恚责之。儁曰："小损当大益，初贫后富，必然理也。"

①规被录占对，儁为备钱以解其事。

本县长山阳度尚见而奇之，荐于太守韦毅，稍历郡职。后太守尹端以儁为主簿。熹平二年，端坐讨贼许昭失利，为州所奏，罪应弃市。儁乃羸服闲行，轻赍数百金到京师，赂主章吏，遂得刊定州奏，故端得输作左校。端喜于降免而不知其由，儁亦终无所言。

后太守徐珪举儁孝廉，再迁除兰陵令，政有异能，为东海相所表。会交阯部群贼并起，牧守软弱不能禁。又交阯贼梁龙等万馀人，与南海太守孔芝反叛，攻破郡县。光和元年，即拜儁交阯刺史，令过本郡简募家兵及所调，①合五千人，分从两道而入。既到州界，按甲不前，先遣使诣郡，观贼虚实，宣扬威德，以震动其心；既而与七郡兵俱进逼之，遂斩梁龙，降者数万人，旬月尽定。以功封都亭侯，千五百户，赐黄金五十斤，征为谏议大夫。

①家兵，僮仆之属。调谓调发之。

及黄巾起，公卿多荐儁有才略，拜为右中郎将，持节，与左中郎将皇甫嵩讨颍川、汝南、陈国诸贼，悉破平之。嵩乃上言其状，而以功归儁，于是进封西乡侯，迁镇贼中郎将。

时南阳黄巾张曼成起兵，称"神上使"，众数万，杀郡守褚贡，〔16〕屯宛下百馀日。后太守秦颉击杀曼成，贼更以赵弘为帅，众浸盛，遂十馀万，据宛城。儁与荆州刺史徐璆及秦颉合兵万八千人围弘，自六月至八月不拔。有司奏欲征儁。司空张温上疏曰："昔秦用白起，燕任乐毅，皆旷年历载，乃能克敌。①儁讨颍川，以有功效，〔17〕引师南指，方略已设，临军易将，兵家所忌，宜假日月，责其成功。"灵帝乃止。儁因急击弘，斩之。贼馀帅韩忠复据宛拒儁。儁兵少不敌，乃张围结垒，起土山以临城内，因鸣鼓攻其西南，贼悉众赴之。儁自将精卒五千，掩其东北，乘城而入。忠乃退保小城，惶惧乞降。司马张超及徐璆、秦颉皆欲听之。儁曰："兵有形同而埶异者。昔秦项之际，民无定主，故赏附以劝来耳。今海内一统，唯黄巾造寇，纳降无以劝善，讨之足以惩恶。今若受之，更开逆意，贼利则进战，钝则乞降，纵敌长寇，非良计也。"因急攻，连战不克。儁登土山望之，愿谓张超曰："吾知之矣。贼今外围周固，内营逼急，乞降不受，欲出不得，所以死战也。万人一心，犹不可当，况十万乎！其害甚矣。不如彻围，并兵入城。忠见围解，埶必自出，出则意散，易破之道也。"既而解围，忠果出战，儁因击，大破之。乘胜逐北数十里，斩首万馀级。忠等遂降。而秦颉积忿忠，遂杀之。馀众惧不自安，复以孙夏为帅，还屯宛中。儁急攻之。夏走，追至西鄂精山，又破之。②复斩万馀级，贼遂解散。明年春，遣使者持节拜儁右车骑将军，振旅还京师，以为光禄大夫，增邑五千，更封钱塘侯，③加位特进。以母丧去官，起家，复为将作大匠，转少府、太仆。

①《史记》曰，白起，郿人也，善用兵，事秦昭王为大良造。攻魏，拔之。后五年，攻赵，拔光狼城。后七年，攻楚，拔鄢、邓五城。明年，拔郢，烧夷陵，遂东至竟陵。乐毅，赵人也，贤而好兵，燕昭王以为亚卿，后为上将军。代齐，入临淄，狗齐五岁，下齐七十馀城。

②西鄂故城在今邓州向城县南，精山在其南。

③钱塘，今杭州县也。《钱塘记》云："昔郡议曹华信(义)〔议〕立此塘，〔18〕以防海水。始开募，有能致土石一斛，与钱一千，旬日之间，来者云集。塘未成而谲不复取，皆遂弃土石而去，塘以之成也。"

自黄巾贼后，复有黑山、黄龙、白波、左校、郭大贤、于氐根、青牛角、〔19〕张白骑、刘石、左髭丈八、〔20〕平汉、大计、司隶、掾哉、①〔21〕雷公、浮云、飞燕、白雀、杨凤、于毒、〔22〕五鹿、李大目、白绕、畦固、〔23〕苦唒之徒，②并起山谷间，不可胜数。其大声者称雷公，骑白马者为张白骑，轻便者言飞燕，多髭者号于氐根，③大眼者为大目，如此称号，各有所因。大者二三万，小者六七千。

①《九州春秋》"大计"作"大洪","掾哉"作"缘城"。〔24〕

②《九州春秋》"陃"作"蝤",音才由反。

③《左氏传》曰:"于思于思,弃甲复来。"杜预注云:"于思,多须之貌也。"

贼帅常山人张燕,轻勇趫捷,故军中号曰飞燕。善得士卒心,乃与中山、常山、赵郡、上党、河内诸山谷寇贼更相交通,众至(伯)〔百〕万,〔25〕号曰黑山贼。河北诸郡县并被其害,朝廷不能讨。燕乃遣使至京师,奏书乞降,遂拜燕平难中郎将,使领河北诸山谷事,岁得举孝廉、计吏。

燕后渐寇河内,逼近京师,于是出儁为河内太守,将家兵击却之。其后诸贼多为袁绍所定,事在《绍传》。复拜儁为光禄大夫,转屯骑,寻拜城门校尉、河南尹。

时董卓擅政,以儁宿将,外甚亲纳而心实忌之。及关东兵盛,卓惧,数请公卿会议,徙都长安,儁辄止之。卓虽恶儁异己,然贪其名重,乃表迁太仆,以为己副。使者拜,儁辞不肯受。因曰:"国家西迁,必孤天下之望,以成山东之衅,臣不见其可也。"使者诘曰:"召君受拜而君拒之,不问徙事而君陈之,其故何也?"儁曰:"副相国,非臣所堪也;迁都计,非事所急也。辞所不堪,言所非急,臣之宜也。"使者曰:"迁都之事,不闻其计,〔26〕就有未露,何所承受?"儁曰:"相国董卓具为臣说,所以知耳。"使人不能屈,由是止不为副。

卓后入关,留儁守洛阳,而儁与山东诸将通谋为内应。既而惧为卓所袭,乃弃官奔荆州。卓以弘农杨懿为河南尹,守洛阳。儁闻,复进兵还洛,懿走。儁以河南残破无所资,乃东屯中牟,移书州郡,请师讨卓。徐州刺史陶谦遣精兵三千,馀州郡稍有所给,谦乃上儁行车骑将军。董卓闻之,使其将李傕、郭汜等数万人屯河南拒儁。儁逆击,为傕、汜所破。儁自知不敌,留关下不敢复前。

及董卓被诛,傕、汜作乱,儁时犹在中牟。陶谦以儁名臣,数有战功,可委以大事,乃与诸豪桀共推儁为太师,因移檄牧伯,同讨李傕等,奉迎天子。乃奏记于儁曰:"徐州刺史陶谦、前杨州刺史周乾、琅邪相阴德、东海相刘馗、①彭城相汲廉、北海相孔融、沛相袁忠、太山太守应劭、汝南太守徐璆、前九江太守服虔、博士郑玄等，敢言之行车骑将军河南尹莫府：②国家既遭董卓，重以李傕、郭汜之祸，幼主劫执，忠良残敝，长安隔绝，不知吉凶。是以临官尹人，搢绅有识，莫不忧惧，以为自非明哲雄霸之士，曷能克济祸乱！自起兵已来，于兹三年，州郡转相顾望，未有奋击之功，而互争私变，更相疑惑。谦等并共谘诹，议消国难。佥曰：'将军君侯，既文且武，应运而出，凡百君子，靡不颙颙。'故相率厉，简选精悍，堪能深入，直指咸阳，多持资粮，足支半岁，谨同心腹，委之元帅。"会李傕用太尉周忠、尚书贾诩策，征儁入朝。军吏皆惮入关，欲应陶谦等。儁曰："以君召臣，义不俟驾，③况天子诏乎！且傕、汜小竖，樊稠庸儿，无他远略，又埶力相敌，变难必作。吾乘其间，大事可济。"遂辞谦议而就傕征，复为太仆，谦等遂罢。

①馗音巨眉反。

②蔡质《典职仪》曰："诸州刺史上郡并列卿府，〔27〕言'敢言之'。"

③《论语》曰："君命召，不俟驾行矣。"俟，待也。

初平四年，代周忠为太尉，录尚书事。明年秋，以日食免，复行骠骑将军事，持节镇关东。未发，会李傕杀樊稠，而郭汜又自疑，与傕相攻，长安中乱，故儁止不出，留拜大司农。献帝诏儁与太尉杨彪等十馀人譬郭汜，令与李傕和。汜不肯，遂留质儁等。儁素刚，即日发病卒。

子皓，亦有才行，官至豫章太守。

论曰：皇甫嵩、朱儁并以上将之略，受脤仓卒之时。①及其功成师克，威声满天下。值弱主蒙尘，犷贼放命，斯诚叶公投袂之几，翟义鞠旅之日，②故梁衍献规，山东连盟，而舍格天之大业，蹈匹夫之小谅，卒狼狈虎口，为智士笑。③岂天之长斯乱也？何智勇之不终甚乎！前史晋平原华峤，称其父光禄大夫表，④每言其祖魏太尉歆⑤称"时人说皇甫嵩之不伐，汝豫之战，归功朱儁，张角之捷，本之于卢植，收名敛策，而己不有焉。⑥盖功名者，世之所甚重也。诚能不争天下之所甚重，则怨祸不深矣"。如皇甫公之赴履危乱，而能终以归全者，其致不亦贵乎！故颜子愿不伐善为先,斯亦行身之要与!⑦

①《春秋左氏传》曰:"国之大事在祀与戎。祀有执膰,戎有受脤。"脤,宜社之肉也。《尔雅》曰:"举大事,动大众,必先有事于社然后出,谓之宜。"

②《新序》曰:"楚白公胜既杀令尹、司马,欲立王子闾为王。王子闾不肯,劫之以刃。王子闾曰:'吾闻辞天下者,非轻其利以明其德也。不为诸侯者,非恶其位以絜其行也。今子告我以利,威我以兵,吾不为也。'白公强之,不可,遂杀之。叶公子高率楚众以诛白公,而反惠王于国。"投袂,奋袂也,言其怒也。《左氏传》曰:"楚子闻之,投袂而起。"翟义,方进之子,举兵将诛王莽,事见《前书》。《诗》曰:"陈师鞠旅。"郑玄注云:"鞠,告也。"

③山东连盟谓上云群帅及袁氏也。《书》称"伊尹格于皇天"。《论语》曰:"岂若匹夫匹妇之为谅也。"《庄子》云,孔子见盗跖,退曰:"吾几不免虎口。"

④《华峤谱叙》曰:"表字伟容,歆之子也。年二十馀,为散骑常侍。"

⑤《魏志》曰:"歆字子鱼。"

⑥敛策,不论其功。

⑦《论语》曰,颜回曰:"愿无伐善,无施劳。"

赞曰:黄妖冲发,嵩乃奋钺。孰是振旅,不居不伐。①儁捷陈、颍,亦弭(于)〔於〕越。②〔28〕言肃王命,并遘屯蹶。③

①《老子》曰:"功成而不居。"

②谓平许昭也。(于)〔於〕,语辞,犹云"句吴"之类矣。

③蹶犹踬也。

【校勘记】

〔1〕　皇甫嵩朱儁列传第六十一　按:汲本"朱儁"作"朱雋",正文同。

〔2〕　遂置三十六方　按:《集解》引惠栋说,谓《袁纪》"方"作"坊"。

〔3〕　宝弟梁　按:《集解》引惠栋说,谓《袁纪》"梁"作"良"。《通鉴考异》据《九州春秋》云"角弟梁,梁弟宝"。

〔4〕　广城　按:殿本"城"作"成",《通鉴》同。

〔5〕　旋门在汜水之西　殿本、《集解》本"汜"作"氾"。按:此水《汉书》作"汜

水”，如淳音祀，《水经》始作“汜水”，后多从《水经》。

〔6〕　系获甚众　按：殿本“系”作“击”。

〔7〕　(尔)〔已〕乃尝饭　据殿本改。按：王先谦谓作“已”是。

〔8〕　主亲授钺　按：汲本“主”作“王”。

〔9〕　统三十六(郡)〔部〕　《集解》引惠栋说，谓“郡”当作“部”，今据改。按：《董卓传》注引此亦作“部”。

〔10〕　(梁)〔凉〕州贼王国围陈仓　《集解》引洪颐煊说，谓《灵帝纪》作“凉州贼王国”，此“梁”字误。今据改。

〔11〕　穷寇勿(迫)〔追〕归众勿(追)〔迫〕　据汲本、殿本改。按：下云“是迫归众，追穷寇也”，明当作“穷寇勿追，归众勿迫”。

〔12〕　嵩从子郦　按：《集解》引惠栋说，谓《袁纪》“郦”作“逦”，又作“丽”。

〔13〕　专命虽罪专诛亦有责也　按：《集解》引王补说，谓《通鉴》作“违命虽罪”，故胡注卓不释兵为违命，嵩擅讨卓为专诛。

〔14〕　嵩为人爱慎尽勤　按：《刊误》谓当作“爱畏勤尽”。

〔15〕　同郡周规　按：《集解》引汪文台说，谓《御览》八一四引张璠《汉纪》，“规”作“起”。

〔16〕　杀郡守褚贡　按：殿本“贡”作“衰”。

〔17〕　以有功效　殿本“以”作“已”。按：以已古通作。

〔18〕　昔郡议曹华信(义)〔议〕立此塘　《刊误》谓案文“义”当作“议”。今据改。按：《御览》八三六引《钱塘记》，作“郡议曹华信象家富，乃议立此塘”。又七四引《钱塘记》，作“往时郡议曹华家信富，乃议立此塘”。《御览》引文亦有讹，然“义”当作“议”，固无疑也。

〔19〕　青牛角　按：《袁绍传》注引《九州春秋》及《三国・魏志・袁绍传》，并作“张牛角”。

〔20〕　左髭丈八　按：《魏志・张燕传》注引张璠《汉纪》，云“又有左校郭大贤左髭丈八三部也”。赵一清谓郭大贤疑是左校之帅，故下云三部。潘眉则谓盖左校一部，郭大贤一部，左髭丈八一部也。如赵说，则左校郭大贤为一部，左髭为一部，丈八为一部。如潘说，则左髭与丈八各为一部。《通鉴》作“左髭文八”，胡注云《朱儁传》“左髭文八”作“左髭丈八”，是胡氏亦以左髭丈八连读，今从潘说。

〔21〕　掾哉　按：《通鉴》作“缘城”。

〔22〕 于毒 汲本作“干毒”。按:《袁绍传》亦作“干毒”,《通鉴》作“于毒”。

〔23〕 畦固 按:《集解》引惠栋说,谓《通鉴》作“眭固”。

〔24〕 掾哉作缘城 按:汲本“缘城”作“缘哉”,殿本作“缘成”。

〔25〕 众至(伯)〔百〕万 据殿本改。

〔26〕 不闻其计 按:“计”原讹“讨”,径据汲本、殿本改正。

〔27〕 诸州刺史上郡并列卿府 按:《刊误》谓案刺史在郡上,何缘有“上郡”之文,盖本言“刺史并郡上列卿府”云云。

〔28〕 亦弭(于)〔於〕越 据殿本改。注同。按:王念孙谓於于古虽通用,而“於越”之“於”,不当作“于”。

后汉书卷七十二

董卓列传第六十二

董卓字仲颖，①〔1〕陇西临洮人也。性粗猛有谋。少尝游羌中，尽与豪帅相结。后归耕于野，诸豪帅有来从之者，卓为杀耕牛，与共宴乐，豪帅感其意，归相敛得杂畜千馀头以遗之，由是以健侠知名。为州兵马掾，常徼守塞下。②卓膂力过人，双带两鞬，左右驰射，③为羌胡所畏。

①《卓别传》曰："卓父君雅为颍川轮氏尉，生卓及弟旻，故卓字仲颖，旻字叔颖。"

②《说文》曰："徼，巡也。"《前书》曰："中尉巡徼京师。"《音义》曰："所谓游徼，备盗贼。"

③《方言》曰："所以藏箭谓之服，藏弓谓之鞬。"《左氏传》云："右属櫜鞬。"

桓帝末，以六郡良家子为羽林郎，从中郎将张奂为军司马，共击汉阳叛羌，破之，拜郎中，赐缣九千匹。卓曰："为者则己，有者则士。"①乃悉分与吏兵，无所留。稍迁西域戊己校尉，坐事免。后为并州刺史，河东太守。

①为功者虽己，共有者乃士。

中平元年，拜东中郎将，持节，代卢植击张角于下曲阳，军败抵罪。其冬，北地先零羌及枹罕河关群盗反叛，遂共立湟中义从胡北宫伯玉、李文侯为将军，杀护羌校尉泠徵。〔2〕伯玉等乃劫致金城人边章、韩遂，①使专任军政，共杀金城太守陈懿，攻烧州郡。明年春，将数万骑入寇三辅，侵逼园陵，托诛宦官为名。诏以卓为中郎将，副左车骑将军皇甫嵩征之。嵩以无功免归，而边章、韩遂等大盛。朝廷复以司空张温为车骑将军,假节,执金吾袁滂为副。② 拜卓破虏将军,与荡寇将军周慎并统于温。并诸郡兵步骑合十馀万,屯美阳,③ 以卫园陵。章、遂亦进兵美阳。温、卓与战,辄不利。十一月,夜有流星如火,光长十馀丈,照章、遂营中,驴马尽鸣。贼以为不祥,欲归金城。卓闻之喜,明日,乃与右扶风鲍鸿等并兵俱攻,大破之,斩首数千级。章、遂败走榆中,④ 温乃遣周慎将三万人追讨之。温参军事孙坚⑤ 说慎曰:“贼城中无谷,当外转粮食。坚愿得万人断其运道,将军以大兵继后,贼必困乏而不敢战。若走入羌中,并力讨之,则凉州可定也。”慎不从,引军围榆中城。而章、遂分屯葵园狭,反断慎运道。慎惧,乃弃车重而退。温时亦使卓将兵三万讨先零羌,卓于望垣北⑥ 为羌胡所围,粮食乏绝,进退逼急。乃于所度水中伪立鰋,以为捕鱼,而潜从鰋下过军。⑦ 比贼追之,决水已深,不得度。时众军败退,唯卓全师而还,屯于扶风,封斄乡侯,邑千户。⑧

①《献帝春秋》曰:“凉州义从宋建、王国等反,〔3〕诈金城郡降,求见凉州大人故新安令边允、从事韩约。约不见,太守陈懿劝之使(王)〔往〕,〔4〕国等便劫质约等数十人。金城乱,懿出,国等扶以到护羌营,〔5〕杀之,而释约、允等。陇西以爱憎露布,冠约、允名以为贼,州购约、允各千户侯。约、允被购,‘约’改为‘遂’,‘允’改为‘章’。”

②袁宏《汉纪》曰:“滂字公熙。纯素寡欲,终不言人短。当权宠之盛,或以同异致祸,滂独中立于朝,故爱憎不及焉。”

③美阳故城在今雍州武功县北。

④榆中,县,属金城郡,故城在今兰州金城县中。

⑤坚字文台,吴郡富春人,即孙权之父也。见《吴志》。

⑥望垣,县,属天水郡。

⑦《续汉书》“鰋”字作“堰”,其字义则同,但异体耳。

⑧斄,县,故城在今雍州武功县。字或作“邰”,音台。

三年春,遣使者持节就长安拜张温为太尉。三公在外,始之于温。其冬,征温还京师,韩遂乃杀边章及伯玉、文侯,拥兵十馀万,进围陇西。太守李相如反,与遂连和,共杀凉州刺史耿鄙。而鄙司马扶风马腾,① 亦拥兵反叛,又汉阳王国,自号“合众将军”,皆与韩遂合。共推王国为主，悉令领其众，寇掠三辅。五年，围陈仓。乃拜卓前将军，与左将军皇甫嵩击破之。韩遂等复共废王国，而劫故信都令汉阳阎忠，② 使督统诸部。忠耻为众所胁，感恚病死。遂等稍争权利，更相杀害，其诸部曲并各分乖。

①《典略》曰："腾字寿成，扶风茂陵人，马援后也。长八尺馀，身体洪大，面鼻雄异，而性贤厚，人多敬之。"

②《英雄记》曰："王国等起兵，劫忠为主，统三十六部，号'车骑将军'。"

六年，征卓为少府，不肯就，上书言："所将湟中义从及秦胡兵皆诣臣曰：'牢直不毕，禀赐断绝，① 妻子饥冻。'牵挽臣车，使不得行。羌胡敝肠狗态，② 臣不能禁止，辄将顺安慰。增异复上。"③ 朝廷不能制，颇以为虑。及灵帝寝疾，玺书拜卓为并州牧，令以兵属皇甫嵩。卓复上书言曰："臣既无老谋，又无壮事，〔6〕天恩误加，掌戎十年。士卒大小相狎弥久，恋臣畜养之恩，为臣奋一旦之命。乞将之北州，效力边垂。"于是驻兵河东，以观时变。

①《前书音义》曰："牢，禀食也。古者名禀为牢。"

②言羌胡心肠敝恶，情态如狗也。《续汉书》"敝"作"憋"。《方言》云："憋，恶也。"郭璞曰："憋怤，急性也。"憋音芳烈反，怤音芳于反。

③如其更增异志，当复闻上。

及帝崩，大将军何进、司隶校尉袁绍谋诛阉宦，而太后不许，乃私呼卓将兵入朝，以胁太后。卓得召，即时就道。并上书① 曰："中常侍张让等窃幸承宠，浊乱海内。〔7〕臣闻扬汤止沸，莫若去薪；② 溃痈虽痛，胜于内食。昔赵鞅兴晋阳之甲，以逐君侧之恶人。③ 今臣辄鸣钟鼓如洛阳，④ 请收让等，以清奸秽。"卓未至而何进败，虎贲中郎将袁术乃烧南宫，欲讨宦官，而中常侍段珪等⑤ 劫少帝及陈留王夜走小平津。〔8〕卓远见火起，引兵急进，未明到城西，闻少帝在北芒，因往奉迎。帝见卓将兵卒至，恐怖涕泣。⑥ 卓与言，不能辞对；与陈留王语，遂及祸乱之事。卓以王为贤，且为董太后所养，卓自以与太后同族，有废立意。

①并犹兼也。

②《前汉》枚乘上书曰:“欲汤之沧,一人吹之,百人扬之,无益也。不如绝薪止火而已。”沧音测亮反,寒也。

③《公羊传》曰:“晋赵鞅取晋阳之甲以逐荀寅与士吉射。〔荀寅与士吉射〕者曷为〔者也〕?〔9〕君侧之恶人也。此逐君侧之恶人,曷为以叛言之?无君命也。”

④鸣钟鼓者,声其罪也。《论语》曰:“小子鸣鼓而攻之。”《典略》载卓表曰:“张让等慆慢天常,擅操王命,父子兄弟并据州郡,一书出门,高获千金,下数百万膏腴美田,〔10〕皆属让等。使变气上蒸,妖贼蜂起。”

⑤《山阳公载记》“段”字作“殷”。

⑥《典略》曰:“帝望见卓涕泣,群公谓卓有诏却兵。卓曰:‘公诸人为国大臣,不能匡正王室,至使国家播荡,何却兵之有?’遂俱入城。”

初,卓之入也,步骑不过三千,自嫌兵少,恐不为远近所服,率四五日辄夜潜出军近营,明旦乃大陈旌鼓而还,以为西兵复至,洛中无知者。寻而何进及弟苗先所领部曲皆归于卓,卓又使吕布杀执金吾丁原而并其众,①卓兵士大盛。乃讽朝廷策免司空刘弘而自代之。②因集议废立。百僚大会,卓乃奋首而言曰:“大者天地,其次君臣,所以为政。皇帝暗弱,不可以奉宗庙,为天下主。今欲依伊尹、霍光故事,更立陈留王,何如?”公卿以下莫敢对。卓又抗言③曰:“昔霍光定策,延年案剑。有敢沮大议,皆以军法从之。”坐者震动。④尚书卢植独曰:“昔太甲既立不明,⑤昌邑罪过千馀,故有废立之事。⑥今上富于春秋,行无失德,非前事之比也。”卓大怒,罢坐。明日复集群僚于崇德前殿,遂胁太后,策废少帝。曰:“皇帝在丧,无人子之心,威仪不类人君,今废为弘农王。”乃立陈留王,是为献帝。又议太后⑦蹙迫永乐太后,⑧至令忧死,逆妇姑之礼,无孝顺之节,⑨迁于永安宫,遂以弑崩。

①《英雄记》曰:“原字建阳。为人粗略有勇,善射,受使不辞,有警急,追寇虏辄在前。”

②《魏志》曰:“以久不雨策免。”《汉官仪》曰:“弘字子高,安众人。”

③抗,高也。

④《前书》,昭帝崩,霍光迎立昌邑王贺,即位二十七日,行淫乱,光召丞相已下

会议，莫敢发言。田延年前，离席桉剑曰："群臣有后应者请斩之。"

⑤太甲，汤孙，太丁子也。《尚书》曰"太甲既立，不明，伊尹放诸桐宫"也。

⑥昌邑王凡所征发一千一百二十七事。

⑦灵帝何皇后。

⑧孝仁董皇后，灵帝之母。

⑨《左传》曰："妇，养姑者也。亏姑以成妇，逆莫大焉。"

卓迁太尉，领前将军事，加节传斧钺虎贲，更封郿侯。① 卓乃与司徒黄琬、司空杨彪，俱带鈇锧诣阙上书，追理陈蕃、窦武及诸党人，以从人望。于是悉复蕃等爵位，擢用子孙。

①传音陟恋反。郿，今岐州县。〔11〕

寻进卓为相国，入朝不趋，剑履上殿。封母为池阳君，置（丞）令〔丞〕。〔12〕

是时洛中贵戚室第相望，金帛财产，家家殷积。卓纵放兵士，突其庐舍，淫略妇女，剽虏资物，谓之"搜牢"。① 人情崩恐，不保朝夕。及何后葬，开文陵，② 卓悉取藏中珍物。又奸乱公主，妻略宫人，虐刑滥罚，睚眦必死，群僚内外莫能自固。卓尝遣军至阳城，时人会于社下，悉令就斩之，驾其车重，载其妇女，以头系车辕，歌呼而还。又坏五铢钱，更铸小钱，悉取洛阳及长安铜人、钟虡、飞廉、铜马之属，以充铸焉。③ 故货贱物贵，谷石数万。又钱无轮郭文章，不便人用。④ 时人以为秦始皇见长人于临洮，乃铸铜人。⑤ 卓，临洮人也，而今毁之。虽成毁不同，凶暴相类焉。

①言牢固者皆搜索取之也。一曰牢，漉也。二字皆从去声，今俗有此言。

②灵帝陵。

③钟虡以铜为之，故贾山上书云"悬石铸钟虡"。《前书音义》曰："虡，鹿头龙身，神兽也。"《说文》："钟鼓之跗，以猛兽为饰也。"武帝置飞廉馆。《音义》云："飞廉，神禽，身似鹿，头如爵，有角，蛇尾，文如豹文。"明帝永平五年，长安迎取飞廉及铜马置上西门外，名平乐馆。铜马则东门京所作，致于金马门外者也。张璠《纪》曰："太史灵台及永安候铜兰楯，卓亦取之。"

④《魏志》曰："卓铸小钱，大五分，无文章，肉好无轮郭，不磨鑢。"

⑤《三辅旧事》曰："秦王立二十六年，初定天下，称皇帝。大人见临洮，身长五丈，迹长六尺，作铜人以厌之，立在阿房殿前。汉徙长乐宫中大夏殿前。"《史记》曰："始皇铸天下兵器为十二金人。"

卓素闻天下同疾阉官诛杀忠良，及其在事，虽行无道，而犹忍性矫情，擢用群士。乃任吏部尚书汉阳周珌、〔13〕侍中汝南伍琼、①〔14〕尚书郑公业、②长史何颙等。以处士荀爽为司空。其染党锢者陈纪、韩融之徒，皆为列卿。幽滞之士，多所显拔。以尚书韩馥为冀州刺史，③侍中刘岱为兖州刺史，④陈留孔伷为豫州刺史，⑤颍川张咨为南阳太守。⑥卓所亲爱，并不处显职，但将校而已。初平元年，馥等到官，与袁绍之徒十馀人，各兴义兵，同盟讨卓，而伍琼、周珌阴为内主。

①《英雄记》"珌"作"毖"，字仲远，武威人。琼字德瑜。珌音秘。

②公业名泰。馀人皆书名，范晔父名泰，避其讳耳。

③《英雄记》馥字文节，颍川人。

④《吴志》曰："刘岱字公山，东莱牟平人。"

⑤《英雄记》伷字公绪。《九州春秋》"伷"为"胄"。

⑥《献帝春秋》"咨"作"资"。〔15〕后为孙坚所杀。

初，灵帝末，黄巾馀党郭太等复起西河白波谷，转寇太原，遂破河东，百姓流转三辅，号为"白波贼"，众十馀万。卓遣中郎将牛辅击之，不能却。及闻东方兵起，惧，乃鸩杀弘农王，欲徙都长安。会公卿议，太尉黄琬、司徒杨彪廷争不能得，而伍琼、周珌又固谏之。卓因大怒曰："卓初入朝，二子劝用善士，故相从，而诸君到官，举兵相图。此二君卖卓，卓何用相负！"遂斩琼、珌。而彪、琬恐惧，诣卓谢曰："小人恋旧，非欲沮国事也，请以不及为罪。"卓既杀琼、珌，旋亦悔之，故表彪、琬为光禄大夫。于是迁天子西都。

初，长安遭赤眉之乱，宫室营寺焚灭无馀，是时唯有高庙、京兆府舍，遂便时幸焉。①后移未央宫。于是尽徙洛阳人数百万口于长安，步骑驱蹙，更相蹈藉，饥饿寇掠，积尸盈路。卓自屯留毕圭苑中，悉烧宫庙官府居家，〔16〕二百里内无复孑遗。又使吕布发诸帝陵，及公卿已下冢墓，收其珍宝。

①便时谓时日吉便。

时长沙太守孙坚亦率豫州诸郡兵讨卓。卓先遣将徐荣、李蒙四出虏掠。荣遇坚于梁，①与战，破坚，生禽颍川太守李旻，亨之。卓所得义兵士卒，皆以布缠裹，倒立于地，热膏灌杀之。

①故城在今汝州梁县西南。

时河内太守王匡①屯兵河阳津，将以图卓。卓遣疑兵挑战，而潜使锐卒从小平津过津北，破之，死者略尽。明年，孙坚收合散卒，进屯梁县之阳人。②卓遣将胡轸、吕布攻之。布与轸不相能，军中自惊恐，士卒散乱。③坚追击之，轸、布败走。卓遣将李傕诣坚求和，坚拒绝不受，进军大谷，距洛九十里。④卓自出与坚战于诸陵墓间，卓败走，却屯黾池，聚兵于陕。〔17〕坚进洛阳宣阳城门，⑤更击吕布，布复破走。坚乃埽除宗庙，平塞诸陵，分兵出函谷关，至新安、黾池间，以截卓后。卓谓长史刘艾曰："关东诸将数败矣，无能为也。唯孙坚小戆，⑥诸将军宜慎之。"乃使东中郎将董越屯黾池，中郎将段煨屯华阴，⑦中郎将牛辅屯安邑，其馀中郎将、校尉布在诸县，以御山东。

①《英雄记》曰："匡字公节，泰山人。轻财好施，以任侠闻。"

②梁县属河南郡，今汝州县也。阳人，聚，故城在梁县西。

③《九州春秋》曰："卓以东郡太守胡轸为大督，吕布为骑督。轸性急，豫宣言'今此行也，要当斩一青绶，乃整齐耳'。布等恶之，宣言相警云'贼至'，军众大乱奔走。"

④大谷口在故嵩阳西北三十五里，北出对洛阳故城。张衡《东京赋》云"盟津达其后，大谷通其前"是也。距，至也。

⑤《洛阳记》洛阳城南面有四门，从东第三门。〔18〕

⑥《说文》曰："戆，愚也。"音都降反。

⑦《典略》曰："煨在华阴，特修农事。天子东迁，煨迎，(贡)〔贲〕馈周急。"〔19〕《魏志》曰："武威人也。"煨音壹回反。

卓讽朝廷使光禄勋宣璠①持节拜卓为太师，位在诸侯王上。乃引还长安。百官迎路拜揖，卓遂僭拟车服，乘金华青盖，爪画两轓，时人号“竿摩车”，言其服饰近天子也。②以弟旻为左将军，封鄠侯，兄子璜为侍中、中军校尉，皆典兵事。于是宗族内外，并居列位。其子孙虽在髫龀，男皆封侯，女为邑君。

①播音烦，又音甫袁反。

②金华，以金为华饰车也。爪者，盖弓头为爪形也。轓音甫袁反。《广雅》云："车箱也。"画为文彩。《续汉志》曰："轓长六尺，下屈，广八寸。"又云："皇太子青盖金华蚤画轓。"竿摩谓相逼近也。今俗以事干人者，谓之"相竿摩"。〔20〕

数与百官置酒宴会，淫乐纵恣。乃结垒于长安城东以自居。又筑坞于郿，高厚七丈，号曰“万岁坞”。①积谷为三十年储。自云："事成，雄据天下；不成，守此足以毕老。"尝至郿行坞，公卿已下祖道于横门外。②卓施帐幔饮设，〔21〕诱降北地反者数百人，于坐中杀之。先断其舌，次斩手足，次凿其眼目，以镬煮之。未及得死，偃转(柸)〔杯〕案间。〔22〕会者战慄，亡失匕箸，而卓饮食自若。诸将有言语蹉跌，便戮于前。又稍诛关中旧族，陷以叛逆。

①今案：坞旧基高一丈，周回一里一百步。

②横音光。

时太史望气，言当有大臣戮死者。卓乃使人诬卫尉张温与袁术交通，遂笞温于市，杀之，以塞天变。前温出屯美阳，令卓与边章等战无功，温召又不时应命，既到而辞对不逊。时孙坚为温参军，劝温陈兵斩之。温曰："卓有威名，方倚以西行。"坚曰："明公亲帅王师，威振天下，何恃于卓而赖之乎？坚闻古之名将，杖钺临众，未有不断斩以示威武者也。故穰苴斩庄贾，①魏绛戮杨干。②今若纵之，自亏威重，后悔何及！"温不能从，而卓犹怀忌恨，故及于难。

①《史记》齐景公时，晋伐阿、鄄而燕侵河上，以司马穰苴为将军，使宠臣庄贾监军。贾期后至，穰苴斩以徇三军。鄄音绢。

②魏绛，晋大夫。杨干，晋公弟。会诸侯于曲梁，杨干乱行，魏绛戮其仆。事在

《左传》。

温字伯慎，①少有名誉，累登公卿，亦阴与司徒王允共谋诛卓，事未及发而见害。越骑校尉汝南伍孚②忿卓凶毒，志手刃之，乃朝服怀佩刀以见卓。孚语毕辞去，卓起送至阁，以手抚其背，孚因出刀刺之，不中。卓自奋得免，急呼左右执杀之，而大诟③曰："虏欲反耶！"孚大言曰："恨不得磔裂奸贼于都市，④以谢天地！"言未毕而毙。

①《汉官仪》曰："温，穰人。"

②《谢承书》曰："孚字德瑜，汝南吴房人。质性刚毅，勇壮好义，力能兼人。"

③诟，骂也，音许豆反。

④磔，车裂之也，音丁格反。《献帝春秋》"磔"作"车"。

时王允与吕布及仆射士孙瑞谋诛卓。①有人书"吕"字于布上，负而行于市，歌曰："布乎！"有告卓者，卓不悟。②三年四月，帝疾新愈，大会未央殿。卓朝服升车，既而马惊堕泥，还入更衣。其少妻止之，卓不从，遂行。乃陈兵夹道，自垒及宫，左步右骑，屯卫周匝，令吕布等扞卫前后。王允乃与士孙瑞密表其事，使瑞自书诏以授布，令骑都尉李肃③与布同心勇士十馀人，〔23〕伪著卫士服于北掖门内以待卓。卓将至，马惊不行，怪惧欲还。吕布劝令进，遂入门。肃以戟刺之，卓衷甲不入，伤臂堕车，顾大呼曰："吕布何在？"布曰："有诏讨贼臣。"卓大骂曰："庸狗敢如是邪！"布应声持矛刺卓，趣兵斩之。④主簿田仪⑤及卓仓头前赴其尸，〔24〕布又杀之。驰赍赦书，以令宫陛内外。士卒皆称万岁，百姓歌舞于道。长安中士女卖其珠玉衣装市酒肉相庆者，填满街肆。使皇甫嵩攻卓弟旻于郿坞，杀其母妻男女，尽灭其族。⑥乃尸卓于市。天时始热，卓素充肥，脂流于地。守尸吏然火置卓脐中，光明达曙，如是积日。诸袁门生又聚董氏之尸，焚灰扬之于路。坞中珍藏有金二三万斤，银八九万斤，锦绮缋縠纨素奇玩，积如丘山。

①《三辅决录》曰："瑞字君荣，〔25〕扶风人，博达无不通。天子都许，追论瑞功，封子萌津亭侯。〔26〕萌字文始，有才学，与王粲善，粲作诗赠萌。"

②《英雄记》曰："有道士书布为'吕'字，将以示卓，卓不知其为吕布也。"

③《献帝纪》曰："肃，吕布同郡人也。"

④趣音促。《九州春秋》曰："布素使秦谊、陈卫、李黑等伪作宫门卫士，持长戟。卓到宫门，黑等以长戟侠叉卓车，〔27〕或叉其马。卓惊呼布，布素施铠于衣中，持矛，即应声刺卓，坠于车。"

⑤《九州春秋》"仪"字作"景"。

⑥《英雄记》曰："卓母年九十，走至坞门，曰：'乞脱我死。'即时斩首。"

初，卓以牛辅子婿，素所亲信，使以兵屯陕。辅分遣其校尉李傕、郭汜、张济①将步骑数万，击破河南尹朱儁于中牟。因掠陈留、颍川诸县，杀略男女，所过无复遗类。吕布乃使李肃以诏命至陕讨辅等，辅等逆与肃战，肃败走弘农，布诛杀之。其后牛辅营中无故大惊，辅惧，乃赍金宝逾城走。左右利其货，斩辅，送首长安。②

①《英雄记》："傕，北地人。"刘艾《献帝纪》曰："傕字稚然。汜，张掖人。"

②《献帝纪》曰："辅帐下支胡赤儿等，素待之过急，尽以家宝与之，自带二十馀饼金、大白珠璎。胡谓辅曰：'城北已有马，可去也。'以绳系辅腰，逾城悬下之，未及地丈许放之，辅伤腰不能行，诸胡共取其金并珠，斩首诣长安。"

傕、汜等以王允、吕布杀董卓，故忿怒并州人，并州人其在军者男女数百人，皆诛杀之。牛辅既败，众无所依，欲各散去。傕等恐，乃先遣使诣长安，求乞赦免。王允以为一岁不可再赦，不许之。傕等益怀忧惧，不知所为。武威人贾诩时在傕军，说之①曰："闻长安中议欲尽诛凉州人，诸君若弃军单行，则一亭长能束君矣。不如相率而西，以攻长安，为董公报仇。事济，奉国家以正天下；若其不合，走未后也。"傕等然之，各相谓曰："京师不赦我，我当以死决之。若攻长安克，则得天下矣；不克，则钞三辅妇女财物，西归乡里，尚可延命。"众以为然，于是共结盟，率军数千，晨夜西行。王允闻之，乃遣卓故将胡轸、徐荣击之于新丰。②荣战死，轸以众降。傕随道收兵，比至长安，已十馀万，与卓故部曲樊稠、李蒙等合，③围长安。城峻不可攻，守之八日，吕布军有叟兵内反，④引傕众得入。城溃，放兵虏掠，死者万馀人。杀卫尉种拂等。〔28〕吕布战败出奔。王允奉天子保宣平城门楼上。⑤于是大赦天下。李傕、郭汜、樊稠等皆为将军。⑥遂围门楼，共表请司徒王允出，问“太师何罪”？允穷蹙乃下，后数日见杀。傕等葬董卓于郿，并收董氏所焚尸之灰，合敛一棺而葬之。葬日，大风雨，霆震卓墓，流水入藏，漂其棺木。⑦

①《魏志》曰：“卓之入洛阳，诩以太尉掾为平津尉，迁讨虏校尉。”牛辅屯陕，诩在辅军。辅既死，故诩在傕军。

②《九州春秋》曰：“胡文才、杨整脩皆凉州人，王允素所不善也。及李傕之叛，乃召文才、整修，使东晓喻之。不假借以温颜，谓曰：‘关东鼠子欲何为乎？卿往晓之。’于是二人往，实召兵而还。”

③《袁宏纪》曰：〔29〕“蒙后为傕所杀。”

④叟兵即蜀兵也。汉代谓蜀为叟。

⑤《三辅黄图》曰：“长安城东面北头门号宣平门。”

⑥《袁山松书》曰“允谓傕等曰：‘臣无作威作福，将军乃放纵，欲何为乎？’傕等不应。自拜署傕为扬武将军，汜为扬烈将军，樊稠等皆为中郎将”也。

⑦《献帝起居注》曰：“冢户开，大风暴雨，水土流入，抒出之。棺向入，辄复风雨，水溢郭户，如此者三四。冢中水半所，稠等共下棺，天风雨益暴甚，遂闭户。户闭，大风复破其冢。”

傕又迁车骑将军，开府，领司隶校尉，假节。汜后将军，稠右将军，张济为镇东将军，并封列侯。傕、汜、稠共秉朝政。济出屯弘农。以贾诩为左冯翊，欲侯之。诩曰：“此救命之计，何功之有！”固辞乃止。更以为尚书典选。

明年夏，大雨昼夜二十馀日，漂没人庶，又风如冬时。帝使御史裴茂讯诏狱，原系者二百馀人。其中有为傕所枉系者，傕恐茂赦之，乃表奏茂擅出囚徒，疑有奸故，请收之。诏曰：“灾异屡降，阴雨为害，使者衔命宣布恩泽，原解轻微，庶合天心。欲释冤结而复罪之乎！一切勿问。”

初，卓之入关，要韩遂、马腾共谋山东。①遂、腾见天下方乱，亦欲倚卓起兵。兴平元年，马腾从陇右来朝，进屯霸桥。时腾私有求于傕，不获而怒，遂与侍中马宇、右中郎将刘范、②前〔30〕凉州刺史种劭、〔31〕中郎将杜禀③合兵攻傕，连日不决。韩遂闻之，乃率众来欲和腾、傕，既而复与腾合。傕使兄子利共郭汜、樊稠与腾等战于长平观下。④遂、腾败，斩首万馀级，种劭、刘范等皆死。遂、腾走还凉州，稠等又追之。韩遂使人语稠曰："天下反覆未可知，相与州里，今虽小违，要当大同，欲共一言。"乃骈马交臂相加，⑤笑语良久。军还，利告傕曰："樊、韩骈马笑语，不知其辞，而意爱甚密。"于是傕、稠始相猜疑。犹加稠及郭汜开府，与三公合为六府，皆参选举。⑥

①《献帝传》曰："腾父平，扶风人。为天水兰干尉，失官，遂留陇西，与羌杂居。家贫无妻，遂取羌女，生腾。"

②焉之子。

③《献帝纪》曰："稟与贾诩有隙，胁扶风吏人为腾守槐里，欲共攻傕。傕令樊稠及兄子利数万人攻围槐里，夜梯城，城陷，斩稟枭首。"

④《前书音义》曰："长平，坂名也，在池阳南。有长平观，去长安五十里。"

⑤骈，并也。

⑥《献帝起居注》曰："傕等各欲用其所举，若壹违之，便忿愤恚怒。〔32〕主者患之，乃以次第用其所举，先从傕起，汜次之，稠次之。三公所举，终不见用。"

时长安中盗贼不禁，白日虏掠，傕、汜、稠乃参分城内，各备其界，犹不能制，而其子弟纵横，侵暴百姓。是时谷一斛五十万，豆麦二十万，人相食啖，①白骨委积，臭秽满路。帝使侍御史侯汶②出太仓米豆为饥人作糜，经日而死者无降。帝疑赋恤有虚，③乃亲于御前自加临检。既知不实，使侍中刘艾出让有司。于是尚书令以下皆诣省阁谢，〔33〕奏收侯汶考实。诏曰："未忍致汶于理，可杖五十。"自是后多得全济。

①啖音徒敢反。

②音问。

③赋，布也。恤，忧也。

明年春，傕因会刺杀樊稠于坐，①由是诸将各相疑异，傕、汜遂复理兵相攻。②安西将军杨定者，故卓部曲将也。惧傕忍害，乃与汜合谋迎天子幸其营。傕知其计，即使兄子暹③将数千人围宫。以车三乘迎天子、皇后。太尉杨彪谓暹曰："古今帝王，无在人臣家者。诸君举事，当上顺天心，奈何如是！"暹曰："将军计决矣。"帝于是遂幸傕营，彪等皆徒从。乱兵入殿，掠宫人什物，傕又徙御府金帛乘舆器服，而放火烧宫殿官府居人悉尽。帝使杨彪与司空张喜等十馀人和傕、汜，汜不从，遂质留公卿。彪谓汜曰："将军达人间事，奈何君臣分争，一人劫天子，一人质公卿，此可行邪？"汜怒，欲手刃彪。彪曰："卿尚不奉国家，吾岂求生邪！"左右多谏，汜乃止。遂引兵攻傕，矢及帝前，④又贯傕耳。傕将杨奉本白波贼帅，乃将兵救傕，于是汜众乃退。

①《献帝纪》曰："傕见稠果勇而得众心，疾害之，醉酒，潜使外生骑都尉胡封于坐中拉杀稠。"

②《袁宏纪》曰"李傕数设酒请汜，或留汜止宿。汜妻惧与傕婢妾私而夺己爱，思有以离间之。会傕送馈，汜妻乃以豉为药。汜将食，妻曰：'食从外来，傥或有故？'遂摘药示之，曰：'一栖不两雄，我固疑将军之信李公也。'他日傕请汜，大醉，汜疑傕药之，绞粪汁饮之乃解，于是遂相猜疑"也。

③音纤。

④《献帝纪》曰："汜与傕将张苞、张龙谋诛傕，汜将兵夜攻傕门。候开门内汜兵，苞等烧屋，火不然。汜兵弓弩并发，矢及天子楼帷帘中。"

是日，傕复移帝幸其北坞，唯皇后、宋贵人俱。傕使校尉监门，隔绝内外。①寻复欲徙帝于池阳黄白城，②〔34〕君臣惶惧。司徒赵温深解譬之，乃止。诏遣谒者仆射皇甫郦和傕、汜。郦先譬汜，汜即从命。又诣傕，傕不听。曰："郭多，盗马虏耳，何敢欲与我同邪！必诛之。君观我方略士众，足办郭多不？多又劫质公卿。所为如是，而君苟欲左右之邪！"③汜一名多。郦曰："今汜质公卿，而将军胁主，谁轻重乎？"傕怒，呵遣郦，因令虎贲王昌追杀之。昌伪不及，郦得以免。傕乃自为大司马。④与郭汜相攻连月，死者以万数。

①《献帝纪》曰："傕令门设反关，校尉守察。盛夏炎暑，不能得冷水，饥渴流离。上以前移宫人及侍臣，不得以谷米自随，入门有禁防，不得出市，困乏，使就傕索粳米五斛，牛骨五具，欲为食赐宫人左右。傕不与米，取久牛肉牛骨给，皆已臭虫，不可啖食。"

②池阳，县，故城在今泾阳县西北。

③左右，助也，音佐又。

④《献帝起居注》曰："傕性喜鬼怪左道之术，常有道人及女巫歌讴击鼓下神祭，〔35〕六丁符劾厌胜之具，无所不为。又于朝廷省门外为董卓作神坐，数以牛羊祠之。天子使左中郎将李国持节拜傕为大司马，〔36〕在三公之右。傕自以为得鬼神之助，乃厚赐诸巫。"

张济自陕来和解二人，仍欲迁帝权幸弘农。帝亦思旧京，因遣使敦请傕求东归，十反乃许。①车驾即日发迈。②李傕出屯曹阳。以张济为骠骑将军，复还屯陕。迁郭汜车骑将军，杨定后将军，杨奉兴义将军。又以故牛辅部曲董承为安集将军。③汜等并侍送乘舆。汜遂复欲胁帝幸郿，定、奉、承不听。汜恐变生，乃弃军还就李傕。车驾进至华阴。④宁辑将军段煨乃具服御及公卿以下资储，请帝幸其营。初，杨定与煨有隙，遂诬煨欲反，乃攻其营，十馀日不下。⑤而煨犹奉给御膳，禀赡百官，终无二意。

①《袁宏纪》曰："济使太官令孙笃、校尉张式宣谕十反。"〔37〕

②《献帝起居注》曰："初，天子出，到宣平门，当度桥，汜兵数百人遮桥曰：'是天子非？'〔38〕车不得前。傕兵数百人皆持大戟在乘舆车前，侍中刘艾大呼云：'是天子也！'使侍中杨琦高举车帷。帝言诸兵：'汝却，何敢迫近至尊邪！'汜等兵乃却。既度桥，士众咸称万岁。"

③《蜀志》曰："承，献帝舅也。"裴松之注曰："承，灵帝母太后之侄。"

④《帝王纪》曰："帝以尚书郎郭溥喻汜，汜以屯部未定，乞须留之。溥因骂汜曰：'卿真庸人贱夫，为国上将，今天子有命，何须留之？吾不忍见卿所行，请先杀我，以章卿恶。'汜得溥言切，意乃少喻。"

⑤《袁宏纪》曰："煨与杨定有隙，煨迎乘舆，不敢下马，揖马上。侍中种辑素与定亲，乃言曰：'段煨欲反。'上曰：'煨属来迎，何谓反？'对曰：'迎不至界，拜不下马，其色变，必有异心。'太尉杨彪等曰：'煨不反，臣等敢以死保，车驾可幸其营。'董承、杨定言曰：'郭汜今且将七百骑来入煨营。'天子信之，遂露次于道南，奉、承、定等功也。"

李傕、郭汜既悔令天子东，乃来救段煨，因欲劫帝而西。杨定为汜所遮，亡奔荆州。而张济与杨奉、董承下相平，乃反合傕、汜，共追乘舆，大战于弘农东涧。承、奉军败，百官士卒死者不可胜数，皆弃其妇女辎重，御物符策典籍，略无所遗。①射声校尉沮儁被创坠马。李傕谓左右曰："尚可活不？"儁骂之曰："汝等凶逆，逼迫天子，乱臣贼子，未有如汝者！"傕使杀之。②天子遂露次曹阳。承、奉乃谲傕等与连和，而密遣间使至河东，招故白波帅李乐、韩暹、胡才及南匈奴右贤王去卑，并率其众数千骑来，与承、奉共击傕等，大破之，斩首数千级，乘舆乃得进。董承、李乐拥卫左右，胡才、杨奉、韩暹、去卑为后距。傕等复来战，奉等大败，死者甚于东涧。自东涧兵相连缀四十里中，方得至陕，乃结营自守。时残破之馀，虎贲羽林不满百人，皆有离心。承、奉等夜乃潜议过河，③使李乐先度具舟舡，举火为应。帝步出营，临河欲济，岸高十馀丈，乃以绢縋而下。④馀人或匍匐岸侧，或从上自投，死亡伤残，不复相知。争赴舡者，不可禁制，董承以戈击披之，断手指于舟中者可掬。同济唯皇后、宋贵人、⑤杨彪、董承及后父执金吾伏完等数十人。其宫女皆为傕兵所掠夺，冻溺死者甚众。既到大阳，止于人家，⑥然后幸李乐营。百官饥饿，河内太守张杨⑦使数千人负米贡饷。帝乃御牛车，因都安邑。河东太守王邑奉献绵帛，悉赋公卿以下。封邑为列侯，⑧拜胡才征东将军，〔39〕张杨为安国将军，皆假节、开府。其垒壁群竖，竞求拜职，刻印不给，至乃以锥画之。或赍酒肉就天子燕饮。⑨又遣太仆韩融至弘农，与傕、汜等连和。傕乃放遣公卿百官，颇归宫人妇女，及乘舆器服。

①《献帝传》曰："掠妇女衣被，迟违不时解，即斫刺之。有美发者断取。冻死及婴儿随流而浮者塞水。"

②《袁山松书》曰："儁年二十五，〔40〕其督战訾宝负其尸而瘗之。"〔41〕

③《袁宏纪》曰："傕、汜绕营叫呼，吏士失色，各有分散意。李乐惧，欲令车驾御舡过砥柱，出盟津。杨彪曰：'臣弘农人也。自此以东，有三十六难，〔42〕非万乘所当登。'宗正刘艾亦曰：'臣前为陕令，知其危险。旧故〔有〕河师，犹时有倾危，〔43〕况今无师。太尉所虑是也。'"

④縋音直类反。

⑤宋贵人名都，常山太守泓之女也。见《献帝起居注》。〔44〕

⑥大阳，县，属河东郡。《前书音义》曰"在大河之阳"也。即今陕州河北县是也。《十三州记》曰："傅岩在其界，今住穴尚存。"

⑦《魏志》曰："杨字稚叔，云中人。"

⑧邑字文都，北地泾阳人，镇北将军。见《同岁名》。

⑨《魏》(志)〔书〕曰[45]"乘舆时居棘篱中，门户无关闭，天子与群臣会，兵士伏篱上观，互相镇压以为笑。诸将或遣婢诣省问，[46]或赍酒送天子，侍中不通，喧呼骂詈"也。

初，帝入关，三辅户口尚数十万，自傕、汜相攻，天子东归后，长安城空四十馀日，强者四散，羸者相食，二三年间，关中无复人迹。建安元年春，诸将争权，韩暹遂攻董承，承奔张杨，杨乃使承先缮修洛宫。七月，帝还至洛阳，幸杨安殿。张杨以为己功，故因以"杨"名殿。①乃谓诸将曰："天子当与天下共之，朝廷自有公卿大臣，杨当出扞外难，何事京师？"遂还野王。杨奉亦出屯梁。乃以张杨为大司马，杨奉为车骑将军，韩暹为大将军，领司隶校尉，皆假节钺。暹与董承并留宿卫。

①《献帝起居注》曰："旧时宫殿悉坏，仓卒之际，拾摭故瓦材木，工匠无法度之制，所作并无足观也。"

暹矜功恣睢，①干乱政事，董承患之，潜召兖州牧曹操。操乃诣阙贡献，禀公卿以下，因奏韩暹、张杨之罪。暹惧诛，单骑奔杨奉。帝以暹、杨有翼车驾之功，诏一切勿问。于是封卫将军董承、辅国将军伏完等十馀人为列侯，赠沮儁为弘农太守。②曹操以洛阳残荒，遂移帝幸许。杨奉、韩暹欲要遮车驾，不及，曹操击之，③奉、暹奔袁术，遂纵暴杨、徐间。明年，左将军刘备诱奉斩之。[47]暹惧，走还并州，道为人所杀。④胡才、李乐留河东，才为怨家所害，乐自病死。张济饥饿，出至南阳，攻穰，战死。郭汜为其将伍习所杀。

①恣睢，自任用之貌。睢音火季反。

②《袁宏纪》曰："诛议郎侯祈、尚书冯硕、侍中(壶)〔台〕崇，[48]讨有罪也。封卫将军董承、辅国将军伏完、侍中丁冲、种辑、尚书仆射锺繇、尚书郭溥、御史中丞董芬、彭城相刘艾、冯翊韩斌、东郡太守杨众、议郎罗邵、伏德、赵蕤为列侯，赏有功也。赠射声校尉沮儁为弘农太守，旌死节也。"

③《献帝春秋》曰："车驾出洛阳，自轘辕而东，杨奉、韩暹引军追之。轻骑既至，

操设伏兵要于阳城山峡中，大败之。”

④《九州春秋》曰：“暹失奉，孤特，与千馀骑欲归并州，为张宣所杀。”

三年，使谒者仆射裴茂诏关中诸将段煨等讨李傕，夷三族。①以段煨为安南将军，封阌乡侯。②

①《典略》曰：“傕头至，有诏高县之。”

②阌乡，今虢州县也。《说文》“阌”，今作“阌”，流俗误也。

四年，张杨为其将杨醜所杀。①以〔49〕董承为车骑将军，开府。

①《魏志》曰：“杨素与吕布善。曹公之围布，杨欲救之不能，乃出兵东市，遥为之势。其将杨醜杀杨以应曹公。”

自都许之后，权归曹氏，天子总己，百官备员而已。帝忌操专逼，乃密诏董承，使结天下义士共诛之。承遂与刘备同谋，未发，会备出征，承更与偏将军王服、长水校尉种辑、议郎吴硕结谋。事泄，承、服、辑、硕皆为操所诛。

韩遂与马腾自还凉州，更相战争，乃下陇据关中。操方事河北，虑其乘间为乱，七年，乃拜腾征南将军，遂征西将军，并开府。后征段煨为大鸿胪，病卒。复征马腾为卫尉，封槐里侯。腾乃应召，而留子超领其部曲。十六年，超与韩遂举关中背曹操，操击破之，遂、超败走，腾坐夷三族。超攻杀凉州刺史韦康，①复据陇右。十九年，天水人杨阜破超，②超奔汉中，降刘备。③韩遂走金城羌中，为其帐下所杀。初，陇西人宗建在枹罕，自称“河首平汉王”，④署置百官三十许年。曹操因遣夏侯渊击建，斩之，凉州悉平。⑤

①太仆端之子也。〔50〕弟诞，魏光禄大夫。

②《魏志》曰：“阜字义山，天水冀人也。韦康以为别驾。马超率万馀人攻冀城，阜率国士大夫及宗族子弟胜兵者千馀人，使弟岳于城上作偃月营，〔51〕与超接战。自正月至八月拒守，而救兵不至。超入，拘岳于冀，杀刺史太守。阜内有报超之志，而未得其便。外兄姜叙屯历城，阜少长（诣）叙家，〔52〕见叙母，说前在冀中时事，歔欷悲甚。叙曰：‘何为尔？’阜曰：‘守城不能完，君亡不能死，亦何面目以视息天下？’时叙母慨然敕从阜计。超闻阜等兵起，自将

出袭历城，得叙母。〔叙母〕骂之曰：〔53〕'若背父之逆子，杀君之桀贼，天地岂久容，敢以面目视人乎！'超怒，杀之。阜与战，身被五创，宗族昆季死者七人，超遂南奔张鲁。"

③《蜀志》曰："超字孟起。既奔汉中，闻备围刘璋于成都，密书请降。备遣迎超，将兵径到城下。汉中震怖，璋即稽首。"

④建以居河上流，故称"河首"也。

⑤《魏志》曰："泉字妙才，〔54〕沛国人也，为征西护军。魏太祖使帅诸将讨建，拔之。"

论曰：董卓初以虓阚为情，①因遭崩剥之势，②故得蹈藉彝伦，毁裂畿服。③夫以刳肝斮趾之性，④则群生不足以厌其快，然犹折意缙绅，迟疑陵夺，⑤尚有盗窃之道焉。⑥及残寇乘之，倒山倾海，⑦昆冈之火，自兹而焚，⑧《版》、《荡》之篇，于焉而极。⑨呜呼，人之生也难矣！⑩天地之不仁甚矣！⑪

①《诗·大雅》曰："阚如虓虎。"《毛传》曰："虎怒之貌也。"

②剥犹乱也。《左传》曰："天实剥乱。"

③彝，常也。伦，理也。《书》云："我不知其彝伦攸叙。"《左传》曰："裂冠毁冕。"畿谓王畿也。服，九服也。

④刳，剖也。斮，斩也。纣刳剔孕妇，剖比干之心，斮朝涉之胫。

⑤折，屈也。谓忍性屈情，擢用郑泰、蔡邕、何颙、荀爽等。

⑥《庄子》曰："跖之徒问于跖曰：'盗亦有道乎？'跖曰：'何适无有邪？夫妄意室中之藏，圣也；入先，勇也；出后，义也；知可否，智也；分均，仁也：五者不备而能成大盗者，天下未之有也。'"

⑦残寇谓傕、汜等。

⑧《书》曰："火炎崑冈，玉石俱焚。"

⑨《诗·大雅》曰："上帝版版，下人卒瘅。"毛苌注："版，反也。瘅，病也。言厉王为政，反先王之道，下人尽病也。"又《荡之什》曰："荡荡上帝，下人之辟，疾威上帝，其命多辟。"郑玄注云："荡荡，法度废坏之貌。"

⑩《左传》曰："人生实难，其有不获死乎？"

⑪《老子》曰："天地不仁，以万物为刍狗。"

赞曰：百六有会，[①]《过》、《剥》成灾。[②]董卓滔天，干逆三才。[③]方夏崩沸，[④]皇京烟埃。无礼虽及，馀祲遂广。[⑤]矢延王辂，兵缠魏象。[⑥]区服倾回，人神波荡。

①《前书音义》曰："四千五百岁为一元，一元之中有九厄，阳厄五，阴厄四。阳为旱，阴为水。"初入元百六岁有阳厄，故曰"百六之会"。

②《易》曰《大过》："栋挠，本末弱也。"《剥》："不利有攸往，小人长也。"

③滔，漫也。《书》曰："象龚滔天。"

④方，四方；夏，华夏也。《诗·小雅》云："百川沸腾，山冢崒崩。"

⑤《左传》曰："多行无礼，必自及。"

⑥《周礼》巾车氏掌王之五辂。〔55〕缠，绕也。魏象，阙也。

【校勘记】

〔1〕 董卓字仲颖　按：《刊误》谓依注则"颖"当作"颖"。

〔2〕 杀护羌校尉泠徵　按：沈家本谓《灵纪》"泠"作"伶"。

〔3〕 凉州义从宋建王国等反　"凉"原讹"梁"，各本同，径改正。按：《种暠传》"后凉州羌动，以暠为凉州刺史"，汲本、殿本"凉"并讹"梁"，《集解》引陈景云说，谓"梁"当作"凉"，汉无梁州，至晋始置耳。

〔4〕 太守陈懿劝之使(王)〔往〕　按：《刊误》谓此"王"当作"往"，陈懿劝约使往也。今据改。

〔5〕 国等扶以到护羌营　按：《校补》谓作"扶"无义，当是"挟"之讹。

〔6〕 又无壮事　按：殿本"事"作"士"，疑讹。

〔7〕 浊乱海内　按：《集解》引王补说，谓《袁纪》"浊"作"汩"。

〔8〕 中常侍段珪　"段"原讹"叚"，径改正。下同，不悉出校记。

〔9〕 晋赵鞅取晋阳之甲以逐荀寅与士吉射〔荀寅与士吉射〕者曷为〔者也〕　注有脱文，不可句读，今据《公羊传》补。

〔10〕 下数百万膏腴美田　按：沈家本谓"下"字不可解，当依《魏志·董卓传》注作"京畿诸郡"四字。

〔11〕 今岐州县　按："岐"原讹"歧"，径改正。

〔12〕 置(丞)令〔丞〕　《刊误》谓《汉书》内皆言"令丞"，此不合倒之。今据改。

按:《魏志·卓传》作"置家令丞"。

〔13〕 汉阳周珌　按:《集解》引钱大昕说,谓章怀注引《英雄记》,云周毖武威人,此与《蜀志·许靖传》俱云"汉阳",未知孰是。又引惠栋说,谓《袁宏纪》云"侍中周毖",《魏志》亦作"毖"。

〔14〕 侍中汝南伍琼　按:《集解》引惠栋说,谓《魏志》云"城门校尉汝南伍琼"。

〔15〕 献帝春秋咨作资　按:《魏志》亦作"资"。

〔16〕 悉烧宫庙官府居家　按:《集解》引惠栋说,谓《魏志》引《续汉书》"居家"作"民家"。

〔17〕 聚兵于陕　"陕"原讹"陜",径改正。下同。

〔18〕 从东第三门　按:《刊误》谓案文少"名宣阳"三字。

〔19〕 (贡)〔赍〕馈周急　据殿本改。按:王先谦谓作"赍"是。

〔20〕 今俗以事干人者谓之相竿摩　汲本"相竿摩"之"竿"作"干"。按:《校补》谓注本通竿于干,承上"干人"来,作"干"为长。

〔21〕 卓施帐幔饮设　按:《校补》谓案《魏志》原文本无"设"字,此"饮设"当作"设饮"。

〔22〕 偃转(柸)〔杯〕案间　按:"柸"非"杯"字,各本并讹,今改正。

〔23〕 骑都尉李肃　按:《通鉴考异》谓《袁纪》作"李顺"。

〔24〕 主簿田仪　按:《魏志》作"田景"。

〔25〕 瑞字君荣　殿本《考证》谓何焯校本"荣"改"策"。按:《王允传》作"策"。

〔26〕 封子萌津亭侯　按:殿本"津"作"车"。

〔27〕 侠叉卓车　汲本"侠"作"挟"。按:侠与挟通。

〔28〕 卫尉种拂　按:《集解》引钱大昕说,谓案《献帝纪》、《种拂传》皆云"太常",非"卫尉"也。

〔29〕 袁宏纪曰　"纪"原作"记",径改正。按:注中纪记互误,各本多有,以后径改正,不出校记。

〔30〕 右中郎将刘范　《集解》引惠栋说,谓本纪及《种劭传》皆云"左中郎将"。按:沈家本谓《魏志·卓传》、《蜀志·刘焉传》并作"左中郎将"。

〔31〕 前凉州刺史种劭　按:"劭"原讹"邵",各本并讹,径改正。

〔32〕 便忿愤恚怒　按:"恚"原讹"喜",径据汲本、殿本改正。

〔33〕 皆诣省阁谢　按:《刊误》谓案文"阁"当作"閤"。

〔34〕 寻复欲徙帝于池阳黄白城　按:“徙”原讹“徒”,径改正。

〔35〕 歌讴击鼓下神祭　按:沈家本谓《魏志》裴注引《献帝起居注》,“祭”上有“祠”字,此夺。

〔36〕 左中郎将李国持节拜傕为大司马　按:沈家本谓《魏志》注“李国”作“李固”。又按:“持”原讹“特”,径改正。

〔37〕 济使太官令孙笃校尉张式　按:《校补》引柳从辰说,谓《袁纪》作“太官令狐笃、绥民校尉张裁”。

〔38〕 是天子非　按:《袁纪》作“此天子非也”。沈家本谓《魏志》注“非”作“邪”。

〔39〕 拜胡才征东将军　按:《校补》谓案照下文“征”上亦应有“为”字。

〔40〕 儁年二十五　按:“儁”原讹“俊”,径据汲本、殿本改正。

〔41〕 其督战訾宝　按:《校补》引柳从辰说,谓《袁纪》“訾宝”作“訾置”。

〔42〕 有三十六难　按:《袁纪》同。汲本、殿本“难”作“滩”,《魏志》注引《献帝纪》同。

〔43〕 旧故〔有〕河师犹时有倾危　“旧故河师”不成文理,今据《袁纪》补一“有”字。按:《魏志》注作“有师犹有倾覆”。

〔44〕 按:《校补》谓此注当在上文“唯皇后、宋贵人俱”下。

〔45〕 魏(志)〔书〕曰　据惠栋《补注》改。按:注所引乃王沈《魏书》文,《魏志·董卓传》裴注亦引之。

〔46〕 诸将或遣婢诣省问　《刊误》谓“问”当作“阁”。今按:《魏志·董卓传》裴注引正作“阁”。《集解》引周寿昌说,谓此时天子居棘篱中,尚有何省阁可诣乎? 省问即存问,恐《魏书》本如是,不必作“阁”字也。

〔47〕 明年左将军刘备诱奉斩之　按:李慈铭谓案《三国志·先主传》,是时尚为镇东将军,未拜左将军也。

〔48〕 侍中(壶)〔台〕崇　《集解》引惠栋说,谓“壶”当作“台”,详见《献帝纪》。今据改。

〔49〕 四年张杨为其将杨丑所杀　《集解》引钱大昕说,谓案《献帝纪》,在三年十二月。按:《校补》谓《袁纪》亦属之三年,与《献纪》合。又“杨醜”《袁纪》作“眭固”,亦异。

〔50〕 太仆端之子也　按:殿本“端”作“瑞”。

〔51〕 使弟岳于城上作偃月营　按:“岳”原作“嶽”,而下文又作“岳”,今据汲

本、殿本径改为“岳”，俾前后一致，与《魏志》亦合。

〔52〕 皁少长(诣)叙家 《刊误》谓此言皁自少长于叙家，后人不晓，妄加一“诣”字。按:《魏志·杨皁传》亦作“皁少长叙家”，今据删。

〔53〕 得叙母〔叙母〕骂之曰 按:不重“叙母”二字，则文意不明，今据《魏志·杨皁传》补。

〔54〕 泉字妙才 汲本、殿本“泉”作“渊”。按:此避唐讳，漏未追改。

〔55〕 掌王之五辂 按:“王”原讹“主”，径改正。

后汉书卷七十三

刘虞公孙瓒陶谦列传第六十三

刘虞字伯安，东海郯人也。①祖父嘉，光禄勋。虞初举孝廉，稍迁幽州刺史，民夷感其德化，自鲜卑、乌桓、夫馀、秽貊之辈，皆随时朝贡，无敢扰边者，百姓歌悦之。公事去官。中平初，黄巾作乱，攻破冀州诸郡，拜虞甘陵相，绥抚荒馀，以蔬俭率下。迁宗正。

①《谢承书》曰："虞父舒，丹阳太守。虞通《五经》，东海(王)恭〔王〕之后。"〔1〕

后车骑将军张温讨贼边章等，发幽州乌桓三千突骑，而牢禀逋悬，皆畔还本国。①前中山相张纯私谓前太山太守张举曰：〔2〕"今乌桓既畔，皆愿为乱，凉州贼起，朝廷不能禁。又洛阳人妻生子两头，此汉祚衰尽，天下有两主之征也。子若与吾共率乌桓之众以起兵，庶几可定大业。"举因然之。四年，纯等遂与乌桓大人共连盟，攻蓟下，燔烧城郭，虏略百姓，杀护乌桓校尉箕稠、右北平太守刘政、辽东太守阳终等，众至十馀万，屯肥如。②举称"天子"，纯称"弥天将军安定王"，移书州郡，云举当代汉，告天子避位，敕公卿奉迎。纯又使乌桓峭王等③步骑五万，入青冀二州，攻破清河、平原，杀害吏民。朝廷以虞威信素著，恩积北方，明年，复拜幽州牧。虞到蓟，罢省屯兵，务广恩信。遣使告峭王等以朝恩宽弘，开许善路。又设赏购举、纯。举、纯走出塞，馀皆降散。纯为其客王政所杀，送首诣虞。灵帝遣使者就拜太尉，封容丘侯。④

①《前书音义》曰："牢，贾直也。"禀，食也。言军粮不续也。

②肥如，县，属辽西郡，故城在今平州。

③峭音七笑反。

④容丘，县，属东海郡。

及董卓秉政，遣使者授虞大司马，进封襄贲侯。初平元年，复征代袁隗为太傅。道路隔塞，王命竟不得达。旧幽部应接荒外，资费甚广，岁常割青、冀赋调二亿有馀，以给足之。时处处断绝，委输不至，而虞务存宽政，劝督农植，开上谷胡市之利，通渔阳盐铁之饶，民悦年登，谷石三十。青、徐士庶避黄巾之难归虞者百馀万口，皆收视温恤，为安立生业，流民皆忘其迁徙。虞虽为上公，天性节约，敝衣绳履，食无兼肉，远近豪俊夙僭奢者，莫不改操而归心焉。①

①夙犹旧也。

初，诏令公孙瓒讨乌桓，受虞节度。瓒但务会徒众以自强大，而纵任部曲，颇侵扰百姓，而虞为政仁爱，念利民物，由是与瓒渐不相平。二年，冀州刺史韩馥、勃海太守袁绍及山东诸将议，以朝廷幼冲，逼于董卓，①远隔关塞，不知存否，以虞宗室长者，欲立为主。乃遣故乐浪太守张岐等赍议，上虞尊号。虞见岐等，厉色叱之曰："今天下崩乱，主上蒙尘。②吾被重恩，未能清雪国耻。诸君各据州郡，宜共戮力，③尽心王室，而反造逆谋，以相垢误邪！"固拒之。馥等又请虞领尚书事，承制封拜，复不听。遂收斩使人。于是选掾右北平田畴、从事鲜于银④蒙险间行，奉使长安。献帝既思东归，见畴等大悦。时虞子和为侍中，因此遣和潜从武关出，告虞将兵来迎。道由南阳，后将军袁术闻其状，遂质和，使报虞遣兵俱西。虞乃使数千骑就和奉迎天子，而术竟不遣之。

①时献帝年十岁。

②《左传》曰，周襄王出奔于郑，鲁臧文仲曰："天子蒙尘于外。"

③《说文》曰："戮力，并力也。"《左传》曰："戮力同心。"音力凋反，又音六。

④《魏志》曰："畴字子春，〔3〕右北平无终人。好读书，善击剑。刘虞署为从事。太祖北征乌桓，令畴将众(止)〔上〕徐无，〔4〕出卢龙，历平刚，〔5〕登白狼堆。去柳城二百馀里，虏乃惊，太祖与战，大斩获，论功封畴。畴上疏自陈，太祖令夏侯惇喻之。畴曰：'岂可卖卢龙塞以易赏禄哉？'"

初，公孙瓒知术诈，固止虞遣兵，虞不从，瓒乃阴劝术执和，使夺其兵，自是与瓒仇怨益深。和寻得逃术还北，复为袁绍所留。瓒既累为绍所败，而犹攻之不已，虞患其黩武，①且虑得志不可复制，固不许行，而稍节其禀假。瓒怒，屡违节度，又复侵犯百姓。虞所赉赏典当胡夷，②瓒数抄夺之。积不能禁，乃遣驿使奉章陈其暴掠之罪，瓒亦上虞禀粮不周，二奏交驰，互相非毁，朝廷依违而已。瓒乃筑京于蓟城以备虞。③虞数请瓒，辄称病不应。虞乃密谋讨之，以告东曹掾右北平魏攸。攸曰："今天下引领，以公为归，谋臣爪牙，不可无也。瓒文武才力足恃，虽有小恶，固宜容忍。"虞乃止。

①黩犹慢也，数也。《尚书》曰"黩于祭祀"也。

②当音丁浪反。

③京，高丘也，言高筑丘垒以备虞焉。解见《献帝纪》。

顷之攸卒，而积忿不已。四年冬，遂自率诸屯兵众合十万人以攻瓒。将行，从事代郡程绪免胄而前曰："公孙瓒虽有过恶，而罪名未正。明公不先告晓使得改行，而兵起萧墙，非国之利。加胜败难保，不如驻兵，以武临之，瓒必悔祸谢罪，所谓不战而服人者也。"虞以绪临事沮议，遂斩之以徇。戒军士曰："无伤馀人，杀一伯珪而已。"时州从事公孙纪者，瓒以同姓厚待遇之。纪知虞谋而夜告瓒。瓒时部曲放散在外，仓卒自惧不免，乃掘东城欲走。虞兵不习战，又爱人庐舍，敕不听焚烧，急攻围不下。瓒乃简募锐士数百人，因风纵火，直冲突之。虞遂大败，与官属北奔居庸县。①瓒追攻之，三日城陷，遂执虞并妻子还蓟，犹使领州文书。会天子遣使者段训增虞封邑，〔6〕督六州事；拜瓒前将军，封易侯，假节督幽、并、(司)〔青〕、冀。〔7〕瓒乃诬虞前与袁绍等欲称尊号，胁训斩虞于蓟市。先坐而呪曰："若虞应为天子者，天当风雨以相救。"时旱埶炎盛，遂斩焉。传首京师，故吏尾敦于路劫虞首归葬之。②瓒乃上训为幽州刺史。虞以恩厚得众，怀被北州，百姓流旧，莫不痛惜焉。

①居庸县属上谷郡，有关。

②尾敦，姓名。

初，虞以俭素为操，冠敝不改，乃就补其穿。及遇害，瓒兵搜其内，而妻妾服罗纨，盛绮饰，时人以此疑之。和后从袁绍报瓒云。

公孙瓒字伯珪，辽西令支人也。①家世二千石。瓒以母贱，遂为郡小吏。为人美姿貌，大音声，言事辩慧。②太守奇其才，以女妻之。③后从涿郡卢植学于缑氏山中，略见书传。举上计吏。太守刘君坐事槛车征，官法不听吏下亲近，瓒乃改容服，诈称侍卒，身执徒养，御车到洛阳。太守当徙日南，瓒具豚酒于北芒上，祭辞先人，酹觞祝曰："昔为人子，今为人臣，当诣日南。日南多瘴气，恐或不还，便当长辞坟茔。"慷慨悲泣，再拜而去，观者莫不叹息。既行，于道得赦。

①令音力定反。支音巨移反。

②《典略》曰："瓒性辩慧，每白事，常兼数曹，无有忘误。"

③《魏志》曰："侯太守妻之以女。"

瓒还郡，举孝廉，除辽东属国长史。尝从数十骑出行塞下，卒逢鲜卑数百骑。瓒乃退入空亭，约其从者曰："今不奔之，则死尽矣。"乃自持两刃矛，驰出冲贼，杀伤数十人，瓒左右亦亡其半，遂得免。

中平中，以瓒督乌桓突骑，车骑将军张温讨凉州贼。①〔8〕会乌桓反畔，与贼张纯等攻击蓟中，瓒率所领追讨纯等有功，迁骑都尉。张纯复与畔胡丘力居等寇渔阳、河间、勃海，入平原，多所杀略。瓒追击战于属国石门，②虏遂大败，弃妻子逾塞走，悉得其所略男女。瓒深入无继，反为丘力居等所围于辽西管子城，二百馀日，粮尽食马，马尽煮弩楯，力战不敌，乃与士卒辞诀，各分散还。时多雨雪，队阬死者十五六，虏亦饥困，远走柳城。〔9〕诏拜瓒降虏校尉，封都亭侯，复兼领属国长史。职统戎马，连接边寇。每闻有警，瓒辄厉色愤怒，如赴仇敌，望尘奔逐，或继之以夜战。虏识瓒声，惮其勇，莫敢抗犯。

①贼即边章等。

②石门，山名，在今营州柳城县西南。

瓒常与善射之士数十人，〔10〕皆乘白马，以为左右翼，自号"白马义从"。乌桓更相告语，避白马长史。乃画作瓒形，驰骑射之，中者咸称万岁。虏自此之后，遂远窜塞外。

瓒志埽灭乌桓，而刘虞欲以恩信招降，由是与虞相忤。初平二年，青、徐黄巾三十万众入勃海界，欲与黑山合。瓒率步骑二万人，逆击于东光南，大破之，① 斩首三万馀级。贼弃其车重数万两，奔走度河。瓒因其半济薄之，贼复大破，死者数万，流血丹水，收得生口七万馀人，车甲财物不可胜算，威名大震。拜奋武将军，封蓟侯。

①东光，今沧州县。

瓒既谏刘虞遣兵就袁术，而惧术知怨之，乃使从弟越将千馀骑诣术自结。术遣越随其将孙坚，击袁绍将周昕，〔11〕越为流矢所中死。瓒因此怒绍，遂出军屯槃河，〔12〕将以报绍。① 乃上疏曰："臣闻皇羲已来，君臣道著，张礼以导人，设刑以禁暴。今车骑将军袁绍，托承先轨，爵任崇厚，而性本淫乱，情行浮薄。昔为司隶，值国多难，太后承摄，何氏辅朝。② 绍不能举直措枉，而专为邪媚，招来不轨，疑误社稷，至令丁原焚烧孟津，③ 董卓造为乱始。绍罪一也。卓既无礼，帝主见质。绍不能开设权谋，以济君父，而弃置节传，④ 迸窜逃亡。忝辱爵命，背违人主，绍罪二也。绍为勃海，当攻董卓，而默选戎马，不告父兄，至使太傅一门，累然同毙。不仁不孝，绍罪三也。⑤ 绍既兴兵，涉历二载，不恤国难，广自封植。乃多引资粮，专为不急，割刻无方，考责百姓，其为痛怨，莫不咨嗟。绍罪四也。逼迫韩馥，窃夺其州，矫刻金玉，以为印玺，每有所下，辄皂囊施检，文称诏书。⑥ 昔亡新僭侈，渐以即真。⑦ 观绍所拟，将必阶乱。⑧ 绍罪五也。绍令星工伺望祥妖，⑨ 赂遗财货，与共饮食，克会期日，攻钞郡县。此岂大臣所当施为？绍罪六也。绍与故虎牙都尉刘勋，首共造兵，勋降服张杨，累有功效，而以小忿枉加酷害。信用谗慝，济其无道，绍罪七也。故上谷太守高焉，故甘陵相姚贡，绍以贪惏，⑩ 横责其钱，钱不备毕，二人并命。绍罪八也。《春秋》之义，子以母贵。⑪ 绍母亲为傅婢，地实微贱，据职高重，享福丰隆。有苟进之志，无虚退之心，绍罪九也。又长沙太守孙坚，前领豫州刺史，遂能驱走董卓，埽除陵庙，忠勤王室，其功莫大。绍遣小将盗居其位，断绝坚粮，不得深入，使董卓久不服诛。绍罪十也。昔姬周政弱，王道陵迟，天子迁徙，诸侯背畔，故齐桓立柯(会)〔亭〕之盟，⑫〔13〕晋文为践土之会，⑬ 伐荆楚以致菁茅，⑭ 诛曹、卫以章无礼。⑮臣虽阘茸，名非先贤，⑯蒙被朝恩，负荷重任，职在铁钺，奉辞伐罪，⑰辄与诸将州郡共讨绍等。若大事克捷，罪人斯得，⑱庶续桓文忠诚之效。”遂举兵攻绍，于是冀州诸城悉畔从瓒。

①槃即《尔雅》九河钩槃之河也。〔14〕其枯河在今沧州乐陵县东南。

②谓何进也。

③《续汉书》曰：“何进欲诛中常侍赵忠等，进乃诈令武猛都尉丁原放兵数千人，为贼于河内，称‘黑山伯’，上事以诛忠等为辞，烧平阴、河津莫府人舍，以怖动太后。”

④传音丁恋反。

⑤《左传》曰：“两释累囚。”杜预曰：“累，系也。”《前书音义》曰：“诸不以罪死曰累。”毙，踣也。董卓恨绍起兵山东，乃诛绍叔父太傅隗，及宗族在京师者，尽诛灭之。

⑥《汉官仪》曰：“凡章表皆启封，其言密事得皂囊。”《说文》曰：“检，书署也。”今俗谓之排，其字从“木”。

⑦亡新，王莽。

⑧阶，梯也。《诗》曰：“职为乱阶。”

⑨星工，善星者。

⑩惏音力含反。

⑪《公羊传》曰“桓公幼而贵，隐公长而卑，子以母贵，母以子贵”也。

⑫《春秋》：“公会齐侯盟于柯。”《公羊传》曰：“齐桓公之信著于天下，自柯之盟始也。”

⑬践土，郑地也。《左传》，周襄王出居于郑，晋文公重耳为践土之会，率诸侯朝天子，以成霸功。

⑭菁茅，灵茅，以供祭祀也。《左传》曰僖四年，齐桓伐楚，责之曰：“尔贡苞茅不入，王祭不供，无以缩酒，寡人是征。”

⑮《左传》僖二十八年，晋侯伐曹，假道于卫，卫人不许，还自河南济，侵曹伐卫，责其无礼也。

⑯阘犹下也。茸，细也。阘音吐盍反。茸音人勇反。

⑰铁音方于反。巠，刃也。钺，斧也。

⑱《尚书》：“周公东征，三年，罪人斯得。”

绍惧，乃以所佩勃海太守印绶授瓒从弟范，遣之郡，欲以相结。而范遂背绍，领勃海兵以助瓒。瓒乃自署其将帅为青、冀、兖三州刺史，又悉置郡县守令，与绍大战于界桥。①瓒军败还蓟。绍遣将崔巨业将兵数万攻围故安不下，退军南还。瓒将步骑三万人追击于巨马水，②大破其众，死者七八千〔人〕。〔15〕乘胜而南，攻下郡县，遂至平原，乃遣其青州刺史田揩据有齐地。〔16〕绍复遣兵数万与揩连战二年，粮食并尽，士卒疲困，互掠百姓，野无青草。③绍乃遣子谭为青州刺史，揩与战，败退还。

①桥名。解见《献帝纪》。

②水在幽州归义县界，自易州遒县界流入。

③《左传》齐侯伐鲁，语展喜曰："室如悬罄，野无青草，何恃而不恐？"

是岁，瓒破禽刘虞，尽有幽州之地，猛志益盛。前此有童谣曰："燕南垂，赵北际，中央不合大如砺，唯有此中可避世。"瓒自以为易地当之，遂徙镇焉。①乃盛修营垒，楼观数十，临易河，通辽海。

①《前书》易县属涿郡，《续汉志》曰属河间。瓒所居易京故城在今幽州归义县南十八里。

刘虞从事渔阳鲜于辅等，合率州兵，欲共报瓒。辅以燕国阎柔素有恩信，推为乌桓司马。柔招诱胡汉数万人，与瓒所置渔阳太守邹丹战于潞北，斩丹等四千馀级。乌桓峭王感虞恩德，率种人及鲜卑七千馀骑，共辅南迎虞子和，与袁绍将麹义合兵十万，共攻瓒。兴平二年，破瓒于鲍丘，①斩首二万馀级。瓒遂保易京，开置屯田，稍得自支。相持岁馀，麹义军粮尽，士卒饥困，馀众数千人退走。瓒徼破之，尽得其车重。

①鲍丘，水名也，又名路水，在今幽州渔阳县。

是时旱蝗谷贵，民相食。瓒恃其才力，不恤百姓，记过忘善，睚眦必报，州里善士名在其右者，必以法害之。常言"衣冠皆自以职分富贵，不谢人惠"。故所宠爱，类多商贩庸儿。所在侵暴，百姓怨之。于是代郡、广阳、上谷、右北平各杀瓒所置长吏，复与辅、和兵合。瓒虑有非常，乃居于高京，以铁为门。斥去左右，男人七岁以上不得入易门。专侍姬妾，其文簿书记皆汲而上之。令妇人习为大言声，使闻数百步，以传宣教令。疏远宾客，无所亲信，故谋臣猛将，稍有乖散。自此之后，希复攻战。或问其故。瓒曰："我昔驱畔胡于塞表，埽黄巾于孟津，当此之时，谓天下指麾可定。①至于今日，兵革方始，观此非我所决，不如休兵力耕，以救凶年。兵法百楼不攻。今吾诸营楼樐千里，②积谷三百万斛，食此足以待天下之变。"

①《九州春秋》曰："瓒曰：'始天下兵起，我谓唾掌而决。'"〔17〕

②"樐"即"橹"字，见《说文》。《释名》曰："橹，露也。上无覆屋。"

建安三年，袁绍复大攻瓒。瓒遣子续请救于黑山诸帅，而欲自将突骑直出，傍西山以断绍后。长史关靖谏曰："今将军将士，莫不怀瓦解之心，所以犹能相守者，顾恋其老小，而恃将军为主故耳。坚守旷日，或可使绍自退。若舍之而出，后无镇重，易京之危，可立待也。"瓒乃止。绍渐相攻逼，瓒众日蹙，乃却，筑三重营以自固。

四年春，黑山贼帅张燕与续率兵十万，三道来救瓒。未及至，瓒乃密使行人赍书告续曰："昔周末丧乱，僵尸蔽地，以意而推，犹为否也。不图今日亲当其锋。袁氏之攻，状若鬼神，梯冲舞吾楼上，鼓角鸣于地中，日穷月急，不遑启处。鸟戹归人，滀水陵高，①汝当碎首于张燕，驰骤以告急。父子天性，不言而动。②且厉五千铁骑于北隰之中，③起火为应，吾当自内出，奋扬威武，决命于斯。不然，吾亡之后，天下虽广，不容汝足矣。"绍候得其书，④如期举火，瓒以为救至，遂便出战。绍设伏，瓒遂大败，复还保中小城。自计必无全，乃悉缢其姊妹妻子，然后引火自焚。绍兵趣登台斩之。

①滀音丑六反，喻急也。

②言相感也。

③下湿曰隰。

④《献帝春秋》"候者得书，绍使陈琳易其词"，即此书。

关靖见瓒败，叹恨曰："前若不止将军自行，未必不济。吾闻君子陷人于危，必同其难，岂可以独生乎！"乃策马赴绍军而死。续为屠各所杀。①田揩与袁绍战死。

①屠各，胡号。

鲜于辅将其众归曹操，操以辅为度辽将军，封都亭侯。阎柔将部曲从曹操击乌桓，拜护乌桓校尉，封关内侯。

张燕既为绍所败，人众稍散。曹操将定冀州，乃率众诣邺降，拜平北将军，封安国亭侯。

论曰：自帝室王公之胄，皆生长脂腴，不知稼穑，其能厉行饬身，卓然不群者，或未闻焉。①刘虞守道慕名，以忠厚自牧。②美哉乎，季汉之名宗子也！若虞瓒无间，同情共力，纠人完聚，稸保燕、蓟之饶，③〔18〕缮兵昭武，④以临群雄之隙，舍诸天运，〔19〕征乎人文，则古之休烈，何远之有！⑤

①《前书》班固曰："夫唯大雅，卓尔不群者，河间献王之谓与？"故论引焉。

②牧，养也。《易》曰："卑以自牧。"

③纠，收也。

④缮，修也。《左传》曰："缮甲兵。"

⑤天运犹天命也。人文犹人事也。《易》曰"观乎人文，以化成天下"。

陶谦字恭祖，丹阳人也。①少为诸生，仕州郡，②四迁为车骑将军张温司马，〔20〕西讨边章。会徐州黄巾起，以谦为徐州刺史，击黄巾，大破走之，境内晏然。

①丹阳郡丹阳县人也。《吴书》曰："陶谦父，故馀姚长。谦少孤，始以不羁闻于县中。年十四，犹缀帛为幡，乘竹马而戏，邑中儿童皆随之。故仓梧太守同县甘公出遇之，见其容貌，异而呼之，与语甚悦，许妻以女。甘夫人怒曰：'陶家儿遨戏无度，于何以女许之？'甘公曰：'彼有奇表，长必大成。'遂与之。"

②《吴书》曰："陶谦察孝廉，拜尚书郎，除舒令。郡太守张磐，同郡先辈，与谦父友，谦耻为之屈。尝〔以〕舞属谦，〔21〕谦不为起，固强之乃舞，舞又不转。磐曰：'不当转邪？'曰：'不可转，转则胜人。'"

时董卓虽诛，而李傕、郭汜作乱关中。是时四方断绝，谦每遣使间行，奉贡西京。诏迁为徐州牧，加安东将军，封溧阳侯。①是时徐方百姓殷盛，谷实甚丰，流民多归之。而谦信用非所，刑政不理。别驾从事赵昱，知名士也，而以忠直见疏，出为广陵太守。②曹宏等谗慝小人，谦甚亲任之，良善多被其害。由斯渐乱。下邳(阎)〔阙〕宣自称"天子"，〔22〕谦始与合从，后遂杀之而并其众。

①溧阳今宣州县也。溧音栗。

②《谢承书》曰："谦奏昱茂才，迁为太守。"

初，曹操父嵩避难琅邪，时谦别将守阴平，①士卒利嵩财宝，遂袭杀之。初平四年，曹操击谦，破彭城傅阳。②谦退保郯，〔23〕操攻之不能克，乃还。过拔取虑、睢陵、夏丘，皆屠之。③凡杀男女数十万人，鸡犬无馀，泗水为之不流，自是五县城保，无复行迹。初三辅遭李傕乱，百姓流移依谦者皆歼。④

①县名，属东海国，故城在沂州承县西南。

②县名，属彭城国，本春秋时逼阳也。楚宣王灭宋，改曰傅阳，故城在今沂州承县南。

③取虑音秋闾，县名，属下邳郡，故城在今泗州下邳县西南。睢陵，县，在下邳县东南。夏丘，县，属沛郡，故城今泗州虹县是。

④歼，尽也。《左传》曰："门官歼焉。"

兴平元年，曹操复击谦，略定琅邪、东海诸县，谦惧不免，欲走归丹阳。会张邈迎吕布据兖州，操还击布。是岁，谦病死。

初，同郡人笮融，①聚众数百，往依于谦，谦使督广陵、下邳、彭城运粮。遂断三郡委输，大起浮屠寺。②上累金盘，下为重楼，又堂阁周回，可容三千许人，作黄金涂像，衣以锦彩。每浴佛，辄多设饮饭，布席于路，其有就食及观者且万馀人。③及曹操击谦，徐方不安，融乃将男女万口、马三千匹走广陵。广陵太守赵昱待以宾礼。融利广陵资货，遂乘酒酣杀昱，放兵大掠，因以过江，南奔豫章，杀郡守朱皓，〔24〕入据其城。后为杨州刺史刘繇所破，走入山中，为人所杀。

①笮音侧格反。

②浮屠，佛也。解见《西羌传》。

③《献帝春秋》曰："融敷席方四五里，费以巨万。"

昱字元达，琅邪人。清己疾恶，潜志好学，虽亲友希得见之。为人耳不邪听，目不妄视。太仆种拂举为方正。

赞曰：襄贲励德，维城燕北。[①]仁能洽下，忠以卫国。伯珪疏犷，武才趫猛。[②]虞好无终，绍势难并。徐方歼耗，实谦为梗。

①励，勉也。

②趫音去骄反。

【校勘记】

〔1〕 东海(王)恭〔王〕之后　《刊误》谓"王恭"当作"恭王"。按：《魏志·公孙瓒传》裴注引《吴书》亦作"东海恭王"，今据改。

〔2〕 前中山相张纯　《集解》引钱大昕说，谓《南匈奴》、《乌桓传》俱作"前中山太守"。按：张森楷《校勘记》谓中山是国，两汉初未为郡，不应有太守，作"相"是也，两传自误耳。

〔3〕 畴字子春　按：《魏志》"春"作"泰"，《袁纪》同。

〔4〕 令畴将众(止)〔上〕徐无　据殿本改。按：王先谦谓作"上"是。

〔5〕 历平刚　按：《魏志》"刚"作"冈"。

〔6〕 使者段训　"段"原讹"叚"，径改正。按：《校补》引柳从辰说，谓《袁纪》"段"作"殷"。

〔7〕 假节督幽并(司)〔青〕冀　据汲本、殿本改。

〔8〕 以瓒督乌桓突骑车骑将军张温讨凉州贼　按：沈家本谓"突骑"下疑有夺字，或是"从"字，或是"属"字。

〔9〕 远走柳城　按：《刊误》谓"远"当作"还"。

〔10〕 善射之士数十人　按：《集解》引惠栋说，谓依《英雄记》"十"当作"千"，数十人安能为左右翼也？

〔11〕　击袁绍将周昕　按：殿本《考证》谓“昕”《魏志》作“昂”。

〔12〕　遂出军屯槃河　《魏志》“槃”作“磐”。按：槃磐通作。

〔13〕　故齐桓立柯(会)〔亭〕之盟　《集解》引钱大昕说，谓“会”当作“亭”。按：《魏志》裴注引《典略》作“亭”，今据改。

〔14〕　般即尔雅九河钩槃之河也　汲本、殿本“槃”作“般”。按：般、槃、磐三字通作。赵一清谓磐河即般河，《水经·河水注》所谓“东入般县为般河”也。

〔15〕　死者七八千〔人〕　据汲本、殿本补。

〔16〕　乃遣其青州刺史田揩　按：《校补》谓“揩”《魏志》作“楷”，《通鉴》从之。

〔17〕　我谓唾掌而决　按：汲本、殿本“掌”作“手”。

〔18〕　纠人完聚稸保燕蓟之饶　《刊误》谓“人”下当有一“众”字。《集解》引周寿昌说，谓以“纠人完聚”为句，“稸”字属下读亦可，稸即畜字。《校补》谓“人”下盖本有“民”字，乃“纠人民”句；“完聚稸”句，“保燕、蓟之饶”句，唐本避讳，省去“民”字，遂乖文法耳。按：诸说皆言之成理，今依周说，以“稸”字属下读为句。

〔19〕　舍诸天运　按：殿本《考证》王会汾谓案文义“舍”当作“合”。

〔20〕　为车骑将军张温司马　按：《集解》引惠栋说，谓《魏志》云参车骑将军张温军事也。

〔21〕　尝〔以〕舞属谦　沈家本谓“尝”下夺“以”字，当据《魏志》注补。今据补。

〔22〕　下邳(阎)〔阙〕宣自称天子　《刊误》谓案纪作“阙宣”，仍云阙党童子之后，此作“阎”，误。又《集解》引惠栋说，谓《魏志》作“阙”。今据改。

〔23〕　谦退保郯　按：“郯”原讹“剡”，径据汲本、殿本改正。

〔24〕　杀郡守朱皓　按：《集解》本“皓”作“晧”，引惠栋说，谓晧字文渊，见《献帝春秋》，俗作“皓”。

后汉书卷七十四上

袁绍刘表列传第六十四上

绍子谭

袁绍字本初，汝南汝阳人，司徒汤之孙。父成，五官中郎将，①〔1〕(绍)壮健好交结〔2〕，大将军梁冀以下莫不善之。

①《袁山松书》曰："绍，司空逢之孽子，出后伯父成。"《魏书》亦同。《英雄记》："成字文开，与梁冀结好，言无不从。京师谚曰：'事不谐，问文开。'"

绍少为郎，除濮阳长，〔3〕遭母忧去官。三年礼竟，追感幼孤，又行父服。①服阕，徙居洛阳。绍有姿貌威容，爱士养名。②既累世台司，宾客所归，加倾心折节，莫不争赴其庭，士无贵贱，与之抗礼，辎軿柴毂，填接街陌。③内官皆恶之。中常侍赵忠言于省内曰："袁本初坐作声价，好养死士，不知此儿终欲何作。"叔父太傅隗闻而呼绍，以忠言责之，绍终不改。

①《英雄记》曰，凡在冢庐六年。

②《英雄记》曰："绍不妄通宾客，非海内知名不得相见。又好游侠，与张孟卓、何伯求、吴子卿、许子远皆为奔走之友。"

③《说文》曰："軿车，衣车也。"郑玄注《周礼》曰："軿犹屏也，取其自蔽隐。"柴毂，贱者之车。

后辟大将军何进掾，为侍御史、虎贲中郎将。中平五年，初置西园八校尉，以绍为佐军校尉。①〔4〕

①乐资《山阳公载记》曰："小黄门蹇硕为上军校尉，虎贲中郎将袁绍为中军校尉，屯骑校尉鲍鸿为下军校尉，议郎曹操为典军校尉，赵融为助军左校尉，

冯芳为助军右校尉，谏议大夫夏牟为左校尉，淳于琼为右校尉，〔5〕凡八人，谓之西园军，皆统于硕。”此云“佐军”，与彼文不同。

灵帝崩，绍劝何进征董卓等众军，胁太后诛诸宦官，转绍司隶校尉。语已见《何进传》。及卓将兵至，骑都尉太山鲍信说绍曰：①“董卓拥制强兵，将有异志，今不早图，必为所制。及其新至疲劳，袭之可禽也。”绍畏卓，不敢发。顷之，卓议欲废立，谓绍曰：“天下之主，宜得贤明，每念灵帝，令人愤毒。②董侯似可，今当立之。”绍曰：“今上富于春秋，未有不善宣于天下。〔6〕若公违礼任情，废嫡立庶，恐众议未安。”卓案剑叱绍曰：“竖子敢然！天下之事，岂不在我？我欲为之，谁敢不从！”绍诡对曰：“此国之大事，请出与太傅议之。”卓复言“刘氏种不足复遗”。绍勃然曰：“天下健者，岂惟董公！”横刀长揖径出。③悬节于上东门，④而奔冀州。

①《魏书》曰：“信，太山(阳)平〔阳〕人也。〔7〕少有大节，宽厚爱人，沈毅有谋。说绍不从，乃引军还乡里。”

②毒，恨也。

③《英雄记》曰：“绍揖卓去，坐中惊愕。卓新至，见绍大家，故不敢害。”

④洛阳城东面北头门也。《山阳公载记》曰：“卓以袁绍弃节，改第一葆为赤旄。”

董卓购募求绍。时侍中周珌、城门校尉伍琼为卓所信待，琼等阴为绍说卓曰：“夫废立大事，非常人所及。袁绍不达大体，恐惧出奔，非有它志。今急购之，埶必为变。袁氏树恩四世，门生故吏遍于天下，若收豪杰以聚徒众，英雄因之而起，则山东非公之有也。不如赦之，拜一郡守，绍喜于免罪，必无患矣。”卓以为然，乃遣授绍勃海太守，封邟乡侯。①绍犹称兼司隶。

①《前书》颍川有周承休侯国，元帝置。元始二年更名邟，音口浪反。

初平元年，绍遂以勃海起兵，(以)〔与〕从弟后将军术、〔8〕冀州牧韩馥、①豫州刺史孔伷、兖州刺史刘岱、陈留太守张邈、广陵太守张超、河内太守王匡、山阳太守袁遗、东郡太守桥瑁、②济北相鲍信等同时俱起，众各数万，以讨卓为名。绍与王匡屯河内，伷屯颍川，馥屯邺，馀军咸屯酸枣，约盟，遥推绍为盟主。绍自号车骑将军，领司隶校尉。

①馥字文节，颍川人也。

②《英雄记》曰，孔伷字公绪，陈留人也。王匡字公节，泰山人也。袁遗字伯业，绍从弟术字公路，汝南汝阳人也。桥瑁字元玮，桥玄族子，先为兖州刺史，甚有威惠。《魏氏春秋》云刘岱恶而杀之。

董卓闻绍起山东，乃诛绍叔父隗，及宗族在京师者，尽灭之。①卓乃遣大鸿胪韩融、少府阴循、执金吾胡母班、将作大匠吴循、〔9〕越骑校尉王瓌譬解绍等诸军。绍使王匡杀班、瓌、吴循等，②袁术亦执杀阴循，惟韩融以名德免。

①《献帝春秋》曰："太傅袁隗，太仆袁基，术之母兄，卓使司隶宣播(尺)〔尽〕口收之，〔10〕母及姊妹婴孩以上五十馀人下狱死。"《卓别传》曰："悉埋青城门外东都门内，而加书焉。又恐有盗取者，复以尸送郿藏之。"

②《海内先贤传》曰："韩融字元长，颍川人。"《楚国先贤传》曰："阴循字元基，南阳新野人也。"《汉末名士录》曰："胡母班字季友，〔11〕泰山人，名在八厨。"《谢承书》曰："班，王匡之妹夫。匡受绍旨，收班系狱，欲杀以徇军。班与匡书，略曰：'足下拘仆于狱，欲以衅鼓，此何悖暴无道之甚者也？仆与董卓何亲戚？义岂同恶？足下张虎狼之口，吐长蛇之毒，恚卓迁怒，何其酷哉！死者人之所难，然耻为狂夫所害。若亡者有灵，当诉足下于皇天。夫婚姻者祸福之几，今日著矣。曩为一体，今为血仇，亡人二女，〔12〕则君之甥，身没之后，慎勿令临仆尸骸。'匡得书，抱班二子哭，班遂死于狱。"

是时豪杰既多附绍，且感其家祸，人思为报，州郡蜂起，莫不以袁氏为名。韩馥见人情归绍，忌(方)〔其〕得众，〔13〕恐将图己，常遣从事守绍门，不听发兵。桥瑁乃诈作三公移书，传驿州郡，说董卓罪恶，天子危逼，企望义兵，以释国难。馥于是方听绍举兵。乃谋于众曰："助袁氏乎？助董氏乎？"治中刘惠勃然曰："兴兵为国，安问袁、董？"①馥意犹深疑于绍，每贬节军粮，欲使离散。

①《英雄记》曰："刘子惠，中山人。兖州刺史刘岱与其书，道'卓无道，天下所共攻，死在旦暮，不足为忧。但卓死之后，当复回师讨文节。拥强兵，何凶

逆,〔14〕宁可得置’。封书与馥,馥得此大惧,归咎子惠,欲斩之。别驾从事耿武等排閤伏子惠上,愿并见斩,得不死,作徒,被赭衣,埽除宫门外。”

明年,馥将麴义反畔,馥与战失利。绍既恨馥,乃与义相结。绍客逢纪〔15〕谓绍曰:①“夫举大事,非据一州,无以自立。今冀部强实,而韩馥庸才,可密要公孙瓒将兵南下,馥闻必骇惧。并遣辩士为陈祸福,馥迫于仓卒,必可因据其位。”绍然之,益亲纪,即以书与瓒。瓒遂引兵而至,外托〔讨〕董卓,〔16〕而阴谋袭馥。绍乃使外甥陈留高幹及颍川荀谌等②说馥曰:“公孙瓒乘胜来南,而诸郡应之。袁车骑引军东向,其意未可量也。窃为将军危之。”馥惧,曰:“然则为之奈何?”谌曰:“君自料宽仁容众,为天下所附,孰与袁氏?”馥曰:“不如也。”“临危吐决,智勇迈于人,又孰与袁氏?”馥曰:“不如也。”“世布恩德,天下家受其惠,又孰与袁氏?”馥曰:“不如也。”谌曰:“勃海虽郡,其实州也。③今将军资三不如之埶,久处其上,袁氏一时之杰,必不为将军下也。且公孙提燕、代之卒,其锋不可当。夫冀州天下之重资,若两军并力,兵交城下,危亡可立而待也。夫袁氏将军之旧,且为同盟。当今之计,莫若举冀州以让袁氏,必厚德将军,公孙瓒不能复与之争矣。是将军有让贤之名,而身安于太山也。愿勿有疑。”馥素性恇怯,因然其计。馥长史耿武、别驾闵纯、骑都尉沮授〔17〕闻而谏曰:④“冀州虽鄙,带甲百万,谷支十年。袁绍孤客穷军,仰我鼻息,譬如婴儿在股掌之上,绝其哺乳,立可饿杀。奈何欲以州与之?”馥曰:“吾袁氏故吏,且才不如本初。度德而让,古人所贵,诸君独何病焉?”先是,馥从事赵浮、程涣〔18〕将强弩万人屯孟津,闻之,率兵驰还,请以拒绍,馥又不听。⑤乃避位,出居中常侍赵忠故舍,遣子送印绶以让绍。

①《英雄》记曰:“纪字元图。初,绍去董卓,与许攸及纪俱诣冀州,以纪聪达有计策,甚亲信之。”逢音庞。

②《魏志》云谌,荀彧之弟。

③言土广也。

④《献帝传》曰:“沮授,广平人。少有大志,多谋略。”《英雄记》曰:“耿武字文

威。闵纯字伯典。后袁绍至，馥从事十人弃馥去，唯恐在后，独武、纯杖刀拒，兵不能禁，绍后令田丰杀此二人。”

⑤《英雄记》曰：“绍在朝歌清水口，浮等从后来，船数百艘，众万馀人，整兵骇鼓过绍营，绍甚恶之。浮等到，谓馥曰：‘袁本初军无斗粮，各欲离散，旬日之间，必土崩瓦解。明将军但闭户高枕，何忧何惧？’”

绍遂领冀州牧，承制以馥为奋威将军，而无所将御。引沮授为别驾，因谓授曰：“今贼臣作乱，朝廷迁移。吾历世受宠，志竭力命，兴复汉室。然齐桓非夷吾不能成霸，句践非范蠡无以存国。今欲与卿戮力同心，共安社稷，将何以匡济之乎？”授进曰：“将军弱冠登朝，播名海内。值废立之际，忠义奋发，单骑出奔，董卓怀惧，济河而北，勃海稽服。①拥一郡之卒，撮冀州之众，②威陵河朔，名重天下。若举军东向，则黄巾可埽；还讨黑山，则张燕可灭；③回师北首，则公孙必禽；震胁戎狄，则匈奴立定。横大河之北，合四州之地，④收英雄之士，拥百万之众，迎大驾于长安，复宗庙于洛邑，号令天下，诛讨未服。以此争锋，谁能御之！比及数年，其功不难。”绍喜曰：“此吾心也。”⑤即表授为奋武将军，使监护诸将。

①稽音启。

②《广雅》曰：“撮，持也。”

③黑山在今卫州卫县西北。《九州春秋》曰“燕本姓褚。黄巾贼起，燕聚少年为群盗，博陵张牛角亦起与燕合。燕推牛角为帅，俱攻廮陶。牛角为飞矢所中，被创且死，大会其众，告曰：‘必以燕为帅。’牛角死，众奉燕，故改姓张。性剽悍，捷速过人，故军中号曰‘飞燕’。其后人众浸广，常山、赵郡、中山、上党、河内诸山谷皆相通，号曰‘黑山’”也。

④四州见下。

⑤《左传》秦伯曰〔19〕：“是吾心也。”

魏郡审配，钜鹿田丰，①并以正直不得志于韩馥。绍乃以丰为别驾，配为治中，甚见器任。馥自怀猜惧，辞绍索去，②往依张邈。后绍遣使诣邈，有所计议，因共耳语。馥时在坐，谓见图谋，无何，如厕自杀。③

①《先贤行状》曰：“配字正南。少忠烈慷慨，有不可犯之节。绍领冀州，委腹

心之任。丰字元皓。天姿瑰杰，权略多奇。绍军之败也，土崩奔走，徒众略尽，军将皆抚膝啼泣曰：'向使田丰在此，不至于是。'"

②《英雄记》曰："绍以河内朱汉为都官从事。汉先时为馥所不礼，内怀忿恨，且欲徼迎绍意，擅发城郭兵围守馥第，拔刃登屋，馥走上楼，收得馥大儿，捶折两脚。绍亦立收汉杀之。馥犹忧怖，故报绍索去。"

③《九州春秋》曰："至厕，因以书刀自杀。"

其冬，公孙瓒大破黄巾，还屯槃河，①威震河北，冀州诸城无不望风响应。绍乃自击之。瓒兵三万，列为方陈，分突骑万匹，翼军左右，其锋甚锐。绍先令麹义领精兵八百，强弩千张，以为前登。瓒轻其兵少，纵骑腾之，义兵伏楯下，一时同发，瓒军大败，斩其所置冀州刺史严纲，获甲首千馀级。麹义追至界桥，②瓒敛兵还战，义复破之，遂到瓒营，拔其牙门，③馀众皆走。绍在后十数里，闻瓒已破，发鞍息马，唯卫帐下强弩数十张，大戟士百许人。瓒散兵二千馀骑卒至，围绍数重，射矢雨下。田丰扶绍，使却入空垣。绍脱兜鍪抵地，曰："大丈夫当前斗死，而反逃垣墙间邪？"促使诸弩竞发，多伤瓒骑。众不知是绍，颇稍引却。会麹义来迎，骑乃散退。三年，瓒又遣兵至龙凑挑战，绍复击破之。瓒遂还幽州，不敢复出。

①《尔雅》有九河，钩槃是其一也。故河道在今德州昌平县界，入沧州乐陵县，今名枯槃河。

②《九州春秋》曰："还屯广宗界桥。"今贝州宗城县东有古界城，此城近枯漳水，则界桥盖当在此之侧也。

③《真人水镜经》曰："凡军始出，立牙竿必令完坚；若有折，将军不利。"牙门旗竿，军之精也。即《周礼·司常》职云"军旅会同置旌门"是也。

四年初，天子遣太仆赵岐和解关东，使各罢兵。瓒因此以书譬绍曰："赵太仆以周、邵之德，衔命来征，宣扬朝恩，示以和睦，旷若开云见日，何喜如之！昔贾复、寇恂争相危害，遇世祖解纷，遂同舆并出。衅难既释，时人美之。自惟边鄙，得与将军共同斯好，此诚将军之(羞)〔眷〕，〔20〕而瓒之愿也。"绍于是引军南还。

三月上巳，大会宾徒于薄落津。①〔21〕闻魏郡兵反，与黑山贼干毒〔22〕等数万人共覆邺城，杀郡守。②坐中客家在邺者，皆忧怖失色，或起而啼泣，绍容貌自若，不改常度。③贼有陶升者，自号"平汉将军"，④独反诸贼，将部众逾西城入，闭府门，具车重，⑤载绍家及诸衣冠在州内者，身自扞卫，送到斥丘。⑥绍还，因屯斥丘，以陶升为建义中郎将。六月，绍乃出军，入朝歌鹿肠山苍岩谷口，⑦讨干毒。围攻五日，破之，斩毒及其众万余级。绍遂寻山北行，〔23〕进击诸贼左髭丈八〔24〕等，皆斩之，又击刘石、青牛角、黄龙、左校、郭大贤、李大目、于氐根等，复斩数万级，皆屠其屯壁。遂与黑山贼张燕及四营屠各、雁门乌桓战于常山。燕精兵数万，骑数千匹，连战十馀日，燕兵死伤虽多，绍军亦疲，遂各退。麹义自恃有功，骄纵不轨，绍召杀之，而并其众。

①《历法》三月建辰，己卯退除，可以拂除灾也。《韩诗》曰："溱与洧，方洹洹兮。"薛君注云："郑国之俗，三月上巳之辰，两水之上招魂续魄，拂除不祥，故诗人愿与所说者俱往也。"郦元《水经注》曰："漳水经钜鹿故城西，谓之〔薄〕落津。"〔25〕《续汉志》廮陶县有薄落亭。

②《管子》曰，齐桓公筑五鹿、中牟、邺，以御诸侯。

③《献帝春秋》曰："绍劝督引满投壶，言笑容貌自若。"

④《英雄记》曰："升故为内黄小吏。"

⑤重，辎重也。

⑥斥丘，县，属钜鹿郡，故城在今相州成安县东南。《十三州志》云："土地斥卤，故曰斥丘。"

⑦朝歌故城在今卫县西。《续汉志》曰："朝歌有鹿肠山。"

兴平二年，拜绍右将军。〔26〕其冬，车驾为李傕等所追于曹阳，沮授说绍曰："将军累叶台辅，世济忠义。今朝廷播越，宗庙残毁，观诸州郡，虽外托义兵，内实相图，未有忧存社稷卹人之意。且今州城粗定，兵强士附，西迎大驾，即宫邺都，挟天子而令诸侯，稸士马以讨不庭，谁能御之？"①绍将从其计。颍川郭图、淳于琼曰：②"汉室陵迟，为日久矣，今欲兴之，不亦难乎？且英雄并起，各据州郡，连徒聚众，动有万计，所谓秦失其鹿，先得者王。③今迎天子，动辄表闻，从之则权轻，违之则拒命，非计之善者也。”授曰:“今迎朝廷,于义为得,于时为宜。若不早定,必有先之者焉。夫权不失几,功不猒速,愿其图之。”帝立既非绍意,竟不能从。

①《左传》,周襄王出奔于郑,狐偃言于晋文公曰:“求诸侯莫如勤王,诸侯信之,且大义也。继文之业而信宣于诸侯,今为可矣。”文公从之,纳襄王,遂成霸业。

②《九州春秋》图字公则。

③《史记》曰,蒯通曰:“秦失其鹿,天下共追之,高才者先得焉。”

绍有三子:谭字显思,熙字显雍,[27]尚字显甫。谭长而惠,尚少而美。绍后妻刘有宠,而偏爱尚,数称于绍,绍亦奇其姿容,欲使传嗣。乃以谭继兄后,出为青州刺史。沮授谏曰:“世称万人逐兔,一人获之,贪者悉止,分定故也。①且年均以贤,德均则卜,古之制也。②愿上惟先代成(则)〔败〕之诫,[28]下思逐兔分定之义。若其不改,祸始此矣。”绍曰:“吾欲令诸子各据一州,以视其能。”于是以中子熙为幽州刺史,外甥高幹为并州刺史。

①《慎子》曰:“兔走于街,百人追之,贪人具存,人莫之非者,以兔为未定分也。积兔满市,过不能顾,非不欲兔也,分定之后,虽鄙不争。”《子思子》、《商君书》并载,其词略同。

②《左传》曰:“王后无嫡则择立长,年钧以德,德钧以卜。”

建安元年,曹操迎天子都许,乃下诏书于绍,责以地广兵多而专自树党,不闻勤王之师而但擅相讨伐。绍上书曰:

臣闻昔有哀叹而霜陨,①悲哭而崩城者。②每读其书,谓为信然,于今况之,乃知妄作。何者?臣出身为国,破家立事,至乃怀忠获衅,抱信见疑,昼夜长吟,剖肝泣血,曾无崩城陨霜之应,故邹衍、杞妇何能感彻。

①《淮南子》曰:“邹衍事燕惠王尽忠,左右谮之,仰天而哭。夏五月,天为降霜。”

②齐庄公攻莒,为五乘之宾,而杞梁独不预。归而不食,其母曰:“食!汝生而

无义，死而无名，则虽非五乘，孰不汝笑？生而有义，死而有名，则五乘之宾尽汝下也。”及与莒战，梁遂斗杀二十七人而死。妻闻而哭，城为之阤而隅为之崩。见《说苑》。

臣以负薪之资，①拔于陪隶之中，②奉职宪台，擢授戎校。常侍张让等滔乱天常，侵夺朝威，贼害忠德，扇动奸党。故大将军何进忠国疾乱，义心赫怒，以臣颇有一介之节，可责以鹰犬之功，故授臣以督司，谘臣以方略。臣不敢畏惮强御，避祸求福，与进合图，事无违异。忠策未尽而元帅受败，③太后被质，宫室焚烧，陛下圣德幼冲，亲遭厄困。时进既被害，师徒丧沮，臣独将家兵百馀人，抽戈承明，竦剑翼室，④虎叱群司，奋击凶丑，曾不浃辰，罪人斯殄。⑤此诚愚臣效命之一验也。

①负薪谓贱人也。《礼记》曰："问士之子长幼，长曰能负薪矣，幼曰未能负薪。"

②陪，重也。《左传》曰："王臣公，公臣卿，卿臣大夫，大夫臣士，士臣皂，皂臣隶，隶臣僚，僚臣仆，仆臣台。"又曰："是无陪台也。"陪隶犹陪台。

③元帅谓何进。

④《山阳公载记》曰："绍与王匡等并力入端门，于承明堂上格杀中常侍高望等二人。"《尚书》曰："延入翼室。"孔安国注："翼，明也。室谓路寝。"

⑤浃，帀也。《左传》曰："浃辰之间。"杜预曰："十二日也。"

会董卓乘虚，所图不轨。臣父兄亲从，并当大位，①不惮一室之祸，苟惟宁国之义，故遂解节出奔，创谋河外。②时卓方贪结外援，招悦英豪，故即臣勃海，申以军号，③则臣之与卓，未有纤介之嫌。若使苟欲滑泥扬波，偷荣求利，④则进可以享窃禄位，退无门户之患。然臣愚所守，志无倾夺，故遂引会英雄，兴师百万，饮马孟津，歃血漳河。⑤会故冀州牧韩馥怀挟逆谋，欲专权埶，绝臣军粮，不得踵系，至使猾虏肆毒，害及一门，尊卑大小，同日并戮。鸟兽之情，犹知号呼。⑥臣所以荡然忘哀，貌无隐戚者，⑦诚以忠孝之节，道不两立，顾私怀己，不能全功。斯亦愚臣破家徇国之二验也。

①谓叔隗为太傅，从兄基为太仆。

②河外，河南。

③即谓就拜也。《山阳公载记》曰："董卓以绍为前将军，封邟乡侯。绍受侯，不受前将军。"

④滑，混也。《楚词》："滑其泥，扬其波。"

⑤《献帝春秋》曰："绍合冀州十郡守相，众数十万，登坛歃血，盟曰：'贼臣董卓，承汉室之微，负兵甲之众，陵越帝城，跨蹈王朝，幽鸩太后，戮杀弘农，提挈幼主，越迁秦地，残害朝臣，斩刈忠良，焚烧宫室，蒸乱宫人，发掘陵墓，虐及鬼神，过恶烝皇天，浊秽薰后土。神祇怨恫，无所凭恃，兆人泣血，无所控告，仁贤之士，痛心疾首，义士奋发，云兴雾合，咸欲奉辞伐罪，躬行天诛。凡我同盟之后，〔29〕毕力致命，以伐凶丑，同奖王室，翼戴天子。有渝此盟，神明是殛，〔30〕俾坠其师，无克祚国！'"

⑥《礼记》曰："凡生天地之间者，有血气之属必有知，有知之属莫不知爱其类。今是(夫)〔大〕鸟兽则失丧其群匹，〔31〕越月逾时焉，则必反巡过其故乡，翔回焉，鸣号焉，蹢躅焉，踟蹰焉，然后乃能去之。小者至于燕爵，犹有啁噍之顷焉，然后乃能去之。"

⑦隐，忧也。

又黄巾十万焚烧青、兖，黑山、张杨蹈藉冀域。臣乃旋师，奉辞伐畔。金鼓未震，狡敌知亡，故韩馥怀惧，谢咎归土，张杨、黑山同时乞降。〔32〕臣时辄承制，窃比窦融，以议郎曹操权领兖州牧。①会公孙瓒师旅南驰，陆掠北境，臣即星驾席卷，与瓒交锋。假天之威，每战辄克。臣备公族子弟，生长京辇，颇闻俎豆，不习干戈；加自乃祖先臣以来，世作辅弼，咸以文德尽忠，得免罪戾。臣非与瓒角戎马之埶，争战阵之功者也。诚以贼臣不诛，《春秋》所贬，②苟云利国，专之不疑。③故冒践霜雪，不惮劬勤，实庶一捷之福，以立终身之功。社稷未定，臣诚耻之。太仆赵岐〔33〕衔命来征，宣明陛下含弘之施，蠲除细故，与下更新，奉诏之日，引师南辕。④是臣畏怖天威，不敢怠慢之三验也。

①窦融行西河五郡大将军事，以梁统为武威太守。

②《公羊传》曰："赵盾弑其君夷皋。弑者赵穿也，曷为加之赵盾？不讨贼也。赵盾曰：'天乎！予无辜。'史曰：'尔为仁为义，人弑尔君，而复国不讨贼，非弑如何？'"

③《左传》曰："苟利社稷，专之可也。"

④《左传》曰："令尹南辕反旆。"杜预曰："回军南向。"

又臣所上将校，率皆清英宿德，令名显达，登锋履刃，死者过半，勤恪之功，不见书列。而州郡牧守，竞盗声名，怀持二端，优游顾望，皆列土锡圭，跨州连郡，是以远近狐疑，议论纷错者也。臣闻守文之世，德高者位尊；仓卒之时，功多者赏厚。陛下播越非所，洛邑乏祀，海内伤心，志士愤惋。是以忠臣肝脑涂地，肌肤横分而无悔心者，义之所感故也。今赏加无劳，以携有德；①杜黜忠功，以疑众望。斯岂腹心之远图？将乃谗慝之邪说使之然也？臣爵为通侯，位二千石。殊恩厚德，臣既叨之，岂敢窥觊重礼，以希彤弓玈矢之命哉？②诚伤偏裨列校，勤不见纪，尽忠为国，翻成重愆。斯蒙恬所以悲号于边狱，③白起歔欷于杜邮也。④太傅日磾位为师保，任配东征，而耗乱王命，⑤宠任非所，凡所举用，皆众所捐弃。而容纳其策，以为谋主，令臣骨肉兄弟，还为仇敌，交锋接刃，搆难滋甚。臣虽欲释甲投戈，事不得已。诚恐陛下日月之明，有所不照，四聪之听有所不闻，乞下臣章，咨之群贤，使三槐九棘，议臣罪戾。⑥若以臣今行权为衅，则桓、文当有诛绝之刑；⑦若以众不讨贼为贤，则赵盾可无书弑之贬矣。臣虽小人，志守一介。若使得申明本心，不愧先帝，则伏首欧刀，褰衣就镬，臣之愿也。惟陛下垂《尸鸠》之平，⑧绝邪谄之论，无令愚臣结恨三泉。⑨

①携，离也。

②《左氏传》曰："王命尹氏策晋文公为侯伯，赐之大路之服，戎路之服，彤弓一，彤矢百，玈弓十，玈矢千。"

③《史记》曰，胡亥遣使者杀蒙恬，恬不肯死，使者即以属吏，系于阳周。恬喟然太息曰："恬罪当死矣。起临洮属之辽东，城万馀里，此其中不能无绝地

脉，此乃恬之罪也！”遂吞药自杀。

④《史记》曰，秦王免白起为士伍，迁之阴密。白起既行，出咸阳西门十里，至杜邮，秦王乃使使者赐之剑，自裁。

⑤《三辅决录注》曰：“马日磾字翁叔，马融之族子。少传融业，以才学进，历位九卿，遂登台辅。”《献帝春秋》曰：“日磾假节东征，循抚州郡。术在寿春，不肃王命，侮慢日磾，借节观之，因夺不还，从术求去，而术不遣，既以失节屈辱，忧恚而死。”

⑥《周官》曰：“三槐，三公(四)〔位〕焉。〔34〕左九棘，孤卿大夫位焉。右九棘，公侯伯子男位焉。”郑玄注曰：“槐之言怀也，言怀来人于此欲与谋也。树棘以为位者，取其赤心而外刺，象以赤心有刺也。”

⑦齐桓、晋文时，周室弱，诸侯不朝，桓、文权行征伐，率诸侯以朝天子。

⑧尸鸠，鴶鵴也。《诗·国风》曰：“尸鸠在桑，其子七兮，叔人君子，其仪一兮。”毛苌注曰：“尸鸠之养其子，旦从上下，暮从下上，平均如一。言善人君子执义亦如此。”

⑨三者，数之小终，言深也。《前书》曰：“下锢三泉。”

于是以绍为太尉，封邺侯。①时曹操自为大将军，绍耻为之下，②伪表辞不受。操大惧，乃让位于绍。二年，使将作大匠孔融持节拜绍大将军，锡弓矢节钺，虎贲百人，③兼督冀、青、幽、并四州，然后受之。

①《献帝春秋》曰：“使将作大匠孔融持节之邺，拜太尉绍为大将军，改封邺侯。”

②太尉位在大将军上。初，武帝以卫青征伐有功，以为大将军，欲尊宠之，故置大司马官号以冠之。其后霍光、王凤等皆然。明帝以弟东平王苍有贤材，以为骠骑大将军，〔35〕以王故，位公上。和帝以舅窦宪征匈奴，还迁大将军，在公上，以勋戚者不拘常例焉。

③《礼含文嘉》曰：“九锡一曰车马，二曰衣服，三曰乐器，四曰朱户，五曰纳陛，六曰虎贲之士百人，七曰斧钺，八曰弓矢，九曰秬鬯。”《春秋元命苞》曰“赐虎贲得专征伐，赐斧钺得诛”也。

绍每得诏书，患有不便于己，乃欲移天子自近，使说操以许下埤①湿，洛阳残破，宜徙都甄城，②以就全实。操拒之。田丰说绍曰：“徙都之计，既不克从，宜早图许，奉迎天子，动托诏令，响号海内，此筭之上者。不尔，终为人所禽，虽悔无益也。”绍不从。四年春，击公孙瓒，遂定幽土，事在《瓒传》。

①埤亦下也。音婢。

②甄音绢。

绍既并四州之地，众数十万，而骄心转盛，贡御稀简。主簿耿包密白绍曰：“赤德衰尽，袁为黄胤，宜顺天意，①以从民心。”绍以包白事示军府僚属，议者以包妖妄宜诛。绍知众情未同，不得已乃杀包以弭其迹。于是简精兵十万，骑万匹，欲出攻许，以审配、逢纪统军事，田丰、荀谌及南阳许攸为谋主，颜良、文醜为将帅。沮授进说曰：“近讨公孙，师出历年，百姓疲敝，仓库无积，赋役方殷，此国之深忧也。宜先遣使献捷天子，务农逸人。若不得通，乃表曹操隔我王路，然后进屯黎阳，渐营河南，益作舟船，缮修器械，分遣精骑，抄其边鄙，令彼不得安，我取其逸。如此可坐定也。”郭图、审配曰：“兵书之法，十围五攻，敌则能战。②今以明公之神武，连河朔之强众，以伐曹操，(兵)〔其〕埶譬若覆手。③〔36〕今不时取，后难图也。”授曰：“盖救乱诛暴，谓之义兵；恃众凭强，谓之骄兵。义者无敌。骄者先灭。④曹操奉迎天子，建宫许都。今举师南向，于义则违。且庙胜之策，不在强弱。⑤曹操法令既行，士卒精练，非公孙瓒坐受围者也。今弃万安之术，而兴无名之师，⑥窃为公惧之。”图等曰：“武王伐纣，不为不义；况兵加曹操，而云无名！且公师徒精勇，〔37〕将士思奋，而不及时早定大业，所谓‘天与不取，反受其咎’。⑦此越之所以霸，吴之所以灭也。监军之计，在于(将军)〔持牢〕，〔38〕而非见时知几之变也。”绍纳图言。图等因是谮沮授曰：“授监统内外，威震三军，若其浸盛，何以制之！夫臣与主同者〔昌，主与臣同者〕亡，〔39〕此《黄石》之所忌也。⑧且御众于外，不宜知内。”⑨绍乃分授所统为三都督，使授及郭图、淳于琼各典一军，未及行。

①《献帝春秋》曰：“袁，舜后。黄应代赤，故包有此言。”

②十倍则围之，五倍则攻之。

③《前书》陆贾谓南越王曰:“越杀王降汉,如反覆手耳。”

④《前书》魏相上书曰:“救乱诛暴,谓之义兵。兵义者王。敌加于己,不得已而起者,谓之应兵。兵应者胜。争恨小故,不胜愤怒者,谓之忿兵。兵忿者败。利人土地货宝者,谓之贪兵。兵贪者破。恃国家之大,矜人庶之众,欲见威于敌者,谓之骄兵。兵骄者灭。此非但人事,乃天道也。”

⑤《淮南子》曰:“运筹于庙堂之中,决胜乎千里之外。”

⑥《前书》曰,新城三老说高祖曰:“顺德者昌,逆德者亡。兵出无名,事故不成。”《音义》曰:“有名,伐有罪也。”

⑦《史记》范蠡谓句践曰:“天与不取,反受其咎。”

⑧臣与主同者,权在于主也。主与臣同者,权在臣也。《黄石》者,即张良于下邳圯上所得者,《三略》也。圯音以之反。

⑨《淮南子》曰:“国不可从外理,军不可从中御。”

五年,左将军刘备杀徐州刺史车胄,据沛以背曹操。操惧,乃自将征备。田丰说绍曰:“与公争天下者,曹操也。操今东击刘备,兵连未可卒解,今举军而袭其后,可一往而定。兵以几动,斯其时也。”绍辞以子疾,未得行。丰举杖击地曰:“嗟乎,事去矣! 夫遭难遇之几,而以婴儿病失其会,惜哉!”绍闻而怒之,从此遂疏焉。

曹操畏绍过河,乃急击备,遂破之。备奔绍,绍于是进军攻许。田丰以既失前几,不宜便行,谏绍曰:“曹操既破刘备,则许下非复空虚。且操善用兵,变化无方,众虽少,未可轻也。今不如久持之。将军据山河之固,拥四州之众,外结英雄,内修农战,然后简其精锐,分为奇兵,①乘虚迭出,以扰河南,救右则击其左,救左则击其右,使敌疲于奔命,人不得安业,我未劳而彼已困,不及三年,可坐克也。今释庙胜之策而决成败于一战,若不如志,悔无及也。”绍不从。丰强谏忤绍,绍以为沮众,遂械系之。乃先宣檄曰:

①《孙子兵法》曰:“凡战者以正合,以奇胜也。”注云:“正者当敌,奇者击其不备。”

盖闻明主图危以制变,忠臣虑难以立权。曩者强秦弱主,赵高执柄，专制朝命，威福由己，终有望夷之祸，污辱至今。①及臻吕后，禄、产专政，擅断万机，决事禁省，下陵上替，海内寒心。于是绛侯、朱虚兴威奋怒，诛夷逆暴，尊立太宗，故能道化兴隆，光明融显。此则大臣立权之明表也。②

①始皇崩，胡亥立，赵高为丞相。胡亥梦白虎啮其左骖马，杀之，心不乐。问占梦，卜泾水为祟，胡亥乃斋望夷宫。赵高令其婿阎乐逼胡亥使自杀。张华云："望夷之宫在长陵西北长平观，东临泾水，作之以望北夷。"事见《史记》。

②吕后专制，以兄子禄为赵王、上将军，产为梁王、相国，各领南北军。吕后崩，欲为乱，绛侯周勃、朱虚侯刘章等共诛之。立文帝，庙称太宗。《左传》闵子马曰："下陵上替，能无乱乎？"

司空曹操祖父腾，故中常侍，与左悺、徐璜并作妖孽，饕餮放横，伤化虐人。①父嵩，乞匄携养，②因臧买位，〔40〕舆金辇宝，输货权门，窃盗鼎司，倾覆重器。操(奸)〔赘〕阉遗丑，〔41〕本无令德，僄狡锋侠，好乱乐祸。③幕府董统鹰扬，埽夷凶逆，④续遇董卓侵官暴国，⑤于是提剑挥鼓，发命东夏，广罗英雄，弃瑕录用，故遂与操参咨策略，谓其鹰犬之才，爪牙可任。至乃愚佻短虑，轻进易退，伤夷折衄，数丧师徒。⑥幕府辄复分兵命锐，修完补辑，表行东郡太守、兖州刺史，被以虎文，⑦授以偏师，奖就威柄，〔42〕冀获秦师一克之报。⑧而遂乘资跋扈，肆行酷烈，割剥元元，残贤害善。⑨故九江太守边让，英才俊逸，以直言正色，论不阿谄，身被枭悬之戮，〔43〕妻孥受灰灭之咎。自是士林愤痛，人怨天怒，一夫奋臂，举州同声，故躬破于徐方，地夺于吕布，⑩彷徨东裔，蹈据无所。幕府惟强干弱枝之义，且不登畔人之党，⑪故复援旍擐甲，席卷赴征，金鼓响震，布众破沮，⑫拯其死亡之患，复其方伯之任。是则幕府无德于兖土，而有大造于操也。⑬

①贪财为饕，贪食为餮。悺音乌板反。

②《续汉志》曰："嵩字巨高。灵帝时卖官，嵩以货得拜大司农、大鸿胪，代崔烈

为太尉。"《魏志》曰："嵩，腾养子，莫能审其生出本末。"《曹瞒传》及郭颁《代语》并云嵩，夏侯氏子，惇之叔父。魏太祖于惇为从父兄弟也。"匄"亦"乞"也。

③《方言》曰："僄，轻也。"《魏志》曰："操少机警有权数，而任侠放荡，不修行业。"锋侠言如其锋之利也。僄音方妙反。或作"剽"，劫财物也，音同。

④谓绍诛诸阉人，无少长皆斩之。

⑤《左传》："侵官冒也。"

⑥《字书》曰："佻，轻也。"《魏志》曰：'操引兵西，将据成皋，到荥阳汴水，遇卓将徐荣，战不利，士卒死伤多，操为流矢所中，所乘马被创。曹洪以马与操，得夜遁，又为吕布所败。"

⑦《续汉志》曰："虎贲将，冠鹖冠，虎文单衣。襄邑岁献织成虎文衣。"

⑧秦穆公使孟明视、西乞术、白乙丙伐郑，晋襄公败诸殽，执孟明等。文嬴请而舍之，归于秦。穆公复用孟明伐晋，晋人不敢出，封殽尸而还。事见《左传》。

⑨《太公金匮》曰："天道无亲，常与善人。今海内陆沈于殷久矣，何乃急于元元哉？"

⑩《魏志》曰："陶谦为徐州牧，操初征之，下十馀城。后复征谦，收五城，遂略地至东海。还过郯，会张邈与陈宫畔迎吕布，郡县皆应。布西屯濮阳而操攻之，布出兵战，操兵奔，阵乱，驰突火出，坠马烧左手掌，司马楼异扶操上马，遂得引去。"

⑪强干弱枝，解见《班固传》。《左传》宋大夫鱼石等以宋彭城畔属楚，《经》书"宋彭城"，《传》曰"非宋地，追书也，且不登畔人也"。杜预注曰："登，成也。"

⑫《左传》曰："擐甲执兵。"杜预注曰："擐，贯也。"《前书》杨雄曰："云彻席卷，后无馀灾。"《魏志》曰："操袭定陶未拔，会布至，击破之。布将薛兰、李封屯钜野，操攻之。布救兰败；布走。布复与陈宫将万馀人(乘)〔来〕战，〔44〕操时兵少，设伏纵奇兵击，大破之。布夜走，东奔刘备。"

⑬《左传》使吕相绝秦曰："秦师克还无害，则是我有大造于西也。"杜预注曰："造，成也。"

会后銮驾东反，群虏乱政。时冀州方有北鄙之警，匪遑离局,①故使从事中郎徐勋就发遣操,使缮修郊庙,翼卫幼主。而便放志专行,威劫省禁,卑侮王僚,败法乱纪,坐召三台,专制朝政,②爵赏由心,刑戮在口,所爱光五宗,所怨灭三族,③群谈者受显诛,腹议者蒙隐戮,④道路以目,百辟钳口,⑤尚书记期会,公卿充员品而已。⑥

①北鄙之儆谓公孙瓒攻绍也。《左传》曰:“局部也。”杜预注曰:“远其部曲为离局。”

②《晋书》曰:“汉官尚书为中台,御史为宪台,谒者为外台,是谓三台。”

③五宗谓上至高祖,下及孙。三族谓父族、母族、妻族。

④大农颜异与张汤有隙,人告异,汤推异与客言诏令下有不便者,异不言,微反唇。汤遂奏,异九卿,见令不便,不入言而腹非,论死。见《前书》。

⑤《国语》曰:“厉王虐,国人谤王。邵公告王曰:‘人不堪命矣。’王怒,得卫巫,使监谤,以告则杀之。国人莫敢言,道路以目。”《周书》曰:“贤哲钳口,小人鼓舌。”何休注《公羊传》曰:“柑,以木衔其口也。”“钳”或作“柑”,音渠廉反。

⑥《前书》贾谊曰:“大臣特以簿书不报,期会之间,以为大故。”

故太尉杨彪,历典二司,元纲极位。①操因睚眦,被以非罪,搒楚并兼,五毒俱至,②触情放慝,不顾宪章。又议郎赵彦,忠谏直言,议有可纳,故圣朝含听,改容加锡。操欲迷夺时明,杜绝言路,擅收立杀,不俟报闻。又梁孝王先帝母弟,坟陵尊显,松柏桑梓,犹宜恭肃。操率将吏士,亲临发掘,破棺裸尸,掠取金宝,至令圣朝流涕,士民伤怀。③又署发丘中郎将、摸金校尉,所过毁突,无骸不露。身处三公之官,而行桀虏之态,污国虐民,毒施人鬼。加其细政苛惨,科防互设,罾缴充蹊,阬阱塞路,举手挂网罗,动足蹈机陷,是以兖、豫有无聊之人,帝都有呼嗟之怨。④

①《续汉书》曰:“彪代董卓为司空,又代黄琬为司徒。时袁术僭乱,操托彪与术婚姻,诬以欲图废置,奏收下狱,劾以大逆。”

②《献帝春秋》曰:“收彪下狱考实,遂以策罢。”

③《前书》曰,孝文皇帝窦皇后生孝景帝、梁孝王武。

④《管子》曰:“天下无道,人在爵位者皆不自聊生。”

历观古今书籍所载，贪残虐烈无道之臣，于操为甚。莫府方诘外奸，未及整训，加意含覆，冀可弥缝。①而操豺狼野心，潜包祸谋，②乃欲挠折栋梁，孤弱汉室，③除忠害善，专为枭雄。往岁伐鼓北征，讨公孙瓒，强御桀逆，拒围一年。操因其未破，阴交书命，欲托助王师，以见掩袭，故引兵造河，方舟北济。会行人发露，瓒亦枭夷，故使锋芒挫缩，厥图不果。屯据敖仓，阻河为固，④乃欲运螳蜋之斧，御隆车之隧。⑤莫府奉汉威灵，折冲宇宙，长戟百万，胡骑千群，奋中黄、育、获之士，⑥骋良弓劲弩之埶，⑦并州越太行，⑧青州涉济、漯，⑨大军泛黄河以角其前，荆州下宛、叶而掎其后。⑩雷震虎步，并集虏廷，若举炎火以焚飞蓬，⑪覆沧海而注熛炭，⑫有何不消灭者哉？

①《左传》曰："弥缝敝邑。"杜预注曰："弥缝犹补合。"

②《左传》曰，楚司马子良生子越椒，令尹子文曰："必杀之。是子也，熊虎之状而豺狼之声，弗杀必灭若敖氏。谚曰'狼子野心'，是乃狼也，其可畜乎！"

③《周易》"栋桡之凶，不可有以辅"也。

④《献帝春秋》曰："操引军造河，托言助绍，实图袭邺，以为瓒援。会瓒破灭，绍亦觉之，以军退，屯于敖仓。"

⑤《韩诗外传》曰："齐庄公猎，有螳螂举足将持其轮，问其御曰：'此何虫？'对曰：'此螳螂也。此虫知进而不知退，不量其力而轻就敌。'公曰：'此为天下勇士矣。'回车避之，勇士归焉。"亦见《淮南子》。又《庄子》曰："螳螂怒臂以当车辙，不知其不胜任也。"隧，道也。

⑥《尸子》曰："〔中〕黄伯曰：〔45〕'我左执太行之獶，右执彫虎，唯象未试。'"《史记》范睢说秦昭王"乌获、任鄙之力，庆忌、夏育之勇"也。

⑦《文子》曰："狡兔得而猎犬烹，高鸟尽而良弓臧。"《史记》苏秦说韩王曰："天下之强弓劲弩，皆从韩出。"

⑧绍甥高幹为并州刺史，故言越太行山而来助。

⑨绍长子谭为青州刺史。济，漯，二水名，在今齐州界。漯音他合反。

⑩贾逵注《国语》曰："从后牵曰掎。"音居蚁反。《左传》曰"晋人角之，诸戎掎之"是也。荆州谓刘表也。与绍交，故云下宛、叶。

⑪《楚词》曰:“离忧患而乃寤,若纵火于秋蓬。”

⑫黄石公三略曰:“夫以义而讨不义,若决河而沈荧火,其克必也。”

当今汉道陵迟,纲弛网绝,操以精兵七百,围守宫阙,外称陪卫,内以拘质,惧篡逆之祸,因斯而作。乃忠臣肝脑涂地之秋,烈士立功之会也。可不勖哉!①

①据《陈琳集》,此檄陈琳之词也。《魏志》曰:“琳字孔璋,广陵人,避难冀州,袁绍使典文章。绍败,归太祖。太祖谓曰:‘卿昔为本初移书,但可罪状孤而已,恶恶止其身,何乃上及父祖邪?’琳谢罪。太祖爱其才而不咎也。”流俗本此下有“陈琳之辞”者,非也。

乃先遣颜良攻曹操别将刘延于白马,①绍自引兵至黎阳。沮授临行,会其宗族,散资财以与之。曰:“埶存则威无不加,埶亡则不保一身。哀哉!”其弟宗曰:“曹操士马不敌,君何惧焉?’授曰:“以曹兖州之明略,又挟天子以为资,我虽克伯珪,众实疲敝,而主骄将忲,军之破败,在此举矣。杨雄有言:‘六国蚩蚩,为嬴弱姬’。今之谓乎!”②曹操遂救刘延,击颜良斩之。③绍乃度河,壁延津南。④沮授临船叹曰:“上盈其志,下务其功,悠悠黄河,吾其济乎!”遂以疾退,绍不许而意恨之,复省其所部,并属郭图。

①白马,县,属东郡,今滑州县也,故城在今县东。

②《法言》之文也。嬴,秦姓也。姬,周姓。《方言》:“蚩,悖也。”六国悖惑,侵弱周室,终为秦所并也。

③《蜀志》曰:“曹公使张辽及关羽为先锋,羽望见良麾盖,策马刺良万众之中,斩其首还,诸将莫能当,遂解白马围。”

④郦元《水经注》曰:“汉孝文时河决酸枣,东溃金堤,大发卒塞之,武帝作《瓠子之歌》,皆谓此口也。”又东北谓之延津。杜预注《左传》:“陈留酸枣县北有延津。”

绍使刘备、文醜挑战,曹操又击破之,斩文醜。再战而禽二将,绍军中大震。操还屯官度,①绍进保阳武。②沮授又说绍曰:“北兵虽众,而劲果不及南军;南军谷少,而资储不如北。南幸于急战,北利在缓师。宜徐持久，旷以日月。”绍不从。连营稍前，渐逼官度，遂合战。操军不利，③复还坚壁。绍为高橹，起土山，射营中，④〔营中〕皆蒙楯而行。⑤〔46〕操乃发石车击绍楼，皆破，军中呼曰“霹雳车”。⑥绍为地道欲袭操，操辄于内为长堑以拒之。又遣奇兵袭绍运车，大破之，尽焚其谷食。

①官度在今郑州中牟县北。郦元《水经》云：“莨荡渠经曹公垒北，有高台谓之官度台，在中牟城北，俗谓之中牟台。”

②阳武，今郑州县。

③《魏志》曰：“连营稍进，前依沙埵，东西数十里为屯。操亦分营与相当。”

④《释名》曰：“楼橹者，露上无覆屋也。”今官度台北土山犹在，台之东，绍旧营遗基并存焉。

⑤楯，今之旁排也。杨雄《羽猎赋》曰：“蒙楯负羽。”《献帝春秋》曰：“绍令军中各持三尺绳，曹操诚禽，〔47〕但当缚之。”

⑥以其发石声震烈，呼为霹雳，即今之抛车也。抛音普孝反。

相持百馀日，河南人疲困，多畔应绍。绍遣淳于琼等将兵万馀人北迎粮运。沮授说绍可遣蒋奇别为支军于表，以绝曹操之钞。①绍不从。许攸进曰：“曹操兵少而悉师拒我，许下馀守埶必空弱。若分遣轻军，星行掩袭，许拔则操(为)成禽。〔48〕如其未溃，可令首尾奔命，破之必也。”绍又不能用。会攸家犯法，审配收系之，攸不得志，遂奔曹操，而说使袭取淳于琼等。琼等时宿在乌巢，②去绍军四十里。操自将步骑五千人，夜往攻破琼等，悉斩之。③

①以支军为琼等表援。

②乌巢，地名，在滑州酸枣城东。

③《曹瞒传》曰：“公闻许攸来，跣出迎之。攸劝公袭琼等，公大喜，乃选精锐步骑，皆执袁军旗帜，衔枚缚马口，夜从间道出，人把束薪。所历道问者，语之曰：‘袁公恐曹操钞掠后军，还兵以益备。’〔49〕问者信以为然。既至，围屯，大放火，营中惊乱，大破之，尽燔其粮谷宝货，斩督将(睢)〔眭〕元进等，〔50〕割得将军淳于仲简鼻，杀士卒千馀人，皆取鼻，牛马割唇舌，以示绍军。将士皆惶惧。”

初，绍闻操击琼，谓长子谭曰："就操破琼，吾拔其营，彼固无所归矣。"乃使高览、张郃等攻操营，不下。① 二将闻琼等败，遂奔操。于是绍军惊扰，大溃。绍与谭等幅巾乘马，与八百骑度河，至黎阳北岸，入其将军蒋义渠营。至帐下，把其手曰："孤以首领相付矣。"义渠避帐而处之，使宣令焉。众闻绍在，稍复集。馀众伪降，曹操尽阬之，前后所杀八万人。

①《魏志》曰："张郃字俊文，河间鄚人也。郃说绍曰：'曹公精兵往，必破琼等，则事去矣。'郭图曰：'郃计非也，不如攻其本营。'郃曰：'曹公营固，攻之必不拔。若琼等见禽，吾属尽为虏矣。'绍但遣轻骑救琼，而以重兵攻太祖营，不能下。太祖果破琼等。绍军溃，图惭，又更谮郃快军败，郃惧，归太祖。"

沮授为操军所执，乃大呼曰："授不降也，为所执耳。"操见授谓曰："分野殊异，遂用圮绝，不图今日乃相得也。"授对曰："冀州失策，自取奔北。授知力俱困，宜其见禽。"操曰："本初无谋，不相用计。今丧乱过纪，① 国家未定，方当与君图之。"授曰："叔父、母、弟县命袁氏，若蒙公灵，速死为福。"操叹曰："孤早相得，天下不足虑也。"遂赦而厚遇焉。授寻谋归袁氏，乃诛之。

①十二年曰纪。

绍外宽雅有局度，忧喜不形于色，而性矜愎自高，① 短于从善，故至于败。及军还，或谓田丰曰："君必见重。"丰曰："公貌宽而内忌，不亮吾忠，而吾数以至言迕之。若胜而喜，必能赦我，战败而怨，内忌将发。若军出有利，当蒙全耳，今既败矣，吾不望生。"绍还，曰："吾不用田丰言，果为所笑。"遂杀之。②

①愎音平逼反。

②《先贤行状》曰："绍谓逢纪曰：'冀州人闻吾军败，皆当念吾；唯田别驾前谏止吾，与众不同，吾亦惭之。'纪复曰：'丰闻将军之退，拍手大笑，喜其言之中也。'绍于是有害丰之意。初，太祖闻丰不从戎，喜曰：'绍必败矣。'及绍奔遁，复曰：'向使绍用其别驾计，尚未可知也。'"

官度之败，审配二子为曹操所禽。孟岱与配有隙，因蒋奇言于绍曰:“配在位专政,族大兵强,且二子在南,必怀反畔。”郭图、辛评亦为然。绍遂以岱为监军,代配守邺。护军逢纪与配不睦,①绍以问之,纪对曰:“配天性烈直,每所言行,慕古人之节,不以二子在南为不义也,公勿疑之。”绍曰:“君不恶之邪?”纪曰:“先所争者私情,今所陈者国事。”绍曰“善”。乃不废配,配、〔纪〕由是更协。〔51〕

①《英雄记》曰:“审配任用,与纪不睦,辛评、郭图皆比于谭。”评,辛毗兄也。见《魏志》。

冀州城邑多畔,绍复击定之。自军败后发病,七年夏,薨。①〔52〕未及定嗣,逢纪、审配宿以骄侈为谭所病,辛评、郭图皆比于谭而与配、纪有隙。众以谭长,欲立之。配等恐谭立而评等为害,遂矫绍遗命,奉尚为嗣。

①《魏志》曰:“绍自军破后,发病欧血死。”《献帝春秋》曰:“绍为人政宽,百姓德之。河北士女莫不伤怨,市巷挥泪,如或丧亲。”《典论》曰:“袁绍妻刘氏性酷妒,绍死,僵尸未殡,宠妾五人尽杀之,为死者有知,当复见绍于地下,乃髡头墨面,以毁其形。尚又为尽杀死者之家。”

【校勘记】

〔1〕 父成五官中郎将　按:《集解》引钱大昕说,谓华峤《汉书》作“左中郎将”,见《三国志》注。《袁安传》云“左中郎”,似失之。

〔2〕 (绍)壮健好交结　殿本《考证》引何焯说。谓此指其父成,衍“绍”字。今据删。

〔3〕 除濮阳长　按:《集解》引惠栋说,谓《许劭传》称绍为濮阳令。

〔4〕 以绍为左军校尉　《集解》引洪颐煊说,谓《何进传》作“中军校尉”,《盖勋传》、《五行志》俱作“佐军校尉”。按:沈家本谓注引《山阳公载记》作“中军”,《献纪》注引亦同,《魏志》亦作“中军”,案时有上军、下军,则作“中军”是也。

〔5〕 淳于琼为右校尉　按:《何进传》作“左军校尉”。

〔6〕 未有不善宣于天下　按;《校补》引柳从辰说,谓《袁纪》“宣”作“害”。

〔7〕 信太山(阳)平〔阳〕人也　《集解》引洪亮吉说，谓“阳平”应如《魏志·鲍勋传》作“平阳”。今据改。按：汉泰山郡有东平阳，平阳乃东平阳之省称。

〔8〕 (以)〔与〕从弟后将军术　据刊误改。

〔9〕 少府阴循至将作大匠吴循　按：《集解》引钱大昕说，谓《献帝纪》“循”皆作“脩”，《魏志》亦作“吴脩”，当以“脩”为正。

〔10〕 卓使司隶宣璠(尺)〔尽〕口收之　据汲本、殿本改。

〔11〕 胡母班字季友　《三国·魏志》注“季友”作“季皮”。《风俗通》卷三作“胡母季皮”。今按：作“皮”是。沈家本谓《汉书·叙传》，楚人谓虎班。名班字季皮，犹春秋时郑罕虎字子皮也。

〔12〕 亡人二女　按：沈家本谓《魏志》注作“亡人子二人”，案下文云“匡抱班二子哭”，则作“二女”者非也。

〔13〕 忌(方)〔其〕得众　《刊误》谓“方”字无义，当是“其”字。按：《通志》正作“其”，今据改。

〔14〕 何凶逆　《刊误》谓“何”当作“阿”。按：严可均《全后汉文》注“何，负也”。依严说，则“何”字不讹。

〔15〕 绍客逢纪　按：《何进传》作“庞纪”。

〔16〕 外托〔讨〕董卓　《刊误》谓案文少一“讨”字。按：《通志》正作“托讨董卓”，今据补。

〔17〕 骑都尉沮授　按：《集解》引王补说，谓《魏志》言谏者耿、闵外，有治中李历，而无沮授，《通鉴》从之。

〔18〕 程涣　按：《集解》引惠栋说，谓《魏志》“涣”作“奂”。

〔19〕 秦伯曰　按：“秦”原讹“泰”，径据汲本、殿本改。

〔20〕 此诚将军之(羞)〔眷〕　《集解》引惠栋说，谓“羞”字误，当依《英雄记》作“眷”。今据改。按：《三国志·袁绍传》注引《英雄记》作“眷”。

〔21〕 大会宾徒于薄落津　《校补》谓“徒”当作“从”。按：《魏志》注引《英雄记》，作“方与宾客诸将共会。”

〔22〕 黑山贼干毒　殿本“干”作“于”。下同。按：《朱俊传》亦作“于”。

〔23〕 绍遂寻山北行　按：张森楷《校勘记》谓“寻”字无义，疑当作“循”。

〔24〕 左髭丈八　按：殿本“丈”作“文”。

〔25〕 谓之〔薄〕落津　《校补》引柳从辰说，谓《通鉴》注引此作“谓之薄落津”，

此脱“薄”字。今据补，与今本《水经注》合。

〔26〕　拜绍右将军　按：《集解》引惠栋说，谓《袁宏纪》作“后将军”。

〔27〕　熙字显雍　《集解》引惠栋说，谓“显雍”当从《魏志》注作“显奕”。按：潘眉《三国志考证》谓雍熙字相应，作“奕”误。

〔28〕　愿上惟先代成(则)〔败〕之诫　《集解》引惠栋说，谓“则”依《九州春秋》当作“败”。今据改。

〔29〕　凡我同盟之后　按：《刊误》谓案文当云“同盟之人，既盟之后”，此盟书常文也，误脱四字。

〔30〕　神明是殛　按：“殛”原讹“亟”，径据汲本、殿本改正。

〔31〕　今是(夫)〔大〕鸟兽则失丧其群匹　据殿本改，与今《礼记》文合。

〔32〕　张杨黑山同时乞降　按：“杨”原作“扬”，前后互岐，径改正。

〔33〕　太仆赵岐　按：“岐”原讹“歧”，径改正。

〔34〕　三槐三公(匹)〔位〕焉　据汲本、殿本改。

〔35〕　以为骠骑大将军　按：张森楷《校勘记》谓案明帝纪及《东平王传》并云为骠骑将军，“大”字盖衍。

〔36〕　(兵)〔其〕執譬若覆手　据汲本改。

〔37〕　且公师徒精勇　按：《校补》引柳从辰说，谓闽本“公”作“今”。

〔38〕　在于(将军)〔持牢〕　据殿本改。按：殿本《考证》李良裘谓　按《三国志》注中载《献帝传》作“在于持牢”，“将军”二字传写之误。又《集解》引王补说，谓《通鉴》亦作“持牢”，胡注犹今南人言“把稳”也。

〔39〕　夫臣与主同者〔昌主与臣同者〕亡　《集解》引惠栋说，谓《献帝传》云“臣与主同者昌，主与臣同者亡”，传漏“昌主与臣同者”六字。今据补。

〔40〕　因臧买位　《集解》引惠栋说，谓“买”《陈琳集》作“假”。今按：《文选》亦作“假”。

〔41〕　操(奸)〔赘〕阉遗丑　《集解》引钱大昕说，谓“奸”当作“赘”，《三国志》注及《文选》并是“赘”字。今据改。

〔42〕　奖就威柄　《集解》引惠栋说，谓《文选》及《魏志》注皆作“奖蹴”，蹴，成也，就亦训成，与蹴同义。按：殿本“就”讹“蹴”。

〔43〕　身被枭悬之戮　《文选》“身”下有“首”字，“戮”作“诛”。按：下云“妻孥受灰灭之咎”，“身首”“妻孥”相对成文，疑此脱“首”字。

〔44〕　布复与陈宫将万馀人(乘)〔来〕战　据汲本、殿本改。

〔45〕〔中〕黄伯曰　据《刊误》补。

〔46〕〔营中〕皆蒙楯而行　李慈铭谓"皆"字上当叠"营中"二字,《三国志·袁绍传》作"营中皆蒙楯,众大惧"。今据补。

〔47〕曹操诚禽　按:《刊误》谓"诚"案文当作"成"。

〔48〕许拔则操(为)成禽　据《刊误》删。

〔49〕还兵以益备　按:《校补》谓《魏志》注引《曹瞒传》,"还兵"作"遣兵"。

〔50〕斩督将(睢)〔眭〕元进等　《集解》引惠栋说,谓"睢"当作"眭",即眭固也。今据改。

〔51〕配〔纪〕由是更协　据《集解》引苏舆说补。

〔52〕七年夏薨　按:《魏志·袁绍传》"夏薨"作"忧死"。

后汉书卷七十四下

袁绍刘表列传第六十四下

绍子谭

谭自称车骑将军，出军黎阳。尚少与其兵，而使逢纪随之。谭求益兵，审配等又议不与。谭怒，杀逢纪。

曹操度河攻谭，谭告急于尚，尚乃留审配守邺，自将助谭，与操相拒于黎阳。自九月至明年二月，〔1〕大战城下，①谭、尚败退。操将围之，乃夜遁还邺。操进军，尚逆击破操，操军还许。谭谓尚曰："我铠甲不精，故前为曹操所败。今操军退，人怀归志，及其未济，出兵掩之，可令大溃，此策不可失也。"尚疑而不许，既不益兵，又不易甲。谭大怒，郭图、辛评因此谓谭曰："使先公出将军为兄后者，皆是审配之所构也。"〔2〕谭然之。遂引兵攻尚，战于外门。②谭败，乃引兵还南皮。③

①郭缘生《述征记》曰："黎阳城西袁谭城，城南又有一城，是曹公攻谭之所筑。"

②邺郭之门。

③南皮，今沧州县也。章武有北皮亭，故此曰南皮。

别驾王脩率吏人自青州往救谭，谭还欲更攻尚，问脩曰："计将安出？"脩曰："兄弟者，左右手也。譬人将斗而断其右手，曰'我必胜若'，如是者可乎？夫弃兄弟而不亲，天下其谁亲之？属有谗人交斗其间，以求一朝之利，愿塞耳勿听也。若斩佞臣数人，复相亲睦，以御四方，可横行于天下。"谭不从。尚复自将攻谭，谭战大败，婴城固守。①尚围之急，谭奔平原，而遣颍川辛毗诣曹操请救。②

①《前书》蒯通曰:"必将婴城固守。"《音义》曰:"婴谓以城自绕也。"

②《魏志》曰:辛毗,颍川阳翟人也。谭使毗诣太祖求和,毗见太祖致谭意。太祖悦,谓毗曰:'谭可信,尚必可克不?'毗对曰:'明公无问信与诈也,直(言)当论其埶耳。〔3〕袁氏本兄弟相伐,非谓他人能间其间,乃谓天下可定于己也。一旦求救于明公,此可知也。'"

刘表以书谏谭曰:

天降灾害,祸难殷流,初交殊族,卒成同盟,使王室震荡,彝伦攸斁。①是以智达之士,莫不痛心入骨,伤时人不能相忍也。然孤与太公,志同愿等,②虽楚魏绝邈,山河迥远,③戮力乃心,共奖王室,④使非族不干吾盟,异类不绝吾好,此孤与太公无贰之所致也。功绩未卒,太公殂陨,贤胤承统,以继洪业。宣奕世之德,〔4〕履丕显之祚,⑤摧严敌于邺都,扬休烈于朔土,顾定疆宇,虎视河外,凡我同盟,莫不景附。何悟青蝇飞于竿旌,无忌游于二垒,⑥使股肱分成二体,匈膂绝为异身。初闻此问,尚谓不然,定闻信来,乃知阏伯、实沈之忿已成,弃亲即仇之计已决,⑦旃旆交于中原,暴尸累于城下。闻之哽咽,若存若亡。昔三王、五伯,下及战国,君臣相弑,父子相杀,兄弟相残,亲戚相灭,盖时有之。然或欲以成王业,⑧或欲以定霸功,⑨皆所谓逆取顺守,而徼富强于一世也。未有弃亲即异,兀其根本,而能全于长世者也。〔5〕

①《左传》曰:"震荡播越。"《书》曰:"彝伦攸斁。"彝,常也。伦,理也,攸,所也。斁,败也。

②言太公者尊之,谓绍也。

③楚,荆州也。魏,冀州也。

④《左传》曰:"同好恶,奖王室。"杜预曰:"奖,助也。"

⑤奕,重也,《国语》曰"奕代载德"。

⑥《诗·小雅》曰:"营营青蝇,止于榛。谗人罔极,构我二人。"〔6〕《史记》,费无忌得宠于楚平王,为太子建少傅,无宠于太子,日夜谗太子于王,欲诛太子。太子亡奔宋。《左传》作"无极"。竿旌、二垒者,谓谭、尚也。

⑦《左传》子产曰:"高辛氏有二子,伯曰阏伯,季曰实沈,居于旷林,不相能也,

日寻干戈，以相征讨。”

⑧若周公诛管、蔡之类。

⑨若齐桓公杀子纠也。

昔齐襄公报九世之仇，①士匄卒荀偃之事，是故《春秋》美其义，君子称其信。夫伯游之恨于齐，未若太公之忿于曹也；宣子之臣承业，未若仁君之继统也。②且君子违难不适仇国，交绝不出恶声，③况忘先人之仇，弃亲戚之好，而为万世之戒，遗同盟之耻哉！蛮夷戎狄将有诮让之言，况我族类，而不痛心邪！

①《公羊传》曰："纪侯大去其国。大去者何？灭之也。孰灭之也？齐灭之。曷为不言齐灭之？为襄公讳也。《春秋》为贤者讳。何贤于襄公？复仇也。何仇尔？远祖也。哀公亨于周，纪侯谮之。远祖者几代？九代矣。"《史记》曰，纪侯谮齐哀公于周，周夷王烹哀公。其弟静立，〔7〕是为胡公。弟献公立，子武公立，子厉公立，子文公立，子成公立，子庄公立，子釐公立，子襄公八年，纪迁去其邑，是为九代也。

②荀偃，晋大夫也。《左传》曰，荀偃将中军，士匄佐之，伐齐。济河，病目出，及卒，而视不可唅。栾盈曰："其为未卒事于齐故也？"士匄抚之曰："主苟终，所不嗣事于齐有如河！"乃瞑受含。伯游，荀偃字也。宣子即士匄也，士燮之子，士会之孙。

③《左传》曰，公山不狃曰："君子违难不适仇国。"杜预曰："违，奔亡也。"《史记》乐毅遗燕惠王书曰："臣闻古之君子，交绝不出恶声。"

夫欲立竹帛于当时，全宗祀于一世，岂宜同生分谤，争校得失乎？若冀州有不弟之慠，①无惭顺之节，仁君当降志辱身，以济事为务。事定之后，使天下平其曲直，不亦为高义邪？今仁君见憎于夫人，未若郑庄之于姜氏；昆弟之嫌，未若重华之于象敖。然庄公卒崇大隧之乐，象敖终受有鼻之封。愿捐弃百痾，追摄旧义，复为母子昆弟如初。②今整勒士马，瞻望鹄立。

①《左传》曰："段不弟，〔8〕故不言弟。"

②郑武公娶于申，曰武姜，生庄公及叔段。庄公寤生，惊姜氏，遂恶之，爱叔段，欲立之，武公弗许。及庄公立，姜氏为请京，使居之。段缮甲兵，将袭

郑，夫人将启之。庄公遂寘姜氏于城颍，而誓之曰："不及黄泉，无相见也。"既而悔之。颍考叔曰："君何患焉？若阙地及泉，隧而相见，其谁曰不然！"从之。公入而赋："大隧之中，其乐也融融。"姜出而赋："大隧之外，其乐也泄泄。"遂为母子如初。事见《左传》。《史记》曰，舜名重华。父瞽叟盲而舜母死，瞽叟更娶妻，生象。瞽叟爱后妻子，常欲杀舜。舜践帝位，封弟象为诸侯。《孟子》曰："象至不仁，封诸有鼻。仁人之于其弟也，不藏怒焉，不宿怨焉，亲爱之而已矣。"鼻国在永州营道县北，今犹谓之鼻亭。

又与尚书谏之，并不从。①

①《魏氏春秋》载表遗尚书曰："知变起辛、郭，祸结同生，追阏伯、实沈之踪，忘《常棣》死丧之义，亲寻干戈，僵尸流血，闻之哽咽，若存若亡。昔轩辕有涿鹿之战，周公有商、奄之师，皆所以翦除秽害而定王业，非强弱之争，喜怒之忿也。故虽灭亲不尤，诛兄不伤。〔9〕今二君初承洪业，纂继前轨，进有国家倾危之虑，退有先公遗恨之负。当唯曹是务，〔10〕唯国是康。何者？金木水火刚柔相济，然后克得其和，能为人用。今青州天性峭急，迷于曲直。仁君度数弘广，绰然有馀，当以大苞小，以优容劣，先除曹操，以平先公之恨，事定之后，乃议曲直之评，不亦善乎！若留神远图，克己复礼，当振旅长驱，共奖王室。若迷而不返，遵而无改，〔11〕则胡夷将有诮让之言，况我同盟，复能戮力仁君之役哉！此韩卢、东郭自困于前，而遗田父之获者也。愤跃鹤望，冀闻和同之声。若其泰也，则袁族其与汉升降乎！如其否也，则同盟永无望矣。"表二书并见《王粲集》。

曹操遂还救谭，十月至黎阳。尚闻操度河，乃释平原还邺。尚将吕旷、高翔〔12〕畔归曹氏，谭复阴刻将军印，以假旷、翔。操知谭诈，乃以子整娉谭女以安之，①而引军还。

①《魏志》曰，整建安二十二年封郿侯，二十三年薨，无子。黄初二年，追进爵，谥曰戴公。

九年三月，尚使审配守邺，复攻谭于平原。配献书于谭曰："配闻良药苦口而利于病，忠言逆耳而便于行。①愿将军缓心抑怒，终省愚辞。盖《春秋》之义，国君死社稷，忠臣死君命。②苟图危宗庙，剥乱国家，亲疏一也。③是以周公垂涕以(毙)〔蔽〕管、蔡之狱，④〔13〕季友歔欷而行叔牙之诛。⑤何则？义重人轻，事不获已故也。昔先公废黜将军以续贤兄，立我将军以为嫡嗣，上告祖灵，下书谱牒，海内远近，谁不备闻！何意凶臣郭图，妄画蛇足，⑥曲辞谄媚，交乱懿亲。至令将军忘孝友之仁，袭阏、沈之迹，放兵钞突，屠城杀吏，冤魂痛于幽冥，创痍被于草棘。又乃图获邺城，许赏赐秦胡，其财物妇女，豫有分数。又云：'孤虽有老母，趣使身体完具而已。'闻此言者，莫不悼心挥涕，使太夫人忧哀愤隔，我州君臣监寐悲叹。诚拱默以听执事之图，则惧违《春秋》死命之节，诒太夫人不测之患，损先公不世之业。我将军辞不获命，以及馆陶之役。⑦伏惟将军至孝蒸蒸，发于岐嶷，友于之性，生于自然，章之以聪明，行之以敏达，览古今之举措，睹兴败之征符，轻荣财于粪土，贵名(高)〔位〕于丘岳。〔14〕何意奄然迷沈，堕贤哲之操，⑧积怨肆忿，取破家之祸！翘企延颈，待望仇敌，委慈亲于虎狼之牙，以逞一朝之志，岂不痛哉！若乃天启尊心，革图易虑，则我将军匍匐悲号〔15〕于将军股掌之上，配等亦当敷躬布体以听斧锧之刑。如又不悛，祸将及之。愿熟详吉凶，以赐环玦。"⑨谭不纳。

①《孔子家语》曰："忠言逆耳而利于行。"

②《左传》晏婴曰："君为社稷死则死之，为社稷亡则亡之。"又晋解杨曰："受命以出，有死无陨。死而成命，臣之禄也。"

③《左传》曰"天实剥乱"也。

④《左传》曰，郑子太叔曰："周公杀管叔，放蔡叔。夫岂不爱？王室故也。"

⑤《公羊传》曰："公子牙卒。何以不称弟？杀也，为季子讳杀也。庄公病，叔牙曰：'鲁一生一及，君以知之。庆父存也。'〔16〕季子曰：'夫何敢？是将为乱！'和药而饮之，曰：'公子从吾言而饮此，则可以无为天下戮笑，必有后于鲁国。'诛不避兄弟，君臣之义也。"

⑥《战国策》曰："楚有祠者，赐其舍人酒一卮，相谓曰：'数人饮之不足，一人饮之有馀，请各画地为蛇，先成者饮酒。'一人蛇先成，引酒且饮，乃左手持酒，右手画蛇，曰：'吾能为之足。'未成，一人蛇成，夺其卮，曰：'蛇固无足，子安能为足？'遂饮酒。为蛇足者终亡其酒。"

⑦诒，遗也。不世犹言非常也。《献帝春秋》曰："谭尚遂寻干戈，以相征讨。

谭军不利，保于平原，尚乃军于馆陶。谭击之败，尚走保险。谭追攻之，尚设奇伏大破谭军，僵尸流血不可胜计。谭走还平原。”

⑧堕音许规反。

⑨《孙卿子》曰：“绝人以玦，反人以环。”

曹操因此进攻邺，审配将冯(札)〔礼〕[17]为内应，开突门内操兵三百馀人。①配觉之，从城上以大石击门，门闭，入者皆死。操乃凿堑围城，周回四十里，初令浅，示若可越。配望见，笑而不出争利。操一夜浚之，广深二丈，引漳水以灌之。自五月至八月，城中饿死者过半。尚闻邺急，将军万馀人还救城，操逆击破之。尚走依曲漳为营，②操复围之，未合，尚惧，遣阴夔、陈琳求降，不听。尚还走蓝口，③操复进，急围之。尚将马延等临阵降，众大溃，尚奔中山。尽收其辎重，得尚印绶节钺及衣物，以示城中，城中崩沮。审配令士卒曰：“坚守死战，操军疲矣。幽州方至，何忧无主！”操出行围，配伏弩射之，几中。④以其兄子荣为东门校尉，荣夜开门内操兵，配拒战城中，生获配。操谓配曰：“吾近行围，弩何多也？”配曰：“犹恨其少。”操曰：“卿忠于袁氏，亦自不得不尔。”意欲活之。配意气壮烈，终无挠辞，见者莫不叹息，遂斩之。⑤全尚母妻子，还其财宝。高幹以并州降，复为刺史。

①《墨子·备突篇》曰“城百步，一突门。突门用车两轮，以木束之涂其上，维置突门内。度门广狭之，令人入门四尺，中置窒突，门旁为橐，充灶状，又置艾。寇即入，下轮而塞之，鼓橐薰之”也。

②漳水之曲。

③相州安(杨)〔阳〕县界有蓝嵯山，[18]与邺相近，盖蓝山之口。

④几音祈。中音竹仲反。

⑤《先贤行状》曰：“是日先缚配将诣帐下，辛毗等逆以马鞭击其头，骂之曰：‘奴，汝今日真死矣。’配顾曰：‘狗辈！由汝曹破冀州，恨不得杀汝。’太祖既有意活配，配无挠辞，辛毗等号哭不已，乃杀之。”

曹操之围邺也，谭复背之，因略取甘陵、安平、勃海、河间，攻尚于中山。尚败，走故安从熙，而谭悉收其众，还屯龙凑。

十二月，曹操讨谭，军其门。谭夜遁(奔)〔走〕南皮，〔19〕临清河而屯。明年正月，急攻之。谭欲出战，军未合而破。谭被发驱驰，追者意非恒人，趋奔之。①谭堕马，顾曰："咄，儿过我，我能富贵汝。"言未绝口，头已断地。于是斩郭图等，戮其妻子。

①趋音促。

熙、尚为其将焦触、张南所攻，奔辽西乌桓。触自号幽州刺史，驱率诸郡太守令长背袁向曹，陈兵数万。杀白马盟，令曰："违者斩！"众莫敢仰视，各以次歃。至别驾代郡韩珩，①曰："吾受袁公父子厚恩，今其破亡，智不能救，勇不能死，于义阙矣。若乃北面曹氏，所不能为也！"一坐为珩失色。触曰："夫举大事，当立大义。事之济否，不待一人，可卒珩志，以厉事君。"②曹操闻珩节，甚高之，屡辟不至，卒于家。

①珩音行。

②《先贤行状》曰"珩字子佩，代郡人，清粹有雅量。少丧父母，奉养兄姊，宗族称悌"也。

高幹复叛，执上党太守，举兵守壶口关。①十一年，曹操自征幹，幹乃留其将守城，自诣匈奴求救，不得，独与数骑亡，欲南奔荆州。上洛都尉捕斩之。②

①潞州上党县有壶山口，因其险而置关焉。

②《典论》曰：〔20〕"上洛都尉王琰获高幹，以功封侯。其妻哭于室，以为琰富贵将更娶妾媵故也。"

十二年，曹操征辽西，击乌桓。尚、熙与乌桓逆操军，战败走，乃与亲兵数千人奔公孙康于辽东。尚有勇力，先与熙谋曰："今到辽东，康必见我，我独为兄手击之，且据其郡，犹可以自广也。"康亦心规取尚以为功，乃先置精勇于厩中，然后请尚、熙。熙疑不欲进，尚强之，遂与俱入。未及坐，康叱伏兵禽之，坐于冻地。尚谓康曰："未死之间，寒不可忍，可相与席。"康曰："卿头颅方行万里，何席之为！"遂斩首送之。

康，辽东人。父度，初避吏为玄兔小吏，〔21〕稍仕。中平元年，还为本郡守。在职敢杀伐，郡中名豪与己夙无恩者，遂诛灭百馀家。因东击高句骊，西攻乌桓，威行海畔。时王室方乱，度恃其地远，阴独怀幸。会襄平社生大石丈馀，下有三小石为足，度以为己瑞。①初平元年，乃分辽东为辽西、中辽郡，并置太守，越海收东莱诸县，为营州刺史，②自立为辽东侯、平州牧，追封父延为建义侯。立汉二祖庙。承制设坛墠于襄平城南，郊祀天地，藉田理兵，乘鸾辂九旒旄头羽骑。建安九年，司空曹操表为奋威将军，〔22〕封永宁乡侯。度死，康嗣，故遂据辽土焉。

①襄平，县，属辽东郡，故城在今平州卢龙县西南。《魏志》曰："时襄平延里社生大石，或谓度曰：'此汉宣帝冠石祥也，里名与先君同。社主土地，明当有土地，有三公辅也。'度益喜。"

②为犹置也。

刘表字景升，山阳高平人，鲁恭王之后也。①身长八尺馀，姿貌温伟。与同郡张俭等俱被讪议，号为"八顾"。诏书捕案党人，表亡走得免。党禁解，辟大将军何进掾。

①恭王，景帝子，名馀。

初平元年，长沙太守孙坚杀荆州刺史王叡，①诏书以表为荆州刺史。时江南宗贼大盛，②又袁术阻兵屯鲁阳，表不能得至，乃单马入宜城，③请南郡人蒯越、襄阳人蔡瑁与共谋画。④表谓越曰："宗贼虽盛而众不附，若袁术因之，祸必至矣。吾欲征兵，恐不能集，其策焉出？"对曰："理平者先仁义，理乱者先权谋。兵不在多，贵乎得人。袁术骄而无谋，宗贼率多贪暴。越有所素养者，使人示之以利，必持众来。使君诛其无道，施其才用，威德既行，襁负而至矣。兵集众附，南据江陵，北守襄阳，荆州八郡⑤可传檄而定。公路虽至，无能为也。"表曰："善。"乃使越遣人诱宗贼帅，至者十五人，〔23〕皆斩之而袭取其众。唯江夏贼张虎、陈坐拥兵据襄阳城，〔24〕表使越与庞季往譬之，乃降。江南悉平。诸守令闻表威名，多解印绶去。表遂理兵襄阳，以观时变。

①《王氏谱》曰："叡字通曜，晋太保祥之伯父也。"《吴录》曰："叡见执，惊曰：'我何罪？'坚曰：'坐无所知。'叡穷迫，刮金饮之而死。"

②宗党共为贼。

③宜城，县，属南郡，本鄢，惠帝三年改名宜城。

④《傅子》曰："越字异度，魏太祖平荆州，与荀彧书曰：'不喜得荆州，喜得异度耳。'"

⑤《汉官仪》曰，荆州管长沙、零陵、桂阳、南阳、江(陵)〔夏〕、〔25〕武陵、南郡、章陵等是也。

袁术与其从兄绍有隙，而绍与表相结，故术共孙坚合从袭表。表败，坚遂围襄阳。会表将黄祖救至，坚为流箭所中死，馀众退走。①及李傕等入长安，冬，表遣使奉贡。傕以表为镇南将军、荆州牧，封成武侯，假节，以为己援。

①《典略》曰："刘表夜遣将黄祖潜出兵，坚逆与战，祖败走，窜岘山中。坚乘胜夜追祖，祖部兵从竹木间射坚，杀之。"《英雄记》："刘表将吕介将兵缘山向坚，坚轻骑寻山讨介，介下兵射中坚头，应时物故。"〔26〕与此不同。

建安元年，骠骑将军张济自关中走南阳，因攻穰城，中飞矢而死。荆州官属皆贺。表曰："济以穷来，主人无礼，至于交锋，此非牧意，牧受吊不受贺也。"使人纳其众，众闻之喜，遂皆服从。①三年，长沙太守张羡率零陵、桂阳三郡畔表，表遣兵攻围，破羡，平之。②于是开土遂广，南接五领，③北据汉川，地方数千里，带甲十馀万。初，荆州人情好扰，加四方骇震，寇贼相扇，处处麋沸。表招诱有方，威怀兼洽，其奸猾宿贼更为效用，万里肃清，大小咸悦而服之。关西、兖、豫学士归者盖有千数，表安慰赈赡，皆得资全。遂起立学校，博求儒术，綦毋闿、〔27〕宋忠等④撰立《五经》章句，谓之后定。爱民养士，从容自保。

①《献帝春秋》曰："济引众入荆州，贾诩随之归刘表。襄阳城守不受，济因攻之，为流矢所中。济从子绣收众而退。刘表自责，以为己无宾主礼，遣使招绣，绣遂屯襄阳，为表北藩。"

②《英雄记》曰："张羡，南阳人。先作零陵、桂阳守，甚得江湘间心。然性屈强不顺，表薄其为人，不甚礼也。羡因是怀恨，遂畔表。"

③裴氏《广州记》云："大庾、始安、临贺、桂阳、揭阳，是谓五领。"邓德明《南康记》曰："大庾一也，桂阳甲骑二也，九真都庞三也，临贺萌渚四也，始安越城

五也。"

④闿音开。

及曹操与袁绍相持于官度,绍遣人求助,表许之,不至,亦不援曹操,且欲观天下之变。从事中郎南阳韩嵩、①别驾刘先说表②曰:"今豪桀并争,两雄相持,天下之重在于将军。若欲有为,起乘其敝可也;如其不然,固将择所宜从。岂可拥甲十万,坐观成败,求援而不能助,见贤而不肯归!此两怨必集于将军,恐不得中立矣。曹操善用兵,且贤俊多归之,其埶必举袁绍,然后移兵以向江汉,恐将军不能御也。今之胜计,莫若举荆州以附曹操,操必重德将军,长享福祚,垂之后嗣,此万全之策也。"蒯越亦劝之。表狐疑不断,乃遣嵩诣操,观望虚实。谓嵩曰:"今天下未知所定,而曹操拥天子都许,君为我观其衅。"嵩对曰:"嵩观曹公之明,必得志于天下。将军若欲归之,使嵩可也;如其犹豫,嵩至京师,天子假嵩一职,不获辞命,〔28〕则成天子之臣,将军之故吏耳。在君为君,不复为将军死也。惟加重思。"表以为惮使,强之。至许,果拜嵩侍中、零陵太守。及还,盛称朝廷曹操之德,劝遣子入侍。表大怒,以为怀贰,陈兵诟嵩,将斩之。③嵩不为动容,徐陈临行之言。表妻蔡氏知嵩贤,谏止之。表犹怒,乃考杀从行者。知无它意,但囚嵩而已。④

①《先贤行状》曰:"嵩字德高,义阳人,少好学,贫不改操。"

②《零陵先贤传》曰:"先字始宗。博学强记,尤好黄老,明习汉家典故。"

③诟,骂也。

④《傅子》曰:"表妻蔡氏谏之曰:'韩嵩,楚国之望,且其言直,诛之无辞。'表乃不诛而囚之。"

六年,刘备自袁绍奔荆州,表厚相待结而不能用也。十三年,曹操自将征表,未至。八月,表疽发背卒。①在荆州几二十年,家无馀积。

①《代语》曰〔29〕"表死后八十余年,晋太康中,冢见发,表及妻身形如生,芬香闻数里"也。

二子:琦,琮。表初以琦貌类于己,甚爱之,后为琮娶其后妻蔡氏之侄,蔡氏遂爱琮而恶琦,毁誉之言日闻于表。表宠耽后妻,每信受焉。

又妻弟蔡瑁及外甥张允并得幸于表，又睦于琮。而琦不自宁，尝与琅邪人诸葛亮谋自安之术。亮初不对。后乃共升高楼，因令去梯，谓亮曰："今日上不至天，下不至地，言出子口而入吾耳，可以言未？"亮曰："君不见申生在内而危，重耳居外而安乎？"①琦意感悟，阴规出计。会表将江夏太守黄祖为孙权所杀，琦遂求代其任。

①申生，晋献公之太子。为丽姬所谮，自缢死。重耳，申生之弟。惧丽姬之谗，出奔。献公卒，重耳入，是为文公，遂为霸主。见《左氏传》。

及表病甚，琦归省疾，素慈孝，允等恐其见表而父子相感，更有托后之意，乃谓琦曰："将军命君抚临江夏，其任至重。今释众擅来，必见谴怒。伤亲之欢，重增其疾，非孝敬之道也。"遂遏于户外，使不得见。琦流涕而去，人众闻而伤焉。[30]遂以琮为嗣。琮以侯印授琦。琦怒，投之地，将因奔丧作难。会曹操军至新野，琦走江南。蒯越、韩嵩及东曹掾傅巽等说琮归降。①琮曰："今与诸君据全楚之地，守先君之业，以观天下，何为不可？"巽曰："逆顺有大体，强弱有定埶。以人臣而拒人主，逆道也；以新造之楚而御中国，必危也；以刘备而敌曹公，不当也。三者皆短，欲以抗王师之锋，必亡之道也。将军自料何与刘备？"琮曰："不若也。"巽曰："诚以刘备不足御曹公，则虽全楚不能以自存也。诚以刘备足御曹公，则备不为将军下也。愿将军勿疑。"

①《傅子》曰："巽字公悌，瑰玮博达，有知人监识。"[31]

及操军到襄阳，琮举州请降，刘备奔夏口。①操以琮为青州刺史，封列侯。蒯越等侯者十五人。乃释嵩之囚，以其名重，甚加礼待，使条品州人优劣，皆擢而用之。以嵩为大鸿胪，以交友礼待之。蒯越光禄勋，刘(光)〔先〕尚书令。[32]初，表之结袁绍也，侍中从事邓义[33]谏不听。义以疾退，终表世不仕，操以为侍中。其馀多至大官。

①夏口，城，今之鄂州也。《左传》："吴伐楚，楚沈尹戌奔命于夏汭。"杜预注曰："汉水入(口)〔江〕，[34]今夏口也。"

操后败于赤壁，①刘备表琦为荆州刺史。明年卒。

①赤壁，山名也，在今鄂州蒲圻县。

论曰：袁绍初以豪侠得众，遂怀雄霸之图，天下胜兵举旗者，莫不假以为名。及临场决敌，则悍夫争命；①深筹高议，则智士倾心。盛哉乎，其所资也！《韩非》曰："佷刚而不和，愎过而好胜，嫡子轻而庶子重，斯之谓亡征。"②刘表道不相越，而欲卧收天运，拟踪三分，其犹木禺之于人也。③

①悍，勇也。

②《韩非·亡征篇》曰："佷刚而不和，愎谏而好胜，不顾社稷而轻为信者，可亡也。"又曰："太子轻，庶子伉，可亡也。"又曰："太子卑而庶子尊，可亡也。"

③言其如刻木为人，无所知也。《前书》："有木禺龙一。"《音义》曰："禺，寄也。寄龙形于木。"

赞曰：绍姿弘雅，表亦长者。称雄河外，擅强南夏。鱼俪汉舳，云屯冀马。①窥图讯鼎，禋天类社。②既云天工，亦资人亮。③矜强少成，坐谈奚望。④回皇冢嬖，身颓业丧。⑤

①鱼俪犹相次比也。《左传》曰："奉公为鱼丽之陈。"《前书音义》曰："舳，船后持柂处也。"《左传》曰："冀之北土，马之所生。"

②窥图谓若刘歆图书改名秀。讯鼎谓楚子问王孙满鼎轻重也。《国语》曰："精意以享谓之禋。"《尔雅》曰："是类是祃，师祭也。"社者阴类，将兴师，故祭之。

③工者，官也。亮，信也。《尚书》曰："天工人其代之。"又曰："惟时亮天工。"

④《九州春秋》曰："曹公征乌桓，诸将曰：'今深入远征，万一刘表使备袭许，悔无及也。'郭嘉曰：'刘表坐谈客耳，自知才不足以御备，重任之则恐不能制，轻之则备不为用。虽违国远征，无忧矣。'公遂征之。"

⑤冢，嫡也。嬖，爱也。

【校勘记】

〔1〕 自九月至明年二月　按：沈家本谓案《魏志·武纪》，操破谭尚在三月。

〔2〕　皆是审配之所构也　按："构"原讹"搆"，各本同，径改正。

〔3〕　直(言)当论其执耳　据《刊误》删。按：《魏志·辛毗传》无"言"字。

〔4〕　宣奕世之德　按："奕"原讹"弈"，径据汲本、殿本改正。注同。

〔5〕　而能全于长世者也　《校补》谓"于"字误，当作"族"。按：《魏志》注引《魏氏春秋》作"而能崇业济功，垂祚后世者也"。

〔6〕　构我二人　按："构"原讹"搆"，径据殿本改正。

〔7〕　其弟静立　汲本、殿本"静"作"靖"。按：静靖古多通作。

〔8〕　段不弟　"段"原讹"叚"，径改正。下同，不悉出校记。

〔9〕　故虽灭亲不尤诛兄不伤　按：《魏志》注"尤"上有"为"字，"伤"下有"义"字。

〔10〕　当唯曹是务　按：《集解》引惠栋说，谓曹，众也，《魏氏春秋》作"义"。《王粲集》云"唯曹氏是务"，此后人妄加也。

〔11〕　遵而无改　按：《魏志》注"遵"作"违"。

〔12〕　尚将吕旷高翔　《魏志》"高翔"作"吕翔"，惠栋《补注》从之。按：潘眉谓作"高翔"是。

〔13〕　是以周公垂涕以(毙)〔蔽〕管蔡之狱　《集解》引惠栋说，谓"毙"当作"弊"，断也。或作"蔽"，义同。今据改。按：《魏志》注作"是以周公垂泣而蔽管蔡之狱"。

〔14〕　贵名(高)〔位〕于丘岳　据殿本改。按：《校补》引钱大昭说，谓闽本"高"作"位"。

〔15〕　匍匐悲号　按："匍匐"二字原倒，径乙正。

〔16〕　庆父存也　按：《刊误》谓案《公羊》云"庆父也存"。

〔17〕　审配将冯(札)〔礼〕　《集解》引钱大昭说，谓闽本"冯札"作"冯礼"。又《魏志》亦作"冯礼"。今据改。按：礼字古作"礼"，形近讹"札"。

〔18〕　相州安(杨)〔阳〕县界有蓝嵯山　据殿本改。

〔19〕　谭夜遁(奔)〔走〕南皮　据汲本改。按：《校补》谓奔者逃亡之辞，谭时尚有军，作"奔"非。

〔20〕　典论曰　按：《校补》引钱大昭说，谓《魏志》注引此作"典略"。

〔21〕　初避吏为玄兔小吏　按：《刊误》谓"玄兔"按郡名皆作"菟"。

〔22〕　司空曹操表为奋威将军　按：沈家本谓《魏志·公孙度传》"奋"作"武"。

〔23〕　至者十五人　按：《集解》引惠栋说，谓司马彪《战略》云"五十五人"。

〔24〕 唯江夏贼张虎陈坐拥兵据襄阳城　按:殿本《考证》谓何焯校本“坐”改“生”。又《集解》引惠栋说,谓《战略》作“陈生”。

〔25〕 江(陵)〔夏〕　《集解》引洪亮吉说,谓“江陵”应作“江夏”,《表传》凡言江夏者三,《汉官仪》作“江陵”,误。今据改。

〔26〕 刘表将吕介至应时物故　按:《校补》谓《吴志》注引《英雄记》“介”作“公”。“介下兵射中坚头”作“公兵下石中坚头”,“应时”下多“脑出”二字。

〔27〕 綦母闿　按:殿本“綦母”作“綦毋”。

〔28〕 不获辞命　按:《刊误》谓案文当云“辞不获命”。

〔29〕 代语曰　按:《校补》引钱大昭说,谓《代语》即《世语》,唐人避讳改。《世语》晋郭颁撰,《隋书·经籍志》作“魏晋世语”。

〔30〕 琦流涕而去人众闻而伤焉　汲本、殿本“人”作“之”,属上读。按:《魏志》注引《典论》,作“琦流涕而去”,无“之”字。

〔31〕 有知人监识　汲本、殿本“监”作“鉴”。按:监与鉴通。

〔32〕 刘(光)〔先〕尚书令　按:《集解》引惠栋说,谓“光”《魏志》作“先”,即上别驾刘先也。《零陵先贤传》亦作“先”。今据改。

〔33〕 侍中从事邓义　按:《集解》引陈景云说,谓“侍”当作“治”。又引钱大昕说,谓章怀讳“治”为“持”,此“治中”改“持中”,校书者妄易为“侍”耳。又按:《集解》引惠栋说,谓《魏志》“邓义”作“邓羲”。

〔34〕 汉水入(口)〔江〕　据《刊误》改,与《左传》杜注合。

后汉书卷七十五

刘焉袁术吕布列传第六十五

刘焉字君郎,〔1〕江夏竟陵人也,①鲁恭王后也。②肃宗时,徙竟陵。焉少任州郡,以宗室拜郎中。去官居阳城山,精学教授。举贤良方正,稍迁南阳太守、宗正、太常。

①竟陵今复州县。

②恭王,景帝子,名馀。

时灵帝政化衰缺,四方兵寇,焉以为刺史威轻,既不能禁,且用非其人,辄增暴乱,乃建议改置牧伯,镇安方夏,清选重臣,〔2〕以居其任。焉乃阴求为交阯,以避时难。议未即行,会益州刺史郗俭〔3〕在政烦扰,谣言远闻,而并州刺史张懿、〔4〕凉州刺史耿鄙并为寇贼所害,故焉议得用。出焉为监军使者,领益州牧,①太仆黄琬为豫州牧,宗正刘虞为幽州牧,皆以本秩居职。州任之重,自此而始。

①《前书》任安为监北军使者。

是时益州贼马相亦自号"黄巾",合聚疲役之民数千人,先杀绵竹令,①进攻雒县,②杀郗俭,又击蜀郡、犍为,旬月之间,破坏三郡。③马相自称"天子",众至十馀万人,遣兵破巴郡,杀郡守赵部。州从事贾龙,先领兵数百人在犍为,遂纠合吏人攻相,破之,〔5〕龙乃遣吏卒迎焉。〔6〕焉到,以龙为校尉,徙居绵竹。(龙)抚纳离叛,〔7〕务行宽惠,而阴图异计。

①绵竹故城在今益州绵竹县东。

②今益州雒县。

③绵竹及雒属广汉郡,并蜀郡、犍为郡。

沛人张鲁，母有姿色，兼挟鬼道，往来焉家，遂任鲁以为督义司马，(遂)与别部司马张脩〔8〕将兵掩杀汉中太守苏固，断绝斜谷，杀使者。鲁既得汉中，遂复杀张脩而并其众。

焉欲立威刑以自尊大，乃托以佗事，杀州中豪强十馀人，①士民皆怨。初平二年，犍为太守任岐及贾龙并反，攻焉。焉击破，皆杀之。自此意气渐盛，遂造作乘舆车重千馀乘。②焉四子，范为左中郎将，诞治书御史，璋奉车都尉，③并从献帝在长安，唯别部司马瑁随焉在益州。朝廷使璋晓譬焉，焉留璋不复遣。兴平元年，征西将军马腾与范谋诛李傕，焉遣叟兵五千助之，战败，④范及诞并见杀。焉既痛二子，又遇天火烧其城府车重，延及民家，馆邑无馀，于是徙居成都，遂〔疽〕发背(疽)卒。⑤〔9〕

①《蜀志》曰，杀王咸、李权等。

②重，辎重也。

③《蜀志》曰："璋字季玉。"

④汉世谓蜀为叟。孔安国注《尚书》云："蜀，叟也。"

⑤《说文》曰："疽，久痈。"

州大吏赵韪等贪璋温仁，立为刺史。诏书因以璋为监军使者，领益州牧，以韪为征东中郎将。先是荆州牧刘表表焉僭拟乘舆器服，韪以此遂屯兵朐䏰备表。①

①朐音蠢。䏰音如尹反。属巴郡，故城在今夔州云安县西也。

初，南阳、三辅民数万户流入益州，焉悉收以为众，名曰"东州兵"。璋性柔宽无威略，东州人侵暴为民患，不能禁制，旧士颇有离怨。赵韪之在巴中，甚得众心，璋委之以权。韪因人情不辑，①乃阴结州中大姓。建安五年，还共击璋，蜀郡、广汉、犍为皆反应。东州人畏见诛灭，乃同心并力，为璋死战，遂破反者，进攻韪于江州，②斩之。

①辑，和也。

②江州，县名，属巴郡，今渝州巴县。

张鲁以璋暗懦，不复承顺。璋怒，杀鲁母及弟，而遣其将庞羲等攻鲁,数为所破。鲁部曲多在巴土,故以羲为巴郡太守。鲁因袭取之,遂雄于巴汉。

十三年,曹操自将征荆州,璋乃遣使致敬。操加璋振威将军,兄瑁平寇将军。璋因遣别驾从事张松诣操,而操不相接礼。松怀恨而还,劝璋绝曹氏,而结好刘备。璋从之。

十六年,璋闻曹操当遣兵向汉中讨张鲁,内怀恐惧,松复说璋迎刘备以拒操。璋即遣法正将兵迎备。①璋主簿巴西黄权谏曰:②"刘备有枭名,③今以部曲遇之,则不满其心,以宾客待之,则一国不容二主,此非自安之道。"从事广汉王累自倒悬于州门以谏。璋一无所纳。

①《蜀志》曰:"法正字孝直,扶风郿人也。祖真,字乔卿。[10]父衍,字季谋。"

②《蜀志》曰:"权字公衡,阆中人也。先主取益州,诸县望风景附,权闭城坚守。须璋稽服,乃诣先主。〔先〕主称尊号,[11]将东伐吴,权谏,先主不从,以权为镇北将军,督江北军,先主自在江南。吴将陆义乘虚断围,南军败绩,先主引退,而道隔,权不得还,故率所领降于魏。有司执法白收权妻子。先主曰:'孤负黄权,权不负孤也。'待之如初。魏文帝谓权曰:'君舍逆效顺,欲追踪陈、韩邪?'权对曰:'臣过受刘氏厚遇,降吴不可,还蜀无路,是以归命。且败军之将,免死为幸,何古人之可慕?'"

③枭即骁也。

备自江陵驰至涪城,①璋率步骑数万与备会。②张松劝备于会袭璋,备不忍。明年,出屯葭萌。松兄广汉太守肃惧祸及己,乃以松谋白璋,收松斩之,③敕诸关戍勿复通。备大怒,还兵击璋,所在战克。十九年,进围成都,数十日,城中有精兵三万人,谷支一年,[12]吏民咸欲拒战。璋言:"父子在州二十馀岁,无恩德以加百姓,而攻战三载,肌膏草野者,以璋故也。何心能安!"遂开城出降,群下莫不流涕。备迁璋于公安,④归其财宝,后以病卒。⑤

①涪城故城今绵州城。

②《蜀志》曰:"是岁建安十六年。"

③益郡耆旧传曰:"张肃有威仪,容貌甚伟。松为人短小放荡,不持节操,然识理精果,有才干。刘璋遣诣曹公,公不甚礼。杨修深器之,白公辟松,不纳。

脩以公所撰兵书示松，饮宴之间，一省即便暗诵，以此异之。”

④公安，今荆州县。

⑤《蜀志》曰：“先主迁璋于公安南，〔13〕犹佩振威将军印绶。孙权破关羽，取荆州，以璋为益州牧，留(住)〔驻〕秭归。”〔14〕

明年，曹操破张鲁，定汉中。

鲁字公旗。〔15〕初，祖父陵，顺帝时客于蜀，学道鹤鸣山中，①造作符书，以惑百姓。受其道者辄出米五斗，故谓之“米贼”。陵传子衡，衡传于鲁，鲁遂自号“师君”。其来学者，初名为“鬼卒”，后号“祭酒”。祭酒各领部众，众多者名曰“理头”。〔16〕皆校以诚信，不听欺妄，有病但令首过而已。②诸祭酒各起义舍于路，同之亭传，③县置米肉以给行旅。食者量腹取足，过多则鬼能病之。犯法者先加三原，④然后行刑。不置长吏，以祭酒为理，民夷信向。⑤朝廷不能讨，遂就拜鲁镇夷中郎将，〔17〕领汉宁太守，⑥通其贡献。

①山在今益州晋原县西。

②《魏志》曰：“大抵与黄巾相似。”首音式(杀)〔救〕反。〔18〕

③传音陟恋反。

④原，免也。

⑤《典略》曰：“初，熹平中，妖贼大起，〔三辅有骆曜。光和中，东方有张角〕，〔19〕汉中有张脩。〔骆曜教民缅匿法，角〕为太平道，(张角)〔脩〕为五斗米道。〔20〕太平道师持九节杖，为符祝，教病人叩头思过，因以符水饮之。病或自愈者，则云此人信道，其或不愈，则云不信道。脩法略与角同，加施净室，使病人处其中思过。又使人为奸令祭酒，主以《老子》五千文，使都习，号‘奸令’。为鬼吏，主为病者请祷。〔请祷〕之法，〔21〕书病人姓字，说服罪之意。作三通，其一上之天，著山上，其一埋之地，其一沈之水，谓之‘三官手书’。使病者家出米五斗以为常，故号‘五斗米师’也。实无益于疗病，〔但为淫妄〕，〔22〕小人昏愚，竞共事之。后角被诛，脩亦亡。及鲁自在汉中，因其人信行脩业，遂增饰之。教使起义舍，以米〔肉〕置其中，〔23〕以止行人。又〔教〕使自隐，〔24〕有小过者，当循道百步，〔25〕则罪除。又依《月令》，春夏禁杀。又禁酒。流移寄在其地者，不敢不奉也。”

⑥《袁山松书》,建安二十年置汉宁郡。

韩遂、马超之乱,关西民奔鲁者数万家。时人有地中得玉印者,群下欲尊鲁为汉宁王。鲁功曹阎圃谏曰:"汉川之民,户出十万,四面险固,财富土沃,上匡天子,则为桓文,次方窦融,不失富贵。今承制署置,势足斩断。据称王号,必为祸先。"鲁从之。

鲁自在汉川垂三十年,闻曹操征之,至阳平,①欲举汉中降。其弟卫不听,率众数万,拒关固守。②操破卫,斩之。鲁闻阳平已陷,将稽颡归降。阎圃说曰:"今以急往,其功为轻,不如且依巴中,然后委质,功必多也。"于是乃奔南山。左右欲悉焚宝货仓库。鲁曰:"本欲归命国家,其意未遂。今日之走,以避锋锐,非有恶意。"遂封藏而去。操入南郑,甚嘉之。又以鲁本有善意,遣人慰安之。鲁即与家属出逆,拜镇南将军,封阆中侯,邑万户,③将还中国,待以客礼。封鲁五子及阎圃等皆为列侯。

①周地图记曰:"褒谷西北有古阳平关。"其地在今梁州褒城县西北也。

②《魏志》曰:〔26〕"太祖征鲁至阳平关,卫拒关坚守。"

③阆中属巴郡,今隆州县。

鲁卒,谥曰原侯。子富嗣。

论曰:刘焉睹时方艰,先求后亡之所,①庶乎见几而作。②夫地广则骄尊之心生,财衍则僭奢之情用,③固亦恒人必至之期也。璋能闭隘养力,守案先图,尚可与岁时推移,而遽输利器,静受流斥,④所谓羊质虎皮,见豺则恐,吁哉!⑤

①《左传》曰,郑公孙黑肱有疾,归邑于公,曰:"吾闻之,生于乱代,贵而能贫,人无求焉,可以后亡。"

②《易》曰:"君子见几而作,不俟终日。"又曰:"几者动之微,吉之先见。"

③衍,饶也。

④《老子》曰:"国之利器,不可以示人。"

⑤杨子《法言》曰:〔26〕"羊质虎皮,见草而悦,见豺而战。"

袁术字公路，汝南汝阳人，司空逢之子也。少以侠气闻，数与诸公子飞鹰走狗，后颇折节。举孝廉，累迁至河南尹、虎贲中郎将。

时董卓将欲废立，以术为后将军。术畏卓之祸，出奔南阳。会长沙太守孙坚杀南阳太守张咨，①引兵从术。刘表上术为南阳太守，术又表坚领豫州刺史，使率荆、豫之卒，击破董卓于阳人。

①《英雄记》曰："咨字子议，颍川人。"吴历曰："孙坚至南阳，咨不给军粮，又不肯见。坚欲进兵，恐为后害，乃诈得急疾，举军震惶，迎呼巫医，祷祀山川，遣所亲人说咨，言病困欲以兵付咨。咨闻之，心利其兵，即将步骑五六百人入营看坚。坚与相见，无何，卒然而起，案剑骂咨，遂执斩之。"

术从兄绍因坚讨卓未反，远，遣其将会稽周昕〔27〕夺坚豫州。术怒，击昕走之。绍议欲立刘虞为帝，术好放纵，惮立长君，托以公义不肯同，积此衅隙遂成。乃各外交党援，以相图谋，术结公孙瓒，而绍连刘表。豪桀多附于绍，术怒曰："群竖不吾从，而从吾家奴乎！"又与公孙瓒书，云绍非袁氏子，绍闻大怒。初平三年，术遣孙坚击刘表于襄阳，坚战死。公孙瓒使刘备与术合谋共逼绍，绍与曹操会击，皆破之。四年，术引军入陈留，屯封丘。黑山馀贼及匈奴於扶罗等佐术，〔28〕与曹操战于匡亭，大败，术退保雍丘，又将其馀众奔九江，杀杨州刺史陈温而自领之，又兼称徐州伯。李傕入长安，欲结术为援，乃授以左将军，假节，封阳翟侯。〔29〕

初，术在南阳，户口尚数十百万，而不修法度，以钞掠为资，奢恣无猒，百姓患之。又少见谶书，言"代汉者当涂高"，自云名字应之。①又以袁氏出陈为舜后，以黄代赤，德运之次，②遂有僭逆之谋。又闻孙坚得传国玺，③遂拘坚妻夺之。兴平二年冬，天子播越，败于曹阳。术大会群下，因谓曰："今海内鼎沸，刘氏微弱。吾家四世公辅，④百姓所归，欲应天顺民，于诸君何如？"众莫敢对。主簿阎象进曰："昔周自后稷至于文王，积德累功，参分天下，〔30〕犹服事殷。⑤明公虽奕世克昌，⑥〔31〕孰若有周之盛？汉室虽微，未至殷纣之敝也。"术嘿然，使召张范。范辞疾，遣弟承往应之。术问曰："昔周室陵迟，则有桓文之霸；⑦秦失其政，汉接而用之。今孤以土地之广，士人之众，欲徼福于齐桓，拟迹于高祖，可乎？”承对曰：“在德不在众。苟能用德以同天下之欲，虽云匹夫，霸王可也。若陵僭无度，干时而动，众之所弃，谁能兴之！”⑧术不说。

①当涂高者，魏也。然术自以“术”及“路”皆是“涂”，故云应之。

②陈大夫辕涛涂，袁氏其后也。五行火生土，故云以黄代赤。

③韦昭吴书曰：“汉室大乱，天子北诣河上，六玺不自随，掌玺者以投井中。孙坚北讨董卓，顿军城南，甄官署有井，每旦有五色气从井中出，使人浚井，得汉〔传〕国玉玺，〔32〕其文曰‘受命于天，既寿永昌’。”

④袁安为司空，子敞及京，京子汤，汤子逢并为司空。

⑤《国语》曰：“后稷勤周，十五代而王。”《毛诗·国风》序曰：“国君积行累功，以致爵位。”《论语》孔子曰：“三分天下有二，犹服事殷。”〔33〕

⑥奕犹重也。《诗》云：“不显奕代。”又曰：“克昌厥后。”

⑦王肃注《家语》曰：“言若丘陵之渐逶迟。”

⑧《魏志》曰，范字公仪。承字公先，河内人，司徒歆之孙也。

自孙坚死，子策复领其部曲，术遣击杨州刺史刘繇，破之，策因据江东。策闻术将欲僭号，与书谏曰：“董卓无道，陵虐王室，祸加太后，暴及弘农，天子播越，①宫庙焚毁，是以豪桀发愤，沛然俱起。②元恶既毙，幼主东顾，乃使王人奉命，宣明朝恩，偃武修文，与之更始。然而河北异谋于黑山，③曹操毒被于东徐，刘表僭乱于南荆，公孙叛逆于朔北，正礼阻兵，④玄德争盟，⑤是以未获从命，櫜弓戢戈。当谓使君与国同规，〔34〕而舍是弗恤，完然有自取之志，⑥惧非海内企望之意也。成汤讨桀，称‘有夏多罪’；⑦武王伐纣，曰‘殷有重罚’。⑧此二王者，虽有圣德，假使时无失道之过，无由逼而取也。今主上非有恶于天下，徒以幼小胁于强臣，异于汤武之时也。又闻幼主明智聪敏，有夙成之德，⑨天下虽未被其恩，咸归心焉。若辅而兴之，则旦、奭之美，率土所望也。使君五世相承，⑩为汉宰辅，荣宠之盛，莫与为比，宜效忠守节，以报王室。时人多惑图纬之言，妄牵非类之文，苟以悦主为美，不顾成败之计，古今所慎，可不孰虑！忠言逆耳，驳议致憎，⑪苟有益于尊明，无所敢辞。”术不纳，策遂绝之。

①《左传》曰，王子朝云"兹不谷震荡播越"。播，迁也。越，逸也。言失其所居。

②沛然，自恣纵貌也。沛音片害反。

③谓袁绍为冀州牧，与黑山贼相连。

④刘繇也。

⑤刘备也。

⑥完然，自得貌。

⑦《尚书·汤誓》曰："有夏多罪，天命殛之。"

⑧《史记》曰："武王遍告诸侯曰：'殷有重罚，不可不伐。'"

⑨夙，早也。

⑩安生京，京生汤，汤生逢，逢生术，凡五代。

⑪驳，杂也，议不同也。《前书》张良曰："忠言逆耳利于行，良药苦口利于病。"

建安二年，因河内张炯符命，遂果僭号，自称"仲家"。① 以九江太守为淮南尹，置公卿百官，郊祀天地。乃遣使以窃号告吕布，并为子娉布女。布执术使送许。② 术大怒，遣其将张勋、桥蕤攻布，大败而还。术又率兵击陈国，诱杀其王宠及相骆俊，曹操乃自征之。术闻大骇，即走度淮，留张勋、桥蕤于蕲阳，③〔35〕以拒操。〔操〕击破斩蕤，〔36〕而勋退走。术兵弱，大将死，众情离叛。加天旱岁荒，士民冻馁，江淮间相食殆尽。时舒仲应为术沛相，术以米十万斛与为军粮，仲应悉散以给饥民。术闻怒，陈兵将斩之。仲应曰："知当必死，故为之耳。宁可以一人之命，救百姓于涂炭。"术下马牵之曰："仲应，足下独欲享天下重名，不与吾共之邪？"

①"仲"或作"冲"。

②时献帝在许。

③《水经》曰："蕲水出江夏蕲春县北山。"郦元注云："即蕲山也。西南流经蕲山，又南对蕲阳，注于大江，亦谓之蕲阳口。"

术虽矜名尚奇，而天性骄肆，尊己陵物。及窃伪号，淫侈滋甚，媵御数百，无不兼罗纨，厌粱肉，① 自下饥困，莫之简卹。于是资实空尽，不能自立。四年夏，乃烧宫室，奔其部曲陈简、〔37〕雷薄于灊山。② 复为简等所拒，遂大困穷，士卒散走。忧懑不知所为，遂归帝号于绍，曰："禄去汉室久矣，天下提挈，政在家门。豪雄角逐，分割疆宇。此与周末七国无异，唯强者兼之耳。袁氏受命当王，符瑞炳然。今君拥有四州，③人户百万，以强则莫与争大，以位则无所比高。曹操虽欲扶衰奖微，安能续绝运，起已灭乎！谨归大命，君其兴之。"绍阴然其计。

①《九州春秋》曰："司隶冯方女，国色也，避乱杨州。袁术登城，见而悦之，遂纳焉，甚爱幸。诸妇害其宠，绐之曰：'将军贵人有志节，当时时涕泣忧愁，必长见敬重。'冯氏以为然，后见术辄垂涕，术果以有心志，益哀之。诸妇因是共绞杀之，悬之厕梁，术诚以为不得志而死也，厚加殡敛焉。"

②灊县之山也。灊，今寿州霍山县也。灊音潜。

③青、冀、幽、并。

术因欲北至青州从袁谭，曹操使刘备徼之，不得过，复走还寿春。六月，至江亭。坐箦床而叹曰：①〔38〕"袁术乃至是乎！"因愤慨结病，欧血死。妻子依故吏庐江太守刘勋。②孙策破勋，复见收视，术女入孙权宫；子曜仕吴为郎中。

①箦，笫也，谓无茵席也。

②《魏志》曰"勋字子台，琅邪人，与太祖有旧，为孙策破后，自归太祖，封列侯。勋自恃与太祖有宿，日骄慢，数犯法，又诽谤，遂免其官"也。

论曰："天命符验，可得而见，未可得而言也。然大致受大福者，归于信顺乎！①夫事不以顺，虽强力广谋，不能得也。谋不可得之事，日失忠信，变诈妄生矣。况复苟肆行之，其以欺天乎！虽假符僭称，归将安所容哉！

①《易》曰："天之所助者，顺也；人之所助者，信也。履信思顺，自天佑之。"

吕布字奉先，五原九原人也。以弓马骁武给并州。刺史丁原为骑都尉，(原)屯河内，〔39〕以布为主簿，甚见亲待。灵帝崩，原受何进召，将兵诣洛阳，为执金吾。会进败，董卓诱布杀原而并其兵。

卓以布为骑都尉，誓为父子，甚爱信之。稍迁至中郎将，封都亭侯。卓自知凶恣，每怀猜畏，行止常以布自卫。尝小失卓意，卓拔手戟掷之。布拳捷得免，而改容顾谢，卓意亦解。布由是阴怨于卓。卓又使布守中阁，而私与傅婢情通，益不自安。因往见司徒王允，自陈卓几见杀之状。①时允与尚书仆射士孙瑞密谋诛卓，因以告布，使为内应。布曰："如父子何？"曰："君自姓吕，本非骨肉。今忧死不暇，何谓父子？掷戟之时，岂有父子情也？"布遂许之，乃于门刺杀卓，事已见卓传。允以布为奋威将军，假节，仪同三司，封温侯。

①几音祈。

允既不赦凉州人，由是卓将李傕等遂相结，还攻长安。布与傕战，败，乃将数百骑，以卓头系马鞍，走出武关，奔南阳。袁术待之甚厚。布自恃杀卓，有德袁氏，遂恣兵钞掠。术患之。布不安，复去从张杨于河内。时李傕等购募求布急，杨下诸将皆欲图之。布惧，谓杨曰："与卿州里，今见杀，其功未必多。不如生卖布，可大得傕等爵宠。"杨以为然。有顷，布得走投袁绍，绍与布击张燕于常山。燕精兵万馀，骑数千匹。布常御良马，号曰赤菟，能驰城飞堑，①与其健将成廉、魏越等数十骑驰突燕阵，一日或至三四，皆斩首而出。连战十馀日，遂破燕军。布既恃其功，更请兵于绍，绍不许，而将士多暴横，绍患之。布不自安，〔40〕因求还洛阳。绍听之，承制使领司隶校尉，遣壮士送布而阴使杀之。布疑其图己，乃使人鼓筝于帐中，潜自遁出。夜中兵起，而布已亡。绍闻，惧为患，募遣追之，皆莫敢逼，遂归张杨。道经陈留，太守张邈遣使迎之，相待甚厚，临别把臂言誓。

①曹瞒传曰："时人语曰：'人中有吕布，马中有赤菟。'"

邈字孟卓，东平人，少以侠闻。初辟公府，稍迁陈留太守。董卓之乱，与曹操共举义兵。及袁绍为盟主，有骄色，邈正义责之。绍既怨邈，且闻与布厚，乃令曹操杀邈。操不听，然邈心不自安。兴平元年，曹操东击陶谦，令其将武阳人陈宫屯东郡。①宫因说邈曰："今天下分崩，雄桀并起。君拥十万之众,当四战之地,② 抚剑顾眄,亦足以为人豪,而反受制,不以鄙乎！今州军东征,其处空虚,吕布壮士,善战无前,迎之共据兖州,观天下形埶,俟时事变通,此亦从横一时也。”邈从之,遂与弟超及宫等迎布为兖州牧,据濮阳,郡县皆应之。

①《典略》曰:“陈宫字公台,东郡人也。刚直烈壮,〔41〕少与海内知名之士皆连结。及天下乱,始随太祖。后自疑,乃从吕布。为布画策,布每不从。”

②陈留地平,四面受敌,故谓之四战之地也。

曹操闻而引军击布,累战,相持百馀日。是时旱蝗少谷,百姓相食,布移屯山阳。二年间,操复尽收诸城,破布于钜野,布东奔刘备。邈诣袁术求救,留超将家属屯雍丘。操围超数月,屠之,灭其三族。邈未至寿春,为其兵所害。

时刘备领徐州,居下邳,与袁术相拒于淮上。术欲引布击备,乃与布书曰:“术举兵诣阙,未能屠裂董卓。将军诛卓,为术报耻,功一也。① 昔金元休南至封丘,为曹操所败。② 将军伐之,令术复明目于遐迩,功二也。术生年以来,不闻天下有刘备,备乃举兵与术对战。凭将军威灵,得以破备,功三也。将军有三大功在术,术虽不敏,奉以死生。将军连年攻战,军粮苦少,今送米二十万斛。非唯此止,当骆驿复致。凡所短长亦唯命。”布得书大悦,即勒兵袭下邳,获备妻子。备败走海西,③ 饥困,请降于布。布又恚术运粮不复至,乃具车马迎备,以为豫州刺史,遣屯小沛。④ 布自号徐州牧。术惧布为己害,为子求婚,布复许之。

①董卓杀隗及术兄基等男女二十馀人。

②《典略》曰“元休名尚,京兆人。同郡韦休甫、第五文休俱著名,号为‘三休’。尚,献帝初为兖州刺史,东之郡,而太祖已临兖州。尚依袁术,术僭号,欲以尚为太尉,不敢显言,私使讽之,术亦不敢强也。建安初,尚逃还,为术所害”也。

③海西,县,属广陵郡,故属东海。

④高祖本泗水郡沛县人。及得天下,改泗水为沛郡,小沛即沛县。

术遣将纪灵等步骑三万以攻备,备求救于布。诸将谓布曰:“将军常欲杀刘备，今可假手于术。”布曰：“不然。术若破备，则北连太山，吾为在术围中，不得不救也。”便率步骑千馀，驰往赴之。灵等闻布至，皆敛兵而止。布屯沛城外，遣人招备，并请灵等与共飨饮。布谓灵曰：“玄德，布弟也，为诸君所困，故来救之。布性不喜合斗，但喜解斗耳。”乃令军候植戟于营门，布弯弓顾曰：“诸君观布射〔戟〕小支，①〔42〕中者当各解兵，不中可留决斗。”布即一发，正中戟支。灵等皆惊，言“将军天威也”。明日复欢会，然后各罢。

①《周礼·考工记》曰：“为戟博二寸，内倍之，胡参之，援四之。”郑注云：“援，直刃；胡，其孑也。”小支谓胡也。即今之戟傍曲支。

术遣韩胤以僭号事告布，因求迎妇，布遣女随之。沛相陈珪恐术报布成姻，〔43〕则徐杨合从，为难未已。于是往说布曰：“曹公奉迎天子，辅赞国政，将军宜与协同策谋，共存大计。今与袁术结姻，必受不义之名，将有累卵之危矣。”①布亦素怨术，而女已在涂，乃追还绝婚，执胤送许，曹操杀之。

①说苑曰：“晋灵公造九层台，费用千亿，谓左右曰：‘敢有谏者斩。’孙息求见。灵公张弩持矢见之，谓之曰：‘子欲谏邪？’孙息曰：‘臣不敢谏也。臣能累十二博棋，加九鸡子于其上。’公曰：‘吾未尝见也，子为寡人作之。’孙息即正颜色，定志意，以棋子置下，加鸡子其上，左右慑息。灵公曰：‘危哉！’孙息曰：‘复有危于此者。’公曰：‘愿复见之。’息曰：‘九层之台，三年不成，男不得耕，女不得织，国用空虚，户口减少，吏人叛亡，邻国谋议将兴兵。’公乃坏台。”

陈珪欲使子登诣曹操，布固不许，会使至，拜布为左将军，布大喜，即听登行，并令奉章谢恩。登见曹操，因陈布勇而无谋，轻于去就，宜早图之。操曰：“布狼子野心，诚难久养，①非卿莫究其情伪。”即增珪秩中二千石，拜登广陵太守。临别，操执登手曰：“东方之事，便以相付。”令阴合部众，以为内应。始布因登求徐州牧，不得。登还，布怒，拔戟斫机曰：“卿父劝吾协同曹操，绝婚公路。今吾所求无获，而卿父子并显重，但为卿所卖耳。”登不为动容，徐对之曰：“登见曹公，言养将军譬如养虎，当饱其肉，不饱则将噬人。公曰：‘不如卿言。譬如养鹰，饥即为用，饱则飏去。’其言如此。”布意乃解。

①《左传》曰：“伯石之生也，步向之母视之，曰：‘是豺狼之声也，狼子野心。’”

袁术怒布杀韩胤，遣其大将张勋、桥蕤等与韩暹、杨奉连埶，步骑数万，七道攻布。布时兵有三千，马四百匹，惧其不敌，谓陈珪曰：“今致术军，卿之由也，为之奈何？”珪曰：“暹、奉与术，卒合之师耳。[①]谋无素定，[②]不能相维。子登策之，比于连鸡，埶不俱栖，[③]立可离也。”布用珪策，与暹、奉书曰：“二将军亲拔大驾，而布手杀董卓，俱立功名，当垂竹帛。今袁术造逆，宜共诛讨，奈何与贼还来伐布？可因今者同力破术，为国除害，建功天下，此时不可失也。”又许破术兵，悉以军资与之。暹、奉大喜，遂共击勋等于下邳，大破之，生禽桥蕤，馀众溃走，其所杀伤、堕水死者殆尽。

①卒音千忽反。

②素，旧也。

③《战国策》曰：“秦惠王谓寒泉子曰：‘苏秦欺弊邑，欲以一人之知，反覆山东之君。夫诸侯之不可一，犹连鸡之不能俱上于栖。’”

时太山臧霸等攻破莒城，许布财币以相结，而未及送，布乃自往求之。其督将高顺谏止[①]曰：“将军威名宣播，远近所畏，何求不得，而自行求赂。万一不克，岂不损邪？”布不从。既至莒，霸等不测往意，固守拒之，无获而还。顺为人清白有威严，少言辞，将众整齐，每战必克。布性决易，所为无常。顺每谏曰：“将军举动，不肯详思，忽有失得，动辄言误。误事岂可数乎？”布知其忠而不能从。

①《英雄记》曰“顺为人不饮酒，不受馈。所将七百馀兵，号为千人，名‘陷阵营’。布后疏顺，夺顺所将兵，亦无恨意”也。

建安三年，〔44〕布遂复从袁术，遣顺攻刘备于沛，破之。曹操遣夏侯惇救备，[①]为顺所败。操乃自将击布，至下邳城下。遗布书，为陈祸福。布欲降，而陈宫等自以负罪于操，深沮其计，而谓布曰：“曹公远来，埶不能久。将军若以步骑出屯于外，宫将馀众闭守于内。若向将军，宫引兵而攻其背；若但攻城，则将军救于外。不过旬月，军食毕尽，击之可破也。”布然之。布妻曰：“昔曹氏待公台如赤子，犹舍而归我。今将军厚公台不过于曹氏，而欲委全城，捐妻子，孤军远出乎？若一旦有变，妾岂得为将军妻哉！”布乃止。而潜遣人求救于袁术，自将千馀骑出。战败走还，保城不敢出。术亦不能救。

①《魏志》曰：“夏侯惇字元让，沛国谯人。年二十四，就师学，人有辱其师者，惇杀之。后从征吕布，为流矢伤左目。领陈留、济阴太守，加建武将军。太祖常同舆载，特见亲重，出入卧内，诸将莫之比。”

曹操堑围之，壅沂、泗以灌其城，三月，上下离心。其将侯成使客牧其名马，而客策之以叛。成追客得马，诸将合礼以贺成。成分酒肉，先入诣布而言曰：“蒙将军威灵，得所亡马，诸将齐贺，未敢尝也，故先以奉贡。”布怒曰：“布禁酒而卿等酝酿，为欲因酒共谋布邪？”成忿惧，乃与诸将共执陈宫、高顺，率其众降。布与麾下登白门楼。①兵围之急，令左右取其首诣操。左右不忍，乃下降。布见操曰：“今日已往，天下定矣。”操曰：“何以言之？”布曰：“明公之所患不过于布，今已服矣。令布将骑，明公将步，天下不足定也。”顾谓刘备曰：“玄德，卿为坐上客，我为降虏，绳缚我急，独不可一言邪？”操笑曰：“缚虎不得不急。”乃命缓布缚。刘备曰：“不可。明公不见吕布事丁建阳、董太师乎？”操颔之。②布目备曰：“大耳儿最叵信！”③操谓陈宫曰：“公台平生自谓智有馀，今意何如？”〔45〕宫指布曰：“是子不用宫言，以至于此。若见从，未可量也。”操又曰：“奈卿老母何？”宫曰：“老母在公，不在宫也。夫以孝理天下者，不害人之亲。”操复曰：“奈卿妻子何？”宫曰：“宫闻霸王之主，不绝人之祀。”④固请就刑，遂出不顾，操为之泣涕。布及宫、顺皆缢杀之，传首许市。

①宋武北征记曰：“下邳城有三重，大城（之门）周四里，〔46〕吕布所守也。魏武禽布于白门。白门，大城之门也。”郦元《水经注》曰：“南门谓之白门，魏武禽陈宫于此。”

②杜豫注《左传》曰：“颔，摇头也。”音五感反。

③《蜀志》曰："备顾自见其耳。"

④《左传》曰："齐桓公存三亡国。"

赞曰：焉作庸牧，以希后福。① 曷云负荷？地堕身逐。术既叨贪，布亦翻覆。

①王莽改益州曰庸部。

【校勘记】

〔1〕 刘焉字君郎　按：《校补》引柳从辰说，谓《蜀志》同，《华阳国志》作"字君朗"。

〔2〕 清选重臣　按："清"原讹"请"，径据汲本、殿本改正。

〔3〕 益州刺史郗俭　按：《集解》引惠栋说，谓《蜀志》"郗"作"郤"。

〔4〕 并州刺史张懿　《集解》引钱大昕说，谓《蜀志·刘二牧传》作"张益"。又引惠栋说，谓一作"张壹"。按：王先谦谓"懿"作"壹"或作"益"，避晋讳也。

〔5〕 州从事贾龙先领兵数百人在犍为遂纠合吏人攻相破之　按：李慈铭谓案《三国志》作"在犍为东界"，《华阳国志》曰，贾龙素领家兵在犍为之青衣，则《三国志》云在东界者是也。时犍为已为黄巾所破，此传省文，非是。"人"当作"民"。"破之"《华阳国志》作"破灭之"。

〔6〕 龙乃遣吏卒迎焉　按："遣"原讹"选"，径据汲本、殿本改正。

〔7〕 (龙)抚纳离叛　《校补》谓"龙"字误衍，各本皆未去，此叙焉事，与龙无涉，兼系《蜀志》原文，原文固无"龙"字也。今据删。

〔8〕 (遂)与别部司马张脩　据《刊误》删。

〔9〕 遂〔疽〕发背(疽)卒　据殿本改。

〔10〕 祖真字乔卿　按：《蜀志·法正传》裴注引《三辅决录》"乔"作"高"。

〔11〕 〔先〕主称尊号　据汲本补。

〔12〕 谷支一年　按：《集解》引惠栋说，谓《蜀志》云"谷帛支二年"。

〔13〕 先主迁璋于公安南　按："迁"原讹"还"，径改正。

〔14〕 留(住)〔驻〕秭归　据汲本改。

〔15〕　鲁字公旗　按:殿本《考证》谓《魏志》作"公祺"。

〔16〕　众多者名曰"理头"　按:《魏志·张鲁传》"理"作"治"。《补注》引何焯说,谓"理"本"治"字,避唐讳改。

〔17〕　遂就拜鲁镇夷中郎将　按:《魏志》"夷"作"民"。

〔18〕　首音式(杀)〔救〕反　据殿本改。

〔19〕　妖贼大起〔三辅有骆曜光和中东方有张角〕　殿本《考证》谓何焯校本于"妖贼大起"下增"三辅有骆曜光和中东方有张角"十三字。今据补,《魏志》裴注引《典略》合。

〔20〕　〔骆曜教民缅匿法角〕为太平道(张角)〔脩〕为五斗米道　殿本《考证》谓何焯校本于"汉中有张脩"句下增"骆曜教民缅匿法角"八字,"张脩为五斗米道"灭去"张"字,改"角"为"脩"。今据补改,与《魏志》裴注引《典略》合。

〔21〕　主为病者请祷〔请祷〕之法　殿本《考证》谓何焯校本"请祷"下复增"请祷"二字。今据补,与《魏志》裴注引《典略》合。

〔22〕　实无益于疗病〔但为淫妄〕　殿本《考证》谓何焯校本"实无益于疗病"下增"但为淫妄"四字。今据补,与《魏志》裴注引《典略》合。

〔23〕　以米〔肉〕置其中　殿本《考证》谓何焯校本"米"字下增"肉"字。今据补,与《魏志》裴注引《典略》合。

〔24〕　又〔教〕使自隐　殿本《考证》谓何焯校本"使"字上增"教"字。今据补,与《魏志》裴注引《典略》合。

〔25〕　当循道百步　按《魏志》裴注引《典略》"循"作"治"。《补注》引何焯说,谓避唐讳改。

〔26〕　杨子法言曰　"杨"字原作"扬",径据汲本、殿本改。

〔27〕　遣其将会稽周昕　按:《校补》谓"周昕"据《吴录》作"周喁",昕之弟也。

〔28〕　黑山馀贼及匈奴於扶罗等佐术　按:"及"原讹"反",径据汲本、殿本改正。

〔29〕　阳翟侯　按:"阳"原讹"杨",径据汲本、殿本改正。

〔30〕　参分天下　《魏志》作"参分天下有其二",此脱"有其二"三字。按:《校补》谓去此三字,则文义不属,当由转写脱误耳。若范氏删节,胡不云"三分有二"乎?

〔31〕　明公虽奕世克昌　按:"奕"原讹"弈",径据汲本、殿本改。注同。

〔32〕 得汉〔传〕国玉玺 殿本《考证》谓何焯校本“汉”字下添“传”字，今据补。

〔33〕 三分天下有二犹服事殷 按：汲本“有”下有“其”字。殿本“犹”作“以”。

〔34〕 当谓使君与国同规 殿本“当”作“尝”。按：《袁纪》作“当”。

〔35〕 留张勋桥蕤于蕲阳 《集解》引《通鉴》胡注，谓此盖沛国之蕲县，《范史》衍“阳”字。按：《校补》谓胡说是。《前志》沛郡蕲县字本作“鄿”，从邑，鄿阳盖即鄿北地名，亦非衍“阳”字。此与江夏之蕲春本无涉也。章怀虽误注，当仍未改字，故毛本注中犹间杂从邑之字，后人并改为从斤，遂无别耳。

〔36〕 〔操〕击破斩蕤 据汲本、殿本补。

〔37〕 奔其部曲陈简 按：《集解》引惠栋说，谓“陈简”《魏志》作“陈兰”。

〔38〕 坐箦床而叹曰 按：《魏志·袁术传》裴注引《吴书》。“箦床”作“欘床”。

〔39〕 (原)屯河内 《魏志·吕布传》无“原”字，今据删。

〔40〕 布不自安 按：原作“布自不安”，径据汲本、殿本改。

〔41〕 刚直烈壮 按：“烈”原作“列”，径改正。

〔42〕 诸君观布射〔戟〕小支 据汲本、殿本补。

〔43〕 恐术报布成姻 汲本“姻”作“婚”。按：《魏志》亦作“婚”。

〔44〕 建安三年 按：“三”原讹“二”，径改正。

〔45〕 今意何如 按“《刊误》谓“意”当作“竟”。

〔46〕 大城(之门)周四里 据《刊误》删。